JN441626

WBC 성경주석

마가복음(하)

솔로몬

WORD BIBLICAL COMMENTARY

Volume 34B

Mark 8:27–16:20

CRAIG A. EVANS

THOMAS NELSON PUBLISHERS
Nashville

목 차

편집자 서문

본 성경 주석 전집(WBC: Word Biblical Commentary)이 세상에 나오기까지는 수 년 간의 기획 과정이 필요했다. 1977년에 본 전집의 편집위원회 위원들은 발행인들과 회합한 자리에서 몇 가지 뚜렷한 특징을 지닌 새로운 성경 주석의 발간 가능성을 면밀하게 검토했다. 그러한 특징이 무엇인지는 독자들이 이 주석서들을 진지한 자세로 읽어 내려가는 과정에서 금방 알게 될 것이다. 하지만 본 성경 주석이 당초에 목표로 삼은 것이 과연 얼마나 완벽하게 성취되었는지는 오로지 시간만이 말해 줄 수 있을 것이다.

우선, 우리는 우리와 뜻을 같이하면서 세계 도처의 대학교, 신학교 등에서 가르침의 사역에 종사하고 있는 학자들을 되도록 폭 넓게 선발하여 본 성경 주석의 기고자로 삼기 위해 많은 노력을 기울여 왔다. 매우 다양한 교단적 배경을 지닌 본서 기고자들의 폭 넓은 시야는 가히 "복음주의적" – 성경을 하나님의 계시로 받아들이고 기독교 복음의 진리와 능력을 자신의 생명처럼 여긴다는 적극적이고 역사적인 의미에서 – 이라 불려지는 것이 마땅하다.

다음으로, 본 전집에 포함된 주석서들은 처음부터 『WBC 성경주석』의 일환으로 쓰여진 책들이다. 오늘날 성경 주석 분야에서 상당한 호평을 받고 있는 몇몇 전집들이 영어 이외의 언어로 쓰여진 저작들을 영어로 번역한 것에 비하여, 본 성경 주석은 오로지 처음부터 영어로 쓰여진 책들만이 포함되어 있다. 또한 본 전집의 주석가들은 성경 원문을 각자 나름대로 영어로 번역한 다음, 그 번역된 성경 본문을 자신들의 주해와 주석의 바탕으로 삼는 것을 원칙으로 삼았다. 나아가서 본 전집의 대표적인 특징으로는, 그 내용이 어디까지나 성경적인 언어를 바탕으로 하면서도 각계각층의 독자들 – 공부하는 학생들, 현재 목회 사역에 종사하고 있는 교역자들 그리고 이 분야를 전공하는 학자들이나 교수들 – 이 성경에 대한 신학적 이해를 학문적이면서도 실제적으로 쌓아 나갈 수 있고, 또 그들에게 현실적인 도움이 될 수 있도록 구성되어 있다는 점을 들 수 있다.

마지막으로, 본 성경 주석의 구성 양식에 관하여 몇 마디 말을 덧붙이고자 한다. 우리는 여러 계층의 – 그리고 상이한 수준의 – 독자들을 의식하여, 확실하게 구분되는 몇 개의 단락으로 나누어 책의 내용을 구성했다. 예를 들어, 번역된 성경 본문의 바탕을 이루는 [히브리어와 헬라어] 원문에 관하여 좀더 깊이 있게 공부하려는 독자들은 본 성경 본문의 "원문주해"를 살펴보고, 현대 신학자들이 어떠한 해석을 내리고 있는지에 관심이 있다면 "참고문헌" 및 "양식/구조/배경"을 참조하면 될 것이다. 또한 어떤 성경 본문의 의미 및 그 본문에 포함된 성경적 계시를 좀더 폭 넓은 관점에서 이해하려면 주석과 "해설"을 보면 된다. 그러므로 본 성경 주석을 펼쳐 든 사람이라면 누구나 자신에게 유익한 자료들을 얻을 수 있으리라 믿어 의심치 않는다.

이상과 같은 우리의 목표가 상당히 만족스러운 수준까지 달성될 때, 우리 편집자들이 당초에 의도했던 것들이 구체적으로 실현됨과 아울러 본 전집의 기고자들이 흘린 땀방울도 충분한 보상을 받을 수 있게 될 것이다.

책임 편집자 : **브루스 메츠거**(Bruce M. Metzger)
데이비드 허바드(David A. Hubbard)
글렌 바커(Glenn W. Barker)
구약 편집자 : **존 와츠**(John D. W. Watts)
신약 편집자 : **랠프 마틴**(Ralph P. Martin)

저자 서문

십여 년 전에 마틴 헹엘(Martin Hengel)은 근심스러운 표정으로 "우리는 마가복음을 암호문으로 취급하여 그 열쇠를 추측으로 찾아내야 한다고 생각하는 변덕스러운 주해(註解)가 난무하는 새로운 세기의 문턱에 있다"고 말했다(M. Hengel, *Studies in the Gospel of Mark*[Philadelphia: Fortress, 1985] 140 n. 9). 그의 말은 옳았다. 그러나 나는 미국의 학계는 그보다 몇 년 앞서 그런 세기를 맞았다고 생각한다. 그 결과는 겉보기에는 이루 말할 수 없이 풍부한 수확인 것처럼 보였지만, 사실은 주관적인 짐작으로 복음서 기자가 어떤 문제들에 직면했고, 어떻게 그가 그런 문제들에 답했는지에 관한 무수한 사변적 이론들을 양산해 내는 것이었다. 이 모든 것 속에서 인상적인 것은 개별 해석자들의 독창성과 그보다 더한 복음서 기자의 영리함이다. 내부자들의 비밀번호를 잘 알고 있는 자들에게 마가복음 이야기는 기독론, 교회론, 종말론을 교정해 주는 암호문이라고 한다. 예를 들면, 우리는 마가복음 이야기가 반어법(反語法)적임을 믿어야 한다는 것이다. 겉보기에 중시하고 있는 것처럼 보이는 것이 사실은 모욕하는 것이 된다는 것이다.

일부 해석자들에 의하면 마가복음 이야기의 등장인물들은 마가의 교회 내의 어떤 인물들이나 집단들을 상징한다고 한다. 어떤 이들은 사자에 비유되고, 어떤 이들은 사탄에 비유된다. 이러한 해석학은 우리에게 제자들 자신도 그릇된 신학적 견해들을 고수하는 마가 공동체의 지체들을 상징한다는 것을 믿으라고 말한다. 복음서 기자는 그의 대적들의 신학이 잘못되었음을 말해 주기 위해 사도들도 한때 그런 신학을 가졌음(!)을 보여야 했다고 한다. 이것은 정말 터무니없는 해석들 중의 하나다. 예수의 사역과 죽음에 관한 가장 초기의 이야기를 쓴 이유가 사도들이 겁쟁이이고 어리석고 불충하며 믿을 수 없는 자들임을 (거짓되이) 보이기 위한 것이라는 주장을 우리는 과연 진지하게 고려해야 하는가? 핍박을 받아 겁에 질린 기독교 공동체가 그러한 묘사 속에서 과연 그들에게 필요한 확신을 찾을 수 있었을까? 예수의 가장 친한 벗들과 추종자들, 부활을 선포한 최초의 사람들이 그들의 스승의 말을 이해하지 못하고 그의 가르침을 받아들일 수 없었다고 할 때, 주후 1세기의 그리스도인들 중에서 얼마나 많은 수가 과연 십자가를 지고 예수를 따르려 했겠는가? 그러한 방향의 해석들은 마음을 더욱 심란하게 할 뿐이다.

복음서 해석은 이상한 계절을 통과해 왔다. 얼마 전에 우리는 베드로복음서가 수난 및 부활에 관한 가장 초기의 기사(記事)를 우리에게 제공해 준다는 말을 들었다(J. D. Crossan, *The Cross That Spoke: The Origins of the Passion Narrative*[San Francisco: Harper & Row, 1988]). 이것은 마가가 초기의 신빙성 있는 전승을 가져다 사용한 것이 아니라 거인 천사들과 말하는 십자가에 관한 공상적인 이야기를 가져다 자료로 사용했다는 것을 의미한다. 게다가 예수 세미나(Jesus Seminar)는 우리에게 도마복음서가 마가복음보다 더 많은 진정한 전승을 담고 있다는 것을 믿으라고 말한다. 실제로 우리는 기독교 신앙을 로마의 관점에서 볼 때 순수한 것으로 묘사하려는 마가의 변증적 노력은 유대인 대학살(Holocaust)의 참극에서 절정에 달한, 지난 2천 년 동안 서양을 괴롭혀 온 사회적, 정치적 병리 현상들에 대해 책임이 있다는 말을 들어 왔다(B. L. Black, *A Myth of Innocence: Mark and Christian Origins* [Philadelphia: Fortress, 1988]). 그리고 "마가 비밀복음서"를 언급하고 있는 오랫동안 멸실되었던 클레멘트의 서신을 모튼 스미스(Morton Smith, *Clement of Alexandria and a Secret Gospel of Mark*[Canbridge: Harvard UP, 1973]; id., *The Secret Gospel: The Discovery and Interpretation of the Secret Gospel according to Mark*[New York: Harper & Row, 1973])가 발견한 것에 힘입어, 일부 학자들은 우리는 지금 복음서 기원의 역사를 좀더 정확하게 재구성할 수 있는 위치에 있게 되었다고 믿는다(예를 들어, H. Koester, *Ancient Christian Gospels: Their History and Development*[London: SCM Press; Philadelphia: Trinity Press International, 1990] 295-303). 이 클레멘트의 서신을 담고 있는 주후 17세기의 책이 발견된 후에 통상적인 학문적이고 비평학적인 검토를 거치지 않았다는 사실, 알렉산드리아의 클레멘트가 베드로 또는 다른 사도들이 지었다고 주장되는 여러 저작들에 관한 온갖 종류의 외경 전승들을 있는 그대로 전해 주었다는 사실에 대해서 이러한 학자들은 별로 신경을 쓰지 않아 왔다.

그러나 정신을 차리기 시작한 징조들이 이제는 감지되기 시작한다. 새로운 강조점과 명료한 사고를 통해서 로버트 건드리(Robert Gundry)의 최근의 주석서는 마가복음이 일종의 암호문이라는 유행처럼 번진 견해에 도전한다. 마가복음에서 그는 그 어떠한 메시아 비밀도, 그 어떠한 반어법적 기독론도, 행간에 숨어 있는 교회에서의 그 어떠한 대적들도, 그 어떠한 상징 체계도, 그 어떠한 외경적인 내용도 발견하지 못한다. 건드리는 단언한다. "마가의 의도는 표면에 드러나 있다. 그는 십자가에 대하여, 기독교 신앙의 대상이자 기독교 선포의 주제이신 분이 수치스럽게 죽은 경과에 대하여, 십자가에 못 박힌 자 예수에 대하여 직설적인 변증을 써 나간다"(R. H. Gundry, *Mark: A Commentary on His Apology for the Cross*[Grand Rapids, MI: Eerdmans, 1993] 1). 본 주석서는 기본적으로 건드리의 해석과 일치한다.

건드리의 유익한 주석과 아울러 수난(受難) 주제에 관한 레이몬드 브라운의 두 권으로 된 걸작이 있다(R. E. Brown, *The Death of the Messiah: From Gethsemane to the Grave*, ABRL, 2 vols.[New York: Doubleday, 1993). 크로산(J. D. Crossan, *Who Killed Jesus? Exposing the Roots of Anti-Semitism in the Gospel Story of the Death of Jesus*[San Francisco: HarperCollins, 1995])은 브라운이 역사적 실체(實體)를 중시한 나머지 유대인 대학살 후의 감수성으로 주후 1세기의 문헌을 해석해 내는 데 실패했다고 비판하면서 다시 한 번 베드로복음서를 근거로 무슨 일이 실제로 일어났는지를 설명하고자 시도한다. 수난 이야기의 기원 및 역사에 대한 이러한 상상에 의한 재구성은 종종 이상한 탄원과 가당치 않은 가설 및 전제들에 몰두한다.

우리는 마가복음 기자가 관대한 사회의 대학에서 종신직 교수를 하고 있는 입장이 아니었다는 것을 염두에 두어야 한다. 그는 해체 이론에 몰두하지도 않았고, 자신의 복음서를 여러 부류의 인간군상을 상징하는 등장인물들로 구성한 희곡(戲曲)으로 생각하지도 않았다. 또한 그는 독자들로 하여금 자신이 말한 내용 중 많은 부분을 정반대의 반어법적인 의미로 받아들이도록 이중적인 표현법을 사용하는 데 몰두하지도 않았다. 그러므로 마가복음의 최종 본문이 과연 주후 1세기 로마 제국의 정황 속에서 의미가 통하는지를 살펴보는 것이 현명할 것이다.

여기에 마가복음의 배후에 있는 진정한 취지가 있다고 나는 생각한다. 건드리(Gundry)의 주장대로, 마가의 작품은 실제로 십자가에 대한 변증이다. 그러나 그것은 황제의 신격화와 신민(臣民)들의 절대적 충성의 강요에 대담하게 도전하는 변증서(辨證書)이다. 여기에는 일부러 본문 밖에서 찾아낼 만한 불가사의한 내용이 없다. "하나님의 아들 예수 그리스도의 복음의 시작이라"(막 1:1)는 개시 문구는 로마 제국의 사람들의 귀에는 황제와 관련된 표현으로 들렸을 것임에 틀림없다. 왜냐하면 아우구스투스 시대 이래로 로마의 황제들(가이사들)은 "하나님의 아들"로 불렸고, 그들의 즉위(卽位)와 승전과 업적들은 "복음"으로서 환호 받았기 때문이다. 로마 황제들은 "구원자"와 "주(主)"로 불렸고, 죽어서는 하늘에 거처한다고 생각되었다. 그들의 사후에 신격화되는 것은 최고의 영예로 여겨졌다. 이와는 천양지차로 십자가 형에 의한 죽음은 최악의 불명예로 여겨졌다. (이 주제를 다룬 책 중에서는 M. Hengel, *Crucifixion*[London: SCM Press; Philadelphia: Fortress, 1977]을 따라갈 만한 책이 없다.)

따라서 마가와 초기 그리스도인들이 직면했던 문제는 분명하게 드러난다. 십자가에 못 박히신 예수가 어떻게 "하나님의 아들", 인류의 "주"이자 "구원자"가 될 수 있는가? 마가에게 이것은 전부(全部) 아니면 전무(全無)였다. 예수께서 실제로 구약 예언들의 성취이고, 그의 메시아 정체성에 대한 제자들의 신앙고백이 신빙성이 있다면, 그분은 "진정한" 하나님의 아들로 인정되고 선포되어야 마땅하다. 예수에게는 경쟁자란 존재할 수 없다. 그런 까닭에 마가는 아예 처음부터 예수의 정체를 선언하고, 이것은 나중에 위로부터는 하나님이라는 권능자에 의해 인정되며(막 1:11; 9:7), 아래에서는 로마의 권력자에 의해 인정을 받는다(막 15:39). 로마 황제는 이 "복음"을 좋아하지 않았겠지만, 예수의 진정한 추종자들은 기꺼이 필요하다면 십자가에까지 그들의 스승을 따를 각오가 되어 있다(8:27-38). 나는 독자들에게 이러한 방향의 해석에 대한 좀더 자세한 논의와 그 근거를 알기 위해 "서론"의 마지막 부분을 연구해 볼 것을 강력히 권한다.

본 주석서의 제2권은 캘리포니아 주 파사데나에 있는 풀러 신학대학원에서 신약학 교수로 봉직하시던 로버트 귤리히(Robert A. Guelich)의 예기치 않은 갑작스러운 죽음으로 필자에게 맡겨지게 되었다. 1991년 여름과 가을에 그를 위해 열린 기념예배에서 잘 입증되었듯이, 귤리히 박사는 동료들과 학생들로부터 많은 사랑과 인정을 받았다. 나는 그를 대신하기에는 너무 부족하다는 것을 뼈저리게 느낀다.

나는 마가복음 8:27-16:20에 대한 메모 형식으로 귤리히 박사가 남긴 글들을 사용하는 것을 꺼리지 않았다. 그는 본문에 대한 짤막한 주해들과 아울러 개략적인 번역을 써 놓았었다. 이 주해들 중 일부는 본 주석서에 포함되었다. 또한 나는 많은 부분들에서 그의 번역의 영향을 받았다. 그는 11장에 나오는 세 단락에 대한 개략적인 주석 원고를 써 놓았다. (1) 무화과나무의 저주(12-14, 20-21절), (2) 믿음과 기도에 관한 교훈들(22-26절), (3) 권세에 관한 질문들(27-33절). 나는 적절하다고 생각되는 부분에서 편집하고 보충하면서 이런 자료들을 가급적 많이 본 주석서에 포함시켰다. 독자들이 본 주석서의 이런 부분들에서 유익하고 수용할 만한 내용들을 발견한다면, 그것은 귤리히의 공(功)이다. 또한 부족하다고 느껴지는 부분이 있다면, 그 비난은 다 내가 받아 마땅하다. 귤리히가 남겨 놓은 그 밖의 것들로는 (대체로 13장과 관련된) 참고문헌 목록들, 초록(抄錄)들, 여러 주석서들에서 뽑은 주해들이 있다.

끝으로 번역문들에 관해서 한마디 할 필요가 있다. 나는 번역문이 너무 이상한 경우를 제외하고는 헬라어 본문을 가급적 직역하고자 했다. 현재 시제 동사들은 현재 시제로 옮겨서, 부정과거로 옮김으로써 그 시제가 은폐되는(현대의 역본들이 보통 그러하듯이) 일이 없도록 했다. 나의 목적은 독자들, 특히 헬라어 본문을 연구하고자 하나 헬라어 실력이 그리 뛰어나지 못한 독자들이 마가복음 기자의 글쓰기 스타일을 제대로 이해하는 것을 돕는 데 있다. 역사적 현재 시제를 현재로 옮김으로써 (예를 들어, "그가 말했다", "그가 갔다"가 아니라 "그가 말한다", "그가 간다"), 나는 복음서 기자가 역사적 현재 시제를 사용하여 "이야기의 주된 행위 또는 이미 역사적 현재 시제로 시작된 이야기의 새로운 국면 전환을 생생하게" 전달할 수 있게 해주고자 한다(*To Touch the Text: Biblical and Related Studies*, FSJ. A. Fitzmyer, ed. M. P. Horgan and P. J. Kobelski[New York: Crossroad, 1989] 67-78에 수록된 E. C. Maloney, "The Historical Present in the Gospel of Mark"와 78쪽의 인용문을 보라).

나는 이 프로젝트에 참여하도록 권했고 원래 예정했던 때보다 수년이나 더 지나서 이 일을 마칠 때까지 인내를 가지고 기다려 주었던 랠프 마틴 교수께 감사를 표하면서 이 서문을 마치고자 한다. 또한 편집을 맡았던 린 로시 박사와 멜라니 맥케레 부인의 작업에도 감사를 드린다. 끝으로 색인 작업을 도와준 아내 지니에게 감사한다.

크레이그 A. 에반스
2000년 5월에
트리니티 웨스턴 대학교에서

약어표

A. 일반 약어

abs.	absolute
adj.	adjective, adjectival
adv.	adverb, adverbial
aor.	aorist
Aram.	Aramaic
ca.	*circa*, about
cf.	*confer*, compare
chap(s).	chapter(s)
Copt.	Coptic
diss.	dissertation
DSS	Dead Sea Scrolls
ed(s).	editor(s), edited by
e.g.	*exempli gratia*, for example
esp.	especially
ET	English translation
et. al.	*et alii*, and others
frg.	fragment
FS	*Festschrift*, volume written in honor of
fut.	future
gen.	genitive
Gk.	Greek
Heb.	Hebrew
id.	*idem*, the same
i.e.	*id est*, that is
imper.	imperative
impf.	imperfect
indic.	indicative
lit.	literally
LXX	Septuagint
masc.	masculine
MS(S)	manuscript(s)
MT	Masoretic Text
n.	note
n.d.	no date
NHC	Nag Hammadi Codex
no.	number
n.s.	new series
NT	New Testament
obj.	object, objective
OL	Old Latin
OT	Old Testament
par.	parallel
passim	here and there
pf.	perfect
prep.	preposition
pres.	present
ptc.	participle
repr.	reprint
rev.	revised, reviser, revision
sg.	singular
s.v.	*sub verbo*, under the word
Syr.	Syriac
Tg(S).	Targum(s) ; Targumic
tr.	translator, translated by, translation
UP	University Press
v,vv	verse, verse
Vg.	Vulgate
voc.	vocative
vol(s).	volume(s)
x	times(2x=two times)

B. 성경 번역본

ASV	American Standard Version, American Revised Version(1901)
AV	Authorized Version
KJV	King James Version(1611) =AV
NASB	New American Standard Bible
NEB	New English Bible
NIV	New International Version
NRSV	New Revised Standard Version
REB	Revised English Bible
RSV	Revised Standard Version

C. 정기 간행물, 연속 간행물 및 참고 자료

AASF	Annales Academiae scientiarum fennicae
AASFDHL	AASF dissertationes humanarum litterarum
AB	Anchor Bible
ABD	D.N. Freedman(ed.), *Anchor Bible Dictionary*
ABR	*Australian Biblical Review*
ABRL	Anchor Bible Reference Library
AER	*American Ecclesiastical Review*
AGJU	Arbeiten zur Geschichte des antiken Judentums und des Urchristentums
AGSU	Arbeiten zur Geschichte des Spätjudentums und Urchristentums
AJSL	*American Journal of Semitic Languages and Literature*
AJT	*American Journal of Theology*
AnBib	Analecta biblica
AnPhil	J. Marouzeau(ed.), *L'année philologique*
ANRW	*Aufstieg und Niedergang der römischen Welt*
ANTJ	Arbeiten zum Neuen Testament und Judentum
APAMS	American Philosophical Association Monograph Series
ARAB	D.D. Luckenbill(ed.), *Ancient Records of Assyria and Babylonia, 2 vols.*
ArBib	The Aramaic Bible
ARSP	*Archiv für Rechts-und Sozialphilosophie*
ASB	*Austin Seminary Bulletin*
ASNU	Acta seminarii neotestamentici upsaliensis
AsSeign	*Assemblées du Seigneur*

ASTI	*Annual of the Swedish Theological Institute*
ATANT	Abhandlungen zur Theologie des Alten und Neuen Testaments
ATD	DAS Alte Testament Deutsch
ATR	*Anglican Theological Review*
AUSS	*Andrews University Seminary Studies*
AVTRW	Aufsätze und Vorträge zur Theologie und Religionswissenschaft
AzTh	Arbeiten zur Theologie
BA	*Biblical Archaeologist*
BAC	Biblioteca de autores cristianos
BAG	W. Bauer, W. F. Arndt, and F. W. Gingrich *Greek-English Lexicon of the NT(1957)*
BAR	*Biblical Archaeology Review*
BASOR	*Bulletin of the American Schools of Oriental Research*
BBB	Bonner biblische Beiträge
BBR	*Bulletin for Biblical Research*
BBET	Beiträge zur biblischen Exegese und Theologie
BCPE	*Bulletin de Centre protestant d'études*
BDF	F. Blass, A. Debrunner, and R. W. Funk, *A Greek Grammar of the NT*
BeO	*Bibbia e oriente*
BETL	Bibliotheca ephemeridum theologicarum lovaniensium
BEvT	Beiträge zur evangelischen Theologie
BGBE	Beiträge zur Geschichte der biblischen Exegese
BHT	Beiträge zur historischen Theologie
Bib	*Biblica*
BibB	Biblische Beiträge
BibInt	*Biblical Interpretation*
BibLeb	*Bibel und Leben*
BibOr	Biblica et orientalia
BibS(N)	Biblische Studien (Neukirchen, 1951-)
BIOSCS	*Bulletin of the International Organization for Septuagint and Cognate Studies*
BJ	*Bonner Jahrbücher*
BJRL	*Bulletin of the John Rylands University Library of Manchester*
BJS	Brown Judaic Studies
BK	*Bibel und Kirche*
BL	*Bibel und Liturgie*
BLE	*Bulletin de littérature ecclésiastique*
BN	*Biblische Notizen*
BO	*Bibliotheca orientalis*
BR	*Biblical Research*
BRev	*Bible Review*
BSac	*Bibliotheca sacra*

BT *The Bible Translator*
BTB *Biblical Theology Bulletin*
BTS *Bible et terre sainte*
BVC *Bible et vie chrétienne*
BW *The Biblical World*
BWANT Beiträge zur Wissenschaft vom Alten und Neuen Testament
BZ *Biblische Zeitschrift*
BZNW Beihefte zur ZNW
CahRB Cahiers de la Revue biblique
CB *Cultura bíblica*
CBET Contributions to Biblical Exegesis amd Theology
CBFV Cahiers biblique de *Foi et vie*
CBQ *Catholic Biblical Quarterly*
CBQMS Catholic Biblical Quarterly Monograph Series
CClCr *Civilità classica e cristiana*
CH *Church History*
CiTom *Ciencia tomista*
ColT *Collectanea theologica*
ConBNT Coniectanea biblica, New Testament
ConNT Coniectanea neotestamentica
CRBR *Critical Review of Books in Religion*
CTM *Concordia Theological Monthly*
CurTM *Currents in Theology and Mission*
DCG J. Hastings et al.(eds,). *Dictionary of Christ and the Gospels*, 2 vols. (Edinburgh, 1908)
DJG J. B. Green and S. Mcknight(eds.), *Dictionary of Jesus and the Gospels*
DJPA M. Sokoloff, *A Dictionary of Jewish Palestinian Aramaic*(Ramat-Gan: Bar Ilan UP, 1990)
DMOA Documenta et Monumenta Orientis Antizui
DRev *Downside Review*
DSD *Dead Sea Discoveries*
DTT *Dansk teologisk tidsskrift*
EBib Études bibliques
EdF Erträge der Forschung
EHS Europäische Hochschulschriften
EncJud *Encyclopaedia Judaica*, 16vols.
EPRO Etudes préliminaires aux religions orientales dans l'empire romain
EdF Erträge der Forschung
ErIsr Eretz-Israel
EstBib *Estudios bíblicos*
EstEcl *Estudios eclesiásticos*
ETL *Ephemerides theologicae Lovanienses*
ETR *Etudes théologiques et religieuses*

ETS	Erfurter theologische Studien
EvQ	*Evangelical Quarterly*
EvT	*Evangelische Theologie*
ExpTim	*Expository Times*
FB	Forschung zur Bibel
FBBS	Facet Books, Biblical Series
FoiVie	*Foi et vie*
FRLANT	Forschungen zur Religion und Literatur des Alten und Neuen Testaments
FTL	Forum theologiae linguisticae
FZPhTh	*Freiburger Zeitschrift für Philosophie und Theologie*
GNS	Good News Studies
Greg	*Gregorianum*
GTA	Göttinger theologische Arbeiten
HBT	*Horizons in Biblical Theology*
HDR	Harvard Dissertations in Religion
HeyJ	*Heythrop Journal*
HibJ	*Hibbert Journal*
HTKNT	Herders theologischer Kommentar zum Neuen Testament
HTR	*Harvard Theological Review*
HTS	Harvard Theological Studies
HUCA	*Hebrew Union College Annual*
HUT	Hermeneutische Untersuchungen zur Theologie
IBS	*Irish Biblical Studies*
IEJ	*Israel Exploration Journal*
IER	*Irish Ecclesiastical Record*
IJT	*Indian Journal of Theology*
IKaZ	*Internationale katholische Zeitschrift*
IKZ	*Internationale kirchliche Zeitschrift*
Imm	*Immanuel*
Int	*Interpretation*
IRT	Issues in Religion and Theology
ITQ	*Irish Theological Quarterly*
JAAR	*Journal of the American Academy of Religion*
Jastrow	M. Jastrow, *A Dictionary of the Targumim, the Talmud Babli and Yerushalmi, and the Midrashic Literature*, 2 vols. (London: Putnam, 1895-1903; repr. New York: Pardes, 1950)
JBL	*Journal of Biblical Literature*
JBR	*Journal of Bible and Religion*
JBT	*Jahrbuch für biblische Theologie*
JES	*Journal of Ecumenical Studies*
JETS	*Journal of the Evangelical Theological Society*
JHS	*Journal of Hellenic Studies*

JJS	*Journal of Jewish Studies*	*LumVie*	*Lumière et vie*
JQR	*Jewish Quarterly Review*	*LumVieSup*	*Lumière et vie suppléments*
JR	*Journal of Religion*	*ManQ*	*The Mankind Quarterly*
JRE	*Journal of Religious Ethics*	MBT	Münchener theologische Zeitschrift
JRS	*Journal of Roman Studies*	MTS	Marburger theologische Studien
JSJ	*Journal of the Study of Judaism in the Persian, Hellenistic and Roman Period*	*MTZ*	*Münchener theologische Zeitschrift*
JSNT	*Journal for the Study of the New Testament*	*NBf*	*New Blackfriars*
JSNTSup	Journal for the Study of the New Testament: Supplement Series	*Neot*	*Neotestamentica*
JSP	*Journal for the Study of the Pseudepigrapha*	*NewDocs*	G. H. Horsley and S. Llewelyn(eds.), *New Documents Illustrating Early Christianity*, 1981-
JSPSup	Journal for the Study of the Pseudepigrapha: Supplement Series	*NKZ*	*Neue kirchliche Zeitschrift*
JTS	*Journal of Theological Studies*	*NovT*	*Novum Testamentum*
JTSA	*Journal of Theology for Southern Africa*	NovTSup	Novum Testamentum, Supplements
Judaica	*Judaica: Beiträge zum Verständnis…*	*NRT*	*La nouvelle revue théologique*
KBANT	Kommentare und Beiträge zum Alten und Neuen Testament	NTAbh	Neutestamentliche Abhandlungen
KD	*Kerygma und Dogma*	NTL	New Testament Library
KTR	*King's Theological Review* (London)	NTOA	Novum Testamentum et Orbis Antiquus
LB	*Linguistica Biblica*	*NTS*	*New Testament Studies*
LCC	Library of Christian Classics	NTTS	New Testament Tools and Studies
LD	Lectio divina	OBL	Orientalia et biblica lovaniensia
LR	*Lutherische Rundschau*	OBO	Orbis biblicus et orientalis
LUÅ	Lunds universitets årsskrift	ÖBS	Österreichische biblische Studien
		OBT	Overtures to Biblical Theology

OrChrAn	Orientali christiana analecta	*RevQ*	*Revue de Qumran*
OTP	J. H. Charlesworth (ed.), *The Old Testament Pseudepigrapha, 2 vols.*	*RevScRel*	*Revue des Sciences Religieuses*
OtSt	*Oudtestamentische Studiën*	*RThom*	*Revue thomiste*
PEQ	*Palestine Exploration Quarterly*	*RHPR*	*Revue d'histoire et de Philosophie religieuses, 7 vols.*
PG	J. Migne(ed.), Patrologia graeca [=Patrologiae cursus completus: Series graeca], 162 vols.	*RHR*	*Revue de l'histoire des religions*
PGL	G. W. H. Lampe (ed.), *Patristic Greek Lexicon*	*RIDA*	*Revue internationale* des *droits de l'antiquité*
PGM	K. Preisendanz(ed.), *Papyri graecae magicae*	*RivB*	*Rivista biblica italiana*
PIBA	Proceedings of the Irish Biblical Association	*RQ*	*Römische Quartalschrift für christliche Altertumskunde und Kirchengeschichte*
PL	J. Migne(ed.), Patrologia latina [=Patrologiae cursus completus: Series latina], 217 vols.	*RSPT*	*Revue des sciences Philosophiques et théologiques*
PRSt	*Perspectives in Religious Studies*	*RSR*	*Recherches de science religieuse*
PSTJ	*Perkins(School of Theology) Journal*	RST	Regensburger Studien zur Theologie
PTMS	Pittsburgh Theological Monograph Series	*RTL*	*Revue théologique de Louvain*
QD	Quaestiones disputatae	*RTP*	*Revue de théologie et de philosophie*
RAr	*Revue archéologique*	*RUO*	*Revue de l'université d'Ottawa*
RB	*Revue biblique*	SANT	Studien zum Alten und Neuen Testament
REA	*Revue des études anciennes*	SBA	Studies in Biblical Archaeology
RechBib	Recherches bibliques	SBB	Stuttgarter biblische Beiträge
REJ	*Revue des études juives*	SBL	Society of Biblical Literature
ResQ	*Restoration Quarterly*		
RevExp	*Review and Expositor*		
RevistB	*Revista bíblica*		

SBLDS SBL Dissertation Series
SBLMS SBL Monograph Series
SBLRBS SBL Resources for Biblical Study
SBLSCS SBL Septuagint and Cognate Studies
SBLSP SBL Seminar Papers
SBLSS SBL Semeia Studies
SBLTT SBL Texts and Translations
SBS Stuttgarter Bibelstudien
SBT Studies in Biblical Theology
ScEccl *Sciences ecclésiastiques*
ScEs *Science et esprit*
Scr *Scripture*
SD Studies and Documents
SE *Studia evangelica I, II, III* (=TU 73[1959], 87 [1964], 88[1964], etc.)
SEÅ *Svensk exegetisk årsbok*
SecCent *Second Century*
Sem *Semitica*
SFSHJ South Florida Studies in the History of Judaism
SHAW Sitzungen der heidelberger Akademie der Wissenschaften
SJC Studies in Judaism and Christianity
SJLA Studies in Judaism in Late Antiquity
SJT *Scottish Journal of Theology*
SNT Studien zum Neuen Testament
SNTSMS Society for New Testament Studies Monograph Series
SNTSU Studien zum Neuen Testament und seiner Umwelt
SNTU-A SNTSU, Series A
SNTU-B SNTSU, Series B
SNTW Studies of the New Testament and Its World
SPIB Scripta pontificii instituti biblica
SR *Studies in Religion/Sciences religieuses*
SSEJC Studies in Scripture in Early Judaism and Christianity
ST *Studia theologica*
STÅ *Svensk teologisk årsskrift*
STDJ Studies on the Texts of the Desert of Judah
StPB Studia post-biblica
Str-B [H. Strack and]P. Billerbeck, *Kommentar zum Neuen Testament*, 6 vols.
SUNT Studien zur Umwelt des Neuen Testaments
STZ *Schweizerische theologische Zeitschrift*
SwJT *Southwestern Journal of Theology*
TAPA *Transactions of the American Philological Association*
TBei *Theologische Beiträge*
TBl *Theologische Blätter*
TB Theologische Bücherei
TBT *The Bible Today*

TCGNT	B. M. Metzger, *A Textual Commentary on the Greek New Testament*, 1st ed. (1971), 2nd ed. (1994)
TD	*Theology Digest*
TDNT	G. Kittel and G. Friedrich (eds.), *Theological Dictionary of the New Testament*, tr. G. W. Bromiley, 10 vols.
TF	Theologische Forschung
TGl	*Theologie und Glaube*
Them	*Themelios*
ThViat	*Theologia viatorum*
TJT	*Toronto Journal of Theology*
TLI	J. Neusner, ed., *The Talmud of the Land of Israel*, 35 vols. (Chicago, 1982-94)
TLNT	C. Sqicq, *Theological Lexicon of the New Testament*, tr. and ed. J. D. Ernest, 3 vols. (Peabody, MA: Hendrickson, 1994)
TLZ	*Theologische Literaturzeitung*
TP	*Theologie und Philosophie*
TPQ	*Theologisch-praktische Quartalschrift*
TQ	*Theologische Quartalschrift*
TRE	*Theologische Realenzyklopädie*
TRev	*Theologische Revue*
TRu	*Theologische Rundschau*
TS	*Theological Studies*
TSAJ	Texte und Studien zum antiken Judentum
TSK	*Theologische Studien und Kritiken*
TThSt	Trierer theologische Studien
TToday	*Theology Today*
TTZ	*Trierer theologische Zeitschrift*
TU	Texte und Untersuchungen
TVers	*Theologische Versuche*
TvT	*Tijdschrift voor theologie*
TynBul	*Tyndale Bulletin*
TZ	*Theologische Zeitschrift*
UB	Die urchristliche Botschaft
UBSGNT	United Bible Societies *Greek New Testaments*, 3rd corrected ed. (1983), 4th ed. (1993)
UFHM	University of Florida Humanities Monograph
USQR	*Union Seminary Quarterly Review*
VC	*Vigiliae christianae*
VD	*Verbum domini*
VE	*Vox evangelica*
VGG	Veröffentlichungen der Gesellschaft für Geistesgeschichte
VSpir	*Vie spirituelle*
VT	*Vetus Testamentum*
WBC	Word Biblical Commentary
WD	*Wort und Dienst*

WTJ *Westminster Theological Journal*
WUNT Wissenschaftliche Untersuchungen zum Neuen Testament
YJS Yale Judaica Series
ZDMG *Zeitschrift der deutschen morgenländischen Gesellschaft*
ZDPV *Zeitschrift des deutschen Palästina-Vereins*
ZKG *Zeitschrift für Kirchengeschichte*
ZKT *Zeitschrift für katholische Theologie*
ZNW *Zeischrift für die neutestamentliche Wissenschaft und die Kunde der älteren Kirche*
ZRGG *Zeitschrift für Religions- und Geistesgeschichte*
ZST *Zeitschrift für Systematische Theologie*
ZSSR *Zeitschrift der Savigny Stiftung für Rechtsgeschichte*
ZTK *Zeitschrift für Theologie und Kirche*
ZWT *Zeitschrift für wissenschaftliche Theologie*
ZPE *Zeischrift für Papyrologie und Epigraphik*
ZZ *Die Zeichen der Zeit*

D. 성경 및 외경

구약			신약	
Gen	1-2Chr	Dan	Matt	1-2 Thess
Exod	Ezra	Hos	Mark	1-2 Tim
Lev	Neh	Joel	Luke	Titus
Num	Esth	Amos	John	Phlm
Deut	Job	Obad	Acts	Heb
Josh	Ps(s)	Jonah	Rom	Jas
Judg	Prov	Mic	1-2 Cor	1-2 Pet
Ruth	Eccl	Nah	Gal	1-2-3 John
1-2 Sam	Song	Hab	Eph	Jude
1-2 Kgdms (LXX)	Isa	Zeph	Phil	Rev
	Jer	Hag	Col	
1-2 Kgs	Lam	Zech		
2-4 Kgdms (LXX)	Ezek	Mal		

외경

Bar	Baruch
Add Dan	Additions to Daniel
Pr Azar	Prayer of Azariah
Bel	Bel and the Dragon
Sg Three	Song of the Three Young Men
Sus	Susanna
1-2 Esd	1-2 Esdras
Add Esth	Additions to Esther
Ep Jer	Epistle of Jeremiah
Jdt	Judith
1-2-3-4 Macc	1-2-3-4 Maccabees
Pr Man	Prayer of Manasseh
Ps 151	Psalm 151
Sir	Sirach/Ecclesiasticus
Tob	Tobit
4 Ezra	4 Ezra
Wis	Wisdom of Solomon

E. 구약 성경의 위서

2 Bar.	*2 Baruch(Syriac Apocalypse)*
3 Bar.	*3 Baruch(Greek Apocalypse)*
Apoc. El. (H)	*Hebrew Apocalypse of Elijah*
Apoc. El. (C)	*Coptic Apocalypse of Elijah*
Jos. Asen.	*Joseph and Aseneth*
Jub.	*Jubilees*
L.A.B	*Liber antiquitatum Biblicarum* (Pseudo-Philo)
Liv. Pro.	*Lives of the Prophets*
Mart. Asian. Isa.	*Martyrdom and Ascension of Isaiah*
Sib. or.	*Sibylline Oracles*
T. 12 Patr.	*Testaments of the Twelve Patriarchs*
T. Jud.	*Testament of Judah*
T. Levi	*Testamant of Levi*
T. Naph.	*Testament of Naphtali*
T. Job	*Testament of Job*
T. Mos.	*Testament of Moses (Assumption of Moses)*
T. Sol.	*Testament of Solomon*

F. 사해 사본 관련 본문들

CD	Cairo(Genizah text of the *Damascus (Document)*
Ḥev	Naḥal Ḥever texts
Mas	Nasada texts
Mird	Khirbet Mird texts
Mur	Wadi Murabbaʿat texts
P	pesher(commentary)
Q	Qumran
1Q, 2Q, 3Q, etc.	Numbered caves of Qumran

1QapGen	*Genesis Apocryphon* of Qumran Cave 1	1QM	*Milhāmāh(War Scroll)*
1QH	*Hôdāyôt(Thanksgiving Hymns)* from Qumran Cave 1	1QS	*Serek hayyaḥad(Rule of the Community, manual of Discipline)*
1QIsa^{a,b}	First or Second copy of Isaiah from Qumran Cave 1	1QSa	Appendix A*(Rule of the Congregation)* to 1QS
1QpHab	*Pesher on Habakkuk* from Qumran Cave 1	1QSb	Appendix B*(Blessings)* to 1QS

G. 필로

Abraham	*On the life of Abraham*	*Embassay*	*On the Embassy to Gaius*
Contempl. Life	*On the Contemplative Life*	*Migration*	*On the Migration of Abraham*
Decalogue	*On the Decalogue*		
Flaccus	*Against Flaccus*	*Moses*	*On the Life of Moses*
Joseph	*On the Life of Joseph*		

H. 미쉬나, 탈무드와 관련 문헌들

y.	Jerusalem Talmud	*Giṭ.*	*Giṭṭin*
b.	Babylonian Talmud	*Ḥag.*	*Ḥagigah*
t.	Tosefta	*Ḥul.*	*Ḥullin*
m.	Mishnah	*Ker.*	*Kerithot*
ʿAbod. Zar.	*ʿAbodah Zarah*	*Ketub.*	*Ketubbot*
ʾAbot	*ʾAbot*	*Kil.*	*Kilʾayim*
ʿArak.	*ʿArakin*	*Meg.*	*Megillah*
B. Bat.	*Baba Batra*	*Meʿil.*	*Meʿilah*
B. Meṣiʿa	*Baba Meṣiʿa*	*Menaḥ.*	*Menaḥot*
B. Qam.	*Baba Qamma*	*Mid.*	*Middot*
Bek.	*Bekorot*	*Moʾed Qaṭ.*	*Meʾed Qaṭan*
Ber.	*Berakot*	*Ned.*	*Nedarim*
Beṣah	*Beṣah(=Yom Ṭob)*	*Nid.*	*Niddah*
ʿErub.	*ʿErubin*	*Parah*	*Parah*
ʿEd	*ʿEduyyot*	*Pesaḥ.*	*Pesaḥim*

Qidd.	*Qiddusîn*	*Soṭah*	*Soṭah*
Roš. Hoš.	*Roš Hoššanah*	*Sukkah*	*Sukkah*
Šabb.	*Šabbat*	*Ta'an.*	*Ta'anit*
Sanh.	*Sanhedrin*	*Tamid*	*Tamid*
Šeb.	*Šebi'it*	*Yebam*	*Yabamot*
Šebu.	*Šebu'ot*	*Yoma*	*Yoma(=Kippurim)*
Šeqal	*Šeqalim*	*Zebaḥ*	*Zebaḥim*

I. 탈굼 자료

Tg. Onq.	*Targum Onqelos*	*Tg. Neof.*	*Targum Neofiti I*
Frg. Tg.	*Fragmentary Targum*	*Tg. Ps.-J.*	*Targum Pseudo-Jonathan*

J. 기타 랍비 문헌

'Abot R. Nat.	*'Abot de Rabbi Nathan*	*Rab.*	*Rabbah*
Midr.	*Midrash*	*Sem.*	*Semaḥot*
Pesiq. Rab.	*Pesigta Rabbati*	*Sipra*	*Sipra*
Pesig Rab. Kah.	*Pesiqta de Rab Kahana*	*Sipre*	*Sipre*
Pirqe R. El.	*Pirqe Rabbi Eliezer*		

K. 파피루스, 오스트라카 및 비문

BGU	*Ägyptische Urkunden aus den Königlichen Staatlichen Museen zu Berlin, Griechische Urkunden*
CBS	Catalogue of Babylonian Section in the Univ. of Pennsylvania
CIA	*Corpus Inscriptionum Atticarum*, vols. 1-3(Berlin, 1873-97)
CIJ	*Corpus inscriptionum judaicarum*
CPJ	V. Tcherikover(ed.), *Corpus papyrorum judaicarum*(Cambridge, 1957-64)
CPL	R. Cavenaile(ed.), *Corpus papyrorum latinarum*(Wiesbaden, 1958)
GIBM	*The Collection of Greek Inscriptions in the British Museum*, 4 vols. (London, 1874-1916)
GOA	U. Wilcken(ed.), *Griechische Ostraka aus Ägypten und Nubien*, vol. 2 (Leipzig, 1899)
IG	*Inscriptiones Graecae*(Berlin, 1837)
IGR	R. Cagnat et al. (eds.), *Inscriptiones Graeca ad Res Romanas Pertinentes,*

vols. 1-4(paris, 1911-27)

IM O. Kern(ed.), *Die Inschriften von Magnesia am Mäander*(Berlin, 1900)

OGIS W. Dittenberger(ed.), *Orientis Greacae inscriptiones selectae*, 2 vols. (repr. Hildesheim, 1960)

O. Petr. *Ostraca in Prof. Sir W. M. Flinders Petrie's Collection at University College London*(London, 1930)

P. Cari. Zen C. C. Edgar(ed.), *Zenon Papyri*, 4 vols. (Cairo, 1925-31)

P. Col. Zen W. L. Westermann and E. S. Hasenoehrl(eds.), *Zenon Papyri*, vol. 1 (New York: Columbia UP. 1934)

P. Eger. H. I. Bell and T. C. Skeat(eds.), *Fragments of an Unknown Gospel and Other Early Christian Papyri*(London, 1935)

P. Fay. B. P. Grenfell et al. (eds.), *Fayûm Towns and Their Papyri*(London, 1900)

P. Flor. G. Vitelli and D. Comparette(eds.), *Papiri Fiorentini*, 3 vols. (Milan, 1905-15)

P. Lond. F. G. Kenyon and H. I. Bell(eds.), *Greek Papyri in the British Museum*, vols. 1-2(London, 1893-1907)

P. Louvre A. Jördens and K-T. Zauzich(eds.), *Griechische Papyri aus Soknopaiu Nesos(P. Louvre I)*(Bonn, 1998)

P. Magdalen. Gr. J. Lesquier(ed.) *Papyrus de Magdola*(1912)

P. Mich. A. E. R. Boak et al. (eds.), *Michigan Papyri*, vols. 1-8(Ann Arbor, MI, 1931-51)

P. Oslo S. Eitrem and L. Amundsen(eds.), *Papyri Osloënses*, vols. 2-3(Oslo, 1931-36)

P. Oxy. B. P. Grenfell et al. (eds.), *The Oxyrhynchus Papyri*, 62. vols. (London, 1898-1997)

P. Ryl. A. S. Hunt et al. (eds.), *Catalogue of the Greek Papyri in the John Rylands Library Manchester*, vols. 2, 4(Manchester, 1915-52)

P. Ṣe'elim A. Yardeni(ed.), *Nahal Ṣe'elim Documents*(Jerusalem, 1995)

PSI G. Vitelli et al.(eds.), *Publicazioni della Società italiana per la Ricerca dei Papiri greci e latini in Egitto*, vols. 1-14(Florence, 1912-57)

P. Teb. B. P. Grenfell et al. (eds.), *The Tebtunis Papyri*, vol. 2(London, 1907)

SB F. Preisigke et al. (eds.), *Sammelbuch griechischer Urkunden aus Ägypten*(Strassburg, 1915-)

SEG Supplementum epigraphicum graecum

SIG W. Dittenberger(ed.), *Sylloge inscriptionum graecarum*. 4 vols. 3rd ed. (Leipzig, 1915-24)

주석 참고문헌

In the text of the commentary, references to commentaries are by author's last name only.

Anderson, H. *The Gospel of Mark.* NCB. London: Oliphants, 1976. **Bacon, B. W.** *The Gospel of Mark.* New Haven, CT: Yale UP, 1925. **Bartlet, J. V.** *St Mark.* New Century Bible. Edinburgh: T. C. & E. C. Jack; New York: Oxford UP, 1922. **Blunt, A. W. F.** *The Gospel according to Saint Mark.* The Clarendon Bible. Oxford: Clarendon, 1939. **Branscomb, B. H.** *The Gospel of Mark.* The Moffatt New Testament Commentary. London: Hodder and Stoughton, 1937. **Brooks, J. A.** *Mark.* NAC 23. Nashville: Broadman, 1991. **Brown, R. E.** *The Death of the Messiah: A Commentary on the Passion Narratives in the Four Gospels.* 2 vols. ABRL. New York: Doubleday, 1994. **Carrington, P.** *According to Mark.* Cambridge: Cambridge UP, 1960. **Chadwick, G. A.** *The Gospel according to St Mark.* The Expositors' Bible. London: Hodder & Stoughton/New Yark: Doran, 1887. **Cranfield, C. E. B.** *The Gospel according to Saint Mark.* CGTC. Cambridge: Cambridge UP, 1963. **Ernst, J.** *Das Evangelium nach Markus.* RNT. Regensburg: Pustet, 1981. **Gould, E. P.** *A Critical and Exegetical Commentary on the Gospel according to Saint Mark.* ICC. Edinburgh: T. & T. Clark, 1896. **Gnilka, J.** *Das Evangelium nach Markus.* 2 vols. EKK 2.1-2. Zürich: Benzinger/Neukirchen-Vluyn: Neukirchener Verlag, 1978, 1979. **Grundmann, W.** *Das Evangelium nach Markus.* THNT 2. 8th ed. Berlin: Evangelische Verlagsanstalt, 1980. **Guelich, R. A.** *Mark 1-8:26.* WBC 34A. Dallas: Word, 1989. **Gundry, R. H.** *Mark: A Commentary on His Apology for the Cross.* Grand Rapids, MI: Eerdmans, 1992. **Haenchen, E.** *Der Weg Jesu: EineErklärung des Markus-Evangeliums und der kanonischen Parallelen.* 2nd ed. Berlin: Töpelmann, 1966. **Harrington, W. J.** *Mark.* NTM 4. Rev. ed. Wilmington, DE: Glazier, 1985. **Hooker, M. D.** *The Gospel according to Saint Mark.* BNTC. London: A. & C. Black, 1991. **Hunter, A. M.** *The Gospel according to Saint Mark.* Torch Bible Commentaries 45. London: SCM Press, 1949. **Hurtado, L. W.** *Mark.* NIBC 2. Peabody, MA: Hendrickson, 1989. **Iersel, B. M. F. van.** *Mark: A Reader-Response Commentary.* JSNTSup 164. Sheffield: Sheffield Academic Press, 1998. **Johnson, S. E.** *A Commentary on the Gospel according to St. Mark.* BNTC. London: A. & C. Black, 1972. **Juel, D. H.** *Mark.* ACNT. Minneapolis: Augsburg, 1990. **Kloster-**

mann, E. *Das Markusevangelium.* HNT 3. 4th ed. Tübingen: Mohr-Siebeck, 1950. **Lachs, S. T.** *A Rabbinic Commentary on the New Testament: The Gospels of Matthew, Mark, and Luke.* Hoboken, NJ: Ktav, 1987. **Lagrange, M.-J.** *Évangile selon saint Marc.* Paris: Gabalda, 1929. **Lane, W. L.** *The Gospel according to Mark.* NICNT. Grand Rapids, MI: Eerdmans, 1974. **Lohmeyer, E.** *Das Evangelium des Markus.* MeyK 2. 11th ed. Göttingen: Vandenhoeck & Ruprecht, 1951. **Loisy, A.** *L'Évangile Marc.* Paris: Nourry, 1912. **Lührmann, D.** *Das Markusevangelium.* HNT 3. Tübingen: Mohr-Siebeck, 1987. **MacLear, G. F.** *The Gospel according to St Mark.* Cambridge Greek Testament for Schools and Colleges. Cambridge: Cambridge UP, 1904. **Malina, B. J.,** and **Rohrbaugh, R. L.** *Social-Science Commentary on the Synoptic Gospel.* Minneapolis: Fortress, 1992. **Mann, C. S.** *Mark.* AB 27. Garden City, NY: Doubleday, 1986. **Montefiore, C. G.** *The Synoptic Gospels.* 2vols. 2nd ed. London: Macmillan, 1927. **Moule, C. F. D.** *The Gospel according to Mark.* Cambridge Bible Commentary on the New English Bible. Cambridge: Cambridge UP, 1965. **Nineham, D. E.** *The Gospel of St Mark.* Pelican New Testament Commentaries. New York: Penguin, 1963. **Painter, J.** *Mark's Gospel.* New Testament Readings. London: Routledge, 1997. **Pesch, R.** *Das Markusevangelium.* 2vols. HTKNT 2.1-2. Freiburg: Herder, 1979, 1991. **Plummer, A.** *The Gospel according to St. Mark.* Cambridge Greek Testament for Schools and Colleges. Cambridge: Cambridge UP, 1914. **Radermakers, J.** *La bonne nouvelle de Jésus selon saint Marc.* Brussels: Institut d'Études Théologiques, 1974. **Rawlinson, A. E. J.** *St Mark.* 6th ed. London: Methuen, 1947. **Schmid, J.** *The Gospel according to Mark.* The Regensburg New Testament. Staten Island, NY: Alba House, 1968. **Schmidt, D. D.** *The Gospel of Mark.* Scholars Bible 1. Sonoma: Polebridge, 1990. **Schmithals, W.** *Das Evangelium nach Markus.* 2 vols. OTNT 2.1-2. Gütersloh: Mohn, 1979. **Schniewind, J.** *Das Evangelium nach Markus.* NTD 1. 10th ed. Göttingen: Vandenhoeck & Ruprecht, 1963. **Swete, H. B.** *The Gospel according to St Mark.* 3rd ed. London: Macmillan, 1913. **Schweizer, E.** *The Good News according to Mark.* Richmond, VA: John Knox, 1970. **Stock, A.** *The Method and Message of Mark.* Wilmington, DE: Glazier, 1989. **Taylor, V.** *The Gospel according to St Mark.* 2nd ed. London: Macmillan, 1966. **Turner, C. H.** *The Gospel according to St. Mark.* London: S. P. C. K.; New York: Macmillan, 1931. **Wellhausen, J.** *Das Evangelium Marci.* 2nd ed. Berlin: Reimer, 1909. **Williamson, L.** *Mark.* Interpretation: A Bible Commentary for Teaching and Preaching. Atlanta: John Knox, 1983.

주요 참고문헌

Abrahams, I. *Studies in Pharisaism and the Gospels.* 2 vols. Cambridge: Cambridge UP, 1917, 1924; repr. as one vol., New York: Ktav, 1967. **Ambrozic, A. M.** *The Hidden Kingdom: A Redaction-Critical Study of the References to the Kingdom of God in Mark's Gospel.* CBQMS 2. Washington, DC: Catholic Biblical Association, 1972. **Baarlink, H.** *Anfängliches Evangelium: Ein Beitrag zur näheren Bestimmung der theologischen Motive im Markusevangelium.* Kampen: Kok, 1977. **Beasley-Murray, G. R.** *Jesus and the Kingdom of God.* Grand Rapids, MI: Eerdmans, 1986. **Becker, J.** *Jesus of Nazareth.* New York; Berlin: de Gruyter, 1998. **Benoit, P.** *The Passion and Resurrection of Jesus Christ.* London: Darton, Longman & Todd, 1969; New York: Herder and Herder, 1970. **Best, E.** *Disciples and Discipleship: Studies in the Gospel according to Mark.* Edinburgh: T. & T. Clark, 1986. ______. *Following Jesus: Discipleship in the Gospel of Mark.* JSNTSup 4. Sheffield: JSOT Press, 1981. ______. *Mark: The Gospel as Story.* SNTW. Edinburgh: T. & T. Clark, 1983. ______. *The Temptation and the Passion.* SNTS 2. 2nd ed. Cambridge: Cambridge UP, 1990. **Black, C. C.** *The Disciples according to Mark.* JSNTSup 27. Sheffield: JSOT Press, 1989. **Black, M.** *An Aramaic Approach to the Gospels and Acts.* 3rd ed. Oxford: Clarendon, 1967. **Blackburn, B.** *θεῖος ἀνήρ and the Markan Miracle Traditions.* WUNT 2.40. Tübingen: Mohr-Siebeck, 1991. **Boismard, M.-É.** *L'Évangile de Marc: Sa préhistoire.* EBib 26. Paris: Gabalda, 1994. **Boring, M. E., Berger, K.,** and **Colpe, C.** *Hellenistic Commentary to the New Testament.* Nashville: Abingdon, 1995. **Böttger, P. C.** *Der König der Juden—Das Heil für die Völker: Die Geschichte Jesu Christi im Zeugnis der Markusevangelums.* Neukirchener Studienbücher 13. Neukirchener-Vluyn: Neukirchener Verlag, 1981. **Breytenbach, C.** *Nachfolge und Zukunftserwartung nach Markus: Eine methodenkritische Studie.* ATANT 71. Zürich: Theologischer Verlag, 1984. **Broadhead E. K.** *Teaching with Authority: Miracles and Christology in the Gospel of Mark.* JSNTSup 74. Sheffield: JSOT, 1992. **Bultmann, R.** *The History of the Synoptic Tradition.* Rev. ed. Oxford: Blackwell, 1972. **Burkill, T. A.** *Mysterious Revelation: An Examination of the Philosophy of St. Mark's Gospel.* Ithaca, NY: Cornell UP, 1963. **Burkitt, F. C.** *The Gospel History and Its Transmission.* 3rd ed. Edinburgh: T. & T. Clark, 1911. **Camery-Hoggatt, J.** *Irony in Mark's Gospel: Text and Subtext.* SNTSMS 72.

Cambridge: Cambridge UP, 1992. **Casey, M.** *Aramaic Sources of Mark's Gospel.* SNTSMS 102. Cambridge: Cambridge UP, 1998. **Chilton, B. D.** *A Galilean Rabbi and His Bible: Jesus' Use of the Interpreted Scripture of His Time.* GNS 8. Wilmington, DE: Glazier, 1984. **Collins, A. Y.** *The Beginning of the Gospel: Probings of Mark in Context.* Minneapolis: Fortress, 1992. **Cook, M. J.** *Mark's Treatment of the Jewish Leaders.* NovTSup 51. Leiden: Brill, 1978. **Crossan, J. D.** *The Historical Jesus: The Life of a Mediterranean Jewish Peasant.* San Francisco: HarperCollins, 1991. 355-60. ______. *In Fragments: The Aphorisms of Jesus.* San Francisco: Harper & Row, 1983. ______. "Redaction and Citation in Mark 11:9-10 and 11:17." *BR* 17(1972) 33-50. **Davies, W. D.,** and **Allison, D. C.** *The Gospel according to Saint Matthew.* 3 vols. ICC. Edinburgh: T. & T. Clark, 1988-97. **Dibelius, M.** *From Tradition to Gospel.* Cambridge: James Clarke, 1971. **Donahue, J. R.** *Are You the Christ? The Trial Narrative in the Gospel of Mark.* SBLDS 10. Missoula, MT: Society of Biblical Literature, 1973. **Dormeyer, D.** *Die Passion Jesu als Verhaltensmodell: Literarische und theologische Analyse der Traditions- und Redaktionsgeschichte der Markuspassion.* NTAbh 11. Münster: Aschendorff, 1974. **Evans, C. A.** *Jesus and His Contemporaries: Comparative Studies.* AGJU 25. Leiden: Brill, 1995. **Field, F.** *Notes on the Translation of the New Testament.* Cambridge: Cambridge UP, 1899. **Fitzmyer, J. A.** *The Gospel according to Luke.* AB 28 and 28A. 2 vols. Garden City, NY: Doubleday, 1981, 1985. **Fleddermann, H. T.** *Mark and Q: A Study of the Overlap Texts.* BETL 122. Leuven: Peeters and Leuven UP, 1995. **Flusser, D.** *Jesus.* Jerusalem: Magnes Press, 1997. **Fowler, R. M.** *Let the Reader Understand: Reader- Response Criticism and the Gospel of Mark.* Minneapolis: Fortress, 1991. **France, R. T.** *Jesus and the Old Testament.* London: Tyndale, 1971. **Freyne, S.** *Galilee, Jesus and the Gospels: Literary Approaches and Historical Investigations.* Philadelphia: Fortress, 1988. **Funk, R. W.** *The Synoptic Gospels.* Vol. 1 of *New Gospel Parallels.* Philadelphia: Fortress, 1985. ______ and **Smith, M. H.,** eds. *The Gospel of Mark: Red Letter Edition.* Sonoma: Polebridge, 1991. **Geddert, T. J.** *Watchwords: Mark 13 in Markan Eschatology.* JSNTSup 26. Sheffield: JSOT Press, 1989. **Grimm, W.** *Weil ich dich liebe: Die Verkündigung Jesu und Deuterojesaja.* ANTJ 1. Bern; Frankfurt am Main: Lang, 1976. **Gundry, R. H.** *Matthew: A Commentary on His Literary and Theological Art.* Grand Rapids, MI: Eerdmans, 1982. **Hagner, D. A.** *Matthew.* 2 vols. WBC 33A and 33B. Dallas: Word, 1993, 1994. **Hengel, M.** *Studies in the Gospel of Mark.* Philadelphia: Fortress, 1985. **Hooker, M. D.** *The Son of Man in*

Mark: A Study of the Background of the Term "Son of Man" and Its Use in St Mark's Gospel. London: S. P. C. K./ Montreal: McGill UP, 1967. **Horsley, R. A.** *Jesus and the Spiral of Violence: Popular Jewish Resistance in Roman Palestine.* San Francisco: Harper & Row, 1987. **Horstmann, M.** *Studien zur markinischen Christologie: Mk 8,27-9,13 als Zugang zum Christusbild des zweiten Evangeliums.* NTAbh 6. Münster: Aschendorff, 1969. **Iersel, B. M. F. van.** *Reading Mark.* Edinburgh: T. & T. Clark, 1988. **Jeremias, J.** *New Testament Theology: The Proclamation of Jesus.* Rev. ed. New York: Scribner's, 1971. **Juel, D.** *Messiah and Temple: The Trial of Jesus in the Gospel of Mark.* SBLDS 31. Missoula, MT: Scholars Press, 1977. **Kato, Z.** *Die Völkermission im Markusevangelium.* EHS 23. 252. Frankfurt am Main; Bern; New York: Lang, 1986. **Kazmierski, C. R.** *Jesus, the Son of God: A Study of the Markan Tradition and its Redaction by the Evangelist.* FB 33. Würzburg: Echter, 1979. **Kee, H. C.** *Community of the New Age: Studies in Mark's Gospel.* Philadelphia: Westminster, 1977. **Keener, C. S.** *A Commentary on the Gospel of Matthew.* Grand Rapids, MI: Eerdmans, 1999. **Kelber, W.**, ed. *The Passion in Mark: Studies on Mark 14-16.* Philadelphia: Fortress, 1976. **Kertelge, K.** *Die Wunder Jesu im Markusevangelium: Eine redaktionsgeschichtliche Untersuchung.* SANT 23. Munich: Kösel, 1970. **Kingsbury, J. D.** *The Christology of Mark's Gospel.* Philadelphia: Fortress, 1983. ______. *Conflict in Mark: Jesus, Authorities, Disciples.* Minneapolis: Fortress, 1989. **Koch, D. -A.** *Die Bedeutung der Wundererzählungen für die Christologie des Markusevangeliums.* BZNW 42. Berlin: de Gruyter, 1975. **Kuhn, H. -W.** *Ältere Sammlungen im Markusevangelium.* SNTU 8. Göttingen: Vandenhoeck & Ruprecht, 1971. **Kümmel, W. G.** *Promise and Fulfilment: The Eschatological Message of Jesus.* SBT 23. London: SCM Press; Naperville, IL: Allenson, 1957. **Latourelle, R.** *The Miracles of Jesus and the Theology of Miracles.* New York: Paulist, 1988. **Linnemann, E.** *Studien zur Passionsgeschichte.* FRLANT 102. Göttingen: Vandenhoeck & Ruprecht, 1970. **Loos, H. van der.** *The Miracles of Jesus.* NovTSup 9. Leiden: Brill, 1965. **Mack, B. L.** *A Myth of Innocence: Mark and Christian Origins.* Philadelphia: Fortress, 1988. **Manson, T. W.** *The Sayings of Jesus.* London: SCM Press, 1957. ______. *The Teaching of Jesus.* 2nd ed. Cambridge: Cambridge UP, 1935. **Marcus, J.** *The Way of the Lord: Christological Exegesis of the Old Testament in the Gospel of Mark.* Louisville: Westminster John Knox, 1992. **Marshall, C. D.** *Faith as a Theme in Mark's Narrative.* SNTSMS 64. Cambridge: Cambridge UP, 1989. **Martin, R. P.** *Mark: Evangelist and Theologian.* Exeter: Paternoster; Grand Rapids, MI: Zondervan, 1972. **Marxsen, W.** *Mark the Evangelist: Studies on the Redaction History of the Gospel.* Nashville: Abingdon, 1969. **Meier, J. P.** *A Marginal Jew: Rethinking the Historical Jesus.* 2 vols. ABRL. Garden City, NY: Doubleday, 1991. 1994. **Meye, R. P.** *Jesus and the Twelve: Discipleship and Revelation in Mark's Gospel.* Grand Rapids, MI: Eerdmans, 1968. **Meyer, B. F.** *The Aims of Jesus.* London: SCM Press, 1979. **Minette de Tillesse, G.** *Le secret messianique dans l'Evangile de Marc.* LD 47. Paris: Cerf, 1968. **Mohr, T. A.** *Markus- und Johannespassion: Redaktions-und traditionsgeschichtliche Untersuchung der markinischen und johanneischen Passionstradition.* ATANT 70. Zürich: Theologischer Verlag, 1982. **Moo, D. J.** *The Old Testament in the Gospel Passion Narratives.* Sheffield: Almond, 1983. **Moore, G. F.** *Judaism in the First Centuries of the Christian Era: The Age of the Tannaim.* 3 vols. Cambridge: Harvard UP, 1927-30. **Myllykoski, M.** *Die letzten Tage Jesu: Markus und Johannes, ihre Traditionen und die historische Frage.* Vol. 1. Annales Academiae Scientiarum Fennicae B/256. Helsinki: Suomalainen Tiedeakatemia, 1991. **Neirynck, F.** *Duality in Mark: Contributions to the Study of the Markan Redaction.* BETL 31. Rev. ed. Leuven: Peeters and Leuven UP, 1988. **Nolland, J.** *Luke.* 3 vols. WBC 35A, 35B, 35C. Dallas: Word, 1989, 1993. **Perrin, N.** *Rediscovering the Teaching of Jesus.* New York: Harper & Row, 1976. **Pesch, R.** *Das Evangelium der Urgemeinde.* Herder Bücherei 748. Freiburg: Herder, 1979. ______, ed. *Das Markus-Evangelium.* WF 411. Darmstadt: Wissenschaftliche Buchgesellschaft, 1979. **Petersen, N. R.**, ed. *Perspectives on Mark's Gospel.* Semeia 16. Missoula, MT: Scholars Press, 1979. **Pryke, E. J.** *Redactional Style in the Marcan Gospel.* SNTSMS 33. Cambridge: Cambridge UP, 1978. **Räisänen, H.** *The 'Messianic Secret' in Mark's Gospel.* Studies of the New Testament and Its World. Edinburgh: T. & T. Clark, 1990. **Reploh, K. G.** *Markus-Lehrer der Gemeinde: Eine redaktionsgeschichtliche Studie zu den Jüngerperikopen des Markusevangeliums.* SBM 9. Stuttgart: Katholischer Bibelwerk, 1969. **Rhoads, D.**, and **Michie, D.** *Mark as Story: An Introduction to the Narrative of a Gospel.* Philadelphia: Fortress, 1982. **Robbins, V. K.** *Jesus the Teacher: A Socio-Rhetorical Interpretation of Mark.* Minneapolis: Fortress, 1992. **Robinson, J. M.** *The Problem of History in Mark.* SNT 21. London: SCM Press, 1957. **Roloff, J.** *Das Derygma und der irdische Jesus: Historische Motive in den Jesus-Erzählungen der Evangelien.* Berlin: Evangelische Verlagsanstalt, 1973. **Sabbe, M.**, ed. *L'Évangile selon Marc: Tradition et rédaction.* BETL 34. Leuven: Leuven UP, 1974. **Sanders, E. P.** *Jesus and Judaism.* London: SCM Press;

Philadelphia: Fortress, 1985. **Sariola, H.** *Markus und das Gesetz: Eine redaktionskritische Untersuchung.* Annales academiae scientiarum fennicae dissertationes humanarum litterarum 56. Helsinki: Suomalainen Tiedeakatemian, 1990. **Schenk, W.** *Der Passionsbericht nach Markus: Untersuchung zur Überlieferungsgeschichte der Passionstraditionen.* Gütersloh: Moh, 1974. **Schenke, L.** *Der gekreuzigte Christus: Versuch einer literarkritischen und traditionsgeschichtlichen Bestimmung der vormarkinischen Passionsgeschichte.* SBS 69. Stuttgart: Katholisches Bibelwerk, 1974. ______. *Studien zur Passionsgeschichte des Markus: Tradition und Redaktion un Markus 14, 1-42.* FB 4. Würzburg: Echter, 1971. ______. *Die Wundererzählungen des Markusevangeliums.* SBB 5. Stuttgartt: Katholische Bibelwerk, 1974. **Schille, G.** *Offen Für alle Menschen: Redaktionsgeschichtliche Beobachtungen zur Theologie des Markus-Evangeliums.* AzTh 55. Stuttgart: Calwer, 1974. **Schlosser, J.** *Le règne de Dieu dans les dits de Jésus.* EBib. Paris: Gabalda, 1980. **Schmahl, G.** *Die Zwölf im Markusevangelium: Eine redaktionsgeschichtliche Untersuchung.* TThSt 30. Trier: Paulinus, 1974. **Schmidt, K. L.** *Der Rahmen der Geschichte Jesu: Literarkritische Untersuchungen zur ältesten Jesusüberlieferung.* Berlin: Trowitzsch, 1919. **Schneider, G.** *Die Passion Jesu nach den drei älteren Evangelien.* Biblische Handbibliothek 11. Munich: Kösel, 1973. **Schreiber, J.** *Theologie des Vertrauens: Eine redaktionsgeschichtliche Untersuchung des Markusevangeliums.* Hamburg: Furche, 1967. 126-45. **Schwarz, G.** *Jesus und Judas: Aramaistische Untersuchungen zur Jesus-Judas-Überlieferung der Evangelien und der Apostelgeschichte.* BWANT 123. Stuttgart: Kohlhammer, 1988. **Senior, D. P.** *The Passion of Jesus in the Gospel of Mark.* Wilmington, DE: Glazier, 1984. **Shiner, W. T.** *Follow Me! Disciples in Markan Rhetoric.* SBLDS 145. Atlanta: Scholars Press, 1995. **Söding, T.** *Glaube bei Markus: Glaube an das Evangelium, Gebetsglaube und Wunderglaube im Kontext der markinischen Basileiatheologie und Christologie.* SBB 12. Stuttgart: Katholisches Bibelwerk, 1985. **Sokoloff, M.** *A Dictionary of Jewish Palestinian Aramaic of the Byzantine Period.* Ramat-Gan: Bar Ilan University, 1990. **Standaert, B. H. M. G. M.** *L'évangile selon Marc: Composition et genre littéraire.* Nijmegen: Stichting Studentenpers, 1978. **Steichele, H. -J.** *Der leidende Sohn Gottes: Eine Untersuchung einiger alttestamentlicher Motive in der Christologie des Markusevangeliums.* Biblische Untersuchungen 14. Regensburg: Pustet, 1980. **Stock, A.** *Call to Discipleship: A Literary Study of Mark's Gospel.* GNS 1. Wilmington, DE: Glazier, 1982. **Stock, K.** *Boten aus dem Mit-Ihm-Sein: Das Verhältnis zwischen Jesus und den Zwölf* *nach Markus. AnBib 70.* Rome: Biblical Institute, 1975.

Stroker, W. D. *Extracanonical Sayings of Jesus.* SBL Resources for Biblical Study 18. Atlanta: Scholars Press, 1989. **Suhl, A.** *Die Funktion der alttestamentlichen Zitate und Anspielungen im Markusevangelium.* Gütersloh: Mohn, 1965. **Taylor, V.** *The Formation of the Gospel Tradition.* London: Macmillan, 1935. ______. *Jesus and His Sacrifice: A Study of the Passion Sayings in the Gospels.* London: Macmillan, 1937. **Telford, W. R.,** ed. *The Interpretation of Mark.* IRT 7. London: S. P. C. K.; Philadelphia: Fortress, 1985. **Theissen, G.** *The Gospels in Context: Social and Political History in the Synoptic Tradition.* Minneapolis: Fortress, 1991. ______. *The Miracle Stories of the Early Christian Tradition.* Edinburgh: T. & T. Clark; Philadelphia: Fortress, 1983. **Tolbert, M. A.** *Sowing the Gospel: Mark's World in Literary-Historical Perspective.* Minneapolis: Fortress, 1989. **Torrey, C. C.** *The Four Gospels: A New Translation.* 2nd ed. London: Hodder & Stoughton, 1947. ______. *Our Translated Gospels.* London: Hodder and Stoughton; New York: Harper & Brothers, 1936. **Trocmé, É.** *The Formation of the Gospel according to Mark.* London: S. P. C. K.; Philadelphia: Westminster. 1975. 208-40. **Tuckett, C. M.,** ed. *The Messianic Secret.* IRT 1. London: S. P. C. K.; Philadelphia: Fortress, 1983. **Via, D. O., Jr.** *The Ethics of Mark's Gospel: In the Middle of Time.* Philadelphia: Fortress, 1985. **Weeden, T. J.** *Mark: Traditions in Conflict.* Philadelphia: Fortress, 1971. **Weinacht, H.** *Die Menschwerdung des Sohnes Gottes im Markusevangelium: Studien zur Christologie des Markusevangeliums.* HUT 13. Tübingen: Mohr-Siebeck, 1972. **Weiss W.** *"Eine neue Lehre in Vollmacht": Die Streit-und Schulgespräche des Markus-Evangeliums.* BZNW 52. Berlin; New York: de Gruyter, 1989. **Westcott, B. F.,** and **Hort, F. J. A.** *The New Testament in the Original Greek: Introduction and Appendix.* 2 vols. New York: Harper & Brothers, 1882. **Williams, J. F.** *Other Followers of Jesus: Minor Characters as Major Figures in Mark's Gospel.* JSNTSup 102. Sheffield: Sheffield Academic Press, 1994. **Wrede, W.** *The Messianic Secret.* Edinburgh: T. & T. Clark, 1971. **Wright, N. T.** *Jesus and the Victory of God.* Christian Origins and the Question of God 2. London: S. P. C. K.; Minneapolis: Fortress, 1996.

서론

이하의 글들은 귤리히(R. A. Guelich)가 쓴 WBC 주석의 마가복음 제1권(WBC 34A)에 나오는 "서론"을 증보하고 일부는 개정하기 위한 것이다. 마가 우선설은 계속해서 도전을 받고 있고, 공관복음서들의 저작 연대의 순서는 주해에서 대단히 중요하기 때문에, 이 문제를 어느 정도 자세하게 살펴보는 것은 유익할 것이다. 또한 마가복음의 유형(genre)에 관한 몇 가지 문제도 살펴보는 것이 좋은데, 이는 유형 자체가 복음서 기자의 신학과 저술 목적에 대한 어느 정도의 통찰을 제공해 줄 것이기 때문이다. 아울러 마가복음 본문의 보존 및 복음서 단편들이 아주 오래되었다는 최근의 주장들도 검토될 것이다. 또한 일차적으로 마가복음 주석서의 하권에서 다루어질 쟁점들과 주제들을 독자들에게 소개하기 위하여, 우리는 서론에서 마가의 신학 중 몇몇 측면들도 거론하고자 한다. 끝으로 왜 복음서 기자가 마가복음을 썼고, 마가복음을 해석함에 있어서 어떠한 접근 방법을 취해야 하는가에 관한 구체적인 문제도 다루어질 것이다. 또한 마가복음이 쓰여지고 읽혀지고 들려진 곳인 로마 세계에 관해서도 서론에서 몇 가지 중요한 사항들을 언급해 둘 필요가 있다고 생각한다.

공관복음서들은 가장 오래된 복음서들인가?

참고문헌

Bell, H. I., and **Skeat, T. C.** *Fragments of an Unknown Gospel and Other Early Christian Papyri.* London: British Museum, 1935. **Blomberg, C. L.** "Tradition and Redaction in the Parables of the Gospel of Thomas." In *The Jesus Tradition Outside the Gospels.* Ed. D. Wenham. Gospel Perspectives 5. Sheffield: JSOT, 1984. 177-205. **Brown, R. E.** "The *Gospel of Peter* and Canonical Gospel Priority." *NTS* 33(1987) 321-43. ______. "The Gospel of Thomas and St John's Gospel." *NTS* 9(1962-63) 155-77. ______. "The Relation of 'The Secret Gospel of Mark' to the Fourth Gospel." *CBQ* 36(1974) 466-85. **Cameron,**

R. D. *The Other Gospels: Non-Canonical Gospel Texts.* Philadelphia: Westminster, 1982. ______. *Parable and Interpretation in the Gospel of Thomas.* FFNT 2.2. Sonoma, CA: Polebridge, 1986. **Chilton, B. D.** "The Gospel according to Thomas as a Source of Jesus' Teaching." In *The Jesus Tradition Outside the Gospels.* Ed. D. Wenham. Gospel Perspectives 5. Sheffield: JSOT, 1984. 155-75. **Crossan, J. D.** *The Cross That Spoke: The Origins of the Passion Narrative.* San Francisco: Harper & Row, 1988. ______. *Four Other Gospels: Shadows on the Contours of Canon.* Minneapolis: Winston-Seabury, 1985. ______. *The Historical Jesus: The Life of a Mediterranean Jewish Peasant.* San Francisco: HarperCollins, 1991. **Davies, S. L.** *The Gospel of Thomas and Christian Wisdom.* New York: Seabury, 1983. **Dehandschutter, B.** "L'Evangile de Thomas comme collection de paroles de Jésus." In *Logia—Les Paroles de Jésus—The Sayings of Jesus.* Ed. J. Delobel. BETL 59. Leuven: UP, 1982. 507-15. ______. "La parabole des vignerons homicides(Mc., XII, 1-12) et l'Évangile selon Thomas." In *L'Évangile selon Marc: Tradition et rédaction.* Ed. M. Sabbe. BETL 34. Leuven: Leuven UP, 1974. 203-19. ______. "Recent Research on the Gospel of Thomas." In *The Four Gospels 1992.* FS F. Neirynck, ed. F. Van Segbroeck et al. BETL 100. Leuven: Leuven UP, 1992. 2257-62. **Dodd, C. H.** "A New Gospel." In *New Testament Studies.* Manchester: Manchester UP, 1953. 12-52. **Evans, C. A.** *Non-Canonical Writings and New Testament Interpretation.* Peabody, MA: Hendrickson, 1992. 149-54, 220-26. ______, **Webb, R. L.**, and **Wiebe, R. A.** *Nag Hammadi Texts and the Bible: A Synopsis and Index.* NTTS 18. Leiden: Brill, 1993. **Fieger, M.** *Das Thomasevangelium: Einleitung, Kommentar und Systematik.* NTAbh 22. Münster: Aschendorff, 1991. **Fleddermann, H. T.** *Mark and Q.* **Gärtner, B.** *The Theology of the Gospel according to Thomas.* New York: Harper, 1961. **Grant, R. M.** *The Secret Sayings of Jesus.* Garden City, NY: Doubleday, 1960. **Green, J. B.** "The Gospel of Peter: Source for a Pre-Canonical Passion Narrative?" *ZNW* 78(1987) 293-301. **Haenchen, E.** *Die Botschaft des Thomas Evangeliums.* Berlin: Töpelmann, 1961. **Jeremias, J.** "An Unknown Gospel with Johannine Elements." In *New Testament Apocrypha.* Ed. E. Hennecke and W. Schneemelcher. 2 vols. Philadelphia: Westminster, 1963, 1965. 1:94-97. **Koester, H.** *Ancient Christian Gospels: Their History and Development.* London: SCM Press; Philadelphia: Trinity Press International, 1990. ______. *Introduction to the New Testament.* 2 vols. Berlin; New York: de Gruyter, 1982. **Lührmann, D.** "Das neue Fragment des P Egerton 2(P Köln 255)." In *The Four Gospels 1992.* FS F. Neirynck, ed. F. Van Segbroeck et al.

BETL 100. Leuven: Leuven UP, 1992. 2238-55. **Manson, T. W.** "The Life of Jesus: A Study of the Available Materials." *BJRL* 27(1942-43) 323-37. **Mayeda, G.** *Das Leben-Jesu-Fragment Papyrus Egerton 2 und seine Stellung in der urchristlichen Literaturgeschichte.* Bern: Haupt, 1946. **McCant, J. W.** "The Gospel of Peter: Docetism Reconsidered." *NTS* 30(1984) 258-73. **Meier, J. P.** *The Roots of the Problem and the Person.* Vol. 1. of *A Marginal Jew: Rethinking the Historical Jesus.* New York: Doubleday, 1991. 112-66. **Ménard, J. -E.** *L'Évangile selon Thomas.* NHS 5. Leiden: Brill, 1975. **Merkel, H.** "Auf den Spuren des Urmarkus?" *ZTK* 71(1974) 123-44. **Neirynck, F.** "La fuite du jeune homme en Mc 14, 51-52." *ETL* 55(1979) 43-66. ______. "Papyrus Egerton 2 and the Healing of the Leper." *ETL* 61(1985) 153-60. **Osborn, E.** "Clement of Alexandria: A Review of Research." *SecCent* 3(1983) 219-44. **Quesnell, Q.** "The Mar Saba Clementine: A Question of Evidence." *CBQ* 37(1975) 48-67. **Schrage, W.** *Das Verhältnis des Thomas-Evangeliums zur synoptischen Tradition und zu den koptischen Evangelienübersetzungen.* BZNW 29. Berlin: Töpelmann, 1964. **Sevrin, J. -M.** "Un groupement de trois paraboles contre les richesses dans l'Évangile selon Thomas: *EvTh* 63, 64, 65." In *Les paraboles évangéliques: Perspectives nouvelles.* Ed. J. Delorme. Paris: Cerf, 1989. 425-39. **Smith, M.** *Clement of Alexandria and a Secret Gospel of Mark.* Cambridge, MA: Harvard UP, 1973. **Snodgrass, K. R.** "The Gospel of Thomas: A Secondary Gospel." *SecCent* 7(1989-90) 19-38. ______. "The Parable of the Wicked Husbandmen: Is the Gospel of Thomas Version the Original?" *NTS* 21(1974-75) 142-44. **Solages, B. de.** "L'Évangile de Thomas et les évangiles canoniques: L'ordre des pericopes." *BLE* 80(1979) 102-8. **Stroker, W. D.** *Extracanonical Sayings.* **Tuckett, C. M.** *Nag Hammadi and the Gospel Tradition.* SNTW. Edinburgh: T. & T. Clark, 1986. ______. "Thomas and the Synoptics." *NovT* 30(1988) 132-57. **Vaganay, L.** *L'Évangile de Pierre.* EBib. Paris: Gabalda, 1930. **Wright, D. F.** "Apocryphal Gospels: The 'Unknown Gospel'(Pap. Egerton 2) and the *Gospel of Peter.*" In *The Jesus Tradition outside the Gospels.* Ed. D. Wenham. Gospel Perspectives 5. Sheffield: JSOT, 1984. 207-32.

최근에 몇몇 학자들, 특히 예수의 생애에 관한 연구에 관심이 있는 학자들은 소위 외경복음서들이 신약의 복음서들에 나오는 것만큼 오래되거나, 심지어 더 오래된 자료를 담고 있으리라 생각하고 그러한 저작들을 면밀하게 검토하기 시작했다. 어떤 학자들은 이 외경복음서들 중 일부는 신약의 복음서들보다 시기적으로 앞서고,

심지어 몇몇 경우들에는 신약의 복음서들의 자료로 사용되었을 것이라는 주장까지 제기한다 – 물론 이러한 주장은 도전을 받아 왔다. 하지만 이러한 문제는 중요하다. 왜냐하면 개별 본문들의 해석만이 아니라 어떤 문서들이 역사적 예수에 관하여 시기적으로 이르고 더 신빙성 있는 정보를 제공하고 있느냐라는 더 큰 문제가 이 문제에 달려 있기 때문이다. 마가복음과 외경복음서들(중요한 사본상의 이독[異讀]들 및 이른바 "아그라파"[agrapha], 즉 신약의 사복음서에 "기록되어 있지 않은" 예수의 말씀들을 포함해서) 간의 병행들은 다음과 같다(괄호 안에 표기된 교부 저자들은 해당 외경복음서의 출처를 나타낸다).

마가복음 1:4-6 || 에비온복음서 §2 (Epiphanius, *Refutataon of All Heresies* 30.13.4-5)
마가복음 1:9-11 || 에비온복음서 §4 (Epiphanius, *Refutataon of All Heresies* 30.13.7-8; 참조. 마 3:14-15; 눅 3:22); 히브리인복음서 §2 (Jerome, *Comm. Isa.* 4[사 11:2에 대한]); 나사렛인복음서 §2 (Jerome, *Pelag.* 3.2)
마가복음 1:16-20 || 에비온복음서 §1 (Epiphanius, *Refutataon of All Heresies* 30.13.2-3)
마가복음 1:40-45 || 에거튼 파피루스 §2
마가복음 2:15-17 || 옥시린쿠스 파피루스 1224 §1; Justin Martyr, *1 Apol.* 15.8
마가복음 2:18-20 || 도마복음서 §§27, 104
마가복음 2:21-22 || 도마복음서 §47
마가복음 2:23-28 || D사본(눅 6:15에 대한)
마가복음 3:1-6 || 나사렛인 복음서 §10(Jerome, *Comm. Matt.* 2[마 12:13에 대한])
마가복음 3:23-27 || 도마복음서 §35; Clement, *Exc.* 52.1
마가복음 3:28-30 || 도마복음서 §44
마가복음 3:31-35 || 도마복음서 §99; 에비온복음서 §5 (Epiphanius, *Refutataon of All Heresies* 30.13.5; *2 Clem.* 9:11)
마가복음 4:2-9 || 도마복음서 §9 (*1 Clem.* 24:5; Justin, *Dial.* 125.1)
마가복음 4:10-12 || *Ap. Jas.* [NHC I,2] 7.1-10
마가복음 4:11 || Clement, *Miscellanies* 5.10; *Ps.-Clem. Hom.* 19.20; Theodoret, *On the Psalms* 65.16
마가복음 4:13-20 || Ap. Jas. [NHC 1,2] 8.10-17
마가복음 4:21 || 도마복음서 §33
마가복음 4:22 || 옥시린쿠스 파피루스 654 §5; 도마복음서 §§5, 6
마가복음 4:24-25 || 도마복음서 §41 ; *Apoc. Pet.* [NHC VII, 3] 83.26-84.6
마가복음 4:24 || *1 Clem.* 13:1-2; Poly. *Phil.* 2:3; Clement, *Miscellanies* 2.18.91

마가복음 4:26-29 || 도마복음서 §21 : *Ap. Jas.* [NHC 1,2] 12.22-31
마가복음 4:30-32 || 도마복음서 §20
마가복음 6:4 || 옥시린쿠스 파피루스 1 §6; 도마복음서 §31
마가복음 7:1-5+11:27-28 || 옥시린쿠스 파피루스 840 §2
마가복음 7:6-8 || 에거튼 파피루스 2 §3
마가복음 7:14-15 || 도마복음서 §14
마가복음 8:17 || 베드로행전 §10
마가복음 8:27-30 || 도마복음서 §13
마가복음 8:31-33 || Ap. Jas. [NHC I,2] 5.31-6.11
마가복음 8:31+9:31+10:33-34 || Justin, *Dial.* 51.2; Ign. *Smyrn.* 3:3; *Apos. Con.* 6.30
마가복음 8:34 || 도마복음서 §§55, 101
마가복음 9:1 || 도마복음서 §18b
마가복음 9:34+10:43 || 도마복음서 §12
마가복음 9:40 || 옥시린쿠스 파피루스 1224 §2
마가복음 10:13-16 || 도마복음서 §22
마가복음 10:17-22 || 나사렛인복음서 §16 (Origen, *Comm. Matt.* 15.14[마 19:16-30에 대한])
마가복음 10:21 || Clement, *Miscellanies* 3.6.55
마가복음 10:28-30 || *Ap. Jas.* [NHC I,2] 4.22-37
마가복음 10:31 || 옥시린쿠스 파피루스 654 §4: 도마복음서 §4
마가복음 11 :22-23 || 도마복음서 §48, 106
마가복음 12:1-12 || 도마복음서 §65-66
마가복음 12:13-17 || 도마복음서 §100; 에거튼 파피루스 2 §3
마가복음 12:31 || 도마복음서 §25
마가복음 12:34 || 도마복음서 §82; Origen, *Hom. Jer.* 20.3
마가복음 13:5-6, 21-22, 26-27+14:62 || *Apoc. Pet.* §1; *Ep. Apos.* §9: *Apoc. El.* 1:8, 13-14; 3:1, 4; 5:2-4
마가복음 13:21 || 도마복음서 §113
마가복음 13:28-29+13:22-23+13:6 || *Apoc. Pet.* §2
마가복음 14:12 || 에비온복음서 §7 (Epiphanius, *Refutation of All Heresies* 30.22.4)
마가복음 14:22 || Apos. Con. 8.12.37
마가복음 14:27-30 || Fayyum Fragment
마가복음 14:36 || Hippolytus, *Refutation of All Heresies* 5.8.11
마가복음 14:38 || Tertullian, *Baptism* 20: *Didascalia Apostolorum* 2.8; *Apos. Con.* 2.8.2

마가복음 14:58 || 도마복음서 §71
마가복음 14:65 || 베드로복음서 3.9
마가복음 15:1-5 || 빌립행전 3:2
마가복음 15:6-15 || 빌립행전 4:4-5; 9:4-5
마가복음 15:7 || 나사렛인복음서 §20 (Jerome, *Comm. Matt.* 4[마 27: 16에 대한])
마가복음 15:16-20 || 베드로복음서 2.5-3.9; 빌립행전 10:1
마가복음 15:22-32 || 빌립행전 10:1
마가복음 15:33-39 || 베드로복음서 5.15-20; 빌립행전 11:1
마가복음 15:38 || 나사렛인복음서 §21 (Jerome, *Epist.* 120.8)
마가복음 15:40-41 || 빌립행전 11:2-3a
마가복음 15:42-47 || 베드로복음서 2.3-5; 6.21-24; 빌립행전 11:3b
마가복음 16:1-8 || 베드로복음서 9.35-13.57; 빌립행전 13:1-3
마가복음 16:14-18 || 빌립행전 14:1
마가복음 16:14-15 || W사본
마가복음 16:16 || Clement, *Miscellanies* 6.5.43

최근에 몇몇 학자들은 일부 외경복음서들(에거튼 파피루스 2, 베드로복음서, 히브리인복음서, 도마복음서 같은)이 신약의 복음서들로부터 독립적이거나 더 오래되었다고 주장해 왔다. 이러한 학자들 가운데서 가장 두드러진 이는 크로산(J. D. Crossan)일 것이다. 크로산(*Historical Jesus*, 427-34)은 외경복음서들의 저작 연대를 다음과 같이 추정한다: 도마복음서(초판본: 주후 50년대), 에거튼복음서(=에거튼 파피루스 2+쾰른 파피루스 255: 주후 50년대), 파이윰복음서 단편(=빈도보넨시스 그릭 파피루스 2325: 주후 50년대), 옥시린쿠스 파피루스 1224(주후 50년대), 히브리인복음서(주후 50년대), 십자가복음서(=베드로복음서의 절삭본: 주후 50년대), 애굽인복음서(주후 60년대[동일한 제목의 콥트어로 된 저작과 혼동하지 말 것, NHC III,2]), 마가비밀복음서(주후 70년대 초), 옥시린쿠스 파피루스 840(주후 80년대), 도마복음서(=옥시린쿠스 파피루스 1, 654, 655, NHC II,2; 후기본: 주후 60년대 또는 70년대), 대화록(=콥트어로 된 영지주의적 저작인 구원자의 대화록[=NHC III,5]의 절삭본: 주후 70년대 말[?]), 야고보 외전(=주후 2세기 전반에 저작되었지만 주후 50년대로 소급되는 전승들을 담고 있는 콥트어로 된 영지주의적 저작인 NHC I,2), 나사렛인복음서(주후 150년대), 에비온복음서(주후 150년대), 베드로복음서(주후 150년대). 크로산은 도마복음서, 에거튼복음서, 빈도보넨시스 그릭 파피루스 2325, 옥시린쿠스 파피루스 1224, 히브리인복음서, 애굽인복음서는 신약의 복음서들로부터 독립적이고, 구원자의 대화록과 야고보 외전은 독립적인 전승들을 포함하고 있다고 주장한다. 나아가 그는 현재 베드로복음서에 혼재되어 있는 십자가복음서는 수난 이야기로서 신약의 사복음서의 토대가 되었다고 결론을 내린다(참조. Crossan, *The Cross that Spoke*, 404).

이러한 연대기적 순서를 전제하고 있기 때문에, 크로산이 자주 외경복음서들에 나오는, 신약의 복음서들과 병행을 이루는 전승들이 신약의 전승들보다 더 오래되었고 사료적 가치로도 우수하다고 주장하는 것은 이상한 일이 아니다. 흔히 그는 예수의 가르침의 가장 초기의 원형을 외경복음서들에서 찾는다. 예를 들면, 크로산(*JBL* 90[1971] 451-65; *Historical Jesus*, 351-52)은 악한 포도원 농부들에 관한 비유(막 12:1-9)의 가장 초기 판본은 도마복음서 §65에 보존되어 있다고 믿는다. 마가 자신의 신학을 반영하고 있는 것으로 생각되는 이사야 5:1-7의 인용문, 기독론, 반성전(反聖殿) 주제들이 없다는 점을 들어서, 크로산은 이 비유에 대한 도마복음서의 판본이 원형에 가장 가깝다고 말한다. 쾨스터(Koester, *Introduction*, 2:152), 데이비스(Davies, *Thomas and Christian Wisdom*), 캐머론(Cameron, *Parable and Interpretation*)은 도마복음서의 가장 초기 형태는 신약의 복음서들의 영향을 받지 않고 1세기에 쓰여졌다고 이구동성으로 주장한다. 그러나 다른 학자들은 이 비유에 대한 도마복음서 판본은 누가 판본을 편집해서 축약한 형태일 뿐이라고 주장하면서 이러한 해석을 반박한다(참조. Dehandschutter, "La parabole des vignerons homicides," 203-19; Sevrin, "Un groupement," 433-34; 또한 이 대목에 관한 "양식/구조/배경"을 보라).

또한 크로산은 흔히 외경복음서들에 보존된 판본의 이야기들(narratives)을 더 선호한다. 그는 예수의 수세(受洗) 이야기의 가장 초기 형태는 히브리인복음서 §2(Jerome, *Comm. Isa.* 4[사 11:2에 대한])에서 찾아볼 수 있다고 믿는다.

> 주께서 물에서 올라오실 때 원반 모양의 성령이 주께 임하여 머무르며 말씀하셨다. 내 아들아, 나는 모든 선지자들 속에 네가 와서 너에게 머물게 되기를 기다려 왔다. 너는 나의 안식이기 때문이다. 너는 영원히 다스릴 나의 독생자니라.(Cameron, *Other Gospels*, 85)

크로산이 무슨 이유로 이 판본이 "가장 초기의 본문"이라고 결론내릴 수 있었는지를 알기는 어렵다(*Historical Jesus*, 232). 이 판본은 후대의 것으로서 이차적이라는 것을 보여 주는 몇 가지 지표가 있다. (1) 예수를 "주"로 호칭하는 것은 후대의 것이다(초기 본문인 마가를 누가와 비교해 보라). (2) "원반 모양"의 성령이라는 표현은 후대의 윤색(潤色)일 것이다. (3) "나는 모든 선지자들 속에 네가 와서 너에게 머물게 되기를 기다려 왔다"라는 말은 경건한 문구의 첨가인 것으로 보인다. 요세푸스의 글(*Ant.* 18.3.3 §64)에 나오는 이와 비슷한 첨가문과 비교해 보라: "하나님의 선지자들이 그에 관하여 이러한 것들 및 그 밖의 헤아릴 수 없이 많은 다른 기이한 일들을 예언했다." (4) 이 본문의 나머지는 기독교의 신앙고백 및 신학과 관련된 자료들을 편집한 것으로 보인다("안식"에 대해서는 히 4:1-11을, "독생자"에 대해서는 롬 8:29; 골 1:15, 18을, "영원히 다스릴"에 대해서는 눅 1:33; 계 11:15; 22:5을 보라). 마가의 판본은 히브리인복음서에 나오는 것보다 분명히 시기적으로 앞서고 좀더 초기 형태다.

아마도 크로산(*Cross that Spoke*)이 제기한 가장 도전적인 주장은 신약의 사복음서가 베드로복음서에 나오는 초기 형태의 "십자가복음서"에 의존했다는 주장일 것이다. 관련된 본문들은 다음과 같이 되어 있다(독자의 편의를 위해서 마가 본문의 순서를 따른다).

> 그는 그들의 명절인 무교절 전날에 그분을 백성들에게 넘겼다. 백성들은 주를 넘겨받아 서둘러 떠밀면서 "우리가 그를 수중에 넣었으니 하나님의 아들을 끌어내자"고 말했다. 그들은 그분에게 자색옷을 입히고 재판석에 앉힌 후에 "이스라엘의 왕이시여! 의롭게 판단하옵소서!"라고 말했다. 백성들 중 하나는 가시 면류관을 가져와서 주의 머리 위에 씌웠다. 곁에 서 있던 어떤 사람들은 그분의 얼굴에 침을 뱉었고, 어떤 사람들은 그분의 뺨을 때렸으며, 어떤 사람들은 갈대로 그분을 찔렀고, 어떤 사람들은 채찍질하면서 "그러한 예우로써 우리로 하여금 하나님의 아들을 예우케 해보라"고 말했다. (베드로복음서 2.5b-3.9=마가복음 14:65+15:16-20; Funk, *New Gospel Parallels*, 272)

> 그들은 두 범죄자를 데려가서 주를 그들 중앙에 못박았다. 그러나 그분은 아무런 고통도 느끼지 못하는 듯 평안을 지키셨다. 그들은 십자가를 세운 뒤에 거기에 "이는 이스라엘의 왕이라"고 썼다. 그들은 그분의 옷들을 그분 앞에 놓아 둔 채 제비를 뽑아 서로 나눠 가졌다. 그러나 범죄자들 중 하나가 "우리는 우리가 지은 나쁜 일로 인하여 고통을 당하는 것이지만, 사람들의 구원자가 된 이 사람이 당신들에게 무슨 잘못을 했단 말이오?"라고 말하며 그들을 꾸짖었다. 그들은 그에게 노했고, 고통 속에서 죽어 가도록 그분의 다리를 꺾지 말라고 명했다. (베드로복음서 4.10-14=마가복음 15:22-32+누가복음 23:39-41; Funk, *New Gospel Parallels*, 275)

> 때는 정오였는데, 어둠이 온 유대를 뒤덮었다. 갑자기 그들은 그분이 아직 살아 있었기 때문에 해가 이미 진 것이 아닌가 걱정하며 불안해했다 〈왜냐하면〉 해가 지도록 죽은 자

를 매달아 놓아서는 안 된다고 성경에 기록되어 있기 때문이다[참조. 신 21:22-23]. 그들 중의 하나가 "신 포도주를 탄 담즙을 그에게 마시우라"고 말했다. 그들은 이를 섞어서 그 분에게 마시라고 주었다. 그들은 모든 것을 이루었고, 그들의 머리 위에 자신들의 죄의 분량을 채웠다. 많은 사람들이 등불을 들고 갔고, 그들은 때가 밤이라고 생각했기 때문에 잠을 자러 갔다(또는 넘어졌다). 주께서는 "나의 힘이시여, 힘이시여, 당신은 나를 버리셨나이다!"라고 소리치며 부르짖으셨다. 이 말을 하고 그분은 운명하셨다. 바로 그 시에 예루살렘 성전의 휘장이 둘로 찢어졌다. (베드로복음서 5.15-20=마가복음 15:33-38; Funk, *New Gospel Parallels*, 277)

거기에는 빌라도의 벗인 요셉이 서 있었는데, 그들이 그분을 곧 못박을 것임을 알고 요셉은 빌라도에게 가서 주의 시신을 장사케 해달라고 청했다. 빌라도는 헤롯에게 사람을 보내어 그분의 시신을 청했다. 그러자 헤롯은 "형제 빌라도여, 아무도 그의 시신을 청하지 않았다고 해도 안식일이 다가오고 있으므로 우리는 그를 장사지내야 하오. 율법에 해가 지도록 죽은 자를 매달아 놓아서는 안 된다고 쓰여 있소"라고 말했다. (베드로복음서 2:3-5a=마가복음 15:42-45; Funk, *New Gospel Parallels*, 278)

그러자 유대인들은 주의 손들로부터 못들을 빼고 그분을 땅에 눕혔다. 온 땅이 진동했고, 큰 두려움이 임했다. 그런 후에 해가 〈다시〉 빛났고, 때는 제9시였다. 유대인들은 즐거워하며 시신을 요셉에게 내주었는데, 그는 그분(예수)이 행한 모든 선한 일을 보았기 때문에 그 시신을 장사지내고자 했다. 그는 주를 받아서 물로 씻기고 세마포로 싼 후에 요셉의 동산이라 불리는 자신의 무덤으로 그분을 가져갔다. (베드로복음서 6.21-24=마가복음 15:45-46; Funk, *New Gospel Parallels*, 278)

주의 날이 동터오는 그 밤에, 병사들이 매 경(更)마다 둘씩 짝을 지어 보초를 서고 있었는데 하늘에서 큰 음성이 울려 퍼졌고, 그들은 하늘이 열리고 두 사람이 거기로부터 빛나는 모습으로 내려와 무덤으로 다가오는 것을 보았다. 무덤 입구에 기대놓은 돌이 저절로 구르기 시작하더니 옆으로 비켜났고, 무덤이 열리자 두 젊은이는 안으로 들어갔다. 이 광경을 본 병사들은 백부장과 장로들을 깨웠다–왜냐하면 그들도 보초를 돕기 위해 거기에 있었기 때문이다. 자기들이 본 일을 말하고 있는 동안에, 병사들은 다시 세 사람이 무덤에서 나오는 것을 보았는데, 두 사람이 한 사람을 부축하고 있었고, 그들 뒤에는 십자가가 따랐으며, 두 사람의 머리는 하늘에 닿았고, 두 사람이 손으로 부축한 사람의 머리는 하늘을 관통했다. 그들은 "너는 잠자는 자들에게 전하였다"고 외치는 하늘에서 나는 음성을 들었고, 십자가로부터 "예"라는 대답 소리를 들었다. 그래서 이 사람들은 빌라도에게 가서 이 일을 보고할 것인지를 서로 상의했다. 그들이 아직 숙의하고 있을 동안에, 하늘이 다시 열리는 것이 보였고, 한 사람이 내려와서 무덤 속으로 들어갔다. 백부장의 군대에 속해 있던 병사들은 이를 보고 자기들이 지키고 있던 무덤을 버려 둔 채 야밤에 빌라도에게 급히 달려가서 잔뜩 불안한 표정으로 자기들이 본 일을 모두 보고하고는 "진실로 그는 하나님의 아들이었나이다"라고 말했다. 빌라도가 대답하여 가로되 "이 일은 너희가 결정했으니, 나는 하나님의 아들의 피로부터 깨끗하다"고 말했다. 이때 모두가 그에게 와서 백부장 및 병사들에게 그들이 본 일을 아무에게도 발설하지 말라고 명하도록 간청하였다. "유대인 백성들의 손에 떨어져 돌에 맞아 죽느니 차라리 하나님 앞에서 중죄를 짓는 것이 더 낫소이다"라고 그들은 말했다. 그래서 빌라도는 백부장 및 병사들에게 아무것도 발설하지 말도록 명했다.

주일 날 아침에 일찍 주의 여제자인 막달라 마리아 – 격분해 있던 유대인들이 두려워서 그녀는 죽은 자의 사랑을 받은 자들로서 여인들이 해야 할 일을 주의 무덤에서 하지 못했었다 – 는 다른 여인들과 함께 그분이 누워 있는 무덤으로 갔다. 그들은 유대인들이 자기들을 보면 어쩌나 하고 두려워했지만, "그가 못 박히던 그 날에는 우리가 울며 애곡할 수 없었어도, 이제 그의 무덤에서 그렇게 하도록 하자. 그러나 누가 우리를 위해서 무덤 입구에 놓인 돌을 굴려 주어 우리로 하여금 들어가서 그의 곁에 앉아 우리가 마땅히 해야 할 일을 할 수 있게 해주겠는가? – 돌이 컸기 때문이다 – 그리고 우리는 누가 우리를 볼까 봐 두렵다. 우리가 그렇게 할 수 없다면, 그를 기념하기 위해 가져온 것을 입구에 놓아둔 후에 집으로 돌아갈 때까지 울며 애곡하기라도 하자"라고 말했다.

그런데 그녀들은 가서 무덤이 열려 있는 것을 알았다. 그녀들은 다가가서 몸을 구푸렸고, 거기에 잘 생기고 밝게 빛나는 옷을 입은 한 젊은이가 무덤 한가운데 앉아 있는 것을 보았는데, 그는 여자들에게 "너희가 무슨 일로 왔느냐? 너희는 누구를 찾느냐? 십자가에 못 박히신 분이 아니냐? 그는 살아나셨고 떠나셨느니라. 그러나 너희가 믿지 않는다면, 몸을 구푸려 이리로 와서 그가 누워 있던 자리를 보아라. 그는 여기에 없느니라. 그는 살아나셨고, 그가 원래 계시던 곳으로 가셨느니라"고 말했다. 여인들은 깜짝 놀라 도망쳤다. (베드로복음서 9.35-13.57=마가복음 16:1-8+15:39+마태복음 27:24+28:11-15+요한복음 20: 11-12; Funk, *New Gospel Parallels*, 281)

자료는 아무리 솜씨 좋게 잘라 붙이고 재구성해 놓았다고 할지라도 신약 복음서들의 수난 이야기들의 토대가 된 보다 원형에 가까운 전승층이라고 믿기가 어렵다. 1세기 전의 학자들은 베드로복음서에서 독립적인 전승들을 전혀 발견하지 못했다(참조. Dodd, "New Gospel," 46: "정경의 사복음서에 의존하고 있고, 그 어떠한 독립적인 전승에도 의존하고 있지 않다"; Manson, *BJRL* 27[1942-43] 323-37). 보다 최근에는 바가네(Vaganay, *L'Evangile de Pierre*), 맥캔트(McCant, *NTS* 30[1984] 258-73), 라이트(Wright, "Apocryphal Gospels," 207-32), 브라운(R. E. Brown, *NTS* 33[1987] 321-43)이 베드로복음서는 마태에 의존하고 있고, 아마도 신약의 다른 복음서들에도 의존하고 있는 것으로 보인다고 주장하면서 이와 비슷한 결론에 도달했다.

그린(Green, *ZNW* 78[1987] 293-301)도 이에 동의하면서, 크로산이 말하는 절삭본인 이른바 십자가복음서조차도 마태복음을 토대로 거기에 수식을 덧붙인 것에 지나지 않는다는 결론을 내린다(마가와 병행되는 몇몇 대목들도 있긴 하지만). 십자가복음서에서 사용된 어휘들을 검토한 마이어(Meier, *Roots of the Problem*, 117-18)도 그린의 결론과 일치한다. "십자가 복음서는 정경 복음서들이 읽혀지고 설교되는 것을 수없이 들은 그리스도인들의 기억과 생생한 상상력을 통해서 재현된 정경 복음서들의 전승들을 짜 맞춘 2세기의 저작이다." 이 외경복음서 전체를 관통하는 것은 기독론에 대한 강조(예를 들어, "주"와 "하나님의 아들"이라는 칭호의 빈번한 사용) 및 난제(難題)들에 대한 해명(2.3-5a: 예수의 시신이 쉽게 요셉에게 넘어간 내력; 12.50-54: 여인들이 예수를 위해 울지도 않고 그의 시신을 매장할 준비도 하지 않은 이유 및 여인들이 닫힌 무덤에 접근할 수 있었을 것으로 기대했느냐는 문제) 등 두드러진 변증적 목적이다. 끝으로 베드로복음서는 반(反)셈족 사상의 흔적들(5.17: "그들은…그들의 머리 위에 그들의 죄의 분량을 채웠다"; 12.50: "격노한 유대인들이 두려워서") 및 가현설적(假現說的, docetic) 영지주의(4.10: "그러나 그분은 마치 고통을 느끼지 못하는 것처럼 평안을 지켰다"; 5:19: "나의 힘이시여, 힘이시여!…이 말을 한 후 그분은 운명하셨다")로 채색되어 있는 것 같다는 말도 덧붙여야 할 것 같다.

마가복음이 십자가복음서에 의존하고 있다는 크로산의 주장에서 또 하나의 문제점은 마가가 십자가복음서의 수난 기사는 이용하면서도 부활 기사를 이용하지 않은 이유를 어떻게 설명할 수 있느냐는 것이다. 다른 증거들이 시사해 주듯이, 베드로복음서(와 가설적인 십자가복음서)가 공관복음서들에 의존했다고 가정하면 이 문제는 해결된다. 공관복음서들은 여인들이 빈 무덤에 간 기사(막 16:1-8)까지는 마가의 본문과 일치하고, 그 다음 부분에서는 마태, 누가, 베드로복음서가 사용한 마가 본문에 부활 기사가 나오지 않기 때문에 각자의 길을 갔다. 베드로복음서는 마태와 누가가 자기 길을 간 것과 동일한 이유로, 즉 마가에는 자료로 삼을 부활 기사가 없었기 때문에 마가 본문을 따르지 못한 것이다. (막 16:9-20은 마태복음 및 누가복음-사도행전이 출간된 후에야 기록되었다.) 이러한 설명은 마가가 베드로복음서의 수난 기사는 따랐으나 그 부활 기사는 따르지 않았다는 것을 믿으라고 우리에게 요구하는 주장보다 더 가능성 있는 설명임에 틀림없다.

에거튼 복음서와 마가 비밀복음서는 문제가 더 많다. 1935년에 벨과 스키트(Bell and Skeat, *Fragments of an Unknown Gospel*)에 의해 출간된 에거튼 복음서는 네 개의 단편(斷片)으로 현존한다. 에거튼 파피루스는 1946년에 마예다(Mayeda, *Das Leben-Jesu-Fragment Papyrus Egerton 2*)가 이 복음서는 신약의 그 어떤 복음서에도 의존하지 않았다고 주장함으로써 학자들의 관심을 끌게 되었다. 대부분의 학자들은 이 복음서의 단편들 모두가 요한복음 및 공관복음서들에 의존하고 있음을 보여 준다는 점을 들어서 마예다의 주장에 동의하지 않았다(Dodd, "A New Gospel," 12-52; Jeremias, "An Unknown Gospel," 1:96; Meier, "Apocryphal Gospels," 207-32; id., *SecCent* 5[1985-86] 129-50). 라이트(Wright, "Apocryphal Gospels," 207-32; *SecCent* 5[1985-86] 129-50)는 파피루스 에거튼 2가 실제로는 베드로복음서의 일부라고 생각한다. 문둥병자를 깨끗케 한 이야기(P. Eger. 2 §2=막 1:40-44)를 보자.

> 보라, 한 문둥병자가 그분에게 와서 "예수 선생이시여, 문둥병자들과 함께 돌아다니고 주막에서 함께 먹다가 저 자신이 문둥병자가 되었나이다. 그러므로 [주께서 원하신다면] 저는 깨끗케 되리이다"라고 말했다. 그러자 주께서 그에게 "내가 원하노니, 깨끗케 될지니라!"라고 말씀하셨다. [그러자 즉시] 문둥병이 그를 떠나갔다. 예수께서 그에게 "가서 네 몸을 [제사장들]에게 보이고, 모세가 명한 대로 제물을 드리고, 더 이상 죄를 짓지 말라"고 말씀하셨다. (Koester, *Ancient Christian Gospels*, 212)

쾨스터(Koester, *Ancient Christian Gospels*, 212-13)에 의하면, 이 이야기의 이 판본은 신약의 복음서들로부터 독립적이라고 한다. 쾨스터는 이 판본이 마가복음 1:40-44의 토대가 된 더 오래된 판본이라고 생각한다. 많은 학자들이 마가의 편집이라고 믿고 있는 비밀 유지 명령(참조. 막 1:43, 44a)이 이 판본에 없는 것도 그의 주장에 유리하게 작용했다. "예수 선생(διδάσκαλε=랍비)"이라는 부름말은 1세기 말과 2세기에 걸쳐 생겨난 관용 표현을 반영한 것일 가능성이 크다(참조. Meier, *Roots of the Problems*, 119-20). 히브리인복음서에서 가져온 위의 예에서처럼, 여기서도 예수를 "주"로 지칭하는 후대의 표현이 나온다. 이 이야기의 마태 판본에는 비밀 유지 명령에 관한 내용의 일부(즉, 막 1:43)가 나오지 않는 것으로 보아서, 파피루스 에거튼 2에 이 내용이 없는 것은 마태의 영향일 수 있다(이 비밀 유지 명령을 완화시키거나 때로는 완전히 삭제하는 경향을 보여 주는 마태 및 누가와 마찬가지로, 이 파피루스의 저자에게도 마가의 비밀 유지 명령이라는 주제가 더 이상 흥미를 끌지 못했을 가능성은 말할 것도 없고). "더 이상 죄를 짓지 말라"는 결론적인 권면은 아마도 요한복음 5:14(또는 요 8:11)에서 가져온 것 같고, 어떻게 병에 걸렸는가에 관한 문둥병자의 설명은 이 이야기를 허구적으로 꾸민 내용인 것 같다. 그러므로 이 이야기의 에거튼 파피루스 판본이 신약의 복음서들로부터 독립적이라거나 원형에 더 가까운 보다 오래된 판본인지는 분명치 않다.

마가복음 12:13-15과 병행을 이루는 다음의 예는 파피루스 에거튼 2가 신약의 사복음서에 의존하고 있다는 것을 다시 한 번 시사해 준다.

> …그들은 그에게 와서 "선생 예수여, 우리는 당신이 [하나님께로부터] 왔음을 압니다. 당신이 행하시는 일이 모든 선지자들을 능가하여 증거하고 있기 때문입니다. 왕들에게 그들의 통치에 속한 것을 바치는 것이 가한지를 우리에게 말씀해 주십시오. 우리가 그것을 바쳐야 합니까 말아야 합니까?"라는 질문으로 그분을 시험했다. 그러나 예수는 그들의 속셈을 알고 화를 내시며 "어찌하여 너희가 나를 너희의 입으로 선생이라 부르면서 내가 말하는 것을 행하지 않는 것이냐? 이사야가 '이 백성이 입술로는 나를 존중하여도 그 마음은 내게서 머니, 그들이 헛되이 나를 예배하는도다'라고 말했으니 너희에 관하여 잘 예언하였다"라고 말씀하셨다. (파피루스 에거튼 2 §3; Koester, *Ancient Christian Gospels*, 213-14)

이 본문과 병행되는 마가복음 12:13-15, 요한복음 3:2, 누가복음 6:46, 마가복음 7:6-7=마태복음 15:7-9이 있지만(참조. Lührmann, "Das neue Fragment," 2249-51; Stroker, *Extracanonical Sayings*, 16), 쾨스터(*Ancient Christian Gospels*, 214-16)는 이 이상한 판본의 전승이 신약의 복음서들에 의존하고 있다고 생각하지 않는다. 그 이유는 이 파피루스의 저자가 자신의 판본의 이야기를 쓰면서 복음서들을 왔다갔다했을 것이라고 그가 생각하지 않기 때문이다. 실제로 쾨스터는 요한복음과 공관복음을 결합한 이러한 판본이 신약의 복음서들보다 시기적으로 앞선다고 생각한다. 크로산(*Four Other Gospels*, 86)은 마가가 파피루스 에거튼 2에 보존되어 있는 것 같은 본문에 "직접적으로 의존하고 있다"고 생각한다. 그러나 그러한 결론에는 여러 가지 문제점이 있다. 첫째, 앞에서도 언급했듯이 예수를 "예수 선생"으로 호칭하는 것은 1세기 말까지는 전혀 생겨나지도 않았고 2세기에 가서야 보편화된 관례를 반영하는 것이다(Dodd, "A New Gospel," 21). 둘째, 마이어(*Roots of the Problem*, 119)는 복수형 "왕들"이라는 표현은 공관복음서(와 도마복음서 §100)에서 발견되는 단수형 "가이사"에 비해 이차적이라고 생각한다. 셋째, "당신이 하시는 일이 모든 선지자들을 능가하여 증거한다"는 아첨의 말은 요한복음 1:34, 45을 반영한 것으로서 예수의 동시대인들이 예수에게 보였던 존경을 과장하는 경향이 있던 후대의 경건한 기독교인들의 수식문구를 연상시킨다(히브리인복음서 §2와 Josephus, *Ant.* 18.3.3 §64에 나오는 예들을 생각해 보라). 넷째, 요한복음과 공관복음서의 내용을 혼합해 놓은 것이 좀더 본래적인 것이고, 그 각각의 내용을 따로 담고 있는 것이 부차적이라는 쾨스터의 주장은 받아들이기가 어렵다. 예수께서 하나님으로부터 오셨다는 언급과 예수의 행위가 증거가 된다는 것은 요한복음의 독특한 기독론의 중요한 요소들이다. 요한복음의 그러한 중요한 개념들이 공관복음서 이전의 전승들에서 발견되는 것이 과연 가능할까? 반대로 파피루스 에거튼 2는 본래적인 자료라기보다는 공관복음서와 요한복음의 자료들을 배합했을 가능성이 훨씬 더 높다. 끝으로, 질문들 및 이야기들을 서로 섞어놓는 일은 다른 외경복음서들(참조. 마 24:45-51; 25:14-30; 그리고 아마도 눅 15:30을 결합해 놓은 것으로 보이는 나사렛인복음서 §18)과 초기 기독교 저자들(참조. Justin, *1 Apol.* 15에서 사랑하라는 계명을 얘기하면서 그는 기억에 의존해서 마 5장과 눅 6장을 번갈아 인용한다)에서 드문 일이 아니었다. 실제로 질문들을 섞어놓는 일은 영지주의 문헌들에서 흔한 일이었다(참조. *Exegesis on the Soul*[NHC II,6] 135.15-19; 여기에서 예수는 두 개의 축복문을 얘기하는데, 하나는 마 5:4에서, 다른 하나는 눅 6:21a에서 가져온 것이다). 이러한 점들을 고려할 때, 에거튼 파피루스는 신약의 복음서들에 비해 이차적인 것으로 보는 것이 현명한 일일 것이다.

마가 비밀복음서는 알렉산드리아의 클레멘트(주후 150-215년경)에 의해서 쓰여진 것으로 알려진 한 서신에서 발견되었다. 이 서신 및 이 서신에 담긴 복음서 단편들에 대한 "비평판"과 주석서는 스미스(M. Smith, *Secret Gospel of Mark*)에 의해 출간되었다. 스미스는 1958년에 마르 사바(Mar Saba)에서 이 사본을 발견해서 사진 촬영해 두었다고 주장했지만, 1973년이 되어서야 자신이 소장한 본문과 주석서를 간행했다. 스미스 외에는 이 사본을 본 사람이 없기 때문에, 우리는 오로지 스미스의 사진들에만 의존해야 한다. 따라서 이 서신의 진정성은 여전히 확증되지 않고 있다. 게다가 퀘스넬(Quesnell, *CBQ* 37[1975] 48-67)은 이 서신이 (최근에) 위조된 문서인 것으로 의심하고 있다(참조. Osborn, *SecCent* 3[1983] 223-25; Merkel, *ZTK* 71[1974] 130-36). 이 서신이 진정한 것이라 할지라도, 마가 비밀복음서의 진정성이나 신빙성이 확증되는 것은 결코 아니다(이 복음서가 신약의 복음서들에 의존하고 있다는 것에 대해서는 Brown, *CBQ* 36[1974] 466-85; Neirynck, *ETL*[1979] 43-66를 보라).

영지주의적 복음서들은 예수로부터 나온 초기의 신빙성 있는 전승들을 담고 있을 가능성이 거의 없다. 터켓(Tuckett, *Nag Hammadi and the Gospel Tradition*)은 도마복음서를 제외하면 이러한 저작들은 신약의 복음서들로부터 독립적인 예수 전승들을 담고 있다는 그 어떠한 증거도 발견하지 못했다. 그러나 도마복음서는 어떠한가? 내 판단으로는 이 "복음서"가 공관복음서 이전의 좀더 본래적인 전승을 담고 있다는 주장은 매우 의심스러워 보인다. 신약 성경에 속한 절반 이상의 책들(마태복음, 마가복음, 누가복음, 요한복음, 사도행전, 로마서, 고린도전후서, 갈라디아서, 에베소서, 골로새서, 데살로니가전서, 디모데전서, 히브리서, 요한일서, 요한계시록; 참조. Evans, Webb, and Wiebe, *Nag Hammadi Texts*, 88-144)을 직접 또는 간접 인용하고 있는 도마복음서는 신약 성경과 2세기의 영지주의 사상들을 제시하기 위하여 흔히 알레고리적으로 해석된 외경 자료들을 합성한 것에 지나지 않는 것으로 보인다(Blomberg, "Tradition and Redaction," 177-205; Brown, *NTS* 9[1962-63] 155-77; Dehandschutter, "L'Evangile de Thomas," 507-15; id., "Recent Research," 2257-62; Fieger, *Thomasevangelium*). 더욱이 도마복음서에 담겨 있는 전승들은 신약의 저작들보다 앞선 시대적 배경을 반영하고 있지 않은데, 이 때문에 크로산은 현존하는 콥트어 및 헬라어 본문들로부터 도마복음서의 초기 판본을 추출해 내고자 시도한다(좀 더 초기의 독립적인 전승을 반영하고 있는 것으로 보이는 몇몇 말씀들을 추출해 내려는 조심스러운 시도에 대해서는 Chilton, "The Gospel according to Thomas," 155-75; Tuckett, *NovT* 30[1988] 132-57를 보라).

도마복음서를 신약의 복음서들로부터 독립적이라고 보는 것의 주된 문제점은 마태(M자료), 누가(L자료), 요한에 특유한 자료들이 상당수 이 복음서에 포함되어 있다는 사실이다.

도마복음서와 M자료 간의 병행들:
마태 5:10 || 도마 §69a
마태 5:14 || 도마 §32(=P.Oxy. 1 §7)
마태 6:2-4 || 도마 §§6, 14(=P.Oxy. 654 §6)
마태 6:3 || 도마 §62
마태 7:6 || 도마 §93
마태 10:16 || 도마 §39
마태 11:30 || 도마 §90
마태 13:24-30 || 도마 §57
마태 13:44 || 도마 §109
마태 13:45-46 || 도마 §76
마태 13:47-50 || 도마 §8
마태 15:13 || 도마 §40
마태 18:20 || 도마 §30(=P.Oxy. 1 §5)
마태 23:13 || 도마 §§39, 102(=P.Oxy. 655 §2)

도마복음서와 L자료 간의 병행들:
누가 11:27-28 + 23:29 || 도마 §79

누가 12:13-14 || 도마 §72
누가 12:16-21 || 도마 §63
누가 12:49 || 도마 §10
누가 17:20-21 || 도마 §§3(=P.Oxy. 654 §3), 113

도마복음서와 요한복음 간의 병행들:
요한 1:9 || 도마 §24(=P.Oxy. 655 §24)
요한 1:14 || 도마 §28(=P.Oxy. 1 §28)
요한 4:13-15 || 도마 §13
요한 7:32-36 || 도마 §38(=P.Oxy. 655 §38)
요한 8:12; 9:5 || 도마 §77

도마복음서가 정말 초기의 독립적인 자료 모음집이라면, 이토록 많은 마태, 누가, 요한의 특수자료를 포함하고 있는 것이 가능한 일일까? 이러한 문제점을 감지한 쾨스터(*Ancient Christian Gospels*, 86-107)는 L자료와의 모든 병행들과 M자료와의 몇몇 병행들을 Q의 것으로 돌린다. 그러나 그러한 주장은 근거가 없다. M자료, L자료, 요한자료가 도마복음서에 포함되어 있다는 것은 이 복음서가 신약의 복음서들에 의해서 영향을 받았음을 보여 주는 것일 가능성이 훨씬 더 높다고 하겠다.

도마복음서가 초기의 독립적인 전승 모음집이 아님을 보여 주는 가장 강력한 증거는 마태와 누가의 편집 구절에 나타나는 특징들이 도마복음서에서도 발견된다는 사실일 것이다. 위에서 M자료로 인용된 구절들 중 둘(마 15:13; 13:24-30)은 마태의 편집을 보여 주는 구절들이다(Gundry, *Matthew*, 261-62, 306-7). 도마복음서에서 이 세 전승과 병행되는 그 밖의 다른 말씀들도 다가 본문이 아니라 마태 본문과 일치한다(참조. 마 15:11=도마복음서 §34b; 마 12:50=도마복음서 §99). 구제, 기도, 금식을 병치해 놓은 마태의 특유한 배열법(마 6:1-18)도 도마복음서 §6(=P. Oxy. 654 §6)과 §14에 반영되어 있는 것으로 보인다. 도마복음서에서 구제, 기도, 금식은 유대인들의 경건에 대한 영지주의적 반감을 반영하여 부정적인 시각에서 논의되고 있는데, 이는 도마복음서가 마태복음에 비해 이차적임을 보여 주는 것임에 틀림없다. 이 모든 것들은 도마복음서가 마태복음의 영향을 받았음을 시사해 준다.

솔라쥐(De Solages, *BLE* 80[1979] 102-8)와 크로산(*Four Other Gospels*, 35-36)은 도마복음서에 나오는 단락들의 순서가 공관복음서들을 따르지 않고 있다는 것도 이 "복음서"의 자료가 공관복음서로부터 독립적이라는 증거라고 주장한다. 그러나 도마복음서에 나오는 많은 말씀들이 주제별로, 그리고 때로는 연결어(catchword)들을 통해서 묶여져 있다는 증거가 있다. 세브랭(Sevrin, "Un groupement," 438-39)에 의하면, 도마복음서 §§63, 64, 65는 재물과 물질주의를 반대하는 저자의 변증의 일부로서 묶여져 있다고 한다(이것은 비유들이 짧은 형태를 취하고 있는 이유도 설명해준다). 게다가 마이어(Meier)는 여러 대목들을 섞어서 한데 묶어놓는 일은 영지주의 문서들에서 흔한 일이었다는 점을 지적한다. 그는 "나사렛인복음서는 요한복음 6:53-56; 마태복음 5:20; 요한복음 3:5; 마가복음 10:38; 요한복음 8:21; 13:33을 한데 묶어서 하나의 말씀을 만들어 놓았다"고 말한다(*Roots of the Problem*, 161, n. 116). 그가 든 예 외에도 나그 함마디(Nag Hammadi)에 나오는 추가적인 예들이 더 있다(참조. 마 6:34b+10:10b+10:25a을 인용하고 있는 *Dial. Sav.*[NHC III,5] §53 139.9-11; 마 23:9+5:14a+12:50+16:26a을 인용하고 있는 *Interp. Know.*[NHC XI, 1] 9.28-35).

또한 도마복음서가 누가복음의 영향을 받았음을 보여 주는 증거가 있다. 누가복음의 기자는 "드러내려 하지 않고는 숨긴 것이 없고"라는 마가 본문(4:22)을 "숨은 것이 장차 드러나지 아니할 것이 없고"(눅 8:17)로 수정한다. 바로 이러한 수정된 누가의 판본이 도마복음서 §§5-6에 나오고, 파피루스 옥시린쿠스 654 §5에는 누가의 본문과 정확히 일치하는 헬라어 병행본문이 보존되어 있는데, 이는 누가 본문이 후대의 콥트어 역본에만 영향을 미쳤다는 주장을 반박하는 것이다(Meier, *Roots of the Problem*, 136; Tuckett, *NovT* 30[1988] 146). 그 밖의 다른 대목들에도 도마복음서가 누가복음을 따랐음을 보여 주는 증거들이 있다(도마복음서 §10은 눅 12:49의 영향을 받음[참조. Fitzmyer, *Luke*, 2:994]; 도마복음서 §16은 눅 12:51-53 및 마 10:34-39의 영향을 받음[참조. Ménard, *L'Évangile selon Thomas*, 94-95, 103; Schrage, *Das Verhältnis des Thomas-Evangeliums*, 58-59]; 도마복음서 §§55, 101은 눅 14:26-27 및 마 10:37의 영향을 받음[참조. Fitzmyer, *Luke*, 2:1061; Menard, *L'Évangile selon Thomas*, 157; Schrage, *Das Verhältnis des Thomas-Evangeliums*, 120]).

도마복음서를 마가-Q 중복 전승과 비교해 보아도 비슷한 결과가 나온다. 플레더만(Fleddermann, *Mark and Q*, 21)은 다음과 같은 14개의 병행들을 찾아냈다.

마가복음 + Q	도마복음서
3:22-27 (+마 12:22-30, 43-45 = 눅 11:14-15, 17-26)	§35
3:28-30 (+마 12:32=눅 12:10)	§44

4:21 (+마 5:15=눅 11:33)	§33
4:22 (+마 10:26=눅 12:2)	§5 (= P.Oxy. 654 §5) + §6b
4:25 (+마 25:29=눅 19:26)	§41
4:30-32 (+마 13:31=눅 13:18-19)	§20
6:7-13 (+마 9:37-38; 10:7-16; 11:21-23; 10:40=눅 10:2-16)	§§14, 73
8:34b (+마 10:38=눅 14:27)	§55
10:31 (+마 20:16=눅 13:30)	§4 (= P.Oxy. 654 §4)
11:22-23 (+마 17:20=눅 17:6)	§48, 106
11:24 (+마 7:8=눅 11:10)	§2 (= P.Oxy. 654 §2), §94
13:12 (+마 10:34-36=눅 12:51-53)	§16
13:21 (+마 24:26=눅 17:23)	§113
13:31 (+마 5:18=눅 16:17)	§11

플레더만(*Mark and Q*, 217)은 이렇게 말한다. "이러한 본문들은 도마가 공관복음서들의 편집된 본문을 알고 있었음을 거듭거듭 보여 준다. 도마는 편집된 마태 본문을 7번[§§14, 20, 33, 44, 48, 55, 106], 편집된 마가 본문을 4번[§4, 20, 35, 41], 편집된 누가 본문을 7번[§§5, 6b, 14, 16, 33, 55, 113], 편집된 마가 본문이거나 누가 본문인 것을 1번[§44] 반영하고 있다. 이와 같이 도마가 세 공관복음서의 편집된 본문을 널리 알고 있었다는 것은 도마가 공관복음서들에 의존하고 있음을 입증해 주는 것이다."

이러한 증거를 감안할 때, 게르트너(Gärtner, *Theology of the Gospel according to THomas*, 26-27, 34, 42-43), 그랜트(Grant, *Secret Sayings*, 113), 헨헨(Haenchen, *Die Botschaft*, 67-68), 마이어(Meier, *Roots of the Problem*, 130-39), 슈라게(Schrage, *Das Verhältnis des Thomas-Evangeliums*, 1-11), 스노드그래스(Snodgrass, *SecCent* 7[1989-90] 19-38; *NTS* 21[1974-75] 142-44), 터켓(Tuckett, *NovT* 30[1988] 157) 등의 학자들이 도마복음서는 신약의 복음서들에 의존하고 있기 때문에 공관복음서 이전의 독립적인 자료로 보아서는 안 된다는 결론을 내린 것은 이상한 일이 아니다.

이러한 고찰들을 고려하면, 도마복음서를 비롯한 위에서 검토한 여러 외경복음서들로부터 공관복음서 및 요한복음 이전의 전승을 추출해 내려는 시도들은 사변적이고 위험스러운 것으로 보인다. 공관복음서 이전의 복음서들이 존재하는 것이 입증되었다는 식의 전제는 더더욱 위험천만한 일이다. 2세기에 나오는 복음서들로부터

1세기의 본래적인 자료들 또는 "본문들"을 추출해 낸다거나 약간의 파피루스 단편들로 된 외경복음서들의 기원 및 신학적 경향을 일반화하여 주장하는 일은 아무리 좋게 봐도 위험을 많이 감수하는 학문적 태도가 아닐 수 없고, 나쁘게 말하면 현존하는 증거를 특별히 편애하여 비객관적으로 평가하는 것이라고 하겠다. 크로산, 쾨스터를 비롯한 여러 학자들의 사변적인 재구성들과 상상력에 의거한 배경 설정은 제쳐두고라도, 외경복음서들 중 그 어느 것이 신약의 복음서들 이전에 존재했다거나 현존하는 자료들 중 그 어느 것이 신약의 복음서들 이전에 존재했던 복음서의 중요한 일부를 포함하고 있다는 것을 보여 주는 증거는 실제로 전무하다. 게다가 몇몇 개별 말씀들이 신약의 복음서들에서 발견되는 것보다 더 이른 시기의 본래적인 형태의 전승들을 나타낸다는 증거들은 미미하고 전혀 결정적이지 못하다. 그럼에도 불구하고 본 주석서에서는 그러한 가능성들을 해당되는 대목들에서 고려하고자 한다.

공관복음서 문제

참고문헌

Boismard, M.-É. *L'Évangile de Marc: Sa préhistoire.* EBib n. s. 26. Paris: Gabalda, 1994. ______. "Influences matthéennes sur l'ultime rédaction de l'Evangile de Marc." In *L'Évangile selon Marc: Tradition et Rédaction.* Ed. M. Sabbe. BETL 34. Leuven: Leuven UP, 1974. 93-101. **Butler, B. C.** *The Originality of St Matthew: A Critique of the Two-Document Hypothesis.* Cambridge: Cambridge UP, 1951. **Chilton, B. D.** *Profiles of a Rabbi: Synoptic Opportunities in Reading about Jesus.* BJS 177. Atlanta: Scholars Press, 1989. **Farmer, W. R.** ed. *New Synoptic Studies: The Cambridge Gospels Conference and Beyond.* Macon, GA: Mercer UP, 1983. ______. "State *Interesse* and Marcan Primacy: 1870-1914." In *The Four Gospels 1992.* FS F. Neirynck, ed. F. Van Segbroeck et al. BETL 100. Leuven: Leuven UP, 1992. 2477-98. ______. *The Synoptic Problem: A Critical Analysis.* New York: Macmillan, 1964. **Fitzmyer, J. A.** *The Gospel according to Luke I-IX. 63-106.* ______. "The Priority of Mark and the 'Q' Source in Luke." In *Jesus and Man's Hope.* Ed. D. G. Buttrick and J. M. Bald. 2 vols. Pittsburgh: Pittsburgh Theological Seminary, 1970. 1:131-70(repr. in J. A. Fitzmyer. *To Advance the Gospel.* New York: Crossroad, 1981. 3-40). **Fleddermann, H. T.** *Mark and Q.* **Goodacre, M.** "Fatigue in the

Synoptics." *NTS* 44(1998) 45-58. **Goulder, M. D.** *Luke: A New Paradigm.* 2 vols. JSNT-Sup 20. Sheffield: JSOT, 1989. **Gundry, R. H.** "Matthean Foreign Bodies in Agreements of Luke with Matthew against Mark: Evidence that Luke Used Matthew." In *The Four Gospels 1992.* FS F. Neirynck, ed. F. Van Segbroeck. BETL 100. Leuven: Leuven UP, 1992. 1467-95. **Hawkins, J. C.** *Horae Synopticae: Contributions to the Study of the Synoptic Problem.* 2nd ed. Oxford: Clarendon, 1909. **Holtzmann, H. J.** *Die synoptischen Evangelien: Ihr Ursprung und geschichtlicher Charakter.* Leipzig: Engelmann, 1863. **Johnson, S. E.** *The Griesbach Hypothesis and Redaction Criticism.* SBLMS 41. Atlanta: Scholars Press, 1991. **Kloppenborg, J. S.** *The Formation of Q.* Philadelphia: Fortress, 1987. **Meijboom, H. U.** *A History and Critique of the Origin of the Marcan Hypothesis 1835-1866.* New Gospel Studies 8. Leuven: Peeters/Macon, GA: Mercer UP, 1993. **Neirynck, F.** *Evangelica: Gospel Studies—Etudes d'évangile.* Ed. F. Van Segbroeck. BETL 60. Leuven: Leuven UP, 1982. ______. *The Minor Agreements of Matthew and Luke against Mark with a Cumulative List.* BETL 37. Leuven: Leuven UP, 1974. **New, D. S.** *Old Testament Quotations in the Synoptic Gospels, and the Two-Document Hypothesis.* SBLSCS 37. Atlanta: Scholars Press, 1993. **Orchard, J. B.,** and **Riley, H.** *The Order of the Synoptics: Why Three Synoptic Gospels?* Macon, GA: Mercer UP, 1987. **Parker, P.** *The Gospel before Mark.* Chicago: University of Chicago Press, 1953. **Robinson, J. M.** "The Sayings of Jesus: Q." *Drew Gateway* 54(1983-84) 26-38. ______. "The Sayings Gospel Q." In *The Four Gospels 1992.* FS F. Neirynck, ed. F. Van Segbroeck et al. BETL 100. Leuven: Leuven UP, 1992. 361-88. **Sanday, W.,** ed. *Oxford Studies in the Synoptic Problem.* Oxford: Clarendon, 1911. **Sanders, E. P.** and **Davies, M.** *Studying the Synoptic Gospels.* London: SCM; Philadelphia: Trinity Press International, 1989. **Stein, R. H.** "The Matthew-Luke Agreements against Mark: Insight from John." *CBQ* 54(1992) 482-502. **Stoldt, H.-H.** *History and Criticism of the Marcan Hypothesis.* Macon, GA: Mercer UP, 1980. **Streeter, B. H.** *The Four Gospels: A Study of Origins.* 2nd ed. London: Macmillan, 1930. **Tuckett, C. M.** *The Revival of the Griesbach Hypothesis: An Analysis and Appraisal.* SNTSMS 44. Cambridge: Cambridge UP, 1983. **Turner, N.** *Style.* Vol. 4 of *A Grammar of New Testament Greek.* Edinburgh: T. & T. Clark, 1976. **Walker, W. O.,** ed. *The Relationships among the Gospels: An Interdisciplinary Dialogue.* Trinity University Monograph Series in Religion 5. San Antonio, TX: Trinity UP, 1978. **Weisse, C. H.** *Die evangelische Geschichte, kritisch und philosophisch bearbeitet.* 2 vols. Leipzig: Breitkopf und Härtel, 1838. **Wenham, J.** *Redating Matthew, Mark and Luke: A Fresh Assault on the Synoptic Problem.* London: Hodder & Stoughton, 1991. **Westcott, B. F.** *An Introduction to the Study of the Gospels.* London: Macmillan, 1862. **Wilke, C. G.** "Uber die Parabel von den Arbeitern im Weinberge Matth. 20.1-16." *ZWT* 1(1826) 73-88.

마가복음을 학문적으로 다루고자 하는 경우에는 소위 공관복음서 문제에 관한 어느 하나의 해법을 전제하지 않으면 안 된다. 공관복음서 문제는 마태, 마가, 누가복음의 자료들이 광범위하게 서로 중복되는 현상에서 기인한다. 이 세 복음서는 공통의 내용을 공유하고 그 중 상당수가 어휘상으로도 매우 밀접할 뿐만 아니라 내용을 전체적으로 동일한 순서로 배열하고 있기도 하다. 이 복음서들은 서로 매우 밀접한 병행을 이루기 때문에 병행단락들을 나란히 두어서 "한눈에 보는 것"이 가능한데, 이 때문에 "공관"(共觀, synoptic; *συνόψις*에서 유래)복음서라는 말이 생겨났다. 게다가 공관복음서를 요한복음과 비교해 보면, 그 관계의 밀접성이 더욱 두드러진다.

이러한 밀접한 연관성 때문에 매우 이른 시기부터 기독교 해석자들은 공관복음서들 사이에는 모종의 문헌적 의존성이 존재한다는 결론을 내렸다. 어거스틴(주후 400년경)은 마태복음이 가장 초기의 복음서이고 마가복음은 마태복음의 축약판이라고 믿었다(참조. *Cons.* 1.2.4). 마태 우선설은 19세기까지 통설로 남아 있었다. 어거스틴이 제시한 것보다 더 복잡한 이론들은 19세기에 이르러서 출현하기 시작했다. 1764년에 오웬(H. Owen, *Observations on the Four Gospels*[London: Payne])은 마태복음이 최초로 쓰여졌고, 누가복음은 마태를 사용했으며, 가장 마지막에 나온 마가복음은 마태와 누가를 사용했다는 식으로 세 복음서의 관계를 설명하고자 했다. 이와는 달리 2년 후에 뷔슁(A. F. Büsching, *Harmonie der Evangelien*[Hamburg])은 누가복음이 최초로 쓰여졌고, 마태는 누가를 사용했으며, 마가는 누가와 마태를 사용했다는 결론에 도달했다. 그리스바흐(*Opuscular Academica*, ed. I. P. Gabler[Jena: Frommanni, 1824-25] 2:241-56에 재수록된 J. J. Griesbach, "Inquisitio in fontes, unde evangelistae suas de resurrectione domini narrationes hauserint")는 오웬의 입장으로 되돌아가서 1783년에 마태복음이 최초로 쓰여졌고, 누가는 마태를 사용했으며, 마가는 마태와 누가를 축약하고 합성했다는 결론을 내렸다. "그리스바흐 가설"(Griesbach Hypothesis)로 알려지게 된 이 학설은 거의 한 세기 가까이 지배적인 학설이 되었다.

그리스바흐 가설은 19세기에 독일과 영국에서 도전을 받았다. *An Introduction to*

*the Study of the Gospels*에서 웨스트콧(B. F. Westcott)은 복음서 기자들은 문서 및 구전 자료들을 각각 독립적으로 사용했다고 주장했다. 그리고 이 자료들 중 몇몇이 둘 이상의 복음서 기자들에게 공통적으로 사용되었기 때문에, 학자들이 공관복음서 문제라고 부르는 현상이 생겨나게 되었다는 것이다. 독일 학자들과는 대조적으로, 웨스트콧은 복음서들 자체를 자료로 보는 이론들에 의지하지 않아도 된다고 생각했다. 그러나 "미시적 상호의존론"(micro-interdependence thery)이라 할 수 있는 웨스트콧의 해법은 특히 복음서들의 공통된 이야기 구조와 순서를 설명할 수 없기 때문에 지지를 얻지 못했다. 샌데이(W. Sanday)의 옥스퍼드 복음서 세미나(*Oxford Studies*를 보라)의 영향을 받아서, 학자들은 여전히 복음서들이 자료들로서 서로 얽혀 있다고 확신했다. 그러므로 그들은 공관복음서 문제는 "거시적 상호의존론"이라는 견지에서 해결되어야 한다고 믿었다.

웨스트콧의 접근 방법은 다른 형태로이긴 하지만 칠튼(B. D. Chilton)이 쓴 최근의 연구서인 *Profiles of a Rabbi*에서 또다시 부활했다. 웨스트콧의 접근 방법 및 스탠튼(V. H. Stanton)이 주장한 공관복음서들의 유대적 배경설에 공감한 칠튼은 고전 문헌이 아니라 랍비 문헌이 공관복음서들과의 비교를 위한 적절한 모델이 될 수 있다고 믿었다. 칠튼은 랍비 및 탈굼 전승들 속에서 수많은 "공관복음서적인 것들"을 찾아낸다. 탈굼들은 회당에서, 즉 예배 및 성경 해석이라는 상황 속에서 형성되었고, "복음서들도 탈굼들과 흡사한 방식으로 형성되었다"고 그는 주장한다(*Profiles of a Rabbi*, 120-21). 칠튼의 제안은 진지하게 고려해 볼 가치가 있는데, 이는 복음서들의 모든 내용을 문서들 및 상호 의존성이라는 견지에서 설명해야 한다는 부담으로부터 해석자들을 자유롭게 해주기 때문이다. (또한 복음서들은 구조적으로는 어느 정도 상호 의존적이지만 어휘상으로는 독립적이라고 주장하는 Wenham, *Redating*을 보라.) 그러나 공관복음서 문제는 단지 많은 병행단락들만의 문제가 아니라 내용을 큰 덩어리로 묶고 순서에 따라 배열한 현상도 다룬다. 따라서 공관복음서 문제가 제대로 해결되려면 공관복음서 이야기 구조 전체가 해명되지 않으면 안 된다. 칠튼의 제안은 이런 문제를 해결할 수 있는가? 여러 랍비들의 것으로 돌릴 수 있는 말들이 공관복음서의 많은 대목들에서 나온다는 것은 사실이다. 랍비 문헌은 연속된 전기적 이야기 구조를 포함하고 있지 않다. 이 매우 중요한 점에서 랍비 문헌에 나오는 공관복음서적 전승들과 세 공관복음서 간의 병행은 성립되지 않는다. 게다가 랍비 전승들은 여러 세기에 걸쳐 이루어진 것들인 반면에, 공관복음서들은 2-30년 동안에 저작되었다(공관복음서를 랍비 문헌과 비교하는 일의 가능성 및 문제점들에 대한 논의로는 W. O. Walker, ed., *Relationships among the Gospels*, 195-258에 수록된 L. H. Silbernab, J. A. Sanders, J. A. Fitznyer의 글들을 보라). 칠튼의 제안은 제4복음서가 공관복음서들 중 하나 이상에 의존하고 있다는 주장들보다는 분명히 더 잘 공관복음서들과 제4복음서 간의 병행들을 설명해 줄 수 있다. 그러나 공관복음서들에 공통된 이야기 구조와 순서는 어떻게 설명될 수 있는가? 제4복음서가 공관복음서들과 다른 이야기 구조를 지닌다는 점이 제4복음서가 공관복음서들로부터 독립적임을 보여 주는 표시가 되는 것과 마찬가지로, 공관복음서들 상호간의 공통된 순서 배열은 그들간의 상호 의존성을 보여 주는 것이 아닌가? 랍비 및 탈굼 자료들과 관련된 칠튼의 중요한 통찰들에도 불구하고, 공관복음서 문제는 거시적 상호 의존설의 입장에서 접근하는 것이 최선인 것 같다. 그러나 이러한 입장을 취한다고 해서 최초의 공관복음서가 나온 후에도 구전 전승이 계속해서 문서 전승에 영향을 끼쳤을 가능성을 배제하는 것은 아니다.

마가 우선설을 주장한 최초의 학자는 분명히 빌케(C. G. Wilke, *ZWT* 1[1826] 73-88)였다. 그러나 마가 우선설에 강력한 힘을 실어 준 것은 마가의 이야기 순서가 마태 및 누가의 이야기들과 관련하여 그 중간 입장을 취하고 있다는 라흐만(K. Lachmann)의 고찰이었다. 라흐만에 의하면, 세 복음서 중에서 마가가 본래의 이야기 및 순서에 가장 가깝다는 것이다. 몇몇 학자들은 이러한 고찰로부터 마태와 누가는 마가에 의존했음이 틀림없다고 추론했다. 이러한 설명이 가능하긴 하지만, 마가가 중간적 입장을 취하고 있다는 사실 자체로 그러한 설명이 필연적으로 도출되는 것은 아니다. 마가의 중간적 입장은 마가가 마태와 누가에 의존한 결과로도 쉽게 설명될 수 있기 때문이다. (마가 우선설이야말로 마가가 취하고 있는 중간적 입장을 설명해 줄 수 있는 유일한 결론이라는 가정은 "라흐만 오류"[Lachmann Fallacy]로 불리게 되었다. Butler, *Originality of St Matthew*, 62-71를 보라. 하지만 라흐만 자신이 이 오류에 책임이 있는 것은 아니었다. 그런 주장을 한 최초의 학자는 바이스[Weisse, *Die evangelische Geschichte*]였다.) 그럼에도 불구하고 라흐만의 연구는 마태 우선설의 전통에 대한 확신을 뒤흔드는 효과를 가져왔다.

마태 우선설에 대한 가장 영향력 있고 지속적인 도전은 마가복음의 초기 형태(Urmarkus)가 최초로 쓰여졌고, 마태와 누가는 서로 독립적으로 이 마가복음의 초고(草稿) 및 다른 어록 자료를 사용했다는 결론을 내린 홀츠만(H. J. Holtzmann)의 *Die synoptischen Evangelien*에서 나왔다. 홀츠만은 마가복음의 초기 형태를 "A문서"로, 마태와 누가에 공통적인 마가 이외의 자료를 "B문서"(나중에 독일어 Quelle["자료"]의 약자인 "Q"로 널리 알려지게 된)로 명명했다. 그래서 그는 자신의 주장을 "두 자료 가설"이라 불렀다. 모든 학자들이 홀츠만의 결론에 즉각적으로 동의한 것은 아니었지만, 그 후 수십 년 동안 그의 학설은 점차적으로 통설이 되어 갔다. (원마가설[Urmarkus theory]에 대한 좀더 최근의 연구로는 Parker, *Gospel before Mark*를 보라. 홀츠만도 나중에 스스로 원 마가설을 포기했다; 참조. Holtzmann, *Lehrbuch*, 342-61. 마가 우선설의 초창기에 대한 흥미롭지만 공감할 수는 없는 개관으로는 Meijboom, *History and Critique*를 보라.)

1924년에는 마가 우선설에 대한 학자들의 공감대가 형성된 결과로 스트리터(B. H. Streeter)에 의한 *The Four Gospels: A Study of Origins*의 초판이 간행되었다. 홀츠만을 넘어서서, 스트리터는 마태와 누가에 특수한 자료들을 설명하려고 시도했다. 그는 이 자료들이 문서 자료들(마태 특수 자료는 M, 누가 특수 자료는 L)로부터 유래했다고 주장했다. 그의 해법은 본질적으로 네 자료 가설이었다(즉, 마태와 누가가 사용한 네 문서인 마가, Q, M, L). 이러한 해법은 영국에서만 한동안 받아들여졌을 뿐 보편적인 지지를 얻지 못했지만, 마가 우선설은 통설이 되었다. 호킨스(J. C. Hawkins)에 의한 *Horae Synopticae*(초판, 1898년)의 초기 판본도 마가 우선설과 마태 및 누가가 Q를 사용했다는 설을 지지했다.

오늘날 홀츠만-스트리터 가설은 공관복음서 문제에 대한 가장 널리 받아들여진 해법이지만 몇 가지는 수정되었다. 예를 들면, M과 L이 문서 자료라는 설에 공감하는 학자들은 거의 없다. 대부분의 학자들은 이 전승들을 구전 전승으로 보고 있고, 일부는 각각의 복음서 기자 자신으로부터 나왔을 것으로 본다. 더욱이 일부 학자들은 Q를 문서 자료로 보는 것에 대하여 완전히 동의하지 않는다(하지만 *Formation of Q*, 41-51에 나오는 Kloppenborg의 최근의 옹호하는 견해와 *Mark and Q*, 215-16에 나오는 Fleddermann의 결론을 보라). 그들은 Q가 일부는 문서로, 일부는 구전으로 또는 전체가 구전으로 전해졌을 것이라고 생각한다. 이런 이유로 피츠마이어(Fitzmyer, *Luke I-IX*, 64)는 "두 자료 가설"로 부르는 것이 바람직하다고 생각한다. (이러한 입장은 이 자료를 "파피루스 Q" 또는 "말씀 복음서 Q"로 지칭하는 로빈슨[J. M. Robinson; 참조. *Drew Gateway* 54(1983-84) 26-38와 "The Sayings Gospel Q"]의 낙관적인 입장과 대조된다.) Q가 어떤 형태로 존재했는가 하는 문제는 마가복음 연구에 절실한 문제가 아니기 때문에, 이 문제는 더 이상 거론하지 않을 것이다.

최근에 플레더만(H. T. Fleddermann, *Mark and Q*)은 Q가 가장 초기의 기독교 복음서였고 마가복음서 기자는 Q를 알았으며 그것을 사용했다는 결론을 내렸다. 그는 마가와

Q가 중복되는 모든 대목들에서 Q에 보존된 전승 형태가 마가에 나오는 것보다 더 본래적인 것임을 발견한다(*Mark and Q,* 214-16). 마가복음서 기자는 "급진적인 Q의 진술들을 완화시킨다. 그는 Q의 강화(講話, discourse)들을 축약한다…그는 Q를 합성한다…마태와 누가가 마가를 수정하듯이, 마가는 자신의 자료인 Q를 근본적으로 수정한다"(*Mark and Q,* 216). 그러나 두 자료설을 지지하는 대부분의 학자들은 이에 반대하여 마가와 Q는 독립적이라고 주장한다(예를 들어, Streeter, *The Four Gospels,* 191[Streeter, "St. Mark's Knowledge and Use of Q"에서 주장한 자신의 견해와는 반대로]; Taylor, 87; Grundmann, 10; Pesch, 1:30; Tuckett, "Mark and Q," 175). 내 견해로는 플레더만의 연구는 그가 주장한 정도는 아니라 할지라도 Q전승이 마가 전승보다 더 오래된 것임을 보여 주었다고 본다. 본 주석서에서는 플레더만의 통찰들을 해당 구절들을 주해할 때 고려할 것이다. 그러나 나는 플레더만의 주장처럼 Q가 문서 자료였다면 마가가 Q를 사용하지 않았을 것이라는 다수설을 따른다. 마가복음서 기자는 (적어도) 30여 군데에서 Q와 병행이 되는 전승들을 사용했다. 이 전승들은 오래된 것들로서 대부분 마가복음 자체에 있는 것들보다 예수에게 더 근접한 전승 형태들이다. 그러나 마가가 적어도 마태복음과 누가복음의 기자들이 사용했던 Q를 사용했다고 보기는 어려운 것 같다. 마가복음에 Q가 거의 나오지 않는다는 사실이 그 중요한 증거인데, 이 증거를 플레더만은 너무 가볍게 제쳐놓았다.

최근 수년에 걸쳐 공관복음서 문제에 대한 학문적인 논의는 격화되어서, 일부 학자들은 통설 즉 마가 우선설이 전복될 위기에 처해 있다고 주장한다. 1964년에 파머(W. R. Farmer, *Synoptic Problem*)는 만장일치에 가까웠던 마가 우선설에 도전했다. 그는 몇 명의 개종자들을 얻었다(대부분이 북미와 영국에서 활동하는 학자들; 독일에는 사실상 아무도 없었다). 그와 그의 추종자들은 마가 우선설의 약점들이라 생각되는 것들에 계속해서 맹폭을 가했다(Farmer, ed., *New Synoptic Studies*를 보라). 그들의 논거들은 크게 세 가지로 구분된다. (1) 마가와 다르고 마태와 누가가 같은 본문들은 마가 우선설의 난점이다. 마태와 누가가 마가를 서로 독자적으로 사용했다면, 이와 같은 본문들을 어떻게 설명할 수 있겠는가? 이러한 본문들을 모두 우연에 의한 "미미한 일치점들"로 치부해 버릴 수 있는가? (2) 초대 교회 전승에서는 마태복음을 최초의 복음서로 여겼다. (3) 마가 우선설은 19세기에 정치적 및 변증적 이유로 제기되었다. 이러한 점들에 대해서는 역순으로 다음과 같은 대답이 가능하다. (1) 마가 우선설을 입증하려는 19세기의 시도들이 데이빗 스트라우스(David Strauss)의 회의론에 응답할 목적으로 수행되었다거나(참조. H.-H. Stoldt, *History* *and Criticism*) 독일에서 로마 가톨릭교에 손상을 입힐 목적으로 비스마르크 수상에 의해 조장되었다는(참조. Farmer, "State *Interesse*") 취지의 논거들은 흥미롭기는 하지만 옳은 주장은 아니다. 이런 류의 논거들은 교부들이 변증적 이유들로 인하여 마태복음이 제일 먼저 쓰여졌다고 주장했다고 하여 마태 우선설을 비판하는 것과 다를 바가 없다. 공관복음서 문제는 학자들의 동기에 관한 억측에 의해서가 아니라 비교와 주해를 통해서 해결되어야 한다. 이러한 설명은 두 번째 논거에 대한 대답으로 이어진다. (2) 마태 우선설이 변증적 이유들 때문에 초대 교회에 의해 주창되었다는 것은 분명히 부분적으로 사실이다. 세 공관복음서 중에서 마태복음만이 사도가 지은 것으로 인정된 유일한 복음서였다. 이러한 변증적 목적을 지니는 교회 전승에 토대를 둔 논거들은 위험하다. (3) 마가와 다르고 마태와 누가가 일치하는 많은 본문들은 마가 우선설에 의해서 설명될 수 있다. 그러한 본문들 중 다수는 편집자가 누가와 마태의 본문을 조화시키고자 한 데서 생겨났을 것이다. 물론 마태와 누가가 서로 접촉했을 가능성도 존재한다. 설령 그러한 접촉이 있었다고 해도 마가 우선설이 반드시 배제되지는 않는다. 마태 우선설에 반대하고 마가 우선설을 찬성하는 주요한 논거들을 간략하게 제시하고자 한다.

공관복음서 문제가 실제로 문제가 많다는 것은 부인할 수 없는 사실이다. "마가 우선설을 입증하는 일은 더 이상 불필요한 일이다"(Taylor, 11)라고 말할 수 있었던 시절은 이미 지나갔다. 실제로 피츠마이어(Fitzmyer, *Luke I-IX*, 63)는 최근에 이렇게 말했다.

> 공관복음서 문제는 이제까지 충분히 만족스러운 해법을 발견하는 데 실패한 문제다. 이러한 실패의 주된 이유는 이 문제에 관하여 판단하는 데 적절한 자료들이 없었기 때문이다. 이 복음서들의 저작에 관한 역사적으로 믿을 만한 외적 자료들이 전무한 상태에서, 이 복음서들 안에 혼재된 전승들의 복잡성, 복음서 기자들의 편집 작업 및 자유로운 저작은 비평적 문학 방법론들을 가지고 복음서들 자체에 내재해 있는 자료들을 객관적으로 분석하려는 모든 시도들을 괴롭히고 있다.

그럼에도 불구하고 피츠마이어는 두 자료설이 현존하는 공관복음서들을 가장 잘 설명해 주는 이론이라고 보았다(또한 그의 "Priority of Mark"를 보라). (이에 대한 반박에 관해서는 Farmer, *New Synoptic Studies*, 501-23과 *NTS* 23[1977] 283-93를 보라.) 터켓(C. M. Tuckett, *Revival of the Griesbach Hypothesis*, 186-87)은 피츠마이어의 주장에 동의하면서 두 자료설은 "후대의 본문 수정들이 왜 이루어졌는지를 가장 통일적이고 일관되게 설명해 줄" 수 있다는 점에서 여전히 공관복음서 문제에 대한 가장 적절한 해법이라고 결론을 내린다. 요컨대 그리스바흐(또는 두 복음서) 가설은 마태에 비추어 본 누가의 본문 수정들과 마태 및 누가에 비추어 본 마가의 본문 수정들을 설명해 주지 못한다.

다음 항목들은 본 주석서에서 두 자료설을 채택한 주된 논거들을 서술한 것이다. 마가 우선설을 지지하는 일곱 가지 기본적인 논거들이 있다. (1) 문체, (2) 예우, (3) 일치, (4) 차이, (5) 난점, (6) 마가 특수 자료, (7) 해석과 결과.

1. 문체. 학자들은 마가의 문체에는 마태와 누가에서 흔히 볼 수 있는 현란하고 복잡한 수식이 결여되어 있다는 말을 자주 해왔다. 사실 마가의 문체는 셈어적이고, 문어체가 아니며, 때로는 원시적이라고 할 수도 있다(Swete, xliv-l; Taylor, 55-66; Pesch, 1:23-32; Turner, *Style*, 11-30를 보라). 물론 이러한 특징 하나만으로 두 복음서 가설이 배제되는 것은 아니지만, 만약 두 복음서 가설을 취하는 경우에 왜 마가복음서 기자가 거듭거듭 마태와 누가의 본문을 더 조악하고 덜 현란한 형태로 다시 쓰는 길을 택했는지 우리는 의아해하지 않을 수가 없다. 왜 마가는 마태나 누가의 판본을 그대로 재현하지 않았을까? 왜 마가는 마태와 누가의 병행본문들에는 나오지 않는 셈어들을 굳이 역으로 번역하여 집어넣었을까? 최근의 연구에서 파커(P. Parker, "The Posteriority of Mark")는 마가복음서 기자의 엉성하고 부정확한 표현의 수많은 예들을 지적하면서, 이것은 마가가 마태와 누가보다 후에 쓰여졌음을 말해 주는 것이라고 생각했다. 하지만 그의 생각과는 반대로 그의 고찰 결과들은 마가 우선설을 밑받침하는 것 같아 보인다. 마가가 자신이 자료로 사용했던 마태와 누가 본문에 명백히 부정확한 표현들을 집어넣을 이유가 무엇이었을까? 이러한 의문들이 보여 주는 문제성은 만(C. S. Mann)이 자신의 마가복음 주석서에서 취한 이상한 입장을 통해 선명하게 드러난다. 그는 파머(Farmer)의 입장을 따랐고, 따라서 마가가 마태 및 누가에 의존하고 있다고 믿었지만(Mann, 51-66), 마가가 가장 오래된 형태의 전승을 보존했고 마태나 누가에 의존하지 않은 예들을 자주 발견하게 된다(예를 들어, Mann, 202: "마태와 누가에게서 나오지 않은"; 214: "베드로의 회상"; 217: "마태에게서 나오지 않은…분명히 누가의 상투적인 설명보다 문체상으로 훨씬 더 생생한…하나의 전승 단편, 문체는 직접 참여한 자들 중의 한 사람에 의한 회상임을 암시해 준다"; 218-19: "세부적인 생생한 내용을 지닌 마가의 판본은 다른 복음서 기자들이 아니라 원래의 구전에 의한 회상에서 기인하는 것이라고 할 수 있다" 등등). 그러나 두 복음서 가설에 의하면, 마가는 일부 목격자들에게서 나온 것들을 포

함한 원시적인 자료들을 배합한 것이 아니라 마태와 누가를 합성한 것이라고 해야 한다(이것이 마가 우선설에 더 부합한다). 만(Mann)은 자신이 분석해 놓은 결과들이 공관복음서 문제에 대한 그의 견해와 어느 정도 상충하는지를 알고 있는 것 같지 않다. 주해를 통한 그의 결론들은 그의 주석서의 토대를 이루고 있는 바로 그 이론을 훼손시키고 있는 것이다. 요컨대 마가의 문체를 마태 및 누가와 비교해 보면, 마가 우선설이 옳다는 것이 입증된다.

그럼에도 불구하고 파머(Farmer)와 그의 지지자들이 도출해 낸 결과들에 비추어 보면, 만의 주해 결과들은 보기보다는 아주 괴상하지 않다. 도리어 그의 분석 결과들은 공관복음서들의 기원에 관한 이론인 두 복음서 가설을 매우 잘 반영하고 있다는 것이다. 던건(Dungun, "Purpose and Provenance of the Gospel of Mark," 411-40), 파머(Farmer, *Synoptic Problem*, 279-81), 오처드와 릴리(Orchard and Riley, *The Order of the Synoptics*, 263-77)에 의하면, 그 배후에 사도 베드로가 있는 마가복음은 마태와 누가 간의 명확한 일치점들, 즉 공통의 근거를 제시하기 위하여 쓰여졌다고 한다. 마가복음은 마태와 누가복음에서 발견되는 예수에 관한 첨예하게 다른 묘사들, 즉 유대적인 강조점을 지닌 마태와, 바울적인 이방적 강조점을 지닌 누가를 조화시키려고 한 복음서였다는 것이다. 이러한 이론에 의하면, 만(Mann)의 주해 내용은 지극히 당연한 일이지 이상한 일이 아니다. 초기의 오래되고 진정한 자료들이 혼재되어 있는 후대의 이차적인 복음서가 바로 그들이 예상하는 마가복음의 모습이다. 그러나 이러한 이론은 과연 설득력이 있는가? 베드로가 마가복음에 관여되어 있다는 전승(이것은 어쨌든 마가복음의 후대설의 근거가 되지 못한다)에 의존하고 있다는 내재적인 위험성들은 그만두고라도, 두 복음서 가설은 많은 난점들에 직면한다. 이 가설은 마가가 주기도문, 팔복문(八福文) 등과 같은 자료들을 생략한 이유를 설명해 주는가? 분명히 주기도문과 팔복문은 "중립적"이다. 어쨌든 이 자료들은 (유대적인) 마태복음과 (이방적인) 누가복음에 모두 등장한다. 그런데 왜 베드로는 이 자료들을 빼기로 했던 것일까? 베드로와 제자들은 예수에게 기도를 가르쳐 달라고 청하지 않았던가(눅 11:1)? 팔복문은 왜 생략했는가? 이 축복문들은 바로 베드로의 로마 교회에도 적용될 수 있는 것들이었지 않은가? 왜 그토록 많은 비유들을 생략했을까? 베드로가 마태복음과 누가복음을 조화시키기 위하여 화해자로서 마가복음을 썼다고 말하고 있지만, 두 복음서 가설은 이러한 생략들을 설명해 주지 못한다. 첨가들도 두 복음서 가설에 문제를 제기한다. 이 가설은 제자들 – 심지어 예수까지 – 을 더 비참하고 당혹스럽게 보일 수 있게 하는 이상한 자료들이 마가에 첨가되어 있는 사실을 설명해 줄 수 있는가? 예수의 가족이 예수를 미친 것으로 생각했다는 것을 우리에게 말해 줌으로써(참조. 막 3:20-22) 마태와 누가를 화해시키고자 한 베드로의 화해 사역은 얼마나 진척을 보게 되는가? 요컨대 두 복음서 가설은 마가복음 기자가 사도 베드로의 중재 사역에 기반하여 마태와 누가라는 두 복음서를 축약하고 합성하는 과정에서 비밀 유지 모티프를 부각시키는 두 개의 매우 특이한 이적 기사들과 자료들을 삽입하고 팔복문과 주기도문을 생략하는 한편, 선생으로서의 예수를 강조하지만 가르침들 자체는 생략해 버린 새로운 복음서를 만들어 냈다는 가당치 않은 각본을 엮어내고 있다. 게다가 마가복음 기자는 더 조악하고 거칠며 군더더기가 많은 문체를 사용하여 이 모든 일을 하고 있다. 마가복음의 기원에 관한 이러한 재구성은 거의 설득력이 없는 것 같다. 따라서 두 복음서 가설은 마가의 문체를 설득력 있는 방법으로 설명해 내지 못한다. 마태와 누가가 마가를 자료로 삼아서 그 문제를 개선했다고 보는 것이 더 설득력이 있다. (필자는 아래의 일치점들을 논의하는 대목에서 몇몇 예들을 제시하고자 한다.)

2. 예우. 공관복음서들과 비교해 보면, 마가복음에는 제자들과 예수에 대한 예우가 자주 결여되어 있는 것(적어도 표면상으로는)을 알 수 있다. 다시 말하면, 예수와 제자들은 종종 점잖치 않은 방식으로 또는 기독교의 신앙과는 다르게 보이는 방식으로 묘사되고 있다는 것이다. 예를 들어 마가 본문에 의하면, 갈릴리 바다에서 폭풍을 맞았을 때 제자들은 “선생님이여 우리의 죽게 된 것을 돌아보지 아니하시나이까?”(4:38)라고 부르짖은 것으로 되어 있다. 예수를 하나님의 아들로 존숭(尊崇)했던 기독교인의 관점에서 볼 때 이 마가 본문에는 예수에 대한 존중이 결여되어 있다고 할 수 있다. 어떻게 제자들이 그들에 대한 예수의 돌보심에 의문을 제기할 수 있단 말인가? 기겁을 한 제자들이 예수에게 한 말이 마태복음에서는 “주여 구원하소서 우리가 죽겠나이다”(8:25)로, 누가복음에서는 “주여 주여 우리가 죽겠나이다”(8:24)로 훨씬 더 공손하고 별 문제가 없는 말로 되어 있다. 마가 본문에 나오는 “너희가 어찌 믿음이 없느냐”(4:40)라는 예수의 대답에는 제자들이 믿음이 없다는 뜻이 내포되어 있다. 마태 본문의 “믿음이 적은 자들아”(8:26)와 누가 본문의 “너희 믿음이 어디 있느냐”(8:25)는 예수의 책망을 완화시켜 놓고 있다. 마가에 의하면, 예수께서 물 위로 걸어오실 때 제자들은 무서워서 예수를 전혀 알아보지 못했다고 한다(6:49-52). 그러나 마태는 제자들이 예수를 전혀 알아보지 못했다는 내용을 빼버리고, 대신에 베드로가 물 위로 걸어간 일과 예수를 “하나님의 아들”로 고백한 일에 관한 내용을 삽입한다(14:26-33). 이와 비슷한 일이 두 번째 급식(給食) 이적

다음에도 일어난다. 마가에 의하면 제자들은 떡의 의미를 "깨닫지" 못했고, 예수로부터 영적으로 눈이 먼 것이라는 책망을 받는다(8:17-21). 예수의 이러한 호된 책망이 마태복음에 가서는 대단히 완화되는데, 마태는 제자들이 떡의 의미를 "깨달았다"는 말로써 이 사건을 끝맺는다(16:9-12). (이 두 사건은 누가복음에는 생략되어 있다.) 마가는 수난 기사에서도 제자들을 부정적으로 묘사한다. 제자들은 기도하기는 커녕 잠이 들었고(세 번씩이나!), 이 때문에 예수로부터 책망을 받는다(막 14:37-41). 누가는 제자들이 잠든 것이 한 번뿐이며, 또한 "슬픔을 인하여" 잠든 것이라고 말함으로써 이 대목을 부드럽게 만든다(22:45). 마가는 예수께서 잡히셨을 때 제자들이 "다 예수를 버리고 도망하였다"고 보도한다(14:50). 누가는 이 내용을 생략한다(22:54). 한 젊은이가 벌거벗고 도망친 이상한 이야기(막 14:51-52)는 마태와 누가 모두가 생략한다. 끝으로 베드로가 저주를 했다는 마가의 곤혼스러운 묘사(14:71)는 누가복음에는 생략되어 있다(22:60).

물론 우리는 제자들을 이렇게 부정적으로 묘사하는 것들은 마가 신학의 일부라고 주장함으로써 이러한 현상들을 처리해 버릴 수 있다. 이러한 주장은 어느 정도는 사실이다. 하지만 그러한 주장으로 모든 것을 다 설명해 낼 수는 없다. 마태와 누가복음에 있었던 제자들에 대한 본질적으로 긍정적인 묘사들을 마가가 개작한 것인가, 아니면 마가복음에 있던 제자들에 대한 부정적인 묘사를 마태와 누가가 좋게 고친 것인가?

그러나 이보다 더 중요한 것은 마가복음에는 예수에 대한 예우가 흔히 결여되어 있다는 사실이다. 그러한 대목들을 마태와 누가는 거의 언제나 점잖은 말투로 바꾸거나 적어도 어떤 의미로든 완화시키려고 한다. 예를 들어, 마가복음에는 "성령이…예수를 광야로 몰아내신지라"(1:12)로 되어 있다. 이러한 묘사는 어느 정도 점잖치 못할 뿐만 아니라, 여기서 사용된 동사는 보통 귀신들을 쫓아내는 것을 묘사할 때 사용되던 동사인 에크발레인(*ἐκβάλλειν*)이다(막 1:34, 39; 3:15, 22, 23; 6:13; 7:26; 9:18, 28, 38). 마태복음에는 "예수께서 성령에게 이끌리어(*ἀνάγειν* – 아나게인)…광야로 가사"(4:1)로, 누가복음에는 "예수께서 성령의 충만함을 입어 요단강에서 돌아오사…성령에게 이끌리시며(agein – 아게인)"(4:1)로 되어 있다. 마가가 이러한 진술들을 그의 복음서에 나오는 표현으로 바꾸었다고 생각하기는 어렵다. 예수의 당혹스러운 감정 표현이라 생각되는 것들도 마태와 누가는 생략했다. 예를 들면, 예수께서 화를 내셨다는 언급(막 3:5)과 예수를 "미쳤다"고 말하는 대목(막 3:21)은 마태와 누가복음에서는 생략되어 있다. 마태와 누가의 본문에 이런 묘사들이 없는데도 불구하고, 마가복음 기자가 그러한 내용을 삽입했을 이유가 없지 않은가? 예수와 그의 가족의 말을 전한 사자들 사이에 오고간 대화도 흥미로운 예이다. 그의 가족이 예수를 만나러 밖에 와 있다는 말을 전해 듣고 예수께서 이에 대응하시는 장면에서 마가는 이렇게 서술한다. "대답하시되 누가 내 모친이며 동생들이냐 하시고 둘러앉은 자들을 둘러보시며 가라사대 내 모친과 내 동생들을 보라"(3:33-34). 예수의 말씀은 자기 가족에 대해 무례(無禮)한 태도를 보이신 것으로 해석되기가 쉽다. 그래서 마태는 세심하게 신경을 써서 예수께서 그의 "제자들"에 대해서만 언급하신 것으로 묘사한다(12:49). 누가는 무례해 보일 수 있는 수사의문문("누가 내 모친이며 동생들이냐?")을 생략하고, 예수께서 단지 "내 모친과 내 동생들은 곧 하나님의 말씀을 듣고 행하는 이 사람들이라"(8:21)고만 말씀하신 것으로 처리한다. 다른 대목에서는 기독론이 중요한 역할을 하는 듯하다. 마가에 의하면, 나사렛 사람들은 "이 사람이…목수가 아니냐?"(13:55)라고 묻는다. 그러나 마태복음에서 이 질문은 "이는 그 목수의 아들이 아니냐?"(13:55)로 바뀐다. 예수를 오랫동안 알고 있던 사람들이 예수를 단지 목수에 지나지 않는 것으로 보았다는 뜻을 마가 본문이 함축하고 있었기 때문에, 마태는 이 질문을 수정한 것이다. 고향 사람들의 불신앙으로 인하여, 예수는 "아무 권능도 행하실 수 없었다"(막 6:5). 이 본문이 누가복음에는 완전히 생략되어 있고, 마태의 병행본문에는 "거기서 많은 능력을 행치 아니하시니라"(13:58)로 되어 있다. 마태는 예수의 능력이 방해나 훼방을 받을 수 있다는 암시를 피하고 싶었을 것이다. 끝으로 마가의 몇몇 본문들에서는 예수를 "선생님"(Teacher)으로 부르고 있는 데 반하여, 마태복음에서는 "주님"(Lord)으로, 누가복음에서는 "선생님"(Master)으로 부르고 있다(막 4:38=마 8:25=눅 8:24; 막 9:17=마 17:15; 막 9:38=눅 9:49; 막 10:35=마 20:20, 여기에서 "선생님이여"라는 호칭은 떨어져 나가고, 제자들은 예수 앞에 "절한다"). 이러한 예들에서 마가가 "주님"을 "선생님"으로 바꿈으로써 기독론을 약화시키고 있다기보다는 마태와 누가가 기독론을 강화시키고 있다고 보는 것이 옳을 것이다. 만약 마가가 그런 식으로 수정했다면, 그러한 편집 작업은 마가의 기독론(예를 들어, 막 1:1; 15:39에 나타나 있는 것과 같은)과 부합하지 않는다.

3. 일치. 파머(Farmer)와 그의 지지자들에게는 마가와 다르고 마태와 누가가 일치하는 본문들(내용, 순서, 어휘 사용 등을 포함한)은 마가 우선설에 대한 결정적인 반대 증거가 된다. 파머는 이러한 일치들이 너무도 광범위하게 나타나기 때문에 단순한 우연으로 돌릴 수가 없고 오직 누가가 마태로부터 직접적으로 빌어왔다는 식

으로밖에는 설명될 수 없다고 믿는다. 그러나 많은 공관복음서 학자들은 그의 주장에 동의하지 않는다(특히 Neirynck, *Minor Agreements*; id., *Evangelica*). 마가가 마태 및 누가의 공통 자료였다면, 마가와 다르고 마태와 누가가 일치하는 것들은 일관되게 나타나는 것이 아니라 오직 간헐적으로만 나타나야 한다는 것이다. 그런데 사실이 그렇다. 마가와 다르고 마태와 누가가 일치하는 경우에, 그 일치는 거의 언제나 미미한 것이다(Hawkins, *Horae Synopticae*, 208-12; Streeter, *Four Gospels*, 293-331). 이 "미미한 일치들"은 보통 다음과 같은 부류들로 나뉜다. (a) 문법상의 교정 및 개선. 문장들을 병렬적으로 배열할 때 마가가 사용하던 카이(καί, "그리고")는 흔히 마태와 누가복음에서는 데(δέ, "그리고, 그러나")로 대체된다. 마가의 역사적 현재 시제(150여 회 나오는데, 그 중 절반이 레게인[λέγειν, "말하다"]과 관련되어 있다)를 마태와 누가는 사용하기를 꺼려한다(레게이[λέγει, "그가 말하다"]/레구시[λέγουσι, "그들이 말하다"]를 보통 에이펜[εἶπεν, "그가 말했다"]/에이폰[εἶπον, "그들이 말했다"]으로 대체한다). (b) 문체의 개선. 마태와 누가는 마가의 문체를 개선한 것들에서 서로 일치하는 경우가 종종 있다(예를 들어, 막 2:12=마 9:7=눅 5:25; 막 4:10=마 13:10=눅 8:9; 막 16:8=마 28:8=눅 24:9). 이러한 개선들은 종종 좀더 적절한 단어를 선택해서 사용하는 형태를 띤다. 예를 들면, 대제사장의 종의 귀를 베어 버린 것을 묘사하면서 마가는 파이에인(παίειν)이라는 단어를 사용한다(14:47). 그러나 이 단어는 통상적으로 칼이 아니라 몽둥이나 주먹으로 사람이나 사물을 치는 것을 묘사할 때 사용된다. 마태와 누가는 이 단어 대신에 좀더 적절한 단어인 파타쎄인(πατάσσειν)을 사용한다(마 26:51=눅 22:49). 이러한 일치는 누가가 마태를 사용했다는 증거가 될 수 없다. 사실 이 예는 마가 우선설을 옹호한다. 마가가 자신의 자료인 마태복음과 누가복음에서 두 번씩이나 적절한 단어인 파타쎄인(πατάσσειν)이 사용된 것을 알면서 별로 적절치 않은 파이에인(παίειν)으로 수정할 이유가 어디 있었겠는가? (c) Q의 영향. 마가와 다르고 마태와 누가가 일치하는 본문들 중 일부는 Q의 영향 때문인 것으로 보인다(예를 들어, 막 4:21=마 5:15//눅 8:16=눅 11:33; 막 4:22//마 10:26//눅 8:17=눅 12:2; 막 12:38-39//눅 20:46=마 23:6//눅 11:43). Q의 영향 외에 "살아 있는 구전 전승"의 영향도 고려되어야 한다(Guelich, p. xxxiii). (d) 요한이 증언한 구전 전승의 영향. 마가와 다르고 마태와 누가가 일치하는 본문들이 제4복음서에서도 발견되는 경우가 종종 있다. 이것은 마가복음에 나오는 전승과 정확히 일치하지는 않지만 병행이 되는 전승 – 아마도 구전 – 이 존재했음을 분명히 보여 주는 것이다. 최근에 슈타인(R. H. Stein, *CBQ*

54[1992] 482-502)은 "요한이 공관복음서들에 병행들이 나오는 모종의 복음 전승들을 증언하고 있는데, 이 전승들은 종종 마가와는 다르고 마태와 누가가 일치하는 본문들이기도 하다"고 말했다(502). 슈타인은 이러한 현상을 보이는 8개의 예들을 찾아낸다(참조. 마 3:11=막 1:8=눅 3:16=요 1:26; 마 3:16=막 1:10=눅 3:22=요 1:32-33; 마 14:13-14=막 6:33=눅 9:10-11=요 6:12-13; 마 16:16=막 8:29=눅 9:20=요 6: 69; 마 26:34, 74=막 14:30, 72=눅 22:34, 60=요 13:38, 18:27; 마 26:52=막 14:47 =눅 22:51=요 18:10-11; 마 27:21=막 15:11-12=눅 23:18=요 18:40; 마 27:60=막 15:46=눅 23:53=요 19:41). (e) 누가와 마태의 접촉 가능성. 두 자료 가설의 유효성을 여전히 확고하게 믿으면서도, 건드리(Gundry, "Matthean Foreign Bodies," 1467-95)는 누가가 마태복음을 사용했을지도 모른다는 증거를 찾는다. 일부 일치들은 미미하지는 않지만 복잡하다(참조. 마 10:1-2=막 3:13-18=눅 6:13-14; 마 16:21=막 8:31 =눅 9:22; 마 17:14-20=막 9:14-29=눅 9:37-43a; 마 18:1=막 9:33-34=눅 9:46- 47). "누가와 다르고 마태와 마가가 일치하는 본문들과 마태와 다르고 누가와 마가가 일치하는 본문들은 마가와 다르고 마태와 누가가 일치하는 본문들보다 더 우세하고 비중도 크기"(1494) 때문에, 건드리는 누가복음 기자는 자신의 자료들인 마가복음 및 Q를 마태복음이라는 자료보다 더 존중했다는 결론을 내린다(누가가 문서로 된 마태복음을 실제로 소유하고 있었느냐는 문제는 말하기 어렵지만). 고울더(Goulder, *Luke*, 1:22-23)도 마가 우선설을 주장하지만, 누가가 마태를 알았다는 증거를 발견한다. 그러나 Q자료를 마가에 대한 마태식의 해설판으로 보는 그의 입장은 설득력이 없다. 끝으로 두 자료설을 복잡하게 변형시킨 이론을 제안한 보이스마르(Boismard)의 연구(참고문헌에 몇 개의 글이 실려 있다)를 언급하지 않으면 안 된다. 보이스마르의 연구 동기는 두 자료설이 너무 단순해서 마가와 다르고 마태와 누가가 일치하는 본문들 중 몇몇을 설명할 수 없다는 확신이다. 그는 공관복음서 문제에 대한 설득력 있는 해법이 되려면 반드시 이러한 일치들뿐만 아니라 마가복음에 마태적인 표현들과 누가적인 표현들이 나온다는 사실도 해명해야 한다고 믿는다. 보이스마르에 의하면, Q자료 외에도 세 문서(A, B, C)가 마태, 마가, 누가에 흘러 들어가서 각각 "중간 마태", "중간 마가", "원(原) 누가"를 낳았다는 것이다. 또한 A문서(중간 마태의 일차 자료)와 C문서(중간 누가의 일차 자료)는 중간 마가(그의 최근의 저작인 *L'Évangile de Marc*에서 보이스마르는 "원 마가"라는 말을 선호한다)에 영향을 주었고, B문서(중간 마가의 일차 자료)도 중간 누가에 영향을 주었다. Q는 중간 마태와 중간 누가로 유입된다. 이러한 중간 복음서

들은 각각 그 이후 내내 서로에게 영향을 미치는 가운데 편집되어서 마침내 어느 정도 현재 형태의 문서들로 탄생한다. 보이스마르의 이론은 필자를 비롯한 대부분의 복음서 학자들에게 지나치게 복잡하다는 인상을 주긴 하지만, "각기 다른 여러 판본들이 존재하고, 서로 교차하여 베꼈을 것이라는 생각은 바른 방향으로 나아가는 것 같다"는 샌더스(Sanders)와 데이비스(Davies)의 말은 옳다(*Studying*, 113). 이 점은 다음의 내용과 연결된다. (f) 본문의 훼손. 우리는 본문 비평학자들이 재구성한 현존하는 각 복음서들의 본문이 원본들과 동일하다고 생각할 수 없다. 필사자들이 마태와 누가의 본문을 조화시키기 위한 것(예를 들어, 막 14:65=마 26:67-68=눅 22:64)을 포함한 본문의 훼손은 마가와 다르고 마태와 누가가 일치하는 본문들의 상당수가 생겨난 원인일 것이다. 쾨스터("Synoptic Gospels," 19)가 말한 대로, "[복음서] 사본 전승에서 가장 원형에 가깝게 재구성한 내용이 원본과 어느 정도 동일할 것이라는 전제는 위험스러운 것이다. 가장 이른 시기의 것으로 알려진 사본들도 원본과는 한 세기 이상이나 떨어져 있다. 고전 본문들을 다루는 본문 비평학자들은 본문 전승의 처음 한 세기야말로 가장 심각한 훼손이 일어나는 시기라는 것을 잘 알고 있다." 벨린조니(Bellinzoni)는 이 말에 동의하여 "이른바 마가와 다르고 마태와 누가가 일치하는 본문들 같은 문제들은 교부들이 세 공관복음서의 본문들을 서로에 비추어서 개작했던 2세기의 산물들로 보는 해법들을 지지하는 것 같다"고 말한다(*SecCent* 9[1992] 257; 참조. Boismard, "Influences matthéennes"; Elliott, *NTS* 26 [1980] 231-42). (g) 생략들의 일치. 슈톨트(Stoldt, *History and Criticism*, 11-17)는 마가와는 다르고 마태와 누가가 생략에서 일치하는 본문들을 열거한 후에 이 복음서들이 마가를 독립적으로 사용했다는 견지에서 이것을 어떻게 설명할 수 있는지를 묻는다. 슈타인(Stein, *Synoptic Problems*, 115-17)은 마태와 누가가 마가가 사용한 어휘의 상당 부분을 생략했다는 점을 지적함으로써 이 현상을 설명했다. 그러므로 상당수의 공통된 생략이 일어날 것은 뻔한 일이라는 것이다. 이 공통된 생략들 중 다수는 엉성하거나 부정확하기까지 한 문장들을 제거하고자 하는 데서 비롯되었을 것이다. 마가가 아비아달을 언급한 것(막 2:26)은 이해하기 어려운 일이어서(당시에 아히멜렉이 대제사장이었기 때문에), 마태와 누가가 공통으로 이 언급을 생략한 것은 그리 놀랄 일이 아니다. 다른 공통된 생략들 중에는 이처럼 쉽게 설명될 수 있는 것들이 많다. 던(Dunn, "Matthew's Awareness of Markan Redaction," 1349-59)은 마태와 누가가 마가 자신의 편집 부분을 알아차렸고 이를 생략하고자 했기 때문에 많은 공통된 생략들이 일어났다는 유력한 주장을 한다. 슈타인은 생략에 있어서 마태와 누가의 일치들을 근거로 마가 우선설을 반대하는 학자들 중 다수는 "마태와 누가가 그러한 자료들을 공통으로 생략했다는 주장이 마가가 이러한 자료들을 그의 '축약된' 복음서에 첨가했고 그 대신에 산상수훈 같은 것들을 생략했다는 주장보다 훨씬 더 설득력이 있다는 사실을 보지 못한다"(*Synoptic Problem*, 117).

4. 차이. 마가의 병행문이 존재하지 않는 대목에서 마태와 누가의 본문 차이는 가장 크다. 이러한 현상은 마태 우선설이 아니라 마가 우선설로 가장 잘 설명될 수 있다. 마가복음에 나오지 않는 내용과 관련된 세 부분에서 중요한 차이가 존재한다. (a) Q의 배열. 아마도 가장 중요한 논거는 마태와 누가가 Q자료를 서로 다른 위치들에 배치했다는 것이다. 그런데 여기에는 두 개의 분명한 예외가 있다: 마태와 누가는 세례 요한의 설교를 마가복음에서 세례 요한에 관한 이야기가 나오는 지점에 둔다(마 3:1-12=막 1:2-8=눅 3:1-17). 마태와 누가는 예수의 세 번에 걸친 시험에 관한 전승을 마가복음에서 예수께서 광야에서 시험받으신 때에 관한 이야기가 나오는 지점에 위치시킨다(마 4:1-11=막 1:12-13=눅 4:1-13). 그러나 이러한 두 가지 예외가 있다고 해서 위의 관찰 사실이 뒤엎어지지는 않는다. 마태와 누가가 이 Q자료를 다른 어느 곳에 삽입했을 것이라고 생각할 수 있는가? 누가는 요한의 설교와 예수의 시험 기사를 어디에 둘 것인지를 알기 위해서 마태복음을 볼 필요가 있었을까? 그런데 마가 본문과 분명한 연관성을 갖고 있지 않은 나머지 Q자료들은 마태와 누가복음에서 서로 다른 위치들에 나타난다(물론 Q 자체의 "묶음들"은 제외하고; Kloppenborg, *Formation of Q*, 74-76를 보라). 마가 우선설은 이것을 설명하는 데 아무런 어려움도 없다. 마태는 Q자료들을 주요한 강화(講話)들로 묶는 경향을 보여주지만(예를 들어, 마 5-7, 10, 13, 18, 24-25장), 누가는 그 자료들을 비교적 산재된 형태로 내버려 두었고(아마도 대개 Q 자체의 순서를 따라서), 그 중 많은 부분이 긴 중앙 부분(눅 10-18장)에 나온다. 이와는 반대로 마태 우선설의 지지자들은 이러한 배열을 설명하는 데 큰 어려움을 겪는다. 누가가 마태의 이야기(우연히도 마가와 겹치는)를 따르면서 마태의 자료 배열을 따르지 않는 이유를 어떻게 설명할 수 있는가? 왜 누가는 강화(講話)들을 나누어 놓고자 했는가? (b) 크리스마스 이야기. 많은 점들에서 마태와 누가는 예수의 유년 전승에 관한 각자의 설명에서 차이가 난다: 마태의 족보는 처음에 나오지만, 누가의 족보는 유년 이야기가 끝난 다음에 나온다. 족보 자체도 많은 점들에서 다르다. 마태는 "성취된" 것으로 보는 다섯 군데의 구약 본문들을 인용하지만, 누가는 하나도 인용하지 않는다. 누가복음에는 7개의 송영(頌榮)이 나오지만, 마태복음에는 하나도 나오지 않는다. 마태복음에서는 천사가

요셉에게 나타나지만, 누가복음에서는 마리아에게 나타난다. 마태복음에서는 동방 박사들이 예수를 문안하지만, 누가복음에서는 목자들이 예수를 문안한다. 헤롯이 유아들을 살해하고 성가족(聖家族)이 애굽으로 피신하는 이야기는 마태복음에만 나오고, 예수가 성전에 봉헌되었다는 이야기와 소년 예수가 성전을 방문한 이야기는 누가복음에만 나온다. 이러한 많은 차이점들에 대한 최선의 설명은 마태와 누가가 서로 독자적으로 각각의 유년 예수의 이야기들을 발전시켰다는 것이다. (c) 부활절 기사들. 현존하는 마가복음은 부활절 이야기 직전에서 끝이 나는데, 바로 이 부활절 이야기에서 마태와 누가는 상당한 차이를 보여 준다. 엠마오로 가는 길 위에서의 사건은 누가복음에만 나온다. 보초들의 뇌물을 받았다는 이야기는 마태복음에만 나온다. 산상에서의 선교 위임 기사는 마태복음에만 나온다. "성경을 풀어 주실 때에"라는 표현과 승천 기사는 누가복음에만 나온다. 누가가 마태복음을 앞에 두고 자신의 복음서를 썼다고 한다면, 누가가 세계 선교 및 사도들에 대한 선교 명령에 대한 그의 관심과도 일치했을 산상에서의 선교 위임 기사를 사용하지 않은 이유를 설명하기가 힘들다(참조. 행 1:6-11). 또한 누가가 유다의 죽음에 관한 자신의 기사를 마태복음 27:3-10에서 그가 읽었을 기사와 조화시키지 못한 이유도 납득하기가 어렵다(참조. 행 1:18-19). 다시 한 번 말하지만, 이러한 많은 차이점들에 대한 최선의 설명은 마태와 누가가 각각의 부활 이야기들을 서로로부터 독자적으로 발전시켰다는 것이다.

요컨대, 우리가 관찰할 수 있는 것은 위에서 말했듯이 마태와 누가는 그들이 대본으로 사용한 마가복음에 따를 만한 내용이 없는 대목들에서는 각자의 길을 갔다는 것이다. 이러한 관찰 사실들은 마태 우선설을 전제하고서는 설명하기가 매우 어렵지만, 마가 우선설을 전제했을 때 예상되는 현상들이다.

5. 난점. 마가 우선설이 옳음을 보여 주는 또 하나의 지표는 몇몇 대목들에서 마태와 누가는 마가복음에 나오는 세부적인 내용들을 편집하고 생략함으로써 난점들을 만들어 냈다는 것이다. 슈타인(*Synoptic Problem*, 70-76)과 굿에이커(Goodacre, *NTS* 44[1998] 45-54)는 이러한 특징을 잘 예시해 주는 몇 가지 예를 제시했다. (a) 지붕을 제거하고 중풍병자를 달아 내렸다는 마가의 묘사(2:4)를 생략함으로써, 마태는 네 사람의 믿음과 관련된 편집적 논평에 대한 직접적인 근거를 제거해 버린 셈이 되었다(마 9:2b). 마태의 독자들은 마가복음을 알지 못한 경우에는 왜 예수께서 "그들의 믿음을 보았다"는 말이 나오는지를 의아하게 된다. (b) 유월절에 죄수를 사면하는 관례에 관한 마가의 설명(막 15:6-11)을 생략하고 나서, 누가는 계속해

서 백성들이 바나바를 풀어 주라고 외쳤다고 이야기한다(눅 23:18). 그러나 이 복음서 기자는 무슨 근거로 무리들이 예수와 바나바를 포함한 죄수들 중에서 한 사람을 풀어 줄 것을 빌라도에게 요구할 수 있었는지에 대해 설명하지 않는다. (c) 마가복음 10:18에 의하면, 예수는 "네가 어찌하여 나를 선하다 일컫느냐?"라고 묻는다. 마태복음 19:17에서 이 질문은 약간 달라진다(그러나 내용은 상당히 달라짐): "어찌하여 선한 일을 내게 묻느냐?" 마태가 마가복음에 나오는 질문(예수가 선하지 않다는 뜻을 내포하고 있음)을 수정한 이유를 알기는 어렵지 않다. 그러나 마가가 마태복음에 나오는 질문을 수정했다고 보는 경우에는 그 이유가 분명치 않다. 마태는 질문은 수정했지만 대답은 수정하지 않았다: "선한 이는 오직 한 분이시니라." 이러한 대답은 선한 일이 무엇인지가 아니라 (하나님이나 예수 같은) 존재들의 선함을 묻고 있는 마가복음에 나오는 질문에 더 잘 어울린다. (d) 마가복음 10:35-37에 의하면, 야고보와 요한은 예수께 그의 영광 중에 오른편과 왼편에 자신들을 앉게 해달라고 요청한다. 이러한 요청은 다른 제자들의 분노를 불러일으키는 것이었기 때문에, 마태가 이 장면을 부드럽게 완화시키고 있다는 것에 우리는 놀라지 않는다. 마태복음 20:20-21에 의하면, 이러한 요청을 한 사람은 야고보와 요한의 어머니로 되어 있다. 그러나 마태는 예수의 대답을 서술할 때 "너희[복수형] 구하는 것을 너희[복수형]가 알지 못하는도다"(마 20:22=막 10:38)라고 기록함으로써 다시 한 번 그가 마가 본문을 알고 있었음을 드러낸다. 여기서 복수형은 예수께서 야고보와 요한의 어머니가 아니라 야고보와 요한에게 말씀하고 있음을 분명하게 보여 준다. 따라서 마태복음 20:20-22이 마가복음 10:35-38을 대본으로 삼고 있는 것이지, 그 반대가 아니다.

6. **마가 특수 자료.** 마가복음에 특유한 적은 양의 자료들도 마가 우선설을 뒷받침한다. 이러한 자료들은 1:1; 2:27; 3:20-21; 4:26-29; 7:2-4, 32-37; 8:22-26; 9:29, 48-49; 13:33-37; 14:51-52이다. 이 자료들을 검토하면서, 우리는 마가가 이 자료들을 첨가했다는 설명과 마태와 누가가 마가복음에서 이 자료들을 발견했지만 생략하기로 결정한 것이라는 설명 중 어느 쪽 설명이 설득력이 있는지를 물어야 한다. 이 자료들의 성격은 후자의 설명을 지지한다. 왜냐하면 마태와 누가가 벌거벗은 청년의 도망친 이야기(14:51-52), "불로 소금 치듯" 하리라는 이상한 말씀(9:48-49), 예수께서 두 단계로 나누어서 치유하시는 이상한 이적 기사(8:22-26), 예수께서 어떤 사람의 귀를 손가락으로 틀어막고 침을 뱉어서 그의 혀를 만지시는 좀더 이상한 이적 기사(7:32-37), 예수께서 미친 사람으로 취급받아 가족들이 그를 붙잡고자 한

사건(3:20-22)을 마태와 누가가 생략하고자 했을 가능성이 높기 때문이다. 그리스바흐-파머 가설(Griesbach-Farmer hypothesis)을 받아들인다면, 우리는 왜 마가가 산상수훈 또는 평지수훈, 주기도문을 비롯한 분량이 큰 복음서들에 나오는 여러 가르침들과 비유들을 생략하고 이와 같은 이상하고 당혹스러울 수 있는 자료들을 첨가하기로 했는지를 설명해야 할 것이다. 따라서 이 현상은 마태와 누가가 마가 본문을 개선하려는 시도로 보는 것이 훨씬 더 좋을 것 같다. 앞에서 다룬 모든 사항들이 다 그러한 방향을 보여 준다. 마태와 누가는 마가의 문체를 개선했고, 기독론을 강화했으며, 사도들의 이미지와 권위를 높였고, 서로로부터 독립적인 방식으로 예수의 가르침을 상당수 증보했으며, 혼동을 일으키거나 당혹스러운 내용들을 생략했다.

7. 해석과 결과. 마가 우선설에 비중을 실어 주는 마지막 고찰은 각각의 가설들의 결과와 관련이 있다. 어떤 가설의 옳고 그름을 판별하는 참된 시금석은 그 효과성이다. 성서학에서 이론은 주해 작업에 도움이 되어야 한다. 마가 우선설은 바로 그런 류의 도움을 제공해 왔다. 공관복음서 해석은 마가 우선설의 결론 및 그 광범위한 채택으로 인하여 현저하게 진전되었을 뿐만 아니라, 양식비평과 편집비평같이 그동안 성공을 거두어 온 복음서 연구를 위한 비평적 방법론들의 발전도 마가 우선설을 전제로 한 것이었다. 한 단락을 다룬 것이든 하나의 공관복음서 전체를 다룬 것이든, 무수한 연구들에서 마태와 누가는 마가복음에 대한 해석들로 볼 때 가장 잘 이해될 수 있다는 것이 거듭거듭 확인되어 왔다(Tuckett, *Revival of the Griesbach Hypothesis*, 186-87). 이것은 최근에 공관복음서들에 나타나는 구약 인용문들을 다룬 연구에서도 예증되었다. 뉴(New, *Old Testament Quotations*)는 이러한 인용문들의 편집과 전후 문맥은 마태와 누가가 마가에 의존했다는 견지에서 볼 때 가장 잘 설명된다는 결론을 내렸다. 그러나 마가복음을 마태와 (또는) 누가를 해석한 것으로 보면, 마가복음은 전혀 설명이 되지 않는다. 그리스바흐-파머 가설이 옳다면 마가 연구에 있어서 획기적인 발전들이 이루어졌어야 하는데, 현실은 그렇지 않다. 결국 우리는 마가의 자료가 무엇이었는지를 현재로서는 알지 못한다. 그러나 파머의 견해는 마가를 이해하는 데 도움이 되지 않는다. 그리스바흐-파머 가설을 전제하는 만(Mann)의 주석서는 성공적이지 못했고, 오히려 마태 우선설을 전제로 마가의 본문을 한 절 한 절 분석할 때 부딪치는 문제점들을 드러내 보였을 뿐이다.

공관복음서 문제를 재검토한 고(故) 존슨(S. E. Johnson)은 이렇게 결론을 내렸다. "나는 열린 마음을 견지하려는 자세로 이 연구를 시작했지만, 연구를 하면 할수록 [두 자료 가설이] 시대에 뒤떨어지기는커녕 [그리스바흐 가설]보다 훨씬 더 쉽게 옹호될 수 있다는 확신이 커져만 갔다. 세 복음서의 형태와 그들의 신학을 검토해 보건대, 대부분의 본문 비교 결과는 마태와 누가가 마가에 비해 이차적이고 Q자료는 이른 시기의 독자적인 신학을 갖고 있는 것 같아 보인다"(*Griesbach Hypothesis*, 5). 대부분의 복음서 학자들도 존슨의 견해에 동의한다.

위에서 간략하게 살펴본 일곱 가지 이유는 훨씬 더 길고 자세한 연구들을 요약한 것들인데, 이를 근거로 본 주석서는 마가복음이 세 공관복음서 중에서 제일 먼저 쓰여졌고, 마태와 누가를 위한 주요한 이야기 자료의 역할을 했다는 입장을 채택했다. 또한 마가는 예수의 생애를 기록하려 한 최초의 문학적 시도였고, 이러한 시도는 마가복음이 취한 형태를 해명해 줄 수 있는 모종의 신학적 관심과 동기를 반영하고 있다는 결론이 나온다.

마가복음의 본문

참고문헌

Aland, K., eds. *Novum Testamentum Graece.* 27th ed. Stuttgart: Deutsche Bibelgesellschaft, 1993. ______. *Synopsis Quattuor Evangeliorum.* 13th ed. Stuttgart: Deutsche Bibelgesellschaft, 1985. **Aland, K.** et al., eds. *The Greek New Testament.* 3rd corrected ed. London; New York: United Bible Societies, 1983. **Souter, A.** *Novum Testamentum Graece.* 2nd ed. Oxford: Clarendon, 1947. **Westcott, B. F.**, and **Hort, F. J. A.** *Text.* Vol. 1 of *The New Testament in the Original Greek.* Cambridge; London: Macmillan, 1881.

마가복음은 가장 오래된 파피루스들에 잘 보존되어 있지 않다. 3세기의 P^{45}(체스터 비티 파피루스[Chester Beatty Papyri]의 하나)와 6세기의 P^{84}(루뱅 대학교 도서관)는 몇몇 장(章)들에 대한 단편들을 보존하고 있으며, 4세기의 P^{88}(밀란 가톨릭 대학교)은 채 한 장(章)도 보존하고 있지 않다. 5세기의 파피루스 옥시린쿠스 3은 마가복음 10:50-51과 11:11-12의 단편들을 보존하고 있다. 그러나 이 문서는 사실 파피루스가 아니라 어느 옛 코덱스에서 나온 한 장의 송아지 피지(皮紙)다(현재는 069라는 숫자가 부여되어 있다). 초기 코덱스들(즉, 4-5세기) 가운데는 א, A, B, D사본들이 마가복음 전체(16:9-20은 제외)를 보존하고 있으며, C와 W사본도 거의 전체를 보존하고 있다. 그 밖의 초기 코덱스들은 마가복음의 훨씬 적은 부분만을 보존하고 있다.

아래에 열거한 것들은 마가복음의 사본들 중에서 가장 이른 시기의 중요한 사본들이다. 초기의 믿을 만한 사본들의 복사본임이 분명한 8세기와 9세기의 사본인 L과 33을 제외한다면, 아래에 열거된 사본들은 3세기에서 6세기에 걸쳐 있는 것들이다.

사본 이름	세기	마가복음의 내용
P^{45}	III	4:36-40; 5:15-26; 5:38-6:3; 6:16-25, 36-50; 7:3-15; 7:25-8:1; 8:10-26; 8:34-9:9; 9:18-31; 11:27-12:1; 12:5-8, 13-19, 24-28
P^{84}	VI	2:2-5, 8-9; 6:30-31, 33-34, 36-37, 39-41
P^{88}	IV	2:1-26
א	IV	1:1-16:8
A	V	1:1-16:20
B	IV	1:1-16:8
C	V	1:17-6:31; 8:5-12:29; 13:19-16:20
D	V	1:1-16:14 (16:15-20은 나중에 추가됨)
L	VIII	1:1-10:15; 10:30-15:1; 15:20-16:20
N	VI	5:20-7:4; 7:20-8:32; 9:1-10:43; 11:7-12:19; 14:25-15:23, 33-42
P	VI	1:2-11; 3:5-17; 14:13-24, 48-61; 15:12-37
W	V	1:1-15:12; 15:39-16:20
Σ	VI	1:1-16:13
Φ	VI	1:1-14:62
059+0215	IV/V	15:20-21, 26-27, 29-38
064+074	VI	1:11-22; 1:34-2:12; 2:21-3:3; 3:27-4:4; 5:9-20
067	VI	9:14-22; 14:58-70
069 (=P.Oxy. 3)	V	10:50-51; 11:11-12
072	V/VI	2:23-3:5
080	VI	9:14-18, 20-22; 10:23-24, 29
083+0112	VI/VII	13:12-14, 16-19, 21-24; 14:29-45; 15:27-16:8; 짧은 결론부; 16:9-10
087	VI	12:32-37
0143	VI	8:17-18, 27-28
0184	VI	15:36-37, 40-41
0187	VI	6:30-41

0188	IV	11:11-17
0212	III	15:40, 42 (*Diatessaron*에 실림)
0213	V/VI	3:2-3, 5
0214	IV/V	8:33-37
0263	VI	5:26-27, 31
0274	V	6:56-7:4; 7:6-9, 13-17, 19-23, 28-29, 34-35; 8:3-4, 8-11; 9:20-22, 26-41; 9:43-10:1, 17-22
0292	VI	6:55-7:5
33	IX	1:1-9:30; 11:12-13:10; 14:60-16:20

본 주석서에서는 바바라와 커트 알랜드(Barbara and Kurt Aland)의 *Novum Testamentum Graece*(Nestle-Aland 제27판), 커트 알랜드의 *Synopsis Auattuor Evangeliorum*, 영국성서공회에서 간행한 *Greek New Testament* 제3수정판(UBSGNT^{3c})과 제4개정판(UBSGNT^{4})을 사용했고, 사본들로는 체스터 비티 사본(P^{45}), 4세기의 시내 사본(א), 바티칸 사본(B)을 많이 참조했다. 이 두 코덱스 사본들은 마가복음의 헬라어 본문을 모두 보존하고 있는 현존 최고(最古)의 사본들이기 때문에 특히 주의 깊게 살폈다. 시내 사본과 바티칸 사본을 주로 참고한, 사우터(Souter)가 편집한 헬라어 본문과 웨스트콧과 호트(Westcott and Hort)가 편집한 헬라어 본문을 참조하긴 했지만, 필자는 이 두 코덱스 사본 및 P^{45}의 복사본들을 본 주석서를 쓰는 동안 내내 직접 검토했다.

특주: 쿰란에서 마가복음 단편들이 발견되었는가?

참고문헌

Betz, O., and **Riesner, R.** *Jesus, Qumran and the Vatican: Clarifications.* New York: Crossroad, 1994. **Fitzmyer, J. A.** *The Dead Sea Scrolls: Major Publications and Tools for Study.* SBLRBS 20. Atlanta: Scholars Press, 1990. **Focant, C.** "Un fragment du second évangile à Qumran: 7Q5=Mc 6,52-53?" *RTL* 16(1985) 447-54. **O'Callaghan, J.** "7Q5: Nuevas consideraciones." *SPap* 16(1977) 41-47. ______. "¿Un fragmento del Ev. de s. Marcos en el papiro 5 de la cueva 7 de Qumran?" *Arbor* 81/316 (1972) 429-31. ______. "¿Papiros neotestamentarios en la cueva 7 de Qumrân?" *Bib* 53(1972) 91-100. ______. *Los papiros griegos de la cueva 7 de Qumrân.* BAC 353. Madrid: Editorial católica, 1974.

______. "Verso le origini del Nuovo Testamento." *CClCr* 139(1988) 269-72. **Pickering, S. R.,** and **Cook, R. R. E.** *Has a Greek Fragment of the Gospel of Mark Been Found at Qumran?* Papyrology and Historical Perspectives 1. Sydney: Macquarie UP, 1989. **Rohrhirsch, F.** *Markus in Qumran? Eine Auseinandersetzung mit den Argumenten für und gegen das Fragment 7Q5 mit Hilfe des methodischen Fallibilismusprinzips.* Wuppertal; Zurich: Brockhaus, 1990. **Rosenbaum, H.-U.** "Cave 7Q5! Gegen die erneute Inanspruchnahme des Qumran-Fragments 7Q5 als Bruchstück der ältesten Evangelien-Handschrift." *BZ* 31(1987) 189-205. **Stanton, G.** *Gospel Truth? New Light on Jesus and the Gospels.* Valley Forge, PA: Trinity Press International, 1995. **Thiede, C. P.** "7 Q—Eine Rückkehr zu den neutestamentlichen Papyrusfragmenten in der siebten Höhle von Qumran." *Bib* 65(1984) 538-59. ______. *Die älteste Evangelien-Handschrift? Das Markus-Fragment von Qumran und die Anfänge der schriftlichen Überlieferung des Neuen Testaments.* Wuppertal: Brockhaus, 1986(ET: *The Earliest Gospel Manuscript? The Qumran Fragment 7Q5 and Its Significance for New Testament Studies.* London: Paternoster, 1992).

1972년에 시작된 일련의 연구들을 통해서 오캘러헌(J. O'Callaghan)은 쿰란 제7동굴에서 나온 몇몇 작은 단편들이 실제로 신약의 문헌들이라고 주장했다. 그는 자기가 마가복음, 사도행전, 디모데전서, 야고보서, 베드로후서의 단편들을 확인했다고 생각한다. 그가 확인했다고 주장하는 마가복음의 단편들은 다음과 같다.

7Q5	= 막 6:52-53
7Q6 1	= 막 4:28
7Q7	= 막 12:17
7Q15	= 막 6:48

7Q5에 대한 오캘러헌의 주장은 로르히르쉬(Rohrhirsch, *Markus in Qumran?*), 티데(Thiede, *Bib* 65[1984] 538-59; *Die älteste Evangelien-Handschrift?*) 등을 비롯한 여러 학자들에 의해 받아들여졌다. 오캘러헌의 확인이 옳다면(특히 O'Callaghan, *Los papiros griegos*, 44-61[막 6:52-53에 대한], 61-65[막 4:28에 대한], 66-69[막 12:17에 대한], 75-76[막 6:48에 대한]을 보라), 마가복음이 매우 이른 시기에 가장 먼저 쓰여졌다는 설은 결정적으로 확증된 것이라고 주장할지 모르지만 반드시 그런 것은 아니다. 적어도 두 가지 문제가 여전히 남는다. 첫째, 이 단편들은 진정한 마가복음의 단편들이 아니라 그와 병행되는 본문들에 지나지 않을 수 있다. 둘째, 제7동굴의

헬라어 단편들은 본래의 사해 두루마리와 아무런 관계도 없을 수 있다. 사해 지역의 한 동굴에 헬라어 파피루스가 존재하게 된 것은 다른 동굴들에서 발견된 두루마리들을 저술하고 모으고 감춰 두었던 유대교의 한 분파가 아니라 후대의 기독교인들에 기인한 것일 수 있기 때문이다.

오캘러헌이 학계에 큰 반향을 불러일으킨 것은 사실이지만, 많은 학자들은 그의 주장에 대하여 상당히 유보적인 입장을 표명했다(예를 들어, Focant, *RTL* 16[1985] 447-54; Pickering and Cook, *Has a Greek Fragment*; Rosenbaum, *BZ* 31[1987] 189-205). (앞의 참고문헌은 이차 문헌들을 선별적으로 실은 것에 불과하다.) 난점은 이 단편들의 분량이 대단히 작다는 데 있다. 단편들 중에는 오직 한두 단어나 몇 글자만이 남아 있는 경우가 많아서, 현재로서는 결정적인 확인이 불가능하다. 피츠마이어(Fitzmyer, *Dead Sea Scrolls*, 168)는 오캘러헌의 주장을 단순히 일축해 버릴 수는 없지만 "7Q3-18의 단편들은 구약성경에 대한 어떤 고대 헬라어역의 복사본들에 지나지 않을 가능성이 크다"는 의견을 내놓았다. 베츠와 리스너(Betz and Riesner, *Jesus, Qumran*, 114-24)도 비슷한 의견을 표명했다. 스탠튼(Stanton, *Gospel Truth?* 20-32; 이 제목은 이 주제에 관한 Thiede의 책들 중 하나를 암시한다)은 7Q5가 마가복음 6:52-53일 가능성은 전무하다고 믿는다. 사해 두루마리의 간행(Judaean Desert 총서 중 Oxford's Discoveries로)을 맡은 국제적 조직의 일부 담당자들은 7Q의 단편들은 에녹1서 또는 이와 관련된 전승에 속한 것으로 생각한다고 개인적으로 필자에게 알려 주었다. 이 단편들에 대해서는 어떤 확정적인 결론이 가능하지 않다.

마가복음은 언제 쓰여졌는가?

참고문헌

Head, P. M. "The Date of the Magdalen Papyrus of Matthew(*P. Magd. Gr.* 17=P64): A Response to C. P. Thiede." *TynBul* 46(1995) 251-85. **Kim, Y. K.** "Paleographical Dating of $\mathfrak{P}^{46}$ to the Later First Century." *Bib* 69(1988) 248-57. **Marcus, J.** "The Jewish War and the *Sitz im Leben* of Mark." *JBL* 111(1992) 441-62. **Roberts, C. H.** *An Unpublished Fragment of the Fourth Gospel in the John Rylands Library*. Manchester: Manchester UP, 1935. **Robinson, J. A. T.** *Redating the New Testament*. London: SCM Press; Philadelphia: Westminster, 1976. **Skeat, T. C.** "The Oldest Manuscript of the Four Gospels?" *NTS* 43(1997) 1-34. **Thiede, C. P.** "Papyrus Magdalen 17(Gregory-Aland $\mathfrak{P}^{64}$): A Reappraisal." *ZPE* 105(1995) 13-20(=*TynBul* 46[1995] 29-42). **Wenham, J.** *Redating Matthew, Mark and Luke: A Fresh Assault on the Synoptic Problem.* London: Hodder & Stoughton, 1991.

20년 전에 로빈슨(J. A. T. Robinson, *Redating the New Testament*)은 신약의 모든 저작들은 주후 70년 예루살렘이 파괴되기 전에 쓰여졌다고 주장했다. 그는 신약의 그 어느 저자도 그와 같은 중요한 사건을 침묵으로 지나쳐 버렸을 리가 없다고 추론했다. 좀더 최근에는 웬햄(J. Wenham, *Redating Matthew*)이 초대 교회의 증언을 진지하게 받아들여서 마태복음은 40년경에, 마가복음은 45년경에, 누가복음은 50년대의 어느 때에 쓰여졌다고 주장했다. 그의 주된 논거는 사도행전이 바울의 가택연금에 대한 서술로 끝나는데, 이 일은 대략 62년경에 일어났다는 것이다. 이를 토대로 웬햄은 역으로 추적해 들어가서 사도행전보다 조금 앞서서 누가복음이 쓰여졌고, 그 전에 마가복음이 그리고 공관복음서들 중에서 가장 오래된 마태복음은 제일 먼저 쓰여졌다고 말한다.

파피루스학 전문가들은 저작 연대 논쟁에 중요한 기여를 했다. 로버츠(C. H. Roberts, *An Unpublished Fragment*) 등은 요한복음 18장을 담은 한 장의 단편으로 된 P^{52}(=P.Rylands.Gr. 457)의 연대가 주후 125년경이라는 결론을 내렸다. 논란을 불러일으킨 최근의 연구에서 티데(Thiede, *TynBul* 46[1995] 39)는 로버츠의 연대 설정은 지나치게 후대로 되어 있는데, 저 유명한 라일랜즈(Rylands) 단편의 연대는 주후 100년경이라고 말한다. 김(Y. K. Kim)은 바울 서신의 단편들을 포함하고 있는 체스터 비티 파피루스 P^{46}의 연대가 2세기 말이 아니라 1세기 말이라고 주장한 바 있다. 바울 서신의 연대는 마가복음의 연대 문제와는 직접적인 관련성은 없다. 그러나 김(Y. K. Kim)과 티데의 주장이 옳다면, 일부 신약의 파피루스들의 연대가 실제로 1세기로 거슬러 올라갈 수 있다는 증거가 존재하는 셈이 된다. 마태복음 26장이 적힌 세 개의 작은 단편들로 이루어진 P^{64}(=P.Magdalen.Gr. 17)도 1세기의 것으로서 아마도 주후 70년까지 거슬러 올라갈 수 있다고 주장함으로써 큰 반향을 불러일으켰던 티데의 최근 연구(*TynBul* 46[1995] 29-42)는 우리의 논의와 더욱 관련이 있다. 이 주장은 마태복음의 초판이 이 파피루스의 연대보다 수년 앞서 간행되었을 것임을 의미한다. 티데의 주장에 대한 최초의 반응은 엇갈렸다. 공개강연과 대중매체를 통해서, 스탠튼(G. N. Stanton)과 버드솔(J. N. Birdsall)은 회의적인 입장을 표명했다. 티데의 논거는 P^{64}와 P^{52}의 서체가 1세기 전반부의 것인 파피루스와 두루마리들

(8HevXIIgr 같은)에서 발견된 것과 일치한다는 것이다. 그러나 헤드(Head, *TynBul* 46[1995] 251-85)는 최근에 P[64]와 초기 파피루스들 간의 일치는 티데의 주장만큼 확실하지 않다고 반박했다. 그는 막달레나 파피루스(Magdalen Papyri)는 2세기 말경의 것이라는 결론을 내린다. 또 하나의 최근의 연구에서 스킷(Skeat, *NTS* 43[1997] 1-34)도 P[64]의 연대를 2세기로 본다. 그러므로 파피루스의 연대에 관한 논의는 마가복음의 저작 연대를 결정하는 데 실질적인 도움을 주지 못한다.

내 생각으로는 마가복음은 로마와의 최초의 큰 전쟁을 치르는 동안에 쓰여진 것 같다(Guelich, xxxi-xxxii의 결론과 마찬가지로). 만약 마가복음이 전쟁 후나 예루살렘과 성전이 파괴된 후에 쓰여졌다고 한다면(Marcus, *JBL* 111[1992] 441-62의 최근의 주장처럼), 마가복음에 이러한 사건들에 대한 암시들이 좀더 분명하게 나와 있어야 할 것이다. 물론 마가복음에는 성전의 파괴에 대한 예언이 나오긴 하지만(막 13:2), 이것이 사후예언(*vaticinium ex eventu*)인지는 분명치 않다. 성전이 더 이상 존재하지 않는 상황이었다면 마태가 성전 활동들에 대해 관심을 보이고 있는 것이 이상한 일이라고 지적한 해그너(Hagner, *Matthew*, lxxiii-lxxv)의 말은 정곡을 찌른 것이다. 그는 마가복음뿐만 아니라 마태복음도 주후 70년 이전에 쓰여졌다는 결론을 내린다. 누가복음과 관련해서 놀랜드(Nolland, *Luke* 1:xxxix)의 견해는 다소 불분명하다. 그는 누가복음이 60년대 말과 70년대 말 사이에 쓰여졌을 것이라고 생각한다.

앞에서 잠깐 언급한 웬햄의 초기 저작설은 신중하게 고려해 보아야 할 문제이긴 하지만, 공관복음서 전체에 걸쳐서 예루살렘이 포위되고 파괴될 것이라는 예수의 여러 예언들이 부각되고 있는 점을 감안하면, 복음서 기자들은 전쟁이 곧 발발할 시점에서 글을 쓰고 있었다고 할 수 있다. 그들은 예수의 예언적 경고들이 성취될 때가 가까웠음을 느끼고 그러한 예언적 경고들을 강조했던 것으로 보인다. 따라서 마가복음의 저작 연대는 60년대 말로 보는 것이 가장 현명한 처사인 것 같다.

마가복음의 유형

참고문헌

Boring, M. E. *Sayings of the Risen Jesus: Christian Prophecy in the Synoptic Tradition.* SNTSMS 46. Cambridge: Cambridge UP, 1982. **Collins, A. Y.** *Is Mark's Gospel a Life of*

Jesus? The Question of Genre. The Père Marquette Lecture in Theology 1990. Milwaukee: Marquette University Press, 1990(repr. in A. Y. Collins. *The Beginning of the Gospel.* 1-38). **Guelich, R. A.** "The Gospel Genre." In *The Gospel and the Gospels.* Ed. P. Stuhlmacher. Grand Rapids, MI: Eerdmans, 1991. 173-208. **Halverson, J.** "Oral and Written Gospel: A Critique of Werner Kelber." *NTS* 40(1994) 180-95. **Hurtado, L. W.** "Greco-Roman Textuality and the Gospel of Mark: A Critical Assessment of Werner Kelber's *The Oral and Written Gospel.*" *BBR* 7(1997) 91-106. **Kee, H. C.** *Community of the New Age.* **Kelber, W. H.** *The Oral and Written Gospel.* Philadelphia: Fortress, 1983. **Robinson. J. M.** "The Literary Composition of Mark." In *Évangile.* Ed. M. Sabbe. 11-19. ______. "On the *Gattung* of Mark(and John)." In *Jesus and Man's Hope.* Ed. D. G. Buttrick and J. M. Bald. 2 vols. Pittsburgh: Pittsburgh Theological Seminary, 1970. 1:99-129. **Talbert, C. H.** *What Is a Gospel? The Genre of the Canonical Gospels.* Philadelphia: Fortress, 1977. **Votaw, C. W.** *The Goseprls and Contemporary Biographies in the Greco-Roman World.* FBBS 27. Philadelphia: Fortress, 1970.

마가복음의 유형(genre)과 관련하여 수많은 주장들이 제기되어 왔다. (위의 참고 문헌에 실린 글들 중에서 특히 Collins, "Is Mark's Gospel a Life of Jesus?" 1-38; Guelich, "Gospel Genre"; Kee, *Community,* 17-39; Talbert, *What is a Gospel?*; Votaw, *Gospels*를 보라.) 유대 문헌이나 헬라-로마 문헌의 그 어떠한 유형도 마가복음과 정확히 일치하지 않기 때문에, 몇몇 학자들은 이 가장 초기의 복음서는 사실상 새로운 문학 유형(a literary novum)이라고 결론을 내렸는데(Bultmann, *History,* 374; Guelich, xix-xxii), 나도 그러한 주장에 동의한다. 그럼에도 불구하고 마가복음은 고대 말기의 전기(傳記) 유형과 대체적으로 비슷하다. 마가복음의 단락들 중 다수는 양식과 내용에 있어서 구약성경에서 발견되는 단락들과 흡사하다(예를 들어, 족장들, 모세, 다윗, 엘리야, 엘리사). 일부 학자들은 헬라-로마 세계의 전기(傳記)의 특징들을 마가복음에서 발견해 내기도 했다. 그러나 유사점들은 단지 부분적일 뿐이다(Guelich, xxi; Gundry, 1050가 올바르게 강조한 대로). 마가복음은 기본적으로 전기의 한 예이긴 하지만, 많은 이례적이고 독특한 특징들을 보여 주는 전기다. 게다가 "문학적 저작에 대한 명칭으로서의 '복음서'는 문헌의 양식(예를 들어, 전기 또는 계시적 강화[講話])보다는 내용('좋은 소식')과 더 많이 관련되어 있다"는 귤리히(xxi)의 지적은 옳다. 또한 마가복음은 역사서와 묵시문학의 혼합물이라는 콜린스의 주장도 중요하다(Collins, "Is Mark's Gospel a Life of Jesus?" 24-36[p.27: "묵시문학적 역사서"]; 참조. Wills, *Quest of the Historical Gospels*, 10-12).

마가복음에서 "복음"(*εὐαγγέλιον*)이라는 말은 문학적 유형이 아니라 예수께서 선포하신 메시지를 가리킨다(막 1:14-15; 8:35; 10:29; 13:10; 14:9). 그러므로 "예수 그리스도 복음의 시작이라"(막 1:1)는 마가복음의 개시 문구도 예수의 메시지를 지칭하는 것임에 틀림없다. 이 단어의 의미는 이사야 40:9, 52:7, 61:1에 약속된 "좋은 소식"과 어떤 연관이 있을 것이다(Marcus, *Way of the Lord*, 18-20를 보라). 이사야 61:1은 Q자료에 인유(引喩)되어 있는데, 아마도 이 Q본문은 예수로부터 나왔을 것이다(마 11:4-6=눅 7:22-23; 참조. 눅 4:18-19). 유앙겔리온(*εὐαγγέλιον*)이라는 단어를 들을 때 1세기 로마 제국의 보통 사람들의 마음에 무엇이 떠올랐을 것인지는 아래에서 말할 것이다.

왜 마가는 복음의 시작(*ἀρχή*-아르케)이 세례 요한의 설교라고 힘주어 말하고 있는 것일까? 아니, 이 질문을 좀더 신학적으로 표현해서, 왜 복음은 예수의 공생애로 시작되는 것일까? 건드리(1049-51)는 마가복음은 천상의 구속자(救贖者) 및 신적인 인간에 관한 헬레니즘 사상과 팔레스타인의 예수 전승을 합성해 놓은 것이라는 불트만의 주장에 반발하여(Bultmann, *History*, 240-41, 368-74), "'복음'의 의미를 십자가 및 부활과 아울러 예수의 초기 사역까지 포함하는 것으로 확대한 사람이 마가라고 보는 것"(1050)은 부당하다고 생각한다. 불트만과 그의 추종자들에 대한 건드리(Gundry)의 반론은 분명히 타당하다. 그러나 유앙겔리온(*εὐαγγέλιον*)의 의미가 확대되어 부활 이전의 사역을 포함하게 되었다는 주장은 일리가 있다. 건드리는 초대 교회의 초기 설교에 지상에서의 예수의 사역에 대한 관심이 있었음을 보여 주는 증거로서 사도행전 2:22과 10:36-39a을 든다. 그러나 그러한 내용들이 짧고 간결하다는 사실은 지상에서의 예수의 가르침들이 결국 별로 중요시되지 않았음을 보여준다. 오순절 설교의 대부분은 예수의 부활 및 그에 대한 성경을 통한 변증에 할애된다(행 2:23-36). 사도행전 10:38-39a에도 예수의 사역에 관한 매우 간결한 요약이 나온다. 특히 흥미 있는 것은 "너희가 십자가에 못박은 이 예수를 하나님이 주와 그리스도가 되게 하셨느니라"는 사도행전 2:36의 말씀이다. 이 말씀이 함축하고 있는 의미는 예수께서 주와 그리스도가 되신(인정되신) 것은 지상에서의 그의 사역을 시작하면서나 사역을 하는 동안이 아니라 "부활을 통해서"였다는 것이다. 바울도 로마서 1:4에서 예수께서 "성결의 영으로는 죽은 가운데서 부활하여 능력으로 하나님의 아들로 인정되셨다"고 선언함으로써 이와 비슷한 말을 하는 것으로 보인다. 고린도 교인들에게 복음을 요약해서 전하는 대목에서 바울은 예수의 사역이 아니라 예수의 죽음에서 시작한다(고전 15:3-5).

로빈슨(Robinson, "Composition of Mark"; "On the *Gattung* of Mark")은 막센(Marxsen, *Mark the Evangelist*, 117-50)의 선도(先導)를 따라서 마가복음 기자는 부활 사건의 선포를 선호하고 예수 전승을 가볍게 여기거나 심지어 무시하는 경향이 증대하자 이에 대한 교정책으로서 예수의 공생애로 마가복음의 이야기를 시작한 것이라고 주장했다. 로빈슨은 초대 교회가 부활하신 그리스도 및 그의 말씀들에 커다란 중요성을 부여한 반면에, 부활 사건 이전의 지상적 예수의 말씀들에는 별로 중요성을 부여하지 않았다고 추측한다. 로빈슨은 나그 함마디(Nag Hammadi)에서 나온 최근에 간행된 영지주의적 발견물들이 이 문제를 밝혀 주고 자신의 이론을 밑받침해 준다고 생각한다. 그러나 이 영지주의적 저작들이 보여 주는 증거들은 전혀 다르게 해석될 수도 있다(참조. Evans, *Bib* 62[1981] 402-12).

잘 알다시피 마가복음은 복음 메시지를 의도적으로 확대해서 예수의 공생애를 포함시키고 부활 사건 이후에 기독교인들이 선포한 복음은 예수 자신이 수난 이전에 선포한 것과 일맥상통한다는 점을 보이고자 했던 것 같다. 그러나 로빈슨의 생각처럼, 과연 마가는 영지주의적 궤도를 따라 흘러가는 경향에 대한 반발로서 이런 작업을 했던 것일까? 아니면 영지주의 문제 및 영지주의적 자료들의 사용에 흔히 수반되는 의심스러운 전제들(영지주의적 경향이 나타난 연대를 1세기 중반이나 그 이전으로 추정하는 것 같은)과는 전혀 무관하게, 마가는 예수의 지상 생애의 유효성을 초대 교회의 케리그마(kerygma, 선포)의 견지에서 확보하고자 시도했던 것일까?

변증적 동기가 있었다는 것은 거의 확실하지만, 그 동기는 로빈슨(Robinson)이 제시한 것들과는 상당히 다른 관심들에 의해 촉발되었다. 마가복음 기자는 부활하시고 높이 들리우신 그리스도의 비의적(秘儀的)인 계시들에만 관심을 갖는 영지주의적 경향의 태동에 직면하여 예수의 생애 및 가르침이 케리그마적으로(즉, 선포에 있어서) 중요하다는 것을 보이고자 한 것이 아니다. 그는 로마 사회의 기독교인들에게 예루살렘의 종교 지도자들에게 거부되어 빌라도에 의해 처형된 예수는 그럼에도 불구하고 이스라엘의 메시아요 세상의 구주(救主)시라는 것을 확신시키고자 했다. 마가복음 기자는 세례 요한이라는 민중 선지자와 예수의 관계를 밝힐 목적으로 세례 요한의 설교로 자신의 복음서를 시작했음에 틀림없다. 그리고 그는 예수가 진실로 "하나님의 아들"이었음을 나타내 보이기 위하여 갈릴리에서의 예수의 공생애로 자신의 복음서를 시작했음에 틀림없다. 예수는 그의 지상 사역이 시작되던 순간부터(1:11) 그의 지상 사역이 십자가상의 죽음으로 끝나던 순간까지(15:39) 하나님의 아들로 선포된다. 예수의 죽음을 본 로마 백부장이 예수가 "하나님의 아들"이었다고 인정했다는 말을 함으로써, 마가는 예수야말로 진정으로 메시아이자 하나님의 아들이었고(1:1), 그의 처형은 실패가 아니라 승리였다는 것을 보여 주고자 했다.

이 문제에 대한 다른 접근 방법은 켈버(Kelber, *Oral and Written Gospel*)에 의해 제시되었다. 공관복음서의 예수 전승의 많은 부분이 기독교인들의 예언을 통해서 생겨났다는 보링(Boring, *Sayings of the Risen Jesus*)의 결론을 받아들여서, 켈버는 마가복음은 이 복음서 기자가 의심의 눈으로 바라보았던 Q전승의 득세를 저지하기 위한 시도였다고 생각한다. 그는 이 Q전승이 예수의 이름으로 말했던 기독교 예언자 집단에 의해 확대되고 발전되고 있었다고 생각한다. 마가는 예언에 의한 "임재의 기독론"을 문서에 의한 "부재의 기독론"으로 대체하고자 했다는 것이다.

그러나 보링과 켈버의 견해에는 중대한 문제점들이 있다. 공관복음서의 예수 전승 중 다수가 기독교인들의 예언에서 유래했다는 보링(Boring)의 주장은 적절한 증거가 결여된 것으로서 의심스러운 전제들을 근거로 삼고 있다(Aune, *Prophecy in Early Christianity*를 보라). Q의 많은 부분이 부활 사건 이후의 상황에서 유래했다면, 왜 그것들 중 어느 것도 부활 사건 이후의 말씀들로 배치되어 있지 않은 것일까? 특히 그것들이 Q공동체에 의해 아주 소중하게 여겨진 부활하신 예수의 말씀들이라면, 왜 "그것들 모두"가 부활 사건 이전의 상황 속에 배치되어 있는 것일까? 이와 관련하여 기독교적 영지주의 문헌들과 비교해 보면 흥미로운 점이 드러난다. 영지주의 문헌들에서 선호하는 장면은 부활하신 예수께서 제자들에게 나타나는 장면이다(보통 산 위에서). 영지주의 문헌들에서는 부활 이전의 사역에서 유래된 말씀들조차 이 허구적인 부활 이후의 상황들 속에 등장하는 일이 비일비재하다. 부활 이후의 상황에서라야 부활하신 예수는 전에 "육체에 있을 때에" 제자들에게 가르쳤던 것을 폐기하는 새로운 지식과 진리들을 제자들에게 계시할 수 있기 때문이다. 이러한 비교를 통해 알 수 있는 것은 영지주의적 "복음서들"과 "묵시록들"은 부활 이후의 시기에 창작되거나 심하게 편집된 자료들을 담고 있는 반면에, 공관복음서들(Q를 포함한)은 부활 이전의 자료들을 담고 있다는 것이다. 켈버(Kelber)의 주장도 마찬가지로 문제가 많다. 마가복음에 예수의 가르침에 관한 내용이 상대적으로 적게 나타난다는 사실은 그의 주장과는 달리 마가가 Q에 적대적이었다는 증거라고 볼 필요가 없다. 이러한 현상은 마가가 Q를 알지 못했다는 증거라고 쉽게 설명될 수 있다. 구전성(口傳性) 및 구전 사회와 문서 사회의 차이에 관한 켈버의 개념들은 많은 점에서 문제가 있다(Hurtado, *BBR* 7[1997] 91-106를 보라). 끝으로 마가의 수난 기사를 대체로 마가 자신의 창작으로 보려는 그의 시도는 설득력이 없고, 몇 가지 점에서는 터무니없다(Halverson, *NTS* 40[1994] 180-95를 보라).

마가복음의 신학

참고문헌

Aune, D. E. "The Problem of the Messianic Secret." *NovT* 11(1969) 1-31. **Betz, O.** "The Concept of the So-Called 'Divine Man' in Mark's Christology." In *Studies in New Testament and Early Christian Literature.* FS A. Wikgren, ed. D. E. Aune. Leiden: Brill, 1972. 229-40. **Bieler, L.** *Theios Aner: Das Bild des "Göttlichen Menschen" in Spatantike und Frühchristentum.* 2vols. Vienna: Höfels, 1935-36. **Burkett, D.** *The Son of Man in the Gospel of John.* JSNTSup 56. Sheffield: JSOT, 1991. **Casey, P. M.** "Aramaic Idiom and Son of Man Sayings." *ExpTim* 96(1984-85) 233-36. ______. "General, Generic, and Indefinite: The Use of the Term 'Son of Man' in Aramaic Sources and in the Teaching of Jesus." *JSNT* 29(1987) 21-56. **Chilton, B. D.** "The Son of Man: Human and Heavenly." In *The Four Gospels 1992.* FS F. Neirynck, ed. F. Van Segbroeck et al. BETL 100. Leuven: Leuven UP, 1992. 203-18. **Dalman, G. H.** *The Words of Jesus.* Tr. D. M. Kay. Edinburgh: T. & T. Clark, 1902. **Dunn, J. D. G.** "The Messianic Secret in Mark." *TynBul* 21(1970) 92-117. **Fitzmyer, J. A.** "Another View of the 'Son of Man' Debate." *JSNT* 4(1979) 58-68. ______. "The Contribution of Qumran Aramaic to the Study of the New Testament." In *A Wandering Aramean: Collected Aramaic Essays.* SBLMS 25. Missoula, MT: Scholars Press, 1979. 85-113. ______. *The Genesis Apocryphon of Qumran Cave I: A Commentary.* BibOr 18A. Rome: Biblical Institute, 1971. ______. "The New Testament Title 'Son of Man' Philologically Considered." In *A Wandering Aramean.* 143-60. **Haenchen, E.** *Die Botschaft des Thomas-Evangeliums.* Berlin: Töpelmann, 1961. **Hare, D. R. A.** *The Son of Man Tradition.* Minneapolis: Fortress, 1990. **Hengel. M.** *Studies in Early Christology.* Edinburgh: T. & T. Clark, 1995. **Holladay, C. H.** *Theios Aner in Hellenistic Judaism.* SBLDS 40. Missoula, MT: Scholars Press, 1977. **Horbury, W.** "The Messianic Associations of 'the Son of Man.'" *JTS* n.s. 36(1985) 34-55. **Kim, S.** *"The 'Son of Man'" as the Son of God.* WUNT 30. Tübingen: Mohr-Siebeck, 1983. **Kingsbury, J. D.**

Christology. **Luz, U.** "The Secrecy Motif and the Marcan Christology." In *The Messianic Secret.* Ed. C. M. Tuckett. 75-96. **Martin, R. P.** *Mark: Evangelist and Theologian.* 84-162. **Moule, C. F. D.** "On Defining the Messianic Secret in Mark." In *Jesus und Paulus.* FS W. G. Kümmel, ed. E. E. Ellis and E. Grässer. Göttingen: Vandenhoeck & Ruprecht, 1975. 239-52. ______. *The Origin of Christology.* Cambridge; New York: Cambridge UP, 1977. **Perrin, N.** "The Christology of Mark: A Study in Methodology." In *A Modern Pilgrimage in New Testament Christology.* Philadelphia: Fortress, 1974. 104-21. ______. "The Creative Use of the Son of Man Traditions by Mark." In *A Modern Pilgrimage in New Testament Christology.* Philadelphia: Fortress, 1974. 84-93. **Räisänen, H.** *The 'Messianic Secret' in Mark's Gospel.* Studies of the New Testament and Its World. Tr. C. M. Tuckett. Edinburgh: T. & T. Clark, 1990. **Trocmé, E.** "Is There a Markan Christology?" In *Christ and Spirit in the New Testament.* FS C. F. D. Moule, ed. B. Lindars and S. S. Smalley. Cambridge: Cambridge UP, 1973. 3-13. **Vermes, G.** *Jesus the Jew.* London: Collins, 1973. ______. "The 'Son of Man' Dabate." *JSNT* 1(1978) 19-32. ______. "The Use of בר נשא/בר נש in Jewish Aramaic." In M. Black, *An Aramaic Approach.* 310-28. **Vielhauer, P.** "Erwägungen zur Christologie des Markusevangeliums." In *Zeit und Geschichte.* FS R. Bultmann, ed. E. Dinkler. Tübingen: Mohr-Siebeck, 1964. 155-69. **Weeden, T. J.** "The Heresy That Necessitated Mark's Gospel." *ZNW* 59(1968) 145-58. **Wrede, W.** *Messianic Secret.*

마가복음의 신학을 논하고자 하면, 몇 가지 복잡하고 여러 가지로 관련된 쟁점들에 말려들게 된다. 마가복음은 신약 및 외경복음서들 중에서 가장 초기의 복음서일 것이기 때문에, 마가복음에 등장하는 몇몇 특징들, 곧 이른바 메시아 비밀과 뜨거운 논쟁거리인 "인자" 자료들은 설명을 필요로 한다. 다음과 같은 질문들이 당연히 생겨난다. 마가복음 기자 또는 그의 공동체가 메시아 비밀이라는 개념이나 "인자" 말씀들을 만들어 낸 것일까? 그리고 마가 또는 그의 공동체가 그렇게 했다면, 어떤 목적으로 그렇게 했던 것일까? 헬라-로마의 전승들에 나오는 "신인"(神人)을 둘러싼 논쟁도 검토해 볼 필요가 있다. 그러한 개념이 과연 있었는가? 만약 있었다면, 그 개념은 마가의 기독론의 형성에 상당 부분 영향을 주었는가?

1. 메시아 비밀. 메시아 비밀은 1901년에 주로 마가의 신학을 다룬 브레데(W. Wrede)의 *Das Messiasgeheimnis in den Evangelien*(ET: *The Messianic Secret*)이 출간되면서 학문적인 논의의 대상이 되었다. 브레데는 이 모티프가 마가의 서술 전체를

주도하고 있는 것으로 믿었다. 메시아 비밀이라는 주제는 자기를 알리지 말라는 예수의 금령(1:25, 34; 3:12; 5:43; 7:36; 8:26, 30; 9:9 등), 예수의 가르침을 이해하지 못하는 제자들(4:40-41; 6:52; 7:17-18; 8:14-21 등), 예수의 가르침을 수수께끼 같고 신비스러운 것으로 묘사하는 것(4:10-13, 33-34 등)으로 나타난다고 브레데는 말한다. 브레데는 이 메시아 비밀 주제는 십자가에 못 박히기 전에는 아무도, 심지어 제자들까지도 예수를 메시아적 관점에서 생각하지 않은 이유를 설명하기 위하여 도입된 것이라고 결론을 내렸다. 예수가 메시아였다는 믿음은 부활 사건 이전의 그의 가르침들의 결과물이 아니라 부활 신앙의 결과물이었다고 브레데는 단언한다(참조. 행 2:36; 롬 1:4). 그렇지만 부활 신앙으로 말미암아 점차 초기 기독교인들은 부활로 인하여 이제 메시아가 된 예수는 처음부터 언제나 메시아였음에 틀림없다는 것을 믿게 되었다.

브레데의 기가 막힌 가설은 마가복음 연구에 지속적인 영향을 주어 왔다. 불트만과 디벨리우스 같은 독일의 저명한 양식비평학자들은 이 가설을 채택하여 공관복음 전승의 형성에 대한 나름대로의 해석을 내놓았다. 약간의 차이들은 있지만, 오랜 세월 동안 많은 학자들은 메시아 비밀이 마가복음 기자의 신학을 이해하는 열쇠라는 브레데의 주장에 동의해 왔다. 보른캄(Bornkamm)의 다음과 같은 말은 불트만 학파의 특징을 잘 보여 준다. "…메시아 비밀에 관한 교조적인 가르침의 이면에는 예수의 이력(履歷)은 원래 메시아로서의 이력이 아니었고, 부활 사건 이후에야 비로소 초대 교회의 메시아 신앙에 비추어서 묘사되었다는 사실이 희미하게 드러난다"(*Jesus*, 172).

그러나 최근에 대체로 브레데의 논거들에 대하여 비판적인 새로운 합의가 생성되어 왔다(참조. Aune, *NovT* 11[1969] 1-31; Dunn, *TynBul* 21[1970] 92-117; Gundry, 1; Kingsbury, *Christology*, 13-23; Luz, "Secrecy Motif," 75-96; Martin, *Mark: Evangelist and Theologian*, 91-106; Räisänen, The 'Messianic Secret,' 242-58; Trocmé, "Markan Christology," 3-13; Weeden, *ZNW* 59[1968] 145-58). 메시아 비밀 주제의 일부 요소들이 실제로 예수 자신으로부터 유래했을 가능성이 있긴 하지만(Aune, *NovT* 11[1969] 30-31; Taylor, passim의 주장대로), 대부분의 학자들은 마가복음 기자가 자신의 신학을 제시하기 위하여 이 주제의 중요한 부분을 만들어 냈다는 데 동의한다. 최근에 킹스베리(Kingsbury)는 메시아 비밀 주제는 예수의 메시아 신분에 관한 좀더 일반적인 문제가 아니라 하나님의 아들이라는 예수의 신분과 관련된 좀더 특수한 문제와 관련이 있다고 주장했다(Kingsbury, *Christology*, 14-21; 참조.

Haechen, *Die Botschaft*, 133; Luz, "Secrecy Motif," 85-86; Martin, *Mark: Evangelist and Theologian*, 104; Moule, "Messianic Secret," 242-43; Vielhauer, "Erwägungen," 157-59). 그는 "마가는 독자를 인도하여 예수의 정체가 서서히 드러나는 것을 보게 한다"고 주장한다(*Christology*, 20). 아래의 핵심적인 구절들에 대한 간략한 개관이 보여 주듯이, 킹스베리의 분석은 옳은 것으로 보인다(참조. Kingsbury, *Christology*, 140-55; Martin, *Mark: Evangelist and Theologian*, 105). 마가복음의 개시절에서 예수는 "하나님의 아들 그리스도"(1:1)로 규정된다. 수세 때와 변화산 사건 때 하늘에서 들려온 음성은 예수께서 하나님의 아들이심을 확증한다(1:11; 9:7). 악한 포도원 농부들의 비유는 예수께서 하나님의 아들이심을 암시한다(12:6). 예수는 하나님의 아들이지만 종말의 때를 알지 못하신다(13:32). 예수는 "네가 찬송 받을 자의 아들 그리스도냐"라는 대제사장의 물음을 공개적으로 수긍하신다(14:61-62). 그리고 끝으로 백부장은 예수가 "하나님의 아들"이었다고 인정한다(15:39).

마가의 비밀 모티프는 분명히 교리문답적 기능을 갖는다. 복음서 기자는 독자 또는 청중들로 하여금 예수가 누구신지를 생각하도록 이끈다. 복음서 기자는 예수는 그리스도요 하나님의 아들이라고 처음부터 못을 박는다(1:1). 성부 하나님은 예수께서 사역을 개시하실 때 이적(異蹟)의 성격을 띠는 하늘로부터의 음성을 통해서(1:11), 예수께서 사역을 끝마치실 즈음에 수난 예고의 형식을 빌어(9:7) 예수의 신분을 확증해 준다. 귀신들은 크게 두려워하면서 예수의 신분을 인정한다(1:23-27; 3:11; 5:7-13). 그러나 사람들은 훨씬 더 느리게 예수가 누구신지를 깨달아 간다. 예수의 비판자들은 그를 죽일 모의를 한다(3:1-6). 예수의 가족들은 그가 미쳤다고 생각하여 붙잡고자 한다(3:21-22, 32). 예수의 제자들은 흔히 그의 가르침을 깨닫지 못한다(4:10, 13; 6:52; 7:17-18; 8:14-21; 9:10, 32). 제자들은 자기들끼리 "저가 뉘기에"라고 수근거린다(4:41). 이 이야기의 중간쯤에 베드로는 예수가 진실로 그리스도이심을 깨닫지만(8:29), 그것의 필수적인 부분인 고난의 차원을 깨닫지는 못한다(8:31-33). 이제 예수께서는 수난과 부활의 필요성을 밝히시기 시작한다(8:31, 34-38; 9:9, 30-32; 10:32-34). 수난 이야기 속에는 예수의 신분과 권세에 관한 암시들이 나온다(11:7-10, 27-33; 12:10-12, 35-37; 14:27). 마가복음의 개시절에 나온 칭호들이 마침내 예수의 주적(主敵)인 대제사장의 입에서 나온다: "네가 찬송 받을 자의 아들 그리스도냐?"(14:61). 예수는 아주 분명하게 "내가 그니라"(14:62)고 대답하신다. 대제사장과 그의 패거리들은 예수의 주장을 거부하지만(14:63-64; 15:29-32), 예수의 죽음에 감명을 받은 로마의 백부장은 예수가 "하나님의 아들"이심을 인정한다(15:39). 요컨대 마가는 예수의 죽음을 통해서 예수께서 하나님의 아들(메시아 신분을 포함한)이시라는 사실이 확증되었다는 것을 독자들에게 설득시키고자 했다는 것이다. 예수는 막강한 로마에 의해 패배당한 것이 아니었다. 반대로 막강한 로마가 예수께서 죽는 바로 그 순간에 그분의 신성(神性)을 인정했다.

2. 신인(神人) 기독론. 마가의 기독론의 초점이 예수의 하나님의 아들 됨과 관련되어 있다면, 우리는 그러한 신학을 어떠한 배경 속에서 보아야 하는가? 20세기 내내 이 문제는 헬라-로마의 전승들에 의거하여 답변되어 왔다. 가장 널리 행해진 설명은 헬라 문헌에 나오는 "신인" 또는 데이오스 아네르(*θεῖος ἀνήρ*) 개념을 빌어서 설명하는 것이었다. 브레데 이후 몇몇 학자들은 초대 교회가 예수를 이러한 헬레니즘적 개념에 비추어서 해석했다고 주장해 왔다(특히 매우 영향력이 컸던 Bieler, *Theios Aner*를 보라). 베츠(Betz)는 "신인"을 이렇게 규정한다. "오직 신인만이 진정한 의미에서의 인간이다. 이 때에야 그의 인성(人性)은 신성(神性)의 발현물이 된다. 신인은 뛰어난 재능을 갖고 있고, 모든 점에서 걸출하다. 그는 더 높은 계시적 지혜와 신적인 능력(*δύναμις*)을 활용하여 자유자재로 이적들을 행한다…연대적으로 우리는 최초의 신인 기독론을 공관복음서 이전의 이야기 자료들 속에서, 특히 여러 전설들과 이적 이야기들 속에서 찾아볼 수 있다"("Divine Man," 116-17). 그런 후에 베츠("Divine Man," 117-19)는 마가복음에서 예수를 지칭한 다양한 칭호들(예를 들어, "다윗의 자손", "지극히 높으신 자의 아들", "하나님의 거룩하신 자", "주[Lord]", "선생님[Master]")과 아울러 마가복음에 나오는 거의 모든 이적들을 열거한다.

처음에 일부 학자들은 복음서 기자들이 이 개념을 긍정적으로 채택했다고 생각했다. 그러나 나중에 다른 학자들은 마가복음 기자가 데이오스 아네르(*θεῖος ἀνήρ*) 기독론를 배척해야 할 이단 사상으로 보게 되었다고 확신했다(Weeden 등). "하나님의 아들"이라는 칭호도 이 이단 사상의 일부였다. 페린(Perrin)은 마가가 "하나님의 아들"을 "인자"(人子)로 대체하고자 했다고 주장한다(Perrin, "The Creative Use of the Son of Man Traditions by Mark").

그러나 이런 식의 추론은 많은 문제점들을 안고 있다. 한 가지 예로 헬라-로마 세계에는 명확히 규정된 데이오스 아네르(*θεῖος ἀνήρ*) 개념이 존재하지 않았다. 게다가 공관복음서 전승의 기독론이 유대-팔레스타인 외부에 그 기원이 있었는지도 분명치 않다. 4Q246에 "하나님의 아들"과 "지극히 높으신 자의 아들" – 마가복음에 나오는 예수에 대한 바로 그 칭호들—에 대한 언급이 나온다는 사실은 그러한 칭호들이 1세기 팔레스타인 유대교에서 매우 친숙했음을 보여 준다(Fitzmyer, "Contribution of Qumran Aramaic," 102-7; S. Kim, "The 'Son of Man'" as the Son of God를 보라). 이 칭호들의 출처로서 헬라-로마 신화 같은 외래적인 자료들을 찾아 볼 필요는 없어 보인다. 더욱이 할러데이(Holladay, *Theios Aner in Hellenistic Judaism*)는 초대 유대교에는 영웅들을 신격화하거나 그들의 이적적인 행위들을 과장하는 경향을 보여 주는 증거가 전혀 없다고 설득력 있게 논증했다(보다 최근의 것으로는 Koskenniemi, *JBL* 117[1998] 455-67를 보라). 그러므로 데이오스 아네르(*θεῖος ἀνήρ*) 개념은 마가의 기독론에 대한 분석에서 별로 기여할 것이 없어 보인다.

3. 하나님의 아들. 페린(Perrin) 등의 학자들은 데이오스 아네르(*θεῖος ἀνήρ*) 개념의 영향을 받은 기독론을 지니고 있었던 초기 기독교인들이 예수를 "하나님의 아들"로 호칭하기를 선호했다고 주장했다. 또한 그들은 나아가서 이 칭호를 싫어했지만 기독교 진영에서의 이 칭호의 인기를 감안하여 이 칭호를 버릴 수 없었던 마가복음 기자는 "하나님의 아들" 예수를 "인자" 예수라는 견지에서 재정의했다고 주장한다(아래에서의 논의를 보라). 그릇된 기독론을 주창하는 자들이 강조했던 이적 이야기들을 부인할 수 없었던 마가복음 기자는 그 이적 이야기들을 새로운 문맥 속에 배치했다. 이적들은 흥분을 불러일으켰고, 베드로로 하여금 예수가 그리스도이심을 고백하게 만들었지만, 베드로와 제자들에게 수난의 필요성을 일깨워 줄 수는 없었다. "인자" 예수께서 장차 고난받으실 것에 대한 예고들을 통해 수난을 부각시킨 목적은 이러한 기독론을 바로잡기 위한 것이었다.

그러나 이러한 해석이 옳은지는 의문이다. 마가는 "하나님의 아들"을 그릇된 기독론적 칭호로 보기는커녕 오히려 이 칭호를 선호한 것으로 보이기 때문이다. 페린의 해석은 수많은 의문을 불러일으킨다. 복음서 기자는 마가복음 1:1에서 자신의 대적들이 자기 말에 귀기울이도록 하기 위한 수단으로서 이 칭호를 사용한 것인가? 왜 복음서 기자는 그가 바로잡고자 했던 자들의 주장을 지지하는 셈이 되어 버릴 것을 알면서도 자신의 복음서 이야기 전체를 이런 식으로 시작한 것일까? 왜 복음서 기자는 하늘에서 소리가 들려 예수를 하나님의 아들이라고 했다고 말하는 것일까(막 1:11)? 여기서 "하나님의 아들"이라는 칭호를 확증하고 있는 분은 바로 하나님 자신이다. 과연 마가는 자기가 그릇되었다고 여긴 기독론을 이토록 용인하고 있는 것일까? "하나님의 아들"이 그릇된 기독론의 신앙고백이라면, 왜 로마 백부장은 이 칭호를 채택하고 있는 것일까?(막 15:39). 페린의 추론을 따른다면, 백부장은 "진실로 이 사람은 인자였도다!"라고 말했어야 하지 않을까? 복음서 처음에 예수를 하나님의 아들로 규정하고(1:1), 복음서 끝부분에서 "네가 찬송 받으실 자의 아들이냐?"라는 대제사장의 물음에 대하여 예수로 하여금 "내가 그니라"고 대답하게 하고(14:61-62), 로마 백부장으로 하여금 동일한 고백을 하게 만든(15:39) 마가가 이 모든 대목들에서 이 칭호를 비판하고 있다고 믿기는 어렵다. 그리고 이러한 분명한 선언들 중간 중간에는 초자연적인 세계가 거듭거듭 예수께서 하나님의 아들이심을 증언한다(1:11, 24; 3:11; 5:7; 9:7). 마가복음의 내용들만을 보아도, 페린의 해석은 터무니없는 것 같다. 그러므로 "하나님의 아들"이라는 칭호는 복음서 기자의 기독론의 주요한 요소를 이루는 것으로 보인다.

4. 인자(人子). 호 휘오스 투 안드로푸(*ὁ υἱὸς τοῦ ἀνθρώπου*, "인자")라는 수수께끼 같은 표현은 흔히 역사적 예수와 신약 복음서들의 기독론들에 관한 논의에서 두드러진 위치를 차지해 왔다. 이런 이유로 마가복음에 나오는 이 표현을 이와 연관된 다른 분야들의 문제들로부터 따로 떼어서 다루는 것은 불가능하다. 따라서 아래에서 우리는 오랫동안 끌어왔고 흔히 복잡하게 뒤엉킨 이러한 논의의 가장 중요한 특징들 및 필자가 판단하기에 가장 유력한 결론들로 보이는 것들을 서술하고자 한다(이 논의에 대한 자세하고 매우 유용한 평가로는 Hare, *The Son of Man Tradition*을 보라).

복음서들에 나오는 "인자"의 의미를 이해하는 데 방해가 되어 온 기본적인 문제점은 이 칭호가 모종의 묵시문학적인 메시아적 인물과 관련된 전문적인 의미를 지닌 칭호라는 것을 일반적으로 전제하고 또 자주 단정하는 것이다. 그러나 자료들을 검토해 보면, 이 표현은 복음서들이나 초기 유대교 문헌들에서 그런 의미나 기능을 갖고 있지 않았음을 알 수 있다(하지만 아래를 보라). 마가복음을 예로 들어본다면, "인자"라는 말은 한 번도 기독론적 신앙고백으로 등장하지 않는다. 귀신들은 "당신은 인자니이다"라고 말하는 것이 아니라 "당신은 하나님의 거룩하신 자니이다"(1:24; 3:11)라고 말한다. 예수께서 나를 누구라고 생각하느냐고 물으셨을 때, 베드로는 "주는 그리스도시니이다"(8:29)라고 고백한다. 한 눈 먼 사람은 예수를 향하여 "다윗의 자손이여"(10:47)라고 소리친다. 예수는 "메시아가 다윗의 자손"(12:35)이라는 서기관들의 의견을 거론하신다. 예수는 제자들에게 거짓 그리스도와 거짓 선지자들에 대하여 경계하시지만(13:22), 거짓 인자들이 나타날 것에 대해서는 경계하지 않으신다. 예수께서 죽으실 때, 백부장은 "진실로 이 사람은 하나님의 아들이었도다"(15:39)라고 탄성을 지른다. "네가 찬송 받으실 자의 아들 그리스도냐?"(14:

61)라는 대제사장의 물음에 대한 대답에서도, "인자"에 대한 예수의 언급(14:62)은 자신의 신분을 정의하는 말씀의 일부를 이루지 않는다. 예수는 대제사장의 질문에 대하여 "내가 그니라"고 대답하신다. 즉, 자기가 그리스도요 하나님의 아들이라는 것이다. 계속된 대답 속에서 예수는 가야바와 그 무리들이 "인자"(즉, 자기 자신)가 하나님 우편에 앉은 것과 구름을 타고 오는 것을 보게 될 것이라고 단언하신다. 달리 말하면, 마가복음의 그 어디에서도 예수를 가리켜 "당신은 인자니이다"라고 고백하는 사람은 아무도 없다는 것이다. 또한 마가복음의 개시절이 "인자 예수 그리스도의 복음"이 아니라 "하나님의 아들 예수 그리스도의 복음의 시작"(1:1)으로 되어 있다는 사실도 매우 중요하다. 게다가 마가가 예수의 메시아 됨을 비밀로 지키려 하고 있는 것이라면, 예수께서 반복해서 자주 공개적으로 스스로를 "인자"라고 말씀하시는 것을 우리는 어떻게 설명해야 하는가? 이것이 메시아적 칭호이고, 예수께서 자신의 메시아 신분을 비밀로 부치고자 하고 있는 것이라면, 왜 예수는 스스로를 공개적이고 또 자주 자신의 대적들이 보는 앞에서 "인자"로 지칭하시는 것일까? (복음서 기자의 말이 앞뒤가 잘 맞지 않는다는 Räisänen["Messianic Secret," 224-28]의 주장은 분명히 낭설이다. Kingsbury, *Christology*, 11-13를 보라.) 베드로가 예수를 그리스도로 고백하자, 예수는 베드로에게 아무에게도 그런 말을 하지 말라고 당부하신다(8:30). 그러나 그 어디에도 예수께서 "인자"로서의 자신의 신분을 비밀에 부치고자 하셨음을 보여 주는 증거는 존재하지 않는다. 일부 학자들의 주장처럼 "인자"가 메시아 또는 어떤 묵시문학적 인물에 대한 잘 알려져 있던 칭호였다면, 이것은 참으로 이상한 일이다. 더욱이 "인자"라는 표현이 나오는 에녹1서 37-71장과 에스라4서 13장을 포함한 초기 유대교 문헌에서 "인자"를 칭호로 사용한 예가 없다는 사실은 이 표현이 전문적으로 사용되었다거나 칭호로 사용되었다는 주장에 불리하게 작용할 뿐이다.

이런 이유들로 인해서 많은 학자들은 이 표현의 의미를 다른 식으로 설명하고자 했다. 한 세기 전에 달만(G. H. Dalman, *Words of Jesus*, 234-67)은 "인자"를 나타내는 히브리어(ben ʾādām[벤 아담] 또는 ben ʾĕnôš[벤 에노쉬])와 아람어(*bar nāš*[바르 나쉬], *bar nāšāʾ*[바르 나샤], *bar ʾĕnôš*[바르 에노쉬], *bar ʾenāš*[바르 에나쉬] 또는 *bar ʾĕnāšā*[바르 에나샤])는 "인간" 또는 "인류"를 가리키는 총칭적(總稱的) 표현이라고 주장했다. 히브리어(참조. 겔 2:1, 3, 6, 8 등)에서와 마찬가지로 기독교 시대 이전의 아람어에서도 이 표현이 총칭적으로 사용되었음을 보여 주는 증거가 있다. 복수형 베네 아나샤(bĕnê-ʾănāšā, "사람들의 아들들")는 다니엘 2:38; 5:21에 나오고, 논란이 많은 단수형인 케바르 에나쉬(kĕbar ʾĕnāš, "사람의 아들 같은")는 다니엘 7:13에 나온다. 복수형은 총칭적으로 사용되었음에 분명하고, 단수형도 아마 그럴 것이다. 단수형이 총칭적으로 사용된 두 번의 용례가 쿰란 문헌에서 발견되었다: "내가 네 자손들을 그 어떤 사람도[문자적으로는 '그 어떠한 사람의 아들도'] 셀 수 없는 땅의 티끌처럼 무수하게 하리라"(1QapGen 21:13; Fitzmyer, *Genesis Apocryphon*, 68-69, 151); "너와 [같은 사람에게는] 네 죄가 (있고), 인류[문자적으로는 '사람의 아들']에게는 네 의가 (있다)"(11QtgJob 26:2-3[=MT Job 35:8]; Fitzmyer, "Qumran Aramaic," 95-96). 여기에는 총칭적 용법이 분명하게 드러난다.

버미즈(Vermes, *Jesus the Jew*, 160-91; *JSNT* 1[1978] 19-32; "Use of בר נש/בר נשא," 310-28)가 신약성경보다 2-3세기 이상 늦은 시기의 자료들에 의거해서 이 아람어 표현이 인칭대명사 "나"(I) 또는 "나를"(me)을 나타내는 완곡한 표현으로 흔히 사용되었음을 보이고자 했을 때, 이 논의는 다소 혼잡스럽게 되었다. 이 표현은 한두 군데에서 완곡어법으로 사용되었다고 할지라도(Num. Rab. 19.3[민 19:2에 대한]에서 랍비 학개의 것으로 돌려진 말을 보라; Vermes, "Use of בר נש/בר נשא," 321를 보라), 대다수의 용례들에서는 총칭적 용법으로 사용된 것으로 보인다. 심지어 바르 나샤(bar nāšāʾ)가 완곡어법으로 사용된 예들로 버미즈가 인용한 대부분의 본문들에서도 총칭적 용법으로 해석하면 더 잘 의미가 통한다: "랍비는 그가 말했듯이 '사람[bar nāšāʾ]이 가는 모습 그대로 다시 오는 것이 아니기 때문에 천 하나에 싸여서 매장되었다고 한다. 그러나 랍비들은 사람[bar nāšāʾ]이 가는 모습 그대로 다시 오리라고 말한다"(*y. Ketub.* 12.3; Vermes, "Use of בר נש/בר נשא," 323). 분명히 여기서 바르 나샤[bar nāšāʾ]는 "인간"을 가리킨다(참조. *TLI* 22:345에 나오는 J. Neusner의 번역). 물론 랍비가 총칭적으로 사용한 이 표현은 자기 자신도 포함한다. 다음의 예에서도 마찬가지인 것 같다: "랍비 히야 바르 압다가 죽었을 때, 바르 캅파라의 누이의 아들인 랍비 레위가 그의 귀중품들을 받았다. 이는 그의 스승이 '어떤 사람[bar nāšāʾ]의 제자는 그의 아들만큼이나 그에게 소중하다'라고 말하곤 했기 때문이다"(*y. Ber.* 2.7; Vermes, "Use of בר נש/בר נשא," 323). 여기에서도 바르 나샤(bar nāšāʾ)를 "나"를 가리키는 완곡어법이 아니라 총칭적 용법으로 번역하는 것이 적절한 것으로 보인다(참조. *TLI* 1:102에 나오는 T. Zahavy의 번역). 랍비 히야 바르 압다는 하나의 원칙(principle), 즉 어떤 사람의 제자는 아들만큼이나 소중하다는 원칙을 가르쳤다. 이것은 랍비 히야만이 아니라 모든 스승들에게 적용되는 말이다. 달리 말하면, 랍비 히야는 자기 자신과 관련해서 말한 것("내 제자는 내 아들만큼이나 내게 소중하다")이 아니라 일반적으로 적용되는 말을 한 것이다. 그가 말한 원칙은 그에게 적용되기는 하지만 특별히 그에게만 적용되지는 않는다. 끝으로 하나님이 새 한 마리에게도 관심을 보이는 것을 본 후에 랍비 시므온 벤 요하이가 한 말도 바르 나샤(bar nasa')의 총칭적 용법을 보여 주는 한 예이다: "그런 후에 그는 '새 한 마리도 하늘의 뜻이 아니고는 죽지 않는다. 하물며 사람[bar nasa']이랴'라고 말했다"(*y. Šeb.* 9.1; Vermes, "Use of בר נש/בר נשא," 326). 인자를 완곡어법으로 본 버미즈의 주장은 피츠마이어(Fitzmyer, *JSNT* 4[1979] 58-68; "'Son of Man' Philologically Considered," 143-60), 칠튼(Chilton, "The Son of Man," 203-18)을 비롯한 여러 학자들(예를 들어, Casey, *ExpTim* 96[1984-85] 233-36; id., *JSNT* 29[1987] 21-56)에 의해 혹독한 도전을 받아 왔고, 이러한 도전은 정당하다.

"인자"라는 표현은 마가복음에서 이와 같이 기본적으로 총칭적 의미로 사용된 것으로 보인다. 마가복음 기자 또는 그의 전승이 "인자"를 예수에 대한 메시아적 또는 묵시문학적 칭호로 사용했음을 보여 주는 증거는 없다(Moule, *Origin of Christology*, 11-22; Kingsbury, *Christology*, 157-76; Hare, Son of Man, 183-211; Hengel, *Early Christology*, 104-8). 기껏해야 "인자"는 예수를 특정해서 가리키는 말 정도로 이해된다. 누가복음과 사도행전에 나오는 "인자"라는 표현의 용법도 마가복음에서와 대동소이한 것으로 보이지만, 마태복음에서는 사정이 좀 다르다. 마태복음에서 "인자"는 "예수의 운명의 신비를 가리키는 고상한 용어"(Hare, *Son of Man*, 181-82)로 사용된 것 같다. 그러나 마태복음에서도 "인자"는 어떤 특별한 의미를 지니고 있지는 않다. "인자"라는 말은 단지 예수를 가리킬 뿐이어서, 예수를 떠나서는 아무런 내용도 갖지 못한다(Hare, *Son of Man*, 113-82). 제4복음서에서는 잠언 30:1-4의 영향을 받아서 이 표현을 하나님의 말씀이 성육신된 것을 표현하는 것으로 이해하는 것 같다(Burkett, *Son of Man in the Gospel of John*, 51-59).

마가에게 있어서(그리고 분명히 예수에게 있어서도; 참조. Hare, *Son of Man*, 257-82) "인자"가 총칭적 의미라면, 왜 마가는 정관사를 이 문구 앞에 사용한 것일까? 헬라어에서 정관사는 특정한 종(種) 전체를 가리킬 수 있다. 인자 말씀들 중 하나는 이 점을 잘 보여 준다: "여우도 굴이 있고 공중의 새도 거처가 있으되 오직 인자는 머리 둘 곳이 없다"(마 8:20=눅 9:58). "여우들", "새들", "인자"라는 단어 앞에는 모두 정관사가 붙어 있다. 여우와 새 앞에 붙은 정관사는 여우와 새라는 동물의 종류 전체를 가리키는 것이지 한정된 수의 동물들을 가리키는 것은 아니기 때문에, "그 여우들도 굴이 있고 공중의 그 새들도 거처가 있으되"라고 번역하면 틀리게 된다. 따라서 여우나 새와는 정반대의 운명에 처한 "인자"를 지배하는 정관사는 특정 한 인간이 아니라 종(種)으로서의 인류 전체를 가리킬 가능성이 있다.

공관복음서의 인자 말씀들을 종종 다니엘 7장과 연관시키고 있는 점에 비추어 보면(참조. 막 13:26 par.; 14:62; ak 19:28 par.). 정관사는 특정한 "인자," 즉 다니엘 7장에 묘사된 "인자"를 가리킬 가능성도 있다. 물(Moule, *Origin of Christology*, 12-16)과 칠튼(Chilton, *Son of Man*, 215-18)은 후자가 십중팔구 맞을 것이라고 생각한다. 그러나 헤어(Hare, *Son of Man*, 278-80)는 "인자"를 다니엘서와 결부시킨 것은 초대 교회라고 말한다. "인자"라는 문구가 등장하는 절대 다수의 구절들이 예수가 스스로를 가리키는 정중한 표현인 것처럼 보인다는 점이 그의 견해에 무게를 실어준다. 예수가 "인자"라는 표현을 사용하면서 다니엘서에 나오는 "인자"를 생각했다면, 왜 이 전승이 전체 예수 전승 안에서 그토록 미미한 역할을 했겠는가? 헤어(Hare)의 주장이 옳을 수도 있는 것 같다.

그럼에도 불구하고 이 인자 말씀들을 진정한 전승의 단편들로 볼 수 있는 근거들이 존재한다. 첫째, 많은 학자들이 진정한 것으로 보는 구절에서 예수는 다니엘 7장을 인유(引喩)하신다는 것이다. 예수께서 제자들에게 언젠가 하나님 나라에서 예수의 상에서 먹고 마시며 "보좌에 앉아 이스라엘 열두 지파를 다스리게" 될 것이라고 하신 약속(Q=눅 22:30)은 보좌들이 세워지고 그 나라가 성도들에게 하사된다는 내용을 담은 다니엘 7장을 토대로 한 것일 가능성이 높다. 마태복음 기자는 다니엘 7장을 인유하고 있다는 것을 직감하고 "인자가 자기 영광의 보좌에 앉을 때에"(마 19:28)라는 말을 덧붙였다. 예수께서 영광 중에 오실 때에 예수의 우편과 좌편에 앉게 해달라는 제자들의 요구(막 10:35-40)도 앞에서와 동일한 내용을 전제한다. 제자들 사이에서 좋지 않은 감정을 불러일으켰던(막 10:41-45) 이러한 요구는 초대 교회가 만들어 낸 것일 리가 없다. 초대 교회가 그러한 요구를 당혹스럽게 느꼈으리라는 것은 마태복음 기자가 이 요구를 두 제자의 어머니가 한 것으로 수정한 것에서 미루어 짐작할 수 있다(마 20:20-21). 또한 초대 교회가 그러한 전승을 창작해 내지 않았을 것임은 예수께서 그의 나라에서 자리들을 하사하는 일은 자신의 권한이 아님을 명백히 밝히신 데서도 나타난다. 이런 것이 부활 사건 이후의 신앙고백의 내용일 리가 없다.

둘째, 그림(Grimm, *Jesu Einspruch*)과 베츠(Betz, *Die Menschensohnworte Jesu*)가 지적한 대로 예수께서 다니엘서를 토대로 이 개념들을 수정하셨다는 증거가 있다. 이것은 앞에서 말한 전승에서 분명하게 드러난다. 예수는 제자들에게 그의 나라에서 큰 자가 되려면 종이 되어야 한다고 말씀하신다(막 10:42-44). (이 대목에서 나는 막 10:45의 진정성 문제는 무시하고자 한다; "양식/구조/배경"의 해당 부분을 보라.) 또한 예수께서 지혜롭고 현명한 자들에게가 아니라 아이들에게 하나님 나라의 비밀들을 계시하시는 것에 대하여 하나님께 감사하는 장면에서도 이 점이 분명하게 드러난다(마 11:25-27과 눅 17:20-21을 단 2:20-23과 비교해 보라).

셋째, 초대 교회가 다니엘 7장을 사용하여 초기 기독론을 발전시켰다가 그 기독론을 꺼려하여 완전히 폐기했다고 보는 것은 정말 이상하다. 복음서들에 나오는 다니엘서적인 인자 전승들을 만들어 낸 것이 초대 교회였다면, 왜 그러한 전승들은 오직 예수의 입에서만 발견되고(두 개의 미미한 예외는 제외하고), 신약성경의 다른 곳에서 전개되는 기독론에서는 아무런 역할도 하지 못한 것일까? 이러한 문제점들은 헹엘(Hengel, *Early Christology*, 58-63)에 의해 강력하게 제기된 바 있다.

인자 전승들은 예수께서 사용하신 "인자"라는 표현이 종종 다니엘 7장에 묘사된 존재를 암시하고 있을 가능성을 어느 정도 밑받침해 준다. 이 소수의 경우들에서조차도 "인자"는 여전히 총칭적 개념이지 칭호가 아니다. 그러나 이러한 경우들에서 "인자"는 "특정한" "인자," 곧 다니엘 7장의 "인자"를 가리킨다. 이러한 특정성(特定性)은 이 문구에 정관사가 붙은 이유를 설명해 준다. 예수께서 사실 다니엘서의 "인자"를 암시하신 것이라면 아마도 메시아적 자기 이해의 일환으로서 그렇게 했을 것이다. 그러나 "인자"라는 칭호는 총칭적으로 사용될 수 있었기 때문에, 청중들은 예수께서 이 표현을 사용하실 때마다 반드시 다니엘 7장에 나오는 인물을 생각하지는 않았을 것이다.

논의를 마무리하기에 앞서, 예수는 자기가 "하나님의 아들"임을 은연중에 내비치기 위하여 "인자"라는 표현을 사용하신 것이라는 김세윤(S. Kim)의 주장에 대하여 논평해 두는 것이 좋을 것이다. 김이 열거하는 최고의 증거들은 쿰란 문헌 및 소수의 칠십인역 이독(異讀)들에 나오는 것들이다. 김이 다니엘서(그리고 아마도 삼하 7장과도)와 모종의 관계가 있다고 생각하는 아람어 단편인 4Q246(과거의 4Q243)을 보면(참조. Dunn, "'Son of God' as 'Son of Man,'" 208-10), 대망의 종말론적 인물이 "하나님의 아들로서 환영을 받겠고, 그들은 그를 지극히 높으신 자의 아들이라 부르리라. 혜성(섬광)이 눈에 보임같이 그들의 나라도 그렇게 되리라. (수)년 동안 그들은 이 땅을 다스리리라"(4Q246 2:1-3; Kim, "Son of Man," 20; 참조. Fitzmyer, "Qumran Aramaic," 92-93)는 말이 나온다. 이 인물이 다니엘 7:13의 "인자 같은 이"라면, 이것은 다니엘서의 "인자"를 하나님의 아들로 본 증거가 될 것이다. 또한 김은 "인자"를 "옛적부터 계신 이 같은 분"(one like the Ancient of Days)으로 묘사하고 있는 칠십인역 및 시리아-헥사플라(Syro-Hexapla)의 몇몇 사본들에 나오는 중요한 이독들을 지적한다(Kim, "*Son of Man*," 22-24). 4Q246과 칠십인역의 이독으로부터 김은 다니엘서의 "인자"를 메시아적인 하나님의 아들로 본 주해 전통이 존재했다고 추론해 낸다. 김의 해석은 그럴듯해 보이기는 하지만, 예수께서 사용하신 "인자"라는 표현이 항상 그러한 함의(含意)를 지니고 있었는지는 전혀 확실치가 않다. 예수께서 다니엘서의 "인자"를 암시하셨고, 스스로를 이스라엘의 메시아로 여기셨다면(그랬을 가능성이 있다-그러나 자기 자신의 이해에 따라서), 틀림없이 그분은 그러한 해석 전통을 전적으로 옳다고 생각하셨을 것이다(막 14:61-62에서 그랬던 것처럼). 그러나 이제까지 제시된 증거들을 놓고 본다면, 예수께서 사용하신 "인자"라는 표현이 다니엘 7장을 암시하고 있는 극소수의 예를 제외하고는 메시아 및 하나님의 아들로서의 자신의 신분을 은연중에 내비치는 것이었다고 결론을 내리는 것은 현명치 못한 것 같다.

끝으로, 일부 유대교 분파들에서는 주전 1세기(또는 그 이전)에 다니엘 7:13-14에 나오는 인자 같은 이를 메시아로 이해했을 수도 있다는 것을 보여 주는 약간의 증거들이 존재한다. 호베리(Horbury, *JTS* n.s. 36[1985] 34-55)는 에녹의 비유서(즉, 에녹1서 37-71), 에스라4서 13(즉, 에스드라2서 13), 비운의 에스겔서(Ezekiel the Tragedian) 단편들(67-89행)을 그 증거로 든다. 에녹의 비유서와 에스드라4서의 연대는 주후 1세기 말로 추정되기 때문에, 학자들은 다니엘서의 "인자"를 메시아로 이해한 것이 예수 시대 이전이었다는 주장을 하려고 하지 않았다. 그러나 호베리는 비운의 에스겔서는 다니엘서의 인자를 그런 의미로 이해하고 있고, 이 저작의 연대는 주전 2세기 말이라고 주장한다. 해당되는 대목은 모세가 장인에게 꿈을 얘기하는 장면으로서 다음과 같이 되어 있다.

> 시내산 꼭대기에서 나는 보좌 같은 것을 보았는데,
> 그 크기가 너무도 엄청나서 하늘의 구름들에 닿아 있었습니다.
> 그 위에 고상한 풍채의 사람이 앉아 있었는데,
> 면류관을 쓰고 한 손에는 홀(笏)을 잡은 채,
> 한 손으로는 나를 오라고 손짓했습니다.
> 나는 가까이 다가가서 보좌 앞에 섰습니다.
> 그는 홀을 건네주며 내게 보좌에 오르라고 명했고,
> 내게 면류관을 주었습니다.
> 그러고 나서 그는 스스로 보좌에서 물러갔습니다…

이때 두려움 속에서 나는 꿈에서 깨어났습니다.

그러자 그의 장인은 다음과 같이 해몽을 해준다.

내 친구여, 하나님께서 너에게 이것을 길조(吉兆)로 주신 것이다.
이런 일들이 일어나는 것을 볼 만큼 내가 오래 살았으면 좋으련만.
너는 힘있는 보좌를 일으켜 세우겠고,
사람들을 다스리며 지배하리라…
현재와 과거와 미래의 일들을 너는 보게 되리라.
(*Ezekiel the Tragedian* 68-89; *OTP*에 실린 R. G. Robertson의 번역문)

여기에 언급된 "보좌", "하늘의 구름들", "한 사람", "다스리며 지배하다"라는 표현들은 다니엘 7:9-14을 암시하고 있음에 틀림없어 보인다(또한 P. W. van der Horst, "Moses' Throne Vision in Ezekiel the Dramatist," *JJS* 34[1983] 21-29를 보라). 그러나 이 꿈과 해몽에 나오는 "사람"(본문에는 아네르[*ἀνήρ*, "사람"]를 가리키는 시어[詩語]인 포스[*φῶς*, "빛"]로 되어 있음)이 메시아적 인물인지는 분명치 않다. 그럴 가능성도 있긴 하지만, 앞에서 인용된 대목은 모세 자신이 하늘의 보좌에 앉아서 하나님의 섭정으로 다스릴 것임을 말해 주는 것으로 보인다. 그러므로 앞에서 말한 대로 다니엘서에 나오는 인자라는 인물을 예수 시대 이전에 메시아적 인물로 이해한 확실한 증거는 여전히 없다는 결론이 나온다. 에스라4서, 에녹의 비유서, 후대의 랍비 주해가 아키바와 결부시키고 있는(*b. Sanh.* 38b; *b. Ḥag.* 14a) 이러한 이해는 주전 1세기에 초기 단계에 있었고, 이것이 그 이후에 발전되었을 가능성이 있긴 하지만(신약의 복음서들에 나오는 간접적인 암시를 포함해서), 예수 당시에 어떤 형태로 존재했었는지를 확인하는 것은 불가능하다.

5. 예수와 성전. 자신의 중요한 학위논문에서 유엘(Juel, *Messiah and Temple*)은 예루살렘 성전에 대한 대체로 부정적인 마가의 관심을 다룬다. 이 주제는 마가복음의 후반부(특히 11-15장)에서 중요한 역할을 한다. 우리는 이 점을 예루살렘 입성(막 11:1-10) 이후에서 보는데, 예수는 성전 경내를 "둘러보신" 후에(11:11) 이튿날 무화과나무를 저주하시고(11:12-14) 성전을 "강도의 굴혈"(11:17)이라 부르며 청결케 하는 조치를 취하신다(11:15-18). 불길하게도 예수의 말씀들은 제1성전에 대하여 예레미야가 파국을 선포한 내용을 담고 있는 예레미야 7장의 냉혹한 예언의 말씀들을 암시한다. 이튿날 아침 무화과나무는 시든 채로 발견된다(11:20-21). 성전 청결 사건의 앞뒤로 무화과나무 이야기를 배치한 것은 서로 대비시킴으로써 그

의미를 드러내기 위한 의도임이 분명하다. 열매 없는 무화과나무는 열매 없는 성전 체제를 상징한다. 둘 다 파국을 면치 못할 것이다. 예수와 성전 당국자들 간의 적대감이 고조된다. 고위 제사장들은 무슨 권세로 예수가 행했는지를 알아야겠다고 요구한다(11:27-33). 그러나 예수는 직접적인 대답을 피한 채 우회적으로 악한 포도원 농부들에 관한 비유(12:1-11)를 말씀해 주시는데, 이 비유는 고위 제사장들이 부패하게 행했기 때문에 머지않아 그들에게 맡겨진 권세를 잃을 것이라는 뜻을 함축하고 있다. 제사장들은 이 비유가 그들을 비판하는 것임을 알아차린다(12:12). 그러자 그들은 가이사에게 세금을 내야 하는지에 관한 민감한 문제를 가지고 예수를 시험한다(12 :13-17). 이번에도 예수는 우회적으로 대답하신다. 사두개인들이 이 싸움에 끼어들어서 예수에게 부활에 관하여 묻는다(12:18-27). 한 서기관은 가장 큰 계명에 관하여 묻는다(12:28-31). 그는 예수의 대답에 크게 감명을 받고, 하나님 사랑과 이웃 사랑이 "전체로 드리는 모든 번제물과 기타 제물보다 나으니이다"라고 고백한다(12 :32-33). 서기관이 성전 제의의 중요성을 하나님 사랑과 이웃 사랑보다 못한 것으로 말하자, 예수는 그에게 "하나님 나라에서 멀지 않도다"라는 확신을 심어 주신다(12: 34).

다윗의 자손에 관한 문제(12:35-37)를 통해서 예수는 공격을 계속하신다. 예수는 과연 메시아를 다윗의 자손이라 불러도 되는 것이냐고 문제를 제기하신다. 메시아가 다윗의 자손이라면, 왜 다윗이 메시아를 "주"(Lord)라고 부르는 것이냐? 이 반문에 함축된 의미는 "다윗의 자손"이라는 칭호가 메시아를 호칭하는 데 부적절하다는 것이다. 또한 이것은 예수께서 메시아가 다윗보다 더 큰 권세와 신분을 지니고 있다고 생각하신다는 것을 보여 주는 것인가? 만약 그렇다면, 이것은 메시아의 권세가 고위 제사장들의 권세를 능가한다는 것을 의미하는 것인가? 다음으로 예수는 "과부의 가산을 삼키는" 서기관들을 경고하신다(12:38-40). 그 다음에 이어지는 단락, 곧 성전 연보궤에 자기가 가진 마지막 동전을 넣는 과부 이야기(12:41-44)는 서기관들에게 가산을 다 빼앗기고 폭삭 무너진 한 과부에 대한 예시(例示)일 것이다. 이 변증적 단락은 바깥 성전 경내의 계단 위에서 예수께서 "돌 하나도 돌 위에 남지 않고 다 무너뜨려지리라"고 예언하시는 장면(막 13:2)으로 끝난다.

반(反)성전 주제는 수난 이야기에서 다시 등장한다. 고위 제사장들은 예수를 몰래 체포해서 처형하고자 적극적으로 나선다(14:1-2). 그들은 유다에게 뇌물을 주어 예수를 배신하게 한다(14:10-11). 유대 공의회 앞에서 심문을 받을 때 예수는 성전을 파괴하고자 했다는 죄로 기소된다(14:58). 대제사장의 질문(14:61: "네가 메시아냐?")에 답변하면서, 예수는 자기가 하나님 우편에 앉는 것을 보게 될 것이라고 밝히는데(14:62), 이는 아마도 자기가 이스라엘의 중보자로서의 대제사장을 대체하고, 대제사장을 재판하는 재판관으로 다시 등장할 것이라는 의미를 함축하는 것 같다. 대제사장 가야바는 격노하여 예수를 죽일 것을 요구한다(14:63-64a). 그의 패거리들은 예수를 단죄하는 데 가세한다(14:64b-65). 제사장들은 예수를 로마 총독인 빌라도에게 넘기고(15:1), 계속해서 예수를 고소한다(15:3). 빌라도가 예수를 놓아주자고 제안하자(15:9-10), 제사장들은 무리들을 선동하여 예수가 아니라 바나바를 놓아 줄 것을 요구하게 한다(15:11-15). 마지막으로 예수께서 십자가에 매달려 계실 때, 고위 제사장들은 그를 조롱한다(15:31-32). 그러나 예수는 최후의 단계로 진입하신다. 왜냐하면 예수께서 죽는 바로 그 순간에 "성전 휘장이…찢어져 둘이 되었기"(15:38) 때문이다. 마가에게 이것은 성전의 파괴 및 고위 제사장들의 몰락에 관한 예수의 예언의 성취에서 첫 단계를 의미했을 것이다.

6. 마가의 기독론. 마가의 기독론은 하나님의 아들로서의 예수에게 초점이 맞춰져 있다. 이 점은 "하나님의 아들 예수 그리스도 복음의 시작이라"(1:1)는 이 복음서의 개시 문구와 "이 사람은 진실로 하나님의 아들이었도다"(15:39)라는 로마 백부장의 극적인 고백에 분명하게 드러나 있다. 그러나 예수를 하나님의 아들이라고 하는 것을 오로지 통치자들을 신의 아들들이라 생각하는 헬라-로마적인 사상에 비추어 이해해서는 안 된다. 이스라엘의 제왕 전승들도 왕을 하나님의 아들이라 말한다. "세상의 군왕들이 나서며 관원들이 서로 꾀하여 여호와와 그 기름받은 자를 대적하며…여호와께서 내게 이르시되 너는 내 아들이라 오늘날 내가 너를 낳았도다"(시 2:2, 7). 이 시편의 언어는 대망의 메시아에 관하여 말하는 한 사해 두루마리에 반영되어 있다. "…하나님께서 그들 가운데 메시아를 낳으실 때에"(1QSa 2:11-12). 마가는 예수를 하나님의 왕적인 아들, 다윗의 자손으로 묘사했다(Kingsbury, *Christology*). 이 점은 바디매오가 예수를 "다윗의 자손"이라고 부르는 장면(10:47, 48)에서, 예수께서 예루살렘에 입성하실 때 무리들이 환호하는 장면(11:10)에서, 예수께서 재판을 받고 십자가에 못 박히시는 동안에 예수를 반복해서 "유대인의 왕"으로 지칭하는 데서(15:2, 9, 12, 18, 26, 32) 나타난다.

예수께서 하나님의 아들이라는 것에 대한 가장 중요한 증언은 하나님 자신으로부터의 증언들이다. 하나님은 수세 때(1:11), 변화산 사건에서(9:7) 예수를 하나님의 아들로 인정하신다. 하나님의 아들로서 예수는 이스라엘에 최후로 보내심을 받은 사자(使者)시다(막 12:6). 거부당하고 죽임을 당했지만(12:7-9, 10a), 예수는 신원

(伸冤)되어 "모퉁이의 머릿돌"이 되실 것이다(12:10b-11). 이스라엘의 목자인 예수는 침을 당하겠지만(14:27) 부활하여 제자들에 앞서 갈릴리로 가실 것이다(14:28). 빈 무덤을 발견하고 기겁을 한 여인들(16:4)은 "가서 그의 제자들과 베드로에게 이르기를 예수께서 너희보다 먼저 갈릴리로 가시나니 전에 너희에게 말씀하신 대로 너희가 거기서 뵈오리라 하라"(16:7)는 지시를 받는다. 예수의 부활 사건 속에서 마가의 독자들은 신원되어서 계속해서 제자들을 이끌고 계시는 하나님의 아들을 만난다.

마가복음의 목적

참고문헌

Borgen, P. "Emperor Worship and Persecution in Philo's *In Flaccum* and *De Legatione ad Gaium* and the Revelation of John." In *Geschichte – Tradition – Reflexion.* FS M. Hengel, ed. H. Cancik, H. Lichtenberger, and P. Schäfer. 3 vols. Tübingen: Mohr-Siebeck, 1996. 3:493-509. **Bureth, P.** *Les titulatures impériales dans les papyrus, les ostraca et les inscriptions d'Égypte(30a.C.-284p.C.).* Brussels: Fondation Egyptologique Reine Elisabeth, 1964. **Deissmann, A.** *Light from the Ancient East.* London: Hodder & Stoughton/New York: Harper & Row, 1927. **Foerster, W.** *Herrist Jesus: Herkunft und Bedeutung des urchristlichen Kyrios-Bekenntnisses.* Gütersloh: Bertelsmann, 1924. **Hengel, M.** *The Zealots: Investigations into the Jewish Freedom Movement in the Period from Herod I until 70 A.D.* Edinburgh: T. & T. Clark, 1989. 99-107. **Horsley, G. H. R.** *New Documents Illustrating Early Christianity.* Vol. 1. North Ryde, NSW, Australia: Macquarie University, 1981. **Johnson, E. S.** "Is Mark 15.39 the Key to Mark's Christology?" *JSNT* 31(1987) 3-22(repr. in *The Synoptic Gospels: A Sheffield Reader.* Ed. C. A. Evans and S. E. Porter. Biblical Seminar 31. Sheffield: Sheffield Academic, 1995. 143-62). ______. "Mark 15,39 and the So-called Confession of the Roman Centurion." *Bib* 81(2000) 406-13. **Kneissl, P.** *Die Siegestitulatur der römischen Kaiser: Untersuchungen zu den Siegerbeinamen der ersten und zweiten Jahrhunderts.* Hypomnemata 23. Göttingen: Vandenhoeck & Ruprecht, 1969. **MacDonald, D. R.** *The Homeric Epics and the Gospel of Mark.* New Haven, CT: Yale UP, 2000. **Magie, D.** *De Romanorum iuris publici sacrique vocabulis.* Leipzig: Teubner, 1905. **Mattingly, H.** *Coins of the Roman Empire in the British Museum.* Vol. 1: *Augustus* *to Vitellius.* London: British Museum, 1965. **Schniewind, J.** *Euangelion: Ursprung und erste Gestalt des Begriffs Evangelium.* Gütersloh: Bertelsmann, 1931. **Shiner, W. T.** "The Ambiguous Pronouncement of the Centurion and the Shrouding of Meaning in Mark." *JSNT* 78(2000) 3-22. **Taylor, L. R.** *The Divinity of the Roman Emperor.* APAMS 1. New York: Arno, 1931; Chico, CA: Scholars Press, 1975. **Versnel, H. S.** *Triumphus: An Inquiry into the Origin, Development, and Meaning of the Roman Triumph.* Leiden: Brill, 1970.

필자는 이 짤막한 단원을 마가의 신학에 관한 앞서의 길고 포괄적인 논의에서 일부러 제외했다. 그 이유는 여기에서는 질문을 좀더 좁혀서 집중적으로 다루어 보고자 하기 위한 것이다. 왜 마가는 그의 복음서를 썼는가? 또는 다른 식으로 표현해 보자면, 마가의 목적은 무엇이었는가? 내 생각으로는 1세기 헬라-로마 세계의 정치적, 사회적 현실을 제대로 이해하지 못한다면, 이 질문에 대한 대답은 불가능하다.

역사적 예수에 대한 최근의 연구들은 예수께서 무엇을 말씀하셨고 무슨 일을 행하셨는가에 관한 정확한 그림을 복원하는 과제를 시작하기에 가장 좋은 지점은 끝, 즉 예수의 죽음이라고 주장한다. 예수는 로마의 처형대인 십자가상에서 돌아가셨다. "유대인의 왕"(막 15:26과 그 병행문들)이라 쓴 죄패가 적힌 십자가에서 예수께서 처형되셨다는 사실은 우리에게 예수의 가르침 및 활동들, 사람들이 예수를 어떻게 생각했는가에 관한 중요한 단서를 제공해 준다. 끝에서 시작하여 우리는 이 끝과 부합하는 자료들을 찾아서 처음으로 거슬러 올라갈 수 있다. 예수의 죽음의 성격에 비추어서, 오늘날 많은 학자들은 예수께서 실제로 "하나님 나라"를 말씀하셨고, 이스라엘의 회복에 대한 상징으로서 "열두 제자"를 임명하셨으며, 그의 이적 행위들, 특히 축귀 행위들을 통해서 하나님 나라의 임재와 권능에 대한 증거를 보여 주셨고, 로마 당국자들과 내통한 성전의 종교 지도자들을 비판하셨다는 올바른 결론을 내리게 되었다. 복음서들에서 풍부하게 확인되는 이러한 선교 활동 및 메시지는 왜 예수께서 그렇게 죽으셨는가라는 물음에 대하여 설득력 있는 대답을 제공해 준다. 복음서 첫머리에서 마가복음 기자는 예수께서 하나님 나라가 가까웠으니 지금이 "복음"(막 1: 15)을 믿을 때라고 선포하셨다고 말하는데, 이것은 예수의 메시지를 정확히 요약한 것이라고 믿을 만한 충분한 근거가 있다. 바로 그러한 메시지로 인해서 그 선포자는 1세기 팔레스타인에서 처형당하게 된다.

마가복음의 목적이라는 문제도 동일한 방식으로 접근하는 것이 현명할 것이다.

마가의 이야기는 예수가 누구신가에 관한 여러 선포들과 물음들을 따라서 움직여 간다(막 1:1, 11, 24; 5:7; 8:27-30; 9:7; 10:47-48; 14:61-62; 15:39). 예수께서 죽으시는 순간에, 로마 백부장은 "이 사람은 진실로 하나님의 아들이었도다"(막 15:39)라고 고백한다. 이 고백은 예수를 "하나님의 아들"로 서술하는 마가의 개시 문구와 일치한다(1:1; 적어도 א[a], A, B, D, K, L, W, *Σ*, *Π*, 33을 비롯한 권위 있는 사본들이 그렇게 읽고 있다). 따라서 예수는 로마인들의 손에 처형되었지만 진실로 하나님의 아들이었다는 것을 보여 주는 것이 복음서 기자의 목적 중 하나였다고 생각하는 것은 당연한 일이다. 백부장의 고백은 마가의 기독론을 해명하는 열쇠는 아니라 할지라도(이러한 주장은 Johnson, *JSNT* 31[1987] 3-22; id., *Bib* 81[2000] 406-13; Shiner, *JSNT* 78[2000] 3-22에 의해 올바르게 제기되었다), 마가가 복음서를 쓴 목적을 해명하는 데 중요한 단서가 될 수는 있다. 로마군 지휘관의 입술에서 느닷없이 나온 이 고백은 우리가 반대와 각축 속에서 그들의 신앙을 견지하고 전하면서 초기 기독교인들이 직면했던 도전을 이해하는 데 도움을 준다.

백부장의 고백은 당시의 로마인들에게 두 가지 중요한 이유로 인해서 이상하게 들렸을 것이다. (1) 패배를 당하여 처형당한 예수는 그러한 인정을 받을 만한 인물이 아니었다. (2) "하나님(신)의 아들"로 인정받을 수 있는 사람은 로마 황제뿐이었다. 따라서 백부장의 고백은 가이사에 대한 불충(不忠)으로 여겨질 수도 있었을 것이다. 율리우스 가이사(Julius Caesar)로부터 가이사 베스파시아누스(Caesar Vespasian)까지의 황제들에 대하여 사용된 신적인 칭호들을 모아 보면, 이러한 지적들의 중요성이 확연히 드러난다(이 칭호들은 Bureth, *Les titulatures impériales*, 23-41; Deissmann, *Light from the Ancient East*, 338-78; Foerster, *Herr ist Jesus*, 99-118; Kneissl, *Die Siegestitulatur*, 27-57; Magie, *De Romanorum*, 62-69; Taylor, *Divinity*, 267-83에 편리하게 수집되어 있음).

율리우스 가이사(Julius Caesar, 주전 48-44년). 율리우스 가이사는 초기 기독교에 심대한 영향을 미친 로마의 한 왕조를 창건한 인물이었다. 에베소에서 나온 한 금석문에서는 율리우스 가이사를 "아레스와 아프로디테로부터 현현한 신, 인간 생활의 보편적 구원자"(*τὸν ἀπὸ Ἄρεως καὶ Ἀφροδείτης θεὸν ἐπιφανῆ καὶ κοινὸν τοῦ ἀνθρωπίνου βίου σωτῆρα*—톤 아포 아레오스 카이 아프로데이테스 데온 에피파네 카이 코이논 투 안드로피누 비우 소테라; *SIG* 760)로 기록하고 있다. 카르타고 백성들은 가이사를 구원자와 신으로 숭앙했다: "[카르타고 백성들은] 우리 도시의 구원자이자 은인이 된…가이사를 [숭앙한다]"(*Καίσαρα…γεγονότα δὲ σωτῆρα καὶ εὐε-*

ργέτην καὶ τῆς ἡμετέρας πόλεως-카이사라…게고노타 데 소테라 카이 유에르게텐 카이 테스 헤메테라스 폴레오스; *IG* 12:5, 556-57); "카르타고 백성들은 사람들이 거주하는 세상의 신이자 황제요 구원자이신 가이우스 가이사의 아들 가이우스 율리우스 가이사를 숭앙한다"(*ὁ δῆμος ὁ Καεθαιέων τὸν θεὸν καὶ αὐτοκράτορα και σωτῆρα τῆς οἰκουμένης Γάϊον Ἰούλιον Καίσαρα Γαΐου Καίσαρος υἱὸν ἀνέθηκεν*-호 데모스 호 카프다이에온 톤 데온 카이 아우토크라토라 카이 소테라 테스 오이쿠메네스 가이온 율리온 카이사라 가이우 카이사로스 휘온 아네데켄). 미틸리니(Mytilene) 백성들(*IG* 12:2, 165b)은 가이사를 신(*θεός*-데오스), 은인(*εὐεργέτης*-유에르게테스), 창건자(*κτίστης*-크티스테스)로서 환호했다. 또 다른 미틸리니 금석문에는 "신 가이사의 편지들"(*γράμματα Καίσαρος θεοῦ*-그람마타 카이사로스 데우)라는 말이 나온다(*IG* 12:2, 35b; *IGR* 4:33). 가이사의 후계자들을 "구원자", "신", "신의 아들", "주", "은인"으로 지칭하는 표현들은 흔하고 관용적인 것이 되었다.

아우구스투스(Augustus, 주전 30년-주후 14년). 우리의 논의에 많은 것을 시사해 주는 가장 인상적인 금석문들과 문헌들에 나오는 문구들은 다음과 같다. "신의 아들 가이사의 정복"(*ἡ Καίσαρος κράτησις θεοῦ υἱοῦ*-헤 카이사로스 크라테시스 데우 휘우; P.Ryl. 601; *PSI* 1150); "신의 아들, 황제 가이사 아우구스투스"(*Imperator Caesar divi filius Augustus; SB* 401; BGU 628); "신의 아들, 황제 가이사"(*Καίσαρος θεοῦ υἱὸς αὐτοκράτωρ*-카이사로스 데우 휘오스 아우토크라토르; *P.Teb.* 382); "신으로부터 온 신, 황제 가이사"(*Καίσαρος αὐτοκράτωρ θεὸς ἐκ θεοῦ*-카이사로스 아우토크라토르 데오스 에크 데우; *SB* 8895); "신의 아들, 해방자 제우스, 아우구스투스, 황제 가이사"(*Καίσαρος αὐτοκράτωρ θεοῦ υἱὸς Ζεὺς ἐλευθέριος Σεβαστὸς*-카이사로스 아우토크라토르 데우 휘오스 쥬스 엘류데리오스 세바스토스; P.Oslo. 26; *SB* 8824); "구원자이자 은인, 황제 가이사 아우구스투스"(*Αὐτοκράτωρ Καῖσαρ Σεβαστός σωτὴρ καὶ εὐεργέτης*-아우토크라토르 카이사르 세바스토스 소테르 카이 유에르게테스; *SB* 8897); "해방자 아폴로 아우구스투스"(*Ἀπόλλωνος Ἐλευθερίου Σεβαστοῦ*-아폴로노스 엘류데리우 세바스투; *OGIS* 457); "신 가이사"(*θεὸς Καῖσαρ*-데오스 카이사르; P.Oxy. 257; P.Oxy. 1266); "신 가이사"(*Καῖσαρ θεός*-카이사르 데오스; P.Oxy. 1453; P.Lond. 192); "우리의 신 가이사"(*ὁ θεὸς ἡμῶν Καῖσαρ*-호 데오스 헤몬 카이사르; P.Lond. 1912=*CPJ* 153); "신이자 주이신 황제 가이사"(*θεὸς καὶ κύριος αὐτοκράτωρ Καῖσαρ*-데오스 카이 퀴리오스 아우토크라토르 카이

사르; BGU 1197; BGU 1200).

파나고리아(Phanagoria)의 여왕 뒤나미스(Dunamis)는 아우구스투스를 "신의 아들, 아우구스투스의 신, 모든 땅과 바다의 감독자, 황제 가이사"(*Αὐτοκράτορα Καίσαρα θεοῦ υἱὸν θεὸν Σεβαστὸν πάσης γῆς καὶ θαλάσσης ἐπόπτην* – 아우토크라토라 카이사라 데우 휘온 데온 세바스톤 파세스 게스 카이 달랏세스 에포프텐; *IGR* 1:901; 참조. *IGR* 4:309, 315)로 숭앙했다. 할리카르낫수스(Halicarnassus)에서 나온 한 금석문에는 "세습적인 신이자 온 인류의 구원자"(*Δία δὲ πατρῷον καὶ σωτῆρα τοῦ κοινοῦ τῶν ἀνθρώπων γένους* – 디아 데 파트로온 카이 소테라 투 코이누 톤 안드로폰 게누스; *GIBM* 994)라는 말이 나온다. 프리네(Priene)에서 나온 역법(曆法)과 관련된 금석문(*OGIS* 458)에서는 아우구스투스의 탄생을 "신의 탄생일"(*ἡ γενέθλιος ἡμέρα τοῦ θεοῦ* – 헤 게네들리오스 헤메라 투 데우)로 부르고, 아우구스투스를 "가장 신성한 가이사"(*τοῦ θηοτάτου Καίσαρος* – 투 데오타투 카이사로스")로 지칭한다. "신과 황제를 위하여"(*ὑπὲρ τοῦ θεοῦ καὶ Αὐτοκράτορος* – 휘페르 투 데우 카이 아우토크라토로스) 헌주가 드려졌다. 다소(Tarsus)에서 발견된 한 금석문에는 "다소의 백성들은 신의 아들 황제 가이사 아우구스투스를 [숭앙한다]"(*Αὐτοκράτορα Καίσαρα θεοῦ υἱὸν Σεβαστὸν ὁ δῆμος ὁ Ταρσέων* – 아우토크라토라 카이사라 데우 휘온 세바스톤 호 데모스 호 타르세온)라는 말이 나온다.

티베리우스(Tiberius, 주후 14-37년). 티베리우스는 "신의 아들, 황제 티베리우스 가이사 아우구스투스"(*Τιβέριος Καῖσαρ Σεβεαστὸς θεοῦ υἱὸΣ αὐτοκράτωρ* – 티베리오스 카이사르 세바스토스 데우 휘오스 아우토크라토르; *SB* 8317), "신의 [아들], 해방자 제우스, 새로운 아우구스투스, 황제 티베리우스 가이사"(*Τιβέριος Καῖσαρ νέος Σεβαστὸς αὐτοκράτωρ θεοῦ Διὸς ἐλευθερίου* – 티베리오스 카이사르 네오스 세바스토스 아우토크라토르 데우 디오스 엘류데리우; P.Oxy. 240)로 불렸다.

가이우스 칼리굴라(Gaius Caligula, 주후 37-41년). 할라사르나(Halasarna)의 백성들은 가이우스 칼리굴라를 "새로운 신"(*νέωι θεῶι* – 네오이 데오이; IGR 4:1094)으로 기리는 제단을 세웠다. 아테네에 있는 한 금석문에서는 가이우스 가이사를 "새로운 아레스, 아우구스투스의 아들"(*Σεβαστοῦ υἱὸν νέον Ἄρη* – 세바스투 휘온 네온 아레; *CIA* 3:444)로 기린다. 또 다른 아테네의 금석문에서는 그를 "아레스의 아들"(*Ἄρηος υἱόν* – 아레오스 휘온; *CIA* 3:444a)이라 부른다.

클라우디우스(Claudius, 주후 41-54년). 클라우디우스는 "주, 티베리우스 클라우디우스"(*Τιβέριος Κλαύδιος κύριος* – 티베리오스 클라우디오스 퀴리오스; *SB*

4331); "주이신 황제 티베리우스 클라우디우스 가이사 아우구스투스"(*Τιβέριος Κλαύδιος Καῖσαρ Σεβαστὸς αὐτοκράτωρ ὁ κύριος* – 티베리오스 클라우디오스 카이사르 세바스토스 아우토크라토르 호 퀴리오스; *GOA* 1038); "신, 클라우디우스"(*θεὸς Κλαύδιος* – 데오스 클라우디오스; *PSI* 1235; P.Oxy. 713); "신, 가이사"(*θεὸς Καίσαρ* – 데오스 카이사르; P.Oxy. 808; P.Oxy. 1021); "신, 아우구스투스" (*θεὸς Σεβαστός* – 데오스 세바스토스; P.Mich. 244); "주"(*ὁ κύριος* – 호 퀴리오스; *O.Petr.* 209)라는 칭호들로 불렸다.

네로(Nero, 주후 54-68년). 네로는 "주, 네로"(*Νέρων ὁ κύριος* – 네론 호 퀴리오스; P.Lond. 1215; P.Oxy. 246; *GOA* 1038); "주, 네로 가이사"(*Νέρων Καῖσαρ ὁ κύριος* – 네론 카이사르 호 퀴리오스; *O.Petr.* 288; P.Oxy. 246); "사람들이 거주하는 세상의 구원자이자 은인…네로 클라우디우스 가이사"(*Νέρων Κλαύδιος Καῖσαρ …ὁ σωτὴρ καὶ εὐεργέτης τῆς οἰκουμένης* – 네론 클라우디오스 카이사르…호 소테르 카이 유에르게테스 테스 오이쿠메네스; *OGIS* 668); "모든 선한 것들의 시작이자 실존, 사람들이 거주하는 세상의 선한 신"(*Ἀγαθὸς Δαίμων τῆς οἰκουμένης ἀρχη ὢν τε πάντων ἀγαθῶν* – 아가도스 다이몬 테스 오이쿠메네스 아르케 온 테 판톤 아가돈 ; P.Oxy. 1021); "신들 중 가장 큰 신의 아들"(*τὸν υἱὸν τοῦ μεγίστου θεῶν* – 톤 휘온 투 메기스투 데온; *IM* 157b); "온 세상의 주, 네로"(*ὁ τοῦ παντὸς κόσμου κύριος Νέρων* – 호 투 판토스 코스무 퀴리오스 네론; *SIG* 814)로 묘사된다.

베스파시아누스(주후 69-79년). 베스파시아누스는 "주, 베스파시아누스"(*Οὐεσπασιανὸς ὁ κύριος* – 우에스파시아노스 호 퀴리오스; P.Oxy. 1439; *SB* 1927); "주, 황제 베스파시아누스"(*Οὐεσπασιανὸς αὐτοκράτωρ ὁ κύριος* – 우에스파시아노스 아우토크라토르 호 퀴리오스; *GOA* 439; *SB* 3563); "신, 베스파시아누스"(*θεὸς Οὐεσπασιανός* – 데오스 우에스파시아노스; P.Oxy. 257; P.Oxy. 1112); "신성한 베스파시아누스"(Divus Vespasianus; *CPL* 104; P.Mich. 432)로 불렸다.

마가복음을 비롯한 초기 기독교 저작들은 그들의 기독론에서 이러한 언어 표현의 대부분을 반영하고 있을 뿐만 아니라 예수를 여러 가지 방식으로 가이사의 경쟁자로 묘사한다. 황제의 신성(神性)에 관한 온갖 개념과 황제에게 돌려진 영광은 많은 중요한 점들에서 예수에 관한 묘사와 병행을 이룬다. 이와 같이 병행이 되는 주요한 요소들은 다음과 같다.

1. "복음". 황제의 즉위나 승리에 관한 소식은 "복음"이라 했다(*εὐαγγέλιον* – 유앙겔리온 또는 *εὐαγγελίζεσθαι* – 유앙겔리제스다이). 복음은 종교적 사건으로 경축되

었다. 예를 들면, 왕의 후계자가 성년이 되었다는 복음을 전해 들으면(*εὐαγγελίζεσθαι* – 유앙겔리제스다이), 도시들은 즐거워하며 신들에게 제사를 드렸다. 위에서 언급한 프리네(Priene)에서 나온 역법과 관련된 한 금석문에서는 아우구스투스의 생일을 다음과 같이 서술한다: "그러나 신의 생일은 그로 말미암아 세상을 위한 복음의 시작이었다"(*ἦρξεν δὲ τῶι κόσμωι τῶν δι᾽ αὐτὸν εὐανγελίων ἡ γενέθλιος ἡμέρα τοῦ θεοῦ* – 에륵센 데 토이 코스모이 톤 디 아우톤 유안겔리온 헤 게네들리오스 헤메라 투 데우). 3세기 초의 것인 한 파피루스에서는 "[가이우스 율리우스 베루스 막시무스가] 가이사로 선포되었다는 복음"(*τοῦ εὐανγελίου περὶ τοῦ ἀνηγορεῦσθαι* – 투 유안겔리우 페리 투 아네고류스다이 카이사라)을 들은 저자의 기쁨을 서술하고 있다(Deissmann, *Light*, 367; 더 많은 예들은 Schniewind, *Euangelion*, 131-32를 보라). 유대인들은 이 용어를 잘 알고 이해하고 있었다. 베스파시아누스가 즉위했다는 소문이 퍼지자, "모든 성읍이 이 복음(*εὐαγγέλια* – 유앙겔리아)을 경축했고 그를 위해서 제사를 드렸다"(Josephus, *J.W.* 4.10.6 §618). 나중에 요세푸스는 이렇게 말한다: "알렉산드리아에 이르러서, 베스파시아누스는 로마로부터의 복음(*εὐαγγελία* – 유앙겔리아)으로 인하여 이제 자신의 것이 된 세상의 모든 곳들로부터 온 축하사절들로부터 하례를 받았다…온 제국이 이제 안정되었고, 로마는 기대 이상으로 구원을 받았으므로(*σῴζειν* – 소제인), 베스파시아누스는 유대에 남겨진 일들로 생각을 돌렸다"(*J.W.* 4.11.5 §656-57).

2. **징조들과 예언들.** 황제의 즉위나 죽음에 앞서 징조들과 예언들이 있는 경우가 흔했다. 술라(Sulla)는 "점에 의해서거나 영악한 추측에 의해서거나" 율리우스 가이사가 결국 독재자가 될 것을 예언했다(Suetonius, *Jul.* 1.3). 그는 가이사가 암살될 것임을 "분명한 징조들"을 통해서 미리 알았는데(Suetonius, *Jul.* 81.1), 월계수의 작은 가지를 물어 옮기는 작은 새의 죽음도 그 징조들 중의 하나였다(81.3). 아우구스투스의 탄생 이전과 탄생하는 동안과 탄생 직후에도 비록 나중에 알려진 것들이긴 하지만 몇몇 징조들이 있었다. 수에토니우스(Suetonius)는 로마의 원로원이 왕의 탄생에 관한 예언이 이루어질 것을 두려워하여 "그 해에 태어난 남자아이를 기르지 말라는 영을 내렸다"(*Aug.* 94.3). 아우구스투스의 부모는 태몽을 꾸었는데, 그 아이는 출생한 후에 "아폴로의 아들" 취급을 받았다(*Aug.* 94.4). 주피터가 꿈에 나타나 아우구스투스는 "조국의 구원자"가 될 것이라고 미리 말해 주었다(*Aug.* 94.8). 한번은 아기 아우구스투스가 시끄럽게 울어대는 개구리들에게 조용히 하라고 명하자, 개구리들이 순종했다(*Aug.* 94.7). 아우구스투스의 죽음 직전에도 이를 알리는 많은

징조들이 있었다. 수에토니우스에 의하면, "그의[아우구스투스의] 죽음…과 사후의 그의 신격화는 분명한 징조들을 통해서 미리 사람들에게 알려졌다"(*Aug.* 97.1). 장례식이 끝날 무렵에 독수리 한 마리가 날아와서 황제 위를 서너 번 선회하더니 아그립바의 이름이 새겨진 성전의 상인방(上引枋)에 앉았다(*Aug.* 97.1). 이 이야기는 헤롯 대왕의 손자인 또 다른 아그립바(주후 41-44년)와 관련된 이야기와 비슷하다. 사도행전은 불경한 이 유대 왕의 죽음에 관하여 말해 준다(행 12:20-23). 요세푸스는 아그립바에게 징조의 새였던 부엉이에 관한 흥미로운 이야기를 전해 주는데, 아그립바가 즉위할 때 이 부엉이가 처음으로 출현했고, 이 부엉이가 두 번째로 나타났을 때 아그립바는 죽음을 맞이했다(*Ant.* 19.8.2 §346; 참조. *Ant.* 18.6.7 §195-200). 베스파시아누스의 즉위를 예고하는 징조들도 전해진다(Tacitus, *Hist.* 1.10; 2.2; Josephus, *J.W.* 3.8.9 §404; Suetonius, *Vesp.* 5.2-7).

아마도 가장 흥미로운 것은 많은 사람들이 베스파시아누스에게서 성취되었다고 생각하는 예언이다. 수에토니우스(Suetonius)에 의하면, "당시에 유대로부터 온 사람들이 세상을 지배하게 되리라는 오랫동안 굳어진 신념이 온 동방에 퍼져 있었다. 나중의 사건이 보여 주듯이, 로마 황제와 관련이 된 이 예언을 유대 백성들은 자신들에게 해당되는 것으로 받아들여서 반란을 일으키게 되었다"고 한다(*Vesp.* 4.5). 요세푸스는 유대 백성을 분기(奮起)케 한 주요한 요인은 예언이었음을 인정한다: "그러나 그 무엇보다도 그들을 전쟁으로 이끈 것은 그들의 성경에서도 발견되는, 그들의 나라에서 나온 자가 세상의 통치자가 될 것이라는 취지의 모호한 예언이었다. 이 예언을 유대 백성들은 그들 민족에 속한 어떤 사람을 의미하는 것으로 이해했고, 그들의 지혜자들 중 많은 수는 이 예언을 그릇되게 해석했다. 그러나 이 예언은 사실 유대 땅에서 황제로 선포된 베스파시아누스가 보위에 오를 것을 의미하는 것이었다"(*J.W.* 6.5.4 §312-14). 이 유대 예언은 요세푸스와는 무관하게 타키투스(Tacitus)도 알고 있었던 것으로 보인다. "대다수의 사람들은 그들의 옛 제사장들의 글들에 지금이 동방이 강력해지는 바로 그 때이고, 유대에서 온 사람들이 세상을 소유하게 될 것이라는 예언이 담겨 있다고 굳게 믿고 있었다. 이 불가사의한 예언은 사실 베스파시아누스와 티투스(Titus)를 가리키는 것이었으나, 일반 백성들은 인간의 야심이 시키는 대로 이 엄청난 운명을 그들에게 유리한 쪽으로 해석했고, 역경에 부딪쳐서도 진실을 바로 보려고 하지 않았다"(*Hist.* 5.13). 수에토니우스와 타키투스가 기록한 예언들은 베스파시아누스가 황제로 즉위할 것에 관한 요세푸스의 예언(*J.W.* 3.8.9 §399-402)과 관련이 있는 것 같은데, 이 예언을 디오 카스시우스(Dio Cassius)

는 다음과 같이 기록한다. "그러니까 보위에 오를 것이라는 징조와 꿈들이 오래 전에 베스파시아누스에게 있었다…그리고 네로 자신도 언젠가 꿈 속에서 자기가 주피터의 수레를 베스파시아누스의 집으로 인도했다고 생각했다. 이러한 징조들은 해석할 필요가 있었다. 그러나 요세푸스라는 이름의 유대인의 말은 해석이 필요 없었다. 그는 전에 베스파시아누스의 포로가 되어 투옥되었을 때 '지금은 나를 가두지만, 지금부터 1년 후에 당신이 황제가 될 때 당신은 나를 놓아 주게 될 것이오'라고 웃으면서 말했다"(*Hist. Rom.* 66.1.2-4). 수에토니우스(Suetonius)에는 이렇게 기록되어 있다. "그리고 그의 고귀한 태생의 포로들 중의 한 사람인 요세푸스는 쇠사슬이 채워진 채 자신은 나중에 황제가 될 바로 그 사람에 의해서 곧 풀려나게 될 것이라고 매우 자신 있게 단언했다"(*Vesp.* 5.6). 아피안(Appian)에는 이렇게 기록되어 있다. "요세푸스의 말에 의하면, 그는 성경에서 그들의 조국에서 온 어떤 이가 사람들이 거주하는 세상을 통치하게 될 것이라는 내용의 예언을 발견했다고 한다…이 예언을 아피안도 로마 역사를 다룬 그의 스물두 권의 책에서 언급한다"(*Hist. Rom.* 22; Zonaras, *Epitome Hist.* 11.16에 의하여). 요세푸스가 언급하고 있는 "모호한 예언"은 아마도 민수기 24:17일 것이다. "한 별이 야곱에게서 나오며 한 홀이 이스라엘에게서 일어나서." 이 구절은 반란의 전야에 기이한 별이 하늘에 출현했을 때 유대 백성들이 한껏 흥분했던 이유를 설명해 준다(Josephus, *J.W.* 6.5.3 §289). 마태복음에 나오는 동방 박사 이야기(마 2:2, 7, 9, 10)를 포함한 여러 유대 문헌들(*T.Jud.* 24:1-6; *1QM* 11:4-9; *Tg.Neof. Num* 24:17)은 이 구절을 메시아적 의미로 이해했다. 수에토니우스는 클라우디우스가 죽을 때 여러 가지 징조들이 일어났다고 말하는데, 그 중에는 혜성의 출현도 포함되어 있다(*Claud.* 46).

3. 로마의 개선식. 큰 승리를 거둔 후에는 "개선식"(*θρίαμβος*–드리암보스, triumphus)이 열렸는데, 이때 황제의 주권과 신적인 신분이 재천명되었다(예를 들어, Suetonius, *Aug.* 22). 다음과 같은 전승은 오래된 것으로서 헬라-로마 신화의 일부가 되어 있었다. "디오니시우스(Dionysius)는 인도를 복속시킨 후에 광활한 아시아를 횡단했다고 해서 '개선식'(*θρίαμβος*–드리암보스)이라는 별명을 얻었고, 이런 이유로 승전 후의 행렬은 '개선식'이라 불리게 되었다"(Arrian, *Anab.* 6.28.2). 같은 대목에서 아르리안(Arrian)은 알렉산더가 인도를 정복한 후에 디오니시우스를 모방했다는 얘기가 있는데, 이는 사실과 다르다고 말한다(6.28.1-3). 자신의 고전적인 한 시에서 버질(Virgil, 주전 70-19년)은 아우구스투스가 악티움 해전(주전 31년)에서 승리한 후에 그를 이렇게 찬양한다. "가이사여, 당신이 지상의 개선식(triumphos)에

신경을 쓴다고 해서 하늘 궁정의 조신(朝臣)들이 당신을 우리에게 헐뜯고 불평하는 일도 이제 충분합니다!"(*Georg.* 1.503-4). 이 작품의 끝부분에서 버질은 승전 후의 황제의 개선행렬에 대하여 이렇게 읊는다. "내가 들판과 가축과 나무들을 노래할 때, 위대한 가이사는 깊은 유프라테스 강가에서 벽력처럼 전쟁을 치렀고, 원하는 민족들에게 승리자의 법을 주었으며, 하늘로 가는 길을 닦으셨나니(viamque adfectat Olympo)"(*Georg.* 4.559-62). 수에토니우스는 좀더 산문적인 어조로 아우구스투스가 로마에서 보화들을 가져와 알렉산드리아에서 개선식을 할 때 거저 나눠 주었다고 우리에게 전해 준다(*Aug.* 41.1). 유대 역사에서 가장 잊지 못할 개선식은 주후 70년에 티투스(Titus)가 예루살렘을 점령한 후에 로마에서 거행된 것이었다(참조. Josephus, *J.W.* 7.5.4-6 §123-57). *Jewish War*의 서론에서 요세푸스는 로마의 승리와 티투스의 "이탈리아로의 귀환 및 개선식(*θρίαμβος*-드리암보스)"에 관하여 말하겠다고 독자들에게 약속한다(*J.W.* Prologue §29). 티투스를 기념한 홍예문 안쪽에 있는 두 개의 돌로 된 부조(浮彫)들에는 이 사건이 묘사되어 있다. 테일러(Taylor)는 이렇게 말한다. "구원자에 대한 백성들의 열망과 동시에 로마의 국가적인 신격화 의식(儀式)과 유일하게 비슷했던 개선식의 주역들이 된 개인들, 주로 대장군들의 권력이 커졌다"(*Divinity,* 57).

4. 신으로 떠받듦. 위에 인용된 여러 금석문들은 황제 숭배 의식에서 사용된 표현들에서 로마 황제를 신적인 존재로 보았음을 잘 보여 준다. 이러한 표현들은 공적(公的)인 금석문들에 국한되지 않았고, 동전, 시가(詩歌), 교훈 및 변증을 위한 문헌들에도 나타난다. 아우구스투스를 기념하여 발행된 동전에는 "아우구스투스의 현현"(*ἐπιφάνια Αὐγούστου*-에피파니아 아우구스투)이라는 명각(銘刻)이 새겨져 있다. 위대한 로마의 시인인 버질은 "너희에게 약속한 이는 너희가 익히 들어 왔던, 또다시 황금 시대를 가져올 신의 아들(*divi genus*) 아우구스투스 가이사니라"(*Aen.* 6.791-93)고 말한다. 필로(Philo)는 아우구스투스가 "구원자이자 은인"으로 불렸음을 알고 있다(Philo, *Flaccus* 74; 참조. *Embassy* 148, 149). 아우구스투스는 "어느 누구도 자기를 신으로 부르기를 결코 원치 않았고(*μηδέποτε θεὸν ἑαυτὸν ἐθελῆσαι προσειπεῖν*-메데포테 데온 헤아우톤 에델레사이 프로세이페인) 누군가가 이 단어를 사용하는 것을 불쾌해 했다"는 필로의 말(*Embassy* 154; 참조. Suetonius, *Aug.* 53.1; *Tib.* 27)은 아우구스투스를 미화한 것이긴 하지만, 어쨌든 당시의 백성들의 풍조를 잘 보여 준다. 헤롯 대왕조차도 자기 백성들의 감정을 상하게 할 위험을 무릅쓰고서라도 여러 가지 방법으로 자신의 통치 지역에서 유대인들에게 인기가 없었던

황제 숭배 제의를 장려했다(Hengel, *Zealots,* 101-3를 보라). 수에토니우스(*Vit.* 2.5)는 아첨꾼으로 유명한 루키우스 비텔리우스(Lucius Vitellius)가 가이우스 칼리굴라를 신으로 숭배한(*adorare ut deum*) 최초의 인물이었음을 우리에게 말해 준다. 또한 디오 카스시우스(Dio Cassius)는 칼리굴라가 스스로 제우스 라티아리스(Zeus Latiaris)를 자처했고, 종종 포세이돈과 아폴로를 비롯한 여러 신들 및 여신들을 흉내냈다는 말을 전해 준다(*Hist. Rom.* 59.28.5-6). 칼리굴라의 신성모독적인 허영은 유대 저술가들에게 잘 알려져 있었다. 필로에 의하면, 이 황제는 자기가 "인간을 뛰어넘어 신들의 반열에 오른" 것으로 생각했다고 한다(*Embassy* 218). 나중에 요세푸스도 칼리굴라는 "사람들이 자기를 신으로 생각하여 떠받들어 주기를 원했다"고 말한다(*J.W.* 2.10.1 §184; 참조. *Ant.* 18.7.2 §256; 칼리굴라에 관한 좀더 자세한 내용은 Borgen, "Emperor Worship"을 보라).

5. 가이사를 주(主)로 고백함. 조지아(Georgia)에서 시인 버질은 땅과 바다의 진정한 주(主)인 옥타비아누스(나중에 아우구스투스라는 이름을 갖게 된)에게 이렇게 기도한다. "그렇습니다, 오 가이사여, 어떤 무리의 신들이 머지 않아 고소할지 모르는 당신은…도시들을 감찰하고 우리의 땅들을 보살피시기 때문에 큰 세계가 당신을 풍부한 수확을 주시는 자요 계절들의 주(主)로 영접합니다…당신이 망망한 대해의 신(*deus*)으로 오셔서 뱃사람들이 당신의 신성(*numen*)을 숭배하든…당신이 꾸물거리는 달들에 새로운 별이 되든…이제 우리의 기도에 귀기울이는 법을 배우소서!"(*Georg.* 1.24-42). 그러나 유대인들과 기독교인들은 이러한 신앙고백에 저항했다. 솔로몬의 시편(*Psalms of Solomon*)의 저자는 "나는 땅과 바다의 주(主)가 되리라"(*Ἐγὼ κύριος γῆς καὶ θαλάσσης ἔσομαι* – 에고 퀴리오스 게스 카이 달랏세스 에소마이; 2:29)는 폼페이의 오만한 주장을 반박한다. 유대인들이나 기독교인들에게 저항은 순교로 이어졌다. 요세푸스는 예루살렘이 함락된 후 많은 사람들의 처절했던 상황을 이렇게 서술한다. "그들로 하여금 가이사를 주(主)로 고백하게 만들려는(*Καίσαρα δεσπότην ὁμολογήσωσιν* – 카이사라 데스포텐 호몰로게소신) 단 하나의 목적을 위하여 고안된 신체에 대한 온갖 형태의 고문과 능지처참에도 불구하고, 이에 굴하거나 그런 고백을 하는 사람은 아무도 없었다"(Josephus, *J.W.* 7.10.1 §418). 기독교인들은 참으로 완강하다는 것을 증명했다. 한 치안대장이 폴리갑(Polycarp)에게 "'가이사는 주이시다'라고 말하는 것이 왜 나쁘냐?"(*τί γὰρ κακόν ἐστιν εἰπεῖν· κύριος Καῖσαρ* – 티 가르 카콘 에스틴 에이페인 퀴리오스 카이사르)고 물었고(*Mart. Pol.* 8:2), 폴리갑은 그렇게 말하기를 거부하여 투기장(鬪技場)으로 끌려갔다.

6. 치유. 로마 황제들은 그들의 신성(神性)으로 인하여 종종 병을 치유할 수 있는 것으로 믿어졌다. 수에토니우스는 이렇게 말한다. "백성 중에 눈먼 사람과 발을 저는 사람이 함께 법정에 앉아 있던 [베스파시아누스]에게 가서 세라피스(Serapis)가 꿈에서 약속한 그들의 병에 대한 치유를 애원했다. 왜냐하면 이 신은 베스파시아누스가 눈에 침을 뱉어서 시력을 회복시켜 줄 것이고, 황송하옵게도 발꿈치로 다리를 건드려서 힘이 생기게 해줄 것이라고 밝히 말했기 때문이다. 황제는 이런 일이 성공할 것이라는 믿음이 거의 없었기 때문에 그러한 시도를 하고자 하지 않았지만, 그의 친구들의 권유에 못 이겨서 마침내 큰 무리들 앞에서 공개적으로 이 두 가지를 시도했는데 결국 성공했다"(*Vesp.* 7.2-3).

7. 신의 우편에 앉아 있거나 서 있음. 신의 "우편"에 앉아 있다는 것은 황제 숭배제의 의식(儀式) 및 상징 체계에 있어서 또 하나의 중요한 부분이었다. 주후 55년에 로마에서 주조된 동전에는 "신적인" 클라우디우스가 네 마리 코끼리가 끄는 병거의 꼭대기에서 아우구스투스("신으로부터 온 신!")의 우편에 앉아 있는 모습이 그려져 있다(Mattingly, *Coins of the Roman Empire*, 1:201 + pl. 38). 후대의 한 조각상은 하드리아누스가 제우스의 복장을 한 채 "주피터/제우스 상(像) 옆에 나란히 서 있는" 모습을 보여 준다(참조. Versnel, *Triumphus*, 69; Taylor, *Divinity*, 44-45). 수에토니우스(Cal. 57)에 의하면, 가이우스 칼리굴라는 암살되기 며칠 전에(주후 41년) 그가 "하늘에서 주피터의 보좌 옆에 서 있었고, 주피터가 오른쪽 발가락으로 그를 쳐서 땅으로 곤두박질치는" 꿈을 꾸었다고 한다. 이 묘한 꿈은, 칼리굴라는 축출될 때까지 스스로를 하늘에서 주피터 옆에 서 있는 것으로 생각했음을 보여 준다.

8. 가이사를 기리는 헌주(獻酒)들. 아우구스투스 때부터 공적이든 사적이든 모든 연회에서 황제를 기려서 헌주들이 부어졌다. "그리고 그들은 공적인 연회만이 아니라 사적인 연회에서도 그에게 헌주를 붓도록 모두에게 명했다"(*καὶ ἐν τοῖς συσσιτίοις οὐχ ὅτι τοῖς κοινοῖς ἀλλὰ τοῖς ἰδίοις πάντας αὐτῷ σπένδειν ἐκέλευσαν*–카이 엔 토이스 숫시티오이스 우크 호티 토이스 코이노이스 알라 토이스 이디오이스 판타스 아우토 스펜데인 에켈류산; Dio Cassius, *Hist. Rom.* 51.19.7). 이것을 미드라교(Mithraism)의 추종자들이 행한 먹고 마시는 의식(儀式)으로 생각하는 사람도 있다. 순교자 유스티누스(Justin Martyr)는 이러한 의식들이 기독교의 성찬식을 본떠서 행해지는 것이라고 불만을 토로한다(참조. *1 Apol.* 1.66.3). 기독교에서 지키는 성찬식을 미드라교의 의식을 본뜬 것으로 보는 것도 물론 가능하다.

9. 황제의 "강림"과 새로운 세계 질서의 약속. 사람들은 황제가 다시 강림할 것을

기다리며 이를 파루시아(*παρουσία*; 라틴어로는 *adventus*)라 했다. 로마 황제들을 기려서, "강림(降臨) 주화들"이 주조되었다. 예를 들면 주후 66년에는 "아우구스투스의 강림"(*adventus Augusti*)이라 쓰여진, 네로를 기념하는 주화가 주조되었다. 하드리아누스를 기리는 비문에는 "신 하드리아누스의 첫 번째 파루시아(*παρουσία*)"라고 기록되어 있다(이 두 예는 Deissmann, *Light*, 371-72에서 인용한 것임). *P.Teb.* 48은 왕의 파루시아(*παρουσία*)를 광장에 알린다. 이런 식의 표현 방식은 요세푸스가 "왕의 파루시아(*παρουσία*)"라는 표현을 사용하고 있는 데서 알 수 있듯이(*Ant.* 19.8.1 §340; 참조. *3 Macc* 3:17; *T.Abr.* 13:4-6), 고대 말기의 유다교에 알려져 있었다. 황제의 강림은 종종 새 시대의 도래를 의미하는 것으로 생각되었다. 이미 앞에서 말했듯이, 버질은 아우구스투스가 "다시 황금 시대를 가져올 것"이라고 말했다(*Aen.* 6.791-93). 황제는 하늘과 연결되어 있기 때문에 새 시대를 가져올 수 있으리라는 것이었다. 이와 같은 사상은 스스로를 하늘과 땅 사이의 중보자로 생각했던 알렉산더 대왕에게서 볼 수 있다. 플루타르크(Plutarch)에 의하면, 알렉산더는 "자기가 모든 사람을 통치하도록 하늘이 보낸 통치자(*θεόθεν ἁρμοστής*－데오텐 하르모스테스), 온 세상을 위한 중보자(*διαλλακτής*－디알라크테스)로 왔다고 믿었다…그는 도처에서 모든 사람들을 한데 묶어서, 하나의 거대한 사랑의 잔에 사람들의 생명, 사람들의 성품, 사람들의 혼인, 사람들의 생활 습관들을 통일시키고 한데 섞었다"(*Mor.* 329c=*Alex. fort.* 1.6). 아우구스투스를 기리는 버질의 시도 이와 비슷한 사상들을 보여 준다.

10. 사후(死後)의 신격화. 업적을 많이 남기고 존경받았던 황제는 사후에 신격화되어 신들의 반열에 올려졌다. 가장 존경받은 황제들로는 용맹성으로 이름을 날렸던 율리우스 가이사, 율리우스의 조카의 아들이었다가 양자가 되어 오랫동안 성공적인 통치를 통해서 로마 제국－그리고 황제 숭배 제의－이 그 후로 오랫동안 번영할 토대를 놓았던 가이사 아우구스투스 등이 있었다. 수에토니우스에 의하면, "[율리우스 가이사]는 56세에 죽었는데, 공식적인 칙령에 의해서만이 아니라 일반 백성들의 확신 속에서도 신들의 반열에 올려졌다. 왜냐하면 그의 후계자 아우구스투스가 그가 신이 된 것을 기려서 연 경기의 첫 시합에서 혜성이 7일 동안이나 제11시까지 공중에 떠서 비취었는데, 사람들은 이 혜성이 하늘로 올라간 가이사의 영혼이라고 믿었기 때문이다. 이것이 가이사의 조각상의 머리에 있는 면류관에 별이 박혀 있는 이유다"(*Jul.* 88.1). 이와 비슷한 전설이 아우구스투스를 둘러싸고도 생겨났다. 이 황제의 죽음과 매장을 서술한 후에, 수에토니우스는 이렇게 말한다. "한 전임 집

정관은 황제가 재로 사라진 후에 황제 모양을 한 것이 하늘로 올라가는 것을 보았다고 맹세하며 말했다"(*Aug.* 100.4).

율리우스가(家)의 다른 황제들은 이들보다는 업적이 덜했고 존경도 그리 많이 받지 못했다. 티베리우스 가이사(Tiberius Caesar)는 잔혹함과 호색함으로 인하여 신격화되지 못했다. 암살당한 칼리굴라(Caligula)는 탐욕과 폭력, 광기로 인하여 신으로 추앙되지 않았다. 독살당한 – 아마도 황후에 의해 – 클라우디우스(Claudius)는 겁이 많고 기괴한 행동들을 많이 했지만 신격화되었다. 수에토니우스는 "그는 황제다운 장엄한 장례식을 통해 매장되었고, 신들의 반열에 올려졌는데, 그에 대한 이러한 예우는 점차 소홀히 되다가 마침내 네로에 의해 폐지되었으며 나중에 베스파시아누스에 의해 다시 부활되었다"(*Claud.* 45)고 말한다. "불노장생과 불멸의 명성을 갈망했지만"(Suetonius, *Nero* 55) (자기 손으로 또는 다른 사람의 손에 의해) 단도에 찔려 죽은 네로는 그의 잔인함, 무능, 질투, 품위의 결여 등의 이유로 신격화되지 않았다. 베스파시아누스(Vespasian)는 플라비우누스가(家)의 세 황제 중 첫 번째 황제로서 유능하고 공정한 사람으로 알려져서 신격화되었다. 또한 백성들로부터 인기를 누렸던 그의 아들 티투스(Titus)도 그의 짧은 통치 후에 신격화되었다. 그러나 15년 동안 잔혹하고 편집증적인 통치를 일삼았던 그의 동생 도미티아누스(Domitianus)는 신으로 받들어지지 않았다.

칼리굴라가 암살된 후 일어난 일들과 관련된 이야기들은 더 기괴하다. 수에토니우스(*Cal.* 59)에 의하면, 칼리굴라 황제의 무덤 근처에는 무서운 유령들이 출몰했다고 한다. 실제로 "동산의 무덤 관리인들이 유령들로 인해 혼비백산했다." 이 이야기가 의도한 것은 부정적인 것 – 칼리굴라의 악한 성품에 부합하는 – 이긴 하지만, 동산의 무덤 근처에서 유령들이 출몰했다는 이야기는 흥미를 자아내는 것으로서 신적인(또는 마귀적인) 통치자들을 둘러싼 로마의 민담(民譚)의 일부를 이루고 있다.

율리우스가(家)의 황제들과 관련된 역사를 마가복음이 쓰여진 연대로 추정되는 60년대 말의 기독교의 관점에서 바라보는 것은 중요하다. 율리우스 가이사와 가이사 아우구스투스, 이 두 황제는 크게 숭앙 받았지만(전자는 대체로 사후에), 그들의 후계자들은 업적도 미미했고 별로 존경도 받지 못했다. 티베리우스는 신격화되지 못했고, 가이우스와 네로도 마찬가지였다. 오직 클라우디우스만이 신격화되었으나, 그의 치세(治世)는 모범적이지 못했다. 로마의 율리우스 왕조는 점점 더 폭압적이고 전제적이 되어서, 네로에 이르러 그 절정에 도달했다가 사라졌다. 네로가 죽은 후에 갈바(Galba), 오도(Otho), 비텔리우스(Vitellius)의 세 황제가 불과 2년 사이에 등극했다가 스스로 자결하거나 살해됨으로써(주후 68-69년) 로마 제국은 거의 무정부 상태나 다름이 없었다. 이 기간의 어느 시점에 마가복음이 출간되었다. 사람들이 황제가 되기 위하여 음모를 꾸미고 서로를 죽이는 등 로마 황제에 대한 존경과 기대가 가파르게 하강 곡선을 그리고 있던 때에, "하나님의 아들 예수 그리스도 복음의 시작"이라는 마가의 개시 문구에는 황제에 대한 대안으로서의 예수 그리스도께서 로마 제국 백성들의 헌신과 충성을 요구한다는 암시가 짙게 깔려 있었을 것이다. 이 깜짝 놀랄 만한 선포가 함축하고 있는 의미는 아주 분명했을 것이다. 네로는 진정한 신의 아들이 아니었고, 권좌에 올랐으나 채 몇 개월을 버틸 수 없었던 세 명의 후계자도 분명히 신의 아들이 아니었다. 로마의 원로원과 백성들은 이 황제들을 신으로 받들고자 하지 않았다. 그렇다면 누가 진짜 하나님의 아들이었는가? 누가 진짜 하늘과 땅 사이에서 중보기도를 했는가? 누가 진짜 하늘의 축복을 누렸는가? 이 땅에서 진정으로 신성(神性)을 주장한 사람이 있었는가? 사람 가운데서 누가 "주"로 불리기에 합당할 수 있는가? 사람 가운데서 누가 고통 받고 괴롭힘당하는 세상에 구원을 가져다 줄 수 있는가? 제시된 여러 후보들 가운데서(로마인들은 결국 당시에 유대 전쟁을 성공적으로 수행하고 있었던 대장군 베스파시아누스로 낙착을 보았지만), 마가복음 기자와 초기 기독교인들은 예수 그리스도를 로마 백성들에게 천거했다.

내 생각에는 마가복음 기자는 예수를 진정한 하나님의 아들로 묘사함으로써, 의도적으로 로마의 백성들이 황제, 구원자, 주(主)로 적합하다고 생각한 후보자들에 반대하여 예수를 내세우고 있다. 황제 숭배 제의의 온갖 특징들, 황제의 직임 및 칭호와 관련된 여러 관행들이 다양한 방식으로 신약의 기독론에 표현되어 있다. 이 특징들 중 대부분은 마가복음에 나오고, 나머지는 신약의 다른 곳에 나온다. 초기 기독교인들은 예수가 "주"요 "구원자"요 "하나님의 아들"이라는 그들의 신앙고백이 로마 황제와 황제 숭배 제의에 정면으로 도전하는 일임을 잘 알고 있었음이 분명하다. 우리는 앞에서와 동일한 순서로 이러한 특징들을 검토해 보고자 한다.

1. "복음". 마가는 예수의 생애와 공로가 "복음"이라고 단언한다. "하나님의 아들(*υἱοῦ θεοῦ*-휘우 데우) 예수 그리스도 복음(*εὐαγγελίου*-유앙겔리온)의 시작이라"(막 1:1). 주석가들은 유앙겔리온(*εὐαγγελίου*)이라는 말의 뿌리가 제2이사야에 나오는 바사르(בשׂר, "소식을 전하다"; 40:9; 52:7)일 가능성을 제시하고 있는데, 로마 제국에서 읽히고 선포될 책의 첫머리에서 예수를 "하나님의 아들"이라고 천명하면서 이 단어를 사용했다는 것은 피레네(Pierene) 금석문에 나오는 병행 문구들이 강력하게 시사해 주듯이 황제와 관련되어 있음을 보여 주는 것임에 틀림없다. 마가

는 예수 그리스도의 복음이야말로 참된 것이라고 주장하고 있는 것이다. 율리우스 가이사나 그의 어떤 후계자들도 "신(하나님)의 아들"일 수는 없다. 오직 메시아 예수만이 그런 칭호를 받을 자격이 있다.

2. 징조와 예언들. 신약성경 안팎의 기독교 문헌들은 예수의 출생, 그분의 공생애의 시작, 그분의 죽음에 수반된 징조들과 예언들에 관한 이야기들을 전해 준다. 마가는 예수의 출생에 관해서는 아무런 말도 하고 있지 않지만(마태복음과 누가복음에는 징조들, 꿈들, 예언들로 가득하다), 수세 때(막 1:10-11)와 변화산 사건(9:2-8)에서 징조들이 나타나고, 예수께서 십자가에 못 박히실 때와 죽으실 때는 날이 어두워지고(15:33) 성전 휘장이 찢어지는 일이 일어났다(15:38). 이 모든 것 중에서 가장 놀라운 징조는 무덤이 빈 것이 발견되고 기이한 청년이 예수의 부활을 선포한 일이었다(16:1-8).

3. 그리스도의 "개선". 드리암뷰에인(θριαμβεύειν, "개선 행렬을 이끌다")이라는 단어는 복음서들에는 나오지 않지만 고린도후서 2:14("항상 우리를 그리스도 안에서 이기게 하시는[leads us in triumph]…하나님께 감사하노라")과 골로새서 2:15("정사와 권세를 벗어 버려 밝히 드러내시고…승리하셨느니라[triumphed]")에는 나오는데, 이 구절들은 의도적으로 로마의 개선식(*triumphus*)을 암시하고 있는 것으로 보인다. 초기 기독교인들에게 예수의 개선은 그의 재림 때에 경축될 것이다(아래에서 파루시아[παρουσία, "강림"]에 대한 설명을 보라). 마가복음에서 예수의 예루살렘 입성(막 11:1-11)은 로마 세계의 거민들에게 모종의 개선식에 대한 서곡(序曲)이라는 인상을 주었을 것이지만, 그것으로 끝이었다. 예수는 어떠한 영광도 어떠한 환호도 받지 않는다. 자기가 하나님과 가까운 관계라는 예수의 선포는 신성모독으로 취급되어 사형 언도를 가져온다(14:61-64). 예수는 마침내 개선식을 갖지만, 그것은 로마 군병들의 손으로 행해진 조롱의 개선식이었다(Schmidt, *NTS* 41[1995] 1-18). 로마 군병들은 예수에게 자주색 옷(πορφύρα－포르퓌라)을 입히고 월계관이 아니라 홀(笏)과 가시로 된 면류관(στέφανος－스테파노스)을 씌워 준 다음 "유대인의 왕 만세!"라고 하례를 한다(15:16-20). 이러한 하례(賀禮)는 로마 황제에게 드려진 잘 알려진 하례 인사를 흉내낸 것이다: "가이사 만세"(*[H]ave Caesar*－하[아]웨 카이사르) 또는 "황제 만세"(*[H]ave Imperator*－하[아]웨 임페라토르)(예를 들어, Suetonius, *Claud.* 21.6: "황제 만세, 곧 죽을 우리가 당신께 하례 인사를 드립니다"). 예수에 대한 로마 군병들의 조롱은 마가복음이 간행된 지 얼마 되지 않아서 로마인들이 베스파시아누스와 그의 아들 티투스에게 드린 진정한 존경에 관한

묘사와 날카롭게 대조를 이룬다: "동이 트자 베스파시아누스와 티투스는 월계관을 쓰고(ἐστεφανωμένοι – 에스테파노메노이) 전통적인 자주색 옷(πορφύρα – 포르퓌라)을 입고 나아갔다…곧 군대들로부터 환호성이 일어났다"(Josephus, *J.W.* 7.5.4 §124-26).

4. **신으로 받듦.** 예수는 하나님 자신에 의해서 하나님의 아들로 인정받는다(막 1:11; 9:7: ὁ υἱός μου – 호 휘오스 무, "내 아들"). 1세기 로마인의 관점에서 이보다 더 놀라운 것은 로마 백부장의 고백일 것이다: "이 사람은 진실로 하나님의 아들(υἱὸς θεοῦ – 휘오스 데우)이었도다"(막 15:39). 불가타 역본은 이 대목을 직역하고 있다: 웨레 호모 히크 필리우스 데이 에라트(*vere homo hic filius Dei erat*). 그러나 라틴어 금석문들에서 휘오스 데우(υἱὸς θεοῦ)는 통상적으로 디위 필리우스(*divi filius*, "신적인 존재의 아들")로 번역되어 있다. 유대 언어 및 배경으로부터 유래했음이 분명한(창 14:18-20, 22: 엘 엘욘[אל עליון, "지극히 높으신 자"; 히브리어]; 4Q246 2:1: 바르 엘욘[בר עליון, "지극히 높으신 자의 아들"; 아람어]) "지극히 높으신 하나님의 아들"(υἱὲ τοῦ θεοῦ τοῦ ὑψίστου – 휘에 투 데우 투 휩시스투; 막 5:7)과 "하나님의 거룩한 자"(ὁ ἅγιος τοῦ θεοῦ – 호 하기오스 투 데우; 막 1:24)라는 호칭들도 헬라-로마 세계의 사람들에게 낯설지 않았을 것이다. 우리는 이 호칭을 귀신들린 여종이 부르짖는 말에서 본다: "이 사람들은 지극히 높은 하나님의 종"(τοῦ θεοῦ τοῦ ὑψίστου – 투 데우 투 휩시스투)이다(행 16:17). 물론 이 표현은 진짜 여종의 입에서 나온 이방의 것이 아니라 누가복음 기자에게서 나온 것일 수도 있다. 그러나 "지극히 높으신 신"이라는 표현은 유대 및 기독교 문헌 이외의 자료들에서도 확인된다: "에픽테토(Eoikteto)는 지극히 높으신 신(θεῷ ὑψίστῳ – 데오 휩시스토)에 대한 자신의 맹세를 이행했다." "모인 예배자들은 신, 지극히 높으신 제우스(θεοῦ Διὸς ὑψίστου – 데우 디오스 휩시스투)를 위해 이 석비를 제자리에 세웠다"(Horsley, *New Documents*, 1:25-29에 나오는 논의를 보라). 이 관용 표현은 궁극적으로는 유대교의 영향에서 유래했겠지만, 이는 예수를 부르는 이러한 호칭이 로마 세계에서도 친숙했다는 것을 보여 주는 중요한 증거다.

5. **예수를 주로 고백함.** 마가복음에서는 그 어디에서도 예수를 신(神)이라는 의미에서 퀴리오스(κύριος – "주")라고 부르는 일이 없다(막 2:28도 마찬가지고, 물론 16:19은 원래의 마가 본문이 아니다). 그렇지만 예수는 종종 퀴리오스(κύριος)로 불리고(2:28; 5:19; 7:28; 11:3), 이 호칭은 초기 기독교 문헌에서 신적인 칭호가 된다(롬 1:4, 7; 4:24 등). 그러나 예수의 행위들과 그가 사람들에게 주는 인상 속에서 예수가 주(主)라는 것을 로마 세계의 사람들은 이해했을 것이다. "저가 뉘기에 바

람(*ἄνεμος*－아네모스)과 바다(*θάλασσα*－달랏사)라도 순종하는고"(막 4:41)라는 놀란 제자들의 물음은 헬라-로마의 신들에 대한 찬양을 의도적으로 본뜬 황제 숭배제의의 과장된 표현을 그대로 모방한 것이다. 이시스(Isis)의 무용담을 보면, "나는 강들, 바람들(*ἄνεμοι*－아네모이), 바다(*θάλασσα*－달랏사)의 지배자니라"는 말이 나온다(*NewDocs* 1:19-20; 참조. *Diodorus Siculus* 1.27.3-4). 필로(Philo)가 당시에 "아우구스투스가(家)가 땅과 바다에 대한 주권을 쥐고 있었다"고 한 말은 결코 아부하는 말이 아니라 엄연한 사실이었다(*Flaccus* 103). 다른 곳에서 그는 "사방의 폭풍들을 잠잠케 하고 헬라인들과 야만인들에게 번진 역병(疫病)들을 치유한 이는 바로 가이사이다"(*Embassy* 145)라고 말한다. 또한 안티오쿠스 4세 에피파네스(Antiochus IV Epiphanes, 주전 164년에 죽음)가 치명적인 병에 걸렸을 때 그를 두고 한 말도 기억해 볼 필요가 있다: "이렇게 초인간적인 교만함으로 바다의 파도도 명할 수 있다고 생각했고 높은 산들도 저울로 달아볼 수 있다고 생각했던 그는 땅으로 내려갔고 들것에 실려 감으로써 하나님의 권능이 모든 이들에게 드러나게(*φανεράν*－파네란) 했다"(*2Macc* 9:8; 파네라[*φανερά*, "명백한"]에 대한 반어법적인 언급을 놓치지 말아야 한다[참조. *Ἐπιφανής*, "에피파네스" 또는 "명백한"]).

이와 같은 황제에 대한 칭호들은 예수에 대한 기독교인들의 신앙고백들 속에 반영되어 있다. 이러한 경향은 후대의 기독교 문헌에서 더욱 강화된다－예를 들면, "우리의 크신 하나님 구주 예수 그리스도의 영광이 나타나심을 기다리게 하셨으니"(딛 2:13). 초기 기독교인들이 정치적, 사회적으로 곤경과 위험에 처해 있었다는 것은 분명한 것 같다. 황제 숭배에 맞서서, 기독교인들은 하나님이 죽은 자 가운데서 일으키신 예수야말로(가이사가 아니라) 참된 "하나님의 아들"이자 "구원자"요 "주님"이시라고 주장하고 있었다. 이러한 주장은 이상하게 들린 동시에 반역으로 들렸을 것이다－이상하게 들렸다는 것은 가이사가 명백히 예수를 패배시켰기 때문이고, 반역으로 들렸다는 것은 오직 가이사만이 신의 아들, 구원자, 주님, "은인"(눅 22:25에 나오는 예수의 말씀을 보라: "이방인의 임금들은 저희를 주관하며 그 집권자들은 은인[*εὐεργέται*－유에르게타이]이라 칭함을 받으나")으로 인정되었기 때문이다.

기독교 문헌들에서는 예수에게 황제의 칭호들을 적용함으로써 예수의 주 되심을 강조한다. 예수는 "세상의 구주"(요 4:42)다. 바울은 "구원하는 자 곧 주 예수 그리스도를 기다리노니"(빌 3:20)라고 말한다. 바울 전승을 전해 받은 어떤 이는 예수를 "하나님과 구주"로 묘사한다(딛 2:13; 참조. 벧후 1:1). 예수의 사역과 관련하여 소제인(*σώζειν*, "구원하다")이라는 단어가 흔히 사용된다. 위에서 말했듯이, 개선이라는 개념도 기독론에서 채용되고 있다: "정사와 권세를 벗어버려 밝히 드러내시고… 승리하셨느니라(*θριαμβεύσας*–드리암뷰사스)"(골 2:15). 우리는 티투스(Titus)가 예루살렘을 정복한 후에 유대인 포로들과 전리품들을 앞세워 로마 거리를 행진했던 플라비아누스의 개선식을 생각해 볼 수 있다. (바울이 자기를 하나님의 포로들 중 한 사람으로 생각한 것도 이와 동일한 이미지를 보여 주는 것 같다; 참조. 고후 2:14: "항상 우리를 그리스도 안에서 이기게 하시고[leads us in triumph].")

6. 치유. 치유 이적들은 예수의 사역에 대한 복음서 기자들의 묘사들 속에서 부각되어 표현된다. 복음서의 분량과 대비해서 이적 이야기들이 차지하는 비중을 고려하면, 마가복음에서 이적들은 특히 부각되어 있다고 할 수 있다(1:21-28, 29-31, 32-34, 40-45; 2:1-12; 3:1-6, 7-12; 4:35-41; 5:1-20, 21-43; 6:35-44, 47-52, 53-56; 7:24-30, 31-37; 8:1-10, 22-26; 9:14-29; 10:46-52). 예수께서 눈먼 자들(막 8:22-26; 요 9:1-12)과 귀먹고 어눌한 자(막 7:31-37)를 치유하실 때 침을 사용하신 것은 베스파시아누스가 눈먼 자를 치유할 때 침을 사용한 것과 비슷하다(Suetonius, *Vesp.* 7.2-3).

7. 하나님 우편에 앉아 있거나 서 있음. 마가복음에서 예수께서 자기와 관련하여 한 가장 중요한 말씀은 그가 하나님 "우편에 앉은 것"을 대제사장이 보게 될 것이라는 말씀이다(막 14:61). 신약성경에서 여러 번 인용되고 암시된 구약 본문인 시편 110:1을 토대로 한 것이긴 하지만, 하나님 우편에 앉아 있다는 이미지는 유대인의 성경에 대한 지식 유무와는 전혀 상관없이 로마인들에게 황제 숭배 제의와 관련된 개념들을 불러일으켰을 것이다. 하나님 곁에 앉아 있는 이는 가이사가 아니라 바로 예수라고 마가복음 기자는 단언한다.

8. 그리스도를 기념하는 헌주. 제자들과의 마지막 만찬에서 예수는 한 잔의 포도주를 나눠 마시신다. 분명히 그분은 이것을 "많은 사람을 위하여 흘리는 바…언약의 피"(막 14:24)라고 설명하신다. 마태복음과 누가복음 기자는 이 잔과 예수의 피에 대한 언급(마가복음에는 암시만 되어 있다)의 연관성을 여러 가지 방법으로 명백히 하고 있다(참조. 마 26:27b-28; 눅 22:20b). 바울의 성찬 전승에는 "이것을 행하여 마실 때마다 나를 기념하라"(고전 11:25)는 말이 덧붙여져 있다. 예수를 기념하는 잔은 사람들에게 가이사를 기념한 헌주들과 유사한 것으로 비쳤을 것이다.

9. 예수의 강림(또는 파루시아)에 대한 기대와 새로운 세계 질서에 대한 약속. 초기 기독교인들은 심판이 이루어지는 때인 예수의 파루시아(*παρουσία*, "강림")를 얘기했다(마 24:3, 27, 37, 39; 그러나 보다 일찍 바울에서: 고전 15:23; 살전 2:19;

3:13; 4:15; 5:23; 그리고 다른 저작들에서; 약 5:7, 8; 벧후 1:16; 3:4; 요일 2:28). 마가복음에는 파루시아(*παρουσία*)라는 단어가 나오지 않지만, 예수의 재림에 대한 기대는 13장에서 강조되고 있고(특히 26-27, 33-37절), 가야바에 대한 예수의 대답 속에서 중요한 역할을 한다: "인자가…하늘 구름을 타고 오는 것을 너희가 보리라"(14:62). 하나님 나라가 가까웠다는 선포(막 1:15)는 로마 세계의 사람들에게 새로운 세상 질서에 대한 약속으로 비쳤을 것이다. 오직 "하나님의 아들"만이 그러한 약속을 할 수 있고 또한 이룰 수 있다.

10. 사후의 신격화. 부활하신 예수에 대한 초기 기독교의 선포에서 중심적인 요소는 예수께서 영원히 사시는 하나님의 아들로서 하나님 우편의 보좌에 앉아 계시다는 것이다. 마가복음에서 예수는 자신의 죽음과 부활을 반복해서 예고하시지만(8:31; 9:31; 10:33-34), 가야바에게는 자신이 하나님의 우편에 앉은 것과 하늘 구름을 타고 오는 것을 보게 될 것이라고 밝히신다(14:62). 예수가 "진실로 하나님의 아들"이었다는 백부장의 고백(15:39)은 신격화에 다름 아니지만, 빈 무덤의 발견과 예수께서 살아나셨다는 (천사의?) 고지(告知)는 예수의 예고들이 참됨을 하나님이 확증해 주시는 것이다(16:4-7).

이러한 배경 속에서 마가복음 기자는 자신의 변증(辨證)을 담대하게 제시한다. 자기 백성(당시에 가장 중요한 백성이었던)의 손에 거부당하고 가장 힘있는 백성의 손에 부끄러운 죽임을 당하시긴 했지만, 예수는 진실로 하나님의 아들이었고 인류의 참된 구원자와 주(主)이셨다. 마가복음의 목적은 이러한 신앙고백이 유대인들과 로마인들에게 설득력이 있도록 예수의 이야기를 기록하는 것이었다. (마가의 서술은 오딧세이나 헥토르 같은 서사시 영웅들에 관한 옛 헬라의 이야기들이 아니라 로마의 황제 숭배 제의와 많은 유사점들을 갖고 있는 것으로 보인다; MacDonald, *Homeric Epics and the Gospel of Mark*의 주장과는 반대로.) 마가는 자신의 복음서의 후반부(8:27-16:8)에서 이러한 목적을 두 가지 중요한 방식으로 시도한다. (1) 그는 예수께서 예루살렘에서 자기를 기다리는 운명을 잘 알고 계셨고, 두려워하는 제자들에게 미리 이를 예고하셨다는 것을 보여 준다. (2) 그는 예수께서 용기 있고 침착하고 위엄 있게 자신에 대한 반대와 체포, 능욕, 잔혹한 죽음을 맞이하시는 모습을 보여 준다. 모든 점에서 예수는 깊은 감명을 준 인물, 곧 하나님 나라의 임박한 통치를 알린 인물답게 행동하신다. 은연중에 마가는 독자들에게 이러한 통치를 숙고해 보라고 초청한다.

마가복음 8장 27절 – 16장 20절

V. 고난의 제자도로의 부르심(8:27-9:50)

서론

마가복음 8:27-10:45은 수난 이야기의 도입부를 이루는 두 개의 대단락으로 구성되어 있다(8:27-9:50; 10:1-45). 이 단락들의 내용은 이렇다: 예수는 메시아로 고백되지만(8:27-30), 자신의 고난과 죽음을 예고하고(8:31-33), 제자들에게도 동일한 운명을 각오해야 한다고 가르치신다(8:34-9:1). 제자들을 당혹케 한 예수의 엄숙한 단언은 엘리야와 모세의 등장 및 하늘에서 난 소리를 통해서 하나님으로부터 확증된다(9:2-8). 변화산 사건 후에 예수는 두 번째로 자신의 수난을 예고하고, 순교한 세례 요한이 사람들이 기다리던 엘리야였음을 확인해 주신다(9:9-13). 그 다음에 나오는 귀신에게 괴롭힘당하는 아이를 치유해 주시는 대목(9:14-29)은 처음에는 맥락이 잘 안 맞는 것처럼 보인다. 왜 이 이적 이야기가 이 시점에 나오는 것일까? 이 이야기에 나오는 두 가지 요소는 이 이야기가 결국 제자리에 있는 것임을 보여 준다. 첫째, 제자들이 귀신을 쫓아내지 못하자, 예수는 분노하여 "믿음이 없는 세대여 내가 얼마나 너희와 함께 있으랴?"(9:19)고 소리를 지른다. 이 수사의문문은 예수의 죽음이 임박했음을 암시해 주는 것이기 때문이, 예수의 수난에 관하여 말하고 있는 맥락과 부합한다. 둘째, 예수께서 귀신을 쫓아내시자, 아이는 "죽은 것같이 되어 많은 사람이 말하기를 죽었다"고 했다(9:26). 그러나 아이는 죽은 것이 아니었다. 예수께서 아이의 손을 잡아 일으키자, 아이는 "일어섰다"(9:27). 그러므로 이 이적 이야기의 결론부는 어떤 의미에서 예수의 수난을 미리 보여 주고 있다고 할 수 있다.

수난 주제는 9:30-32에 나오는 또 한 번의 수난 예고를 통해서 명시적으로 계속된다. 누가 가장 큰가에 관한 논의(9:33-37)는 예수께서 섬김에 관하여 말씀하게 되는 계기를 이룸으로써 수난에 대한 준비를 더욱 촉진시킨다. 예수를 따르는 자가 아니면서도 예수의 이름으로 귀신을 쫓는 구마사(驅魔師, exorcist)를 놓고 예수와 제자들이 주고받는 대화(9:38-41)는 수난의 준비라는 맥락에 맞춰서 만들어진 것으로 보인다. 제자들은 어리고 미미한 자들(8:36-37에 나오는 어린아이들 같은)에 대해서만이 아니라 공동체 외부의 사람들에 대해서도 겸손한 태도를 유지해야 한다. 자선 행위에 대해서는 상(賞)이 있을 것이라는 약속(9:41)은 초대 교회의 많은 신자들이 겪게 될 고난과 궁핍의 때를 예감케 한다. 장래의 심판에 대한 암시는 신자들에게 유혹에 대비하라는 경고와 유혹의 원천이 되는 것을 과감히 버려 버리라는 생생한 묘사가 나오는 다음 단락으로 이어진다(9:42-50). 그 결론부에 나오는 "서로 화목하라"(9:50)는 말씀은 앞의 세 단락(9:33-37, 38-41, 42-50)을 묶어 주는 역할을 한다. 가족 관계 주제는 10장에서 계속된다. 예수는 선생으로서(10:1) 혼인의 영속성(10:2-12), 어린아이가 되어야 하나님 나라에 들어갈 수 있다는 것(10:13-16)을 말씀한다. 어떻게 해야 영생을 얻느냐고 묻는 부자 청년과 예수 사이에 오고간 대화의 핵심은 하나님 나라에 들어갈 수 있는 자격에 관한 것이다(10:17-22). 그런 후에 예수는 재물의 위험성에 대하여 말씀하시고, 제자들이 복음을 위하여 버린 것들은 백 배나 더 되돌려받을 것이라고 확약하신다(10:23-31).

이 대단락에 나오는 마지막 세 개의 단락은 이미 다루어진 주제들을 되풀이하여 요약한다. 세 번째로 예수는 자신의 수난을 공식적으로 예고하신다(10:32-34). 제자들은 또다시 누가 가장 큰가를 놓고 서로 다툰다(10:35-40, 41-45). 이 두 단락에서 예수는 고난과 섬김이 영광보다 선행되어야 한다고 가르치신다(38-39, 43-44절). 예수 자신이 최고의 모범이시다: "인자"인 그가 "온 것은 섬김을 받으려 함이 아니라 도리어 섬기려 하고 자기 목숨을 많은 사람의 대속물로 주려 함이니라"(45절).

예수의 수난은 예고되었고, 해석되었다. 그의 죽음은 예상되지 않은 일이 아니다. 그것은 불운(不運)이 아니다. 예수의 죽음은 예수께서 이스라엘의 최북방 지역에서 남쪽을 향하여 몸을 돌려 예루살렘으로의 운명적인 여행을 시작하신 목적이었다. 예수의 고난과 죽음은 이스라엘을 구속하기 위하여 꼭 필요한 섬김이다. 이 단락에서 예수의 메시아 의식(意識)이 해명되었고, 이와 아울러 그의 죽음의 의미도 설명되었다. 의도적이고 고상한 방법으로 예수는 자기 백성을 위하여 자신의 생명을 바치셨다.

1. 베드로의 신앙고백과 예수의 책망(8:27-33)

참고문헌

Allison, D. C. *The End of the Ages Has Come: An Early Interpretation of the Passion* *and Resurrection of Jesus.* Studies of the New Testament and Its World. Edinburgh: T. & T. Clark, 1987. 137-40. **Baarlink, B.** *Anfängliches Evangelium: Ein Beitrag zur näheren Bestimmung der theologischen Motive im Markusevangelium.* Kampen: Kok, 1977. 214-21. **Bayer, H. F.** *Jesus' Predictions of Vindication and Resurrection: The Provenance, Meaning and Correlation of the Synoptic Predictions.* WUNT 2.20. Tübingen: Mohr-Siebeck, 1986. 154-66. **Black, M.** "The 'Son of Man' Passion Sayings in the Gospel Tradition." *ZNW* 60 (1969) 1-8. **Boring, M. E.** *Sayings of the Risen Jesus: Christian Prophecy in the Synoptic Tradition.* SNTSMS 46. Cambridge: Cambridge UP, 1982. **Charlesworth, J. H.** "Has the Name 'Peter' Been Found among the Dead Sea Scrolls?" In *Christen und Christlisches in Qumran?* Ed. B. Mayer, Eichstätter Studien 32. Regensburg: Pustet, 1992. 213-23. **Jeremias, J.** "Die Drei-Tage-Worte der Evangelium." In *Tradition und Glaube: Das frühe Christentum in seiner Umwelt.* FS K. G. Kuhn, ed. G. Jeremias et al. Göttingen: Vandenhoeck & Ruprecht, 1971. 221-29. **McArthur, H. K.** "'On the Third Day'(1 Cor 15.4b and Rabbinic Interpretation of Hosea 6.2)." *NTS* 18(1971-72) 81-86. **Moule, C. F. D.** *The Origin of Christology.* Cambridge: Cambridge UP, 1977. 11-22.

본 문

27 예수와 제자들이 가이사랴 빌립보 여러 마을로 나가실새 노중에서 제자들에게 물어 가라사대 사람들이 나를 누구라고 하느냐	**27** Jesus and his disciples went out into the villages of[a] Caesarea of Philip. And on the way he was asking his disciples, saying to them, "Who do people say that I am?"
28 여짜와 가로되 세례 요한이라 하고 더러는 엘리야, 더러는 선지자 중의 하나라 하나이다	**28** They said[b] to him, saying, "John the Baptist, and others, Elijah, but others, one of the prophets."
29 또 물으시되 너희는 나를 누구라 하느냐 베드로가 대답하여 가로되 주는 그리스도시니이다 하매	**29** And he was asking them, "But who do you say that I am?" Answering, [c]Peter says to him, "You are the Messiah.[d]"
30 이에 자기의 일을 아무에게도 말하지 말라 경계하시고	**30** And he[e] strictly charged them that they should speak to no one concerning him.[f]
31 인자가 많은 고난을 받고 장로들과 대제사장들과 서기관들에게 버린 바 되어 죽임을 당하고 사흘 만에 살아나야 할 것을 비로소 저희에게 가르치시되	**31** And[g] he began to teach them that it is necessary for the "son of man"[h] to suffer many things and to be rejected by the elders and the ruling priests and the scribes and to be killed and after three days[i] to rise up.
32 드러내놓고 이 말씀을 하시니 베드로가 예수를 붙들고 간하매	**32** Now he was stating the matter plainly. And taking him aside, Peter[j] began to rebuke him.

33 예수께서 돌이키사 제자들을 보시며 베드로를 꾸짖어 가라사대 사단아 내 뒤로 물러가라 네가 하나님의 일을 생각지 아니하고 도리어 사람의 일을 생각하는도다 하시고

33 But turning and seeing his disciples, he rebuked Peter[j] and says, "Get behind me, opponent,[k] for you are not thinking the things of God but the things of humans."

원문주해

a. D사본은 타스 코마스(*τὰς κώμας*, "여러 마을")를 생략한다.

b. 많은 사본들은 아페크리데산(*ἀπεκρίθησαν*, "그들이 대답하였다")으로 읽는다.

c. 수리아 역본들은 케파(kêpā, "게바")로 읽는다. 다른 헬라어 사본들은 시몬(*Σίμων*)을 첨가한다. 수리아 역본들은 흔히 베드로의 아람어 이름인 "게바"(아람어: 케파[כֵּיפָא]; 헬라어: 케파스[*Κηφᾶς*])를 사용한다. 페트로스(*Πέτρος*, "베드로")와 케파(כֵּיפָא)는 둘 다 "반석/바위"를 의미한다(참조. 요 1:42).

d. 헬라어로는 호 크리스토스(*ὁ χριστός*)인데, 문자적으로는 "기름부음 받은 [자]"이다. 이 헬라어는 히브리어 마쉬아흐(מָשִׁיחַ)를 번역한 것이다. 이 헬라어는 히브리어 멧시아스(*μεσσίας*)를 음역한 경우가 종종 있다(참조. 요 1:41; 4:25). 아래의 8:29에 대한 "주석"을 보라. ℵ사본을 비롯한 몇몇 권위 있는 사본들은 호 휘오스 투 데우(*ὁ υἱὸς τοῦ θεοῦ*, "하나님의 아들")를 첨가하고, W사본 등은 호 휘오스 투 데우 투 존토스(*ὁ υἱὸς τοῦ θεοῦ τοῦ ζῶντος*, "살아 계신 하나님의 아들")를 첨가한다. 이 두 이독(異讀)은 마태복음 16: 16의 영향 때문이다.

e. 몇몇 권위 있는 사본들은 이에수스(*Ἰησοῦς*, "예수")를 첨가한다.

f. 몇몇 사본들은 호티 아우토스 에스틴 호 크리스토스(*ὅτι αὐτός ἐστιν ὁ χριστός*, "그가 그리스도이기 때문에")를 첨가한다(참조. 마 16:20).

g. W를 비롯한 여러 권위 있는 사본들은 아포 토테(*ἀπὸ τότε*, "그때로부터")를 첨가한다(참조. 마 16:21).

h. 영역본들은 흔히 "인자"(Son of man)라는 표현에서 "자"(Son)를 대문자로 표기한다(예를 들어, RSV). 그러나 이러한 대문자 표기는 잘못된 것이다. 왜냐하면 이런 표기는 이 표현이 "하나님의 아들"(Son of God)에서 "아들"(Son)의 용법과 유사하게 전문적인 의미를 지닌다는 것을 함축하기 때문이다. 필자는 이 표현을 소문자로 표기하되 특별한 용례임을 표시하기 위해 인용부호를 붙이기로 했다. 이 점에 대해 자세한 것은 "서론"의 해당 부분을 보라.

i. W를 포함한 여러 권위 있는 사본들은 테 트리테 헤메라(*τῇ τρίτῃ ἡμέρᾳ*, "제삼일에")로 읽는다. 이 이독은 마태복음(참조. 16:21; 17:23; 20:19; 참조. 27:64)과 바울에게서 볼 수 있는 것과 같은 초대 교회의 설교(참조. 고전 15:4) 때문이다. 아래의 막 9:31에 대한 "원문주해"를 보라.

j. 페쉬타(Peshitta)는 케파(kêpā, "게바")로 읽는다. 또 다른 수리아 전승에서는 쉬므온 케파(šim'ôn kêpā, "시몬 게바")로 읽는다.

k. 사타나(*σαταvâ*)는 통상적으로 "사탄/사단", 곧 반대하는 자로 음역된다. 베드로는 예수를 "반대하는"자로 취급되어 책망을 받은 것이었고, 예수께서 베드로를 "사탄"이라 부른 것이 아니었다는 것을 필자는 아래의 "주석"에서 논증할 것이다.

양식/구조/배경

8:27-30 예수가 메시아라는 베드로의 고백은 학자들에 의해서 많이 논의되어 왔다. 이 단락을 전체적으로 역사적이며 믿을 만하다고 보는 견해(Baarlink, *Anfängliches Evangelium*, 211-14; Bayer, *Jesus' Predictions*, 155-57)로부터 고린도전서 15:3b-5에서의 베드로의 우월적 지위를 설명하기 위해(Catchpole, "The 'Triumphal' Entry," 328이 주장함) 복음서 기자 자신이나 그에 앞선 전승 보유자들이 만들어 낸(Horstmann, *Studien zur markinischen Christologie*, 12-18) 신학적 허구(Wrede, *Messianic Secret*)로 보는 견해에 이르기까지, 이와 관련된 학설들은 천차만별이다. 필자의 생각으로는 첫 번째 학설이 두 번째 학설보다 훨씬 더 바람직하다고 본다. 이와 같이 보는 데는 타당한 이유들이 있다.

첫째, 예수께서 메시아 신분을 주장하는 전승이 두드러지게 적다는 것은 이 단락의 진정성을 보여 준다. 공관복음서에서 예수께서 자신이 메시아라고 선포하시는 곳이 어디 있는가? 초기 기독교인들이 메시아에 관한 내용이 드문 것에 난처해 했다면(Wrede의 주장처럼), 왜 그들은 예수께서 직접 자신의 메시아 됨을 천명하시는 분명한 증언을 만들어 내지 않았을까? (요한복음은 기독론이 발전되었을 가능성을 예시적으로 보여 준다.) 마가는 분명히 독자들이 예수가 이스라엘의 메시아시라는 것을 깨닫기를 바란다. 마가는 복음서의 첫머리에서 "하나님의 아들 예수 그리스도의 복음"(막 1:1)이라고 말한다. 그러나 예수가 메시아로 규정되는 대목들은 현재 논의중인 단락에 나오는 베드로의 신앙고백과 대제사장의 질문(막 14:61)이 전부다. 이렇게 예수가 메시아이심을 보여 주는 내용이 적은 것은 복음서 기자가 자신의 편집 활동을 억제했음을 보여 주는 증거가 된다. 그는 예수가 메시아시라는 전승에 수식(修飾)을 달지 않았다-그렇게 하고 싶은 유혹은 느꼈겠지만.

둘째, 메시아 인정(認定)은 후보자들 자신이 아니라 추종자들에 의해서 이루어져야 한다는 유대 전승이 이 대목에 전제되어 있는 것으로 보인다(Bultmann, *History*, 257의 주장과는 반대로). 시몬 벤 코시바(Simon ben Kosiba)와 관련된 랍비 전승들을 한 번 생각해 보라. 아마도 가장 유명한 것은 랍비 아키바가 민수기 24:17("한 별이 야곱에게서 나오며")을 시몬 바르 코크바(*bar kokhba*, "별")에게 적용해서 "이 사람이 왕 메시아니라!"고 엄숙히 선언한 일일 것이다(*y. Ta'an.* 4.5). 아키바를 비롯한 랍비들은 시몬을 메시아로 인정했을 것이다(고대의 탈무드와 미드라쉬 편집자들은 우리에게 다른 인상을 주고자 했지만). 그렇지 않다면, 바르 코크바 전쟁(주후 132-135년)의 엄청난 규모와 로마인들이 이 반란을 진압하는 데 크게 애를 먹었다는 사실을 설명하기가 어렵게 된다(로마쪽의 자료들로는 Froto의 *Letter to Emperor Marcus Aurelius*; *Dio Cassius, Hist. Rom.* 69.12.1-14.3을 보고, 기독교의 자료들로는 Justin, *1 Apol.* 31.5-6; Eusebius, *Hist. eccl.* 4.5.2; id., *Chronicle, Hadrian Year* 16; id., *Dem. ev.* 6.13을 보라; 그의 몇몇 서신들에서 시몬은 자신을 "이스라엘의 군주"[נשיא ישראל - 나시 이스라엘]로 지칭한다). 그러나 패배의 여파로 시몬의 명성은 큰 손상을 입었다. 랍비 전승은 계속해서 이 유명한 랍비의 해석을 폭로한다: "아키바, 풀이 너의 광대뼈에서 자라는 그 날에도 메시아는 오지 않을 것이다!" 랍비 전승은 시몬에 대한 기억을 철저히 나쁘게 평가한다. 시몬은 사기꾼(또는 "거짓말쟁이"), 신성모독자, 독재자로 등장한다(*y. Ta'an* 4.5=*Lam. Rab.* 2:2 §4; *Pesiq. R.* 30.3; *b. Sanh.* 93b). 랍비 전승에 의하면, 시몬도 자기 자신이 메시아라고 주장할 정도로 오만했다고 한다: "나는 왕 메시아이다"(*b. Sanh.* 93b). 시몬이 했을 법하지 않은 이러한 주장(반란 기간 동안에 그가 주조한 주화들에서 그는 "메시아"가 아니라 "군주"로 되어 있다)은 시몬이 메시아라는 말이 틀렸음을 보여 주는 추가적인 증거를 제시하기 위한 것이었다.

셋째, 마가복음 기자나 그에 앞선 전승 보유자들이 고린도전서 15:3b-5에 나오는 베드로의 우월적 지위를 예증하거나 설명하기 위하여 어떤 이야기를 만들어 내고자 했다면, 무슨 이유로 베드로가 예수의 수난 예고에 반대하여 책망을 받는 이야기를 만들어 냈겠는가? 베드로는 신앙고백을 통해서 우월적 지위에 대한 어떤 발판을 마련했을지 몰라도 이러한 반대 때문에 그 모든 것을 다 잃어버린 것이 아닌가.

넷째, 베드로의 신앙고백이 가이사랴 빌립보에서 일어났다는 전승은 이 단락의 진정성에 힘을 실어 준다. 그러한 신앙고백 - 많은 사람들이 선지자로 믿었던 갈릴리의 사랑 받는 랍비를 메시아로 인정한 것 - 은 예수를 따르는 무리들 가운데서도 도발적이고 당혹스러우며 논란을 불러일으키는 일이었을 것이다. 이 신앙고백을 가이사랴 빌립보와 결부시킨 것은 모종의 정치적, 신학적 고려 때문이 아니라(예수에 대한 메시아 인정이 이방의 영토에서 일어났다는 것에 의미를 부여하려는 *Schmi-*

thals, 381과는 반대로) 베드로가 이러한 중대한 발언을 한 곳이 바로 그 곳이었다는 기억 때문이었다.

그러나 이 단락의 역사성이 확인되었다고 해서 이 단락이 마가에게 신학적 또는 문학적 의미를 갖지 못했다는 뜻은 아니다. 반대로 이 단락은 의도적으로 이야기의 진행 가운데 전환점에 배치되었다. 8:27-30에서 복음서 기자는 자신의 이야기 중에서 가장 중요한 강조점을 거론한다: 예수의 메시아 됨. 일련의 놀라운 이적들에 의해서 부각된 여덟 장(章)에 걸친 공생애에 대한 기록 후에, 예수는 이제 자기를 따르는 무리들의 대변인격인 베드로에 의해서 메시아로 인정받는다. 이러한 인정 후에 예수는 자신의 고난과 죽음에 관하여 말씀하기 시작한다. 마가복음 8:27-30은 어떤 의미에서 마가복음 전반부의 결론부인 동시에 후반부의 도입부인 셈이다. 예수의 권세 있는 가르침과 인격은 결국 그분이 메시아라는 신앙고백을 가져왔다. 이제 그분은 그 메시아 됨이 무엇을 수반하는지를 설명하시기 시작한다.

도마복음서 §13에는 마가복음 8:27-29에 대한 병행문이 나온다: "예수께서 제자들에게 나를 다른 사람과 비교해 보고 내가 누구와 같은지를 내게 말하라고 하셨다. 시몬 베드로는 주는 의로운 천사와 같나이다라고 했다. 마태는 주는 지혜로운 철학자와 같나이다라고 했다. 도마는 주여 내 입으로는 주가 누구와 같은지를 다 말할 수 없나이다라고 하였다." 이 전승은 공관복음서에 비해 이차적임이 분명하다. 가장 통찰력 있는 제자는 베드로가 아니라 도마라는 것은 영지주의 분파들의 경향성과 일치한다. 이 어록은 계속해서 예수께서 도마에게 "세 가지 말씀"을 해주셨는데, 이 말씀은 다른 제자들에게 알리면 그가 돌에 맞아죽을지도 모르기 때문에 밝힐 수가 없다고 말한다.

31-33 비평학이 위세를 떨치던 시대 내내 학자들은 예수의 수난 예고들에 관하여 회의적인 견해를 피력해 왔지만(Wrede, *Messianic Secret*, 87: "수난 예언들은… 예수께서 알 수 없었고…예언할 수 없었던…내용들을 포함하고 있다"; Bultmann, *History*, 152: "오랫동안 초대 교회의 이차적인 창작물로 인정되어 왔다"), 테일러(Taylor, *Formation*, 150)는 이러한 비평학의 정통적 견해에 반기를 들었다. 최근에 몇몇 학자들은 예수께서 자신의 죽음에 관하여 말씀하셨을 것이고 자신의 신원(伸寃)도 예감하셨을 것이라는 견해를 피력해 왔다(예를 들어, 주로 막 9:31과 관련하여 Pesch, "Die Passion des Menschensohns," 189-91; Hooker, 204-5). 내 생각으로는 예수는 자신의 순교를 예고하셨다고 본다(Crossan, *Historical Jesus*, 353는 예수께서 자신의 추종자들에게 로마의 십자가 위에서 생애를 마칠 가능성이 있음을 당연히

경고하셨을 것이라고 믿는다). 원칙적으로 예수는 순교자의 전철을 밟을 것이라는 생각을 가지고 계셨을 것임에 틀림없다(마 23:37=눅 13:33-34 같은 주의 말씀들에서 볼 수 있고, 마카베오1서 및 2서와 *Testament of Moses* 같은 민간 문헌에서 예증되듯이). 게다가 세례 요한의 운명도 예수에게 깊은 인상을 주었을 것이다. 예수께서 자신의 죽음의 가능성을 말하셨을 리가 없다고 단언하는 것은 아무런 근거도 없다.

그러나 예수의 수난 예고는 일련의 중요한 발전 단계를 겪었다. (1) 수난 예고의 용어 표현은 수난 주간의 사건들과 좀더 가깝게 조정되었다(예수의 대적들을 "장로들과 고위 제사장들과 서기관들"로 특정해서 지칭하는 것에서 볼 수 있듯이; "사흘"이라는 표현에 대해서는 아래의 서술을 보라). (2) 수난 예고는 수난이라는 원래의 맥락(여기에는 종말론적인 "인자"에 대한 언급들이 나온다)에서 제거되어 초기의 갈릴리 사역이라는 맥락 속에 재배치되었다. (3) 수난 예고는 갈릴리 사역의 마지막 단계를 마무리하는 일련의 예고들로 확대되었다(Pesch를 비롯한 많은 학자들의 주장). (수난 예고들의 진정성에 대한 좀더 자세한 논의로는 아래의 10:32-34에 대한 "주석"을 보라.)

이러한 접근 방법을 지지하는 증거는 예수께서 죽기 위해서가 아니라 거룩한 도성에 그의 메시지를 받아들여서 그것을 토대로 행동할 기회를 제공하기 위해서 예루살렘에 오셨을 가능성이 있다는 것이다. (그러나 그렇다고 해서 예수께서 예루살렘에 입성하시는 것의 위험성을 몰랐다는 말은 아니다.) 이른바 개선의 입성은 성전 언덕에서 대제사장이 예수께 "우리가 여호와의 집에서 너희를 축복하였도다"라는 시편 118:26의 말씀으로 인사를 할 때 절정에 달하게 되어 있었다. 하지만 예수는 무시당하셨다. 퇴짜를 맞은 예수는 고위 제사장들에게 그들의 위기를 경고하셨다: 성전 지배층은 부패했고, 그들의 책무를 다하지 못했다(막 11:15-18). 따라서 그들은 청지기직을 상실하게 될 것이다(막 12:1-11). 성전과 도성은 파괴될 위험에 처해 있다(막 13:2; 참조. 눅 13:34-35). "인자"는 심판을 행하러 다시 오실 것이다(막 13:26; 14:62).

슈미트(K. L. Schmidt)의 『예수의 역사의 범위』(*Der Rahmen der Geschichte Jesu*)라는 책이 출간된 이래로, 공관복음서들을 구성하는 단락들은 연대순이 아니라는 인식이 널리 확산되었다. 사실 이 점은 2세기 초에 파피아스(Papias)가 이미 지적했다. "장로는 이렇게 말했다. '베드로의 통역자가 된 마가는 주님이 말씀하시고 행하신 일들 중 많은 부분을 정확히 기록했으나 순서대로 기록한 것은 아니었다(*οὐ μέντοι τάξει* – 우 멘토이 탁세이)"(Eusebius, *Hist. eccl.* 3.39.15; 여기에서 탁시스[*τά-*

ξις]는 연대 "순서"를 의미할 것이다; 참조. *BAG*, 811; *MM*, 625, 그는 "순서"와 비슷한 "목록"을 의미하는 탁시스[τάξις]의 예들로 P.Fay. 29.17, P.Oxy. 262.12, *PSI* 164.17을 인용한다). 마태와 누가를 비교해 보면, 이 복음서 기자들이 어록 자료(Q)에서 가져온 자료들을 얼마나 자유롭게 배열했는지를 알 수 있다. 마가복음은 다를 것이라고 생각할 이유가 전혀 없다. 마가는 (1) 예수가 메시아이심을 명확히 밝히고, (2) 예수께서 자신의 운명을 미리 알지 못하신 것이 아니었다는 것을 보여 주기 위해 수난 예고들을 이야기의 앞부분에 갖다 놓았다. 예루살렘으로 향하기에 앞서 예수께서 미리 자신의 죽음에 대하여 말씀하시면, 로마 및 유대 독자들은 좋은 인상을 갖게 될 것이기 때문이었다(Suetonius, *Dom.* 15.3; Philo, *Moses* 2.51 §§290-91).

이러한 제안은 다른 식으로는 설명할 수 없는 마가의 예수 이야기의 아주 이상한 특징을 설명할 수 있다는 이점을 갖는다. 예수께서 실제로 갈릴리 사역 동안에 자신의 죽음과 부활에 관하여 말씀하셨다면, 우리는 제자들의 이후의 행동들을 어떻게 설명해야 하는가(Hooker, 204)? 그러나 예수께서 예루살렘 입성 전까지는 그러한 구체적인 수난 예고를 하시지 않았다고 한다면, 제자들의 행동들은 충분히 납득이 된다. 그들은 "호산나!"를 외치면서 대단한 열정을 가지고 의기양양하게 예루살렘에 입성했다. 그러나 임박한 고난과 죽음에 관한 말이 예수의 입에서 나왔을 때, 예수의 운동은 그 추진력을 상실했다. 제자들은 두려움과 혼란에 빠졌고, 그 중 적어도 한 제자가 변절하여 그를 배신했으며, 예수께서 체포되셨을 때는 모두가 도망을 쳤고(저항은 미미했고 실속이 없었다), 수제자였던 베드로는 예수로부터 멀리 떨어져 있다가 그를 알지도 못한다고 부인했다.

예수께서 실제로 자신의 죽음을 예감하셨을 가능성은 겟세마네 동산에서의 그분의 기도 속에 나타난다. "아바 아버지여 아버지께는 모든 것이 가능하오니 이 잔을 내게서 옮기시옵소서 그러나 나의 원대로 마옵시고 아버지의 원대로 하옵소서"(막 14:36). 예수께서 자신의 두려움을 드러내고(참조. 막 14:34) 제자들은 깨어서 그와 함께 기도하지 못한 이 장면은 초대 교회의 성도들에게 당혹스러운 내용이었을 가능성이 충분히 있기 때문에, 그 진정성은 사실상 보장되어 있다(아래의 14:32-42에 대한 "주석"을 보라). 예수의 기도는 그분이 자신의 죽음을 예감하셨고 아무튼 그 죽음을 피하고자 하셨다는 것을 보여 준다(이런 점은 앞서의 수난 예고들의 진정성을 훼손하는 것이 아니라 오히려 밑받침해 준다; *Haenchen*, 361-62 n. 1과는 반대로). 그러나 예수는 자신의 부활도 예상하셨던 것일까? 예수께서 자신의 부활을 예상하시지 못했다면, 경건한 유대인들 중 많은 수가 부활을 믿었다는 것을 감안할 때에 그것은 매우 이상한 일이었을 것이다(단 12:1-3; *1 Enoch* 22-27; 92-105; *Jub.* 23:11-31; 4 Macc 7:3; 4 Ezra 7:26-42; *2 Bar.* 21:23; Josephus, *J.W.* 2.8.11 §154; 2.8.14 §165-66; *Ant.* 18.1.3-5 §§14, 16, 18). 우리는 단지 순교한 일곱 아들들과 그들의 어머니에 관한 이야기를 떠올리면 되는데, 이들 중 여러 명이 부활에 대한 매우 확고한 신념을 피력하고 있다(*2 Macc* 7:14, 23, 29; 참조. *4 Macc* 8-17). 앞서 부활에 대한 자신의 믿음을 천명했던(막 12:18-27) 예수께서 죽음을 앞두고 자기가 신원(伸寃)될 것에 대한 아무런 믿음도 표명하시지 않았겠는가? 분명히 그렇지 않았을 것이다. 예수는 제자들(과 자기 자신)에게 그분이 부활할 것을 자신 있게 다시 천명하셨을 것이다. 또한 부활 예고의 언어 표현도 그 진정성을 암시한다. 건드리(Gundry, 429-30)가 지적했듯이, 만약 수난 예고들이 초대 교회가 창작해 낸 것들이라면, 그들은 수난 예고들에서 사용되고 있는 동사인 아나스테나이(*ἀναστῆναι*, "일어나다")가 아니라 부활 이야기 자체(참조. 16:6)와 초대 교회의 신앙고백문들(예를 들어, 롬 4:24-25; 고전 15:4, 12-17)에서 사용된 동사인 에게이레인(*ἐγείρειν*, "일으키다")을 사용했을 것이다. (마찬가지 이유로 에게이레인[*ἐγείρειν*]을 사용한 막 14:28의 말씀은 마가의 편집문일 것이다. 14:28에 대한 "주석"을 보라).

그러나 예수의 예고는 베드로에게 확신을 불러일으키지 못한 것으로 보인다. 베드로는 예수 곁으로 가서 예수를 "책망하기 시작했다"(*ἤρξατο ἐπιτιμᾶν* – 에륵사토 에피티만; 막 8:32). 베드로가 예수를 책망했다는 말은 사실인 것 같다. 마태(16:22)는 베드로가 "주여 그리 마옵소서 이 일이 결코 주에게 미치지 아니하리이다"라고 말한 것으로 표현을 부드럽게 고쳐 놓는다. 누가는 베드로의 말을 완전히 생략해 버린다. 이 후대의 복음서 기자들이 이 본문을 불편하게 생각했다는 것은 이 본문의 진정성을 말해 준다. 물론 마가복음 기자에게 이 본문은 예수의 제자들 및 장래에 그를 따르고자 하는 모든 이들이 예수께서 겪은 일을 교훈으로 삼아 그 교훈을 그들에게 적용시킬 수 있게 해주는 좋은 사례 역할을 한다.

이와 병행되는 전승이 야고보외전 5.33-6.4에 나온다. "나의 십자가와 나의 죽음을 기억하라. 그러면 너희가 살리라! 그러나 나[야고보]는 대답하여 가로되 '주여, 우리에게 십자가와 죽음을 말씀하지 마옵소서. 그런 것들은 당신과는 거리가 머옵나이다'라고 말했다. 주께서는 대답하여 가로되 '진실로 내가 너희에게 이르노니, 나의 십자가를 믿지 않는 자는 그 누구도 구원을 받지 못하리라'고 하셨다." 십자가와 죽음이 예수와 "거리가 멀다"고 말한 사람이 베드로가 아니라 야고보라는 것은 흥미롭다. 예수는 계속해서 제자들에게 "두려워하는 자는 구원을 얻지 못하리라"고 힘주어 말씀하신다. 그 다음에 이어지는 강화(講話)는 마가복음 8:34-37의 전체적인 주제와 병행을 이룬다. 이 판본은 2세기의 전승들을 혼합해 놓은 것이다. 야고보외전(Apocryphon of James)은 도처에서 신약의 구절들을 인유(引喩)하고 있다.

주석

27 "예수와 그의 제자들"(ὁ Ἰησοῦς καὶ οἱ μαθηταὶ αὐτοῦ－호 이에수스 카이 호이 마데타이 아우투). 아람어로 "예수"라는 이름은 예슈아(יֵשׁוּעַ)로 표기된다. 예수아[ישוע]라는 이름은 1세기의 유골단지에 새겨져 있는 것이 발견되었다.) 이 아람어 형태는 영역본에서 전통적으로 "여호수아"(Joshua)로 번역되어 왔던 히브리식 이름인 예호슈아(יְהוֹשֻׁעַ)와 동일하다. 이 아람어 이름은 원래 헬라어에서는 이에수(Ἰησοῦ)로 음역되었으나, 나중에 헬라어 명사 어미 변화의 영향을 받아서 이 이름의 주격 형태는 이에수스(Ἰησοῦς), 대격 형태는 이에순(Ἰησοῦν)이 되었다. 이에수(Ἰησοῦ)라는 형태는 속격도 되고 여격도 된다. 이러한 모든 변화형들은 신약에서 많이 확인된다. (후대의 랍비 문헌들에서 예수의 이름은 흔히 헬라식에 맞춰서 단순히 예슈[ישו]로 나온다.) 예슈아(יֵשׁוּעַ)/이에수스(Ἰησοῦς)라는 이름은 유랑하던 이스라엘 백성을 영도하여 약속의 땅을 정복한 위대한 영웅 여호수아를 떠올리게 하는 이름이었기 때문에 유대인들 사이에서 매우 인기가 높았다. 헬라 시대에 이 이름은 유명한 헬라식 이름인 이아손(Ἰάσων, "야손")과 소리가 비슷했기 때문에도 인기가 있었는데, 이아손(Ἰάσων)은 이에수스(Ἰησοῦς)와 좀더 비슷한 이에손(Ἰήσων)으로 표기하기도 했다.

예수의 "제자들"이 그를 따라다녔다. 헬라어 마데테스(μαθητής, "제자")는 동사 만다네인(μανθάνειν, "배우다")에서 파생한 단어로서 히브리어 동사 라마드(לָמַד, "배우다"; 이 단어에서 파생한 "탈무드"는 "배워야 될 것" 또는 "연구해야 될 것"을 의미한다)에서 나온 "배우는 자"를 의미하는 탈미드(תַּלְמִיד; 복수형은 תַּלְמִידִים－탈미딤)와 정확히 대응되는 말이다. 마가복음에서 제자들은 이 대목에 이르기까지 그런 의미로 24번 정도 언급되어 왔다. 그들은 치유 및 축귀를 비롯한 예수의 권능 있는 행위들을 목격해 왔고, 그의 가르침을 들어 왔고, 비판자들과의 논쟁들을 지켜보아 왔으며, 무리들을 먹이는 데 두 번이나 그들의 스승을 도왔었다. 그들은 모든 점에서 고대 말엽 유대교 랍비들의 제자들처럼 행동해 왔다(그렇지만 랍비의 제자들과 관련된 수많은 전승들과 관례들을 역으로 복음서들에 넣어서 읽어서는 안 된다).

"가이사랴 빌립보 여러 마을들로 나가실새"(ἐξῆλθεν··εἰς τὰς κώμας Καισα-

ρείας τῆς Φιλίππου–엑셀덴…에이스 타스 코마스 카이사레이아스 테스 필립푸). 복음서 기자는 예수와 그의 제자들이 가이사랴 빌립보의 마을들(*κώμας Καισαρείας τῆς Φιλίππου*–코마스 카이사레이아스 테스 필립푸)로 나아갔다고 우리에게 말해 준다("가이사랴 빌립보"는 문자적으로는 "빌립의 가이사랴"로서, 라틴어로는 *Caesarea Philippi*이다; 이 형태에 대해서는 칠십인역 민 21:32; 32:42; 수 10:39; 15:45; 대상 2:23을 참조하라). 이것은 마가복음에서 성읍에 대한 유일한 언급이다. 가이사랴 빌립보를 지중해 연안의 항구 도시였던 가이사랴 마리티마(Caesarea Maritima)와 혼동해서는 안 된다(참조. 행 8:40). 알렉산더의 정복 후에 이 성읍은 재건되어서 판(Pan) 신을 기려 파네아스(Paneas)로 명명되었다. (아랍인들은 이 성읍을 바니아스[Banias]로 부른다.) 아우구스투스는 나중에 이 성읍을 헤롯 대왕에게 주었고, 헤롯 대왕은 이 곳에 저 유명한 백색신전(White Temple)을 지었다. 그 후 헤롯 빌립은 이 성읍을 확장하여 로마 황제를 기려서 가이사랴로 명명했다. (후대에 아그립바 2세는 이 성읍을 더욱 확장시켜서 네로를 기려 네로니아[Neronia]로 개명했다. 로마 시대에 많은 성읍들은 로마 황제들의 이름을 따서 개명되었다.) 예루살렘 점령 후에 티투스(Titus)가 로마의 승리를 축하하는 의식을 거행했던 곳이 바로 이 성읍이었다.

지리적 위치에 대한 구체적인 언급과 "가이사랴 빌립보의 마을들"이라는 어색한 표현으로 보아 이 사건 및 장소는 역사성을 지닌다는 건드리(Gundry, 425-26)의 판단은 옳은 것 같다. 마가나 그의 앞선 전승 보유자들이 이러한 배경을 만들어 냈을 만한 설득력 있는 이유는 존재하지 않는다. 변화산 사건이 이 성읍 근방에서 일어났다는 추측은 지리적 위치에 대한 언급 때문이었지, 이 지리적 위치에 대한 언급이 변화산 사건으로부터 추론된 것은 아니었다.

"노중에서 제자들에게 물었다"(*καὶ ἐν τῇ ὁδῷ ἐπηρώτα τοὺς μαθητὰς αὐτοῦ*–카이 엔 테 호도 에페로타 투스 마데타스 아우투). 자신의 문도(門徒)들에 대한 선생으로서 예수는 제자들에게 중요한 질문을 던지신다. 물론 랍비 관습은 제자들이 스승에게 질문하는 것이었다. 10:32을 보면, 예수는 "노중에서"(*ἐν τῇ ὁδῷ*–엔 테 호도) 제자들과 또다시 중요한 대화를 가지신다.

"사람들이 나를 누구라고 하느냐?"(*τίνα με λέγουσιν οἱ ἄνθρωποι εἶναι*–티나 메 레구신 호이 안드로포이 에이나이). 마가복음 기자에게 예수가 누구냐는 질문은 중대한 질문이었다. 복음서 기자는 예수 및 그의 복음을 "하나님의 아들 메시아 예수의 복음"(1:1, 마지막 단어들을 원문으로 인정했을 경우)이라는 말씀으로 소개했다. 하나님께서 친히 예수가 그의 아들이라고 선언하셨고(1:11; 참조. 9:7), 귀신들도 두려워하며 이를 인정했다(1:24; 3:11; 5:7). 그러나 이제 예수는 사람들의 의견, 곧 일반 사람들의 의견과 자기 제자들의 의견을 확인하시고자 한다.

28 "세례 요한이라 하고 더러는 엘리야, 더러는 선지자 중의 하나라 하나이다"(*Ἰωάννην τὸν βαπτιστήν, καὶ ἄλλοι, Ἠλίαν, ἄλλοι δὲ ὅτι εἷς τῶν προφητῶν*–이오안넨 톤 밥티스텐 카이 알로이 엘리안 알로이 데 호티 헤이스 톤 프로페톤). 제자들의 보고는 예수의 신분에 관한 견해를 복음서 기자가 앞서 요약한 것을 떠올리게 만든다. 마가복음 6:14에 의하면, 사람들은 예수에 관하여 "세례 요한이 죽은 자 가운데서 살아났도다"라고 말했다고 한다. 그런데 "어떤 이는 이가 엘리야라 하고 또 어떤 이는 이가 선지자니 옛 선지자 중의 하나와 같다"(6:15)고 했다. 헤롯 안디바는 "내가 목 베인 요한 그가 살아났다"(6:16)고 생각했다. 예수께서 영혼으로든 새로 부활한 것(*redivivus*, 막 6:16)이든 사람들이 "세례 요한"이라고 생각했다는 것은 그들이 예수를 좋게 평가했음을 보여 주는 것이다. 이 광야의 선지자는 개인적인 이유(이것은 막 6:17-29의 기사에서 강조되고, Josephus, *Ant.* 18.5.4 §136에서 암시됨) 및 정치적인 이유(이것은 Josephus, *Ant.* 18.5.2 §§116-19에 의해 강조됨)로 헤롯 안디바에게 처형당했었다. 예수의 사역은 놀라운 권능의 역사(役事)들을 통해서 사람들의 대단한 주목을 끌었기 때문에, 사람들은 하나님께서 요한을 부활시켜서 하나님 나라를 준비하는 일을 계속하게 하신 것이 아닌가 생각하게 되었다.

열왕기에 나오는 유명한 선지자 엘리야(*Ἠλίας*–엘리아스)가 1세기에 종말론적 드라마에서 어떤 방식과 어느 정도로 역할을 하는 것으로 이해되었는지는 분명치 않고, 학자들의 논란의 대상이 되고 있다. 하지만 엘리야가 이스라엘의 회복에 있어서 상당한 역할을 할 것이라는 믿음은 시락서 48:1-14, 특히 10절 같은 구절들에 잘 나타나 있다. "정한 때에 네[엘리야]가 하나님이 진노를 발하기 전에 하나님의 진노를 가라앉혀서 부모의 마음을 자녀에게로 돌이키고 야곱 지파들을 회복하게 되리라"고 기록되어 있다. 이 구절은 말라기 4:5-6(마 3:23-24)에 근거를 둔 것으로서 사해 두루마리에도 반영되어 있다(참조. 4Q558=4QVision). 예수는 세례 요한을 큰 선지자라고 말한다(막 9:11=13).

"선지자 중의 하나"(*εἷς τῶν προφητῶν*–헤이스 톤 프로페톤)라는 다소 모호한 표현은 어떤 식으로든 신명기 18:15-19("내가…너와 같은 선지자 하나를 그들을 위해 일으키고")에 토대를 둔 종말론적 사상과 결부되어 있을 것이다. 어쨌든 이 표현은 구약의 선지자적 인물과 관련되어 있는 것 같다(Boring, *Sayings*, 199와는 반대로). 요세푸스(*J.W.* 2.13.5 §§261-63; *Ant.* 20.5.1 §§97-98; 20.8.6 §§167-68)에 의하면, 예수 시대에 행위와 표적들을 통해서 이스라엘 역사에서의 구원 사건들을 일깨우고자 했던 자칭 선지자들이 여럿 일어났다고 한다. 선지자라 칭하는 자들이 여럿 일어났고 서로 상반되는 메시지를 전했다는 것을 감안하면, 바리새인들이 예수에게 표적을 요구한 것은 이상한 일이 아닐 것이다(막 8:11-12). 예수께서도 스스로를 선지자로 자처하셨다는 것을 기억하라(막 6:4; 참조. 눅 7:16, 39; 13:33; 24:19). 요세푸스가 통렬하게 비난하고 있는 선지자들은 거의 언제나 모세 전승과 부합하고 옛 이스라엘의 광야 유랑 시대와 결부되어 있는, 광야에서의 구원의 표적들을 백성들에게 제시했다.

29 "또 물으시되 너희는 나를 누구라 하느냐"(*καὶ αὐτὸς ἐπηρώτα αὐτούς, ὑμεῖς δὲ τίνα με λέγετε εἶναι* – 카이 아우토스 에페로타 아우투스 휘메이스 데 티나 메 레게테 에이나이). 이제 예수는 제자들에게 "그들"이 어떻게 생각하고 있는지를 물으신다.

"베드로가 대답하여 가로되 당신은 메시아시니이다 하매"(*ἀποκριθεὶς ὁ Πέτρος λέγει αὐτῷ, Σὺ εἶ ὁ Χριστός* – 아포크리데이스 호 페트로스 레게이 아우토 쉬 에이 호 크리스토스). 시몬 "베드로"는 1:16-18에 처음으로 등장하는데, 거기에서 어부였던 그는 그물을 버려 두고 제자가 되라는 예수의 부르심을 따랐다. 그러나 3:16에 이르러서야 예수는 시몬에게 "반석"을 의미하는 페트로스(*Πέτρος*, "베드로")라는 이름을 주신다(사해 두루마리에서 이 이름이 확인되었다는 것에 대해서는 Charlesworth, "Has the Name 'Peter'"를 보라). 한편, 베드로는 예수께 이름을 붙여 주는 데 일익을 담당한 셈이다. 왜냐하면 결국 크리스토스(*Χριστός*, "그리스도")라는 칭호는 일종의 별명처럼 되었기 때문이다(특히 바울에게서). 야고보 및 요한과 아울러 베드로는 제자들 중에서도 측근에 속했고, 공관복음서에서는 흔히 주도적인 역할을 하는 것으로 묘사된다. 이 점은 여기에서도 마찬가지로서, 베드로는 예수께서 메시아이심을 고백한다.

베드로는 예수가 메시아(*ὁ Χριστός* – 호 크리스토스)시라고 선언한다. 크리스토스(*Χριστός*)는 영어로 "메시아"(Messiah)로 표기되는 마쉬아흐(מָשִׁיחַ)를 번역한 말이다(위의 "원문주해"를 보라). 마쉬아흐(משיח, "메시아")라는 단어는 메시아라는 의미를 지니는 그 밖의 다른 몇몇 칭호들과 함께 사해 두루마리에 여러 번 나온다. 최근에 사해 두루마리의 모든 촬영본들과 거의 모든 히브리어 본문들(그리고 아람어 본문들의 대부분)이 간행된 상태여서, 우리는 이제 예수 시대에 메시아 사상의 흐름을 훨씬 더 정확하게 평가할 수 있게 되었다. 4Q521(=4QMessApoc) 2와 4 ii 1에서는 "하늘과 땅이 그의[하나님의] 메시아에게 순종할" 때를 예상하고 있다. 이 본문은 계속해서 가난한 자들에게 복음이 전파될 것과 병 고침 및 심지어 죽은 자들의 부활까지 언급한다(8-12행). 예수 전승과의 두드러진 병행도 주목된다(참조. 마 11:5=눅 7:22). 그러나 사해 두루마리에 나오는 메시아에 대한 그 밖의 다른 언급들은 이스라엘의 원수들을 패배시킬 군사적 지도자를 전제한다. CD 19:10-11에 의하면, 갱신된 언약의 원수들은 "아론과 이스라엘의 기름부음 받은 자(משח – 마쉬아흐)가 오실 때에 칼에 넘기워질 것이라"고 하고(참조. CD 20:1; *1QS* 9:11), 4Q252 (=4QpGen[a]) 1 v 3-4에서는 "다윗의 가지, 의의 기름부음 받은 자의 오심"에 관하여 말한다. 다른 본문들에 의하면, 이 다윗의 가지(참조. 렘 23:5; 31:15; 슥 3:8; 6:12)는 이스라엘의 원수들과 싸워서 로마 황제를 죽일 것이라고 한다(예를 들어, 4Q285[=4QM[g]] 5 i 1-6). 이러한 묘사들은 솔로몬의 시편(*Psalms of Solomon*)의 저자의 기대와 일치하는데, 그는 17-18장에서 이방인들을 이스라엘에서 몰아내고 이 땅을 정결케 할 다윗 가문의 메시아를 열망한다.

30 "이에 자기에 관하여 아무에게도 말하지 말라고 엄히 명하시고"(*καὶ ἐπετίμησεν αὐτοῖς ἵνα μηδενὶ λέγωσιν περὶ αὐτοῦ* – 카이 에페티메센 아우토이스 히나 메데니 레고신 페리 아우투). 왜 예수는 제자들에게 자기의 일을 아무에게도 말하지 말라고 명하셨을까? 예수가 그리스도라는 베드로의 고백이 위에서 말한 의미들을 지니고 있었다면, 비밀 유지에 관한 예수의 명령은 완벽하게 의미가 통한다. 게다가 이러한 대화가 오고간 시점은 예수의 명성이 높아 갔고 이에 따라 인기도 아울러 커져 간 때라는 점을 마가복음은 강조한다. 이 무렵에 예수는 무리들이 몰려드는 바람에 비상수단을 쓰거나(배에 올라서 가르쳐야 했던 일[4:1]) 사람들의 눈을 피해 다녀야 했던(1:35; 6:31-32) 일이 종종 있었다. 예수께서 이러한 명성을 얻은 것이 그가 선지자라는 널리 퍼진 믿음 때문이었다면, 메시아로서의 그의 정체가 널리 알려지게 되는 경우에는 무슨 일이 일어나겠는가(Gundry, 427)? 메시아 비밀은 예수 전승에 메시아와 관련된 내용이 결여된 결과(Wrede, *Messianic Secret*)가 아니라 예수에 대한 경외감을 고조시킴과 동시에 예수의 메시아 됨을 명확히 하기 위한 복음서 기자의 전략이다("서론"을 보라).

31 "인자가 많은 고난을 받아야 한다는 것을 비로소 저희에게 가르치셨다"(*καὶ ἤρξατο διδάσκειν αὐτοὺς ὅτι δεῖ τὸν υἱὸν τοῦ ἀνθρώπου πολλὰ παθεῖν* – 카이 에륵사토 디다스케인 아우투스 호티 데이 톤 휘온 투 안드로푸 폴라 파데인). 예수는 사역 초기부터 스스로를 "인자"로 지칭하셨다(참조. 2:10, 28). 그러나 여기에서 이

칭호는 특별한 의미를 지닌다. 왜냐하면 예수는 방금 메시아로 인정받으셨기 때문이다. (자기를 가리켜 예수께서 "인자"라 하신 것은 베드로의 고백을 바로잡는 것이라는 Kingsbury, *Christology*, 94-97의 주장은 옳다.) 예수의 메시아적 자기 이해는 신비한 천상의 존재에 관하여 말하는 다니엘 7:13-14을 통해서 형성되었던 것으로 보인다. 이 칭호에 정관사가 붙은 것은 전문적이거나 칭호로서의 의미를 가리키는 것이 아니라 특정성(特定性)을 보여 주는 것이다(Moule, *Origin of Christology*, 11-22; Chilton, "The Son of Man," 216-17). 칭호와 관련된 분명한 어휘상의 병행 외에도 다니엘서 7장과 예수의 몇몇 인자 말씀들에서 발견되는 요소들 간에는 주제상의 공통점도 존재한다. 마가복음 2:10에서 "인자"는 "땅에서 죄를 사하는 권세(*ἐξουσία* –엑수시아)"를 갖고 있다. "땅에서"는 다니엘 7장에서 "인자"가 있는 곳인 "하늘에서"와 반대되는 곳을 전제한다. 하늘로부터 권세를 받았기 때문에(단 7:14을 몇몇 헬라어 사본들에서는 엑수시아[*ἐξουσία*]로 읽음), "인자"는 땅에서 권세를 갖는다. 또한 "인자"의 하늘에서의 권세도 "인자는 안식일의 주인이기도 하다"(2:28)는 주의 말씀에 내포되어 있다. 예수께서 여기 8:31에서 말씀하고자 하는 요지인 "인자"의 고난도 성도들과 악의 세력과의 큰 싸움에 관한 다니엘 7장의 묘사와 일치한다. 끝으로 이 싸움의 상(賞)은 하나님께서 "인자"에게 주시는(단 7:14) 나라(단 7:18, 22, 27)인데, 예수께서는 지금 이 나라를 선포하시고 있다(막 1:15; 4:11; 9:1). ("인자"에 관한 좀더 자세한 논의는 "서론"을 보라.)

예수는 "인자가 많은 고난을 받아야 한다"고 말씀한다. 이러한 당위성(*δεῖ* –데이)에 대한 인식의 배후에는 하나님의 뜻(참조. 막 14:36) 및 성경의 성취(14:49)라는 이중적인 믿음이 깔려 있다. 폴라 파데인(*πολλὰ παθεῖν*, "많은 고난을 받다") 이라는 표현은 다니엘 7:15-27의 전체적인 취지와 일치하고, 또한 흥미롭게도 모세가 "애굽과 홍해, 광야에서 사십 년 동안 많은 고난을 받았다[*multa passus est*]" (3:11)고 말하는 모세의 유언(*Testament of Moses*)에 나오는 대목과도 어휘상의 병행을 보여 준다. 모세의 고난은 이스라엘 백성의 구원을 위한 필수적인 서막이었다. 이 1세기 초의 위경(僞經)에 의하면, 모세의 고난은 언약을 지탱시키고 이스라엘이 약속의 땅을 유업으로 받는 길을 닦는 역할을 한다(*The Psedepigrapha and Early Bilical Interpretation*, ed. J. H. Charlesworth and C. A. Evans, JSPSup 14, SSEJC 2[Sheffield: JSOT Press, 1993] 202-27에 실린 D. P. Moessner, "Suffering, Intercession and Eschatological Atonement: An Uncommon Common View in the Testament of Moses and in Luke-Acts," 특히 204-15를 보라). 예수의 수난 예고는 마가복음 10:45

에서 좀더 분명하게 표현되는데, 여기에서 그는 "인자의 온 것은 섬김을 받으려 함이 아니라 도리어 섬기려 하고 자기 목숨을 많은 사람의 대속물로 주려 함이니라"고 말씀한다. "인자"는 섬김을 받으려 온 것이 아니라는 단언은 모든 민족과 모든 나라들이 "인자"를 "섬기게 될 것"이라는 다니엘 7:14의 환상(vision)에 조건을 붙이는 말이다. 예수는 자기가 궁극적으로 신원(伸寃)되고 하나님 나라가 승리할 것임을 알면서도 다니엘서의 환상에 나오는 투쟁의 요소들을 부각시키신다(10:35-45에 대한 "주석"을 보라).

"버린 바 될 것"(*καὶ ἀποδοκιμασθῆναι* – 카이 아포도키마스데나이). 또한 예수는 "인자"가 "버린 바 될 것"(*ἀποδοκιμασθῆναι* – 아포도키마스데나이)을 말씀한다. 이 단어가 건축자들에 의해 "버려진" 돌에 관하여 말하는 시편 118:22(사 53:3과 반대되는)을 인유(引喩)한 것이라는 건드리(Gundry, 446)의 주장은 옳다. 이 시편의 구절은 나중에 악한 포도원 농부 비유의 끝부분에서도 인용된다(막 12:1-12). 시편 118편은 예루살렘에서의 예수의 사역에서 중요한 역할을 한다. 예수는 예루살렘에 입성할 때 26절의 말씀으로 인사를 받고(막 11:9-10), 앞에서 말한 비유의 뜻을 22-23절에 의거해서 밝히신다. (버려진 돌 말씀을 다윗 가문과 연관시켜 해석하는 것에 대해서는 막 12:10-11에 대한 "주석"을 보라.) 게다가 시편 118:22에 대한 인유(引喩)를 통해 수난 예고는 그 원래 있던 자리인 예루살렘 장면(시 118편의 나머지 구절들은 여전히 여기에서 발견된다)과 연결된다.

예수는 "장로들과 고위 제사장들과 서기관들에게"(*ὑπὸ τῶν πρεσβυτέρων καὶ τῶν ἀρχιερέων καὶ τῶν γραμματέων* – 휘포 톤 프레스뷔테론 카이 톤 아르키에레온 카이 톤 그람마테온) 고난을 받고 버린 바 되실 것이다. 예수는 구전 전승들이 율법을 훼손시켰다고 주장하는 대목에서 "장로들"을 언급하신다(막 7:3, 5을 보라). 예수는 11:27에서 장로들의 도전을 받고, 14:43(참조. 14:53; 15:1)에서 장로들에 의해 체포되신다. 좀더 자세한 것은 11:27-33에 대한 "주석"을 보라. 예수의 수난 예고의 어휘 표현은 복음서 이야기의 사건들과 정확하게 대응되기 때문에(방금 언급한 모든 구절들을 보라), 우리는 수난 예고를 마가의 편집으로 보아야 한다(말씀 자체는 편집의 결과가 아니라고 하더라도 수난 이야기를 서술하는 방식은 분명히 편집의 결과다). "고위 제사장들과 서기관들"에 관해서는 11:18에 대한 "주석"을 보라.

이 말씀은 "인자"가 "죽임을 당하고 사흘 만에 살아나야 할 것"(*ἀποκτανθῆναι καὶ μετὰ τρεῖς ἡμέρας ἀναστῆναι* – 아포크탄데나이 카이 메타 트레이스 헤메라스 아나스테나이)이라는 거의 기정사실화된 예고로 끝난다. 예수는 실제로 자신의 죽음과 부활을 예고하셨을 것임은 앞에서 이미 말한 바 있다. "사흘 만에"라는 수식어구(막 8:31)는 "여호와께서 이틀 후에 우리를 살리시며 제삼일에 우리를 일으키시리니"라는 호세아 6:2의 말씀에서 영감을 얻었을 것이다(Jeremias, "Die Drei-Tage-Worte der Evangelium," 226-29; 그러나 Gundry, 446, 448는 이에 반대한다). 이 구절에 대한 인유(引喩)는 성경적 증거를 찾았던 복음서 기자나 그에 앞선 전승 보유자들이 아니라 예수 자신으로부터 나왔을 것이다. 그러나 예수의 인유는 하나님 나라가 심판과 함께 곧 완전하게 임할 것이라는 토대 위에서 자신의 부활이 모든 사람들의 부활의 일환으로서 머지않아 있을 것이라는 정도의 말씀이었을 것이다(*T.g. Hos.* 6.2에 대한 아래의 "주석"을 보라). 한 주간의 첫날 아침에 무덤이 빈 채로 발견되자, 예수를 따르던 사람들은 이 구절을 문자 그대로 해석하게 되었다. 이 구절의 헬라어, 히브리어, 아람어 판본을 한 번 비교해 보자.

칠십인역 호세아 6:2은 "그가 우리를 이틀 후에 고치시며 제삼일에 우리는 일으키심을 받아 그 앞에서 영원히 살리라"(*υγιάσει ἡμᾶς μετὰ δύο ἡμέρας, ἐν τῇ ἡμέρᾳ τῇ τρίτῃ ἀναστησόμεθα καὶ ζησόμεθα ἐνώπιον αὐτοῦ* – 휘기아세이 헤마스 메타 뒤오 헤메라스 엔 테 헤메라 테 트리테 아나스테소메다 카이 제소메다 에노피온 아우투)로 읽는다.

맛소라 본문에는 "그가 우리를 이틀 후에 살리시고 제삼일에 우리를 일으키사 그 앞에서 살게 하시리라"(יְחַיֵּנוּ מִיֹּמָיִם בַּיּוֹם הַשְּׁלִישִׁי יְקִמֵנוּ וְנִחְיֶה לְפָנָיו – 예하이예누 미이요마임 바이욤 핫셸리쉬 예키메누 웨니흐예 레파나우)로 되어 있다.

마가의 헬라어(*μετὰ τὰ τρεῖς ἡμέρας ἀναστῆναι* – 메타 트레이스 헤메라스 아나스테나이, "사흘 만에 살아날 것")는 호세아 6:2의 첫 번째 절의 전치사(מִן – 민/*μετά* – 메타)와 두 번째 절의 실명사 및 형용사(יוֹם הַשְּׁלִישִׁי – 욤 핫셸리쉬/*τῇ ἡμέρα τῇ τρίτῃ* – 테 헤메라 테 트리테)를 반영하고 있다. 세 번째 절("그 앞에서 살리라")은 누가복음 20:38("하나님에게는 모든 사람이 살아 있느니라")에 나오는 말씀 속에 인유(引喩)되어 있는 것 같다. 이 전승에 마가가 기여하고 있는 부분은 이 전승을 세 개의 예고로 늘린 다음에 예수의 예루살렘 입성 훨씬 전의 요소요소에 이 전승들을 배치시켰다는 것이다. 첫 번째 절에서 메타(*μετά*, "후에")와 두 번째 절에서 3격을 받는 엔(*ἐν*, "-에")이라는 두 개의 전치사를 사용한 호세아 6:2의 구문 때문에 이 전승에서 이독(異讀)들이 생겨난 것 같다. 수난 예고의 마가 판본은 메타 트레이스 헤메라스 아나스테나이(*μετὰ τὰ τρεῖς ἡμέρας ἀναστῆναι*)로 읽는 반면에, 마태(16:21)와 누가(9:22)의 판본들은 테 트리테 헤메라 에게르데나이(*τῇ τρίτῃ* ἡμέρᾳ ἐγερθῆναι, "제삼일에 일으키심을 받을 것")로 읽는다(참조. 행 10:40; 고전 15:4). 또한 실제의 기간을 고려한다면, 예수는 만 3일 동안 무덤에 있은 것이 아니었기 때문에 마가의 초기 본문인 "사흘 후에"보다는 "제삼일에"가 더 선호되었을 것이다(하지만 Gundry, 448를 보라).

탈굼에 나오는 아람어로 된 의역(意譯)인 "죽은 자의 부활의 날에 그는 우리를 일으키시리라"(ביום אחיות מיתיא יקימיננא – 베욤 아하요트 메타이야 예키미나나)는 구절을 고려하면, 수난 예고에서 예수께서 "제삼일에 그가 우리를 일으키시리라"는 호세아의 구절을 인유(引喩)했을 가능성은 더욱 높아진다. 고딕체로 된 부분은 탈굼의 해석적 첨가문이다. 소망을 표현하는 호세아의 시적 표현은 탈굼에서는 완전히 종말론적인 색깔을 띠게끔 바뀌어 버렸다. 물론 탈굼의 이러한 해석 경향은 단지 탈굼만이 아니라 당시의 시대 사조로서 예수 시대에 널리 퍼져 있었던 것 같다(Black, *ZNW* 60[1969] 5; Bayer, *Jesus' Predictions*, 206-7; McArthur, *NTS* 18[1971 -71] 81-86). 예수는 이 구절에 대한 이러한 이해를 전제하고서, 이 구절을 인유하여 자기가 "사흘 후에"(또는 "제삼일에"), 즉 하나님 나라가 가까웠다고 볼 때 머지 않은 것으로 생각된 "죽은 자의 부활의 날에" 일으키심을 받을 것이라는 자신의 확신을 피력하셨던 것이다(Allison, *End of the Ages*, 137-39).

32 복음서 기자는 수난 예고와 관련해서 예수께서 "드러내놓고"(παρρησίᾳ – 파르레시아) 이 문제를 말씀하셨다고 기록한다. 마가는 이렇게 드러내놓고 말하는 것을 비유들로 말하고서는 종종 제자들에게 설명할 필요성이 있었던 하나님 나라의 수수께끼 같은 차원과 대비시키기 위한 의도가 있었을 것이다. 마가복음 4장에 나오는 하나님 나라 비유들 다음에, 복음서 기자는 독자들에게 "예수께서 이러한 많은 비유로 저희가 알아들을 수 있는 대로 말씀을 가르치시되 비유가 아니면 말씀하지 아니하시고 다만 혼자 계실 때에 그 제자들에게 모든 것을 해석하시더라"(4:33-34)는 해설을 덧붙인다. 이 흥미로운 설명은 씨 뿌리는 자의 비유(4:3-9)와 그 비유에 대한 설명(4:13-20) 사이에 있는 예수의 말씀의 의미를 밝히기 위한 것이다. "하나님 나라의 비밀을 너희에게는 주었으나 외인에게는 모든 것을 비유로(ἐν παραβολαῖς – 엔 파라볼라이스) 하나니"(4:11). 대부분의 주석가들은 여기서 "비유로"는 실제로 "수수께끼로"를 의미한다는 데 동의한다(Guelich, 208-29) – 물론 하나님 나라와 관련된 수수께끼들(Gundry, 200). 복음서 기자는 예수는 그의 죽음과 부활에 관해서는 비유가 아니라 직설적으로 말씀하고 있다고 말하는 것이다.

예수는 그의 임박한 수난을 있는 그대로 다 예고했지만, 그러한 말씀은 제자들에게 두려움과 혼란을 불러일으키고(참조. 9:10, 32; 10:32), 심지어 그의 가장 충성스러운 제자들로부터의 저항을 불러일으키기까지 한다: "베드로가 예수를 탓하기 시작했다"(ὁ Πέτρος…ἤρξατο ἐπιτιμᾶν αὐτῷ-호 페트로스…에륵사토 에피티만 아우토). 베드로의 말투는 거칠고 무례했다. 왜냐하면 마가복음의 다른 곳에서 에피티만(ἐπιτιμᾶν, "꾸짖다/책망하다")은 더러운 귀신들(1:25; 9:25)과 위협하는 폭풍(4:39)을 꾸짖는 것과 관련하여 사용되고 있기 때문이다. 그러나 이 단어는 사람에게 엄히 금한다는 의미로도 사용된다(3:12; 8:30). 베드로가 예수를 탓했다는 보도를 기록한 마가의 의도는 베드로를 깍아 내리기 위한 것이 아니라 예수의 수난 예고의 의외성(意外性)을 부각시키기 위한 것이었다. 예수께서 성공가도를 달리며 인기를 한 몸에 받고 있는데다가 메시아로 인정을 받은 마당에, 고난과 죽음의 예고는 뭔가 단단히 잘못된 것으로 보였을 것임에 틀림없다. 그러나 이 대목에 등장하는 수난 예고가 마가복음의 독자들에게 전해 주는 것은 사람들의 기대를 뛰어넘는 예수의 자기이해와 선견지명이다. 예수는 잘 나가는 공생애의 흥분된 분위기에 휩쓸리지 않으신다. 그분은 자기 앞에 놓인 일들을 알고 있고, 이제 그것에 관하여 말씀하시기 시작한다.

33 "예수께서 돌이키사 제자들을 보시며"(ὁ δὲ ἐπιστραφεὶς καὶ ἰδὼν τοὺς μαθητὰς αὐτοῦ-호 데 에피스트라페이스 카이 이돈 투스 마데타스 아우투). 이번에는 예수께서 베드로를 꾸짖으신다. 심한 꾸중이었다. "사단아 내 뒤로 물러가라"(ὕπαγε ὀπίσω μου, σατανᾶ-휘파게 오피소 무 사타나). "뒤로 물러가라"(ὕπαγε ὀπίσω-휘파게 오피소)는 명령은 제자리로 돌아가서 다른 제자들과 함께 있으라는 명령과 비슷하다(Gundry, 432-33). 아마도 독자들은 베드로가 이에 반발하지 않았을까라는 생각이 들 것이다. 예수께서 베드로를 "사단"이라고 부르고 계시기 때문에, 책망은 특히 혹독하다고 할 수 있다. 사타나(σατανᾶ, "사단")는 "대적자"를 의미하는 히브리어 사탄(שָׂטָן)을 음역한 것이다(참조. 민 22:22, 32; 슥 3:1-2; 욥 1:6-9, 12; 2:1-7; 대상 21:1; 1QSb 1:8; *T. Dan* 3:6; 5:6; 6:1; *T. Gad* 4:7; *T. Asher* 6:4; *T. Job* 3:6; 4:4; 6:4; 7:1). 예수는 정말 베드로를 "사단"이라고 부르셨을까? 신약 시대에 유포되었던 문헌들은 사단을 여러 호칭으로 불렀다(벨리알, 벨리아르[Beliar], 마스테마[Mastema], 바알세불, 바알세붑[Beelzebub]). 예수께서 베드로를 책망할 때 사용하신 사타나(σατανᾶ)라는 표현은 베드로를 어둠의 왕이라고 한 것이 아니라 사단적이라는 형용사적 의미로 사용하신 것이라고 보아야 한다. 달리 말하면, 예수는 "나를 반대하는 자인 너는 내 뒤로 물러가라"고 말씀했다는 말이

다. 이러한 주장은 이어지는 설명으로부터 지지를 받는다. "네가 하나님의 일을 생각지 아니하고 도리어 사람의 일을 생각하는도다." 만약 예수께서 베드로를 마귀라는 의미에서 "사단"이라고 부르신 것이라면, 그분은 베드로가 악한 자의 일들을 생각하고 있는 식으로 말씀하셨을 것이다. 그러나 어쨌든 예수의 책망은 아주 혹독했다. 베드로의 생각은 하나님으로부터 나온 것이 아니다. 그의 지혜는 인간의 관습적인 지혜를 반영한 것이다.

"네가 하나님의 일을 생각지 아니하고 도리어 사람의 일을 생각하는도다"(*ὅτι οὐ φρονεῖς τὰ τοῦ θεοῦ ἀλλὰ τὰ τῶν ἀνθρώπων* – 호티 우 프로네이스 타 투 데우 알라 타 톤 안드로폰). 문맥상으로 마가는 "하나님의 일들(또는 생각들)"(*τὰ τοῦ θεοῦ* – 타 투 데우)의 내용은 예수의 고난과 죽음의 필연성과 관련이 있는 것으로 정의한다. 하나님의 목적은 그의 아들의 죽기까지의 순종에 의해서 이루어질 것이다. "사람의 일들"(*τὰ τῶν ἀνθρώπων* – 타 톤 안드로픈)은 로마인이든 유대인이든 권력을 획득하고 휘두르는 것을 지향한다.

해설

마가복음 8:27-33은 마가복음에서 전환점을 이룬다. 예수를 "하나님의 아들 메시아"로 규정한 개시절로부터 예수가 단순한 선지자나 부활한 세례 요한이 아니라 메시아라는 8:29의 베드로의 신앙고백에 이르기까지, 복음서 기자는 대단히 흥미로운 이야기를 전개해 왔다. 하늘의 음성이 예수가 하나님의 아들임을 인정하고, 악한 영들도 그를 알아보고 두려워하는 가운데, 예수는 권세로써 백성들의 병을 치유하며 그의 경쟁자들과 대적자들을 능가하신다. 1:1의 대담한 단언은 충분히 입증이 된 것으로 보이기 때문에, 마가복음의 한복판에서 이루어진 베드로의 신앙고백은 문자 그대로든 신학적으로든 설득력이 있다.

예수가 이스라엘의 메시아시라는 베드로의 고백과 날카롭게 대비를 이루는 것은 다가올 수난에 대한 예수의 예고이다. 예수의 수난 예고는 물론 그분의 메시아 됨의 성격이 무엇인지를 밝히는 것이지만, 마가복음의 독자들에게 이 예고는 예수가 메시아라는 신앙고백을 무색케 해버릴 정도로 충격적인 것이다. 제사장들에게 버림받고 십자가 위에서 죽는 메시아라는 것은 상상할 수 없는 일이다. 그러나 실제로 이런 일이 일어났다. 마가복음 8:27-33은 이와 같은 두 가지 서로 상반되는 요소들을 통합하고자 하는 시도다. 한편으로 예수는 메시아이다. 그렇지만 다른 한편으로 그분에게 주어진 운명은 죽는 것이다. 이 긴장관계를 푸는 것은 예수께서 부활하실 것이라는 예고다. 그러므로 십자가 위에서의 그의 죽음은 (유대인들과 로마인들의 생각과는 달리) 패배가 아니라 사명을 완성하고 직임을 얻는 데 필수불가결한 요건이다.

예수의 제자들이 이 모든 일들을 당혹스러워하는 것은 이해할 수 있는 일이다. 그들도 백성들의 기대와 별로 다르지 않았다. 가족과 재산의 상실에 대해 슬퍼하고(10:28-31), 다가올 새로운 체제에서 권력과 특권의 자리에 앉기 위해 손을 쓰는 모습(10:35-45)은 제자들도 일반 백성들의 소망을 똑같이 갖고 있었음을 보여 주는 증거들이다. 예수께서 잡히시고 이어서 처형되실 때 제자들이 그분을 배신하고 버린 일은 제자들이 예수의 비전(vision)을 깨닫지 못했음을 극명하게 보여 준다. "인자"가 "제삼일에" 일으키심을 받았을 때에야, 비로소 제자들의 생각은 변화되었다.

2. 고난과 제자도에 관한 가르침(8:34-9:1)

참고문헌

Hengel, M. *Crucifixion.* London: SCM Press/Philadelphia: Fortress, 1977. **Jonge, H. J. de.** "The Sayings on Confessing and Denying Jesus in Q 12:8-9 and Mark 8:38." In *Sayings of Jesus: Canonical and Non-Canonical Essays.* FS T. Baarda, ed. W. L. Petersen et al. NovTSup 89. Leiden: Brill, 1997. 105-21. **Käsemann, E.** "Sentences of Holy Law." In *New Testament Questions of Today.* London: SCM Press; Philadephia: Fortress, 1969. 66-81. **Tödt, H. E.** *The Son of Man in the Synoptic Tradition.* NTL. London: SCM Press; Philadelphia: Westminster, 1965. **Vielhauer, P.** "Gottesreich und Menschensohn in der Verkündigung Jesu." In *Festschrift für Günther Dehn zum 75. Geburtstag.* Ed. W. Schneemelcher. Neukirchen: Verlag der Buchhandlung des Erziehungsvereins, 1957. 51-79(repr. in P. Vielhauer. *Aufsätze zum Neuen Testament.* TBü 31. Munich: Kaiser, 1965. 55-91). ______. "Jesus und der Menschensohn: Zur Diskussion mit Heinz Eduard Tödt und Eduard Schweizer." *ZTK* 60(1963) 133-77(repr. in P. Vielhauer. *Aufsätze zum Neuen Testament.* TBü 31. Munich: Kaiser, 1965. 92-104).

Mark 9:1

Chilton, B. D. "The Transfiguration: Dominical Assurance and Apostolic Vision." *NTS* 27(1980-81) 115-24.

본 문

34 무리와 제자들을 불러 이르시되 아무든지 나를 따라오려거든 자기를 부인하고 자기 십자가를 지고 나를 좇을 것이니라	**34** And summoning the crowd with his disciples, he said to them, "If someone[a] wishes to follow[b] after me, let him deny himself and take up his cross and follow me.
35 누구든지 제 목숨을 구원코자 하면 잃을 것이요 누구든지 나와 복음을 위하여 제 목숨을 잃으면 구원하리라	**35** For whoever should wish to save his life will lose it; but whoever will lose his life for the sake[c] of the gospel will save[d] it.
36 사람이 만일 온 천하를 얻고도 제 목숨을 잃으면 무엇이 유익하리요	**36** For what does it profit[e] a person to gain the whole world and lose his life?
37 사람이 무엇을 주고 제 목숨을 바꾸겠느냐	**37** For what should a person give in exchange for his life?
38 누구든지 이 음란하고 죄 많은 세대에서 나와 내 말을 부끄러워하면 인자도 아버지의 영광으로 거룩한 천사들과 함께 올 때에 그 사람을 부끄러워하리라	**38** For whoever should be ashamed of me and my words[f] in this adulterous and sinful generation,[g] indeed the 'son of man' will be ashamed of him whenever he should come in the glory of his Father with[h] the holy angels."
1 또 저희에게 이르시되 내가 진실로 너희에게 이르노니 여기 섰는 사람 중에 죽기 전에 하나님의 나라가 권능으로 임하는 것을 볼 자들도 있느니라 하시니라	**1** And he was saying to them, "Truly,[i] I say to you that there are some of those standing here[j] who may not taste death until they see the kingdom of God having come in power."

원문주해

a. ℵ, B, C*, D, L, W, 33을 비롯한 몇몇 권위 있는 사본들은 에이 티스(εἴ τις, "아무든지-하려거든")로 읽고, 다른 몇몇 권위 있는 사본들은 호스티스(ὅστις, "~자는 누구나")로 읽는다.

b. ℵ, A, B, C^{2}, K, L, 33을 비롯한 몇몇 권위 있는 사본들은 엘데인(ἐλθεῖν, "오다")으로 읽고, UBSGNT2에서는 이 독법을 택한다. 한편, P^{45}, C*, D, W, 0214를 비롯한 몇몇 권위 있는 사본들은 아콜루데인(ἀκολουθεῖν, "따라오다")으로 읽고, Nestle-Aland^{27}, UBSGNT^{3c}, UBSGNT^{4}(이독 표시 없이)가 이 독법을 채택한다.

c. ℵ, A, B, C, K, L, W, 0214를 비롯한 몇몇 권위 있는 사본들은 에무 카이(ἐμοῦ καί,

"나와")를 첨가해서, 이 구절 전체를 "나와 복음을 위하여"로 읽는다. Nestle-Aland[27], UBSGNT[3c]는 이 독법을 받아들여서 "나와 복음을 위하여"로 읽는다. *TCGNT*[1], 99에 나오는 논의를 보라. 이 단어들은 P[45], D를 비롯한 몇몇 권위 있는 사본들에는 생략되어 있다. 어느 독법이 본래적인 것인가에 대해서는 아래의 "주석"을 보라.

d. 33사본은 휴레세이 아우텐(*εὑρήσει αὐτήν*, "그것을 찾으리라")으로 읽는다(참조. 마 16:25).

e. 일부 사본들은 오펠레세이(*ὠφελήσει*, "그것이 장차 유익할 것이다")로 읽는다. 이러한 미래 시제가 이 구절의 종말론적 지향성과 더 잘 어울린다.

f. P[45vid], W를 비롯한 몇몇 권위 있는 사본들은 로구스(*λόγους*, "말들")를 생략해서 "나와 나의 [추종자들]을 부끄러워하는 자는 누구든지"로 읽는다. 메츠거(Metzger, *TCGNT*[1], 99-100)는 많은 사본들과 역본들에서 로구스(*λόγους*)가 후대에 의도적으로 생략되었다고 보기보다는 (우연히) 생략되었다고 보는 것이 더 자연스럽다고 믿는다.

g. 일부 사본들은 엔 테 게네아 타우테 테 포네라 카이 모이칼리디 카이 하마르톨로(*ἐν τῇ γενεᾷ ταύτῃ τῇ πονηρᾷ καὶ μοιχαλίδι καὶ ἁμαρτωλῷ*,, "이 악하고 음란하고 죄 많은 세대에서")로 읽는다.

h. ℵ, A, B, C, D, L, 33을 비롯한 많은 권위 있는 사본들은 메타(*μετὰ*, "~와 함께")로 읽지만, P[45], W사본 및 몇몇 역본들은 카이(*καὶ*, "와")로 읽는다: "아버지와 거룩한 천사들의 영광으로." 후자의 독법은 눅 9:26을 반영한 것인 듯하다(*TCGNT*[1], 100를 보라).

i. 일부 사본들은 요한복음의 영향을 받아서인 듯 아멘 아멘(*ἀμὴν ἀμὴν*, "진실로 진실로")으로 읽는다(참조. 요 1:51 등).

j. D를 비롯한 일부 권위 있는 사본들은 메트 에무(*μετ' ἐμοῦ*, "나와 함께")를 첨가한다. 이 첨가어는 다음에 나오는, 엘리야와 모세가 예수와 대화를 나눈다는 변화산 사건을 다루는 단락의 영향을 받은 것 같다(참조. 9:4).

양식/구조/배경

마가복음 8:34-9:1은 직전 단락(8:27-33)의 자연스러운 연속을 이룬다. 베드로와 예수의 긴장된 대화는 도발적인 말로 끝난다. 예수만이 고난과 죽음에 직면하는 것이 아니라 제자들도 그럴 것이다. 양식비평적으로 볼 때, 이 단락은 기독교인들이 고난을 예상하고 이에 대비하며 기꺼이 받아들여야 한다는 것과 관련된 말씀들을 모아놓은 것처럼 보인다. 35-38절에 나오는 네 개의 진술(모두 후치사[後置詞] 가르[*γάρ*, "왜냐하면"]로 시작됨)은 사실 34절에서의 예수의 깜짝 놀랄 만한 선언을 정당화하는 일련의 이유들을 제시하는 말들이다: "아무든지 나를 따라오려거든 자기를 부인하고 자기 십자가를 지고 나를 좇을 것이니라."

34절의 말씀의 진정성은 예수께서 실제로 십자가를 지시지 않았다는 사실에 의해서 강력하게 지지된다(구레네 시몬이 십자가를 졌다; 참조. 15:21). 십자가를 지라는 말이 잠언에 속한다는 것을 보여 주는, 이와 비슷한 견유학파의 한 철학자의 말이 있다(아래의 "주석"을 보라). 36절은 후대의 영지주의 문헌에 나온다: "네가 천하를 얻고도 네 목숨을 잃으면 무슨 소용이 있는가?"(*Interp. Know.*[NHC XI] 9.33-35).

불트만(*History*, 112,128, 151-52)과 퇴트(Tödt, *Son of Man*, 55-60, 224-26, 339-44)는 누가복음 12:8-9과 마가복음 8:38이 역사적 예수에게서 왔다고 믿는다. 물론 예수는 장차 오실 "인자"가 "자기"라고 생각하시지는 않았다. 케제만(Käsemann, "Sentences of Holy Law," 77-79)과 필하우어(Vielhauer, "Gottesreich und Meschensohn," 76-79; id., "Jesus und der Menschensohn," 101-7)는 이 인자 말씀이 예수에게서 나왔다고 생각하지 않는다. 마가복음 8:38은 Q 12:8-9에 의존하고 있는 것인가? 플레더만(Fleddermann, *Mark and Q*, 145-51)은 그렇다고 생각하고, 데종쥐(DeJonge, "Sayings," 115-17)는 Q편집문이 마가복음에 나오지 않는다는 이유를 들어서 그렇지 않다고 생각한다. 데종쥐는 이 두 말씀은 독립적으로 "공통의 초기 전승"으로 거슬러 올라간다고 결론을 내린다(117). 데종쥐는 이 말씀이 예수에게로 소급될 수 있는지에 대해서는 확실히 말할 수 없으나, 설령 예수에게로 소급되지 않는다고 해도 오실 "인자"에 관한 예수의 견해를 정확하게 반영하고 있다고 본다(119-20). 그는 "하나님 나라의 요구들에 적절하게 응답하지 않음으로써 이 역할을 인정하기를 거부한 자는 누구든지 최후의 심판에서 망하게 될 것"(120)이라고 논평한다.

9:1의 진정성에 대해서는 건드리(Gundry, 466)와 아래의 "주석"을 보라.

주석

34 "무리를 제자들과 함께 불러 이르시되 아무든지 나를 따라 오려거든 자기를 부인하고 자기 십자가를 지고 나를 좇을 것이니라"(*καὶ προσκαλεσάμενος τὸν ὄχλον σὺν τοῖς μαθηταῖς αὐτοῦ εἶπεν αὐτοῖς, Εἴ τις θέλει ὀπίσω μου ἀκολουθεῖν, ἀπαρνησάσθω ἑαυτὸν καὶ ἀράτω τὸν σταυρὸν αὐτοῦ καὶ ἀκολουθείτω μοι* – 카이 프로스칼레사메노스 톤 오클론 쉰 토이스 마데타이스 아우투 에이펜 아우토이스 에이 티스 델레이 오피소 무 아콜루데인 아파르네사스도 헤아우톤 카이 아라토 톤 스

타우론 아우투 카이 아콜루데이토 모이). 마가에 의하면, 예수는 오클로스(ὄχλος, "무리")를 부르신다. 그러면 이들은 도대체 누구인가? 27절과 33절을 보면, 예수는 제자들과 함께 계신다. 본문에서 예수께서 "무리를 제자들과 함께" 부르셨다고 하고 있기 때문에, 무리가 제자를 가리킬 수는 없다. 이러한 난점을 감지한 마태(16:24)와 누가(9:23)는 마가의 첫머리 부분을 생략한다. 마가는 예수의 말씀을 폭넓게 적용시킬 의도로 "무리"라는 말을 첨가한 것이 분명하다. 자기를 부인하고 십자가를 지라는 예수의 부르심은 단지 사도들에게만이 아니라 그를 따르고자 하는 모든 이들에게 적용된다. 1세기 로마 제국의 거민들에게 자기 십자가를 진다는 말은 자기 십자가를 지고 처형장까지 가는 사형선고를 받은 죄인을 떠올리게 했을 것이다(Hengel, *Crucifixion*, 62: "사람들은 십자가를 지고 성읍을 가로질러 간 후에 거기에 못 박힌다는 것이 무엇을 의미하는지를 너무도 잘 알고 있었다"). 십자가 처형은 팔레스타인에서도 흔했기 때문에(참조. Josephus, *Ant.* 17.10.10 §295), 우리는 예수의 이 말씀이 후대나 다른 장소에서 연유했다고 생각할 필요가 없다. 그럼에도 불구하고 이 말씀은 이상하다. 랍비식으로 말하자면, 제자는 십자가를 지는 것이 아니라 토라의 멍에나 계명의 멍에를 지도록 권유받는다(예를 들어, *m. ʾAbot* 3:5; *m. Ber.* 2: 2). 예수의 권고는 듣는 사람들의 귀에 소름끼치는 정도는 아니라 해도 음산하게 들렸을 것이다. 그러나 이 말씀은 예수께서 그와 그를 따르는 자들의 앞에 무슨 일이 기다리고 있는지를 아주 잘 알고 계시다는 것을 함축하고 있기 때문에 1세기의 독자들과 청중들에게 강한 인상을 심어 주었을 것이다.

크로산(Crossan, *Historical Jesus*, 353)은 십자가에 관한 예수의 말씀이 잠언적 성격을 띠고 있고 또한 견유학파의 한 철학자의 글에 나온다는 근거로 이 말씀의 진정성을 인정하는 쪽으로 기운다: "너희가 십자가에 못 박히고자 한다면, 잠깐만 기다려라. 십자가는 올 것이다. 행동하는 것이 사리에 맞고 전후 사정이 옳다면, 그것은 실천에 옮겨져야 하고, 그럼으로써 너희의 고결함이 유지되어야 한다"(Epictetus, *Diatr.* 2.2.10). 그러나 예수의 경우에는 생활 양식이나 특정한 세계관 때문에 십자가가 오는 것이 아니다. 이미 도래한 하나님 나라에의 헌신, 하나님 나라의 메시지가 야기시킬 수밖에 없는 팔레스타인 지도층과의 충돌 때문에 십자가가 오는 것이 아니다.

35 "제 목숨을 구원코자 하는 자는 누구든지 그것을 잃을 것이요 복음을 위하여 제 목숨을 잃는 자는 누구든지 그것을 구원하리라"(*ὃς γὰρ ἐὰν θέλῃ τὴν ψυχὴν αὐτοῦ σῶσαι ἀπολέσει αὐτήν ὃς δ' ἂν ἀπολέσει τὴν ψυχὴν αὐτοῦ ἕνεκεν ἐμοῦ καὶ τοῦ*

εὐαγγελίου σώσει αὐτήν – 호스 가르 에안 델레 텐 프쉬켄 아우투 소사이 아폴레세이 아우텐 호스 단 아폴레세이 텐 프쉬켄 아우투 헤네켄 에무 카이 투 유앙겔리우 소세이 아우텐). 목숨을 구원하고 잃는 것에 관한 예수의 말씀도 후대의 랍비의 글에서 병행을 발견할 수 있다: "토라에 나오는 한 가지를 보존하는 자는 누구든지 자기 목숨을 보존하고, 토라에 나오는 한 가지를 잃는 자는 누구든지 자기 목숨을 잃으리라"(*'Abot R. Nat.* B §35). 이 말씀도 잠언에 속한다(아주 드물기는 하지만). 그러나 예수의 말씀에서 핵심적인 요소는 복음(εὐαγγελίον – 유앙겔리온)에 대한 언급이다. 복음의 핵심은 예수께서 제2이사야(특히 사 40:1-9; 52:7; 61:1-2)에서 가져온 개념이자 특히 아람어를 사용하는 회당에서 해석된 개념으로서의 하나님 나라의 출현이다(참조. 막 1:14-15). 복음은 하나님 나라가 가까웠고, 구원의 때가 지금이라는 것이다(참조. 고후 6:2). 예수께서 목숨을 구원하거나 잃는다는 대조를 이루는 이미지를 사용하신 것은 인류의 구원이 복음에 달려 있다는 점을 강조한 것이다. 복음을 떠난 구원은 존재하지 않고, 복음에 대한 응답은 엉거주춤한 것이 되어서는 안 된다(참조. 요 12:25: "자기 생명을 사랑하는 자는 잃어버릴 것이요 이 세상에서 자기 생명을 미워하는 자는 영생하도록 보존하리라"). 복음을 받아들여서 그 요구(비록 목숨을 요구하더라도)에 따라 살든지, 아니면 복음이 요구하는 분명한 위험성들을 회피하고(복음을 떠나 살면 목숨을 구원할 것이라고 생각해서) 죽어 가든지, 둘 중의 하나이다.

메츠거(Metzger, *TCGNT*[1], 99)는 에무 카이(ἐμοῦ καὶ, "나와")가 마태복음(16:25)과 누가복음(9:24)에 있는 것으로 보아서 그들이 자료로 사용한 마가복음에도 원래 이 단어들이 있었을 것이라고 생각하여 이 단어들을 유지한다. 그러나 마가복음에 이 단어들이 나오는 것은 필사자들이 복음서들을 서르 조화시키기 위한 시도 때문인 것으로 볼 수도 있다. 복음에 대한 예수의 강조 – 이는 십자가를 지는 것과 복음을 선포하는 예수를 따르는 것도 포함한다 – 는 이 단어들이 없는 독법을 지지한다. 복음을 위하여 목숨을 잃는 것은 결국 목숨을 구원하는 결과를 가져올 것이다. "나를 위하여"는 부활 사건 이후 후대의 난외주(欄外註)일 가능성이 크다. 이런 식으로 확대해서 읽게 되면, 이 말씀은 복음 "그리고 예수를 위하여" 고난받고 죽고자 하는 자들에게 생명을 약속하는 말이 되어서, 결국 예수가 복음 선포의 주된 내용이 된다(Gundry, 437를 보라). 이것은 중요한 의미 변화다. 그러나 마가복음의 이 대목에서 대체로 보존된 예수의 삶의 자리(*Sitz im Leben Jesu*)에서는, 초점은 9:1에서 좀더 자세하게 설명될 하나님의 통치라는 복음에 맞춰져 있었다.

36 "사람이 온 천하를 얻고도 제 목숨을 잃으면 무엇이 유익하리요?"(*τί γὰρ ὠφελεῖ ἄνθρωπον κερδῆσαι τὸν κόσμον ὅλον καὶ ζημιωθῆναι τὴν ψυχὴν αὐτοῦ* – 티 가르 오펠레이 안드로폰 케르데사이 톤 코스몬 홀론 카이 제미오데나이 텐 프쉬켄 아우투). 천하를 얻고도 제 목숨을 잃는다는 예수의 말씀은 1세기 말의 문헌에서 병행을 발견할 수 있다: "무엇 때문에 사람들이 자기 목숨을 잃었고, 무엇 때문에 이 땅에 있는 사람들이 자기 목숨을 바꾸었는가?"(*2 Bar.* 51:15). 이 말씀도 잠언에 속하고, 히브리 성경에 이 말씀과 엇비슷하게 짝이 되는 내용들이 나온다: "사람이 해 아래서 수고하는 모든 수고가 자기에게 무엇이 유익한고"(전 1:3), "아무도 결코 그 형제를 구속하지 못하며 저를 위하여 하나님께 속전을 바치지도 못할 것은 저희 생명의 구속이 너무 귀하며 영영히 못할 것임이라 저로 영존하여 썩음을 보지 않게 못하리니"(시 49:7-9). 예수의 말씀은 간결성과 명료성이 돋보이기는 하지만, 독창성은 없어 보인다.

37 예수는 "사람이 무엇을 주고 제 목숨을 바꾸겠느냐?"(*τί γὰρ δοῖ ἄνθρωπος ἀντάλλαγμα τῆς ψυχῆς αὐτοῦ* – 티 가르 도이 안드로포스 안탈라그마 테스 프쉬케스 아우투)라는 수사의문문을 통해서 자신의 말의 핵심을 역설하신다. 정신이 온전한 사람이라면 아무리 많은 재물을 줘도 자기 목숨과는 바꾸지 않으려 할 것이다. 목숨은 귀하다. 사람의 영원한 생명은 값으로 따질 수 없다(참조. 예슈아 벤 시라[Yeshua ben Sira]는 한번은 좋은 아내에 관하여 "잘 가르침 받은 영혼[*ψυχή* – 프쉬케]은 어떤 것과도 바꿀 수 없다[*ἀντάλλαγμα* – 안탈라그마]"고 말했다[Sir 26:14]; 철학자 메난더[Menander]는 "[사람의] 목숨보다 더 귀한 것은 없다"[*Sentences* 843]고 했다). 그렇지만 무수한 사람들이 덧없는 쾌락과 재물을 추구하는 일과 자기 목숨을 맞바꾸었다. 예수께서 지혜 잠언(36-37절)에 의거하여 말씀하신 것은 다가올 고난과 핍박에 대한 그의 엄중한 경고 후에 당연히 생겨나는 의문에 답하기 위한 것이다. 제자들을 포함해서 그분을 따르는 자들 가운데 많은 이들은 "왜 내가 예수를 따라야 하나?"라고 반문할 것이다. 예수는 제자들에게 그 이유를 제시하셔야 했다. 예수를 따르고 하나님 나라를 선포하며 이로 인한 고난과 죽음을 준비하는 쪽을 택하는 것은 지혜롭고 현명한 선택이다. 물론 이것은 하나님 나라가 진정으로 동텄고, 예수는 그것을 선포하도록 하나님에 의해 권한을 위임받았다는 예수의 메시지가 진실하다는 것을 전제한 것이다. (예수의 엑수시아[*ἐξουδία*, "권세"]에 관해서는 11:27-33에 대한 "주석"을 보라.)

38 "누구든지 이 음란하고 죄 많은 세대에서 나와 내 말을 부끄러워하면 인자도

거룩한 천사들과 함께 아버지의 영광으로 올 때에 그 사람을 부끄러워하리라"(*ὃς γὰρ ἐὰν ἐπαισχυνθῇ με καὶ τοὺς ἐμοὺς λόγους ἐν τῇ γενεᾷ ταύτῃ τῇ μοιχαλίδι καὶ ἁμαρτωλῷ, καὶ ὁ υἱὸς τοῦ ἀνθρώπου ἐπαισχυνθήσεται αὐτὸν, ὅταν ἔλθῃ ἐν τῇ δόξῃ τοῦ πατρὸς αὐτοῦ μετὰ τῶν ἀγγέλων τῶν ἁγίων* – 호스 가르 에안 에파이스퀸데 메 카이 투스 에무스 로구스 엔 테 게네아 타우테 테 모이칼리디 카이 하마르톨로 카이 호 휘오스 투 안드로푸 에파이스퀸데세타이 아우톤 호탄 엘데 엔 테 독세 투 파트로스 아우투 메타 톤 앙겔론 톤 하기온). 십자가를 지고 예수를 따르는 것은 36-37절에 나오는 일반적인 이유들로 인해서만 지혜로운 일이 아니라 다가올 심판에 비추어 보아서도 합당한 일이 된다. 예수는 가까운 장래에 고난을 겪으실 것이지만, "인자"로서 다시 돌아오실 날이 올 것이다. "인자"는 예수 및 그의 말씀들을 부끄러워한 사람을 부끄러워하실 것이다. 이러한 응보(應報)는 탈리오의 법칙(ius talionis), 즉 "당한 만큼 갚아 준다는 식의 정의(正義)"의 한 예이다. 예수의 말씀들과 랍비 문헌들의 다른 곳에도 "너희가 사람들에게 베푼 대로 너희에게 베풀어지리라"는 금언(金言)이 나온다(참조. 마 7:2=눅 6:38; 막 4:24; *m. Soṭa* 1:7; *Frag. Tg.* Gen 38:26). 본문의 경우가 그렇다. 예수는 자기를 부끄러워한 자를 부끄러워하실 것이다.

예수는 "인자"를 3인칭으로 언급하신다. 예수는 원래 자기가 아닌 다른 종말론적 인물을 말씀하셨던 것일까? 불트만(Bultmann)을 비롯한 학자들은 그렇게 이해했다. 하지만 예수께서 자기 자신을 "인자"로 이해하셨다고 할 때 예수의 경고의 논리와 취지가 가장 잘 이해될 수 있다. 장차 올 종말론적 심판자가 자기 아닌 다른 사람(즉, 예수)을 부끄러워했던 사람들을 부끄러워한다는 것이 말이 되는가? 이러한 해석은 예수께서 말씀하시는 취지를 제대로 이해하지 못한 것이다. 좀더 넓은 맥락을 살펴보면, 예수는 자신의 고난과 수치스러운 대우에 관하여 말씀하시고 있다(31절과 34절). "인자가…아버지의 영광으로 거룩한 천사들과 함께" 옴으로써 이러한 수치와 모욕은 역전되고 보상받을 것이다. 제자들의 경우도 마찬가지다. 제자들도 핍박과 학대와 고난과 모욕을 받을 것이다. 그러나 예수 및 하나님 나라 선포에 변함없이 충성한다면, 그들은 목숨을 구하고 "인자"의 영광에 참여하게 될 것이다. 예수께서 어떤 다른 인물을 염두에 두셨다면, 그의 가르침 속에서 그러한 중요한 종말론적 요소가 없어졌다는 것을 설명하기가 어렵다. 복음서들의 오래된 증거를 따라서 예수께서 3인칭으로 자기 자신을 지칭하셨다고("인자"에 관해 말할 때는 항상 그랬다) 이해하는 것이 바람직하다.

이 땅에서의 하나님의 통치는 다니엘 7:13-14에 묘사된 저 천상의 사람 같은 존재인 "인자"가 "거룩한 천사들"(단 7:22, 25, 27의 "거룩한 자들[성도]"과 비교하라)을 대동하고 다시 올 때 완성될 것이다. 고난받는 "인자"로서 예수는 가야바와 유대 공의회 앞에 끌려가고, 그 다음에 빌라도와 그의 잔혹한 군병들 앞에 끌려가실 것이다. 나중에 다시 오실 천상의 "인자" 예수는 정복자로서 예루살렘에 입성하실 것이다.

예수가 제시하신 그림은 제자들에게 소망과 기대를 불러일으켰을 것이다. 그러나 고난과 순교의 예고에 비추어 볼 때, 여전히 의구심들이 남아 있었다는 것은 이해할 수 있는 일이다. 예수는 자신의 승리 예고가 일어날 것이라는 확신을 어떻게 제자들에게 심어 주실 수 있었을까?

1 예수는 제자들에게 다음과 같은 말로 확신을 심어 주신다: "내가 진실로 너희에게 이르노니 여기 섰는 사람들 중에 죽음을 맛보기 전에 하나님 나라가 권능으로 임하는 것을 볼 자들도 있느니라"(*ἀμὴν λέγω ὑμῖν ὅτι εἰσίν τινες ὧδε τῶν ἑστηκότων οἵτινες οὐ μὴ γεύσωνται θανάτου ἕως ἂν ἴδωσιν τὴν βασιλείαν τοῦ θεοῦ ἐληλυθυῖαν ἐν δυνάμει* – 아멘 레고 휘민 호티 에이신 티네스 호데 톤 헤스테코톤 호이티네스 우 메 규손타이 다나투 헤오스 안 이도신 텐 바실레이안 투 데우 엘렐뤼뒤이안 엔 뒤나메이). 여기 예수와 함께 섰는 사람들이 하나님 나라의 도래를 보기 전에는 죽지 않을 것이라는 또 하나의 예고는 하나님 나라가 반드시 올 것이고, 아울러 천상의 "인자"가 올 것이라는 예수의 확신에 대한 버팀목 역할을 한다. 이 예고는 기간에 대한 명확한 언급 – 여기 섰는 자들이 살아 있는 동안에 – 이 있다는 점에서 8:38의 예고보다 더 놀라운 것이다.

예수는 이 놀라운 말씀을 강력한 단언의 의미를 지니는 아멘(*ἀμὴν*, "진실로")으로 시작하시는데, 이 단어는 히브리어 아멘(אָמֵן)을 음역한 것으로서 종종 에프 알레데이아스(*ἐπ' ἀληθείας*, "참으로"; 눅 4:25)로 번역되기도 한다. 아멘(*ἀμὴν*)의 이러한 용법, 특히 "진실로 내가 너희에게 이르노니"라는 강력한 단언 구절의 사용은 예수에게 특유한 것으로서, 적어도 이 점만으로도 이 말씀의 진정성은 확보가 된다(Guelich, 177-78). 구약에서 이와 비슷한 용례는 오직 열왕기상 1:36과 예레미야 28:6에서만 확인된다. 칠튼(Chilton, *A Galilean Rabbi and His Bible*, 202)은 예수께서 사용하신 이 단어의 단언적 용법은 후대의 탈굼 전승에 보존되어 있는 것과 같은(참조. *Tg. Onq.* Gen 3:1; 17:19; *Tg.* Isa 37:18; 45:14, 15) 아람어 용법에서 유래한 것이라고 주장했다.

칠튼에 의하면, "여기 섰는 사람 중에…죽음을 맛보지 않을 자들도 있느니라"는 구절은 불멸한 자들, 즉 에녹, 엘리야, 모세를 가리키고(4 Ezra 6:25-26; Josephus, *Ant.* 1.3.4 §85[에녹]; 3.5.7 §96[모세]; 9.2.2 §28[엘리야와 에녹]을 보라), "하나님의 나라가 권능으로 임하는 것을 볼 때까지"라는 구절은 하나님 나라의 도래는 불멸한 자들의 불멸성만큼이나 확실하다는 다짐이라는 것이다. 이렇게 보면, 뒤에 나오는 변화산 이야기(9:2-8)는 예수의 이러한 선포가 참되다는 것에 대한 극적인 증언이 된다. 불멸한 자들이 직접 나타나서 예수의 말씀을 확증한다. (막 9:1이 전체적으로 셈어적인 냄새를 풍긴다는 것에 대해서는 Chilton, *NTS* 27[1980-81] 115-24를 보라.)

그러나 이 말씀에 대한 전통적인 이해가 더 바람직한 것으로 보이는데, 그러한 이해는 적어도 마가복음 기자의 이해와 일치한다. 우리가 부활 사건, 오순절 사건, 교회의 창립, 초기 기독교의 종말(Endzeit) 사상들을 우리의 생각에서 배제한 채 오로지 예수의 이 말씀이 원래의 청중들에게 어떻게 들렸을까를 생각하고자 한다면, 이 말씀의 의미를 포착하는 일은 흔히 생각하는 것보다 덜 어렵게 될 것이다. 세계 질서의 임박한 변화를 알리는 천체의 어떤 징조도 없고, 이스라엘의 사회적, 정치적 구조가 혁명 전야에 있다는 어떤 조짐도 없는 상태에서 순회 사역을 하던 예수께서 "내가 진실로 너희에게 이르노니 여기 섰는 사람 중에 죽기 전에 하나님의 나라가 권능으로 임하는 것을 볼 자들도 있느니라"고 선포하신 말씀은 사람들에게 소망을 불러일으켰을 것이다. 죽기 전에 어떤 일이 일어날 것이라고 다짐하는 말은 셈어적이고(참조. *Jub.* 16:16에서 아브라함은 "여섯 아들을 더 낳을 때까지는 그는 죽지 않을 것이고, 그가 죽기 전에 그들을 보리라"는 말을 듣는다) 강조를 위해 과장법이 사용되고 있다. 그러므로 예수는 자기를 따르는 자들 중에 일부가 하나님 나라의 권능을 목격하게 될 것이라고 강력하게 단언하시고 있는 것이다(당시의 일부 사람들은 이러한 생각을 비웃었겠지만). 예수의 이 말씀은 그의 축귀 사역과 관련이 있었을 수도 있다. 예수의 축귀 사역은 하나님 나라와 밀접한 연관성을 지니고 있었기 때문이다: "내가 만일 하나님의 손을 힘입어 귀신을 쫓아내는 것이면 하나님의 나라가 이미 너희에게 임하였느니라"(눅 11:20).

그러나 다른 곳에서 예수는 "하나님의 나라는 볼 수 있게 임하는 것이 아니요… 하나님의 나라는 너희 안에 있느니라"(눅 17:20-21)고 말씀하신다. 눈으로 볼 수 있는 표지(標識)들이 없다면, 하나님 나라가 임한 것을 어떻게 알게 되는가? 이에 대한 대답은 믿음에 대한 예수의 강조에 있는 것 같다. 어떤 이들은 볼 수 있는 눈을 갖고 있고, 어떤 이들은 없다(참조. 막 4:11-12). 하나님 나라의 도래에 대한 선포와 믿음으로 복음에 응답하라는 요구의 연관성을 주목하라(막 1:15). 따라서 여기서 취한 견해는 마가복음 9:1이 예수께서 그를 따르는 자들에게 어떤 이들은 하나님 나라가 권능 중에 임한 것을 보게 될 것이라고 단언하신 말씀이라는 것이다. 믿음의 눈으로 보기만 한다면, 예수의 사역에서 행해진 권능 있는 행위들은 하나님 나라의 임재의 증거인데, 예수는 자기에 대하여 낙담하고 의문을 품은 세례 요한에게 바로 이 증거를 제시하셨다(참조. 마 11:2-6=눅 7:18-23). 의심하는 자들은 예수가 사단의 도움을 받고 있다고 단정했으나(참조. 막 3:22, 30), 믿음이 있는 자들은 하나님이 활동하고 계심을 알아차렸다.

일부 학자들은 마가복음 9:1 및 하나님 나라 또는 "인자"의 나타남과 관련된 그 밖의 다른 말씀들이 예수가 아니라 파루시아(재림)의 지연을 해명하고자 했던 초대 교회에서 나온 것이라고 주장해 왔다. 이 주장에 따르면, 마가복음 13:28-32은 예수께서 말씀하신 종말론적 사건들이 예수의 세대가 지나가기 전에 일어날 것임을 기독교인들에게 확신시키고자 한 말씀이라는 것이다. 이 말씀은 부활 사건 이후의 말씀으로서 예수의 가르침 속에 명시적으로 표현되어 있지는 않지만 전제되어 있는 내용을 간결하게 요약한 것으로 여겨졌다. 그러나 세월은 계속해서 흘렀고, 이스라엘(과 로마)의 사회와 정치는 본질적으로 변하지 않았다. 그러자 9:1의 말씀은 예수의 동시대인들 중 적어도 일부는 "죽기 전에 하나님의 나라가 권능으로 임하는 것을 볼" 것이라고 약속한다. 그러나 세월은 계속해서 흘렀고, 예수의 동시대인들은 역사의 무대에서 사라졌다. 이 문제에 대한 신약성경의 마지막 흔적들은 사랑하는 제자가 예수께서 다시 재림하실 때까지 살아 남아 있을 것이라고 예언했던 전승(요 21:22-23)과 씨름했던 요한복음과, "주의 강림하신다는 약속이 어디 있느뇨…만물이…그냥 있다"(벧후 3:4)고 말하는 자들을 언급하는 베드로후서(2세기 초)에서 볼 수 있다. 이러한 노선의 논증이 약간의 일리가 있다는 것은 인정해야 하겠지만, 마가복음 기자는 마가복음 9:1과 13:28-32을 다음과 같이 이해했던 것 같다. 단도직입적으로 말하면, 예수는 하나님 나라가 이미 인간 세상에 뚫고 들어와서 사단을 이미 패배시키고 사단에게 묶여 있던 자들을 이미 해방시킨 것으로 보았다는 것이다. 하나님 나라는 머지 않아 완전한 모습으로 임할 것이었기 때문에, 최후의 만찬에서 예수는 하나님 나라에서 포도주를 마실 때까지 다시는 포도주를 마시지 않겠노라고 맹세하신다(막 14:25). 마가복음 9:1과 13:28-32("주석"을 보라)은, 철저히 배경에 비추어 보면, 예수의 삶의 자리(Sitz im Leben)에서 의미가 잘 통하고 진정성 있는 자료를 포함하고 있다.

마가복음 기자는 이 말씀을 변화산 사건에 관한 놀라운 이야기(9:2-8)와 결부시킨다. 복음서 기자에게 이 사건은 하나님 나라가 예수의 설교와 사역 속에서 실제로 임했다는 것을 보여 주는 가장 극적인 증거였다. 이 사건이 예수께서 이러한 예고를 하신 지 "엿새" 후에 일어났다는 것은 이 예고를 한층 더 강조하는 역할을 한다(마치 예수께서 제자들 중 몇몇이 변화산 사건을 목격하기 위해 일주일 더 살아 있으리라고 예고하시기라도 한 것인 양 우스꽝스럽게 보이지는 않는다). 그러나 예수는 하나님 나라가 곧 완전한 모습으로 임하실 것이라고 생각했던 것일까? 그랬던 것 같다. 마가복음 13장의 강화(講話) 중 일부 내용들이 그것을 보여 주고, 8:38에서 "인자"가 영광 중에 올 것이라는 언급도 그것을 보여 준다. 다른 곳에서 예수는 자기가 날과 시를 알지 못한다는 것을 인정하신다(13:32). 아마도 예수는 날과 시가 비교적 가깝다고 생각하셨던 것 같다. 물론 마가가 복음서를 쓰고 있을 때, 그 세대는 종말에 더욱 가까이 가고 있었다. 9:1의 예고를 변화산 이야기 직전에 둠으로써, 건드리(Gundry, 469)의 표현을 빌면, 변화산 사건은 "예고에 있어서의 예수의 용맹성을 밑받침해 주는 미봉책의 성취"가 될 수 있었다.

"하나님의 나라가…임하는 것"이라는 표현은 예수의 근본적인 메시지인 "때가 찼고 하나님 나라가 가까웠으니"(막 1:15)를 상기시킨다. 이 메시지는 다니엘 7:22과 병행을 이룬다: "때가 이르매 성도가 나라를 얻었더라"(C. H. Dodd, *According to the Scriptures*[London: Nisbet, 1952], 67-69를 보라). 도드(*The Parables of the Kingdom*[3rd ed.; London: Nisbet, 1948], 43-45)에 의하면, 다니엘서의 에프다센(*ἔφθασεν*; 테오도션의 헬라역)과 마가복음의 엥기켄(*ἤγγικεν*)이라는 표현의 근저에는 아람어 메타(מטא)가 있다고 한다(Guelich, 43-44). 이러한 표현은 장차 도래할 하나님 나라와 "인자"의 책무와의 연관성을 강조한다.

해설

앞의 단락(8:27-33)은 베드로가 예수께 수난에 관하여 말하지 말라고 간한다고 하여 예수께서 베드로를 책망하시는 것으로 끝났다. 이제 예수는 무리를 제자들과 함께 불러서 고난이 필수적임을 그들에게 가르치신다. 예수를 따르기 위해서는, 즉 그분의 제자가 되기 위해서는 "자기를 부인하고" 십자가를 "져야" 한다. 달리 말하면, 예수의 참된 제자는 예수와 운명을 같이할 각오가 되어 있어야 한다(10:38-39의 말씀을 빌면, 같은 잔을 마시며 같은 세례를 받는 것). 과연 자기를 부인하고 십자가를 지면서까지 예수를 따를 가치가 있는가? 예수는 그렇다고 단언하신다. 왜냐하면 예수의 십자가를 피하는 것(그래서 목숨을 구원할 수 있을 것이라 생각하는 것)은 사실은 죽는 길인 반면에, 예수의 십자가를 지는 것(그래서 목숨을 잃는 것)은 사실은 사는 길이기 때문이다. 로마 세계에서 이러한 말씀은 인상적이었을 것이다. 로마인들은 작은 것에서 더 큰 것을 추론했을 것이기 때문이다. 사람들이 의심스러운 "신의 아들"인 가이사를 위해서 기꺼이 죽고자 할진대, 참된 "하나님의 아들", 로마 백부장이 인정한 하나님의 아들을 위해 죽고자 하는 것이 더 현명하지 않겠는가? (15:39에 대한 "주석"을 보라.)

건드리(Gundry, 434)는 여기에서 "제자도는 기독론에 대하여 제2바이올린 역할을 한다"고 말한다. 그의 말은 옳다. 이 단락의 초점은 사람이 예수 및 그의 말씀을 "부끄러워"하느냐 안 하느냐(8:38)에 있기 때문이다. 그러나 제자도라는 주제도 비록 종속적이긴 하지만 중요한 요소다. 참된 제자이기 위해서는 스승의 운명을 자신의 것으로 받아들여야 한다. 스승의 운명은 제자의 정체성, 목적, 사명과 풀 수 없을 정도로 얽혀 있다. 참된 제자도는 참된 기독론과 동떨어져서 출현할 수 없다. 참된 제자는 십자가에 못 박힌 예수를 받아들이고 따를 것이다. 바로 그분이 영광 중에 오실 천상의 "인자"이시기 때문이다.

3. 변화산 사건(9:2-8)

참고문헌

Baltensweiler, H. *Die Verklärung Jesu.* ATANT 33. Zurich: Zwingli, 1959. **Baly, D.** "The Transfiguration Story." *ExpTim* 82(1970) 82-83. **Carlston, C. E.** "Transfiguration and Resurrection." *JBL* 80(1961) 233-40. **Coune, M.** "Radieuse transfiguration: Mt 17, 1-9; Mc 9,2-10; Lc 9,28-36." *AsSeign* 15(1973) 44-84. **Crossan, J. D.** *The Cross That Spoke: The Origins of the Passion Narrative.* San Francisco: Harper & Row, 1988. **Dodd, C. H.** "The Appearances of the Risen Christ: An Essay in Form Criticism of the Gospels." In *Studies in the Gospels.* Ed. D. E. Nineham. Oxford: Blackwell, 1967. 9-35. **Hahn, F.** *The Titles of Jesus in Christology.* New York: World, 1969. **Mauser, U. W.** *Christ in the*

Wilderness: The Wilderness Theme in the Second Gospel and Its Basis in the Biblical Tradition. SBT 39. London: SCM Press; Naperville, IL: Allenson, 1963. 110-19. **McCurley, F. R., Jr.** "'And after Six Days'(Mark 9:2) A Semitic Literary Device." *JBL* 93 (1974) 67-81. **Riesenfeld, H.** *Jésus transfiguré: L'Arrière-plan du récit évangélique de la transfiguration de Notre Seigneur.* ASNU 16. Copenhagen: Munksgaard, 1947. **Robinson, J. M.** "Jesus: From Easter to Valentinus(or the Apostles' Creed)." *JBL* 101(1982) 5-37. ______. "On the *Gattung* of Mark(and John)." In *Jesus and Man's Hope.* Ed. D. G. Buttrick. 2 vols. Pittsburgh: Pittsburgh Theological Seminary, 1970. 1:99-129. **Schmithals, W.** "Der Markusschluss, die Verklärungsgeschichte und die Aussendung der Zwölf." *ZTK* 69(1972) 379-411. **Stein, R. H.** "Is the Transfiguration(Mark 9:2-8) a Misplaced Resurrection-Account?" *JBL* 95(1976) 79-96(repr. in R. H. Stein. *Gospels and Tradition: Studies on Redaction Criticism of the Synoptic Gospels.* Grand Rapids, MI: Baker, 1991. 97-119). **Thrall, M. E.** "Elijah and Moses in Mark's Account of the Transfiguration." *NTS* 16(1970) 305-17. **Turner, C. H.** "*Ο ΥΙΟΣ ΜΟΥ Ο ΑΓΑΠΗΤΟΣ.*" *JTS* o.s. 27(1925-26) 113-29. **Watson, F.** "The Social Function of Mark's Secrecy Theme." *JSNT* 24(1985) 49-69.

본 문

2 엿새 후에 예수께서 베드로와 야고보와 요한을 데리시고 따로 높은 산에 올라가셨더니 저희 앞에서 변형되사	**2** And after six days Jesus takes along [a]Peter and James and John, and takes them up into a [b]high mountain by themselves. And[c] he was transformed before them,[d]
3 그 옷이 광채가 나며 세상에서 빨래하는 자가 그렇게 희게 할 수 없을 만큼 심히 희어졌더라	**3** and his garments became exceedingly white as a launderer on earth cannot whiten.
4 이에 엘리야가 모세와 함께 저희에게 나타나 예수로 더불어 말씀하거늘	**4** And[d] Elijah appeared to them with Moses, and they were conversing together with Jesus.
5 베드로가 예수께 고하되 랍비여 우리가 여기 있는 것이 좋사오니 우리가 초막 셋을 짓되 하나는 주를 위하여, 하나는 모세를 위하여, 하나는 엘리야를 위하여 하사이다 하니	**5** And answering, Peter[e] says to Jesus, "Rabbi, it is good that we are here. Let us make[f] three tents: one for you, one for Moses, and one for Elijah" –
6 이는 저희가 심히 무서워하므로 저가 무슨 말을 할는지 알지 못함이더라	**6** for he did not know what he should reply, because they had become greatly afraid.
7 마침 구름이 와서 저희를 덮으며 구름 속에서 소리가 나되 이는 내 사랑하는 아들이니 너희는 저의 말을 들으라 하는지라	**7** And then a cloud appeared overshadowing them, and a voice came out of the cloud,[g] "This is my Son the beloved;[h] hear him!"[i]

8 문득 둘러보니 아무도 보이지 아니하고 오직 예수와 자기들뿐이었더라

8 And suddenly, looking around, they no longer saw anyone, but only Jesus with them.

원문주해

a. 수리아 역본은 여기서 다시 케파(kêpā', "게바")로 읽는다.

b. א사본은 휘프셀론 리안(*ὑψηλὸν λίαν*, "아주 높은")으로 읽는다.

c. 일부 사본들은 엔 토 프로슈케스다이 아우투스(*ἐν τῷ προσεύχεσθαι αὐτούς*, "그들이 기도하고 있는 동안")를 첨가한다. 이 독법은 엔 토 프로슈케스다이 아우톤(*ἐν τῷ προσεύχεσθαι αὐτόν*, "그[예수]가 기도하고 있는 동안")으로 되어 있는 눅 9:29의 영향을 받은 것 같다.

d-d. 몇몇 후대의 성구집들은 카이 엘람프센 토 프로소폰 아우투 호스 호 헬리오스(*καὶ ἔλαμψεν τὸ πρόσωπον αὐτοῦ ὡς ὁ ἥλιος*, "그리고 그의 얼굴은 해같이 빛났다")를 첨가한다. 이 첨가는 막 17:2에서 가져온 것이다.

e. W사본에는 에이펜 페트로스(*εἶπεν Πέτρος*, "베드로가 말했다")로 되어 있고, 일부 수리아 사본들은 케파(kêpā', "게바")로 읽는다.

f. D, W사본을 비롯한 몇몇 권위 있는 사본들은 포이에소(*ποιήσω*, "내가 만들겠나이다")로 읽는다.

g. A, D, L, W사본과 후대의 권위 있는 사본들은 레구사(*λέγουσα*, "이르기를")를 첨가한다.

h. 일부 사본들은 혼 엑셀렉사멘(*ὃν ἐξελεξάμην*, "내가 택한")이나 엔 호 유도케사(*ἐν ᾧ εὐδόκησα*, "내가 기뻐하는")를 첨가한다. 후자의 이독(異讀)은 마 17:5에서 온 것이다. 전자의 이독은 눅 9:35에서 온 것 같다: 후토스 에스틴 호 휘오스 무 호 에클렐레그메노스(*οὗτός ἐστιν ὁ υἱός μου ὁ ἐκλελεγμένος*, "이는 나의 아들 곧 택함을 받은 자니").

i. "너희는 저의 말을 들으라"는 아쿠에테 아우투(*ἀκούετε αὐτοῦ*)를 번역한 것이다. 일부 사본들에는 어순이 뒤바뀌어 있는데, 이는 아마도 칠십인역 신 18:15에 나오는 어순과 일치시키기 위한 것 같다(아래의 "주석"을 보라).

양식/구조/배경

칼스턴(Carlston, *JBL* 80[1961] 233-40), 쿤(Coune, *AsSeign* 15[1973] 50-51), 맥컬리(McCurley, *JBL* 93[1974] 67-81), 로빈슨(J. M. Robinson, *JBL* 101[1982] 5-37; "On the Gattung of Mark (and John)," 116-18), 슈미탈스(Schmithals, *ZTK* 69[1972] 384-93), 왓슨(Watson, *JSNT* 24[1985] 55), 위든(Weeden, *Mark-Traditions*, 118-26)

등의 학자들은 마가의 변화산 기사는 원래 부활 현현 이야기였다고 주장해 왔다. 그들은 변화산 기사의 몇몇 요소들을 이러한 가설에 대한 증거로 제시한다. "구름"은 예수의 승천과 결부되어 있다(행 1:9). 불트만(*History*, 259)은 변화산이 부활하신 예수께서 지상명령(至上命令)을 주셨던(마 28:16) 바로 그 산이었고, "엿새 후에"라는 시간 표시 어구는 원래 부활절로부터 엿새 후를 가리키는 것이었다고 말한다. 또한 그러한 구체적인 시간에 대한 언급들은 부활 이야기들이나 부활과 관련된 구절들(예를 들어, "제삼일에")에서만 발견된다는 점도 지적된다. 2세기의 몇몇 영지주의적 전승들에서는 예수의 부활을 변화산 기사와 분명한 병행을 이루는 표현으로 묘사한다. 예를 들면, "그때 큰 빛이 나타나더니 나타난 그분으로 인해 산이 빛났다. 그리고 음성이 그들에게 소리쳐서 가로되 '내가 너희에게 하는 말을 들으라'고 하였다"(*Ep. Pet. Phil.*[NHC VIII, 2] 134.9-16). 또 다른 중요한 예는 다음과 같다. "그렇다면 부활은 무엇인가? 그것은 언제나 부활한 자들이 나타나는 것이다. 복음서에서 엘리야가 나타났고 모세가 그와 함께 있었다는 것을 읽었다면, 너희는 부활이 허구라고 생각하지 말라"(*Treat. Res.*[NHC I, 4] 48.3-11). "엘리야가 나타났고 모세가 그와 함께 있었다"는 말은 바로 마가복음 9:4에서 나온 것이다. 그렇지만 이 영지주의 본문은 부활 이전의 변화산 사건이 아니라 부활 사건 이후의 부활을 말하고 있는 본문이다. 칼스턴(*JBL* 80[1961] 235)은 이러한 것들을 비롯한 여러 가지를 고려할 때 입증 책임은 마가복음 9:2-8이 부활 기사가 아니라고 주장하는 자에게 돌아간다고 주장한다.

그러나 이러한 학설은 발텐스바일러(Baltensweiler, *Verklärung Jesu*), 슈타인(Stein, *JBL* 95[1976] 79-96) 등에 의해 격렬한 도전을 받아 왔다. 이들은 특히 변화산 기사는 많은 점에서 신약의 복음서들에서 발견되는 부활 기사들과 다르다는 것(참조. Dodd, "The Appearances of the Risen Christ," 25)과 부활 기사와 병행된다고 주장하는 표현들 중 일부는 의심스럽다는 것을 지적한다. 예를 들면, 예수의 부활에 관한 가장 초기의 기사들 속에 변화산 사건이나 바울의 다메섹 도상 사건에서 묘사된 광채 같은 것에 관한 내용이 들어가 있었는지는 분명치가 않다. 더욱이 마가가 베드로복음서(*Gospel of Peter*)에 나오는 내용을 가져와서 원래 무덤에서 예수를 도왔던 두 천상 존재들을 모세와 엘리야로 바꿔 놓았다는 크로산의 결론(*Cross That Spoke*, 357-61)은, 베드로복음서의 연대에 관한 주장은 그만두고라도, 여러 가지 이유로 터무니없는 주장이다. 게다가 부활하신 예수에 관한 영지주의적 기사들은 변화산 사건 전승에 의해 채색되었음이 분명하기 때문에, 나중에 부활 사건 이전의

"변화산 사건" 전승으로 잘못 인식된 공관복음서 이전의 더 오래된 전승이 결코 아니다.

변화산 사건의 여러 특징들을 근거로 주석가들은 이 사건이 모세가 산에 올라가서 하나님을 만난 다음에 빛나는 얼굴로 내려온 것을 묘사한 구절들인 출애굽기 24장과 33-34장과 모종의 모형론적인 연관성을 만들어 내기 위한 것이었다고 결론을 내린다(Mauser, *Christ in the Wilderness*, 110-19). 마가의 기사(9:2-8)와 출애굽기 간에는 다음과 같은 구체적인 병행들이 분명하게 드러난다. (1) "엿새"에 대한 언급(막 9:2; 출 24:16), (2) 산을 덮은 구름(막 9:7; 출 24:16), (3) 구름으로부터 들려온 하나님의 음성(막 9:7; 출 24:16), (4) 세 명의 동료들(막 9:2; 출 24:1, 9), (5) 변모(變貌)(막 9:3; 출 34:30), (6) 두려움의 반응(막 9:6; 출 34:30). 또 한 가지 언급해야 할 의미심장한 것은 출애굽기 24:13을 보면 여호수아가 선택되어 모세와 함께 산으로 올라간다는 것이다. 칠십인역에서 "여호수아"는 빈번히 이에수스(*Ἰησοῦς*, "예수")로 번역되었기 때문에, 초대 교회는 출애굽기 24:13의 감춰진 예언 또는 모형론이 다시 한 번 모세와 예수가 함께 만난 변화산 사건을 통해서 성취되었다고 보았을 수 있다는 것이다.

변화산 사건 기사는 마가복음에서 전략적인 위치를 갖는다. 예수의 사역에서 첫 번째 단계는 "너는 내 사랑하는 아들이라 내가 너를 기뻐하노라"(막 1:11)는 천상의 환호로써 시작되었다. 그 이후로 예수의 사역의 각각의 핵심 지점들에서 이 하나님의 아들 됨은 묵시적으로든("저가 뉘기에 바람과 바다라도 순종하는고"[4:41]) 명시적으로든("나는 당신이 누구인 줄 아노니 하나님의 거룩한 자니이다"[1:24]) 거듭 천명된다. 그러나 수난의 고지(告知)와 더불어 예수의 사역에서 새로운 국면이 시작된다. 마가복음 기자는 독자들에게 예수는 여전히 하늘의 은총을 누리고 있고, 그의 사명은 여전히 유효하다는 것을 확신시키고 있음에 틀림없다. 복음서 기자는 독자들로 하여금 하나님이 다시 예수를 그의 아들이라 말씀하시는 것을 듣게 할 뿐만 아니라 예수께서 고대 이스라엘의 가장 위대한 두 인물인 모세 및 엘리야와 함께 어울려 있는 모습을 목격하게 함으로써 예수가 하나님의 아들이라는 것에 대한 하늘의 재가(裁可)를 확신시키는 것을 통해서 이러한 목적을 달성하고 있다.

주석

2 "엿새 후에 예수께서 베드로와 야고보와 요한을 데리시고"(*καὶ μετὰ ἡμέρας*

ἓξ παραλαμβάνει ὁ Ἰησοῦς τὸν Πέτρον καὶ τὸν Ἰάκωβον καὶ τὸν Ἰωάννην – 카이 메타 헤메라스 헥스 파라람바네이 호 이에수스 톤 페트론 카이 톤 이아코본 카이 톤 이오안넨). "엿새 후에"라는 시간 표시는 출애굽기 24:16을 생각나게 한다. 하나님께서 모세에게 구름 속에서 말씀하신 것이 엿새 후였다. 유대인들이 구원사 속에서 이 사건보다 더 큰 경외감을 가지고 기억하는 사건은 없다. 시내산에서 하나님은 자기 백성, 아니 좀더 정확하게 말하면 자기 백성의 대변인이자 입법자인 모세를 만나 주셨다. 마찬가지로 변화산에서 또 하나의 획기적인 하나님의 현현 사건이 일어났다. 다시 한 번 하나님은 그가 택하신 이스라엘의 지도자에게 말씀하셨다.

마가복음 5:37을 보면, 예수께서 야이로의 딸을 살리실 때도 베드로, 야고보, 요한, 이렇게 세 제자가 그와 함께 있었다. 이들은 마가복음 13:3에서도 함께 등장하여 성전 건축물들과 경내가 장차 파괴될 것이라는 예수의 깜짝 놀랄 만한 예고에 관하여 예수께 묻는다(막 13:2). 끝으로 이 세 제자는 예수께서 겟세마네에서 기도하실 때도 예수와 함께 있었다(막 14:33). 이러한 구절들로부터 얻는 인상은 이 세 제자가 예수를 따르는 무리들 중에서 측근을 이루었다는 것이다.

예수는 제자들을 "높은 산으로"(ὄρος ὑψηλὸν – 오로스 휘프셀론) 데리고 간다. 오로스(ὄρος)는 "언덕"도 되고 "산"도 되기 때문에, 복음서 기자는 "산"이라는 것을 명확히 하기 위하여 형용사 휘프셀론(ὑψηλὸν, "높은")을 덧붙인다. 산이 높다는 것은 하늘과 닿아 있다는 것을 함축한다(Gundry, 457는 "하늘의 교외[郊外]"라는 표현을 쓴다). 그러므로 7절에 나오는 하늘의 음성은 부적절하거나 예기치 않은 것이 아니다. 변화산 사건이 일어난 산을 전통적으로 다볼 산이라고 하는 주장은 그저 추측일 뿐이다(Schmidt, *Rahmen*, 225와 좀더 최근의 주석가들).

"그들만 따로"(κατ' ἰδίαν μόνους – 카트 이디안 모누스). 복음서 기자는 특히 중요한 가르침인 경우에 예수와 그의 제자들을 은밀하게 묘사하는 것을 좋아한다(예를 들어, 4:34; 6:31, 32; 7:33; 9:28; 13:3). 군더더기 말인 모누스(μόνους, "따로")는 은밀함을 강조한다.

"저희 앞에서 변형되사"(καὶ μετεμορφώθη ἔμπροσθεν αὐτῶν – 카이 메테모르포데 엠프로스텐 아우톤). 마가에 의하면, 예수는 "변형되었다"(μετεμορφώθη – 메테모르포데). 장차 "인자"가 다시 올 것이라는 예수의 확신에 찬 예고 직후에 일어난 이 사건은 "아버지의 영광"(8:38) 중에서 예수의 왕적 지위를 잠깐 보여 준 사건으로 이해되었을 것이다. 복음서 기자는 변화산 사건의 "영광"으로서의 성격을 강조한다. 어떤 식으로 예수께서 변형되셨는지는 다음 절에서 설명된다.

3 "그의 옷이 세상에서 빨래하는 자가 그렇게 희게 할 수 없을 만큼 심히 희어졌더라"(*τὰ ἱμάτια αὐτοῦ ἐγένετο στίλβοντα λευκὰ λίαν οἷα γναφεὺς ἐπὶ τῆς γῆς οὐ δύναται οὕτως λευκᾶναι* – 타 히마티아 아우투 에게네토 스틸본타 류카 리안 호이아 그나퓨스 에피 테스 게스 우 뒤나타이 후토스 류카나이). 예수의 "옷이 심히 희어졌다"(*στίλβοντα λευκὰ λίαν* – 스틸본타 류카 리안; 직역하면, "심히 희게 빛나다"). 예수의 옷의 흰 정도는 세상에서 빨래를 가장 잘하는 사람을 능가하는 것이었다. 이 어구와 가장 가까운 병행은 모세의 빛나는 얼굴일 것이지만(출 34:40), 다른 성도들의 얼굴도 빛나는 것으로 묘사된다(2 Esdras 7:97, 125; *1 Enoch* 37:7; 51:5; 참조. 예수의 얼굴을 명시적으로 언급하는 눅 9:29). 또한 성도들의 옷도 빛날 것이다(단 12:3; 계 4:4; 7:9; *1 Enoch* 62:15; *Eccl. Rab.* 1:7 §9: "그는 그들의 얼굴을 새롭게 하고 그들의 옷들을 새롭게 하리라"). 그러나 마가복음에서 예수의 얼굴이 빛났다는 말은 나오지 않는다(마 17:2; 눅 9:29과 대조적으로). 헬라-로마의 신들의 변모(變貌)에 관한 이야기들이 있다. 데메테르(Demeter) 신이 사람으로 변모되자 집안이 빛으로 가득 찼다는 이야기를 생각해 보라(*Homeric Hymns* 2.275-80). 그러나 변화산 사건의 종교적 배경은 유대적이지, 일반적인 의미에서든(Hahn, *Titles*, 340-41) 좀더 특정한 의미로 신비종교적인 견지에서든 헬레니즘적이 아니다(방금 언급한 본문들 외에도 *1 Enoch* 14:20; 62:15-16; *Mart. Ascen. Isa.* 9:9을 보라).

또한 예수에 관한 마가의 이러한 묘사는 "그 옷은 희기가 눈 같고 그 머리털은 깨끗한 양의 털 같은" "옛적부터 항상 계신 이"에 관한 다니엘의 환상(7:9)을 생각나게 한다. "인자 같은 이"는 옛적부터 계신 이(즉, 하나님)에게 다가가서 권세와 나라를 받는다(단 7:13-14). 변형(變形)을 통해서 예수는 옛적부터 계신 이 앞에 있는 "인자"로서 하나님의 특성들 중 일부를 발현했다고 할 수 있다(모세의 얼굴이 하나님의 영광으로 빛나기 시작한 것과 마찬가지로). 이 말이 옳다면, 변화산 사건은 자기가 아버지의 영광으로 거룩한 천사들과 함께 올 "인자"라는 예수의 주장에 대한 가시적인 입증으로 이해되어야 한다(막 8:38; 단 7:10을 보라).

4 "엘리야가 모세와 함께 저희에게 나타나 예수로 더불어 말씀하거늘"(*ὤφθη αὐτοῖς Ἠλίας σὺν Μωϋσεῖ, καὶ ἦσαν συλλαλοῦντες τῷ Ἰησοῦ* – 오프데 아우토이스 엘리아스 쉰 모우세이 카이 에산 쉴랄룬테스 토 이에수). 모세와 엘리야는 흔히 단짝으로 등장한다. 요한계시록 11:3-12에 나오는 두 증인은 모세와 엘리야일 가능성이 크다(모세에 대해서는 6절과 출 7:17, 19을 비교하고, 엘리야에 대해서는 5-6절을 왕하 1:10과 비교해 보라). (그러나 엘리야는 종종 에녹과 단짝을 이루기도 한

다; *2 Esdras* 6:26; 계 11장에 의존하고 있는 것으로 보이는 *Apoc. El.*[C] 4:7-19을 보라.) 한 랍비의 미드라쉬(midrash)에 의하면, 하나님은 장래에 모세를 엘리야와 함께 데려올 것이라고 약속하신다(*Deut. Rab.* 3.17[신 10:1에 대한]). 랍비들은 모세와 엘리야를 많은 점들에서 서로 비교했다. "이 두 선지자는 이스라엘을 위하여 레위 지파에서 일어났다. 모세는 모든 선지자들 중 첫 번째로, 엘리야는 모든 선지자들 중 마지막으로. 모세는 처음으로, 엘리야는 마지막으로, 둘 다 이스라엘을 구속하라는 사명을 받고…모세와 엘리야는 모든 점에서 똑같았다…모세는 하늘로 올라갔고[참조. 출 19:3], 엘리야도 하늘로 올라갔다[참조. 왕하 2:1]. …모세: '구름이 육 일 동안 산을 가리더니'[출 24:16]; 엘리야는 회리 바람을 통해 하늘로 올리워졌다[참조. 왕하 2:1]"(*Pesiq. Rab.* 4.2; William G. Brauce, *Pesikta Rabbati*, 2 vols., YJS 18[New Haven, CT: Yale UP, 1968] 2:84-85). 한 전승에서는 엘리야가 태어났을 때 "희게 빛나는 모습을 한 사람들이 그에게 인사하고 그를 불로 감쌌다"고 한다(*Liv. Pro.* 21.2). 모세와 엘리야는 산꼭대기에서 계시 체험을 했고(출 20-34장; 왕상 19:8), 부활 이전의 승천에 관한 성경 및 성경 외의 전승들(Thrall, *NTS* 16[1970] 305-17)은 이 두 사람을 중심으로 한다(Josephus, *Ant.* 4.8.48 §326: "[모세가] 엘르아살과 여호수아에게 작별인사를 하며 아직 그들과 얘기하고 있을 때, 구름이 갑자기 그에게 임하였고, 그는 사라졌다"; *b. Sota* 13b; 왕하 2:11-12; Josephus, *Ant.* 9.2.2 §28). 가장 중요한 것은 모세와 엘리야는 하나님을 보았다는 것이다. 바로 이것 때문에 그들은 하나님의 아들 예수의 영광의 모습에 대한 증인들로 선택되었을 것이다(Baly, *ExpTim* 82[1970] 83). 수동형 오프데(*ὤφθη*, "그가 보아졌다")가 "나타났다"라는 의미로 사용되는 것에 대해서는 *BAG* 581-82(*ὁράω* 항목)를 보라.

복음서 기자는 엘리야와 모세가 "예수로 더불어 얘기를 나눴다"(*ἦσαν συλλαλοῦντες τῷ Ἰησοῦ*–에산 쉴랄룬테스 토 이에수)고 말한다. 그러나 복음서 기자는 대화에 관해서는 전혀 말하지 않고, 심지어 어떤 주제가 얘기되었는지에 대한 암시조차 주지 않는다. 누가복음 9:31에 의하면, 그들은 "장차 예수께서 예루살렘에서 별세하실 것[직역하면, 출애굽]을 말씀할새"라고 말한다. 마가복음의 문맥에서는 대화 내용이 곧 다가올 하나님 나라 및 그것과 관련된 예수의 역할에 대한 것이었을 것으로 추정된다.

5 "랍비여 우리가 여기 있는 것이 좋사오니"(*Ῥαββί, καλόν ἐστιν ἡμᾶς ὧδε εἶναι*–랍비 칼론 에스틴 헤마스 호데 에이나이). 예수를 랍비(*Ῥαββί*)로 호칭한 것은 이 이야기가 진정한 것임을 보여 주는 하나의 중요한 증거가 된다. 만들어 낸

이야기나 부활 현현 이야기에서라면, 예수는 그런 평범한 호칭으로 불리지 않았을 것이기 때문이다. 뭔가 이상한 체험이 부활 사건 이전의 역사적 "랍비 예수"에게 일어난 것이라면, 제자들이 바로 이 호칭으로 예수를 불렀을 것이라고 우리는 충분히 예상할 수 있다. 랍비(רבי)라는 호칭은 1세기 히브리어 및 아람어 본문들과 금석문들에 나온다. 얍파(Jaffa)에서 나온 금석문(아마도 70년 이전의 것으로 보이는)에는 "랍비 [라자]루스의 아들 하나냐"(חנניה בן רבי [לעז]ר – 하나니아 벤 랍비[라아자]르)라는 글이 나온다(*CIJ* 2:895). 그 밖의 다른 예들도 *CIJ* 2:249, 275-79에 나온다. 좀더 자세한 논의는 9:17과 10:51에 대한 "주석"을 보라.

"우리로 초막 셋을 짓게 하시되 하나는 주를 위하여, 하나는 모세를 위하여, 하나는 엘리야를 위하여 하사이다"(*ποιήσωμεν τρεῖς σκηνάς, σοὶ μίαν καὶ Μωϋσεῖ μίαν καὶ Ἠλίᾳ μίαν* – 포이에소멘 트레이스 스케나스 소이 미안 카이 모우세이 미안 카이 엘리아 미안). 베드로는 왜 "초막 셋"(*τρεῖς σκηνάς* – 트레이스 스케나스)을 짓자고 제안했는가? 베드로는 최초의 출애굽 때 일어난 큰 사건들(광야에서의 만나와 백성들 가운데서의 하나님의 임재 같은) 중 일부가 재현되는 것을 보고 하나님 나라가 온전히 도래했다고 결론을 내렸을 것이다. 출애굽을 기념하기 위하여 유대인들은 칠 일 동안 작은 초막에 거주하는 초막절을 지켰다(레 23:42-44; 느 8:14-17). 그러나 많은 사람들은 이 절기가 이스라엘이 구원받은 영광스러운 그 날을 대망하는 의미가 있는 것으로 이해하기도 했다(Riesenfeld, *Jésus transfiguré*를 보라). 초막 셋 – 각각 예수, 모세, 엘리야를 위한 것 – 을 짓자는 제안은 이 순간을 영원히 지속시키자는 기가 막힌 발상이었을 것이다(Hagner, *Matthew*, 2:493는 이 사건을 기념하자는 의미가 더 강하다고 생각한다). 그러나 곧 밝혀지겠지만 모세와 엘리야를 붙잡아 둘 필요는 없었다.

6 "이는 저희가 심히 무서워하므로 저가 무슨 말을 할는지 알지 못함이었더라"(*οὐ γὰρ ᾔδει τί ἀποκριθῇ, ἔκφοβοι γὰρ ἐγένοντο* – 우 가르 에데이 티 아포크리데 에크포보이 가르 에게논토)는 복음서 기자의 해설은 베드로가 초막 셋을 짓자고 한 제안이 부적절한 것이었음을 분명히 한다. 베드로도 이를 몰랐던 것은 아니고, 단지 그가 방금 목격한 것에 놀라고 당황했을 뿐이다. 따라서 강조점은 베드로가 아니라 가장 가까운 측근들조차도 제대로 평가할 수 없었을 정도로 영화롭게 된 예수에게 두어진다(Kazmierski, *Jesus, the Son of God*, 120-26).

7 "마침 구름이 와서 저희를 덮으며 구름 속에서 소리가 나되 이는 내 사랑하는 아들이니 너희는 저의 말을 들으라 하는지라"(*καὶ ἐγένετο νεφέλη ἐπισκιάζουσα*

αὐτοῖς, καὶ ἐγένετο φωνὴ ἐκ τῆς νεφέλης, οὗτός ἐστιν ὁ υἱός μου ὁ ἀγαπητός, ἀκούετε αὐτοῦ–카이 에게네토 네펠레 에피스키아주사 아우토이스 카이 에게네토 포네 에크 테스 네펠레스 후토스 에스틴 호 휘오스 무 호 아가페토스 아쿠에테 아우투). 하늘에서의 소리는 베드로와 그의 동료 제자들이 모세와 엘리야가 아니라 하나님의 아들의 말을 들어야 한다고 함으로써 초막을 짓자는 베드로의 제안이 잘못된 것이었음을 은연중에 말해 준다. "구름이 덮었다"(*νεφέλη ἐπισκιάζουσα*–네펠레 에피스키아주사)는 표현은 구약의 언어 표현 및 이미지를 연상시킨다: "구름이 증거막을 덮었고(*ἐπισκιάζεν*–에페스키아젠) 장막(*ἡ σκηνή*–헤 스케네)이 여호와의 영광으로 가득 찼기 때문에, 모세는 증거막에 들어갈 수 없었다"(LXX Exod 40:35; 참조. 19:19). 이러한 표현은 변화산 사건 기사 배후에 있는 출애굽 이미지의 흔적들과도 일맥상통한다(또한 *Odes Sol.* 35:1; LXX Pss 90:4; 139:8을 보라).

하늘에서의 소리는 놀란 제자들에게 "이는 내 아들 사랑하는 자이다"(*οὗτός ἐστιν ὁ υἱός μου ὁ ἀγαπητός*–후토스 에스틴 호 휘오스 무 호 아가페토스)라고 말한다. 이 말씀은 예수의 수세 때 하늘에서 들려온 소리(막 1:11)의 재판(再版)이지만, 본문의 경우에는 하나님께서 예수가 아니라 제자들에게 말씀하고 있기 때문에 3인칭으로 되어 있다. 1:11에 나오는 2인칭으로 된 "너는 내 아들이라"(*σὺ εἶ ὁ υἱός μου*–쉬 에이 호 휘오스 무)는 말씀은 시편 2:7(בְּנִי אַתָּה–베니 앗타; "너는 내 아들이라")을 인유(引喩)한 것 같다–칠십인역에서 어순이 서로 다르긴 하지만. 실명사적 형용사인 "사랑하는 자"(*ὁ ἀγαπητός*–호 아가페토스)는 하나님께서 아브라함에게 "네 아들, 네가 사랑하는 자를 데리고 가라"(*λαβὲ τὸν υἱόν σου τὸν ἀγαπητόν ὃν ἠγάπησας*–라베 톤 휘온 수 톤 아가페톤 혼 에가페사스)고 명하시는 칠십인역 창세기 22:2을 인유한 것인 듯하다(참조. 창 22:12, 16). 그러나 주지하다시피 시편 2:7의 후대의 아람어 판본(חביב כבר לאבא לי אנת–헤비브 케바르 레압바 리 안트; 직역하면, "너는 내게 아버지의 아들처럼 사랑스럽다")에 "사랑스러운"이 나오는 것으로 보아서, 마가복음 1:11과 9:7의 표현은 회당에서 생겨난 해석 경향을 반영한 것일 수도 있다. 어쨌든 "사랑하는"이 "'아들'이나 '딸'"과 함께 사용되면 하나뿐이라는 것을 의미할 수 있다(Turner, *JTS* o.s. 27[1925-26] 113-29; Guelich, 33-34에서 재인용).

"저의 말을 들으라!"(*ἀκούετε αὐτοῦ*–아쿠에테 아우투). 하늘의 소리는 베드로의 말을 중간에서 끊고 있는데(7절), 아마도 부분적으로는 책망의 의미가 있는 것 같다(즉, "모세나 엘리야가 아니라 예수의 말을 들으라"). 모세와 엘리야가 예수를 지지하는 것은 중요하지만, 이 둘의 시대는 지나갔다. 지금은 예수의 말씀에 귀를 기울일 때다. 하늘의 소리는 예수의 수세 때 들려온 말씀을 상기시키면서(막 1:10-11) 하나님의 두 번째의 재가(裁可) 역할을 한다. 예수께서 버린 바 되어 죽을 것이라고 말씀했다고 해서 그의 메시아적 자격이 박탈당한 것이 아니라는 말이다. 예수는 여전히 하나님의 아들이므로, 제자들은 그의 메시지 – 이제 새로운 빛 아래에 놓여지긴 했지만 – 를 들어야 한다. 마가의 "아쿠에테 아우투"(*ἀκούετε αὐτοῦ*)라는 표현은 신명기 18:15(*αὐτοῦ ἀκούσεσθε* – 아우투 아쿠세스데, "너희는 그의 말을 들을지니라")을 반영한 것일 수 있는데, 만약 그렇다면 이것은 앞서 8:28에 표현된 예수가 "선지자들 중 하나"라는 백성들의 견해와 부합한다.

8 "문득 둘러보니 아무도 보이지 아니하고 오직 예수와 자기들뿐이었더라"(*καὶ ἐξάπινα περιβλεψάμενοι οὐκέτι οὐδένα εἶδον ἀλλὰ τὸν Ἰησοῦν μόνον μεθ' ἑαυτῶν* – 카이 엑사피나 페리블렙사메노이 우케티 우데나 에이돈 알라 톤 이에순 모논 메드 헤아우톤). 갑자기 구름(본문에 함축되어 있음)과 엘리야와 모세가 사라졌다는 것은 제자들이 보아야 할 대상이 예수시라는 점을 강조하는 것이다. "아무도 보이지 아니하고 오직 예수와 자기들뿐이었더라"는 마가복음의 장황한 말들은 강조를 위한 것이다. 위대한 선지자인 엘리야나 위대한 입법자인 모세가 아니라 오직 예수만이 하나님의 구속 계획을 실현하실 수 있다.

해설

변화산 사건은 갈릴리에서의 예수의 공생애와 예루살렘에서의 그의 수난을 이어주는 중요한 교량 역할을 한다. 1:1과 1:11에서 예수가 하나님의 아들임을 선포한 후에, 독자들은 빠르게 전개되는 일련의 이야기들 속에서 예수의 초자연적인 권능과 더러운 귀신들이 두려워하면서 예수를 하나님의 아들로 인정한 것을 듣는다. 마가복음의 처음 여덟 장에서 예수는 모든 대적들에 대하여 승리하셨다: 마귀 세력, 질병, 비판자들, 자연. 그러나 이 복음서 이야기에서 전환점, 아니 실제로는 위기는 예수께서 자신의 수난을 예고하실 때 다가왔다. 대부분의 사람들은 죽음에 관하여 얘기하면 패배 및 사명의 실패를 떠올린다. 따라서 필요한 것은 예수께서 여전히 하나님의 구속 역사의 대리자임을 설득력 있고 극적으로 보여 주는 것이다. 변화산 사건은 이러한 목적에 기여한다. 이 사건은 마가복음의 독자들에게 예수께서 죽으셔야 하는 것은 하나님의 은총을 잃었기 때문이 아니라는 것을 다시 한 번 확인시켜 주기 위한 것이다. 예수의 사명과 목적이 달라진 것이 아니었다. 예수의 수세 후에나 수난 예고 후에나 하나님은 항상 예수와 함께하시면서 예수가 그의 유일한 아들임을 천명하신다. 수세 때 들려온 하늘의 소리는 예수만이 혼자 들은 반면에, 변화산 사건 때의 하늘의 소리는 제자들이 들었다. "저의 말을 들으라!" 오직 예수만이 이 땅에서 성부 하나님의 사명을 성취하실 수 있다.

4. "어찌하여 엘리야가 먼저 와야 하는가"(9:9-13)

참고문헌

Casey, M. *Aramaic Sources of Mark's Gospel.* SNTSMS 102. Cambridge: Cambridge UP, 1998. 111-37. **Marcus, J.** "Mark 9,11-13: 'As It Has Been Written.'" *ZNW* 80(1989) 42-63. **Torrey, C. C.** *Our Translated Gospels.* London: Hodder and Stoughton; New York: Harper & Brothers, 1936.

본 문

9 저희가 산에서 내려올 때에 예수께서 경계하시되 인자가 죽은 자 가운데서 살아날 때까지는 본 것을 아무에게도 이르지 말라 하시니	**9** And when they came down from the mountain, he[a] commanded them that they should not relate[b] to anyone what they had seen, until the "son of man" should arise from the dead.
10 저희가 이 말씀을 마음에 두며 서로 문의하되 죽은 자 가운데서 살아나는 것이 무엇일까 하고	**10** And they kept this saying to themselves, debating what the rising from the dead[c] is.
11 이에 예수께 묻자와 가로되 어찌하여 서기관들이 엘리야가 먼저 와야 하리라 하나이까	**11** And they asked him, saying, "Why do the scribes[d] say, 'Elijah must come first'?"
12 가라사대 엘리야가 과연 먼저 와서 모든 것을 회복하거니와 어찌 인자에 대하여 기록하기를 많은 고난을 받고 멸시를 당하리라 하였느냐	**12** But he said[e] to them, "[f]Elijah,[g] coming first, does restore[h] all things; yet how is it written about the 'son of man'?[i] That he should suffer many things and be despised.[j]
13 그러나 내가 너희에게 이르노니 엘리야가 왔으되 기록된 바와 같이 사람들이 임의로 대우하였느니라 하시니라	**13** But I tell you that Elijah has come, and they did to him whatever they wished, just as it is written about him."

원문주해

a. 몇몇 사본들은 호 이에수스(ὁ Ἰησοῦς, "예수")를 첨가한다(참조. 마 17:9).

b. 헬라어로는 디에게손타이(διηγήσωνται). W를 비롯한 몇몇 권위 있는 사본들은 엑세게손타이(ἐξηγήσωνται, "설명하다")로 읽는다.

c. D, W를 비롯한 몇몇 권위 있는 사본들은 에스틴 호탄 에크 네크론 하나스테(ἐστιν ὅταν ἐκ νεκρῶν ἀναστῇ, "'그가 죽은 자 가운데서 살아날 때까지'가 무엇을 의미할까")로 읽는다. 이 권위 있는 사본들은 9절에 나오는 표현을 바꾸어서 되풀이한다.

d. ℵ, L을 비롯한 몇몇 권위 있는 사본들은 호이 파리사이오이 카이 호이 그람마테이스(οἱ Φαρισαῖοι καὶ οἱ γραμματεῖς, "바리새인들과 서기관들" 또는 "서기관들과 바리새인들")로 읽는다.

e. ℵ, B, C, L, Δ를 비롯한 몇몇 권위 있는 사본들은 에페(ἔφη, "그가 말하였다")로 읽는다. A, D, W를 비롯한 몇몇 권위 있는 사본들은 아포크리데이스 에이펜(ἀποκριθεὶς εἶπεν, "그가 대답하여 말하였다")으로 읽는다.

f. D사본은 에이(εἰ, "~이면")를 첨가한다.

g. 몇몇 후대의 사본들은 호 데스비테스(ὁ Θεσβίτης, "디셉 사람")를 첨가하는데, 이는 왕상 17:1의 영향을 받은 것이다.

h. 헬라어로는 아포카디스타네이(ἀποκαθιστάνει, "회복하다")인데, ℵ[2], A, B, L, W, 33을 비롯한 몇몇 권위 있는 사본들이 이렇게 읽고 있고, UBSGNT[3c], Nestle-Aland[27]이 이 독법을 채택했다. 다른 이독들도 있다: C사본과 몇몇 후대의 권위 있는 사본들은 아포카타스테세이(ἀποκαταστήσει, "회복할 것이다")로 읽는데, 이는 칠십인역 말 3:23을 반영한 것 같다: 아포카타스테세이 카르디안 파트로스 프로스 휘온(ἀποκαταστήσει καρδίαν πατρὸς πρὸς υἱόν, "그가 아버지의 마음을 아들에게로 회복할 것이다"). 참조. Sir 48:10: 카타스테사이 퓔라스 이아코브(καταστῆσαι φυλὰς Ἰακώβ, "야곱 지파들을 회복하다").

i. 첫 번째 절은 의문문이고, 히나(ἵνα)가 이끄는 두 번째 절이 대답이다(Gundry, 464).

j. 헬라어로 엑수데네데(ἐξουδενηθῇ, "멸시를 당하다")인데, B, D사본 및 몇몇 후대의 권위 있는 사본들이 이렇게 읽고 있고, UBSGNT[3c], Nestle-Aland[27]이 이 독법을 채택했다. A, C, 33사본 및 대부분의 후대의 권위 있는 사본들은 이와 동의어인 엑수데노데(ἐξουδενωθῇ)로 읽는다.

양식/구조/배경

마가복음 9:9-13은 마가복음 이야기에서 중요한 전환점을 이루는 부분의 자연스러운 결론부이다. 이러한 전환은 8:27-30에서 베드로가 예수의 메시아 신분을 고백하고 예수께서 자신의 수난에 대해 최초로 예고하시는 것(8:31-33)으로 시작되었다. 이 예고 다음에는 고난에 관한 가르침(8:34-9:1)과 변화산 사건(9:2-8)이 뒤따랐다. 9절에 나오는 "인자"가 살아날 것이라는 언급은 독자들에게 첫 번째 수난 예고를 돌아보게 만들고, 11-13절에 나오는 엘리야와 그에 대한 대우에 관한 언급은 독자들에게 변화산에서 모세와 함께 엘리야가 신비스럽게 등장한 것 및 고난에 관한 가르침을 돌아보게 만든다. 이 몇몇 단락들은 한데 어우러져 마가복음에서 이적과 무리들을 특징으로 하는 갈릴리 사역으로부터 성전 경내에서의 논쟁, 체포, 고난, 죽음을 특징으로 하는 유대 사역으로의 전환점을 제공한다.

이 단락의 가장 난해한 부분은 10절과 11절의 관계에 관한 것이다. 죽은 자 가운데서 살아나는 것의 의미에 관한 질문이 엘리야가 먼저 와야 한다는 서기관들의 견해와 어떤 식으로 연결되는 것인가? 또 하나의 중요한 문제는 제자들이 "죽은 자 가운데서 살아나는 것"의 의미를 물은 의도에 관한 것이다. 그들의 질문은 무엇을 의미하는가? 그들은 일반적인 부활 교리를 이해하지 못한 것인가, 아니면 그들의 질문은 좀더 좁게 "인자"의 부활에 관한 것인가?

이 단락의 역사적 배경은 복잡하다. 이 단락은 여러 자료들을 결합한 것인 듯한데, 게다가 엉성하게 결합했다는 주장이 있다(아래의 서술을 보라). 이 단락의 가장 초기 형태에서는 엘리야와 관련된 질문은 다음과 같았을 것이다: "이에 예수께 묻자와 가로되 어찌하여 서기관들이 엘리야가 먼저 와야 하리라고 하나이까? 예수께서 제자들에게 말씀하시되 엘리야가 먼저 와서 모든 것을 회복하거니와 내가 너희에게 말하노니 엘리야가 왔으되 기록된 바와 같이 사람들이 임의로 대우하였느니라 하셨다." 세례 요한을 가리키는 것임이 틀림없는(마 17:13) "엘리야"의 운명은 수난 예고를 이 문맥에 끌어다 놓는 역할을 했을 것이다. 변화산 이야기(막 9:2-8)와 연관이 있었던 수난 예고는 이렇게 되어 있었을 것이다. "저희가 산에서 내려올 때에 예수께서 경계하시되 인자가 죽은 자 가운데서 살아날 때까지는 본 것을 아무에게도 이르지 말라 하시니 저희가 이 말씀을 마음에 두며 서로 문의하되 죽은 자 가운데서 살아나는 것이 무엇일까 하였더라. 예수께서 가라사대 인자에 관하여 어떻게 쓰여 있느냐 하시니라." "인자"에 관한 자료는 원래 변화산 이야기에 속해 있었을 것이고, 엘리야에 관한 논의는 또 다른 맥락에서 유래했을 것이다. 그러나 이 자료(9:11-13)가 하나의 통일된 자료였음을 보여 주는 다른 접근 방법이 최근에 제기되었다.

케이시(Casey, *Aramaic Sources*, 121-37)는 마가복음 9:11-13이 아람어 자료에서 유래했고, 이 점을 고려하면 몇 가지 골치 아픈 주해상의 문제들이 풀릴 수 있다고 주장했다. 케이시가 재구성한 아람어 자료를 영역하면 다음과 같다. "(저희가) 예수께 묻자와 가로되 어찌하여 서기관들이 엘리야가 먼저 와야 하리라고 하나이까. 가라사대 엘리야가 먼저 와서 모든 것을 되돌려 놓으려니와 많은 고난을 받고 버림을 당하는 사람에 대하여 어떻게 기록되어 있느냐? 또한 내가 너희에게 이르노니 엘리야가 왔으되 그들이 원한 자의 경우에 그에 관하여 기록된 바와 같이 행하였느니라 하시니라"(121-22). 케이시는 12절에 언급된 "인자"는 원래 예수를 가리키는 말이 아니라 예수께서 말씀하고 계셨던 세례 요한을 가리키는 말이었다고 믿는다. 이렇게 보면 사고의 흐름에 있어서 단절이 없고, 예수의 수난을 다루는 자료와 세례 요한이 엘리야의 자격으로 나타났다는 자료를 엉성하게 결합했다는 가정을 할 필요도 없어진다. 이 주장에 대해 자세한 것은 아래의 "주석"을 보라. 케이시(*Aramaic Sources*, 135-37)는 "마가의 아람어 자료는 비록 축약된 것이긴 하지만 예수의 가르침을 정확하게 설명해 주는 것으로서" 마가의 개정되지 않은 헬라어 본문은 마태복음과 누가복음에 비해 가장 먼저 아주 이른 시기에 쓰여졌다는 증거라는 결론을 내린다.

주석

예수의 부활과 하나님 나라의 권능에 대한 전조(前兆)인 변화산 사건은 예수께서 부활하신 후에 선포하게 되어 있었다. 그리고 바로 그 때에 이르러서 제자들은 예수께서 메시아임을 선포하게 될 것이다(8:30에 나오는 예수의 명령대로). "인자"의 부활에 대한 언급(9절)은 제자들로 하여금 그 의미를 곰곰이 생각하게 만든다(10절). 이하의 내용으로부터 우리는 제자들의 질문은 이치(理致)에 관한 것이 아니라 시간 순서에 관한 것이었음을 추론할 수 있다. 이치와 관련해서는 제자들은 왜 예수께서 고난을 당하시고 결국 죽으셔야 하는지를 의아해 한다. 시간 순서와 관련해서는 그들은 이 부활이 언제 일어날 것인지를 궁금해한다 – 엘리야의 출현 이전인가, 아니면 그 이후인가? 제자들은 이 점을 잘 몰랐기 때문에 11절에서 엘리야와 관련된 질문을 던진다. "어찌하여 서기관들이 엘리야가 먼저 와야 하리라 하나이까?" 제자들의 질문을 계기로 예수는 서기관들의 견해를 교정해 주실 기회를 갖게 된다. 예수는 성경의 약속들과 주해 전승들을 세례 요한의 운명에 비추어서 해석해 주는 것을 통해서 그러한 교정을 수행하신다.

9 "저희가 산에서 내려올 때에 예수께서 그들에게 명하셨다"(*καὶ καταβαινόντων αὐτῶν ἐκ τοῦ ὄρους διεστείλατο αὐτοῖς* – 카이 카타바이논톤 아우톤 에크

투 오루스 디에스테일라토 아우토이스). 산이라는 배경의 의미에 대해서는 2절에 대한 "주석"을 보라. "인자가 죽은 자 가운데서 살아날 때까지는 본 것을 아무에게도 이르지 말라"(*ἵνα μηδενὶ ἃ εἶδον διηγήσωνται, εἰ μὴ ὅταν ὁ υἱὸς τοῦ ἀνθρώπου ἐκ νεκρῶν ἀναστῇ* – 히나 메데니 하 에이돈 디에게손타이 에이 메 호탄 호 휘오스 투 안드로푸 에크 네크론 아나스테)는 예수의 명령은 그의 메시아적 정체성을 아무에게도 말하지 말라고 한 8:30의 명령과 병행을 이룬다. 변화산 사건이 그 전조(前兆)를 보여 준 바, 예수의 메시아 됨은 부활 사건 때까지는 선포되어서는 안 되었다(비밀 유지의 이유들 및 그 역사성에 관한 논의는 8:30에 대한 "주석"을 보라). 이 대목의 주된 취지는 수난이 예수의 메시아적 정체성과 사명의 결정적인 요소이기 때문에(8:31-38), 변화산 사건의 영광은 그 적절한 배경인 수난에 비추어서 선포될 때까지는 공개될 수 없다는 것이다.

10 "저희가 이 말씀을 마음에 두며 서로 문의하되 죽은 자 가운데서 살아나는 것이 무엇일까 하였더라"(*καὶ τὸν λόγον ἐκράτησαν πρὸς ἑαυτοὺς συζητοῦντες τί ἐστιν τὸ ἐκ νεκρῶν ἀναστῆναι* – 카이 톤 로곤 에크라테산 프로스 헤아투스 쉬제툰테스 티 에스틴 토 에크 네크론 아나스테나이). "저희가 이 말씀을 마음에 두었다"(*τὸν λόγον ἐκράτησαν πρὸς ἑαυτοὺς* – 톤 르곤 에크라테산 프로스 헤아우투스)는 말은 제자들이 예수의 명령에 주의를 기울였다는 것을 보여 준다. 이 말이 함축하는 의미는 그들이 다른 제자들에게 자신들이 겪은 일들을 말하지 않았다는 것이다("마음에 두었다"[*ἐκράτησαν* – 에크라테산]는 표현은 그들이 비밀을 지켰음을 보여 준다). 그러나 그들은 "죽은 자 가운데서 살아나는 것"에 대한 예수의 언급이 무슨 의미인지를 곰곰이 생각했다(현재분사 쉬제툰테스[*συζητοῦντες*, "서로 문의하다"]는 그들이 이 문제를 많이 생각하면서 여러 가지 대안을 달아보고 그들끼리 이 문제를 논의했음을 암시한다). 제자들의 당혹감을 그 다음의 질문(11절)에 비추어서 해석해 본다면, 그들은 예수의 죽음과 부활이 엘리야가 오는 것과 어떤 식으로 결부되는지를 궁금해했던 것으로 보인다. 이러한 질문은 당연한 것이다. 왜냐하면 메시아는 오랜 기간 동안(평생토록 또는 수세기에 걸쳐서 – 유대교의 메시아 기대들은 이 점에서 각양각색이다) 땅을 다스릴 것이라고 기대되었기 때문이다. 마태는 10절을 불필요하고 혼란을 일으킬 뿐만 아니라 제자들을 또다시 어처구니없이 둔감한 자들로 묘사하는 것으로 보아서 생략한다(누가는 9:36에서 알 수 있듯이 이 단락을 알고 있었지만 의도적으로 이 단락 전체를 생략해 버린다).

11 "어찌하여 서기관들이 엘리야가 먼저 와야 하리라 하나이까?"(*ὅτι λέγουσιν*

οἱ γραμματεῖς ὅτι Ἠλίαν δεῖ ἐλθεῖν πρῶτον – 호티 레구신 호이 그람마테이스 호티 엘리안 데이 엘데인 프로톤). 서기관들의 이러한 견해는 "보라 여호와의 크고 두려운 날이 이르기 전에 내가 선지 엘리야를 너희에게 보내리니 그가 아비의 마음을 자녀에게로 돌이키게[LXX: 회복되게] 하리라"고 말하는 말라기 4:5-6(LXX 3:22-23; MT 3:23-24)에 바탕을 둔 것인 듯하다. 종말에 엘리야가 오리라는 신앙은 다양한 유대교 자료들에서 확인된다(예를 들어, Sir 48:10; 4Q558[=4QVision]; 출 16:33에 대한 *Mek.* [*Wayassa*ʿ §6]; *m.* *ʿEd.* 8:7; 참조. 1 Macc 14:41). 몇몇 본문들에서는 엘리야가 부활의 때에 어떤 역할을 할 것으로 기대하고 있다(*Sib. Or.* 2:187-188; *m. Soṭa* 9:15; *b. Sanh.* 113a). 서기관들의 반문은 예수의 하나님 나라 선포에 대한 도전으로 생겨났을 것이다. 엘리야가 아직 나타나지 않았는데, 어떻게 예수의 말이 옳겠느냐? 우리는 엘리야가 먼저 와야 한다는 것을 알고 있다! 호티(*ὅτι* ; 통상적으로는 "것"[that]이지만, 여기에서는 "어찌하여"[why])가 의문사로 사용되는 것에 관해서는 Field, *Notes*, 33를 보라.

12 서기관들의 반문은 정당한 것이고, 예수도 부분적으로 그들의 말에 동의하신다. "엘리야가 먼저 와서 모든 것을 회복하리라"(*Ἠλίας μὲν ἐλθὼν πρῶτον ἀποκαθιστάνει πάντα* – 엘리아스 멘 엘돈 프로톤 아포카디스타네이 판타). 여기서 예수는 말라기를 인유(引喩)하실 뿐만 아니라, 그의 표현은 예수 벤 시라(Jesus ben Sira)의 엘리야 찬가를 연상시킨다. 벤 시라는 이 위대한 선지자가 "정한 때에…야곱 지파들을 회복할 준비를 하고 있다"고 말한다(Sir 48:10; 또한 천사의 말을 통해 엘리야에 관한 표현을 스가랴의 아들 요한의 예고된 사역에 적용시키고 있는 눅 1:17을 참조하라). 야곱 지파들의 회복에 관한 시라의 소망은 예수의 열두 제자의 임명에서도 표현된다(3:13-19).

토레이(Torrey, *Translated Gospels*, 56-58)에 의하면, "엘리야가 먼저 와서 모든 것을 회복하리라. 그러나 어떻게 기록되어 있느냐…?"는 "엘리야가 먼저 와서 모든 것을 회복한다고? 그렇다면 어찌하여…기록되어 있는 것이냐?"로 읽어야 한다고 한다. 토레이의 주장은 아람어의 의문문들이 종종 선언문으로 잘못 해석된다는 것이다. 마커스(Marcus)는 최근에 이 입장을 채택했다. 그는 예수의 대답을 이렇게 번역한다. "엘리야가 메시아 앞에 와서 그가 모든 것을 회복하리라는 것이 과연 정말일까?"(*ZNW* 80[1989] 47; id., *Way of the Lord*, 99; 이는 Wellhausen, 70를 따른 것이다). 그러나 이러한 재구성은 너무 대담한 것이다. 왜냐하면 "메시아 앞에"라는 말의 삽입도 너무 지나치고, "～하는 것이 정말일까?"라는 의문문의 도입도 아무런 근거가 없는 것이기 때문이다(Casey, *Aramaic Sources*, 124에 나오는 비판을 보라). 첫 번째 절을 선언문으로 보아서 "엘리야가 먼저 와서 모든 것을 회복하리라"로 해석하고, 두 번째 절을 의문문으로 보아서 "그렇지만 어떻게 기록되어 있느냐…?"로 해석하는 것이 가장 좋을 듯하다.

"인자에 대해서는 어떻게 기록되어 있느냐? 그가 많은 고난을 받고 멸시를 당하리라 하지 않더냐?"(*πῶς γέγραπται ἐπὶ τὸν υἱὸν τοῦ ἀνθρώπου ἵνα πολλὰ πάθῃ καὶ ἐξουδενηθῇ;* – 포스 게그랍타이 에피 톤 휘온 투 안드로푸 히나 폴라 파데 카이 엑수데네데). 해석상의 주된 난점은 "많은 고난을 받고 멸시를 당할" "인자"에 대한 언급에 있다. 이 본문이 "인자"이신 예수에 관하여 말하고 있다는 것과 수난 예고 전승의 일부라는 것에는 거의 의견이 일치된다. 그렇다면 이 본문이 대망의 엘리야인 세례 요한의 운명에 관한 논의 한가운데 나오는 것은 문맥과 잘 맞지 않는 것처럼 보인다. 그러나 케이시(Casey, *Aramaic Sources*, 126-37)는 원래 이 본문은 세례 요한 자체를 가리키는 것이었다고 주장한다(Wink, *John the Baptist*, 13-17). 그렇다면 마가복음 9:11-13에는 예수에 대하여 말하는 내용이 전혀 없다는 말이 된다. 이 부분의 가르침 전체는 오직 세례 요한에 관한 것으로 이해될 수 있다. 오직 후대의 전승 과정에서 이 전승을 해석하면서 예수에 대한 말씀으로 생각되었을 뿐이다. 아람어로는 관사가 없었는데(예를 들어, 알 바르 나쉬[על בר נש, "사람의 아들에 관하여"]) 헬라어로 번역되면서 관사가 붙게 되어(에피 톤 휘온 투 안드로푸[*ἐπὶ τὸν υἱὸν τοῦ ἀνθρώπου*, "인자에 관하여"]) "인자"이신 예수를 가리키게 되었다. 케이시의 주장을 따른다면, 해석상의 문제들 중 일부는 해결되고, 엉성한 편집이라고 생각할 필요도 없어진다.

"많은 고난을 받고 버림을 받는 사람에 관하여 어떻게 기록되어 있느냐?"라는 케이시가 재구성한 본문은 최근에 세례 요한이 이스라엘의 지도자들의 손에 죽은 일을 가리킨다. 모든 것을 회복하기(또는 되돌리기) 위하여 엘리야로서 오는 자에 대하여 성경의 어느 곳에 그런 일이 예고되어 있는가? 그런 곳은 없다. 그러므로 이것은 예수의 문제다. 예수는 요한의 사역을 사람들이 기다리던 엘리야라는 견지에서 설명했으나, 그 사역이 끝나기 전에 사람들의 예상을 깨고 세례 요한은 투옥되었고 잔인하게 처형당했다고 말한다. 엘리야의 오심을 예언하는 성경의 그 어디에도 그가 고난당하고 순교할 것이라는 언급이 없지만, 예수는 성경이 분명히 그런 것을 말하고 있음에 틀림없다고 추론한다. "어떻게 기록되어 있느냐?"라는 예수의 말은 특정한 구절을 염두에 둔 말이 아닐 것이다. 마가복음 14:21("인자는 자기에게 대하여 기록된대로 가거니와")과 14:49("내가 날마다 너희와 함께 성전에 있어서 가르쳤으되 너희가 나를 잡지 아니하였도다 그러나 이는 성경을 이루려 함이니라")에도 이와 같은 모호한 언급이 나온다. 성경에는 사람들의 고난을 묘사하는 무수한 구절들이 있다. 케이시는 특히 욥기 14:1-2을 든다. "여인에게서 난 사람(MT: אָדָם – 아담; Tg.: בר נש – 바르 나쉬)은 사는 날이 적고 괴로움이 가득하며 그 발생함이 꽃과 같아서 쇠하여지고 그림자같이…머물지 아니하며…육체는 괴로워하고 영혼은 애곡하느니라"(Casey, 127를 보라). (또한 케이시는 사 40장과 렘 6-7장을 거론하기도 한다.) 요한계시록 11:7-8에 나오는 두 증인의 죽음 배후에는 순교한 엘리야의 전승이 있는 것일 수도 있다.

이 모든 것을 고려하면, 마가복음의 원래의 헬라 독자들은 "인자"에 대한 언급이 예수를 가리키는 것으로 받아들였을 것이다. 그들은 예수의 가르침을 예수 자신과 최근에 순교한 세례 요한 간의 유사한 체험을 암시하는 것으로 해석했을 것이다. 두 사람은 다 성경의 예언들을 이루러 왔고 – 엘리야로서의 세례 요한과 "인자"로서의 예수 – 두 사람은 다 멸시를 받을 것이다.

13 "내가 너희에게 이르노니 엘리야가 왔으되 기록된 바와 같이 사람들이 임의로 대우하였느니라"(*λέγω ὑμῖν ὅτι καὶ Ἠλίας ἐλήλυθεν, καὶ ἐποίησαν αὐτῷ ὅσα ἤθελον, καθὼς γέγραπται ἐπ᾽ αὐτόν* – 레고 휘민 호티 카이 엘리아스 엘렐뤼덴 카이 에포이에산 아우토 호사 에델론 카도스 게그랍타이 에프 아우톤). 예수는 엘리야가 먼저 와야 한다는 서기관들의 말에 동의하시지만, "엘리야가 왔다"는 예수의 단언은 그들을 놀라게 했을 것이다. 예수의 말씀은 세례 요한이 바로 엘리야라는 뜻이다. (분명히 마가복음 기자는 마태복음 기자가 17:13에서 명시적으로 밝히고 있듯이 독자로 하여금 예수께서 세례 요한을 두고 말씀하고 있다는 것을 깨닫게 하고자 했을 것이다.) 성경의 예언은 성취되었다. 세례 요한의 인격과 사역을 통해 엘리야는 왔다. 그러나 예수는 그의 투옥과 순교를 암시하는 말씀을 통해서 이 예언에 중요한 해석을 가미하신다. "기록된 바와 같이 사람들이 임의로 대우하였느니라." 정확히 성경의 어느 곳에 엘리야의 순교에 관한 말이 나오는지는 분명치 않다(이런 이유로 마태는 이 어구를 생략하는 것 같다). 그러나 예수의 취지는 요한/엘리야의 운명은 예수께서 앞으로 겪을 고난과 죽음에 관한 전체적인 성격과 일맥상통한다는 것이다. 예수께서는 다니엘 7장의 싸움과 이사야 53장의 고난을 어떤 식으로든 자기 자신 및 세례 요한에게 적용되는 것으로 이해하셨을 수도 있다(하지만 위의 12절에 대한 "주석"에서 케이시가 거론한 구절들을 보라). 어쨌든 세례 요한은 엘리야이고, 그의

운명은 예수의 운명을 예시한다. 그러므로 고난받는 "인자"와 관련된 자료와 엘리야/세례 요한의 도래와 운명에 관한 자료가 서로 얽혀 짜여지게 된 것이다.

해설

이러한 자료들을 헬라어로 제시하고 있는 마가 본문은 예수의 자기 이해 및 그의 스승인 세례 요한에 대한 그의 평가를 분명히 하는 일과 초기 기독교의 종말론에 중요한 기여를 했다. 예수의 변모(變貌)는 제자들에게 예수께서 하나님 나라의 온전한 권능으로 오실 때의 영광을 얼핏 볼 수 있게 해주었다. 그러나 제자들은 그러한 꿈이 실현되기 전에 예수께서 먼저 고난을 당하셔야 한다는 말을 듣는다. 예수는 요한의 체험을 자신의 운명의 모델로 삼으셨음이 분명하다. 세례 요한이 고난을 겪었듯이, 예수도 고난을 겪으셔야 한다. 그러나 예수께서 살아나실 때, 제자들은 예수의 메시아적 정체성을 선포할 수 있고 하나님 나라의 완성을 기대할 수 있다.

5. 더러운 귀신 들린 아이를 고치심(9:14-29)

본 문

14 저희가 이에 제자들에게 와서 보니 큰 무리가 둘렀고 서기관들이 더불어 변론하더니	**14** And approaching the disciples, they[a] saw a great crowd around them, and scribes debating with them.
15 온 무리가 곧 예수를 보고 심히 놀라며 달려와 문안하거늘	**15** And immediately all the crowd, seeing him, were greatly amazed, and running up to him,[b] they greeted him.
16 예수께서 물으시되 너희가 무엇을 저희와 변론하느냐	**16** And he asked them,[c] "What are you debating with them?"
17 무리 중에 하나가 대답하되 선생님 벙어리 귀신 들린 내 아들을 선생님께 데려왔나이다	**17** And one of the crowd answered him, "Teacher, I brought to you my son, who has a mute[d] spirit.
18 귀신이 어디서든지 저를 잡으면 거꾸러져 거품을 흘리며 이를 갈며 그리고 파리하여 가는지라 내가 선생의 제자들에게 내어쫓아 달라 하였으나 저희가 능히 하지 못하더이다	**18** And whenever it seizes him, it knocks him down; and he foams at the mouth and grinds his teeth and becomes rigid. And I asked your disciples to cast it out, but they were not able."[e]

19 대답하여 가라사대 믿음이 없는 세대여 내가 얼마나 너희와 함께 있으며 얼마나 너희를 참으리요 그를 내게로 데려오라 하시매
20 이에 데리고 오니 귀신이 예수를 보고 곧 그 아이로 심히 경련을 일으키게 하는지라 저가 땅에 엎드러져 굴며 거품을 흘리더라

21 예수께서 그 아비에게 물으시되 언제부터 이렇게 되었느냐 하시니 가로되 어릴 때부터니이다

22 귀신이 저를 죽이려고 불과 물에 자주 던졌나이다 그러나 무엇을 하실 수 있거든 우리를 불쌍히 여기사 도와주옵소서
23 예수께서 이르시되 할 수 있거든이 무슨 말이냐 믿는 자에게는 능치 못할 일이 없느니라 하시니
24 곧 그 아이의 아비가 소리를 질러 가로되 내가 믿나이다 나의 믿음 없는 것을 도와주소서 하더라
25 예수께서 무리의 달려 모이는 것을 보시고 그 더러운 귀신을 꾸짖어 가라사대 벙어리 되고 귀먹은 귀신아 내가 네게 명하노니 그 아이에게서 나오고 다시 들어가지 말라 하시매
26 귀신이 소리지르며 아이로 심히 경련을 일으키게 하고 나가니 그 아이가 죽은 것같이 되어 많은 사람이 말하기를 죽었다 하나
27 예수께서 그 손을 잡아 일으키시니 이에 일어서니라
28 집에 들어가시매 제자들이 종용히 묻자오되 우리는 어찌하여 능히 그 귀신을 쫓아내지 못하였나이까
29 이르시되 기도 외에 다른 것으로는 이런 유가 나갈 수 없느니라 하시니라

19 But answering them, he[f] says, "O unbelieving[g] generation, how long shall I be with you? How long am I to bear with you? Bring him to me."
20 And they brought the boy[h] to him. And seeing him, the[i] spirit immediately convulsed[j] the boy,[h] and falling on the ground, he rolled about, foaming at the mouth.
21 And Jesus[k] inquired of his father, "How long has this been happening to him?" He said, "Since childhood;
22 indeed often it even casts him into the fire and into the water, so that it might destroy him. But if you can, help us[l] by having pity on us!"
23 But Jesus said to him, "'If you can'![m] All things are possible for the one who has faith."
24 Immediately the father of the boy[n] cried out[o] and said, "I believe; help my unbelief!"[p]

25 But Jesus, seeing that a crowd was gathering, rebuked the unclean spirit, saying to it, "Mute and deaf[q] spirit, I command you, come out of him and never enter him again!"
26 And after crying and convulsing him violently, he came out;[r] and the boy was like a corpse, so that many were saying that he had died.
27 But Jesus, taking him by the hand, raised him up; and he stood.
28 And when he had entered the house, his disciples privately asked him, "Why were we unable to cast it out?"
29 And he said to them, "This kind cannot come out by any means except by prayer."[s]

원문주해

a. A, C, D, 33을 비롯한 몇몇 권위 있는 사본들은 단수 분사인 엘돈(ἐλθών, "와서")과 함께 에이덴(εἶδεν, "그가 보았다")으로 읽는다. 이 이독은 큰 무리를 본 "그들"이 누구냐와 관련된 모호하고 혼동하기 쉬운 독법을 완화하기 위한 시도인 것 같다. 그들은 제자들도 아니고, 무리도 아니고, 서기관들도 아니다. 단수 분사 및 정동사의 주어는 예수일 것

이다.

b. "그에게"라는 말은 분사 프로스트레콘테스(*προστρέχοντες*, "~에게 달려와")에 함축되어 있다. D사본은 프로스카이론테스(*προσχαίροντες*, "기뻐하여")로 읽는다. 이 단어는 신약의 그 어디에도 나오지 않는다(참조. LXX Prov 8:30).

c. A, C, N, *Σ*, *Φ*, 33을 비롯한 몇몇 권위 있는 사본들은 투스 그람마테이스(*τοὺς γραμματεῖς*, "서기관들")로 읽는다. 이 이독은 마가의 약간 모호한 본문을 명확히 하기 위한 필요에서 생겨난 것 같다. 예수는 누구에게 질문하셨는가? 예수께서 제자들에게 질문하신 것이라면, 왜 무리들 중의 어떤 사람이 대답한 것일까? 필사자들은 예수께서 제자들이 아니라 적대적인 서기관들에게 질문하신 것으로 보는 것이 적절하다고 생각했을 것이다. 어쨌든 문맥으로 보아서는, 제자들과 서기관들은 귀신 들린 아이 문제를 놓고 논쟁하느라 정신이 없었기 때문에, 예수께서 무리들에게 질문하신 것으로 보인다.

d. 몇몇 사본들은 카이 코폰(*καὶ κωφόν*, "그리고 귀먹은")을 첨가한다(참조. 25절).

e. D, W 및 일부 사본들은 에크발레인 아우토(*ἐκβαλεῖν αὐτό*, "그것을 쫓아내지")를 첨가하여 문장을 완성시킨다.

f. 몇몇 후대의 사본들은 호 이에수스(*ὁ Ἰησοῦς*, "예수")를 첨가한다.

g. P^{45vid}, W사본 및 일부 후대의 사본들은 카이 디에스트람메네(*καὶ διεστραμμένη*, "그리고 패역한")를 첨가한다. 이 첨가는 마 17:17의 영향을 받은 것 같다.

h. 문자적으로는 아우톤(*αὐτόν*, "그를").

i. 일부 후대의 사본들은 토 아카다르톤(*τὸ ἀκάθαρτον*, "더러운")을 첨가한다(참조. 25절).

j. 헬라어로는 쉬네스파락센(*συνεσπάραξεν*, 직역하면 "갈기갈기 찢었다"). D사본은 에타락센(*ἐτάραξεν*, "교란시켰다")으로 읽는데, 이는 좀더 사실적이긴 하나 덜 화려한 묘사다.

k. "예수"라는 말은 본문에 없다(몇몇 후대의 사본들은 여러 대목들에서 이 이름을 삽입하긴 하지만).

l. 일부 사본들은 퀴리에(*κύριε*, "주여")를 첨가한다.

m. A, C^3, D, 33사본과 많은 후대의 사본들은 피스튜사이(*πιστεῦσαι*, "믿다")를 첨가하는데, 이는 예수의 대답을 매우 다른 의미로 이해하는 것이 된다. *TCGNT*[1], 100를 보라.

n. W사본은 토 프뉴마 투 파이다리우(*τὸ πνεῦμα τοῦ παιδαρίου*, "아이의 영")로 읽는다. 이것은 더러운 귀신이 "믿는다"는 뜻인가?

o. 일부 사본들은 메타 다크뤼온(*μετὰ δακρύων*, "눈물을 흘리며")을 첨가한다. *TCGNT*[1], 100를 보라.

p. 즉, "나의 약한 믿음을 도와주소서!"

q. 헬라어로는 코포스(*κωφός*, "벙어리인" 또는 "귀가 먹은"), 알랄론(*ἄλαλον*, "벙어리

인")과 함께 사용될 때는 흔히 "귀가 먹은"의 뜻이다.

r. D사본과 후대의 권위 있는 사본들은 아프 아우투(*ἀπ' αὐτοῦ*, "그로부터")를 첨가하여 문장을 완성시킨다.

s. P[45vid], ℵ[2], A, C, D, L, W, 33사본과 후대의 많은 권위 있는 사본들은 카이 네스테이아(*καὶ νηστείᾳ*, "그리고 금식")를 첨가한다. 이 첨가는 금식에 대한 교회의 증대된 관심을 반영한 것인 듯하다; 참조. *TCGNT*[1], 101.

양식/구조/배경

언뜻 보기에는 더러운 귀신 들린 아이를 고친 사건은 마가복음에서 이적들을 특징으로 하는 전반부(1:20-8:26)의 맥락 속에 있는 것이 좀더 자연스러울 것 같아 보인다. 이 단락은 믿음에 관한 것을 가르칠 수 있는 계기 역할을 하는 축귀/치유로 이루어져 있다. 대화가 수반되는 치유 또는 축귀는 마가복음의 다른 곳에서도 발견된다(1:40-45; 2:1-12; 3:1-6; 5:1-14, 21-43; 7:24-30). 이번 경우는 더러운 귀신을 쫓아낼 수 없었던 제자들이 먼저 가르침을 청한다는 점에서 흥미로운 예이다.

왜 마가복음 기자는 이 이야기를 여기에 배치한 것일까? 이 이야기의 첫머리에 있는 두 가지 내용 때문에 이 단락은 현재의 위치에 놓이게 되었다. 첫째, 이 이야기는 제자들이 한동안 떨어져 있었음을 전제한다. 변화산 사건에서 예수는 오직 베드로, 야고보, 요한만을 데리고 가셨기 때문에, 이것은 사실이었다. 이것이 함축하는 의미는 나머지 제자들은 산 위에 있지 않고 인근 마을에서 한 무리의 사람들과 함께 있었다는 것이다. 둘째, 복음서 기자는 "온 무리가 곧 예수를 보고 심히 놀랐다"고 말한다. 그들은 왜 놀랐을까(*ἐξεθαμβήθησαν*—엑세다우베데산)? 건드리(Gundry, 487-88)는 변화산 체험으로 인해서 예수의 옷이 아직 빛났기 때문일 것이라고 말한다. 그의 말이 옳을 수 있는 것은 복음서 기자는 예수의 옷이 변모 이전의 모습으로 되돌아갔다는 말을 전혀 하고 있지 않다는 것이다. 이 이야기의 현재 단계에서는 무리들이 예수가 다가오시는 것을 보고 놀란 이유를 다른 식으로 설명할 방법이 없다. 이 단락을 현재의 위치에 끌어다 놓은 또 하나의 이유—문학적이고 주제와 관련된 이유—가 있다. 더러운 귀신 들린 아이는 심한 경련을 일으킨 후에 죽은 사람처럼 조용해졌기 때문에, 사람들은 그 아이가 죽은 것으로 생각했으나 "예수께서 그 손을 잡아 일으키시니 이에 일어서니라"(9:27). 복음서 기자는 아이가 죽은 사람 같았으나 다시 살아난 것을 예수의 임박한 죽음과 부활의 전조로 보았을 가능성이 있다. 그러니까 예수는 8:31-33에서 그의 죽음과 부활을 예고하셨고, 변화산 사건 후에

9:9, 12b에서 그것을 암시했으며, 이제 다음 단락(9:30-32)에서 그의 수난을 다시 한 번 예고하시게 된다. "믿음이 없는 세대여 내가 얼마나 너희와 함께 있으리요?" 라는 예수의 서글픈 절규는 그의 수난이 다가왔다는 것과 그분이 체포되시던 날 밤에 제자들의 무기력함을 암시한다.

불트만(Bultmann, *History*, 211-12)은 이 이야기가 14-20절에 나오는 제자들의 실패에 관한 기사와 21-27절에 나오는 어쩔 줄 모르는 아버지에 관한 기사를 한데 엮은 합성물이라고 생각한다. 이를 보여 주는 증거로 불트만은 제자들의 모습이 장면에서 희미해진다는 것, 아이의 질병에 대한 묘사가 두 번 나온다는 점(18절과 21-22절), 무리들이 두 번 등장한다는 것(15절과 25절) 등을 든다. 슈미트(Schmidt, *Rahmen*, 228-29)는 14-15절이 어색한 것은 두 자료를 엉성하게 결합시켰기 때문이라고 본다. 그러나 이 이야기는 원래 통일된 한 가지 이야기였고, 마가복음 기자가 이를 도입하면서 군데군데 편집을 했다고 보는 것이 더 낫다. 마가복음에 나오는 군더더기 말들은 복음서 기자가 이야기의 도입부인 14-15절 및 아들의 심각한 증상에 대한 아버지의 묘사(21-22절)를 예감케 하는, 마찬가지로 생생한 묘사인 20절 후반부 대부분을 첨가한 데서 비롯되었다.

마태복음과 누가복음 기자는 이 이야기를 축약한다(마 17:14-20; 눅 9:37-43a). 마가복음 9:14-15에서 발견되는 혼란스러운 군더더기 말들의 대부분은 생략되었다. 마태는 믿음이라는 주제를 강화시킨다(막 11:22-23에서 가져온 자료를 17:20에 배치함으로써). 또한 마태는 아이의 아버지가 예수 앞에 무릎을 꿇고 "주여"(17:15) －마가복음의 "선생님" 대신에－라고 불렀다고 함으로써 예수에 대한 예우를 강화시킨다. 누가는 아이를 아버지의 "외아들"(9:38)로 묘사하고 귀신이 아이에게 경련을 일으키며 심히 상하게 하고야 "겨우 떠나간다"(9:39)고 함으로써 이 장면의 애절함을 부각시킨다. 더욱이 아이의 아버지는 제자들에게 자기 아들을 고쳐 달라고 그저 "요청한" 것이 아니라 제자들에게 "사정을 했다"(9:40). 누가 판본은 송영적(頌榮的)인 말로 끝난다(9:43).

주석

예수께서 더러운 귀신 들린 소년을 고치신 사건은 다시 한 번 예수의 엄청난 권능을 보여 주는 극적인 증거 역할을 한다. 제자들이 할 수 없었던 일을 예수는 쉽게 하실 수 있었다. 또한 이 사건은 예수에게 믿음의 주제에 대하여 말할 수 있는 기회를 준다: 첫째로는 제자들의 믿음의 부족, 둘째로는 예수의 능력에 대한 아이의 아버지의 믿음의 결여.

14 "저희가 제자들에게 와서 보니 큰 무리가 둘렀고 서기관들이 더불어 변론하더니"(*ἐλθόντες πρὸς τοὺς μαθητὰς εἶδον ὄχλον πολὺν περὶ αὐτοὺς καὶ γραμματεῖς συζητοῦντας πρὸς αὐτούς*–엘돈테스 프로스 투스 마데타스 에이돈 오클론 폴륀 페리 아우투스 카이 그람마테이스 쉬제툰타스 프로스 아우투스). 9:2-13에 나오는 것처럼 예수께서 산 위에 올라가 계시던 동안에, 무리들은 그의 나머지 제자들 주위에 모여 있었고, 제자들과 몇몇 서기관들 사이에서 논쟁이 벌어졌다. 논쟁은 성공적인 축귀(逐鬼)를 위해서는 어떤 수단이 필요한가와 관련된 것이었을 것이다(그리고 막 3:23-30에서처럼 예수께서 사단의 도움을 받았는지의 여부와 관련되지는 않았음이 분명하다). 이 주제는 여러 자료들에서 다루어졌다. 엘르아살이라는 사람은 솔로몬이 만든 주문을 따라서 바아라스(Baaras) 뿌리를 사용하여 어떤 사람의 코로 귀신들을 내쫓을 수 있었다고 한다(Josephus, *J.W.* 7.6.3 §180-85; *Ant.* 8.2.5 §46-49). 요세푸스는 하나님께서 솔로몬에게 "사람들을 치유하고 유익하게 하기 위하여 귀신들을 몰아내는 방법에 관한 지식"을 주셨다고 설명한다. "또한 솔로몬은 병을 고치는 주문들을 썼고, 귀신 들린 자들이 귀신을 내쫓고 돌아오지 못하게 하는 여러 형태의 축귀술을 남겼다"(*Ant.* 8.2.5 §45; 고대의 시답지 않은 구마사[驅魔師]들의 사례에 대해서는 A. Deissmann, *Light from the Ancient East*[New York: Harper & Row, 1927] 259-63에서 논의된 헬라의 주문서[呪文書] 초록을 보라; 한 본문은 이렇게 시작된다: "귀신들린 자를 위한 피베키스의 검증된 마법. 익지 않은 올리브에서 만들어낸 기름을 취하라…그리고 그 기름을 끓이면서 '요엘, 옷사르디오미…이런 자로부터 나와라[*ἔξελθε*–엑셀데]'"). 구마사로서의 솔로몬에 대한 전승은 고대 말기에 널리 퍼져 있었다. 이 전승은 열왕기상 4:29-34에서 시작되었고, 지혜서 7:17-21과 솔로몬의 유언서(*Testament of Solomon*) 같은 후대의 전승들에서 더욱 강화되었다. 일부 진영에서는 "다윗의 자손"(막 10:47, 48)인 예수가 다윗의 유명한 아들인 솔로몬이 한 것과 비슷한 치유를 할 수 있으리라고 기대했을 것이다(10:46-52에 대한 "주석"을 보라). 마가복음에서도 익명의 구마사가 언급된다(9:38-41).

마가복음 이야기에서 "서기관들"(*γραμματεῖς*–그람마테이스)은 앞에서도 등장한다. 거기에서는 예수의 가르침이 서기관들과는 달리 권세가 있었다고 말한다(1:22). 예수께서 중풍병자를 고치실 때, "어떤 서기관들이 거기 앉아서" 예수께서 죄 사함을 선포하는 것이 정당한가에 대해 "마음속으로 의문을 제기하였다"(2:6). 서기관들은 예수께서 "죄인들 및 세리들"과 더불어 식탁 교제를 하는 것에 대하여 비판적이었다(2:16). 서기관들은 예수가 사단과 연합하고 있다고 주장한다(3:22). 예루살렘에서 온 서기관들은 예수의 제자들이 장로들의 유전(遺傳)을 무시하고 씻지 않은 손으로 식사를 한다고 비판했다(7:1, 5). 앞서 오직 소수의 단락들에서만 예수를 죽이고자 하는 "장로들과 고위 제사장들"의 무리 속에 서기관들의 이름이 나온다(8:31). 직전의 단락에서 "엘리야가 먼저 와야 하리라"고 가르친 것도 서기관들이었다(9:11). 서기관들은 세 번째 수난 예고에도 등장한다(10:33). 성전 사건 이후에 서기관들은 예수를 죽이기로 마음먹고 고위 제사장들과 한 패가 된다(11:18). 서기관들은 예수에게 나아가서 무슨 권세로 그런 일을 하느냐고 물을 때도 고위 제사장들의 무리 속에 끼어 있다(11:27). 성전 경내에서 한 서기관은 예수에게 어느 계명이 가장 큰가를 묻는다(12:28). 이 서기관은 예수의 대답이 옳다는 것을 인정한다(12:32). 예수는 메시아를 "다윗의 자손"이라고 하는 서기관들의 말에 공개적으로 도전한다(12:35). 예수는 가난한 자와 힘없는 자들을 삼키는 탐욕스러운 서기관들에 대하여 경고하신다(12:38). 서기관들은 예수를 체포하려는 음모에 가담한다(14:1). 예수를 체포한 자들은 "고위 제사장들과 서기관들과 장로들"이 보낸 하속(下屬)들이라고 한다(14:43). 서기관들은 예수의 고발자들과 함께 회합을 갖는다(14:53; 15:1). 끝으로 서기관들은 고위 제사장들과 함께 십자가상의 예수를 조롱한다(15:31; 서기관들에 관한 좀더 자세한 것은 11:18에 대한 "주석"을 보라).

마가복음 이야기에서 이 시점까지 서기관들은 비판적이긴 해도 위험하지는 않다. 방금 살펴본 개관이 보여 주듯이 예수께서 유대 땅, 특히 예루살렘으로 들어가시면서 서기관들은 점점 더 위협적이 되어 간다.

15 "곧 온 무리가 예수를 보고 심히 놀라며 달려와 문안하였다"(*καὶ εὐθὺς πᾶς ὁ ὄχλος ἰδόντες αὐτὸν ἐξεθαμβήθησαν καὶ προστρέχοντες ἠσπάζοντο αὐτόν* – 카이 유뒤스 파스 호 오클로스 이돈테스 아우톤 엑세담베데산 카이 프로스트레콘테스 에스파존토 아우톤). 분명히 무리들은 예수의 옷이 여전히 빛나고 있었기 때문에 "심히 놀랐을" 것이다(Torrey, *Our Translated Gospels*, 11-31에 의하면, 이 표현의 근저에 있는 아람어 테와후[תְּוַהוּ]는 "그들이 몹시 흥분하였다"로 번역되어야 한다고 한다). 토레이의 주장도 가능하긴 하지만, 마가 본문의 헬라어는 그 자체로 뜻이 잘 통하고, 특히 무리가 놀란 것이 예수의 변화산 체험의 효과가 아직 남아 있었기 때문이라면 더욱 그렇다. 무리는 예수를 알아보고 그분에게 달려와서 인사를 한다. 이 장면에서 얻는 인상은 예수의 명성과 권능은 즉시 많은 무리를 끌어 모을 정도로 대단했다는 것인데, 이들 중 다수는 치유와 축복을 바라고 왔을 것이다.

16 "너희가 무엇을 저희와 변론하느냐?"(*τί συζητεῖτε πρὸς αὐτούς* – 티 쉬제테이테 프로스 아우투스). 예수께서 이 질문을 누구에게 하신 것인지는 분명치 않다. 어떤 이들은 예수께서 제자들에게 서기관들과 무슨 논쟁을 하고 있느냐고 물으신 것이라고 생각한다. 위의 "원문주해"에서 설명한 대로, 일부 사본들은 예수께서 서기관들에게 질문하신 것으로 본다. 그러나 그랬을 것 같지는 않다. 무슨 이유로 예수께서 자기 제자들과 무엇을 논쟁하고 있느냐고 서기관들에게 도전적인 질문을 던지시겠는가? 비록 무리 중의 어떤 사람이 큰 소리로 대답을 하긴 했지만, 예수는 제자들에게 이 질문을 던지셨을 것이다.

17 "무리 중에 하나가 대답하되 선생님 벙어리 귀신 들린 내 아들을 당신께 데려왔나이다"(*καὶ ἀπεκρίθη αὐτῷ εἷς ἐκ τοῦ ὄχλου, Διδάσκαλε, ἤνεγκα τὸν υἱόν μου πρὸς σέ, ἔχοντα πνεῦμα ἄλαλον* – 카이 아페크리데 아우토 헤이스 에크 투 오클루 디다스칼레 에넹카 톤 휘온 무 프로스 세 에콘타 프뉴마 알랄론). 예수께 대답한 "무리 중에 하나"(*εἷς ἐκ τοῦ ὄχλου* – 헤이스 에크 투 오클루)는 다름 아닌 더러운 귀신에 들려 괴롭힘을 당하고 있던 아이의 아버지였다. 걱정이 많았던 이 아버지는 서기관들과 예수의 제자들이 몰두해 있던 시시콜콜한 논쟁을 무시해 버린다. 이 아버지는 신학적 논쟁에는 관심이 없고, 자기 아들을 도와달라고 필사적으로 간청한다.

디다스칼레(*διδάσκαλε*, "선생님")는 랍비(רבי)와 뜻이 같다(요 1:38을 보라). 코헨(S. Cohen)은 헬라어로든 히브리어/아람어로든 "랍비"라는 말이 나오는 57개 정도의 금석문들을 수집했다("Epigraphical Rabbis," *JQR* 72[1981/82] 1-17). 이 중에서 50개가 팔레스타인에서 나온 것이다. 코헨과 호르스트(P. W. van der Horst, *Ancient Jewish Epitaphs: An Introductory Survey of a Millennium of Jewish Funerary Epigraphy*[300 B.C.E.-700C.E.][Kampen: Kok Pharos, 1991] 97-98, 133-34)는 이 칭호가 서품 받은 사람에게는 잘 쓰이지 않고 통상적으로 저명한 시민들을 가리킨다는 결론을 내렸다. 이러한 비공식적인 칭호는 예수와 관련하여 우리가 살펴본 바와 일치한다. (앞서 변화산 사건에서 베드로는 예수를 랍비라고 불렀다.)

이 아버지는 "내 아들을 당신께 데려왔나이다"(*ἤνεγκα τὸν υἱόν μου πρὸς σε* – 에넹카 톤 휘온 무 프로스 세)라고 말한다. 그러나 그는 바로 예수에게 아들을 데려온 것이 아니라 예수를 수행하여 산에 가지 않고 남아 있던 제자들에게 아들을 데려왔었다. 그럼에도 불구하고 예수는 자신의 제자들에게 나아온 것이 곧 자신에게 나아온 것이라는 의미에서 어느 정도의 책임감을 느끼셨을 것이다(제자들이 더러운 귀신들을 제압하는 권세를 위임받는 6:7-13을 보라). 이것은 부분적으로나마 예수께서 개인적으로 제자들에게 화를 내신 이유를 설명해 준다. 아이의 아버지는 계속해서 자기 아들이 "벙어리 귀신에 들렸다"고 말한다. 이것은 귀신이 그의 아들의 언어를 손상시켰음을 의미한다.

18 "귀신이 저를 잡아서 거꾸러뜨릴 때마다 저는 입에 거품을 흘리며 이를 갈며 굳어져 가는지라 내가 당신의 제자들에게 귀신을 내어쫓아 달라 하였으나 저희가 능히 하지 못하더이다"(*ὅπου ἐὰν αὐτὸν καταλάβῃ ῥήσσει αὐτόν, καὶ ἀφρίζει καὶ τρίζει τοὺς ὀδόντας καὶ ξηραίνεται καὶ εἶπα τοῖς μαθηταῖς σου ἵνα αὐτὸ ἐκβάλωσιν, καὶ οὐκ ἴσχυσαν*－호푸 에안 아우톤 카타람베 렛세이 아우톤 카이 아프리제이 카이 트리제이 투스 오돈타스 카이 크세라이네타이 카이 에이과 토이스 마데타이스 수 히나 아우토 에크발로신 카이 우크 이스퀴산). 벙어리 귀신이 들렸을 때의 증상은 간질병과 흡사하다(이 질병은 마 17:15에 명시적으로 언급된다). 땅바닥에 쓰러져서 입에 거품을 흘리며 이를 가는 것은 모두 "넘어짐" 증후군의 증상이라고 고대 말기의 사람들은 생각했다. 이 질병을 가진 좀더 유명한 인물들 중 한 사람은 율리우스 가이사(Julius Caesar)였다. 이 병은 종종 귀신들 또는 신들과의 접촉의 결과로 생각되었다. 아이의 경우도 넓게 봐서 이 범주에 속한다. 물론 예수의 동시대인들은 아이의 병을 귀신 들림으로 여겼다.

아이의 아버지는 예수의 제자들에게 귀신을 내어쫓아 달라고 청했으나 "저희가 능히 하지 못하였다"(직역하면, "그들은 힘이 부족하였다"[*οὐκ ἴσχυσαν*－우크 이스퀴산]). 제자들이 이 귀신을 쫓아내지 못함으로써 예수께서 요한이 예고한(1:7; Gundry, 488-89) "강한 자"(3:27)로서의 힘을 멋지게 드러내 보이실 기회가 마련된 셈이다.

19 "믿음이 없는 세대여"(*ὦ γενεὰ ἄπιστος*－오 게네아 아피스토스)라는 예수의 한탄은 마가복음의 다른 곳에서도 다루어진 주제인 믿음의 필요성을 강조한다(참조. 2:5; 4:40; 5:34, 36; 10:52; 11:22-23). 더 중요한 것은 예수께서 그의 세대를 "믿음이 없는" 세대라고 묘사하신 의도는 독자들에게 회개하고 복음을 "믿으라"는 원래의 부르심(막 1:15)을 상기시키려는 데 있었다는 것이다. 이 같이 함축하는 의미는 이 세대는 회의론자들의 세대가 아니라 사단 및 그의 불경건한 무리들에 대한 예수의 권능에 의해 확인된 하나님 나라의 임재에 관한 복음에 응답하지 않은 세대라는 것이다. 예수의 선포에 대한 믿음의 결여로 말미암아 사단의 압제로부터 자유를 얻는 일이 방해를 받는다.

"내가 얼마나 너희와 함께 있으며 얼마나 너희를 참으리요?"(*ἕως πότε πρός ὑμᾶς ἔσομαι; ἕως πότε ἀνέξομαι ὑμῶν* – 헤오스 포테 프로스 휘마스 에소마이 헤오스 포테 아넥소마이 휘몬)라는 예수의 반문들은 불신앙이 예수의 메시지와 하나님에 대한 예수의 믿음에 얼마나 정면으로 대립하는 것인지를 강조한다. 실제로 이러한 반문은 예수께서 하나님의 관점을 채택해 오셨음을 보여 준다(Martin, *Mark: Evangelist and Theologian*, 118). 불신앙은 그분을 괴롭히고 심지어 그분의 사역을 방해하기까지 한다(참조. 6:5). 예수는 자기가 얼마 동안이나 이러한 불신앙을 참아야 하는지를 물으시는데, 이러한 반문은 예수께서 죽음을 예상하고 계심을 암시한다. 그러나 예수께서는 이스라엘에서 믿음이 전반적으로 일깨워지고, 아울러 하나님 나라가 온전한 모습으로 출현하는 것을 염두에 두셨을 수도 있다.

"그를 내게로 데려오라"(*φέρετε αὐτὸν πρός με* – 페레테 아우톤 프로스 메)는 말은 예수의 우월적인 권능을 묘사한다. 그의 제자들은 힘이 부족했으나, 예수는 그렇지가 않다. 아버지가 그의 귀신 들린 아들을 예수에게 데려오면, 그 아이는 치유될 것이다.

20 "그들이 아이를 예수에게 데려왔다. 예수를 보자 귀신은 곧 그 아이로 경련을 일으키게 하는지라 저가 땅에 엎드러져 입에 거품을 흘리더라"(*ἤνεγκαν αὐτὸν πρὸς αὐτόν καὶ ἰδὼν αὐτὸν τὸ πνεῦμα εὐθὺς συνεσπάραξεν αὐτόν, καὶ πεσὼν ἐπι τῆς γῆς ἐκυλίετο ἀφρίζων* – 에넹칸 아우톤 프로스 아우톤 카이 이돈 아우톤 토 프뉴마 유뒤스 쉬네스파락센 아우톤 카이 페손 에피 테스 게스 에퀼리에토 아프리존). 예수의 임재에 대한 귀신의 반응은 다른 귀신들이 예수를 만났을 때 보여 주었던 격렬한 반응들 – 통상적으로 말에 의한 – 을 연상시킨다(참조. 1:23-26, 34; 3:11-12; 5:6-13). 귀신은 예수를 보았고, 아이로 하여금 경련을 일으키게 한 것도 귀신이었다고 한다. 이러한 증상들은 통상적으로 간질병과 연관된 것들이었을 테지만, 마가복음 기자는 아이의 질병을 야기시킨 것은 아이 자신과는 구별되는 악한 귀신이었다고 분명히 말한다.

21 "언제부터 이렇게 되었느냐?"(*πόσος χρόνος ἐστὶν ὡς τοῦτο γέγονεν αὐτω* – 포소스 크로노스 에스틴 호스 투토 게고넨 아우토). 아이가 얼마 동안이나 이 병으로 고생했느냐는 질문은 이 병의 심각성을 강조한다. 예수는 "어릴 때부터니이다"(*ἐκ παιδιόθεν* – 에크 파이디오텐)라는 대답을 들으신다. 즉, 이 병은 지나가는 일시적인 병이 아니라 어릴 때부터 아이를 괴롭혀 온 병이라는 것이다. 이 말 속에는 이 병이 "고치기 힘들"(Gundry, 490) 뿐만 아니라 예수의 제자들말고도 다른 구마사

들도 아이로부터 귀신을 내어쫓는 데 실패했을 것이라는 의미가 함축되어 있다. 그러므로 이 귀신을 내어쫓을 수 있는 예수의 능력은 한층 더 사람들에게 강력한 인상을 심어 주게 된다.

22 "귀신이 저를 죽이려고 불과 물에 자주 던졌나이다 그러나 하실 수 있거든 우리를 불쌍히 여기사 도와주옵소서!"(*πολλάκις καὶ εἰς πῦρ αὐτὸν ἔβαλεν καὶ εἰς ὕδατα ἵνα ἀπολέσῃ αὐτόν· ἀλλ' εἴ τι δύνῃ, βοήθησον ἡμῖν σπλαγχνισθεὶς ἐφ' ἡμᾶς* – 폴라키스 카이 에이스 퓌르 아우톤 에발렌 카이 에이스 휘다타 히나 아폴레세 아우톤 알 에이 티 뒤네 보에데손 휘민 스플랑크니스데이스 에프 헤마스). 이 악한 귀신이 아이에게 한 짓에 대한 음울한 요약은 아버지가 느끼는 절망감을 잘 보여준다. 귀신 들림은 파괴적이고 압제적일 뿐만 아니라 위험스럽고 생명을 잃을 염려까지 있다. "귀신은 저[아이]를 죽이려고"(*ἵνα ἀπολέσῃ αὐτόν* – 히나 아폴레세 아우톤) 종종 아이를 불과 물에 던졌다. 상태가 너무 심각했기 때문에, 아이의 아버지는 아무리 명성이 자자한 예수라지만 과연 그들을 도와줄 수 있을지 도무지 확신할 수가 없었다. 또한 이것은 여러 사람들이 해보았지만 실패해 왔다는 것을 함축하는 말이기도 하다. 그러나 아직 아이를 예수께 맡겨본 적은 없었다.

23 "예수께서 이르시되 할 수 있거든이 무슨 말이냐"(*ὁ δὲ Ἰησοῦς εἶπεν αὐτῷ, τὸ εἰ δύνῃ* – 호 데 이에수스 에이펜 아우토 토 에이 뒤네). "할 수 있거든이 무슨 말이냐"(*τὸ εἰ δύνῃ* – 토 에이 뒤네)는 예수의 과장된 응답은 아이의 아버지의 말을 그대로 되풀이한 것으로서 이 세대의 믿음 없음에 대한 예수의 좌절감을 표현해 준다. "믿는 자에게는 능치 못할 일이 없느니라"(*πάντα δυνατὰ τῷ πιστεύοντι* – 판타 뒤나타 토 피스튜온티)는 말씀의 역(逆)도 참이다. 믿지 않는 자에게는 할 수 있는 일이 없느니라. 믿음에 관한 교훈은 11:22-24에서 다시 주어진다.

24 아이의 아버지는 예수의 가르침에 이렇게 응답한다. "내가 믿나이다 나의 믿음 없는 것을 도와주소서"(*πιστεύω· βοήθει μου τῇ ἀπιστίᾳ* – 피스튜오 보에데이 무 테 아피스티아). 그러니까 어떤 의미에서 예수는 아버지와 그의 아들 둘 다에게 할 수 있는 힘을 제공하신 것이다. 아버지에게는 필요한 믿음을, 아들에게는 악한 귀신으로부터의 놓여남을. 비록 믿음이 약하다고(문자적으로는 "믿음이 없음") 할지라도 믿음을 달라고 청하는 것으로 모든 것이 충족되었다. 아이의 아버지의 믿음이 약해진 것은 앞서 제자들이 귀신을 쫓아내지 못했기 때문이다. 아이의 아버지는 예수의 제자들이 귀신을 제압할 수 없었다면 예수도 마찬가지로 제압할 수 없을 것이라고 생각했을 것이다.

25 "예수께서 무리의 달려 모이는 것을 보시고 그 더러운 귀신을 꾸짖어 가라사대 벙어리 되고 귀먹은 귀신아 내가 네게 명하노니 그 아이에게서 나오고 다시 들어가지 말라 하시매"(*ἰδὼν δὲ ὁ Ἰησοῦς ὅτι ἐπισυντρέχει ὄχλος, ἐπετίμησεν τῷ πνεύματι τῷ ἀκαθάρτῳ λέγων αὐτῷ, τὸ ἄλαλον καὶ κωφὸν πνεῦμα, ἐγὼ ἐπιτάσσω σοι, ἔξελθε ἐξ αὐτοῦ καὶ μηκέτι εἰσέλθῃς εἰς αὐτόν*－이돈 데 호 이에수스 호티 에피쉰트레케이 오클로스 에페티메센 토 프뉴마티 토 아카다르토 레곤 아우토 토 알랄론 카이 코폰 프뉴마 에고 에피탓소 소이 엑셀데 엑스 아우투 카이 메케티 에이셀데스 에이스 아우톤). 무리가 모여드는 것(*ἐπισυντρέχει*－에피쉰트레케이, "몰려오다")을 보시고, 예수는 축귀를 신속하게 마무리하신다. 무리가 에워싸고 밀면 분명히 어려웠을 축귀가 방해를 받을 것이었다. 일부 학자들의 주장처럼 무리가 아이를 공격하기 위하여 아이에게로 몰려온 것은 아닌 것 같다. 또한 다른 대목들(참조. 1:25, 34, 44; 3:11-12; 5:43)에서처럼 비밀 유지가 어떤 역할을 한 것 같지도 않다. 왜냐하면 현재의 단락에서는 비밀 유지 명령이 주어지지 않기 때문이다. 예수께서 제자들에게 "은밀히"(개역의 "종용히") 설명해 주시기는 하지만, 그것은 비밀 유지 명령과는 아무런 상관도 없다.

예수는 귀신에게 1인칭으로 명하신다. "내가 네게 명하노니"(*ἐγὼ ἐπιτάσσω σοι*－에고 에피탓소 소이). 이 이야기 속에서 제자들의 앞선 실패와의 대비는 이런 식으로 부각된다. 제자들은 명령을 했으나, 귀신이 이를 무시해 버렸다. 이번에 명령한 분은 예수셨고, 귀신은 이 명령을 무시할 수가 없다. 더러운 귀신에게 "다시 들어가지 말라"(*μηκέτι εἰσέλθῃς εἰς αὐτόν*－메케티 에이셀데스 에이스 아우톤)로 한 예수의 명령은 당시의 몇몇 구마사들의 성공담에 관하여 요세푸스가 보도한 내용들과 흡사하다(위의 14절에 대한 "주석"을 보라). 이것은 솔로몬의 유언서에 나오는 축귀 민담과 비교해 보면 시사해 주는 바가 있다. 거기에서 솔로몬 왕은 여러 귀신들과 논쟁하는데, 종종(예를 들어, 13:1-3) 원하는 정보를 얻기 위해 귀신들의 요구를 들어주기도 한다. 예수의 축귀 행위들에서 귀신들은 침묵하고 쫓겨나간다.

26-27 "귀신이 소리를 지르며 아이로 심히 경련을 일으키게 하고 나가니"(*κράξας καὶ πολλὰ σπαράξας ἐξῆλθεν*－크락사스 카이 폴라 스파락사스 엑셀덴). 한바탕의 소동(폴라[*πολλά*, 직역하면 "많은 회수"]에 함축되어 있음)은 축귀가 성공했음을 보여 주는 가시적인 증거 역할을 한다. 예수의 명령은 묵살되지 않았고 격변(激變)을 일으켰다. 요세푸스에 의하면, 유대인 구마사였던 엘르아살은 귀신에게 그가 실제로 나갔다는 증거로 물대야를 엎으라고 명했다고 한다(*Ant.* 8.2.5 §48). 티

아나의 아폴로니우스(Apollonius of Tyana)에 관한 상상력 풍부하고 변증적인 전기(傳記)에서 아테네의 필로스트라투스(Philostratus)도 비슷한 얘기를 한다(*Vit. Apoll.* 4.20을 보면, 귀신이 한 청년에게서 나가면서 조각상을 뒤엎는다).

큰 소동과는 날카로운 대조를 보이면서, 아이는 이제 갑자기 꼼짝도 않고 너무도 조용히 누워 있어서 "많은 사람들이 죽었다고 말했다"(*τοὺς πολλοὺς λέγειν ὅτι ἀπέθανεν* – 투스 폴루스 레게인 호티 아페다넨). 아이가 이례적으로 꼼짝도 않는 것은 귀신이 나갔다는 또 하나의 증거였다. 귀신은 항상 아이를 물과 불에 집어던짐으로써 자기를 나타냈었고, 예수를 만났을 때도 격렬한 발작으로 응답했었기 때문이다. 복음서 기자는 사실 아이가 죽었다고 생각한 사람들의 말을 반박하지 않는다. 아마도 아이는 죽었을 것이다. 만약 그렇다면, 예수께서 아이를 일으키신 것(*κρατήσας τῆς χειρὸς αὐτοῦ ἤγειρεν αὐτόν, καὶ ἀνέστη* – 크라테사스 테스 케이로스 아우투 에게이렌 아우톤 카이 아네스테, "그 손을 잡아 일으키시니 이에 일어서니라")은 축귀의 놀라운 행위에다 한 가지를 더 보태는 셈이 된다. 아이는 혼자서 서 있을 수 있었는데, 이는 그가 건강을 회복했음을 보여 주는 것이다.

28 "집에 들어가시매 제자들이 종용히 묻자오되"(*καὶ εἰσελθόντος αὐτοῦ εἰς οἶκον οἱ μαθηταὶ αὐτοῦ κατ' ἰδίαν ἐπηρώτων αὐτόν* – 카이 에이셀돈토스 아우투 에이스 오이콘 호이 마데타이 아우투 카트 이디안 에페로톤 아우톤). 마가복음의 다른 대목들을 보면, 제자들은 따로 은밀하게 가르침을 받고(참조. 4:34; 7:17-23; 13:3), 또 어떤 경우들에는 예수는 사람들을 은밀하게 고치신다(5:37-42; 7:33). 제자들은 왜 그들이 귀신을 쫓아낼 수 없었는지를 알고 싶어한다. 예수께서 앞서 그들에게 "더러운 귀신을 제어하는 권세"(6:7)을 주셨다는 사실을 감안하면, 그들의 의문은 이해가 간다.

"우리는 어찌하여 능히 그 귀신을 쫓아내지 못하였나이까?"(*ὅτι ἡμεῖς οὐκ ἠδυνήθημεν ἐκβαλεῖν αὐτό* – 호티 헤메이스 우크 에뒤네데멘 에크발레인 아우토). 제자들의 질문은 앞서 예수께서 그들에게 귀신을 제어하는 권세를 주셨기 때문에(6:7) 통상적으로는 그들이 귀신들을 쫓아낼 수 있었다는 의미를 함축하고 있다. 의문사인 호티(*ὅτι*; 보통은 "것"[that], 그러나 여기에서는 "어찌하여"[why])에 대해서는 Field, *Notes*, 33(그리고 9:11에 대한 "주석")를 보라.

29 예수는 제자들에게 "기도 외에 다른 것으로는 이런 유[악한 귀신]가 나갈 수 없느니라"(*τοῦτο τὸ γένος ἐν οὐδενὶ δύναται ἐξελθεῖν εἰ μὴ ἐν προσευχῇ* – 투토 토 게노스 엔 우데니 뒤나타이 엑셀데인 에이 메 엔 프로슈케)고 설명하신다. 토레

이(Torrey, *Our Translated Gospels*, 129-31)는 "기도 외에는"(*μὴ ἐν προσευχῇ*–메엔 프로슈케)이라는 어구는 아람어로 인 라(אִן לָא, "~가 아니라면")인데, 원래는 아프 라(אַף לָא, 기도에 의해서"조차도 아니다")였을 것으로 생각한다. 그러나 이런 제안은 현재의 문맥에는 잘 맞지 않는다. 예수께서 정말 제자들에게 이런 유의 귀신은 "그 어떤 수단으로도…심지어 기도에 의해서도" 쫓아낼 수 없다고 말씀하셨을까? 예수는 이 귀신을 쫓아내실 수 있었다. 그렇다면 예수는 자기만이 힘든 귀신들을 쫓아낼 수 있고 제자들은 그렇게 할 수 없다고 말씀하셨단 말인가. 만약 이것이 사실이라면, 예수께서 제자들에게 "더러운 귀신을 제어하는 권세"(6:7)를 주셨다고 앞서 단언한 것은 의문시되고 마가복음 이야기 내에서 하나의 긴장을 조성하게 되는데, 그럴 것 같지는 않다. 역사적으로 보더라도 "하나님의 손가락으로 귀신들을 쫓아낼"(눅 11:20) 수 있었던 예수께서 제자들이 그 어떤 수단으로도, 심지어 기도로도 쫓아낼 수 없다는 그런 유의 귀신들이 있다고 믿으셨을 리가 없다.

해설

더러운 귀신 들린 아이를 고치신 사건에서 우리는 다시 한 번 예수의 비길 바 없는 권능을 목격한다. 변화산 체험에서 얻은 광채를 아직도 발산하는 가운데, 예수는 쟁론과 혼돈의 무대로 들어와서 신속하게 상황을 처리하신다. 제자들에게 "저의 말을 들으라!"(9:7)고 명했던 하늘의 소리에 의해 다시 인증(認證)을 받으신 예수는 아이러니컬하게도 귀먹고 벙어리 된 귀신에게 명하시고, 그 귀신은 이에 복종한다. 예수의 권능과 권세는 8:31과 9:9에서의 수난 예고 후에도 조금도 줄어들지 않는다. 예수와 그의 제자들 간의 거리는 점점 더 벌어진다(참조. 6:51; 8:14-21).

또한 이 이야기는 믿음의 중요성을 강조한다. 믿음은 회개와 아울러 하나님 나라의 권능을 나타나게 하는 데 전제 요건이기 때문이다. 믿음이 존재할 때 하나님은 역사(役事)하신다.

6. 예수께서 다시 수난을 예고하시다(9:30-32)

참고문헌

Lindars, B. *Jesus Son of Man: A Fresh Examination of the Son of Man Sayings in the Gospels in the Light of Recent Research.* London: S. P. C. K.; Grand Rapids, MI: Eerdmans, 1983. 60-84.

본 문

30 그 곳을 떠나 갈릴리 가운데로 지날새 예수께서 아무에게도 알리고자 아니하시니	**30** And leaving there, they went through Galilee. And he[a] was not wishing that anyone might know it:
31 이는 제자들을 가르치시며 또 인자가 사람들의 손에 넘기워 죽임을 당하고 죽은 지 삼 일만에 살아나리라는 것을 말씀하시는 연고더라	**31** for he was teaching his disciples and saying to them, "The 'son of man' is delivered[b] into human hands,[c] and they will kill him: and having been killed, after three days[d] he will rise."[e]
32 그러나 제자들은 이 말씀을 깨닫지 못하고 묻기도 무서워하더라	**32** But they did not understand the saying, and they were afraid to ask him.

원문주해

a. 몇몇 사본들은 "우크 에델론"(οὐκ ἤθελον, "그들이 원치 않았다")으로 읽는다.

b. 헬라어로는 파라디도타이(παραδίδοται). 일부 사본들에는 다음에 나오는 동사(ἀποκτενοῦσιν – 아포크테누신, "죽이리라")와 마찬가지로 이 동사가 미래 시제로 되어 있다(παραδοθήσεται – 파라도데세타이, "넘기워지리라"). 이는 아마도 칠십인역 단 7:25의 영향을 받은 것 같다(아래의 "주석"을 보라).

c. 헬라어로는 에이스 케이라스 안드로폰(εἰς χεῖρας ἀνθρώπων, 직역하면 "사람들의 손들에"). P[45vid]사본은 안드로포이스(ἀνθρώποις, "사람들에게")로 읽는 것 같다. D사본은 에이스 케이라스 안드로푸(εἰς χεῖρας ἀνθρώπου "사람의 손들에")라고 단수형으로 읽는데, 이 단수형은 배신자 유다 또는 예수의 체포를 지시한 대제사장 가야바를 가리키는 것으로 보인다.

d. Nestle-Aland[27]과 USBGNT[3c]는 메타 트레이스 헤메라스(μετὰ τρεῖς ἡμέρας, "삼 일 후에")로 읽는 ℵ, B, C[*], D를 비롯한 몇몇 권위 있는 사본들을 따른다. A, C[3], N, W사본 및 많은 후대의 사본들은 테 트리테 헤메라(τῇ τρίτῃ ἡμέρᾳ, "제삼일에")로 읽는다. 이

이독은 마태복음(참조. 16:21; 17:23; 20:19; 또한 27:64을 참조)과 바울에게서 볼 수 있는 것과 같은 초대 교회의 가르침(참조. 고전 15:4)의 영향 때문이다. 위의 막 8:31에 대한 "원문주해"를 보라.

e. 헬라어로는 아나스테세타이(*ἀναστήσεται*, "일어나리라"). 일부 사본들은 에게이레타이(*ἐγείρεται*, "일으키심을 받다") 또는 에게르데세타이(*ἐγερθήσεται*, "일으키심을 받으리라")로 읽는다.

양식/구조/배경

예수는 다시 한 번 그의 수난을 예고하신다(첫 번째 예고에 대해서는 8:31-33을 보라). 세 번째 예고는 10:32-34에 나온다. 첫 번째 경우에 베드로가 했던 것(8:33)과 같은 반대는 이번에는 제기되지 않는다. 이번에 제자들은 이 말씀을 이해하지 못하고 그 의미에 관하여 예수께 "묻기도 무서워"했다. 이 짤막한 단락은 자신의 죽음에 관한 예수의 가르침에 있어서 진일보했음을 보여 준다. 이제까지 예수의 죽음과 관련된 것은 반대나 오해를 받아 왔었다. 이러한 흐름은 마가복음 이야기의 끝까지 계속될 것이다.

여기에 나오는 수난 예고는 원래는 하나였던 전승의 가장 오래된 판본일 것이다(Lindars, *Jesus Son of Man*, 63). 아람어와 셈어의 흔적들이 분명하게 드러난다(Bayer, *Jesus' Predictions*, 169-70). 이 판본에는 이사야 53장과 다니엘 7장이 반영되어 있는데(31절에 대한 "주석"을 보라), 이러한 반영들은 실제로 예수로부터 나왔을 것이다(또한 10:45에 대한 "주석"을 보라). 첫 번째 예고에서와 마찬가지로 두 번째 예고도 예수의 미리 아심과 결단을 강조한다. 예수는 자기 앞에 놓여 있는 일을 알고 계시고, 두려워하지 않으시며(제자들과 뚜렷하게 대비됨), 자신의 사명을 수행하실 것이다. (수난 예고들의 진정성에 관해서는 위의 8:31에 대한 "주석"을 보라.)

주석

30 "그 곳을 떠나, 그들은 갈릴리 가운데로 지났다"(*κἀκεῖθεν ἐξελθόντες παρεπορεύοντο διὰ τῆς Γαλιλαίας* – 카케이덴 엑셀돈테스 파레포류온토 디아 테스 갈릴라이아스). 예수와 제자들은 앞의 단락(14-29절)에서 어려운 축귀에 관하여 은밀하게 논의했던 "집"을 "떠난"(*ἐξελθόντες* – 엑셀돈테스) 것으로 묘사된다. 갈릴리 순회 전도는 계속된다(마침내 예수께서 유대 땅을 향하여 남쪽으로 발길을 돌리시는 대목인 10:1까지). 예수는 "누가 그것을 알기를 원치 아니하셨다"(*οὐκ ἤθελεν ἵνα*

τις γνοι – 우크 에델렌 히나 티스 그노이). 이것은 한동안 예수와 제자들은 "암행"(暗行; Gundry, 502)했다는 것을 의미한다. 이와 같이 은밀하게 움직인 이유는 31절에서 설명된다.

31 "이는 예수께서 제자들을 가르치시며 또 인자가 사람들의 손에 넘기워지고 그들이 그를 죽일 것이고 그가 죽은 지 삼 일 후에 살아나리라는 것을 말씀하고 계셨기 때문이더라"(*ἐδίδασκεν γὰρ τοὺς μαθητὰς αὐτοῦ καὶ ἔλεγεν αὐτοῖς ὅτι ὁ υἱὸς τοῦ ἀνθρώπου παραδίδοται εἰς χεῖρας ἀνθρώπων, καὶ ἀποκτενοῦσιν αὐτόν, καὶ ἀποκτανθεὶς μετὰ τρεῖς ἡμέρας ἀναστήσεται* – 에디다스켄 가르 투스 마데타스 아우투 카이 엘레겐 아우토이스 호티 호 휘오스 투 안드로푸 파라디도타이 에이스 케이라스 안드로폰 카이 아포크테누신 아우톤 카이 아포크탄데이스 메타 트레이스 헤메라스 아나스테세타이). 여기에 왜 그들이 은밀하게 행동했는지에 대한 이유가 나온다. 예수는 제자들과 함께 곧 닥칠 그의 체포, 죽음, 부활에 관하여 논의하고 있다. 이러한 것들은 백성들의 메시아 및 종말 기대와는 정면으로 역행하는 것들이었다. 그러한 가르침이 예수를 따르던 큰 무리 가운데 퍼진다면, 이 운동은 붕괴되고, 예수는 도전을 받으시게 될 것이다(앞서 베드로가 예수의 첫 번째 수난 예고 때 의문을 제기했던 것처럼). 그렇게 되면 문제가 커지기 때문에, 예수는 가장 가까운 제자들과만 이 일을 논의하신다.

마가복음 기자는 예수께서 제자들을 "가르치고 계셨다"(*ἐδίδασκεν* – 에디다스켄)고 말한다. 이것은 단순한 고지(告知)나 예고 이상의 것을 함축하는 말이다. 아마도 예수는 성경의 근거 구절들을 드시기도 했던 것 같다. 그렇다면 예수는 어떤 성경구절을 드셨을까? 그것은 이사야 53장, 특히 헬라어 본문으로 된 것이라는 주장이 제기되어 왔다. 칠십인역 이사야 53:6은 "여호와께서 우리 모두의 죄를 그에게 담당시키셨다"로 되어 있는 맛소라 본문과는 달리 "여호와께서 우리의 죄들을 위하여 그를 내어주셨다"(*κύριος παρέδωκεν αὐτὸν ταῖς ἁμαρτίαις ἡμῶν* – 퀴리오스 파레도켄 아우톤 타이스 하마르티아이스 헤몬)로 되어 있다. 칠십인역 이사야 53:12도 "그는 자기 영혼을 쏟아서 사망에 이르렀고 범죄자들과 함께 헤아림을 입었으며…범죄자들을 위하여 기도하였느니라"로 되어 있는 맛소라 본문과는 달리 "그의 영혼은 죽음에 넘기워졌고 불법한 자들과 함께 헤아림을 입었으며…그들의 죄들로 인하여 그는 넘기워졌느니라"(*παρεδόθη εἰς θάνατον ἡ ψυχὴ αὐτοῦ καὶ ἐν τοῖς ἀνόμοις ἐλογίσθη…καὶ διὰ τὰς ἁμαρτίας αὐτῶν παρεδόθη* – 파레도데 에이스 다나톤 헤 프쉬케 아우투 카이 엔 토이스 아노모이스 엘로기스데…카이 디아 타스 하마르티아스 아우톤 파레도데)로 되어 있다. 그러므로 초기의 전승 보유자들은 헬라어 본문으로 된 이사야 53장이 이 대목에 반영되어 있다고 생각했을 수 있지만, 다니엘 7장이 더 유력한 근거 구절이다. 아람어로(즉, 맛소라 본문으로) 다니엘 7:25은 “그리고 그들은 그의 손에 넘기우리라”(וְיִתְיַהֲבוּן בִּידֵהּ – 웨이트야하분 비데흐)로 되어 있지만, 칠십인역에는 “모든 것이 그의 손들에 넘기우리라”(*καὶ παραδοθήσεται πάντα εἰς τὰς χεῖρας αὐτοῦ* – 카이 파라도데세타이 판타 에이스 타스 케이라스 아우투)로 되어 있다. 여기서 수동형(*παραδίδοται εἰς τὰς χεῖρας* – 파라디도타이 에이스 타스 케이라스, “손들에 넘기워지다”)은 “신성 수동형”(divine passive)일 텐데(Jeremias를 인용하고 있는 Bayer, *Jesus' Predictions*, 169-70), 이것은 다니엘 7:25의 언어 표현 및 의미와 일치한다. 성도들과 악한 나라 간의 싸움을 얘기하는 다니엘서의 문맥은 특히 이 대목에 적합하다. “인자 같은 이”(단 7:13-14)를 포함한 성도들은 이 악한 나라의 손에 넘겨질 것이지만, 오직 “한 때와 두 때와 반 때”(단 7:25) 동안만 그리할 것이다. 이러한 성경의 시나리오에 비추어서 우리는 예수가 사용하신 “인자”라는 칭호를 이해해야 한다. 예수는 하나님으로부터 나라와 권세를 받고 성도들과 함께 악의 나라에 맞서 싸우실 “사람”(이것이 “인자”라는 관용어구의 의미)이다. 악은 짧은 기간 동안 이길 것이지만, 하나님 나라가 갑자기 그리고 확실하게 악을 정복하게 될 것이다.

예수께서 자기가 “삼 일 후에”(*μετὰ τρεῖς ἡμέρας* – 메타 트레이스 헤메라스) 살아나리라고 자신 있게 예고하시는 것은 이 시나리오와 일치한다. 이 자신 있는 기대(期待)의 근저에 있는 성경 구절은 호세아 6:2이지만(위의 8:31에 대한 “주석”을 보라), 고난, 죽음, 그 후의 신속한 신원(伸寃)이라는 개념은 다니엘 7장에 묘사된 내용과 전적으로 일치한다. 또한 이러한 기대는 하나님 나라가 “가까웠다”(*ἤγγικεν* – 엥기켄; 1:15)는 선포와도 일치한다. 하나님 나라는 인간계(人間界) 속으로 뚫고 들어와서 스스로를 주장하기 시작하고 있다. 하나님 나라의 임재를 보여 주는 증거는 사단 및 그의 사악한 졸개들의 퇴각이다. 그러나 사단의 나라가 최종적으로 붕괴되기 전에 큰 싸움이 일어날 텐데, 이 싸움에서 사상자(死傷者)들이 생길 것이다. 이 사상자들 가운데는 “인자” 자신도 포함될 것이다. 그러나 인자의 죽음은 사단의 나라의 종식(終熄)을 의미한다. 왜냐하면 “인자”는 “삼 일 후에” 살아날 것이기 때문이다.

32 “그러나 제자들은 이 말씀을 깨닫지 못했고, 예수께 묻는 것도 무서워하였다” (*οἱ δὲ ἠγνόουν τὸ ῥῆμα, καὶ ἐφοβοῦντο αὐτὸν ἐπερωτῆσαι* – 호이 데 에그눈 토 레

마 카이 에포분토 아우톤 에페로테사이). 스승의 죽음은 제자들의 죽음을 가져올 것이기 때문에, 제자들이 무서워한 것은 이해할 수 있는 일이다. 예수께서는 친히 8:34-37에서 이 점을 분명하게 말씀했다. 그러나 제자들이 가장 무서워한 것은 그들의 사랑하는 랍비에게 곧 닥쳐올 운명이었을 것이다. 분명히 제자들은 예수께서 죽을 수 없을 것이라고 믿고 있다. 제자들이 예수께 더 자세히 "묻기"(ἐπερωτῆσαι – 에페로테사이)를 꺼려한 것은 틀림없이 예수께서 또다시 그의 죽음의 확실성을 강조하실까 봐 두려워했기 때문일 것이다.

해설

독자들은 이제 마가복음 이야기에서 수난을 향한 전환이 피할 수 없는 것임을 안다. 더욱이 수난 주제는 자기 자신 및 자신의 사역에 대한 예수의 이해에서 중요한 역할을 하는 것으로 보인다. 예수는 예상치도 않게 예루살렘에서 거부당하고 놀라는 것이 아니라 이미 저 북쪽 갈릴리에서부터 장차 무슨 일이 자기 앞에 놓여 있는지를 아신다. 그분의 목적지는 거룩한 도성(都城)이고, 그분의 운명은 십자가이다. 예수는 자신의 운명과 사명을 받아들이시고, 제자들에게 그렇게 가르치신다. 제자들은 그러한 음울한 가르침을 이해하고 받아들이려 하지 않지만, 그들이 부활 사건이 세워질 필수적인 토대를 소유하기 위해서 그러한 가르침은 꼭 필요한 것이었다.

7. 누가 가장 큰가?(9:33-37)

참고문헌

Achtemeier, P. J. "An Exposition of Mark 9:30-37." *Int* 30(1976) 178-83. **Black, M.** "The Marcan Parable of the Child in the Midst." *ExpTim* 59(1947-48) 14-16. **Fleddermann, H.** "The Discipleship Discourse(Mark 9:33-50)." *CBQ* 43(1981) 57-75.

본 문

33 가버나움에 이르러 집에 계실새 제자들에게 물으시되 너희가 노중에서 서로 토론한 것이 무엇이냐 하시되

33 And they[a] came to Capernaum;[b] and when he was in the house, he asked them, "What were you discussing[c] on the way?"

34 저희가 잠잠하니 이는 노중에서 서로 누가 크냐 하고 쟁론하였음이라

34 But they were silent; for they had discussed on the way among themselves who was the greatest.[d]

35 예수께서 앉으사 열두 제자를 불러서 이르시되 아무든지 첫째가 되고자 하면 뭇사람의 끝이 되며 뭇사람을 섬기는 자가 되어야 하리라 하시고

35 And sitting down, he called the Twelve[e] and says to them, "If anyone wants to be first, he shall be last of all and servant[f] of all."

36 어린아이 하나를 데려다가 그들 가운데 세우시고 안으시며 제자들에게 이르시되

36 And taking a child, he put him in the midst of them; and putting his arms around him, he said to them,

37 누구든지 내 이름으로 이런 어린아이 하나를 영접하면 곧 나를 영접함이요 누구든지 나를 영접하면 나를 영접함이 아니요 나를 보내신 이를 영접함이니라

37 "Whoever should receive one of these children in my name receives me; and whoever should receive me receives not me but the one who sent me."

원문주해

a. 일부 사본들은 엘덴(ἦλθεν, "그가 왔다")으로 읽는다.

b. 헬라어로는 카파르나움(*Καφαρναούμ*, "가버나움")인데, 이는 ℵ, B, D, W사본 및 몇몇 후대의 권위 있는 사본들의 독법이다. 가버나움의 철자는 사본들에서 아주 다양하게 표기되었는데, 예를 들면 Θ사본은 카페르파르나움(*Καπερφαρναούμ*)으로, A, C, L, Σ, Φ사본과 많은 후대의 권위 있는 사본들은 카페르나움(*Καπερναούμ*)으로 읽는다.

c. W사본과 후대의 권위 있는 사본들은 프로스 헤아우투스(*πρὸς ἑαυτούς*, "너희끼리")를 첨가한다. 이 어구는 다음 절(34절)에서 가져온 것이다.

d. 문자적으로는 "더 큰." 코이네(Koine) 헬라어에서는 비교급 메이존(*μείζων*)이 최상급의 의미("가장 큰")로 사용되는 경우가 흔하다.

e. 일부 후대의 사본들은 마데타스(*μαθητάς*, "제자들")로 읽는다.

f. 헬라어로는 디아코노스(*διάκονος*, "섬기는 자")이며, 일부 후대의 사본들은 둘로스(*δοῦλος*, "하인" 또는 "종")로 읽는다.

양식/구조/배경

마가복음 9:33-37은 가르침 자료를 모아놓은 중요한 단원인 9:33-50을 이루는

여러 단락들 중 첫 번째 단락이다. 레인(Lane, 338)은 복음서 기자가 연결어(catch-word) 연관들을 통하여 이 단락들을 인위적으로 한데 모아놓았다고 생각하는 반면에(또한 Bultmann, *History*, 149; Taylor, 403를 보라), 건드리(Gundry, 507-8)는 이러한 연관들은 "하나의 일에 관하여 말하고 있을 때 의식의 흐름"으로부터 자연스럽게 생겨날 수 있는 것일 뿐이라고 주장하면서 레인의 생각에 반박한다. 그러나 엉성하게 결합해 놓은 것들이 일부 있는 것 같다. 더욱이 도입문의 표현은 마가적이다(에페로탄[*ἐπερωτᾶν*, "묻다"]에 대해서는 5:9; 엔 토 호도[*ἐν τῷ ὁδῷ*, "노중에서"]에 대해서는 8:3; 디알로기제스다이[*διαλογίζεσθαι*, "토론하다"]에 대해서는 2:6; 시오판[*σιωπᾶν*, "잠잠하다"]에 대해서는 3:4을 참조하라).

이 단락은 35절과 36절에 나오는 예수의 말씀들에 초점이 맞춰져 있는데, 이 말씀들은 서로 자연스럽게 잘 들어맞지 않는 것으로 보아 복음서 기자에 의해 인위적으로 결합되었을 가능성이 크다. 첫 번째 말씀의 요지는 제자들 가운데서의 합당한 태도들에 관한 것이다 – 첫째가 되고자 한다면 끝이 되며 섬기는 자가 되어야 한다. 복음서 기자가 이 도입부를 편집하면서 주로 염두에 둔 것은 바로 이 말씀이다. 두 번째 말씀의 요지는 약한 자와 미미한 자를 자비롭게 대하라는 것이다. 그렇게 하는 것이 곧 예수를 자비로 영접하는 것이고, 예수를 영접하는 것은 곧 그를 보내신 이를 영접하는 것이다.

복음서 기자는 33절에 나오는 예수의 질문과 제자들끼리 무슨 의논을 했는가에 관한 34절에 나오는 편집자의 설명을 이 두 말씀의 도입부로 삼는다. 복음서 기자는 나중에 10:35-45에서 자세하게 얘기될 전승으로부터 이 도입부에 대한 영감을 얻었을 것이다.

주석

33 "그들은 가버나움에 이르렀다"(*καὶ ἦλθον εἰς Καφαρναούμ* – 카이 엘돈 에이스 카파르나움). 가버나움은 이전에도 1:21과 2:1에서 언급된 바 있다. 가버나움을 발굴한 결과 현무암으로 만들어진 비교적 단순한 한 가족용의 주거 유적들이 몇 개 발견되었다. 현무암으로 된 좀더 오래된 터는 3세기 회당의 것으로 보이는 유적들을 이루고 있던 석회암의 아래층에서 볼 수 있었다. 이 좀더 오래된 터의 연대는 적어도 1세기의 것으로 추정되기 때문에, 예수께서 사역하셨던 가버나움 회당의 유적일 가능성이 높다. 예수와 제자들이 당도한 "집"(*οἰκία* – 오이키아)은 베드로의 집이었을 것이다(1:21; 참조. Taylor, 404).

"너희가 노중에서 토론한 것이 무엇이냐?"(τί ἐν τῇ ὁδῷ διελογίζεσθε – 티 엔 테 호도 디엘로기제스데). 바로 직전의 단락에서 제자들이 예수의 죽음과 부활에 관하여 "그에게 묻기를 무서워하였다"(32절)는 사실을 감안하면, 이 질문은 흥미롭다. 독자들은 당연히 제자들이 그 직전에 예수께 직접적으로 묻기를 무서워했던 문제를 자기들끼리 토론하고 있었을 것으로 짐작하게 될 것이다.

34 "그러나 저희는 잠잠하였다"(οἱ δὲ ἐσιώπων – 호이 데 에시오폰). 제자들은 수난 예고에 관하여 예수께 묻는 것을 여전히 무서워했기 때문에 잠잠했던 것일까? 그렇지 않다. 사실 제자들은 자기들 중에서 누가 가장 큰가를 토론하고 있었다. 이야기 주제의 변화가 얼핏 보기에는 매우 갑작스럽고 예기치 않은 것처럼 보인다. 분명히 독자들은 어떤 연유로 제자들이 죽음에 관한 스승의 예고에 관하여 묻기를 무서워한 것으로부터 그들 중에 누가 가장 크고 다가올 하나님 나라에서 더 큰 영예를 얻을 수 있을지에 관한 토론으로 넘어갔는지를 의아해할 것임에 틀림없다. 그러나 복음서 기자의 강조점이 제자들의 오락가락하는 감정이 아니라 다가올 죽음에 앞선 예수의 인상적인 가르침에 있다면, 이러한 주제 변화는 별로 갑작스럽지가 않다. 35절과 36절에 나오는 예수의 말씀들은 전체적으로 31절의 수난 예고와 맥을 같이 한다.

"이는 그들이 노중에서 자기들끼리 누가 제일 큰가를 쟁론하였음이라"(πρὸς ἀλλήλους γὰρ διελέχθησαν ἐν τῇ ὁδῷ τίς μείζων – 프로스 알렐루스 가르 디엘레크데산 엔 테 호도 티스 메이존). 제자들의 소심한 침묵은 예수께서 그들의 대화 내용과 그 배후의 동기들을 달갑지 않게 여기실 것임을 그들이 알고 있었음을 보여 준다. 현재의 단락 직전에 예수의 고난과 죽음에 관한 음울한 가르침을 감안하면, 제자들이 이 주제를 놓고 논쟁을 벌인 것은 아이러니컬하다. "예수께서 예루살렘으로 죽으러 가시는 노중에, 제자들은 개인의 입신출세를 얘기하고 있다"(Achtmeier, *Int* 30[1976] 179). 벌써 두 번째인 수난 예고의 취지를 제자들은 잊고 있었단 말인가? 제자들을 예수와 비교하는 것은 무리다. 오직 예수만이 앞에 무슨 일이 기다리고 있고 그 대가가 무엇일지를 분명하게 이해하고 계신다.

직급과 서열의 문제는 유대 팔레스타인을 포함한 지중해 세계에서 드물게 다루어진 주제가 아니었다. 이 시기에 나온 본문들로는 1QS 2:20-23; 5:20-24; 6:3-5, 8-10; 1QSa 2:11-22과 지혜 전승들을 인유(引喩)하고 있는(참조. 잠 25:6-7; Sir 3:18, 20) 누가복음 14:7-11에 나오는 예수의 충고를 보라. 랍비 전승에 나오는 이와 비슷한 충고에 대해서는 *Lev. Rab.* 1.5(레 1:1에 대한); *'Abot R. Nat.* A §25를 보라.

35 "예수께서 앉으사 열두 제자를 불러서 이르시되"(*καὶ καθίσας ἐφώνησεν τοὺς δώδεκα καὶ λέγει αὐτοῖς* – 카이 카디사스 에프네센 투스 도데카 카이 레게이 아우토이스). 예수의 앉으신(*καθίσας* – 카디사스) 모습은 예수께서 선생의 역할을 하시고 있음을 암시한다(참조. 12:42; 마 5:1; 23:2; 눅 4:20; 5:3). "그가 열두 제자를 불렀다"(*ἐφώνησεν τοὺς δώδεκα* – 에포네센 투스 도데카)라는 마가의 표현은 선생으로서의 예수의 권위를 강조하는 것이다. 제자들은 이미 예수와 함께 있었기 때문에 구태여 그들을 부르실 필요가 없었기 때문이다. "아무든지 첫째가 되고자 하면 뭇사람의 끝이 되며 뭇사람을 섬기는 자가 되어야 하리라"(*εἴ τις θέλει πρῶτος εἶναι, ἔσται πάντων ἔσχατος καὶ πάντων διάκονος* – 에이 티스 델레이 프로토스 에이나이 에스타이 판톤 에스카토스 카이 판톤 디아코노스)는 예수의 가르침은 10:43-44의 말씀과 매우 흡사하다. "너희 중에 누구든지 크고자 하는 자는 너희를 섬기는 자가 되고 너희 중에 누구든지 으뜸이 되고자 하는 자는 모든 사람의 종이 되어야 하리라."

이 시기의 유대 문화에서 프로토스(*πρῶτος*, "첫째")는 통치자들, 귀족들, 고위 제사장들, 기타 권세와 영향력이 있는 유력 인사들을 의미했다(참조. 눅 19:47; 행 25:2; 28:17; Josephus, *Ant.* 11.5.3 §140-41; 18.3.3 §63-64; 18.5.3 §121). 그러므로 에스카토스(*ἔσχατος*, "끝")와 디아코노스(*διάκονος*, "섬기는 자")가 된다는 것은 아무런 직위도, 권세도, 특권도 없는 사람 – 통상적으로 사람들이 탐내지 않았던 신분 – 이 된다는 것을 의미했다. 그러나 예수께서 선포하신 하나님 나라에서 "첫째"가 되고자 하는 사람은 누구든지 섬기는 사람이 되려고 해야 한다.

36 "어린아이 하나를 데려다가 그들 가운데 세우시고 안으셨다"(*καὶ λαβὼν παιδίον ἔστησεν αὐτὸ ἐν μέσῳ αὐτῶν καὶ ἐναγκαλισάμενος αὐτό* – 카이 라본 파이디온 에스테센 아우토 엔 메소 아우톤 카이 에낭칼리사메노스 아우토). 예수께서 어린아이를 모범으로 삼으신 것은 10:13-16과 비슷하다. "누구든지 하나님의 나라를 어린아이와 같이 받들지 않는 자는 결단코 들어가지 못하리라"(아래에서 이 구절에 대한 "주석"을 보라; 두 본문에서 비교적 드물게 사용되는 에낭칼리제스다이[*ἐναγκαλίζεσθαι*, "안다"]가 나온다는 것은 공통의 전승임을 보여 준다; Taylor, 405). 주석가들은 흔히 고대 말기에 어린아이들은 거의 존중받지 못했다는 점을 지적한다. "어린아이들의 말"에 귀기울이는 것은 시간 낭비라고 생각되었다(*m. ʾAbot* 3:11). 어린아이를 안음으로써 예수는 "크다는 것이 무엇인지에 관한 비유를 행동으로 보여 주시고 있다"(Achtmeier, *Int* 30[1976] 182). 아람어로 탈야(טליא)가 "종"도 의미

하고 "어린아이"도 의미한다는 것은 이러한 주장을 밑받침해 준다(Black, *Exp Tim* 59[1947-48] 14-15; 하지만 Fleddermann, *CBQ* 43[1981] 64 n. 65는 통상적으로 "종"을 의미할 때는 헬라어로 파이스[*παῖς*] 또는 둘로스[*δοῦλος*]로 표현한다고 지적한다; 탈야[טליא]가 "종"의 의미로 사용된 예들은 *b. ʾAbod. Zar.* 44a; *b. Pesah.* 31b; Sokoloff, *Aramaic*, 225를 참조하라; 또한 나아르[נער]도 "종"이나 "어린아이"를 의미할 수 있고 칠십인역에서 종종 디아코노스[*διάκονος*]로 번역된다는 점도 유의해야 한다; 참조. 에 2:2; 6:3, 5). 그러므로 "어린아이를 안는 것"을 통해서 예수는 35절의 말씀에서 섬기는 자가 된다는 것이 무엇을 의미하는지를 정의하시고 있는 것이다. 누구든지 첫째가 되고자 하는 자는 섬기는 자가 되어야 하는데, 그것은 어린아이들같이 가장 힘없고 영향력 없는 자들에 대한 섬김을 의미한다.

37 "내 이름으로 이런 어린아이 하나를 영접하는 자는 누구든지 나를 영접하는 것이요 나를 영접하는 자는 누구든지 내가 아니라 나를 보내신 이를 영접함이니라" (*ὃς ἂν ἓν τῶν τοιούτων παιδίων δέξηται ἐπὶ τῷ ὀνόματί μου, ἐμὲ δέχεται· καὶ ὃς ἂν ἐμὲ δέχηται, οὐκ ἐμὲ δέχεται ἀλλὰ τὸν ἀποστείλαντά με* – 호스 안 헨 톤 토이우톤 파이디온 덱세타이 에피 토 오노마티 무 에메 데케타이 카이 호스 안 에메 데케타이 우크 에메 데케타이 알라 톤 아포스테일란타 메). 37절의 말씀을 35절의 말씀과 병치시키고 있는 것은 마가복음 기자가 이 말씀들을 병행으로 이해했다는 것을 보여 준다. 이런 식으로 본다면, 섬기는 자가 된다는 것은 어린아이를 영접하는 것을 의미한다(교만하고 오만한 자들은 어린아이를 섬길 시간이 없을 것이기 때문에). 그러나 37절의 말씀 자체가 병행 구조로 되어 있다: 예수의 이름으로 어린아이를 영접하는 자는 예수를 영접하는 것이다. 그리고 예수를 영접함으로써 그는 실제로 그분을 보내신 이를 영접한 것이다. 예수를 "보내신 이"(*τὸν ἀποστείλαντά* – 톤 아포스테일란타)는 물론 하나님이다. 어린아이를 영접하는 것(즉, 비천하고 하잘것 없고 약한 자)이 예수를 영접하는 것이라고 말하는 것은 예수께서 자신을 섬기는 자로 보시고 있음을 보여 준다. 이 본문은 마가복음 10장에도 그 병행이 나온다. 10:45에서 예수는 자기가 "섬김을 받으려 함이 아니라 도리어 섬기려" 왔다고 말씀하신다(아래의 "주석"을 보라).

데케스다이(*δέχεσθαι*, "영접하는 것")는 여기서 6:11과 동일한 것을 의미할 것이다. 영접 받는다는 것은 환영을 받고 친구나 가족처럼 대우받는다는 의미를 함축한다. 어린아이를 영접하는 것과 관련하여 "내 이름으로"라는 수식어구가 붙어 있다. 누가 예수의 이름으로 온다면, 그를 영접하는 것이 마땅하다. 왜냐하면 그것은 예수 자신을 영접하는 것이고, 더 나아가 하나님을 영접하는 것이나 다름없기 때문이다. 여기에 나오는 언어 표현은 선교와 관련이 있다. 따라서 이것은 37절의 말씀이 원래는 35절의 말씀이 나온 것과는 다른 상황에서 나왔음을 보여 준다(35절의 말씀은 선교와는 아무 상관이 없는 것으로 보인다).

해설

이 단락은 예수의 수난이나 직접적으로 그것과 관련된 문제들을 다루고 있는 것은 아니지만, 이 단락에 나오는 가르침은 그 그늘 아래 있다. 예수는 앞서 두 번이나 그의 수난을 예고하셨는데(8:31; 9:31), 두 번 다 두려움, 당혹감, 직접적인 저항을 불러일으켰다. 열두 제자를 임명하고 사명을 주셨을 때(3:13-19; 6:7-13), 예수는 그들에게 하나님 나라의 복음을 선포하고, 병자를 치유하며, 귀신들을 내어쫓는 권세를 주셨다. 그들의 선교와 활동들에는 분명한 승리의 빛이 감돌고 있었다. 사역의 이러한 국면은 예수께서 진실로 메시아시라는 베드로의 확고한 신앙고백(8:29)에서 절정에 달했다. 그러나 수난 예고들을 계기로 모든 것이 변해 버렸다. 첫째(큰 자)가 되는 것은 병을 치유하고 귀신을 내어쫓는 권세와는 아무런 상관이 없고, 섬김 및 겸손과 관련이 있다. 그러나 예수는 병을 치유하고 사단에 도전하는 권세의 모범이었던 것과 마찬가지로 이것에 있어서도 모범이시다. 제자들은 하나님 나라에서 큰 자가 되려면 예수의 가치관과 관점들을 채택하지 않으면 안 된다. 이런 류의 가르침들은 앞으로도 더 계속될 것이다. 제자들은 비로소 예수를 따른다는 것이 무엇을 수반하는 것인지를 깨닫기 시작하고 있었다.

8. 우리를 반대하지 않는 자는 우리를 위하는 자니라(9:38-41)

본 문

38 요한이 예수께 여짜오되 선생님 우리를 따르지 않는 어떤 자가 주의 이름으로 귀신을 내어쫓는 것을 우리가 보고 우리를 따르지 아니하므로 금하였나이다

38 John said[a] to him, "Teacher,[b] we saw someone casting out demons in your name, and we forbade him, because he was not following us."[c]

39 예수께서 가라사대 금하지 말라 내 이름을 의탁하여 능한 일을 행하고 즉시로 나를 비방할 자가 없느니라
40 우리를 반대하지 않는 자는 우리를 위하는 자니라
41 누구든지 너희를 그리스도에게 속한 자라 하여 물 한 그릇을 주면 내가 진실로 너희에게 이르노니 저가 결단코 상을 잃지 않으리라

39 But Jesus said, "Do not forbid him; for there is no one who will do a miracle in my name and will soon after be able to speak evil of me.
40 For whoever is not against us is for us.
41 For whoever should give you a cup of water[d] to drink, because you bear the name of Christ,[e] truly I say to you that he will certainly not lose his reward."

원문주해

a. 일부 사본들은 여러 형태의 아포크리네스다이(*ἀποκρίνεσθαι*, "대답하다")를 첨가하는데, 이는 9:38-41을 앞의 단락과 연결시키기 위한 것인 듯하다.

b. 페쉬타(Peshitta)는 랍비(*rabbî*)라 읽고, 또 다른 수리아 본문은 랍반(*rabbān*)이라 읽는다.

c. 요한의 말 중 후반부의 표현은 사본 전승마다 조금씩 다르지만, 이 구절의 의미에 중요한 영향을 미칠 정도는 아니다. 이에 대한 논의는 *TCGNT*[1], 101; Westcott-Hort, *Introduction*, 1:100-101; 2:25를 보라.

d. 일부 후대의 사본들은 휘다토스 프쉬크루(*ὕδατος ψυχροῦ*, "냉수")로 읽는다. 이 이독은 마 10:42의 영향 때문이다.

e. 헬라어 본문이 어색하다. *TCGNT*[1], 101를 보라. 문자적으로 헬라어 본문은 엔 오노마티 호티 크리스투 에스테(*ἐν ὀνόματι ὅτι χριστοῦ ἐστε*, "너희가 그리스도의 것이라 하여 이름으로")로 되어 있다. 본문의 의미를 명확히 하기 위한 시도로 일부 사본들은 엔 오노마티(*ἐν ὀνόματι*, "이름으로") 다음에 무(*μου*, "나의")를 첨가한다. 그러면 본문은 "너희가 그리스도에게 속한 자라 하여 내 이름으로"가 된다. 일부 후대의 사본들은 축약형 크리스투(*χριστοῦ*, "그리스도의 것")가 주는 혼동을 피하기 위하여 호티 크리스티아노이 에스테(*ὅτι χριστιανοί ἐστε*, "너희가 그리스도인들이라 하여")로 읽는다.

양식/구조/배경

이 단락은 두 부분으로 이루어져 있다. (1) 예수의 이름으로 귀신들을 내어쫓는 어떤 사람에 관한 대화인 38-40절과 (2) 물 한 그릇을 주는 것에 관한 41절의 말씀. 첫 번째 부분(38-40절)은 전승에 속하는 것으로서 예수의 삶의 자리(*Sitz im Leben Jesu*)에서 나온 것일 가능성이 크다. 초기 기독교 공동체가 예수를 따르는 자도 아니면서 귀신을 내어쫓는 자에 관한 이야기를 만들어 냈을 것 같지는 않다. 사실 본

문의 이야기는 유대인 구마사들이 "바울이 전한 예수"의 이름으로 악한 귀신을 내어 쫓으려고 시도한 것에 관한, 사도행전에 나오는 대략 비슷한 이야기(행 19:13-16)와 긴장 관계를 이룬다. 불트만(*History*, 24-25)은 40절을 이차적인 첨가라고 생각한다(두 부분의 관계에 대한 자세한 논의는 Schmidt, *Rahmen*, 233-37를 보라). 40절은 39절의 말씀과 약간 어색하게 연결되어 있기 때문에, 불트만의 생각이 맞을지도 모른다(하지만 Cranfield, 311를 보라).

"우뢰의 아들들"(3:17) 중의 한 사람인 요한은 그들을 따르지 않는 어떤 자가 예수의 이름으로 귀신을 내어쫓는 것을 보았다고 예수께 알린다. 이런 일은 초대 교회에서 흔히 일어난 일이었지만, 예수께서 갈릴리 사역을 하는 동안에 이 사건이 일어나지 않았다고 결론을 내릴 만한 설득력 있는 근거가 없다. 예수의 성공적인 사역은 사방으로 널리 퍼져 나가서 헤롯 안디바의 귀에까지 들어갔다(6:14-16). 축귀에 관한 사례 보고들(Josephus, *J.W.* 7.6.3 §§180-85; *Ant.* 8.2.5 §§46-49의 경우 같은)에서 우리가 받는 인상은 구마사들은 매우 실제적이어서 솔로몬 및 기타 힘있다고 생각되는 인물들을 불러대곤 했다는 것이다(주술 파피루스들을 참조하라). 일부 진취적인 구마사들이 귀신들을 내어쫓는 데 예수의 이름(그의 메시지가 아닌)을 사용하지 않을 이유가 어디 있겠는가?

두 번째 부분(9:41)은 실제로 예수로부터 유래했을 자유롭게 떠도는 주제였을 수도 있겠지만, 부활 사건 이후의 것일 가능성이 크다. 다른 상황에서 유래했을 이 말씀은 현재의 단락을 보완하는 중요한 역할을 한다. 그러나 이 말씀의 현재의 언어 표현은 몇 가지 문제점을 안고 있는데, 이는 본래의 모습이 아닌 것 같다(아래의 "주석"을 보라).

주석

38 "요한이 예수께 여짜오되 선생님, 어떤 자가 당신의 이름으로 귀신들을 쫓아내는 것을 우리가 보았나이다"(*ἔφη αὐτῷ ὁ Ἰωάννης, διδάσκαλε, εἴδομέν τινα ἐν τῷ ὀνόματί σου ἐκβάλλοντα δαιμόνια*－에페 아우토 호 이오안네스 디다스칼레 에이도멘 티나 엔 토 오노마티 수 에크발론타 다이모니아). 세베대의 아들 요한은 마가복음에서 여러 차례 이름이 거론되었으나(1:19, 29; 3:17; 5:37; 9:2), 그의 말이 기록된 것은 이번이 처음이다. 요한과 그의 형제 야고보는 나중에(막 10장에서) 예수의 우편과 좌편에 앉게 해달라고 청한다. 마가복음 13장에서 이 두 형제는 베드로와 함께 성전이 파괴될 것이라는 말씀이 언제 성취되느냐고 예수께 묻는다. 요한이

마지막으로 등장하는 것은 베드로와 야고보와 함께 겟세마네에서 예수께서 기도하시는 장면에서이다(막 14:33).

"그가 우리를 따르지 않고 있기 때문에 우리가 그를 금하였나이다"(*ἐκωλύομεν αὐτόν, ὅτι οὐκ ἠκολούθει ἡμῖν*－에콜뤼오멘 아우톤 호티 우크 에콜루데이 헤민). 요한은 제자들을 대표하여 이 구마사를 금하는 역할을 맡았다. 왜냐하면 이 구마사는 6:7-13에서의 열두 제자의 경우와는 달리 예수에 의해서 위임받지 않았기 때문이다. 그러므로 제자들은 이 구마사가 예수의 이름을 부를 권한이 없다고 생각했다. (이 구마사가 축귀 자체를 행하려고 했다는 것이 제자들의 불평의 이유는 아니었다.) 예수께서 열두 제자를 임명하고 사역을 위임함으로써 그의 공식적인 대사(大使)들처럼 행하도록 하셨기 때문에, 요한의 처사(處事)는 정당한 것처럼 보인다. 이 외인(外人)은 도대체 누구길래 무슨 권리로 예수의 이름과 권능을 사용할 생각을 했단 말인가? 제자들의 태도는 엘닷과 모닷이 예언하는 것을 반대했던 여호수아가 취한 태도(민 11:26-30)와 비슷하다.

39 "금하지 말라"(*μὴ κωλύετε αὐτόν*－메 콜뤼에테 아우톤). 예수께서 제자들에게 보이신 반응은 모세가 여호수아에게 보인 반응과 흡사하다. "네가 나를 위하여 시기하느냐 여호와께서 그 신을 그 모든 백성에게 주사 다 선지자 되게 하시기를 원하노라"(민 11:29). 10:14에서 예수는 제자들에게 "어린아이들의 내게 오는 것을 용납하고 금하지 말라(*μὴ κωλύετε*－메 콜뤼에테)"고 명하신다. 또한 바울이 고린도 교인들에게 "그런즉 내 형제들아 예언하기를 사모하며 방언 말하기를 금하지 말라(*μὴ κωλύετε*－메 콜뤼에테)"고 명하고 있는 고린도전서 14:39을 보라.

"내 이름을 의탁하여 능한 일을 행하고 즉시로 나를 비방할 자가 없느니라"(*οὐδεὶς γάρ ἐστιν ὃς ποιήσει δύναμιν ἐπὶ τῷ ὀνόματί μου καὶ δυνήσεται ταχὺ κακολογῆσαί με*－우데이스 가르 에스틴 호스 포이에세이 뒤나민 에피 토 오노마티 무 카이 뒤네세타이 타퀴 카콜로게사이 메). 주석가들(예를 들어, Str-B 2:19)은 종종 *b. B. Qam.* 80b=*b. B. Bat.* 12b("[하나님께] 미움을 받고 있는 자가 속히 은총을 입는 일은 없다")가 예수의 이 말씀과 병행된다고 주장하지만, 오직 형식만이 병행될 뿐이다(Lachs, 267). 레인(Lane, 344) 등은 9:14-29에서 예수의 제자들은 축귀에 성공하지 못했는데, 여기 9:38에서 제자들은 축귀에 성공한 사람을 가로막고자 한다는 점에서 아이러니(irony)가 작용하고 있다고 본다.

40 "우리를 반대하지 않는 자는 우리를 위하는 자니라"(*ὃς γὰρ οὐκ ἔστιν καθ' ἡμῶν, ὑπὲρ ἡμῶν ἐστιν*－호스 가르 우크 에스틴 카드 헤몬 휘페르 헤몬 에스틴)는

말씀은 가이사(Caesar)에게 "우리는 우리와 함께하지 않은 모든 자를 우리의 적으로 여기지만, 당신은 당신을 반대하지 않는 모든 자를 당신의 친구로 여긴다고 당신이 말하는 것을 우리는 자주 들어 왔습니다"(*Lig.* 11; Nestle, *ZNW* 13[1912] 85에서 재인용)라고 말한 키케로(Cicero, 주전 1세기)에게서 확인되는 격언이다. 예수는 이 격언에 근거해서 자신이 39절에서 취한 태도를 정당화하신다. 그러나 예수의 말씀은 Q에 병행으로 나오는 말씀인 "나와 함께하지 아니하는 자는 나를 반대하는 자요" (마 12:30=눅 11:23)와 모순되는가? 이 말씀도 축귀의 맥락 속에 등장하지만, 그 적용은 다르다. "우리를 반대하지 않는 자"라는 말씀은 예수의 이름을 적극적으로 이용하여 사단의 나라에 맞선 싸움을 수행하고 있는 사람에게 적용된다. "나와 함께 하지 아니하는 자"라는 말씀은 예수의 축귀 사역을 비판하고 반대하는 자들을 가리킨다. 이들은 예수와 "함께"하지 않고 있다. 즉, 그들은 예수를 반대하고 있다. 마가복음 9:38에 나오는 사람은 예수를 반대하는 것이 아니라 사실 예수의 사역을 행하고 있다. (P.Oxy. 1224 §2에 나오는 관련된 외경 본문을 보라: "오늘 너희와 멀리 있던 자가 내일은 너희에게 가까울 수 있다.")

41 "누구든지 너희를 그리스도에게 속한 자라 하여 물 한 그릇을 주면 내가 진실로 너희에게 이르노니 저가 결단코 상을 잃지 않으리라"(*ὅς γὰρ ἂν ποτίσῃ ὑμᾶς ποτήριον ὕδατος ἐν ὀνόματι ὅτι Χριστοῦ ἐστε, ἀμὴν λέγω ὑμῖν ὅτι οὐ μὴ ἀπολέσῃ τὸν μισθὸν αὐτου* – 호스 가르 안 포티세 휘마스 포테리온 휘다토스 엔 오노마티 호티 크리스투 에스테 아멘 레고 휘민 호티 우 메 아폴레세 톤 미스돈 아우투). 이 결론부의 진술은 원래 예언 형태로 된 후대의 그리스도인의 말일 것이다. 그러나 난해한 절인 "너희가 그리스도에게 속한 자라 하여"(*ἐν ὀνόματι ὅτι Χριστοῦ ἐστε* – 엔 오노마티 호티 크리스투 에스테)를 후대의 난외주로 보고 삭제하거나(J. C. Hawkins, *Horae Synopticae*, 2nd ed.[Oxford: Clarendon, 1909] 152와 Lagrange, 249에 의해 제안됨) 수정한다면, 이 진술의 진정성에 대한 주된 반론은 사라지게 된다. 이 진술은 어떻게 수정되어야 하는가? 티일러(Taylor, 408)는 편집자가 에모이(*ἐμοί*, "내게[즉, 내 것]")를 크리스투(*Χριστοῦ*, "그리스도의 것[즉, 그리스도의 것]")로 대체했다고 보기 때문에(호티 에몬 에스테[*ὅτι ἐμόν ἐστε*]로 읽고 있는 ℵ* 사본은 이러한 제안의 중요한 본문상의 증거를 제공한다), 원래의 독법은 엔 오노마티 호티 에모이 에스테(*ἐν ὀνόματι ὅτι ἐμοί ἐστε*, "너희는 내 것이기 때문에 [내] 이름으로")였다고 생각한다. 다이스만(A. Deissmann, *Bible Studies*[Edinburgh: T. & T. Clark, 1901] 197-98)과 밀리건(G. Milligan, *Selections from the Greek*

Papyri[Cambridge: Cambridge UP, 1912] 50)을 따라, 그는 엔 오노마티(*ἐν ὀνόματι*)가 "덕분에" 또는 "~를 근거로"라는 의미를 띤다고 본다. 그렇다면, 이 말씀은 원래 "누구든지 너희를 내 것이라는 이유로 마실 물 한 잔을 너희에게 주면 저가 결단코 상을 잃지 않으리라"로 되어 있었을 것이다.

해설

구마사(驅魔師) 사건은 이례적인데, 특히 이 사람의 활동에 대한 예수의 흥미로운 견해 때문에 더욱 그렇다. 엄격한 교리적 요구 조건들과 기대들을 갖고 있는 현대의 많은 그리스도인들의 성향과는 반대로, 예수는 두드러지게 에큐메니컬적이고 수용적인 태도를 보인다. "9:38-41에 나오는 작은 사건의 명백한 의미는 제자의 범위를 그들 자신의 무리에게로 아주 협소하게 제한했던 열두 제자를 책망하는 것이다"(Martin, *Mark: Evangelist and Theologian*, 115). 물론 이 이야기가 인상적인 것은 예수의 이름이 아주 권능이 있어서 예수를 따르는 무리에 속하지 않은 어떤 사람이 예수의 이름을 불렀어도 좋은 결과를 가져올 수 있었다는 것이다. 앞 단락(9:33-37)에서 예수는 어린아이를 그의 이름으로 영접하는 것에 관하여 말씀하셨다. 이 단락에서 우리는 그의 이름으로 귀신들을 내어쫓는 어떤 사람에 관한 이야기를 듣는다. 예수의 이름이 지닌 권능은 마가복음의 독자들에게 커다란 인상을 주었을 것이다. 왜냐하면 예수의 이름이 지닌 권능은 저 유명한 다윗의 아들 솔로몬의 권능과 맞먹었고(10:46-52에 대한 "주석"을 보라), 하나님 자신의 이름이 지닌 권능과 비슷했기 때문이다.

또한 이 구마사 사건은 누가 가장 큰가에 관한 제자들의 논쟁에 관한 앞서의 이야기(9:33-37)를 보완하는 역할을 한다. 그 이야기에서 제자들은 첫째 가는 자가 되고자 한다면 끝이 되고 남들을 섬기는 사람이 되어야 한다는 가르침을 받았다. 제자들이 그러한 태도를 수용했다면, 하나님께서 역사하시는 어떤 다른 사람에 대하여 시기와 경쟁심을 갖지 않을 것이고, 오히려 외인(外人)이 예수의 제자들 중 하나에게 아주 간단한 호의를 베푼 것에 대해서도 상을 받는다는 사실을 배울 것이다.

9. 범죄에 대한 유혹(9:42-50)

참고문헌

Nauck, W. "Salt as a Metaphor in Instructions for Discipleship." *ST* 6(1952) 165-78.
Zager, W. *Gottesherrschaft und Endgericht in der Verkündigung Jesu: Eine Untersuchung zur markinischen Jesusüberlieferung einschliesslich der Q-Parallelen.* BZNW 82. Berlin; New York: de Gruyter, 1996.

본 문

42 또 누구든지 나를 믿는 이 소자 중 하나를 실족케 하면 차라리 연자 맷돌을 그 목에 달리우고 바다에 던지움이 나으리라

42 "And whoever should cause to stumble one of these[a] little ones who believe [in me],[b] it is better for him if a great millstone is hung around his neck and he is cast into the sea.

43 만일 네 손이 너를 범죄케 하거든 찍어 버리라 불구자로 영생에 들어가는 것이 두 손을 가지고 지옥 꺼지지 않는 불에 들어가는 것보다 나으니라

43 And if your hand should cause you to stumble,[c] cut if off; it is better for you to enter into life maimed than having two hands to enter into[d] hell, into the unquenchable fire.[e]

44 (절 내용 없음)

45 만일 네 발이 너를 범죄케 하거든 찍어 버리라 절뚝발이로 영생에 들어가는 것이 두 발을 가지고 지옥에 던지우는 것보다 나으니라

45 And if your foot should cause you to stumble,[f] cut if off; it is better for you to enter into life lame than having two feet to be cast into hell.[g]

46 (절 내용 없음)

47 만일 네 눈이 너를 범죄케 하거든 빼어 버리라 한 눈으로 하나님의 나라에 들어가는 것이 두 눈을 가지고 지옥에 던지우는 것보다 나으니라

47 And if your eye cause you to stumble, pluck it out; it is better to enter the kingdom of God with one eye than with two eyes to be cast into hell,[h]

48 거기는 구더기도 죽지 않고 불도 꺼지지 아니하느니라

48 where 'their worm does not die, and the fire is not quenched.'[i]

49 사람마다 불로서 소금 치듯 함을 받으리라

49 For everyone will be salted with fire.[j]

50 소금은 좋은 것이로되 만일 소금이 그 맛을 잃으면 무엇으로 이를 짜게 하리요 너희 속에 소금을 두고 서로 화목하라 하시니라

50 Salt is good; but if the salt should become saltless,[k] with what will you season it? Have salt in yourselves, and be at peace with one another."

원문주해

a. W사본은 헤나 톤 미크론 무 투톤(*ἕνα τῶν μικρῶν μου τούτων*, "나의 이 소자들

중 하나")으로 읽는다.

b. A, B, C[2], L, W사본과 많은 후대의 사본들은 에이스 에메(εἰς ἐμέ, "나를")를 첨가한다. Nestle-Aland[27]과 USBGNT[3c]는 이 단어들을 괄호 안에 넣는다. ℵ, C*[vid]사본과 여러 역본들은 이 단어들을 생략한다. 이 단어들은 마 18:6에서 왔을 가능성이 있다. *TCGNT[1]*, 101-2에 나오는 논의를 보라.

c. A, C, D사본과 몇몇 후대의 사본들은 스칸달리제(σκανδαλίζῃ, "[계속해서] 실족케 하다"; 현재 가정법)로 읽는다. ℵ, B, L, W사본과 몇몇 후대의 권위 있는 사본들은 스칸달리세(σκανδαλίσῃ, "실족케 하다"; 부정과거 가정법)로 읽는다. 헬라어 시제의 차이는 중요한 의미를 지닐 수 있다. 전자의 독법(Nestle-Aland[27]과 USBGNT[3c]에서 채택함)은 후자의 독법과는 반대로 습관적인 실족이라는 의미를 함축할 수 있다.

d. D사본과 몇몇 후대의 사본들은 블레데나이 에이스(βληθῆναι εἰς, "~에 던져지다")로 읽는데, 이는 45절의 영향인 듯하다.

e. 헬라어로는 에이스 텐 게엔난 에이스 토 퓌르 토 아스베스톤(*εἰς τὴν γέενναν, εἰς τὸ πῦρ τὸ ἄσβεστον*). 게엔나(*Γέεννα*)는 아람어 게힌남(גיהנם)의 음역(音譯)이다. 이 단어는 영어로도 흔히 음역된다(즉, Gehenna 또는 Gehinnom). 하지만 이 단어는 "지옥"으로 번역하는 것이 더 낫다(48절에 대한 "주석"을 보라). "지옥 불"(**אישת** גיהנם – 엣샤트 게힌남)이라는 표현은 탈굼에서 확인된다(참조. *Frag. Tg.* Deut 32:35). 몇몇 사본들에서 여러 어미들이 나타난다. 에이스 텐 게엔난 호푸 에스틴 토 퓌르 토 아스베스톤(*εἰς τὴν γέενναν, ὅπου ἐστὶν τὸ πῦρ τὸ ἄσβεστον*, "꺼지지 않는 불이 있는 게헨나에")으로 읽는 사본들도 있고, 에이스 텐 게엔난 투 퓌로스(*εἰς τὴν γέενναν τοῦ πυρός*, "불의 게헨나에")로 읽는 사본들도 있다. ℵ[a], L사본과 일부 후대의 사본들은 그저 에이스 텐 게엔난(*εἰς τὴν γέενναν*, "게헨나에")으로 읽는다. ℵ, B, C, L, W사본과 많은 권위 있는 사본들이 44절, 곧 호푸 호 스콜렉스 아우톤 우 텔류타 카이 토 퓌르 우 스벤뉘타이(*ὅπου ὁ σκώληξ αὐτῶν οὐ τελευτᾷ καὶ τὸ πῦρ οὐ σβέννυται*, "거기는 구더기도 죽지 않고 불도 꺼지지 아니하느니라")를 생략하고 있으므로, 위의 사역에서도 44절을 생략한다. A, D, K사본과 무수한 후대의 사본들에는 44절이 나온다. 이 첨가는 48절에서 가져온 것 같다.

f. W사본과 몇몇 사본들은 부정과거 가정법으로 읽는다. 위의 "원문주해"를 보라.

g. 헬라어로는 게엔난(*γέενναν*)인데, 문자적으로 "게헨나"(위의 "원문주해" e와 48절에 대한 "주석"을 보라)이다. 몇몇 후대의 사본들은 투 퓌로스(*τοῦ πυρός*, "불의"), 투 퓌로스 투 아스베스투(*τοῦ πυρὸς τοῦ ἀσβέστου*, "꺼지지 않는 불의")를 첨가하거나, 에이스 텐 게엔난(*εἰς τὴν γέενναν*, "게헨나에") 대신에 에이스 토 퓌르 토 아스베스톤(*εἰς τὸ πῦρ τὸ ἄσβεστον*, "꺼지지 않는 불에")으로 읽는다. ℵ, B, C, L, W사본과 많은 다른 권위 있는 사본들이 46절, 곧 호푸 호 스콜렉스 아우톤 우 텔류타 카이 토 퓌르 우 스벤뉘타이(*ὅπου ὁ σκώληξ αὐτῶν οὐ τελευτᾷ καὶ τὸ πῦρ οὐ σβέννυται*, "거기는 구더기도 죽지 않

고 불도 꺼지지 아니하느니라")를 생략하고 있으므로, 위의 사역에서도 46절을 생략한다. 위의 "원문주해"를 보라.

h. A, C사본과 많은 후대의 사본들은 투 퓌로스(*τοῦ πυρός*, "불의")를 첨가한다.

i. 후대의 사본들은 약간씩 차이나는 독법들로 읽는다. 이 절은 사 66:24의 인용문이다.

j. B, L사본과 몇몇 다른 권위 있는 사본들은 파스 가르 퓌리 할리스데세타이(*πᾶς γὰρ πυρὶ ἁλισθήσεται*, "사람마다 불로써 소금 치듯 함을 받으리라")로 읽는다. Nestle-Aland[27]과 USBGNT[3c]는 이 독법을 받아들였다. 위의 사역도 이를 따른다. D사본과 몇몇 이탈리아 사본들은 파사 가르 뒤시아 할리 할리스데세타이(*πᾶσα γὰρ θυσία ἁλὶ ἁλισθήσεται*, "제사마다 소금이 쳐지리라")로 읽는다(참조. 레 2:13). A사본과 몇몇 다른 권위 있는 사본들은 이러한 독법들을 결합하여 파스 가르 퓌리 할리스데세타이 카이 파사 뒤시아 할리 할리스데세타이(*πᾶς γὰρ πυρὶ ἁλισθήσεται καὶ πᾶσα θυσία ἁλὶ ἁλισθήσεται*, "사람마다 불로써 소금 치듯 함을 받겠고, 제사마다 소금이 쳐지리라")로 읽는다. 또한 퓌리 아날로데세타이(*πυρὶ ἀναλωθήσεται*, "불에 삼켜지리라"), 엔 퓌리 도키마스데세타이(*ἐν πυρὶ δοκιμασθήσεται*, "불로 시험을 받으리라"), 파사 데 우시아 아날로데세타이(*πᾶσα δὲ οὐσία ἀναλωθήσεται*, "그리고 [그들의] 모든 실체가 멸해지리라") 같은 이독(異讀)들도 확인된다. 이러한 이독들의 발전에 대해서는 C. H. Turner, "W and *Θ*: Studies in the Western Text of St Mark," *JTS* o.s. 17[1916] 16-18; *TCGNT*[1], 102-3; Cranfield, 314-15를 보라.

k. W사본은 에안 데 토 할라스 모란데(*ἐὰν δὲ τὸ ἅλας μωρανθῇ*, "그러나 소금이 맛을 잃게 되었다면")로 읽는다(참조. 마 5:13; 눅 14:34).

양식/구조/배경

이 단락은 사람들을 실족케 할 위험성들에 관한 가르침으로 이루어져 있다. 개시 절은 흔히 원래는 43-48절과 분리되어 있었던 것으로 취급되지만(Bultmann, *History*, 144; 참조. Schmidt, *Rahmen*, 235), 그러한 취급은 타당한 근거가 없다. "소자들"은 9:36의 어린아이와 연결되는 것 같다(아래의 "주석"을 보라). 예수는 이제 소자들을 실족케 하는 것에 관하여 경고한 다음에 이 주제를 자세하게 다루어 나가신다. 이 말씀은 랍비의 한 전승과 병행을 보인다: "먹지도 못하고 마시지도 못하며 냄새 맡지도 못하는 나무들은 걸림돌이 될 것이 자명하기 때문에 불에 태워 멸하라고 토라가 명하고 있다면[참조. 신 12:3], 이웃을 생명길에서 사망길로 유혹하는 [자를 너희가 멸해야 할 것은] 너무도 뻔한 일이 아니냐?"(*b. Sanh.* 55a). 9:42의 잠언적 성격 때문에, 불트만은 이 절을 "그 유래를 더 이상 추적할 수 없는 옛 잠언을 기독교회가 받아들인 사례"(*History*, 144)라고 생각한다. 여기서 다시 한 번 불트만은 예수 전승의 진정성을 확인하는 데 있어서 유대교와의 상이성(相異性)이라는 판별 기준을 보장되지 않은 방식으로 적용하고 있다. 왜냐하면 예수의 가르침 중 다수는 잠언적이고, 그 대부분은 유대 전승들과 병행을 보이고 있기 때문이다. 따라서 이 절이 유대 전승과 병행을 보인다는 점이, 이 절이 초대 교회에서 나왔다는 근거가 될 수는 없다. 초대 교회가 첨가한 것은 에이스 에메(εἰς ἐμέ, "나를")라는 단어들이다. 원래의 말씀에는 "믿는 자들"로 되어 있었는데, 이들은 예수와 그의 제자들이 선포한 복음—교회가 나중에 선포하게 된 부활하신 그리스도에 관한 케리그마(kerygma)가 아니라—을 믿는 자들을 가리킨다(참조. 막 1:15: "회개하고 복음을 믿으라").

43-48절은 실족(失足) 주제를 자세하게 전개한다. 불트만(*History*, 78)은 이 절들을 진정한 예수 전승으로 받아들이는 것 같다. 나는 이 절들이 예수로부터 나왔다고 생각한다. 분명히 초대 교회는 부활 선포에 대하여 믿음으로 응답하지 못할 때의 결과가 지옥임을 강조했을 것이다. 또한 이 말씀들의 배경을 보면, 이 말씀들이 기독교 이전에 유래했음을 보여 준다. 반 예르셀(van Iersel)은 마가복음 "9:43-48은 마카베오 형제들에 관한 이야기를 배경으로 읽을 때 가장 잘 이해될 수 있다"(*CBQ* 58[1996] 252)고 말한다. 이 절들에 묘사된 끔찍한 위해(危害)들(사지를 절단하고, 눈을 빼어버리는 것)은 안티오쿠스 4세의 학살 동안에 배교를 거부했던 신실한 자들에게 가해진 형벌들을 자세하게 서술하는 마카베오2서 6-7장에 묘사된 끔찍한 것들과 유사하다. 여기서도 다시 한 번 예수의 말씀들은 유대 전승과 닮았다. 후대의 미드라쉬 모음집에는 이런 말이 나온다. "한심한 수다에 네 귀를 기울이지 말라. 그 귀는 가장 먼저 불 태워질 (신체) 기관이 되리라. 눈으로 남의 재물을 보지 말라. 그것이 너를 무거운 어둠과 암울함으로 던져 넣으리라…저승사자가 너를 맞으러 오지 않도록, 네 발이 너로 하여금 죄를 범하도록 재촉하지 않게 하라"(*Derek 'Eres Zuta* 4, 6). 이러한 병행은 예수의 가르치는 양식이 잠언적인 성격과 유대적인 성격이 뒤섞여 있음을 보여 준다.

이러한 경고들은 분명한 종말론적인 뉘앙스를 지닌다. 그러므로 북아메리카 예수 세미나(North America Jesus Seminar)에서 이 절들을 진정성이 없거나 최소한 극히 의심스럽다는 평가를 내린 것도 놀라운 일은 아니다(참조. R. W. Funk and R. W. Hoover, eds., *The Five Gospels: The Search for the Authentic Words of Jesus*[Sonoma, CA: Polebridge Press; New York: Macmillan, 1993] 86-87). 그러나 이 세미나에서

이 절들에 대한 의구심은 대체로 비종말론적인 예수에 대한 그릇된 선호 때문에 생겨난 것이다(Zager, *Gottesherrschaft und Endgericht*; *Wright, Jesus and the Victory of God*, 320-68에 나오는 날카로운 비판들을 보라).

49-50절의 마지막 말씀들이 원래의 전승 단위의 일부인지, 아니면 연결어들(catchwords)인 퓌르(*πῦρ*, "불"), 할라스(*ἅλας*, "소금")를 통하여 현재의 문맥에 도입된 것인지는 분명치 않다. 49절에 나오는 "불" 때문에 이 말씀이 48절 다음에 놓여졌을 것이고, 49절에 나오는 "소금"이라는 단어는 50절의 말씀을 여기에 가져오게 했을 것이다. 이러한 연결어들은 전승의 보존에서 기억 보조장치의 역할을 했다(Taylor, 409-10).

주석

42 "[나를] 믿는 이 소자 중 하나를 실족케 하는 자는 누구든지"(*ὃς ἂν σκανδαλίσῃ ἕνα τῶν μικρῶν τούτων τῶν πιστευόντων* [*εἰς ἐμέ*] – 호스 안 스칸달리세 헤나 톤 미크론 투톤 톤 피스튜온톤 [에이스 에메]). "이 소자 중 하나"(*ἕνα τῶν μικρῶν τούτων* – 헤나 톤 미크론 투톤)는 어린아이들을 가리킬 것이다. 예수는 9:36-37에서 이 어린아이들 중 하나를 안으셨었다. 어떻게 하는 것이 소자 하나를 실족케 하는 것인가? 9:36-37의 모범으로부터 추론한다면, 예수께서 염두에 두신 실족케 하는 것이란 힘있고 유력한 자를 대하듯이 소자를 대하지 않는 것을 의미한다고 할 수 있다. 자기 이익에만 몰두하여 더 약하고 상처받기 쉬운 자들을 배려하지 못하는 자들이 그러기가 쉽다. 고린도 교인들에 대한 바울의 충고(고전 8-9장; 참조. 롬 14장)가 이 예수 전승의 좋은 예시가 될 것이다.

"연자맷돌을 그 목에 달리우고 바다에 던지움이 나으니라"(*καλόν ἐστιν αὐτῷ μᾶλλον εἰ περίκειται μύλος ὀνικὸς περὶ τὸν τράχηλον αὐτοῦ καὶ βέβληται εἰς τὴν θάλασσαν* – 칼론 에스틴 아우토 말론 에이 페리케이타이 뮐로스 오니코스 페리 톤 트라켈론 아우투 카이 베블레타이 에이스 텐 달랏산). 예수께서 말씀하신 뮐로스 오니코스(*μύλος ὀνικὸς*, "연자맷돌"; 직역하면 "나귀[가 돌리는] 맷돌")는 보통의 맷돌보다 훨씬 더 크다. 보통의 맷돌만 매달아도 사람의 몸은 금방 강바닥까지 닿게 된다. 그런데 이보다 더 무거운 돌을 달면 사람은 마치 닻처럼 가라앉게 될 것이다. 이러한 돌들이 가버나움과 그 근방에서 발굴되었다. 사람의 목에 맷돌을 맨다는 것은 상황이 중차대하다는 것을 말해 준다. 예수는 여기서 그가 말씀하고 있는 것의 중대성을 강조하기 위하여 과장된 표현을 사용한다. 이와 비슷한 과장법이 43-47절에서 사용되고 있다. 형벌의 도구로서의 맷돌이라는 이미지는 성경의 여러 책들(삿 9:53에서 한 여인이 아비멜렉의 머리를 맷돌[틀림없이 작은 종류의 것]로 부순다; 계 18:21에서 바벨론 성[즉, 로마]은 연자맷돌처럼 바다로 던져진다)과 후대의 랍비 전승(*b. Qidd.* 29b에서 목에 맨 연자맷돌[רחיים – 레하임]은 가족을 부양하면서 토라를 연구하는 것의 어려움에 대한 은유로 사용된다)에서 발견된다.

43-47 42절은 다른 사람을 실족케 하는 것에 대하여 경고한 반면에, 43-47절은 스스로를 실족케 하는 것에 대하여 경고한다. 사람은 다음 중 하나를 선택할 수 있다: 세상의 길로 가서 지옥으로 던져질 위험을 감수하는 것, 아니면 유혹의 원인을 제거해서 생명으로 들어가는 것. 헬라어 성경 및 관련 문헌에는 스칸달리제인(*σκανδαλίζειν*, "실족케 하다")이 나오는 몇몇 예시적인 본문들이 있다: "처녀를 의도적으로 쳐다보지(직역하면, '연구하지') 말라. 그녀로 인해 실족하여 벌을 받을까 하노라"(Sir 9:5); "죄인은 입술로 말미암아 실족하고, 비방하는 자와 교만한 자는 입술로 인하여 걸려 넘어지느니라"(Sir 23:8). "하나님이여, 나를 더러운 죄로부터 금하시고, 어리석은 자를 실족케 하는 온갖 악한 여인으로부터 금하소서"(*Pss. Sol.* 167). 이 세 본문은 모두 예수께서 사용하셨던 것과 같은 류의 이미지를 반영하고 있다. 사람은 눈으로 말미암아 욕정 때문에 실족할 수 있다(첫 번째와 세 번째 예). 사람은 입술로 말미암아 성급한 발언 때문에 실족할 수 있다(두 번째 예). 예수는 그러한 유혹의 덫에 걸리지 않도록 조심하라고 권고하신다. (스칸달리제인[*σκανδαλίζειν*]이 나오는 또 하나의 예는 Sir 32:15을 보라.) 물론 예수의 괴기스러운 권고들을 문자 그대로 받아들일 것까지는 없다(그런 일들이 종종 실제로 있어 왔지만).

예수의 예시(例示)들의 유대적 특성은 몇 가지 점에서 드러난다. 마카베오2서 7:4을 보면, 안티오쿠스 4세는 한 유대 여인의 장남의 손과 발을 절단하라고 시킨다(그리고 그의 몇몇 형제들에 대해서도 비슷한 형벌을 가했다). 이 아들들 중 일부는 고통을 받으며 죽어 가면서 이 독재자에게 지옥의 형벌이 그를 기다릴 것이라고 경고한다. "불구자로 영생에 들어가는 것이…지옥…에 들어가는 것보다 나으니라"(막 9:43)는 예수의 말씀은 비록 순교와는 아무 상관이 없지만 동일한 논리를 따르고 있다. 눈, 손, 발을 잃는 것에 대한 언급은 비록 그 취지는 다르긴 하지만 미쉬나(*m. B. Qam.* 8:1)에서 발견된다.

극기(克己)의 목표는 생명에 들어가는 것이다. 더 흔히 사용되는 관용 표현은 "내세에 분깃을 얻는 것"이지만, "생명에 들어가다"(*εἰσελθεῖν εἰς τὴν ζωὴν* – 에이셀데인 에이스 텐 조엔; 막 9:43, 45)라는 예수의 표현도 유대 전승에 그 병행이

있다: “나는 내세의 생명(חיי – 하이에)으로 달려간다”(*b. Ber.* 28b), “어느 길이 사람을 내세의 생명(חיי – 하이에)으로 인도할까(בוא – 보)?”(*Gen. Rab.* 9.8[창 1:31에 대한]), “랍비여…당신은 나로 내세의 생명(חיי – 하이에)에 들어가게(בוא – 보) 하실 건가요?”(*b. ʿAbod. Zar.* 18a). 물론 예수의 표현은 전적으로 과장되어 있고, 청중들도 이를 눈치챘을 것이다. 생명으로의 부활은 온전한 회복을 수반한다. 하늘에서는 발을 절며 절뚝거리는 사람도, 눈이 멀어서 더듬어 가는 사람도 없다(참조. *Midr. Tanḥ. Běrēʾšît* 11.9[창 46:28에 대한]; “눈 먼 자가 치유되고, 절름발이도 치유되며…모든 사람이 치유되리라”; *Gen. Rab.* 95.1[창 46:28에 대한]). 47절에서 예수는 “하나님 나라”에 들어가는 것에 관하여 말씀하신다. 예수의 말투로 보면, 생명에 들어가는 것과 하나님 나라에 들어가는 것은 동일하다. 이 때문에 “생명”(*τὴν ζωὴν* – 텐 조엔)에 관사가 붙은 것 같다. 사람이 들어가는 생명은 “내세의 생명”이기 때문이다.

“꺼지지 않는 불”(*τὸ πῦρ τὸ ἄσβεστον* – 토 퓌르 토 아스베스톤)을 언급한 것은 48절에서의 이사야 66:24에 대한 인유(引喩)를 염두에 둔 것으로서, 테일러(Taylor, 412)의 주장대로 이방인 독자들에게 이사야서에 대한 인유의 의미를 명확히 하기 위한 시도일 것이다.

48 “구더기도 죽지 않고 불도 꺼지지 아니하니라”(*ὁ σκώληξ αὐτῶν οὐ τελευτᾶ καὶ τὸ πῦρ οὐ σβέννυται* – 호 스콜렉스 아우톤 우 텔류타 카이 토 퓌르 우 스벤뉘타이)는 말씀은 이사야 66:24에서 가져온 것이다: “그들이 나가서 내게 패역한 자들의 시체들을 볼 것이라 그 벌레가 죽지 아니하며 그 불이 꺼지지 아니하여(LXX: *ὁ γὰρ σκώληξ αὐτῶν οὐ τελευτήσει, καὶ τὸ πῦρ αὐτῶν οὐ σβεσθήσεται* – 호 가르 스콜렉스 아우톤 우 텔류테세이 카이 토 퓌르 아우톤 우 스베스데세타이) 모든 혈육에게 가증함이 되리라.” 이 어구는 고대 말기의 다른 유대 문헌들에도 나온다: “네 자신을 크게 낮추어라. 불경건한 자들에 대한 형벌은 불과 구더기이기(*ἐκδίκησις ἀσεβοῦς πῦρ καὶ σκώληξ* – 에크디케시스 아세부스 퓌르 카이 스콜렉스) 때문이다”(Sir 7:17), “내 백성을 쳐서 일어나는 민족들에게 화 있을진저! 전능하신 주께서 심판의 날에 그들에게 보수(報讐)하시리라. 불과 구더기를 주께서 그들의 육체에 주시리니(*πῦρ καὶ σκώληκας εἰς σάρκας αὐτῶν* – 퓌르 카이 스콜레카스 에이스 사르카스 아우톤), 그들이 영원토록 고통 중에 울리라”(Jdt 16:17).

이사야 66:24의 맥락이 하나님께 “패역한 자들”에 관한 것이라는 점은 흥미롭다. 예수께서 이 절 전체를 염두에 두신 것이라면, 이것은 예수께서 믿는 자를 실족케 하는 일은 하나님께 패역한 것과 동등한 것으로 보셨다는 뜻이 된다. 따라서 실족케 하는 일이 없도록 주의해야 할 필요성은 한층 더 중요해지고, 왜 예수께서 손과 발을 절단한다든지 눈을 빼어내는 것 같은 생생한 과장법을 사용하셨는지를 설명해 준다. 이사야 66:24 중에서 실제로 인용된 부분은 게헨나가 무한한 파멸의 장소, 빠져 나올 소망이 없는 곳임을 보여 준다(Gould, 180).

이 가르침은 몇 가지 점에서 서기관들이 예수를 사단의 도움을 받아 귀신을 내쫓는 것이라고 비난한 사건(3:23-30)과 흡사하다: "누구든지 성령을 훼방하는 자는 사하심을 영원히 얻지 못하고 영원한 죄에 처하느니라 하시니 이는 저희가 말하기를 더러운 귀신이 들렸다 함이러라"(29-30절). 예수의 축귀 행위들에 있어서 힘의 근원이 하나님이 아니라 사단에게서 나온다고 보는 것의 중대성은 그러한 비난을 공공연히 함으로써 백성들로 하여금 실족케 하는 데 있다(3:23-30에 대해서는 Guelich, 175-80를 보라).

예수는 "지옥"에 던져질 위험성에 대해 반복해서 언급하신다. "지옥"으로 번역된 단어는 게엔나(*γέενναν*, "게헨나")로서, "힌놈의 골짜기"를 의미하는 복합어인 아람어 게힌남(גיהנם)을 음역한 것이다(위의 "원문주해"를 보라). 이 단어는 유대 문헌에 자주 나오는데(참조. 4 Ezra 7:36; "게헨나의 용광로가 드러나고, 그 반대편에는 기쁨의 낙원이 드러나리라"; 1 Enoch 27:2; 90:26-27; 2 Bar. 59:10; 85:13; Sib. Or. 1:103; 2:291; 4:186), 아주 옛날에 인신제사가 행해졌던 예루살렘 남쪽의 한 골짜기 이름에서 유래했다(렘 7:31; 19:5-6; 32:35). 개혁을 수행한 요시야 왕은 이 곳을 더럽혀서 황폐화시켰다(왕하 23:10). 그 후로 그 곳은 쓰레기를 소각하는 곳이 되었다(G. H. Dalmann, *The Words of Jesus*[Edinburgh: T. & T. Clark, 1902] 161-62를 보라).

게헨나가 이사야 66:24과 결부되어 있다는 것은 예수께서 성경, 특히 이사야서를 인용할 때 회당에서 생겨난 아람어로 된 자유로운 의역(意譯)을 잘 알고 계셨고, 바로 그것을 인용하셨음을 다시 한 번 보여 준다. 예수 이후의 것인 현존하는 형태의 이사야서 탈굼에는 이 절이 "그들이 나가서 나의 메므라(Memra; 역주 –'말씀, 메시지')에 대하여 반기를 든 죄인들의 시체들을 볼 것이라. 그들의 숨이 죽지 아니하며 그 불이 꺼지지 아니하며, 악인들이 게힌놈(Gehinnom)에서 심판을 받으리라…"(Chilton, *Galilean Rabbi*, 101-7를 보라)로 되어 있다.

44절과 46절의 생략에 대해서는 위의 "원문주해" e와 g를 보라.

49 "사람마다 불로서 소금 치듯 함을 받으리라"(*πᾶς γὰρ πυρὶ ἁλισθήσεται* – 파

스 가르 퓌리 할리스데세타이)는 단언은 기이한데, 본문상의 이독(異讀)들과 여러 가지 설명을 촉발시켜 왔다. 이 말씀은 연결어들 때문에 현재의 문맥에 있게 된 것이므로 예수의 생애 속에서의 이 말씀의 배경(Sitz im Leben Jesu; Cranfield, 315)과는 무관하게 독립적으로 해석되어야 한다. 물론 우리는 마가복음 기자가 현재의 맥락 속에서 이 말씀의 의미를 어떻게 이해했는지도 물어야 한다.

토레이(Torrey)는 이 말씀을 거꾸로 아람어로 옮겨 본다: "사람마다(כֹּל – 콜) 불로써(בְּאֵשׁ – 바아쉬) 소금 치듯 함을 받으리라" 그는 두 번째 아람어 단어가 잘못 이해되었을 것이라고 믿는다. 따라서 "부패하는 것은 무엇이나 소금이 쳐진다"로 읽어야 한다는 것이다(Torrey, *Translated Gospels*, 11, 13). 그러나 굳이 이런 식으로 본문을 수정할 필요는 없는데, 어쨌든 수정한 본문도 이 말씀의 의미를 분명하게 밝혀 주지는 못한다. 테일러(413)는 토레이의 번역이 "산문적"이라고 하면서, "고난에 대한 도전적인 말이라는 것이 가장 유력한 제안"이라고 말한다.

이 말씀은 레위기 2:13의 인유(引喩)일 가능성이 많다: "네 모든 소제물에 소금을 치라 네 하나님의 언약의 소금을 네 소제에 빼지 못할지니 네 모든 예물에 소금을 드릴지니라"(참조. 민 18:19). 이 말씀이 레위기 2:13과 모종의 관련이 있음을 감지한 D사본은 "그리고 모든 제사에 소금을 칠지니라"는 어구를 첨가한다(위의 "원문주해" j를 보라; Westcott-Hort, *Introduction* 1:101; 2:25; Swete, 213). 또한 우리는 제사장들에게 번제에 소금을 치라고 명하는 에스겔 43:24도 주목해야 한다. 명시적으로 언급되어 있지는 않지만, 여기에는 불도 함축되어 있다(참조. 에 6:9; *Jub.* 21:11; 11QTemple 20).

예수의 말씀은 암호로 되어 있는 것 같지만, 원래는 하나님 나라에 들어가기 위해서 누구나 통과해야 할 정결 또는 정화(淨化) 과정을 묘사하는 은유였을 것이다(Hooker, 233). 언약의 기준에 맞추기 위하여 모든 제사에 소금을 쳐야 하듯이, 모든 믿는 자들도 마찬가지로 "소금이 쳐져야" 한다. 그러나 예수는 "소금으로 소금이 쳐질 것"이라고 말한 것이 아니라 "불로 소금 치듯 함을 받으리라"고 말씀하신다. 이러한 수정을 통해 이 말씀에는 세례 요한이 말한 바 있는 종말론적인 정화(淨化) 요소가 도입된다: "그는 성령과 불로 너희에게 세례를 주실 것이요"(마 3:11=눅 3:16). 여기에 불이 나오는 것은 세례 요한에게 그의 소명과 사명 의식을 알려 주었던 것으로 보이는 전승인 말라기 3:2-3의 영향이 부분적으로 있었던 것 같다: "그의 임하는 날을 누가 능히 당하며 그의 나타나는 때에 누가 능히 서리요 그는 금을 연단하는 자의 불과 표백하는 자의 잿물과 같을 것이라 그가 은을 연단하여 깨끗케 하는 자같이 앉아서 레위 자손을 깨끗케 하되 금, 은같이 그들을 연단하리니 그들이 의로운 제물을 나 여호와께 드릴 것이라." 여기에 나오는 불은 마가복음 9:48의 말씀에 언급된 불과 동일하지 않다. 달리 말하면, 예수는 그 어떤 사람도 게헨나의 불로 소금 치듯 하지 않는다는 말이다. 그러나 복음서 기자가 부주의해서 이 두 말씀을 연이어 배치한 것은 아니다. 왜냐하면 이 두 말씀은 종말론적 함의(含意)를 지니고 있기 때문이다. 세상의 유혹에 빠진 자들은 불이 꺼지지 않는 게헨나에 던져질 것이고, 예수의 정결케 하는 불에 복종하는 자는 게헨나를 피할 것이다(Goulder, 181를 보라).

50 소금에 관한 이 대목의 말씀도 또 하나의 독립적인 말씀인 것 같다. 여러 가지 이유로, 특히 그 보존 능력으로 인하여 "소금은 좋은 것"(*καλὸν τὸ ἅλας*-칼론 토 할라스)이다. 49절의 예수의 말씀이 원래 레위기 2:13의 언약의 소금을 가리키는 것이라면, 그런 이유로 소금은 좋은 것이 된다.

"만일 소금이 맛을 잃으면, 너희는 무엇으로 소금을 짜게 하리요?"(*ἐὰν δὲ τὸ ἅλας ἄναλον γένηται, ἐν τίνι αὐτὸ ἀρτύσετε; ἔχετε ἐν ἑαυτοῖς ἅλα*-에안 데 토 할라스 아날론 게네타이 엔 티니 아우토 아르튀세테 에케테 엔 헤아우토이스 할라). 보존제(保存劑)로서의 소금이라는 개념은 마태복음 5:13에 나오는 관련된 말씀의 배후에 있는 것 같다. "너희는 세상의 소금이니 소금이 만일 그 맛을 잃으면 무엇으로 짜게 하리요 후에는 아무 쓸데없어 다만 밖에 버리워 사람에게 밟힐 뿐이니라." 열왕기하 2:19-23을 보면 소금은 정화하는 데 사용되고, 출애굽기 30:35을 보면 향에 소금을 친 것을 "성결하다"고 한다. 골로새서 4:6에서는 소금을 은혜스러운 행위와 결부시킨다. "너희 말을 항상 은혜 가운데서 소금으로 고루게 함같이 하라 그리하면 각 사람에게 마땅히 대답할 것을 알리라." 골로새서의 이 대목의 의미는 마가복음의 이 절의 마지막 부분에 나오는 "서로 화목하라"에 비추어 볼 때 이 절과 아주 흡사한 것으로 보인다. 랍비 전승에서 소금은 지혜를 가리킨다. "서기관들의 지혜는 맛이 없게 되리라." 즉, 맛을 잃을 것이라는 말이다(*m. Soṭa* 9:15). 녹(Nauck, *ST* 6[1952] 165-78)은 이 후자의 견해를 채택한다. 하지만 이러한 여러 대안들 중 굳이 하나를 선택할 필요는 없다. 소금은 이러한 속성들을 모두 상징할 것이기 때문이다. 예수는 제자들이 그들 가운데 소금을 두어서(즉, 지혜롭고 순수하고 은혜로워서) "서로 화목하기"를 바란다.

또한 토레이(Torrey)는 근저에 있는 아람어 전승이 잘못 이해되어서 헬라어로 부적절하게 번역되었다고 믿는다. "너희 속에 소금을 두고 서로 화목하라(אָשְׁלְמוּ - 오쉴리무)"는 "너희 속에 소금을 두고 그것을 다른 이에게 건네주라"로 읽어야 한다는 것이다(*Translated Gospels*, 11, 13-14). 토레이의 말대로 수정하면 이 대목의 의미가 잘 밝혀질 수 있는지는 분명치 않지만, 어쨌든 토레이의 교묘한 본문 수정이 옳을 수도 있다.

"서로 화목하라"(*εἰρηνεύετε ἐν ἀλλήλοις*－에이레뉴에테 엔 알렐로이스)는 마지막 말씀은 이 일련의 자료들의 맨 처음, 곧 제자들이 그들 중에 누가 가장 큰가를 쟁론했던 33-34절로 되돌아간다(Turner, 47; Hooker, 233). 35-50절에 나오는 예수의 가르침을 마음에 새긴다면, 제자들은 진정으로 서로 화목하고 자기 자신이나 남들을 실족케 하지 않을 것이다.

해설

충고를 주어야 할 때, 예수는 진부한 의견을 내놓지 않으신다. 예수의 가르침은 냉혹할 정도로 현실적인 냄새가 나서 제자들은 마음에 새기지 않을 수 없다. 예수를 따르는 일은 쉽지 않다. 앞에서 그 일은 십자가를 지고 자신의 목숨을 잃는 것으로 비유된 바 있다(8:34-35). 이제 예수는 제자들에게 그들의 책임들에 대하여 경고하신다. 교만, 자기에게만 몰두하는 것, 무감각, 전횡(專橫) 등은 모두 흔히 첫째가 되려 하고 가장 큰 자가 되려 하는 욕구 뒤에 숨어 있는 부정적인 태도들이다(9:34). 또한 이러한 태도들은 자주 사람들, 특히 어리고 약하고 영향력이 별로 없는 사람들을 실족케 한다. 예수의 제자들은 힘있는 자리를 구하는 것이 아니라 섬김의 기회들을 구해야 한다. 제자들은 소자들을 실족케 하는 것이 아니라 그들이 서서 신앙 안에서 자라도록 도와주어야 한다. 이 문제는 예수께 아주 중요했기 때문에, 예수는 그렇게 하지 않았을 때의 무서운 결과들을 충격적인 과장법으로 묘사하신다: 소자 하나를 실족케 하느니 차라리 바다에 빠져 죽는 것이 낫다. 어떤 유혹 또는 스스로 자초한 실족의 원인으로 인하여 지옥에 던지우는 위험을 감수하느니 차라리 손이나 발을 자르거나 눈을 빼내 버리는 것이 낫다.

9장에서는 마가복음의 이야기 및 신학적 전략에 있어서의 주요한 변화가 마무리된다. 8:31에서 수난이 고지된 순간에 주요한 짐이 복음서 기자에게 지워지게 되었다. 그 때까지 예수의 사역은 승승가도를 달리고 있었다. 질병, 마귀의 세계, 심지어 자연계까지도 예수 앞에 굴복했다. 베드로가 고백한 대로 예수는 메시아였다. 관습적인 지혜에서는 이러한 놀라운 사명과 사역은 좋은 결과로 끝날 것이라고 예상했을 것이다. 그러나 아니었다. 그 결말은 버림받고 십자가 위에서 죽는 것이다. 마가는 예수께서 그의 운명을 온전히 알고 계셨고 그것을 충분히 대비하셨음을 보여 주어야 했다. 그뿐만이 아니다 – 예수는 앞에 놓여 있는 시련들을 대비해서 제자들을 준비시키는 일을 시작해야 했다.

복음서 기자는 예수의 몇몇 가르침들과 몇몇 예시적인 사건들을 한데 모아놓음으로써 이러한 목표를 달성했다. 첫 번째 수난 예고 후에 예수는 분명한 말로 베드로를 책망하신다: 그의 운명인 죽음에 반대하는 것은 사실상 하나님 편이 아니라 사단의 편에 서는 것이라고(8:32-33). 그런 후에 예수는 제자들에게 제자도(弟子道)의 큰 희생과 큰 상을 가르치신다(8:34-9:1). 하늘의 소리를 수반한 변화산 사건은 예수가 여전히 제자들이 그분의 말씀을 들어야 할 하나님의 아들임을 확증해 준다(9:2-8). 그러고 나서 예수는 세례 요한의 운명의 의미를 제자들에게 가르치신다. 그분은 사람들이 기다리던 엘리야였고, 제자들은 그분에게 일어난 일을 눈여겨보아야 한다(9:9-13). 귀신 들린 아이를 고치지 못한 데서 나타나듯이(9:14-29), 제자들은 아직도 많은 것을 더 배워야 한다. 그러나 예수는 모든 사람이 죽었다고 생각한 아이를 살리실 정도로 권능이 있다. 다시 수난이 예고된다. 제자들은 그 의미를 깨닫지 못하고 무서워한다(9:30-32). 또한 제자들은 상황의 심각성을 깨닫지 못했기 때문에, 이내 그들 중에 누가 가장 큰가를 논쟁하면서 특권에 대해 의논하기 시작한다(9:33-34). 예수는 제자들에게 끝이 되고자 하고 섬기는 자가 되고자 하며 약하고 미천한 자들을 긍휼히 여겨야 한다고 가르치신다. 그러한 자를 영접하는 것이 예수를 영접하는 것이요 그분을 보내신 하나님을 영접하는 것이다(9:35-37). 제자들은 예수를 따르는 무리들 중 약한 자를 긍휼히 여길 뿐만 아니라 그들 무리에 속하지는 않지만 나름대로 하나님의 일을 하는 외인들을 관용하고 지지해 주어야 한다. 예수의 이름으로 한 가장 작은 긍휼의 행위조차도 상을 받게 될 것이다(9:38-41). 마지막으로 9장은 남들이나 자기 자신을 실족케 하여 지옥에 던져지는 일이 없도록 하라는 일련의 경고로 끝난다(9:42-48). 제자들은 예수를 따르는 데 수반되는 혹독한 일들을 각오해야 하고, 그 일들을 견디면서 서로 화목해야 한다(9:49-50).

VI. 베뢰아와 유대 지방을 다니심(10:1-45)

양식/구조/배경

9장에서 예수는 고난 및 하나님 나라를 섬기고 공동체의 화목을 증진시키기 위하여 발전시켜야 할 적절한 태도들과 관련된 많은 것들을 제자들에게 가르치셨다. 이제 예수는 남쪽 유대 땅으로 발길을 돌려서 요단 강을 건너 베뢰아를 통과하신다. 10장의 주제들은 많은 점에서 9장의 주제들과 흡사하다. 관계들(relationships)이 여전히 주요한 관심사이다. 첫 번째 단락은 이혼의 문제를 다루고(1-12절), 두 번째 단락은 하나님 나라가 어린아이들의 것임을 다시 한 번 가르치며(13-16절), 세 번째와 네 번째 단락은 재물의 위험성과 재물이 마음을 나눠 놓는다는 것에 대해 다룬다(17-22절과 23-31절). "먼저 된 자로서 나중 되고 나중 된 자로서 먼저 될 자가 많으니라"는 31절 결론부의 말씀은 9:35에 나오는 큰 자에 관한 예수의 가르침으로 다시 돌아간다. 세 번째 수난 예고는 10:32-34에 나오고, 그 직후에 하나님 나라에서 누가 가장 중요한 자리를 차지할 것인가에 관한 또 한 차례의 언쟁이 뒤따라 나온다(35-45절). 10장은 눈 먼 바디매오를 치유하는 사건으로 끝난다(46-52절).

마가는 주제에 따라 자료를 배열한다. 처음 두 단락은 독립적이지만, 다음 두 단락(17-22, 23-31절)은 부(富)와 상(賞)이라는 주제로 연결되어 있다. 이 구절들은 마가 이전의 전승에서 서로 결합되어 있었을 것이다. 복음서 기자는 세 번째 수난 예고를 누가 가장 큰가에 관한 제자들의 두 번째 논쟁 직전에 두었다. 이러한 배치는 다시 한 번 마가복음의 예수에게 가치들 및 제자도의 참된 의미라는 주제를 이야기할 기회를 준다.

1. 이혼에 관한 가르침(10:1-12)

참고문헌

Brewer, D. I. "Jewish Women Divorcing Their Husbands in Early Judaism: The

Background of Papyrus Ṣe'elim 13." *HTR* 92(1999) 349-57. **Dungan, D. L.** *The Sayings of Jesus in the Churches of Paul: The Use of the Synoptic Tradition in the Regulation of Early Church Life.* Oxford: Blackwell, 1971. 102-24. **Fitzmyer, J. A.** "The Matthean Divorce Texts and Some New Palestinian Evidence." *TS* 37(1976) 197-226(repr. in J. A. Fitzmyer. *To Advance the Gospel: New Testament Studies.* New York: Crossroad, 1981. 79-111). **Isaksson, A.** *Marriage and Ministry in the New Temple.* Lund: Gleerup, 1965.

본 문

1 예수께서 거기서 떠나 유대 지경과 요단 강 건너편으로 가시니 무리가 다시 모여들거늘 예수께서 다시 전례대로 가르치시더니	**1** And arising from there, he goes[a] into the region of Judea, across from the Jordan, and again crowds gather to him; and as was his custom, he again began to teach them.
2 바리새인들이 예수께 나아와 그를 시험하여 묻되 사람이 아내를 내어버리는 것이 옳으니이까	**2** And Pharisees,[b] approaching to test him, were asking him if it is lawful for a man to divorce his wife.
3 대답하여 가라사대 모세가 어떻게 너희에게 명하였느냐	**3** But answering, he said to them, "What did Moses command you?"
4 가로되 모세는 이혼 증서를 써주어 내어버리기를 허락하였나이다	**4** And they said, "Moses permitted [a man][c] to write a bill of divorce and to release [his wife]."[d]
5 예수께서 저희에게 이르시되 너희 마음의 완악함을 인하여 이 명령을 기록하였거니와	**5** But Jesus said[e] to them, "One account of your hardness of heart he wrote this commandment[f] for you.
6 창조 시로부터 저희를 남자와 여자로 만드셨으니	**6** But from the beginning of creation 'male and female he[g] made them';
7 이러므로 사람이 그 부모를 떠나서	**7** on account of this 'a man[h] shall leave his father and mother [and shall be joined to his wife],[i]
8 그 둘이 한 몸이 될지니라 이러한즉 이제 둘이 아니요 한 몸이니	**8** and the two shall be one flesh.' So that they are no longer two but one flesh.
9 그러므로 하나님이 짝지어 주신 것을 사람이 나누지 못할지니라 하시더라	**9** Therefore, what God has joined together let no man divide."
10 집에서 제자들이 다시 이 일을 묻자온대	**10** And in the house the disciples[j] were again asking him about this.
11 이르시되 누구든지 그 아내를 내어버리고 다른 데 장가드는 자는 본처에게 간음을 행함이요	**11** And he says to them, "Whoever should divorce his wife and marry another woman commits adultery against her.
12 또 아내가 남편을 버리고 다른 데로 시집가면 간음을 행함이니라	**12** And if she, divorcing her husband, marry another man, she commits adultery."[k]

원문주해

a. 헬라어 본문은 마가복음 기자가 좋아하는 역사적 현재의 한 예(*ἔρχεται* - 에르케타이)를 보여 준다. N사본과 몇몇 역본들은 이 동사를 과거 시제로 표기한다(*ἦλθεν* – 엘덴, "갔다").

b. 메츠거(Metzger, *TCGNT*[1], 103-4)는 카이 프로셀돈테스 파리사이오이(*καὶ προσελθόντες φαρισαῖοι*, "그리고 바리새인들이 나아와")라는 어구를 마 19:3에서 온 후대의 삽입구로 본다. 그러나 그와 윅그렌(A. Wikgren)의 의견을 USBGNT[3c]위원회는 기각하고 이 어구를 본문에 포함시키기로 결정했다. 또한 Nestle-Aland[27]도 이 어구를 본문에 포함시켰다.

c. "남자"라는 말은 본문에 없으나, 의미가 통하려면 있어야 한다.

d. "그의 아내"라는 말은 본문에 없으나(일부 후대의 사본들은 아우텐[*αὐτήν*, "그녀를"]을 삽입한다), 의미가 통하려면 있어야 한다.

e. A, D, N, W, *Σ*, *Φ*사본과 몇몇 후대의 사본들은 카이 아포크리데이스 호 이에수스(*καὶ ἀποκριθεὶς ὁ Ἰησοῦς*, "예수께서 대답하여 가라사대")로 읽는다.

f. 한 후대의 사본은 에피스톨렌(*ἐπιστολήν*, "서신")으로 읽는다.

g. A, N, *Σ*, *Φ*사본과 많은 후대의 사본들은 에포이에센 호 데오스 아우투스(*ἐποίησεν ὁ θεὸς αὐτούς*, "하나님께서 그들을 만드셨다")로 읽는다.

h. W사본은 헤카스토스(*ἕκαστος*, "각 [사람]")로 읽는다.

i. D, W사본과 많은 후대의 사본들은 괄호 안의 내용을 본문에 포함시켜 읽는다. ℵ, B사본과 몇몇 권위 있는 사본들은 이를 생략한다. 메츠거(Metzger, *TCGNT*[1], 104-5)는 이 어구가 마 19:5(그리고 창 2:24)의 영향으로 첨가된 것으로 본다.

j. A, D, N, W, *Σ*, *Φ*사본과 많은 후대의 사본들은 호이 마데타이 아우투(*οἱ μαθηταὶ αὐτοῦ*, "그의 제자들")로 읽는다.

k. W사본은 11b-12절의 순서를 바꿔놓는다: 에안 아폴뤼세 귀네 톤 안드라 아우테스 카이 가메세 알론 모이카타이 카이 에안 아네르 아폴뤼세 텐 귀나이카 모이카타이(*ἐὰν ἀπολύσῃ γυνὴ τὸν ἄνδρα αὐτῆς καὶ γαμήσῃ ἄλλον μοιχᾶται· καὶ ἐὰν ἀνὴρ ἀπολύσῃ τὴν γυναῖκα μοιχᾶται*, "아내가 자기 남편과 이혼하고 다른 남자와 결혼하면 간음을 행하는 것이요 남편이 아내와 이혼하면 간음을 행함이니라").

양식/구조/배경

마가복음 10:1-12에서 예수는 유대 지경에 들어섰고, 이때 바리새인들이 와서 사람이 아내와 이혼하는 것이 옳은지를 예수께 묻는다. 이 단락은 마태복음 19:1-9에서는 확대되어 있고, 누가복음 16:18에서는 축약되어 있으며, 마태복음 5:31-32에서는 다른 형태, 아마도 독자적인 형태로 다시 나온다. 이 이야기의 마가 판본은 다섯 부분으로 이루어져 있다. (1) 이혼에 관한 바리새인들의 질문(2절), (2) 예수의 반문(3절), (3) 바리새인들의 대답(4절), (4) 예수의 반박(5-9절), (5) 제자들을 향한 예수의 추가적인 설명(10-12절).

이 전승은 예수의 삶의 자리(Sitz im Leben)에서 나온 것 같다. 왜냐하면 예수께서 말씀하시는 율법적인 견해에 대해 초대 교회가 어느 정도 난처함을 느낀 것으로 보이기 때문이다. 마태복음 기자(또는 그에 앞선 전승 보유자들)는 두 번이나 예수의 절대적인 진술에 조건을 첨부할 필요성을 느꼈다. 마태복음 19:9을 보면, "누구든지 **음행한 연고 외에** 아내를 내어버리고 다른 데 장가드는 자는 간음함이니라"로 되어 있고, 마태복음 5:32에서도 "누구든지 **음행한 연고 없이** 아내를 버리면 이는 저로 간음하게 함이요"라고 말한다. 강조 표시가 된 부분들은 예수의 말씀에 조건을 달기 위하여(그리고 유대 율법과 좀더 부합하게 만들기 위하여 – 많은 이들은 음행이 필수적인 이혼 사유라고 믿었다) 첨가한 것들이다. 초대 교회가 난처한 전승을 만들어 낸 후에 다시 거기에 조건을 첨부하는 일을 했을 것 같지는 않다. 이런 이유("난처함의 기준")로 이 전승은 진정성 있는 전승일 것이다.

이 전승의 진정성을 말해 주는 또 다른 요소가 있다. 예수의 옛 동료였던 세례 요한도 헤롯 안디바의 이혼 및 재혼을 비난하는 말을 했었다("그리고 우리는 예수가 요한과 달랐다고 생각할 이유가 없다"[Gundry, 543]). 마가복음 6:18에 의하면, 세례 요한은 헤롯에게 "동생의 아내를 취한 것이 옳지 않다"고 말했다고 한다. 또한 요세푸스(Josephus)도 헤롯과 헤로디아의 결혼에 대하여 언급한다. "헤로디아는 우리 조상들의 길을 업신여기는 일이라고 생각하면서도 같은 아버지에게서 난 남편의 형이자 갈릴리의 분봉왕이었던 헤롯과 결혼했다. 이렇게 하기 위하여 그녀는 살아 있는 남편과 헤어졌다"(*Ant.* 18.5.4 §136). 귤리히(Guelich)는 "세례 요한은 자녀를 양육하기 위한 형사취수(*兄死聚嫂*)의 경우를 제외하고는 형제의 아내와 결혼하는 것은 특별히 배제한 금지된 혼인에 관한 율법(레 18:16; 20:21)을 근거로 한 불법적인 결혼이라고 헤롯을 비판하였다"(331)고 말한다. 그러나 "이렇게 하기 위하여 그녀는 살아 있는 남편과 헤어졌다"는 요세푸스의 끝부분의 말은 동생의 아내와 결혼한 죄말고도 이혼 자체가 율법에 대한 중대한 범죄였음을 보여 준다. 물론 이 이야기를 통해서 우리는 요세푸스가 이 문제에 대한 세례 요한의 입장을 취하고 있는 것인지, 아니면 단지 자신의 견해를 표현한 것인지는 알 수 없다. 요세푸스가 범죄들을 중첩해 놓고 있는 것 같다. 헤롯 안디바는 그 자체로 금지된 결혼인 제수(弟

嫂)와 결혼했을 뿐만 아니라, 그녀의 남편이 엄연히 살아 있는데도 그런 짓을 했다.

이와 비슷한 바울의 가르침도 예수의 말씀에 근거한 것으로 보인다. "혼인한 자들에게 내가 명하노니 (명하는 자는 내가 아니요 주시라) 여자는 남편에게서 갈리지 말고 (만일 갈릴지라도 그냥 지내든지 다시 그 남편과 화합하든지 하라) 남편도 아내를 버리지 말라"(고전 7:10-11). 여기서 가장 중요한 것은 이러한 명령이 자기든(고전 7:12의 경우처럼) 다른 사람이든 사도의 견해가 아니라 주 곧 예수로부터 나온 것이라는 바울의 믿음이다. 그러므로 바울의 이 본문은 이 전승이 예수로부터 나왔다는 복음서 이전의 중요한 증거가 된다.

끝으로 예수께서 둘 사이의 긴장관계를 해소하지 않고 한 성경 구절(실제로는 두 구절: 창 1:27과 2:24)을 다른 성경 구절(민 24:1-4)을 반박하는 데 사용하신 것은 극히 이례적이고 유일무이하기까지 하다(Bultmann, *History*, 49-50를 보라). 그래서 불트만은 상이성(相異性)의 기준에 호소한다. "마가복음에서 예수는…율법 및 랍비들과는 대조적으로 이혼을 근본적으로 거부하신다"(Bultmann, *History*, 27). 무어(Moore)도 이에 동의한다. "이 모든 것이 유대 율법에 매우 생소하다"(*Judaism*, 2:125 n.1). 이런 말들은 어느 정도 맞기는 하지만, 아래의 "주석"에서 볼 수 있듯이, 이혼에 대한 근본적인 거부는 일부 유대인들에게 생소한 것이 아니었다.

주석

필로나 요세푸스, 그리고 그 어떤 권위 있는 랍비도 이혼과 재혼을 금하지 않는다. 그런데 마가복음의 예수는 그렇게 하신다. 이런 이유로 던간(Dungan)은 "이 문제에 대한 마가 판본은 팔레스타인의 바리새적 환경에서는 생각할 수 없는 일이다…"(*Sayings*, 233)라고 주장했다. 나아가 던간은 마가 판본은 비팔레스타인적이고 비유대적인 상황을 반영하고 있는 것으로 보기 때문에 마태 우선설을 주장한다. 그러나 쿰란 문서는 예수의 생각과의 중요한 병행을 제공해 준다. 성전 두루마리(the Temple Scroll)는 신명기 17:17("아내를 많이 두어서 그 마음이 미혹되게 말 것이며")을 확장하여 "본처 외에 다른 아내를 두지 말라. 본처가 살아 있는 동안 남편과 함께 하리라. 본처가 죽으면 아버지의 집, 곧 자기 가문에서 다른 아내를 취해도 된다"(11QTemple 57:17-19[M. Wise, M. Abegg, and E. Cook, *The Dead Sea Scrolls: A New Translation*(San Francisco: HarperCollins, 1996) 485])고 하고 있다. 이 쿰란 본문이 이스라엘의 왕에 대해서 말하고 있다는 이유로 우리의 논의와는 상관이 없다고 반론이 제기될지도 모르겠다. 그러나 또 다른 본문은 에세네파(Essenes)도 분명히 다음과 같은 가르침을 보편적으로 적용했다는 것을 보여 준다. "그들[쿰란의 대적자들]은 두 가지 덫에 걸려 있다. '하나님이 남자와 여자로 창조하신' 것(창 1:27)이 창조의 원리이고 방주로 간 자들도 '둘씩 짝을 지어 방주로 갔음'(창 7:9)에도 불구하고 평생에 두 아내를 취하는 음행. 지도자에 관해서는 '아내를 많이 두지 말지니라'(신 17:17)고 기록되어 있다. 그러나 다윗은 인봉된 율법책을 읽지 않았었다…"(*CD* 4:20-5:2[Wise, Abegg, and Cook, *Dead Sea Scrolls*, 55]). 그러므로 쿰란 공동체에서는 매우 엄격한 규칙들이 적용되었던 것으로 보인다. 이혼과 재혼은 허용되지 않았다. (이러한 해석에 대해서는 Fitzmyer, *TS* 37[1976] 197-226를 보라.)

쿰란 두루마리들의 할라카적인 규칙들만이 예수의 말씀과 일치하는 것이 아니라 창세기를 근거 본문으로 드는 것도 서로 일치한다. 그러므로 바리새인들의 질문은 1세기 초 유대교적 팔레스타인에서 하나의 견해였을 가능성이 많다(Dungan과는 반대로). 예수의 말씀은 분명히 "팔레스타인의 바리새적 환경에서 생각할 수 없는" 일이 아니었다. 따라서 바리새인들은 예수가 랍비들처럼 이혼을 허용하는지, 아니면 에세네파처럼 이혼을 금하는지를 알고 싶어했을 것이다. 바리새인들의 질문은 예수께서 세례 요한과 결부되어 있으므로 에세네파와 동일한 것으로 여겨졌던 세례 요한의 견해에 동조한다는 전제하에 던져졌을 것이다. 따라서 질문은 그렇게 순수하지 못했던 것 같다. 질문의 의도는 예수의 발언을 유도해서 그의 견해가 세례 요한과 동일하며, 따라서 세례 요한처럼 정치적으로 위험 인물임을 나타내 보이는 것이었을 수 있다(Swete, 215: "안디바의 분노를 촉발시키기 위해서"; Taylor, 417: "예수를 헤롯의 눈에 안 좋게 보이려고"). 그들의 질문이 그 배후에 이런 류의 꿍꿍이를 가지고 있었다면, 그것은 왜 이 이야기가 마가복음에서 예수와 그의 대적들 간의 논쟁이 점점 더 격렬해지는 이 부분에 등장하는지를 설명해 줄 수 있다. (대부분의 주석가들, 예를 들어 Best, *Following Jesus*, 101는 이 단락이 마가의 헬라-로마의 청중과 관련이 있다고 보지만 왜 마가복음의 이 대목에 등장하는지를 설명하는 데 애로를 느낀다.)

1 "예수께서 거기서 떠나 유대 지경과 요단강 건너편으로 가시니 무리가 다시 모여들거늘 예수께서 다시 전례대로 그들을 가르치기 시작하셨다"(*καὶ ἐκεῖθεν ἀναστὰς ἔρχεται εἰς τὰ ὅρια τῆς Ἰουδαίας* [*καὶ*] *πέραν τοῦ Ἰορδάνου, καὶ συμπορεύονται πάλιν ὄχλοι πρὸς αὐτόν, καὶ ὡς εἰώθει πάλιν ἐδίδασκεν αὐτούς* – 카이 에케이덴 아나스타스 에르케타이 에이스 타 호리아 테스 이우다이아스 [카이] 페란 투 이오르다누 카이 쉼포류온타이 팔린 오클로이 프로스 아우톤 카이 호스 에이오

데이 팔린 에디다스켄 아우투스). 이 절 전체는 복음서 기자에게서 나온 것이다. 카이 에케이덴(*καὶ ἐκεῖθεν*, "그리고 거기서부터": 6:1; 9:30), 아나스타스(*ἀναστὰς*, "일어나서": 1:35), 에르케타이(*ἔρχεται*, "그가 가시니": 1:40; 2:3; 3:20), 에이스 타 호리아(*εἰς τὰ ὅρια*, "지경으로": 5:17; 7:31) 같은 복음서 기자 특유의 어휘들이 등장하고 있다. 이 어휘들 중 다수가 또 하나의 마가의 편집 "솔기"(seam)인 7:24에 나온다. 이 개시절과는 대조적으로 2-9절에는 마가의 편집을 보여 주는 증거가 거의 없다. 1절에서 "거기서"(*ἐκεῖθεν*－에케이덴)는 예수께서 가르치시던 가버나움의 집(9:33)을 가리킨다. "일어나서"(*ἀναστὰς*－아나스타스)는 9:35에서 예수께서 앉아 계셨다는 것을 전제한 표현이다. 따라서 복음서 기자는 9:35-50에 나오는 가르침 단원을 마감하는 동시에 뒤따라 나오는 이혼에 관한 논의를 준비한다. "예수께서 가르치기 시작하셨다"라는 번역은 미완료 동사인 에디다스켄(*ἐδίδασκεν*, 직역하면 "그가 가르치고 있었다")을 기동상(起動相)으로 이해한 것이다.

[2] "바리새인들이 예수를 시험하기 위하여 나아와서 남편이 자기 아내를 내어버리는 것이 옳은지를 물었다"(*καὶ προσελθόντες Φαρισαῖοι ἐπηρώτων αὐτὸν εἰ ἔξεστιν ἀνδρὶ γυναῖκα ἀπολῦσαι, πειράζοντες αὐτόν*－카이 프로셀돈테스 파리사이오이 에페로톤 아우톤 에이 엑세스틴 안드리 귀나이카 아폴뤼사이 페이라존테스 아우톤). 이혼에 관한 질문으로 예수를 시험한 자들의 정체(正體)와 관련해서는 본문상의 문제가 조금 있다. 일부 사본들은 카이 프로셀돈테스 파리사이오이(*καὶ προσελθόντες Φαρισαῖοι*, "그리고 바리새인들이 나아와")로 읽지 않는다(위의 "원문주해" b를 보라). 이 독법을 버린다고 해도, 어쨌든 이 질문은 "그를 시험하기 위하여"(*πειράζοντες*－페이라존테스: 이 분사는 목적을 나타낸다) 던져진 것이다. 위에서 언급했듯이, 이혼 문제는 정치적으로 민감한 문제가 된 적이 있었다. 헤로디아만이 자기 남편을 버리고 이혼했던 것(아마도 로마 법정을 통해서)이 아니라, 헤롯 안디바도 헤로디아와 결혼하기 위해 나바테야인들(the Nabateans)의 왕 아레다(Aretas)의 딸이었던 자기 아내와 이혼했다. (요세푸스는 아레다의 딸이 헤롯의 계획을 전해 듣고는 아버지에게로 달아났다고 우리에게 말해 준다.) 이 결혼을 둘러싼 사건은 정치적 위기를 초래했고, 이로 말미암아 마침내 갈릴리와 나바테야 간에 전쟁이 일어났다. 로마의 개입이 없었더라면, 안디바는 자신의 왕국을 상실했을 것이다. 이와 같이 위험한 상황을 감안하면, 이 갈릴리 분봉왕이 왜 세례 요한의 비판과 그의 대중적 인기를 용납할 수 없었는지를 이해할 수 있다. 헤롯 안디바의 이혼과 재혼에 대한 세례 요한의 비판은 결국 그의 죽음으로 끝난다.

한때 세례 요한의 동료였던 예수에게 던져진 이 질문도 바로 그와 같은 위험성을 잠재적으로 지니고 있었다. 예수께서 헤롯에 대하여 비판적인 발언을 했었다는 것을 보여 주는 몇몇 증거들이 있다. 예수는 헤롯 안디바를 가리켜 명시적으로 "저 여우!"라고 지칭했고, 누가복음 13:31-32을 보면 이에 헤롯은 예수를 죽이고자 했으며, 예수가 죽은 자로부터 살아난 세례 요한일지 모른다고 두려워했다(막 6:16). "바람에 흔들리는 갈대"라든가 "부드러운 옷을 입은 자"라는 예수의 말씀들(마 11:7-8=눅 7:24-25)은 선지자 세례 요한과 대비되는(마 11:9=눅 7:26) 헤롯 안디바를 지칭했던 말들인 것 같다. 또한 므나 비유(눅 19:11-27)에 나오는 "어떤 귀인"은 원래 헤롯 안디바나 그의 형제 헤롯 아켈라오를 암시하는 말이었을 것이다(예수 자신을 가리키는 것이 아니라). 이 비유에서 이 인물은 도적질하고 살인을 행한다.

엑세스틴(*ἔξεστιν*, "옳다")은 복음서들에서는 습관처럼 사용되지만(막 2:24, 26; 3:4; 6:18; 12:14과 그 병행문들; 요 5:10; 18:31), 칠십인역에는 비교적 드물게 나온다. 사실 이 본문과 일치하는 예는 오직 하나뿐이다. "우리가 왕의 수치당함을 보는 것이 옳지 못하다(LXX: *οὐκ ἔξεστιν ἡμῖν*－우크 엑세스틴 헤민; MT: לָנָא לָא אֲרִיךְ－라 아리크 라나)"(스 4:14; 참조. LXX Esth 8:12g[=Add Esth 16:7]). 그러나 이 예도 논의의 주제가 법적인 문제가 아니기 때문에 적절치 못하다. 요세푸스의 글에는 몇몇 유용한 병행들이 나온다(예를 들어, *Ant.* 3.10.5 §251: "모두가 추수를 시작하는 것이 옳다"; 13.8.4 §252: "우리가 안식일에 행군하는 것이 옳지 못하다"; 20.9.1 §202). 이 마지막 예는 이 단어의 분사 형태가 에이나이(*εἶναι*, "～이다")의 미완료형과 함께 사용되고 있지만 중요하다. "아나누스(Ananus)가 그의[즉, 총독의] 동의도 받지 않은 채 산헤드린을 소집하는 것은 옳지 않았다(*οὐκ ἐξὸν ἦν Ἀνάνῳ*－우크 엑손 엔 아나노)"(문법 형태에 대해서는 마 12:4을 보라). 또한 필로의 글에도 몇몇 유용한 예들이 나온다(예를 들어, *Posterity* 179: "어리석은 자들 중 하나가 하는 옳지 않은 기도"; *Planting* 64: "'하나님은 나 혼자만의 것'이라고 그가 말하는 것이 옳은가?"; *Joseph* 43: "우리에게는 창녀가 산다는 것조차도 옳지 않다"; *Moses* 2.24: "우리의 금식 기간에 사람들이 술을 입에 대는 것은 옳지 않다"). 이 관용표현은 비유대적인 파피루스들에도 나오는 것으로 보아서(예를 들어, P.Mich. 507.7-8: "여자가 변호인 없이 재판관 앞에서 말하는 것은 옳지 않다"; P.Oxy. 275.22: "그것은 트리폰에게 허용되어 있지 않다"; P.Oxy. 3015.4: "계약을 변경하는 것은 옳지 않다"; P.Ryl. 77.43: "그러나 이것은 옳지 않았다"; MM 223), 유대인 특유의 것은 아니다.

[3] "모세가 어떻게 너희에게 명하였느냐?"(*τί ὑμῖν ἐνετείλατο Μωϋσῆς* – 티 휘민 에네테일라토 모우세스). 유대 백성들, 특히 적어도 토라를 준수하는 자들에게 모세의 계명들에 호소하는 것은 그 어떤 문제에 대해서 최고의 권위에 호소하는 것이었다. 토라에서는 여호와께서 모세와 아론에게 명하시는(*ἐντέλλεσθαι* – 엔텔레스다이) 경우가 보통이고(예를 들어, 출 4:28; 7:6, 10, 20; 12:28 등), 모세가 명하는 경우는 드물다. "그들이 모세의 명한 모든 것을 회막 앞으로 가져오고"(레 9:5), "모세가 이스라엘 자손에게 명하여 가로되"(민 34:13; 참조. 32:25; 36:5), "내가 오늘날 너희에게 명하는 이 명령을 너희는 다 지킬지니라"(신 27:1; 참조. 27:11; 31:10; 33:4; 신 31:23에서의 불일치가 눈에 띄는데, 히브리어 본문으로는 여호수아에게 명하시는 분은 여호와인데, 칠십인역에는 모세로 되어 있다). 예수는 바리새인들에게 성경적 근거 및 그들의 해석적 입장을 묻는 것으로 대답을 시작하신다. 이것을 알면, 예수는 대답을 어떤 식으로 할 것인지 틀을 잡으실 수 있다.

[4] "모세는 (남편이) (그의 아내에게) 이혼증서를 써주어 내어버리기를 허락하였나이다"(*ἐπέτρεψεν Μωϋσῆς βιβλίον ἀποστασίου γράψαι καὶ ἀπολῦσαι* – 에페트렙센 모우세스 비블리온 아포스타시우 그랍사이 카이 아폴뤼사이). 바리새인들은 신명기 24:1-4을 요약하여 대답한다.

> 사람이 아내를 취하여 데려온 후에 수치되는 일이 그에게 있음을 발견하고 그를 기뻐하지 아니하거든 이혼 증서를 써서 그 손에 주고 그를 자기 집에서 내어보낼 것이요 그 여자는 그 집에서 나가서 다른 사람의 아내가 되려니와 그 후부도 그를 미워하여 이혼 증서를 써서 그 손에 주고 그를 자기 집에서 내어보내었거나 혹시 그를 아내로 취한 후부가 죽었다 하자 그 여자가 이미 몸을 더럽혔은즉 그를 내어보낸 전부가 그를 다시 아내로 취하지 말지니 이 일은 여호와 앞에 가증한 것이라 네 하나님 여호와께서 네게 기업으로 주시는 땅으로 너는 범죄케 하지 말지니라.

이 구절을 보면 이혼이 허용되고 있다는 것은 분명하지만, 어떤 이유에서인가? 바리새인들이 예수께서 에세네파와 세례 요한처럼 이혼을 전혀 허용하지 않을 것이라고 생각했다면, 어떤 근거로 예수는 모세가 명한 것을 무시하실 수 있었을까?

랍비들은 "그녀에게 있는 수치되는 일(MT: עֶרְוַת דָּבָר – 에르와트 다바르; LXX: *ἄσχημον πρᾶγμα* – 아스케몬 프라그마)"(신 24:1)과 "그녀를 싫어하다(직역하면, 그녀를 미워하다; MT: שְׂנֵאָהּ – 세네아흐; LXX: *μισήσῃ αὐτήν* – 미세세 아우텐)"(24:3)의 의미를 놓고 논쟁을 벌였다. 이 표현은 모호하다. 이 표현들은 원래 음행을 염두에 두었던 것은 아니었다. 왜냐하면 음행은 다른 곳에서 다루어졌고, 고대에는 사형에 해당하는 범죄로 취급되었기 때문이다(레 20:10: "누구든지 남의 아내와 간음하는 자 곧 그 이웃의 아내와 간음하는 자는 그 간부와 음부를 반드시 죽일지니라"; 참조. 신 22:13-27). 샴마이(Shammai) 학파는 에르와트 다바르(עֶרְוַת דָּבָר)를 보수적으로 부정(不貞)으로 해석한 반면에, 힐렐(Hillel) 학파는 이 표현을 훨씬 더 탄력적으로 해석했다. "힐렐 가문은 아내가 남편의 식사를 망쳐 놓았다는 이유만으로도 (이혼할 수 있다고) 말한다…랍비 아키바는 '아내가 그의 눈에 기쁘지 않거든'이라고 기록되어 있는 것처럼, 남편은 다른 여자가 아내보다 더 예쁘다고 생각한다는 이유만으로도 (이혼할 수 있다고) 말한다"(*m. Giṭ.* 9:10; 또한 *b. Giṭ.* 90a-b에 나오는 이 구절에 대한 게마라[gemara]를 참조하라).

5 "너희 마음의 완악함을 인하여 그가 너희를 위하여 이 명령을 기록하였다"(*πρὸς τὴν σκληροκαρδίαν ὑμῶν ἔγραψεν ὑμῖν τὴν ἐντολὴν ταύτην* – 프로스 텐 스클레로카르디안 휘몬 에그랍센 휘민 텐 엔톨렌 타우텐). 예수는 여러 대안들을 옆에 밀쳐두고 어떤 것이 "허락되어" 있다면 그것은 하나님의 뜻에 맞는 것이라는 해석학적 전제에 도전한다. 사실 말라기 2:16에 의하면 하나님은 이혼을 "미워하신다." 랍비들조차도 하나의 혼인이 이혼으로 끝날 때마다 하늘이 눈물을 흘린다는 것을 인정했다(*b. Git.* 90b). 예수는 모세가 "너희 마음의 완악함을 인하여" 이혼을 허락한 것이라고 주장하신다. 완악함(*σκληροκαρδία* – 스클레로카르디아)이라는 말은 즉시 신명기(10:16)와 예언서들(렘 4:4; 겔 3:7)의 언어 표현을 연상시킨다. 이 단어는 그 자체로 신랄한 책망으로 여겨질 수 있고, 선지자의 역할을 하는 예수의 모습을 보여 준다. 하나님이 이혼을 허락하신 것은 이혼이 하나님의 온전한 뜻이기 때문이 아니라 인간의 죄악성 때문이다. 모세 율법의 목적은 이혼을 권장하려는 것이 아니라 억제하려는(그리고 상대적으로 보호 능력이 없는 여자를 보호하려는) 것이었다. 종교 당국자들은 결코 이 점을 고려하지 않았다.

6-8 예수는 이혼에 대한 자신의 무조건적인 반대와 신명기 24:1-4에 대한 독특한 자신의 해석을 창세기를 근거로 정당화시키신다. "그러나 창조 시로부터"(*ἀπο δὲ ἀρχῆς κτίσεως* – 아포 데 아르케스 크티세오스). 예수는 창조 자체, 그러니까 하나님이 남자와 여자를 창조하셨다는 사실 자체에 토대를 둔 함축된 율법을 지적하신다(참조. 막 13:19). 예수는 구체적으로 두 개의 본문에 호소하신다: 6절에서 창세기 1:27("저희를 남자와 여자로 만드셨으니"), 7절에서 창세기 2:24("사람이 그 부모를 떠나서 그 둘이 한 몸이 될지니라"). 하나님이 남자와 여자를 창조하신 의도가 그들로 "한 몸"(*μία σάρξ* – 미아 사륵스)이 되어서 "더 이상 둘이 아니게"(*ὥστε* οὐκέτι εἰσὶν δύο – 호스테 우케티 에이신 뒤오) 하려는 것이라면, 하나님의 뜻은 그들이 이혼할 수 없다는 것일 수밖에 없다. 이혼은 창조 질서를 무효화시키는 것과 마찬가지다. 완고하고 완악한 사람들에게 주어진 모세의 규례들은 이러한 빛하에서 해석되어야 한다. 물론 예수의 논증은 창세기도 신명기와 마찬가지로 율법책이라는 것을 전제한다. (바울이 갈라디아서와 로마서에서 시내산 계약과 대비되는 계약의 약속이라는 사상을 옹호하기 위하여 창세기에 호소한 것도 대체적으로 이와 비슷하다.)

토레이(*Our Translated Gospels*, 12, 14)에 의하면, "창조 시부터…"라는 헬라어 독법은 원래 "태초에 창조주께서 저희를 남자와 여자로 만드셨다"로 되어 있던 아람어 본문을 잘못 읽은 것이라고 한다. 그럴 수도 있겠다. 하지만 현재 상태의 마가 본문은 완벽하게 뜻이 잘 통한다.

9 예수는 창세기에 대한 해석을 통해서 혼인에 의한 결합은 나눌 수 없는 것이라고 선포하는 데 이르신다. "하나님이 짝지어 주신 것을 사람이 나누지 못할지니라"(ὃ οὖν ὁ θεὸς συνέζευξεν ἄνθρωπος μὴ χωριζέτω – 호 운 호 데오스 쉬네죽센 안드로포스 메 포리제토). 창조자인 하나님과 피조물인 사람 간의 대비가 주목된다(Gundry, 531). "하나님"이 친히 짝지어 주신 것을 갈라놓은 "사람"이 누구란 말인가? 그러므로 그 어떤 주장이나 정당화를 제기한다고 해도, 이혼은 혼인에 대한 하나님의 계획을 파괴하는 것이 된다. 어떤 식으로든 혼인에는 신성함이 깃들여 있다는 사상은, 이시스(Isis) 여신이 "내가 여자와 남자를 짝지어 주었노라"(*SIG* 2:1267)고 말하는 것에서 볼 수 있듯이, 이방 세계에서도 확인된다.

10 "집에서 제자들이 다시 이 일을 예수께 물었다"(καὶ εἰς τὴν οἰκίαν πάλιν οἱ μαθηταὶ περὶ τούτου ἐπηρώτων αὐτόν – 카이 에이스 텐 오이키안 팔린 호이 마데타이 페리 투투 에페로톤 아우톤). 10절은 또 하나의 마가의 첨가문이다. 그렇다고 해서 11-12절이 원래의 이야기의 일부가 아니었다는 말은 아니다(Best, *Following Jesus*, 100). 에이스 텐 오이키안(εἰς τὴν οἰκίαν, "집에서")이라는 표현은 마가적이다(참조. 1:29; 3:20; 7:17, 24; 9:28). 제자들(μαθηταὶ – 마데타이)이 예수께 은밀한 가르침을 요청하는(ἐπηρώτων – 에페로톤) 것은 전형적으로 마가적이다(4:10; 7:17; 9:11, 28; 13:3; 종종 제자들이 집에 함께 있을 때 예수는 제자들에게 어떤 것을 물으신다; 참조. 9:33). 이 대목에서 복음서 기자의 개입은 예수로 하여금 제자들과 함께 한적하게 물러나서 자신의 가르침을 더 자세히 얘기할 수 있는 기회를 제공해 준다.

11 이혼이 정말 하나님의 뜻이 아니고 창조 자체와도 긴장 관계를 이룬다면, 이혼은 어떤 결과를 가져오는가? 이혼은 간음을 가져온다. "누구든지 그 아내를 내어버리고 다른 데 장가드는 자는 본처에게 간음을 행함이요"(*ὃς ἂν ἀπολύσῃ τὴν γυναῖκα αὐτοῦ καὶ γαμήσῃ ἄλλην μοιχᾶται ἐπ' αὐτήν*－호스 안 아폴뤼세 텐 귀나이카 아우투 카이 가메세 알렌 모이카타이 에프 아우텐). 그는 다른 여자에게로 옮겨갔지만, 사실적으로는 여전히 본처와 결혼한 상태라는 점에서 "본처에게"(*ἐπ' αὐτήν*－에프 아우텐) 간음을 행하는 것이 된다. 그는 십계명 중의 하나를 범했다: "간음하지 말지니라"(출 20:14=신 5:18). 예수는 7:8에서와는 달리 여기에서는 "인간의 유전"을 언급하시지 않지만, 논증은 비슷하다. 본처와 이혼하는 사람은 실제로는 욕정을 만족시키기 위하여 온갖 수단을 다 타진한 것이기 때문에 "하나님의 계명"을 파기한 것이다. 이 절에서는 남자가 주동이 되어 이혼한 경우를 말하고 있다면, 다음 절에서는 여자가 주동이 되어 이혼한 경우를 말한다.

12 얼핏 보기에 이혼을 반대하는 말씀의 마지막 부분인 "아내가 남편을 버리고 다른 데로 시집가면 간음을 행함이니라"(*καὶ ἐὰν αὐτὴ ἀπολύσασα τὸν ἄνδρα αὐτῆς γαμήσῃ ἄλλον μοιχᾶται*－카이 에안 아우테 아폴뤼사사 톤 안드라 아우테스 가메세 알론 모이카타이)는 말씀은 유대 율법에 정면으로 배치되는 것 같아 보인다. 유대 여자는 자기 쪽에서 남편과 이혼할 것을 요구할 수 없었다(Josephus, *Ant.* 15.7.10 §§259-60; 18.9.6 §§353-62; *m. Yebam.* 14.1; Abrahams, *Studies*, 1:66-72). 흔히 인용되는 한 구절에서 요세푸스는 코스토바루스(Costobarus)와 이혼한 살로메(Salome)와 관련하여 이혼에 관한 유대 율법과 관습을 요약한다. "얼마 후에 살로메는 코스토바루스와 싸웠고 곧 그에게 그들의 혼인을 해소(解消)시키는 증서(*ἀπολυομένη τὸν γάμον*－아폴뤼오메네 톤 가몬)를 보냈는데, 이는 유대 율법에 맞지 않는 것이었다. 왜냐하면 우리에게는 (오직) 남자만이 이런 일을 하는 것이 옳고(*ἀνδρὶ ‥ἔξεστι*－안드리…엑세스티), 심지어 이혼한 여자도 전 남편의 동의 없이는 주도적으로 다시 혼인할 수 없기 때문이다. 그러나 살로메는 조국의 율법을 따르지 않았고 자신의 권위 위에서 행동하여 그녀의 혼인을 파기하였다"(*Ant.* 15.7.10 §§259-60). 이것을 근거로 토레이(*Our Translated Gospels*, 93-95)는 "아내가 남편을 버리고"라는 마가 본문을 "남편에 의해 이혼당한 아내"로 수정할 것을 제안하지만, 그럴 필요는 없다.

유대 율법에 대한 이러한 이해는 본질적으로 옳지만, 여자들은 몇몇 경우에는 남편을 고소하여 남편으로 하여금 자기에게 이혼증서를 주도록 강제할 수 있었다(특히 *m. Ketub.* 7.10을 보라: "아내는 '네 형제를 나는 참을 수 있으나, 당신을 참을 수는 없다'고 말할 수 있다"; 그러면 남편은 아내에게 이혼증서를 주어야 한다; 참조. Moore, *Judaism,* 2:125). 그럼에도 불구하고 많은 주석가들은 아내가 남편을 버리는 것에 반대하는 예수의 말씀은 여자가 남편을 버릴 수 있었던 헬라-로마 세계의 관습과 유대 전승이 결합된 것을 반영한다고 주장해 왔다(예를 들어, Schmidt, 187:12은 "로마의 이방 그리스도인들을 염두에 두었던 복음서 기자에 의해" 만들어졌다; Best, *Following Jesus,* 101; "아내가 남편을 버릴 수 있는 지역에 있던 로마 교회를 위하여 이 말씀이 필요하였다"). 그랬을 수도 있지만, 헤로디아가 남편을 버리고 헤롯 안디바와 결혼한 악명 높은 이야기는 이 말씀에 대한 충분한 역사적 근거를 제공해 주는 것(살로메가 앞서 남편을 버렸던 사례와 마찬가지로)으로서 이에 해당하는 경우였을지도 모른다(위에서 언급한 대로). 에이브러햄스(Abrahams, *Studies,* 1:66)는 마가복음 10:12은 "그러한 방종한 짓을 경고하는 것일 수 있다"고 말한다(Burkitt, *Gospel History,* 98-101). 아마도 그의 말이 옳을 것이다. 더욱이 팔레스타인 지역 자체가 헬라-로마 세계와 접촉해 온 것은 예수의 출현 훨씬 이전부터였다. 실제로 파피루스 체엘림(Papyrus Se'elim) 13은 한 유대 여인이 고대 말에 남편과 이혼할 수 있었음을 보여 주는 추가적인 증거를 제공해 준다(Brewer, *HTR* 92 [1999] 349-57를 보라). 그러므로 이 말씀이 예수에게로부터 나왔다는 것을 부인할 이유가 전혀 없다. 예수의 말씀은 여자가 남편과 이혼할 수 있는 규정을 두고 있지 않았던 유대 율법에 대한 해설이 아니라 최근의 스캔들, 세례 요한의 체포와 뒤이은 처형을 가져온 스캔들에 대한 논평이다. 예수는 그 일을 결코 잊을 수 없었다. 또한 이 말씀이 예수께서 제자들을 대상으로 한 은밀한 가르침의 일부라는 사실을 기억하라. 이 말씀은 바리새인들과의 공개적인 논쟁의 일부가 아니다.

해설

예수는 잠재적으로 위험한 질문에 직면하시게 된다. 그의 대답은 명쾌하다. 이혼과 재혼은 하나님이 보시기에 결코 옳지 않다. 율법의 다른 분야들에 있어서는 그토록 너그럽고 허용적이기까지 했던 예수께서 왜 이혼에 대해서는 이토록 엄격한 견해를 고수하셨는가? 피츠마이어(Fitzmyer, "The Matthean Divorce Texts," 101-2)는 두 가지 매우 유력한 대답을 내놓는다. 첫 번째 대답(피츠마이어는 여기서 Isaksson, *Marriage and Ministry,* 147)은 제자들에 대한 예수의 대우 높은 기준 설정에 주목한다. "예수는 제자들에게 그들이 하나님을 섬기기 위해 택함 받고 성별되었다고 가르치셨다." 피츠마이어는 이러한 사상은 그리스도인들을 성령의 전이라고 말하는 신약의 다른 곳에서의 가르침(고후 6:14-7:1; 고전 3:16-17; 엡 2:18-22)과 일치하는데, 이러한 사상은 쿰란 문서에도 몇몇 중요한 병행들이 나온다고 지적한다(피츠마이어는 B. Gärtner, *The Temple and the Community in Qumran and the New Testament: A Comparative Study in the Temple Symbolism of the Qumran Texts and the New Testament*, SNTSMS 1[Cambridge: Canbridge UP, 1963]을 주목한다).

두 번째 대답은 제왕 사상의 영향을 받았을 가능성을 제기한다. 쿰란 공동체의 평신도들이 왕의 혼인법(신 17:7)을 스스로에게 적용한 것(11QTemple 57:17-19와 CD 4:20-21에서처럼)과 마찬가지로, 기독교 전승은 제사장적이고 제왕적인 언어 표현을 그리스도인들에게 적용했다. 피츠마이어는 베드로전서 2:5, 9을 인용한다. "너희도 산 돌같이 신령한 집으로 세워지고…거룩한 제사장이 될지니라…너희는 택하신 족속이요 왕 같은 제사장들이요 거룩한 나라요 그의 소유 된 백성이니"(피츠마이어는 J. H. Elliot, *The Elect and the Holy: An Exegetical Examination of I Peter 2:4-10 and the Phrase basileion hierateuma*, NovTSup 12[Leiden: Brill, 1966]을 주목한다).

이 두 대답 중 어느 하나로 결정할 필요는 없다. 베드로전서의 인용문에서 볼 수 있듯이, 고대의 기자(記者)들은 여러 이미지들을 자연스럽게 병치시켜 놓기 때문이다. 예수의 이혼 금령은 그의 사명감 및 자기 자신과 제자들에게 부과된 엄격한 요구들과 일치한다. 예수의 기대치는 매우 높아서 그의 선구자였던 세례 요한과 관련해서 "내가 진실로 너희에게 말하노니 여자가 낳은 자 중에 세례 요한보다 큰 이가 일어남이 없도다 그러나 천국에서는 극히 작은 자라도 저보다 크니라"(마 11:11=눅 7:28)고 말씀하실 정도였다. 우리는 흔히 이 말씀이 충격적이라는 것을 감지하지 못한다. 여자에게서 난 자 중에 세례 요한보다 더 큰 이가 없으나, 하나님 나라에서 가장 작은 자라도 세례 요한보다 더 크다. 하나님 나라에서 큰 자들인 제자들은 이혼을 피해야 하고, 세상이 주는 수많은 유혹과 덫들을 피해야 한다.

2. 하나님 나라에 들어가는 것(10:13-31)

참고문헌

Ambrozic, A. *The Hidden Kingdom.* 136-71. **Best, E.** "The Camel and the Needle's Eye(Mk 10:25)." *ExpTim* 82(1970-71) 83-89(repr. in *Disciples and Discipleship,* 17-30). **Dalman, G. H.** *The Words of Jesus.* Edinburgh: T. & T. Clark, 1902. 276-80. **Köbert, R.** "Kamel und Schiffstau: Zu Markus 10,25(Par.) und Koran 7, 40/38." *Bib* 53(1972) 229-33.

본 문

13 사람들이 예수의 만져 주심을 바라고 어린아이들을 데리고 오매 제자들이 꾸짖거늘
14 예수께서 보시고 분히 여겨 이르시되 어린아이들의 내게 오는 것을 용납하고 금하지 말라 하나님의 나라가 이런 자의 것이니라

15 내가 진실로 너희에게 이르노니 누구든지 하나님의 나라를 어린아이와 같이 받들지 않는 자는 결단코 들어가지 못하리라 하시고
16 그 어린아이들을 안고 저희 위에 안수하시고 축복하시니라
17 예수께서 길에 나가실새 한 사람이 달려와서 꿇어 앉아 묻자오되 선한 선생님이여 내가 무엇을 하여야 영생을 얻으리이까

18 예수께서 이르시되 네가 어찌하여 나를 선하다 일컫느냐 하나님 한 분 외에는 선한 이가 없느니라
19 네가 계명을 아나니 살인하지 말라 간음하지 말라 도적질하지 말라 거짓증거하지 말라 속여 취하지 말라 네 부모를 공경하라 하였느니라

20 여짜오되 선생님이여 이것은 내가 어려서부터 다 지키었나이다
21 예수께서 그를 보시고 사랑하사 가라사대 네

13 And they were bringing to him children that he might touch them, but his disciples rebuked them.[a]
14 But Jesus, having observed this, was indignant and[b] said to them, "Permit the children to come to me. Do not forbid them; for of such ones is the kingdom of God.[c]
15 Truly[d] I say to you, whoever should not receive the kingdom of God as a child will not enter it."
16 And taking them into his arms, he blessed them, laying his hands on them.[e]
17 And when he had gone out onto the road, one,[f] running up and kneeling before him, asked him, "Good teacher, what must I do that I may inherit eternal life?"
18 But Jesus said to him, "Why do you call me 'good'? No one is good, except one – God.[g]
19 You know the commandments: 'Do not commit murder; do not commit adultery;[h] do not steal; do not bear false witness; do not defraud;[i] honor your father and mother.'"
20 But he said to him, "Teacher, I have observed all these things since my youth."
21 But Jesus, looking upon him, loved him and

게 오히려 한 가지 부족한 것이 있으니 가서 네 있는 것을 다 팔아 가난한 자들을 주라 그리하면 하늘에서 보화가 네게 있으리라 그리고 와서 나를 좇으라 하시니
22 그 사람은 재물이 많은고로 이 말씀을 인하여 슬픈 기색을 띠고 근심하며 가니라
23 예수께서 둘러보시고 제자들에게 이르시되 재물이 있는 자는 하나님의 나라에 들어가기가 심히 어렵도다 하시니
24 제자들이 그 말씀에 놀라는지라 예수께서 다시 대답하여 가라사대 얘들아 하나님의 나라에 들어가기가 어떻게 어려운지
25 약대가 바늘귀로 나가는 것이 부자가 하나님의 나라에 들어가는 것보다 쉬우니라 하신대
26 제자들이 심히 놀라 서로 말하되 그런즉 누가 구원을 얻을 수 있는가 하니
27 예수께서 저희를 보시며 가라사대 사람으로는 할 수 없으되 하나님으로는 그렇지 아니하니 하나님으로서는 다 하실 수 있느니라
28 베드로가 여짜와 가로되 보소서 우리가 모든 것을 버리고 주를 좇았나이다
29 예수께서 가라사대 내가 진실로 너희에게 이르노니 나와 및 복음을 위하여 집이나 형제나 자매나 어미나 아비나 자식이나 전토를 버린 자는
30 금세에 있어 집과 형제와 자매와 모친과 자식과 전토를 백 배나 받되 핍박을 겸하여 받고 내세에 영생을 받지 못할 자가 없느니라
31 그러나 먼저 된 자로서 나중 되고 나중 된 자로서 먼저 될 자가 많으니라

said to him, [j]"You lack one thing – go, sell what you have and give to the poor, and you will have treasure in heaven; and come, follow me."[k]
22 But hem, his face falling at this word, went away[l] grieving; for he had many possessions.[m]
23 And looking around, Jesus says to his disciples, "How difficult will it be for those who have wealth to enter the kingdom of God!"[n]
24 But his disciples were marveling at his words. But Jesus, again answering, says to them, "Children, how difficult it is[o] to enter the kingdom of God!
25 [p]It is easier for a camel[q] to pass through the eye[r] of a needle than for someone who is rich to enter the kingdom of God."
26 But they were greatly astonished, saying to themselves,[s] "Then who can be saved?"[t]
27 Looking at them, Jesus says, "With humans it is impossible, but not with God;[u] for all things are possible[v] with God."
28 Peter[w] began to speak to him, "Behold, we left everything and have followed you."[x]
29 Jesus said, "Truly I say to you, there is no one who left house or brothers or sisters or mother or father[y] or children or fields for my sake and[z] for the sake of the gospel[aa]
30 who should not receive[bb] one hundredfold now in this time houses and brothers and sisters and mothers and children and fields, with persecutions,[cc] and in the coming age eternal life.
31 But many that are first will be last, and the last will be first."[dd]

원문주해

a. 제자들이 어린아이들을 꾸짖었다는 오해의 소지를 없애기 위해 A, D, N, Σ, Φ사본과 그 밖의 몇몇 사본들은 호이 데 마데타이 에페티몬 토이스 프로스페루신(*οἱ δὲ μαθηταὶ ἐπετίμων τοῖς προσφέρουσιν*, "그러나 제자들은 [어린아이들을] 데리고 온 사람들을 꾸짖었다")으로 읽는다. ℵ, B, C, L사본과 그 밖의 몇몇 권위 있는 사본들은 호이 데 마데타

이 에페티메산 아우토이스(οἱ δὲ μαθηταὶ ἐπετίμησαν αὐτοῖς, "그러나 제자들은 그들을 꾸짖었다")로 읽는다. Metzger, *TCGNT*[1], 105를 보라.

b. W사본과 몇몇 후대의 사본들은 에피티메사스(ἐπιτιμήσας, "[그들을] 꾸짖어")를 첨가한다.

c. W사본은 헤 바실레이아 톤 우라논(ἡ βασιλεία τῶν οὐρανῶν, "천국")으로 읽는다(참조. 마 19:14).

d. 일부 후대의 사본들은 아멘 아멘(ἀμὴν ἀμὴν, "진실로 진실로")으로 읽는데, 이는 요한복음의 영향인 듯하다(참조. 요 1:51 등).

e. D, W사본과 몇몇 후대의 권위 있는 사본들은 에티데이 타스 케이라스 에프 아우타 카이 율로게이 아우타(ἐτίθει τὰς χεῖρας ἐπ' αὐτά καὶ εὐλόγει αὐτά, "그는 저희 위에 안수하시고 저희를 축복하셨다")로 읽는다. A사본과 몇몇 후대의 권위 있는 사본들도 동일한 방식으로 읽지만 현재 시제를 사용한다.

f. A, W사본과 몇몇 후대의 사본들은 이두 티스 플루시오스(ἰδού τις πλούσιος, "보라, 부자인 어떤 사람")로 읽는다.

g. 헬라어로는 헤이스 호 데오스(εἷς ὁ θεός). D사본은 모노스 헤이스 데오스(μόνος εἷς ὁ θεός, "오직 한 분-하나님")로 읽는다.

h. D사본과 몇몇 후대의 사본들은 메 포르뉴세스(μὴ πορνεύσῃς, "음행하지 말라")를 첨가한다. Westcott-Hort, *Introduction* 2:25-26을 보라.

i. 많은 사본들은 메 아포스테레세스(μὴ ἀποστερήσῃς, "속여 취하지 말라")를 생략하는데(참조. 출 20:17; 신 24:14; *Sir* 4:1), 이는 아마도 이 금령이 십계명 중 하나가 아니기 때문일 것이다. 마태(19:18)와 누가(18:20)도 이 어구를 생략한다. Metzger, *TCGNT*[1], 105를 보라.

j. W, Σ사본과 후대의 몇몇 사본들은 에이 델레이스 텔레이오스 에이나이 헨 세 휘스테레이(ει θέλεις τέλειος εἶναι ἕν σε ὑστερεῖ, "네가 온전하고자 한다면, 네게 한 가지 부족한 것이 있다")로 읽는다.

k. A, W사본과 몇몇 후대의 권위 있는 사본들은 아라스 톤 스타우론(ἄρας τὸν σταυρόν, "['너의'] 십자가를 지고")을 첨가한다.

l. W사본은 아프 아우투(ἀπ' αὐτοῦ, "그에게서")를 첨가한다.

m. 몇몇 라틴어와 고 이탈리아 사본들의 지지를 받는 D사본은 폴라 크레마타(πολλὰ χρήματα, "많은 돈" 또는 "많은 재물")로 읽는다.

n. 일부 사본들은 25절과 같은 내용을 23절과 24절 사이에 놓는다. 그러나 몇몇 이독(異讀)들이 있다. 예를 들면, D사본은 타키온 카멜로스 디아 트뤼말리도스 라피도스 디엘류세타이 에 플루시오스 에이스 탄 바실레이안 투 데우(τάχιον κάμηλος διὰ τρυμάλιδος ῥαφίδος διελεύσεται ἢ πλούσιος εἰς τὰν βασιλείαν τοῦ θεοῦ, "부자가 하나님

나라에 [들어가는 것]보다 더 빨리 낙타가 바늘귀를 통과하리라")로 읽는다. Metzger, *TCGNT*[1], 105-6를 보라.

o. 일부 사본들은 예수의 말씀에 조건을 붙여서 하나님 나라에 들어가는 것이 어렵다는 것을 예를 들면 부자 같은 몇몇 유형의 사람들에게로 제한한다. 예를 들어, A, C, D사본 등은 투스 페포이도타스 에피 크레마신(*τοὺς πεποιθότας ἐπὶ χρήμασιν*, "돈을 의지하는 자들에게는")으로 읽고, W사본은 플루시온(*πλούσιον*, "부자인 사람에게는")으로 읽는다. Metzger, *TCGNT*[1], 106; Westcott-Hort, *Introduction*, 2:26을 보라.

p. 일부 사본들은 25절을 생략한다(위의 "원문주해" n을 보라).

q. 카멜론(*κάμηλον*) 대신에 일부 후대의 권위 있는 사본들은 카밀론(*κάμιλον*, "밧줄")으로 읽는다. 밧줄이 낙타보다는 훨씬 더 바늘과 연관성이 있다! 후대의 헬라어에서 에타(*η*)와 이오타(*ι*)는 매우 비슷하게 발음되었다. 후대의 사본들에서 동일한 이독이 눅 18:25에서도 나타난다.

r. ℵ*사본은 트레마토스(*τρήματος*, "구멍")로 읽는다.

s. A, D, N, W, *Σ*, *Φ*사본과 많은 후대의 사본들은 프로스 헤아우투스(*πρὸς ἑαυτούς*, "그들 자신들에게")로 읽는다. Nestle-Aland[27]과 USBGNT[3c]는 이 독법을 받아들인다. 몇몇 후대의 권위 있는 사본들은 프로스 알렐루스(*πρὸς ἀλλήλους*, "서로에게")로 읽는다. ℵ, B, C사본과 몇몇 권위 있는 사본들은 프로스 아우톤(*πρὸς αὐτόν*, "그에게")으로 읽는다(RSV는 이 독법을 받아들이고, NRSV는 이 독법을 난외주로 처리한다). 메츠거(Metzger, *TCGNT*[1], 106)는 이 후자의 독법이 "알렉산드리아 원문의 수정"이라고 믿는다.

t. 문자적으로는 "그러면 누가 구원을 받을 수 있는가?" W사본은 카이 티스 뒤네세타이 소데나이(*καὶ τίς δυνήσεται σωθῆναι*, "그러면 누가 구원을 받을 수 있겠는가?")로 읽는다.

u. D사본은 파라 데 토 데오 뒤나톤(*παρὰ δὲ τῷ θεῷ δυνατόν*, "그러나 하나님으로서는 하실 수 있다")으로 읽는다.

v. 몇몇 후대의 사본들은 토 피스튜온티(*τῷ πιστεύοντι*, "믿는 자에게는")를 첨가한다.

w. 수리아 역본은 케파(kêpā', "게바")로 읽는다.

x. ℵ사본과 몇몇 권위 있는 사본들은 티 아라 에스타이 헤민(*τί ἄρα ἔσται ἡμῖν*, "그러면 우리에게 무엇이 있겠나이까?")을 첨가한다. 이 첨가는 마 19:27에서 온 것이다.

y. A, C, N, *Σ*, *Φ*사본과 후대의 사본들은 에 귀나이카(*ἢ γυναῖκα*, "또는 아내")를 첨가한다(참조. 눅 18:29).

z. ℵ사본은 에네켄 에무 카이(*ἕνεκεν ἐμοῦ καὶ*, "나를 위하여")를 생략한다.

aa. 몇몇 후대의 권위 있는 사본들은 에네켄 투 유앙겔리우 무(*ἕνεκεν τοῦ εὐαγγελίου μου*, "내 복음을 위하여")로 읽는다. A, B*사본과 몇몇 권위 있는 사본들은 두 번째의 에네켄(*ἕνεκεν*, "~를 위하여")을 생략한다.

bb. 몇몇 후대의 권위 있는 사본들은 클레로노메세(*κληρονομήση*, "상속받다")로 읽는다. D사본은 어색한 구문을 부드럽게 하기 위해 30절을 고쳐 쓴다. Metzger, *TCGNT*[1], 106-7를 보라.

cc. 몇몇 후대의 권위 있는 사본들은 메타 디오그몬(*μετὰ διωγμόν*, "핍박 후에")으로 읽는다.

dd. 알렉산드리아의 클레멘트(*Salvation of the Rich* 4)는 29-31절을 다음과 같이 인용하는데, 여기서 약간의 흥미로운 이독(異讀)들이 나타난다. "예수께서 대답하여 (가라사대) 내가 진실로 너희에게 이르노니 나와 및 복음을 위하여 집과 부모와 형제와 돈을 버리는 자는 백 배나 받으리라 무슨 목적으로 (그가) 지금 금세에서 전토와 재물과 집과 형제를 핍박과 함께 받기를 (기대하겠느냐)? 그러나 내세에서는 영생이 있느니라 (그리고 내세에서는) 첫째가 꼴찌가 되고 꼴찌가 첫째가 되리라"(*ἀποκριθεὶς δὲ ὁ Ἰησοῦς [λέγει]· ἀμὴν ὑμῖν λέγω, ὃς ἂν ἀφῇ τὰ ἴδια καὶ γονεῖς καὶ ἀδελφοὺς καὶ χρήματα ἕνεκεν ἐμοῦ καὶ ἕνεκεν τοῦ εὐαγγελίου, ἀπολήψεται ἑκατονταπλασίονα. νῦν ἐν τῷ καιρῷ τούτῳ ἀγροὺς καὶ χρήματα καὶ οἰκίας καὶ ἀδελφοὺς ἔχειν μετὰ διωγμῶν εἰς ποῦ; ἐν δὲ τῷ ἐρχομένῳ ζωὴ[ν] ἐστιν αἰώνιος. [ἐν δε] ἔσονται οἱ πρῶτοι ἔσχατοι καὶ οἱ ἔσχατοι πρῶτοι* – 아포크리데이스 데 호 이에수스 [레게이] 아멘 휘민 레고 호스 안 아페 타 이디아 카이 고네이스 카이 아델푸스 카이 크레마타 헤네켄 에무 카이 헤네켄 투 유앙겔리우 아폴렙세타이 헤카톤타플라시오나 뉜 엔 토 카이로 투토 아그루스 카이 크레마타 카이 오이키아스 카이 아델푸스 에케인 메타 디오그몬 에이스 푸 엔 데 토 에르코메노 조엔 에스틴 아이오니오스 [엔 데] 에손타이 호이 프로트이 에스카토이 카이 호이 에스카토이 프로토이).

양식/구조/배경

마가복음 10:13-31은 세 단락으로 이루어진다. (1) 어린아이들에 대한 영접과 축복(13-16절), (2) 부자와의 대화(17-22절), (3) 재물의 위험성에 대한 예수의 가르침(23-31절). 뒤의 두 단락은 결합되어 있다. 첫 번째 단락은 원래 독립적인 것으로서 9:35-37과 관계가 있다. 두 대목에서 모두 파이디온(*παιδίον*, "어린아이": 9:36, 37; 10:15), 에낭칼리사메노스(*ἐναγκαλισάμενος*, "[그들을] 안고"; 9:36; 10:16)가 나온다는 점을 우리는 주목할 필요가 있는데, 특히 후자의 단어는 신약에서 오직 마가복음의 이 두 대목에만 나오기 때문이다. 그러나 모든 것을 고려할 때 9:35-37과 10:13-16은 원래 각각 별개의 사건에서 유래되었고, 전승 과정 및 복음서 기자의 편집 과정에서 서로 결합되었다고 보는 것이 가장 좋을 것 같다.

이 단락들을 서로 연결시키고 있는 것은 하나님 나라에 들어가는 것에 관한 주제다. 어린아이들은 어떤 조건도 없이 기쁘게 그 기회를 받아들이겠지만, 세상 염려에 사로잡힌 사람들은 망설이게 되는 경우가 흔하다. 이러한 대비는 깜짝 놀랄 만한 것이다. 그 장래가 불확실하고(유아 및 아동의 사망률이 높았음을 감안할 때) 고대 말기에 특별히 가치 있게 여겨지지 않았던 어린아이들이 수월하게 하나님 나라에 들어가게 될 것이기 때문에, 어른들이 어린아이들을 본받아야 한다. 부(富)가 하나님의 축복의 표시라는 관습적인 지혜의 전제(26절이 보여 주듯이)와 계명들을 다 잘 지켰다는 공언(公言)에도 불구하고, 부자는 흔히 하나님 나라에 들어가기가 몹시 어렵다. 따라서 예수의 제자들은 경계해야 한다.

마가복음 10:13-16과 병행되는 내용이 도마복음서 §22에 나온다.

> 예수께서 아기들이 젖을 먹는 것을 보시고 제자들에게 "이 젖을 먹고 있는 아기들은 하나님 나라에 들어가는 자들과 같다"라고 말씀하셨다. 제자들이 "저희가 어린아이들이 된다면 하나님 나라에 들어가게 되겠습니까?"라고 하자, 예수께서 제자들에게 이렇게 말씀하셨다. "너희가 이 둘을 하나로 만들면, 너희가 안을 겉과 같게 하고 겉을 안과 같게 하며 위를 아래와 같게 한다면, 너희가 남자와 여자를 똑같이 만들어서 남자는 남자가 아니게 하고 여자는 여자가 아니게 하면, 너희가 눈들을 한 쪽 눈의 자리에 넣고, 한 손을 한 손 대신에 넣으며, 한 발을 한 발 대신에 넣고, 닮은 것을 닮은 것 대신에 넣는다면, 너희는 (하나님 나라에) 들어가리라."

모든 점들을 살펴보건대, 이 전승은 공관복음서 내용을 이차적으로 개작한 것이다(참조. H. C. Kee, "'Becoming a Child' in the Gospel of Thomas," *JBL* 82[1963] 307-14). 도마복음서에서 초점은 존재론적인 것으로서 우주발생론에 대한 영지주의의 관심을 반영하고 있다. 몇 가지 요소들은 신약의 몇몇 구절들을 연상시킨다. "너희가 둘을 하나로 만들면"은 "이는 이 둘로 자기의 안에서 한 새 사람을 지어"라고 말하는 에베소서 2:15을 반영한 것일 수 있다. "너희가 안을 겉과 같게 하고 겉을 안과 같게 하며"는 "잔과 대접의 겉은 깨끗이 하되 그 안에는 탐욕과 방탕으로 가득하게 하는도다…먼저 안을 깨끗이 하라 그리하면 겉도 깨끗하리라"고 말하는 마태복음 23:25-26을 반영한 것일 수 있다. "남자는 남자가 아니게 하고 여자는 여자가 아니게 하면"은 "남자나 여자 없이 다 그리스도 예수 안에서 하나이니라"고 말하는 갈라디아서 3:28을 반영한 것일 수 있다. "위를 아래와 같게"는 "예수께서 가라사대 너희는 아래서 났고 나는 위에서 났으며"라고 말하는 요한복음 8:23을 반영한 것일 수 있다. 그리고 "눈", "손", "발"에 대한 언급은 마가복음 9:43-47("손", "발", "눈")

을 반영한 것일 수 있다.

또한 이 밖에도 몇몇 병행들이 존재한다. 마가복음 10:14-15을 반영하여, 진리의 복음서(*Gospel of Truth*)는 "맨 마지막으로 어린아이들도 왔는데 성부의 지식이 바로 이들의 것이다"([NHC I, 3] 19.27-30)라고 단언한다. 또 하나의 각색된 내용이 도마복음서 §46에 나온다. "그렇지만 내가 말하기를 너희 중 누구라도 어린아이가 된다면 하나님 나라를 알게 될 것이고 요한보다 더 뛰어나게 되리라고 하였노라" (요한에 대한 언급은 마 11:11=눅 7:28에 대한 인유[引喩]다).

불트만(History, 32)과 테일러(Taylor, *Formation*, 72, 148)는 마가복음 10:13-16을 선포 이야기(pronouncement story)로 분류한다. 불트만은 이 이야기가 열왕기하 4:27에서 영감을 받은 것이 아닌가 생각한다. "산에 이르러 하나님의 사람에게 나아가서 그 발을 안은지라 게하시가 가까이 와서 저를 물리치고자 하매 하나님의 사람이 가로되 가만두라 그 중심에 괴로움이 있다마는 여호와께서 내게 숨기시고 이르지 아니하셨도다." 또한 그는 아키바('Aqiba)에 관한 한 랍비의 이야기를 인용한다. "그(아키바)에게 다가가서 그녀(아키바의 아내)는 땅에 엎드려 그의 발에 입 맞추었다. 제자들이 그녀를 밀치고자 했을 때, (랍비 아키바는) '그녀를 내버려두어라. 나의 것과 너희의 것이 그녀의 것이다(즉, 나의 지식과 너희의 지식은 그녀 덕분이다)' 라고 제자들에게 소리쳤다"(*b. Ketub.* 63a; *b. Ned.* 50a). 이러한 병행들은 기껏해야 형식만 닮은 것일 뿐이고, 그 세부적인 내용은 조금도 서로 결부되어 있지 않다.

불트만(*History*, 21-22)과 테일러(Taylor, *Formation*, 66)는 마가복음 10:17-22을 선포 이야기로 본다. 불트만은 복음서 기자가 23-27절("마가 이전에 이미 17-22절과 결합되어 있던", 부자가 하나님 나라에 들어가기 어렵다는 것에 관한 "경구"[警句]인 23, 25절이 끼워 넣어져 있는), 28-30절(상에 관한 말씀), 31절(첫째와 꼴찌의 역전에 관한 말씀)을 첨가했다고 본다. 31절과 관련해서는 불트만의 주장이 옳을 것이다. 왜냐하면 첫째와 꼴찌의 이율배반적인 운명에 관한 내용은 마가복음 10:31 외에 마태복음 20:8, 16(품군 비유), 마가복음 9:35, 누가복음 13:30에도 나오기 때문이다. 여기서 받는 인상은 이 말씀이 사람들의 입에 떠돌던 말이라는 것이다. 누가복음 9:48에 나오는 가장 작은 자와 가장 큰 자에 관한 이율배반도 마찬가지다. 또한 23-27절에 끼워 넣어진 경구(23, 27절)에 관한 불트만의 말도 옳을 수 있다. 이 경구는 많은 학자들이 진정한 것으로 보는 다른 가르침들(예를 들어, 마 6:24=눅 16:13; 눅 14:15-24; 16:19-31)과 일치한다. 마가는 "제자들이 그 말씀에 놀라는지라"(24절)를 첨가했겠지만, "얘들아, 하나님의 나라에 들어가기가 어떻게 어려운지"

라는 24절의 말씀은 비록 23절의 말씀의 이독(異讀)일 가능성도 없진 않지만 아마도 예수의 진정한 말씀인 것 같다. 암브로직(Ambrozic, *Hidden Kingdom*, 158-71)은 17-22b절이 원래의 전승 단위였고, 여기에 24bc절과 26-27절이 마가 이전의 발전 단계에서 첨가되었으며, 그 후에 22c, 23-24a, 25절을 복음서 기자가 추가로 보충해 넣었다고 생각한다. 이 단락의 편집사에 대한 그 밖의 다른 평가들에 대해서는 페쉬(Pesch, 2:136)와 베스트(Best, *ExpTim* 83[1970-71] 83-89; *Following Jesus*, 111)를 보라. 26-27절에 나오는 제자들과 예수의 대화는 23-25절로부터 28-30절로 이어지는 흐름을 단절시키는 것으로 보아서 이차적인 본문인 것 같다(Cranfield, 325를 비롯한 많은 학자들은 이 후자의 절들도 마찬가지로 이차적인 것으로 보지만). 그러나 26-27절은 진정한 예수 전승일 것이다. 사도들이 구원에 관한 의심을 표명하고 예수께서 믿음이나 그의 사명에 관하여 한마디도 하지 않는 그러한 말씀을 초대 교회가 만들어 냈다고 보기는 어렵기 때문이다.

결론부의 단락(28-31절)은 원래 현재의 문맥에서 독립적이었을 것이고(Best, *Following Jesus*, 112-13), 또한 이 말씀이 예수로부터 나왔음을 부인할 만한 설득력 있는 근거도 존재하지 않는다. 물론 이것은 29절에 언급된 "복음"이 부활에 관한 복음(초대 교회는 틀림없이 이렇게 이해했을 것이다)이 아니라 하나님 나라에 관한 복음, 즉 예수의 메시지라는 것을 의미한다. 게다가 30절의 종말론은 초대 교회의 종말론이 아니라 예수의 삶의 자리(Sitz im Leben)와 더욱 부합하는 것으로 보인다(이 점에 대해 자세한 것은 "주석"을 보라).

주석

13 "사람들이 예수의 만져 주심을 바라고 어린아이들을 데리고 오매 제자들이 그들을 꾸짖었다"(*προσέφερον αὐτῷ παιδία ἵνα αὐτῶν ἅψηται οἱ δὲ μαθηταὶ ἐπετίμησαν αὐτοῖς*-프로세페론 아우토 파이디아 히나 아우톤 합세타이 호이 데 마데타이 에페티메산 아우토이스). 본문에는 "만져 주심(*ἅψηται*-합세타이)을 바라고" 예수께 어린아이들을 데려온(*προσέφερον*-프로세페론) 사람들이 누구인지 나와 있지 않지만, 아마도 뭔가 유익이 될까 해서 또는 축복을 받기 위한 목적으로 부모들이 자기 자녀들을 데려왔을 것이다. 고대인들은 성자(聖者)나 그 옷만 만져도 치유 등과 같은 좋은 일이 생긴다고 믿었다(참조. 막 5:28). 그러나 제자들은 그렇게 하려고 하는 사람들을 꾸짖었다(*ἐπετίμησαν*-에페티메산)(Gundry, 544는 미

완료 과거형인 프로세페론[προσέφερον]을 의도의 의미로 옳게 이해했다: "데려오고자 하였다"). "꾸짖다"(ἐπιτιμᾶν – 에피티만)는 복음서 기자가 자주 사용하는 단어다. 8:32을 보면 베드로는 수난 예고를 이유로 예수를 꾸짖고, 8:33에서는 예수께서 베드로를 하나님의 일을 방해한다고 꾸짖는다. 1:25과 9:25에서는 예수께서 더러운 귀신을, 4:39에서는 광풍을 꾸짖는다. 현재의 본문에서 가장 가까운 것은 10:48에서 무리가 눈 먼 바디매오를 꾸짖는 장면이다. 마가는 제자들이 누구를 꾸짖었는지(부모들인지 어린아이들인지)를 밝히지 않고, 왜 어린아이들의 접근을 막았는지에 대한 이유도 제시하지 않는다. 독자들은 제자들이 어린아이들을 어른들의 중요한 일에 성가시게 끼여들어 정신을 산만케 하는 존재쯤으로 여긴 것이라고 추측했을 것이다. 말하자면 제자들은 예수께는 해야 할 더 중요한 일들이 있고, 만나야 할 더 중요한 사람들이 있어서 어린아이들을 상대할 시간이 없다고 생각했을 것이라고 독자들은 추측했을 것이다.

14 "그러나 예수께서 보시고 분히 여겨 이르시되 어린아이들이 내게 오는 것을 용납하고 금하지 말라고 하셨다"(*ἰδὼν δὲ ὁ Ἰησοῦς ἠγανάκτησεν καὶ εἶπεν αὐτοῖς· ἄφετε τὰ παιδία ἔρχεσθαι πρός με, μὴ κωλύετε αὐτά* – 이돈 데 호 이에수스 에가나크테센 카이 에이펜 아우토이스 아페테 타 파이디아 에르케스다이 프로스 메 메 콜뤼에테 아우타). 예수는 제자들의 행동에 분개하셨다(*ἠγανάκτησεν* – 에가나크테센). 조금 후면 제자들도 야고보와 요한이 예수의 새로운 정부에서 제일 가는 자리들을 요청했다는 이유로 그들에게 분개하고(10:41), 한 여인이 예수의 머리에 값비싼 향유를 부었다고 하여 또다시 분개한다(14:4). 예수는 제자들에게 "어린아이들이 내게 오는 것을 용납하라"고 명하신다. 그리고 접속사 없이 예수는 "그들을 금하지 말라"는 말씀을 덧붙이시는데, 현재 부정(否定) 명령형(*μὴ κωλύετε* – 메 콜뤼에테)이 함축하는 의미를 살리면 이 말씀은 "그들을 금하기를 그치라"는 뜻이 된다. 또한 예수의 이름을 사용하던 한 구마사(exorcist)와 관련하여 예수께서 제자들에게 "그를 금하기를 그치라"고 명하신 9:39과 비교해 보라. 누가복음 11:52에서 예수는 "화 있을진저 너희 율법사여 너희가 지식의 열쇠를 가져가고 너희도 들어가지 않고 또 들어가고자 하는 자도 막았느니라"고 말씀하신다. 누가복음 23:2에서 예수는 유대 백성들이 로마에 세금 내는 것을 "금하였다(*κωλύοντα* – 콜뤼온타)는 고소를 당하신다.

예수는 제자들에게 어린아이들이 자기에게 오는 것을 금하지 말아야 하는 이유를 설명하신다. "하나님의 나라가 이런 자들의 것이기 때문이다"(*τῶν γὰρ τοιούτων ἐστὶν ἡ βασιλεία τοῦ θεοῦ*–톤 가르 토이우톤 에스틴 헤 바실레이아 투 데우). 속격인 톤…토이우톤(*τῶν…τοιούτων*, "이런 자들의")은 소유의 의미다. 즉, 하나님 나라가 어린아이들 같은 사람들에게 "속한다"는 것이다(Taylor, 423; Gundry, 544). 그러므로 어린아이들은 예수께 나아와서 축복을 받을 권리가 있다. 이러한 예수의 말씀은 반드시 특이하다고 할 수는 없다. 왜냐하면 후대의 랍비 문헌에 이와 비슷한 내용들이 더러 나오기 때문이다. 바벨론 탈무드의 산헤드린 편(*b. Sanh.* 110b)에 의하면, 이스라엘의 어린아이들은 장차 올 세상(내세)에 들어가게 될 것이라고 한다. "랍비 아키바가 가라사대 그들(어린아이들)은 주께서 단순한 자들을 보존하신다(시 116:9)고 기록된 대로 내세에 들어가게 되리라고 말하였다." 하올람 합바(הַבָּא הָעוֹלָם, "내세, 창차 올 세상")라는 표현을 30절에 나오는 예수의 말씀(*τῷ αἰῶνι τω ἐρχομένῳ*–토 아이오니 토 에르코메노, "내세")과 비교해 보라. 사용되는 용어가 서로 일치한다. 몇몇 랍비 전승들에서는 어린아이들을 순수하고, 심지어 죄가 없다고까지 말한다(*b. Yoma* 22b; *b. Nid.* 30b): "어린아이들은 하나님의 임재를 만난다"(*Kallah Rab.* 2.9). 하나님의 임재가 그들을 따른다(*Qoh. Rab.* 1:5 §32). 어린아이들에 대한 축복 및 안수에 관해서 말하는 유대 전승들에 대해서는 Abrahams, *Studies* 1:118-20을 보라.

15 "내가 진실로 너희에게 이르노니 누구든지 하나님의 나라를 어린아이와 같이 받아들이지 않는 자는 결단코 거기에 들어가지 못하리라"(*ἀμὴν λέγω ὑμῖν, ὃς ἂν μὴ δέξηται τὴν βασιλείαν τοῦ θεοῦ ὡς παιδίον, οὐ μὴ εἰσέλθῃ εἰς αὐτήν*–아멘 레고 휘민 호스 안 메 덱세타이 텐 바실레이안 투 데우 호스 파이디온 우 메 에이셀데 에이스 아우텐). 예수는 어린아이들이 사물을 받아들이는 것과 같은 태도로 사람들이 하나님 나라를 받아들여야 한다고 가르치신다(Best, *Following Jesus*, 107-8). 본문은 어린아이들을 이상화(理想化)하고 있는 것이 아니다(서양에서 흔히 생각하는 것과는 달리). 왜냐하면 어린아이는 고대에 그리 존중을 받지 못했기 때문이다. 사실 부모는 아주 어린아이에 대한 생사여탈권을 갖고 있었다(참조. P.Oxy. 744.8-10: "네게 아기가 생긴 경우, 사내아이면 살리고, 계집아이면 던져 버리라"; 물론 이것은 유대 관습이 아니라 이방 관습이다). 예수께서 말씀하신 요지는 어린아이들이 어른들의 말에 아무 의심 없이 순종하고 들은 대로 행하는 것처럼 사람들도 하나님 나라를 그런 식으로 받아들이고 그 부르심에 순종해야 한다는 것이다.

"하나님 나라를 받아들이는 것"(*δέξασθαι τὴν βασιλείαν τοῦ θεοῦ*–덱사스다이 텐 바실레이안 투 데우)은 하나님의 통치의 권위에 복종하는 것이다. 독자적인 힘과 권위를 소유하고 있다고 생각하는 어른들은 하나님 나라에 들어가기가 불가능하다. 그들의 권위가 하나님의 권위와 충돌할 것이기 때문이다. 이런 이유로 하나님 나라를 받아들이고자 하는 사람은 "어린아이들이 하듯이", 즉 스스로를 중요하고 능력이 있다고 생각하는 것을 버리고 하나님 나라를 받아들여야 한다. 끝으로 "어린아이"(*παιδίον* - 파이디온)를 직접목적어로 보아서는 안 된다(W. Clarke, *New Testament Problems*[New York: Macmillan, 1929] 37-38). 직접목적어로 보면, 예수께서 하나님 나라가 어린아이들의 것이라고 말씀하신 14절의 내용과 서로 상충하게 된다.

16 "그들을 안고"(*ἐναγκαλισάμενος αὐτὰ* - 에낭칼리사메노스 아우타). 13절을 보면 어린아이들을 예수께 데려온 사람들은 예수께서 어린아이들을 만져 주시기를 바랐을 뿐인데, 예수는 한 걸음 더 나아가 어린아이들을 안아 주신다. 9:36에서도 예수는 한 어린아이를 안으셨다. 안는 행위는 어린아이들이 하나님 나라에 받아들여졌고 또 그 나라에서 소중하다는 것을 공개적으로 드러내는 행위다.

"예수께서 그들을 축복하셨다(문자적으로는, 역사적 현재로서 '축복하신다')"(*αὐτὰ κατευλόγει* - 아우타 카튤로게이). 인칭대명사 "그들을"(*αὐτὰ* - 아우타)은 "안다"(*ἐναγκαλισάμενος* - 아낭칼리사메노스)와 "축복하다"(*κατευλόγει* - 카튤로게이) 두 동사의 직접목적어이다. 복음서 기자는 신약의 다른 곳에는 나오지 않는 강의형(强意形)인 카튤로게이(*κατευλόγει*, "축복하다")을 사용한다. 칠십인역에서 이 단어는 토비아(Tobias)가 라구엘(Raguel)을 축복하는 대목인 토빗서 11:1과 토빗이 그의 새로운 며느리인 사라를 축복하는 대목인 토빗서 11:17에만 나온다. 더 흔히 사용되는 단어는 단순형인 율로게인(*εὐλογεῖν*)이다.

"저희 위에 안수하시고"(*τιθεὶς τὰς χεῖρας ἐπ' αὐτά* - 디데이스 타스 케이라스 에프 아우타). 마가복음의 다른 곳에서도 예수는 사람들에게 안수하신다. 5:23에서는 한 회당장이 예수에게 중병에 걸린 딸에게 안수해 줄 것을 간청한다. 6:5에서 예수는 "소수의 병인에게 안수하여 고치셨다". 8:23-25에서 예수는 눈 먼 사람의 시력을 회복시키기 위하여 안수하신다. 예수의 이러한 행위는 성경과 랍비 문헌들에 그 선례들이 있다. 창세기 48:15-22에서 족장 야곱은 에브라임과 므낫세의 머리에 안수한 후에 그들의 아버지인 요셉을 축복한다. 치유하기 위한 안수는 아브라함이 바로의 머리에 안수해서 악한 영을 내어쫓는다고 말하는 1QapGen 20:28-29에서 확인된다(이 구절에 대해서는 D. Flusser, "Healing through the Laying-On of Hands in a Dead Sea Scroll," *IEJ* 7[1957] 107-8를 보라). 그러나 마가복음 10:16에서 안수의 목적은 치유가 아니라 축복이다. 그럼에도 불구하고 하나님의 능력이 예수에게서 유출되었다는 사상(치유를 위해서든 어떤 식의 유익을 위해서든)이 이 본문의 근저에 깔려 있다.

17 "선한 선생님이여"(*διδάσκαλε ἀγαθε* – 디다스칼레 아가데). 본문에서처럼 어떤 사람을 "선한 선생님"이라고 부른 사례가 주후 1세기 또는 그 이전에는 존재하지 않지만, 탈무드에는 이와 병행될 만한 표현이 나온다. 꿈 속에서 랍비 하그로니아의 엘르아살(Eleazar of Hagronya, 주후 4세기 중엽)은 "자기 백성에게 넘치는 은혜를 베푸시는 선한 주님으로부터 이 선한 선생(רב טב – 라브 타브)에 대한 인사"를 받는다(*b. Ta'an.* 24b; 참조. Dalman, *Words*, 337). 그러나 이 기이한 부름말이 나오는 전체 대목에 걸쳐서 "선한"이 과장되게 사용되었다는 점을 감안하면, 이로부터 어떤 사실을 일반화하는 것은 현명치 못한 일이다. 게다가 이 전승은 시기적으로도 꽤 후대의 것이다. 또한 예수 앞에서 무릎을 꿇은(*γονυπετήσας* – 고뉘페테사스) 것도 선생에게 인사하는 통상적인 모습이 아니라는 점을 생각하면, "선한 선생님이여"라는 호칭도 이례적인 것이라고 보아야 한다. 예수께 나아온 사람이 예수에 대하여 이례적인 극도의 존경심을 나타내 보이고 있는 것이 허풍이라고 생각할 근거는 전혀 없다.

"내가 무엇을 하여야 영생을 얻으리이까?"(*τί ποιήσω ἵνα ζωὴν αἰώνιον κληρονομήσω* – 티 포이에소 히나 조엔 아이오니온 클레로노메소). 이 질문과 그 뒤에 따라 나오는 계명들에 관한 논의는 누가복음 10:25-28과 모종의 관계가 있다.

> 어떤 율법사가 일어나 예수를 시험하여 가로되 선생님 내가 무엇을 하여야 영생을 얻으리이까(*διδάσκαλε, τί ποιήσας ζωὴν αἰώνιον κληρονομήσω* – 디다스칼레 티 포이에사스 조엔 아이오니온 클레로노메소) 예수께서 이르시되 율법에 무엇이라 기록되었으며 네가 어떻게 읽느냐 대답하여 가로되 네 마음을 다하며 목숨을 다하며 힘을 다하며 뜻을 다하여 주 너의 하나님을 사랑하고 또한 네 이웃을 네 몸과 같이 사랑하라 하였나이다 예수께서 이르시되 네 대답이 옳도다 이를 행하라 그러면 살리라 하시니.

이 대화에서 분명한 것은 율법의 참된 정신을 지키면 영생이 보장된다고 예수께서 믿으셨다는 것이다. 이러한 취지는 선한 사마리아인의 비유에서 이웃이 누구냐는 문제가 한층 더 자세하게 해명되는 가운데 다시 한 번 역설된다(눅 10:29-37). "이를 행하라 그러면 네가 살리라"(*τοῦτο ποίει καὶ ζήσῃ* – 투토 포이에이 카이 제세)는 예수의 대답은 레위기 18:5에 나오는 "사람이 이를 행하면 그것들로 인하여 살리라"(אֲשֶׁר יַעֲשֶׂה אֹתָם הָאָדָם וָחַי בָּהֶם – 아셰르 야아세 오탐 하아담 와하이 바헴)

는 말씀을 인유(引喩)한 것으로서, 거기에 오경에 대한 후대의 아람어로 된 일부 자유로운 의역들에 보존되어 있던 주해석 설명이 첨가되어 있다. "이를 행함으로써 그는 그것들로 인하여 영생토록 살리라"(*Tg. Onq.* Lev 18:5). "이를 행함으로써 그는 그것들로 인하여 영생토록 살겠고 의인들 속에 한 분깃을 얻게 되리라"(*Tg. Ps.-J.* Lev 18:5). 따라서 예수의 생각은 적어도 회당에서 이해한 대로의 토라와 일치하는 것으로 보인다. 이웃 사랑을 포함한 율법에 대한 준수는 영생을 가져다줄 것이다. 이것은 마가복음 10:17-22에서 예수의 말씀의 취지이기도 하다. (외관상으로는 율법 및 구전 전승들에 대한 준수인 것 같지만, 실제로는 남들을 해치는 것에 대해서는 막 7:1-13을 보라.)

18 "네가 어찌하여 나를 선하다 일컫느냐?"(*τί με λέγεις ἀγαθόν* – 티 메 레게이스 아가돈). 어순으로 보아서 강조점은 메(*με*, "나를")에 두어지고 있다. "어찌하여 나를 네가 선하다 일컫느냐?" 예수의 이 기이한 반문은 항상 기독교 해석자들을 당혹스럽게 해왔다. 마태복음 기자는 이 대화를 이렇게 수정한다. 한 사람이 예수께 "내가 무슨 선한 일을 하여야 영생을 얻으리이까?"라고 묻고, 예수는 "어찌하여 선한 일을 내게 묻느냐?"라고 대답하신다(마 19:16-17). 예수께서 말씀하고자 한 취지는 "하나님 한 분 외에는 선한 이가 없느니라"(*οὐδεὶς ἀγαθὸς εἰ μὴ εἷς ὁ θεός* – 우데이스 아가도스 에이 메 헤이스 호 데오스)는 그의 단언을 통해서 부분적으로 밝혀진다. 예수께서 "선한 선생님"이라는 이례적인 호칭에 대하여 민감한 반응을 보이신 이유는 하나님 한 분만이 선하시다는 그의 급진적인 견해 때문이다. 하나님은 모든 선(善)의 원천이시다. 하나님은 주린 자들을 "좋은" 것으로 배부르게 하신다(눅 1:53). 하나님은 그의 자녀들에게 "좋은 것"을 주신다(마 7:11=눅 11:13). "각양 좋은 은사와 온전한 선물이 다 위로부터 빛들의 아버지께로서 내려오나니"(약 1:17). 예수는 온갖 좋은 것들을 주시는 분인 이스라엘의 하나님 나라의 도래를 선포하러 오셨다(막 1:14-15). 예수의 인격과 사역은 매우 이례적인 성격을 지니고 있어서 사람들의 이목을 집중시키는 일이 일어나긴 하지만, 예수의 의도는 자기 자신이 아니라 구원하시고 치유하시며 용서하시고 회복하시며 영생을 주시는 하나님께 사람들의 이목을 집중시키는 것이다. 그렇다고 해서 예수의 말씀에 예수께서 뭔가 불완전하거나 덜 선하다는 의미가 함축되어 있는 것은 아니다. 단지 초점이 하나님께 맞춰져 있을 뿐이다. 왜냐하면 사람들로부터 영광을 받아야 할 분은 이스라엘과 계약을 맺으신 하나님이고, 사람들이 순종해야 하는 것은 하나님의 계명들이기 때문이다. 그 사람은 그 계명들을 순종해 왔는가?

19 예수는 이 부자 청년이 교육을 받고 토라를 준수하는 자임을 알고, "네가 계명들을 아나니"(τὰς ἐντολὰς οἶδας – 타스 엔톨라스 오이다스)라고 말씀한다. 예수는 그에게 계명들을 알고 있는지를 물으시고 있는 것이 아니다. 예수는 그가 계명들을 알고 있다고 전제하고, 대화의 출발점으로서 계명들을 거론하신다. "계명들"(τὰς ἐντολὰς – 타스 엔톨라스 또는 מִצְוֹת – 미츠오트)은 시내산 계약의 토대였다(R. H. Charles, *The Decalogue*, 2nd ed.[Edinburgh: T. & T. Clark, 1926]을 보라). 예수께서 여기서 인용하신 처음 다섯 계명은 십계명의 두 번째 돌판에 나온다(출 20:13-16=신 5:17-20). "속여 취하지 말라"(μὴ ἀποστερήσῃς – 메 아포스테레세스)는 계명은 절도에 대한 금령의 변용(變容)으로서 탐하지 말라는 계명을 대신하는 것으로 의도되었을 것이다(Swete, 224). 나인햄(Nineham, 274)은 예수께 질문한 사람은 부자이기 때문에 탐하지는 않았을 것이지만(십계명의 하나) 아마도 임금을 체불함으로써 가난한 자들을 속여 취했을 것이라고 말한다(Field, *Notes*, 33-34). 이것은 탐하지 말라는 금령이 나오지 않고 그 대신 엄격히 말해서 십계명의 하나라고 할 수 없는 속여 취하지 말라는 금령이 나오는 이유를 설명해 준다. 예수께서 인용하신 마지막 계명은 부모를 공경하라는 것인데(출 20:12=신 5:16), 이것은 십계명의 첫 번째 돌판에 마지막으로 나오는 계명이다. 예수는 앞서 "하나님의 계명은 버리고 사람의 유전만 지킨다"(막 7:8)고 바리새인과 서기관들을 통렬하게 비판하면서 이 계명을 언급하신 바 있다. 예수는 바리새인과 서기관들이 고르반 전통을 빙자하여 부모 보살피기를 게을리함으로써 부모 공경의 계명을 어겼다고 말씀하신다(7:9-13; Guelich, 363 -71를 보라). (가난한 자들을 속여 경제적인 이익을 취하는 것에 대해서는 약 5:4을 참조하고, 초대 교회에서의 소송과 사취[詐取]에 대해서는 고전 6:7-8을 참조하라.) 부모를 공경하라는 계명이 목록의 마지막에 나온 것은 이 계명이 장수를 약속하는 첫 번째 계명이기 때문이었을 것이다(출 20:12: "네 부모를 공경하라 그리하면…네 생명이 길리라"; Gundry, 561). 따라서 부자가 질문한 말의 내용으로 계명들의 목록이 끝나는 셈이다.

속여 취하지 말라는 예수의 혁신적인 언급은 출애굽기 21:10을 인유(引喩)한 것일 수도 있다. "만일 상전이 달리 장가를 들지라도 그의 의복과 음식과 동침하는 것은 끊지(LXX: ἀποστερήσει – 아포스테레세이; MT: יִגְרָע – 이그라아) 못할 것이요"(참조. 고전 7:5). 이혼에 관한 예수의 엄격한 가르침이 이 대목과 멀지 않은 곳(막 10:2-9)에 나온다는 것을 감안하면, 예수께서 속여 취하지 말라고 하셨을 때는 특히 여자를 염두에 두신 것일 가능성이 있다.

예수께서 계명들을 어떻게 이해하셨는지를 알기 위해서는 마태복음 5:21-48의 "반제(反題)들"을 살펴보지 않으면 안 된다. 이른바 첫 번째 반제(antithesis)는 살인에 관한 것이다. 살인을 하지 않는 것만으로는 살인과 관련된 계명을 다 지킨 것이라 할 수 없고, 형제를 경멸하지 않아야 한다(마 5:21-26). "형제를 대하여…미련한 놈이라 하는 자는 지옥 불에 들어가게 되리라"(22절). 두 번째 반제는 간음에 관한 것이다. 여기서도 물리적인 간음 행위를 하지 않는 것만으로는 충분치가 않다. 음욕을 품고 여인을 바라보아서도 안 된다(이것은 흔히 이혼의 동기가 된다; 마 5:27-32). 세 번째 반제는 거짓 맹세에 관한 것인데(마 5:33-37), 거짓 맹세는 몇 가지 점에서("오직 너희 말은 옳다 옳다 아니라 아니라 하라") 거짓 증거하지 말라는 계명과 연관될 수 있다. 이와 같은 온갖 다양한 반제들을 통해서 예수는 율법의 문자적 준수가 아니라 율법의 정신을 강조한다. 미워하고 음욕을 품는 것은 살인 및 간음이나 진배없다. 마가복음 10:17-22에 나오는 부자 청년도 이러한 계명들을 문자적으로는 준수해 왔을 것이지만, 예수께서 요구하시는 수준에서 이 청년이 율법을 지켰는지는 여전히 앞으로 두고 볼 문제이다.

20 "선생님이여 이것들은 내가 어려서부터 다 지키었나이다"(*διδάσκαλε, ταῦτα πάντα ἐφυλαξάμην ἐκ νεότητός μου* – 디다스칼레 타우타 판타 에퓔락사멘 에크 네오테토스 무). 이번에 부자 청년은 예수를 형용사 "선한"을 빼고 그저 "선생님"으로 호칭하는데, 이는 반드시 부자 청년이 앞서 그가 "선한 선생님이여"라고 부른 것을 놓고 예수께서 말씀하고자 했던 취지를 오해한 데서 나온 결과라고 할 수는 없다(Gundry, 553의 주장과는 달리). 부자 청년은 실제로 토라를 지켜온 사람이었다. 그는 예수께서 자주 어울려 교제를 가졌던 하층민들, 죄인들, 소외된 자들과는 달랐다. 그는 회당에 주기적으로 출석했고, 종종 예배에 직접 참여하기도 했을 것이다. 에퓔락사멘(*ἐφυλαξάμην*, "내가 지켜 왔다" 또는 "내가 삼가해 왔다")이라는 말은 그가 토라 준수자라는 주장에 한층 무게를 더해 준다. 그는 세심하게 신경을 써서 토라 율법들을 삼가 지켜왔다는 것인데, 이는 단순히 율법의 내용들을 아는 것과는 천양지차(天壤之差)다. 퓔랏세인(*φυλάσσειν*, "준수하다, 삼가하다")이라는 동사는 율법에 순종한다는 의미로 자주 사용된다(예를 들어, LXX Exod 12:17, 24; 13:10; 15:26; 19:5; 20:6 등). "삼가하다"라는 말에는 계명들이 금하는 일에는 마음을 쓰지 않는다는 뜻이 내포되어 있다(Gundry, 562).

에크 네오테토스 무(*ἐκ νεότητός μου*, "나의 어린 시절부터")라는 어구는 자기 백성의 율법 및 관습들을 충실히 지킨 것을 묘사하는 문맥들에서 발견된다. 사도행전에서 누가가 묘사하는 바울은 "내가 처음부터 내 민족 중에와 예루살렘에서 젊었을 때(ἐκ νεότητός – 에크 네오테토스) 생활한 상태를 유대인이 다 아는 바라"(행 26:4)고 말한다. 이 표현은 성경 자체로 거슬러 올라간다. 야곱은 죽기 직전에 "나의 어린 시절(ἐκ νεότητός – 에크 네오테토스)부터 이 날까지 나를 길러 주신 하나님"(LXX Gen 48:15)의 이름으로 아들들을 축복한다. 그러나 도덕적 성품도 어린 시절부터 존재하는 것으로 묘사되기도 한다(악한 성품에 대해서는 "사람의 마음의 계획함이 어릴 때부터[ἐκ νεότητός – 에크 네오테토스] 악하다"[LXX Gen 8:21]고 말하고, 선한 성품에 대해서는 "나는 어릴 때부터[ἐκ νεότητός μου – 에크 네오테토스 무] 이 날까지 당신 앞에 출입하였다"[LXX 1 Kgdms 12:2]고 말한다). 그러므로 부자 청년의 발언은 매우 진지하게 받아들여졌을 것이고, 계약을 지키는 데 있어서 자기가 충실했다는 단언으로 이해되었을 것이다. 따라서 그는 자기가 영생을 유업으로 얻을 것임을 확신하기를 원하는 신실한 토라 준수자이다. 예수는 그에게 그가 바라는 확신을 주실 수 있었을까?

21 "그를 보셨다"(ἐμβλέψας αὐτῷ – 엠블렙사스 아우토)는 말은 예수께서 부자 청년을 잠시 찬찬히 살펴보셨음을 보여 주고, "그를 사랑하셨다"(ἠγάπησεν αὐτὸν – 에가페센 아우톤)는 말은 예수께서 실제로 애정의 표시로 그를 껴안거나 어깨를 감싸안았음을 암시해 준다(왜냐하면 이 동사는 단순한 내적 감정이 아니라 밖으로 나타난 행위를 가리키기 때문이다; 이와 같은 행동의 가능성에 대해서는 Field, *Notes*, 34["그를 껴안았다"]; Gundry, 554를 보라). 락스(Lachs, 331)처럼 마가 본문의 에가페센(ἠγάπησεν)은 원래 "불쌍히 여겼다"를 의미하는 히브리어(피엘형) 리함(רחם)으로 읽어야 할 것을 아람어 레헴(rehem)으로 잘못 읽은 데서 기인한 것이라고 생각할 필요는 없다. 본문의 근저에 셈어가 존재한다고 해도, 그것은 히브리어가 아니라 아람어일 것이다.

"네게 한 가지 부족한 것이 있다"(ἕν σε ὑστερεῖ – 헨 세 휘스테레이; 문자적으로는 "한 [가지]가 너와 관련해서 결여되어 있다"; BDF §180[5]를 보라). 위의 17절에 대한 "주석"에서 말했듯이, 예수는 율법에 대한 복종이 영생을 확보해 준다는 것에 동의하지만, 이 율법은 사람들에 대한 자비를 포함한다. 이 대화의 누가 판본(눅 10:25-28+29-37절에 나오는 비유)에서와 마찬가지로 강조점은 윤리에 두어진다. 이웃을 제 몸과 같이 진정으로 사랑하는 자는 율법을 이룬 것이다(누가복음). 가난한 자들에 대한 자비와 관용을 포함하는 계명들을 진정으로 지킨 자는 율법을 이룬 것이다(마가복음). 랍비 문헌에서는 모든 계명들을 지킨 사람을 "완전한 의인"(גמור

צדיק – 찻디크 가무르)이라고 말한다(참조. *b. Ber.* 7b; *b. Ros Has.* 16b: "완전한 의인들[צדיקים גמורים – 찻디킴 게무림]은 영생[חיי עולם – 하이예 올람]을 받을 자격이 있는 자들로 녹명[錄名]될 것이다"). 부자 청년은 이러한 자격을 갖추고 있지 않다.

"가서 네 있는 것을 다 팔아 가난한 자들을 주라"(*ὕπαγε, ὅσα ἔχεις πώλησον καὶ δὸς* [*τοῖς*] *πτωχοῖς* – 휘파게 호사 에케이스 폴레손 카이 도스 [토이스] 프토코이스). 복음서들에는 토라를 준수하는 유대인들 사이에서의 관례적인 자선행위(慈善行爲)를 뛰어넘는, 가난한 자들에 관한 명시적인 가르침이 사실상 거의 없다. 가난한 자들을 돌보는 일이 예수의 말씀 속에서 별도로 언급되었음을 보여 주는 흔적이 없다. 예수와 그의 제자들이 자선을 행했을 가능성은 있다. 한 여인이 예수의 머리에 값비싼 향유를 부었을 때 생겨난 불평을 생각해 보자. "이 향유를 삼백 데나리온 이상에 팔아 가난한 자들에게 줄 수 있었겠도다"(막 14:5). 예수는 "가난한 자들은 항상 너희와 함께 있으니 아무 때라도 원하는 대로 도울 수 있거니와"(막 14:7)라고 제자들을 꾸짖으시고는 여인의 호의를 칭찬하신다. 연회에서 예수는 형편이 나은 그의 식탁 교제자들에게 되갚을 수 없는 자들인 가난한 자들과 병신들을 식사에 초대하라고 권면하신다(눅 14:12-14). 또한 예수는 가난한 자들에 대한 착취를 비판하신다(막 12:38-44에서 볼 수 있듯이). 물론 예수의 "복음"은 구체적으로 "가난한 자들"을 대상으로 한 것이다(마 5:3=눅 6:20=마 11:5=눅 7:22). "가난한 자들"(*πτωχοί* – 프토코이)은 예수께서 직접 섬기고 있던 그런 사람들을 가리킬 것이다. 이 주제에 대한 예수의 가르침은 다른 곳에서는 개략적이다.

자기 재산을 처분하고 공동체에 들어온다는 사상은 쿰란 문헌 또는 적어도 일부 사해 두루마리들, 특히 공동체 규칙 두루마리(1QS와 4QS)에서 찾아볼 수 있다. 요세푸스(*J.W.* 2.8.3 §122)에 의하면, 에세네파는 "재물을 경멸하고" "자기 재산을 공동체에 헌납하였다"고 한다. 초대 교회의 관행도 어느 정도 이와 비슷했다. "믿는 사람이 다 함께 있어 모든 물건을 서로 통용하고 또 재산과 소유를 팔아 각 사람의 필요를 따라 나눠 주고"(행 2:44-45). 고르반 서약(막 7:9-13)은 자신의 전 재산을 성전 당국자들이 운용하도록 신탁하는 행위였다(*m. Ned.* 5:6을 보라). 재산을 팔아서 특정한 공동체(에세네파 같은)나 기관(성전 같은)에 헌납하는 것이 아니라 가난한 자들에게 나눠 주라고 예수께서 부자 청년에게 요구하신 것은 특이한 일이다.

예수의 충고에 귀기울여서 그대로 행한다면, 부자 청년에게는 "하늘에서 보화"(*θησαυρὸν ἐν οὐρανῷ* – 데사우론 엔 우라노)가 있게 될 것이다. 여기서의 예수의 충고는 예수께서 산상수훈에서 제자들에게 하신 충고와 동일하다(마 6:19-21).

> 너희를 위하여 보물을 땅에 쌓아 두지 말라 거기는 좀과 동록이 해하며 도적이 구멍을 뚫고 도적질하느니라 오직 너희를 위하여 보물을 하늘에 쌓아 두라(*θησαυρίζετε θησαυροὺς ἐν οὐρανῷ* – 데사우리제테 데사우루스 엔 우라노) 거기는 좀이나 동록이 해하지 못하며 도적이 구멍을 뚫지도 못하고 도적질도 못하느니라 네 보물 있는 그 곳에는 네 마음도 있느니라.

보물을 하늘에 쌓아 둔다는 사상은 예수에게 특유한 것이 아니고 유대 종교 문헌에 흔히 나오는데(Koch, "Schatz im Himmel"을 보라), 가장 중요한 예들로는 다음과 같은 것들이 있다. 토빗서 4:8-9: "재산이 많거든 그 유익을 나누어라. 재산이 적거든 적은 대로 나눠 주기를 두려워 말라. 그러면 너는 궁핍의 날에 대비하여 너 스스로를 위하여 좋은 보물(*θησαυρίζεις* – 데사우리제이스)을 쌓아 두게 될 것이다", 솔로몬의 시편집 9:5: "의를 행하는 자는 스스로를 위하여 여호와께 생명을 쌓는(*θησαυρίζει* – 데사우리제이) 것이다", 바룩2서 24:1: "보라! 날이 임하여 범죄한 모든 자들의 죄악이 쓰여진 책들과 피조 세계에서 의로웠던 모든 자들의 의가 저장된 곳간들이 열리리라", 시락서 29:10-12: "형제나 친구를 위하여 네 은을 버리고, 은으로 돌 아래에서 녹이 슬어 버리게 하지 말라. 지극히 높으신 자의 명령들을 따라 네 보물(*θησαυρόν* – 데사우론)을 쌓아 두라. 그리하면 네게 금보다 더 유익이 되리라. 네 곳간에 구제를 쌓아 두라. 그리하면 그것이 너를 모든 환난에서 구하리라."

그러나 하나님의 뜻에 대한 충성을 알아보는 진정한 시금석은 "와서 나를 좇으라"(*δεῦρο ἀκολούθει μοι* – 듀로 아콜루데이 모이)는 예수의 부르심에 응하느냐의 여부다. 하나님 나라가 가까웠다는 점에서 이 부르심은 엄한 명령의 형태를 띤다. 다른 랍비를 좇는 것 같은 그 어떤 다른 대안은 있을 수 없다. "나를 좇으라"(*ἀκολούθει μοι* – 아콜루데이 모이)는 예수의 부르심은 예수께서 제자들을 부르실 때 사용하던 것과 동일하다(막 2:14; 8:34; 요 1:43; 12:26; 21:19, 22; Q에 나오는 예들은 아래의 22절에 대한 "주석"에서 살펴보게 될 것이다). 이러한 명령의 예들은 헬라 문헌에서 발견된다. 예를 들면, 장차 문도가 될 사람에 대한 시노페의 디오게네스(Diogenes of Sinope)의 반응: "그는 그에게 좇으라고 명하였다(*ἐκέλευσεν ἀκολουθεῖν* – 에켈류센 아콜루데인)"(*Diogenes Laertius* 6.36), 소크라테스가 크세노폰(Xenophon)을 부른 유명한 이야기: "나를 좇아(*ἕπου* – 헤푸) 배우라(*μάνθανε* – 만다네)"(*Diogenes Laertius* 2.48). 랍비 문헌에는 제자들이 선생을 좇는 예들이 나온다

(예를 들어, *Sipre Deut.* §305[on Deut 31:14]; 출 31:12에 대한 *Mek.* [Sabb. §1]; 참조. 왕상 19:20-21: וְאֵלְכָה אַחֲרֶיךָ…וַיֵּלֶךְ אַחֲרֵי אֵלִיָּהוּ – 웨엘카 아하레카…와이엘레크 아하레 엘리이야후, "내가 당신을 좇으리이다…그리고 그는 엘리야를 좇았다"). 좇는다는 것은 단순한 신학적 가르침 이상의 것을 수반한다. 그것은 선생의 생활 방식을 본받는 것을 포함한다.

22 "그러나 그 사람은 이 말씀을 인하여 고개를 떨구고"(*ὁ δὲ στυγνάσας ἐπὶ τῷ λόγῳ* – 호 데 스튕나사스 에피 토 로고). 마가 본문의 스튕나제인(*στυγνάζειν*, "고개를 떨구다")이라는 단어는 아주 드문 표현으로서 신약의 다른 곳에서 오직 한 번 나온다(마 16:3: "아침에 하늘이 붉고 흐리면[*στυγνάζων* – 스튕나존] 오늘은 날이 궂겠다 하나니"). 칠십인역에서 스튕나제인(*στυγνάζειν*)은 "질겁하다"라는 의미로 오직 에스겔서에만 나온다(겔 27:35; 28:19; 32:10). 아마도 가장 좋은 예는 칠십인역 다니엘 2:12일 것이다: "왕은 근심 어리고[*στυγνός* – 스튕노스] 슬픈[*περίλυπος* – 페리뤼포스] 기색이 되었다." 이 두 단어와 같은 어원을 지닌 단어들이 이 마가 본문에 나온다. "고개를 떨구고"라는 번역은 (다니엘서 본문의 경우에는 그렇지 않겠지만) 마가 본문에서는 좀 약하다고 할 수 있다. 그러나 다른 영어 표현들(예를 들어, "얼굴에 수심이 가득하게 되어", "근심 어린 기색으로" 등)은 과장된 느낌이 든다. 어쨌든 마가의 그림 같은 묘사로 인해 마가복음 이야기는 생생한 색조를 띠게 되었다.

예수의 말씀에 반응하여, 부자 청년은 "근심하며(또는 고통스러워하며) 떠나갔다"(*ἀπῆλθεν λυπούμενος* – 아펠덴 뤼푸메노스). 본문의 가르(*γάρ*, "왜냐하면")는 부자 청년이 예수의 요구에 대하여 그토록 신속하고 부정적으로 응답한 이유를 설명해 준다. "그 사람은 재물이 많았다"(*ἦν…ἔχων κτήματα πολλά* – 엔…에콘 크테마타 폴라). 이 말의 의미는 분명하다. 모든 소유를 다 팔아서 가난한 자들에게 주라는 요구는 그를 곤혹스럽게 했을 것이다. 자신의 소유를 내놓지 않는 편이 고통이 적다. 왜냐하면 부자들에게 가난은 끔찍한 것이기 때문이다. 예수는 부자 청년에게 현세에서의 부(富)와 하늘에서의 부 중에서 선택할 것을 요구하셨다. 부자 청년은 둘 다 갖기를 원했을 것이다. 예수는 그럴 수 없다는 것을 시사하셨고, 부자 청년은 고통스러워했다.

예수께서 부른 사람들 중에는 그를 좇기로 결심하지 못한 사람들이 있었다(마 8:18-22=눅 9:57-62). 모든 경우에 재물이나 가정의 안락함이 예수를 좇지 못하게 방해했던 것으로 보인다. 엘리야가 엘리사를 부른 경우나 랍비들 및 그들의 문도들의 생활 방식과 비교해 보면, 모든 것을 버리라는 예수의 요구는 그 엄격함에 있어서 이례적이었다. 엘리야와 엘리사의 경우에 엘리야는 엘리사가 집으로 가서 가족과 작별 인사를 하도록 허락했고(참조. 왕상 19:19-21), 랍비들과 그들의 문도들의 경우에 그들은 "세속적인" 직업들을 갖고 있었다(참조. 다소의 바울, 장막 제조업). 예수와 그 밖의 다른 예들 간의 차이는 예수는 종말론적 긴박성 아래서 사역하셨다는 것이다. 하나님 나라를 선포하는 일을 산란하게 만드는 다른 일들을 할 여유가 없었다.

23-24 장래가 촉망되는 유망주로 보였던 자가 예수의 부르심을 따르지 않는 것을 보고, 예수는 제자들을 둘러보며 "재물이 있는 자들은 하나님의 나라에 들어가기가 심히 어렵도다"(*πῶς δυσκόλως οἱ τὰ χρήματα ἔχοντες εἰς τὴν βασιλείαν τοῦ θεοῦ εἰσελεύσονται* – 포스 뒤스콜로스 호이 타 크레마타 에콘테스 에이스 텐 바실레이안 투 데우 에이셀류손타이)라고 선포하신다. 마가 본문의 부사(*δυσκόλως* – 뒤스콜로스, "어렵게")는 마태 및 누가의 병행본문들(마 19:23=눅 18:24)에도 나오는데, 신약의 다른 곳에는 전혀 나오지 않는다. 형용사형인 뒤스콜론(*δύσκολόν*, "어려운"; 24절)은 신약의 그 어디에도 나오지 않는다. 부사형은 칠십인역에 나오지 않고, 형용사형은 오직 한 번 나온다(LXX Jer 30:2[참조. MT 49:8]: "들어앉을 곳을 깊이 파거라, 너희 드단에 거하는 자들아, 이는 그가 곤혹스러운 일들을 행했기[*δύσκολα ἐποίησεν* – 뒤스콜라 에포이에센] 때문이니라. 내가 그를 벌할 때에 그에게 [재앙이] 임하게 하였다"). 파피루스들(MM, 173)들은 이 단어가 "불가능한"이 아니라 "어려운"을 뜻한다는 것을 보여 준다.

재물(*τὰ χρήματα* – 타 크레마타)은 하나님에 대한 충성과 경쟁하기 때문에, 재물을 가진 자들은 하나님의 통치를 받아들이기가 심히 어렵게 된다. 여기서 예수의 선포는 하나님을 사랑할 것이냐 돈(*χρῆμα* – 크레마, "돈"=*μαμωνᾶς* – 마모나스, "맘몬")을 사랑할 것이냐 둘 중에 선택해야 할 것이라는 가르침과 맥을 같이 한다. "한 사람이 두 주인을 섬기지 못할 것이니 혹 이를 미워하며 저를 사랑하거나 혹 이를 중히 여기며 저를 경히 여김이라 너희가 하나님과 재물을 겸하여 섬기지 못하느니라"(마 6:24=눅 16:13).

"하나님 나라에 들어가는 것"(*εἰς τὴν βασιλείαν τοῦ θεοῦ εἰσελεύσονται* – 에이스 텐 바실레이안 투 데우 에이셀류손타이). "하나님 나라에 들어가는 것"이라는 신학적 표현에 관해서는 9:47과 10:15에 대한 "주석"을 보라. 이 마가 본문들 및 공관복음서의 그 병행본문들 외에도 예수는 마태복음 5:20; 7:21; 23:13; 요한복음 3:5

에서 하나님 나라에 들어가는 것(또는 들어가지 못하는 것)에 관하여 말씀하신다. 유대적 관점에서 재물을 하나님 나라에 들어가는 것에 대한 장애물로 보는 것은 큰 아이러니(irony)다. 하나님 나라를 소망한 이유 중의 일부는 가난, 질병, 굶주림이 하나님 나라에는 없을 것이라는 기대 때문이었다. 하나님 나라에서는 모두가 부유하고 건강하며 배불리 먹게 될 것이다. 그러나 현세에서의 지나친 건강과 재물은 하나님 나라를 준비하는 데 방해거리가 된다. 하나님 나라가 임할 때 부유한 사람들 중 다수는 하나님 나라에 들어가지 못하게 될 것이다.

24절에서 예수의 "제자들은 그의 말씀에 놀랐기"(*μαθηταὶ ἐθαμβοῦντο ἐπὶ τοῖς λόγοις αὐτοῦ*－마데타이 에다우분토 에피 토이스 로고이스 아우투) 때문에, 예수는 강조를 위해서 그들에게 다시 한 번 말씀하신다. 그러니까 사람들은 재물을 흔히 계약 성취에 대한 장애물이 아니라 계약의 축복을 보여 주는 표시로 이해했다. 그러나 예수는 말씀을 되풀이하면서 "부자"가 하나님 나라에 들어가기가 어렵다는 말씀을 하시는 것이 아니었다. 이번에 예수께서 하신 말씀은 "하나님의 나라에 들어가기가 얼마나 어려운지"(*πῶς δύσκολόν ἐστιν εἰς τὴν βασιλείαν τοῦ θεοῦ εἰσελθεῖν*－포스 뒤스콜론 에스틴 에이스 텐 바실레이안 투 데우 에이셀데인)라는 것이 전부였다. 아래에서 보겠지만, 하나님 나라에 들어간다는 것은 부자이든 가난한 자이든 모두에게 어려운 일이다. 본문에서 마가는 다우베이스다이(*θαμβεῖσθαι*, "놀라다")라는 표현을 사용했는데, 이 단어는 앞서 1:27("다 놀라")에서 예수께서 권세 있게 더러운 귀신들에게 명하고 그들이 복종하자 예수의 권세 있는 가르침에 무리들이 놀랐다고 할 때 사용된 바 있다. 10:23-24에 나오는 예수의 말씀도 이와 마찬가지로 놀라운 것이었다.

25 "낙타가 바늘귀를 통과하는 것이 부자가 하나님의 나라에 들어가는 것보다 쉬우니라"(*εὐκοπώτερόν ἐστιν κάμηλον διὰ τῆς τρυμαλιᾶς τῆς ῥαφίδος διελθεῖν ἢ πλούσιον εἰς τὴν βασιλείαν τοῦ θεοῦ εἰσελθεῖν*－유코포테론 에스틴 카멜론 디아 [테스] 트뤼말리아스 [테스] 라피도스 디엘데인 에 플루시온 에이스 텐 바실레이안 투 데우 에이셀데인). 사람이 하나님 나라에 들어가기가 얼마나 어려운지를 강조하기 위하여, 예수는 그것을 바늘귀를 통과하고자 하는 낙타에 비유하신다. 예수께서 "바늘귀"(*τρυμαλιᾶς ῥαφίδος*－트뤼말리아스 라피도스)라고 말씀하실 때, 그 말씀은 문자 그대로를 의미한다. 예수는 낙타가 어렵사리 통과할 수 있는 예루살렘 성벽에 있는 어느 작은 문을 두고 말씀하고 계신 것이 아니다. 예루살렘 현지인들이 성지를 방문하는, 속아넘어가기 쉬운 방문객들에게 보여 주는 이른바 바늘문(Needle

Gate)은 그 연대를 아무리 이르게 잡아도 중세 시대 이전의 것일 수 없다(보통 데오필락트[Thephylact] 시대의 것으로 본다). 병행본문에서 누가는 외과의사가 사용하는 바늘을 의미하는 고전 아티카어인 벨로네(*βελόνη*)라는 표현을 사용한다(MM, 108, 그 의미가 논란이 되긴 하지만). 일부 학자들은 카멜론(*κάμηλον*, "낙타")이라는 독법 대신에 카밀론(*κάμιλον*, "밧줄" 또는 "동아줄")이라는 독법을 채택해서 예수께서 하나님 나라에 들어가는 것이 불가능한 것이 아니라 어렵다고 말씀하신 것으로 이해해야 한다고 제안해 왔다(Köbert, *Bib* 53[1972] 229-33를 보라). 그러나 이와 비슷한 극단적인 비유들이 랍비 문헌에서도 발견된다("바늘귀를 통과하는 금덩이 또는 코끼리"라고 말하는 *b. Ber.* 55b; *b. B. Mesi'a* 38b; *Song Rab.* 5:2 §2: "거룩한 이, 찬송 받으실 분이 이스라엘에게 말씀하셨다: 내 아들들아, 내게 바늘귀만한 틈새를 주어라. 그리하면 내가 그 틈새를 마차와 짐수레들이 통과할 수 있는 틈으로 넓혀 놓으리라"). 따라서 본문에서 비교의 혹독성을 축소할 필요는 전혀 없다. 마지막에 나오는 랍비의 비유는 예수께서 27절에서 말씀하시고자 하는 취지를 짐작케 해준다.

26 "하나님의 나라에 들어가기가 얼마나 어려운지"라는 예수의 선포(24절)와 "낙타가 바늘귀를 통과하는 것이 부자가 하나님의 나라에 들어가는 것보다 쉬우니라"는 주목할 만한 예수의 비유(25절)에 아연실색한 제자들은 "그렇다면 누가 구원을 얻을 수 있는가?"(*καὶ τίς δύναται σωθῆναι* – 카이 티스 뒤나타이 소데나이)라고 묻는다. 이 질문은 부(富)가 하나님의 축복의 표시요 질병과 가난은 심판의 표시라는 전제에서 나온 것이다. 또한 하나님은 공평하셔서 축복 받은 자들은 의롭고, 심판 받은 자들은 분명히 죄인들일 것임에 틀림없다는 전제가 이 질문의 근저에 있다. 이와 같은 일반화된 전제들(물론 예외들도 인정되기는 하지만)은 순종하는 자들에게는 축복을, 불순종하는 자들에게는 심판을 약속한 신명기에 그 뿌리를 두고 있는데(신 30장에 나오는 요약을 보라), 이러한 약속들과 위협들은 분명히 위에서 말한 관점에서 해석될 수 있다. 그러나 예수의 가르침은 흔히 그러한 전제들과 충돌한다. 모든 사람들의 기대와는 달리 부자와 축복 받은 자들이 아니라 가난하고 눈 멀고 절뚝거리는 자들이 연회장으로 들어간다고 말하는 큰 잔치 비유(눅 14:15-24)를 생각해 보라. 또한 부자와 나사로의 비유(눅 16:19-31)도 동일한 교훈을 가르친다.

소데나이(*σωθῆναι*, "구원을 얻다")는 구약에서와 마찬가지로 여기에서도 전문적인 기독교 용어가 아니다(따라서 진정성이 결여되어 있지 않다). (칠십인역의) 예언서들에서만 이 단어는 85번 나온다. 세 가지 예만 들어보자. "그러나 내가 유다

족속을 긍휼히 여겨…구원하겠고"(호 1:7), "누구든지 여호와의 이름을 부르는 자는 구원을 얻으리니"(욜 2:32), "이스라엘은 여호와께 구원을 입어 영원한 구원을 얻으리니"(사 45:17). 소제인(*σῴζειν*, "구원하다")과 소테리아(*σωτηρία*, "구원")의 기독교적 용법은 아마도 예언 전승으로부터 생겨난 것으로서 예수의 강조점들을 반영하고 있다(Gundry, 565-66). 바울 자신이 요엘 2:32의 중요성에 대한 초기 증인이다(롬 10:13; 참조. 행 2:21).

27 "예수께서 저희를 보시며 가라사대 사람으로는 할 수 없으되 하나님으로는 그렇지 아니하니 하나님으로서는 다 하실 수 있느니라"(*ἐμβλέψας αὐτοῖς ὁ Ἰησοῦς λέγει, παρὰ ἀνθρώποις ἀδύνατον, ἀλλ᾽ οὐ παρὰ θεῷ πάντα γὰρ δυνατὰ παρὰ τῷ θεω* –엠블렙사스 아우토이스 호 이에수스 레게이 파라 안드로포이스 아뒤나톤 알 우 파라 데오 판타 가르 뒤나타 파라 토 데오). "저희를 보시는"(*ἐμβλέψας αὐτοῖς*–엠블렙사스 아우토이스) 것을 통해서 예수는 그의 가르침에 무게를 더해 주신다. 그런 후에 예수는 그들의 질문에 답하신다. 예수에 의하면, 사람은 스스로 구원받을 수가 없다. 오직 하나님만이 하실 수 있다(Philo, *Moses* 1.31 §174: "모든 피조물들에게 불가능한 일이 오직 [하나님]에게만 가능하다"; *Virtues* 5 §26: "이는 하나님으로서는 다 하실 수 있기 때문이니라"[*πάντα γὰρ θεῷ δυνατὰ*–판타 가르 데오 뒤나타]; 참조. *Creation* 47; *Abraham* 175; *Spec. Laws* 4.127). 이러한 신학은 토라 자체로 거슬러 올라갈 수 있다. "여호와께 너무 힘든 일이 있겠느냐?"(창 18:14; LXX: "여호와께 능치 못한 일이 있겠느냐?"[*μὴ ἀδυνατεῖ παρὰ τῷ θεῷ ῥῆμα*–메 아뒤나테이 파라 토 데오 레마]; 참조. LXX Job 10:13; 42:2: "주께서는 모든 것을 [하실] 수 있고, 주께서 하실 수 없는 일이 아무것도 없다는 것을 내가 아나이다"[*οἶδα ὅτι πάντα δύνασαι, ἀδυνατεῖ δέ σοι οὐθέν*–오이다 호티 판타 뒤나사이 아뒤나테이 데 소이 우덴]). 창세기 본문은 사라가 아이를 잉태하고 출산하는 내용을 말한다. 사라의 나이가 많아서, 약속은 불가능해 보였다.

사람으로는 스스로 구원받을 수 없다는 예수의 단언은 랍비들의 가르침과 어긋나지 않는다(종종 잘못 생각하는 것과는 달리). 물론 율법의 준수가 요구되기는 하지만, 하나님께서 하실 수 있다는 것이 전제된다. 한 랍비의 표현을 빌면, "어떤 사람이 스스로를 깨끗케 하기 시작하면, 그는 하늘로부터 도움을 받는다"는 것이다(H. Freedman and M. Simon, eds., *Midrash Rabbah*[London: Soncino, 1983] 9:232 n.4).

28 자기 정당화 또는 자기 연민에서 베드로는 "보소서 우리가 모든 것을 버리고 주를 좇았나이다"(*Ἰδοὺ ἡμεῖς ἀφήκαμεν πάντα καὶ ἠκολουθήκαμέν σοι*–이두 헤메

이스 아페카멘 판타 카이 에콜루데카멘 소이)라고 외친다. 베드로가 말하고자 하는 요지는 그들이 사실상 예수께서 부자 청년에게 하라고 요구한 것을 행해 왔다는 것이다. 그들은 소유를 다 버리고 예수를 좇았다(Schmid, 190의 견해와는 달리, 베드로의 반응은 모두 수긍이 간다). 낙타가 바늘귀를 통과하는 것만큼이나 어렵다는 예수의 깜짝 놀랄 만한 말씀 때문에 제자들의 신경은 곤두섰을 것이다. 그들의 희생은 분명히 충분했다. 다음 절에 나오는 예수의 대답을 보면, 베드로의 말에는 제자들이 모든 것을 버리고 예수를 좇았는데 그들에게 주어지는 상이 무엇이냐는 불만의 심기(心氣)가 드러나 있었다고 할 수 있다.

29-30 예수는 제자들에게 그들이 예수 및 복음을 위하여 버린 것은 무엇이든지 현세에서 백 배로 되받을 것이라고 확언하신다(*T. Job* 4:6-9을 보라). 그러나 또한 예수를 좇는 자들은 현세에서의 이러한 상급들과 아울러 핍박도 겸하여 받을 것임을 알아야 한다. 궁극적인 상급으로서 그들은 내세에 영생을 받게 될 것이다(31절). 예수를 좇는 자들은 현세에서 어떤 방식으로 집과 형제와 자매와 전토를 받게 되는가? 이 모든 것들은 예수께서 세우시기 시작한 새로운 공동체를 통해서 받게 될 것이다. 예수를 좇는 자들은 사역의 요구 또는 핍박 때문에 버린 것들을 그리스도인들의 손대접을 통해서 받을 수 있다. 그러나 예수와 그의 제자들의 생전에는 이스라엘의 회복에 대한 기대도 존재했다. 즉, 그들은 하나님 나라의 복음을 선포하기 위해 많은 것들을 버리고 고난을 당하지만, 하나님 나라가 임하면 그 모든 것을 백 배나 넘치도록 되받게 될 것이다. 그뿐만이 아니라 "내세에"(*ἐν τῷ αἰῶνι τῷ ἐρχομένῳ*—엔 토 아이오니 토 에르코메노) 예수의 제자들은 "영생"(*ζωὴν αἰώνιον*—조엔 아이오니온; 부자 청년이 얻고자 했으나 얻을 수 없었던 바로 그것)을 받게 될 것이다.

마가복음 기자와 그의 공동체의 때에 메타 디오그몬(*μετὰ διωγμῶν*, "핍박과 함께")이라는 어구는 로마의 절반을 파괴했던 화재의 참화(慘禍) 직후에 네로가 그리스도인들에게 가한 혹독한 핍박을 반영하는 표현이었을 것이다. 그러나 이 예언은 예수 자신에게서 나온 것으로서 하나님 나라가 마침내 악을 말살하기 전에 격렬한 싸움과 저항에 대한 예수의 예상을 반영한 표현일 가능성이 크다.

31 "그러나 첫째가 꼴찌가 되고 꼴찌가 첫째가 되는 자가 많으리라"(*πολλοὶ δὲ ἔσονται πρῶτοι ἔσχατοι καὶ* [*οἱ*] *ἔσχατοι πρῶτοι*—폴로이 데 에손타이 프로토이 에스카토이 카이 [호이] 에스카토이 프로토이)는 예수의 말씀은 복음서들의 다른 곳(마 20:16; 눅 13:30) 및 정경 이외의 전승들에도 나온다. "첫째가 꼴찌가 되어서 그들이 동일하게 되는 자가 많으리라"(*Gos. Thom.* §4), "첫째가 꼴찌가 되고 꼴찌가

첫째가 되는 자가 많으리라"(*πολλοὶ ἔσονται π[ρῶτοι ἔσχατοι καὶ] οἱ ἔσχατοι πρῶτοι* - 폴로이 에손타이 프[로토이 에스카토이 카이] 호이 에스카토이 프로토이; P.Oxy. 654.3). 마가복음 10:28-31의 맥락 속에서 이 구절은 하나님 나라에 포함되거나 배제되는 것을 가리킨다.

해설

마가복음 10:13-31은 하나님 나라에 들어가는 것에 관한 중요한 진리들을 가르쳐 준다. 역설적으로 가장 힘없고 가난하고 영향력 없는 자들이 가장 힘있고 부유하고 영향력 있는 자들보다 하나님 나라에 들어갈 확률이 더 높다. 예수께 나아온 어린아이들이 전자의 예다. 어린아이들은 더욱 쉽게 하나님 나라에 들어가게 될 자들에 대한 예시일 뿐만 아니라, 예수는 어린아이들을 자기를 어떻게 따라야 하는가와 관련된 역할 모델로 삼는다. 하나님 나라에 들어가고자 하는 자는 누구든지 어린아이와 마찬가지로 하나님 나라를 영접해야 한다 - 계산이나 양다리 걸치기 없이. 어린아이와 두드러진 대조를 보이는 예로 영생에 대한 확신을 얻고자 하는 부자 청년이 등장한다. 슬프게도 부자 청년은 후자의 범주에 속하는 사람들을 대표한다. 그의 의도는 좋고, 그는 겉보기에는 모든 면에서 토라를 준수하는 사람이지만, 그에게는 재물에 대한 집착이 너무도 큰 장애물임이 드러난다. 그는 재물을 포기할 수 없고, 따라서 예수를 좇을 수 없다.

제자들도 그들로서 어떤 조치를 취할 것이 있는 것은 아닌지 의아해하기 시작한다. 하지만 그들이 할 수 있는 것은 없다. 사람으로서는 스스로 구원을 얻을 수 없고, 오직 하나님만이 하실 수 있기 때문이다. 오직 하나님의 행위에 의한 구원에 기독교 신학의 강조의 토대가 있다(엡 2:8-9에 간결하게 요약되어 있는 것처럼). 사람들은 하나님의 능력 없이는 하나님 나라에 들어갈 수 없다. 그러나 하나님 나라를 추구하는 것에 희생이 따르지 않는 것은 아니다. 예수의 제자들과 그 후의 수많은 그리스도인들은 예수를 좇기 위하여 모든 것을 버렸다. 그들은 가족과 소유를 버렸다. 그들은 부자 청년이 희생하고자 하지 않았던 것을 희생했다. 구원이 신자에게 속한 것이 아니라 하나님께 속한 것이라면, 그러한 희생은 꼭 필요한 것인가? 그러한 희생은 효험이 있는 것인가? 분명히 그렇다. 왜냐하면 신자가 버린 것은 무엇이든지 백배로 되받고, 예수의 부르심에 대한 순종은 영생을 가져오게 될 것이기 때문이다. 지금으로서는 그렇게 보이지 않는다고 할지라도, 신자는 현재 중요성과 힘에서 첫째 가는 자들 중 다수가 언젠가는 꼴찌가 되고, 현재 부와 사회적 지위가 없는 자들이 언젠가는 그 모든 것을 갖게 될 것임을 알아야 한다.

3. 세 번째 수난 예고(10:32-34)

본 문

32 예루살렘으로 올라가는 길에 예수께서 제자들 앞에 서서 가시는데 저희가 놀라고 좇는 자들은 두려워하더라 이에 다시 열두 제자를 데리시고 자기의 당할 일을 일러 가라사대

32 And they were on the road ascending to Jerusalem, and Jesus was going on ahead of them; and they were amazed, but those following were afraid.[a] And again[b] taking the Twelve[c] aside, he began to tell them about what was going to happen to him:

33 보라 우리가 예루살렘에 올라가노니 인자가 대제사장들과 서기관들에게 넘기우매 저희가 죽이기로 결안하고 이방인들에게 넘겨주겠고

33 "Behold, we are going up[d] to Jerusalem, and the 'son of man' will be handed over to the ruling priests and to the scribes, and they will condemn him to death and will hand him over to the Gentiles.

34 그들은 능욕하며 침 뱉으며 채찍질하고 죽일 것이니 저는 삼 일 만에 살아나리라 하시니라

34 And they will mock him, and spit upon him, and scourge him, and kill him; and after three days[e] he will rise up."[f]

원문주해

a. D사본 및 몇몇 후대의 권위 있는 사본들은 호이 데 아콜루둔테스 에포분토(*οἱ δὲ ἀκολουθοῦντες ἐφοβοῦντο*, "그러나 좇는 자들은 두려워하였다")라는 이상한 어구를 생략한다.

b. 몇몇 후대의 사본들은 팔린(*πάλιν*, "다시")을 생략하는데, 이는 아마도 예수께서 마지막으로 제자들을 데리고 가신 때가 분명치 않았기 때문일 것이다.

c. 몇몇 후대의 사본들은 투스 도데카 마데타스 아우투(*τοὺς δώδεκα μαθητὰς αὐτοῦ*, "그의 열두 제자들")로 읽는다.

d. 몇몇 후대의 사본들은 아나바이노멘(*ἀναβαίνωμεν*, "올라가자")으로 읽는다.

e. ℵ, B, C, D, L사본 및 그 밖의 몇몇 권위 있는 사본들은 메타 트레이스 헤메라스(*μετὰ τρεῖς ἡμέρας*, "삼 일 후에")로 읽는다. A, N, W, *Σ*, *Φ*사본과 많은 후대의 권위

있는 사본들은 테 트리테 헤메라(τῇ τρίτῃ ἡμέρᾳ, "제삼일에")로 읽는다. 두 번째 독법은 마 20:19에서 유래한 것 같다(참조. 눅 18:33). 위의 막 8:31에 대한 "원문주해"를 보라.

f. 헬라어로는 아나스테세타이(ἀναστήσεται). 몇몇 후대의 사본들은 에게르데세타이(ἐγερθήσεται, "그가 일으켜지리라")로 읽는다(참조. 마 20:19).

양식/구조/배경

예수는 이제 자신의 수난을 세 번째로 예고하신다. 이 예고는 앞의 두 번의 대목보다 훨씬 더 자세하다(8:31; 9:31을 보라; 또한 9:9, 12에 나오는 부분적인 예고들도 보라). 예수와 함께 다니던 자들의 두려움과 놀람은 극적인 의미를 강화시킨다. 이적들, 축귀들로부터 자신의 수난에 관한 엄숙한 선포 및 예고들에 이르기까지 예수에 관한 모든 것은 그의 동시대인들을 놀라게 했다.

이 세 번째이자 절정을 이루는 수난 예고는 예수 수난의 주요한 특징들을 요약하고 있다. 예수께서 "인자"로서 대제사장 및 고위 제사장들의 손에 의해 사형의 단죄를 받으시는 장면은 마가복음 14:55-65에 나온다. 마가복음 15:1에서 예수는 이방인들의 손에 넘겨지고, 마가복음 15:20에서는 이방인들이 예수를 조롱한다. 마가복음 5:19에서 이방인들은 예수에게 침을 뱉고(14:65에서는 고위 제사장들도 예수에게 침을 뱉는다), 마가복음 15:15에서는 예수에게 채찍질을 한다. 앞서의 경우들에서처럼, 예수는 "삼 일 후에 살아나리라"고 예고하신다. 예수의 수난에 관한 세 번째 예고는 부활 사건 이후에 편집한 흔적들을 가장 뚜렷하게 지니고 있다. 예고의 개별 요소들과 수난 기사 속에서 그것들에 대응하는 것들은 다음과 같다(또한 Taylor, 436과 Bayer, *Jesus' Predictions*, 172에 나오는 편리한 도표들을 보라).

παραδοθήσεται(파라도데세타이)
"넘기우리라" 막 14:41-44; 참조. 고전 11:23
τοῖς ἀρχιερεῦσιν καὶ τοῖς γραμματεῦσιν(토이스 아르키에류신 카이 토이스 그람마튜신)
"고위 제사장들과 서기관들에게" 막 11:18, 27; 14:1, 10, 43, 55
κατακρινοῦσιν αὐτὸν θανάτῳ(카타크리누신 아우톤 다나토)
"저희가 그를 죽이기로 결안하리라" 막 14:64; 고전 15:3
παραδώσουσιν αὐτὸν τοῖς ἔθνεσιν(파라도수신 아우톤 토이스 에드네신)
"저희가 그를 이방인들에게 넘겨주리라" 막 15:1, 10, 15; 행 2:23; 3:13
ἐμπαίξουσιν αὐτῷ(엠파익수신 아우토)
"저희가 그를 조롱하리라" 막 15:20, 31

ἐμπτύσουσιν αὐτῷ(엠프튀수신 아우토)
"저희가 그에게 침을 뱉으리라" 막 14:65; 15:19
μαστιγώσουσιν αὐτὸν καὶ ἀποκτενοῦσιν(마스티고수신 아우톤 카이 아포크테누신)
"저희가 그를 채찍질하고 죽이리라" 막 15:15, 24; 요 19:1
μετὰ τρεῖς ἡμέρας ἀναστήσεται(메타 트레이스 헤메라스 아나스테세타이)
"삼 일 후에 그가 살아나리라" 마 27:63; 막 16:6; 고전 15:4

이 요소들 중 일부는 매우 오래된 것으로서 가장 초기의 케리그마로 소급되고, 위의 8:31에 대한 "주석"에서 논증했듯이 예수 자신에게로 소급된다. 동사 파라디도나이(*παραδιδόναι*, "넘겨주다" 또는 "배신하다")와 그 명사형인 호 파라디두스(*ὁ παραδιδούς*, "배신자")는 아포크테이네인(*ἀποκτείνειν*, "죽이다")/다나토스(*θάνατος*, "죽음"), 메타 트레이스 헤메라스(*μετὰ τρεῖς ἡμέρας*, "삼 일 후에")와 함께 이 원시 전승의 일부다. 이러한 어구들은 마가 자신의 요소들이 아니다. 예수를 고위 제사장들과 이방인들에게 넘겨준다는 것도 매우 오래된 전승 요소일 가능성이 크고, 채찍질도 전승 요소일 것이다. 그러나 조롱하고 침 뱉는 것은 이사야 50:6 및 시편 22:7(MT: 22:8; LXX: 21:8)의 영향을 받아 마가가 첨가한 내용일 것이다. "나를 때리는 자들(LXX: *μάστιγας*－마스티가스)에게 내 등을 맡기며 나의 수염을 뽑는 자들에게 나의 뺨을 맡기며 수욕과 침 뱉음을 피하려고(LXX: *ἀπὸ αἰσχύνης ἐμπτυσμάτων*－아포 아이스퀴네스 엠프튀스마톤) 내 얼굴을 가리우지 아니하였느니라"(사 50:6), "나를 보는 자는 다 비웃으며(MT: יַלְעִגוּ－얄이구; LXX: *ἐξεμυκτήρισαν*－엑세뮈크테리산) 입술을 비쭉이고 머리를 흔들며"(시 22:7[MT 22:8; LXX 21:8]). 세부적인 내용 중 다수는 누구나 쉽게 예측할 수 있는 것이고(사법 절차 및 범죄인에 대한 가혹한 취급은 비밀이 아니었다), 실제의 수난 사건들이 연대기적으로 수난 예고와 일치하지 않는 것으로 보아서(사후예언[*vaticinium ex eventu*]에서나 그러한 일치를 기대할 수 있다), 수난 예고의 핵심 내용이 예수로부터 나왔다는 것을 의심할 만한 설득력 있는 근거가 없다(Cranfield, 334-35; Bayer, *Jesus' Predictions*, 173-74를 보라).

주석

32 "그들은 노중에 있었다"(*ἦσαν δὲ ἐν τῇ ὁδῷ*－에산 데 엔 테 호도)에서 "그들"은 예수를 좇는 무리들 전체를 가리키는 것 같다. 왜냐하면 복음서 기자는 독자들에게 이미 17절에서 예수께서 노중에 있었다는 것, 23절에서 예수께서 제자들과

함께 있었다는 것을 말한 바 있기 때문이다. “열두 제자”(*τοὺς δώδεκα* – 투스 도데카)는 이 큰 무리 중에서 구별된 작은 집단으로 이해되어야 한다(Swete, 233; Gould, 197; MacLear, 139; Plummer, 245; Lagrange, 275; Taylor, 437; Gundry, 570).

“예루살렘으로 올라가는”(*ἀναβαίνοντες εἰς Ἱεροσόλυμα* – 아나바이논테스 에이스 히에로살뤼마). 예루살렘은 이스라엘에서 가장 높은 곳이 아니었지만, 유대인들은 흔히 예루살렘으로 “올라간다”는 표현을 사용했다. (사실 성전산 자체도 예루살렘에서 가장 높은 곳이 아니다. 감람산과 스코푸스[Scopus] 산이 더 높다.) 예루살렘이나 성전에 “올라간다”는 표현은 거의 신학적 전문용어에 가깝다(참조. 삼상 1:21-24; 2:28; 왕하 19:14; 20:5, 8; 23:2; 시 24:3; 68:18; 122:4; 3 Macc 3:16; 요 2:13; 5:1; 11:55; 행 11:2; 25:1, 9). 마가복음에서 거룩한 도성(都城)에 대한 언급은 이번이 처음은 아니지만, 구체적으로 예수의 목적지로 예루살렘이 언급된 것은 처음이다. 마가는 마태가 선호하는 형태인 히에로솔뤼마(*Ἱεροσόλυμα*)를 사용한다. Q어록(마 23:37=눅 13:34)에는 이에루살렘(*Ἰερουσαλήμ*; 고어 형태)으로 나오는데, 누가는 이 형태를 선호한다. 히에로솔뤼마(*Ἱεροσόλυμα*)는 마가복음이 쓰여진 시대에 흔히 사용되던 형태였다(참조. Philo, Josephus, Diodorus, Plutarch 등). 맛소라 본문에 나오는 기본적인 형태는 예루샬라임(יְרוּשָׁלַםִ)이다 – 물론 모음점은 여러 가지로 다르게 붙여지긴 하지만. 이 단어의 형태에 대해서 좀더 자세한 것은 J. Jeremias, “*ΙΕΡΟΥΣΑΛΗΜ/ΙΕΡΟΣΟΛΥΜΑ*,” *ZNW* 65[1974] 273-76를 보라.

강조되고 있진 않지만, 예루살렘은 마가복음 기자에게 중요하다. 예루살렘은 요한의 세례 사역과 관련하여 1:5에 등장한다(“온 유대 지방과 예루살렘 사람이 다 나아가 자기 죄를 자복하고 요단강에서 그에게 세례를 받더라”). 예수의 평판은 갈릴리 전역을 넘어 퍼져 나가 예루살렘까지 이르러서(3:8), 예루살렘으로부터 종교 당국자들이 와서 예수를 살펴보고 비판한다(3:22; 7:1). 장차 문제가 발생할 것을 알려 주는 이러한 전조(前兆)들을 감지한 독자들이라면 예수의 수난이 거룩한 도성에서 일어나리라는 것에 대해 놀라지 않을 것이다(예루살렘에 대해서 좀더 자세한 것은 *ABD* 3:747-66; J. Jeremias, *Jerusalem in the Time of Jesus*[Philadelphia: Fortress, 1969]를 보라).

“예수께서 제자들 앞에 서서 가시고 계셨다”(*ἦν προάγων αὐτοὺς ὁ Ἰησοῦς* – 엔 프로아곤 아우투스 호 이에수스). 예수께서 제자들 “앞에 서서 가시고 계셨다”(*ἦν προάγων* – 엔 프로아곤)는 것은 중요한 의미를 지닌다. 14:28에서 예수는 죽은 자로부터 살아나신 후에 당혹스러워하는 제자들에게 “내가 (갈릴리로) 너희 앞서 가리라"(*προάξω ὑμᾶς* – 프로악소 휘마스)고 약속하신다. 놀란 여인들이 빈 무덤을 발견했을 때, 한 젊은이가 그들에게 "예수께서 너희보다 먼저 갈릴리로 가시나니 전에 너희에게 말씀하신 대로 너희가 거기서 뵈오리라"(16:7)고 제자들에게 전하라고 말한다. 그러므로 예수께서 제자들 앞서 가시는 것은 지도자로서 앞장서서 위험을 맞을 것임을 강조하기 위한 것이다. 크랜필드(Cranfield, 335)는 이러한 묘사는 마가복음이 쓰여진 시기에 예수와 비슷하게 두려움과 불확실한 미래를 겪고 있었던 로마의 그리스도인들을 위로하기 위한 것이었다고 말한다. (Gundry, 574는 이 어구에 어떤 의미가 내포되어 있다는 것을 의심한다.)

"저희가 놀랐다"(*ἐθαμβοῦντο* – 에담분토). 1:27에서는 예수의 능력 있고 권세 있는 가르침에 "모두가 놀랐다"(*ἐθαμβήθησαν ἅπαντες* – 에담베데산 하판테스). 아마 여기에서도 동일한 의미가 의도된 것 같다. 왜냐하면 예수는 방금 누가 하나님 나라에 들어가며, 어떻게 들어갈 수 있는지에 관한 가르침으로 무리들을 놀라게 하셨기 때문이다(10:13-31). 그러나 복음서 기자는 얼마 전에 아주 극적으로 영광의 모습으로 변모된 바 있는(예수께서 제자들에게 다가왔을 때 무리가 "그를 보고" 놀랐다고 말하는 9:2-8과 9:15) 예수를 하나님의 권능의 후광이 여전히 수행하고 있다는 것을 독자들로 하여금 깨닫게 하고 싶었을지도 모른다(Gundry, 570-71). 토레이(Torrey, *Our Translated Gospels*, 151-53)는 원래 "놀랐다/고뇌하였다"라는 동사는 복수형이 아니라 단수형이었다고 보고, 본문을 "예수는 저희 앞에 서서 가시고 계셨고, 깊은 고뇌 속에 있었다"로 읽어야 한다고 생각한다. 이 제안은 가능성이 있기는 하지만, 확증은 불가능하다.

"그러나 좇는 자들은 두려워하였다"(*οἱ δὲ ἀκολουθοῦντες ἐφοβοῦντο* – 호이 데 아콜루둔테스 에포분토). 그들은 장차 자신들에게 일어날 일을 두려워했고(9:32), 앞으로 예수께서 무엇을 말씀하시고 행하실지를 두려워했다. 본문에 나오는 두려움은 하나님의 임재로 인해 사람들을 압도하는 경외(敬畏)라는 구약적인 의미로 이해해야 한다. 마가복음의 다른 대목에서 제자들은 신성한 것의 임재를 보고 두려워한다. 예를 들면, 이것은 다음과 같은 구절들에서 분명하게 드러난다. "저희가 심히 두려워하여 서로 말하되 저가 뉘기에 바람과 바다라도 순종하는고 하였더라"(4:41), "예수께 이르러 그 귀신 들렸던 자 곧 군대 지폈던 자가 옷을 입고 정신이 온전하여 앉은 것을 보고 두려워하더라"(5:15), "여자가 제게 이루어진 일을 알고 두려워하여 떨며 와서 그 앞에 엎드려 모든 사실을 여짜온대"(5:33), "저희가 다 예수를 보고 놀람이라 이에 예수께서 곧 더불어 말씀하여 가라사대 안심하라 내니 두려워 말라 하시고"(6:50). 이 모든 예들에서 제자들 또는 사람들은 권능 있는 역사(役事)를 보고 두려워한다 – 바람과 바다에게 명한 사건, 귀신 들린 자를 치유한 사건, 혈루병 여인을 치유한 사건(무의식적으로!), 바다 위를 걸은 사건. 여기 10:32에서 마가복음의 독자들은 예수에 대한 경외감이 다시 한 번 두려움의 원인임을 깨닫게 된다.

"다시 열두 제자를 데리시고"(*καὶ παραλαβὼν πάλιν τοὺς δώδεκα* – 카이 파라라본 팔린 투스 도데카). 다른 경우들에서 예수는 은밀한 가르침을 주시기 위해 열두 제자를 따로 데려가신다(*παραλαμβάνειν* – 파라람바네인). "예수께서 베드로와 야고보와 요한을 데리시고(*παραλαμβάνει* – 파라람바네이) 따로 높은 산에 올라가셨더니"(막 9:2), "베드로와 야고보와 요한을 데리고 가실새(*παραλαμβάνει* – 파라람바네이)"(막 14:33). 그 밖의 다른 대목들에서도 예수와 제자들은 따로 있었다(예를 들어, 4:34; 7:17; 9:28; 13:3). 이것이 마가가 "다시"(*πάλιν* – 팔린)라고 말하는 이유다. 이 본문에서 예수의 말씀은 무리들 가운데 논란을 불러일으켰을 것이고, 예수를 좇는 무리들 중 다수는 베드로가 예수의 첫 번째 수난 예고를 들었을 때 보였던 반응(8:31-32)과 동일한 방식으로 반응했을 것이다. 예수는 분란과 분류에 휩싸이고 싶은 마음이 없었다. 예수는 가장 가까운 동료들 및 벗들과 함께하는 사적인 시간을 원하셨다.

"예수는 그에게 일어날 일을 그들에게 말씀하기 시작했다"(*ἤρξατο αὐτοῖς λέγειν τὰ μέλλοντα αὐτῷ συμβαίνειν* – 에륵사토 아우토이스 레게인 타 멜론타 아우토 쉼바이네인). 다시 한 번 예수는 제자들에게 장차 일어날 일들을 말씀하신다. 예수의 수난 예고의 직접성이 두드러진다. 예수는 제자들에게 장차 이런 일이 일어날지도 모르겠다고 말씀하시는 것이 아니라 장차 반드시 일어나게 될 일을 말씀하신다. 동사 쉼바이네인(*συμβαίνειν*)을 "일어나다"라는 의미로 사용하는 것은 칠십인역에서 흔히 있는 일이다(예를 들어, 창 41:13; 42:4, 29; 44:29; 출 1:10; 3:16; 욥 1:22; 에 6:13; 1 Macc 4:26). 장차 일어날 일을 확실하게 알고 있다는 사실이 마가복음의 독자들 – 신자이든 회의론자이든 – 에게는 예수의 용기와 신적인 선견지명에 대한 인상을 강하게 각인시켰을 것이다. 평범한 사람이라면 그런 식으로 처신할 수는 없다.

33-34 예수는 이방인들이 자신을 ("채찍"[*μάστιξ* – 마스틱스]으로) "채찍질할"(*μαστιγώσουσιν* – 마스티고수신) 것이라고 예고하지만, 복음서 기자는 15:15에서 라틴어에서 온 외래어인 프라겔룬(*φραγελλοῦν*, "채찍질하다"; "채찍"[*φρα-*

γέλλιον–프라겔리온 또는 fragellium–프라겔룸]으로)을 사용한다. 이와 같이 수난 예고와 실제의 수난 기사 간의 용어상의 불일치는 수난 예고의 진정성을 보여 준다기보다는 그 독립성을 보여 준다고 해야 한다. 수난 예고는 편집되긴 했으나, 무(無)에서(*ex nihilo*) 만들어지지는 않았다. 복음서 기자가 16:1에서 일요일이 "제삼 일"이었다고 말하지 않은 것도 마찬가지로 이해될 수 있다(27:63에서 고위 제사장들이 "삼 일" 후에 다시 살아나리라고 한 예수의 예고를 거론하게 만든 마태복음 기자와는 대조적으로). "삼 일 후"(*μετὰ τρεῖς ἡμέρας*–메타 트레이스 헤메라스)가 사후예언(*vaticinium ex eventu*)이라면, 왜 그것이 성취되었음을 명시적으로 밝히지 않은 것일까? 마가복음의 대부분의 독자들은 복음서 이야기에서와 같이 예수께서 "삼 일 후에" 살아나셨다는 것을 확실하게 알았을 것이기 때문이다.

해설

세 번째로 예수는 그의 수난을 공식적으로 예고하신다–이번에는 놀라울 정도로 자세하게. 마가복음의 독자들은 예수를 따르는 자들의 두려움과의 대비 속에서 특히 분명하게 드러나는 예수의 미리 아심과 용기에 감명을 받게 된다. 예수의 수난 예고 속에는 예수께서 사역을 시작하실 때부터 줄곧 선포해 오셨던 하나님의 주권적 통치와 구속(救贖)이라는 목표를 주관하시는 장본인인 하나님에 대한 예수의 믿음이 함축되어 있다. 자기 백성의 손에 의해 버린 바 되고 이스라엘에 있던 로마 관리들의 손에 의해 처형당하는 일은 예수에게 기습적으로 찾아온 일이 아니다. 예수는 이 모든 일이 일어나리라는 것을 잘 알고 계시고, 제자들을 그 일들에 대비시키시고 있다. 예수의 미리 아심과 용기는 40여 년 전에 예루살렘에서 일어났던 일에 대한 마가복음 독자들의 당혹감과 아픔을 다 날려 버린다.

다음에 나오는 단락(10:35-45)에서 예수는 다시 한 번 제자들에게 겸손과 섬김의 필요성을 가르치신다. 예수께서 "인자의 온 것은 섬김을 받으려 함이 아니라 도리어 섬기려 하고 자기 목숨을 많은 사람의 대속물로 주려 함이니라"(10:45)고 말씀하신 것처럼, 이 가르침은 예수에게 다가올 수난과 직접적으로 연결된다. 달리 말하면, 예수의 사명은 실패한 것이 아니었다. 예수께서 자신의 사역의 목적을 이루셨다는 점에서, 예수의 사명은 성공을 거둔 것이다.

4. 야고보와 요한의 요구(10:35-45)

참고문헌

Lohse, E. *Märtyrer und Gottesknecht: Untersuchungen zur urchristlichen Verkündigung vom Sühntod Jesu Christi.* FRLANT 64. Göttingen: Vandenhoeck & Ruprecht, 1955. 117-22. **Loisy, A.** *Les évangiles synoptiques.* 2 vols. Paris: Ceffonds, 1907. **Patsch, H.** *Abendmahl und historischer Jesus.* Calwer theologische Monographien. Stuttgart: Calwer, 1972. 170-80, 205-15.

Mark 10:45

Barrett, C. K. "The Background of Mark 10:45." In *New Testament Essays.* FS T. W. Manson, ed. A. J. B. Higgins. Manchester: Manchester UP, 1959. 1-18. **Daube, D.** *Collaboration with Tyranny in Rabbinic Law.* Riddell Memorial Lectures, Thirty-Seventh Series, University of Newcastle upon Tyne, 1965. Oxford: Oxford UP, 1965. **Engnell, I.** "The 'Ebed-Jahweh Songs and the Suffering Messiah in 'Deutero-Isaiah.'" **Grimm, W.** *Weil ich dich liebe: Die Verkündigung Jesu und Deuterojesaja.* ANTJ 1. Bern: Frankfurt am Main: Lang, 1976. 231-77. **Hengel, M.** *The Atonement: The Origins of the Doctrine in the New Testament.* Philadelphia: Fortress, 1981. 33-75. **Hooker, M. D.** *Jesus and the Servant: The Influence of the Servant Concept of Deutero-Isaiah in the New Testament.* London: S. P. C. K., 1959. 74-79. **Jeremias, J.** "Das Lösegeld für Viele(Mk 10.45)." In *Abba: Studien zur neutestamentlichen Theologie und Zeitgeschichte.* Göttingen: Vandenhoeck & Ruprecht, 1966. 216-29. **Lindars, B.** *Jesus Son of Man: A Fresh Examination of the Son of Man Sayings in the Gospels in the Light of Recent Research.* London: S. P. C. K., 1983; Grand Rapids, MI: Eerdmans, 1984. 76-81. **Moulder, W. J.** "The Old Testament Background and Interpretation of Mark x. 45." *NTS* 24(1977-78) 120-27. **Roloff, J.** "Anfänge der soteriologischen Deutung des Todes Jesu(Mk. x. 45 und Lk. xxii. 27)." *NTS* 19(1972-73) 38-64. **Schürmann, H.** *Jesu Abschiedsrede, Lukas 22,21-38.* NTAbh 20.5. Münster: Schendorff, 1957. **Strecker, G.** "The Passion and Resurrection Predictions in Mark's Gospel." *Int* 22(1968) 421-42. **Stuhlmacher, P.** "Existenzstellvertretung für die Vielen: Mk 10,45(Mt 20,28)." In *Werden und Wirken des*

Alten Testaments. FS C. Westermann, ed. R. Albertz et al. Göttingen: Vandenhoeck & Ruprecht, 1980. 412-27(repr. in P. Stuhlmacher. *Versöhnung, Gesetz und Gerechtigkeit: Aufsätze zur biblischen Theologie.* Göttingen: Vandenhoeck & Ruprecht, 1981. 27-42; ET: "Vicariously Giving His Life for Many, Mark 10:45(Matt. 20:28)." In P. Stuhlmacher. *Reconciliation, Law, and Righteousness.* Philadelphia: Fortress, 1986. 16-29). ______. *Jesus des Nazareth – Christus des Glaubens.* Stuttgart: Calwer, 1988(ET: *Jesus of Nazareth – Christ of Faith.* Peabody: Hendrickson, 1993). **Taylor, V.** "The Origin of the Markan Passion-Sayings." *NTS* 1(1954-55) 159-67(repr. in V. Taylor. *New Testament Essays.* London: Epworth, 1970. 60-71). **Wilcox, M.** "On the Ransom-Saying in Mark 10:45c, Matt: 20:28c." In *Frühes Christentum.* Vol. 3 of *Geschichte – Tradition – Reflexion.* FS M. Hengel, ed. H. Cancik et al. Tübingen: Mohr-Siebeck, 1996. 173-86.

본 문

35 세베대의 아들 야고보와 요한이 주께 나아와 여짜오되 선생님이여 무엇이든지 우리의 구하는 바를 우리에게 하여주시기를 원하옵나이다	**35** And James and John the sons[a] of Zebedee approach him, saying to him, "Teacher,[b] we wish that you might do for us whatever we might ask you."
36 이르시되 너희에게 무엇을 하여주기를 원하느냐	**36** And he[c] said to them, "What do you wish that I might do for you?"
37 여짜오되 주의 영광 중에서 우리를 하나는 주의 우편에 하나는 좌편에 앉게 하여 주옵소서	**37** And they said to him, "Grant us that one might sit at your right an the other at your left in your glory."[d]
38 예수께서 가라사대 너희 구하는 것을 너희가 알지 못하는도다 너희가 나의 마시는 잔을 마시며 나의 받는 세례를 받을 수 있느냐	**38** but Jesus said to them, "You do not know what you ask. Are you able to drink the cup that I drink, or to be baptized with the baptism with which I am baptized?"
39 저희가 말하되 할 수 있나이다 예수께서 이르시되 너희가 나의 마시는 잔을 마시며 나의 받는 세례를 받으려니와	**39** But they said to him, "We are able." But Jesus said to them, "The cup that I drink you will drink, and with the baptism with which I am baptized you will be baptized.
40 내 좌우편에 앉는 것은 나의 줄 것이 아니라 누구를 위하여 예비되었든지 그들이 얻을 것이니라	**40** But to sit at my right or at my left is not mine to grant: but it is for those for whom[e] it is prepared."[f]
41 열 제자가 듣고 야고보와 요한에 대하여 분히 여기거늘	**41** And hearing of this, the ten began to be indignant at James and John.
42 예수께서 불러다가 이르시되 이방인의 소위 집권자들이 저희를 임의로 주관하고 그 대인들이	**42** And summoning them, Jesus says to them, "You know that those who are supposed to rule over the

저희에게 권세를 부리는 줄을 너희가 알거니와

Gentiles lcrd it over them, and their great ones[g] have power over them.

43 너희 중에는 그렇지 아니하니 너희 중에 누구든지 크고자 하는 자는 너희를 섬기는 자가 되고

43 But it is[h] not to be so among you: but whoever may wish to be great among you will be[i] your servant,

44 너희 중에 누구든지 으뜸이 되고자 하는 자는 모든 사람의 종이 되어야 하리라

44 and whoever may wish to be first among you will be slave of all.

45 인자의 온 것은 섬김을 받으려 함이 아니라 도리어 섬기려 하고 자기 목숨을 많은 사람의 대속물로 주려 함이니라

45 For the 'son of man' came not to be served but to serve, and to give his life as a ransom[j] for many."

원문주해

a. B, C사본과 몇몇 후대의 사본들은 호이 뒤오 휘오이(*οἱ δύο υἱοι*, "두 아들들")로 읽는다.

b. 헬라어로는 디다스칼레(*διδάσκαλε*). 일부 수리아 사본들은 랍비(rabbi)로 읽는다.

c. *Σ*, *Φ*사본과 몇몇 다른 권위 있는 사본들은 이에수스(*Ἰησοῦς*, "예수")를 첨가한다.

d. W사본은 엔 테 바실레이아 테스 독세스 수(*ἐν τῇ βασιλείᾳ τῆς δόξης σου*, "주의 영광의 나라에서")로 읽는다. 사히딕 콥트역본은 "주의 나라의 영광 중에서"로 읽는다. 이 두 독법은 엔 테 바실레이아 수(*ἐν τῇ βασιλείᾳ σου*, "주의 나라에서")로 되어 있는 병행 본문인 마 20:21의 영향을 받은 것이다. 로마이어(Lohmeyer, 221)는 이 독법을 원래의 것으로 받아들인다. 그러나 바실레이아(*βασιλεία*, "나라")에서 독사(*δόξα*, "영광")로의 수정보다는 독사(*δόξα*)에서 바실레이아(*βασιλεία*)로의 수정이 설명하기가 더 쉽다. 왜냐하면 바실레이아(*βασιλεία*)는 독사(*δόξα*)가 의미하는 것을 좀더 풀어서 설명하는 말이고, 예수의 "하나님 나라" 선포와 부합하기 때문이다. 크랜필드(Cranfield, 337)는 "마가의 엔 테 독세 수(*ἐν τῇ δόξῃ σου*)를 마[태]가 엔 테 바실레이아 수(*ἐν τῇ βασιλείᾳ σου*)로 바르게 해석하고 있는 것"이라고 말한다. 크렌필드의 말이 옳긴 하지만, 아래의 "주석"을 보라.

e. 문자적으로는 "그러나 (그것은) 예비된 자를 위한 것이다." it, sa[ms], sy[5]는 알로이스(*ἄλλοις*, "[그것은] 다른 사람들을 위한 [것이다]")로 읽는다. 이러한 이독(異讀)들은 *ΑΛΛΟΙC*를 알 호이스(*ἀλλ' οἷς*, "그러나 [그것은] ~자를 위한 [것이다]")가 아니라 알로이스(*ἄλλοις*)로 잘못 읽음으로써 생겨났다. Metzger, *TCGNT*[1], 107를 보라. 초기 사본들에서는 헬라어를 단어들 사이를 떼지 않고 대문자들로 썼다는 것을 기억할 필요가 있다.

f. ℵ*, *Φ*사본과 몇몇 다른 후대의 사본들은 휘포 투 파트로스 무(*ὑπὸ τοῦ πατρός μου*, "내 아버지에 의해서")를 첨가한다. 이 첨가는 마 20:23에서 기인한 것이다.

g. ℵ, C*[vid]사본은 바실레이스 아우톤(*βασιλεῖς αὐτῶν*, "그들의 왕들")으로 읽는다.

h. 헬라어로는 에스틴(ἐστιν)인데, 이는 א, B, C*, D, L, W사본의 독법이다. A, C^3, N, Σ, Φ사본과 많은 후대의 권위 있는 사본들은 에스타이(ἔσται, "그것이 ~이리라")로 읽는다. 후자의 독법은 마 20:26에서 기인했을 것이다(그러나 마태복음의 일부 사본들은 에스틴[ἐστιν]으로 읽는다). 필사자들(마태복음 기자를 포함한)은 종말에 관한 일을 논의하는 대목에서 미래 시제가 적절하다고 생각했을 것이다. Metzger, *TCGNT*[1], 108를 보라. 그러나 현재 시제가 원래의 관념을 더 정확하게 포착하고 있을 가능성이 높다. 예수와 제자들은 "당시의" 회복된 이스라엘 내에서 그들의 권세의 자리들에 관하여 생각하고 있었다. 아래의 "주석"을 보라.

i. א, C사본은 에스토 휘몬 디아코노스(ἔστω ὑμῶν διάκονος, "그로 하여금 너희의 종이 되게 하라")로 읽는다.

j. 헬라어로는 뤼트론(λύτρον). W사본은 루트론(λούτρον, "목욕재계" 또는 "헌주[獻酒]")으로 읽는다. 이 이독은 필사자의 실수일 것이지만, 예수의 죽음의 정화(淨化)하는 효력이라는 관념을 도입하기 위한 시도일 수도 있다(참조. 엡 5:26; 딛 3:5).

양식/구조/배경

마가복음 10:35-45은 두 개의 기본적인 단락으로 이루어진다. (1) 예수께서 그의 "영광" 중에 계실 때에 예수의 우편과 좌편에 앉게 해달라는 야고보와 요한의 요구(35-40절), (2) 이러한 요구가 있었다는 것을 알고 분노하는 제자들에 대한 예수의 가르침(41-45절). 그러나 이 단락들의 논리와 사고의 흐름에는 훨씬 더 많은 것들이 포함되어 있다. 사건은 세베대의 아들들의 요구로 시작된다. 그들은 예수께서 그들의 소원을 들어주시기를 바란다(35절). 예수는 그들에게 자신이 해주기를 바라는 것이 무엇인지를 물으신다(36절). 그들은 하나님 나라가 온전한 모습으로 임할 때 예수의 좌우편에 앉기를, 즉 예수 다음으로 두 번째와 세 번째 되는 권세 있는 높은 자리를 차지하게 해달라고 말한다(37절). 그러나 예수는 그들이 구하는 것이 무엇을 의미하는지도 모르면서 구하고 있다고 대답하신다. 왜냐하면 거기에는 시련이 따를 것이기 때문이다(38절). 그러나 그들은 자신들이 그런 일을 감당할 수 있다고 장담한다(39a절). 그러자 예수는 그들이 진실로 그의 시련에 참여할 것이지만 그들의 요구는 들어줄 수 없다고 밝히 말씀하신다. "누구를 위하여 예비되었든지 그들이 얻을 것이니라"(40절). 나머지 제자들은 야고보와 요한의 요구에 관하여 듣고는 분히 여긴다(41절). 그러자 예수는 제자들을 불러서 겸손과 섬김에 관하여 가르치신 후에(42-44절), 섬김을 받으려 함이 아니라 섬기기 위하여 온 자신의 모범에 관한 말씀으로 이야기를 끝맺으신다(45절).

자료비평학자들과 양식비평학자들은 전통적으로 마가복음 10:35-45이 대체적으로 마가 이전의 것인 여러 구성 요소들로 이루어져 있다고 주장해 왔지만(예를 들어, Dibelius, *From Tradition*, 51; Schmidt, *Rahmen*, 244-45; Gnilka, 2:99[35-38절은 본래의 것이고, 39-40절은 후대의 확장이다]; Bultmann, *History*, 24, 69[38-39절은 독립적이다]; Lohmeyer, 222-23[38-40절은 초대 교회에서의 리더십 논쟁들을 반영하고 있다]; 이러한 주장은 Schmithals, 2:467에 의해 거부된다), 건드리(Gundry, 581-82)는 이 단락의 통일성을 주장한다. 한층 더 보수적인 테일러(Taylor, *Formation*, 66)조차도 복음서 기자가 세베대의 아들들의 요구에 관한 이야기에 41-45절을 첨가했다고 생각하고(자신의 주석서[439]에서 41-45절에는 "마가에 의해 덧붙여인 흔적들"이 있다고 말하면서도 이 절들은 "앞의 내용과 곧바로 이어지는 속편이었을 것"이라고 말한다), 데이비스와 앨리슨(Davies and Allison, *Matthew*, 3:85)은 41-44절이 "기원이 불확실한" 마가 이전의 자료로서, 여기에 복음서 기자나 전승 보유자가 45절을 첨가했다고 생각한다(이 후자의 내용에 대해서는 Pesch, 2:154, 164도 보라).

몇몇 학자들은 45절을 상세히 분석하고자 시도해 왔다. 린다스(Lindars, *Son of Man*, 80)에 의하면, 이 말씀은 원래 "사람은 많은 사람을 위하여 자기 목숨을 걸 수 있다"로 되어 있었는데, 나중에 여기에 "대속물로"가 첨가되었다고 한다. 콜프(C. Colpe, *TDNT* 8:455)는 복음서 기자가 이 말씀의 두 부분을 결합시켰다고 생각한다. 크로산(Crossan, *In Fragments*, 291)은 복음서 기자가 45a절에 "인자"를 첨가한 다음에 45b절을 덧붙였다고 생각한다. 윌콕스(Wilcox, "On the Ransom-Saying")와 페쉬(Pesch, 2:262-67)는 45절의 말씀은 통일성을 갖추고 있고, 비록 다른 맥락 속에서 생겨난 말씀이라고 할지라도 역사적인 것으로 취급되어야 한다고 주장한다. 예수는 실제로 제자들의 생명을 구하기 위해 고위 제사장들의 종들과 관원들에게 자기 목숨을 내놓으셨다. 물론 이후의 전승에서 기독교는 이 말씀에 상당한 정도의 신학적 의미를 부여했다. 그러나 원래의 역사적 맥락 속에서 이것은 주로 협상에 관한 말씀이다. 자기를 좇는 자들이 무사하다면, 예수는 조용히 사라지시겠다는 것이다(또한 Daube, *Collaboration*을 보라).

온갖 반론이 제기되었지만, 35-45절이 원래부터 통일적인 하나의 단위였다는 건드리(Gundry)의 주장은 설득력이 있다. 이 단락에는 해석자들이 다른 맥락 속에 놓아야 할 앞뒤가 잘 안 맞거나 독립적인 요소가 전혀 없다. 게다가 이 단락의 내용 중에서 예수의 생애 이후의 배경(post-Sitz im Leben)에 비추어서 더 잘 설명될 수 있는 것은 하나도 없다. 45절(이에 대해서는 아래서 자세하게 설명할 것이다)을 포함한 단락 전체는 예수의 제자들이 누가 가장 크며, 장차 도래할 새 통치 체제에서 누가 가장 중요한 지위를 차지하게 될 것인가를 서로 논쟁했다는 황당하긴 하지만 진정성 있는 전승의 한 단편(斷片)으로서 뜻이 잘 통한다. 42-45절에 나오는 예수의 말씀이 없었더라면, 이 내용은 전혀 보존되거나 전해지지 않았을 것이다. 사실 야고보와 요한이 당혹스러운 것을 요구했다는 점 때문만이 아니라 38절의 잔 말씀은 이 잔을 마시지 않게 해달라고 예수께서 기도하셨다고 하는 14:36과 어느 정도 긴장관계를 이룬다는 점을 고려하면, 35-40절이 전해졌다는 것은 놀라운 일이다. 그러나 물론 35-40절은 41-45절에 기록된 사건과 말씀에 대한 필수적인 서막을 이룬다. 이런 식으로 이 단락 전체는 서로 결합되어 있다. 실제로 케이시(Casey, *Aramaic Sources*, 193-218)에 의하면, 본문의 근저에 있는 셈어 요소들을 온전히 고려할 때 이 단락의 통일성은 한층 더 명백해진다고 한다(아래의 45절에 대한 "주석"을 보라). 유일하게 분명한 마가의 첨가는 42a절에서 발견된다. "그들을 불러다가"(*προσκαλεσάμενος αὐτοὺς* – 프로스칼레사메노스 아우투스). 이 어구는 복음서 기자가 특히 좋아하는 표현이다(참조. 막 3:13, 23[*προσκαλεσάμενος αὐτοὺς* – 프로스칼레사메노스 아우투스]; 6:7; 7:14; 8:34; 12:43).

제자들이 아주 높은 자리를 요구했다는 것의 진정성은 "모든 점에서 신뢰할 만하다"(Taylor, 439). 많은 주석가들은 제자들의 요구와 이에 대한 반응이 예수로 하여금 제자들을 가르칠 수 있는 기회를 제공했다는 점에도 불구하고 초대 교회가 그 어느 시기에 예수의 최측근의 제자들의 평판을 떨어뜨리는 전승을 의도적으로 만들어 낸 이유를 찾아내기 어렵다는 점을 지적하면서, 이 단락의 진정성에 동의한다(Branscomb, 187; Klostermann, 107: "예수의 좌우편에 있는 영예스러운 자리에 대한 요구는 세베대의 아들들을 곱지 않아 보이게 만든다"). 롤린슨(Rawlinson, 144)은 원래 이 요구는 열두 제자가 언젠가는 보좌에 앉아서 이스라엘의 열두 지파를 심판하게 될 것이라는 예수의 약속(마 19:28=눅 22:28-30)에 대한 반응이었다고 하는데, 이는 일리가 있는 말이다. 야고보와 요한은 예수의 바로 옆자리에 앉고 싶어했을 것이다(아래의 36-37절에 대한 "주석"을 보라). 존슨(Johnson, 179)은 부활 사건 이후에 가룟 유다가 죽고 나서 열한 제자가 한 사람을 보충하기로 결정한 것도 하나님 나라의 행정을 담당할 열두 사람의 정족수를 채우기 위한 것이라는 동일한 사상이 그 근저에 깔려 있다고 본다(참조. 행 1:6, 15-26).

마가복음 기자는 예수께서 제자들에게 하나님 나라의 진정한 가치관을 가르치실 또 한 번의 기회를 제공하기 위하여 이 전승을 사용한다. 크고자 하는 자는 기꺼이 고난을 받고("잔"을 마신다는 표현에 분명하게 함축되어 있다 – 아래의 "주석"을 보라) 섬겨야 한다는 것에 대한 강조는 독자들로 하여금 예수에 대하여 깊은 감명을 받게 해주고, 예수의 십자가 죽음이라는 치욕과 외관상의 패배를 상쇄시키는 데 도움을 준다. 달리 말하면, 예루살렘에서 예수께 일어나는 일은 결국 그의 가르침과 부합하는 일이라는 것이다. 바로 이 때문에 복음서 기자는 고난과 겸손에 대한 예수의 가르침을 강조하는 방식으로 자료를 배치한다.

주석

야고보와 요한의 요구는 예수에게 하나님 나라에 적절한 유형의 섬김에 대하여 제자들에게 더 자세하게 가르칠 수 있는 기회를 제공해 준다. 8:31의 첫 번째 수난 예고 다음에 자기 부인, 섬김, 순교에 관한 가르침이 뒤따랐고(8:34-9:1), 9:31의 두 번째 수난 예고 다음에도 비슷한 가르침이 나왔듯이(9:33-37), 10:32-34의 세 번째 수난 예고 다음에도 참된 섬김 및 고난에 관한 가르침이 나온다(10:38-39, 41-45). 이렇게 수난 예고가 있을 때마다 예수를 좇는 자들이 어떤 일들을 예상해야 하고, 어떻게 살아야 하는가에 관한 중요한 가르침이 뒤따른다(Pesch, 2:153을 보라). 난관이 심한 길을 뚫고 나아가고자 한다면, 예수를 좇는 자들은 높은 자리를 차지하려고 경쟁할 것이 아니라 섬기는 길을 가야 한다. 그들은 고난을 기꺼이 받고자 해야 하고, 핍박을 피하려 해서는 안 된다. 그들은 기를 쓰고 첫째가 되고자 하는 것이 아니라 기꺼이 꼴찌가 되고자 해야 한다.

35 "세베대의 아들 야고보와 요한이 주께 나아와 여짜오되 선생님이여 무엇이든지 우리의 구하는 바를 우리에게 하여 주시기를 원하옵나이다"(*προσπορεύονται αὐτῷ Ἰάκωβος καὶ Ἰωάννης οἱ υἱοὶ Ζεβεδαίου λέγοντες αὐτῷ, διδάσκαλε, θέλομεν ἵνα ὃ ἐὰν αἰτήσωμέν σε ποιήσῃς ἡμῖν* – 프로스포류온타이 아우토 이아코보스 카이 이오안네스 호이 휘오이 제베다이우 레곤테스 아우토 디다스칼레 델로멘 히나 혼 에안 아이테소멘 세 포이에세스 휘민). 제자들 중 야고보와 요한은 앞의 마가복음 5:37에 나오는 야이로의 딸을 살리는 사건에서 예수 및 베드로와 함께 언급된 바 있다. 이 세 제자는 변화산 사건에서도 예수와 함께 있었고(9:2), 성전이 곧 멸망될 것이라는 예수의 예언을 좀더 자세히 설명해 달라고 요구하는 장면인 마가복음 13:3에서도 또다시 함께 나온다. 마가복음 3:17에 의하면, 예수는 야고보와 요한에게 "보아너게", 즉 "우뢰의 아들"이라는 별명을 붙여 주었다고 한다(이 문제성 있는

별명에 대해서는 Guelich, 161-62를 보라). 그들은 "선생님"(디다스칼레[*διδάσκαλε*] —4:38; 9:38에서는 제자들; 5:35; 9:17; 10:17, 20에서는 다른 사람들)인 예수에게 나아가서 자기들이 요구하는 것을 해달라고 말한다. 그들의 말은 조건 없이 무엇이나 다 들어 달라는 말이어서 눈에 확 띈다.

마가복음에 의하면, 예수에게 그의 영광 중에 그의 우편과 좌편에 앉게 해달라고 요구한 사람은 "야고보와 요한"이다. 이들의 요구는 다른 제자들의 분노를 불러일으키는 것이었기 때문에, 여러 방식으로 제자들을 좀더 좋게 묘사하고자 했던 마태복음 기자가 이 장면을 부드럽게 완화시키고자 했다는 것은 놀랄 일이 아니다(Rawlinson, 143-44). 마태복음 20:20-21에 의하면, 예수에게 그러한 요구를 한 사람은 야고보와 요한의 "어머니"이다. 그러나 마태는 예수께서 "너희(복수형) 구하는 것을 너희(복수형)가 알지 못하는도다"(마 20:22=막 10:38)라고 대답했다고 함으로써, 마가 판본을 그가 알고 있었음을 보여 준다. 복수형은 분명히 예수께서 "어머니"가 아니라 야고보와 요한에게 말씀하고 있다는 것을 보여 주기 때문이다.

36-**37** "너희에게 무엇을 하여 주기를 원하느냐?…주의 영광 중에서 우리를 하나는 주의 우편에 하나는 좌편에 앉게 하여 주옵소서"(*τί θέλετέ [με] ποιήσω ὑμῖν ;…δὸς ἡμῖν ἵνα εἷς σου ἐκ δεξιῶν καὶ εἷς ἐξ ἀριστερῶν καθίσωμεν ἐν τῇ δόξῃ σου*—티 델레테 [메] 포이에소 휘민…도스 휘민 히나 헤이스 수 에크 덱시온 카이 헤이스 엑스 아리스테론 카디소멘 엔 테 독세 수). 예수는 성급한 약속을 내놓지 않고 야고보와 요한에게 무엇을 해주기를 원하느냐고 물으신다. 그들의 요구는 주의 영광 중에서(*ἐν τῇ δόξῃ σου*—엔 테 독세 수) 예수의 우편과 좌편에(*ἐκ δεξιῶν καί…ἐξ ἀριστερῶν*—에크 덱시온 카이…엑스 아리스테론) 앉게 해달라는 것이다. 이 두 제자는 장차 도래할 통치 체제에서 직위(또는 보좌)에 임명되기를 바란다(Schniewind, 143를 보라). 사실상 그들은 곧 세워질 것이라고 생각한 새 왕국에서 최고의 직위들을 요구하고 있는 것이다. "영광 중에"(*ἐν τῇ δόξῃ*—엔 테 독세)라는 어구가 8:38과 13:26(13:24-27에 대한 "주석"을 보라)에서와 마찬가지로 파루시아(몇몇 주석가들의 주장처럼; Wellhausen, 84; Blunt, 220; Taylor, 440; Schmid, 198; Mann, 412)를 의미하는지는 분명치 않다. 부활 사건 이후의 관점에서 보면, 예수의 "영광"(*δόξα*—독사)이라는 말은 파루시아(재림)의 의미로 이해되었을 것이다. 그러나 예수의 삶의 자리(Sitz im Leben Jesu)라는 관점에서 보면, 그것은 이 땅에 임할 하나님 나라 즉 위대한 예언들(특히 이사야의 예언)을 따라 열국(列國)들이 여호와를 예배하러 예루살렘으로 오게 될 때인 이스라엘의 회복의 때를 가리킨다(예

수께서 사 56:7을 인유[引喩]하고 있는 막 11:17을 참조하라). 이때 예수의 "영광"(δόξα – 독사)은 온 이스라엘과 온 세계에서 인정을 받게 되고, 이방인들이 도처에서 요나보다 더 크고 솔로몬보다 더 지혜로운 분을 뵙고 말씀을 듣고자 할 것이다(마가 외의 자료들에 근거하고 있는 마 12:41-42을 참조하라). 여기서 "영광"(δόξα – 독사)은 예수의 존귀, 위엄, 광휘(光輝)를 가리킨다(참조. *TLNT*, 367-68).

9:1에서 예수는 "하나님의 나라가 권능으로 임하는 것을 볼 자들"도 있을 것이라고 말씀하셨다. 10:35-37에서 야고보와 요한은 그들의 살아 생전에 있을 이 사건을 언급하고 있다. 마가복음 밖에서(즉, Q에서) 예수는 장차 열두 제자가 다스리게 될 것에 관하여 매우 중요한 예고를 하신다. "내가 진실로 너희에게 이르노니 세상이 새롭게 되어 인자가 자기 영광의 보좌에 앉을 때에 나를 좇는 너희도 열두 보좌에 앉아 이스라엘 열두 지파를 심판하리라"(마 19:28; 참조. 눅 22:28-30). 이 말씀은 다니엘서에 대한 예수의 이해에서 생겨난 것이다. 예수는 자기 자신을 다니엘 7:13-14에 나오는 사람 또는 "인자"로 여기셨을 뿐만 아니라 다니엘 7:9의 "보좌들"(복수형임에 유의)을 시편 122:1-5과 연결시켜서 통치의 때를 약속한 것으로 이해하신다. 열두 제자들은 열두 지파를 다스리게 되겠고, 예수는 시편 110:1의 정신을 따라 아버지의 보좌를 공유하게 될 것이다. 하나님 나라에 대한 예수의 이해에 있어서 중요한 구성 요소들을 제공해 준 책들인 다니엘서와 시편에 나오는 내용들의 이러한 결합(*Studying the Historical Jesus: Evaluations of the State of Current Research*, ed. B. D. Chilton and C. A. Evans, NTTS 19[Leiden: Brill, 1994] 255-80, 특히 273-79에 실린 Chilton, "The Kingdom of God in Recent Discussion"을 보라)이 예수의 이미지 배후에 놓여 있다. 이와 같은 말씀들에 비추어 보면, 야고보와 요한의 기대(期待)는 충분히 이해된다. ("메시아의 통치"를 가리키는 예수의 나라와 "종국적인 하나님 나라"를 가리키는 하나님의 나라를 구별하는 Cranfield, 337의 주장은 의심스럽다.)

38-40 야고보와 요한의 기대는 나름대로 정확한 계산에 의한 것이었다. 다만 그들이 등식에서 빠뜨린 유일한 것은 앞에 놓여 있는 싸움과 고난이었다. 싸움에 대한 예수의 예상은 다니엘서(그리고 그의 동료 세례 요한에게 일어난 일)에 토대를 둔 것이었다. 다니엘서 전체는 이스라엘 백성의 싸움 및 마귀 세력의 지원을 받는 대적들에 맞서서 이스라엘 백성을 지원하며 싸우는 천군(天軍)을 묘사하고 있다. 다니엘 7장도 한 몫을 했는데, 이는 13-14절에서의 "인자"에 관한 묘사 다음에 나오는 선견자의 환상에서 "성도들"과 악의 세력 간의 큰 싸움이 묘사되기 때문이다.

예수는 야고보와 요한에게 그가 마실 "잔을 마시며"(πιεῖν τὸ ποτήριον – 피에인 토 포테리온) 그가 받을 "세례를 받을"(τὸ βάπτισμα··βαπτισθῆναι – 토 밥티스마…밥티스데나이) 준비가 되어 있느냐고 물으신다. 예수께서 한 이 말씀들은 고난과 죽음을 의미한다. 비유적으로 사용된 "잔"(ποτήριον – 포테리온)은 심판을 내포하든 안 하든 운명(fate)을 의미한다(시 11:6; 16:5; 116:13["구원의 잔"]을 보라). 때로 잔은 고난과 심판을 가리킨다(Schmid, 198-99는 반대; 사 51:22; 렘 25:15; 겔 23:31-34; 시 75:8; *Pss. Sol.* 8:14; Martin, *Mark: Evangelist and Theologian*, 118를 보라). 그러나 "죽음의 잔"이라는 관용어구는 탈굼적인 것으로서 예수의 말씀과 가장 가까운 병행문이다(*Tg. Neof.* Gen 40:23; *Tg. Neof.* Deut 32:1을 보라; 또한 톱으로 썰리기 직전에 이사야가 제자들에게 "오직 나만을 위해서 여호와께서 이 잔을 섞으셨다"고 말하는 *Mart. Ascen.* Isa. 5:13을 보라). 예수는 겟세마네 기도에서 두려움을 가지고 이 잔에 대하여 언급하신다(14:36). 야고보와 요한은 그들이 이 잔을 마실 수 있고, 예수를 기다리고 있는 세례를 받을 수 있다고 말한다(하지만 그들은 예수의 폭력적 죽음이 불가피하다는 것을 확실히 알고 있지는 않았을 것이다). 예수는 그들에게 진실로 자신과 똑같은 운명을 겪게 될 것이라고 확실히 말씀하신다(경고하신다?). 그러나 그의 좌우편 자리에 누가 앉게 될 것인지는 그분의 권한이 아니라 하나님의 권한이다. 그러한 자리를 배정할 권한이 없다는 예수의 시인은 흔히 이 전승의 진정성을 보여 주는 중요한 증거로 인용되어 왔다.

주후 40년대 초에 야고보가 순교했다는 사실에 비추어서(참조. 행 12:2), 몇몇 비평학자들은 38-39절이 사후예언(vaticinium ex eventu)으로서 후대의 교회의 창작이라고 생각한다(예를 들어, Wellhausen, 84; Loisy, *Les évangiles synoptiques* 2:237 -38; Klostermann, 107; Branscomb, 60; Bultmann, *History*, 24: "명백한 사후예언"; Lohmeyer, 223). 그렇지만 다수의 학자들은 이에 동의하지 않는다(Schmid, 199; Schweizer, 218; Anderson, 255; Brooks, 168-69; Hooker, 247; Casey, *Aramaic Sources*, 206). 야고보와 요한이 고난과 순교의 잔을 마시게 될 것이라는 예수의 예언은 진정성이 있어 보인다. 만약 이것이 사후예언이었다면, 좀더 명시적인 내용(그리고 요한의 순교에 대한 신빙성 있는 전승이 없기 때문에 좀더 정확한 내용) 및 상급에 대한 약속이 본문에 나와야 한다. 게다가 초대 교회는 누가 예수의 옆자리에 앉을 것인가라는 문제에는 전혀 관심이 없었고(계 3:20은 취지가 다르다), 예수의 죽음과 동일시하는 것(롬 6장에서처럼)은 전혀 별개의 문제였다. 터너(Turner, 51)가 옳게 지적한 대로, 잔에 대한 언급은 성찬의 잔과는 전혀 상관이 없다(Johnson, 179). 그러나 유엘(Juel,

146-47)은 잔을 성찬의 잔과 결부시키고자 하는 "유혹"이 있었을 것이라고 본다(Lührmann, 180; Hurtado, 177: "마가는 독자들이 그들 자신의 기독교 의식[儀式]과 결부시킬 것임을 알고 있었음에 틀림없다"). 마가는 이를 알았을지 모르지만, 그것은 오직 부활 사건 이후에 생겨난 관념일 뿐이다.

마가복음을 읽는 눈치 빠른 독자들은 야고보와 요한이 예수의 "우편"과 "좌편"이라는 특별한 자리를 요구했지만 예수께서 십자가에 못 박히실 때 예수와 함께한 것은 제자들이 아니라 두 강도(*ἕνα ἐκ δεξιῶν καὶ ἕνα ἐξ εὐωνύμων αὐτοῦ* – 헤나 에크 덱시온 카이 헤나 엑스 유오뉘몬 아우투, "하나는 그의 우편에 하나는 좌편에"; 막 15:27)였다는 아이러니(irony)를 간과하지 않을 것이다(Moule, 83-84; van Iersel, 335를 보라). 독자들은 두 제자가 야고보와 요한에게 화를 냈던 다른 제자들과 마찬가지로 자기들이 준비가 되어 있다고 했던 잔과 세례를 원치 않았다는 것을 알게 될 것이다.

"내 좌우편에 앉는 것은 나의 줄 것이 아니라 누구를 위하여 예비되었든지 그들이 얻을 것이니라"(*τὸ δὲ καθίσαι ἐκ δεξιῶν μου ἢ ἐξ εὐωνύμων οὐκ ἔστιν ἐμὸν δοῦναι, ἀλλ' οἷς ἡτοίμασται* – 토 데 카디사이 에크 덱시온 무 에 엑스 유오뉘몬 우크 에스틴 에몬 두나이 알 호이스 헤토이마스타이). 이것은 예수 자신의 주목할 만한 자인(自認)의 말씀이다. 예수 전승 속에 이와 같이 예수의 능력을 제한하는 듯한 말씀이 살아 남아 있다는 것도 마찬가지로 주목할 만하다. 마태복음 19:28=누가복음 22:28-30에서 예수는 제자들에게 자기와 함께 열두 보좌에 앉아서 이스라엘의 열두 지파를 심판할 것이라고 약속하신다. 동일한 경우에 발생한 것이든 아니든, 이 논의는 분명히 지금 우리가 다루고 있는 주제의 일부다. 예수는 제자들에게 자기와 함께 다스리게 될 것이라고 확언하실 수는 있었지만(참조. 딤후 2:12), 구체적으로 어떠한 자리에 앉게 될지에 대해서는 말씀하실 수 없었다.

41 "열 제자가 듣고 야고보와 요한에 대하여 분개하기 시작하였다"(*ἀκούσαντες οἱ δέκα ἤρξαντο ἀγανακτεῖν περὶ Ἰακώβου καὶ Ἰωάννου* – 아쿠산테스 호이 데카 에륵산토 아가나크테인 페리 이아코부 카이 이오안누). 야고보와 요한은 예수의 사촌들이었다는 주장이 제기되어 왔다(최근에 제시된 증거에 대해서는 J. W. Wenham, *Easter Enigma*[Grand Rapids, MI: Zondervan, 1984] 34-35를 보라). 그들이 정말 사촌들이라면, 이 두 제자가 왜 그러한 요구를 해도 된다고 생각했는지 이해된다. 그들은 일가친척으로서 어느 정도의 특권을 보장받을 자격이 있다고 생각한 것이 아닐까? 열 제자가 분개한 것은 그러한 요구가 전제하고 있는 편애(족벌주의가 아

니라) 때문이었다. 유세비우스(Eusebius)가 "베드로와 야고보와 요한은 전에 구주에 의해 존귀를 받았었기 때문에 구주의 승천 후에 영광을 서로 다투지 않고 의인 야고보를 예루살렘 교회의 감독으로 택하였다"는 클레멘트의 *Hypotyposes* 제6권에 나오는 말을 인용하고 있는 것은 흥미롭다(Eusebius, *Hist. eccl.* 2.1.3). 여기서 흥미로운 것은 결국 예수의 가족, 즉 예수의 동생이 교회의 최고직에 임명되었다는 사실이다.

42 "그들을 불러다가"(*προσκαλεσάμενος αὐτοὺς* – 프로스칼레사메노스 아우투스) 예수는 제자들을 가르치신다. "이방인의 소위 집권자들이 저희 위에 군림하고, 그 대인들이 저희에게 권세를 부리는 줄을 너희가 안다"(*οἴδατε ὅτι οἱ δοκοῦντες ἄρχειν τῶν ἐθνῶν κατακυριεύουσιν αὐτῶν καὶ οἱ μεγάλοι αὐτῶν κατεξουσιάζουσιν αὐτῶν* – 오이다테 호티 호이 도쿤테스 아르케인 톤 에드논 카타퀴리유우신 아우톤 카이 호이 메갈로이 아우톤 카텍수시아주신 아우톤). 예수는 제자들에게 당시 리더십의 관행을 상기시키신다. 요컨대 그것은 독재(tyranny)였다(요세푸스가 헬라의 통치자들과 권력을 잡고자 했던 여러 유대인 반역자들을 묘사하면서 "독재자"[*τύραννος* – 튀란노스]와 "독재자로 행하다"[*τυραννεῖν* – 튀란네인]라는 말들을 매우 자주 사용했다는 것을 참조하라). 헬라-로마 세계에서 "대인들"(*οἱ μεγάλοι* – 호이 메갈로이)은 다른 사람들을 다스리는 자들, 다른 사람들 위에 "군림하는"(*κατακυριεύουσιν* – 카타퀴리유우신) 자들이다. 이러한 대인들은 칭송을 받았다(참조. 아우구스투스에 대한 버질의 아첨하는 말들[*Georg.* 1.24-42, 503-4; 4.559-62; *Aen.* 6.791-93]). 달리 말하면, 예수 시대에 크다는 것은 권력 즉 강제력이 있느냐의 여부로 판단되었다. 더 많은 권력을 가질수록 그는 "더 큰 자"였다. 제자들은 여러 가지 듣고 본 일들을 통해서 이러한 것들을 알고 있었다. 당시에 이스라엘이 외세의 지배 아래 있었다는 것을 감안하면, 예수의 교훈은 제자들에게 특히 의미심장한 것이었다.

43 그러나 예수는 세상의 리더십 행태를 무조건적으로 거부하신다. "너희 중에는 그렇게 되어서는 안 된다"(*οὐχ οὕτως δέ ἐστιν ἐν ὑμῖν* – 우크 후토스 데 에스틴 엔 휘민). 예수께서 제자들에게 명하신 것은 관습적인 지혜와 현격하게 다르다. "너희 중에 누구든지 크고자 하는 자는 너희를 섬기는 자가 되어야 하리라"(*ὃς ἂν θέλῃ μέγας γενέσθαι ἐν ὑμῖν ἔσται ὑμῶν διάκονος* – 호스 안 델레 메가스 게네스다이 엔 휘민 에스타이 휘몬 디아코노스). "섬기는 자"(*διάκονος* – 디아코노스)는 "종"(*δοῦλος* – 둘로스)만큼 비천하지는 않지만, 종속적인 지위, 세상의 "큰 자들"이 바라지 않는 지위를 의미한다는 것은 분명하다. "섬기는 자"(*διάκονος* – 디아코노스)

는 다른 형태의 천한 일들을 하는 사람을 가리키는 때도 많지만 흔히 식탁에서 시중드는 사람을 의미한다. 헬라어로 디아코니아(*διακονία*, "섬김")는 행복의 반대였는데, 플라톤은 "남을 섬기는(*διακονεῖν*–디아코네인) 사람이 어찌 행복할 수 있겠느냐?"(Gorg. 491e)고 말한다. 그러나 유대 세계에서는 섬김을 더 높이 평가했다(예를 들어, 출 18:12에 대한 *Mek.* [ʿAmālēq §3]; *b. Qidd.* 32b). 하지만 예수는 자기 자신과 이스라엘의 종교적 유산을 대비시키고 있는 것이 아니라 자기의 리더십 스타일과 로마 세계(로마의 영향을 받고 있던 당시의 이스라엘을 포함해서; 헤롯 왕조)의 행태를 대비시키고 계신다.

44 "너희 중에 누구든지 으뜸이 되고자 하는 자는 모든 사람의 종이 되어야 하리라"(*ὃς ἂν θέλῃ ἐν ὑμῖν εἶναι πρῶτος ἔσται πάντων δοῦλος*–호스 안 델레 엔 휘민 에이나이 프로토스 에스타이 판톤 둘로스). 이행연구(二行聯句)의 이 두 번째 행에서 예수는 이미지를 한층 강화시키신다: 크고자 하는 자는 기꺼이 섬겨야 한다. 으뜸이 되고자 하는 자는 기꺼이 모든 사람의 종이 되어야 한다. 이제 예수는 좀더 강력한 단어인 "종"(*δοῦλος*–둘로스)이라는 표현을 사용한다(MM, 170를 보라). 하지만 섬김(디아코네인[*διακονεῖν*, "섬기다"]이든 둘류에인[*δουλεύειν*, "[종으로서] 섬기다"]이든)은 구약 및 초기 유대교에서는 헬라-로마 세계에서처럼 부정적인 것으로 여겨지지 않았다는 것을 다시 한 번 강조해 둘 필요가 있다(이 점에 대해서는 H. W. Beyer, *TDNT* 2:83을 보라).

45 "인자가 온 것은 섬김을 받으려 함이 아니라 도리어 섬기려 하고 자기 목숨을 많은 사람의 대속물로 주려 함이니라"(*καὶ γὰρ ὁ υἱὸς τοῦ ἀνθρώπου οὐκ ἦλθεν διακονηθῆναι ἀλλὰ διακονῆσαι καὶ δοῦναι τὴν ψυχὴν αὐτοῦ λύτρον ἀντὶ πολλῶν* –카이 가르 호 휘오스 투 안드로푸 우크 엘덴 디아코네데나이 알라 디아코네사이 카이 두나이 텐 프쉬켄 아우투 뤼트론 안티 폴론). 본문은 마가복음에서 현재 가장 논란이 많고 가장 주목을 받는 말씀이다. 대부분의 주석가들은 이 말씀에 대해 그 진정성 여부를 떠나서 원래 독립적이었던 것으로 여겨 왔다. 물론 많은 학자들은 특히 누가복음 22:24-27과 비교해 볼 때(45b절과 관련하여 Klostermann, 108-9) 바울 진영에서 나온(Branscomb, 190-91; Nineham, 280-81) 후대 기독교의 창작으로 본다. 스트레커(Strecker, *Int* 22[1968] 432 n.30)는 이 말씀이 "헬레니즘적 유대 기독교"에서 유래한 "독립적인 말씀(logion)"이라고 생각한다. 마찬가지로 불트만은 이 말씀이 "헬레니즘적 기독교의 구속(救贖) 이론들로부터" 유래한 것으로서(*History*, 144), "후대"의 이차적인 창작이라고 말한다(*History*, 155). 로제(Lohse, *Märtyrer*

und Gottesknecht, 117-22)도 이 말씀이 진정성이 없으며 초기 유대 공동체에서 나온 것으로 믿는다. 이 말씀이 진정성이 없다고 보는 학자들로는 페쉬(Pesch, 2:162-64), 윌리엄스(S. K. Williams, *Jesus' Death as Saving Event: The Background and Origin of a Concept*, HDR 2[Missoula, MT: Scholars Press, 1975] 211-12), 롤로프(Roloff, *NTS* 19[1972-73] 38-64) 등이 있다. 이 말씀의 진정성을 강력하게 옹호하는 학자들은 예레미아스(J. Jeremias, *TDNT* 5:706, 708, 710, 712-13, 715), 보다 최근에는 슈툴마허(Stuhlmacher, "Vicariously Giving His Life," 16-29)와 그의 제자 그림(Grimm, *Weil ich dich liebe*, 231-77)이다. 그 밖에 이 말씀을 진정성이 있는 것으로 보는 학자들은 라그랑쥐(Lagrange, 281-83), 롤린슨(Rawlinson, 146-48), 테일러(Taylor, 445-46; *NTS* 1[1954-55] 159-67), 쉬르만(Schürmann, *Jesu Abschiedsrede*, 85-86), 바레트(Barrett, "Background"), 콜프(C. Colpe, *TDNT* 8:448, 455), 크랜필드(Cranfield, 343-44), 슈미트(Schmid, 200-201), 프랜스(France, *Jesus and the Old Testament*, 116-21), 레이더메이커스(Radermakers, 270-71), 파취(Patsch, *Abendmahl*, 170-80, 205-11), 건드리(Gundry, 587-90) 등이다.

45절을 둘러싸고 벌어지는 격렬한 논쟁의 대상은 세 가지다. (1) 이 말씀의 통일성 및 35-44절과의 관계, (2) 이 말씀과 제2이사야, 특히 이사야 52:13-53:12의 고난받는 종의 노래와의 관계, (3) 이 말씀의 진정성. 논란이 되고 있는 이 세 가지 요소는 모두 여러 가지 방식으로 서로 연결되어 있다. 이 주석서에서 취하는 입장은 이 말씀은 원래 하나의 통일적인 단위로서 35-45절을 이루는 단락 전체의 일부였다는 것, 제2이사야에 나오는 주제들이 이 말씀의 배후에 있다는 것, 이 말씀은 예수로부터 나왔다는 것이다. 이하의 자세한 논의를 통해서 이러한 입장에 대한 근거가 제시될 것이다.

첫째, 이 말씀을 하나의 통일적인 단위로 보고 35-45절에 나오는 예수와 제자들 간의 대화 전체의 일부로 여길 만한 타당한 근거들이 있다. 45절이 35/41-44절과 긴장관계를 이룬다는 벨하우젠(Wellhausen, 84-85)과 나인햄(Nineham, 281)의 주장은 지나치다. 예수는 제자들에게 하나님 나라에서 큰 자가 되고자 한다면(37절에 함축되어 있듯이) "섬기는 자," 심지어 "종"이 되어야 한다고 명하신다(43-44절). 예수의 영광에 참여하기 위해서는 제자들은 고난의 때(즉, 예수께서 마시는 잔을 마시고, 그의 세례로 세례를 받는 것), 나아가 순교의 때(38-39절의 가르침대로)를 견딜 각오를 해야 한다. 45절의 대속물 말씀은 고난에 관한 이 가르침과 잘 연결된다. 섬김(διακονῆσαι – 디아코네사이)에 대한 언급은 이 말씀을 같은 어원에서 나온 단어

(διάκονος – 디아코노스, "섬기는 자")가 등장하는 43절 및 동의어(δοῦλος – 둘로스, "종")가 등장하는 44절과 연결시킨다. 섬기는 자 또는 종의 예를 든 것은 이사야 52:13-53:12의 고난받는 종에 대한 인유(引喩)라는 여운을 풍긴다. 다른 사람들을 위하여 기꺼이 자기 목숨을 주고자 한다는 내용은 현재의 문맥에 잘 맞지 않거나 "조화가 되지 않는" 새로운 주제를 도입하는 것이 아니라 현재의 논의를 적절하고 논리적인 결론에 이르게 한다(Casey, *Aramaic Sources*, 216는 45절이 "효과적으로… 단락 전체를 묶고 있다"고 바르게 지적한다). 하나님 나라에서 큰 자가 되기 위해서는 기꺼이 고난받을 각오(37-38절), 섬길 각오(43-44절)가 되어 있어야 하는데, 기꺼이 고난받고 섬길 각오가 되어 있는 자의 최고의 모범은 "섬김을 받으려 함이 아니라 도리어 섬기려 하고 자기 목숨을 많은 사람의 대속물로 주려고" 온 "인자"이다(45절).

둘째, 대속물 말씀을 제2이사야, 특히 고난받는 종의 노래에서 가져온 주제들과 이미지들에 비추어서 이해해야 할 타당한 근거들이 있다. 한때 이것은 학자들 사이에서 당연한 것으로 여겨졌으나(예를 들어, Engnell, *BJRL* 31[1948] 54는 고난받는 종이라는 주제가 예수의 자기 이해에 있어서 "확고부동한 역할"을 했다고 말한다; 또한 Jeremias, "Lösegeld"를 참조하라), 바레트(Barrett, "Background of Mark 10:45," 1-18)와 후커(Hooker, *Jesus and the Servant*)의 글이 나온 후에 많은 학자들이 이러한 영향을 재고해 왔다. 그러나 최근에는 추가 이전의 견해 쪽으로 되돌아가고 있는 조짐들이 나타나고 있다(참조. Moulder, *NTS* 24[1977-78] 120-27; France, *Jesus and the Old Testament*, 116-21; Hengel, *Atonement*, 49-65; Pesch, 2:163-64; Stuhlmacher, "Vicariously Giving His Life"; id., *Jesus of Nazareth*, 49-57; Davies and Allison, *Matthew* 3:95-100; Hagner, *Matthew* 2:582-83; Painter, 150). 대속물 말씀에서 고난받는 종의 노래 또는 그 밖의 다른 이사야서 구절을 반영하는 것으로 보이는 모든 요소들을 고찰해 보자.

디아코네사이(διακονῆσαι, "섬기다"): 이 단어는 이사야 52:13; 53:11(두 경우 다 아브디[עַבְדִּי, "내 종"])에 나오는 종을 인유(引喩)한 말이라고 흔히 주장되어 왔다. 디아코네인(διακονεῖν, "섬기다") 및 그 파생어들은 칠십인역에는 나오지 않는다. (왕상 18:36; 왕하 9:36; 10:10에서 엘리야는 여호와의 에베드[עבד, "종"]로 불리고, Josephus, *Ant.* 8.13.7 §354에서 엘리사는 엘리야의 디아코노스[διάκονος, "섬기는 자"]로 불린다.) 동의어 둘류에인(δουλεύειν, "[종으로] 섬기다")은 칠십인역 이사야 53:11(δουλεύοντα πολλοῖς – 둘류온타 폴로이스, "많은 사람을 섬기고";

참조. MT: [עַבְדִּי לָרַבִּים - 아브디 라랍빔, "내 종, 많은 사람을 위한")에 나오고, 그 파생어가 마가복음 10:44(*πάντων δοῦλος* - 판톤 둘로스, "모든 사람의 종")에 나온다. 후커(*Jesus and the Servant*, 74)는 이러한 어휘상의 중복은 "고난받는 종이라는 개념이 마가복음 10:45의 배후에 작용하고 있다는 주장을 밑받침한다"는 것을 인정한다. 그럼에도 불구하고 그녀는 계속해서 다른 사람들 위에 군림하는 대인들과 자기 목숨을 버리는 종의 대비는 이사야서의 종의 역할과 잘 들어맞지 않는다고 주장하면서 인유(引喩)의 가능성을 부인한다. 말하자면 이사야서의 종은 여호와의 종이지 다른 사람들의 종이 아니라는 것이다. 이에 대하여 프랜스(*Jesus and the Old Testament*, 118)는 44절에서 디아코노스(*διάκονος*, "섬기는 자")와 둘로스(*δοῦλος*, "종")는 병행으로 나오고, 45절의 디아코네인(*διακονεῖν*, "섬기다")과 칠십인역의 아바드(עבד, "섬기다")를 번역한 둘류에인(*δουλεύειν*, "[종으로] 섬기다")은 동의어라고 지적하는 것으로 대답을 대신한다. 그러므로 디아코네인(*διακονεῖν*)은 아바드(עבד)에 상응하는 아람어(사실상 아바드[עבד]의 번역어인 펠라흐[פלח, "섬기다"] 같은)를 번역한 것일 가능성이 크다. 데이비스와 앨리슨(*Matthew* 3:96)도 "디아코네사이(*διακονῆσαι*)는 '에베드'가 하는 바로 그런 일을 묘사하는 단어다"라고 하면서 이에 동의한다.

두나이 텐 프쉬켄 아우투(*δοῦναι τὴν ψυχὴν αὐτοῦ*, "자기 목숨을 주다")라는 표현도 이사야 53장에 나오는 것과 아주 유사하다: "여호와께서 그의 목숨을 속건제물로 드릴 때에"(אִם־תָּשִׂים אָשָׁם נַפְשׁוֹ - 임 타심 아샴 나프쇼; 사 53:10), "그는 자기 목숨을 쏟아 부어 죽음에 이르렀다"(הֶעֱרָה לַמָּוֶת נַפְשׁוֹ - 헤에라 람마웨트 나프쇼; 사 53:12), "그는 자기 목숨을 넘겨주어 죽음에 이르렀다"(מסר למותא נפשיה - 메사르 레모타 나프셰; *Tg. Isa.* 53:12). "주다"(*διδόναι* - 디도나이), "대속물"(*λύτρον* - 뤼트론), "목숨"(*ψυχή* - 프쉬케)이라는 표현은 철저히 성경적이다. 예를 들어, "만약 대속물들이 그에게 부과되면, 그는 자기 목숨 대신에 대속물들을 내놓을지니라"(*ἐαν δὲ λύτρα ἐπιβληθῇ αὐτῷ, δώσει λύτρα τῆς ψυχῆς αὐτοῦ* - 에안 데 뤼트라 에피블레테 아우토 도세이 뤼트라 테스 프쉬케스 아우투; LXX Exod 21:30), "네 보증인의 모든 은혜를 잊지 말라. 이는 그가 너를 위해 그의 목숨을 주었음이라"(*χάριτας ἐγγύου μὴ ἐπιλάθῃ· ἔδωκεν γὰρ τὴν ψυχὴν αὐτοῦ ὑπὲρ σοῦ* - 카리타스 엥귀우 메 에필라데 에도켄 가르 텐 프쉬켄 아우투 휘페르 수; Sir 29:15), "자, 내 자녀들아, 율법에 대하여 열심을 보이고, 우리 조상들의 언약을 위하여 너희 목숨들을 주라"(*νῦν τέκνα ζηλώσατε τῷ νόμῳ καὶ δότε τὰς ψυχὰς ὑμῶν ὑπὲρ διαθήκης πατέρων ἡμῶν*-뉜 테크나 젤로사테 토 노모 카이 도테 타스 프쉬카스 휘몬 휘페르 디아데케스 파테론 헤몬; 1 Macc 2:50).

뤼트론 안티(*λύτρον ἀντί*, "~를 위한 대속물")는 "속건제물"(אָשָׁם-아샴)과 비슷하지만, 뤼트론(*λύτρον*)은 칠십인역 이사야 53장에 나오지 않을 뿐더러 칠십인역에서 아샴(אָשָׁם)의 번역어로 사용되지도 않기 때문에, 바레트(Barrett)와 후커(Hooker)는 이 표현이 고난받는 종에 대한 인유(引喩)가 될 수 없다고 보고, 케이시(Casey, *Aramaic Sources*, 212)도 이에 동의한다. 그러나 마가복음 10:45은 이사야 52:13-53:12의 일부에 대한 번역이 아니라(이 점을 Davies and Allison, *Matthew* 3:96이 강조한다), 고난받는 종의 임무에 대한 요약이다. 예수께서 "인자"가 그의 목숨을 속건제물로 준다고 말씀하시지 않고 대속물로 줄 것이라고 말씀하셨다는 것은 사실이다. 그러나 무엇을 위한 대속물인가? 왜 대속물이 필요하게 된 것인가? 고난받는 종이 "많은 사람의 죄를 지며 범죄자들을 위하여 기도하였다"고 말하는 이사야 53:12의 마지막 부분이 이 질문에 답해 준다. 세례 요한의 뒤를 이은 예수의 선포는 사람들에게 회개를 요구했다. 이스라엘은 회개하지 않았고, 하나님의 사자들을 거부했다(세례 요한을 죽였고, 곧 예수도 죽일 것이다). 예수의 목숨은 이스라엘을 하나님의 징벌에서 해방시켜 줄 대속물이 될 것이다. 예수의 피는 사람들이 바라던 새로운 계약을 현실로 만들어 줄 것이다(막 14:24).

전치사 안티(*ἀντί*)는 "~를 대신하여"(또는 교환, 대가의 의미로 "~를 위하여")를 의미한다. 뤼트론(*λύτρον*)에 대해서는 MM, 382-83; Deissmann, *Light*, 327-28를 보라. 다이스만(327)은 "1세기에 헬라어 뤼트론(*λύτρον*, "대속물")이라는 단어를 들은 사람은 자연스럽게 노예를 면천(免賤)시키기 위한 속전(贖錢)을 떠올리게 된다"고 말한다. 슈툴마허(Stuhlmacher, *Jesus of Nazareth*, 33-35, 49-54)를 보라. 윌콕스(Wilcox, "On the Ransom-Saying," 178)는 "이 단어의 의미에서 가장 유력한 것은 죄인이나 볼모의 석방을 위해 지불하는 돈이라는 의미인 것 같다"고 말한다. 이러한 견해는 강한 자(즉, 사탄)보다 "더 강한" 분인 예수께서 악한 자가 포로로 잡고 있는 자들을 구출하실 수 있다는 마가의 묘사와 일치한다. 또한 이러한 뤼트론(*λύτρον*)의 의미는 현재의 문맥에도 부합한다. 다른 사람들 위에 군림해서 흔히 그들을 노예로 부리는 고대의 대인들과 달리 예수는 다른 사람들이 종살이에서 풀려날 수 있도록 하기 위해 그의 목숨을 기꺼이 주고자 하시기 때문이다.

폴론(*πολλῶν*, "많은 사람")은 "고난받는 종의 희생의 수혜자들을 묘사하고 있는"(France, *Jesus and the Old Testament*, 120) 이사야 53:11(LXX: *πολλοῖς*-폴로이

스, "많은 사람")과 12절(LXX: *πολλῶν*-폴론, "많은 사람의")에 나오는 라랍빔(לָרַבִּים, "많은 사람을 위한")에 대한 인유(引喩)일 것이다. 또한 예수께서 "많은 사람을 위하여 흘리는(*ἐκχυννόμενον ὑπὲρ πολλῶν*-에크퀸노메논 휘페르 폴론) 나의 피"라고 말씀하시는 마가복음 14:24에도 라랍빔(לָרַבִּים)이 인유(引喩)된 것일 수 있다. 이 어구는 "그는 자기 목숨을 쏟아 부어 죽음에 이르렀지만…많은 사람의 죄를 담당하였다"(הֶעֱרָה לַמָּוֶת נַפְשׁוֹ···וְהוּא חֵטְא־רַבִּים נָשָׂא-헤에라 람마웨트 나프쇼…웨후 헤트-랍빔 나사)고 말하는 이사야 53:12의 표현과 매우 흡사하다. 한 사람의 죽음이나 고난이 다른 사람들의 속죄 또는 유익을 제공하는 것으로 보는 사상을 담고 있는 기독교 이전의 유대교 본문들은 적어도 다섯 개는 있다. (1) 혹독한 박해에 직면해서도 신앙을 버리기를 거부했던 용감한 아들들을 즉시 떠올릴 수 있는데, 그들 중 한 아들은 안티오쿠스 에피파네스(Antiochus Epiphanes)에게 이렇게 말한다. "나는 내 형제들과 마찬가지로 하나님께서 곧 우리 민족에게 긍휼을 베푸사 환난과 역병을 통해서 너희로 여호와만이 하나님이심을 고백하게 하시고 우리 민족에게 임한 '전능자의 진노를 나로 말미암아 끝내시기를' 바라며 우리 조상들의 율법을 위해 몸과 목숨을 버리노라"(2 Macc 7:37-38). (2) 마카베오4서에서는 의로운 순교자들에 대하여 다음과 같이 말한다. "그들의 인내로 말미암아 그들은 독재자를 정복했고, 그들의 조국은 그들로 말미암아 깨끗케 되었다"(1:11), "주의 백성에게 긍휼을 베푸셔서, 우리에 대한 징벌이 그들을 위해 충분하게 하소서. 내 피로 말미암아 그들을 정케 하시고, 그들의 목숨 대신에 내 목숨을 취하소서"(6:28-29). (3) 하나님은 고난받는 의인인 욥에게 이렇게 응답했다. "하나님께서 욥의 목소리에 귀를 기울이사 그로 인하여 그들의 죄를 사하셨다"(11QtgJob 38.2-3[=욥 42:9: "여호와께서 욥의 기도를 받으셨더라"]). (4) 아사랴의 기도문(Prayer of Azariah)에는 이런 글이 나온다. "우리 시대에는 치리자도, 예언자도, 지도자도, 번제도, 희생제사도, 봉헌도, 분향도, 주 앞에 제사를 드려 긍휼을 얻을 장소도 없나이다. 하지만 숫양과 수소들로 드리는 번제인 양, 천천의 기름진 어린양들로 드리는 번제인 양, 우리의 통회하는 마음과 낮아진 심령을 받아 주셔서, 오늘날 그러한 것이 주 앞에서 우리의 희생제사가 되게 하옵소서…"(LXX 3:38-40=NRSV 3:15-17). (5) 아담과 이브의 생애(*Life of Adam and Eve*)에서 이브는 아담에게 자기를 죽여 달라고 요청하면서, "여호와께서 당신에게 진노하신 것은 바로 나 때문이니, 그렇게 하면 여호와 하나님께서 당신을 다시 낙원으로 데려가실 것"이라고 말한다(3:1). 이러한 본문들에 비추어 보건대, 인신(人身) 속죄 사상이 팔레스타인 유대교에서 나오지 않았다는 주장은 잘못된 것이다. (종종 거론되는 또 하나의 본문은 *T. Benj.* 3:8이다. "무죄한 자들이 불법한 자들을 위해 더럽혀지겠고, 죄 없는 자가 불경건한 자들을 위해 죽으리라": 그러나 이 대목 근처에서 기독교적으로 편집된 흔적들이 감지되기 때문에, 이 본문이 기독교 이전의 유대교 사상을 보여 준다고 할 수는 없다.)

최근에 그림(Grimm, *Weil ich dich liebe*, 231-77)과 슈툴마허(Stuhlmacher, "Vicariously Giving His Life," 22-26)는 대속물 말씀이 이사야 43:3-4을 반영한다고 주장했다. "대저 나는 여호와 네 하나님이요 이스라엘의 거룩한 자요 네 구원자임이라 내가 애굽을 너의 속량물(כָּפְרְךָ–코프레카)로, 구스와 스바를 너의 대신으로(תַּחְתֶּיךָ–타흐테카) 주었노라(נָתַתִּי–나탓티) 내가 너를 보배롭고 존귀하게 여기고 너를 사랑하였은즉 내가 사람을 주어 너를 바꾸며(וְאֶתֵּן אָדָם תַּחְתֶּיךָ–웨엣텐 아담 타흐테카) 백성들로 네 생명을 대신하리니(תַּחַת נַפְשֶׁךָ–타하트 나프셰카)." 이 대목과 대속물 말씀 간의 어휘 및 주제상의 유사성은 흥미롭다. 이사야의 코페르(כפר, "속량물")는 마가의 뤼트론(*λύτρον*, "대속물")과 등가이고(참조. Pesch, 2:164: "뤼트론[*λύτρον*]은…코페르[כֹּפֶר]에 근거를 둔다"), 웨 엣텐 아담(ואתן אדם, "내가 사람을 주어")은 마가의 호 휘오스 투 안드로푸…두나이(*ὁ υἱὸς τοῦ ἀνθρώπου… δοῦναι*, "인자…주려고")와 비슷하고, 네페쉬(נפש, "생명")는 마가의 텐 프쉬켄 아우투(*τὴν ψυχὴν αὐτοῦ*, "그의 목숨")에 대응한다. 그러나 이에 대해 건드리(Gundry, 592)는 유보적인 태도를 취하고, 데이비스와 앨리슨(Davies and Allison, *Matthew* 3:96)은 이 제안이 "매력적이긴 하지만 입증할 수는 없다"고 생각한다. 어휘의 집중 및 주제상의 유사성을 감안하면(비록 정확히 대응되는 것은 아니지만), 이사야 43:3-4이 예수의 말씀을 형성시킨 모태로 작용했을 가능성이 있다. 이사야 53장과 43장을 서로 배타적인 대안으로 볼 필요는 없다. 오히려 이 두 대목은 예수의 사명, 메시지, 자기 이해를 형성시킨 예언적 자료들로 보아야 할 것이다.

끝으로 다니엘 7장을 반영하는 두 가지 중요한 요소들이 있다.

(1) 호 휘오스 투 안드로푸(*ὁ υἱὸς τοῦ ἀνθρώπου*, "[그] 인자")는 다니엘 7:13의 바르 에나쉬(בַּר אֱנָשׁ, "인자")를 관사를 붙여서 특정하여 언급하고 있는 표현이다. 관사가 붙지 않은 이 아람어는 전문용어도 아니고 칭호도 아니다. 예수의 메시아적 자기 이해는 이 신비로운 천상의 존재에 의거해서 형성되었다. 그는 통치권과 권세를 부여받은 인물이다. ("인자"에 관한 좀더 자세한 논의는 "서론"과 8:31에 대한 "주석"을 보라.)

(2) 디아코네데나이(*διακονηθῆναι*, "섬김을 받다"). 다니엘 7:14("그에게 통치권

이 주어졌으니…모든 백성들이…그를 섬기리라[아람어: יִפְלְחוּן – 이플레훈; LXX: *λατρεύουσα* – 라트류우사; Theodotion: *δουλεύσουσιν* – 둘류수신)에서 추론할 수 있는 것과는 반대로, "인자가 온 것은 섬김을 받으려 함이 아니라 도리어 섬기려 하고 자기 목숨을 많은 사람의 대속물로 주려 함이다"(45절). 케이시(Casey, *Aramaic Sources*, 212-17)는 대속물 말씀의 구약적 배경은 이사야 53장이나 43장(물론 양식 및 주제상 어느 정도의 유사성은 인정하지만, "예수께서 그의 죽음에 관하여 묵상할 때 특히 사 53장에서 정보를 얻었을 가능성은 여전히 남는다")보다는 다니엘서 및 유대인 순교자들에 관한 이야기들(마카베오 문헌에 나오는)과 더 관련이 있다고 믿는다. 그러나 다니엘서에서 나온 요소들은 대속물 말씀의 근저에 있는 이사야서에서 나온 요소들과 모순되거나 서로 경쟁한다고 볼 필요는 없다. 성경의 이 두 전승은 서로를 보완하는 관계에 있고, 이사야 53장의 고난받는 종은 다니엘 7장의 "인자"의 사명과 운명을 좀더 자세하게 밝혀 준다. 사실 "인자"는 언젠가는 "섬김을 받을" 것이지만, 여호와의 고난받는 종처럼 먼저 섬기고, 심지어 고난받고 죽어야 한다.

예수 전승의 다른 곳에는 예수께서 다니엘서에 나오는 가르침을 뒤집으셨음을 보여 주는 증거가 있다. 예수의 감사 기도문(Prayer of Thanksgiving)은 특히 흥미로운 예이다. "천지의 주재이신 아버지여 이것을 지혜롭고 슬기 있는 자들에게는 숨기시고 어린아이들에게는 나타내심을 감사하나이다 옳소이다 이렇게 된 것이 아버지의 뜻이니이다"(마 11:25-26=눅 10:21). 그림(Grimm, *Jesu Einspruch gegen das Offenbarungssystem Daniels*[Mt 11,25-27; Lk 17,20-21], vol. 1 of Jesus und das Danielbuch, ANTJ 6.1[Frankfurt am Main: Lang, 1984])은 예수께서 다니엘 2:19-23에 나오는 다니엘의 비슷한 기도를 인유(引喩)한 것이라고 주장한다. "영원 무궁히 하나님의 이름을 찬송할 것은 지혜와 권능이 그에게 있음이로다…그는…지혜자에게 지혜를 주시고 지식자에게 총명을 주시는도다 그는 깊고 은밀한 일을 나타내시고"(20-22절). 이것은 예수의 해석이 역동적이며 경험 지향적임을 보여 준다. 예수는 성경을 통해서 지식을 얻었으나 거기에 매이지 않으셨다. 또한 이것은 두 구절로 하여금 서로를 해석하게 하는 유대교의 해석 원칙("게제라 샤와"[*gĕzērâ šāwâ*])을 반영하고 있기도 하다. 데이비스와 앨리슨(*Matthew* 3:97)은 마태복음 20:28(막 10:45의 병행문)을 주석하면서 "본문은 다니엘 7장을 반박하는 것이 아니라 다른 성경 구절과의 결합을 통해서 창조적으로 재해석하고 있다"고 바르게 설명한다. 나아가 그들은 다니엘 7장과 이사야 53장의 요소들이 에녹1서 37-71에 결합되어 있다는 점도 지적한다.

셋째, 테일러(Taylor, "The Origin of the Markan Passion-Sayings")는 바울서신, 마태복음, 누가복음-사도행전, 요한 저작들에서 고난받는 종이라는 개념이 약화되고 있다는 점을 근거로 대속물 말씀 및 그 밖의 다른 수난 말씀들(8:31; 9:31; 10:32-34)의 진정성을 설득력 있게 논증한다. 예수를 이해하는 데 적절했던 이 개념이 인기가 있었던 것은 훨씬 이전의 일이었다. 또한 "인자" 칭호의 인기도 예수 전승들의 발전 단계에서 매우 초기에 국한되어 있었던 것으로 보이기 때문에, "종"(servant)과 "인자"라는 두 개념은 사실 매우 초기의 것으로서 후대의 기독론 형성에 있어서는 단지 희미하게만 반영되었을 것이다. 이것은 기독교의 출현 및 팽창과 결부시켜 볼 때 완전하게 이해가 된다. "인자"라는 칭호는 헬라-로마 세계에서는 사라졌을 것이다. 왜냐하면 이 단어는 헬라어(*ὁ υἱὸς τοῦ ἀνθρώπου* – 호 휘오스 투 안드로푸)나 라틴어(*filius hominis* – 필리우스 호미니스)로는 원래의 의미를 상실하게 되었을 것이기 때문이다. 또한 "종"(파이스[*παῖς*], 디아코노스[*διάκονος*], 둘로스[*δοῦλος*] 어느 것이든)이라는 개념은 심각한 오해를 불러일으킬 가능성이 있었을 뿐만 아니라 심지어 웃음거리가 될 수도 있었을 것이다. 기독교 전도자가 유대 팔레스타인의 경계를 넘어서 상당히 헬레니즘화되고 로마화된 세계로 진출하게 되면서, 예수를 가리키는 칭호로 선호된 것들은 황제를 신으로 숭배하는 제국의 국교의 색채를 띤 칭호들인 "주"(*ὁ κύριος* – 호 퀴리오스), "하나님의 아들"(*ὁ υἱὸς τοῦ θεοῦ* – 호 휘오스 투 데우), "구원자"(*ὁ σωτήρ* – 호 소테르) 등이었다. 다니엘 7장("인자", 권세, 하나님 나라의 영접, 마귀 세력과의 싸움)과 제2이사야(사자, 하나님 나라의 선포, 복음의 선포, 치유, 종, 많은 사람을 위한 고난)의 언어와 이미지에 빚을 진 희미하고 드물게 이용된 전승 단편들은 예수의 가르침에서 유래한 것으로 볼 때 더 잘 설명된다. 초대 교회는 이러한 것들을 약화시키고 재형성하고 완전히 소멸시켰을 뿐이다.

이러한 주장을 밑받침하는 증거는 디모데전서 2:5-6에 나오는 병행문에서 찾아볼 수 있다. "하나님과 사람 사이에 중보도 한 분이시니 곧 사람이신 그리스도 예수라 그가 모든 사람을 위하여 자기를 속전으로 주셨으니"(*ἑις καὶ μεσίτης θεοῦ καὶ ἀνθρώπων, ἀνθρώπος Χριστὸς Ἰησοῦς, ὁ δοὺς ἑαυτὸν ἀντίλυτρον ὑπὲρ πάντων* – 헤이스 카이 메시테스 데우 카이 안드로폰 안드로포스 크리스토스 이에수스 호 두스 헤아우톤 안티뤼트론 휘페르 판톤). 예레미아스(Jeremias, "Lösegeld")는 이 구절을 예수의 대속물 말씀에 대한 후대의 헬라화된 판본이라고 주장했다(Stuhlmacher,

"Vicariously Giving His Life," 17-18도 이에 동의한다): 안드로포스(*ἀνθρώπος*, "사람")는 이상하게 들리는 셈어적인 호 휘오스 투 안드로푸(*ὁ υἱὸς τοῦ ἀνθρώπου*, "인자")를 대체했고, 호 두스 헤아우톤(*ὁ δοὺς ἑαυτὸν*, "자기를 주셨으니")은 두나이 텐 프쉬켄 아우투(*δοῦναι τὴν ψυχὴν αὐτοῦ*, "자기 목숨을 주려")를 대체했으며, 헬라화된 표현인 안티뤼트론(*ἀντίλυτρον*, "속전")은 뤼트론(*λύτρον*, "대속물")을 대체했고, 휘페르 판톤(*ὑπὲρ πάντων*, "모든 사람을 위하여")은 셈어적인 안티 폴론(*ἀντὶ πολλῶν*, "많은 사람을 위한")을 대체한 것이다. 디모데전서에 나오는 말씀 형태는 이런 류의 헬라화된 전승이 취하는 형태가 어떤 것이고, 마가복음 10:45에 나오는 좀더 오래되고 셈어적인 말씀 형태와 얼마나 두드러지게 대비되는가를 우리에게 분명하게 보여 주는 것으로서 마가복음 10:45이 바울의 정형구이거나 그 밖의 어떤 헬라화된 정형구일 것이라는 주장에 심각한 타격을 가한다.

끝으로 앨리슨이 보여 주듯이(*Jesus of Nazareth*) 대속물 말씀은 예수의 다른 말씀들, 특히 "내가 온 것은"으로 시작되는 말씀 다음에 하나의 반제(反題), 고난에 대한 언급, 성경 구절에 대한 인유(引喩)가 뒤따라 나오는 누가복음 12:51-53(마 10:34-35[Q])과 부합한다. 주제상으로 마가복음 14:24과 흡사한 마가복음 10:45의 대속물 말씀은 양식상으로는 Q에 나오는 이 말씀과 흡사하다. 이와 같은 유사성은 이 말씀의 진정성을 밑받침해 준다.

해설

야고보와 요한의 요구는 순진한 것이었지만, 예수는 빙산의 일각이라는 잠언을 떠올리셨을 것이다: 영광, 권력, 명예에 대한 극히 인간적인 욕구. 예수는 제자들을 꾸짖지 않고 도전을 주신다. 예수께서 무엇을 해주기를 원하는 너희들은 과연 그럴 준비가 되어 있느냐? 예수 바로 옆에 앉고자 하는 너희는 예수와 운명을 같이 할 각오가 되어 있느냐? 너희는 그럴 수 있다고 대답하지만(오늘날의 많은 그리스도인들이 단언하는 것과 마찬가지로), 정말 너희는 앞에 놓인 일들을 이해하고 있는 것이냐? 앞에서 여러 차례 예수는 그의 고난과 죽음에 대하여 말씀해 왔지만, 제자들이 그러한 실망스러운 가르침을 온전히 이해했다거나 받아들였다는 것을 보여 주는 지표는 거의 없었다.

예수는 제자들에게 존귀한 자리들은 자신이 임명하도록 되어 있지 않다고 가르치신다. 그러나 예수는 제자들이 앞으로 어떻게 해야 할지에 대해서는 말씀해 주실 수 있다. 제자들은 사람들을 지배하고자 하는 세상의 "대인들"처럼 행해서는 안 된다.

오히려 제자들은 섬김의 기회들을 찾아야 한다. 이 섬김의 최고의 고범은 "인자"로서 "섬김을 받으려"(단 7:14의 묘사처럼) 하는 것이 아니라 "섬기려 하고 자기 목숨을 많은 사람의 대속물로 주려" 하는 예수에게서 찾아볼 수 있다. 제자들이 이 모범을 따를 수 있다면, 그들에게는 존귀한 자리들이 주어질 것이다.

마가복음 10:45과 14:24이 예수의 속죄적 죽음이 마가복음 기자에게 얼마나 중요했는지를 부각시켜 준다는 헹엘(Hengel)의 주장은 옳다. 예수의 죽음에 대하여 겨우 두 번 언급하고 있는 것으로 보아 복음서 기자는 예수의 죽음에 대한 관심이 없었음을 보여 준다고 결론을 내리는 것은 그러한 언급들이 등장하는 맥락들을 살피지 못함으로써 오해한 것이다(Hengel, *Studies*, 37-38). 복음서 기자의 절제를 관심의 결여와 혼동해서는 안 된다. 예수를 "하나님의 아들"로 인정하는 대목이 몇 번 나오지 않는 것과 마찬가지로(1:1; 14:61-62; 15:39), 고난받는 "인자"로서의 예수의 역할을 드러내는 대목도 몇 번 나오지 않는다. 이러한 내용들은 상대적으로 드물게 나옴으로써 한층 더 날카롭게 부각된다.

VII. 예수께서 예루살렘과 맞서시다(10:46-13:37)

서론

갈릴리 사역 및 남쪽으로의 여정(旅程)은 이제 끝이 났다. 예수는 유대 땅, 반대와 수난의 성읍인 예루살렘 근방에 계신다. 이 단원의 처음 두 단락에서 예수는 "다윗의 아들"로 환영을 받고(10:46-52), "찬송하리로다 오는 우리 조상 다윗의 나라여"(11:1-11)라는 환호성 아래서 예루살렘에 입성하신다. 예수의 권세를 보여 주는 이러한 상서로운 말 징조들 위에서 예수는 다윗의 도성 예루살렘과 맞서신다. 성전에서의 행동(11:15-18), 열매 맺지 못하는 무화과나무에 대한 저주(11:12-14), 악한 농부에 관한 위협적인 비유(12:1-12), 종교 지도자들에 대한 비판(12:38-44), 성전 멸망에 대한 분명한 예언(13:1-2) 등에서 볼 수 있는 이러한 대결은 예수의 체포, 심문, 십자가 처형에서 절정에 달하게 될 위험스러운 정치적 반대를 불러일으킨다.

이 단원 전체에 걸쳐서 예수의 당당한 권세가 두드러지게 나타난다. 예수는 유대 백성들에게 매우 중요했던 몇몇 주제들에 대해서 결정적인 권위를 지닌 전문가로서 말씀하시는 것으로 묘사된다. 11:15-18에서 예수는 성경의 예언 구절들을 인용해서 성전 당국을 단죄하신다. 예수는 가이사에게 세금을 내는 것과 관련된 어려운 질문을 던져서 자신을 덫에 걸리게 하고자 한 자들을 쉽게 저지하신다(12:13-17). 예수는 사두개인들에게 부활 교리에 관하여 가르치신다(12:18-27). 예수는 한 서기관에게 무엇이 가장 큰 계명인지를 가르치시고, 하나님과 이웃에 대한 사랑이 성전 체제보다 더 중요하다는 것을 깨닫게 만드신다(12:28-34). 예수는 메시아를 "다윗의 자손"이라 하는 서기관들의 통속적인 가르침을 반박하신다(12:35-37). 예수는 서기관들과 그들의 탐욕을 공개적으로 비판하신다(12:38, 41-44). 예수는 성전과 예루살렘, 다가올 세대의 운명에 관하여 자신 있게 예언함으로써 제자들을 놀라게 하신다. 그러나 이러한 권세는 11:27-33에서 정면으로 도전을 받고, 이 도전은 예수를 십자가로 보내는 과정의 시작이 된다.

1. 맹인 바디매오(10:46-52)

참고문헌

Albright, W. F. "The Names 'Nazareth' and 'Nazorean.'" *JBL* 65(1946) 397-401. **Charlesworth, J. H.** "Solomon and Jesus: The Son of David in Ante-Markan Traditions(Mk 10:47)." In *Biblical and Humane.* FS J. F. Priest, ed. L. B. Elder et al. Homage 20. Atlanta: Scholars Press, 1996. 125-51. **Dalman, G. H.** *The Words of Jesus.* Edinburgh: T. & T. Clark, 1902. **Porter, S. E.** "'In the Vicinity of Jericho': Luke 18:35 in the Light of Its Synoptic Parallels." *BBR* 2(1992) 91-104. **Sanders, J. A.** "*Ναζωραῖος* in Matthew 2.23." In *The Gospels and the Scriptures of Israel.* Ed. C. A. Evans and W. R. Stegner. JSNTSup 104. Studies in Scripture in Early Judaism and Christianity 3. Sheffield: Sheffield Academic, 1994. 116-28.

본 문

46 저희가 여리고에 이르렀더니 예수께서 제자들
과 허다한 무리와 함께 여리고에서 나가실 때에
디매오의 아들인 소경 거지 바디매오가 길가에
앉았다가
47 나사렛 예수시란 말을 듣고 소리질러 가로되
다윗의 자손 예수여 나를 불쌍히 여기소서 하거
늘
48 많은 사람이 꾸짖어 잠잠하라 하되 그가 더욱
심히 소리질러 가로되 다윗의 자손이여 나를 불
쌍히 여기소서 하는지라
49 예수께서 머물러 서서 저를 부르라 하시니 저
희가 그 소경을 부르며 이르되 안심하고 일어나
라 너를 부르신다 하매
50 소경이 겉옷을 내어버리고 뛰어 일어나 예수
께 나아오거늘
51 예수께서 일러 가라사대 네게 무엇을 하여주
기를 원하느냐 소경이 가로되 선생님이여 보기를
원하나이다
52 예수께서 이르시되 가라 네 믿음이 너를 구원

46 And they enter Jericho. And as he was going
out from Jericho and his disciples and a consider-
able crowd, the son of Timaeus—Bartimaeus—a
blind beggar was seated by the road.[a]
47 And hearing that it is Jesus the Nazarene,[b] he
began to cry out and say, "[c]Son of David,[d] Jesus,
have pity on me!"
48 [e]And many were rebuking him so that he
should be quiet. But all the more he was crying out,
"[c]Son of David,[f] have pity on me!"
49 And standing still, Jesus said,[g] "Call him." And
they call the blind man, saying to him, "Be of good
cheer, arise, he calls you."
50 And throwing aside his cloak and getting to his
feet, he went to Jesus.
51 And answering him, Jesus said, "What do you
wish that I might do for you?" And the blind man
said to him, "my master,[h] that I might see again."
52 And Jesus said to him, "Go, your faith has

하였느니라 하시니 저가 곧 보게 되어 예수를 길에서 좇으니라

saved you." And immediately he regained his sight began following him[i] on the way.

원문주해

a. 필사자들과 해석자들은 46절의 첫머리에 나오는 단어들에 어려움을 느껴 왔다. B*사본은 카이 에르콘타이 에이스 이에리코(*καὶ ἔρχονται εἰς Ἰεριχώ*, "저희가 여리고에 이르렀다")를 생략한다. 일부 사본들은 에크포류오메누 아우투(*ἐκπορευομένου αὐτοῦ*, "그가 나가실 때에")라는 분사 소유격을 복수로 읽는다. A, C, D, W사본과 그 밖의 다른 권위 있는 사본들은 바르티마이오스 (D 바르티미아스) 호 튀플로스 에카데토 파라 텐 호돈 프로사이톤 (D 에파이톤)(*Βαρτιμαῖος* [D *Βαρτιμίας*] *ὁ τυφλὸς ἐκάθητο παρὰ τὴν ὁδόν προσαιτῶν* [D *ἐπαιτῶν*], "맹인 바돌로매가 길가에 앉았다가 구걸하였다")으로 읽음으로써 이 절의 후반부를 부드럽게 하고자 시도한다. 절 전체가 엉성하다. 46절을 눅 18:35과 비교해서 설명하려고 시도하는 연구에 대해서는 Porter, *BBR* 2[1992] 91-104를 보라.

b. 헬라어로 나자레노스(*Ναζαρηνός*). ℵ, A, C, *Σ*, *Φ*사본과 많은 후대의 권위 있는 사본들은 나조라이오스(*Ναζωραῖος*)로 읽는다. 후자의 독법은 마태복음(2:23; 26:71), 특히 누가복음(18:37)에서 가져온 것이다. 마가는 일관되게 나자레노스(*Ναζαρηνός*)를 사용한다(참조. 막 1:24; 10:47; 14:67; 16:6).

c. 후대의 한 사본은 퀴리에(*κύριε*, "주")를 첨가한다.

d. 대부분의 권위 있는 헬라어 사본들에서는 (B, D사본에서처럼) "다윗"을 다우에잇(*Δαυείδ*)으로 표기한다. 그러나 예를 들어 다비드(*Δαβίδ*)와 같이 다르게 표기하는 권위 있는 사본들도 있다. ℵ사본과 그 밖의 다른 사본들은 축약형인 다드(*Δαδ*)로 읽는다. 48절도 마찬가지다. 또한 11:10; 12:35을 보라.

e. W사본은 48절을 생략한다.

f. 일부 후대의 사본들은 이에수(*Ἰησοῦ*, "예수")를 첨가한다.

g. 후대의 한 사본은 호 이에수스 에켈류센(*ὁ Ἰησοῦς ἐκέλευσεν*, "예수께서 명하셨다")으로 읽는다(참조. 눅 18:40).

h. 헬라어로는 랍부니(*ῥαββουνί* 또는 *ῥαββουνεί* – 랍부네이)인데, 이는 아람어 랍부니(רבוני, 문자적으로 "나의 큰 자" 또는 "나의 주")의 음역이다. D사본은 퀴리에 랍비(*κύριε ῥαββί*, "주 랍비여")로 읽는다. 동일한 이독(異讀)이 일부 라틴어 사본들에서도 나타난다: 도미네 랍비(*domine rabbi*). 다른 후대의 헬라어 사본들은 퀴리에(*κύριε*, "주")로 읽는다. Westcott-Hort, *Introduction* 2:26을 보라.

i. 일부 후대의 사본들, 특히 *Σ*, *Φ*사본은 에콜루데이 토 이에수(*ἠκολούθει τῷ Ἰησου*, "예수를 좇기 시작하였다")로 읽는다.

양식/구조/배경

예수께서 허다한 무리를 데리고 여리고를 통과하실 때, 바디매오 또는 "디매오의 아들"이라 하는 한 맹인 거지가 자기를 불쌍히 여겨 달라고 소리를 질렀다. 무리들은 그를 잠잠케 하려고 했으나, 그는 계속해서 "다윗의 자손 예수여 나를 불쌍히 여기소서"라고 부르짖었다. 예수는 맹인에게 말할 기회를 주셨고, 그가 시력이 회복되기를 바란다는 것을 아셨다. 예수는 그를 고쳐 주셨고, 그는 예수를 길에서 좇았다. 이 이야기는 마태복음(20:29-34)과 누가복음(18:35-43)에서 좀더 세련되고 간결한 형태로 되풀이된다. 예수를 "다윗의 아들"이라고 하며 환호한 맹인을 고친 이야기는 무리들이 "오는 우리 조상 다윗의 나라여"라고 외치게 될 예루살렘 입성 기사(11:1-11)의 복선(伏線)이다. 이 이야기는 마가복음에 기록된 마지막 치유 기사이기도 하다.

몇몇 주석가들은 장면의 생생한 묘사로 보아 이 기사는 목격자의 증언일 것이라고 주장했다(예를 들어, Swete, 242; Branscomb, 192; Rawlinson, 148; Turner, 52; Taylor, 446-47). 그러나 이전의 양식비평학자들은 여리고의 맹인 이야기는 장소 및 맹인의 이름 같은 세부적인 내용들이 포함되어 있는 것으로 보아서 이차적인 창작이라고 주장했다. 그러나 "바디매오"라는 이름은 전승에 의한 것일 가능성이 크다(이에 반대하는 학자들로는 Bultmann, *History*, 213; Dibelius, *From Tradition*, 51-52, "원래…이름 없는 거지"). 왜냐하면 이름을 제시하는 것은 마가복음 기자의 습관이 아니기 때문이다. 이러한 점 및 이름이 마태 및 누가의 기사들에는 생략되어 있다는 점에 주목하여, 불트만은 근거도 없이 복음서가 나온 후에 이 이름이 마가복음에 첨가된 것이라고 주장한다. 게다가 46절에 여리고가 두 번이나 언급된다는 사실은 이 기사의 진정성까지는 아니라 할지라도 이 기사가 오래된 것임을 보여 준다. (그룬트만[Grundmann, 296]은 하나는 전승에 의한 것이고, 다른 하나는 마가의 것이라고 생각한다.) 끝으로 예수를 "나사렛 사람"으로 지칭한 것(이렇게 함으로써 근처에 예수라는 이름을 가진 많은 사람들과 구별된다)도 이 기사가 후대의 기독교 전승이 아니라 진정성을 지닌다는 것을 보여 준다. 여리고의 맹인을 치유한 이야기는 예수의 삶의 자리(*Sitz im Leben Jesu*)에서 생겨났다고 보아야 한다.

마태복음(1:1-17)과 누가복음(3:23-38)에 나오는 예수의 족보에 의하면, 예수는 다윗 왕의 자손이다. 일부 학자들은 이 족보 전승은 초대 교회가 예수를 메시아로 선포한 데 영향을 받아서 후대에 생겨난 것이라고 주장한다. 예수를 이스라엘의 메시아로 선포하기 위해서는 다윗의 자손으로 만들 필요가 있었다는 것이다. 게다가 예수 시대에는 다윗의 족보 기록이 전혀 존재하지 않았다는 주장까지 나왔다. 그러나 이러한 주장은 의심스럽다. 유세비우스(Eusebius)는 베스파시아누스(*Hist. eccl.* 3.12), 도미티아누스(3.19-20), 트라야누스(3.32.5-6) 황제가 다윗 가문을 박해했기 때문에 왕족이라고 주장하며 로마의 권위에 도전하는 자가 일어나는 경우는 없었다고 기록한다. 얼마 전에 다음과 같은 명각(銘刻)이 새겨진 주전 1세기의 납골단지가 예루살렘에서 발견되었다: “다윗 가문의 것”(של בי דוד – 셸 베 다윗; 아람어 베[בי]는 히브리어로 베트[בית]이다; Flusser, *Jesus*, 180-86). 초기 랍비 문헌에 의하면, “다윗 가문”이 담무스 월 20일에 성전의 제사장들에게 땔감을 헌물했다고 한다(참조. *m. Ta'an.* 4:5; t. *Ta'an.* 3.5). 후대의 랍비 전승들에서도 힐렐 자신을 포함해서(*y. Ta'an.* 4.2) 여러 랍비들(*b. Sabb.* 56a)이 다윗의 자손이라고 주장한다. 플루서(Flusser)는 랍비 시므온 벤 가말리엘(Simeon ben Gamaliel: 힐렐의 손자 또는 증손자)이 “매우 고명한 가문”(*Life* 191) 출신이었다는 요세푸스의 말은 이러한 족보에 대한 지식을 보여 준다고 생각한다. 유대인들의 독립에 대한 열망과 다윗 왕조에 대한 플라비아누스 왕조의 적대감을 고려하면(유세비우스에 기록되어 있는 것처럼), 우리는 요세푸스가 좀더 구체적으로 기록하기를 꺼려하는 까닭을 이해할 수 있다. 사실 자기가 결혼해서 아버지가 될 수 있게 해줄 한 유대 왕이 출현하기를 고대했던 환관 바고아스(Bagoas)와 관련된 흥미로운 이야기는 다윗 가문이 페로라스(Pheroras)의 아내를 통하여 백성들이 기다리던 메시아를 낳을 것이라는 소망을 반영하고 있다(Josephus, *Ant.* 17.2.4 §§41-45). 이와 같은 메시아 출생에 대한 소망은 이스라엘의 회복에 관한 예언의 일부이자 예수께서 성전 경내에서 시위할 때 간접적으로 인용하셨던 구절인 이사야 56:3을 반영한 것이다(참조. 11:17, 여기에 사 56:7이 인용되어 있다).

예수 시대에 다윗 가문의 족보가 알려져 있었다는 증거는 설득력이 있다. 초대 교회는 예수께서 다윗의 자손이라는 것을 받아들였으나 이를 별로 중요시하지는 않았다(롬 1:3-4에 나오는 바울의 언급을 참조하라). 사실 예수는 친히 메시아를 “다윗의 아들”이라는 칭호의 견지에서 이해하는 것의 적절성에 도전한다(막 12:35-37). 요컨대 신약의 기독론은 예수께서 다윗의 자손이라는 사실이 아니라 그보다 더 중요한 다른 전승들의 토대 위에 세워져 있다.

초기 자료들에는 예수께서 자손의 자손이라는 것에 도전한 사람이 있었다는 증거가 없다. 후대에 랍비들의 변증(辨證)에서 예수는 한 로마 군병을 아버지로 두었다고 말하지만, 이것은 예수의 기적적 잉태에 관한 기독교의 주장에 맞선 비방에 불과하다. 바디매오가 예수를 "다윗의 아들"로 부르고, 나중에 무리들이 "찬송하리로다 오는 우리 조상 다윗의 나라여"(11:10)라고 환호한 것은 당시 사람들이 예수를 다윗 가문의 일원으로 알고 있었음을 보여 주는 중요한 초기 증거가 된다. 다윗 가문의 족보 기록이 얼마나 잘 보존되었으며, 마태와 누가에 나오는 족보들이 얼마나 정확한가라는 문제는 또 다른 문제로서 여기서 다룰 필요는 없을 것이다.

주석

남쪽으로의 여정 중에 마침내 예수와 그를 좇는 무리는 예루살렘에서 북동쪽으로 15마일 떨어진 여리고에 이른다. 이 여정의 그 다음으로 주요한 목적지는 바로 언덕길을 힘들게 올라가야 다다를 수 있는 예루살렘이다. 예수께서 여리고를 떠나실 때는 거의 언제나처럼 많은 무리가 그를 따랐다. 이들 가운데는 맹인 거지인 바디매오도 끼어 있었다. "다윗의 자손 예수여 나를 불쌍히 여기소서"(47절)라는 그의 외침에는 분명한 메시아적 의미가 내포되어 있다(존경의 칭호를 앞에 둔 것에 유의하라; 또한 한 넋이 나간 아버지가 솔로몬에게 "다윗의 아들 솔로몬 왕이시여, 나를 불쌍히 여기소서"라고 외치는 *T. Sol.* 20:1-2를 보라). 무리들은 그 맹인을 조용히 시키려고 하지만(그러한 칭호의 정치적 위험성 때문일 수도 있지만, 그것보다는 이 맹인을 성가신 존재로 보았기 때문이리라), 그는 점점 더 결사적으로 계속해서 "다윗의 자손이여 나를 불쌍히 여기소서"(48절)라고 부르짖는다. 직전 단락(10:40-45)의 가르침을 반영하듯이, 예수는 곤경에 처한 자를 기꺼이 섬길 마음이 되어 있음을 보이신다. 뚜렷한 대비가 드러난다. 다윗의 아들(따라서 이스라엘의 "으뜸" 시민)인 예수는 디매오의 아들이라 하는 정말 하찮은 거지(이스라엘의 "꼴찌" 시민 중의 하나의 서글픈 예)를 돕기 위해 가던 길을 멈추신다. 예수의 질문에는 섬김의 정신이 분명하게 드러난다. "네게 무엇을 하여 주기를 원하느냐?" 즉, 자선을 원하느냐, 아니면 다른 무엇을 원하느냐는 말이다. 맹인은 보기를 원한다고 말하고, 예수는 이를 허락하신다. "가라 네 믿음이 너를 구원하였느니라"(52절).

46 "여리고"(*Ἰεριχώ*—이에리코). 주전 8천 년경에 세워진 여리고(NT와 LXX: *Ἰεριχώ*—이에리코 ; MT: יְרִיחוֹ—웨리호)는 이제까지 알려진 바로는 지구상에서 가장 오랫동안 사람들이 지속적으로 거주해 온 성읍이다. 여리고는 요단강 서쪽으로 5마일, 예루살렘에서 북동쪽으로 15마일 되는 지점에 자리잡고 있다. 예수 시대에 여호수아가 정복했던 옛 터는 반 세기 전에 캐슬린 케년(Kathleen Kenyon)이 발

굴했던 유적지와 별반 다르지 않았을 것이다. 근처에는(와디 켈트 어구에) 헤롯 대왕이 경기장, 왕궁 등을 비롯한 여러 공공건물로 확장했던 신시가지가 있는데, 그 유적들은 오늘날에도 분명하게 볼 수 있다. 헤롯은 나중에 여리고에서 죽었다. 한 세기 전에 마카베오 가문의 제사장이자 왕이었던 알렉산더 얀네우스(Alexander Jannaeus)의 왕궁이 여리고에 있었다. 여리고에 대하여 좀더 자세한 것은 T. A. Holland and E. Netzer, *ABD* 3:723-40, 특히 737-39에 나오는 로마 및 헤롯 시대의 여리고를 보라.

"예수께서 여리고를 나가실 때에"(*ἐκπορευομένου αὐτοῦ ἀπὸ Ἰεριχὼ* – 에크포류오메누 아우투 아포 이에리코). 누가복음 18:35은 예수께서 "여리고(원서에는 '예루살렘'으로 되어 있음 – 역자주)에 가까이 오실 때에"라고 말함으로써 마가의 판본을 수정하고 단순화시킨다. 달리 말하면, 예수는 여리고를 떠나는 길이 아니라 여리고로 들어오는 길에 맹인을 만나셨다는 말이다. 누가복음 기자는 여리고 "안에서" 일어난 예수와 삭개오의 대화를 기록한 19:1-10에 맞추기 위해서 이렇게 수정한 것이다(Fitzmyer, *Luke* 2:1213; 하지만 S. E. Porter, *BBR* 2[1992] 91-104를 보라).

"허다한 무리"(*ὄχλου ἱκανου* – 오클루 히카누). 복음서 기자는 예수를 따르는 무리의 규모를 다시 한 번 강조한다. 요지는 예수께서 어디로 가든지 그의 권능과 카리스마적인 인품은 수많은 사람들을 자기 주위로 끌어들였다는 것이다.

"디매오의 아들 바디매오"(*ὁ υἱὸς Τιμαίου Βαρτιμαῖος* – 호 휘오스 티마이우 바르티마이오스). 마가는 통상적으로 아람어 단어나 어구를 먼저 제시한 다음에 헬라어 번역어를 두 번째로 제시한다(참조. 3:17; 7:11, 34). 그런데 여기서는 순서가 뒤바뀌었다. 복음서 기자는 그가 "맹인 거지"(*τυφλὸς προσαίτης* – 튀플로스 프로사이테스)라고 말한다. 명사형인 프로사이테스(*προσαίτης*, "거지")는 칠십인역에는 나오지 않지만, 동사형은 오직 한 번 매우 냉소적인 말에서 나온다. "그들의 자녀가 많다면 도륙을 위해 존재하는 것이요, 그들이 성장한다면 구걸하게 되리라(*προσαιτήσουσιν* – 프로사이테수신)"(LXX Job 27:14). 복음서들에 나오는 또 다른 거지는 요한복음 9:8에 등장하는 자인데, 그는 나면서부터 맹인이었고 앉아서 구걸하는 자로 묘사된다. 요한복음 기사는 마가복음 기사에 의해 영향을 받았을 가능성이 있다(그러나 Bultmann, *History*, 227는 요한복음 기사가 막 8:23을 가져온 것이라고 생각한다). 바디매오(*Βαρτιμαῖος* – 바르티마이오스)라는 이름은 아람어로서 바르 팀아이(בר טמאי – "팀아이의 아들")에서 나온 것 같다.

복음서 기자는 바디매오가 "길가에 앉아 있었다"(*ἐκάθητο παρὰ τὴν ὁδόν* – 에카데토 파라 텐 호돈)고 말한다. 이 곳은 중요한 길목이어서, 그는 예루살렘을 오가는 사람들에게 쉽게 접근할 수 있었다. 이 중요한 교역로는 자선을 베풀 만한 사람들인 상인들과 부유한 사람들, 예루살렘에 예배하러 올라가는 경건한 사람들이 지나다니는 길이었다.

47 "이분이 나사렛 사람 예수시다"(*Ἰησοῦς ὁ Ναζαρηνός ἐστιν* – 이에수스 호 나자레노스 에스틴). 명사적 형용사인 호 나자레노스(*ὁ Ναζαρηνός*, "나사렛 사람")는 나사렛 출신의 사람을 묘사할 때 사용된다. 예수께서 나사렛이라는 마을 출신이라는 것은 이미 마가복음에서 언급된 바 있다(1:9, 24). 신약에서 이 마을은 통상적으로 나자레트(*Ναζαρέτ*; 마 2:23; 막 1:9; 요 1:45, 46), 나자레드(*Ναζαρέθ*; 마 21:11; 눅 1:26; 2:4, 39, 51; 행 10:38)로 표기되고, 가끔 나자라(*Ναζαρά*; 마 4:13; 눅 4:16)로 표기되기도 한다. 수년 전에 올브라이트(Albright, *JBL* 65[1946] 397-401; 참조. Sanders, "*Ναζωραῖος* in Matthew 2.23")는 히브리어 "차데"(צ)는 헬라어 "제타"(*ζ*)로 음역될 수 있기 때문에, 나사레트(*Ναζαρέτ*)는 나차레트(נצרת)의 헬라어 음역이라는 것을 근거로 마태복음 2:23이 이사야 11:1(즉, 네체르[נצר, "가지"])을 인유(引喩)한 것임을 입증했다. 나사렛은 구약에서는 언급되지 않지만, 가이사랴 마리티마(Caesarea Maritima)에서 나온 한 3세기 금석문에서는 나차레트(נצרת)에 대대로 살던 제사장들을 언급한다.

"다윗의 아들"(*υἱὲ Δαυίδ* – 휘에 다위드)이라는 칭호는 예수 시대에 다윗 왕의 후손들이 존재했느냐에 관한 의문을 불러일으켜 왔다. 몇몇 학자들은 그렇지 않다고 생각하거나 적어도 1세기에는 다윗의 족보를 아는 유대인이 없었다고 생각한다. 그러나 그러한 입장은 불필요하게 회의적인 태도다. 왜냐하면 그 반대의 정황을 보여 주는 증거들이 여럿 존재하기 때문이다(위의 논의를 보라). "다윗의 아들"이라는 칭호는 솔로몬적인 정체성을 가리키는 것일 수 있다(*Pss. Sol.* 17:21). 다윗의 큰 아들은 치유의 능력 및 축귀로 유명했기 때문이다. 한 주문(呪文)에서는 솔로몬을 "다윗의 아들"(בר דויד – 바르 다위드)로 부르며 질병을 막아 달라고 요청한다(*CBS* 9012; 참조. Charlesworth, "Solomon and Jesus," 137). 사실 주로 솔로몬과 마귀들에 관한 전승을 다루는 솔로몬의 유언서(*Testament of Solomon*)는 다윗의 아들의 자자한 명성을 증언해 준다. "다윗의 아들"에게 자기를 고쳐 달라고 요청한 것은 맹인이 하나님 나라가 가까웠음을 감지했고(결국 이것이 예수의 선포의 핵심이었다), 치유를 비롯한 여러 축복들이 더 가까이 다가왔다는 것을 보여 준다(참조. 4Q521=4QMessianic Apocalypse).

"나를 불쌍히 여기소서"(ἐλέησόν με – 엘레에손 메)라는 맹인의 부르짖음은 시편의 언어를 반영하고 있다. "주여, 나를 불쌍히 여기소서(ἐλέησόν με – 엘레에손 메), 내가 약하나이다"(LXX Ps 6:3[개역 6:2]), "주여, 나를 불쌍히 여기소서(ἐλέησόν με – 엘레에손 메)! 죽음의 문에서 나를 건져 올릴 주여, 내 대적들로부터의 내 굴욕을 보옵소서"(LXX 9:14[개역 9:13]; 또한 시 25:16[LXX 24:16]; 26:11[LXX 25:11]; 27:7[LXX 26:7]; 31:9[LXX 30:9]; 41:4[LXX 40:4]; 41:10[LXX 40:10]; 51:1[LXX 50:1]; 57:1[LXX 56:1]; 67:1[LXX 66:1]; 86:3[LXX 85:3]). 솔로몬의 시편 17:34에 의하면, 다윗가의 메시아는 그를 경외하며 시립해 있는 열방들을 불쌍히 여길 것이라 한다. 또한 칠십인역 이사야 30:19을 보라. "예루살렘은 비통하게 울면서 나를 불쌍히 여기소서(ἐλέησόν με – 엘레에손 메)라고 말했다. 주는 너를 불쌍히 여기시리라."

48 "많은 사람들이 잠잠하라고 그를 꾸짖었다"(ἐπετίμων αὐτῶ πολλοὶ ἵνα σιωπήση – 에페티몬 아우토 폴로이 히나 시오페세). 에피티만(ἐπιτιμᾶν)은 "꾸짖다, 질책하다, (엄격하게) 명하다" 또는 "지시하다"를 의미한다. 족장 야곱은 꿈 얘기를 했다고 하여 요셉을 꾸짖는다(창 37:10). 마가복음 1:25과 9:25에서 예수는 더러운 귀신들을 꾸짖고 떠나가라고 명하신다. 4:39에서 예수는 광풍을 꾸짖으신다. 종종 에피티만(ἐπιτιμᾶν)은 어떤 사람에게 조용히 하라고 명하는 것을 의미하기도 한다(막 3:12; 8:30에서처럼). 시오판(σιωπᾶν, "조용히 하다")이라는 단어가 분명히 보여 주듯이, 48절에서도 바로 이러한 의미다. 왜 무리는 맹인에게 조용히 하라고 명했을까? 무리가 그를 조용히 시키려고 한 것은 앞서 13절에서 사람들이 어린아이들을 예수께 데려오는 것을 제자들이 제지한 것과 대체로 비슷하다. 즉, 무리는 예수에게는 맹인 거지를 상대하여 시간을 보내는 것보다 더 중요한 할 일들이 있다고 생각한 것 같다. 또한 사람들이 헤아릴 수 없이 많이 몰려드는 것을 방지하기 위해 예수께서 앞의 여러 경우에 큰 소리로 환호하는 것을 금하고자 하신 것과 동일한 이유로 무리는 거지를 조용히 시키려고 했던 것일 수도 있다.

"그러나 그는 더욱 심히 소리질렀다"(ὁ δὲ πολλῶ μᾶλλον ἔκραζεν – 호 데 폴로 말론 에크라젠). 거지로 살아온 바디매오는 냉대 받는 세월을 살아왔다. 무리는 그를 조용히 시키려고 애썼지만, 그는 아랑곳하지 않았다. (중동에서 거지를 만난 경험이 있는 사람은 그가 무시와 모욕을 아랑곳하지 않는다는 것을 알게 될 것이다.) 마가복음의 고대인(古代人) 독자들은 이 거지의 결연함에 깊은 인상을 받았을 것이다. 예수의 평판을 익히 들어 왔기 때문에, 바디매오는 이 위대한 선생님이자 치유자에게 자신의 곤경을 알리기 위해서는 어떤 노력도 아끼지 않았다. 예수는 그를 향하여 동전 한두 푼을 던져 주고 지나가는 여느 행인과는 판이하게 다른 분이었다.

49 스타스(*στὰς*, "멈춰 서서")라는 말을 읽으면, 우리는 예수께서 가던 걸음을 멈추셨다고 생각할 수 있다. 또한 이 단어는 "일어서서"라는 뜻일 수 있는데, 이 경우에는 예수께서 앉아서 무리를 가르치고 계셨다는 것이 된다(참조. 눅 4:20: "책을 덮어 그 맡은 자에게 주시고 앉으셔서" 가르치기 시작하셨다). 예수는 가르침을 중단하고 일어서서 맹인을 향하신다. 그런 후에 예수는 무리에게 맹인을 불러오라고 명하신다.

"안심하고 일어나라 너를 부르신다"(*θάρσει, ἔγειρε, φωνεῖ σε* – 다르세이 에게이레 포네이 세). 다르세이(*θάρσει*, "안심하다")는 마가복음에서 이 곳 외에 단 한 번 나온다. 예수께서 물 위로 걸어오시는 것을 본 제자들은 두려워하는데, 이때 예수는 "안심하라 내니 두려워 말라"(6:50)고 소리치신다. 마가복음 밖에서 이 단어는 예수께서 중풍병자에게 말씀하시는 대목인 마태복음 9:2, 예수께서 혈루병을 앓는 여인에게 말씀하시는 마태복음 9:22, 예수께서 제자들에게 그가 "세상을 이기었노라"고 선포하시는 대목인 요한복음 16:33에 나온다. 이 단어는 엘리야가 굶주린 과부를 위로하는 대목인 열왕기상 17:13에 등장한다. 유딧서 11:1에서 홀로페르네스(Holofernes)는 유딧에게 "여인이여, 안심하고 네 마음에 두려워 말라"고 말한다. 또한 바룩서 4:27; 토빗서 7:18; 11:11; 마카베오4서 17:4을 보라.

50 "겉옷을 내어버리고 뛰어 일어나"(*ὁ δὲ ἀποβαλὼν τὸ ἱμάτιον αὐτοῦ ἀναπηδήσας* – 호 데 아포발론 토 히마티온 아우투 아나페데사스). 아마도 거지는 겉옷의 일부를 깔고 앉고 나머지를 무릎 위에 걸쳐서, 거기에 동전들을 던져 놓을 수 있게 하고 있었던 것 같다(Taylor, 449). 이제 그는 일어나기 위해서 겉옷을 옆으로 내던진다. 건드리(Gundry, 594)는 겉옷을 옆으로 획 집어던지고 뛰어 일어나는 돌발적인 행동은 이 사건에 극적인 요소를 더한다고 말한다. 열왕기하 7:15을 보라. "저희가 그 뒤를 따라 요단에 이른즉 아람 사람이 급히 도망하느라고 버린 의복(LXX: *ἱμάτίων* – 히마티온)과 군물이 길에 가득하였더라."

"그가 예수께 왔다"(*ἦλθεν πρὸς τὸν Ἰησοῦν* – 엘덴 프로스 톤 이에순). 맹인이었지만 그는 길을 찾아 앞으로 나아올 수 있었는데, 아마도 사람들이 그를 예수께 데려다주었을 것이다. 테일러(449)는 바디매오가 다른 사람의 도움 없이 예수께 나아갔고, 따라서 그는 완전히 눈 먼 것은 아니었다고 생각한다. 그랬을지도 모른다. 그러나 복음서 기자는 이 맹인이 다른 사람의 도움을 받았다고 독자들이 이해할 것이라고 생각했을 것이다. 그의 눈 먼 정도가 어느 정도였는지는 알 수 없다.

51 "그에게 대답하여"(*καὶ ἀποκριθεὶς αὐτῷ*—카이 아포크리데이스 아우토)라는 표현은 구체적인 질문에 대한 대답이 아니라 자기를 주목해 달라는 바디매오의 요구를 가리킨다. 아직 아무런 질문도 제기되지 않았기 때문이다.

"네게 무엇을 하여 주기를 원하느냐?"(*τί σοι θέλεις ποιήσω*—티 소이 델레이스 포이에소). 실제로 질문을 던진 사람은 예수시다. 여기서의 질문을 보고 주의 깊은 독자라면 앞 단락에서 예수께서 야고보와 요한에게 던지신 질문을 떠올리게 될 것이다(36절: "너희에게 무엇을 하여 주기를 원하느냐?"). 거기에서처럼 여기에서도 예수는 어떤 약속을 주기 전에 요구의 성격을 확인하고자 하신다.

랍부니(*ῥαββουνι*, "나의 선생님"). 오직 여기에서와 요한복음 20:16에서 예수는 아람어 랍부니(רַבּוּנִי)를 음역한 랍부니(*ῥαββουνι*)로 불리신다(참조. Dalman, *Words*, 324-27, 336-40; *Tg. Neof.* Gen 23:11, 15; 24:12, 14, 18, 24, 54; 이 모든 예들에서 히브리어 아도니[אֲדֹנִי, "내 주"]는 라보니[רבוני; 종종 랍부니, 립보니, 랍보니 등으로 발음된다]로 번역된다). 이 호칭은 주로 팔레스타인적 현상인 것으로 보인다(참조. S. J. D. Cohen, "Epigraphical Rabbis," *JQR* 72[1981-82] 1-17). 레빈(L. I. Levine, *The Rabbinic Class of Roman Palestine in Late Antiquity*[New York: Jewish Theological Seminary of America, 1989] 15)은 "고대에 이 호칭은 공동체에서 높은 직위에 있는 어느 사람에게나 사용되었다"고 말한다. *ABD* 5:600-602를 보라.

"내가 다시 보기를 원하나이다"(*ἵνα ἀναβλέψω*—히나 아나블렙소). 예수께서 자신의 시력을 회복시켜 주실 수 있을 것이라는 바디매오의 소망은 "다윗의 아들"은 치유할 수 있고(위에서 언급한 솔로몬 전승의 의미에서) 예수는 칠십인역 이사야 61:1의 성취라는 전제에 토대를 두고 있었을 것이다. "주의 영이…내게 기름을 부으셨다(*ἔχρισεν*—에크리센), 그가 나를…눈 먼 자들에게 시력의 회복을(*τυφλοῖς ἀνάβλεψιν*—튀플로이스 아나블렙신)…전파하기 위하여…나를 보내셨다"(Taylor, 448). 이사야의 이 구절은 예수께서 자신의 사명 및 이를 위한 자격 요건을 이해하시는 데 있어서 중요한 역할을 했을 것이다(참조. 마 11:5=눅 7:22; 4:16-30). 우리는 맹인이 치유를 받기 위해 황제 베스파시아누스에게 접근했던 장면을 떠올리게 된다(Suetonius, *Vesp.* 7; Tacitus, *Hist.* 4.81; 또한 막 8:22-26에 대한 Guelich, 428-36를 보라).

52 "가라 네 믿음이 너를 구원하였느니라"(*ὕπαγε, ἡ πίστις σου σέσωκέν σε*—휘파게, 헤 피스티스 수 세소켄 세). 앞서의 치유들(예를 들어, 7:33-34; 8:23-25)

과는 대조적으로, 예수는 맹인을 만지지 않으신다. 그분은 단지 말을 하실 뿐이고, 맹인의 시력이 회복된다. 믿음(*πίστις* – 피스티스)이 구원한다(*σέσωκέν* – 세소켄)는 예수의 선포는 다른 곳에도 나온다. 예수께서 혈루병을 앓는 여인에게 한 말씀인 "딸아 네 믿음이 너를 구원하였으니(*ἡ πίστις σου σέσωκέν σε* – 헤 피스티스 수 세소켄 세) 평안히 가라 네 병에서 놓여 건강할지어다"(막 5:34), 문둥병자에게 한 말씀인 "일어나 가라 네 믿음이 너를 구원하였느니라(*ἡ πίστις σου σέσωκέν σε* – 헤 피스티스 수 세소켄 세)"(눅 17:19), "죄인"인 여자에게 한 말씀인 "네 믿음이 너를 구원하였으니(*ἡ πίστις σου σέσωκέν σε* – 헤 피스티스 수 세소켄 세) 평안히 가라"(눅 7:50) 등을 우리는 생각해 볼 수 있다. 구원받는다는 것은 질병이나 환난 또는 사람을 위협하는 것으로부터 놓여나는 것을 의미한다. 그러므로 구원이라는 개념은 신체적 위험, 정신적 압박, 죄의 결과들로부터 놓여나는 것을 가리킬 수 있다.

"가라"(*ὕπαγε* – 휘파게)는 명령으로써 예수는 자신이 치료했던 사람들을 떠나보내셨다(막 1:44; 2:11; 5:19, 34; 7:29을 보라). 이제 볼 수 있게 된 바디매오는 무리 속에 끼어서 예수를 따른다. 이와 같은 행렬의 맥락 속에서 "다윗의 아들"이라는 칭호는 예루살렘으로의 입성을 예고하는 또 하나의 지표다.

앞서 바디매오는 "길가에 앉아 있는" 것으로 묘사되었다. 이제 치유된 그는 "예수를 길에서 좇기 시작하였다"(*ἠκολούθει*[시작의 미완료 과거] *αὐτῷ ἐν τῇ ὁδῷ* – 에콜루데이 아우토 엔 테 호도). 바디매오는 어떤 곳에도 갈 수 없었던 절망적인 사람에서 제자의 길을 출발하는 회복된 사람으로 변화된 것이다.

해설

예수의 자비와 권능은 맹인 거지 바디매오의 치유에서 다시 한 번 드러난다. 이 사건에서 예수는 그가 제자들에게 방금 전에 가르쳤던 것을 실천에 옮기신다. 예수는 이스라엘 사회에서 가장 비천한 지체들 중의 한 사람에게 그의 시간과 관심을 쏟으신다. 맹인에게 시력을 회복시켜 줌으로써 예수는 그가 진실로 가난한 자에게 복음을 선포하고 눈 먼 자들의 눈을 뜨게 해주기 위해 하나님의 신에 의해 기름부음을 받은 "다윗의 아들"임을 드러내 보이셨다. 이 사건은 갈릴리에서 남쪽으로의 여정에 이르기까지 계속되었던 공적 사역의 적절한 결론부를 이룬다. 이제 예수는 그의 사역의 최후 국면인 예루살렘을 향하신다.

2. 예루살렘 입성(11:1-11)

참고문헌

Burger, C. *Jesus als Davidssohn: Eine traditionsgeschichtliche Untersuchung.* FRLANT 98. Göttingen: Vandenhoeck & Ruprecht, 1970. 46-52, 63-64. **Catchpole, D. R.** "The 'Triumphal' Entry." In *Jesus and the Politics of His Day.* Ed. E. Bammel and C. F. D. Moule. Cambridge: Cambridge UP, 1984. 319-35. **Deissmann, G.** *Bible Studies.* Edinburgh: T. & T. Clark, 1901. **Derrett, J. D. M.** "Law in the New Testament: The Palm Sunday Colt." *NovT* 13(1971) 241-58. **Fitzmyer, J. A.** "Aramaic Evidence Affecting the Interpretation of *Hosanna* in the New Testament." In *Tradition and Interpretation in the New Testament.* FS E. E. Ellis, ed. G. F. Hawthorne and O. Betz. Tübingen: Mohr-Siebeck; Grand Rapids, MI: Eerdmans, 1987. 110-18(repr. in *The Dead Sea Scrolls and Christian Origins.* Studies in the Dead Sea Scrolls and Related Literature. Grand Rapids, MI: Eerdmans, 2000. 119-29). **Sanders, J. A.** "A New Testament Hermeneutic Fabric: Psalm 118 in the Entrance Narrative." In *Early Jewish and Christian Exegesis.* FS W. H. Brownlee, ed. C. A. Evans and W. F. Stinespring. Homage 10. Atlanta: Scholars Press, 1987. 177-90.

본 문

1 저희가 예루살렘에 가까이 와서 감람산 벳바게와 베다니에 이르렀을 때에 예수께서 제자 중 둘을 보내시며	**1** And when they draw near to[a] Jerusalem,[b] Bethphage,[c] and Bethany,[d] at the Mount of Olives, he sends two of his disciples,
2 이르시되 너희 맞은편 마을로 가라 그리로 들어가면 곧 아직 아무 사람도 타 보지 않은 나귀 새끼의 매여 있는 것을 보리니 풀어 끌고 오너라	**2** and says to them, "Go into the village[e] opposite you, and immediately as you enter it you will find a tethered. colt on which no one has ever sat; untie it and bring[f] it.
3 만일 누가 너희에게 왜 이리 하느냐 묻거든 주가 쓰시겠다 하라 그리하면 즉시 이리로 보내리라 하시니	**3** If anyone says to you, 'Why are you doing this?' say, 'The Lord has need of it [g]and sends[h] it here again[i] immediately.'"
4 제자들이 가서 본즉 나귀 새끼가 문 앞 거리에 매여 있는지라 그것을 푸니	**4** And they went away and found a tethered colt at the door, out in the open street; and they untied it.
5 거기 섰는 사람 중 어떤 이들이 가로되 나귀 새끼를 풀어 무엇하려느냐 하매	**5** And some of those standing there said to them, "What are you doing, untying the colt?"

6 제자들이 예수의 이르신 대로 말한대 이에 허락하는지라

6 And they spoke to them as Jesus had said; and they permitted them.

7 나귀 새끼를 예수께로 끌고 와서 자기들의 겉옷을 그 위에 걸쳐 두매 예수께서 타시니

7 And they bring[j] the colt to Jesus and throw their garments upon it, and he sat upon it.

8 많은 사람은 자기 겉옷과 다른 이들은 밭에서 벤 나뭇가지를 길에 펴며

8 And many spread their garments[k] on the road, and others [spread][l] tall grass, cutting it from the fields.

9 앞에서 가고 뒤에서 따르는 자들이 소리지르되 호산나 찬송하리로다 주의 이름으로 오시는 이여

9 And those who went before and those who followed were crying out, "Hosanna![m] Blessed is he who comes in the name of the Lord!

10 찬송하리로다 오는 우리 조상 다윗의 나라여 가장 높은 곳에서 호산나 하더라

10 Blessed is the coming kingdom of our father David![n] Hosanna in the highest!"[o]

11 예수께서 예루살렘에 이르러 성전에 들어가사 모든 것을 둘러보시고 때가 이미 저물매 열두 제자를 데리시고 베다니에 나가시다

11 And he[p] entered Jerusalem [and went][l] into the temple; and looking around at everything, [q]the hour already being late, he went out to Bethany with the Twelve.[r]

원문주해

a. 몇몇 후대의 사본들은 호 이에수스 카이 호이 마데타이 아우투(ὁ Ἰησοῦς καὶ οἱ μαθηταὶ αὐτοῦ, "예수와 그의 제자들")를 첨가한다. 역사적 현재 시제가 이 단락에서 서너 차례 나온다. 사본들은 현재 시제를 다른 시제 형태들로 바꾸는 경우가 흔하다.

b. 헬라어로 히에로솔뤼마(Ἱεροσόλυμα)인데, 이것은 마가가 선호하는 표기 형태다(참조. 막 3:8, 22; 7:1; 10:32, 33; 11:1, 11, 15, 27; 15:41). 여기 11:1에서 일부 사본들은 누가복음-사도행전이 선호하는 이에루살렘(Ἰερουσαλήμ; A, Φ사본) 같은 다른 형태들로 표기하기도 한다.

c. "벳바게"의 표기는 사본들마다 다르다. ℵ, A, C, W, Φ사본에는 베드파게(Βηθφαγή)로 되어 있다. B*사본은 베드파게(Βηδφαγή)로 읽고, B³, Φ사본은 베드스파게(Βηδσφαγή)로 읽는다. 그 밖의 이독들로는 비드파게(Βιδθφαγή), 베드파게인(Βηθσφαγειν), 베파게(Βηφαγή), 베스파게(Βησφαγή), 베드스파게이(Βηθσφαγεί) 등이 있다. D, 700사본은 에이스 베드파게 카이(εἰς Βηθφαγὴ καὶ, "벳바게와")를 벳바게에 대한 언급을 삭제하고 단지 카이 에이스(καὶ εἰς, "그리고 ~에")로만 읽는다. 크랜필드(Cranfield, 348)는 두 지명이 나오는 순서가 적절치 않다고 생각하면서도 "벳바게"를 본문에 받아들인다. "베다니는 벳바게에 앞서 당도하는 곳인데도 벳바게가 먼저 언급되고 있는데, 이는 아마도 이 마을이 더 잘 알려져 있기 때문이거나 예루살렘을 먼저 언급해서 거기에서 더 가까운 곳을 다음으로 언급하는 것이 자연스러웠기 때문일 것이다."

d. "베다니"의 표기도 사본들마다 다르다. ℵ, B*, C, D사본에는 베다니안(Βηθανίαν)으

로 되어 있다. 비다니안(*Βιθανίαν*)이라는 표기도 일부 사본들에서 확인된다. 어떤 사본들은 이 지명을 완전히 생략한다.

e. 헬라어로 코멘(*κώμην*). 일부 사본들은 폴린(*πόλιν*, "성읍")으로 읽는다.

f. 헬라어로 페레테(*φέρετε*). 일부 사본들은 아가게테(*ἀγάγετε*, "이끌어 오다")로 읽는데, 이는 좀더 적절한 동사를 사용하려는 시도다.

g. 이하의 글은 예수의 말씀의 일부가 아닐 것이다; 참조. 마 21:3; Metzger, *TCGNT*[1], 108-9.

h. 아포스텔레이(*ἀποστέλλει*, "그가 보낸다")는 "미래적 현재"다(Cranfield, 350); 이 동사의 주어와 관련된 문제에 대해서는 Field, *Notes*, 34-35를 보라.

i. 클로스터만(Klostermann, 113)은 A, W, lat, bo, syr사본들을 따라 팔린(*πάλιν*, "다시")을 삭제한다.

j. 일부 사본들은 아구신(*ἄγουσιν*, "이끌어 오다")으로 읽는다(위의 "원문주해" f를 보라).

k. 헬라어로는 7절에서처럼 히마티아(*ἱμάτια*, "의복, 옷들"). 일부 사본들은 키토나스(*χιτῶνας*, "겉옷들")로 읽는데, 이 단어의 복수형은 대체로 히마티아(*ἱμάτια*)와 동의어이다.

l. "펴며"(8절)와 "들어가사"(11절)는 본문에는 없고 문맥상 첨가한 단어들이다. 일부 사본들은 실제로 스티바다스 에콥톤 에크 톤 덴드론 카이 에스트론뉘온 에이스 텐 호돈(*στιβάδας ἔκοπτον ἐκ τῶν δένδρων καὶ ἐστρώννυον εἰς τὴν ὁδόν*, "가지들[아래의 "주석"을 보라]을 나무들에서 잘라서 [그것들을] 길에 폈다")으로 읽고 있다.

m. 일부 사본들은 10절과 맞추기 위하여 토 휩시스토(*τῷ ὑψίστῳ*, "가장 높은 곳에서")를 첨가한다.

n. 헬라어로 된 대부분의 권위 있는 사본들에서 "다윗"은 다우에이드(*Δαυείδ*; B, D사본에서처럼)로 표기된다. 그러나 다른 권위 있는 사본들에서 이 이름은 다르게 표기되기도 한다; 예를 들어, N사본은 다비드(*Δαβίδ*)로, 사본 및 그 밖의 몇몇 사본들은 축약형 다드(*Δαδ*)로 읽는다. 10:47; 12:35을 보라.

o. 일부 사본들은 에이레네 엔 토이스 휩시스토이스(*εἰρήνη ἐν τοῖς ὑψίστοις*, "가장 높은 곳에서는 평화") 또는 에이레네 엔 우라노 카이 독사 엔 토이스 휩시스토이스(*εἰρήνη ἐν οὐρανῷ καὶ δόξα ἐν τοῖς ὑψίστοις*, "하늘에는 평화 그리고 가장 높은 곳에는 영광")로 읽는다. 이러한 독법들은 누가의 기사(참조. 눅 19:38)와 누가의 유아 이야기(참조. 눅 2:14)를 연상시킨다.

p. 일부 사본들은 호 이에수스(*ὁ Ἰησοῦς*, "예수")를 첨가한다.

q. 헬라어로 옵시아스 에데 우세스 테스 호라스(*ὀψίας ἤδη οὔσης τῆς ὥρας*, 문자적으로 "때가 이미 저녁이매"). 테일러(Taylor, 458)는 옵세(*ὀψέ*, "늦은"; 참조. 11:19; 13:35)

로 읽는데, 이는 ℵ, C, L, Δ, 892, 1342사본의 강력한 지지를 받는다.

r. 일부 사본들은 마데톤(*μαθητῶν*, "제자들")을 첨가한다.

양식/구조/배경

마가복음 11-15장은 예수와 예루살렘 성전 당국자들의 논쟁을 특징으로 한다. 예루살렘 입성(11:1-11)과 성전 경내에서의 시위(11:15-18)는 종교 당국자들을 격동시키고, 그들은 예수께서 무슨 권세로 이런 일들을 하는지를 고하라고 요구한다(11:27-33). 예수는 그들에게 직접적인 대답을 주시기를 거부한다. 대신에 예수는 악한 포도원 농부 비유(12:1-12)를 통해서 간접적으로 대답하신다. 예수는 세금에 관한 질문(12:13-17) 등과 같이 일부는 그를 덫에 걸리게 할 목적으로 계획된 질문들로 도전을 받으신다. 예수는 여러 비판들(12:38-44)로 응수하시고, 결국에는 성전의 철저한 멸망을 예언하신다(13:2). 14장에서 예수가 엄숙한 식사를 하고 가르치며 제자들과 함께 그의 마지막 저녁을 보내시면서 줄거리는 점점 흥미로워진다. 그날 저녁은 기도, 체포, 심문으로 끝이 난다. 15장은 예수께서 로마 총독 빌라도 앞에 끌려간 다음날의 사건들의 개략을 전해 준다. 예수는 단죄를 받고, 십자가에 못 박히고, 서둘러 매장되신다. 이 다섯 개의 장(章)을 구성하는 대부분의 단락들에서 예수가 성전 당국자들을 비판하거나 성전 당국자들이 예수를 비판하고 그를 죽일 음모를 꾸민다. 개시 사건인 이른바 예루살렘 입성은 앞으로 이어질 드라마를 위한 무대를 설정하는 역할을 한다.

예수의 예루살렘 입성은 수난 주간의 시작을 알린다. 예수는 제자들에게 인근 마을로 가서 나귀 새끼 한 마리를 끌고 오라고 명하신다. 누가 묻거든 예수께서 그렇게 하라고 하셨다고 대답하라고 한다. 제자들은 예수의 지시를 따르고, 모든 일은 계획대로 진행된다. 예수는 나귀 새끼에 오르고, 제자들과 무리들은 행렬을 이루어서 옷과 나뭇가지들을 길에 펴며 "호산나 찬송하리로다 오는 다윗의 나라여"라고 외치는 가운데, 예수와 제자들은 유서 깊은 성읍인 예루살렘으로 입성한다.

불트만(*History*, 261-62)은 이 이야기가 "기쁨과 기대감으로 가득 찬 수많은 순례자들과 함께" 예수께서 예루살렘에 들어간 일에 대한 실제의 회상을 약간 포함하고 있다는 점을 인정한다. 그러나 그는 짐승 한 마리를 얻어서 그 위에 탄 일에 관한 자세한 내용은 "동화적인 소재"를 반영하는 "전설"로 본다. 디벨리우스(*From Tradition*, 122)는 입성 기사를 "제의 전설"(cultus-legend)이라 부른다. 테일러(*Formation*, 151)는 "이 기사가 전설이라면 11절의 싱거운 결말로 이야기를 갑자기 끊어 버리지는 않았을 것"이라고 바르게 지적한다. "모든 것을 둘러보시고 때가 이미 저물매 열두 제자를 데리시고 베다니에 나가시다." 초대 교회가 입성 기사를 만들어 냈거나 예루살렘에 들어간 평범한 이야기를 철저하게 개정했다면, 좀더 뚜렷한 기독론적 요소가 보이거나 좀더 인상적인 결론이 나와야 한다. 게다가 독자들이 당혹해할 정도로 나귀 새끼를 얻기 위해 사용한 신비로운 방법들에 관한 언급이 없다. 결국 현재의 입성 기사는 전승 보유자들과 복음서 기자가 사실들에 관한 완전한 파악 없이 전한 진정한 이야기의 한 단편이라고 해야 한다. 예수는 나귀 새끼(불트만이 말한 것처럼 "나귀"가 아니다; 이것은 후대의 수식이다)를 타고 제자들 및 무리들의 환호 가운데 예루살렘에 입성하신 것으로 기억되었다. 끝으로 우리는 이 모든 일의 결말, 즉 "유대인의 왕"으로서 예수께서 십자가에 못 박히신 것을 고려하지 않으면 안 된다. 마가가 묘사한 대로의 입성 장면은 이러한 결말을 더 잘 이해할 수 있게 해준다. 하나는 묵시론적 전승(즉, 4a, 1a, 8a, 9-10, 11ac절), 다른 하나는 "입성 전설", 이렇게 두 전승이 결합되었다는 솅크(Schenk, *Passionsbericht*, 168-75)의 주장은 설득력이 없고, 문제를 해결하기보다는 더 많은 문제를 야기시킨다. 그러나 그 밖에도 여러 합성 이론들이 제시되어 왔다. 에른스트(Ernst, 318)는 원래의 입성 기사(1a, 8-11절)가 나중에 망아지 및 예수의 선견지명(1b-7절)에 관한 세부적인 내용으로 확대되었다고 생각한다. 핸헨(Haenchen, 373-77)은 1-6절을 하나의 단위로 보고, 이 단위가 나중에 구약의 요소들에 의해 영감을 받은 7-11절에 의해서 증보되었다고 본다. 그닐카(Gnilka, 2:113-14)도 두 전승이 결합되었다고 생각한다. 또한 마가 이전의 독립적인 중요한 병행문들과 요한의 입성 기사를 거론하는 뤼르만(Lührmann, 187)의 견해도 보라. 이차적 확대에 관한 그의 견해는 훨씬 더 신중하다. 이러한 주관적인 제안들의 복잡성 및 모순성은 설득력을 떨어뜨리고 스스로를 자멸시키고 있다. 많은 해석자들은 이 단락이 원래부터 하나의 통일적인 단위였다고 본다(예를 들어, Taylor, 452; Catchpole, "Entry," 325).

캐치폴(Catchpole, "Entry," 319-21)은 "어느 정도 고정된 입성 패턴"을 지니는 열두 개의 입성식 사례를 든다 – 마카베오1서와 2서에서 6개, 요세푸스의 저작에서 6개. 이 입성식들은 주요한 인물들과 관련되어 있다. 즉, 알렉산더(Alexander)는 예루살렘에 입성할 때 의식(儀式)을 갖추어 환영을 받고 경호를 받으며 도성으로 들어가 제의에 참여한다(Josephus, *Ant.* 11.8.4-5 §§325-39). 아폴로니우스(Apollonius)는 횃불과 환호성 속에서 예루살렘에 입성한다(2 Macc 4:21-22). 유다 마카베오(Judas Maccabeus)는 승전하고 귀환할 때 찬양들과 "하나님을 찬송하는 노래"로 환영을 받는다(1 Macc 4:19-25; Josephus, *Ant.* 12.7.4 §312). 유다 마카베오는 전장(戰場)에서 돌아와서 노래와 잔치 속에서 예루살렘에 입성하여 희생제사를 드린다(1 Macc 5:45-54; Josephus, *Ant.* 12.8.5 §§348-49). 유다의 형제 요나단(Jonathan)은 아스갈론 사람들로부터 "화려한 행렬"로 환영을 받는다(1 Macc 10:86). 유다의 형제 시몬(Simon)은 가자(Gaza)에 들어가서 우상을 숭배하는 거민들을 내쫓고 우상의 집들을 깨끗케 한 후 "찬양의 노래 속에서" 입성한다(1 Macc 13:43-48). 유다의 형제 시몬은 예루살렘에 입성할 때 무리가 "찬양과 종려나무 가지들, 비파와 제금과 현악기들, 찬송과 노래들로" 그를 맞는다(1 Macc 13:49-51). 안티고누스(Antigonus)는 화려한 행렬을 이루어 예루살렘과 성전 경내로 입성하지만, 지나치게 화려한 행렬과 스스로를 높였다고 하여 일부 사람들은 마치 그가 "왕"처럼 생각하고 있다는 비판을 한다(Josephus, *J.W.* 1.3.2 §§73-74; *Ant.* 13.11.1 §§304-6). 마르쿠스 아그립바(Marcus Agrippa)는 헤롯의 영접과 백성들의 환호성을 받으며 예루살렘에 입성한다(Josephus, *Ant.* 16.2.1 §§12-15). 아켈라오(Archelaus)는 자신의 왕권을 확증하기 위해 자신의 행렬의 환호성 속에서 예루살렘으로 가서 입성한다(Josephus, *Ant.* 17.8.2 §§194- 239).

캐치폴(Catchpole, "Entry," 321)은 이 패턴을 이루는 요소들로 다음과 같은 것들을 든다. "(a) 이미 얻어진 승리와 이미 중요한 인물로 인정된 신분. (b) 공식적인 의식을 갖춘 입성. (3) 하나님에 대한 기원(祈願)과 환영 또는 환호. (d) 성전으로 들어가는 것이 입성의 절정을 이룸. (e) 긍정적이든(예를 들어, 희생제사를 드림) 부정적이든(예를 들어, 못마땅한 인물들의 추방 및 부정함을 깨끗케 함) 제의 활동." 캐치폴은 "마가복음 11장은 이 모든 주요한 반복적인 요소들을 다 포함한다. 또한 이 장은 왕과 관련된 짐승에 대한 언급 등과 같이 몇몇 다른 이야기들에 이따금 등장하는 특징들과의 사소한 일치점들을 포함하고 있다…따라서 마가의 입성 기사는 그 결정적인 형태 및 몇몇 부수적인 세부적 내용들 양면에서 잘 알려진 패턴과 부합한다" ("Entry," 321)고 말한다.

예수께서 나귀 새끼를 탔다는 마가의 입성 기사는 의도적으로 스가랴 9:9을 본뜬 것으로 보인다. "시온의 딸아 크게 기뻐할지어다…보라 네 왕이 네게 임하나니 그는 공의로우며 구원을 베풀며 겸손하여서 나귀를 타나니 나귀의 작은 것 곧 나귀 새끼니라." 사무엘상 10:2-10 같은 다른 성경 구절들의 영향도 주장되어 왔다(참조. Gnilka, 2:114; Pesch, 2:181-82). 그러나 이러한 행위는 예언서들에 의해 영감을 받아 초대 교회가 만들어 낸 것이 아니라 예수에게로 소급된다고 보아야 한다(Taylor,

451). 마가의 기사(막 11:1-11)는 스가랴서의 구절을 인용하지 않지만, 마태와 요한의 기사는 스가랴서의 구절을 인용한다(마 21:4-5; 요 12:14-15). 마가가 중요한 증거 본문을 활용하지 못하고 있다는 것은 마가복음의 우선성 및 이 기사의 본질적인 역사성을 보여 준다(Schweizer, 227; Cranfield, 348; Gundry, 632). 마태복음과 요한복음이 스가랴 9:9을 명시적이고 공식적으로 인용하고 있는 것은 이 복음서들이 주로 회당을 염두에 두고 성경을 통해 변증하고자 하는 경향과 일치한다. 주석가들은 예루살렘 입성의 원래의 의미를 놓고 견해가 갈린다. 예루살렘 입성은 원래부터 메시아적 의미를 지니고 있었다고 보는 학자들도 많고(Gould, 205; Lagrange, 287-92; id., *The Gospel* 2:121-25; Turner, 53-54; Rawlinson, 151; Taylor, 451-53; Johnson, 186; Schweizer, 227; Schmid, 204; Moule, 86-87; Cranfield, 348; Grundmann, 301; Lane, 392-94; Pesch, 2:185; Hooker, 257), 메시아적 의미는 후대의 해석이라고 주장하는 학자들도 많다(Wellhausen, 88; Dalman, *Words*, 222; R. Otto, *Kingdom of God and the Son of Man*[Rev. ed.; London: Lutterworth, 1943] 224; Lohmeyer, 233; Branscomb, 198-200; Anderson, 260; "뭐라고 말하기가 불가능하다"; Catchpole, "Entry"; Gnilka, 2:114). 내 견해로는 예루살렘 입성은 실제로 원래 메시아적이었고, 후대의 전승에서 과장되었다고 본다(참조. Klostermann, 112).

시편 118:26("여호와의 이름으로 오는 자가 복이 있음이여")을 인유(引喩)하고 있는 무리들의 외침은 솔로몬이 그의 부왕 다윗의 죽기 직전에 했던 것(왕상 1:32-40)과 마찬가지로 예수께서 왕의 노새에 타셨다는 이미지와 부합한다. 무리는 시편 118:26에 "찬송하리로다 오는 우리 조상 다윗의 나라여"(막 11:10)라는 말을 해석적으로 덧붙인다. 시편 118:22-29의 탈굼(targum)과 예수의 스가랴서에서 영감을 받아 나귀 새끼에 오른 행위가 서로 부합한다는 것은 이 전승의 진정성 및 고대성을 보여 준다. 마태복음에서 스가랴 9:9의 명시적 인용은 후대의 손질과 변증이다. 마태복음 21:9에서는 무리들의 외침을 손질하는데, 주로 마가복음의 엉성한 판본을 단순화하고 예수를 명시적으로 "다윗의 자손"으로 규정함으로써 시편 118:26의 본문과 더 유사하게 만들어 놓는다. "호산나"라는 외침은 "예수께서 예루살렘에 입성하실 때 무리들이 외친 것에 대한 초대 교회의 진정한 회상"이다(Fitzmyer, "Aramaic Evidence," 111).

편집과 관련하여, 마가복음 기자는 이 이야기를 현재 형태와 매우 흡사한 전승으로부터 가져왔을 것이다. 에른스트(Ernst, 319)는 복음서 기자가 이 이야기를 그의 수난 기사와 더 잘 부합하도록 편집했다고 생각한다(Lührmann, 187도 이에 동의한다). 그닐카(Gnilka, 2:114)도 본질적으로는 동의하지만, 편집 작업을 첫 부분 및 끝 부분의 절들에 한정한다. 그러나 페쉬(Pesch, 2:176)는 "마가의 개조에 대한 그 어떠한 흔적도 발견할 수 없다"고 말한다.

구조와 관련하여, 주석가들은 본질적으로 의견의 일치를 보인다. 테일러(451)는 입성 기사가 두 개의 이야기로 이루어져 있다고 말한다. "나귀 새끼를 얻으러 제자들을 보낸 이야기(1-6절)와 본래의 입성 이야기(7-11절), 그러나 이 둘은 아주 밀접하게 연결되어 있어서 결합될 수 있었다." 그닐카(2:114)도 마찬가지로 다음과 같은 두 부분으로 되어 있다고 본다. (a) 1b-3절에서의 지시와 4-7절에서의 실행으로 이루어진 나귀 새끼의 준비(1b-7절), (b) 환영의 행위들(8절)과 환호(9-10절)로 이루어진 입성(8-11a절). 페쉬(2:177)에 의하면, 1a절은 짤막한 배경 설정이고, 1b-6절은 입성식 준비와 나귀 새끼의 획득에 관한 묘사이며, 7-10절은 안장 준비, 나귀 새끼에 탐, 행렬에의 참가에 관한 묘사이고, 9b-10절은 소리쳐 찬양하는 것으로 이 기사의 절정에 해당하며, 11절은 예수께서 성전 경내에 잠시 머물렀다가 베다니를 향해 출발했다는 결론적인 언급이라고 한다.

주석

1 "저희가 예루살렘에 가까이 와서 감람산에 있는 벳바게와 베다니에 이르렀을 때에"(*καὶ ὅτε ἐγγίζουσιν εἰς Ἱεροσόλυμα εἰς Βηθφαγὴ καὶ Βηθανίαν πρὸς τὸ ὄρος τῶν ἐλαιῶν* – 카이 호테 엥기주신 에이스 히에로솔뤼마 에이스 베드파게 카이 베다니안 프로스 토 오로스 톤 엘라이온). 지명들과 관련된 여러 문제들에 대해서는 Schmidt, *Rahmen*, 295-98를 보라. 핸헨(Haenchen, 373-74)은 벳바게가 마태복음 21:1의 영향을 받은 후대의 첨가라고 생각한다. 테일러(Taylor, 453)는 이에 동의하지 않는다. 부르거(Burger, *Jesus als Davidssohn*, 63)는 베다니가 전승에서 온 것이라고 본다. 예루살렘이 먼저 언급된 것(10:32에 대한 "주석"을 보라)은 마가복음 기자가 이 유서 깊은 성에 들어가기 전에 벳바게(="무화과들의 집")와 베다니(="날짜들의 집"?)를 통과해야 한다는 것을 몰랐기 때문이 아니라 예루살렘이 주 목적지였기 때문이다. 그닐카(2:110)는 복음서 기자가 히에로솔뤼마(*Ἱεροσόλυμα*, "예루살렘")를 첨가했다고 생각한다. 그럴 수도 있겠으나, 이 단어도 전승에 의한 것일 가능성이 크다. 레인(Lane, 394)은 1절의 지명들의 배열 순서는 "예루살렘을 먼저 언급하고 다음으로 거기에서 더 가까운 마을을 언급했을" 것이라고 주장한다. 그의 말은 옳은 것 같다. 만약 그렇다면 그닐카의 주장은 약화된다.

감람산은 예루살렘 입성을 위한 공식적인 출발점으로 선택된다(Deissmann, *Bible Studies*, 208-12). 이것은 이해가 된다. 왜냐하면 감람산에서 도성 및 성전산의 동쪽 지역을 굽어볼 수 있기 때문이다. 그러나 스가랴서의 예언에 나오는 주제들 및 이미지들에 의해 알려진 내용들을 실행에 옮기고자 하는 예수의 관심이라는 관점에서 보아도 이 점은 이해가 된다. "그 날에 그의 발이 예루살렘 앞 곧 동편 감람산에 서실 것이요"(슥 14:4). 나귀 새끼에 올라 예루살렘에 입성하기 위해서 감람산을 출발한 것은 스가랴서에 나오는 일련의 요소들의 시작이다. 예수께서 직접 인용문을 말씀하시는 마가복음 14:27을 제외하면, 스가랴서에 대한 인유(引喩)들은 암묵적이고, 그것들이 복음서 기자나 그가 전해 받은 전승의 신학이라고 생각할 이유는 없다. 현재의 본문은 예루살렘에 대한 예수의 관계를 말하는 예수의 신학의 중요한 단편들이다.

"예수께서 제자들 중 둘을 보내셨다"(*ἀποστέλλει δύο τῶν μαθητῶν αὐτου* – 아포스텔레이 뒤오 톤 마데톤 아우투). 이 두 제자는 세베대의 아들인 야고보와 요한이었을까? 아니면 베드로와 그의 형제 안드레였을까? 이 장면은 최후의 만찬을 위한 다락방을 확보하기 위하여 두 제자를 보낸 일(막 14:12-16)과 마찬가지로 신비하다.

2 "너희 맞은편 마을로 가라"(*ὑπάγετε εἰς τὴν κώμην τὴν κατέναντι ὑμῶν* – 휘파게테 에이스 텐 코멘 텐 카테난티 휘몬). 여기서 말하는 마을이 어느 곳이었는지를 알기는 어렵다. 크랜필드(Cranfield, 348)는 이 마을이 벳바게였다고 생각한다(Turner, 53; Taylor, 453도 이에 동의한다). 벳바게는 감람산에서 더 가깝기 때문에 그럴 가능성이 크다(그러나 건드리[Gundry, 624]는 여리고에서 올라가는 길로부터 더 가깝다는 이유로 베다니를 제시한다; 또한 Burger, *Jesus als Davidssohn*, 47도 이에 동의한다).

"너희는 매어 있는 나귀 새끼를 발견할 것이다"(*εὑρήσετε πῶλον δεδεμένον* – 휴레세테 폴론 데데메논). "매어 있는 나귀 새끼"는 반드시 나귀는 아니다. 폴로스(*πῶλος*)는 새끼를 의미하지만 반드시 나귀 새끼를 의미하는 것은 아니다(Lohmeyer, 229 n. 5). 칠십인역 스가랴 9:9에는 "멍에 매는 짐승, 새로운 새끼 위에"(*ἐπὶ ὑποζύγιον καὶ πῶλον νέον* – 에피 휘포쥐기온 카이 폴론 네온)로 되어 있다. 휘포쥐기온(*ὑποζύγιον*, "멍에 매는 짐승")은 나귀로 이해된다. 따라서 이 예언 구절에 대한 마태의 인용문은 "나귀, 곧 멍에 메는 짐승의 새끼 위에"(*ἐπὶ ὄνον καὶ ἐπὶ πῶλον υἱὸν ὑποζυγίου* – 에피 오논 카이 에피 폴론 휘온 휘포쥐기우)로 되어 있다(마 21:5). 마가복음의 독자들이 폴로스(*πῶλος*)를 나귀 새끼가 아니라 망아지를 가리키는 것으로 이해했을 것이라는 건드리(626)의 주장은 옳다(BAGD에서 폴로스[πῶλος]를 보라; Kuhn, *ZNW* 50[1959] 82-91에 나오는 이 점에 대한 자세한 논의를 보라). 데데메논(δεδεμένον, "매어 있는")은 창세기 49:11에 대한 인유(引喩)일 수 있으나(예를 들어, Klostermann, 113; Lane, 395; Gnilka, 2:116), 이 표현은 너무 흔해서 단정하여 말할 수는 없다(Ernst, 320).

"아직 아무도 타 보지 않은"(ἐφ' ὃν οὐδεὶς οὔπω ἀνθρώπων ἐκάθισεν – 에프 혼 우데이스 우포 안드로폰 에카디센)이라는 어구는 칠십인역 스가랴 9:9의 "새로운 새끼"(πῶλον νέον – 폴론 네온)를 암시하기 위해 의도된 난외주일 가능성이 있다. 나인햄(Nineham, 295)은 이 어구가 스가랴 9:9에 "이 이야기를 좀더 유사하게 합치시키기 위한" 수식이라고 생각한다(Anderson, 260도 이에 동의한다). 그러나 만약 그렇다면 건드리(627)의 올바른 지적처럼 마가는 "새로운 새끼"라고 해야 하지 않았을까? 복음서 기자가 스가랴 9:9을 알았다는 흔적이 없고, 적어도 그 구절이 그에게 중요했음을 보여 주는 어떤 흔적도 없다. 아무도 타지 않은 짐승이라고 말한다고 해서, 그 짐승이 길들여지지 않아서 타기가 어렵다는 뜻을 내포하지는 않는다. 그 짐승은 짐을 나르는 데 사용되었을 수도 있다. 이러한 세부적인 내용들을 언급하는 마가의 취지는 예수의 영예와 관련이 있을 것이다. 즉, 예수께서 타신 짐승은 평범하지 않고 특별한 짐승이었다는 것이다. 그 짐승은 이전에 사용되지 않았다(특별한 용도를 위해서 마련해 둔 짐승들이나 물건들에 대해서는 민 19:2; 신 21:3; 삼상 6:7을 보라; 성경 이외의 문헌에서는 Homer, *Iliad* 6.94; Horace, *Epod.* 9.22). 미쉬나 산헤드린(*m. Sanh.*) 2.5에 의하면, 왕이 타는 짐승은 아무도 타서는 안 된다(Catchpole, "Entry," 324). 따라서 다른 아무 사람도 사용하지 않았다는 의미에서 짐승의 "새로움"이 이 본문의 취지인 것 같다. (후대의 복음서 기자들이 예수의 시신이 이전에 사용된 적이 없는 무덤에 안치되었다고 묘사한 것도 동일한 취지가 아니었을까? 마 27:60; 눅 23:53; 요 19:41을 보라.) 건드리(Gundry, 625)는 아직 아무도 탄 적이 없는 짐승을 예수께서 (성공적으로) 타셨다는 것은 다른 사람들이 할 수 없었던 일을 능숙하게 하실 수 있는 예수의 능력을 다시 한 번 보여 주는 것이 아니었을까 생각한다.

"그것을 풀어서 끌고 오너라"(λύσατε αὐτὸν καὶ φέρετε – 뤼사테 아우톤 카이 페레테). 짐승의 징발은 "공식적인 수송 제도와 관련하여 설명될 수 있다"(E. A. Judge, *NewDocs* 1:43; 참조. Derrett, *NovT* 13[1971] 241-58; Pesch, 2:180). 이 관행은 SEG 1392(주후 18-19세기)에 어느 정도 자세하게 설명되어 있다. 앙가레이아(ἀγγα-

ρεία, "긴급한 수송")라 불린 이 관행을 가리키는 용어는 널리 퍼져 있었기 때문에 히브리어에서도 안가리아(אנגריא)라는 차용어로 등장한다(참조. *m. B. Meṣi'a* 6:3). 구약에서 왕은 자기가 원하는 것을 백성들로부터 "취한다"(לקח – 라카흐; 예를 들어, 삼상 8:16-18). 예수의 요구는 적어도 그분이 로마 당국과 동등한 정치적 권위를 지니고 계셨음을 암시한다. 그러나 사실 이 일은 훨씬 더 간단하게 설명될 수 있을지도 모른다. 예수는 자신의 동조와 사전조율을 해놓으셨을 것임에 틀림없다(Rawlinson, 152; Blunt, 224; Turner, 53).

3-6 "만일 누가 너희에게 왜 이리 하느냐 묻거든"(*ἐάν τις ὑμῖν εἴπῃ, τί ποιεῖτε τοῦτο* – 에안 티스 휘민 에이페 티 포이에이테 투토). 이 질문은 성경에 자주 나오는 표현이다(참조. 출 18:14; 삼상 2:23; 느 2:19). 위에서 말했듯이, 이러한 계획된 반응은 이 일이 초자연적 사건이 아니라 사전에 조율된 행동임을 보여 준다(Ernst, 319는 이에 반대한다).

"주께서 그것을 필요로 하시는데 다시 곧 이리로 보내시리라"(*ὁ κύριος αὐτοῦ χρείαν ἔχει, καὶ εὐθὺς αὐτὸν ἀποστέλλει πάλιν ὧδε* – 호 퀴리오스 아우투 크레이안 에케이 카이 유뒤스 아우톤 아포스텔레이 팔린 호데). 호 퀴리오스(*ὁ κύριος*, "주")가 누구를 가리키는지 결정하기는 쉽지 않다. 예수, 하나님 또는 나귀 새끼의 주인(Taylor, 454) 등이 그 후보가 될 것 같다. 마가복음 기자(누가와는 대조적으로)는 한 번도 예수를 호 퀴리오스(*ὁ κύριος*)로 부르지 않기 때문에, 이 단어가 예수를 가리키는 것으로 보는 것(Nineham, 295과 Gnilka, 2:117는 이렇게 생각한다; 또한 Gundry, 624, 628도 이 견해를 옹호한다; 그러나 복음서 기자가 예수를 호 퀴리오스[*ὁ κύριος*]로 부르는 대목이라고 주장되는 구절들은 엄밀한 의미에서 Taylor의 견해와 모순되지 않는다)은 현명치 못하다. 테일러(455)는 나귀 새끼의 주인이 예수와 함께 했다는 전제하에 이 단어가 나귀 새끼의 주인을 가리키는 것이라고 주장한다. 이러한 견해는 상당히 유력하고, 예수께서 자신의 동조자와 사전조율을 하셨다는 위의 2절에 대한 "주석"과도 부합한다(Cranfield, 350와 Lane, 391-92 n. 3도 테일러의 주장에 동의한다). 그렇다면 호 퀴리오스(*ὁ κύριος*)는 짐승의 "주인"(아돈[ארון]의 아람어 형태에서 나온) 또는 임자(Grundmann, 302의 주장과는 달리, 퀴리오스[*κύριος*]가 사용되었다고 해서 반드시 헬레니즘적 맥락을 보여 주는 것이라고 할 수는 없다)를 의미한다. 그렇지만 이 짐승의 퀴리오스(*κύριος*)는 당연히 하나님이고, 그 권세 아래서 예수는 행동하시고 있다. 짐승은 예수의 동조자의 소유이고, 사전조율이 이루어진 상태였겠지만, "주께서 그것을 필요로 하신다"는 말은 일종의

"고르반", 즉 하나님께서 사용하시도록 드려진 물건이라는 의미를 함축하고 있을 것이다. 그러나 예수께서 이 짐승을 사용하시는 것은 단지 일시적인 것으로서, 짐승은 반환될 것이다. 마가 공동체에서 호 퀴리오스(ὁ κύριος)는 예수를 가리키는 것으로 이해되었을 것이다(Ernst, 320).

7 "저희가 나귀 새끼를 끌고 와서 자기들의 겉옷을 그 위에 걸쳤다"(φέρουσιν τὸν πῶλον πρὸς τὸν Ἰησοῦν καὶ ἐπιβάλλουσιν αὐτῷ τὰ ἱμάτια αὐτῶν – 페루신 톤 폴론 프로스 톤 이에순 카이 에피발루신 아우토 타 히마티아 아우톤). 나귀 새끼에 얹은 겉옷들은 안장을 대신한다(Cranfield, 350). 그닐카(2:117)는 예수께서 타시도록 짐승에 겉옷을 얹은 것은 대관식을 연상시킨다고 올바르게 이해하고 있다(왕상 1:38-40; 왕하 9:13; 다음 단락을 보라). 레인(Lane, 393)도 "순례자들이 나귀를 타고 예루살렘에 들어가는 것은 관례가 아니었다. 순례의 최종 단계는 일반적으로 도보로 걸어 들어가는 것으로 끝났다"라고 바르게 지적한다.

"예수께서 그 위에 앉으셨다"(ἐκάθισεν ἐπ' αὐτόν – 에카디센 에프 아우톤). 제자들과 무리가 그들의 겉옷으로 나귀 새끼를 장식하자, 예수는 그 짐승 위에 앉으셨다. 나귀 새끼에 타는 것(마가는 구체적으로 언급하지는 않지만 역사적으로 이 짐승은 당나귀였을 것이다)은 신하들이 솔로몬으로 하여금 그의 왕위 계승권을 과시하기 위하여 부왕 다윗의 노새를 타게 한 것을 연상시킨다(참조. 왕상 1:38-48). 솔로몬은 노세를 타고 가서 기름부음을 받았고, 백성들은 "솔로몬 왕 만세"를 부르고 떠들썩하게 기뻐하며 그 뒤를 따랐다. 스가랴 9:9의 예언은 솔로몬이 노새를 탄 일을 연상시킨다.

8 "많은 사람이 자기 겉옷들을 길에 폈다"(πολλοὶ τὰ ἱμάτια αὐτῶν ἔστρωσαν εἰς τὴν ὁδόν – 폴로이 타 히마티아 아우톤 에스트로산 에이스 텐 호돈). 장군이나 왕이 지나갈 길에 옷을 펼쳐놓는 것은 성경에 전례가 있다. 즉시 생각나는 일은 예후에 관한 것이다. "무리가 각각 자기의 옷(ἱμάτιον – 히마티온)을 급히 취하여 섬돌 위 곧 예후의 밑에 깔고 나팔을 불며 가로되 예후는 왕이라 하니라"(왕하 9:13). 에른스트(321)는 옷을 펼쳐놓는 것은 비현실적이라고 단언한다. 어째서인가? 귀인 앞에 옷을 펼쳐놓는 것은 비현실적이고 과장된 행위였기 때문에 존경을 보이는 행위라는 것이다. 로마이어(Lohmeyer, 230)는 짧은 거리일 경우에만 그렇다고 인정한다. 그럴지도 모르지만, 예수의 무리가 예수께서 지나는 길에 반복하여 겉옷들을 펼쳐놓았을지 누가 알겠는가? 마가의 기사는 이와 같이 자세한 내용을 전해 주지는 않고, 오직 그런 일이 일어났다고만 말할 뿐이다(Pesch, 2:182를 보라). 사랑하거나

존경하는 인물 앞에 옷을 펼쳐놓는 관습은 헬라-로마 세계에서도 알려져 있었다. 카토(Cato)가 자신의 군대에서 떠날 준비를 했을 때 그에게 보여 준 군사들의 존경에 관한 플루타르크의 기사를 생각해 보라(참조. Plutarch, *Cato Minor* 7; Lane, 396). 아델피아(Adelphia)의 대리석 관(棺)을 장식하고 있는 잘 보존된 석재 부조(浮彫)에서 우리는 아델피아가 탄 말(또는 노새?)의 굽 아래에 한 사람이 옷 또는 돗자리를 까는 장면을 볼 수 있다. 일부 사람들은 그 옆에 서 있고, 행렬을 이루는 사람들도 있다.

"다른 이들은 밭에서 벤 큰 풀을 깔았다"(*ἄλλοι δὲ στιβάδας κόψαντες ἐκ τῶν ἀγρῶν*-알로이 데 스티바다스 콥산테스 에크 톤 아그론). 밭에서 벤 스티바다스(*στιβάδας*, "큰 풀")는 갈대이거나 곡식의 줄기였을 것이다(MM, 589를 보라; "갈대나 골풀의 더미"; 또한 스티바다스[*στιβάδας*]는 잎이 무성한 줄기를 가리키는 것이 틀림없다고 주장하는 BAGD를 보라). 이러한 여러 제안들 중에서 큰 풀이나 곡식의 줄기(이 때는 풀과 거의 구별이 되지 않았을)가 보다 나은 선택이다. 왜냐하면 골풀이나 갈대가 예루살렘 주변의 메마르고 바위 투성이인 언덕들에 많았을 것 같지 않기 때문이다(이러한 것들은 요단강이나 갈릴리 호수의 강안을 따라 나 있었을 것이다). 마가의 스티바다스(*στιβάδας*)는 마태의 수정인 "나무들로부터의 가지들"(*κλάδους ἀπο τῶν δένδρων*-클라두스 아포 톤 덴드론) 또는 요한의 "종려나무 가지들"(*τὰ βαΐα τῶν φοινίκων*-타 바이아 톤 포이니콘; 12:13)과 다르다. 따라서 마가의 "잎이 무성한 가지들"은 유월절이 아니라 장막절 또는 수전절을 가리킨다는 모르(Mohr, *Markus-und Johannespassion*, 56)의 주장은 모든 힘을 잃는다(Gundry, 629의 올바른 지적처럼). 또한 예수를 좇는 무리들 중 일부가 예루살렘에 들어가서 종려나무 가지들을 들고 다시 나왔다는 요한복음 12:12-13의 영향을 받은 스웨트(Swete, 250)의 주장도 설 자리를 잃는다. 유다 마카베오에 대한 환영 묘사가 예수에 대한 환영 묘사에 관한 전승에 영향을 주었을 것이다. "그러므로 담쟁이가 둘러진 지팡이와 아름다운 가지들(*κλάδους*-클라두스), 종려나무 잎들(*φοινίκας*-포이니카스)을 들고, 무리들은 자신의 성소를 깨끗케 하는 데 성공한 그에게 감사의 찬송을 드렸다"(2 Macc 10:7; 참조. "종려나무 가지들[*βαΐων*-바이온]을 언급하는 1 Macc 13:51). 경우가 동일하지는 않다. 유다는 왕적인 또는 메시아적인 의미에서 환영을 받은 것도 아니었고, 예수께서 성전산으로 향하실 때 나뭇가지들이나 종려나무 잎들이 드려진 것도 아니었다. 그럼에도 불구하고 유다 이야기는 예수의 제자들이 한 행동의 여러 측면을 해명해 준다. 한 가지 흥미로운 병행은 성전 정화가 유다 및 예수에 대한 환영과 연관되어 있다는 것이다. 유다는 성전과 제단을 정화한 후에 환영을 받고(2 Macc 10:1-3), 예수는 성전 경내에서 행동하시기 전에 환영을 받는다.

9 "앞에서 가는 자들과 뒤따라가는 자들"(*οἱ προάγοντες καὶ οἱ ἀκολουθοῦντες* – 호이 프로아곤테스 카이 호이 아콜루둔테스). 마가는 두 부류의 다른 집단들, 즉 예루살렘에서 오는 무리와 예루살렘으로 가는 무리를 구별하려는 것(요 12:12-13에 함축되어 있듯이)이 아니라 단지 무리들이 예수를 앞뒤로 둘러싸고 갔다는 점을 말하고자 할 뿐이다(Turner, 54; Cranfield, 351; Taylor, 456).

"'호산나 찬송하리로다 주의 이름으로 오시는 이여'라고 소리를 질렀다"(*ἔκραζον, ὡσαννά εὐλογημένος ὁ ἐρχόμενος ἐν ὀνόματι κυρίου* – 에크라존 호산나 율로게메노스 호 에르코메노스 엔 오노마티 퀴리우). "호산나"는 히브리어 호쉬아 나(הוֹשִׁיעָה נָּא)의 음역인데, 이는 시편 118:25-26에 대한 인용문의 일부이다. "여호와여 구하옵나니 이제 구원하소서 여호와여 우리가 구하옵나니 이제 형통케 하소서 여호와의 이름으로 오는 자가 복이 있음이여 우리가 여호와의 집에서 너희를 축복하였도다." 따라서 "호산나 찬송하리로다 주의 이름으로 오시는 이여"라는 마가의 구절은 각 절의 첫 번째 부분을 따온 것임을 알 수 있다. 첫머리에 나오는 "이제 구원하소서"는 "호산나"를 번역한 것이다. 칠십인역(시 117:26)에서도 이 어구를 음역하지 않고 "이제 구원하소서"(*σῶσον δή* – 소손 데)로 번역하고 있다. 마가가 셈어적 표현인 호산나(*ὡσαννᾶ*)를 보존하고 있다는 것은 이 전승의 진정성을 보여 주는 것으로서, 마가의 본문은 초대 교회가 칠십인역을 주워 모아 만든 것이 아니다. 문자적으로 "호산나"는 도움을 구하는 말이다(Burger, *Jesus als Davidssohn*, 47). "호산나"의 호쉬아(הוֹשִׁיעָה)와 예수의 이름의 히브리어/아람어 형태(יְהוֹשׁוּעַ – 예호슈아/ יֵשׁוּעַ – 예슈아)가 둘 다 동사 야샤아(יָשַׁע, "구원하다")에서 파생된 것이기 때문에, 건드리(630)는 "호산나"라는 외침이 하나님이 아니라 예수를 향한 것이 아닌가 생각한다. 건드리의 생각이 옳을 수도 있다. 왜냐하면 이스라엘 왕들에게 "호산나"를 외친 예들이 성경에 나오기 때문이다. 예를 들어, 드고아의 여인은 "왕이시여, 구원하소서"(הוֹשִׁעָה הַמֶּלֶךְ – 호쉬아 함멜렉; 삼하 14:4)라고 소리치는데, 이 구절은 칠십인역에서 소손 바실류 소손(*Σῶσον βασιλεῦ σῶσον*, "구원하소서, 왕이시여, 구원하소서"; 2 Kgdms 14:4)으로 번역된다. 또한 한 굶주린 여인이 "나의 주 왕이시여, 구원하소서"(הוֹשִׁעָה אֲדֹנִי הַמֶּלֶךְ – 호쉬아 아도니 함멜렉; 왕하 6:26)라고 외치는데, 이 구절은 칠십인역에서 소손 퀴리에 바실류(*σῶσον κύριε βασιλεῦ*; 2 Kgdms 6:26)로 번역된다. 그럼에도 불구하고 시편 118:25의 "호산나"의 수신자는 하나님이기 때문에, 예수를 따르는 무리가 약속된 구원과 다윗의 나라를 이루어 달라고 (하나님의 구원의 대리자인 예수를 통하여) 하나님께 소리질렀다고 보는 것이 좋겠다. ("호산나"의 의미에 대하여 좀더 자세한 것은 Fitzmyer, "Aramaic Evidence"를 보라; 또한 아래 10절에 대한 "주석"을 보라).

시편 118편의 성전 요소도 간과되어서는 안 된다(Cranfield, 351를 보라). 26절의 마지막 부분("여호와의 집에서 너희를 축복하였도다")이 직접 또는 간접으로 인용되고 있지 않긴 하지만, 예수께서 실제로 입성의 마지막 부분에서 성전 경내에 들어가셨다는 사실은 이 시편의 이 부분이 고려되었음을 보여 준다. 이 점의 중요성은 아래서 분명해질 것이다.

10 "찬송하리로다 오는 조상 다윗의 나라여"(*εὐλογημένη ἡ ἐρχομένη βασιλεία τοῦ πατρὸς ἡμῶν Δαυίδ* – 율로게메네 헤 에르코메네 바실레이아 투 파트로스 헤몬 다위드). 뤼르만(Lührmann, 189)은 "우리 조상 다윗의 나라"는 결코 예수의 선포의 일부가 아니었다고 바르게 지적한다. 이러한 지적은 맞지만, 이 말을 외친 사람은 예수가 아니라 무리들이었다. 마가의 신학 및 예수의 신학(12:35-37에 대한 주석을 보라)의 이러한 긴장은 이 본문의 진정성을 말해 준다. 이 본문이 후대의 교회의 신앙고백이었다면 좀더 일관성을 갖추었을 것이다. 이 무리들의 환호는 나중에 대제사장과 로마 총독 앞에서 예수에게 씌워진 죄목 및 예수께서 "유대인의 왕"으로 처형되었다는 것과도 부합한다. 몇몇 주석가들은 이 표현은 비유대적인 것으로서(보통 *b. Ber.* 16b를 근거로 든다: "'조상들'[אבות – 아보트]이라는 용어는 오직 세 사람[즉, 아브라함, 이삭, 야곱]에게만 사용된다") 마가복음 1:15에 나오는 예수의 하나님 나라 선포를 토대로 비슷하게 만들어 낸 말에 지나지 않는다고 주장한다(예를 들어, Schmithals, 2:485; 참조. Lohmeyer, 231-32: "후대의 첨가"; Schniewind, 149). 이 하나의 랍비 전승에 호소하는 것이 이 문제의 전부인 양 생각하는 것은 잘못된 것이다. 또 다른 랍비 전승은 다윗이 스스로를 낮춰서 하나님을 기쁘게 해드렸기 때문에 하나님께서 그를 "세 조상들 다음으로 으뜸가는 자"(ראש לשלשת אבות – 로쉬 리쉴로셰트 아보트)로 삼으실 것이라고 말한다(*b. Mo'ed Qat.* 16b). 게다가 하나님이 "아브라함의 방패"(*'Amîdâ* §1)이듯이 하나님은 "다윗의 방패"(*b. Pesaḥ.* 117b; *Midr. Pss.* 18.8[on Ps 18:3]; *Midr. Sam.* 26.3[on 2 Sam 7:9]: "다윗의 하나님…아브라함, 이삭, 야곱의 하나님")이시다. 따라서 랍비 전승에서는 다윗에게 이스라엘의 "조상들" 중의 하나라는 지위를 허용한다. 페쉬(Pesch, 2:185)도 이 표현

이 비유대적이라는 주장을 반박한다. 그는 다윗을 "우리 조상"이라 부르는 사도행전 4:25(참조. 눅 1:32), 다윗을 "족장"이라 부르는 사도행전 2:29을 근거로 댄다. 또한 페쉬는 창세기 49:10을 해석하면서 "다윗의 가지"의 "오심"에 관하여 말하는 4Q252 [=4QpGen[a]] 1 V, 3을 근거로 대기도 한다. 그는 조상들에 대한 시락(Sirach)의 찬송을 우리에게 일깨우기도 한다. "이제 유명한 이들, 그들의 세대들 속에서 우리 조상들을 찬양하자"(Sir 44:1). 그런 다음에 아브라함, 이삭, 야곱, 모세, 아론, 비느하스, 다윗(Sir 45:25; 47:1-11) 등에 대한 찬양이 이어진다. 끝으로 "영원한 조상"(사 9:6)에 대한 이사야의 언급은 다윗을 가리키는 것일 수 있다. 이러한 전승들에 비추어 볼 때, "우리 조상 다윗"이라는 표현을 비유대적인 것으로 볼 정당한 이유가 전혀 없다.

"오는 우리 조상 다윗의 나라"를 비유대적인 표현으로 보는 비판적 견해와 달리 에른스트(322)는 이 표현을 나중에 그리스도인들이 개작한 유대적인 표현이라고 생각한다. 그는 이 어구가 "주의 이름으로 오시는" 이를 구체적으로 다윗의 자손으로 규정한 기독교 공동체에서 나왔다고 본다. 그러나 이런 작업은 시편 118:26에 대한 유대의 탈굼이 이미 해놓은 일이다!(위의 "양식/구조/배경"을 보라). 또한 "오는 우리 조상 다윗의 나라"라는 어구는 부활 사건 이후 기독교 공동체에서 생겨난 것이 아니라 부활 사건 이전에 유대교에서 유래한 것임을 보여 준다.

시편 118:22-29의 탈굼에 나오는 아람어 의역(意譯)에서는 명시적으로 다윗임을 밝힌다. 다윗은 건축자들이 버린 "소년"("돌"이 아니라)으로서 왕이 될 자격이 있다. 건축자들은 제사장들로서, 그들은 결국 그를 맞아들여서 성전에서 그를 환호하게 된다. "여호와의 집에서 너희를 축복하였도다." 이 시편의 아람어 판본에 이러한 주제들을 해석적으로 첨가하고 있다는 것은 예수께서 예루살렘에 입성하실 때 무리가 시편 118편을 인유(引喩)하여 외친 것이 단순한 우연의 일치가 아니라 예수를 좇는 자들 및 예수 자신의 신학의 일부였음을 보여 준다(아래의 12:1-12에 대한 주석을 보라).

"가장 높은 곳에서 호산나"(ὡσαννὰ ἐν τοῖς ὑψίστοις – 호산나 엔 토이스 휩시스토이스). 토레이(Torrey, *Our Translated Gospels*, 21)는 "하나님께서 그(즉, 메시아)를 구원하시기를!"이라는 번역을 제시한다. 테일러(Taylor, 456)는 그의 번역이 옳다고 생각한다. 그러나 백성들이 외치는 구원은 단순히 이스라엘의 메시아가 아니라 이스라엘 전체에 대한 것이다. 이러한 선택지들을 배타적으로 볼 필요는 없다. 그것들은 서로 보완적이다.

샌더스(J. A. Sanders, "Psalm 118 in the Entrance Narrative")는 "호산나"라는 외침과 축복의 외침은 각각 다른 무리가 번갈아 외친 것이라고 주장한다. 아람어 판본(즉, 시편 탈굼)의 초기 형태의 해석 전승이 작용하고 있었을 가능성을 감안하면, 샌더스가 생각하는 랍비 문헌의 초기 형태의 해석 전승도 1세기에 유포되었을 가능성이 있다. (그러나 Fitzmyer, "Aramaic Evidence," 115는 시 118편에 대한 랍비들의 메시아적인 해석이 1세기 팔레스타인으로 소급될 수 있다는 것에 대하여 대단히 회의적이다.)

11 "예수께서 예루살렘에 이르러 성전에 들어가셨다"(*εἰσῆλθεν εἰς Ἱεροσόλυμα εἰς τὸ ἱερόν*–에이셀덴 에이스 히에로솔뤼마 에이스 토 히에론). 입성 기사의 목적지는 성전, 즉 성전 경내였다. 시편 118편, 특히 자유롭게 의역된 아람어 탈굼을 지침으로 삼는다면, 예수는 제사장들의 영접을 기대하셨을 것이다. 그러나 그 어떤 기록도 없다. 이것은 잘 알다시피 사변적인 이야기이지만, 입성 기사의 엉성하고 싱거운 결말을 설명해 줄 수 있다.

"모든 것을 둘러보시고 때가 이미 저물매 열두 제자를 데리시고 베다니로 나가셨다"(*περιβλεψάμενος πάντα, ὀψίας ἤδη οὔσης τῆς ὥρας, ἐξῆλθεν εἰς Βηθανίαν μετὰ τῶν δώδεκα*–페리블렙사메노스 판타 옵시아스 에데 우세스 테스 호라스 엑셀덴 에이스 베다니안 메타 톤 도데카). 핸헨(Haenchen, 378)은 이 엉성한 결말이 입성을 묘사하는 자료와 성전 경내를 방문한 것을 묘사한 자료를 결합했다는 것을 보여 주는 증거라고 생각한다. 이와는 반대로 엉성한 결말은 예루살렘 입성이 예수를 포함한 그 계획자들이 기대했던 대로 끝나지 않았다는 증거가 된다. 또한 이것은 예수께서 예루살렘을 처음 방문한 사람처럼 어리둥절하셨다는 것을 의미하지도 않는다(Lane, 398). 예루살렘 성은 예수를 좇는 무리들과는 달리 갈릴리 출신의 이 예언자–아마도 메시아–를 환영하지 않았다. 예수께서는 마침내 성전 경내에 들어가셨지만, 제사장들의 영접은 없었다. 예수는 무시되셨다. 그가 할 수 있었던 것은 경내를 둘러보고 제자들과 함께 베다니로 물러나오시는 것이 전부였다.

해설

마가의 입성 기사는 마태 및 요한과는 달리 스가랴 9:9을 직접적으로나 간접적으로 인용하고 있지 않지만, 이 예언의 주요한 요소들은 예수의 행동들 및 그와 함께한 순례자들의 반응 속에 나타나 있다. 입성 자체가 스가랴서의 "보라 네 왕이 임하나니"와 부합하고, 나귀 새끼에 탄 것은 스가랴서의 "나귀를 타나니 나귀의 작은 것,

곧 나귀 새끼라"와 부합한다. 그리고 순례자들의 기뻐 외치는 소리는 스가랴서의 "시온의 딸아 크게 기뻐할지어다"와 부합한다(Lane, 393-94).

예수의 예루살렘 입성은 극적으로 수난 주간의 시작을 알린다. 예수는 그의 왕적인 메시아 정체성, 수난 주간의 끝에 대제사장 앞에서의 그의 고백(14:61-62) 및 십자가 처형 때 로마 병사들이 쓴 "유대인의 왕"이라는 죄패에서(15:26) 명백하게 드러날 그의 정체성을 암시하는 여러 조짐을 통해서 알려진다. 이렇게 해서 수난 주간은 왕적인 메시아라는 주제로 시작되고 마감된다. 그러나 이러한 병행들은 극적인 대비를 수반하기도 한다. 왜냐하면 예수는 기쁨과 추종의 환호성 속에서 예루살렘에 입성하시지만 조롱과 괴롭힘의 소리들 가운데 성을 나오시게 되기 때문이다.

또한 예루살렘 입성은 예수와 성전 당국이 관련된 드라마가 펼쳐지는 무대를 설정하는 역할도 한다. 예수는 성전 경내에 들어가서 "모든 것을 둘러보심"으로써 예루살렘의 종교적 상태를 완전히 파악하셨음을 암시한다. 예수께서 그가 본 모든 것을 좋아하시지 않았다는 것은 앞으로 이어지는 단락들에서 명백해진다. 예수는 열매 맺지 못하는 무화과나무를 저주하시고, 경내에서 시위하시며, 성전 당국자들 및 종교적 관행의 여러 측면들을 비판하신 후에, 마지막으로 성전의 멸망을 예고하신다.

3. 무화과나무를 저주함(11:12-14, 20-21)

참고문헌

Bartsch, H.-W. "Die Verfluchung des Feigenbaumes." *ZNW* 53(1962) 256-60. **Bird, C. H.** "Some *γάρ* Clauses in St. Mark's Gospel." *JTS* n.s. 4(1953) 171-87. **Birdsall, J. N.** "The Withering of the Fig-Tree(Mark xi, 12-14, 20-22)." *ExpTim* 73(1962) 191. **Buchanan, G. W.** "Withering Fig Trees and Progression in Midrash." In *The Gospels and the Scriptures of Israel.* Ed. C. A. Evans and W. R. Stegner. JSNTSup 104; SSEJC 3. Sheffield: Sheffield Academic Press, 1994. 249-69. **Bundy, W. E.** *Jesus and the First Three Gospels.* Cambridge, MA: Harvard UP, 1955. **Cotter, W. J.** "'For It Was Not the Season for Figs.'" *CBQ* 48(1986) 62-66. **Dalman, G.** *Arbeit und Sitte in Palästina.* 1/2. Hildesheim: Olms, 1928.

1/2:378-81. **Derrett, J. D. M.** "Figtrees in the New Testament." *HeyJ* 14(1973) 249-65. **Edwards, J. R.** "Markan Sandwiches: The Significance of Interpolation in Markan Narratives." *NovT* 31(1989) 193-216. **Geddert, T. J.** *Watchwords: Mark 13 in Markan Eschatology.* JSNTSup 26. Sheffield: JSOT, 1989. 122-24. **Giesen, H.** "Der verdorrte Feigenbaum: Eine symbolische Aussage? Mk 11,12-14.20f." *BZ* 20(1976) 95-111. **Hiers, R. H.** "Not the Season for Figs." *JBL* 87(1968) 394-400. **Losie, L. A.** "The Cursing of the Fig Tree: Tradition Criticism of a Marcan Pericope: Mk 11:12-14, 20-25." *Studia Biblica et Theologica* 7(1977) 3-18. **Manson, T. W.** "The Cleansing of the Temple." *BJRL* 33(1951) 271-82. **Münderlein, G.** "Die Verfluchung des Feigenbaumes(Mk 11:12-14)." *NTS* 10 (1963) 89-104. **Robin, A. de Q.** "The Cursing of the Fig Tree in Mark xi: A Hypothesis." *NTS* 8(1962) 276-81. **Romaniuk, K.** "Car ce n'etait pas la saison des figue(Mk 11:12-14 parr)." **Schwartz, E.** "Der verfluchte Feigenbaum." *ZNW* 5(1904) 80-84. **Smith, C. W. F.** "No Time for Figs." *JBL* 79(1960) 315-27. **Stein, R. H.** "The Cleansing of the Temple in Mark(11:15-19): Reformation or Judgment?" In *Gospels and Tradition: Studies on Redaction Criticism of the Synoptic Gospels.* Grand Rapids, MI: Baker, 1991. 21-33. **Telford, W. R.** *The Barren Temple and the Withered Tree: A Redaction-Critical Analysis of the Cursing of the Fig-Tree Pericope in Mark's Gospel and Its Relation to the Cleansing of the Temple Tradition.* JSNTSup 1. Sheffield: JSOT, 1980. 95-127.

본 문

12 이튿날 저희가 베다니에서 나왔을 때에 예수께서 시장하신지라

13 멀리서 잎사귀 있는 한 무화과나무를 보시고 혹 그 나무에 무엇이 있을까 하여 가셨더니 가서 보신즉 잎사귀 외에 아무 것도 없더라 이는 무화과의 때가 아님이라

14 예수께서 나무에게 일러 가라사대 이제부터 영원토록 사람이 네게서 열매를 따 먹지 못하리라 하시니 제자들이 이를 듣더라

20 저희가 아침에 지나갈 때에 무화과나무가 뿌리로부터 마른 것을 보고

21 베드로가 생각이 나서 여짜오되 랍비여 보소서 저주하신 무화과 나무가 말랐나이다

12 And on the next day, when they had departed from Bethany, [Jesus][a] became hungry.[b]

13 And seeing at a distance a fig tree having leaves, he went [to see][a] if he might then[c] find something[d] on it. And coming upon it, he found nothing except leaves. For it was not the season for figs.

14 And answering, he said[e] to it, "May no one ever eat fruit from you again!" And his disciples were listening

20 And passing by early in the morning, they saw the fig tree withered from the roots up.

21 And being reminded [of Jesus' words],[a] Peter[f] says to him, "Master,[g] behold, the fig tree that you cursed is withered!"

원문주해

a. 이 단어들은 문맥상 첨가한 것들이다.

b. ℵ사본은 에페이나센(*ἐπείνασεν*, "시장하게 되었다")을 생략한다(그러나 이 단어는 난외주에 제시되어 있다).

c. 에이 아라(*εἰ ἄρα*, "~인지")는 간접의문문을 이끈다; 참조. BDF §440.2.

d. D사본은 이데인 에안 티 에스틴(*ἴδειν ἐάν τι ἔστιν*, "뭔가가 있는지를 보기 위하여")으로 읽는다.

e. 일부 사본들은 호 이에수스(*ὁ Ἰησοῦς*, "예수")를 첨가한다.

f. 일부 수리아 사본들은 케파(kepa', "게바") 또는 쉬므온(sim'on, "시몬")으로 읽는다. 일부 사본들은 아포크리데이스 호 페트로스 레게이 아우토(*ἀποκριθεὶς ὁ Πέτρος λέγει αὐτῷ*, "베드로가 대답하여 주께 말하여")로 읽는다.

g. 헬라어로는 랍비(*ῥαββι*, "랍비").

양식/구조/배경

예루살렘에 입성해서 성전산에 잠깐 들른(11:1-11) 다음날, 예수는 베다니를 떠나 길을 가다가 시장기를 느끼신다. 예수는 멀리서 잎이 무성한 무화과나무를 보고 뭔가 먹을 것이 있을까 해서 그 나무로 다가가신다. 하지만 예수는 실망하시고 만다. 그 나무에는 먹을 것은 없고 잎만 무성했기 때문이다(계절을 생각하면, 이것은 그리 놀랄 일도 아니다). 그러자 예수는 "이제부터 영원토록 사람이 네게서 열매를 따먹지 못하리라"고 말씀하신다. 제자들은 옆에서 우연히 이 말씀을 듣는다. 이튿날 제자들은 그 사이에 뿌리로부터 말라버린 무화과나무를 보게 된다. 예수께서 하신 말씀이 생각나서, 베드로는 "랍비여 보소서 저주하신 무화과나무가 말랐나이다"라고 소리친다.

무화과나무를 저주한 사건에 관한 마가의 판본은 두 부분으로 이루어져 있고(11:12-14, 20-21), 성전 사건(11:15-19)을 둘러싸고 있다. 마태의 병행본문(마 21:18-22)은 나눠져 있지 않다. 실제로 마태복음 기자는 입성 기사에서 권세에 관한 나중의 질문에 이르기까지 마가복음의 고르지 않은 연대기적 순서를 부드럽게 다듬었다. 마가에 의하면, 예수는 예루살렘에 들어가서 성전 경내를 둘러본 다음 성전을 떠나신다(11:1-11). 이튿날 예수는 예루살렘으로 가는 길에 무화과나무를 저주하신다(11:12-14). 그런 후에 예수는 예루살렘으로 다시 들어가서, 이번에는 성전 경내에서 시위를 한 다음에 떠나신다(11:1-19). 다음날 다시 성전으로 가는 길에 제자들은 무화과나무가 마른 것을 본다(11:20-21). 그런 후에 예수는 제자들에게 믿음과 용서에 관하여 가르치신다(11:22-25; 이 후자의 요소는 문맥과 잘 맞지 않는다). 그들이 성전 경내로 들어갔을 때, 예수는 제사장들, 서기관들, 장로들에게 질문을 받으신다(11:27-33). 마태복음에서 이러한 일련의 사건들의 순서는 훨씬 단순화된다. 즉, 예수는 예루살렘에 들어가신다(21:1-11). 예수는 마가복음에서처럼 이튿날이 아니라 즉시 성전에서 시위하신다(21:12-13). 이튿날 예수는 무화과나무를 저주하시고, 그 나무는 그들이 보는 앞에서 즉시 말라 버린다(21:18-20). 그러자 예수는 제자들에게 믿음과 기도에 관하여 가르치신다(21:21-22; 용서에 관한 가르침은 생략된다). 그런 후에 예수는 성전 경내에 들어가시고, 거기에서 그의 권세에 대하여 질문을 받으신다(21:23-27). 누가복음의 순서도 더 간단하다. 즉, 예수는 도성에 가까이 가신다(19:28-40). 가까이 왔을 때, 예수는 예루살렘에 대하여 우신다(19:41-45, 누가의 첨가). 예수는 성전 경내에서 시위하신다(19:45-48). 이튿날 예수는 그의 권세에 대하여 질문을 받으신다(20:1-8). 무화과나무를 저주한 사건이 생략되어 있는 것이 눈에 띈다. 누가복음 기자는 실제로 아무 죄도 없는 나무를 저주한다는 것은 예수의 인격 및 가르침과 부합하지 않는다는 당혹감 때문에, 또는 열매 없는 무화과나무에 관한 어느 정도 비슷한 비유(눅 13:6-9) 때문에 – 누가는 통상적으로 중복을 꺼린다 – 또는 이 두 가지 이유 때문에 이 이야기를 생략했을 것이다. 마가의 좀더 엉성한 사건 배열은 마가 본문이 더 오래된 것임을 보여 주고, 좀더 자연스러운 마태와 누가의 판본은 그 이차적 성격을 보여 주는 증거다.

양식비평적으로 무화과나무 이야기는 일반적으로 그 기원을 토대로 전설(legend)로 분류되거나 이적 이야기(miracle story)로 분류된다. 불트만(*History*, 218)은 이 이야기가 원래는 통일적인 단위였는데, 11:15-19에 나오는 성전 사건이 나중에 그 중간에 끼여들었다고 본다. 부분적인 차이점은 예수 전승에서 이 이야기의 특이한 성격에 기인한다. 번디(Bundy, *Jesus and the First Three Gospels*, 425)는 이 단락에 묘사된 행위를 "분별없고 불쾌감을 불러일으키는" 행위라고 부른다. 이것은 분명히 지나친 말이긴 하지만, 예수의 행위는 좀스럽고 괴팍스러워 보이기 때문에 설명을 필요로 한다. 따라서 이 이야기는 베다니에서 예루살렘으로 가는 길에 있는 마른 무화과나무를 둘러싸고 발전한 유래담(由來談, aetiological legend)이라 불려 왔다(예를 들어, Schwartz, *ZNW* 5[1904] 80-84; Lohmeyer, 234; Taylor, 459). 몇몇 주석가들은 이 이야기를 예루살렘에 관한 말씀(예를 들어, Klostermann, 116)이나 비유(눅 13:6-9 같은; 예를 들어, Blunt, 226; Moule, 90[단정적이지는 않음]; Anderson,

264; 이에 반대하는 학자로는 Bultmann, *History*, 230-31; Taylor, 459) 또는 구약 본문들(렘 8:11-13; 호 9:10, 16; 미 7:1 같은; 예를 들어, Ernst, 325; Telford, *Barren Temple*, 237)로부터 발전된 전설(legend)로 본다. 또 어떤 학자들은 예수께서 자신의 다가올 죽음(예를 들어, Manson, *BJRL* 33[1951] 280)이나 다가올 하나님 나라(예를 들어, Bartsch, *ZNW* 53[1962] 256-60; Schenk, *Passionsbericht*, 158-66)와 관련해서 "다시는 네게서 나는 열매를 먹지 않으리라"고 한 전혀 위협적이지 않은 말씀을 제자들이 잘못 이해하여 이 전설이 발전되었다고 말한다. 끝으로 핸헨(Haenchen, 380-81)은 이 이야기를 시절이든 아니든 예수께서 열매를 요구하셨을 때 나무가 내놓지 못한 것을 예수의 위엄에 대한 모욕으로 본 "후대의 전설"이라고 본다. 이런 식으로 학자들은 책임을 예수로부터 초대 교회로 떠넘기는데, 이런 주장은 예수 전승에 있어서 이 이야기의 독특성을 부분적으로밖에는 설명해 주지 못한다. 초대 교회가 예수를 둘러싸고 이런 류의 전설(legend)을 발전시켰다면 이와 비슷한 이야기들이 복음서 전승(참조. 눅 9:51-56)에 나오지 않는 이유는 무엇인가를 묻는 편이 좋을 것이다! 그러나 그 밖의 다른 요소들도 잠깐 살펴보자.

순전히 문학양식이라는 관점에서 보면, 이 이야기는 통상적인 (a) 배경(11:12), (b) 이적 행위(11:13-14), (c) 확인(11:20)으로 이루어진 이적 이야기(miracle story)로 분류된다. 나무에 대한 예수의 행위에 초점이 맞춰져 있기 때문에 이 이야기는 자연 이적(nature miracle)이라는 넓은 범주에 속하지만(예를 들어, Bultmann, *History*, 227-31; Lohmeyer, 234), 행위의 성격으로 봐서는 "저주"(예를 들어, Grundmann, 306; Lohmeyer, 234; Pesch, 2:291) 또는 "징벌"(예를 들어, Lührmann, 190) 이적으로 볼 수 있다. 이러한 구별이 자의적인 것처럼 보이긴 하지만, 무화과나무 이야기는 마가 이전의 전승에서는 자연 이적의 기능을 갖고 있었지만(11:12-14, 20-24; 그리고 마 21:18-22에서), 마가복음에서는 저주 이적(11:12-14, 15-19)과 자연 이적(11:20-25)이라는 이중적 기능을 갖는다. 이 이야기는 11:15-19에 나오는 성전 장면에 대한 해석적 틀을 제공하고, 11:22-25에 나오는 기도 및 "하나님에 대한 믿음"에 관한 예수의 가르침을 위한 토대를 제공한다.

적절한 문학 양식을 결정한다고 해도 원래의 삶의 자리(*Sitz im Leben*, 예수의 생애[*Sitz im Leben Jesu*]에서든 교회[*der Kirche*]에서든)를 결정하는 데는 도움이 되지 않는다. 이 이야기는 복음서 전승에서 예수께서 저주 이적을 행하신 유일한 예이다(대조적으로 예수께서 구체적으로 파괴적인 행위를 하시는 것을 금하는 눅 9:51-56을 보라). 이러한 이적 이야기들은 구약과 사도행전에서는 발견된다(예를 들어, 왕하 1:4, 10-14; 2:23-24; 5:27; 행 5:1-11; 13:6-12). 그러나 이 이야기에서 예수의 행위의 괴팍성은 예수 전승에서 발견되는 그의 사역과 잘 맞지 않는 것으로 보인다. 일부 주석가들은 이 이야기를 초대 교회가 누가복음 13:6-9에 나오는 예수의 무화과나무 비유를 실제의 사건으로 탈바꿈시킨 것이라고 주장한다(참조. 선한 사마리아인의 비유에 대한 교부들의 해석). 그럼에도 불구하고 정신(은혜/저주), 의미(영적으로 생산을 못하는/다산[多産]에 대한 기만적인 과시), 문체(참조. 마가 본문의 생생한 표현)에 있어서 누가복음 13:6-9과 마가복음 11:12-14, 20의 차이들은 예수 전승에서 비유들이 구체적인 사건들로 탈바꿈한 예가 없다는 사실과 더불어 이러한 주장에 불리하게 작용한다(Telford, *Barren Temple*, 234-38). 어떤 학자들(예를 들어, Ernst, 325; Telford, *Barren Temple*, 237)은 이 이야기로부터 그 어떠한 구약 본문이 분명하게 떠오르지 않는다는 사실에도 불구하고, 이 이야기를 구약 본문이나 본문들을 극화(劇化)한 것으로 본다. 어느 경우든 우리에게는 이 이야기가 예수의 사역의 성격과 부합하지 않을 뿐만 아니라 초대 교회에 의해 묘사된 예수의 사역의 성격과도 부합하지 않는다(Buchanan, "Withering Fig Trees"은 그렇지 않다고 본다)는 추가적인 문제점이 있다. 이 이야기는 그 원래의 배경이나 해석의 열쇠를 상실해 버린 예수의 사역으로부터의 "행위 비유"(acted parable), 이사야 20:1-6; 예레미야 13:1-11; 에스겔 4:1-15에 나오는 예언적 또는 상징적 행위에 그 뿌리를 두고 있는 것 같다(예를 들어, Cranfield, 355; Münderlein, *NTS* 10[1963] 94-95; Giesen, *BZ* 20 [1976] 101-11). 이 이야기 자체에는 해석을 위해 필수적인 단서들이 나오지 않는다(참조. Hiers, *JBL* 87[1968] 394-400; Derrett, *HeyJ 14*[1973] 249-65). 11:21-24(=마 21:21-22)에 나오는 해석의 열쇠는, 이 말씀들이 독립적으로 전승된 것에서 볼 수 있듯이(11:23, 24에 대한 "주석"을 보라), 분명히 이차적이다.

자료 문제와 관련해서 마가복음 기자는 이 이야기와 11:23-24의 별개의 말씀들이 서로 결합되어 있는 것을 발견했던 것으로 보인다. 달리 말하면, 복음서 기자는 무화과나무 이야기와 산을 움직일 만한 믿음과 기도에 관한 예수의 말씀들로 이루어진 아포프데그마(apophthegma, 경구[警句])를 발견했다는 말이다. 무화과나무 이야기 자체는 11:20의 확인으로 끝이 났을 것이다. 이 이야기를 믿음과 기도에 관한 예수의 가르침(11:23-24)을 위한 토대로 사용한 마가 이전의 편집자는 11:21-22에 나오는 베드로의 반응과 예수의 도전을 첨가하여 두 전승을 이어주는 이행문(移行文)으로 삼았다(참조. Roloff, *Kerygma*, 168).

무화과나무 이야기에서 마가의 편집적 수정은 도입부(11:12a에 대한 "주석"을 보라), 11:13b("주석"을 보라)에서의 가르(γὰρ)에 의한 설명절, 이 이야기를 11:15-19에 나오는 성전 사건을 위한 틀로 사용한 것에서 나타난다(참조. Pesch, 1:189-90). 복음서 기자는 이와 같이 전승들을 사이에 끼워 넣는 "샌드위치" 수법을 앞에서도 해석적 장치로 사용해 왔는데(Guelich, 169를 보라), 이로부터 우리는 마가에 있어서 이 전승들의 의미를 이해하게 된다(Edwards, *NovT* 31[1989] 216; 하지만 Meier, *Marginal Jew* 2:892는 무화과나무 이야기가 마가가 사용한 자료 속에서 이미 샌드위치 구조로 되어 있었다고 생각한다; 아래를 보라).

무화과나무 이야기를 성전 사건의 틀로 사용함으로써 마가는 이 이야기에 새로운 문학적 배경을 부여하게 되는데, 이는 두 가지 결과를 가져온다. 첫째, 이 이야기는 예수의 예루살렘 입성(11:1-11), 성전 사건(11:15-19), 권세에 관한 질문(11:27-33)과 서로 엮이게 될 뿐만 아니라, 이 이야기의 연대 설정(11:12-13)은 이 사건들을 삼 일에 걸쳐 일어난 것으로 분리함으로써 이 사건들 배후에 있는 시간 틀이 변경된다(참조. 마 21:12-22). 둘째, 이제 무화과나무 이야기(11:12-14, 20-21)는 성전 사건을 위한 해석학적 열쇠로서 무화과나무의 운명, 성전 경내에서의 예수의 행위와 말씀에 의미를 부여한다.

주후 1세기의 역사적 배경 속에 놓으면, 이 이야기는 허구적인 특징들 중 일부를 상실한다. 무화과나무의 성격을 감안하면 예수께서 무화과를 찾으신 것은 훨씬 더 합리적인 행동이 된다(13절에 대한 "주석"을 보라). 오늘날의 독자들은 예수께서 무화과나무에게 말하고 저주하신 행위를 유별나다고 생각할지 모르지만(참조. Pesch, 2:197 n. 30!), 흔히 무화과나무와 관계된 이러한 이야기들은 랍비 문헌에 매우 자주 나오기 때문에 텔포드(Telford, *Barren Temple*, 237)는 이 단락을 "학가다적인 이야기"라고 부른다. 이 랍비 전승들 중 하나를 살펴보자. "한번은 랍비 요세가 밭에 품꾼들을 부렸다. 밤이 왔는데도 음식이 그들에게 오지 않아서, 그들은 그의 아들에게 '우리가 배가 고프다'고 말했다. 그들은 무화과나무 아래 쉬고 있었고, 아들은 '무화과나무여, 무화과나무여, 내 아버지의 품꾼들이 먹을 수 있도록 열매를 내거라'고 소리쳤다. 무화과나무는 열매를 내었고, 그들은 그것을 먹었다"(*b. Ta'an.* 24a). 잠시 후에 랍비 요세는 무화과나무가 "때가 아닌데도" 열매를 내었다고 말한다.

끝으로 마이어(Meier, *Marginal Jew* 2:986 n. 63)는 마가복음 11:12-14, 20-21은 "제자들이나 청중들이 이적으로 여긴 역사적 예수의 어떤 특기할 만한 행위로 소급되지 않는다…이 이야기는 기독교 교사에 그 기원이 있다"고 결론을 내린다. 마이어(Meier, *Marginal Jew* 2:894)는 초기의 전승 보유자가 성전에서의 예수의 행위를 개혁 행위가 아니라 최후 심판의 행위로 해석하기 위하여 무화과나무를 저주한 이야기를 만들어 내서 성전 사건을 둘러싸게 배치했다고 생각한다(또한 *Marginal Jew* 2:894-96을 보라). 텔포드(Telford)의 지적처럼, 무화과나무와 포도나무에 관한 비유들은 랍비 문헌과 민담 속에서 아주 흔히 등장했다. 우리가 고찰중인 이 단락도 예수가 등장하는 그러한 이야기 중의 하나를 재현한 것이다(앞 단락에서 인용한 예와 비슷하게). 이 이야기가 어느 정도 사실에 근거하고 있다고 믿는 라이트(Wright, *Jesus and the Victory of God*, 421-22)는 예레미야 8:11-13(그리고 미 7:1과 그 맥락)에 주목하고, 무화과나무에 대한 예수의 선포는 성전 당국에 대한 예레미야의 비판을 예수 시대에 적용하려는 시도의 일부였다고 주장한다. 라이트의 주장은 옳을 수 있다. 왜냐하면 예수는 성전 경내에서 시위할 때 제사장들과 그 활동들에 대한 그의 예언적 비판에서 예레미야 7:11을 근거로 드시기 때문이다(막 11:15-17에서). 부하난(Buchanan, "Withering Fig Trees")도 최근에 이 전승의 역사성을 인정하는 쪽으로 기울었다. 그는 예수의 행위가 성경의 해석 및 종말론적 기대들과 부합한다고 믿는다. 그럼에도 불구하고 마이어(Meier)가 이 기이한 이야기의 역사성을 부인하며 제시한 근거들은 설득력이 있다. "이 이야기는 구약, 사도행전, 신약의 외경들에 나오는 응징(應懲) 이적들과 완벽하게 부합하지만 사복음서에 나오는 예수의 다른 이적들과는 부합하지 않는 이적이다. 따라서 비연속성(discontinuity) 및 부합성(coherence)이라는 판별 기준들이 한데 결합되어…꽤 확고한 판단을 형성한다. 마가복음 11:12-14, 20-21이 역사적 예수로 소급되지 않는다는 것은 거의 확실해 보인다"고 마이어는 단언한다. 역사성에 대한 마이어의 판단은 받아들일 만하지만, 그의 자료비평의 모든 측면이 다 받아들일 만한 것은 아니다. 마이어의 주장대로 무화과나무를 저주하는 이야기는 창작되어 성전 시위 장면에 첨가되었을 가능성이 많지만, 이 이야기로 하여금 성전 시위를 둘러싸게 한 것은 복음서 기자의 손길이었을 것이다.

주석

12 "이튿날"(*τῇ ἐπαύριον*–테 에파우리온; 여기에 헤메라[*ἡμέρᾳ*]를 보충해야 함)이라는 표현은 마가복음에서 오직 이 곳에만 나온다. 복음서 기자는 입성 기사로부터의 장면 전환을 위해서 이 표현을 첨가했다. 일요일에서 일요일까지 "거룩한 한 주간"을 전개해 나가지 않고 예수의 입성(11:1-11)과 성전 사건(11:15-19) 중간에 "이튿날" 일어난 이 이야기를 도입함으로써(11:20에 대한 "주석"을 보라), 복음서

기자는 11:1-33의 전승에 의한 자료들을 "삼 일"에 걸쳐 배열할 수밖에 없었을 것이다(11:11/12; 11:19/20; 11:27).

"저희가 베다니를 떠났을 때에"(*ἐξελθόντων αὐτῶν ἀπὸ Βηθανίας* – 엑셀돈톤 아우톤 아포 베다니아스)라는 어구는 이 이야기를 장소상으로 11:11과 연결시켜 줌으로써 이 이야기의 배경을 제공해 준다. 마가복음에서 엑세르케스다이(*ἐξέρχεσθαι*, "떠나다")와 아포(*ἀπὸ*, "~로부터")가 함께 사용된 유일한 경우라는 것(참조. 마태에서는 6번; 누가에서는 13번; 그러나 에크[*ἐκ*, "~로부터"]와 함께 쓰인 경우는 마가에서 10번 나온다!), 이 이야기가 배경 설정을 필요로 한다는 것은 적어도 그 근저에 전승이 존재함을 강력히 시사해 준다(참조. Gnilka, 2:122). 이 이야기의 토대가 된 전승에는 아우톤(*αὐτῶν*, "저희")과 에페이나센(*ἐπείνασεν*, "시장해졌다")의 선행사와 주어가 구체적으로 나와 있었을 것이 틀림없지만, 마가는 11:11에서 예수와 열두 제자로 초점을 좁혀 놓았다(참조. 11:14, 21). 11:1-9, 15-19, 27b-33 배후에 있는 전승군(傳承群)에는 베다니를 가리키는 것은 아무것도 없다는 점을 고려하면, 그 전승의 배경 속에 베다니가 나왔을 것이다(11:19에 대한 "주석"을 보라). 또한 이것은 복음서 기자가 11:11b에서 예수의 최종 목적지를 말할 때 베다니를 언급한 이유를 설명해 주기도 한다(14:3에 대한 "주석"을 보라).

에페이나센(*ἐπείνασεν*, "시장해졌다")은 이 이야기에서 몇몇 명백한 모순점들 중의 첫 번째 경우다. 예수가 묵었던 집 주인이 아침식사를 제공하지 않았던 것일까? 왜 예수만 시장하시고 제자들은 시장하지 않았을까? 어찌하여 예수께서 실제로 시장하신 경우가 상징 행위를 낳게 했는가? 어떤 주석가들은 이 같이 이 이야기의 발전 단계에서 후대에 첨가된 것이라고 본다(예를 들어, Schweizer, 230). 어떤 학자들은 이 말을 은유적으로 예수께서 이스라엘에게서 의로운 열매를 원한다는 뜻으로 해석함으로써 이 모순을 해결한다(L. Goppelt, *TDNT* 6:20; Giesen, *BZ* 20[1976] 103; Ernst, 325). 또 어떤 학자들(예를 들어, Birdsall, *ExpTim* 73[1962] 191; Robin, *NTS* 8[1962] 280)은 이 말이 예수의 행위를 오해한 제자들에게서 나온 것으로 본다. 예수께서 나무에 다가가시면서 미가 7:1("내 마음에 사모하는 처음 익은 무화과가 없도다")을 인용하여 말씀하신 것을 제자들이 예수께서 시장하다는 뜻으로 이해했다는 것이다.

이러한 질문들은 본문에 대하여 너무 많은 것을 전제한다(Gundry, 637-38를 보라). 첫째, 이 질문들은 예수께서 누군가의 객(客)으로 베다니에서 밤을 보내셨을 것이라는 마가의 편집에 의한 배경 설정과 유사한 맥락을 전제한다(참조. 14:3; 요

12:1-2). 현재의 마가의 배경 설정을 제거하면, 이 이야기는 밤을 보냈다거나 집주인에 관한 그 어떤 것도 말해 주지 않는다. 둘째, 편집에 의한 "이튿날"이라는 시간 설정도 때가 이른 아침이었는지를 구체적으로 말해 주지 않는다(참조. 11:20, 프로이[πρωΐ, "아침 일찍"]). 따라서 예수께서는 시장하셨고 제자들은 시장하지 않았다는 것과 관련된 질문은 의미가 없어진다. 이 어구는 단지 이후에 일어나는 일에 대한 배경을 제공해 줄 뿐이다. 위에서 주장한 이 이야기의 기원을 받아들인다면, 분명히 이것이 더 나은 설명일 것이다.

많은 해석자들과 함께 슈타인(Stein, "Cleansing," 121-33)은 마가(또는 그의 선임자)가 서로가 서로를 해석하게 하기 위하여 의도적으로 성전 정화 사건(11:15-19)을 무화과나무 사건 사이에 끼워 넣었다고 결론을 내린다. "마가는 저주(cursing)를 통해서 정화(cleansing)를 해석한다"("Cleansing," 130). 잎은 무성한데 열매가 없는 무화과나무는 성전을 상징하고, 종교적 행사들로 분주하지만 영적인 열매가 없는 성전은 심판의 위험에 처해 있다. 그러나 마가의 편집 작업의 의도는 "예수께서 이스라엘을 버리셨고, 이스라엘은 저울에 달아져서 부족함이 발견되었으므로 그 나라는 이방인들에게 넘겨지게 될 것"임을 보이기 위함이었다는 슈타인의 결론("Cleansing," 130; 또한 131-33에 나오는 비슷한 말도 참조)은 따를 수 없다. 슈타인의 해석은 마가복음 12:9의 "다른 사람들"(ἄλλοις-알로이스)을 마태가 21:43에서 "백성"(ἔθνει-에드네이)으로 수정한 것을 반영한 것 같다. 악한 포도원 농부 비유(12:1-12)가 분명히 보여 주듯이, 심판의 대상은 이스라엘이 아니라 이스라엘의 종교 지도자들이다. 그 나라는 이방인들에게 넘겨지는 것이 아니라, 그 나라의 리더십이 고위 제사장들로부터 빼앗아져서 예수의 제자들에게 넘겨지게 될 것이다. 유대인이나 이방인이나 모두 그 나라에 들어오도록 초대를 받을 것이다. 마가복음의 문맥을 제대로 평가하고 있는 게더트(Geddert, *Watchwords*, 122-24)를 보라. 그는 이렇게 말한다. "무화과나무를 이스라엘과 동일시하는 것은 잘못된 방향 설정이다…마가복음의 전체적인 맥락은 심판이 민족 자체가 아니라 이스라엘의 지도층(leadership)에 대한 것임을 주의 깊게 보여 준다"(*Watchwords*, 125).

13 "무화과나무를 보시고"(ἰδὼν συκῆν-이돈 쉬켄). "이 나라에서 가장 중요한 과실수들 중 하나"이자 구약에서 흔히 포도나무와 함께 재배된 무화과나무는 격언에서는 평화와 안전을 상징하고(참조. 미 4:4; 슥 3:10), 그 열매와 더불어 수많은 비유적 의미들을 갖는다(H. Hunzinger, *TDNT* 7:752; 참조. 사 28:4; 렘 8:13; 24:1-10; 29:17; 호 9:10; 미 7:1; 나 3:12; 잠 27:18; 신약 및 랍비 문헌들을 포함

한 철저한 논의로는 Telford, *Barren Temple*, 129-63를 보라). 따라서 많은 해석자들은 무화과나무와 그 열매, 예수의 행위를 특히 이스라엘과 관련하여 상징적으로 보아 왔다. 그렇지만 무화과나무가 팔레스타인에서 흔히 재배되고, 구약에서 무화과나무와 그 열매가 다양하게 비유적인 의미로 사용된다는 점을 고려해서, 무화과나무나 그 열매 자체로부터 의미를 도출해 내는 것은 조심해야 한다. 그러므로 이 이야기를 상징적으로 보는 사람들은 이 이야기의 세부적인 내용들이나 그 현재의 문학적 맥락 속에서 단서들을 찾아내지 않으면 안 된다.

"잎사귀들을 갖고 있는"(ἔχουσαν φύλλα – 에쿠산 퓔라). 다음 문장에서 잎들에 대한 언급이 반복되는 것은 이 내용의 중요성을 강조하는 것이다. 낙엽수인 무화과나무는 3월 하순에 잎들을 내고, 늦가을에 잎사귀들이 떨어진다. 그러나 무슨 이유로 무화과나무가 잎사귀를 갖고 있다고 두 번이나 언급하고 있는 것일까? 몇몇 주석가들(예를 들어, Gnilka, 2:124; Schweizer, 232)에 의하면, 이러한 언급은 단지 11:20에서 이 나무가 말라 버린 것을 알아차리게 만드는 복선(伏線) 역할을 한다고 한다. 그러나 플리니우스 1세(Pliny the Elder)가 *Naturalis historia*(16.49)에서 말한 대로, 무화과나무가 잎을 내기 전에 열매를 맺는 나무로 유명하다면(참조. 막 13:28; B. W. Bacon, *DCG* 1:593; I. Jacob and W. Jacob, *ABD* 2:807: "흔히 열매가 발달한 후에 잎들이…나타난다"), 잎들이 있었다는 말을 통해서 마가복음의 독자들은 왜 예수께서 먹을 것을 찾으러 무화과나무로 가셨는지를 이해할 수 있고, "잎사귀 외에 아무것도 없더라"는 말이 의미를 지니게 된다.

"그 나무에 무엇이 있을까 하여"(εἰ ἄρα τι εὑρήσει ἐν αὐτῇ – 에이 아라 티 휴레세이 엔 아우테). 에이 아라(εἰ ἄρα, "~인지")는 미래 시제와 함께 사용되어 추론의 아라(ἄρα, "그렇다면")를 사용하는 간접의문문을 나타낸다(BDF §440.2; 참조. §379). 이러한 구문은 잎사귀들에 대한 언급을 강조하는 것으로서 예수께서 나무의 잎사귀들을 보고 뭔가 먹을 것이 있는지 찾으셨음을 보여 준다. 무화과나무는 두 차례에 걸쳐 열매를 낸다. 이른 열매는 5월 하순에서 6월까지 맺히고, 본격적인 늦은 열매는 8월 말에서 10월까지 맺힌다(Hunzinger, *TDNT* 7:753을 보라). 따라서 몇몇 주석가들은 전승에 있어서 입성 기사 및 성전 시위와 더불어 이 이야기의 배경을 초가을인 장막절 때로 본다(예를 들어, Manson, "Cleansing," 271-82; Smith, *JBL* 79 [1960] 324; Losie, *Studia Biblica et Theologica* 7[1977] 11-12). 이 이야기의 원래의 배경은 마가복음에서의 배경과는 달랐을 테지만, 나무에 잎사귀들이 있었다는 것이 예수께서 그 나무에 다가가신 토대가 된다. 마가복음 기자는 자신의 이야기 속에서 유월절 직전인 4월 중순, 즉 "무화과의 때가 아닌" 시기에 위치시킨다.

마가복음의 독자들의 입장에서 볼 때, 예수는 과연 무엇을 발견하기를 기대하셨던 것일까? 두 가지 가능성이 제시되어 왔다. (a) 가을걷이를 지나서 봄이 다가올 때 익는 "겨울 무화과"(*Str-B* 1:856-57, 제2년과 제3년에 익는 "흰 무화과"(בְּנוֹת שׁוּחַ – 베노트 슈아흐) 또는 (b) 잎사귀들이 나오기 전인 이른 봄에 나타나는, 푸른 꽃봉오리에서 나오거나(פַּגָּה – 팍가; 참조. 덜 익은 여름 무화과[LXX: *ὄλυνθος* – 올륀도스]를 가리키는 데 이 용어를 사용하는 아 2:13) 잎사귀들이 나타나기 전인 늦은 봄에 익는(בִּכּוּרָה – 빅쿠라; 이 단어는 칠십인역에서 호 프로드로모스[*ὁ πρόδρομος*, "이른 무화과"; 문자적으로는 "앞선 것"], 토 쉬콘 토 프로이몬[*τὸ σῦκον τὸ πρόϊμον*, "이른 무화과"], 호 스코포스[*ὁ σκοπός*, "망보는 사람, 정탐군, 척후병"] 등 여러 가지로 번역된다) "이른 무화과"(Dalman, *Arbeit*, 1/2:378-81; 참조. Telford, *Barren Temple*, 28 n. 16; Hunzinger, *TDNT* 7:751-52). 후자는 채 익지 않아서 식용으로 부적당하다고 생각되었기 때문에(예를 들어, Lagrange, 293), 몇몇 주석가들은 전자를 선택한다(예를 들어, Gnilka, 2:124; Grundmann, 307). 그렇지만 11:13에서 잎사귀들이 있었다는 사실을 두 번이나 언급하고 있는 것으로 보아 후자를 가리킬 가능성이 더 크다. 이와 비슷하지만 이례적인 상황하에서 덜 익긴 했지만 크고 먹을 수 있는 무화과가 있었다는 것이 증명되어 왔다(E. F. F. Bishop, *Jesus of Palestine: The Local Background to the Gospel Documents*[London: Lutterworth, 1955] 217; 참조. Taylor, 460 n. 1). 그러므로 예수께서 뭔가 먹을 것을 찾기 위해 4월 중순에 잎사귀들이 무성한 무화과나무에 가셨다는 것은 이 이야기의 신빙성을 손상시키지 않는다(참조. Haenchen, 380-81). 이 이야기가 그 기원에 있어서 허구적인 것이라고 하더라도, 마가복음의 독자들은 그럴 수 있는 일이라고 생각했을 것이다.

"잎사귀 외에 아무것도 없더라"(*οὐδὲν εὗρεν εἰ μὴ φύλλα* – 우덴 휴렌 에이 메 퓔라). 이 이야기의 맥락 속에서 이 어구는 단지 나무에는 열매가 전혀 없었고 예수의 시도는 허사였다는 것을 분명히 말해 줄 뿐이다. 나무에는 덜 익은 무화과조차도 전혀 없었음이 분명하다. 열매 맺지 못함(Barrenness)은 구약에서 이스라엘이 하나님을 위해 적절한 열매를 내지 못한 것에 대한 표현(예를 들어, 렘 8:13; 미 1:7)이자 하나님의 심판에 대한 표현(예를 들어, 렘 7:20; 호 9:16)으로 나온다. 따라서 예수께서 열매 맺지 못한 무화과나무로부터 헛되이 열매를 찾으신 것은 예수께서 이스라엘 내에서 의인이나 의(義)를 찾은 것에 관한 비유로 여겨져 왔다(예를 들어, Birdsall, *ExpTim* 73[1962] 191; Ernst, 325; Gnilka, 2:124; Grundmann, 307; Lane,

401; Münderlein, *NTS* 10[1963] 100-101). 그러나 무화과나무 기사와 성전 시위 사건의 밀접한 연관성은 예수께서 이렇게 의를 찾은 것을 좀더 좁은 의미로 이스라엘의 종교 생활의 심장부이자 중심인 성전에서 의를 찾은 것으로 이해해야 한다는 것을 보여 준다.

"이는 무화과의 때가 아님이라"(*ὁ γὰρ καιρὸς οὐκ ἦν σύκων* - 호 가르 카이로스 우크 엔 쉬콘)는 어구는 이 이야기에서 또 하나의 더 큰 불일치를 보여 준다. 이 가르(*γάρ*, "왜냐하면") 문장은 예수의 이전 및 이후의 행위들을 우스꽝스럽게 만드는 것처럼 보인다. 이 어구가 이렇게 문맥에 잘 맞지 않기 때문에, 학자들은 이 어구를 수정하거나(예를 들어, 우크[*οὐκ*, "아니다"]=우포[*οὔπω*, "아직 아니다"]; Telford, *Barren Temple*, 26 n. 4를 보라), 난외주로 취급하거나(참조. Lohmeyer, 234; Telford, *Barren Temple*, 26 n. 4를 보라), 의문부호를 붙였다(Romaniuk, *ZNW* 66 [1975] 278; Telford, *Barren Temple*, 26 n. 4를 보라). 하지만 본문을 수정하거나 난외주로 취급하기 위한 본문비평적인 밑받침이 결여되어 있다. 구두점을 다시 찍어서 의문부호를 붙이는 것은 마가의 가르(*γάρ*) 설명절의 문체 및 기능을 해치는 것이다.

몇몇 주석가들은 이 어구가 전승에 속한 것으로서 이 이야기의 상징적 의미에서 핵심적인 요소라고 본다. 예를 들면, 히어즈(Hiers, *JBL* 87[1968] 395-97; Derrett, *HeyJ* 14[1973] 253-54도 그의 견해를 따름)는 이 어구가 예수께서 "자연의 풍산(豐產)" 및 "지속적인 수확"이 메시아 시대의 현존을 보여 주는 것이 된다는 그의 메시아적 기대에 부합하여 무화과나무가 "때가 아니어도 열매를 낼 것"으로 기대했음을 보여 주는 것이기 때문에 이 이야기 전체의 핵심을 담고 있다고 주장한다. 뮌더라인(Münderlein, *NTS* 10[1963] 99-100)은 이 "난외주"에서 이스라엘의 구속사에 있어서 종말의 때(*καιρός* - 카이로스, "때")에 초점을 맞춘 이 이야기에 대한 초기 해석의 흔적을 볼 수 있다고 주장한다. 기젠(Giesen, *BZ* 20[1976] 105)은 카이로스(*καιρός*)를 종말론적 의미로 이해하여 이스라엘이 하나님의 구속 경륜 속에서 정해진 때를 제대로 사용하지 못했다는 것을 가리키는 것으로 본다. 이러한 설명들은 이 이야기 및 카이로스(*καιρός*)의 상징적 성격을 전제할 뿐만 아니라 가르(*γάρ*) 설명절이 마가의 편집임을 보여 주는 특징적인 지문(指紋)들 중 하나라는 사실을 간과하고 있다(참조. Pryke, *Redactional Style*, 126-35).

복음서 기자는 왜 이 구절을 첨가했을까? 얼핏 보기에 이 구절은 단순히 이 이야기를 현재의 유월절 맥락에 재배치한 것을 밑받침하는 역할을 하는 것 같아 보인다

(예를 들어, Lohmeyer, 235; Smith, *JBL* 79[1960] 316-17; Hunzinger, *TDNT* 7:756 n. 49). 복음서 기자가 문학적으로 엉성하다는 것은 소문이 나 있긴 하지만, 이러한 설명은 팔레스타인 사람인 예수께서 무화과나무에 관하여 무엇을 알지 못하셨는지를 복음서 기자가 설명하는 꼴이 되기 때문에 도저히 있을 수 없는 주장이다. 또한 이러한 설명은 화자가 예수보다 더 잘 알고 있는 것으로 만들고, 예수의 이후의 행위를 한층 더 괴팍스러운 것으로 만들어 버린다.

일부 학자들은 마가의 가르(*γάρ*) 절들은 흔히 구약의 구절들, 단어들, 개념들을 인유(引喩)하고 있다는 버드(Bird, *JTS* n.s. 4[1953] 171-87)의 주장을 따른다. 따라서 "단정적이고-인유적(引喩的)인 가르(*γάρ*)"는 좀더 깊은 의미를 예시하는 것으로서 구약에 뿌리를 둔 이 이야기의 상징적 성격에 대한 단서가 된다(예를 들어, Birdsall, *ExpTim* 73[1962] 191; Lane, 401; Losie, *Studia Biblica et Theologica* 7[1977] 13). 이런 식으로 이 구절을 이해하면 이 구절이 어색하게 잘못 놓여진 것이 아닌가 하는 의구심을 피할 수 있고, 이 이야기를 상징적으로 해석할 수 있는 직접적인 근거가 마련된다(Grundmann, 307; Gnilka, 2:124). 그러나 버드(Bird)의 주장 및 마가복음에서의 가르(*γάρ*)의 쓰임새를 검토한 후에, 드롤(M. E. Thrall, *Greek Particles in the New Testament*, 126-27)은 "가르(*γάρ*)가 사용되고 있다는 것 자체가 그 근저에 상징성을 내포하고 있다는 점에서 중요하다고 생각하는 것은 아무런 근거도 없다"고 결론을 내린다. 나아가 그녀는 구약을 상징하고 있다는 판단은 "가르(*γάρ*) 절의 실질적인 내용 및 그 전체적 맥락으로부터 도출되어야 하지, 가르(*γάρ*)가 도입문구라는 사실로부터 도출되어서는 안 된다"고 지적한다(*Greek Particles*, 50). 본문의 가르(*γάρ*) 절이 어떤 구약의 본문을 인유하고 있는가에 관하여 의견의 일치가 없다는 것도 그녀의 주장을 뒷받침해 준다.

드롤(*Greek Particles*, 47)이 무심코 한 말이 사실 이 문제에 대한 열쇠를 쥐고 있는 것 같다. "마가와 같이 가르(*γάρ*)를 자주 사용하는 작가들은 차근차근 논증을 발전시켜 가는 논리적 사상가들이 아니다…이야기 속에서 그들은 먼저 그 이야기에서 중요하거나 두드러진 점들을 언급한 다음에 가르(*γάρ*)를 사용해서 나중에 보충 설명을 하는데, 이 보충 설명은 논리적으로 주된 논지에 선행할 수도 있고 그렇지 않을 수도 있다." 그런 후에 그녀는 마가복음 6:16-18에서 가르(*γάρ*) 절들의 비논리적인 배치를 지적하는 것으로 이 주장을 예시한다. 코터(Cotter, *CBQ* 48[1986] 65-66; 또한 Meier, *Marginal Jew* 2:891-92도 이에 따름)에 의하면, 이러한 엄격한 논리 순서의 결여와 잘못 배치된 절들에 관한 이 말이 11:13에 나오는 이 구절을 이해하는 단서가 된다고 한다. 마가복음 16:4b에서 이와 비슷한 비논리적인 가르(*γάρ*) 절을 발견한 그녀는 이 두 절이 바로 앞의 문장이 아니라 좀더 멀리 떨어져 있는 문장을 설명해 준다고 보면 더 잘 이해될 수 있다고 한다. "이는 돌이 컸음이라"(16:4b)는 절이 바로 앞 문장인 "눈을 들어본즉 돌이 벌써 굴려졌다"(16:4a)를 설명해 주는 것이 아니라 누가 그들을 위해 무덤 입구에서 돌을 옆으로 굴려 줄까에 관한 여자들의 걱정(16:3b)을 설명해 주는 것이듯이, "이는 무화과의 때가 아님이라"(11:13c)는 절도 바로 앞 문장인 예수께서 나무로 가서(*ἐλθὼν*-엘돈) 보신즉 "잎사귀 외에 아무것도 없더라"(11:13b)를 설명하는 것이 아니라 왜 예수께서 "혹 그 나무에 무엇이 있을까 하여"(11:13a) 가셨는지(*ἦλθεν*-엘덴)를 설명해 준다. 코터(Cotter)의 주장에 따라 가르(*γάρ*) 절을 재배치해 보면, 이 절은 다음과 같이 될 것이다. "멀리서 잎사귀 있는 한 무화과나무를 보시고 혹 그 나무에 무엇이 있을까 하여 가셨더니(이는 무화과의 때가 아님이라) 가서 보신즉 잎사귀 외에 아무것도 없더라." 따라서 마가의 가르(*γάρ*) 절은 왜 나무에 무화과가 없었는가를 설명하는 것이 아니라 왜 예수께서 그 나무에 무화과가 과연 있을까 의구심을 가지셨는지를 설명하고 있다.

그러므로 마가가 예수의 행위에 대하여 이러한 설명을 첨가한 것은 연대기적으로 일어난 세부적인 사건들에 대한 관심을 보여 주는 것으로서 복음서 기자가 이 이야기를 단순히 비유적이거나 상징적인 것이 아니라 유월절이라는 맥락 속에 실제로 일어난 사건으로 이해했음을 보여 준다. 이와 동시에 11:12-19; 13:2; 15:38의 좀더 폭넓은 문학적 맥락 속에서 보면, 이 설명절은 1:14-15의 보다 깊은 의미를 지니게 된다(Guelich, 43-44를 보라). 이 절은 문자적으로는 "무화과의 때가 아님"이라고 되어 있지만, 복음서 기자는 예수께서 오셔서 하나님 나라를 선포하심으로써 "때"(*καιρός*-카이로스)가 성취되어(1:15; 참조. 12:2) 그 "시절"(*καιρός*-카이로스)이 지나간 성전이 곧 멸망될 것이라는 예수의 선포를 위한 배경을 설정해 주는 것일 수 있다. 따라서 카이로스(*καιρός*)는 여기서 세속적 목적과 신학적 목적에 둘 다 기여한다.

14 "예수께서 나무에게 일러 말씀하였다"(*ἀποκριθεὶς εἶπεν αὐτῇ*-아포크리데이스 에이펜 아우테)는 말은 우리에게는 낯설게 느껴질지 모르지만, "나무에게 말하는 것은…우리 시대의 유대인들에게 낯익은 맥락들 속에서 찾아볼 수 있다"(Derrett, *HeyJ* 14[1973] 252; 참조. 특히 *b. Ta'an.* 24a). 랍비들의 학가다(haggadah)에 나오는 몇몇 이야기들을 검토한 후에 텔포드(Telford, *Barren Temple*, 195-96)는 이 이야

기들에서 "세계는 인간의 특징들이 부여되어 있다. 나무들은 도덕적 차원에 반응하고, 말을 부칠 수 있으며, 인간의 필요에 따라 열매를 낼 수도 있고 거둘 수도 있다…나무들이 꽃 피우거나 시드는 것은 도덕적이고 상징적인 의미를 갖는다. 학가다의 세계에서 랍비의 저주는 명백한 효력이 있다. 자연은 의인에게 반응한다"고 말한다. 예수 시대보다 후대의 것이긴 하지만, 이 이야기들은 성경에서와 비슷한 자연관을 보여 준다(참조. 민 20:8; 수 10:12; 24:26-28; 마 4:3; 눅 4:3). 또한 이 이야기들은 우리로 하여금 마가의 무화과나무 이야기를 유대의 학가다와 유사한 그 무엇으로 보기를 권장하고 있다.

"이제부터 영원토록"(*μηκέτι εἰς τὸν αἰῶνα* - 메케티 에이스 톤 아이오나)은 종결 시점(*terminus ad quam*)으로서 "[내]세 때까지" 또는 "영원까지"로 번역되어 왔다(예를 들어, Hiers, *JBL* 87[1968] 397). 이러한 번역을 통해서 이 어구는 다음 무화과 수확기에 앞서 종말의 때가 올 것이라는 뜻을 내포하고 있다는 견해를 밑받침하는 것으로 여겨졌다(참조. Manson, *BJRL* 33[1951] 280; Bartsch, *ZNW* 53[1962] 256-60; Hiers, *JBL* 87[1968] 397-98; Grundmann, 308). 그러나 유감스럽게도 에이스 톤 아이오나(*εἰς τὸν αἰῶνα*)는 복음서들 그 어디에서도 그와 같은 의미를 갖지 않고, 따라서 예수 또는 초대 교회의 묵시론적 표현이었을 것 같지 않다. 이 표현은 일반적으로 "영원토록" 또는 "영구적으로"라는 관용적인 의미를 갖는다(예를 들어, 막 3:29; 마 6:13; *BAGD*).

"아무도 먹지 못하게 되기를 바라노라"(*μηδεὶς…φάγοι* - 메데이스…파고이)는 어떤 일이 일어나지 않기를 바란다는 의미를 지닌 기원법(祈願法)을 사용한다(BDF §384). 이 구절을 14:25에서 예수께서 다시는 포도나무 열매로부터 마시지 않겠다고 하신 말씀과 똑같이 단순한 선언의 차원으로 격하시켜서는 안 된다(참조. Grundmann, 308; Hiers, *JBL* 87[1968] 397-98). 왜냐하면 후자의 문장은 강조 부정(否定)과 정확한 종결 시점(*terminus ad quam*; "다시 하나님 나라에서")을 지닌 가정법을 사용하기 때문이다. 또한 마치 다시는 열매를 먹지 못하게 한다는 것이 뿌리로부터 마른 것보다 덜 격렬한 것처럼 생각해서 11:14의 내용과 11:20의 결과를 구별함으로써 예수의 선포를 부드럽게 해서도 안 된다(Lohmeyer, 234; Münderlein, *NTS* 10[1963] 90). 예수의 선포는 11:21에서 베드로가 아주 적절하게 말하고 있듯이 저주로서의 모든 무게를 지닌다. 열매를 맺지 못하는 나무는 저주받은 나무다(참조. 마 3:10=눅 3:9; 13:7).

"네게서 열매를"(*ἐκ σοῦ…καρπὸν* - 에크 수…카르폰). 일부 주석가들은 무화과가 아니라 성경에서 흔히 사용되는 은유인 "열매"(καρπόν – 카르폰)를 언급하고 있다는 사실을 이 이야기가 상징적 성격을 지닌다는 추가적인 증거로 본다(예를 들어, Giesen, *BZ* 20[1976] 105; Münderlein, *NTS* 10[1963] 95-86). 그렇지만 열매를 맺지 못한다는 것이 예수의 선포의 근거이자 결과이다. 나무에 무화과 열매가 없다는 것이 장래에 그 나무가 열매를 낼 수 없다는 결과를 가져온 것이다. 그러므로 무화과나무의 열매 맺지 못함과 그에 대한 예수의 심판에 초점이 맞추어져 있다. 나무의 생산물이 "무엇"(τι – 티; 11:13), "아무것"(οὐδὲν – 우덴; 11:13), "열매"(καρπός – 카르포스; 11:14b), 무화과(본문에는 나오지 않음) 등 그 어떤 것으로 지칭되고 있느냐는 것은 이 이야기의 의미에 영향을 미치지 않는다.

사실 문학적 맥락이 결여된 이 이야기는 상징성을 보여 주는 그 어떠한 구체적인 지표들도 담고 있지 않다. 물론 나무 일반, 구체적으로는 무화과나무, 무화과, 열매, 열매를 냄, 열매를 맺지 못함 등은 모두 성경에서 개인들, 민족으로서의 이스라엘, 열방들, 그들의 행위, 하나님 앞에서 그들의 관계를 나타내는 은유 역할을 한다. 그러나 배고픔, 무화과나무, 무화과, 열매 맺지 못하는 나무는 팔레스타인의 일상에서 평범한 삶을 구성하는 일부였다. 이 이야기가 전체적으로 또는 부분적으로 상징적인 것으로 의도되었다는 것을 암시하는 단어나 문맥이 없다면, 우리에게는 이 이야기를 상징적 행위 또는 행위 비유(acted parable)로 여길 확고한 토대가 없는 것이다. 베드로의 말(11:21)에 대한 응답으로서의 11:22-25에 나오는 말씀들은 이 이야기가 이스라엘과 관련된 행위 비유 또는 상징 행위로 취급되어서는 안 된다는 것을 보여준다.

그러나 마가는 이 이야기를 잘 활용하여 성전 시위(11:15-19)의 틀로 삼는다. 마태복음 기자와는 달리, 마가복음 기자는 샌드위치 구조(intercalation)를 편안하게 사용한다. 이 구조 속에서 각각의 이야기는 서로에 대한 해석을 제공한다. 11:15-19에 나오는 성전에서의 예수의 행위와 가르침은 하나님의 심판으로 성전이 곧 멸망될 것이라는 예레미야 7:11-14과 성전이 곧 하나님이 원래 의도하셨던 것, 즉 "만민의 기도하는 집"(11:7)이 될 것이라고 성전 당국자들에게 상기시키고 있는 이사야 56:7의 견지에서 보면 예언적이다. 예레미야 7장에 나오는 성전의 임박한 멸망에 관한 예언은 이스라엘에 대한 하나님의 심판을 선포하는 예레미야 8:13과 근접해 있다. "포도나무에 포도가 없을 것이며 무화과나무에 무화과가 없을 것이며." 마가 또는 마가 이전의 전승 보유자는 하나님의 구속 계획 속에서 예수의 인격과 사역이 성전을 대체할 것이라는(참조. 14:58; 15:29, 38) 의미를 부각시키기 위하여 무화과나무에 관한 이야기와 성전 시위에 관한 이야기를 결합시켰을 것이다. 예수는 오셔서 무화과나무에 대한 저주에 의해 예시되고 예레미야 7:11-14의 예언에 내재되어 있는, 물리적이고(막 13:2) 신학적으로(막 15:38) 일어날 성전의 멸망을 선포하신다(막 11:17).

"제자들이 이를 듣더라"(ἤκουον οἱ μαθηταὶ αὐτοῦ – 에쿠온 호이 마데타이 아우투)는 어구도 이 이야기의 비유적 또는 상징적 성격을 보여 주는 단서로 취급되어 왔다. 에쿠온(ἤκουον, "듣고 있었다")이라는 동사가 제자들이 예수의 선포를 이해하지 못했다는 것(이것은 나중에 11:21에서 베드로의 말에 나타난다)을 암묵적으로 보여 주는 것이라고 생각한 일부 주석가들은 이 구절을 이 사건들 배후의 좀더 깊은 숨겨진 의미를 보여 주는 것으로 여겨 왔다(Ernst, 326; Grundmann, 308; Losie, *Studia Biblica et Theologica* 7[1977] 13; Telford, *Barren Temple*, 261). "듣는다"는 말은 마가복음에서 특별한 인식(認識)을 의미할 수 있다(Guelich, 195-96를 보라). 그렇지만 11:21에 나오는 베드로의 말은 11:12-14의 상징 배후에 있는 어떤 숨겨진 의미에 대한 특별한 인식을 보여 주지 않는다. 오히려 예수의 선포를 들은 제자들 중의 한 사람이었던 베드로는 그 나무가 예수께서 저주하신 무화과나무라고 말한다. 이 말은 베드로가 예수께서 그 무화과나무로 가서(ἦλθεν – 엘덴; ἐλθὼν – 엘돈; 11:13) 하신 말씀을 들으셨다는 것을 보여 준다. 그러므로 "제자들이 이를 듣더라"는 어구는 제자들이 깨닫지 못했거나 분별할 필요성이 있는 어떤 숨겨진 의미를 함축하고 있지 않다.

20 "아침 일찍 지나갈 때에"(παραπορευόμενοι πρωΐ – 파라포류오메노이 프로이)라는 어구는 앞으로 일어날 일을 또 다른 한 날, 즉 시간 순서에 있어서 셋째 날에 배치시키는 역할을 한다(참조. 11:11-12, 19-20). 마태복음 21:18-22은 무화과나무 이야기를 하루 속에 축약시켜 놓음으로써 믿음 및 기도 말씀들(참조. 마 21:21-22)의 토대로서의 이적적 요소를 부각시킨다(Gundry, *Matthew*, 417를 보라). 11:20-21의 사건들은 11:12-14에 나오는 사건들에 이어지기 때문에, 전승에서는 "아침 일찍"(πρωΐ – 프로이)이 아니라 11:12의 "이튿날"(τῇ ἐπαύριον – 테 에파우리온)이 이 절의 첫머리에 있었을 것이다(12절에 대한 "주석"을 보라). 따라서 프로이(πρωΐ, "아침 일찍"; 참조. 11:19의 "저녁에"[ὀψέ – 옵세])는 예루살렘 입성(11:1-11)과 성전 시위(11:15-19) 사이에 무화과나무 사건(11:12-14)을 끼워 넣은 데서 생겨난 추가적인 편집적 손질(참조. 11:11, 12)이라 하겠다.

이렇게 해서 생겨난 3일 시간 구조(three-day chronology)는 전승 속에서의 무화과나무 이야기에 내재되어 있는 2일 구조에 의해 요구된 사건 순서를 좀더 문학적으로 다듬은 것이다. 마가의 3일 시간 구조에 대한 이러한 문학적 설명은 앞의 이틀과는 달리 제3일의 끝에 대한 언급이 없다는 점(참조. 11:12에 의해 요구된 11:11; 11:20에 의해 요구된 11:19), 비교적 긴 제3일(11:20에서 13:37까지), 13:37과 14:1 사이에 실종된 하루 등을 설명해 준다. 나아가 제3일의 끝에 대한 언급이 없다는 것은, 마가는 독자가 11:27-13:37 또는 12:34까지의 모든 사건들을 반드시 제3일에 일어난 것으로 보도록 할 의도가 없었음을 보여 준다(참조. 14:49).

"뿌리로부터 말랐다"(*ἐξηραμμένην ἐκ ῥιζῶν* – 엑세람메넨 에크 리존)는 나무가 죽었다는 것보다는 예수의 말씀의 철저한 효과(참조. 호 9:16; 욥 18:16; 28:9; 31:12; 겔 19:9)를 표현하는 말이다. 이 어구를 문자 그대로 받아들여서, 제자들이 실제로 뿌리를 볼 수는 없었을 것이기 때문에 이 표현은 이 이야기의 상징적 성격을 보여 주는 것이라고 결론내리는 것(예를 들어, Ernst, 332; Giesen, *BZ* 20[1976] 108; Gnilka, 2:134; Grundmann, 314)은 이 이야기를 손상시킨다. 이 절은 전승의 초기 단계에서는 11:14의 예수의 말씀을 확인하는 말로서 이 이적 이야기의 결론부를 이루었을 것이다. 만약 그렇다고 한다면, 21절은 예수에게 믿음과 기도에 관하여 말씀할 기회를 제공하기 위한 편집적 이음솔기가 된다. 그러나 21절은 원래부터 무화과나무 이야기의 결론부였을 수도 있다.

21 "베드로가 생각이 나서"(*ἀναμνησθεὶς ὁ Πέτρος* – 아남네스데이스 호 페트로스)는 14:72에 다시 나오는데, 이 동사는 마가복음에서 이렇게 두 번만 사용된다. 이 어구의 표현이나 이 맥락에서의 베드로의 역할 그 어디에서도 마가의 편집적 손길을 감지할 수 없다(참조. Best, *Disciples*, 171). 이에 대한 반응으로 예수는 개인적으로 베드로가 아니라 제자들("저희에게"[*αὐτοῖς* – 아우토이스; 11:22]; 참조. 11:14)에게 말씀하신다(참조. 8:29-30). "생각이 나서"(*ἀναμνησθεὶς* – 아남네스데이스)는, 베드로의 이어지는 말이 보여 주듯이, 제자들이 11:14에서 들었던 것을 가리킨다. 제자들이 들었다는 구절과 베드로가 생각이 났다는 구절은 둘 다 마가 이전 전승의 성전 사건을 보충 설명하는 단순한 이적 이야기에서 22-24절에 나오는 말씀들에 대한 도입부로 발전되는 과정에서 이 이야기에 첨가되었을 것이다.

"랍비여 보소서 저주하신 무화과나무가 말랐나이다!"(*ῥαββί, ἴδε ἡ συκῆ ἣν κατηράσω ἐξήρανται* – 랍비 이데 헤 쉬케 헨 카테라소 엑세란타이). 랍비(*ῥαββί*)의 쓰임새에 관해서는 9:5과 10:51에 대한 "주석"을 보라. "주께서 저주한"(*ἣν κατηράσω* – 헨 카테라소)은 베드로가 예수께서 말씀하실 때 들은 것으로 기억한 내용을 구체적으로 표현한 말인데, 무화과나무에 대한 예수의 적대적인 소원(11:14)을 결과에 비추어서 정확하게 해석하고 있다. 이 놀라운 베드로의 말은 멸망 이적(11:12-14)을 예수께서 믿음과 기도에 대하여 가르치실(11:22-25) 기회로 만드는 역할을 한다. 이적 이야기는 아포프데그마(警句)로 변화된다.

해설

마가는 전승 속에서 믿음과 기도에 관한 예수의 가르침을 위한 토대 역할을 했던 무화과나무 이야기를 가져와서(11:12-14, 20-25), 11:15-19에 나오는 성전 사건을 위한 틀로 사용했다. 이전의 전승 보유자로부터 물려받았을 수도 있는 이러한 샌드위치 구조와 전승들의 결합을 통해서, 마가는 이 이야기의 강조점을 변화시킨다. 믿음으로 말미암은 하나님의 권능을 예시해 주는 자연 이적(11:22-25을 보라)이었던 무화과나무 이야기는 다가올 성전 멸망을 보여 주는 상징적 또는 예언적 행위인 저주 이적이 되는데, 이것은 무화과나무 이야기 중간에 끼어 있는 이야기에 의해 확증된다.

마가복음의 현재의 문학적 맥락은 11:12-14, 20-21에 대한 해석학적 틀을 제공해 준다. 따라서 우리는 이러한 맥락을 뛰어넘어서 구약에서의 무화과나무나 열매의 의미를 논하거나 이스라엘 민족에 대한 하나님의 심판을 얘기하거나(위의 12절에 대한 "주석"을 보라) 제사장단이나 성전 당국자들에 대한 공격을 거론해서는 안 된다. 무화과나무는 하나님의 임재 및 구속 활동의 장소로서 유대인들에게 극히 중요했던 성전을 가리킨다. 잎사귀의 무성함이 생명과 다산(多產)을 증거하는 것처럼 보임에도 불구하고, 성전은 열매를 내지 않는다. 열매를 맺지 못하는 나무가 아무 쓸데없어 베어지는 것과 마찬가지로 성전도 멸망을 받을 것이다. 그러므로 무화과나무의 마름은 11:17에 나오는 성전의 임박한 파국에 대한 예수의 암시 및 13:2에서 세 제자에게 명시적으로 하신 예수의 말씀과 상응한다. 이것의 신학적 의미는 15:38에서 하나님의 임재가 있는 지성소의 휘장이 예수의 죽음과 동시에 찢어질 때 마가 및 그의 독자들에게 분명해진다.

마가는 무화과나무 이야기를 예언적으로 사용하고 있기 때문에 무화과 또는 열매가 없다는 것이 무엇인지를 구체적으로 말하지 않는다. 이 유비(類比)는 단지 무화과나무가 열매를 맺지 못하게 된 것처럼 성전도 그 역할을 제대로 하지 못했다는 것을 선언할 뿐이다. 전자는 무화과와 관련되고, 후자는 이스라엘을 위한 하나님의 임재 및 구속 활동의 장소와 관련된다. "이는 무화과의 때가 아님이라"는 마가의 보충 설명은 구속사의 견지에서 또 하나의 의미를 지닌다. 예수께서 오셔서 하나님 나라를 선포하심으로써 때가 성취되어 성전을 위한 기한 또는 때는 지나갔다(1:14-15).

4. **성전에서의 예수의 행위**(11:15-19)

참고문헌

Barrett, C. K. "The House of Prayer and the Den of Thieves." In *Jesus und Paulus.* FS W. G. Kümmel, ed. E. E. Ellis and E. Grässer. Göttingen: Vandenhoeck & Ruprecht, 1975. 13-20. **Brandon, S. G. F.** *Jesus and the Zealots: A Study of the Political Factor in Primitive Christianity.* Manchester: Manchester UP, 1967. 255-57, 330-40. **Chilton, B. D.** *The Temple of Jesus: His Sacrificial Program within a Cultural History of Sacrifice.* University Park, PA: Pennsylvania State UP, 1992. **Derrett, J. D. M.** "The Zeal of Thy House and the Cleansing of the Temple." *DRev* 95(1977) 79-94. **Evans, C. A.** "Jesus' Action in the Temple and Evidence of Corruption in the First-Century Temple." In *SBL 1989 Seminar Papers.* Ed. D. J. Lull. SBLSP 28. Atlanta: Scholars Press, 1989. 522-39. **Fredriksen, P.** *From Jesus to Christ: The Origins of the New Testament Images of Jesus.* London and New Haven: Yale UP, 1988. 111-14. ______. "Jesus and the Temple, Mark and the War." In *Society of Biblical Literature 1990 Seminar Papers.* Ed. D. J. Lull. SBLSP 29. Atlanta: Scholars Press, 1990. 293-310. **Harland, P. J.** "Robber or Violent Man? A Note on the Word *pārîṣ.*" *VT* 46(1996) 530-34. **Hengel, M.** *Was Jesus a Revolutionist?* FBBS 28. Philadelphia: Fortress, 1971. **Holladay, W. L.** *Jeremiah 1: A commentary on the Book of the Prophet Jeremiah Chapters 1-25.* Hermenteia. Philadelphia: Fortress, 1986. **Miller, R. J.** "The (A)historicity of Jesus' Temple Demonstration: A Test Case in Methodology." In *Society of Biblical Literature 1991 Seminar Papers.* Ed. E. H. Lovering, Jr. SBLSP 30. Atlanta: Scholars Press, 1991. 235-52. **Saldarini, A. J.** *Pharisees, Scribes and Sadducees in Palestinian Society: A Sociological Approach.* Wilmington, DE: Glazier, 1988. 241-76. **Theissen, G.** "Die Tempelweissagung Jesu." *TZ* 32(1976) 144-58(ET: "Jesus' Temple

Prophecy: Prophecy in the Tension between Town and Country." In *Social Reality and the Early Christians: Theology, Ethics, and the World of the New Testament.* Minneapolis: Fortress, 1992. 94-114). **Trautmann, M.** *Zeichenhafte Handlungen Jesu: Ein Beitrag zur Frage nach dem geschichtlichen Jesus.* FB 37. Würzburg: Echter, 1980. 78-131. **Trocmé, É.** "L'expulsion des marchands du Temple." *NTS* 15(1968) 1-22.

본 문

15 저희가 예루살렘에 들어가니라 예수께서 성전에 들어가사 성전 안에서 매매하는 자들을 내어 좇으시며 돈 바꾸는 자들의 상과 비둘기 파는 자들의 의자를 둘러엎으시며

15 And they went[a] into Jerusalem. And entering the temple,[b] he began to drive out those who were selling and those who were buying in the temple; and he overturned the tables of the money-changers and the seats of those who sold pigeons;

16 아무나 기구를 가지고 성전 안으로 지나다님을 허치 아니하시고

16 and he was not permitting anyone to carry a vessel through the temple.

17 이에 가르쳐 이르시되 기록된 바 내 집은 만민의 기도하는 집이라 칭함을 받으리라고 하지 아니하였느냐 너희는 강도의 굴혈을 만들었도다 하시매

17 And he was teaching and saying to them, "Is it not written, 'My house shall be called a house of prayer for all the Gentiles'? But you have made[c] it 'a cave of robbers.'"

18 대제사장들과 서기관들이 듣고 예수를 어떻게 멸할까 하고 꾀하니 이는 무리가 다 그의 교훈을 기이히 여기므로 그를 두려워함일러라

18 And the ruling priests and the scribes[d] heard and were seeking how they might destroy him; for they feared him, because all the multitude[e] were impressed by his teaching.

19 매양 저물매 저희가 성밖으로 나가더라

19 And whenever[f] evening came, they[g] went out of the city.

원문주해

a. 문자적으로는 현재 시제로서 "저희가 간다". 역사적 현재의 한 예이다. C사본은 미완료과거인 에르콘토(ἤρχοντο, "저희가 가고 있었다")로 읽는다.

b. D사본은 카이 호테 엔 엔 토 히에로(καὶ ὅτε ἦν ἐν τῷ ἱερῷ, "그리고 저희가 성전에 있을 때에")로 읽는다.

c. 많은 사본들은 부정과거인 에포이에사테(ἐποιήσατε, "너희는 만들었다")로 읽는다.

d. 일부 사본들은 호이 아르키에레이스 카이 호이 파리사이오이(οἱ ἀρχιερεῖς καὶ οἱ Φαρισαῖοι, "고위 제사장들과 바리새인들")로 읽는다. 이 이독은 바리새인들과 고위 제사장들을 함께 언급하고자 하는 마태(21:45; 27:62)와 요한(7:32, 45; 11: 47, 57; 18:3)의 경향성에서 기인한 것 같다. 마가복음 기자는 한 번도 이렇게 하지 않고, 여러 차례에 걸

쳐 호이 아르키에레이스 카이 호이 그람마테이스(οἱ ἀρχιερεῖς καὶ οἱ γραμματεῖς, "고위 제사장들과 서기관들")라고 말한다(막 11:18, 27; 14:1, 43, 53). 그 밖의 몇몇 사본들은 호이 그람마테이스 카이 호이 파리사이오이 카이 호이 아르키에레이스(οἱ γραμματεῖς καὶ οἱ Φαρισαῖοι οἱ ἀρχιερεῖς, "서기관들과 바리새인들과 고위 제사장들")로 읽는데, 이는 여러 독법들을 결합하여 이 세 집단이 함께 언급한 구절들을 따른 것이다(아래를 보라).

e. 일부 사본들과 역본들은 호 라오스(ὁ λαός, "백성들")로 읽는다.

f. 헬라어로는 카이 호탄(καὶ ὅταν). 일부 사본들은 카이 호테(καὶ ὅτε, "그리고 ~할 때")로 읽는데, 이는 예수께서 저녁 때마다 성을 나가셨다는 습관이 아니라 특정하게 일회적으로 성을 떠나셨다는 의미를 함축하는 표현이다. 누가 판본은 이것이 예수의 습관이었음을 보여 준다(참조. 눅 21:37: "예수께서 낮이면 성전에서 가르치시고 밤이면 나가 감람원이라 하는 산에서 쉬시니"). Field, *Notes*, 35를 브라.

g. ℵ, C, D, Θ, f[1], f[13], 22, 33사본과 그 밖의 권위 있는 사본들은 단수형인 엑세포류에토(ἐξεπορεύετο, "그가 갔다")로 읽는다. 테일러(Taylor, 465)는 "이 기사에서 예수만이 언급되기 때문에" 복수형보다 단수형을 취한다. 라그랑쥐(Lagrange, 297)와 롤린슨(Rawlinson, 157)도 단수형을 택한다. 단수형이 본래의 것이라면, 복수형으로의 수정은 다음 절(20절)과 맞추기 위함일 것이다. 그러나 단수형이 15b-18절에서 예수 단독의 행위들에 맞추기 위한 것일 가능성도 있다. 복수형이 본래의 것으로서(*TCGNT*[1], 109), 15a절에 나오는 복수형과 수미쌍관법적 구조를 이루었을 것이다.

양식/구조/배경

성전 시위는 복음서 전승에서 예수의 가장 두드러진 행위들 중의 하나다. 성전 시위는 돌발적이고 극적인 행위, 도발적인 가르침, (마가복음 이야기라는 넓은 맥락 속에서 이 시점에 이르러) 예상하지 못한 것은 아니지만 예수의 대적들 편에서 예수를 죽이려는 모의에 대한 언급 등의 특징을 갖는다. 예수는 성전 경내에 들어가서 "성전 안에서 매매하는 자들을 내어쫓기 시작하셨다." 계속해서 그분은 사람들이 기구를 가지고 경내를 지나다니지 못하게 하시고, 마지막으로 성전에 관하여 말하는 여러 예언적인 성경 구절들을 거론하신다. 이 기사는 간결성과 역동성을 특징으로 하고, 마가복음 이야기에서 전환점 역할을 한다. 예수는 긍정적이고 밝은 기조 속에서 예루살렘에 입성하셨지만, 이제 이 행위(무엇이 이런 행위를 촉발시켰는지는 밝혀져 있지 않다)를 계기로 점점 더 강도가 강해지는 일련의 고소들과 고발들이 전개되기 시작한다. 에른스트(Ernst, 331)는 이 이야기를 세 부분으로 나눈다. (a) 성전 청결 기사(15b-16절), (b) 예수의 가르침(17절), (c) 예수의 대적들의 반응(18절)

그리고 "무대 지문"(stage directions)이 15a절과 19절에 나온다. 로마이어(Lohmeyer, 235)는 이 기사를 두 부분으로 나눈다. (a) 예수의 상인 축출 보도(15-16절), (b) 예수의 가르침(17절).

비평학자들은 성전에서의 예수의 행위에 관한 기사의 자료를 여러 가지로 평가해 왔다. 불트만(*History*, 36)과 디벨리우스(*From Tradition*, 45)는 15절과 18-19절을 복음서 기자의 것으로 본다. 불트만은 권세에 관한 질문(막 11:27-33)이 16절 직후에 있었다고 생각한다. 테일러(Taylor, 466)는 15b-17절을 독립적인 하나의 통일된 전승으로 받아들인다. 에른스트(Ernst, 328)는 15b-17절을 독립된 전승으로 본다. 그닐카(Gnilka, 2:127)는 15bc-16절과 18a절이 원래 성전과는 상관이 없는 독립적인 전승이라고 생각한다. 롤로프(Roloff, *Kerygma und der irdische Jesus*, 92-93)는 요한복음 2:18이 보여 주듯이 15-16, 18a, 28-33절이 좀더 오래된 전승의 일부로서 원래의 배경을 보여 준다고 믿는다(이 중요한 점에 대해서 자세한 것은 아래를 보라). 셍크(Schenk, *Der Passionsbericht*, 153)는 15bc-16, 18ab; 14:2, 10, 11b을 하나의 전승 단위로 본다. 그는 요한복음 2:18을 토대로 11:28-33절과의 연관성을 주장하는 것은 잘못이라고 거부한다(Roloff에 반대하여). 트로크메(Trocme, *NTS* 15[1968] 14-15)는 15-16절과 17절을 마가복음 기자가 결합한 별개의 두 전승으로 본다. 마가의 자료(들)의 역사성에 대해서는 아래서 논의할 것이다.

양식과 관련해서 불트만(*History*, 36)은 마가의 기사를 "전기적 아포프데그마"(biographical apophthegma)로 설명하고, 17절에 대해서는 요한복음 2:16에 "보존된 좀더 오래된 예수의 말씀"을 후대에 대체한 것이라고 말한다. "내 아버지의 집으로 장사하는 집을 만들지 말라." 그룬트만(Grundmann, 310)도 비슷한 입장을 취한다. 디벨리우스(*From Tradition*, 43, 45)는 이 사건을 18절이 첨가된 "파라디그마"(paradigm)로 부르고, 병행본문인 요한복음 2:14-17을 독립적인 판본으로 본다. 테일러(*Formation*, 75-76)는 이 단락을 "예수의 말씀보다는" 사건 자체에 중점이 두어진 "예수에 관한 이야기"로 분류한다. 마가 본문에 관한 한, 테일러의 주장이 옳다. 이 단락은 예루살렘 입성 및 무화과나무의 저주의 드라마를 더 진척시킴과 동시에 다음에 이어지는 예수의 권세에 대한 도전을 위한 토대를 제공한다. 에른스트(Ernst, 328)는 이 기사를 옛 제의 규례들을 거부하는 상징적 행위로 본다(참조. Trautmann, *Zeichenhafte Handlungen Jesu*, 115-31). 그닐카(2:127)는 이 기사가 팔레스타인의 유대 공동체를 배경(*Sitz im Leben*)으로 한 예언적 상징 행위와 비슷하다고 생각한다.

클로스터만(Klostermann, 117)은 15a, 18-19절을 마가의 편집으로 본다. 테일러(Taylor, 461)와 뤼르만(Lührmann, 191)도 이에 동의한다. 에른스트(331)는 여기에 17ab절을 첨가한다. 셍크(Schenk, *Der Passionsbericht*, 152)는 15ab, 17-18c, 19절을 마가의 편집으로 본다. 그닐카(Gnilka, 2:127)는 주로 복음서 기자가 이 전승의 여러 요소들에 부여하는 상대적인 가중치에 비추어 도처에서 마가의 편집을 발견한다: 청결(적음), 가르침(많음), 대적들(많음). 크로산(Crossan, *BR* 17[1972] 45-46)은 복음서 기자가 예수의 가르침을 강조하여 이 기사의 기조를 예레미야 7:11에 대한 인유(引喩; 막 11:17b)의 순전히 부정적인 지향성을 덜어내기 위해 이사야 56:7의 인용문(막 11:17a)을 첨가했다고 주장한다. 샌더스(Sanders, *Jesus and Judaism*, 364 n. 1)는 16절이 본래의 것이라는 점을 의심하고, 하비(Harvey, *Jesus*, 132)와 더불어서 17절이 문맥과 잘 맞지 않는 것으로 보아서 진정성이 결여되어 있다고 생각한다(*Jesus and Judaism*, 66-67). 샌더스는 예수의 가르침 속에서 제사장들에 대한 비판을 찾아볼 수 없고 다른 자료들에도 그러한 비판을 보여 주는 증거가 거의 없기 때문에 그렇게 생각한다고 말한다. 베커(J. Becker, *Jesus of Nazareth*, 332-33)는 16절의 진정성은 인정하지만 17절에 대해서는 부인한다. 그러나 이러한 결론들은 1세기 성전 당국에 대한 널리 퍼진 비판과 의구심들을 보여 주는 증거들, 순수성에 대한 예수의 관심, 성전 당국을 비판하는 여러 글들을 고려하지 못하고 있다. 이러한 요소들을 고려하면, 16-17절은 마가 본문에 있는 그대로 뜻이 잘 통한다. 이에 대해서는 아래서 좀더 자세하게 얘기될 것이다. 마가의 편집은 15절의 첫 부분인 "저희가 예루살렘에 들어가니라", 전체는 아니라 할지라도 대체로 복음서 기자의 것인 18-19절에서 찾아볼 수 있다. 이러한 견해는 대부분의 자료 및 양식 비평학자들의 결론과 일치한다. 아래서 보겠지만, 이 견해는 역사비평과도 일치한다.

이 전승의 역사성을 놓고는 많은 논란이 있어 왔다. 그룬트만(Grundmann, 308)은 마가복음 11:15b-17에 묘사된 일을 어떻게 예수께서 홀로 하실 수 있었는지에 관하여 심각한 의문을 제기한다. 그는 이 이야기가 예수께서 성전을 비판하신 내용을 담고 있는 말씀에서 발전되었을 것이라고 생각한다. 핸헨(Haenchen, 384-86)은 이 이야기가 역사적 사건일 가능성은 없다는 점에 대하여 길게 논한다. 그는 성전에는 수많은 짐승들, 상인들, 성전 직원들, 성전 수비대, 로마 당국자들 그리고 돈을 바꾸고 짐승들을 사고 희생제사를 드리러 성전에 온 사람들로 붐비고 있었을 텐데 어떻게 그런 엄청난 일을 할 수 있었겠느냐고 의문을 제기한다. 이 사람들은 수수방관하고 서서 예수께서 마가복음에 묘사된 대로 행동하시는 것을 내버려두지 않았을 것이다. 마찬가지로 로마이어(Lohmeyer, 235-37)는 예수께서 실제로 그런 일을 하시는 것이 불가능했을 것이라고 말한다. 그는 이 이야기가 17절의 말씀을 중심으로 발전한 권면에서 생겨났다고 생각한다. 핸헨과 그룬트만의 회의적인 견해를 근거로, 슈미탈스(Schmithals, 2:490-91)는 예수께서 단독으로 행동하셨다고 생각하면 성전 사건은 "불가능한" 일이라고 말한다. 우리가 이 본문에서 읽는 것은, 그가 주장한 대로, 하나님, 오직 하나님만이 행하시는 "이적 이야기"이다. 구약에 약속된 대로(참조. 말 3:1-4; 슥 10:3; 14:21), 오직 하나님만이 성전을 "깨끗하게 하실" 수 있다. 슈미탈스(2:492)는 이 이야기가 예수의 오심은 종말론적 사건이라는 것을 강조하기 위해 초대 교회가 만들어 낸 것이라고 설명한다. 주께서는 그의 성전에 오셨다.

성전 시위 이야기에 대한 그 밖의 다른 평가들은 그렇게 회의적이지는 않다. 마가와 요한에 나오는 서로 다른 기사들을 비교한 뤼르만(Lührmann, 192-93)은 각각의 서로 다른 발전 과정들에도 불구하고, 이 복음서 기사들 배후에는 성전 경내에 선 예수의 역사적 모습이 있다고 믿는다. 나인햄(Nineham, 301)도 이에 동의하면서 "이 이야기의 근저에는 뭔가 분명한 역사적 사건이 있었다는 것은 분명한데, 마가의 기사는 너무 간략하고 부정확해서 무슨 일이 있었는지를 확실히 알거나 예수의 의도가 정확히 무엇이었는지를 알 수는 없다"는 의견을 조심스럽게 피력한다. 슈바이처(Schweizer, 231)는 별 주저 없이 "성전 청결 이야기는 예수의 어떤 역사적 행위에 토대를 둔 것임에 틀림없다"고 단언한다. 페쉬(Pesch, 2:189-90)는 15-19절을 마가 이전의 수난 이야기의 일부로 본다. 여기에 묘사되고 있는 것은 병행이 없는 내용이어서 초대 교회, 특히 계속해서 성전에서 예배를 드렸던 팔레스타인 공동체가 만들어 낼 수 없는 것이었다고 그는 생각한다. 크랜필드(Cranfield, 357)는 이 이야기의 생생함으로 보아서 "베드로의 회상"일 것이라고 생각한다.

역사적 예수에 대한 최근의 연구는 성전 시위의 역사성을 대체로 받아들이게 되었다. 샌더스(Sanders, *Jesus and Judaism*, 61-76과 363-69의 각주들)는 이 사건이 예수의 자기 이해, 예수의 수난 사건들을 촉발시킨 원인을 이해하는 데 대단히 중요하다고 본다. 마이어(Meyer, *Aims*, 168-70)는 이 사건을 "얼마든지 있을 수 있는" 일로 생각한다. 타이센(Theissen, *TZ* 32[1976] 146-48)은 성전에 대한 예수의 태도를 얼마든지 그랬을 것이라고 생각한다. 브라운(Brown, 455-60)은 성전 시위가 마가복음 14:58에 나오는 성전 멸망-재건 말씀과 얼마나 부합하는지를 보여 준다(샌더스도 이 점을 강조한다; 또한 Wright, *Jesus and the Victory of God*, 334-35, 418-28). 이 사건의 의미를 대부분의 학자들과는 다르게 해석하고 있지만, 보그(Borg, *Conflict*,

171-75)와 크로산(Crossan, *Historical Jesus*, 355-60)도 성전 시위의 역사성을 받아들인다. 북미 예수 세미나(North American Jesus Seminar)의 일부 회원들(예를 들어, Mack, *Myth*, 292: "마가의 창작"; Miller, "Temple Demonstration")의 예상된 반대를 제외하고는 성전 시위의 역사성은 이제 널리 받아들여지고 있다.

독일 주석가들의 회의적인 견해의 대부분은 성전 경내에서의 예수의 행위들의 성격과 범위에 대한 오해에서 기인한다. 예수의 행위들은 성전 경내의 "점거"(takeover; Brandon의 황당한 시나리오에 나오는 것 같은; 참조. *Jesus and the Zealots*)가 아니라 시위(demonstration)였다. 예수 자신의 행위 및 말씀에 뿌리를 두고 있음이 분명한 전승의 초기 단계에서, 이사야서 및 예레미야서에 대한 예수의 인유(引喩)는 성전에서의 행위 자체만큼이나 고위 제사장들에게는 도발적이고 거스리는 것이었을 것이다(아래의 "주석"을 보라). 그러나 예수를 지지하는 순례자들(대체로 갈릴리에서 온)이 많았기 때문에, 그들은 예수에 대한 즉각적이고 공개적인 조치를 취함으로써 상황을 악화시키는 것을 주저했다. 샌더스(Sanders, *Jesus and Judaism*, 69-70, 75)의 주장처럼, 예수의 행위는 상징적인 것으로서 대단히 제한적이었다(참조. Schweizer, 231: 예수는 "상징적으로 성전 경내의 제한적인 지역만을 청결하게 하셨을 뿐이다"). 예수는 성전의 통행과 매매를 완전히 정지시키실 수도 없었고, 그렇게 하시지도 않았다. 그 날 성전 경내(그 면적은 엄청났다 - 대략 북에서 남으로 450미터, 동에서 서로 300미터)에 있었던 대부분의 사람들은 그분을 보지도 못했을 것이다. 예수의 말씀과 행위들은 결국 불안해하고 있던 성전 당국자들에게 전해졌을 것이다.

성전 사건의 역사성을 밑받침해 주는 증거는 요세푸스의 글과 요한복음에 나온다. 요세푸스(*Ant.* 18.3.3. §§63-64)에 의하면, 예수는 "우리 중의 으뜸 가는 사람들(*πρώτων ἀνδρῶν* - 프로톤 안드론)"에 의해서 본디오 빌라도에게 넘겨졌다고 한다. 요세푸스는 다른 곳에서 이 "으뜸 가는 사람들"이 고위 제사장들이라고 말한다(*Ant.* 11.5.3. §§140-41; 18.5.3 §121; 참조. 눅 19:47; 행 25:2; 28:17). 왜 예루살렘의 고위 제사장들은 예수를 로마 총독에게 넘겨주었을까? 가장 유력한 대답은 예수께서 성전 경내(고위 제사장들의 전권구역[專權區域])에서 불온하고 모욕적인 말과 행동을 하셨다는 것이다. 더욱이 마가복음에 묘사된 사법 절차는 예루살렘 도성과 성전의 파국을 선포했던 농부 예언자 아나야에 대한 요세푸스의 기사와 일치한다. 요세푸스는 이 사람이 "유력 인사들"(leading citizens)과 "관원들"에 의해 체포되어서 매를 맞고 로마 총독에게 넘겨졌다고 기록한다(*J.W.* 6.5.3 §§300-309). 이 사람의 운명에 대해서는 아래서 좀더 얘기될 것이다.

성전 사건의 역사성을 밑받침해 주는 증거는 공관복음서 자료들과는 독립적인 판본으로 보이는 요한복음에서도 찾아볼 수 있다. 이하의 서술은 마이어(Meier, *Marginal Jew*, 2:893)의 간결한 평가를 따른 것이다. 유월절에 예수는 제자들과 함께 예루살렘으로 오신다(요 2:13, 17=막 11:1, 15). 예수는 성전에 들어가신다(요 2:14=막 11:11, 15). 예수는 상인들과 환전상들을 쫓아내신다(요 2:15=막 11:15). 그리고 예수는 성전을 장사하는 집으로 만들었다고 제사장들을 꾸짖으신다(요 2:16=막 11:17). 성경 인용문들은 요한 및 마가 기사 둘 다에 나온다(요 2:17=막 11:17). 성전 시위 후에 예수는 그의 권세에 관한 질문을 받으신다(요 2:18-22=막 11:27-33). 요한복음 2:18에서 예수는 "유대인들"로부터 "네가 이런 일을 행하니(*ταῦτα ποιεῖς*-타우타 포이에이스) 무슨 표적을 우리에게 보이겠느뇨"라는 질문을 받으신다. 마가복음 11:28에서 예수는 서기관들, 고위 제사장들, 장로들로부터 "무슨 권세로 이런 일을 하느뇨(*ταῦτα ποιεῖς*-타우타 포이에이스) 누가 이런 일 할(*ταῦτα ποιῇς*-타우타 포이에스) 이 권세를 주었느뇨"라는 질문을 받으신다. 편집 및 문맥에 의한 서로의 차이들을 일단 제거해 보면, 마가와 요한에 나오는 기사들은 두드러지게 유사하다. 서로 독립적인 이 기사들은 세 부분으로 된 내용을 공통적으로 제시한다. (a) 예수는 성전 경내에 들어가서 장사하는 것에 대하여 시위하신다. (b) 예수는 성경을 근거로 성전 당국을 비판하신다. (c) 성전 당국자들은 무슨 권리로 "이런 일들을 하는지"를 알고자 하여 예수에게 도전한다.

샌더스(Sanders, *Jesus and Judaism*, 66-67, 364 n. 1)가 16-17절의 진정성을 부인하는 주된 이유는 예수의 시위가 부패에 대한 예언적 항의였다고 생각하기 때문이다. 이 점에서 샌더스의 주장은 취약한데, 이는 예수의 동시대인들이 유대의 대제사장에 대하여 비판적이었고 여러 가지 점에서 대제사장이 부패했다고 생각했다는 것을 보여 주는 풍부한 증거들이 있기 때문이다. 우리는 그러한 증거들을 몇몇 사해 두루마리에서 발견한다. 거기에서 대제사장은 가난한 자들의 재산을 탈취하고(1QpHab 8:12; 9:5; 10:1; 12:10) 부를 축적하며(1QpHab 8:8-12; 9:4-5) "하나님의 성소"를 더럽힌(1QpHab 12:8-9) "악한 제사장"(1QpHab 1:13; 8:9; 9:9; 11:4)으로 불린다. 모세의 유언(Testament of Moses)에서는 고위 제사장들을 단죄한다(*T. Mos.* 7:6-10; *OTP*에 실린 J. Priest의 번역).

그들은 (가난한 자들)의 재산을 삼키며, 자신들의 행위가 공의에 따른 것이라고 말하

> 지만, (사실 그들은 그저) 파괴자들로서 기만적으로 스스로를 은폐함으로써 그들이 종일토록 (범한) 범죄적인 행위들로 인하여 철저하게 불경건한 자들로 알려지지 않도록 애쓰면서, "우리는 잔치들을 열고, 성대한 술잔치와 만찬을 곁어서, 본때 있게 방백들로 처신하리라"고 말하리라. 그들은 손과 마음으로는 부정한 것들에 손대면서 입으로는 엄청난 일들을 말할 것인데, 심지어 "내가 차지한 직위에서 나를 더럽히지 않으려거든 나를 만지지 말라"고까지 말하리라.

하박국에 대한 페셰르(pesher)는 주전 100년의 것이고 원래 하스모니아 가(家)의 제사장들을 대상으로 한 것인 반면에, 모세의 유언(Testament of Moses)은 주후 30년경에 쓰여진 것으로 보인다. 그 밖의 다른 1세기 자료들도 고위 제사장들을 비판하며 성전 당국에 의문을 제기한다. 요세푸스는 대제사장의 뇌물수수(*Ant.* 20.9.4 §213; *Life* 39 §§195-96), 폭력(*Ant.* 20.8.8 §§179-81; 20.9.2 §207)에 관해서 말한다. 바룩2서에서 제사장들은 성전이 멸망한 후에 자기들이 "거짓 청지기들"이었다고 고백한다(*2 Bar.* 10:18). 물론 장면 설정은 허구적인 것이지만, 이를 통해 1세기 말의 저자의 견해가 표현된다. 많은 유대인들이 실제로 70년 이전의 고위 제사장들이 부패했다고 보지 않았다면, 이러한 표현은 독자들에게 거의 감명을 줄 수 없었을 것이다. 후대의 랍비 자료들은 1세기의 고위 제사장들에 대하여 대단히 비판적이다(Evans, "Jesus' Action in the Temple and Evidence of Corruption," 531-34를 보라).

또한 예수 전승에도 예수께서 성전 당국에 대하여 비판적이었음을 보여 주는 중요한 증거들이 있다. 악한 포도원 농부의 비유(막 12:1-9)는 고위 제사장들이 그들의 직위와 권력을 잃을 것이라고 위협한다(이 구절에 대한 주석을 보라). 악한 종의 비유(마 24:45=눅 12:42-46)에 묘사된 권력과 특권의 남용들은 고위층들이 팔레스타인 농부들에게 어떻게 인식되었는지를 반영하고 있는 것으로 보인다. 반 세겔 성전세에 대한 예수의 선언(마 17:24-27)은 "성전 및 이에 부수된 정치적-경제적-종교적 기득권층으로부터의 독립 선언"이었을 것이다(Horsely, *Jesus and the Spiral of Violence*, 282). 성전의 연보궤에 연보를 하는 가난한 과부와 다른 사람들에 관한 예수의 말씀(막 12:41-44)은 탄식–칭찬의 말이 아니라–이요 성전 당국의 경제적 압제 및 불평등에 대한 암묵적인 비판이었을 것이다(이 구절에 대한 주석을 보라). 예루살렘을 위한 예수의 탄식(마 23:37-38=눅 13:34-35)에는 예루살렘의 첫 번째 성전을 통렬하게 비판했던(렘 7:14, 34; 12:7; 22:5; 26:9) 예언자인 예레미야와의 중요한 병행들이 존재하는데, 예수는 예루살렘의 두 번째 성전에서 시위하셨을 때 예레미야의 비판을 염두에 두었을 것이다(막 11:17에 나오는 렘 7:11). 수난 주간 동안의 여러 다른 세부적인 내용들도 고위 제사장들에 대한 비판과 맥을 같이 한다. 제사장들은 무슨 권세로 예수께서 그런 식으로 행동하셨는지를 말하라고 요구한다(막 11:27-33). 고위 제사장들은 무리가 두려워서 예수를 즉시 체포하지 못한다(막 12:12). 예수는 몽둥이들로 무장한 고위 제사장들의 하인들에 의해 체포되신다(막 14:43-50).

이러한 증거들에 비추어 볼 때, 실제로 17절의 진정성을 부인할 설득력 있는 근거는 전혀 없다. 이런 류의 비판적인 발언들은 예수와 고위 제사장들 사이에 생겨난 적대감을 설명해 줄 수 있을 것이다. 게다가 이스라엘의 종교 당국자들에 의해 거부당했던 초대 교회가 "교회"와 대치 관계에 있는 "성전"을 이방인들을 위한 기도 장소라고 인정하시는 예수의 말씀을 만들어 낼 이유가 어디 있겠는가. 이사야 56:7에 대한 인유(引喩)는 이스라엘의 회복에 대한 예수의 소망과 부합한다. 칠튼(Chilton)은 이사야 56:7과 예레미야 7:11을 합성한 것과 관련하여 "그런 식으로 성경 구절들을 합성하는 것은 예수의 특징이고 예수 이후에 전승을 형성했던 자들의 특징이 아니다"라고 바르게 지적한다(*ABD* 1:806; 성전 청결 사건의 역사성에 대해서는 Chilton, *Galilean Rabbi*, 17-18; id., *Temple of Jesus*, 91-111를 보라; "이방인들"(ἔθνη – 에드네)에 대한 언급의 진정성에 대해서는 Kato, *Völkermission*, 91-111; Pesch, 2:198-99를 보라).

이 단락의 배경은 문학적으로나 역사적으로 매우 중요한 역할을 한다. 예수와 그의 대적들 간의 적대감은 한층 진척된다. 이제 예수에 대한 비판은 예수를 제거하자는 살인 모의로 발전한다. 또한 예수는 높은 도덕적 기준을 요구하신다. 종교 당국자들에 대한 예수의 비판은 주로 윤리에 관한 것이다. 예수는 로마 정부를 공격하시지는 않았고(결국 그분을 죽인 것은 이 권세지만), 이스라엘의 종교 지도자들을 비판하셨다. 역사적 차원에서 보면, 성전에서의 예수의 행위는 그의 죽음을 몰고 온 사건들을 촉발시킨 주요한 요소였을 것이다. 나사렛 예수께서 죽으신 지 30년 후에 예레미야 7장을 근거로 성전과 예루살렘 도성에 대한 재앙을 선포했던 아나니아의 아들 예수를 생각해 보라(Josephus, *J.W.* 6.5.3 §§300-309). 성전 당국자들을 의미하는 예루살렘의 유력 인사들은 이 인물의 암울한 예언들에 강력한 이의(異議)를 제기했다. 아나니아의 아들과 관련된 사법 절차는 이전에 나사렛 예수에게 취해졌던 것과 아주 유사하다. 유대 당국자들은 두 사람 다 심문하고 매를 때렸다. 그런 다음에 두 사람 다 로마 총독에게 넘겨졌다. 로마 총독은 두 사람을 다 심문하고 매를 때린 후에 놓아 줄 것인지 처형할 것인지를 결정했다(예수 벤 아나니아에 관해 좀더 자세한 것은 17절에 대한 "주석"을 보라).

주석

20세기 후반에 이른바 성전 청결 사건은 비평학적 논의에서 두각을 나타냈다. 이 구절은 예수께서 성전산(Temple Mount)에 대한 폭력적 점거를 시도했다는 브랜든(G. F. Brandon, *Jesus and the Zealots*)의 주장에서 핵심적인 요절(要節)이었다. 그러나 그의 해석을 따르는 학자들은 거의 없었다. 브랜든의 가설을 비판적으로 평가한 후에, 헹엘(Hengel, *Was Jesus a Revolutionist?* 17-18)은 이렇게 결론을 내린다.

> 이른바 성전 청결 사건은 분명히 예언적 시위 또는 도발 행위였고, 물건을 매매하거나 환전상들을 다 몰아내려는 시도가 아니었다 – 그러한 시도였다면 대규모의 병력이나 이에 상응하는 폭동이 없이는 불가능했을 것이고, 또한 성전 수비대와 로마군의 개입을 촉발했을 것이 분명하다. 예수의 행위는 사람들의 매매 행위에 대한 시위적인 단죄요, 동시에 그러한 매매로부터 이익을 챙긴 성전 당국자들에 대한 간죄였다…그러한 사건은 주둔군의 개입을 불러오지는 않았으나, 이로 인해 예수는 성전 당국자들과 철천지 원수가 되었다.

헹엘의 분석은 우리를 바른 궤도에 올려놓는다.

마찬가지로 브랜든의 가설을 거부하는 샌더스(Sanders, *Jesus and Judaism*, 61-76)는 예수의 메시지 및 그의 체포와 처형을 불러온 주요한 요인들을 이해하는 데 있어서 성전 사건이 대단히 중요하다고 본다. 그러나 그는 예수의 행위를 헹엘(Hengel) 및 대부분의 다른 주석가들과는 매우 다르게 해석한다. 그는 예수의 행위는 헤롯 성전의 임박한 멸망 및 하나님께서 예수를 통하여 지으시게 될 성전으로의 대체를 알리는 상징 행위 또는 예언적 행위(예를 들어, 렘 19:10에 나오는 단지를 깨뜨리는 행위 같은)였다고 믿는다. 마가복음 14:58에서 예수께서 말씀하셨다고 하는 것이 예수의 진정한 의도였다고 샌더스는 믿는다. 예수께서 성전 경내에 들어가서 상들을 뒤엎은 것은 그것들이 잘못되었거나 부패한 관행의 일부였기 때문이 아니라 그것들이 이제 더 이상 필요 없게 되었기 때문이다. "손으로 지은 성전"은 이제 곧 "손으로 짓지 아니한 성전"으로 대체될 것이다. 즉, 사람에 의해 만들어진 헤롯 성전은 하늘이 만든 종말론적 성전에 자리를 내어주게 될 것이다. 샌더스는 이 깜짝 놀랄 만한 선언이 예수의 하나님 나라 선포의 일부로 보아져야 한다고 주장한다. 그러나 대부분의 해석자들은 샌더스의 신기한 해석을 거부한다(이의[異議]에 대해서는 Fredriksen, "Jesus and the Temple"; id., *From Jesus to Christ*, 111-14를 보라).

칠튼(Chilton)은 최근에 예수의 행위는 유대 종교 교사들에 의한 그 밖의 다른 공적인 시위들에 비추어서 해석되어야 한다고 주장했다. 그는 예수의 행위가 예루살렘 성전과 관련된 몇몇 항의 및 시위들 중의 하나로 보면 아주 잘 이해될 수 있음을 보여 준다(*Temple of Jesus*, 73, 100-103, 183). 이러한 사건들 중 두 건이 요세푸스의 글에 보존되어 있다. 첫 번째 항의는 장막절 동안에 알렉산더 얀네우스를 향한 것이었다(*Ant.* 13.13.5 §§372-73). 이 경우에 교사들은 왕이 희생제사를 드리려는 찰나에 백성들을 선동하여 왕에게 레몬을 던지게 했다. 왕의 비판자들은 "왕은 포로의 자손이므로(참조. *Ant.* 13.10.5 §292) 왕의 직위를 갖거나 희생제사를 드리기에 부적합하다"고 말했다. 두 번째 사건은 헤롯의 생애 중 마지막 몇 달에 일어났는데, 두 지혜자(*σοφισταί* – 소피스타이)가 공적인 가르침을 통해서 몇몇 젊은이들을 설득하여 성전 문에 부착되어 있던 황금 독수리를 잘라 버리게 했다(*J.W.* 1.33.2-4 §§648-55; *Ant.* 17.6.2-4 §§149-67). 이 두 사건은 당국자들에 의한 보복적인 처형으로 끝났다. 랍비 문헌에는 이와 같은 사건들이 두 가지 더 기록되어 있다. 한 사건에서 시므온 벤 가말리엘은 성전 계단에 앉아서 비둘기 값을 지나치게 많이 요구하는 정책에 대하여 항의한다(*m. Ker.* 1:7). 그러자 가격이 즉시 내려갔다고 한다. 또 하나의 사건에서는 희생제물들을 올바르게 소유하고 바치는 것에 관한 힐렐의 가르침이 극적인 시위를 가져왔는데, 샴마이의 가르침이 아니라 힐렐의 가르침을 따르는 자들에게는 짐승들이 공짜로 주어졌다(*t. Ḥag.* 2:11; *y. Ḥag.* 2.3; *y. Bẹsah* 2.4; *b. Bẹsah* 20a-b; 이 전승이 오래되었다는 것에 대해서는 Philo, *Spec. Laws* 1.37 §198을 참조하라).

헹엘(Hengel)과 칠튼(Chilton)의 견해는 취할 점들이 많다. 성전 경내에서의 예수의 행위는 결례(潔禮)와 관련된 부패들에 대한 예언적 항의 내지 선포였을 가능성이 크다. 이사야 56:7과 예레미야 7:11에 대한 인유(引喩)들로 이루어진 17절의 짤막한 말씀은 좀더 긴 예언적 선포(이것은 메시아적 함의[含意]도 지니고 있었을 것이다; 17절에 대한 "주석"을 보라)의 한 작은 단편일 것이다. 또한 마가복음 14:58에서의 예수에 대한 고발 및 마가복음 13:2에서의 예수의 예고에서 나타나듯이, 이때 예수께서 성전의 멸망을 선포하셨을 가능성도 있다. 예수는 예루살렘과 성전의 다가올 멸망에 대한 예레미야의 경고로 끝나는 예레미야 7장을 근거로 어떤 말씀을 하셨을 것임에 틀림없다. 성전 당국을 비판하고 감히 성전의 멸망을 말씀하신 예수에게 격노한 종교 지도자들은 "예수를 어떻게 멸할까"(18절)를 모의하기 시작했다. (예수께서 "인자"로서 다시 오실 때 성전 조직을 멸하겠다고 위협하셨다는 주장에 대해서는 막 13:24-27에 관한 "주석"을 보라.)

15 "저희가 예루살렘에 들어갔다"(καὶ ἔρχονται εἰς Ἱεροσόλυμα – 카이 에르콘타이 에이스 히에로솔뤼마). 감람산에서 온 예수는 아마도 동문을 통해서 들어가셨을 텐데(Pesch, 2:197), 오늘날 동문으로는 통행이 불가능하다. 물론 이것은 예수와 제자들이 전에 다른 문으로 도성에 들어간 적이 없다는 것을 전제한 것이다.

"성전에 들어가사"(καὶ εἰσελθὼν εἰς τὸ ἱερὸν – 카이 에이셀돈 에이스 토 히에론). 예수는 "성전에"(εἰς τὸ ἱερὸν – 에이스 토 히에론) 들어가셨지만, 성소(ὁ ναός – 호 나오스)가 아니라 성전산의 경내(境內)로 들어가신 것이다. 정확히 성전 경내의 어디에서 예수께서 환전상들과 희생제물들을 거래하는 자들을 만났는지를 말하기는 쉽지 않다. 성전을 "만민의 기도하는 집"(17절)이라고 말씀하신 것으로 보아서, 학자들은 보통 예수가 이른바 이방인의 뜰에 있었을 것으로 추측한다(예를 들어, Cranfield, 357; Ernst, 328). 그러나 이것은 추측에 불과하다. 요세푸스(*Ag. Ap.* 2.8 §104)는 이렇게 말한다.

> 바깥뜰은 외국인들을 포함한 모든 사람들에게 개방되었다. 부정한 중에 있는 여인들만 입장이 거부되었다. 두 번째 뜰에는 어떤 부정에 의해 더럽혀지지 않은 모든 유대인들과 그들의 부인들이 들어갈 수 있었다. 세 번째 뜰에는 정하고 정결케 된 남자 유대인들이 들어갈 수 있었다. 네 번째 뜰에는 제사장 의복을 차려입은 제사장들이 들어갈 수 있었다. 성소에는 오직 그들을 위한 특별한 의복을 입은 고위 제사장들만이 들어갔다.

요세푸스의 기록을 따른다면, 이방인들의 입장이 허용되지 않았던 여러 곳의 안뜰이 아니라 이방인들도 들어갈 수 있었던 바깥뜰에 짐승들, 상들, 상인들이 모여 있었을 가능성이 큰 것으로 보인다.

성전 경내는 대단히 넓어서(유적지도 마찬가지다), 길이가 450미터, 너비가 약 300미터쯤 된다. 북서쪽 외곽에는 경내를 굽어볼 수 있는 망대였던 안토니아 요새가 있었다. 이 요새에는 500명의 로마군이 주둔해 있어서 경내로 신속하게 진입할 수 있었다(Josephus, *Ant.* 20.5.3 §§106-7; *J.W.* 2.12.1 §§224-27). 성소는 경내의 중앙 근처에 있었을 것인데, 담들과 문들에 의해 둘러싸여 있었다. 경내의 주변을 따라서는 몇몇 건물들과 주랑(柱廊)들이 있었다. 경내는 사방에서 들어갈 수 있었다. 남쪽 층계들의 유적이 발굴되어서, 오늘날에도 이를 볼 수 있다. 또한 서쪽 담에 있던 두 개의 홍예문(즉, 이른바 로빈슨 문과 윌슨 문)의 유적도 볼 수 있다. 남쪽 담과 층계들, 서쪽 담 전체를 발굴하는 작업이 현재 진행중이다. 서쪽 담의 북쪽 절반은 구시가지의 아랍 진영 밑으로 나 있는 지하통로("랍비들의 통로")를 통과해야 발굴될 수 있다. 엄청난 크기의 헤롯 성전의 돌들을 볼 수 있고, 곳곳에서 예수 시대의 모습 그대로 대체로 보존된 원래의 도로도 볼 수 있다.

"성전 안에서 파는 자들과 사는 자들"(*τοὺς πωλοῦντας καὶ τοὺς ἀγοράζοντας ἐν τῷ ἱερῷ*—투스 폴룬타스 카이 투스 아고라존타스 엔 토 히에로). 성전 경내에서 희생제물로 쓸 짐승들을 사고 파는 자들에 관한 초기의 자세한 정보는 거의 없다. 희생제사를 드리기 위해서 짐승들을 사고 팔았다는 것은 모세 율법의 요구 사항과 정확히 일치한다. 그러나 성전 경내에서의 이러한 매매에 대해서는 성경에 구체적인 언급이 없다. 사실 스가랴 14:21은 이러한 매매에 대한 비판이라고 볼 수도 있다. "예루살렘과 유다의 모든 솥이 만군의 여호와의 성물이 될 것인즉 제사드리는 자가 와서 이 솥을 취하여 그 가운데 고기를 삶으리라 그 날에는 만군의 여호와의 전에 가나안 사람(a trader)이 다시 있지 아니하리라." 성전 사건의 요한 판본은 환전상들 및 비둘기를 파는 자들과 아울러 양과 소들도 언급한다(요 2:15-16). 마가복음에 나오는 사고 파는 것에 대한 언급은 양과 소들을 사고 판다는 의미일 것이라고 종종 생각되어 왔다(하지만 Derrett, *DRev* 95[1977] 83 참조: "성전 뜰에서 양과 소들을 실제로 사람들에게 팔았다는 증거는 없다"; Abrahams, *Studies* 1:82-89). 앞에서 이미 말했듯이 성전에 삼천 마리의 소를 가져온 샴마이 문도들에 관한 이야기(*b. Beṣah* 20a-b; *t. Ḥag.* 2.2-3; *y. Ḥag.* 2.3; *y. Beṣah* 2.4)는 성전 경내에서 희생제사를 위한 짐승들을 매매했음을 보여 주는 또 하나의 증거라 할 수 있다.

"예수께서 돈 바꾸는 자들의 상들을 엎으셨다"(*τὰς τραπέζας τῶν κολλυβιστῶν ··κατέστρεψεν*—타스 트라페자스 톤 콜뤼비스톤···카테스트렙센). 랍비 전승들에서도 환전상들의 상(床)들이 성전 경내에 설치되어 있었다고 말한다(*m. Šeqal.* 1:3): "환전상(שולחני—슐하니)은 (돈을) 받고 그 금액만큼 자기 나라에서 통용되는 주화(鑄貨)를 준다. 이 때문에 온갖 주화가 예루살렘에서 통용되었다"(*t. Šeqal.* 2.13; 참조. *m. Šeqal.* 1:3; 4:7-8; 5:3-5). 이 전승들은 복음서들이 나온 지 한 세기 이상 후에 쓰여진 자료들에 기록된 것이지만, 당시의 전반적인 상황을 이해하는 데 이 전승들이 유용하다는 것은 의심할 이유가 없다. 사복음서(공관복음서 판본과 요한 판본은 서로 다른 전승일 것이다)는 모두 예수께서 성전 경내에서 매매하는 자들과 환전상들에 대하여 어떤 행동을 하셨다고 묘사한다. 복음서들에 기록된 묘사는 탄나임(Tannaitic) 랍비 전승들로부터 얻어진 정보와 일치한다.

"비둘기 파는 자들의 의자들"(*τὰς καθέδρας τῶν πωλούντων τὰς περιστερὰς*—

타스 카데드라스 톤 폴룬톤 타스 페리스테라스). 가난한 자들은 출산 후의 정결례를 위하여(참조. 레 5:7; 12:6-8; 눅 2:24, 요셉과 마리아는 예수를 낳은 후에 비둘기를 제물로 드린다) 또는 문둥병이 나은 후의 정결례를 위하여(참조. 레 14:22; 막 1:44, 예수는 깨끗케 된 문둥병자에게 제사장에게 그 몸을 보이고 모세가 명한 예물을 드리라고 말씀한다) 성전에 덜 비싼 비둘기(더 크고 비싼 짐승들 대신에; Ernst, 329)를 제물로 드리는 것이 허용되었다. 또한 그 밖의 다른 목적으로도 비둘기가 제물로 드려졌다(참조. 레 15:14, 29). 미쉬나(Mishna)는 정상 가격의 몇 배로 성전 경내에서 비둘기들을 판 한 사건을 말한다. 이러한 폭리에 분노한 시므온 벤 가말리엘은 여인들이 다섯 번의 출산이나 유산에 대해서 한 쌍의 비둘기만을 드린 다음에 절기에 온전히 참여할 수 있다고 가르치기 시작했다. 시므온의 가르침으로 인해서 비둘기 값은 순식간에 폭락했다고 한다(*m. Ker.* 1:7). 이 이야기는 성전 경내에서의 예수의 행위를 이해하는 데 도움이 될 수 있다. 적어도 이 이야기는 성전 당국자들이 랍비들이 종종 착취를 행했다는 것을 알았음을 보여 주는 증거를 제공해 준다.

16 "아무나 기구를 가지고 성전 안으로 지나다님을 허락하지 않았다"(*οὐκ ἤφιεν ἵνα τις διενέγκῃ σκεῦος διὰ τοῦ ἱεροῦ* – 우크 에피엔 히나 티스 디에넹케 스큐오스 디아 투 히에루). 무슨 이유로, 그리고 어떤 의미에서 예수께서 이 일을 행하셨는지는 명확하지 않다. 요세푸스의 설명이 여기에 적절할 것 같다. "그 어떤 기구도 성전에 가지고 들어갈 수 없었다…먹을 것이나 마실 것은 성전 안으로 가지고 들어가지 못했다. 이런 류의 물건들은 희생제사 용으로 준비된 것들을 제외하고는 제단에 드려질 수 없었다"(*Ag. Ap.* 2.8 §§106, 109). 후대의 한 랍비 전승도 이와 관련이 있다. "지팡이나 신발이나 지갑을 가지고, 또는 발에 먼지를 묻힌 채 성전산에 들어갈 수 없고, 성전산에 샛길을 내서도 안 되며, 거기에 침을 뱉어서도 안 된다"(*m. Ber.* 9:5). 칠튼(Chilton, *Temple of Jesus*, 135-36)은 여기서의 예수의 행위는 성전에 매매하는 자들이 더 이상 존재하지 않게 될 것이라는 스가랴 14:20-21에 비추어서 해석되어야 한다고 생각한다. 스가랴 14:21에서 히브리어 케나아니(כְּנַעֲנִי)는 "가나안 사람"(LXX: *Χαναναῖος* – 카나나이오스)이 아니라 "매매하는 자" 또는 "상인"이다. 이 예언의 종말론적 차원을 강조하는 탈굼에서도 바빌로니아 탈무드의 페사힘 편(*b. Pesaḥ.* 50a)에서처럼 이 어구를 "매매하는 자"(עביד – 아베드)로 이해한다. "케나아니(כנעני)가 상인(תגר – 탁가르)을 뜻한다는 것을 우리가 어찌 아는가?…기록된 바, '저는 상고(כנען – 케나안)여늘 손에 거짓 저울을 가지고 사취하기를 좋아하는도다'"(호 12:8).

칠튼(Chilton)은 예루살렘에서의 예배의 회복에 관심을 가진 스가랴는 몇 가지 중요한 점에서 예수의 가르침과 사역에 영감을 주었다고 믿는다. 맹세하지 말라는 가르침(슥 5:3-4; 참조. 마 5:33-37), 겸손의 표시로서 당나귀를 타고 예루살렘에 들어간 일(슥 9:9; 참조. 마 21:1-9=막 11:1-10=눅 19:28-40=요 12:12-19) 등이 그것이다. 또한 칠튼은 스가랴 14:9을 의역한 탈굼 구절인 "주의 나라가 나타나리라"는 말은 예수의 하나님 나라 선포와 스가랴 전승 간의 또 하나의 중요한 연결점이라고 생각한다. 요한복음 2:16에 나오는 예수의 말씀인 "내 아버지의 집으로 장사하는 집을 만들지 말라"도 스가랴 14:21에 대한 인유(引喩)로 보이기 때문에, 칠튼의 해석을 다시 한 번 밑받침해 준다. 그닐카(Gnilka, 2:127)는 이 대목에서 스가랴 14:21이나 말라기 3:1, 또는 호세아 9:15의 영향이 전혀 없다고 본다. 그러나 그닐카는 이스라엘의 성경이 예수에게 중요했다는 것을 분명히 과소평가하고 있다. 비평학자들은 예수의 성경 사용과 초대 교회에 의한 후대의 변증적인 성경 사용을 주의 깊게 구별해야 한다.

17 "그리고 가르치셨다"(*καὶ ἐδίδασκεν*—카이 에디다스켄). 마가의 미완료과거 에디다스켄(*ἐδίδασκεν*)은 기동상(起動相)으로서 "예수께서 가르치시기를 시작하셨다"를 의미할 수 있다. 마가는 이러한 구문을 좋아한다. 기동상인 디다스케인(*διδάσκειν*, "가르치다")의 미완료과거형은 다섯 군데에 나온다(1:21; 2:13; 4:2; 9:31; 10:1). 흔히 복음서 기자는 에륵사토 디다스케인(*ἤρξατο διδάσκειν*, "그는 가르치기를 시작하셨다")으로 이와 동일한 의미를 표현한다(참조. 4:1; 6:2, 34; 8:31).

"기록되어 있지 않느냐?"(*οὐ γέγραπται*—우 게그랍타이). 한 번(즉, 1:2)을 제외하고는 마가복음에 나오는 게그랍타이(*γέγραπται*, "기록되어 있다")라는 말은 모두 예수의 입에서 나온다(7:6; 9:12, 13; 14:21, 27). 이 중 세 번은 호스(*ὡς*, "~대로") 또는 카도스(*καθώς*, "~같이")와 함께 사용되고, 한 번은 의문사 포스(*πῶς*, "어찌"), 또 한 번은 설명의 호티(*ὅτι*, "것")와 함께 사용된다. 복음서 기자가 1:2에서 카도스 게그랍타이(*καθὼς γέγραπται*, "기록된 바와 같이")를 첫 번째 인용문의 도입어구로 사용한다는 점을 들어서, 일부 주석가들은 게그랍타이(*γέγραπται*)가 나오는 나머지 경우들도 예수에게서 나온 것이 아니라 편집에 의한 것이라고 보려는 경향이 있다. 그러나 "기록된 바"라는 도입어구를 사용해서 성경을 인용하는 것이 왜 예수에게서 나오지 않았다고 하는가? 이 도입어구는 헬레니즘적이 아니라 셈어적이다. 이와 정확히 상응하는 표현이 사해 두루마리에 나온다. 카아셰르 카투브(כאשר כתוב; 예를 들어, 1QS 5:17; 8:14; CD 7:19; 4QFlor 1:12). 이 도입어구의 기원은 셈어적이고 팔레스타인에서 나온 것이지 칠십인역에서 나온 것이 아니다(칠십인역에 나오는 드문 예들은 그 근저에 있는 히브리어나 아람어를 번역한 것들이다). 예수는 흔히 "랍비"(헬라어 복음서들에서는 종종 "선생님"[*διδάσκαλος*-디다스칼로스]으로 번역된다)로 불리고, 그를 좇는 사람들 중의 측근들은 "제자들"(*μαθηταί*-마데타이), 즉 "문도"(leaners)로 불렸다. 분명히 그들이 배운 것 중의 하나는 성경에 대한 그들의 스승의 이해였을 것이다. 비평학계에서는 예수께서 이스라엘의 성경을 이해하고 사용하신 것과 관련된 문제에서 지나치게 회의적인 태도를 보여 왔다.

"내 집은 만민의 기도하는 집이라 칭함을 받으리라"(*ὁ οἶκός μου οἶκος προσευχῆς κληθήσεται πᾶσιν τοῖς ἔθνεσιν*-호 오이코스 두 오이코스 프로슈케스 클레데세타이 파신 토이스 에드네신). 이 인용문은 칠십인역으로 다음과 같이 되어 있는 이사야 56:7의 후반부에서 가져온 것이다. "이는 내 집은 만민의 기도하는 집이라 일컬음이 될 것임이라"(*ὁ γὰρ οἶκός μου οἶκος προσευχῆς κληθήσεται πᾶσιν τοῖς ἔθνεσιν*-호 가르 오이코스 무 오이코스 프로슈케스 클레데세타이 파신 토이스 에드네신). 이것은 히브리어 본문인 키 베티 베트 테필라 잇카레 레콜 하암밈(כִּי בֵיתִי בֵּית־תְּפִלָּה יִקָּרֵא לְכָל־הָעַמִּים, "이는 내 집이 만민의 기도하는 집이라 일컬음이 될 것임이라")을 직역한 것이다. 그러므로 이 인용문의 마가 판본이 칠십인역에 직접적으로 의존한 것인지, 아니면 히브리어 본문에 대한 독립적인 번역문인지를 알기는 어렵다. 후자가 아니라면, 헬라어로 된 전승의 전수 과정에서 인용문의 형태가 칠십인역에 동화되었을 가능성이 크다. 예수의 가르침 속에서 이 인용문이 어떤 의미를 가지는지는 아래서 고찰할 것이다.

"그러나 너희는 강도의 굴혈을 만들었도다"(*ὑμεῖς δὲ πεποιήκατε αὐτὸν σπήλαιον λῃστῶν*-휘메이스 데 페포이에카테 아우톤 스펠라이온 레스톤)는 칠십인역으로 다음과 같이 되어 있는 예레미야 7:11의 첫 부분을 인유(引喩)한 것이다. "내 이름으로 일컬음을 받는 이 집이 너희 눈에는 강도의 굴혈이냐"(*μὴ σπήλαιον λῃστῶν ὁ οἶκός μου οὗ ἐπικέκληται τὸ ὄνομά μου ἐπ' αὐτῷ ἐκεῖ ἐνώπιον ὑμῶν*-메 스펠라이온 레스톤 호 오이코스 무 후 에피케클레타이 토 오노마 무 에프 아우토 에케이 에노피온 휘몬). 마가 본문의 스펠라이온 레스톤(*σπήλαιον λῃστῶν*, "강도의 굴혈")은 칠십인역에서 온 것일까? 아마 그럴지도 모른다. 그러나 이 헬라어 판본의 이 부분도 히브리어 본문을 문자 그대로 직역한 것이다. "내 이름으로 일컬음을 받는 이 집이 너희 눈에는 강도의 굴혈이 되었느냐?"(הַזֶּה אֲשֶׁר־נִקְרָא־שְׁמִי עָלָיו בְּעֵינֵיכֶם

הַמְּעָרַת פָּרִצִים הָיָה הַבַּיִת – 함아라트 파리침 하야 합바이트 핫제 아셰르 니크라 셰미 알라우 베에네켐). 스펠라이온(σπήλαιον, "굴혈")은 보통 메아라(מְעָרָה, "굴혈")에 대한 번역어이고, 레스테스(λῃστής, "강도")는 아람어(ליסטא – 리스타)와 히브리어(ליסטים – 리스테스)에서 차용해 온 단어였다. 따라서 이 인유(引喩)의 마가 판본은 칠십인역이 아니라 그 근저에 있는 히브리어나 아람어 본문을 반영하고 있다고 할 수 있다. 이 두 구절을 결합시킨 것은 "이/내 집"(הַבַּיִת הַזֶּה – 합바이트 핫제/ὁ οἶκός μου – 호 오이코스 무)이라는 말이었다. 양식에 있어서 반의 병행법(즉, "기도의 집"과 "강도의 굴혈")은 유대적인 냄새가 나는데, 특히 예언적 문체를 생각나게 한다(참조. Ernst, 329). 이 인유의 취지에 대해서는 아래서 논의할 것이다.

많은 주석가들과 비평학자들이 이사야 56:7과 예레미야 7:11에 대한 인유(引喩)를 후대에 성전 기사에 삽입된 진정성 없는 첨가로 취급해 온 것은 유감스러운 일이다(Gnilka, 2:127; Haenchen, 386; Lohmeyer, 237; Lührmann, 193; Mann, 449; Nineham, 304; Roloff, *Das Kerygma und der irdische Jesus*, 93; Suhl, *Zitaten*, 142; Crossan, *BR* 17[1972] 45; Trautmann, *Zeichenhafte Handlungen Jesu*, 87-90 등). 예를 들면, 샌더스(Sanders, *Jesus and Judaism*, 66)는 예레미야 7:11의 인용문은 강도에 대한 언급이 적절치 않기 때문에 원래 마가 본문에 없었다고 생각한다. 예수께서 성전 당국의 부패나 의심스러운 점들에 대하여 비판하셨다면, 사기꾼이나 도적이라는 말을 사용하셨을 것이라고 한다. 그러나 샌더스는 여기서 예언 언어의 과장된 성격을 간과하고 있다. 그러니까 선지자 예레미야가 당시에 성전의 강도들이라고 비판했을 때 사람들이 문자 그대로 성전 경내에서 강도행위를 자행하고 있다는 뜻은 아니었을 것이다. 할랜드(Harland, *VT* 46[1996] 532-33)와 할러데이(Holladay, *Jeremiah 1*, 246)는 예레미야 7:11이 압제와 탐욕으로 매매를 행하는 과정에서 피 흘리는 죄를 범하고도 제의 의식에 참여하는 "폭력적인 사람들"을 가리킨다고 믿는다. 그런 사람들이 성전 경내에 있다는 것이 성소를 더럽히는 것이다(겔 7:22을 보라). 고위 제사장들이 하급 제사장들에게 행한 폭력에 관한 요세푸스의 묘사(*Ant.* 20.8.8 §§179-81; 20.9.2 §§207)와 복음서 전승에서 고위 제사장들이 예수에게 행한 폭력에 관한 묘사(막 14:43-50, 65)를 감안하면, 예수 당시의 성전 당국은 예레미야가 수세기 전에 고소했던 바로 그런 류의 범죄들을 저지르고 있었음에 틀림없다. 실제로 조금 후에 예수는 고위 제사장들을 폭력적인 살인자들로 묘사하는 비유를 말씀하신다(막 12:1-12). 그러므로 예레미야 7:11을 인유한 말씀에서 모순되는 점이란 존재하지 않는다.

성전 당국에 대한 예수의 비판들은 이사야 56:7과 예레미야 7:11을 세심하게 고려함이 없이는 적절하게 고찰하거나 이해할 수 없다. 이 본문들이 중요하다는 것은 각각의 문학적 맥락들에서 알 수 있다. 이사야 56장에서 가져온 첫 번째 인용문은 세상의 열방들이 하나님을 예배하고 기도하기 위하여 예루살렘으로 오는 종말론적인 장면을 묘사한다. 이 예언의 일부는 다음과 같이 되어 있다.

> 여호와께서 이같이 말씀하시되
> 너희는 공평을 지키며 의를 행하라
> 나의 구원이 가까이 왔고
> 나의 의가 쉬 나타날 것임이라…
>
> 여호와께 연합한 이방인은
> 여호와께서 나를 그 백성 중에서 반드시 갈라내시리라 말하지 말며…
>
> 여호와께서 이같이 말씀하시기를…
>
> 나 여호와에게 연합하여 섬기며
> 나 여호와의 이름을 사랑하는…이방인마다
>
> 내가 그를 나의 성산으로 인도하여
> 기도하는 내 집에서 그들을 기쁘게 할 것이며
> 그들의 번제와 희생은
> 나의 단에서 기꺼이 받게 되리니
> 이는 내 집은 만민의 기도하는 집이라 일컬음이 될 것임이라
> 이스라엘의 쫓겨난 자를 모으는 주 여호와가 말하노니
> 내가 이미 모은 본 백성 외에 또 모아 그에게 속하게 하리라 하셨느니라(사 56:1-8).

이 구절의 중요성은 1세기의 제사장들에게도 여전했을 것이다. 요세푸스가 전임 대제사장이었던 예수 벤 가말라(Jesus ben Gamala)가 했다고 한 말을 보면, 이사야 56:7이 반영되어 있다. 그는 성전이 "그 명성을 듣고 땅 끝에서 온 이방인들에게 높임과 존귀를 받고 있다"고 말한다(*J.W.* 4.4.3 §262). 이 말은 고위 제사장이었던 요세푸스가 당시의 성전이 성경에서 요구한 것들에 잘 부응하여 운영되었다는 뜻을 함축하고 있는 변증의 말인가? 이와 비슷한 변증은 요세푸스가 솔로몬의 성전 봉헌 기도문, 특히 이방인들이 성전으로 몰려들 것이라고 말하는 부분을 자유롭게 의역한 대목에서도 나타난다(왕상 8:41-43). 요세푸스의 이 의역한 글을 보면, 솔로몬 왕은 만민이 "주께서 이 집이 우리의 땅에 주를 위하여 지어지기를 원하셨고, 또한

우리가 우리 나라 사람이 아닌 자들에게 본질적으로 비인간적이거나 비우호적이지 않고 만민이 똑같이 주께로부터 도움을 받아 주의 축복들을 누리기를 원한다는 것을 안다"고 기도한다(*Ant.* 8.4.3 §117). 솔로몬의 봉헌 기도와 이사야 56장 및 예레미야 7장의 관계는 조금 후에 고찰하고자 한다.

예레미야 7장에서 가져온 두 번째 인용문은 도성에 성전이 있다는 사실이 예루살렘을 바벨론의 위협으로부터 안전하게 보호해 줄 보장이 되지 못한다고 경고한다. 이스라엘의 죄는 심판을 불러올 것이고, 종교 당국자들이 철썩같이 믿었던 바로 그 성전은 파괴될 것이다. 이 구절은 다음과 같이 되어 있다.

> 여호와께로서 예레미야에게 말씀이 임하니라 가라사대 너는 여호와의 집 문에 서서 이 말을 선포하여 이르기를 여호와께 경배하러 이 문으로 들어가는 유다인아 다 여호와의 말씀을 들으라 만군의 여호와 이스라엘의 하나님이 이같이 말씀하시되 너희 길과 행위를 바르게 하라 그리하면 내가 너희로 이 곳에 거하게 하리라 너희는 이것이 여호와의 전이라 여호와의 전이라 여호와의 전이라 하는 거짓말을 믿지 말라.
>
> 너희가 만일 길과 행위를 참으로 바르게 하여 이웃들 사이에 공의를 행하며 이방인과 고아와 과부를 압제하지 말며 무죄한 자의 피를 이 곳에서 흘리지 아니하며 다른 신들을 좇아 스스로 해하지 아니하면 내가 너희를 이 곳에 거하게 하리니 곧 너희 조상에게 영원무궁히 준 이 땅에니라…
>
> 너희가 도적질하며 살인하며 간음하며 거짓 맹세하며 바알에게 분향하며 너희의 알지 못하는 다른 신들을 좇으면서…내 이름으로 일컬음을 받는 이 집이 너희 눈에는 도적의 굴혈로 보이느냐…너희는 내가 처음으로 내 이름을 둔 처소 실로에 가서 내 백성 이스라엘의 악을 인하여 내가 어떻게 행한 것을 보라…이제 너희가 그 모든 일을 행했으며…그러므로 내가 실로에 행함같이 너희가 의뢰하는 바 내 이름으로 일컬음을 받는 이 집에…행하겠고(렘 7:1-14).

예수 벤 아나니아(Jesus ben Ananias, 주후 62-69년에 활동함)는 예레미야 7장을 이용하여 예루살렘과 성전에 대한 재앙을 선포했다(Josephus, *J.W.* 6.5.3 §300-309). 이 파국의 예언자의 체험은 나사렛 예수의 활동들과 체포, 그리고 처형에 빛을 던져 준다. 요세푸스는 이렇게 말한다.

> 전쟁이 일어나기 4년 전에…절기가 열렸고, 거기에는 모든 유대인들의 관습을 따라 하나님에 대한 장막들이 세워져 있었는데, 아나니아의 아들 예수라 하는 한 배우지 못한 농부가 성전에 서서 갑자기 "동쪽으로부터의 소리, 서쪽으로부터의 소리, 사방으로부터의 소리, 예루살렘과 성소를 치는 소리, 신랑과 신부를 치는 소리, 모든 백성을 치는 소리…"

> 라고 외치기 시작했다…이 악한 말에 진노한 일부 유력 인사들은 그 사람을 체포하여 마구 채찍질했다. 그러나 그는 자기를 때리는 자들에게 자기를 위해서나 사사로운 말을 전혀 하지 않고 이전처럼 외침을 계속했다. 그러자 관원들이…그를 로마 총독에게 데려갔다. 거기에서 채찍을 맞아 뼈까지 드러났지만, 그는 자비를 구걸하거나 울지 않았다…총독 알비누스가 그에게 누구이며 어디에서 왔고 왜 그렇게 외쳤느냐고 물었지만, 그는 그러한 질문들에 전혀 대답하지 않았다…알비누스는 그가 미치광이라고 선언하고는 그를 풀어주었다…그는 특히 절기 때 외쳤다…그는 성벽에서 "도성과 백성과 성소에 다시 한 번 화 있으라"고 외치다가 돌 하나에 맞아 죽었다.

예수 벤 아나니아가 예레미야 7장에 나오는 말씀을 근거로 파국의 메시지를 외쳤다는 점이 중요하다. "내가 유다 성읍들과 예루살렘 거리에 기뻐하는 소리, 즐기는 소리, 신랑의 소리, 신부의 소리가 끊쳐지게 하리니 땅이 황폐하리라"(렘 7:34). 구체적으로 병행되는 부분들은 고딕체로 표시해 놓았다. 그러나 나사렛 예수와 예수 벤 아나니아 간의 병행들은 단지 예레미야 7장을 공통적으로 인용하고 있다는 점에 그치지 않는다. 두 사람 모두 절기 때(*ἑορτή*–헤오르테: 막 14:2; 15:6; 요 2:23; *J.W.* 6.5.3 §300) 성전 경내로 들어갔다(*τὸ ἱερόν*–토 히에론: 막 11:11, 15, 27; 12:35; 13:1; 14:49; *J.W.* 6.5.3 §301). 두 사람 모두 예루살렘(눅 19:41-44; 21:20-24; *J.W.* 6.5.3 §301), 성소(나오스[*ναός*]: 막 13:2; 14:58; *J.W.* 6.5.3 §301), 백성(*λαός*–라오스: 막 13:17; 눅 19:44; 23:28-31; *J.W.* 6.5.3 §301)의 파국을 말했다. 두 사람 모두 로마 총독이 아니라 고위 제사장들에 의해 체포되었다(*συλλαμβάνειν*–쉴람바네인: 막 14:48; 요 18:12; *J.W.* 6.5.3 §302). 두 사람 모두 유대 당국자들에 의해 매를 맞았다(*παίειν*–파이에인: 마 26:68; 눅 14:65; *J.W.* 6.5.3 §302). 두 사람 모두 로마 총독에게 넘겨졌다(눅 23:1: 에가곤 아우톤 에피 톤 필라톤[*ἤγαγον αὐτὸν ἐπὶ τὸν Πιλᾶτον*]; *J.W.* 6.5.3 §303: 아나구신…에피 톤…에파르콘[*ἀναγουσιν…ἐπὶ τὸν…ἔπαρχον*]). 두 사람 모두 로마 총독의 심문을 받았다(*ἐρωτᾶν*–에로탄: 막 15:4; *J.W.* 6.5.3 §305). 두 사람 모두 총독의 질문에 대답하기를 거부했다(*οὐδὲν ἀποκρίνεσθαι*–우덴 아포크리네스다이: 막 15:5; *J.W.* 6.5.3 §305). 두 사람 모두 총독에 의해 매를 맞았다(*μαστιγοῦν*–마스티군/*μάστιξ*–마스틱스: 요 19:1; *J.W.* 6.5.3 §304). 총독 빌라도는 나사렛 예수를 놓아주기 위하여 제안했으나 이루어지지 않았다. 총독 알비누스는 예수 벤 아나니아를 놓아주었다(*ἀπολύειν*–아폴뤼에인: 막 15:9; *J.W.* 6.5.3 §305).

성전에서의 예수의 행위에 대한 "반응"에 초점을 맞춘다면, 한 세대 후의 예수

벤 아나니아의 체험은 아주 유사한 병행임이 분명해진다. 칠튼(Chilton)이 거론한 힐렐 및 시므온과의 병행들은 무엇이 나사렛 예수에게 동기를 부여했는지를 해명하는 데 도움이 되지만, 유대 및 로마 당국의 반응을 해명하는 데는 별 도움이 되지 않는다. 예수 벤 아나니아는 그 어떤 개혁 과제나 비판의 조목들을 갖고 있지 않았다(힐렐 및 시므온과 달리). 또한 그는 당국자들을 공격하지도 않았다(하스모니아 가문의 제사장-왕이었던 알렉산더 얀네우스에게 돌팔매질을 했던 무리들이나 헤롯 대왕의 때 황금 독수리를 떼어냈던 젊은이들과는 달리). 그의 행동은 성전의 임박한 파국에 대한 슬픈 예언이었을 뿐이다.

한편, 나사렛 예수는 성전 체제에 관한 관심으로 인해 동기가 유발되셨다. 분명히 그분은 성전 경내에서 짐승들을 사고 파는 매매 행위에 대하여 이의를 제기하셨다. 복음서들에는 오직 단편들만이 보존되어 있긴 하지만, 예수께서 이때 성전에서 가르치신 내용은 칠튼(Chilton)의 주장대로 앞에서 언급한 힐렐(Hillel)의 가르침과 매우 유사했을 것이다. 이러한 비교는 적절하다. 그러나 성전 당국자들의 반응은 예수의 가르침과 행위 속에는 더 심각한 요소가 있었다는 것을 암시한다. 이 요소는 아마도 예수 벤 아나니아의 예언이 예레미야 7장에 근거했던 것과 마찬가지로, 예레미야 7장과 관련된 성전을 치는 예언적 선포였을 것이다.

이 예언서 구절들을 인용했다는 점을 들어서 많은 학자들은 예수께서 예언자, 곧 종말론적 예언자의 자격으로 행동하셨다고 생각한다(예수는 사실상 성전의 임박한 멸망과 그 대체를 예언하셨다고 주장하는 샌더스의 해석에서처럼). 그러나 우리가 고려해야 할 또 하나의 차원이 있다. 성전 및 이에 대한 이방인들의 관계에 관한 예수의 이해는 다윗의 아들인 솔로몬의 기도에서 영향을 받았을 것이라는 점이다.

> 또 주의 백성 이스라엘에 속하지 아니한 자 곧 주의 이름을 위하여 먼 지방에서 온 이방인이라도 저희가…이 전을 향하여 기도하거든 주는 계신 곳 하늘에서 들으시고 무릇 이방인이 주께 부르짖는 대로 이루사 땅의 만민으로 주의 이름을 알고 주의 백성 이스라엘처럼 경외하게 하옵시며 또 내가 건축한 이 전을 주의 이름으로 일컫는 줄을 알게 하옵소서(왕상 8:41-43).

다음의 도표가 분명히 보여 주듯이, 열왕기상 8장에 나오는 이 구절은 그 대부분의 어휘가 이사야 56:7 및 예레미야 7:11의 인용문들과 병행을 이룬다.

예레미야 7장	이사야 56장	열왕기상 8장
이방인(6절)	이방인들(6절)	이방인(41절)
이 집(11절)	내 집(7절)	이 집(43절)
내 이름으로 일컬어지리라(11절)	일컬어지리라(7절)	주의 이름으로 일컬어지리라(43절)
	기도의 집(7절)	이 집을 향하여 기도하면(42절)
	만민을 위한(7절)	땅의 만민(43절)
	그들의 번제와 희생은 열납되리라(7절)	이방인이 주께 부르짖는 대로 이루사(43절)

이러한 병행들은 대단한 것이다. 이것들은 성전 당국에 대한 예수의 고발은 단순히 예언적인 것이 아니라 부분적으로는 성전의 목적에 대한 솔로몬의 이해에 의해 영감을 받았다는 것을 보여 준다. 그렇다면 과연 이것은 예수께서 스스로를 다윗의 아들(자손), 즉 지혜의 유명한 후원자로서 치유와 축귀를 행할 수 있고(예수와 마찬가지로; 참조. 마 12:22-45; 막 1:21-28, 32-34; 3:11-12, 21-30; 5:1-20; 7:24-30; 9:14-29[위의 "주석"을 보라]) 언젠가는 만민이 하나님을 예배하러 올 성전을 주재할 솔로몬적 인물로 보셨다는 증거가 될 수 있을까? 바레트(C. K. Barrett, "House of Prayer," 15)는 이렇게 말한다. 성전은 "만민을 위한 기도의 집 역할을 한 적이 한 번도 없었다. 따라서 이 말씀을 예언으로 보는 것이 당연하다." 왕적 메시아로서 예수는 성전 당국자들에게 이 위대한 유산에 따라 살라고 요구하셨다. 건드리(Gundry, 642)는 구약에서 성전을 깨끗케 하고 회복한 자는 예언자들이 아니라 이스라엘의 왕들이었다는 것을 우리에게 상기시킨다. 제사장들의 태만과 부정직으로 인하여, 요아스 왕은 성전 수리를 하도록 하기 위해서 왕권을 행사할 필요가 있다고 생각했다(왕하 12:1-16). 몇 년 후에 요시야 왕은 성소 및 성전 경내에서 이방의 우상들을 제거하고 부수며 이방 제사장들을 죽이는 좀더 과격한 조치를 취하지 않으면 안 되었다. 그의 개혁은 사무엘 시대 이래로 가장 성대하게 유월절을 지키는 것에서 절정에 달했다(왕하 22:3-23:23; 대하 34:3-35:19; 참조. 1 Esdras 1:1-24). 솔로몬의 시편집(Psalms of Solomon)의 저자는 다윗 가문의 메시아가 일어나서 "예루살렘을 정화(淨化)하고" 도성을 거룩케 함으로써 열방들이 "그의 영광을 보고" 또한 "여호와의 영광을 보기 위하여…사방에서 몰려올 것"(*Pss. Sol.* 17:30-31)이라고 기대했다.

이러한 증거들에 비추어 볼 때, 예수는 메시아적 권세로 성전 경내에 들어가서 행동하셨을 가능성이 대단히 높다. 예수는 저 유명한 솔로몬의 봉헌 기도를 인유(引喩)했던 예언 전승들을 다시 인유하신다. 이 예언 전승들은 제1성전의 고위 제사장들이 하나님과 이스라엘 간에 맺어진 성전에 관한 계약의 요구 사항들을 따라 살지 못했다고 여겼다. 예언자들에 의하면, 이 제사장들은 공의를 베풀지 못했기 때문에 멸망을 당할 위험에 처해 있었다. 예수는 단순히 종말의 예언자로서가 아니라 하나님의 메시아적 대리인으로서 이러한 예언 전승을 다시 상기시키며 선포하셨다.

그러나 예수께서 예레미야 7장을 근거로 제시하신 것은 회개와 회복의 가능성이 아직 남아 있음을 함축한다. 이것은 예레미야의 다음과 같은 말에서 찾아볼 수 있다. "너희가 만일 길과 행위를 참으로 바르게 하여 이웃들 사이에 공의를 행하며 이방인과 고아와 과부를 압제하지…아니하면 내가 너희를 이 곳에 거하게 하리니 곧 너희 조상에게 영원 무궁히 준 이 땅에니라"(렘 7:5-6; 7절도 포함됨 – 역자주). 우리는 온전한 형태의 예수의 예언적 선포에는 그러한 회개 권고가 담겨 있었을 것이라고 추정할 수 있다. 고위 제사장들이 그들의 길을 고치고 예수의 말씀에 귀기울이며 예수와 함께 다가올 하나님 나라를 준비한다면, 예루살렘과 성전은 구원받을 뿐만 아니라 오랫동안 기다리던 하나님 나라의 도래를 체험하게 될 것이다(Hengel, *Was Jesus a Revolutionist?* 18는 렘 7:11을 인유[引喩]한 것은 일종의 "경고"라고 바르게 지적한다). 그러나 마가복음 11:27-33은 사실 고위 제사장들은 예수의 예언적 도전에 긍정적으로 응답하지 않았음을 명백하게 보여 준다.

18 "고위 제사장들과 서기관들이 들었다"(*καὶ ἤκουσαν οἱ ἀρχιερεῖς καὶ οἱ γραμματεῖς* – 카이 에쿠산 호이 아르키에레이스 카이 호이 그람마테이스). 마가복음 기자는 "고위 제사장들과 서기관들"을 여러 차례 언급한다(막 11:27; 14:1, 43, 53). "서기관들", "바리새인들", "고위 제사장들", "장로들"(그리고 종종 "사두개인들"과 "율법사들")이 복음서들에서는 예수의 대적들로 언급된다. 이러한 언급들은 대부분 부정적이다. 이 사람들은 예수의 가르침과 활동에 대하여 비판적이거나 예수를 멸하려고 음모를 꾸민다.

"고위 제사장들"(히브리어: 라셰 학코하님[ראשי הכהנים]; 참조. 느 12:7; 1QM 2:1)에는 현직 대제사장(히브리어로는 코헨 가돌[כהן גדול]; 아람어로는 카하나 랍바[כהנא רבא]; 헬라어로는 호 아르키에류스[*ὁ ἀρχιερεύς*]; 참조. Josephus, *J.W.* 5.5.7 §230; *Ag. Ap.* 2.21 §185; 막 14:53-65; 1QM 2:1: 코헨 하로쉬[כהן הראש]), 대제사장의 유고(有故) 시에 그를 대신할 "다른 제사장"(코헨 아하르[כהן אחר]; 참조. m. Yoma 1:1), 퇴임한 대제사장들(아르키에레이스[*ἀρχιερεῖς*]; 참조. 요 18:15,

18; 행 4:6; Josephus, *J.W.* 2.20.4 §§566), 성전의 수장(사간[סגן], 호 스트라테고스 투 히에루[*ὁ στρατηγὸς τοῦ ἱεροῦ*]; 참조. 행 4:1: "성전 맡은 자"; *y. Yoma* 3.8: "먼저 성전의 수장[סגן – 사간]을 거친 자가 아니면 대제사장[כהן גדול – 코헨 가돌]으로 임명될 수 없었다") – 아마도 쿰란 공동체의 "부(副)" 대제사장(미쉬나[משנה], 1QM 2:1), 성전의 재무를 맡은 자(기즈바르[גזבר], 호 가조퓔락스 투 히에루[*ὁ γαζοφύλαξ τοῦ ἱεροῦ*]; 참조. Josephus, *J.W.* 20.8.11 §194)가 포함되어 있었다. 요세푸스는 유대인들에 대한 그들의 막강한 권세에 관하여 말한다. "(대제사장의) 동료들과 함께 대제사장은 하나님께 희생제사를 드리고, 율법을 수호하며, 분쟁 사건을 판결하고, 범죄를 저지른 것으로 확인된 자들을 벌한다. 그에게 불복종하는 자는 누구든지 하나님에 대한 불경죄의 경우와 동일한 벌을 받는다"(*Ag. Ap.* 2.23 §194).

"서기관들"(소페림[סופרים], 그람마테이스[*γραμματεῖς*])도 복음서들에 자주 등장한다. 서기관들은 종종 제사장들 및 그 밖의 다른 권세 있는 자들과 밀접하게 결부된다: "서기관들과 바리새인들"(막 7:1), "장로들과 서기관들"(막 15:1), "고위 제사장들, 서기관들, 장로들"(막 11:27). 우리는 이것을 구약에서도 발견한다. 에스라는 "제사장이자 서기관"(학코헨 핫소페르[הכהן הספר], 호 히에류스 카이 그람마튜스[*ὁ ἱερεὺς καὶ γραμματεύς*]; 느 8:9[=2 Esd 18:9]; 참조. 12:26[=2 Esd 22:26]; 1 Esd8:8-9: "제사장과 독자")으로 묘사된다. 순교자 엘르아살은 서기관이었다고 하는데(2 Macc 6:18), 후대의 병행 판본에서는 "율법에 해박한 제사장 가문의 인물"(4 Macc 5:4)이었다고 한다. 구약의 초기 본문들에서는 "백성의 장로들과 그들의 서기관들"(민 11:16)이라고 하지만, 후기 본문들에서는 "서기관들과 레위인들"(대하 19:11), "서기관들과 판관들"(대하 34:13)이라고 한다. 예수 벤 시락(Jesus ben Sirach, 주전 180년경)은 지혜자들을 서기관들로 여겼다(참조. "서기관의 지혜" [*σοφία γραμματεύς* – 소피아 그람마튜스]라고 말하는 Sir 38:24을 참조). 예수 시대에 "서기관"의 역할은 성읍의 서기(참조. Josephus, *J.W.* 1.24.3 §479; 행 19:35; 파피루스들에 대해서는 MM, 132를 보라)에서 율법 전문가(참조. 막 3:22)에 이르기까지 걸쳐 있었다. "서기관"(*γραμματεύς* – 그람마튜스)의 후자의 용법은 "율법학자"(*νομικός* – 노미코스) 또는 "율법교사"(*νομοδιδάσκαλος* – 노모디다스칼로스)에 해당하는 것이었다(참조. 4 Macc 5:4; 마 22:35; 눅 5:17; 10:25). 요세푸스는 서기관들을 "궤변가들"(*σοφισταί* – 소피스타이; *J.W.* 1.33.2 §648), "신성한 서기관들"(*ἱερογραμματεῖς* – 히에로그람마테이스; *J.W.* 6.5.3 §291), "조상의 율법들의 해석자들"(*ἐξηγηταὶ τῶν πατρίων νόμων* – 엑세게타이 톤 파트리온 노몬; *Ant.* 17.6.2

§149)로 부른다. 서기관들을 가리키는 말 속에서 요세푸스는 자기 백성들이 "율법에 대한 정확한 지식을 갖고 있고 성경(τῶν ἱερῶν γραμμάτων-톤 히에론 그람마톤)의 의미를 해석할 수 있는 이 유일한 사람들에게 지혜를 돌린다"고 말한다(*Ant.* 20.22.2 §264). 분명해 보이는 것은 예수 시대의 서기관들은 존경을 받았고 권세를 지니고 있었다는 것이다. 따라서 고위 제사장들과 서기관들이 예수를 멸하고자 한 것은 사실 예수께서 심각한 곤경에 처하시게 된 것이다(서기관들에 대해서 좀더 자세한 것은 Saldarini, *Pharisees, Scribes and Sadducees*, 241-76를 참조하라).

예수의 행위는 짐승을 매매하는 자들과 환전상들을 향한 것이었지만, 사실 그의 비판은 성전 당국 전체에 적용되는 것이었음을 강조하는 것이 중요하다. 왜냐하면 이러한 상업 활동이 성전 경내에서 이루어진 것은 고위 제사장들, 특히 대제사장의 권한에 의한 것이었기 때문이다. 예수는 매매하는 자들과 환전상들을 공격함으로써 제사장들을 공격하셨던 것이다. 이런 이유로 고위 제사장들은 예수에 대하여 특별하고도 악의적인 관심을 가지게 되었다. 그들은 즉시 조치를 취하고자 했으나 무리들을 자극할까 봐 그렇게 하지 못했다. 예수는 이때 백성들로부터의 지지와 동정이 없었다면 그렇게 행동하실 수 없었을 것이다.

복음서 기자는 고위 제사장들과 서기관들이 예수께서 하신 말씀을 "들었다"(ἤκουσαν-에쿠산)고 말한다. 복음서 기자는 이전에 11:14에서도 예수께서 무화과나무를 저주하셨는데 "그의 제자들이 이를 들었다(ἤκουον-에쿠온)"고 함으로써 이러한 수사적 장치를 사용한 적이 있다. 이러한 수사적 장치는 예수의 말씀에 무게를 실어 주는 역할을 한다. 예수의 말씀은 강력하고 사람들의 이목을 끌고 효력이 있다. 예수께서 말씀하시고 행하시는 것에 따라 이야기의 진행은 착착 절정을 향하여 나아간다.

"예수를 어떻게 멸할까 하고 꾀하였다"(ἐζήτουν πῶς αὐτὸν ἀπολέσωσιν-에제툰 포스 아우톤 아폴레소신). 마가 본문의 제테인(ζητεῖν, "찾다, 구하다")은 복음서들에 나오는 다른 동사들만큼이나 마가복음 이야기를 잘 말해 준다. 1:37에서 갈릴리의 모든 무리들은 주로 병을 치유 받기 위해서 예수를 찾는다. 3:32에서는 예수의 가족들이 그를 찾는다. 8:11-12에서는 바리새인들이 예수에게 표적을 구한다. 18절에 나오는 제테인(ζητεῖν)은 불길한 뉘앙스를 지닌다. 여기에서 고위 제사장들과 서기관들은 예수를 멸할 방법을 찾기 시작한다. 12:12에서 그들은 예수를 체포하고자 꾀한다. 14:1에서 그들은 예수를 은밀하게 체포할 방법을 찾는다. 14:11에서는 고위 제사장들과의 거래를 마친 유다가 예수를 배신할 좋은 기회를 찾기 시작한다.

예수께서 체포되신 후에, 14:55에서 산헤드린은 예수를 단죄할 증언을 찾기 시작한다. 그리고 마지막으로 16:6에서 여자 문상객들은 예수를 찾으러 무덤으로 간다.

"이는 저희가 그를 두려워함일러라"(*ἐφοβοῦντο γὰρ αὐτόν*–에포분토 가르 아우톤). 예수는 이전에 두려움을 불러일으키신 바 있다. 역사적 차원에서 볼 때, 예수께서 불러일으키신 두려움은 그가 폭동이나 반란을 일으킬지도 모른다는 것이었다. 그러나 마가복음 이야기에서는 예수께서 고위 제사장들에게 불러일으키신 두려움은 무리들에게 불러일으키신 두려움과 별 다르지 않다. 4:41에서 예수는 폭풍을 잠잠케 하시고, 제자들은 두려워한다. 5:15에서 고침 받은 여인은 두려워서 예수 앞에 엎드린다. 6:50에서는 예수께서 바다 위를 걸어 그들에게 오시자, 제자들은 큰 두려움에 빠진다. 9:32에서 열두 제자는 예수의 엄청난 수난 예고를 좀더 자세하게 설명해 달라고 요청하기를 두려워한다. 11:32과 12:12에서 예수의 대단한 대중적 인기는 고위 제사장들의 두려움의 원인이다. 그리고 끝으로 16:8에서 무덤에 간 여인들은 예수의 부활 소식을 듣고 두려워한다.

"이는 무리가 다 그의 가르침에 놀랐기 때문이었다"(*πᾶς γὰρ ὁ ὄχλος ἐξεπλήσσετο ἐπὶ τῇ διδαχῇ αὐτοῦ*–파스 가르 호 오클로스 엑세플렛세토 에피 테 디다케 아우투). 마가복음 이야기 전체에 걸쳐서 예수는 무리들과 제자들을 놀라게 해 오셨다. 1:22에서 갈릴리 촌민들은 예수의 가르침에 놀란다. 그들은 6:2에서 또다시 놀라고, 예수께서 그러한 지혜와 권능을 어디에서 얻으셨는지를 기이하게 여긴다. 7:37에서 사람들은 예수의 치유 사역을 보고 놀란다. 끝으로 10:26에서 예수는 하나님 나라에 들어가는 것과 구원받는 것의 어려움에 관한 가르침으로 제자들을 놀라게 하신다. 18절에 에크플렛세인(*ἐκπλήσσειν*, "놀라다")의 등장은 예수께서 갈릴리에서나 예루살렘에서 계속해서 무리들을 놀라게 하고 계심을 보여 준다.

19 "매양 저물 때에 저희가 성밖으로 나갔다"(*καὶ ὅταν ὀψὲ ἐγένετο, ἐξεπορεύοντο ἔξω τῆς πόλεως*–카이 호탄 옵세 에게네토 엑세포류온토 엑소 테스 폴레오스). 앞에서 복음서 기자는 독자들에게 예수께서 도성에서 밤을 보내시지 않았다는 것을 말했다(참조. 11:11). 예수께서 밤에 도성에 머물지 않으신 이유는 그렇게 하는 것이 그분에게 안전하지 않았기 때문이라고 주장되어 왔다(Brooks, 186). 그럴 수도 있겠다. 그러나 수많은 다른 유월절 순례자들과 마찬가지로 예수께서도 예루살렘에서 숙소를 구하실 수 없었을 가능성이 크다고 본다.

해설

유월절에 앞서 도성에 들어가신 후 얼마 되지 않아서 예수는 성전 경내에 들어가서 소요를 일으키셨다. 예수는 희생제물로 사용될 짐승들을 사고 파는 자들을 내쫓고 환전상들이 펼쳐놓은 상(床)들을 뒤엎으셨다. 예수의 행위는 상징적인 것이었다. 그분은 모든 거래 행위를 중단시키신 것이 아니었다. 그러나 예수는 고위 제사장들을 포함한 많은 사람들의 이목을 집중시키셨다(막 11:27-33에 나오는 질문이 보여 주듯이). 예수의 행위는 성전의 임박한 멸망과 대체를 의미한 것이 아니라 매매의 어떤 측면들에 대한 불만을 나타내 보이려는 의도였다. 예수의 비판은 짐승들의 매매 자체나 희생제사의 관행, 또는 돈을 바꾸는 행위에 대한 것이 아니었다. 이 모든 것들은 모세 율법이 명한 이스라엘의 종교를 수행하는 데 필수적인 것들이었다. 우리는 정확히 무엇이 예수를 분노케 했는지 알 수 없다. 예수와 근접한 시대에 나오는 자료들로부터 알 수 있는 것은 예수께서 성전 경내에서 짐승들이 매매된다는 것, 희생제사를 위해 짐승들을 사서 드리는 태도, 환전과 관련된 어떤 측면들을 비판하셨으리라는 것이다. 이 세 가지 중에서 후자의 두 가지가 가장 유력하다.

예수는 성전 당국자들의 잘못에 대하여 깊은 실망을 표현하고 예언을 통해 도전하셨다. 성전은 종말론적인 하나님의 목표인 만민을 위한 기도의 집으로 의도되었다. 그러나 성전은 "강도들의 굴혈"이 되어 버렸고, 심판을 받아 멸망할 위기에 처해 있다. 어떤 식으로 성전이 "강도들의 굴혈"로서의 기능을 했는지는 12장과 14장에 나오는 몇몇 단락들에서 밝혀질 것이다.

성전 경내에서의 예수의 행위와 가르침은 결코 반 유대적인 것이 아니었다. 그러한 사고는 시대착오적인 것으로서 예수의 의중(意中)의 성격과 정신을 심각하게 오해하는 것이다. 성전을 비판, 아니 위협함에 있어서 예수는 예레미야의 예언의 말씀에 의해 영감을 받으셨을 것이다(Hollenbach, *BTB* 15[1985] 156; 또한 막 14:24의 최후의 만찬에 나오는 말씀들에서 "언약"에 대한 언급에 주목하라; 참조. 렘 31:31). 예수는 예루살렘의 구원("복음"이 다른 어떤 것을 의미할 수 있겠는가?)을 소망하셨고, 이 목적을 위해서 예언적인 방식으로 말씀하시고 행하셨다. "예수의 행위는 혁명적이 아니며, 그 반대의 주장이 있긴 하지만(그는 W. O. E. Oesterley, *DCG* 2:713을 인용한다), 희생제사 제도에 대한 공격도 아니라는 대중적인 공감을 얻고 있었음에 틀림없다"고 테일러(Taylor, 463)는 올바르게 지적한다. 예수는 성전이나 희생제사 제도를 파괴하고자 한 것이 아니라 성전을 구하여 그 예언적 소명과 본분을 이루는 방향으로 나아가게 하고자 하셨다.

성전 사건은 무화과나무에 대한 저주라는 불길한 이야기(막 11:12-14, 20-21)에 둘러싸여 있기 때문에, 복음서 기자가 무엇을 전달하려고 애쓰고 있는지는 분명하다. 성전 당국자들은 그 길을 고치지 않으면 파국에 직면하게 될 것이다. 먹을 만한 열매를 맺지 못하는 무화과나무는 심판을 받을 수밖에 없다. 성전 당국자들이 고치고자 하지 않는다면, 그들도 심판을 받게 될 것이다. 이 심판이 얼마나 심각한 것이 될 것인가는 포도원 농부 비유(막 12:1-11)와 성전 멸망에 대한 예수의 예언에서 잘 드러난다.

예수의 "성전 청결 사건"은 예전의 또는 당시의 유대교에 대한 고발로 해석되어서는 안 된다. 성전에서의 예수의 행위는 국가 지도자들의 정치적, 종교적 정책들을 비판했던 이스라엘 예언자들의 고전적인 전통과 일맥상통한다. 예수는 이스라엘을 위하여 행동하고 말씀하셨다. 이스라엘의 회복이야말로 예수의 말씀과 행위의 동인(動因)이었다. 그의 비판은 종교 지도자들, 특히 고위 제사장들을 정면으로 향한 것이었다. 이에 대한 반응이 이를 증명해 준다.

5. 믿음에 관한 교훈들(11:22-26)

참고문헌

Berger, K. *Die Amen-Worte Jesu: Eine Untersuchung zum Problem der Legitimation in apokalyptischer Rede.* BZNW 39. Berlin: de Gruyter, 1970. 35-70. **Broadhead, E. K.** "Which Mountain Is 'This Mountain'? A Critical Note on Mark 11,22-25." *Paradigms* 2(1986) 33-38. **Buchanan, G. W.** "Withering Fig Trees an Progression in Midrash." In *The Gospels and the Scriptures of Israel.* Ed. C. A. Evans and W. R. Stegner. JSNTSup 104; SSEJC 3. Sheffield: Sheffield Academic Press, 1994. 249-69. **Dowd, S. E.** *Prayer, Power, and the Problem of Suffering: Mark 11:22-25 in the Context of Markan Theology.* SBLDS 105. Atlanta: Scholars Press, 1988. **Gaston, L.** *No Stone on Another: Studies in the Significance of the Fall of Jerusalem in the Synoptic Gospels.* NovTSup 23. Leiden: Brill,

1970. **Hahn, F.** "Jesu Wort vom bergversetzenden Glauben." *ZNW* 76(1985) 149-69. **Hasler, V.** *Amen: Redaktionsgeschichtliche Untersuchung zur Einführungsformel der Herrenworte "Wahrlich ich sage euch."* Zürich; Stuttgart: Gotthelf, 1969. 41-44, 67-68. **Schulz, S.** *Q—Die Spruchquelle der Evangelisten.* Zürich: Theologischer Verlag, 1972. **Swartley, W.** *Israel's Scripture Traditions and the Synoptic Gospels: Story Shaping Story.* Peabody, MA: Hendrickson, 1994. **Zmijewski, J.** "Der Glaube und seine Macht." In *Begegnung mit dem Wort.* FS H. Zimmermann, ed. J. Zmijewski and E. Nellessen. BBB 53. Bonn: Hanstein, 1980. 81-103.

본 문

22 예수께서 대답하여 저희에게 이르시되 하나님을 믿으라	**22** And answering, Jesus says to them, [a]"Have faith in God.[b]
23 내가 진실로 너희에게 이르노니 누구든지 이 산더러 들리어 바다에 던지우라 하며 그 말하는 것이 이룰 줄 믿고 마음에 의심치 아니하면 그대로 되리라	**23** Truly, I tell you that whoever should say to this mountain, 'Be taken up and be cast into the sea,' and he should not waver[c] in his heart but should believe that what he says happens,[d] it will be done for him.
24 그러므로 내가 너희에게 말하노니 무엇이든지 기도하고 구하는 것은 받은 줄로 믿으라 그리하면 너희에게 그대로 되리라	**24** For this reason I tell you, all that you pray and ask for—believe that you have received[e] it, and it will be yours.
25 서서 기도할 때에 아무에게나 혐의가 있거든 용서하라 그리하여야 하늘에 계신 너희 아버지도 너희 허물을 사하여 주시리라 하셨더라	**25** And whenever you stand praying, forgive if you have something against someone, so that your[f] Father in heaven may also forgive you your transgressions.
26 (절 내용 없음)	[g][**26** But if you do not forgive, neither will your Father in heaven forgive your trespasses.]"

원문주해

a. ℵ, D, *Θ*, f^{13}, 28, 33[c]사본과 일부 후대의 사본들은 에이 에케테 피스틴 데우 아멘 레고 휘민…(*εἰ ἔχετε πίστιν θεοῦ, ἀμὴν λέγω ὑμῖν*, "너희가 하나님을 믿으면, 내가 진실로 너희에게 이르노니…")으로 읽는다. 조건절을 동반한 아멘(*ἀμὴν*, "진실로") 정형구는 병행이 없기 때문에, 이 독법은 눅 17:6의 영향을 받았을 가능성이 크다. 에이(*εἰ*, "~한다면")를 조건절 이외의 것으로 번역한다고 해도 사정은 달라지지 않는다(예를 들어, 의문문으로, 참조. *TCGNT*[1], 109 n. 1; 또는 강력한 기원문으로, Telford, *Barren Temple*, 98 n. 4; 참조. Black, *Aramaic Approach*, 91).

b. 몇몇 후대의 권위 있는 사본들은 에케테 피스틴 데우(*ἔχετε πίστιν θεοῦ*, "하나님을 믿으라")를 생략한다(참조. Telford, *Barren Temple*, 57, 68 n. 117). 나인햄(Nineham, 305)과 로마이어(Lohmeyer, 239)는 이 문장이 마가의 첨가이거나 후대의 필사자의 난외주라고 생각한다. 요 14:1을 보라: 피스튜에테 에이스 톤 데온(*πιστεύετε εἰς τὸν θεόν*, "하나님을 믿으라").

c. D*사본은 카이 메 디아크리데테(*καὶ μὴ διακριθῆτε*, "너희가 요동하지 않다")로 읽는다(참조. 마 21:21).

d. D사본은 알라 피스튜세 토 멜론 호 안 에이페 게네세타이(*ἀλλὰ πιστευσῃ τὸ μέλλον ὃ ἂν εἴπῃ γενήσεται*, "그러나 그가 말한 것이 이룰 줄 믿으면 그대로 되리라")로 읽는다.

e. 엘라베테(*ἐλάβετε*, "받았다")는 "미래 행위의 확실성"을 뜻하는 "예언적 완료"라는 히브리어 용법을 반영한 셈어적 표현일 것이다(Pesch, 2:206; *TCGNT*[1], 109-10; 참조. "미래적 부정과거," *BDF* §333.2; Gnilka, 2:135). 람바네테(*λαμβάνετε*, "받는다"), 레(렘)프세스데(*λή[μ]ψεσθε*, "받으리라") 같은 그 밖의 다른 시제 형태들도 여러 사본들에서 발견되는데, 이는 구문을 부드럽게 하기 위한 시도들일 것이다.

f. 몇몇 사본들은 호 파테르 헤몬(*ὁ πατὴρ ἡμῶν*, "우리 아버지")으로 읽는다. 이 이독은 기독교 관행과 아울러 주기도문 마태 판본(마 6:9)의 도입문구의 영향을 받은 것 같다.

g. 에이 데 휘메이스 우크 아피에테 우데 호 파테르 휘몬 호 엔 토이스 우라노이스 아페세이 타 파랍토마타 휘몬(*εἰ δὲ ὑμεῖς οὐκ ἀφίετε, οὐδὲ ὁ πατὴρ ὑμῶν ὁ ἐν τοῖς οὐρανοῖς ἀφήσει τὰ παραπτώματα ὑμῶν*, "그러나 너희가 용서하지 않으면, 하늘에 계신 너희 아버지도 너희 허물을 사하지 않으시리라")으로 된 26절이 A, D, 33(호 엔 토이스 우라노이스[*ὁ ἐν τοῖς οὐρανοῖς*, "하늘에 계신"]는 생략됨)사본 및 많은 후대의 사본들에서 발견된다. 이 절은 ℵ, B, L, W, Δ, Y, 565, 700, 892, 2427사본과 몇몇 다른 권위 있는 사본들에는 없다. 메츠거(Metzger, *TCGNT*[1], 110)는 26절은 필사자가 마 16:14-15을 모방하여 삽입한 것이라고 생각한다. P[45]사본의 단편은 26절에 대한 흔적이 없이 막 11:27(=fol. 8 verso)에서 다시 시작된다. 그러나 이 보존 상태가 좋지 않은 파피루스에 의거해서 이 의심스러운 절이 본문에 있었는지의 여부를 판단하기는 불가능하다. 아래의 "주석"을 보라.

양식/구조/배경

11:21에 나오는 베드로의 외침인 "랍비여 보소서 저주하신 무화과나무가 말랐나이다"라는 말은 예수께서 믿음과 기도와 용서에 관하여 가르치실 기회를 제공해 준다. 11:12-14의 무화과나무에 대한 저주에서 11:20-21에 나오는 그 결과로 무화과나무가 말라 버린 것을 발견하는 장면, 그리고 믿음, 기도, "용서"에 관한 가르침으

로의 이행을 많은 주석가들은 이상하게 여긴다. 마이어(Meier, *Marginal Jew* 2:888)는 이렇게 말한다. "우리는 11:22-25의 단락이 무화과나무를 저주한 이야기만큼이나 마가복음 11장의 직전 맥락 및 마가복음 11-15장의 좀더 넓은 맥락 속에 잘 통합되지 않는다는 것을 인정하지 않을 수 없다. 특히 용서는 기도가 응답되기 위한 필수적인 조건이라는 말씀(25절)은 독자들에게 성전을 상징하는 나무를 파괴적으로 저주한 예수의 행위에 대한 이상한 주해(註解)라는 생각이 들게 만든다." 마이어(*Marginal Jew* 2:890)는 11:20-25을 구성하는 말씀들은 "여러 자료들로부터 왔기 때문에, 마가의 저주 이적(즉, 11:12-14에 나오는 무화과나무에 대한 저주 사건)의 결말은 본래부터 있었던 것이 아니다"라는 말을 덧붙인다.

양식과 관련해서, 마가복음에 나와 있는 대로의 이 단락(11:22-25)은 아포프테그마(apophthegm)로서 예수의 무화과나무에 대한 저주에 토대를 둔 가르침이다(Bultmann, *History*, 55). 마이어(Meier)를 비롯한 많은 학자들이 올바르게 지적했듯이, 자연 이적인 무화과나무 이야기를 믿음과 기도에 관한 말씀들을 위한 토대로 사용한 것은 분명히 이차적인 것이다. 예수의 사역에서 유래한 이 말씀들(logia)은 한때 서로 독립적으로 그리고 이 이야기와 상관없이 독자적인 말씀들로 유포되었다. 우리는 산을 옮길 만한 믿음에 관한 말씀(11:23)을 Q전승(마 17:20; 참조. 눅 17:6), 고린도전서 13:2, 도마복음서에서 두 번(§§ 40, 106; 믿음에 대한 언급은 없지만) 발견한다. 기도 응답에 대한 약속(11:24)은 요한복음 14:13-14; 15:7, 16; 16:23-24(참조. 마 7:7-8=눅 11:9-10)에 나온다. 아울러 마태복음 6:14은 용서의 말씀(11:25)과 병행을 이루고, 마태복음 5:23은 내용적으로 병행을 이룬다. 그러나 이 병행되는 두 말씀 중 어느 것도 정확하게 일치하지는 않는다. 이 말씀들은 전승의 사용 및 전수 과정에서 발생한 변이(變異)들을 반영하고 있다. 23절에 나오는 산을 옮길 만한 믿음에 관한 말씀은 "민간의 속담에 뿌리를 두고 있는 것"으로서 "1세기 기독교에서 어떤 맥락과도 상관없이 독자적으로 널리 유포되었을 것이다"(Meier, *Marginal Jew* 2:889).

마가의 이 본문들이 전승 속에서는 어떤 모습이었을까에 대해서는 많은 논쟁의 초점이 되어 왔다. 일부 주석가들은 무화과나무 이야기와 말씀들은 각각 독립적인 네 개의 전승 단위로 전승 속에 있었고, 마가가 이 전승들을 결합했다고 믿는다(예를 들어, Grundmann, 313; Haenchen, 391; 참조. Lührmann, 190). 또 어떤 학자들은 전승 속에서 이 이적 이야기는 하나의 말씀(11:23; 예를 들어, Pesch, 2:202; Telford, *Barren Temple*, 57) 또는 그 이상의 말씀(11:23-25; 예를 들어, Hahn, *ZNW*

76[1985] 150; Schweizer, 232)과 결합되어 있었다고 믿는다. 또 다른 학자들은 이적 이야기와 말씀들이 각각 독립적인 전승 단위로 존재했는데, 이 중 말씀들은 마가 이전의 전승 속에서 연결어(catchword)를 통해 결합되어 있었다고 주장한다(예를 들어, Ernst, 331; Gnilka, 2:123; Taylor, 465; Roloff, *Kerygma und der irdische Jesus*, 167).

그러나 전승 속에서든 마가에 의해서든 11:23-25을 결합시켰다고 주장되는 연결어들(catchwords)인 "믿음"과 "기도"는 그 자체가 11:23-25의 배후에 있는 전승 속 말씀들의 결합(結合)의 결과이지, 11:24 또는 11:25의 전승 형태들에는 존재하지 않았다(11:24, 25에 대한 "주석"을 보라). 그러므로 이 말씀들은 편집자가 기도, 그리고 하나님 및 다른 사람들에 대한 신자의 관계에 있어서 기도가 함축하는 의미들에 초점을 맞추기 위하여 의도적으로 결합한 것이다. 그리고 흔히 편집자는 마가였다고 본다.

마가가 편집을 통해서 무화과나무 이야기와 기도에 관한 말씀들을 결합했다는 논증들에도 불구하고, 그 증거들은 어휘 또는 문체라는 확실한 자료들로부터 도출되지 않는다. 주제 및 맥락은 마가 이전의 편집을 지지한다(위의 11:21-22에 대한 "주석"을 보라). 예수와 제자들에게 초점이 맞춰진 8:27-10:45과 12:41-13:37과는 대조적으로, 11:1-12:40에서 마가의 이야기의 초점은 예수와 당국자들에게 맞춰져 있다. 11:22-25에서 예수께서 기도에 관하여 제자들에게 가르치신 내용은 이 마가 이야기의 흐름 속에서 하나의 간주곡, 삽입문이다. 이 간주곡이 생겨난 이유는 이미 기도에 관한 예수의 가르침(11:12-14, 22-25) 및 성전 시위(11:15-19)와 결합되어 있었던 무화과나무 이야기를 마가가 사용한 결과였을 것이다. 이렇게 마가 이전에 결합되어 있던 이 본문들은 예수의 예루살렘 입성(11:1-11), 성전 시위(11:15-19), 이에 따른 권세에 관한 논쟁(11:27b-33)으로 이어지는 이야기의 흐름을 끊어 놓게 되었다. 이러한 이야기의 흐름으로 보아서 현재의 대목은 복음서 기자가 제자들에게 기도에 관하여 가르치는 단락을 덧붙일 만한 곳이 되지 못한다. 마가는 11:17에 나오는 기도와 11:23-25의 희미한 관계를 포함한 전승을 충실하게 보존하려고 했기 때문에 믿음과 기도에 관한 가르침을 잘라내서 다른 곳에 재배치하지 못했을 것이다. 따라서 11:20에서의 약간의 손질(위의 11:12, 20에 대한 "주석"을 보라)을 제외하고는 마가복음 기자는 11:22-25에 나오는 전승 자료를 넘겨받아서 충실하게 보존했다고 할 수 있다.

배경과 관련해서, 이 이야기는 시간 구도에 있어서 11:1에서 시작된 제3일에 일어난다. 이 이야기는 무화과나무 사건에 대한 언급 및 기도라는 모티프(motif)를 통해서 전날과 연결된다. 원래는 무화과나무 이적의 끝부분, 즉 그 이적의 확인(11:20)에 속했던 11:21의 베드로의 발언은 기도에 관한 예수의 가르침을 위한 토대가 된다. 기도에 관한 예수의 가르침은 하나님(11:22-24) 및 다른 사람들(11:25)과의 관계에 관한 것으로서 성전에서의 그의 가르침과는 오직 희미하게만 연결된다. 성전 경내에서 예수는 실제로 성전이 "강도들의 굴혈"이 되어 버린 것과는 대조적으로 원래 성전에 대한 하나님의 계획은 "만민의 기도하는 집"이었다는 이사야 56:7을 인용하신다. 따라서 11:22-25에 나오는 기도에 관한 가르침은 이사야 56:7이나 성전 시위 자체와는 아무 상관도 없지만, 어쨌든 기도는 이것들을 연결해 주는 모티프다. 이 가르침은 주제상으로 9:28-29과 유사하다. 그러므로 이 가르침은 11:1-33의 사건들에서 하나의 간주곡 역할을 한다. 그렇지만 우리는 13:33과 14:38에 나오는 제자들에 대한 예수의 경고의 말씀들 속에서 또다시 기도 모티프를 만나게 된다.

주석

22 "하나님을 믿으라"(*ἔχετε πίστιν θεοῦ*–에케테 피스틴 데우)는 어구는 신약에 유일무이한 표현으로서 눈에 확 띈다. 그 어디에도 피스틴 데우(*πίστιν θεοῦ*, "하나님에 대한 믿음")에서처럼 데우(*θεοῦ*, "하나님")가 대격적 속격(objective genitive)으로 나오는 경우는 없다. 로마서 3:3(*τὴν πίστιν τοῦ θεοῦ*–텐 피스틴 투 데우, "하나님의 미쁘심")에서처럼 주격적 속격(subjective genitive)으로 해석하는 것은 이 문맥에 맞지 않는다(참조. Lane, 409). 따라서 일부 학자들(예를 들어, Lohmeyer, 239; Nineham, 305; Telford, *Barren Temple*, 57, 98 n. 5)은 이 어구를 후대의 필사자의 난외주로 여긴다("원문주해" b를 보라). 이 보장되지 않은 주장을 받아들인다고 해도, 어쨌든 믿음의 대상은 여전히 하나님이다.

이 명령의 출처와 의미는 부분적으로는 산을 옮길 만한 믿음에 관한 다음의 말씀으로부터 나온다. 이 말씀은 마가(11:23=마 21:21)와 Q(마 17:20; 참조. 눅 17:6)라는 두 개의 전승에 등장한다. 마가는 "하나님을 믿으라!"는 명령이라는 점에서 Q 전승과 다르다. 마가 본문에는 11:23의 배후에 있는 전승 속에서 원래의 전제절의 일부였던 겨자씨만한 믿음에 관하여 말한 부분(참조. 마 17:20; 참조. 눅 17:6; 아래를 보라)이 없는데, "믿음을 갖는다"(*ἔχειν πίστιν*–에케인 피스틴)는 말이 명령형으로서 앞으로 나오게 되면서 겨자씨에 비유하는 말씀이 생략되고, 그 대신에 믿음의 대상을 구체적으로 하나님으로 규정하게 되었다(*ἔχετε πίστιν θεοῦ*–에케테 피스틴 데우, "하나님을 믿으라"). 그래서 이제 이 명령문은 다음에 나오는 11:23-25에 대한 도입부 역할을 하게 되었다. 이 명령문은 제자들에게 11:23-24이 예시해 주는 것처럼 하나님을 절대적으로 의뢰하라고 권고한다.

11:21에 나오는 베드로의 발언이 11:22-25, 11:22b에 나오는 말씀들을 위한 토대를 제공해 주는 것과 마찬가지로, 11:23 배후에 있는 원래의 전승에서 가져온 "하나님을 믿으라!"는 말씀은 11:23-25에 나오는 원래 독립적이었던 말씀들을 결합시킬 수 있는 토대를 마련해 주는 역할을 한다. 이러한 이 명령문의 이차적 성격은 이 명령문을 문학적으로 및 주제상으로 11:23과 결합시키고, 원래 무화과나무 이야기의 결론부였다는 성격을 없애 버린다(참조. Hasler, *Amen*, 42-43; Roloff, *Kerygma und der irdische Jesus*, 167). 11:22b와 11:23-24(11:25에는 믿음이 언급되지 않는다는 것을 참조)의 이러한 문학적 및 주제상의 관계는 적어도 11:23이 11:12-14, 20-21과 결합된 발전 과정을 강력하게 암시한다(참조. Bultmann, *History*, 91; Zmijewski, "Glaube," 92). 마가는 명시적인 믿음의 대상에 대한 언급 없이(예를 들어, 2:5; 4:40; 5:34, 36; 6:6; 9:19, 23-24, 42; 10:52; 참조. 1:15; 11:22, 31) "어떤 수식도 없이 믿음을 말하는 언어를 특이하게 선호"하기 때문에(Marshall, *Faith*, 230), 이러한 발전은 마가 이전의 전승에서 일어났을 가능성이 높다. 따라서 마가는 무화과나무 이야기와 산을 옮길 만한 믿음에 관한 말씀이 결합되어 있는 전승을 사용했다. 이제 이적(11:12-14, 20-21)은 말씀(11:22-23)을 위한 토대를 제공한다.

23 산을 옮길 만한 믿음에 관한 말씀은 복음서들에 나오고(마 17:20; 참조. 눅 17:6; 마 22:21=막 11:23), 고린도전서 13:2에는 축약된 형태로 나온다. 이와는 대조적으로 도마복음서에는 산을 옮기는 것에 관한 두 개의 말씀이 나오는데(§§48, 106), 믿음에 대한 언급은 없다. 기본적인 요지는 변함이 없지만, 이 말씀의 여러 형태들의 구조와 내용은 상당히 다르다. 산을 옮기는 것에 관한 말씀은 독립적인 예수의 말씀(logion)으로 전해졌음이 분명하기 때문에, 예수의 사역 속에서의 그 원래의 배경은 소실되었다. 누가복음 17:5-6; 마태복음 17:19-20(참조. Telford, *Barren Temple*, 104-9), 마가복음 10:20-25(참조. Pesch, 2:205)의 현재의 맥락들은 이차적이다.

전승사 연구에서 한(Hahn, *ZNW* 76[1985] 149-69; 마찬가지로, Telford, *Barren Temple*, 95-119; 참조. Zmijewski, "Glaube," 81-101)은 본래의 말씀이 다음과 같은 요소들로 이루어져 있었다고 추정한다. (a) 아멘(ἀμήν, "진실로") 정형구, (b) 겨자씨에 비유하여 "믿음을 가지라"(ἔχετε πίστιν—에케테 피스틴)고 말하는 전제절,

(c) 산더러 들리어 바다에 던지우라고 하는 직접적인 명령, (d) 효력에 관한 결론부의 말씀. 복음서들에 나오는 이 말씀의 그 어떠한 형태도 원래의 예수의 말씀을 그대로 보존하고 있지는 않지만, 마태복음 17:20의 Q형태가 가장 원형에 가까운 것 같다(Schweizer, 234; Pesch, 2:205; Telford, *Barren Temple*, 103; Lührmann, 195; id., *Glaube*, 20-21; 참조. Zmijewski, "Glaube," 93-95; Schulz, *Q*, 465-68; 눅 17:6을 선호하는 Gnilka, 2:133; 참조. 막 11:23을 선호하는 Pesch, 2:205).

"내가 진실로 너희에게 이르노니"(*ἀμὴν λέγω ὑμῖν* – 아멘 레고 휘민). 이 도입 정형구가 예수 전승에 뿌리를 두고 있다는 점(Guelich, 177-78), 마태복음 17:20과 초기의 Q형태(참조. 눅 17:6)가 유사하다는 점은 마가 본문의 진정성을 말해 준다(참조. Berger, *Amen-Worte*, 33; Hasler, *Amen*, 43; Zmijewski, "Glaube," 91). 아멘(*ἀμήν*, "진실로")의 단언적 용법과 역사적 예수에 의해 사용되었다는 점에 대해서 좀더 자세한 것은 B. D. Chilton, "'Amen': An Approach through Syriac Gospels," *ZNW* 69[1978] 203-11; id., *Galilean Rabbi*, 202를 보라.

"누구든지 이 산더러 말하는 자는"(*ὃς ἂν εἴπῃ τῷ ὄρει τούτῳ* – 호스 안 에이페 토 오레이 투토). 누가복음 17:6에는 "(이) 뽕나무"(*τῇ συκαμίνῳ* [*ταύτῃ*] – 테 쉬카미노 [타우테])로 되어 있는데, 뽕나무는 본 뿌리가 깊어서 뽑아내기가 무척 어렵다(*Str-B* 2:234; Telford, *Barren Temple*, 113-15). 일부 주석가들(예를 들어, Hunzinger, *TDNT* 7:289; Schulz, Q, 466-67; Zmijewski, "Glaube," 93-95; Fitzmyer, *Luke* 2:1142, 참조. 1144!)에 의하면, 누가복음에 나오는 형태가 초기 판본으로서, 나중에 사람들에게 잘 알려져 있던 산을 옮기는 것과 관련된 과장된 속담의 영향을 받아 수정되었다고 한다. 그렇지만 누가복음 17:6(참조. 마 17:20)과 마가복음 11:23(=마 22:21)에 공통된 바다라는 모티프는 나무를 옮기는 것보다는 산을 옮기는 것과 더 잘 들어맞고, 여러 본문들이 산을 언급하고 있다는 사실(마 17:20; 막 11:23; 고전 13:2; *Gos. Thom.* §§48, 106)은 산 모티프의 우선성을 밑받침해 준다(Hahn, "Glaube," 156; Fitzmyer, *Luke* 2:1144). 랍비 문헌에도 나오는 뿌리 깊은 나무를 뽑는다는 표현(*Str-B* 2:234; 아래를 보라)은 누가 이전의 전승 보유자가 원래의 말씀의 종말론적 동기를 못 보고 과장법을 완화시킨 것이다(Telford, *Barren Temple*, 102-3; Hahn, *ZNW* 76[1985] 156-58).

"이 산"(*τῷ ὄρει τούτῳ* – 토 오레이 투토). 후대의 랍비 문헌에서의 용례에 의해 밑받침되는 산을 옮긴다는 과장법의 속담적 성격, 이 모티프가 복음서 이전의 전승 속에서 맥락과는 독립적으로 유포되었다는 것, 복음서들과 고린도전서 13:2, 도마복음서에서 이 말씀의 각기 다른 문학적 맥락들은 "산"(ὄρει – 오레이)이라는 말을 구체적인 의미가 아니라 은유적인 의미로 사용했음을 보여 준다. 본래의 말씀이 구약에 뿌리를 둔 종말론적 인유(引喩)를 담고 있는 것이라면(아래를 보라), 이 어구에 대한 문자적 해석이 아니라 비유적 해석은 더욱 힘을 얻게 된다. 그러나 마가복음 이야기에서 지시사 "이"(τούτῳ – 투토)는, 마태복음 21:22이 보여 주듯이, 일반적인 것이 아니라 특정한 것을 가리킨다. 반면에 마태복음 17:21과 누가복음 17:6은 단지 마가 본문의 영향을 반영하는 것일 뿐이다. 무화과나무 이야기의 맥락 속에서(11:20; 참조. 11:12, "베다니에서 나왔을 때에") 보면, "이 산"(τῷ ὄρει τούτῳ – 토 오레이 투토)은 감람산을 가리킨다고 할 수 있는데(Gundry, 649, 654; id., *Matthew*, 418), 이 산의 동쪽 비탈에서는 사해를 볼 수 있다. 이 말씀의 표면상의 배경이 감람산이나 그 근처라는 사실과 아울러 이 말씀이 스가랴 14:4에 대한 인유일 수 있다는 점도 이러한 주장을 뒷받침해 준다. "그 날에 그의 발이 예루살렘 앞 곧 동편 감람산에 서실 것이요 감람산은 그 한가운데가 동서로 갈라져 매우 큰 골짜기가 되어서 산 절반은 북으로 절반은 남으로 옮기고"(참조. 슥 4:7: "큰 산아 네가 무엇이냐 네가 스룹바벨 앞에서 평지가 되리라"). 몇몇 주석가들은 이러한 입장을 취해 왔다(Gould, 215; Turner, 56; Rawlinson, 158; Klostermann, 118; Lohmeyer, 239 n. 2; Schmid, 211; Lane, 410; Gnilka, 2:134; Stock, 299; Dowd, *Prayer*, 72-75; Hurtado, 188; Brooks, 183; Buchanan, "Withering Fig Trees," 266).

그러나 예수께서 언급하신 산은 성전산이었을 수도 있다 – 이 말씀의 문맥을 보면, 적어도 마가복음 기자는 그렇게 생각했을 것이다. 예수는 11:11에서 성전 경내에 들어가 둘러보신 다음, 이튿날 다시 경내에 들어가서 성전 당국을 단죄하신다. 예수는 곧 돌아오다가 고위 제사장들의 도전을 받으시는데, 그들은 무슨 권세로 그런 일을 했는지를 말하라고 요구한다(11:27-33). "이 산"(τῷ ὄρει τούτῳ – 토 오레이 투토)이 이스라엘에서 가장 유명한 산, 곧 예수와 첨예한 갈등 관계에 있는 성전 당국이 위치해 있는 산을 가리키지 못할 이유가 어디 있겠는가? 물론 산을 바다에 던진다는 말이 곧 11:17에서 암시되고 13:2에서 명시적으로 예언된, 문자 그대로의 성전의 멸망과 등치되지는 않는다(Marshall, *Faith*, 169이 주의를 주고 있듯이). 그러나 예수와 성전 당국과의 오랜 갈등이 존재하는 마가의 맥락 속에서 볼 때, 그러한 해석은 아주 자연스러워 보인다. 감람산과 성전산 중에서 어느 산이 멀리서 사해를 더 잘 볼 수 있느냐는 것은 거의 문제가 되지 않는다. 이 말씀의 과장법적 성격을 감안하면, 어느 산을 어느 바다(지중해, 사해, 갈릴리 바다)에 던지든, 그것은 아무런 차이도 없다. 성전산으로 보는 학자들로는 도드(C. H. Dodd, *The Parables of the Kingdom*[London: Nisbet, 1935] 63 n. 1), 도우다(Dowda, "Cleansing," 250), 텔포드(Telford, *Barren Templem* 119), 브로드헤드(Broadhead, *Paradigms* 2[1986] 33-38), 마샬(Marshall, *Faith*, 168-69), 스워틀리(Swartley, *Israel's Scripture Traditions*, 160), 라이트(Wright, *Jesus and the Victory of God*, 334-35) 등이 있다. 좀더 자세한 논의는 Berger, *Amen-Worte*, 46-48; Gaston, *No Stone*, 82-84를 보라.

주석가들은 흔히 랍비 및 유대 문헌들 속에서 믿음으로 산을 옮긴다는 말씀에 대한 병행들을 거론한다. 자주 거론되는 본문들로는 다음과 같은 것들이 있다. 솔로몬의 유언(T. Sol.) 23:1: 마귀가 솔로몬에게 "나는 산들을 옮길 수 있다(*ὄρη μετα-στῆναι* – 오레 메타스테나이)", 바벨론 탈무드의 베라코트 편(*b. Ber.*) 64a: "랍바는 '산들을 뿌리뽑는 자'(עוקר הרים – 오케르 하림)였다", 바벨론 탈무드의 산헤드린편 24a: "너희는 그가 산들을 뿌리뽑아서 서로를 비벼서 가루를 만들었다고 생각할 것이다", 바벨론 탈무드의 바라 바트라 편(*b. B. Bat.*) 3b: "내가 산들을 뿌리뽑으리라", 레위기 랍바(*Lev. Rab.*[레 6:13에 대한]) 8.8: "(삼손은) 두 산을 취하여 서로를 부딪쳤다." 이 예들 중 어느 것도 산을 옮긴다는 일반적인 개념 외에는 밀접한 병행을 보여 주지 않는다. 랍바(Rabbah)에 관한 글은 해석자로서의 그의 탁월한 능력에 관한 것이고, 다른 예들은 힘(문자적이든 비유적이든)에 관한 것이다. "믿음"이 산들을 옮길 수 있다는 예수의 말씀의 요지와 병행을 보여 주는 것은 없는 것 같다. 아래의 설명에서 이 점에 대하여 좀더 얘기하고자 한다.

"들리어 바다에 던지우라"(*ἄρθητι καὶ βλήθητι εἰς τὴν θάλασσαν* – 아르데티 카이 블레데티 에이스 텐 달랏산)는 말은 믿는 자는 불가능하거나 비상한 일들을 이룰 수 있다고 단언하는, 속담에서의 산을 움직이는 것과 관련된 과장법으로부터 원래의 말씀을 차별화시킨다. 본문에서 말하는 것은 산을 움직이는 것이 아니라 구약적 배경을 갖는 산을 옮기는 것이다. 이 모티프는 천지개벽의 일부인 대망의 구원의 날을 수반한다(예를 들어, 사 40:3-5; 45:2; 49:11; 참조. 54:10; 슥 14:4-5; Pss. Sol. 11:4; Bar 5:7; 참조. Hahn, *ZNW* 76[1985] 157; Telford, *Barren Temple*, 116). 아울러 신약에서 산을 옮기우라고 명하는 것은 믿음에서 나오고(11:22b; 마 17:20; 참조. 눅 17:6; 마 22:21; 마찬가지로 고전 13:2), 이 독립적인 말씀은 종말론적 색채를 띤다는 말을 여기에 덧붙일 수 있다(Hahn, *ZNW* 76[1985] 157, 168; Telford, *Barren Temple*, 116). 이 말씀은 전적으로 하나님을 믿은 자는 구원의 날의 하나님의 구속적인 변혁 활동에 참여하게 될 것이라고 말한다(Hahn, *ZNW* 76[1985] 168). 이 말씀의 원래의 형태는 예수의 사역을 통하여 믿음으로 하나님을 의탁한 자들은 하나님의 대망의 구속 활동에 참여하게 될 뿐만 아니라 하나님께서 구속을 진행 중이시며 대망의 구원의 날이 동텄다는 예수의 확신을 보여 준다. 그러므로 예수의 사역에서 이 원래의 말씀은 종말론적 의미를 띠고 있었다(참조. Zmijewski, "Glaube," 95-96).

"마음에 의심치 아니하면"(*μὴ διακριθῇ ἐν τῇ καρδίᾳ αὐτοῦ*–메 디아크리데 엔 테 카르디아 아우투)은 "하나님을 믿으라"(22절)의 정반대를 나타낸다. 마태복음 17:20(참조. 눅 17:6)의 Q말씀에는 없는, "~가 아니고 ~이면"(메[*μή*]+가정법/알라[*ἀλλά*]+가정법)이라는 정형구는 Q말씀에 나오는 "만일 너희가 겨자씨만한 믿음을 가지고 있다면"이라는 조건절을 22b절의 "하나님을 믿으라"는 도입 명령으로 수정함으로써 생긴 틈새를 메워 주는 역할을 한다(Hahn, *ZNW* 76[1985] 153-54). 이 어구는 하나님에 대한 믿음을 소극적으로 정의하고 있다. 마가복음에 나오는 믿음은 단지 하나님께서 불가능한 일을 하실 수 있다는 신념 또는 마음의 상태나 태도 이상을 의미한다. 믿음은 사람의 전 존재, 즉 사람의 마음(*καρδίᾳ*–카르디아)을 다 바치는 것, 예수의 사역에 비추어 내려진 하나님에 대한 헌신과 응답을 의미한다(Guelich, 85-86). 예수는 하나님에 대한 절대적이고 무조건적인 헌신이나 신뢰를 요구하신다.

그러므로 하나님과의 이러한 관계는 "이 산"에 대하여 말하는 것(*ὃ λαλεῖ*–호 랄레이)이 이룰(*γίνεται*–기네타이) 것이라는 확신–"그러나 믿는다면(*ἀλλὰ πιστεύῃ*–알라 피스튜에)–을 가져다준다. 여기서 믿음은 하나님을 향한 사람의 삶의 태도에 관한 표현에서 하나님 앞에서의 그러한 삶의 태도에 기인하는, 이룰 것이라는 확신으로 옮겨간다.

"그에게 이루리라"(*ἔσται αὐτῷ*–에스타이 아우토)는 결과에 대한 결론적인 확신이다. 이 말씀의 네 가지 형태(마 17:20; 눅 17:6; 막 11:23; 마 21:21)는 각각 비슷한 결론부를 갖고 있으나 결코 동일하지는 않다. 확신은 전적으로 하나님께 순복하는 자를 통하여 구속 역사를 이루시는 하나님만이 불가능한 일을 가능하게 하실 수 있다는 사실로부터 나온다.

이제 무화과나무에 일어난 일을 보고 깜짝 놀라서 베드로가 한 말(21절)은 예수께서 제자들에게 하나님이 그분을 믿는 자를 통하여 하실 수 있는 것에 관하여 가르치시는 계기를 마련해 준다(22-23절). 그러나 무화과나무 사건은 하나님을 전적으로 믿는 자들을 통하여 불가능한 일을 가능케 하시는 하나님의 능력을 보여 주는 작은 예시에 불과하다(참조. 마 21:21, "너희가…이 무화과나무에게 된 이런 일만 할 뿐 아니라"[οὐ μόνον τὸ τῆς συκῆς ποιήσετε – 우 모논 토 테스 쉬케스 포이에세테]). 원래의 말씀에 있던 하나님의 구속적이고 산을 옮기는 역사(役事)의 종말론적 성격은 완전히 상실되지는 않았으나, 믿음이 있는 자에게는 모든 것이 가능하다는 쪽으로 강조점이 이동되었다. 이와 같은 강조점은 누가복음 17:6; 마태복음 17:20; 고린도전서 13:2(참조. *Gos. Thom.* §§48, 106)에 나오는 판본들의 특징이기도 하다.

24 이 말씀은 마태복음 21:22=마가복음 11:23; 요한복음 14:13-14; 15:7, 16; 16:23-24(참조. 마 7:7-8=눅 11:9-10)에 여러 가지 형태로 등장한다. 다른 형태들은 주로 구하는 것(αἰτεῖν – 아이테인)과 받는 것(람바네인[λαμβάνειν]: 마 21:22; 마 7:8=눅 11:10; 요 15:7; 16:23; 디도나이[διδόναι, "주다"]: 마 7:7=눅 11:9; 요 15:16; 16:24; 참조. 요 14:13-14)에 대한 언급으로 이루어져 있다. 본문의 말씀은 그 구조와 내용에 있어서 11:23의 영향을 분명하게 보여 준다. (a) "내가 진실로 너희에게 이르노니"(ἀμὴν λέγω ὑμῖν – 아멘 레고 휘민)/"내가 너희에게 이르노니"(λέγω ὑμῖν – 레고 휘민)(참조. 요 16:23), (b) "이룰 줄 믿으면"(πιστεύῃ ὅτι… γίνεται – 피스튜에 호티…기네타이)/"받은 줄로 믿으라"(πιστεύετε ὅτι ἐλάβετε – 피스튜에테 호티 엘라베테), (c) "그에게 이루리라"(ἔσται αὐτῷ – 에스타이 아우토)/"너희에게 이루리라"(ἔσται ὑμῖν – 에스타이 휘민). 24절에서는 "받는 것"이라는 어구의 위치가 매우 강조되어 있다. 이 어구는 지금 믿음 또는 믿는 것이라는 주제에 관한 종속절의 일부로서 이 말씀의 다른 형태들에는 낯선 절이자 개념인데(참조. 마 21:22=막 11:24), 분명히 23절에 나오는 이와 비슷한 절에 맞춰서 이차적으로 각색한 것임에 틀림없다. 그러므로 이 말씀을 23절과 결합시킨 편집자가 피스티스(πίστις, "믿음") 또는 피스튜에인(πιστεύειν, "믿다")을 연결어(catchword)로 하여 23절과 24절을 결합시키지 않고 이런 각색을 한 이유는, 24절에 나오는 기도 응답에 대한 확신의 토대인 산을 옮길 만한 믿음에 관한 예수의 가르침(23절)을 강조하기 위함이었다. 이러한 편집이 마가 이전의 단계에서 일어났다는 것은 이 절의 문체와 그 내용에서 모두 찾아볼 수 있다. 마이어(Meier, *Marginal Jew* 2:889)는 "이러한 예들은 공통의 문학적 자료들이 아니라 예수의 말씀들의 구전 전승의 서로 비슷하지만 독립적인 흐름들, 설정된 맥락 없이 유포되었던 말씀들"이라고 바르게 지적한다.

"그러므로"(διὰ τοῦτο – 디아 투토). 복음서 기자는 말씀들을 도입하기 위하여 이

어구를 사용하지도 않고(참조. 마 6:25=눅 12:22, 31, 43), 다른 곳에서 편집적으로 이 어구를 사용하지도 않는다(참조. 6:14; 12:24). 이 어구는 다음에 이어지는 내용을 앞의 엄숙한 선포와 밀접하게 연결시켜 주고, 산을 옮길 만한 믿음에 관한 말씀을 기도 응답의 확신에 대한 논리적 토대로 만든다. 아울러 이러한 약속은, 적어도 함축적으로는 24절에 나오는 "이 산"에 대한 명령을 하나님께서 산들을 옮겨 주시라는 기도의 표현으로 만든다.

"내가 너희에게 말하노니"(*λέγω ὑμῖν* – 레고 휘민). 레고 휘민(*λέγω ὑμῖν*)이라는 어구는 마가복음에 16번 나오고(3:28; 8:12; 9:1, 13, 41; 10:15, 29; 11:23, 24, 33; 12:43; 13:30, 37; 14:9, 18, 25), 이 중 12번은 앞에 아멘(*ἀμήν*, "진실로")이 붙어 있다. 아멘 레고 휘민(*ἀμὴν λέγω ὑμῖν*, "진실로 내가 너희에게 말하노니")은 위의 23절에 나온다(위의 "주석"에서 아멘[*ἀμήν*]에 대한 논의를 보라). 아멘(*ἀμήν*)은 단언의 의미를 나타낼 때 사용되는 주된 표현이지만, 레고 휘민(*λέγω ὑμῖν*)이라는 예수의 발언 양식도 이와 비슷한 기능을 하는 것 같다. 이러한 표현 방식은 예수로부터 유래한 것으로서 흔히 특히 중요한 가르침에 대한 도입어 역할을 한다.

"너희가 기도하고 구하는 모든 것"(*πάντα ὅσα προσεύχεσθε καὶ αἰτεῖσθε* – 판타 호사 프로슈케스데 카이 아이테이스데). 판타 호사(*πάντα ὅσα*, "~하는 모든 것")라는 표현은 마가복음에서 드물게 나오는데, 3:28과 12:43-44("진실로 내가 너희에게 말하노니"[*ἀμὴν λέγω ὑμῖν* – 아멘 레고 휘민]라는 도입구도 등장함)에서는 전승에 의한 표현이고, 6:30에서는 편집에 의한 것인 듯하다. 이 말씀의 다른 형태들에는 단지 중성의 목적어(호 티[*ὅ τι*, "것은 무엇이든지"/티[*τι*, "무엇이든"])만이 나온다. 확장된 표현인 판타 호사(*πάντα ὅσα*, "~하는 모든 것")는 23절에 나오는 산을 옮기는 명령의 웅장함에 상응한 표현인 것 같다.

"너희가 기도하다"(*προσεύχεσθε* – 프로슈케스데)가 "너희가 구하다"(*αἰτεῖσθε* – 아이테이스데)와 함께 사용되는 것이 눈에 띈다. 아이테인(*αἰτεῖν*, "구하다")은 분명히 기도를 의미하기 때문에(참조. 요 14:13, 14; 15:16; 16:24에 나오는 "내 이름으로" 또는 "아버지"), 프로슈케스다이(*προσεύχεσθαι*, "기도하다")를 첨가한 것은 기도 모티프를 강조하는 의미가 있다. 아이테인(*αἰτεῖν*)은 이 말씀의 전승에 의한 형태들에 일관되게 등장하기 때문에, 25절과의 분명한 연결고리이자 23-25절의 말씀들의 주된 초점인 기도 모티프를 강조하기 위해 프로슈케스다이(*προσεύχεσθαι*)를 이차적으로 첨가했을 가능성이 높다. 그러나 누가 이 동사 및 이와 관련된 25절을 첨가했을까? 마가복음 기자인가, 아니면 마가 이전의 편집자인가? 객관적인 문체 및 어휘상의 자료들은 결정적인 증거가 되지 못하기 때문에, 23-25절의 취지 및 11:1-33에서의 이 본문의 현재의 맥락을 고려하여 가능성만을 말할 수 있을 뿐이다. 그러므로 우리는 먼저 이 질문에 답하기 전에 25절을 고찰해야 한다.

더 중요한 것은 25절이 마가복음 이야기에 얼마나 어울리느냐는 문제다. 일반적으로 기도, 구체적으로 간구하는 기도는 마가복음의 주된 주제들이 아니다. 그렇지만 이 맥락 속에 나오는 기도는 9:28-29에 나오는 제자들의 질문에 대한 예수의 대답을 생각나게 한다. 제자들이 어린 소년에게서 귀신을 쫓아내지 못하자, 예수는 제자들에게 "기도 외에 다른 것으로는(*εἰ μὴ ἐν προσευχῇ* – 에이 메 엔 프로슈케) 이런 유가 나갈 수 없느니라"고 말씀하신다(위의 9:29에 대한 "주석"을 보라). 달리 말하면, 기도는 하나님과 그 사람의 관계를 나타내고, 하나님이 하시는 경우에는(참조. 10:27) 불가능한 것을 가능하게 만든다. 이것은 분명히 무화과나무에 대한 저주를 통해서(11:21-22)와 9:20-27에서 귀신을 쫓아낸 것을 통해서 제자들이 할 수 없었던 일을 예수께서 하셨다는 것에 함축되어 있지만, 예수께서 사역하는 중에 기도하셨다는 언급들(1:35; 6:46; 14:32, 35, 39)과 13:33과 14:38에서 제자들에게 깨어 기도하라고 경고하신 말씀들에도 함축되어 있다.

나아가 독자들은 예수께서 성전을 "기도하는 집"(11:17a)이라고 한 이사야 56:7을 인용하시는 것과 예레미야 7:11로부터의 인용문(11:17b), 열매 맺지 못하는 무화과나무 이야기(11:14)에 함축되어 있는 성전의 임박한 멸망에 대한 암시를 방금 읽거나 들었을 것이다. 그러므로 현재의 맥락 속에 나오는 기도는 믿음을 통한 하나님과의 관계를 반영하는 것으로서 그 믿음 관계의 표현이다(Gnilka, 2:135). 마샬(Marshall)의 말을 빌면, "마가는 기도를 말로 표현된 믿음으로 본다"(*Faith*, 171). 따라서 11:17에서 "기도하는 집"인 성전을 "강도의 굴혈"로 만들어 버렸다는 예수의 고발은 기도의 부재(不在)만이 아니라 더 비판적으로 하나님에 대한 믿음의 부재를 의미한다(참조. 12:40). "만민의 기도하는 집"으로 불려야 할 성전이 더 이상 기도 또는 믿음의 처소(locus)가 아니다(참조. 15:38-39!).

"믿으라"(*πιστεύετε* – 피스튜에테). 23절에 나오는 동일한 모티프에 이차적으로 맞춰 각색한 이 어구는 사람이 기도 중에 하나님께 나아갈 때 갖는 확신을 나타낸다. 프스튜에인 호티(*πιστεύειν ὅτι*, "~라는 것을 믿다")라는 표현은 간구하는 기도에서 표현되는 "하나님에 대한 믿음"(*πίστις θεοῦ* – 피스티스 데우; 22b절)으로부터 생겨난다. 믿는 것은 기도 응답을 위한 조건이 아니다. 하나님에 대한 믿음은 기도를 위한 토대 자체다. 달리 말하면, 우리는 믿음을 통한 하나님과의 관계를 토대로 산이 들리어 바다에 던지우게 될 것(23절)과 우리가 구하는 모든 것들이 응답 될 것(24절)을 믿는다는 말이다. 마음의 태도로서의 믿음이 아니라 관계로서의 믿음은 하나님께서 신자의 기도를 통하여 구속 역사를 이루어 나가실 수 있게 한다.

"너희가 그것을 받았다는 것"(ὅτι ἐλάβετε – 호티 엘라베테)은 구한 것이 장차 성취될 것에 대한 확실성을 통한 믿음의 확신을 나타낸다(위의 "원문주해"를 보라).

25 "기도하러 설 때마다"(ὅταν στήκετε προσευχόμενοι – 호탄 스테케테 프로슈코메노이). 서는 것은 유대 백성들이 기도할 때 보통 취하던 자세였다(참조. 왕상 8:14, 22; 시 134:1; 렘 18:20; 마 6:5; 눅 18:11, 13). 사실 이런 이유로 저 유명한 회당 기도문인 "18기도문"(Šĕmôneh ʿEśrēh)도 아미다(ʻAmida), 즉 "서는 것"(Standing)으로 불린다. 이러한 기도라는 배경은 앞 절과의 유일한 연결고리(προσεύχεσθαι – 프로슈케스다이, "기도하다")를 제공한다. 24절의 프로슈케스데(προσεύχεσθε, "너희가 기도한다")는 복음서들에 나오는 그 밖의 다른 병행문들과의 비교를 통해서 이 말씀을 이차적으로 확대했음을 보여 주는 것이기 때문에, 이 기도라는 배경의 존재를 전제하면 용서에 관한 이 말씀은 24절의 말씀에 프로슈케스데(προσεύχεσθε)를 첨가한 바로 그 편집자에 의해 24절과 결합되었을 가능성이 높다. 또한 이 편집자는 두 말씀을 위한 연결고리로서 25절의 기도라는 배경을 만들어 냈을 가능성이 있다. 왜냐하면 기도라는 배경은 마태복음 6:14에 나오는 병행본문에는 없기 때문이다. 25절의 이 어구는 마가복음의 다른 곳에 나오는 두 개의 드문 표현을 담고 있다: 동사 스테케인(στήκειν, "서다"; 참조. 3:31), 직설법과 함께 사용된 호탄(ὅταν, "할 때마다"; 참조. 3:11; 11:19). 나아가 이 드문 표현들은 다른 대목에서 마가의 편집 본문에 나온다(Guelich, 148, 181를 보라). 그렇지만 이러한 자료들은 결정적으로 마가의 편집임을 보여 주지는 못한다. 왜냐하면 복음서 기자는 훨씬 더 흔한 동사인 히스타나이(ἱστάναι, "서다")를 11번, 가정법과 함께 나오는 호탄(ὅταν, "할 때마다")을 17번 사용하고 있기 때문이다. 어쨌든 이 도입 문구는 이러한 세 가지 말씀에 묵시적으로(23절) 또는 명시적으로(24절) 존재하는 기도 모티프를 강조한다.

"아무에게나 혐의가 있거든 용서하라"(ἀφίετε εἴ τι ἔχετε κατά τινος – 아피에테 에이 티 에케테 카타 티노스). 마가복음 그 어디에도 남을 용서해야 한다는 가르침은 나오지 않는다. 마가복음 2:1-12에서 예수는 문둥병자의 죄가 사함을 받았다고 선포하시는데, 그러자 예수께서 죄를 사하시는 것의 정당성을 놓고 한바탕 논쟁이 벌어진다(특히 2:5, 7, 9, 10을 보라). 3:28-29에서 예수는 그의 비판자들에게 성령을 훼방하는 죄는 사함 받을 수 없다고 경고하시고, 4:12에서는 이사야 6:9-10을 자유롭게 인용하여 외인(外人)들은 보거나 듣기를 거부해서 회개하여 죄사함 받지 못할 것임을 보여 주신다. 11:25의 표현은 마태복음 6:14(다음 단락에서 고찰될 것이다)과 비슷하지만, 전체적인 주제는 마태복음의 산상수훈에 나오는 첫 번째 반제(反題)에서 발견되는 가르침(마 5:21-26)을 연상시킨다. 거기에서 예수는 제자들에게 "그러므로 예물을 제단에 드리다가 거기서 네 형제에게 원망들을 만한 일이 있는 줄 생각나거든 예물을 제단 앞에 두고 먼저 가서 형제와 화목하고 그 후에 와서 예물을 드리라"(마 5:23-24)고 말씀하신다. 형제와 화해하는 것은 용서의 연장이다.

"그리하여야 하늘에 계신 너희 아버지도 너희 허물을 사하여 주시리라"(*ἵνα καὶ ὁ πατὴρ ὑμῶν ὁ ἐν τοῖς οὐρανοῖς ἀφῇ ὑμῖν τὰ παραπτώματα ὑμῶν*—히나 카이 호 파테르 휘몬 호 엔 토이스 우라노이스 아페 휘민 타 파랍토마타 휘몬)는 말씀은 겉보기에 마태복음 6:7-15을 상기시키는 것 같다. "하늘에 계신 너희 아버지"(*ὁ πατὴρ ὑμῶν ὁ ἐν τοῖς οὐρανοῖς*—호 파테르 휘몬 호 엔 토이스 우라노이스)라는 표현은 마태복음 6:9(참조. 눅 11:2)에 나오는 주기도문의 첫머리를 반영한다. 용서하는 것과 용서받는 것의 상호관계, 마가복음에서 단 한 번 나오는 단어(hapax legomenon)인 파랍토마타(*παραπτώματα*, "허물들")의 사용(26절은 필사자의 난외주로 보아서; "원문주해" g를 보라)은 마태복음 6:14-15과 유사하다. 그러나 이러한 개념들은 마태복음 6:7-15에만 나오는 것이 아니다. 마태복음(참조. 눅 11:13)에 자주 나오는 "하늘에 계신 아버지"(*ὁ πατὴρ ὁ ἐν τοῖς οὐρανοῖς*—호 파테르 호 엔 토이스 우라노이스)라는 표현은 유대인들이 하나님을 지칭할 때 보통 사용하던 표현이었다(예를 들어, *Str-B* 1:410-11; W. Schrenk, *TDNT* 5:979-80). 용서하는 것과 용서받는 것의 관계는 주기도문에도 병행이 나오고, 이에 비견될 수 있는 용서 모티프는 마태복음 5:7과 18:21-35(참조. Sir 38:2)에도 나온다. 그러므로 25bc절은 지금의 마태복음 6:14의 근저에 있는 초기의 덜 정형화된 형태의 말씀을 반영하고 있는 것일 수 있다(Pesch, 2:207; 참조. Lohmeyer, 239; Lührmann, 195). 마가가 사용한 전승은 마태의 M자료와 유사성을 지니고 있지만 마가의 전승을 M전승으로 흘러 들어가기도 한 독립적인 말씀으로 보는 것이 더 나을 것 같다(Meier, *Marginal Jew* 2:889-90).

하나님의 죄사함을 남을 용서한 것에 대한 대가로 생각한다면, 우리는 이 모든 구절들에 나타나는 호혜주의의 성격을 잘못 이해한 것이 된다. 마태복음 18:21-35에 나오는 용서치 않은 종의 비유가 보여 주듯이, 우리가 남들을 용서하는 것은 우리가 용서받은 것으로부터 나와야 한다. 그러므로 용서받고도 용서하지 않는다는 것, 긍휼을 받고도 긍휼을 베풀지 않는다는 것은 사실 우리를 받으시는 하나님의 자비를 경험치 못한 것이요, 22-24절에서 하나님에 대한 관계의 표현으로 이해된 기도를 우롱하는 처사가 된다.

이 말씀은 마가복음 이야기에서 자리를 잘못 잡은 것처럼 보인다. 이 말씀의 내용은 믿음이나 기도가 아니라 주로 용서를 다루고 있다. 게다가 이 말씀에 사용된 어휘와 어구들은 "마태적"인데, 마태복음에는 21:21-22에서 이와 병행되는 것이 없다. 따라서 일부 학자들은 난외주임이 분명한 26절("원문주해" g를 보라)과 아울러 마태복음 6:14-15을 본뜬 필사자의 난외주로 여겨 왔다(예를 들어, Klostermann, 119; Telford, *Barren Temple*, 50-54; 참조. Bultmann, *History*, 25, 61; Lane, 410-11; Nineham, 305). 이러한 설명은 매우 합리적인 것처럼 보이지만 사본상의 지지를 전혀 받고 있지 못한데, 26절의 생략에 대한 사본상의 증거를 고려하면 한층 더 대조가 된다. 사실 25절이 존재했기 때문에 이 말씀과 어휘 및 주제상으로 관련된 26절을 마태복음 6:15에서 가져올 수 있었을 것으로 보이고, 23-24절과 25절의 용어 및 내용상의 차이로 보건대 필사자가 25절을 삽입했을 가능성은 없어 보인다.

25절과 마가복음 이야기의 맥락과의 긴장 관계는 25절의 자료에 대한 가장 강력한 단서가 될 수 있다. 24절의 비마가적인 도입부와 이 도입부와 23절의 연결은 산을 옮길 만한 믿음에 관한 말씀(23절)을 토대로 하는 기도 모티프를 중심으로 마가 이전에 23-24절이 결합되어 있었음을 보여 준다. 기도를 중심으로 한 각색은 24절에서 "구하다"(*αἰτεῖσθε*-아이테이스데)를 보완하기 위하여 "기도하다"(*προσεύχεσθε*-프로슈케스데)를 첨가함으로써 더욱 진척되었다. 그리고 이러한 첨가를 통해서 기도는 하나님에 대한 관계의 표현일 뿐만 아니라 사람들에 대한 관계의 표현이라고 가르치는 기도에 관한 말씀들 속에 용서에 관한 말씀(25절)을 도입할 수 있는 토대가 마련되었다. 마가복음 기자가 용서에 관한 이 독립적인 말씀을 그의 문학적 맥락, 즉 믿음과 기도에 관하여 말하는 맥락(11:15-19) 속에 도입했을 가능성은 희박하기 때문에, 그는 초대 교회에서 이미 기도에 관한 교리문답용으로 형성되어 사용된 무화과나무 이야기를 중심으로 결합된 여러 독립적인 말씀들의 전승군 중 일부를 가져와 사용했을 가능성이 높다.

이 전승군은 그에게 이중적인 기능을 했다. 이 전승(11:12-14, 20-25)을 성전 시위 사건(11:15-19)의 틀로 삼음으로써 복음서 기자는 (a) 예레미야 7:11에 대한 인유(引喩; 11:17b)에 함축되어 있는 다가올 성전 멸망에 관한 예수의 가르침을 강조하기 위해 무화과나무에 관한 "저주 이적"(11:12-14, 20-21)을 사용했고, (b) 이사야 56:7(11:17a)로부터의 인용문 속에 함축되어 있는 하나님에 대한 믿음의 표현으로서의 기도에 관한 예수의 가르침을 강조하기 위해 "기도 교리문답"(11:22-25)을 사용했다. 용서의 모티프(11:25)는 이 전승군에 속하지만, 이 맥락 속에서 어떤 특별한 의미를 지니지는 않는다. 이 구절이 여기에 존재한다는 것은 다시 한 번 마가가 전승에 충실하다는 것을 보여 준다.

26 [*εἰ δὲ ὑμεῖς οὐκ ἀφίετε, οὐδὲ ὁ πατὴρ ὑμῶν ὁ ἐν τοῖς οὐρανοῖς ἀφήσει τὰ παραπτώματα ὑμῶν*—에이 데 휘메이스 우크 아피에테 우데 호 파테르 휘몬 호 엔 토이스 우라노이스 아페세이 타 파랍토마타 휘몬, "그러나 너희가 용서하지 않으면, 하늘에 계신 너희 아버지도 너희 허물을 사하지 않으시리라."] 위의 "원문주해"g에서 언급한 여러 가지 이유로 인해서, 이 절은 마태복음 6:14-15을 본따서 후대의 필사자가 난외주로 첨가한 것으로서 원래의 마가복음에는 없었던 것으로 취급된다. 마태복음 6:14-15에는 다음과 같이 되어 있다. "너희가 사람의 과실을 용서하면 너희 천부께서도 너희 과실을 용서하시려니와 너희가 사람의 과실을 용서하지 아니하면 너희 아버지께서도 너희 과실을 용서하지 아니하시리라"(*ἐαν γὰρ ἀφῆτε τοῖς ἀνθρώποις τὰ παραπτώματα αὐτῶν, ἀφήσει καὶ ὑμῖν ὁ πατὴρ ὑμῶν ὁ οὐράνοις· ἐὰν δὲ μὴ ἀφῆτε τοῖς ἀνθρώποις, οὐδὲ ὁ πατὴρ ὑμῶν ἀφήσει τὰ παραπτώματα ὑμῶν*—에안 가르 아페테 토이스 안드로포이스 타 파랍토마타 아우톤 아페세이 카이 휘민 호 파테르 휘몬 호 우라노이스 에안 데 메 아페테 토이스 안드로포이스 우데 호 파테르 휘몬 아페세이 타 파랍토마타 휘몬). RSV, NRSV, NASV 등을 비롯한 대부분의 현대 역본들은 26절을 생략하지만, KJV과 ASV에는 이 절이 본문에 들어가 있다.

서기관의 이 난외주는 기도에 관한 마가복음의 가르침을 보충함과 동시에 그가 주기도문을 포괄하고 있는 마태복음 6:5-15의 좀더 넓은 맥락을 익히 알고 있음을 나타내 보이려는 시도다. 마태복음의 맥락에서 우리는 믿음의 필요성에 대한 암묵적인 강조를 발견한다: 은밀하게 보시는 하나님께서 갚으시리라(6:6), 하나님은 사람들이 구하기 전에 이미 무엇을 필요로 하는지를 아신다(6:8). 마태복음의 전승군들은 용서하는 것과 용서받는 것의 상호관계에 관한 가르침(6:12, 14-1)에서 볼 수 있듯이 용서의 필요성을 명시적으로 강조한다. 이러한 원판인 마태복음과 비교해 볼 때, 짤막한 마가복음의 구절은 후대의 필사자에게 불완전하게 보였을 것이고, 따라서 그는 보완의 필요성을 느꼈을 것이다.

해설

마가복음 기자가 무화과나무 이야기를 전승 속에서 발견했을 때, 그것은 의심할 여지없이 이미 산을 옮길 만한 믿음에 관한 말씀(23절) 및 기도에 관한 말씀(24-25절)과 결합되어 있었고, 성전 시위 사건(11:15-19)과 연결되어 있었을 것이다. 이 이적 이야기는 하나님을 믿으라는 예수의 권고(11:21-22)를 위한 토대이자 예시가 되어 있었다. 베드로가 무화과나무를 향한 예수의 저주 효과를 알아차리자(11:21), 예수는 제자들에게 하나님을 믿으라고, 즉 자신의 사역에 비추어서 하나님께 그들의 전 존재를 맡기라고 요구하심으로써(11:22) 베드로의 놀람(11:21)에 응답하신다.

무화과나무 사건을 배경으로 제자들에게 하나님을 믿으라고 요구하심으로써, 예수는 자신의 깜짝 놀랄 만한 사역을 하나님께서 하신 것으로 돌리고, 하나님을 믿는 자들에게 자기와 마찬가지로 하나님의 구속적(救贖的)이고 산을 옮길 만한 역사(役事)에 참여할 수 있는 기회를 제공하신다(23절). 산을 움직인다거나 산을 옮긴다는 표현의 구약적 배경, 즉 개인적 및 우주적 의미를 지니는 하나님의 약속된 구원의 날이라는 맥락과 관련된 구약적 배경(예를 들어, 사 40:3-5; 45:2; 49:11; 참조. 54:10; 슥 14:4-5; *Pss. Sol.* 11:4; Bar 5:7)은 예수께서 세상에서의 하나님의 약속된 구속 역사에 관하여 말씀하고 계심을 보여 준다. 우리는 마치 하나님께서 단지 땅을 움직여서 힘 자랑을 하시는 양 생각하여 이 약속을 하찮게 보아서는 안 된다. 하나님은 하나님의 약속된 구원을 방해하는 물리적이거나 비유적인 산들을 옮기는 일을 하신다. 나아가 하나님은 자신의 삶을 하나님께 바친 자들을 통해서 이러한 산들을 움직이신다.

하나님을 향하여 조율되어서 그분이 신자를 통하여 그의 산을 옮기는 구속 역사들을 이룰 수 있게 해드리는 하나님에 대한 완전한 헌신의 관계를 뜻하는 하나님에 대한 믿음(22절)은 신자가 구하는 모든 것이 이루어질 것이라는 확신을 제공해 준다(24절). 긍정적 사고 또는 긍정적으로 사고하는 것의 힘이 아니라, 예수는 하나님에 대한 믿음을 갖고 있는 자들, 하나님과의 관계를 토대로 구하는 자들을 통하여 하나님의 구속 목적을 이루는 하나님의 능력을 제시하신다.

이와 동시에 기도에 관한 이 가르침은 하나님에 대한 믿음의 표현인 기도와 사람들에 대한 용서의 관계를 강조한다. 하나님에 대한 믿음 관계는 사람들에 대한 관계에 영향을 미치지 않을 수 없다. 형제나 자매와 불화하는 자가 하나님 앞에서 올바를 수는 없다.

그러나 마가복음 기자는 기도로 표현되는 하나님과의 믿음 관계에 관한 예수의 가르침(22-25절)의 토대이자 예시 역할을 하는 이적 이야기(무화과나무에 관한 저주 사건, 11:12-14, 20-21)에 관한 전승군을 가져와서 11:15-19절에 나오는 성전 시위 사건의 틀로 사용함으로써, 전승군은 두 부분으로 나누어진다(11:12-19, 20-25). 따라서 한편으로 11:12-14의 무화과나무 사건은 이제 11:15-19에 나오는 성전에서의 예수의 행위와 가르침에 대한 해석적 틀 역할을 함으로써, 이제 이 두 이야기는 성전의 멸망에 관하여 말하는 본문들이 된다-전자는 상징적으로, 후자는 예언적으로.

다른 한편으로 마가복음 기자는 이 근본적인 관계인 하나님에 대한 믿음의 표현으로서의 기도 모티프를 두 가지로 강조한다. 첫째, 마가복음 기자는 하나님께서 "만민의 기도하는 집"(사 56:7)으로 계획하신 성전이 "강도의 굴혈"(렘 7:11)이 되어 버렸다는 것을 근거로 예수께서 성전의 다가올 멸망을 선포하시는 성전 시위 사건(11:17)의 해석적 맥락 속에 11:20-25을 배치시킨다. 달리 말하면, 22-24절에서의 기도에 관한 설명은 11:17에서의 기도에 대한 예수의 언급을 다시 거론하는 것인 동시에 그 배경을 제공해 주고 있다는 말이다. 성전은 더 이상 하나님에 대한 믿음의 표현으로서의 기도의 처소가 아니었다(참조. 12:40). 성전산은 바다 속으로 던져지는 것이 마땅하다. 둘째, 하나님의 구속 목적은 사람들에게 하나님에 대한 믿음-이 관계는 기도로 표현된다-을 전하는 예수 및 그의 사역에서 찾아볼 수 있다(11:20-22).

6. **예수의 권세에 관한 질문**(11:27-33)

참고문헌

Eppstein, V. "The Historicity of the Gospel Account of the Cleansing of the Temple." *ZNW* 55(1964) 42-58. **Hultgren, A. J.** *Jesus and His Adversaries: The Form and Function of the Conflict Stories in the Synoptic Tradition.* Minneapolis: Augsburg, 1979. 68-75. **Shae,**

G. S. "The Question on the Authority of Jesus." *NovT* 16(1974) 1-29. **Taylor, V.** *The Names of Jesus.* London: Macmillan, 1953. **Tödt, H. E.** *The Son of Man in the Synoptic Tradition.* Tr. D. M. Barton. Philadelphia: Westminster, 1965.

본 문

27 저희가 다시 예루살렘에 들어가니라 예수께서 성전에서 걸어다니실 때에 대제사장들과 서기관들과 장로들이 나아와
28 가로되 무슨 권세로 이런 일을 하느뇨 누가 이런 일 할 이 권세를 주었느뇨
29 예수께서 가라사대 나도 한 말을 너희에게 물으리니 대답하라 그리하면 나도 무슨 권세로 이런 일을 하는지 이르리라
30 요한의 세례가 하늘로서냐 사람에게로서냐 내게 대답하라
31 저희가 서로 의논하여 가로되 만일 하늘로서라 하면 어찌하여 저를 믿지 아니하였느냐 할 것이니
32 그러면 사람에게로서라 할까 하였으나 모든 사람이 요한을 참 선지자로 여기므로 저희가 백성을 무서워하는지라
33 이에 예수께 대답하여 가로되 우리가 알지 못하노라 하니 예수께서 가라사대 나도 무슨 권세로 이런 일을 하는지 너희에게 이르지 아니하리라 하시니라

27 And they again enter Jerusalem. And as he walked about in the temple, the ruling priests, scribes, and elders[a] approach him,
28 and were asking him, "By what[b] authority do you do these things?" and "Who has given to you this authority, so that[c] you may do these things?"
29 But Jesus said to them, "I shall ask you one thing. If you answer me,[d] then I shall tell you by what authority I do these things.
30 Was the baptism of John from heaven or of human origin? Answer me!"
31 So they discussed it among themselves, saying,[e] "If we should say, 'from heaven,' he will say,[f] '[Then] why did you not believe him?'
32 But if we should say, 'of human origin'…?" – they were afraid[g] of the crowd;[h] for all regarded[i] John as truly[j] a prophet.
33 And answering Jesus, they say, "We do not know." And Jesus says to them, "Neither am I telling you by what authority I am doing these things."

원문주해

a. D와 일부 후대의 사본들은 호이 프레스뷔테로이 투 라우(*οἱ πρεσβύτεροι τοῦ λαοῦ*, "백성의 장로들")로 읽는다(참조. 마 21:23).

b. 티니(*τίνι*, "무슨")의 상당어로서 포이아(*ποίᾳ*, "무슨")를 사용하고 있다(12:28; 마 24:42; 행 23:34; 참조. *BDF* §298.2).

c. 히나(*ἵνα*, "그러므로")를 사용한 것은 아람어에서 결과의 데(ㄱ)에 상응하는 셈어적 표현이다(참조. Black, *Aramaic Approach*, 81).

d. 명령형 아포크리데테 모이(*ἀποκρίθητέ μοι*, "내게 대답하면"; 문자적으로는 "내게

대답하라") 다음에 미래 시제가 나오는 구문은 조건문에서의 전제절과 같은 기능을 하는 셈어적 표현의 영향을 보여 준다; 참조. K. Beyer, *Semitische Syntax im Neuen Testament*, 1/1(Göttingen: Vandenhoeck & Ruprecht, 1961) 252.

e. 테일러(Taylor, 471)와 크랜필드(Cranfield, 363)는 D, *Θ*, *Φ*, f[13], 28, 565, 700사본을 따라 티 에이포멘(*τί εἴπωμεν*, "우리가 무엇이라 대답해야 하나?")으로 읽지만, 이는 근거가 빈약하다; 참조. *TCGNT*[1], 110.

f. D, W사본과 몇몇 후대의 사본들은 에레이 헤민(*ἐρεῖ ἡμῖν*, "그가 우리에게 말하리라")으로 읽는다.

g. D, N, W, *Σ*사본과 몇몇 후대의 사본들은 포부메다(*φοβοῦμεθα*, "우리가 무서워한다")로 읽는다.

h. A, D, L, W사본과 몇몇 후대의 사본들은 라온(*λαόν*, "백성")으로 읽는다.

i. 헬라어로는 에이콘(*εἶχον*, 문자적으로 "갖고 있었다"). 헬라어 파피루스들에도 나타나는 라틴어적인 표현이다. D, W사본과 몇몇 후대의 사본들은 에데이산(*ᾔδεισαν*, "알았다")으로 읽는다. 700사본은 오이다시(*οἴδασι*, "알다")로 읽는다. 이러한 독법들은 구문을 부드럽게 하기 위한 이차적인 시도들이다(참조. 눅 20:6).

j. 헬라어로는 온토스(*ὄντως*, 문자적으로 "참으로"). D사본은 알레도스(*ἀληθῶς*, 문자적으로 "참으로")로 읽는다.

양식/구조/배경

현재의 맥락 속에서 예수께 던져진 질문은 분명히 11:15-17의 성전 시위에 대한 반응이다. 고위 제사장들, 서기관들, 장로들은 예수에게 다가와서 무슨 권세로 이런 일들을 하는 것인지, 또 누가 그런 권세를 그에게 주었는지를 알아야겠다고 요구한다. 예수는 그들의 질문에 대답하지 않으신다. 오히려 예수는 다른 질문으로써 도전적으로 되받아치신다: 이제부터 질문을 하나 할 터인데, 그 질문에 그들이 대답하면 자기도 그들의 질문에 대답하시겠다는 것이다. 이러한 제안에 대한 그들의 동의를 기다리지 않고—이 이야기의 결말은 고위 제사장들과 그 동료들이 암묵적으로 동의했음을 보여 준다—예수는 그들에게 요한의 권세의 출처에 대해 물으신다. 딜레마에 빠진 고위 제사장들은 "우리가 알지 못하노라"는 말로 대답을 회피한다. 그들의 말을 대답하기를 거부한 것으로 인정하신 예수는 "나도 무슨 권세로 이런 일을 하는지 너희에게 이르지 아니하리라"는 말로 그들과의 대화를 끝내 버리신다.

현재 형태의 이 단화(單話, pericope)는 고전적인 논쟁 기사(controversy narrative)의 패턴을 따르고 있다(참조. Shae, *NovT* 16[1974] 10): (a) 상황(27절), (b)

질문(28절), (c) 응답(29-33절). 12:13-17과 마찬가지로 여기서 응답에 해당하는 반대 질문(11:28-29)은 질문자의 응답(32절)과 질문 받은 자의 최후의 응답(33절)을 포함하는 방식으로 확대되어 있다. 이 복잡한 논쟁 기사에는 두 가지 중요한 변이(變異)가 나온다. 첫 번째는 대적들에 대한 반대 질문(逆質問)에 의해 제기된 딜레마에 관한 삽입구적인 논의(30-31절)이고, 두 번째는 최후의 응답은 유도 질문에 답하는 것이 아니라 회피한다는 점이다(33절). 통상적인 형태로부터의 이러한 변이들 때문에 대체로 예수의 사역 중에 생겨난 원래의 단화(單話)가 초대 교회의 필요에 맞춰서 확대되고 수정되었다는 식의 수많은 설명들이 생겨났다.

예를 들면, 불트만(*History*, 20)은 28-30절이 이 단화의 핵(核)으로서 요한의 세례에 관한 논의를 포함한 아포프데그마(apophthegm)라고 생각한다. 보다 최근에 헐트그렌(Hultgren, *Jesus and His Adversaries*, 70)은 이 이야기의 원래의 핵(核)은 27b, 28b, 29a, 30절로 이루어져 있었고, 성전 시위의 맥락 속에 놓여져 있던 논쟁 기사였을 것이라고 본다. 이와는 대조적으로 셰(Shae, *NovT* 16[1974] 1-29)는 전승사에 대한 철저한 분석을 통하여 이 이야기의 초기 판본은 28b, 30절과 랍비 학교에서의 논쟁 형태와 비슷한 최후의 응답(나중의 발전에 의해 대체된)을 포함한 응답으로 구성되어 있었다고 추정한다(29절에 대한 "주석"을 보라).

이러한 학자들은 모두 원래의 삶의 자리를 예수의 사역 기간으로 보지만, 이 이야기의 취지에 대한 그들 각자의 이해에 따라 그 위치를 서로 다르게 배치한다. 불트만(*History*, 19-20)과 셰(Shae, *NovT* 16[1974] 14-19)는 이 이야기를 요한의 제자들과 예수의 논의의 맥락 속에 위치시키고(Gnilka, 2:137도 비슷한 입장이다), 헐트그렌(Hultgren, *Jesus and His Adversaries*, 72)은 성전 사건에 위치시킨다. 그러나 학자들은 현재 형태로의 발전이 유대인들의 불신앙과 예수의 권세를 나타내 보이고자 했던 초대 교회와 회당의 논쟁을 반영하고 있는 것으로 본다(Gnilka, 2:137; Schweizer, 236; *NovT* 16[1974] 19-20). 이러한 발전 과정을 통해서 원래의 이야기는 "예수의 유일무이한 지위를 선포하고 가르치기"(Hultgren, *Jesus and His Adversaries*, 72-75) 위하여 예수의 인격(28a, 29b, 33절)과 "인자"로서의 그의 권세의 성격에 그 초점이 맞춰지는 변화를 겪게 되었다.

이 이야기에 대한 좀더 엄격한 양식비평적 견해는 이 이야기의 통일성을 입증해준다(Lohmeyer, 240-41; Pesch, 2:209). 랍비 학교의 전승과의 병행은 너무 지나치게 강조되어 왔다(참조. 29절에 대한 "주석"). 분명히 이 이야기는 제기된 쟁점이 아니라 좀더 넓은 의미에서 예수의 권세를 간접적으로 드러내기 위한 동일한 류의 질문과 반대 질문 – 진실을 발견하기 위해서가 아니라 주도권을 다투기 위한 – 이 나오는 갈등 이야기이다(Cranfield, 362). 게다가 요한의 세례의 출처(즉, 권위)에 관한 질문 – 하늘로서냐 사람에게로서냐 – 으로 맞받아친 예수의 대답의 성격은 초대 교회로부터 유래했다는 주장으로는 쉽게 설명될 수가 없다. 이러한 비교는 요한의 권위가 예수의 권위와 대등하다는 것을 함축할 수 있고, 심지어 예수의 권위가 어떤 식으로든 요한의 권위에 부수하는 것이라는 인상을 줄 수 있다는 점에서 거북스러운 말이었을 것이기 때문이다. 예수에 대한 분명한 증언의 결여, 기독론의 부재(不在), 이례적인 결말 – 예수께서 대답을 거부하시는 것 – 은 모두 이 이야기가 예수의 생애 속에 그 삶의 자리를 두고 있음을 보여 준다. 그렇다면, 이 이야기의 통일성은 확인이 된 셈이다(Cranfiled, 362; "이 이야기의 역사적 신빙성은 의심할 필요가 없다"; 참조. Taylor, 469).

주석

27 "저희가 다시 예루살렘에 들어갔다"(*ἔρχονται πάλιν εἰς Ἰεροσόλυμα* – 에르콘타이 팔린 에이스 히에로솔뤼마)는 무화과나무 이야기(11:12-14, 20-21)와 이 단락을 이어주기 위한 편집에 의한 이음솔기이다. 무화과나무 이야기를 성전 시위 사건의 틀로 삼음으로써(11:12, 20에 대한 "주석"을 보라) 예수의 예루살렘 입성, 성전 시위, 권세에 관한 질문을 분리해낸 후에, 복음서 기자는 다음에 나오는 내용을 서술하기 위해 예수와 제자들을 다시 예루살렘으로 들어가게 한다(11:19에 대한 "주석"을 보라). 마가는 11:15a을 본따서 이 본문을 구성하고(11:15에 대한 "주석"을 보라) 자신의 특징적인 어휘인 팔린(*πάλιν*, "다시")을 덧붙였다(Guelich, 84[2:1에 대한]를 보라).

"예수께서 성전에서 걸어다니실 때에"(*καὶ ἐν τῷ ἱερῷ περιπατοῦντος αὐτου* – 카이 엔 토 히에로 페리파툰토스 아우투)는 마가 이전의 전승에 속한 구절로서 성전 시위 후에 당국자들이 예수를 만나게 되는 계기를 마련해 준다. 마가 이전의 전승에서 11:27-33에 나오는 예수의 권세에 관한 질문은 11:15-17의 예수의 성전 시위 직후에 있었기 때문에, 상업 활동의 재개에 관한 문제가 쟁점이었을 것이다(참조. Gnilka, 2:138; Haenchen, 393). 마가는 예수와 당국자들의 만남을 이튿날 일어난 일로 설정하고 있긴 하지만(참조. 11:19-20), 초점은 여전히 예수의 전날의 행위에 맞춰져 있다(참조. 28, 29, 33절의 "이런 일들을 하다"[*ποιειν ταῦτα* – 포이에인 타우타]). 예수께서 이런 일들을 하시는 것에 초점이 맞춰져 있다는 것(28, 29, 33절), 마가복음에서의 페리파테인(*περιπατεῖν*, "걷다")의 쓰임새(예를 들어, 2:9; 5:42; 6:48, 49; 7:5; 8:24; 12:38; 참조. 요 10:23; P.Oxy. 840)로 보아, 페리파테인(*περιπατεῖν*)은 여기저기 돌아다니며 가르치는 선생이라는 의미로서 좀더 전문적인 의미를 지니고 있다고 보기가 어렵다(참조. Ernst, 336; Grundmann, 317). 누가복음 20:1-2은 복음서 기자 자신의 편집적 관심에서 나온 것으로서(참조. 20:1) 마가복음에서의 페리파테인(*περιπατεῖν*)의 의미와는 별 상관이 없다.

"고위 제사장들과 서기관들과 장로들"(*ἔρχονται πρὸς αὐτὸν οἱ ἀρχιερεῖς καὶ οι γραμματεῖς καὶ οἱ πρεσβύτεροι* – 에르콘타이 프로스 아우톤 호이 아르키에레이스 카이 호이 그람마테이스 카이 호이 프레스뷔테로이)은 산헤드린을 구성한 세 집단을 가리킨다(8:31과 11:18에 대한 "주석"을 보라). 그들은 14:43, 55과 15:1에서 예수께서 체포되어 심문을 받으실 때도 다시 등장한다. 그러므로 성전 경내에서의 예수의 행위에 대한 고위 제사장들과 서기관들의 반응(11:18)에 뒤이어 그들의 등장은 8:31의 수난 예고를 상기시키고, 마가복음 이야기의 앞으로의 진행에 불길한 기조를 설정한다. 이 본문의 상황은 공식적인 심문(참조. 15:1)이 아니라 산헤드린의 대표자들에 의해 행해진 비공식적인 질문 상황이다. 마가 이전의 전승에서는 예루살렘 입성(11:1-9), 성전 시위(11:15-17), 권세에 관한 질문(27b-33절)이 순차적으로 나왔을 것이다. 따라서 이러한 만남을 복음서 기자의 편집(참조. Gnilka, 2:137; Schmithals, 2:505)이나 초기 전승의 발전(예를 들어, Shae, *NovT* 16[1974] 19-20)으로 돌릴 이유는 전혀 없다.

28 이 이야기의 통일성과 의미를 결정함에 있어서 세 가지 중요한 쟁점은 이 절에 있다. 첫째, 질문자들은 동일한 질문을 두 가지 방식으로 하고 있는 것인가, 아니면 두 가지 서로 다른 질문을 하고 있는 것인가? 둘째, 이 맥락 속에서 "권세"(*ἐξουσία* – 엑수시아)는 무엇을 의미하는가? 셋째, 마가복음 및 마가 이전의 전승에서 "이런 일들"(*ταῦτα* – 타우타)은 무엇을 가리켰고 또 가리키는가?

"무슨 권세로 이런 일들을 하느냐?"(*ἐν ποίᾳ ἐξουσίᾳ ταῦτα ποιεῖς* – 엔 포이아 엑수시아 타우타 포이에이스). 29절의 예수의 첫 번째 반응과 33절의 마지막 반응에서도 되풀이되는 이 질문은 질문과 반대 질문, 반응과 역반응으로 이루어진 이 단락을 하나로 묶는 끈이다. 핵심어는 엑수시아(*ἐξουσίᾳ*, "권세")이다. 그리고 이 단어의 의미는 타우타(*ταῦτα*, "이런 일들")가 무엇을 가리키는가에 달려 있다.

이 이야기가 독립적으로 생겨나서 유포되었다면, 우리는 "이런 일들"(*ταῦτα* – 타우타)의 선행사를 이 이야기 자체를 토대로 찾아내야 한다. 예를 들면, 불트만(*History*, 20; Nineham, 307)은 "이런 일들"(*ταῦτα*)은 원래 요한과 대비되는 예수의 세례를 주시는 일을 가리켰을 것이라고 주장한다(참조. 요 3:22, 26). "이전 요한의 제자들"과 예수의 대화(참조. 마 11:2-3)를 이 이야기의 원래의 배경으로 보는 셰(Shae, *NovT* 16[1974] 18)는 "이런 일들"(*ταῦτα*)이란 "예수께서 사람들을 불러모아서 자신의 운동에 동참시키고 하나님 나라에 관하여 가르치셨던 모든 운동"을 가리키는 것으로 본다. 원래의 배경을 규명하지 않고 있는 에른스트(Ernst, 336)는 "이런 일들"(*ταῦτα*)이 예수의 인격과 사역 전반을 가리킨다고 본다. 이러한 견해들에 따르면, "권세"(*ἐξουσία* – 엑수시아)는 법적/정치적 성격 – 이런 경우라면 "권리", "힘", "허가"보다는 "권세"로 번역되어야 할 것이다 – 이 아니라 좀더 폭넓게 종교적 또는 신학적 성격을 띠게 된다.

흔히 주장되어 왔고 앞에서도 논증한 대로 마가복음 기자가 이 이야기를 성전 시위(11:15-17)와 결합된 형태로 전승 속에서 발견한 것이라면, 전승 속에서 "이런 일들"(*ταῦτα*)은 직접적으로 예수께서 성전 경내에서 방금 하셨던 일을 가리켰을 것이다. 그 사건으로부터 본문에 나오는 질문이 생겨나는 것은 이치에 맞고 자연스럽다. 성전은 고위 제사장들의 전권(專權) 관할구역이다. 매매하는 자들과 환전상들의 활동도 다 그들의 허가를 받았을 것이다. 산헤드린은 좀더 폭넓은 입법권과 사법권을 갖고 있었지만(13:9; 14:55에 대한 "주석"을 보라), 대제사장과 그와 동일한 반열의 제사장들은 성전산에 대한 최종적인 권한, 많은 점에서 로마인들이 위임한 권한을 쥐고 있었다. 산헤드린에 대한 대제사장의 권한은 산헤드린이 대제사장의 명령에 의해 성전 경내에 있는 "깎은 돌의 방"에서 추방되었다는 후대의 랍비 전승에 잘 나타난다(참조. *b. Roš Haš.* 31a; *b. Šabb.* 15a; *b. Sanh.* 41a; 이 문제와 관련하여 이 본문들에 대한 논의는 Eppstein, *ZNW* 55[1964] 56과 n. 107을 보라). 이 전승은 알다시피 후대의 것이고, 이 사건이 성전이 멸망하기 "40년" 전에 일어났다는 설명은 양념으로 봐야 하지만, 이 전승은 성전 경내에서의 대제사장의 실제 권한을 정확하게 반영하고 있는 것으로 보인다. 요세푸스는 성전의 제한구역들을 통행하지 말라는 엄격한 금령과 이에 대한 즉결처형에 대하여 말한다(*J.W.* 5.5.2 §§193-94; 요세푸스는 이 경고가 돌에 "헬라어와 로마어로" 쓰여져 있었다고 말하는데, 이는 이 경고가 이스라엘인들뿐만 아니라 이방인들에게도 적용되었다는 것을 의미한다; 이 금석문이 새겨진 돌의 단편들이 발견되었다).

그러므로 이상에서 말한 것에 비추어 볼 때, 고위 제사장들, 서기관들, 장로들은 법적으로나 정치적으로 성전 문제를 관할하는 그들의 권한을 침해한 예수의 권리에 대하여 합당한 질문을 던지고 있는 것이다. 따라서 "권세"(ἐξουσία – 엑수시아)는 히브리어 및 아람어의 상당어들과 일치하는 "인가", "권리", "허가"라는 좀더 기본적인 의미를 지닌다고 보아야 한다(*Str-B* 1:859-62; Hultgren, *Jesus and His Adversaries*, 72). 마가복음에서의 그 자체의 문맥을 따라 읽으면, 이 질문은 종교적, 신학적, 기독론적 관심보다는 당국자들 자신의 정치적 관심을 더 많이 반영하고 있다(참조. Hultgren, *Jesus and His Adversaries*, 74; Shae, *NovT* 16[1974] 19-20). 그들의 질문에 대해 예수로부터 신학적(예를 들어, 하나님으로부터 온 선지자) 또는 기독론적(예를 들어, 메시아라는 주장; 참조. 14:61!) 응답이 어느 정도로 나왔느냐에 따라, 그 대답은 그들에게 어떤 조치를 취할 수 있는 법적 또는 정치적 빌미를 제공해 주었을 것이다.

고위 제사장들은 성전에 대하여 배타적인 관할권을 가지고 있었기 때문에, 그들의 질문은 예수로부터 정보를 얻어내기 위한 것이었다기보다는 예수에게 죄를 덮어씌우려는 시도였다 – 그들의 질문에 대하여 어떤 대답을 해도 다 덫에 걸려들게 되어 있었기 때문이다(참조. Schmithals, 2:507). 예수께서 자신의 행위가 불법한 것임을 인정하신다면 그는 여론에 의해 다치게 될 것이고, 예수께서 고위 제사장들의 권세를 대체하는 권세를 가졌다고 주장하신다면 그는 정치적으로 다치게 될 것이다(참조. 14:61-64). 어느 경우든 그들은 예수의 행위를 무리에 대한 두려움 없이 좀더 공식적으로 소송을 진행할 수 있는 근거로 삼았을 것이다(참조. 32절; 12: 12). 그러므로 이러한 상황은 성전 경내에서의 예수의 행위를 들은 후의 고위 제사장들의 즉각적이고 적대적인 반응(11:18a를 보라)과 부합하기 때문에, 마가 이전의 전승에서 이 두 이야기가 밀접하게 결합되어 있었을 것임을 밑받침해 준다.

"누가 이 권세를 주었느뇨?"(τίς σοι ἔδωκεν τὴν ἐξουσίαν ταύτην – 티스 소이 에도켄 텐 엑수시안 타우텐). 주석가들은 보통 이 절을 동일한 문제에 대한 이중의 문문(참조. 행 4:7)의 후반부로 취급하여 왔지만, 최근의 몇몇 주석가들은 이 두 의문문을 구별해서 이 두 질문이 각각 전승의 서로 다른 발전단계에 속하는데, 두 번째 질문이 원래의 것이라고 주장한다(예를 들어, Hultgren, *Jesus and His Adversaries*, 68-75; Shae, *NovT* 16[1974] 10-13). 이 이야기에서 예수는 첫 번째 질문은 되풀이하지만(29, 33절), 두 번째 질문은 되풀이하지 않으신다. 그러나 예수는 30절에서 요한의 세례의 출처에 관한 질문을 통해서 이 두 번째 질문을 되짚으시고 있는 것이라 생각된다. 첫 번째 질문에 대하여 예수는 일체 대답을 거부하신다(참조. 33

절). 따라서 이 이야기는 초기에는 두 번째 질문을 중심으로 되어 있다가(27b, 28b, 29a, 30절; Hultgren, *Jesus and His Adversaries*, 70; 28b, 30절[소실된 응답들]; Shae, *NovT* 16[1974] 13-14) 나중에는 29절과 33절에서의 첫 번째 질문의 반복을 통해서 좀더 복잡한 이야기로 발전되었다.

그러나 우리는 이야기에 충실하게 두 번째 질문을 유대 당국자들의 질문으로서가 아니라 30절에 나오는 예수의 반대 질문의 견지에서 읽는 것을 피해야 한다. 성전은 고위 제사장들의 전권 관할구역이었기 때문에, 그들만이 성전 경내에서 예수께서 하셨던 일을 할 권세 또는 권리를 허가할 수 있었다. 두 번째 질문에서도 첫 번째 질문에서와 마찬가지로 이와 동일한 권세 또는 권리를 문제삼고 있다는 것은 지시사인 "이 권세"(*τὴν ἐξουσίαν ταύτην*–텐 엑수시안 타우텐)라는 말에 나타난다. 따라서 이 질문에 대한 대답은 이 이야기에서 동시에 첫 번째 질문에 대한 대답도 된다. 예수는 자기가 당국으로부터 그런 권리를 부여받지 못했으므로 불법임을 인정하거나 하나님으로부터 그런 권리를 부여받았다고 주장하여 자신의 행위를 예언자적이거나 메시아적인 것이라고 하시지 않으면 안 되었다.

첫 번째 대안과 관련하여, 이 이야기 또는 예수 전승 자체에는 예수께서 그러한 문제들을 위임받으셨다거가 당국자들이 그렇게 생각했음을 보여 주는 흔적이 전혀 없다. 질문 자체가 인가(認可) 문제를 다룬다(참조. "무슨 권세로"[*ἐν ποίᾳ ἐξουσίᾳ*–엔 포이아 엑수시아]; "이 권세"[*τὴν ἐξουσίαν ταύτην*–텐 엑수시안 타우텐]). 랍비로 서품 받았을 때 주어지는 특별한 류의 랍비의 권한(리슈트[רשות], 레슈타[רשותא]) –사실은 그렇지 않지만, 예수께서 랍비로 서품 받았다고 가정할 때(참조. Daube, "Rabbinic Authority," 205-23; Nineham, 307; *Str-B* 1:859-60) –은 여기서 아무런 상관이 없다. 그러한 랍비의 권한은 고위 제사장들의 권한을 뛰어넘어 행사될 수 없었기 때문이다. 하나님께서 그럴 권한을 주셨다고 주장하는 안(案)은, 11:1-2과 11:15-18에 대한 "주석"에서 논증한 것과 같이, 예수의 예루살렘 입성과 성전 경내에서의 행위는 스가랴 9:9과 14:21의 약속들을 암시하는 것이라는 점을 감안할 때 충분히 예상될 수 있는 예수의 반응이다. 따라서 이 두 번째 질문은 첫 번째 질문과 마찬가지로 이런 일을 하시게 된 예수의 권세와 관련해서 예수를 덫에 걸리도록 하기 위한 것이었다(참조. "이런 일을 하느냐"[*ταῦτα ποιεῖς*–타우타 포이에이스]; "이런 일 할"[*ταῦτα ποιῇς*–타우타 포이에스]). 이렇게 되면, 대제사장 가야바가 단도직입적으로 "네가 찬송 받을 자의 아들 그리스도냐"(14:61)라고 산헤드린 앞에서의 심문에서 물었듯이, 예수의 대답은 당국자들이 그를 공식적으로 소추하고자 하는 목적에 기여하게 될 것이다(참조. *Str-B* 1:860; Pesch, 2:210).

복음서 기자가 믿음과 기도에 관한 예수의 가르침(11:20-25)을 통해 이 이야기를 성전 시위 사건과 분리함으로써, 이 질문의 의미가 바뀌고 엑수시아(*ἐξουσία*)의 의미가 "권리"에서 좀더 폭넓고 신학적인 의미를 지니는 "권세"로 바뀌게 되는가? 몇몇 주석가들은 이러한 분리를 통해서 "이런 일들"(*ταῦτα*)이 성전 시위를 직접적으로 가리키는 것에서 좀더 일반적으로 예수의 사역을 가리키는 것으로 확대되었다고 생각한다(예를 들어, Gnilka, 2:138; Lührmann, 197; Hultgren, *Jesus and His Adversaries*, 71). 이러한 주장은 마가복음 첫머리에서 마가가 엑수시아(*ἐξουσία*)를 좀더 폭넓은 신학적 의미로 예수의 사역을 가리키는 용법으로 사용했다는 데서 지지를 받는다. 이러한 의미의 엑수시아(*ἐξουσία*)는 예수의 가르침(1:21-22, 27), 축귀 행위들(1:23-27; 참조. 3:22-30), 죄사함과 치유 행위들(2:1-12)에서 볼 수 있다. 그리고 3:13과 6:7에서 예수는 이 엑수시아(*ἐξουσία*)를 제자들에게 주신다.

물론 마가 이전의 전승에서 성전 시위는 적어도 현재의 마가복음 이야기의 정도만큼은 권세에 관한 질문으로부터 분리되어 있지 않았을 것이다. 그러나 마가복음의 독자들도 예수께서 예루살렘 입성에서와 성전 시위에서 숨막히는(대단한) 권세를 가지고 행하셨음을 감지할 것이다. 따라서 권세에 관한 질문이 나오자마자 마가복음 독자들은 분명히 고위 제사장들이 알고 있는 유일한 사건(그들이 예수의 갈릴리 사역에 대해 무엇을 알 수 있었을까?)인 앞서 일어난 마가복음 11장의 사건들을 머리에 떠올릴 것이다. 그러나 마가복음 이야기의 독자들은 고위 제사장들보다 더 많은 것을 알고 있다. 그들은 예수께서 사역 초기부터 놀라운 권세로 행하셨음을 안다.

마가복음 이야기에서 하나의 모티프가 된 예수의 권세에 관한 전승은 역사적 예수의 사역에 그 뿌리가 있다. 예수는 무슨 근거로 자기가 하나님의 권세를 부여받았다고 믿으셨을까? 이 대답은 부분적으로 자기가 하나님의 영에 의해 기름부음을 받았다는 예수의 믿음에 있음이 분명하다(참조. 진정성이 있는 전승인 마 11:5=눅 7:22에서 감옥에 갇힌 세례 요한에게 사 61:1-2에 대한 인유[引喩]를 통해서 한 예수의 답변). 그러나 마가가 사용한 전승은 예수의 권세를 이해하는 데 또 다른 자료에 더 많은 빚을 지고 있는 것으로 보인다. 가장 중요한 단서는 예수께서 "그러나 인자가 땅에서 죄를 사하는 권세가 있는 줄을 너희로 알게 하려 하노라"(*ἵνα δὲ εἰδῆτε ὅτι ἐξουσίαν ἔχει ὁ υἱὸς τοῦ ἀνθρώπου ἀφιέναι ἁμαρτίας ἐπὶ τῆς γῆς* – 히나 데 에이데테 호티 엑수시안 에케이 호 휘오스 투 안드로푸 아피에나이 하마르티아스 에피 테스 게스)고 말씀하시는 2:10에서 발견된다. 학자들은 이 절의 진정성을 놓고 의견이 갈린다. 불트만(*History*, 14-16)은 이 말씀이 죄사함의 교리를 "인자"이신 예수께로 소급하고자 하는 초대 교회의 시도를 보여 주는 것이라고 생각한다(이에 Tödt, *Son of Man*, 130도 동의한다; Taylor, 200; id., *Names*, 27는 이에 반대한다). 그러나 이러한 추정은 의문시된다. 초기 기독교의 신학에서 죄사함은 역사적 예수가 아니라 부활하신 그리스도에 대한 믿음과 회개에서 온다(참조. 행 2:38; 롬 10:1-13). 역사적 예수는 죄사함에 관하여 드물게 말씀하셨고, 죄사함에 관하여 말씀하신 경우에도 70년 이전의 유대적 믿음과 관습을 반영하고 있다. 깨끗케 됨 및 죄사함에 대한 예수의 선포들은 초대 교회가 아니라 부활 사건 이전의 예수로부터 나온 가르침 및 논쟁의 단편들이다. "인자"(*ὁ υἱὸς τοῦ ἀνθρώπου*－호 휘오스 투 안드로푸)와 "권세"(*ἐξουσία*－엑수시아)의 결합은 다니엘 7:13-14로 소급된다.

> 내가 또 밤 이상 중에 보았는데 인자(LXX: *υἱὸς ἀνθρώπου*－휘오스 안드로푸) 같은 이가 하늘 구름을 타고 와서 옛적부터 항상 계신 자에게 나아와 그 앞에 인도되매 그에게 권세(LXX: *ἐξουσία*－엑수시아)와 영광과 나라를 주고 모든 백성과 나라들과 각 방언하는 자로 그를 섬기게 했으니 그 권세는 영원한 권세라(아람어: שָׁלְטָנֵהּ שָׁלְטָן עָלַם－숄타네흐 숄탄 알람; LXX: *ἡ ἐξουσία αὐτοῦ ἐξουσία αἰώνιος*－헤 엑수시아 아우투 엑수시아 아이오니오스) 옮기지 아니할 것이요 그 나라(아람어: מַלְכוּתֵהּ－말쿠테흐; LXX: *ἡ βασιλεία αὐτοῦ*－헤 바실레이아 아우투)는 폐하지 아니할 것이니라.

예수께서 스스로를 "인자"(*ὁ υἱὸς τοῦ ἀνθρώπου*－호 휘오스 투 안드로푸)로 지칭하신 것은 이 대목에서 영감을 받은 것이다("서론"에 나오는 "마가의 신학"을 보라). 그러나 예수는 "나라"(아람어: מַלְכוּ－말쿠; LXX: *βασιλεία*－바실레이아) 및 "권세"(아람어: שָׁלְטָן－숄탄; LXX: *ἐξουσία*－엑수시아)와 관련하여 이 대목을 인유(引喩)하신다. 하나님 나라를 선포할 그의 권한 부여(막 1:14-15)는 제2이사야(40:9; 52:7; 61:1-2)와 다니엘 7장에 나오는 구절들로부터 나온다. "인자는 *땅에서* 죄를 사하는 권세를 갖고 있다"는 예수의 말씀은 "인자"로서의 권한을 하늘로부터 받았기 때문에(단 7:13-14의 환상에서처럼) 예수께서는 이제 *땅에서* 그러한 권세를 갖고 계시다는 의미다. 이 권세 덕분에 예수는 죄를 사하실 수 있고, 사람들과 음식들을 정하다고 선언하실 수 있으며(막 1:41; 7:14-15; 참조. 7:19), 심지어 "안식일의 주인"(막 2:28)이라고까지 주장하실 수 있다. 예수께서 이러한 일들을 땅에서 하실 수 있는 이유는 "인자"로서 예수는 그렇게 하는 권세를 하늘로부터 받으셨기 때문이다. (예루살렘의 대제사장은 하늘과 땅을 중보하는 자로 여겨졌다는 것을 기억할 필요가 있다. 그러므로 이러한 개념들은 예수의 동시대인들에게 이상하게 여겨지지 않았을 것이다.) 달리 말하면, 이러한 하늘의 권세 덕분에 예수는 제사장과 동등한 역할을 하실 수 있다. 그러므로 사역의 어느 시점에서 예수가 고위 제사장들과 심각하게 충돌하시게 될 것은 이미 예상된 일이었다. (이 주제에 대해 좀더 자세한 것은 14:53-65에 대한 "주석"을 보라).

의심할 여지없이 마가복음 독자들은 복음서의 전체 이야기에 비추어서 예수의 권세의 좀더 깊은 의미를 이해했을 것이다. 예수의 공생애 동안의 특징이 되어 왔고(1:16-8:26) 이제는 예수의 죽음을 가져올 당국자들과의 충돌을 가져오게 한 예수의 권세라는 문제는 복음서 기자가 하나의 이야기(narrative)로서의 복음서를 전개해 나감에 있어서 핵심적인 주제다. 그럼에도 불구하고 11:27-33의 현재의 맥락은, 무화과나무 이야기를 성전 시위 이야기에 끼워 넣음으로써 전승의 연대기적 순서가 흐트러졌음을 감안하더라도(11:12-14, 15-19, 20-25, 27-33), 전승 속에서 "이런 일들"(ταῦτα)이 성전 시위 사건(11:15-19)을 가리키는 것을 가능하게 해준다. 11:27-28의 질문자들과 그들의 질문들은 성전에서의 예수의 행위에 대한 고위 제사장들 및 서기관들의 반응에서 나온 것이다(11:18a). 그러므로 11:27b-28에서 고위 제사장들, 서기관들, 장로들은 예수에 대하여 어떤 조치를 취하고자 하기 때문에 성전 경내에서 이런 일들을 할 법적 또는 정치적 권리가 있는지를 예수께 묻고 있다－마가 이전의 전승 및 마가가 재구성한 본문 모두에서. 이 두 질문은 동일한 것을 묻는 것인데, 두 번째 질문은 첫 번째 질문을 설명하고 있다: 이런 일할 어떤 권세를 갖고 있었느냐? 따라서 이 질문은 29절과 33절의 예수의 응답에서 되풀이된다. 그러므로 이 질문들은 전승의 발전 과정에서 서로 다른 단계를 반영하는 별개의 두 질문도 아니고, 하나의 본래의 질문에서 나온 두 가지 상이한 형태도 아니다.

29 "그러나 예수께서 저희에게 말씀하였다"(*ὁ δὲ Ἰησοῦς εἶπεν αὐτοῖς*－호 데 이에수스 에이펜 아우토이스). 예수는 반대 질문을 통해서 응답하시는데, 이것은 흔히 랍비들의 대화에 나오는 병행들과 비교되어 왔다(*Str-B* 1:861). 이 병행들을 보면 한 사람이 동료에게 논쟁이 될 만한 사항을 제기하고, 이에 대하여 동료는 질문자와 동료가 서로 동의하는 질문으로 맞받는다. 이러한 접근 방법은 질문자의 응답을 위한 토대뿐만 아니라 동료의 마지막 응답을 위한 토대를 제공해 준다(Shae, *NovT* 16[1974] 13-14). 바벨론 탈무드의 산헤드린 편(b. Sanh.) 65b에 유용한 예가 나온다.

이 질문은 투르누스 루푸스(티네이우스 루푸스, 로마의 유다 총독)가 랍비 아키바에게 한 것이다. "이 날(안식일)은 다른 날과 어떤 점에서 다른가?" 그는 이렇게 대답했다. "하나는 다른 하나와 어떤 점에서 다른가?" 루푸스가 대답했다. "내 주(황제)께서 그것을 원하셨기 때문이지." "그렇다면 안식일도 주께서 그렇게 원하시기 때문에 구별되지."(인용문은 *The Babylonian Talmud: Seder Nezkin*, ed. I. Epstein[London: Soncino, 1935] 해당 부분에 나오는 J. Schachter의 약간 각색된 번역문이다.)

이러한 패턴은 마가복음 10:2-9과 12:13-17에 나온다. 마가복음 11:27-33에 나와 있는 대로의 현재의 이 이야기는 내용(당국자들은 세례 요한에 대한 예수의 견해를 공유하지 않고 있다)이나 구조(참조. 31-32a절의 추론)에 있어서 랍비 학교의 토의나 교훈적인 이야기의 형태와 정확하게 부합하지 않기 때문에 흔히 마가복음 기자에 의해 상당히 수정된 것으로 보아져 왔다. 일부 학자들은 위에서 언급한 랍비들의 대화 패턴을 이 이야기의 근저에 있는 전승 및 예수의 사역 속에서의 그 역사적 배경을 복원하는 데 있어서 모범으로 삼는다(예를 들어, Shae, *NovT* 16[1974] 13-14). 그렇게 해서 나온 결과물은 판이하게 다른 이야기로서, 등장인물도 다르고(예를 들어, 요한의 제자들 또는 예수의 세례 행위), "이런 일"이 가리키는 내용도 다르고(예를 들어, 예수의 사역 전반 또는 예수의 세례 행위), 질문자들과 예수의 응답도 다르다. 이러한 결과는 주어진 양식에 맞춰서 내용을 꿰어 맞춰 놓은 경우라 하겠다. 그러나 반대 질문의 사용 또는 랍비 학교의 논쟁이라고 해서 반드시 특정한 양식을 취하는 것은 아니다. 특히 그것이 교훈적 이야기가 아니라 논쟁 이야기로 설정된 이야기 기사라고 한다면 더욱 그렇다(예를 들어, Pesch, 2:209). 현재 형태의 이 이야기는 전승 및 편집에 의한 이야기 구조에 아주 잘 들어맞는다.

"내가 너희에게 한 가지를 묻겠다"(*ἐπερωτήσω ὑμᾶς ἕνα λόγον*–에페로테소 휘마스 헤나 로곤). 성전 당국자들에 대한 예수의 반대 질문은 좀더 넓게 이해하면 그 자체가 권세를 함축하고 있는 말씀이다. 질문을 받은 자가 질문자가 되어서 논의의 주도권을 쥔다. 이러한 역할 역전은 이하에 나오는 로마에 대해 세금을 내야 하는가에 관한 논쟁(12:13-17)과 부활에 관한 논쟁(12:18-27)의 특징이기도 하다. "한 가지"(*ἕνα λόγον*–헤나 로곤; 문자적으로는 "한 말씀" 또는 "한 가지 사항")라는 말을 통해서 모든 논의의 무게는 이 한 가지에 실리게 되고, 예수의 응답을 위한 조건으로서의 다음 질문의 중요성이 강조된다(참조. 33절).

"너희가 내게 대답한다면, 나도 너희에게 이르리라"(*καὶ ἀποκρίθητέ μοι καὶ ἐρῶ ὑμῖν*–카이 아포크리데테 모이 카이 에로 휘민)는 구절은 셈어적인 명령문 구조를 전제절 또는 조건절로 사용하여, 예수께 무슨 권세로 이런 일들을 하느냐고 묻는 고위 제사장들의 질문에 대하여 그들이 먼저 예수의 질문에 답한다면 예수께서도 대답하실 것이라는 뜻을 전한다. 33절에서 보겠지만, 그들이 이 조건을 충족시키지 못한 것은 예수께서 그들의 질문에 대답하는 것을 거부할 수 있는 토대가 된다. 이러한 퉁명스러운 대응은 당국자들의 질문하는 어조 및 분명한 갈등의 상황과 맞물려 있다. 게다가 자신의 대답을 그들의 대답에 연계함으로써, 예수는 당시에 유대교의 최고 권위였던 산헤드린의 대표자들의 권세에 도전하는 자신의 암묵적인 권세를 다시 한 번 드러내 보이신다.

"무슨 권세로 내가 이런 일들을 하는지"(*ἐν ποίᾳ ἐξουσίᾳ ταῦτα ποιῶ* – 엔 포이아 엑수시아 타우타 포이오). 예수는 질문자들에게 그에게 던진 질문 중 핵심 내용을 되풀이하신다. 예수의 대답은 무슨 권세로 그가 행했으며 누가 그에게 이 권세를 주었느냐는 이중적인 질문을 축약한 것이다. 고위 제사장들이 예수에게 대답한다면, 예수도 자신이 무슨 권세로 행했으며 누가 이 권세를 그에게 주었는지를 그들에게 말해 주실 것이다. 마가복음의 독자들은 예수께서 이런 일을 행하신 것은 하나님의 영의 능력과 권세로써요 이 권세를 예수께 준 분은 하나님(또는 "하늘"; 30-31절)이시라는 것을 안다.

30 "요한의 세례가 하늘로서냐 사람에게로서냐?"(*τὸ βάπτισμα τὸ Ἰωάννου ἐξ οὐρανοῦ ἦν ἢ ἐξ ἀνθρώπων* – 토 밥티스마 토 이오안누 엑스 우라누 엔 에 엑스 안드로폰). 예수는 관련이 있긴 하지만 다른 질문을 하신다. 당국자들은 그의 권세에 관하여 물었었다. 예수의 말씀은 그의 권세가 어떤 식으로든 요한에게로 소급될 수 있다는 의미가 아니다(예를 들어, Lohmeyer, 242 n. 3; Grundmann, 316) – 마치 하나님께서 요한에게 권세를 주셨고, 요한이 예수에게 권세를 주었으며, 그래서 예수는 그런 일을 하실 권세를 갖게 된 것처럼 생각하는 것은 잘못이다. 요한의 권세에 관한 예수의 질문은 승계(承繼)가 아니라 병행에 관한 것이다. 요한의 권세가 하나님에게 소급될 수 있듯이, 예수의 권세도 직접적으로 하나님에게 소급될 수 있다(그리고 Shae, *NovT* 16[1974] 27-28의 주장과는 달리 반드시 예수의 수세와 관련되는 것도 아니다). 예수는 31-32절에 나오는 반응에서 알 수 있듯이 질문자들이 던진 것과 같은 성질의 질문, 즉 덫에 걸리게 하는 질문으로써 당국자들에게 응수하신다.

이와 아울러 요한의 세례에 관한 예수의 질문은 요한에 관한 질문이기도 해서, 논의의 차원을 그가 했던 일을 할 그의 권리라는 문제로부터 훨씬 더 근본적인 문제로 끌어올린다. 요한의 세례는 학문적이거나 무작위적으로 택한 질문이 아니다. 이 전승을 통해서 예수께서 직접 세례를 받기 위해 요한에게 갔다는 사실, 요한의 세례가 하나님께로서 왔다는 것에 대한 인정(Guelich, 33-34[1:11에 대한]을 보라), 예수께서 요한을 하나님의 주권적 통치의 도래에 비추어서 설교와 세례를 통해 회개를 선포한 하나님의 선지자로 보셨다는 것(예를 들어, 마 11:11, 16-19=눅 7:28, 31-34)이 분명해진다. 나아가 마가복음의 독자들은 요한이 복음서 전체를 통해서(1:2-15; 6:14-29; 8:28; 9:12-13) 하나님의 정하신 선구자로 행했다는 것을 이 대목에 와서야 비로소 깨닫게 된다. 당국자들이 요한을 거부한 것은 그들이 예수를 거부하게 될 것의 전조(前兆)다.

"내게 대답하라"(*ἀποκρίθητέ μοι* – 아포크리데테 모이). 무례하기까지 한 이 요구(마태와 누가에는 생략되어 있음)는 예수의 권세를 강조하고, 어떻게 그분이 성공적으로 상황을 역전시키셨는지를 보여 준다. 고위 제사장들은 해명을 요구하러 그분에게 왔었다. 예수의 반대 질문은 그들을 수세(守勢)로 몰아넣는 효과를 갖는다.

31 이 지점에서 대화는 중단되고, 화자가 나와서 독자들에게 당국자들의 숙고하는 모습을 전해 준다. 이야기의 진행에서 이러한 변화를 근거로 몇몇 주석가들은 여러 가지 이유로 31-32절 또는 31-33절을 28-30절의 배후에 있는 초기의 짧은 이야기를 후대에 이차적으로 발전시킨 것으로 본다(예를 들어, Bultmann, *History*, 20: "31절은 첨가다…28-30절에는 진정한 팔레스타인의 아포프데그마가 들어 있다"; Nineham, 306; Shae, *NovT* 16[1974] 13-14; Gnilka, 2:136; Hultgren, *Jesus and His Adversaries*, 70). 그렇지만 30절에 나오는 예수의 반대 질문은 응답을 요구하고, 28-30절에 나오는 것 이상이 이 이야기에 있음에 틀림없다(Schmithals, 2:506; Lohmeyer, 242). 당국자들이 어떤 대답을 하고 예수께서 이 대답에 동의하시며 자신의 최후의 대답을 위한 토대로 삼으신다는 내용을 추정해 볼 수도 있고(Shae, *NovT* 16[1974] 13-19), 33a절과 비슷한 대답을 상정할 수도 있다. 33a절과 같은 대답이 있었다면, 왜 답변을 거부하게 되었는지를 해명해 주는 32절이 필요했을 것이다. 그러나 33절과 다른 답변을 가정하는 것은 순전히 양식상의 고려 때문에 논리적이고 일관성 있는 이야기를 완전히 개작해야 한다는 것을 의미한다.

그들의 이러한 은밀한 논의는 어떻게 예수와 그의 제자들에게 알려져서 전승에 편입되었을까? 결국 고위 제사장들은 "우리가 알지 못하노라"고만 대답했다. 그들은 분명히 자신들이 고려했던 여러 대안들을 예수 앞에 밝히지 않았을 것이다. 그들의 논의 내용은 예수와 그의 제자들, 그 밖의 다른 구경꾼들 편에서의 추정이었음에 틀림없다. 대안들이 어떤 것들이 있었고, 고위 제사장이 자기들끼리 무엇을 논의했는지를 추정하는 일은 깊이 생각할 필요도 없는 일이었을 것이다. 이 사건의 참여자들 중 그 누구도 고위 제사장들이 논의한 것을 실제로 엿들은 사람이 없었다고 할지라도, 이 은밀한 논의에 관한 전승은 이 사건으로부터 소급될 수 있을 것이다.

"그래서 저희가 서로 의논하였다"(*καὶ διελογίζοντο πρὸς ἑαυτοὺς* – 카이 디에로기존토 프로스 헤아우투스). 이와 비슷한 표현이 서기관들이 마음속으로 궁리했다고 말하는 2:6("그들의 마음에 의논하기를"[*διαλογιζόμενοι ἐν ταῖς καρδίαις* – 디아로기조메노이 엔 타이스 카르디아이스])에 나온다. 여기서 프로스 헤아우투스(*πρὸς ἑαυτοὺς*, "그들 가운데서")는 "서로"를 의미할 수도 있고(참조. 눅 20:5, 쉬네로기산토 프로스 헤아우투스[*συνελογίσαντο πρὸς ἑαυτοὺς*, "그들은 그것을 서로 의논하였다"]), 은밀하게 "저희끼리"를 의미할 수도 있다(참조. 마 21:25, 디에로기존토 프로스 헤아우토이스[*διελογίζοντο πρὸς ἑαυτοὺς*, "그들은 그것을 저희끼리 의논하였다"]). 이 이야기에 따르면(32b절) 백성에 대한 두려움이 그들의 응답을 결정하고 있는 것으로 보아서, 문맥상으로는 그들이 처하게 된 곤경에 대하여 은밀하게 논의한다는 의미가 함축되어 있다.

"만일 하늘로서라 하면"(*ἐὰν εἴπωμεν, ἐξ οὐρανοῦ* – 에안 에이포멘 엑스 우라누). 랍비 학교의 토론에서는 반대 질문은 양 당사자가 동의할 수 있는 대답을 기대하는데, 이를 근거로 일부 주석가들은 원래의 이야기에서는 이것이 예수의 관점에서 볼 때 앞의 질문에 대한 유일하게 적절한 대답이었을 것이라고 생각한다(예를 들어, Shae, *NovT* 16[1974] 13-14; Gnilka, 2:136). 물론 이것은 반대 질문이 여기서 랍비 학교의 토론에서와 동일한 기능을 한다는 것을 전제한 것이다. 그렇지만 이 이야기에 의하면, 예수의 질문은 도발적인 질문으로서 당국자들의 도발적인 질문을 맞받아치는 것이다(참조. 29, 33절). 따라서 질문의 목적은 랍비 학교의 토론이나 교훈적인 이야기에서처럼 예수의 최후의 응답을 위한 토대를 구축하는 것이 아니라 당국자들의 질문이 의도한 것과 마찬가지로 곤경을 만들어 내기 위한 것이었다고 보아야 한다.

"(그렇다면) 어찌하여 저를 믿지 아니하였느냐?"(*διὰ τί [οὖν] οὐκ ἐπιστεύσατε αὐτῷ* – 디아 티 [운] 우크 에피스튜사테 아우토). 불트만(*History*, 20)은 에피스튜사테(*ἐπιστεύσατε*, "믿다")를 후대의 헬레니즘적 기독교의 용법으로 사용한다는 점을 들어서 이 구절의 진정성을 부인했지만, 오늘날 대부분의 주석가들은 피스튜에인(*πιστεύειν*, "믿다")을 여격과 함께 사용하는 용법이 헬레니즘적이거나 마가 특유의 것이 아니라는 점에 동의한다(Lohmeyer, 242 n. 5; Gnilka, 2:137 n. 6; Shae,

NovT 16[1974] 7). "저"(=요한; *αὐτῷ*-아우토)를 믿는다는 것은 요한과 그의 세례를 하나님이 정하신 것으로 받아들일 뿐만 아니라 그의 회개의 세례에 순순히 복종하여 그러한 믿음을 나타내 보이는 것을 의미한다(Guelich, 18-20[1:4에 대한]을 보라).

32 "그러나 우리가 사람에게로서라 한다면…?"(*ἀλλὰ εἴπωμεν, ἐξ ἀνθρώπων*-알라 에이포멘 엑스 안드로폰)은 의문부호로 끝나는 불완전한 문장으로 대안들을 제시하는 말이다. 이 어색한 구문은 마태복음 21:26과 누가복음 20:6에서는 이 문장을 마가복음에서 무리에 대한 그들의 두려움에 관한 이어지는 말들로부터 만들어 낸 귀결절로 끝냄으로써 부드러워진다. 복음서 기자는 2:10에서도 이와 비슷하게 중간에서 끊긴 문장을 사용한다. "그러나 인자가 땅에서 죄를 사하는 권세가 있는 줄을 너희로 알게 하려고-예수께서 중풍병자에게 말씀하시되…"(*ἵνα δὲ εἰδῆτε ὅτι ἐξουσίαν ἔχει ὁ υἱὸς τοῦ ἀνθρώπου ἀφιέναι ἁμαρτίας ἐπὶ τῆς γῆς-λέγει τῷ παραλυτικῷ*-히나 데 에이데테 호티 엑수시안 에케이 호 휘오스 투 안드로푸 아피에나이 하마르티아스 에피 테스 게스-레게이 토 파라뤼티코).

"저희는 무리를 두려워하였다"(*ἐφοβοῦντο τὸν ὄχλον*-에포분토 톤 오클론)는 귀결절을 대신하는 구절이다. 표면상으로 이 구절은 연결될 곳이 없기 때문에 중도에 끊어진 것처럼 보인다. 요한의 세례가 사람에게서 나온 것이라고 말하고 당국자들에게 그 어떠한 구속적(救贖的) 또는 구속력 있는 의미를 갖는다는 것을 거부하게 된다면, 그 결과는 무엇이었을까? 이것은 분명히 당국자들이 실제로 요한을 보는 견해였을 것이다. 이것이 학문적인 토론이거나 랍비 학교의 토론이어서 당국자들이 솔직하게 대답했다면, 그들의 대답이 예수의 최후의 응답을 위한 토대를 제공했다고 전제하고, 예수는 과연 어떤 대답을 하셨을까? 분명히 아무 대답도 하시지 않았을 것이다. 왜냐하면 그들이 요한의 세례를 사람에게로서라고 대답하는 것은 "이런 일들"(*ταῦτα*-타우타)을 하는 그의 권세에 관한 질문에 대한 예수의 대답을 위한 토대를 제공해 주지 못했을 것이기 때문이다. 그러므로 랍비 학교식 토론이나 교훈적 이야기의 양식을 고집한다면, 이 대화는 제대로 해석되지 않는다. 이 양식에 부합하는 가설적인 대화를 제안하거나 전승의 발전 과정에서 이 대화가 손상이 되었다고 추측하기보다는, 우리는 이 대화를 양 당사자가 상대방을 곤경에 빠뜨리기 위한 목적으로 질문들을 제기하는 논쟁 이야기로 보아야 한다. 예수의 반대 질문은 이러한 문학적 맥락 속에서 그런 류의 반대 질문이다.

무리에 대한 두려움은 당국자들에게 딜레마의 또 다른 한쪽 뿔이다. 한편으로 그들은 말과 행동의 불일치 때문에, 다른 한편으로는 내면의 확신과 무리에 대한 그들의 처지 사이에서 이러지도 저러지도 못하고 묶여 있다. 그러므로 일부 주석가들은 이 끊어진 귀결절을 마가의 편집으로 돌리지만(예를 들어, Shae, *NovT* 16[1974] 8-9), 복음서 기자는 전승에 있는 그대로를 가져왔을 가능성이 높다(이것은 2:10의 경우에도 마찬가지다). 이와 동일한 진술이 편집에 의한 것임이 분명한 구절인 12:12에 나오지만, 마가는 그 진술을 이 대목에서의 용례로부터 채택했을 것이다. 그렇게 함으로써 마가는 요한과 예수의 최종적인 병행을 도출해 낸다. 무리에 대한 두려움으로 인하여 32절에서 당국자들이 요한을 믿지 않고 거부한 것을 겉으로 표현하지 못하듯이, 무리에 대한 두려움으로 인하여 12:12에서 그들은 예수를 믿지 않고 거부하는 마음을 행동으로 옮기지 못한다.

"이는 모두가 요한을 진정으로 선지자로 여겼음이라"(*ἅπαντες γὰρ εἶχον τὸν Ἰωάννην ὄντως ὅτι προφήτης ἦν* – 하판테스 가르 에이콘 톤 이오안넨 온토스 호티 프로페테스 엔). 마가는 당국자들이 왜 무리를 두려워했는지를 설명하기 위하여 또 한 번의 가르(*γάρ*, "왜나하면") 설명절을 덧붙인다(참조. 11:13, 19). 마가는 요한의 선지자적 역할이 성경에 약속되어 있었다는 것(1:2-8; 9:12-13)과 아울러 백성들이 그를 선지자로 여겼다는 것(6:15; 8:28)을 이미 언급한 바 있다.

우리는 요한이 선지자였다는 것에 관한 마가의 설명을 예수의 권세에 관한 당국자들의 질문에 대한 예수의 대답으로 보아서는 안 된다. 무엇보다도 요한의 선지자적 역할에 관한 이 진술은 마가의 편집문으로서 후대에 이 이야기에 첨가된 것이다. 무리가 요한을 "선지자"(*προφήτης* – 프로페테스)로서 존경했다는 것은 예수의 반대 질문에 당국자들이 솔직하게 대답하기를 두려워했다는 말에 함축되어 있다. 예수의 반대 질문은 요한에 대한 무리의 존경을 고려하고 있었음이 분명하다. 그러므로 우리는 예수께서 유비(類比)를 통해서 자신의 권세가 요한의 세례와 마찬가지로 하나님으로부터 온 것으로 보셨음을 추정할 수 있다. 그러나 그렇다고 해서 더 구체적으로 이 권세의 성격을 예언자적인 것으로 규정할 수는 없다. 유비는 두 인물이 동일하다거나 동등하다는 의미를 함축하고 있지는 않기 때문이다. 둘째, 마가와 그의 독자들에게 예수는 분명히 선지자 이상이었다. 그는 메시아요 하나님의 아들이었고, 그의 권세는 더 넓은 의미에서 하나님으로부터 왔다(참조. 1:1, 11; 8:27-30; 9:2-8). 이 점은 조금 후에 나오는 악한 포도원 농부 비유(12:1-12)에서 분명해진다.

33 "우리는 알지 못하노라"(*οὐκ οἴδαμεν* – 우크 오이다멘)는 예수의 반대 질문에

대한 고위 제사장들의 대답이다. 예수의 도전에 답하지 못하고 대답을 회피함으로써, 당국자들은 예수를 덫에 걸리게 할 기회를 놓치게 된다. 이 장면의 아이러니(irony)를 놓치기는 어렵다. 겉으로는 하나님의 집인 성전을 권한도 없는 사람들의 행패로부터 보호하고 바로 그러한 자들에 대하여 조치를 취하기 위해 온 이 산헤드린의 대표자들과 고위 제사장들은 그들의 본색을 드러낸다. 성전을 보호하기보다는 그들은 스스로를 보호한다. 그렇게 함으로써 그들은 자신들의 이기적인 관심을 드러내고, 요한과 예수라는 인물들을 통해서 그들에게 도전해 오는 하나님께 바르게 응답할 수 없음을 드러낸다. 그들의 대답은 그들의 불신앙을 나타낸다. 어쨌든 "우리가 알지 못하노라"라는 그들의 시인은, 액면 그대로 받아들인다면 어쩔 줄 모르고 당황하여 전장(戰場)에서 항복한 꼴이 되고, 액면 그대로 받아들이지 않고 속임수로 본다면 어쩔 줄 모르고 당황하여 공개적으로 비겁함을 과시하는 꼴이 된다.

"나도 너희에게 이르지 아니하리라"(*οὐδὲ ἐγὼ λέγω ὑμῖν*–우데 에고 레고 휘민)는 예수의 대답은 29절에 제시된 조건에 따라 당연한 것이다. 그들이 예수께서 제시한 두 가지 선택지(選擇枝) 중에서 어느 것도 선택하지 않음으로써 대답해야 하는 의무를 불이행했기 때문에, 예수는 그들의 질문에 대한 대답을 보류하실 수 있게 되었다. 그렇지만 예수께서 자신이 내건 조건을 근거로 대답하기를 거부하실 수 있었다는 것은 이 논쟁에서 적어도 당국자들과 대등한 권위 및 지위를 지키셨음을 의미한다. 이러한 암묵적인 권위로 인해 마가복음의 독자들은 예수께서 "이런 일들"(*ταῦτα*)을 하실 수 있는 권리가 있다고 생각하게 된다. 물론 조금 후에 밝혀지겠지만, 예수는 비록 간접적인 방식이긴 하지만 악한 포도원 농부 비유(12:1-12)에서 이들의 질문에 대답하신다.

"내가 무슨 권세로 이런 일들을 하고 있는지"(*ἐν ποίᾳ ἐξουσίᾳ ταῦτα ποιῶ*–엔 포이아 엑수시아 타우타 포이오)라는 구절을 통해서 본문은 성전 경내에서 "이런 일들"(*ταῦτα*–타우타)을 하시는 예수의 권세에 관한 원래의 질문으로 되돌아간다. 대화를 통해 예수께서 성전 당국자들을 맞받아치고 응수하시는 과정에서 그분이 암묵적인 권세를 갖고 있다는 것이 드러났다. 이 권세는 마가복음 기자가 복음서의 첫 부분인 1:22, 27; 2:19에서 부각시키고 있는 죄인들, 병자들, 귀신 들린 자들에 대한 예수의 사역에 함축되어 있는 바로 그 권세다. 그러므로 독자들은 이 암묵적인 권세가 예수에게 "이런 일들"(*ταῦτα*)을 할 권리를 부여했음을 안다. 그러나 예수는 고위 제사장들, 서기관들, 장로들이 제기한 그의 권리에 관한 좀더 협소한 질문에 대해서 답변하기를 거부하신다. 그들은 "우리가 알지 못하노라"고 말하는데, 이는 무지를 함축하는 말이다. 반면에 예수는 "내가 이르지 아니하리라"고 말씀하시는데, 이는 그분이 성전 당국자들을 거부할 권세를 갖고 계시다는 것을 함축하는 말이다. 물론 그들의 입장에서 보면, 예수는 정당한 권리를 갖고 계시지 않다. 그래서 논쟁의 초점을 바꿔 버린 예수의 답변 거부는 "메시아 비밀"보다 훨씬 더 많은 것을 반영하고 있다(Haenchen, 394-95; Nineham, 307). "이런 일들"(ταῦτα)을 할 예수의 권리에 관한 하나의 질문은 예수의 사역의 특징을 이루는 권세의 성격이 무엇인가라는 좀더 근본적인 문제와 결부된다. 마가복음 기자는 하나님의 관점에서 볼 때 예수가 누구시며 당국자들이 누구인가를 말해 주는(참조. 12:12b) 악한 포도원 농부 비유(12:1-12)를 그 다음에 덧붙임으로써 이 좀더 폭넓은 문제로 이동해 간다.

해설

이 이야기의 취지를 이해하는 열쇠는 그 문학적 맥락 속에 있다. 현재의 맥락을 제거하면, 이 이야기는 예수와 그의 사역의 특징을 이루는 권세의 성격과 원천에 관한 문제가 된다(28절). 이 권세는 하나님에게로서냐, 그렇지 않느냐? 이 권세가 하나님에게로서라면, 이 권세의 성격은 무엇인가 – 예언자적이냐, 메시아적이냐? 이것은 예수의 인격에 관한 신학적, 좀더 정확히 말해서 기독론적 질문이다. 그러나 이러한 전제로부터 출발하면, 이 이야기는 그 조각들이 더 이상 서로 잘 부합하지 않기 때문에 하나의 이야기 단위로서의 기능을 상실해 버린다. 요한의 세례와 관련하여 산헤드린의 대표자들과 성전 당국자들(27절)에게 던진 예수의 반대 질문(29-30절)은 예수께서 당국자들의 질문에 답변하실 수 있는 공통의 토대를 마련해 주지 못한다. 그들은 분명히 요한의 세례가 하나님으로부터 나온 것으로 믿지 않았고, 또한 지금은 예수의 사역에 대하여 의문을 제기하고 있다(28절). 그러므로 예수는 어디에 근거하여 자신의 주장의 옳음을 입증하실 수 있었겠는가? 이야기 구조 속에서의 이러한 논리의 붕괴를 설명하기 위해 단순한 교훈적 이야기나 랍비 학교 토론이 초대 교회의 견해들과 싸움들을 반영하는 논쟁 이야기로 변화되어 온 복잡한 전승사가 주장되어 왔다.

그러나 그러한 해법은 세 가지 점에서 실패하고 있다. 첫째, 그러한 해법은 이야기의 단절된 패턴이나 논리를 해결하지 못한다. 단순히 그것을 초대 교회에 돌리는 것만으로는 그런 문제가 사라지지 않기 때문이다. 초대 교회가 오늘날의 주석가들보다 이 논쟁의 모순점들에 대하여 둔감했다거나 책임감이 없었다고 해야 할 이유가 어디에 있는가? 둘째, 그러한 해법은 이 이야기에서 권세의 두 차원이 문제시되고 있음을 알아차리지 못하고 있다. 한 차원은 이 이야기를 하나로 꿰는 실 역할을 하는 "이런 일들"을 하시는 예수의 "권세"와 관련이 있고(28, 29, 33절), 다른 한 차원은 마가복음 전체에 걸쳐서 예수의 사역의 특징을 이루는 동시에 이 이야기의 근저에 깔려 있는 예수의 권세라는 좀더 폭넓은 주제와 관련이 있다. 끝으로 이 해법은 "이런 일들"을 하시는 예수의 "권세"라는 주제를 해석하는 데 꼭 필요한 해석적 틀을 제공하는 전승에 의한 맥락으로부터 이 이야기를 분리시킨다.

성전 사건(11:15-18)의 맥락 속에서 읽으면, 이 이야기의 초점은 좀더 좁게 "이런 일들", 즉 성전 경내에서의 상업 활동을 비판하는 예수의 권세에 맞춰진다. 성전에 대한 배타적인 권세를 쥐고 있는 고위 제사장들은 예수의 행위를 이 상업 활동을 인가한 그들의 권세에 대한 도전으로 인식했을 것이다. 그러므로 그들의 질문은 예수를 여론에 의해 또는 정치적으로 예수를 잡을 빌미를 찾는 것이었다. 여론에 의해서라 함은 대제사장이나 고위 제사장들 외에는 그 어떤 사람이나 기관도 성전 경내에서의 예수의 행위를 허가할 수 있는 권한이 없기 때문에, 무리는 예수의 행위가 그 어떤 인간적 권한도 없었음을 알게 될 것이기 때문이다. 정치적으로라 함은 예수께서 하나님을 들먹인다면 자신의 예언자적 또는 메시아적 주장들에 대해서 유대 당국이나 로마 당국에 해명할 수 있어야 하기 때문이다(참조. 14:61-64; 15:2-5). 따라서 당국자들의 질문은 정말 무엇을 알고 싶어서가 아니라 빌미를 잡기 위한 것이었다. 그러한 질문은 교훈의 맥락이 아니라 갈등의 맥락에 더 잘 부합할 것이다. 성전 경내에서의 사건에 대한 고위 제사장들과 서기관들의 반응(11:18)은 그러한 맥락을 제공해 준다.

예수의 반대 질문도 그런 류에 속했다. 예수는 랍비 학교 논쟁에서의 반대 질문의 통상적인 기능인 자신의 최후의 답변을 위한 근거로서 요한의 세례를 언급한 것이 아니라, 질문자들에게 스스로 덫에 걸려드는 질문을 던짐으로써 의도적으로 그들을 딜레마에 빠뜨리려고 하셨던 것이다(31-32절). 게다가 예수는 그들의 답변 여부를 그들의 질문에 대한 자신의 답변 여부와 연계시키셨다. 그러므로 우리는 예수의 반대 질문을 이런 일들을 하시는 예수의 권세에 관한 당국자들의 질문에 대한 그의 의도된 답변으로 보아서는 안 된다. 사실 예수는 명시적으로 그들의 질문에 대한 그의 답변을 그들의 대답에 연계시켰을 뿐만 아니라(29절), 그들이 답변을 성실히 이행하지 않자 그들의 질문에 대한 그의 답변을 의도적으로 거부하셨다(33절). 이 이야기는 예수께서 "이런 일들"을 자신의 "권리"를 주장하거나 옹호하는 시도 없이 끝난다.

이와 동시에, 그리고 좀더 깊은 차원－예수의 권세라는 좀더 폭넓은 문제－에서는 마가복음의 첫부분에서부터 그의 사역의 특징을 이루어 왔고 성전 경내에서의 그의 행위를 가져왔던 그 권세가 이 이야기를 관통하여 흐르고 있다. 무엇보다도 먼저 예수는 그들의 질문에 대답하는 것이 아니라 반대 질문을 던짐으로써 당국자들을 맞받아치신다(29-30절). 둘째, 예수는 그의 반대 질문에 대한 그들의 대답을 그들의 질문에 대한 그의 답변을 위한 조건으로 삼으신다. 이런 식으로 예수는 당국자들로부터 주도권을 빼어와서 그들을 수비적인 위치로 만들어 버리신다. 셋째, 요한의 세례에 관한 질문을 제기함으로써 예수는 당국자들이 요한의 사역이 하나님에게로서 왔다는 것을 믿지 않는다는 것을 드러내시고, 함축적으로는 그들이 예수의 사역을 하나님에게로서 왔다는 것을 믿지 않는다는 것을 드러내신다－물론 그는 이 유비(類比)를 도출해 내지는 않고 있지만. 넷째, 마가는 예수를 권서 있게 가르치고 행하시는 분으로 소개하고 묘사해 온(1:22, 27; 2:10; 3:13; 6:7) 복음서 전체의 줄거리를 통해서 예수의 권세라는 좀더 폭넓은 초점을 강조해 왔다. 끝으로, 예수를 하나님 아버지의 사랑하는 아들로, 당국자들을 살인을 자행하는 포도원 농부들로 규정하기 위하여 마가가 사용한 악한 포도원 농부 비유(12:1-12)는 당국자들의 질문의 궁극적인 목적－"그를 멸하려고"(참조. 11:18; 12:12)－을 드러내 줌과 동시에 예수의 유일무이한 권세가 하나님 아버지로부터 보내심을 받은 사랑하는 아들의 권세임을 밝혀 준다(참조. 1:11; 9:7).

마가 이전의 전승에서와 마찬가지로 마가복음에서도 이 이야기는 결국 예수의 죽음을 가져오게 된 예수와 유대 당국자들과의 갈등을 브여 준다. 표면적으로 문제가 된 것은 성전 경내에서의 예수의 행위였지만, 당국자들이 하나님이 정하신 요한의 세례를 믿지 않고 거부한 것과 함축적으로는 예수의 사역이 하나님에게로서 왔다는 것을 믿지 않고 거부한 것에서 드러나듯이 문제는 한층 깊은 곳에 있었다. 요한의 세례와 예수의 성전에서의 행위는 둘 다 이스라엘과 그 지도자들에게 하나님께서 그의 약속들을 따라 역사 속에서 구속을 위해 현재 일하고 계시고(참조. 슥 9:9; 14:21; 사 56:7) 심지어 위협하고 계시기까지 한(렘 7:11) 것에 비추어서 회개를 촉구하는 것이었다. 마가복음에서 이러한 이야기 전개는 결국 산헤드린이 예수를 빌라도에게 넘겨주어 "유대인의 왕"으로서 사형을 언도 받게 하는 과정(참조. 15:1-15)의 시작을 알리는 역할을 한다.

7. 악한 포도원 농부 비유(12:1-12)

참고문헌

Aus, R. D. *The Wicked Tenants and Gethsemane: Isaiah in the Wicked Tenants' Vineyard, and Moses and the High Priest in Gethsemane: Judaic Traditions in Mark 12:1-9 and 14:32-42.* University of South Florida International Studies in Formative Christianity and Judaism 4. Atlanta: Scholars Press, 1996. **Baumgarten, J. M.** "4Q500 and the Ancient Conception of the Lord's Vineyard." *JJS* 40(1989) 1-6. **Black, M.** "The Christological Use of the Old Testament in the New Testament." *NTS* 18(1971-72) 1-14. **Blomberg, C. L.** *Interpreting the Parables.* Downers Grove, IL: InterVarsity Press, 1990. 247-51. **Brooke, G. J.** "4Q500 1 and the Use of Scripture in the Parable of the Vineyard." *DSD* 2(1995) 268-94. **Burkittt, F. C.** "The Parable of the Wicked Husbandmen." In *Transactions of the Third International Congress for the History of Religions.* Ed. P. S. Allen and J. de M. Johnson. Vol. 2. Oxford: Clarendon, 1908. 321-28. **Cahill, M.** "Not a Cornerstone! Translating Ps 118,22 in the Jewish and Christian Sriptures." *RB* 106(1999) 345-57. **Carlston, C. E.** *The Parables of the Triple Tradition.* Philadelphia: Fortress, 1975. 178-90. **Cornette, A.** "Notes sur la parabole des vignerons: Marc 12/5-12." *FoiVie* 84.1-2(1985) 42-48. **Crossan, J. D.** *In Parables: The Challenge of the Historical Jesus.* San Francisco: Harper & Row, 1973. 86-96. ______. "The Parable of the Wicked Husbandmen." *JBL* 90(1971) 41-65. **Dehandschutter, B.** "La parabole des vignerons homicides(Mc., XII, 1-12) et l'évangile selon Thomas." In *L'Évangile selon Marc: Tradition et rédaction.* Ed. M. Sabbe. 203-19. **Evans, C. A.** "God's Vineyard and Its Caretakers." In *Jesus and His Contemporaries: Comparative Studies.* AGJU 25. Leiden: Brill, 1995. 381-406. ______. "Jesus' Parable of the Tenant Farmers in Light of Lease Agreements in Antiquity." *JSP* 14(1996) 65-83. ______. "On the Vineyard Parables of Isaiah 5 and Mark 12." *BZ* 28(1984) 82-86. **Funk, R. W.,** and **Hoover, R. W.,** eds. *The Five Gospels: The Search for the Authentic Words of Jesus.* Sonoma, CA: Polebridge Press; New York: Macmillan, 1993. **Graffy, A.** "The Literary Genre of Isaiah 5,1-7." *Bib* 60(1979) 400-409. **Gray, A.** "The Parable of the Wicked Husbandmen(Matthew xxi. 33-41; Mark xii. 1-9; Luke xx. 9-16)." *HibJ* 19(1920-21) 42-52. **Greensppon, L. J.** "The Dead Sea Scrolls and the Greek Bible." In *The Dead Sea Scrolls after Fifty Years: A Comprehensive Assessment.* Ed. P. W. Flint and J.

C. VanderKam. Vol. 1. Leiden: Brill, 1998. 101-27. **Hengel, M.** "Das Gleichnis von den Weingärtnern Mc 12,1-12 im Lichte der Zenonpapyri und der rabbinischen Gleichnisse." *ZNW* 59(1968) 1-39. **Hirsch, E.** *Das Werden des Markusevangeliums.* Vol. 1. of *Frühgeschichte des Evangeliums.* Tübingen: Mohr-Siebeck, 1951. **Jeremias, J.** "*Κεφαλὴ γωνίας – Ἀκρογωνιαῖος.*" *ZNW* 29(1930) 264-80. **Jülicher, A.** *Die Gleichnisreden Jesu.* 2 vols. 2nd ed. Tübingen: Mohr-Siebeck, 1910. 2:385-406. **Kim, S.** "Jesus – The Son of God, the Stone, the Son of Man, and the Servant: The Role of Zechariah in the Self-Identification of Jesus." In *Tradition and Interpretation in the New Testament.* FS E. E. Ellis, ed. G. F. Hawthorne and O. Betz. Grand Rapids, MI: Eerdmans, 1987. 134-48. **Kimball, C. A.** "Jesus' Exposition of Scripture in Luke(20:9-19): An Inquiry in Light of Jewish Hermeneutics." *BBR* 3(1993) 77-92. **Kümmel, W. G.** "Das Gleichnis von den bösen Weingärtnern(Mk. 12.1-9)." In *Aux sources de la tradition Chrétienne.* FS M. Goguel, ed. O. Cullmann and P. H. Menoud. Bibliothèque Théologique. Neuchâtel: Paris: Delachaux et Niestlé, 1950. 120-31(repr. in W. G. Kümmel. *Heilsgeschehen und Geschichte.* Ed. E. Grässer et al. MTS 3. Marburg: Elwert, 1965. 207-17). **Lee, M. Y.-H.** *Jesus und die jüdische Autorität: Eine exegetische Untersuchung zu Mk 11,27-12,12.* FB 56. Würzburg: Echter, 1986. **Mell, U.** *Die "anderen" Winzer: Eine exegetische Studie zur Vollmacht Jesu Christi nach Markus 11,27-12,34.* WUNT 77. Tübingen: Mohr-Siebeck, 1995. 74-188. **Milavec, A.** "A Fresh Analysis of the Parable of the Wicked Husbandmen in the Light of Jewish-Christian Dialogue." In *Parable and Story in Judaism and Chrisianity.* Ed. C. Thoma and M. Wyschogrod. SJC. New York: Paulist, 1989. 81-117. ______. "Mark's Parable of the Wicked Husbandmen as Reaffirming God's Predilection for Israel." *JES* 26(1989) 289-312. **Patterson, S. J.** *The Gospel of Thomas and Jesus.* Sonoma, CA: Polebridge, 1993. 48-51, 140-43. **Scott, B. B.** *Hear Then the Parable: A Commentary on the Parables of Jesus.* Minneapolis: Fortress, 1989. 237-53. **Sevrin, J.-M.** "Un groupement de trois paraboles contre les richesses dans l'Evangile selon Thomas." In *Les Paraboles évangeliques: Perspectives nouvelles.* Ed. J. Delorme. Paris: Cerf, 1989. 425-39. **Sheppard, G. T.** "More on Isaiah 5:1-7 as a Juridical Parable." *CBQ* 44(1982) 45-47. **Snodgrass, K. R.** "The Gospel of Thomas: A Secondary Gospel." *SecCent* 7(1989) 19-38. ______. "The Parable of the Wicked Husbandmen: Is the Gospel of Thomas Version the Original?" *NTS* 21(1974-75) 142-44. ______. *The Parable of the Wicked Tenants: An Inquiry into Parable Interpretation.* WUNT 27. Tübingen: Mohr-Siebeck, 1983. ______. "Recent Research on the Parable of the Wicked Tenants: An Assessment." *BBR* 8(1998) 187-215. **Stern, D.** "Jesus' Parables from the Perspective of Rabbinic

Literature: The Example of the Wicked Husbandmen." In *Parable and Story in Judaism and Christianity.* Ed. C. Thoma and M. Wyschogrod. SJC. New York: Paulist, 1989. 42-80. ______. *Parables in Midrash.* Cambridge, MA: Harvard UP, 1991. 189-97. **Trimaille, M.** "La parabole des vignerons meurtriers(Mc 12, 1-12)." In *Les Paraboles évangeliques: Perspectives nouvelles. XII congrès de l'Association catholique française pour l'étude de la Bible.* Ed. J. Delorme. LD 135. Paris: Cerf, 1989. 247-58. **Ulrich, E.** "The Septuagint Manuscripts from Qumran: A Reappraisal of Their Value." In *Septuagint, Scrolls and Cognate Writings.* Ed. G. J. Brooke and B. Lindars. SBLSCS 33. Atlanta: Scholars Press, 1992. 49-80. **Willis, J. T.** "The Genre of Isaiah 5:1-7." *JBL* 96(1977) 337-62. **Yee, G. A.** "The Form-Critical Study of Isaiah 5:1-7 as a Song and a Juridical Parable." *CBQ* 43(1981) 30-40.

본 문

1 예수께서 비유로 저희에게 말씀하시되 한 사람이 포도원을 만들고 산울로 두르고 즙 짜는 구유 자리를 파고 망대를 짓고 농부들에게 세로 주고 타국에 갔더니	**1** And he began to speak to them in parables: "A man planted a vineyard; and he put a fence around it,[a] and hewed out a winepress, and built a tower, and leased it out to tenant farmers, and departed.[b]
2 때가 이르매 농부들에게 포도원 소출 얼마를 받으려고 한 종을 보내니	**2** And he sent to the tenant farmers in due course a servant, that he might receive from the farmers a portion of the fruit of the vineyard.
3 저희가 종을 잡아 심히 때리고 거저 보내었거늘	**3** but taking him, they beat him and sent him away empty-handed.
4 다시 다른 종을 보내니 그의 머리에 상처를 내고 능욕하였거늘	**4** And again he sent to them another servant; but they struck that one on the head,[c] and treated him dishonorably.[d]
5 또 다른 종을 보내니 저희가 그를 죽이고 또 그 외 많은 종들도 혹은 때리고 혹은 죽인지라	**5** So he sent another; and they killed that one, and many others, beating some and killing others.
6 오히려 한 사람이 있으니 곧 그의 사랑하는 아들이라 최후로 이를 보내며 가로되 내 아들은 공경하리라 하였더니	**6** He had yet one, a beloved son.[e] He sent him last to them, thinking, 'They will respect my son.'
7 저 농부들이 서로 말하되 이는 상속자니 자 죽이자 그러면 그 유업이 우리 것이 되리라 하고	**7** But those tenants said to themselves,[f] 'This is the heir; come, let us kill him, and the inheritance will be ours.'[g]
8 이에 잡아 죽여 포도원 밖에 내어던졌느니라	**8** And taking him, they killed him, and cast him out of the vineyard.
9 포도원 주인이 어떻게 하겠느뇨 와서 그 농부들을 진멸하고 포도원을 다른 사람들에게 주리라	**9** What [therefore] will the owner of the vineyard do? He will come and destroy the tenants and give the vineyard to others.

10 너희가 성경에 건축자들의 버린 돌이 모퉁이의 머릿돌이 되었나니

10 Have you not even read[h] this Scripture: 'A stone that the builders rejected, This has become the head of the corner;

11 이것은 주로 말미암아 된 것이요 우리 눈에 기이하도다 함을 읽어 보지도 못하였느냐 하시니라

11 This came about from the Lord, and it is marvelous in our eyes'?"

12 저희가 예수의 이 비유는 자기들을 가리켜 말씀하심인 줄 알고 잡고자 하되 무리를 두려워하여 예수를 버려두고 가니라

12 And they were seeking to arrest him, but they feared the crowd, for they knew that he had spoken the parable to them. And leaving him, they departed.[i]

원문주해

a. 간접목적어를 그 자체에 포함하고 있지만, 일부 사본들(C^2, N, W, Σ)은 아우토(*αὐτῷ*, "그것")를 첨가한다(참조. 마 21:33).

b. 아페데메센(*ἀπεδήμησεν*, "떠났다")은 다른 나라로 갔다는 뜻을 함축하고 있다.

c. A, C, N, Σ사본과 몇몇 후대의 사본들은 분사 리도볼레산테스(*λιθοβολήσαντες*)를 첨가하여 이 구절을 "돌들을 던져서 그의 머리를 때렸다"로 읽는다. 에케팔리오산(*ἐκεφαλίωσαν*, "그들이 머리를 때렸다")은 좀 이상한 동사다. ℵ, B, L, Ψ사본과 Nestle-Aland[27]과 USBGNT[3c]는 에케팔리오산(*ἐκεφαλίωσαν*)으로 읽는다(위의 사역은 이를 바탕으로 한 것이다; 참조. *BAG*); C, 33, Δ, 1241사본은 에케팔라이오산(*ἐκεφαλαίωσαν*, "그들이 힘을 합쳤다")으로 읽고(참조. Sir 35:8), 1424사본은 에케팔로산(*ἐκεφάλωσαν*; 다른 표기)으로 읽는다. 자세한 논의는 Mell, *Die "anderen" Winzer*, 102-4에 나오는 부록을 보라. 버킷(Burkitt, "Parable")은 막 14:65을 고려하여 에콜라피산(*ἐκολάφισαν*, "그들이 때려눕혔다")을 추천한다. 그러나 이러한 추측들은 사본 전승에서는 전혀 확인이 되지 않는다. 멜(Mell)은 칠십인역 삼하 10:2-5을 근거로 "저희가 그의 머리채를 낚아채며 그를 능욕하였다"로 번역한다(*Die "anderen" Winzer*, 104). 멜의 해석에 대해 좀더 자세한 내용은 아래의 "주석"을 보라.

d. A, C, N, W, Σ사본과 몇몇 후대의 사본들은 아페스테일란 에티모메논(*ἀπέστειλαν ἠτιμωμένον*, "그를 능욕하여 보냈다")으로 읽는다.

e. A, N, Σ, 33사본과 몇몇 후대의 사본들은 휘온 아가페톤 아우투(*υἱὸν ἀγαπητὸν αὐτοῦ*, "그의 사랑하는 아들")로 읽는다.

f. 몇몇 후대의 사본들과 권위 있는 사본들은 에케이노이 데 호이 게오르고이 데아사메노이 아우톤 에르코메논 에이판 프로스 헤아우투스(*ἐκεῖνοι δὲ οἱ γεωργοὶ θεασάμενοι αὐτὸν ερχόμενον εἶπαν πρὸς ἑαυτούς*, "그러나 저 농부들이 그가 오는 것을 보고 서로 말했다")로 읽는다.

g. 몇몇 후대의 사본들은 아포크테이노멘 아우톤 카이 스코멘 텐 클레로노미안(*ἀποκτείνωμεν αὐτόν, καὶ σχῶμεν τὴν κληρονομίαν*, "그를 죽여서 유업을 취하자")으로 읽는다(참조. 마 21:38).

h. 헬라어로 아네그노테(*ἀνέγνωτε*, "너희가 읽었다"). 몇몇 이독들이 후대의 사본들에서 나타난다: 에그노테(*ἔγνωτε*, "너희가 알았다"), 아페도키마산(*ἀπεδωκίμασαν*, "그들이 버렸다"), 아페도케마산(*ἀπεδωκήμασαν*, "그들이 인정하였다").

i. W사본은 이 마지막 문장을 생략한다.

양식/구조/배경

악한 포도원 농부 비유는 포도원을 만들어서 농부들에게 세로 주고는 타국으로 간 어떤 사람에 관한 이야기다. 때가 되자, 포도원 주인은 소출 중 자기 몫을 받기 위해 종을 보낸다. 그러나 농부들은 세 내기를 거부하고 오히려 종을 때려서 거저 보낸다. 주인은 여러 종들을 보내지만, 그들은 더 심한 대우를 받는다. 마지막으로 주인은 농부들이 그의 "사랑하는 아들"은 존중할 것이라 생각해서 자기 아들을 보낸다. 그러나 농부들은 그렇지 않았다. 그들은 포도원을 자기들이 물려받기 위해서 아들을 죽인다. 예수는 청중들에게 주인이 과연 어떻게 할 것이라고 생각하는지를 물으신다. 그런 다음에 예수는 주인이 와서 농부들을 진멸하고 포도원을 다른 사람들에게 세 줄 것이라고 대답하신다. 이 비유는 시편 118:22-23로부터의 인용문으로 끝난다. 그리고 이 장면은 고위 제사장들, 서기관들, 장로들(11:27로부터 전제된)이 예수를 체포하고자 하지만 무리를 두려워하여 그를 내버려두는 것으로 끝난다.

악한 포도원 농부 비유는 마가의 비유들 및 마가의 기독론에 관한 기나긴 논쟁의 한복판에 있다. 이 비유는 진정성이 없는 초대 교회의 우화(寓話, allegory)인가? 아니면 예수가 그 저자인가? 아니면 진실은 이 두 대안 중간의 어느 지점에 있는 것인가? 이 비유가 정말 예수에게로 소급된다면, 원래 이 비유는 무엇을 의미했는가? 마가복음 이야기라는 맥락은 이 비유의 원래의 맥락에 충실한 것인가? 그렇지 않다면, 원래의 맥락은 무엇이었는가? 이러한 질문들을 비롯한 여러 문제들이 이 중요한 비유에 대한 연구를 촉진시켜 왔다.

대부분의 학자들은 이 비유가 어떤 형태로든 예수로부터 나온 것으로 믿는다. 이 비유는 어느 정도 우화적으로 윤색되었고, 마가복음 기자에 의해 새로운 맥락에 놓여지게 되었다고 흔히 주장된다. 학자들은 우화적인 특징들이 이 비유를 하나님께서 완악한 이스라엘을 다루시는 것, 선지자들에 대한 이스라엘의 핍박과 살해, 결국 하나님의 아들 예수를 죽인 일, 이스라엘에 대한 심판과 예수의 신원(伸寃)에 관한 우화로 바꾸어 놓았다고 생각한다. 일부 학자들은 이러한 우화적인 요소들을 갖고 있지 않다고 생각되어 온 도마복음서에 나오는 더 짧은 판본이 이 비유의 원래 형태에 더 가깝다고 주장한다.

악한 포도원 농부 비유가 어떤 형태로든 예수로부터 나왔다고 전제하고, 이 비유를 예수의 생애에 서 적절한 맥락 속에 배치하고, 마가복음 기자가 어떤 기여를 했는지를 제대로 이해하기 위해서는 방금 제기한 몇몇 문제들을 해결하지 않으면 안된다. 첫째, "어느 자료"(마가복음, 도마복음서, 다른 신약 복음서들 중의 하나)가 예수께서 말씀하신 것과 가장 근접한 형태를 제공하고 있느냐를 해결하기 위해 현존하는 자료들을 다룰 필요가 있다. 다음으로 고찰해야 할 것은 이 비유의 원래의 "형태"다. 이것은 아울러 구조에 관한 문제들도 포함한다. 그런 다음에 이 비유의 "원래의 삶의 자리 및 의미"를 가능한 데까지 확정해야 한다. 이 작업은 비유의 첫부분에 나오는 이사야 5장에 대한 인유(引喩) 및 비유의 끝에 나오는 시편 118:22-23로부터의 인용문의 기능 같은 관련된 일련의 문제들을 포함한다. 끝으로 우리는 이 비유에 대한 마가의 "편집과 맥락 설정"과 어떤 식으로 마가가 새로운 관념들을 도입하여 이 비유에 새로운 기능들을 부여했는지를 고찰해야 한다. 이러한 문제들이 해결된 후에야, 이 비유의 마가 판본을 구절별로 주해하는 것이 가능해질 것이다.

A. 자료. 한 세기 전에 율리허(Jülicher, *Gleichnisreden*, 2:385-406, 특히 406)는 악한 포도원 농부 비유를 교회의 우화화(allegorization)의 명백한 예로 들면서 이 비유의 진정성을 부인했다(Kümmel, "Das Gleichnis"; Haenchen, 396-405; Schweizer, 239-40도 이 견해를 따름). 그는 예수께서 포도원을 가진 어떤 사람에 관하여 말씀하셨을 것이고, 그러한 비유의 단편들을 1절과 9절에서 식별할 수 있지만 나머지 부분에서는 거의 찾아볼 수 없다고 말했다. 율리허(*Gleichnisreden*, 1:65-85)는 우화적 요소들은 예수에게 소급되지 않는다고 주장했다. 도드(Dodd, *Parables*, 124-32)는 율리허의 회의적 견해에 대해서, 이 비유에서 우화적이고 기독론적인 특징들을 제거한다면 이 비유가 예수에게로 소급된다는 것을 부인할 충분한 근거가 없다고 주장했다. 도드는 마가복음 12:1b-3, 5a, 6-9a를 본래의 것으로 인정한다. 비유 자체에서 도드는 능욕을 당한 두 번째 종(4절), 이런저런 모양으로 맞고 죽임을 당한 "많은 다른 종들"(5b절), 결론부의 질문에 대한 대답(9b절)을 이차적인 것으로 보았다. 계속해서 도드는 마태복음 기자는 비유에 더 충실하게 청중들로 하여금 대답하게 하고(마 21:41; 참조. 막 12:9b), 하나님 나라를 빼앗아 "그 나라의 열매 맺는 백

성"(마 21:43)에게 줄 것이라는 말씀을 첨가하고, 아들이 먼저 포도원 밖에 내어던진 후에 죽임을 당했다는 것(마 21:39) –이것은 마가 본문의 순서를 바꾼 것으로서(막 12:8) 아마도 예수께서 예루살렘 도성 밖으로 끌려나간 후에 처형당한 사실을 반영하기 위함인 것 같다(참조. 예수께서 "영문 밖에서 고난을 당했다"고 말하는 히 13:12) –과 같은 몇몇 부수적인 세부 내용들을 변경함으로써 마가 판본을 개선했다. 이 비유의 마태 판본 및 그 배경은 그 밖의 다른 여러 가지 점들에서도 상당히 윤색되었다(참조. 마 21:33a, 35-36,40-42, 45-46).

예레미아스(Jeremias, *Parables*, 77)는 최근 간행된 도마복음서에서 확증을 발견하고 도드의 견해에 동의한다. 예레미아스(*Parables*, 70)는 이렇게 말한다. "이미 마가복음, 특히 마태복음에 등장하는 우화적인 특징들은 이차적이다. 이 결과는 이제 도마복음서에 의해서 풍부하게 확증되었다." 도마복음서(*Gos. Thom.* §§65-66)에 나오는 이 비유의 형태는 다음과 같이 되어 있다.

> 예수께서 말씀하셨다. "포도원을 소유하여 세를 준 사람이 있었다. 그는 농부들이 거기에서 일하여 소출을 거둘 수 있도록 그들에게 세를 내주었다. 그는 농부들로부터 포도원의 소출을 받으러 종을 보냈다. 그들은 종을 붙잡고는 거의 죽을 지경까지 때렸다. 종이 돌아와 주인에게 말했다. 주인은 '아마 〈그들이〉 〈그를〉 알아보지 못한 모양이다'라고 말했다. 주인은 다른 종을 보냈다. 농부들은 이 종도 마찬가지로 때렸다. 그러자 주인은 자기 아들을 보내면서 '아마도 그들이 내 아들은 존중하리라'고 말했다. 농부들은 그가 포도원의 상속자임을 알았기 때문에 그를 붙잡아서 죽였다. 귀 있는 자는 들으라." 예수께서 말씀하셨다. "건축자들이 버린 돌을 내게 보이라. 그 돌이 모퉁이 돌이다." (J. M. Robinson, ed., *The Nag Hammadi Library*[Leiden: Brill, 1977] 125-26를 토대로 함.)

한동안 도마복음서에 나오는 이 비유의 형태를 공관복음서들에 나오는 이 비유의 형태들보다 더 오래된 것으로 보는 것이 특히 북미학자들 간에 유행이 되었다. 예를 들면, 예수 세미나(the Jesus Seminar)에서는 도마복음서 §65에는 분홍색 등급을 매긴 반면에, 마가복음 12:1-8에는 회색 등급을 매겼다. 그리고 도마복음서 §66과 마가복음 12:9-11에는 흑색 등급이 매겨졌다(참조. Funk and Hoover, *The Five Gospels*, 100-101, 510-11; "분홍색"은 비록 정확하지는 않지만 예수에게로 소급되는 자료를 의미하고, "회색"은 그렇지 않을 가능성이 많은 자료를 의미하며, "흑색"은 예수에게로 소급되지 않는다는 것이 명확한 자료를 의미한다). 펑크와 후버(101)는 "도마복음서는 의심할 여지없이 원래의 판본에 더 가깝다"고 말한다. 크로산(Crossan, *JBL* 90[1971] 451-65; *In Parables*, 86-96; *Historical Jesus*, 351-52)은 이 비유의 도마복음서 판본의 독립성과 진정성을 옹호하면서 그것을 원형과 가장 가까운 것으로 여긴다. 도마복음서가 이 비유의 가장 오래된 형태를 보존하고 있다고 주장하는 그 밖의 학자들로는 윌슨(R. Mcl. Wilson, *Studies in the Gospel of Thomas* [London: Mowbray, 1960] 101-2), J. E. 네웰(J. E. Newell)과 R. R. 네웰(R. R. Newell, *NovT* 14[1972] 226-27) 등이 있다.

도마복음서에 나오는 이 비유의 형태가 예수께서 원래 말씀하셨던 것에 더 가까운가? 그렇지 않은 것 같다. 세브랭("Un groupement de trois paraboles," 438-39)은 도마복음서를 편집한 영지주의적 성향의 편집자가 물질주의와 부(富)에 반대하는 그의 영지주의적 변증의 일부로서 세 공관복음서에 나오는 비유들을 한데 모아서 축약했다는 것을 보여 주었다. 이렇게 하면서 그는 비유들에서 구원사에 관한 구약 및 유대 기독교적 견해들에 대한 모든 인유(引喩)들을 다 제거했다. 마이어(Meier, *Marginal Jew* 1:134)도 이에 동의한다. "도마의 구원관은 비역사적이고, 비시간적이며, 빗물질적이기 때문에, 그는 통상적으로 사복음서에서 이 견해에 배치(背馳)되는 내용들을 모두 제거한다." 도마복음서에 나오는 이 비유의 취지는 부유한 포도원 주인(영지주의적 이상의 반대)이 궁극적으로 모든 것 - 그의 이득, 그의 자산, 그의 상속자가 될 아들까지 - 을 잃는다는 것이다.

도마복음서의 맥락에 대한 세브랭과 마이어의 해석은 옳은 것 같다. 그들의 주장을 밑받침하는 또 하나의 증거는 이전에 포도원 주인을 가리키는 단어를 크레[스토]스(chre[st]os, "선한 사람")로 복원한 것이 잘못되었음이 인정되고 있다는 것이다. (이 단어는 도마복음서의 콥트어 본문에 나오는 헬라어에서 온 여러 외래어들 중 하나다.) 원문을 주의 깊게 검토해 본 결과 이전의 복원 작업에서 "오미크론"으로 읽었던 글자가 "에타"라는 것이 드러난 것이다. 이 점은 패터슨(Patterson, *Gospel of Thomas*, 142-43; 참조. Dehandschutter, "La Parabole," 218)도 인정한다. 따라서 이 단어는 크레[스테]스(chre[st]es, "세준 사람")로 되어야 한다(위에서 인용한 *Gos. Thom.* §§65-66에 대한 번역문에서처럼). 이 비유는 포도원을 소유한 선한 사람(하나님을 나타내는 것이든 아니든)에 관한 것이 아니라 (함축적으로) 이득을 보려고 했지만 보지 못한 착취자에 관한 것이다. 이 포도원 주인은 아버지의 나라에 들어가지 못할 상인의 또 하나의 예가 된다(바로 앞에 나오는 잔치 비유의 개작된 판본의 결론부인 어록 §64에 나오는 교훈에서처럼).

학자들이 도마복음서의 판본을 주목하게 된 것은 좀더 단순하고 덜 우화적인 형태였다. 단순한 형태가 자세한 형태들보다 더 오래되고 원형에 가깝다고 전제되었기 때문에, 일부 학자들은 도마복음서 §65이 마가복음이나 마가에 의존하고 있는 마태와 누가복음에 보존된 것보다 더 오래된 비유 형태라고 결론을 내렸다. 그러나 이러한 전제는 이 경우에 즉시 난점에 봉착한다. 왜냐하면 이와 비슷하게 더 단순하고 덜 우화적인 형태가 누가복음 20:9-17에 나오기 때문이다. 누가는 마가의 "한 사람이 포도원을 만들고"(*ἀμπελῶνα ἄνθρωπος ἐφύτευσεν*-암펠로나 안드로포스 에퓌튜센)는 보존하지만(어순을 바꿔서), "산울로 두르고 즙 짜는 구유 자리를 파고 망대를 짓고"는 생략한다. 누가는 4절에서 마가의 헷갈리는 표현인 "머리에 상처를 내고"(*ἐκεφαλίωσαν*-에케팔리오산)를 생략한다. 또한 누가는 마가 본문의 5절을 대부분 생략한다: "또 다른 종을 보내니 저희가 그를 죽이고 또 그 외 많은 종들도 혹은 때리고 혹은 죽인지라." 누가는 주인이 "내 사랑하는 아들을 보내리니 저희가 혹 그는 공경하리라"(눅 20:13)고 말했다고 함으로써 마가의 6절을 단순화시킨다. 끝으로 누가는 도마복음서 §66에도 없는 시편 118:23을 생략한다.

마가와 누가를 비교해 보면, 우리는 예수 전승의 확대나 윤색이 아니라 축약이 이루어진 분명한 예를 볼 수 있다. 이 경우에 누가는 이 비유의 좀더 이르고 오래된 형태를 보존하고 있는 것이 아니라, 전승으로부터 물려받은 판본을 편집자가 그 골자를 추려놓았다고 할 수 있다. 누가복음 기자가 그런 작업을 했다면, 도마복음서의 편집자는 얼마든지 그렇게 했을 것이다. 게다가 도마복음서에는 누가적 표현을 보여 주는 증거들이 있다(참조. *Studying the Historical JesusL Evaluations of the State of Current Research*, ed. B. D. Chilton and C. A. Evans, *NTTS* 19[Leiden: Brill, 1994] 496-503에 실린 J. H. Charlesworth and C. A. Evans, "Jesus in the Agripha and Apocryphal Gospels"를 참조하라). 이런 이유로 몇몇 학자들은 도마복음서에 나오는 악한 포도원 농부 비유의 판본은 이 비유의 누가 판본을 편집하고 축약해 놓은 형태라는 결론을 내렸다(참조. Dehandschutter, "La parabole," 203-19; Sevrin, "Un groupement de trois paraboles," 433-34). 최근의 연구에서 스놋그래스(Snodgrass, *NTS* 21[1974-75] 142-44; *SecCent* 7[1989] 19-38)는 도마복음서에 나오는 악한 포도원 농부 비유의 판본이 이차적이라는 증거가 설득력이 있으며, 심지어 "압도적"이기까지 하다고 결론을 내렸다.

끝으로 도마복음서의 맥락을 꼼꼼히 살펴보면 마가 본문의 9절에 해당하는 내용이 없는 이유가 분명해진다. 이 비유의 결론부에서 예수는 "포도원 주인이 어떻게 하겠느뇨 와서 그 농부들을 진멸하고 포도원을 다른 사람들에게 주리라"고 말씀하신다. 이러한 결론은 도마복음서의 편집자에게는 도저히 받아들일 수 없는 것이었다. 포도원을 세 놓은 주인("선한 사람"이 아니라)은 모든 것을 상실해야 한다. 주인은 포도원을 소유하고 세를 놓아서 이득을 기대했을 테지만, 전혀 다른 결과가 그에게 닥친다. 그의 계획은 무산된다. 주인은 여러 종들을 연달아 보내지만, 그들은 한결같이 빈손으로 돌아온다. 주인은 이 모든 일이 오해에서 비롯된 것이라 생각하고 아들을 보내기로 결심한다. 하지만 주인의 생각은 어긋났다. 아들은 부정당한다. 주인은 절박한 재앙의 징조를 보지 못하고 있다. 그의 모든 노력은 수포로 돌아간다. 도마복음서의 메시지는 이것이다: "장사하는 자들과 상인들은 내 아버지께서 계시는 곳에 들어가지 못하리라"(어록 §64의 결론부). 이런 이유로 마가 본문의 결론부는 포도원 주인이 공의로운 자로서 신원되고, 농부들의 지속적인 반란과 범죄 행위들은 보응을 받으리라는 것을 가르치고 있기 때문에 도마복음서에 적절치 못했던 것이다. 건축자들의 버린 돌에 관한 인용문도 마찬가지로 이러한 도식에 잘 들어맞는다. 마가 본문의 9절(또는 더 정확히 말해서 눅 20:15b-16)을 빼버린 도마복음서의 편집자는 계속해서 누가 전승을 따라 시편 118:22로부터의 인용문을 사용하지만, 새로운 의미를 만들어 낸다: "예수께서 말씀했다. '건축자들이 버린 돌을 내게 보이라. 그 돌이 모퉁이 돌이다." 즉, 매매하는 자들, 상인들, 임대사업자들이 버린 삶의 길이 바로 진리와 지식으로 가는 길이다. 따라서 도마복음서의 판본은 누가의 비유를 의도적으로 개작한 판본이라고 할 수 있다. 나아가 도마복음서의 판본은 이 비유의 원래의 형태에 시편 118:22-23로부터의 인용문이 없었다는 것을 보여 주는 확고한 증거가 되지 못한다.

이러한 논의로부터 도출되는 결론은 마가복음이 이 전승의 가장 오래되고 원시적인 형태를 보존하고 있다는 것이다(예를 들어 Snodgrass, *Parable of the Wicked Tenants* 같은 일부 학자들은 마태 판본이 더 오래된 형태를 반영하고 있다고 주장하지만). 이하의 논의에서 학자들이 이사야 5:1-2에서 가져온 단어들과 어구들, 시편 118:22-23로부터의 인용문 등과 같이 후대의 윤색으로 지목한 것들 중 일부가 그와는 반대로 고대성과 진정성의 증거가 됨이 입증될 것이다. 또한 이 비유의 마가 판본은 예수의 생애에서 부활 이전의 상황 및 주후 1세기 팔레스타인의 문화적, 종교적 상황에 꼭 들어맞는다는 것도 입증될 것이다.

B. 양식. 악한 포도원 농부 비유의 마가 판본의 양식은 세 부분으로 되어 있다. (a) 자기 백성을 온갖 은사로 축복하신 하나님은 백성들의 완악함과 패역에도 불구하고 오래 참으시고 인내하신다. (b) 그러나 하나님께서 그의 뜻을 거역한 자들을 심판하실 날이 올 것이다. (c) 자기 백성의 패역에도 불구하고, 하나님의 목적은 온

전히 이루어질 것이다. 그의 청지기들이 반대하고 멸하고자 했던 바로 그것을 하나님은 굳게 세우셨다(참조. Blomberg, *Interpreting*, 247-51). 세 번째 요소는 도마복음서에 나오는 판본에는 빠져 있다. 그러나 위에서 논증했듯이, 도마 전승의 편집자는 이 비유의 결론부를 의도적으로 잘라냈을 가능성이 크다. 도마복음서에는 이 비유가 두 부분으로 되어 있다. (a) 포도원을 세준 주인은 포도원에 투자하여 돈을 벌려고 한다. (b) 그의 사업은 결국 재앙으로 끝난다.

학자들은 악한 포도원 농부 비유에서 등장인물들이 비합리적으로 행동하는 것에 대하여 자주 못마땅하게 생각해 왔다. 포도원 주인은 특히 어리숙해 보인다. 도대체 왜 그는 계속해서 종들을 보낸 것일까? 왜 그의 사랑하는 아들을 그런 위험한 곳에 보낸 것일까? 히르쉬(Hirsch, *Frühgeschichte*, 129)는 포도원 주인은 처음부터 끝까지 완전한 백치(ein Verrücker)처럼 행동한다고 혀를 내두른다. 그러나 농부들의 행동도 제정신이 아니다. 그들은 정말 임대계약 조건들을 파기하고 상해와 살인을 자행하고서도 포도원을 물려받을 수 있다고 생각했을까? 이러한 터무니없는 내용들 때문에, 일부 학자들은 더 사실적이었을 원래의 비유가 윤색된 것이라고 생각한다. 원래는 단순하게 하나의 요지만을 가지고 있었던 비유가 이제는 주후 1세기의 팔레스타인에서의 생생한 현실을 사실적으로 반영하고 있지 않은 복잡한 우화(allegory)가 되어 버렸고, 이 우화는 "'축복받은 백치'의 은혜"(Carlston, *Parables*, 185)를 반영하고 있다. 그러나 이러한 반론들은 흔히 등장인물들을 어처구니없는 방식으로 행동하는 것으로 묘사하는 유대적인 마샬(masal, "비유")의 특성을 이해하지 못한 것이다.

악한 포도원 농부의 비유를 보면, 즉각적으로 몇몇 랍비 비유들이 생각난다. 예를 들어, 랍비 시므온 벤 할라프타(Simeon ben Halafta)가 말했다고 하는 비유의 첫머리를 보라. "이것을 무엇에 비유할꼬? 갈릴리에 살면서 유대 지방에 포도원을 소유한 한 사람과 유대 지방에 살면서 갈릴리에 포도원을 소유한 또 다른 사람에 비유하자"(*Midr. Tanḥ.* B Qĕdôsîm §6[레 19:2에 대한]). 또한 한때 이스라엘이 종살이했던 곳인 애굽에 관한 비유를 보자. "그들은 왕의 포도원에 뚫고 들어가서 포도나무들을 파괴한 강도들 같았다. 왕이 자기 포도원들이 파괴된 것을 알고 화가 머리끝까지 치밀어 올라서 누구의 도움도 없이 강도들에게로 내려가서 그들이 그의 포도원에 했던 것처럼 그들을 베어 버리고 진멸시켰다"(*Exod. Rab.* 30.17[출 21:18에 대한]; tr. S. M. Lehrman, "Exodus," in *Midrash Rabbah*, ed. H. Freedman and M. Simon, 10 vols.[London and New York: Soncino, 1983] 3:367). 랍비 시므온 벤 요하이(Simeon ben Yohai, 주후 140년경)가 말했다고 하는 또 다른 비유는 이사야 5:7을 근거로 포도원을 이스라엘과 동일시한다.

> 랍비 시므온 벤 요하이가 말했다. "왜 이스라엘은 포도원에 비유되었을까? 포도원의 경우에 처음에 우리는 그 곳을 괭이질한 다음에 잡초를 뽑고, 다음에 송이들이 [생긴] 것을 볼 때가 되면 지지대들을 세운다. 그런 후에 그는 포도 열매들을 따고 압착해서 포도즙을 짜낸다. 이스라엘도 마찬가지다 - 그들을 감독하는 모든 목자가 [포도원을 돌보듯이] 그들을 돌보아야 한다. [성경의] 어디에서 이스라엘은 포도원으로 불리는가? '대저 만군의 여호와의 포도원은 이스라엘 족속이요 그의 기뻐하시는 나무는 유다 사람이라'[사 5:7]라는 구절에서이다"(*Midr. Prov.* 19:21; B. L. Visotzky, *The Midrash on Proverbs*, YJS 27[New Haven, CT; London: Yale UP, 1992] 89에 토대를 둔 번역).

무익한 종 비유(*Sipre Deut.* §312[신 32:9에 대한])는 종종 예시적인 병행으로 인용된다. 거기에서 포도원 주인(=하나님)과 그의 포도원의 농부들 간의 문제들 중 한 예가 나온다.

> 비유: 왕이 자기가 가진 밭을 농부들에게 세를 주었다. 농부들이 거기에서 훔치기 시작하자, 왕은 그들에게서 밭을 빼앗아 그들의 자녀들에게 세를 주었다. 자녀들이 아비들보다 더 악하게 행동하기 시작하자, 왕은 밭을 빼앗아 그 손자들에게 주었다. 이들이 앞의 사람들보다 더 악해졌을 때, 아들이 왕에게 태어났다. 그러자 왕은 그 손자들에게 "내 자산에서 떠나라. 너희는 거기에 머물러서는 안 된다. 내게 내 분깃을 돌려주면, 내가 그것을 회수하리라"고 말했다"(R. Hammer, *Sifre: A Tannaitic Commentary on the Book of Deuteronomy*, YJS 24[New Haven, CT; London: Yale UP, 1986] 318에 토대를 둔 번역).

"마샬"(māšāl, 즉 이야기) 다음에는 족장들의 훌륭함을 강조하는 짤막한 "님샬"(nimšāl, 즉 교훈)이 나온다. "님샬"은 창세기 25:27로부터의 인용문으로 끝난다: "야곱은 장막에 거하는 완전한 사람이었다." 시프레 신명기 편(*Sipre Deut.*) §312의 나머지 부분은 서로 느슨하게 연관되어 있는 일련의 성경 구절들과 해설들로 이 결론을 보강한다.

포도원이나 농사와는 아무 관계도 없는 또 다른 비유는 신뢰에 대한 배신과 주인공의 과장된 순진무구함을 잘 예시해 준다. 이 비유는 비유들에서는 종종 사람들이 이례적인 방식으로 행동하는 것으로 묘사한다는 점을 잘 보여 준다.

> 갈릴리 출신 랍비 요세(Yose)가 말한 이 비유는 바다를 건너 머나먼 도시로 떠난 한 왕에 관한 것이다. 왕이 자기 아들을 악한 후견인에게 돌봐 달라고 맡기려고 할 때, 왕의

> 친구들과 종들이 왕에게 말했다. 내 주 왕이여, 당신의 아들을 이 악한 후견인에게 맡기지 마십시오. 그렇지만 왕은 친구들과 종들의 충고를 무시하고 아들을 악한 후견인에게 맡겼다. 과연 후견인은 무슨 짓을 했을까? 그는 왕의 도시를 파괴하고 그의 집을 불사르고 그의 아들을 칼로 죽이기 시작했다. 얼마 후에 왕이 돌아왔다. 그의 도시가 파괴되어 황폐화되고, 그의 집이 불타 버리고 그의 아들이 칼에 죽임을 당한 것을 본 왕은 머리털과 수염을 잡아 뽑고 통곡하며 말했다. 내게 화로다! 내가 참으로 〈어리석었으며〉 내 나라에서 악한 후견인에게 아들을 맡기는 경솔한 짓을 저질렀구나!(*S. Eli. Rab.* §28[p. 150]; W. G. Braude and I. Kapstein, *Tanna debe Eliyyahu: The Lore of the School of Elijah*[Philadelphia: Jewish Publication Society, 1981] 369에 토대를 둔 번역).

이러한 비유들은 많은 점에서 예수의 악한 포도원 농부 비유를 구성하는 주요한 요소들과 병행을 보여 준다. 랍비 시므온의 비유는 출타한 포도원 주인들에 관하여 말한다. 그 다음에 든 비유는 자신의 포도원을 황폐화시킨 자들에게 보복하는 성난 왕에 관한 이야기다. 세 번째 비유는 예수의 악한 포도원 농부 비유와 마찬가지로 이사야 5장에 토대를 두고 있다. 또한 시므온 벤 요하이가 목자들을 도입함으로써 자신의 은유들을 어떻게 뒤섞고 있는지도 주목하라. 마찬가지로 예수도 건축자들에 관한 증거 본문을 덧붙인다. 네 번째 비유는 다루기 힘든 패역한 농부들이라는 이미지를 사용한다. 갈릴리 사람 요세(주후 2세기)가 말했다고 하는 다섯 번째 비유는 자신의 아들을 악한 후견인에게 맡긴 아주 어리석고 경솔한 왕을 묘사한다. 이 비유의 몇몇 내용들은 예수의 비유와 관련하여, 특히 그 진정성에 대하여 제기된 여러 문제들과 관련하여 의미가 있다. 요세의 비유는 상식이 완전히 결여된 것으로 보이는 사람에 관한 것이다. 친구들 및 조언자들의 충고에도 불구하고, 그는 자기 아들을 악한 후견인으로 알려진 자에게 맡긴다. 그러나 후견인의 행동은 사실 이해하기가 어렵다. 우리는 그가 물건을 훔쳤다거나 자신의 행위를 통해서 어떤 식으로든 이익을 챙겼다는 말을 듣지 못한다. 그는 왕의 도시를 파괴하고, 그의 집을 불사르고, 그의 아들을 살해한다. 그는 무엇을 얻을 수 있다고 생각했을까? 그는 이러한 범죄들을 저지르고도 무사하리라고 생각했던 것일까? 이 비유를 듣는 사람은 누구나 왕이 군대를 보내 그 후견인을 붙잡아 처형할 것이라고 생각하지 않겠는가? 이러한 것들은 비평학자들이 악한 포도원 농부 비유의 진정성 내지 논법에 대하여 제기해 온 것과 동일한 종류의 질문들이다(Carlston, *Parables*, 183-84에 나오는 논의를 보라). 포도원 주인은 그의 종들의 생명, 특히 그의 아들의 생명을 그토록 어리석고 경솔하게 다룰 수 있었던 말인가? 농부들은 현실적으로 무엇을 얻으리라고 기대할 수 있었을까? 그들은 주인이 돌아와서 자신들을 진멸할 힘을 갖고 있음을 알지 못했던 것인가? 그들은 정말 자기들이 포도원을 물려받을 수 있다고 생각했을까?

이러한 질문들은 복음서에 나오는 것이든 랍비 문헌에 나오는 것이든 비유들의 진정성에 대한 타당한 반론들이 될 수 없다. 요세의 비유에서 왕이 이해할 수 없을 정도로 어리석다고 해서 이 비유의 진정성에 의문을 제기해서는 안 된다(요세가 이 비유를 하나님이 느부갓네살을 신뢰한 것에 적용하고 있음을 주목하라!). 또한 포도원 주인 및 농부들이 어리석다고 하여 예수의 비유의 진정성을 의심해서도 안 된다. 이러한 비유들은 고대 및 현대의 청중들에게 이런 류의 질문들을 불러일으킨다. 그러나 충격적인 세부 내용들과 그것들이 불러일으키는 질문들은 청중들로 하여금 비유에서 의도한 교훈을 파악하고 적용할 수 있도록 유도하는 역할을 하는 것으로 생각된다. 나아가 위에서 살펴본 모든 랍비 비유들은 어느 정도 우화적인 것으로서, 왕 그리고 밭이나 포도원의 주인은 흔히 하나님을, 밭이나 포도원은 이스라엘 백성이나 이스라엘 땅을, 농부들은 이방인들이나 다른 무가치한 백성들을, 왕의 아들이나 주인의 아들은 이스라엘 백성이나 족장들을 상징한다. 이러한 것들은 유대의 공통의 종교적 "보고"(寶庫)에서 끌어온 비축된 이미지들이다(Scott, *Hear Then the Parable*, 18).

그러므로 악한 포도원 농부 비유의 양식은 고대 말의 유대교에서 발견되는 비유 양식에 충실하다는 결론이 나온다. 거기에는 이 비유에 새로운 양식 및 의미를 부여하기 위한 초대 교회 우화론자들(allegorizers)의 손길을 보여 주는 것이 아무것도 없다. 이와는 반대로 이 비유에는 이 비유가 교회에서 유래하지 않았음을 보여 주는 요소들이 존재한다.

C. 원래의 배경 및 의미. 마가복음의 맥락, 결론부에 나오는 시편 118:22-23로부터의 인용문, 이사야 5:1-2에서 가져온 첫머리의 말들 및 구절들을 진정성이 없다고 거부하는 학자들에게는, 악한 포도원 농부 비유의 원래의 의미가 파악되지 않는다. 예수가 이 비유의 저자가 아니고 마가(그리고 공관복음서의) 맥락이 이차적이라고 결론을 내리는 칼스톤(Carlston, *Parables*, 178-90)은 이 비유를 만들어 낸 초대 교회의 의도가 무엇이었는지에 관심을 갖는다. 칼스톤(*Parables*, 188-90)은 세 가지 가능한 대안을 생각해 낸다. (a) "그것은 하나님께서 그의 아들이자 상속자를 죽인 유대인들에게 등을 돌리시고…하나님의 포도원에 더 합당한 자들, 즉 복음을 믿는 자들을 향하실 것임을 의미할 수 있다." 그렇다면 초대 교회에게 포도원은 무엇을 의미하는 것이었을까? 이스라엘? 이스라엘 땅? 교회가 스스로에 대하여 믿게 된 것은 교

회가 하나님의 택함 받은 백성으로서의 이스라엘의 지위를 물려받았다는 것이었다(롬 11장에도 불구하고). 포도원을 다른 사람들에게 준다는 것이 이것을 의미하는가? 어떻게 그렇게 되는지 알기가 어렵다. 칼스톤은 "하나님의 포도원에 더 합당한" 자들이라는 말을 한다. 그러나 이것은 이 비유가 말하고 있는 것이 아니다. 문제는 포도원이 무엇이냐가 아니라 누가 포도원을 돌볼 것이냐는 것이다. (b) "이 비유는 예수께서 하나님이 유대인들로부터 떠나 이방인들에게로 향할 것을 미리 내다보셨다는 의미를 함축할 수 있다." 그러나 이 비유는 어떻게 그러한 사상을 전달하고 있는 것인가? 하나님은 전에 포도원을 맡은 농부들로부터 떠나신다. 결론부의 인용문을 고려한다면, 이 비유가 말하고자 하는 요지는 마지막에 나오는 성경 구절의 확증을 받는다: 건축자들이 버린 것을 하나님께서는 굳게 세우셨다. (c) "끝으로, 이 비유는 하나님의 경륜에 있어서 통상적인 원칙을 나타내고 있는 것으로 이해될 수 있다: 하나님께서 유대인들에게서 떠나 이방인들을 향하셨던 것과 마찬가지로, 하나님은 항상 "열매"를 내지 않는 자들로부터 떠나 열매를 내는 자들을 향하실 것이다." 세 번째 해석 대안은 처음의 두 개보다 약간 더 설득력이 있을 뿐이다. 이 해석의 후반부는 옳다: 하나님은 열매를 내지 못하는 자에게서 떠나실 것이다. 이 비유의 마가복음(그리고 공관복음서)의 맥락에 의하면, 하나님은 건축자들, 즉 종교 당국자들로부터 떠나신다. 그들의 자리에 하나님은 다른 사람들을 임명하여 포도원을 돌보게 하실 것이다. 그러나 칼스톤의 세 번째 해석의 전반부는 처음 두 해석과 동일한 운명을 겪는다. 하나님은 포도원이 아니라 그것을 돌보는 자들에게서 떠나셨다. 초대 교회가 포도원의 정체를 규정하고 구원사(*Heilsgeschichte*) 우화를 만들어 내고 선지자들과 마지막으로 하나님의 아들을 버린 이스라엘의 역사를 요약하는 데 적절한 성경 증언(즉, 사 5:1-7)을 골라내기에 충분할 정도로 성경에 정통해 있었다고 한다면, 이 비유는 마치 초대 교회가 포도원의 의미를 잊어버리기라도 한 것처럼 해석되어서는 안 된다. 이 둘은 양립할 수 없기 때문이다. 초대 교회가 하나님의 계획 속에서 자신의 위치를 해명하고자 한 비유(예를 들어, 선지자들과 하나님의 아들을 계속해서 버렸다는 이유로, 하나님은 그의 포도원인 이스라엘을 버리고 교회를 택하셨다)를 만들어 내면서 포도원을 돌보는 자들에 관하여 말하고 있는 게 아닌가 하는 의구심이 드는 방향으로 비유를 만들어 냈을 리가 만무하다. 이 비유를 초대 교회의 창작으로 해석하려는 모든 시도들은 이 비유의 기본적인 줄거리라는 암초에 부딪쳐서 좌초된다. 이 비유의 초점은 변함없는 것으로 전제되는 포도원의 정체에 맞춰져 있지 않고, 포도원을 돌보는 자들과 농부들이 존중하거나 복종하지 않는 포도원 주인과의 갈등에 맞춰져 있다.

그러므로 오늘날의 대부분의 해석자들이 이 비유를 진정한 것으로 받아들이는 것은 이상한 일이 아니다. 그렇지만 이사야 5:1-7에 대한 인유(引喩), 결론부에 나오는 시편 118:22-23로부터의 인용문을 포함하여 마가(공관복음서)가 이 비유에 대하여 설정한 맥락은 여전히 널리 진정성이 없는 것으로 거부되고 있다. 그러나 이러한 학자들은 칼스톤의 해석 대안들 및 이 비유를 초대 교회의 창작으로 보는 학자들을 괴롭혀 온 것과 동일한 해석상의 난관들에 부딪친다. 스코트(Scott, *Hear Then the Parable*, 252-53)는 다음과 같은 의견을 제시한다. "이 비유는 용이하게 그 정체를 확인할 수 있는 모델들을 제시하지 않고, 은유가 무엇을 가리키는지도 분명히 보여주지 않기 때문에, 청중은 불확실한 처지에 놓이게 된다. 즉, 줄거리 속에서 나라는 망하고, 상속은 불투명해진다." 스코트의 주장은 괴상하다. 왜냐하면 그것은 이 비유의 맥락 및 내용과 모두 상충하기 때문이다. 그는 "그 정체를 확인할 수 있는 모델들이 제시되어 있지 않다"고 말하지만, 사실 그런 모델들은 존재한다: 일반적으로는 성경 전승(즉, 이스라엘의 순교한 선지자들, 이스라엘의 완악함과 죄악됨에 관한 역사)과 구체적으로는 이사야 5:1-7에 대한 인유(引喩)들. 그는 "나라가 망하고 유업의 상속은 불투명해지기" 때문에 이 비유가 청중을 불확실한 처지에 놓이도록 만든다고 생각한다. 그러나 이 비유의 "님샬"(교훈)의 본질적인 부분을 이루는 성경 인용문으로서 시편 118:22-23이 진정성을 지니고 있다고 인정한다면, 나라와 상속에 관한 의심은 존재하지 않게 된다.

말리나와 로르바우(Malina and Rohrbaugh, 255)도 마가의 맥락을 의심한다. 그들은 이 비유가 원래 "땅의 소출을 징발하여 수출한 지주들에 대한 경고"였다고 생각한다. 그러한 비유가 예수의 사역이라는 맥락 속에서 무엇을 의미할 수 있었을지는 분명치 않고, 말리나와 로르바우도 이에 대한 의견을 내놓지 않는다. 펑크와 후버(Funk and Hoover, *Five Gospels*, 101)는 도마복음서의 판본을 지침으로 삼아서 "예수의 판본은 심란하고 비극적인 이야기였고, 구체적으로 적용할 생각 없이 말해졌다"고 생각한다. *Five Gospels*에 간결하게 요약되어 있는 예수 세미나의 권고 사항은 크로산(Crossan)의 이전 작품(*In Parables*, 96)의 특징을 지니고 있다. "이것은 성공적인 살인에 관해 의도적으로 말해진 충격적인 이야기이다." (공관복음서의 맥락을 떠나서 설득력 있는 원래의 의미를 발견하고자 하는 크로산의 시도들은 이것을 발전시킨 것이다.) 이 비유를 마가복음/공관복음서의 맥락에서 떼어낸 이 해석자들은 이 비유가 원래 무엇을 의미했는지를 알지 못한다.

공관복음서의 맥락을 거부하거나 그 진정성을 부인하고 악한 포도원 농부 비유에서 원래의 의미를 발견해 내고자 한 용맹스러운 노력들에도 불구하고, 결국 남겨진 것은 진부한 말들뿐이다. 그것은 기독교의 "구원사"(Heilsgeschichte)에 관한 어줍잖은 시도이든지 땅의 소출을 외국으로 빼돌리는 것에 대한 경고이든지 비극이든지 성공적인 살인에 관한 충격적인 이야기라는 것이다. 이러한 맥락을 제거한 접근 방법들은 우리에게 보존할 필요가 전혀 없는 비유를 남겨준다.

이 비유에서 이사야 5장에 대한 인유(引喩)는 전적으로 칠십인역에 의거한 것으로서 셈어적인 표현이 전혀 나타나지 않는다는 것을 이유로, 멜(Mell, *Die "anderen" Winzer*, 97-117)은 악한 포도원 농부 비유가 예수 자신이 아니라 헬레니즘적 교회에서 유래한 것이라고 믿는다. 그러나 이 비유에는 후대의 탈굼들과 토셉타(Tosefta) 그리고 훨씬 초기의 쿰란 문헌들인 4Q500(=4QBenediction), 4Q162 (=4QpIsa[b])에서 확인되고 있듯이 칠십인역에 나타나지 않는 특징들, 셈어적인 특징들, 유대적 해석 방법과의 중요한 일치점들이 존재한다. 이 비유를 새로운 시각에서 부활 이전의 유대인(그리스도인이 아니라)의 눈으로 보고자 하면, 우리는 이 비유가 예수의 사역이라는 맥락 속에서 의미가 잘 통한다는 것을 발견하게 될 것이다. 물론 편집과 어느 정도의 맥락의 재설정도 감지될 것이지만, 우리는 공관복음서의 맥락이 믿을 만하고, 예수 전승의 진정성을 결정할 때 사용되는 중요한 판별 기준을 충족시킨다는 것을 알게 된다. 다음의 네 가지 점은 이 비유가 초대 교회의 삶(*Sitz im Leben der alten Kirche*)의 정황이 아니라 예수의 생애의 정황(*Sitz im Leben Jesu*)에 더 부합한다는 것을 말해 준다.

1. 이 비유의 셈어적인 성격. 리(Lee, *Jesus und die jüdische Autorität*, 80; 주로 Kümmel, "Gleichnis," 211 n. 20; Hengel, *ZNW* 59[1968] 7-8 n. 31을 따르고 있다)는 악한 포도원 농부 비유에서 열두 개 이상의 셈어적 요소들을 찾아냈다. (a) 티스(*τìς*, "어떤 사람")의 의미로 사용된 안드로포스(*ἄνθρωπος*, "한 사람"; 1b절; 참조. Pesch, 2:215), (b) "~로부터의 일부"를 뜻하는 배분적 의미로 사용된 아포(*ἀπό*; 2절), (c) 중복적으로 사용된 라본테스(*λαβόντες*, "취하여"; 3절과 8절), (d) 아페스테일란 케논(*ἀπέστειλαν κενόν*, "[그를] 빈손으로 보냈다"; 3절; 참조. 창 31:42; 신 15:13; 삼상 6:3), (e) 아페스테일렌(*ἀπέστειλεν*, "그가 보냈다"; 6절)과 티 포이에세이(*τί ποιήσει*, "그가 어떻게 하겠느뇨?"; 9절)에서의 접속사 생략, (f) 불필요한 지시대명사인 에케이노이 호이 게오르고이(*ἐκεῖνοι οἱ γεωργοί*, "저 농부들"; 7절), (g) 셈어적인 재귀적 여격을 사용한 프로스 헤아우투스 에이판(*πρὸς ἑαυτοὺς*

εἶπαν, "저희들이 서로 말하되": 7절), (h) 호 클레르노모스(ὁ κληρονόμος, "상속자": 7절; 참조. 창 15:3-4), (i) 지시법+카이(καί, "그리고")+미래 시제 구문(7절), (j) 호 퀴리오스 투 암펠로노스(ὁ κύριος τοῦ ἀμπελῶνος, "포도원 주인": 9절), (k) "돌아오다"라는 의미로 사용된 엘류세타이(ἐλεύσεται, "그가 와서": 9절), (l) 병렬의 카이(καί, "그리고")의 빈번한 사용, (m) 히브리어의 레(לְ)에 해당하는 에이스(εἰς, "~에로": 10b절; 참조. Taylor, 476), (n) 히브리어 조트(זות)에 해당하는 하우테(αὕτη, "이것은": 11절; Swete, 272; Taylor, 476).

2. 이사야 5:1-7에 대한 인유(引喩)들의 존재. 이 비유는 어느 정도 칠십인역에 동화되어 있다고 할 수 있지만, 마가 본문의 일부는 그런 식으로는 설명되지 않는다. 왜냐하면 히브리어나 아람어에만 존재하는 요소들이 있기 때문이다. 이 비유의 마가 판본에 나오는, 이사야의 포도원의 노래(사 5:1-7)에서 가져온 단어들을 칠십인역 및 맛소라 본문에 나오는 것들과 비교해 보자.

막 12:1　암펠로나(ἀμπελῶνα, "포도원")
사 5:1-2 LXX　암펠로니(ἀμπελῶνι, "[그의] 포도원에 관한")
/암펠론(ἀμπελών, "포도원")/암펠론(ἄμπελον, "포도나무")
사 5:1-2 MT　레카르모(לְכַרְמוֹ, "그의 포도원에 관한")
/케렘(כֶּרֶם, "포도원")/쇼레크(שֹׂרֵק, "극상품 포도나무")

막 12:1　에퓌튜센(ἐφύτευσεν, "그가 만들었다")
사 5:2 LXX　카이 에퓌튜사(καὶ ἐφύτευσα, "그리고 그가 만들었다")
사 5:2 MT　와이잇타에후(וַיִּטָּעֵהוּ, "그리고 그가 그것을 만들었다")

막 12:1　카이 페리에데켄 프라그몬(καὶ περιέθηκεν φραγμὸν,
"그리고 그가 그 주위에 울을 둘렀다")
사 5:2 LXX　카이 프라그몬 페리에데카(καὶ φραγμὸν περιέθηκα,
"그리고 내가 그 주위에 울을 둘렀다")
사 5:5 MT　하세르 메수카토(הָסֵר מְשׂוּכָּתוֹ, "그 울을 걷어")

막 12:1　카이 오뤽센 휘폴레니온(καὶ ὤρυξεν ὑπολήνιον,
"그리고 그는 [즙 짜는 기구 아래의] 술틀을 팠다")
사 5:2 LXX　카이 프로레니온 오뤽사(καὶ προλήνιον ὤρυξα,
"그리고 나는 [즙 짜는 기구 앞의] 술틀을 팠다")
사 5:2 MT　웨감 예케브 하체브(וְגַם־יֶקֶב חָצֵב,
"그리고 또 그는 술틀을 팠다")

막 12:1	카이 오코도메센 퓌르곤(*καὶ ᾠκοδόμησεν πύργον*, "그리고 그는 망대를 지었다")
사 5:2 LXX	카이 오코도메사 퓌르곤(*καὶ ᾠκοδόμησα πύργον*, "그리고 나는 망대를 지었다")
사 5:2 MT	와이이벤 믹달(וַיִּבֶן מִגְדָּל, "그리고 그는 망대를 지었다")
막 12:7	아포크테이노멘(*ἀποκτείνωμεν* , "죽이자")
사 5:7 MT	미스파흐(מִשְׂפָּח, "피흘린 죄")
막 12:9	티 포이에세이 호 퀴리오스(*τί ποιήσει ὁ κύριος*, "주인이 어떻게 하겠느뇨?")
사 5:4 LXX	티 포이에소(*τί ποιήσω* , "내가 어떻게 하겠느뇨?")
사 5:5 MT	에트 에셰르 아니 오세(אֵת אֲשֶׁר־אֲנִי עֹשֶׂה, "내가 어떻게 하겠는가")
막 12:9	카이 아폴레세이(*καὶ ἀπολέσει*, "그리고 그가 멸하리라")
사 5:5-6 MT	와아쉬테후 바타(וַאֲשִׁיתֵהוּ בָתָה, "그리고 그것이 삼켜지리라") /웨하야 레바에르(וְהָיָה לְבָעֵר, "그리고 내가 그것을 황폐하게 만들리라")

이에 대해 몇 가지 말해 둘 것이 있다. (a) 마가복음 12:1-2에 나오는 이사야 5:1-2에 대한 인유(引喩)들은 칠십인역의 어순을 따르지 않는다. 마가복음에는 암펠로나 안드로포스 에퓌튜센 카이 페리에데켄 프라그몬 카이 오뤽센 휘폴레니온 카이 오코도메센 퓌르곤(*ἀμπελῶνα ἄνθρωπος ἐφύτευσεν καὶ περιέθηκεν φραγμὸν καὶ ὤρυξεν ὑπολήνιον καὶ ᾠκοδόμησεν πύργον*, "포도원을 한 사람이 만들었다. 그리고 그는 그 주위에 울을 둘렀고, [즙 짜는 기구 아래의] 술통을 만들었으며, 망대를 지었다")으로 되어 있는 반면에, 칠십인역에는 카이 프라그몬 페리에데카 카이 에카라코사 카이 에퓌튜사 암펠론 소레크 카이 오코도메사 퓌르곤 엔 메소 아우투 카이 프롤레니온 오뤽사 엔 아우토(*καὶ φραγμὸν περιέθηκα καὶ ἐχαράκωσα καὶ ἐφύτευσα ἄμπελον σώρηχ καὶ ᾠκοδόμησα πύργον ἐν μέσῳ αὐτοῦ καὶ προλήνιον ὤρυξα ἐν αὐτῷ*, "그리고 울을 내가 그 주위에 둘렀고, 나는 참호를 팠으며, 나는 소레크[sorech, 극상품] 포도나무를 심었고, 나는 그 가운데 망대를 지었고, [즙 짜는 기구 앞의] 술통을 나는 그 안에 만들었다")로 되어 있다. (b) 마가는 "포도원을 한 사람이 만들었다"고 말하는 반면에, 칠십인역은 "내가 소레크(sōrēch, 극상품)

포도나무를 심었다"고 말한다. (c) 마가의 3인칭 동사들("그가 만들었다", "그가 둘렀다", "그가 만들었다", "그가 지었다")은 맛소라 본문의 3인칭 동사들과는 일치하지만, 칠십인역의 1인칭 동사들("내가 둘렀다", "내가 팠다", "내가 지었다", "내가 만들었다")과는 다르다. (d) 칠십인역은 히브리어 예케브(יֶקֶב)를 프롤레니온(*προλήνιον*, "[즙 짜는 기구 앞의] 술통")으로 번역하는 반면에, 마가는 휘폴레니온(*ὑπολήνιον*, "[즙 짜는 기구 아래의] 술통")으로 읽는다. 칠십인역에서 히브리어 예케브(יֶקֶב)는 흔히 레노스(*ληνός*, "포도주 통")로 번역되는데, 휘폴레니온(*ὑπολήνιον*)으로 번역된 경우는 3번(사 16:10; 학 2:16; 슥 14:10), 프롤레니온(*προλήνιον*)으로 번역된 경우는 오직 한 번 이사야 5:2에서이다. 마가 본문이 프롤레니온(*προλήνιον*)으로 읽었다면, 우리는 칠십인역 이사야 5:2로부터 직접적인 영향을 받았다고 생각했을 것이다. 마가 본문이 히브리어 예케브(יֶקֶב)에 대한 통상적인 번역어인 레노스(*ληνός*)로 읽었다면, 우리는 일반적인 칠십인역의 영향을 추정했을 테지만, 휘폴레니온(*ὑπολήνιον*)으로 읽고 있다는 것은 독립성을 보여 준다. (e) 마가복음 12:7-8에서 농부들은 "그를 죽이자"라고 말한 다음에 그 아들을 죽인다. 맛소라 본문(사 5:7)에서는 "피 흘린 죄"(מִשְׂפָּח – 미스파흐)가 포도원에 심판이 내려지는 이유들 중의 하나로 거론된다. 칠십인역에는 이에 해당하는 말이 없고, 단지 아노미안(*ἀνομίαν*, "불법")이라고만 되어 있다. 따라서 마가의 언어는 맛소라 본문에 더 가깝다. (f) 또한 마가의 언어는 포도원에 임할 심판을 묘사하는 대목에서도 맛소라 본문과 더 가깝다: "그가 와서 그 농부들을 진멸하리라"(9b절). 이사야 5:5-6의 맛소라 본문은 "그것이 삼켜지리라"(וַאֲשִׁיתֵהוּ בָתָה – 와아쉬테후 바타), "내가 그것을 황폐케 만들리라"(וְהָיָה לְבָעֵר – 웨하야 레바에르)고 말한다. 칠십인역은 단지 "그것이 약탈을 위해 있게 될 것이다"(*καὶ ἔσται εἰς διαρπαγήν* – 카이 에스타이 에이스 디아르파겐), "내가 내 포도원을 버리리라"(*καὶ ἀνήσω τὸν ἀμπελῶνά μου* – 카이 아네소 톤 암펠로나 무)고 말할 뿐이다.

히브리어 본문과의 일치 및 칠십인역과의 불일치보다 더 중요한 것은 아람어 판본인 이사야 5:1-7의 탈굼에서의 해석 및 주제상의 경향들과의 일치다. 다음은 탈굼 판본의 1, 2, 5절인데, 맛소라 본문과 다른 대목들은 고딕체로 표시했다.

> 선지자가 가로되 내가 이스라엘을 위하여 노래하리니, 이스라엘은 포도원 같고 아브라함의 씨요 내 친구이니, 그의 포도원을 위한 내 친구의 노라로다: 내 백성, 나의 사랑하는 이스라엘, 내가 그들에게 기름진 땅의 높은 산에 유업을 주었도다. 그리고 내가 그들을 거룩케 하였고, 내가 그들을 영화롭게 하였으며, 내가 그들을 극상품 포도나무를 심은 것처럼 그들

> 을 세웠노라. 그리고 나는 그들 가운데 내 성소를 지었고, 그들의 죄를 속하기 위하여 내 제단을 주기까지 했노라. 나는 그들이 선한 행실을 할 것이라 생각했으나, 그들은 그들의 행실을 악하게 하였도다…이제 나는 너희에게 내가 내 백성에 대하여 무엇을 하려 하는지를 이르리라. 나는 내 영광(Shekinah)을 그들로부터 거두리니, 그들은 약탈을 위해 있게 되리라. 나는 그들의 성소들이 있는 곳을 헐겠고, 그들은 짓밟힘을 위해 있으리라. (B. D. Chilton, *The Isaiah Targum*, ArBib 11[Wilmington, DE: Glazier, 1987] 10-11에 나오는 번역문)

두드러지게 눈에 띄는 것은 아람어 판본의 명백한 제의(祭儀) 지향성인데, 이것은 성전 당국에 대한 반감을 나타내는 마가 판본의 성향과 일맥상통한다. 몇 가지 일치점들은 다음과 같다. (a) 이 신탁의 예언적 색채는 "선지자가 가로되"라는 개시구를 첨가함으로써 강조되었다. 이사야서의 포도원의 노래를 선지자가 말한 내용으로 규정함으로써, 나중에 포도원의 노래를 장래에 관하여 뭔가를 예고한 예언이라고 말하기가 훨씬 수월해졌다. 이와 같은 미래지향적인 해석은 쿰란 및 초기 기독교 문헌의 공통적인 특징이다. (b) 이사야서의 포도원의 노래는 "비유화되었다": "내가 이스라엘을 위하여 노래하리니, 이스라엘은 포도원 같고(דמתיל – 딤틸)." 아람어 메틸(מתיל)/메탈(מתל)은 랍비의 비유들의 도입부에 통상적으로 사용되는(그리고 위에서 인용한 일부 비유들의 도입부에 등장하는) 히브리어 마샬(משל)에 해당하는 단어다. 다시 말해서, 탈굼에 의하면 이스라엘은 포도원에 관한 비유에 비유되고 있다는 말이다. (c) 아람어 판본에는 "유업"(אחסנא – 아흐사나)이라는 표현이 나오는데, 이 단어는 마가 판본의 "상속자"(*κληρονόμος* – 클레로노모스) 및 "유업"(*κληρονομία* – 클레로노미아; 막 12:7)에 해당한다. (d) 아람어 판본의 제의 지향성은 여러 군데서 확인된다. 가장 분명한 증거는 2절에서 맛소라 본문의 "망대"와 "술틀"을 "성소"와 "제단"으로 바꾼 것이다. 5절에서 심판이 임할 때 맛소라 본문의 "울"과 "담"이 아니라 "영광(Shekinah)"과 "그들의 성소들이 있던 자리"가 없어질 것이라고 한다. 또한 제의 지향성은 1절에서 "높은"이라는 말을 첨가한 데서도 나타난다: 기름진 땅의 "높은" 산은 바로 성전산이다. 토셉타(Tosefta)에 나오는 두 구절(*t. Me'il.* 1.16과 *t. Sukkah* 3.15)도 이사야 5:2을 동일한 방식으로 이해한다. 후자에 의하면 "망대"는 "성전", "술틀"은 "제단"으로 되어 있고, "그리고"("그리고 술틀을 팠다"에 나오는)라는 말은 추가적인 의미, 특히 제단에서 흘러나와 땅을 비옥하게 하는 물줄기들을 암시한다(참조. *m. Yoma* 5:6; *m. Mid.* 3:3). 이러한 제의적 해석이 오래되었다는 것은 4Q500[=4QBenediction]에 의해 부분적으로 확인되는데, 이 쿰란 문서의 단편 3-7행은 이렇게 되어 있다. “돌들 가운데 [지]어진 술틀…거룩한 산의 운명…주의 만드심과 주의 영광의 물줄기들…주의 포도[원…].” 4Q500의 거룩한 “산”(מרום – 마롬)은 아람어 판본에서 비옥한 산을 “높다”(רם – 람)고 묘사한 것과 일치하고, “물줄기들”은 탈굼 슷카편 3.15에 나오는 “수로들”과 일치한다(참조. Baumgarten, *JJS* 40[1989] 1-6). 물론 산을 “거룩하다”(קודש – 코데쉬)고 언급한 것은 성전산에 대한 분명한 암시다(참조. 겔 20:40: “내 거룩한 산 곧 이스라엘의 높은 산에서[בְּהַר־קָדְשִׁי בְּהַר מְרוֹם – 베하르 코드쉬 베하르 메롬] 다 나를 섬기리니”). 예수께서 이사야 5:1-7을 사용하신 것은 연대적으로 그보다 앞선 4Q500과 그보다 늦은 탈굼(Targum) 및 토셉타(Tosefta)에 보존된 주요한 주해상의 준거(準據)들을 전제한다. 이사야 5:1-7의 사용이 헬라어를 말하고 칠십인역을 사용했던 교회에서 유래했다는 주장은 대단히 의심스럽다. (e) 또한 칠십인역과의 어느 정도의 일치가 있는 것으로 보인다. 특히 5절에서 헬라어 판본과 아람어 판본은 둘 다 포도원이 “약탈을 위해 있겠고”(LXX: *ἔσται εἰς διαρπαγήν* – 에스타이 에이스 디아르파겐; Tg: ויהון למיבז – 위헤온 레메바즈; 참조. *DJPA* 89[בזז – 베자즈 항목])라고 말하는데, 이것은 맛소라 본문과는 다르다: “그것이 삼켜지리라”(וְהָיָה לְבָעֵר – 웨하야 레바에르). 그러나 이것은 70년 이전에 이런 식으로 읽는 히브리어 본문 전승이 없었다는 것을 의미하지는 않는다. 쿰란에서 칠십인역의 배후에 있는 구약의 히브리어 본문이 발견됨으로써 칠십인역과 맛소라 본문의 관계를 보는 우리의 관점은 달라졌다(참조. Ulicj, “Septuagint Manuscripts”; Greenspoon, “Dead Sea Scrolls and the Greek Bible”). 이사야서의 많은 대목들을 포함해서 히브리어 사본들이 맛소라 본문과 다르고 칠십인역과 일치하는 예들이 많이 존재한다. 악한 포도원 농부 비유에 나오는 이사야 5:1-2이 “헬라어를 말한 교회에서만 사용되었던 칠십인역에서 인용되었다”(Schweizer, 239)는 말은 이제 더 이상 비평학적으로 근거가 없는 말이 되었다. 쿰란 문헌에서의 이사야 5장에 대한 해석과 관련하여 한 가지 더 말해 둘 것이 있다. 4Q162(=4QpIsa^b) 단편은 이사야 5:5-6을 인용하면서 “이 구절은 그가 그들을 버렸다는 것을 의미한다”(1:2)고 말한다. 그런 다음에 난(欄)의 끝에 가서 이사야 5:10을 인용하고, 다음 난의 첫머리에서 그것을 해석한다. “이 구절은 이 땅이 칼과 기근으로 단죄당하는 종말을 가리킨다. 따라서 그런 일은 이 땅이 징벌을 받는 때에 있을 것이다”(2:1-2). 이 페셰르(pesher, 해설집)는 계속해서 이사야 5:11-14을 인용하고 해석한다. “이들은 예루살렘에 있는 조롱하는 자들이다”(2:6-7). 그런 다음에 이 단편은 이사야 5:24-25을 인용하고 해석한다. “이것은 예루살렘에 있는 조롱하는 무리들이다"(2:10). 여기서 흥미로운 것은 이 페셰르가 이사야 5장을 종말론적으로 이해하고 이 악당들이 "예루살렘에 있는 조롱하는 자들"임을 강조하고 있다는 것이다. 이러한 해석 노선은 탈굼에서의 이사야 5장에 대한 아람어 의역본 및 악한 포도원 농부 비유에서의 이사야 5장의 기능과 완전히 일치한다. 한 가지만 더 말해 두고자 한다. 4Q270(=4QD[e]) 9 ii 6에서는 제사장들을 하나님이 심으신 자들이라고 묘사한다: "아론의 아들들은 심겨진 자들이다"(בני אהרון המטעה – 베네 아하론 함맛타아). 칠십인역에서 맛타아(מטע)는 퓌튜마(*φύτευμα*, "심은 자")로 번역된다(예를 들어, 사 60:21; 61:3).

여러 본문 및 주해 전승들에 대한 비교 연구로부터 도출되는 결론은 악한 포도원 농부 비유에 나오는 이사야 5:1-7은 (a) 비유 자체와 부합하고, 사실 비유가 그 구절로부터 생겨났다고 할 수 있으며, (b) 기독교 이전의 회당과 관련된 상황(이사야 탈굼이 생겨났던)에서 유래한 것으로 더 잘 설명되고, (c) 예수로부터 유래했을 가능성이 높다는 것이다. 이사야 5:1-7이 이 비유에 원래부터 있었다는 것을 보여 주는 또 하나의 증거는 이사야서의 포도원의 노래는 예수의 악한 포도원 농부 비유와 본질적으로 동일한 유형(genre)이라는 것이다. 이사야서의 노래와 예수의 비유는 둘 다 청중들에게 (그들 자신이나 다른 사람들에 대한) 판단을 내리도록 유도한다는 점에서 사법(司法) 비유들이다. 구약학자들은 이사야서의 포도원의 노래를 청중들로 하여금 스스로를 판단하게 하는 사법 비유의 한 형태로 규정해 왔다(Willis, *JBL* 96[1977] 337-62; Graffy, *Bib* 60[1979] 400-409; Sheppard, *CBQ* 44[1982] 45-47; Yee, *CBQ* 43[1981] 30-40; 참조. Evans, *BZ* 28[1984] 82-86). 이러한 사법 비유들로는 다윗이 자기도 모르는 사이에 스스로에 대하여 심판을 선고하는 암양 비유(삼하 12:1b-4), 다윗이 부지불식간에 자신의 계획을 단죄하는 두 형제 비유(삼하 14:4-7), 아합이 스스로에 대하여 심판을 선고하는 도망친 죄수 비유(왕상 20:38-43) 등이 있다. 구약에 나오는 사법 비유의 이 고전적인 세 가지 예들에서 비유의 목표가 유대 백성의 지도자라는 점은 흥미롭다. 따라서 이사야 5:1-2에 대한 인유(引喩)가 이 비유를 후대에 윤색한 것이라고 한다면, 후대의 초대 교회 전승 보유자가 놀라운 양식비평적 감각을 가지고 이 비유를 편집했다는 말이 될 것이다.

3. 결론부에 나오는 시편 118:22-23로부터의 인용문. 이 비유의 마가 판본과 관련하여 가장 자주 거론되는 것은 마가복음 12:10-11, 즉 결론부에 나오는 시편 118:22-23로부터의 인용문일 것이다. 이 비유를 진정성이 있는 것으로 보는 학자들을 포함한 많은 학자들은 이 인용문을 이차적인 것으로 본다. 몇 년 전에 외스털리

(Oesterley, *Gospel Parables*, 121)는 이 인용문이 "이 비유의 가르침을 위해서 불필요하다"는 의견을 제시한 바 있다. 다른 학자들도 회의적인 태도를 좀더 강력하게 표현했다(예를 들어, Lohmeyer, 247: 예수로부터 유래했을 가능성은 거의 없다; Klostermann, 120-21: 초대 교회의 변증에서 유래한 것이지, 예수의 발언으로 생각할 수 없다). 좀더 최근의 주석가들도 동일한 견해를 취하여(예를 들어, Nineham, 313; Schmid, 217-18; Leon-Dufour, *Etudes*, 332-35; Haenchen, 399-400; Horstmann, *Studien zur markinischen Christologie*, 25; Anderson, 273; Gnilka, 2:142; Hooker, 276-77), 결론부의 인용문은 "이 이야기와는 상관없는 예수의 부활을 가리킨다" (Scott, *Hear Then the Parable*, 248; 참조. Haenchen, 400)고 주장하는 것이 보통이다. 그러나 이것은 부활 사건 이후의 기독교적 의미, 곧 후대의 기독교 저작들에서 시편 118:22의 버려진 돌을 다른 관련된 성구들과 결부시킨 의미(예를 들어, 행 4:11; 롬 9:33; 엡 2:20; 벧전 2:6-8; *Barn*. 6:2-4; Justin, *Dial*. 36.1)를 본문에 집어넣어서 이 인용문의 의미를 추출해 낸 것이다. 이 인용문은 처음에는 버려지고 심지어 순교를 당하기까지 했으나 결국 신원된 경우를 이야기한다.

이러한 널리 퍼진 회의적인 견해에도 불구하고 결론부에 나오는 시편 118:22-23로부터의 인용문을 원래의 비유의 일부로 볼 수 있는 타당한 이유들이 있다. 블랙(Black, *NTS* 18[1971-72] 11-14)은 벤(בן, "아들")과 에벤(אבן, "돌")을 가지고 단어유희(wordplay)를 하고 있는 것으로 보아 이 인용문이 본래의 것이었다고 생각한다. 스놋그래스(Snodgrass, *Parable of the Wicked Tenants*, 63-65, 113-18)도 이렇게 생각하는데, 그는 최근에 이 입장을 옹호하는 가장 설득력 있는 논거를 제시한 바 있다. 단어유희를 인정하는 학자들로는 캐링턴(Carrington, 256), 에반스(Evans, *BZ* 28[1984] 82-86; id., "God's Vinyard," 403-4), 코네트(Cornette, *FoiVie* 84[1985] 47), 베이어(Bayer, *Jesus' Predictions*, 105), 김세윤("Jesus-The Son of God," 135-38), 밀라베치(Milavec, *JES* 26[1989] 307-8), 트리마일(Trimaille, "La Parabole," 253), 건드리(Gundry, 689-90), 킴볼(Kimball, *BBR* 3[1993] 89), 브룩(Brooke, *DSD* 2[1995] 287-89), 라이트(Wright, *Jesus and the Victory of God*, 497-501), 약간 차이는 있지만 스턴(Stern, "Jesus' Parables," 66-67; id., *Parables in Midrash*, 195-96) 등이 있지만, 그 진정성을 의심하는 학자들은 시편 118:22-23이 그 근저에 있는 셈어적인 단어유희에 비추어 볼 때 마가 이전, 헬라어 본문 생성 이전의 전승 단계에서 이 비유의 결론부에 덧붙여졌다고 본다(예를 들어, Lee, *Jesus und die jüdische Autorität*, 174; Marcus, *Way of the Lord*, 112-13; Mell, Die "anderen" *Winzer*, 157-58, 특히

n. 537). 라이트푸트(J. Lightfoot, *Horae Hebraicae et Talmudicae*, 4 vols.[Oxford: Oxford UP, 1859; 라틴어 원본은 1658-74] 2:435)는 거의 350년 전에 이러한 단어유희를 주장했었다.

많은 논의가 히브리어 성경(예를 들어, 출 28:9-10; 애 4:1-2; 슥 9:16; 참조. 요 4:6-7; 그 밖의 히브리어 및 아람어의 예들에 대해서는 Snodgrass, *Parable of the Wicked Tenants*, 115-16; Brooke, DSD 2[1995] 287-88과 n. 59를 보라) 및 세례 요한의 말("속으로 아브라함이 우리 조상이라고 생각지 말라 내가 너희에게 이르노니 하나님이 능히 이 돌들로도 아브라함의 자손이 되게 하시리라," 마 3:9=눅 3:8)에서 그 예들을 찾아볼 수 있는 벤(בן, "아들")과 에벤(אבן, "돌") 간의 히브리어 단어유희에 집중되어 있다. 세례 요한이 언급한 "돌들"은 여호수아 4:2, 8-9에 나오는 요단강 강안(江岸)에 두어진 열두 개의 돌들이었을 것이다. 그러나 그러한 단어유희가 실제로 회당의 주해 작업에서 받아들여졌다는 것을 보여 주는 중요한 증거는 시편 118:22의 아람어 판본(즉, 탈굼)에서 발견된다.

> טליא שביקו ארדיכליא הות ביני בניא דישי וזכה לאתמנאה למליך ושולטן
> 탈야 샵비쿠 아르디켈라이야 헤와트 베네 베나이야 데이샤이 우제카 레이트만나아 레멜렉 웨슐탄
> 건축자들이 버린 소년은 이새의 아들들 가운데 있었고, 그는 왕과 통치자로 임명되기에 합당하였다.

에벤(אבן)을 탈야(טליא)로 대체한 것은 히브리어에서 에벤(אבן)/벤(בן)의 단어유희에서 생겨난 것이다. 이보다 더 중요한 것은 아람어로 된 이 시편의 단락 전체(즉, 19-27절)가 다윗의 생애로부터의 주제들, 즉 그의 어린 시절부터 시작해서 어떻게 그가 처음에 버린 바 되었다가 다시 이스라엘의 왕으로 받아들여지고 끝으로 사무엘이 어린 다윗의 등극을 희생제사를 통하여 축하했다는 이야기까지를 담고 있다는 것이다. 예루살렘 입성 기사(11:1-11; 위의 "주석"을 보라)에서 인유(引喩)되고 있음과 동시에 아람어 판본에 나오는 해석학적 요소들을 드러내 주는 시편 118:25-26의 자유로운 의역과 이 주제가 맞아떨어진다는 사실을 우리는 간과해서는 안 된다. 이것은 예수의 예루살렘 입성에서 성전 경내에서의 행위에 이르기까지를 관통하는 매우 일관되고 교묘한 해석학적 실이다. 아람어에 토대를 둔 이 복잡한 주해가 헬라어를 말하고 칠십인역을 사용한 교회의 산물이라는 주장은 과연 합당한가? 분명히 그렇지 않다. 이것은 아람어를 사용하는 회당에서 이해하고 해석된 몇몇 성

경 구절들에서 영감을 받은 예수에 의해 생성되어서 제자들에 의해 전승된 내용들 중의 단편들로 보는 것이 더 합당하다(Brooke, *DSD* 2[1995] 294).

그러면 시편 118:22-23로부터의 인용문이 분명히 칠십인역으로부터 나왔다는 관찰은 대체 어찌된 일인가? 이것은 공식적인 인용문이기 때문에, 칠십인역으로의 동화 현상이 일어났다는 것은 이상한 일이 아니다. 이러한 현상을 매우 분명하게 보여주는 한 예는 마가복음 4:12에 나오는 이사야 6:9-10에 대한 아람어 기반의 의역(意譯)이 마태의 병행본문(마 13:10-17)에서 공식적으로 인용되면서 칠십인역에 동화된 예다. 우리는 마가복음 12:10-11에서 이 인용문이 칠십인역에 동화됨으로써 원래 아람어 의역에는 있었던 버린 바 된 "아들"에 대한 언급이 사라져 버렸을지도 모른다고 추측해 볼 수도 있다—물론 이것은 단순한 추측에 불과하지만 말이다.

4. **공관복음서의 맥락.** 악한 포도원 농부의 비유(결론부에 나오는 시 118:22-23로부터의 인용문을 포함한)에서 전제된 성경 및 해석학적 요소들은 마가복음 기자가 제시한 성전 경내라는 상황과 잘 부합한다(참조. Brooke, *DSD* 2[1995] 289). 이 비유는 11:17의 예언적 고발(11:17에 대한 "주석"을 보라)과 일치하고, 11:28에 나오는 고위 제사장들의 질문에 대한 암묵적인 대답 역할을 한다. 또한 이 비유는 성전 멸망에 대한 예수의 예언(13:2), 예수가 성전을 위협했다는 나중의 고발(14:58; 참조. 15:29)과도 일치한다. 마가복음/공관복음서의 맥락은 이 비유를 하나로 묶어 주고 그 안에서 발견되는 성경적, 주해적, 전승적 요소들에 비추어서 해석할 수 있도록 해주는 맥락을 제공해 준다는 점에서 합당하다고 생각된다.

끝으로 이 비유는 원래부터 또는 후대의 마가복음의 맥락 속에서 희미하게나마 예수를 아들로 지칭한다. 몇몇 학자들은 이 비유에 나오는 아들이 세례 요한이라고 주장해 왔다(Gray, *HibJ* 19[1920-21] 42-52; Stern, "Jesus' Parables"; id., *Parables in Midrash*, 193-95; Mann, 462-63). 이러한 견해를 밑받침해 주는 증거들로는 예수께서 요한의 권세를 전제하고 이를 근거로 삼고 있는 직전의 맥락(참조. 11:30-32), 한 종의 머리를 쳤다는 언급(12:4)이 있는데 이는 요한의 참수(6:27-28)를 암시적으로 언급하고 있다는 것, 이 비유에는 종들을 계속해서 포도원 농부들에게 보냈다는 말이 나오는데 여기서 아들인 요한이 하나님께서 이스라엘에 보내신 선지자들과 사자(使者)들 중에서 최후이자 가장 위대한 자로 보고 있다는 것(예를 들어, 마 11:11=눅 7:28) 등이다. 그러나 이 비유에 나오는 아들을 세례 요한으로 규정하기는 어려운 것 같다. 전승 속에서 요한(또는 어떤 선지자)이 하나님의 아들이라 지칭된 적이 없기 때문이다. 예수의 권세에 관한 논쟁에서 요한이 거론된 것은 사실이지만, 예수와 고위 제사장들 사이의 대화에서 문제가 된 것은 예수의 권세이지 요한의 권세가 아니었다. 악한 포도원 농부의 비유는 제사장들이 던진 "무슨" 권세로 예수께서 이런 일들을 하느냐는 질문(대답: 하나님의 권세로)과 "누가" 이 권세를 예수에게 주었느냐는 질문(대답: 하나님이 주셨다)에 대답한다. 이러한 질문들은 요한의 죽음을 암시하는 비유에 의해서 답변되지 않는다. 끝으로 가장 중요한 것은 요한을 죽인 것은 고위 제사장들이 아니라 헤롯 안디바였다는 것이다. 이 비유는, 현재의 맥락을 무시한다고 해도, 세례 요한의 운명과는 부합하지 않는다. 이 비유에 나오는 아들을 이사야로 규정한 오스(Aus)의 주장도 마찬가지로 문제가 있다 - 비록 그는 예수께서 의도적으로 이사야의 모범을 따랐을 것이라고 말하지만(Aus, *Wicked Tenants*, 1-65). 예수께서 하나님의 백성의 손에 의해 고통을 당한 모든 선지자들 및 사자들과 자신을 동일시하셨다는 일반적인 의미로 받아들인다면, 그의 주장도 일리가 있다(참조. 마 23:37-38=눅 13:34).

악한 포도원 농부 비유는 예수로부터 유래했고, 마가복음/공관복음서의 맥락은 원래의 정황 및 의미를 정확히 반영하고 있다는 결론이 나온다. 그 밖에 세 가지 구체적인 결론들도 여기서 되풀이할 필요가 있다. (1) 이 비유는 포도원과 이스라엘의 동일시를 전제한다. 이 특징은 교회의 지향성과 강조점들과 긴장관계에 있는 것으로 보아서 교회의 창작은 아닌 것 같다. (2) 이 비유는 이 비유가 헬라어를 말하는 교회에 의해 창작되었다는 주장(Schweizer, 239)이나 이사야 5:1-7에 대한 인유(引喩)들 및 시편 118:22-23로부터의 인용문이 헬라어를 말하고 칠십인역을 사용하는 교회에서 유래되었다는 주장과 부합하지 않는 아람어 해석 전통을 전제한다. 이것은 적절한 설명이 아니다. 이사야 5장의 경우에 아람어 해석 전통은 쿰란 문헌(즉, 4Q500[=4QBenediction])에서 부분적으로 입증되고 있기 때문에, 아람어 및 랍비 전승들이 시기적으로 너무 늦어서 이 비유의 의미를 해명하는 데 적절치 않다는 주장은 더 이상 정당하지 않다. (3) 이 비유 및 시편 118:22-23은 부활을 가리키지 않는다. 이 비유를 부활 사건 이후의 창작이나 심하게 편집된 기독론적 비유라고 본다면, 이 말은 이상하다. 부활이 함축되어 있을 수는 있다. 결국 아들이 살해된 다음에 모퉁이 돌로 세워진다면, 즉 이스라엘의 왕으로 인정된다면 부활을 염두에 두고 있다고 해야 한다(참조. 행 4:10-11). 그러나 부활이 분명히 나와 있지 않고 명시적이지도 않고 기껏해야 함축되어 있다는 사실은 이상하다. 초대 교회는 예수의 부활을 설명하기 위해 시편 16:8-11을 비롯한 여러 성경 구절들을 근거 본문으로 들었다(참조. 행 2:25-28; 13:35-37). 그러나 시편 118:22-23은 부활을 설명하는 데 사용된 주요한 본문이 아니었다. (악한 포도원 농부의 비유에 대한 연구 개관은 Snodgrass, *BBR* 8[1998] 187-215를 보라.)

5. **편집과 맥락 설정.** 복음서 기자의 편집은 1a, 5b, 12절로 국한되어 있는 것 같다. 5b절은 농부들의 악함을 부각시키고 하나님께서 이스라엘에 보내신 선지자들과 사자들의 수가 많다는 것에 맞추기 위하여 복음서 기자가 첨가했을 것이다(예를 들어, Haenchen, 399; Gundry, 685). (1a절과 12절에 대해서는 아래의 "주석"을 보라.)

맥락상으로 12:1-12의 비유는 11:28에서 예수에게 던져진 질문에 답한다. "무슨 권세로 이런 일을 하느뇨?" 대답은 암묵적이지만 분명하다. 예수는 하나님의 권세 아래 행한다. 하나님은 예수가 그의 아들(1:11; 9:7), 하나님의 보좌에 나아가서 하나님으로부터 권세를 받은 "인자"(11:28에 대한 "주석"을 보라)이기 때문에 그에게 이 권세를 수여하셨다. 쿤(Kuhn, *Ältere Sammlungen*, 42)은 이러한 맥락 설정이 마가복음 기자에 의한 것이라고 본다. 그러나 이 비유는 예수께서 고위 제사장들의 질문에 대답하는 간접적인 방식이라는 점에서 궁극적으로 이 비유의 맥락 설정을 예수에 의한 것으로 보아야 한다고 말하는 건드리(Gundry, 682)의 주장은 옳다. 위에서의 분석은 이 입장을 충분히 밑받침한다.

주석

[1] "예수께서 비유로 저희에게 말씀하기 시작하였다"(*καὶ ἤρξατο αὐτοῖς ἐν παραβολαῖς λαλεῖν* – 카이 에륵사토 아우토이스 엔 파라볼라이스 랄레인). 다른 곳에서 복음서 기자는 오직 하나의 비유만이 기록되었지만 통상적으로 예수께서 비유로 말씀하셨다고 말한 바 있다(참조. 3:23; 4:2, 10, 11, 13, 33). 복음서 기자는 예수의 가르침을 도입할 때 에륵사토(*ἤρξατο*, "시작하였다")라는 표현을 사용하기를 좋아한다: 예수는 전파하기를(1:45), 가르치기를(4:1; 6:2, 34; 8:31), 그의 수난(10:32)과 장래의 위험들(13:5)에 관하여 말씀하기를 "시작하였다."

"한 사람이 포도원을 만들고 산울을 두르고 즙 짜는 구유 자리를 파고 망대를 지었다"(*ἀμπελῶνα ἄνθρωπος ἐφύτευσεν καὶ περιέθηκεν φραγμὸν καὶ ὤρυξεν ὑπολήνιον καὶ ᾠκοδόμησεν πύργον* – 암펠로나 안드로포스 에퓌튜센 카이 페리에데켄 프라그몬 카이 오뤽센 휘폴레니온 카이 오코도메센 퓌르곤). 위의 "양식/구조/배경"에서 분석했듯이, 이 단어들과 어구들은 이사야 5:1-7, 대부분 2절에서 가져온 것들이다. 이 어휘들이 히브리어 본문이 아니라 칠십인역을 반영하고 있다는 주장은 흔히 마가 본문의 페리에데켄 프라그몬(*περιέθηκεν φραγμὸν*, "그가 산울을 둘렀다")이라는 표현이 칠십인역(즉, 프라그몬 페리에데카[*φραγμὸν περιέθηκα*, "내가 산울을 둘렀다"])에는 나오지만 맛소라 본문에는 나오지 않는다는 것을 그 근거로 든다. 그러나 이것은 오해다. 맛소라 본문에서는 담이나 울타리에 대한 언급이 2절이 아니라 5절에 나온다(מְשׂוּכָּתוֹ – 메수카토, "그 울타리"). 맛소라 본문의 이 단어는 칠십인역의 2절에 나오는 프라그몬(*φραγμόν*, "울타리")에 해당한다는 것이 분명하다. 왜냐하면 칠십인역은 5절에서 이 단어를 프라그몬(*φραγμόν*)으로 번역하고 있기 때문이다. 따라서 이 비유에서 울타리를 만든다는 언급을 한 것은 맛소라 본문에서의 울타리의 파괴에 대한 나중의 언급을 전제한 것이다.

칠십인역은 사랑하는 자가 암펠론 소레크(*ἄμπελον σώρηχ*, "극상품 포도나무")를 심었다고 말하는데, 이는 맛소라 본문의 소레크(שֹׂרֵק, "극상품[붉은 포도] 포도나무")를 확대하고 설명하는 말이다. 맛소라 본문이나 칠십인역은 둘 다 그가 포도나무를 만들었다고 말하지 않는다. 이 비유의 암펠론(*ἀμπελών*, "포도원")은 이사야 5:1에서 온 것이다: "나의 사랑하는 자가 아주 기름진 산에 포도원(MT: כֶּרֶם – 케렘; LXX: *ἀμπελών* – 암펠론)을 만들었다." 포도원은 흔히 이스라엘 백성을 상징한다(사 1:8; 5:1-7; 27:2; 겔 19:10에서처럼). 선지자 이사야와 예레미야는 이스라엘의 지도자들이 여호와의 포도원인 이스라엘을 망쳐 놓았다고 말한다. "여호와께서 그 백성의 장로들과 방백들을 국문하시되 포도원을 삼킨 자는 너희며 가난한 자에게서 탈취한 물건은 너희 집에 있도다"(사 3:14), "많은 목자가 내 포도원을 훼파하며 내 분깃을 유린하여 나의 낙토로 황무지를 만들었도다"(렘 12:10). 이런 구절들은 종교 당국자들에 대한 예수의 고발들(참조. 막 12:38-44), 악한 포도원 농부 비유를 얘기하면서 이사야의 포도원의 노래(사 5:1-7)를 인용한 것과 일맥상통한다. 주후 70년에 예루살렘과 성전이 멸망한 후에, 슬픔에 잠긴 바룩3서의 저자는 하나님께 "주여, 어찌하여 주께서 주의 포도원에 불을 놓아 황무케 하셨나이까?"(1:2)라고 묻는다.

포도원을 만든 "사람"(*ἄνθρωπος* – 안드로포스)은 우화적으로 하나님을 가리키는데, 이는 이사야의 포도원의 노래의 의미와 일치한다. 마찬가지로 포도원은 이스라엘을 상징한다. 울타리, 즙 짜는 구유, 망대 같은 다른 세부적인 내용들은 적어도 이 비유 자체에서는 우화적인 의미를 지니지 않는다 – 물론 예수 당시(또는 직전)와 후대의 전승들에서는 이사야 5:1-7에서 가져온 이 세부적인 내용들 중 일부에 종교적인 또는 우화적인 의미들을 부여하기도 한다. 즙 짜는 구유를 탈굼이나 토셉타의 구절들에서는 제단으로 이해하고(*t. Meʿil.* 1.16; *t. Sukkah* 3.15), 망대는 성전 또는 성소로 이해한다. 그러나 이러한 상징 체계는 에녹1서 89:56-73에서 명시적으로, 4Q500(=4QBenediction)에서는 암묵적으로 확인되듯이 아주 오래된 것이다(Baumgarten, *JJS* 40[1989] 1-6; Brooke, *DSD* 2[1995] 268-94를 보라).

"그리고 포도원을 농부들에게 세로 주고 떠났다"(*καὶ ἐξέδετο αὐτὸν γεωργοῖς καὶ ἀπεδήμησεν* – 카이 엑세데토 아우톤 게오르고이스 카이 아페데메센). 세를 놓고 이득을 기대하는 것에 관한 이 표현은 성경적이다. "솔로몬이 바알하몬에 포도원이 있어 지키는 자들에게 맡겨 두고(MT: נָתַן – 나탄; LXX: *ἔδωκεν* – 에도켄) 그들로 각기 그 실과를 인하여서 은 일천을 바치게 하였구나"(아 8:11). 그러나 이것은 중간 시대와 신약 시대의 것인 파피루스들에 아주 자주 나온다(예를 들어, P.Cair. Zen. 59.257). 에크디도나이(*ἐκδιδόναι*)는 임대 계약에서 "세를 놓다" 또는 "임대하다"라는 의미로 나온다(예를 들어, MM, 192; *BAG*, 237-38).

게오르고이스(*γεωργοῖς*, "차지인[借地人] 농부들")는 소작농으로 생각해서는 안 된다(Lane, 416; Juel, 164; Crossan, *Historical Jesus*, 351-52는 이에 반대). 대부분의 게오르고이(*γεωργοῖς*, "차지인[借地人] 농부들")가 고대 말기에 실제로 소작농들이었다는 것은 사실이지만, 파피루스들에서 확인되듯이(예를 들어, BGU 1756; P.Col.Zen. 54; P.Cair.Zen. 59.341; P.Ryl. 582; P.Ryl. 583; 참조. Evans, *JSP* 14[1996] 74-80) 대규모의 영농을 위해서 임대계약을 맺어 땅을 빌리는 부유한 상업적 영농인(營農人)들도 많았다. 포도원은 상업적으로 경영되는 경우가 흔했다. 이 비유가 성전과 관련된 맥락 속에서 나온다는 점과 농부들의 고압적인 태도(7절에 대한 "주석"을 보라)로 보아, 이 비유에 나오는 게오르고이(*γεωργοῖς*)는 부유한 상업적 영농가들로 보아야 한다.

"그리고 떠났다"(*καὶ ἀπεδήμησεν* – 카이 아페데메센). 아포데메인(*ἀποδήμεῖν*, "떠나다")은 칠십인역에는 나오지 않는다. 마가복음 12:1의 병행본문들을 제외하면, 이 단어는 마태복음 25:14-15(달란트 비유)과 누가복음 15:13(탕자 비유), 이렇게 2번 나온다. 이 단어는 사람이 여행을 떠나서 한동안 부재한다는 의미를 나타낸다(MM, 61; Josephus, *Ant.* 6.11.7 §227; *Ag. Ap.* 2.28 §259). 포도원 주인의 출타에 대해서 그 어떤 우화적이거나 종교적인 의미를 부여해서는 안 된다.

2 "때가 이르매 농부들에게 포도원 소출 얼마를 받으려고 한 종을 보내었다"(*καὶ ἀπέστειλεν πρὸς τοὺς γεωργοὺς τῷ καιρῷ δοῦλον ἵνα παρὰ τῶν γεωργῶν λάβῃ ἀπὸ τῶν καρπῶν τοῦ ἀμπελῶνος* – 카이 아페스테일렌 프로스 투스 게오르구

스 토 카이로 둘론 히나 파라 톤 게오르곤 라베 아포 톤 카르폰 투 암펠로노스). 이 절에 나오는 어휘들은 임대차 계약을 비롯한 여러 형태의 상업 계약들에 전형적인 것들이다(참조. *PSI* 624; P.Ryl. 583). 지불을 위한 아포스텔레인(*ἀποστέλλειν*, "보내다")에 대해서는 MM, 69를 보라. 지불금을 받는다는 맥락 속에 나오는 람바네인(*λαμβάνειν*, "받다")에 대해서는 MM, 369를 보라. 토 카이로(*τῷ καιρῷ*, "때가 이르매")는 임대차 계약에 의해 규정된 기간(아마도 3년에서 5년)이 지났다는 것을 의미한다. 이 때쯤이면 포도원은 상당한 수확을 거두게 되어 있었다. 주인은 "소출 중 얼마"(*ἀπὸ τῶν καρπῶν*—아포 톤 카르폰; 문자적으로는 "열매들로부터")를 거두러 농부들에게 한 종을 보낸다. 종이 포도 열매나 포도주를 가득 실은 수레들을 끌고 돌아오리라고 주인이 기대했을 것이라고 생각해서는 안 된다. 종은 포도 열매와 포도주를 팔아서 생긴 돈을 가지고 돌아올 것이었다. 카르포이(*καρποί*, "열매[들]")는 흔히 돈으로 이해된다(MM, 321; 참조. *BAG*, 406).

3 "그러나 저희가 종을 잡아 심히 때리고 거저 보내었다"(*καὶ λαβόντες αὐτὸν ἔδειραν καὶ ἀπέστειλαν κενόν*—카이 라본테스 아우톤 에데이란 카이 아페스테일란 케논). 농부들이 주의 종을 심하게 대한 것은 제논(Zenon) 문서(주전 250년경)에 묘사된 실제 사건과 비슷하다. 알렉산드로스는 이렇게 보고한다. "나는 한 젊은이, 내 종을 스트라톤에게 보냈고, 옛두스에게 서신을 전했다. 그들은 돌아와서 그가 내 서신은 보지도 않고 그들을 공격하여 마을 밖으로 쫓아버렸다고 말했다. 그래서 내가 당신께 편지를 쓰고 있다"(P.Cair.Zen. 59.018=*CPJ* 6). 이 옛두스(Jedddous)라는 자는 유대 땅에 살던 유대인 남자였을 것이다(이옛두스[*Ἰεδδοῦς*]는 얏두아[ידוע]의 헬라어 형태다; 참조. LXX 2 Esd 22:11[느 12:11]; Josephus, *Ant.* 11.7.2 §302). 이 기사에서 놀라운 점은 이 옛두스가 프톨레미 제국의 왕 프톨레미 2세 필라델푸스(주전 282-246년)의 재무대신인 아폴로니우스가 고용한 지배인이었던 제논의 종들을 학대했다는 사실이다. 나중의 진술서를 보면, 이런 사건은 한두 번이 아니었음이 드러난다. "내가 곡물창고에서 일하도록 한 제논의 지시에도 불구하고, 클레이타르코스와 마론과 아노시스는 내 하인들을 곡물창고에서 쫓아낸 것을 보면"(P.Mich. 52). 악한 포도원 농부 비유의 사실적 표현과 제논 파피루스가 밝혀 준 여러 가지 점들에 대해서는 M. Hengel, *ZNW* 59[1968] 1-39를 보라.

4 "다시 다른 종을 보냈으나, 저희는 그의 머리를 때리고 능욕하였다"(*καὶ πάλιν ἀπέστειλεν πρὸς αὐτοὺς ἄλλον δοῦλον· κἀκεῖνον ἐκεφαλίωσαν καὶ ἠτίμασαν*—카이 팔린 아페스테일렌 프로스 아우투스 알론 둘론 카케이논 에케팔리오산 카이 에티마

산). 에케팔리오산(*ἐκεφαλίωσαν*; *κεφαλιοῦν* – 케팔리운)이라는 단어는 해석자들을 당혹스럽게 해 왔다(Field, *Notes*, 35-36에 요약된 어원론 및 의미론상의 난점들에 관한 논의를 보라). 스웨트(Swete, 268)는 이 단어가 "빰을 때리다"는 의미일 것이라고 생각한다. 버키트(Burkitt, "Parable of the Wicked Husbandmen")의 견해를 따라서, 테일러(Taylor, 474)는 "이 단어가 에콜라피산(*ἐκολάφισαν*, '저희가 때려눕혔다')을 잘못 쓴 것"일 것이라고 생각한다. 그러나 이러한 추정은 라그랑쥐(Lagrange, 307)에 의해서 진부한 것으로 거부되었고, 크랜필드(Cranfield, 365)도 이를 사본상의 지지가 없다는 이유로 거부했다. 에케팔리오산(*ἐκεφαλίωσαν*)의 의미는 바로 다음에 나오는 카이 에티마산(*καὶ ἠτίμασαν*, "능욕하였다")을 근거로 추측해 볼 수 있다. 이 동사들을 보완적인 의미로 함께 쓴 것이라면, 우리는 머리에 무슨 짓을 한 것이 능욕한 것이라고 생각해 볼 수 있다. 이러한 접근 방법을 써서 멜(Mell, *Die "anderen" Winzer*, 104)은 칠십인역 열왕기2서 10:2b-5(참조. 삼하 10:2b-5)에 나오는 다윗의 종들에 관한 이야기를 든다.

> 다윗은 그 아비 일과 관련하여 그를 위로하기 위해 종들(*δούλων* – 둘론)을 보냈다(*ἀπεστειλεν* – 아페스테일렌)…그러나 안논은 다윗의 종들(*παῖδας* – 파이다스)을 붙잡아서 그들의 수염을 밀어 버리고 엉덩이에 이르기까지 그들의 옷의 가운데 부분을 잘라 버리고는 그들을 돌려보냈다(*ἐξαπέστειλεν* – 엑사페스테일렌). 그러자 사람들이 다윗에게 그 사람들에 대하여 보고했다. 그 사람들이 크게 능욕을 당했기(*ητιμασμένοι* – 에티마스메노이) 때문에, 다윗은 그 사람들을 맞으러 보냈다.

따라서 주인이 두 번째로 보낸 종에게 일어난 일도 이와 비슷하게 그의 외관(外觀)을 흉칙스럽게 만들어 놓는 것이었으리라: 터번을 벗기고 아마도 수염을 밀어 버렸을 것이다. 이것은 참수당한 세례 요한에 대한 언급이 아니다(Crossan, *JBL* 90[1971] 452은 이에 반대한다).

5 "또 다른 종을 보내니 저희가 그를 죽이고 또 그 외 많은 종들도 혹은 때리고 혹은 죽였다"(*καὶ ἄλλον ἀπέστειλεν· κἀκεῖνον ἀπέκτειναν, καὶ πολλοὺς ἄλλους, οὓς μὲν δέροντες, οὓς δὲ ἀποκτέννοντες* – 카이 알론 아페스테일렌 카케이논 아페크테이난 카이 폴루스 알루스 후스 멘 데론테스 후스 데 아포크텐논테스). 복음서 기자는 이 절의 후반절을 덧붙였을 것이다: "그리고 또 그 외 많은 종들도 혹은 때리고 혹은 죽였다"(Gundry, 685를 포함한 대부분의 주석가들의 견해). 세 번째 종("또 다른 종을 보내니 저희가 그를 죽이고")은 보내심 받은 종들에 대한 대우의

정점을 이룬다. 첫 번째 종은 매를 때려 빈손으로 돌려보냈고(3절), 두 번째 종은 심하게 능욕을 당했으며(4절), 세 번째 종은 죽였다(5a절). 5b절에 나오는 마가의 보충 설명은 하나님의 선지자들과 사자들을 거부한 이스라엘의 성경 전승을 상기시키기 위한 것이다. 엘리야의 탄원 기도가 즉각적으로 생각난다. "이스라엘 자손이 주의 언약을 버리고 주의 단을 헐며 칼로 주의 선지자들을 죽였음이오며"(왕상 19:10; 참조. 14절). 그러나 이스라엘의 역사에 대한 역대기사가의 비관적인 견해가 그 정신에 있어서는 가장 가까운 병행이 될 것 같다. "그 열조의 하나님 여호와께서 그 백성과 그 거하시는 곳을 아끼사 부지런히 그 사자들을 그 백성에게 보내어 이르셨으나 그 백성이 하나님의 사자를 비웃고 말씀을 멸시하며 그 선지자를 욕하여 여호와의 진노로 그 백성에게 미쳐서 만회할 수 없게 하였으므로"(대하 36:15-16). 이스라엘이 버린 선지자들이라는 주제는 예루살렘에 대한 예수의 탄식에서 볼 수 있듯이 예수 전승의 다른 곳에도 표현되어 있다. "예루살렘아 예루살렘아 선지자들을 죽이고 네게 파송된 자들을 돌로 치는 자여"(마 23:37a=눅 13:34a).

6 "아직 한 사람이 있으니 곧 그의 사랑하는 아들이라"(*ἔτι ἕνα εἶχεν υἱὸν ἀγαπητόν*-에티 헤나 에이켄 휘온 아가페톤). 에티 헤나 에이켄(*ἔτι ἕνα εἶχεν*, "아직 한 사람이 있다")은 포도원 주인에게는 농부들에게 보낼 수 있는 사람이 아직 한 명 더 있었다는 것을 의미한다. 본문에 나와 있듯이, 이 사람은 주인의 "사랑하는 아들"(*υἱὸν ἀγαπητόν*-휘온 아가페톤)이었다. 주석가들은 아가페톤(*ἀγαπητόν*, "사랑하는")의 의미를 어려워한다. 일부 학자들은 이 단어를 마가가 수세 및 변화산 사건에서 하늘로부터 들려온 소리에 토대를 두고 만들어 낸 난외주(예를 들어, Grundmann, 322-23)라고 생각한다(예를 들어, Jeremias, *Parables*, 73). 또한 이 단어는 칠십인역에서 흔히 아가페토스(*ἀγαπητός*, "사랑하는")로 번역되는, 히브리어 또는 아람어의 야히드(יחיד, 문자적으로 "유일한")에 해당하는 말일 수도 있다. 그렇다면, 이 단어는 하나님께서 아브라함에게 "네 아들 네 사랑하는 독자(MT: אֶת־יְחִידְךָ אֶת־בִּנְךָ-에트 빈카 에트 예히드카; Tg. Noef.: ית ברך ית יחידך-야트 베라크 야트 예히다크; LXX: *τὸν υἱόν σου τὸν ἀγαπητόν*-톤 휘온 수 톤 아가페톤) 이삭을 데리고"라고 명하는 창세기 22:2에 대한 인유(引喩)일 수 있다. 또는 예수 또는 마가가 이사야 5:1(MT: יְדִיד-야디드; LXX: *ἀγαπητός*-아가페토스/ *ἠγαπημένος*-에가페메노스)로부터 이 형용사를 생각해 냈을 가능성도 있다. 건드리(Gundry, 686)는 이사야의 포도원의 노래에서 사랑하는 자는 포도원인 이스라엘과의 관계 속에서 신랑이신 하나님인 반면에, 마가의 비유 속에서 사랑하는 자는 그의 아버지와

관련하여 아들이라는 이유로 이러한 제안을 반대한다. 이러한 여러 대안들 중에서 가장 유력한 것은 창세기 22:2에 대한 인유(引喩)일 것이라는 주장이다. 아가페톤(*ἀγαπητόν*)은 메시아적 의미를 지니고 있지는 않은 것 같다(Taylor, 475; Cranfield, 365; 그러나 Nineham, 312; Anderson, 272는 반대).

"최후로 그를 보내며 저희가 내 아들은 공경하리라 생각하였더라"(*ἀπέστειλεν αὐτὸν ἔσχατον πρὸς αὐτοὺς λέγων ὅτι ἐντραπήσονται τὸν υἱόν μου* – 아페스테일렌 아우톤 에스카톤 프로스 아우투스 레곤 호티 엔트라페손타이 톤 휘온 무). 엔트레페인(*ἐντρέπειν*, "공경하다")은 흔히 히브리어 카나아(כנע, "스스로를 낮추다, 겸비하다"; 니팔형)를 번역한 말이다(예를 들어, 왕하 22:19; 대하 7:14; 12:7, 12: "그가 스스로 겸비하였을 때에 여호와께서 노를 돌이키사 다 멸하지 아니하셨더라"). 포도원 주인은 종들(또는 노예들)과는 비교도 안 되는 높은 직위의 사람을 보내면 농부들이 좀더 고분고분할 것이라고 생각한다(*λέγων* – 레곤, 문자적으로는 "말하여"이지만, 여기서는 "생각하여"라는 뜻이다). 그러나 애석하게도 농부들은 전혀 그럴 기색이 없다. 물론 이 비유의 원래의 청중들은 잔뜩 긴장감에 사로잡혀서 주인의 판단에 의문을 제기했을 것이다. 어떻게 포도원 주인은 그토록 오래 참고 견딜 수 있었을까? 어떻게 주인은 농부들이 그의 종들에게 한 일을 보고도 자기 아들을 보낼 생각을 했을까? 이 비유의 역동성 근저에 숨겨져 있는 것은 칼 와호메르(*qal wāḥômer*; 즉, *a minori ad maius*, "작은 것에서 큰 것으로의")적 논증일 것이다. 청중들이 포도원을 소유한 사람에게 가해진 모욕에 분노한다면, 하나님의 포도원인 그들이 속해 있는 하나님에 관한 지속적인 무시에 대해서는 얼마나 분노하겠는가?

7 "그러나 저 농부들은 서로 말하였다"(*ἐκεῖνοι δὲ οἱ γεωργοὶ πρὸς ἑαυτοὺς εἶπαν* – 에케이노이 데 호이 게오르고이 프로스 헤아우투스 에이판). 마가복음의 다른 곳에도 등장인물들이 자기들끼리 얘기하는 대목이 나오지만, 오직 여기에서만 동사가 과거 시제로 되어 있다. 대체로 복음서 기자의 편집 문구인 다른 예들은 현재 시제로 되어 있다(참조. 1:27; 2:8; 10:26; 11:31; 16:3). 등장인물들이 자기들끼리 말할 때, 마가복음의 청중 및 독자들은 그들의 은밀한 생각들을 엿보게 된다.

"이는 상속자니 자 죽이자 그러면 그 유업이 우리 것이 되리라"(*οὗτός ἐστιν ὁ κληρονόμος· δεῦτε ἀποκτείνωμεν αὐτόν, καὶ ἡμῶν ἔσται ἡ κληρονομία* – 후토스 에스틴 호 클레로노모스 듀테 아포크테이노멘 아우톤 카이 헤몬 에스타이 헤 클레로노미아). 포도원을 빼앗으려는 농부들의 사악한 음모는 나봇의 포도원을 탈취하기 위한 아합의 음모라는 성경적 전례가 있다. 이 야비한 이야기 중 가장 관련 있는 부분은 이렇게 되어 있다.

> 이 일 후에 아합이 나봇에게 일러 가로되 네 포도원(MT: כַּרְמְךָ – 카르메카; LXX: τὸν ἀμπελῶνά σου – 톤 암펠로나 수)이 내 궁 곁에 가까이 있으니 내게 주어 나물밭을 삼게 하라 내가 그 대신에 그보다 더 아름다운 포도원을 네게 줄 것이요 만일 합의하면 그 값을 돈으로 네게 주리라 그러나 나봇이 아합에게 말하되 내 열조의 유업(MT: נַחֲלַת – 나할라트; LXX: κληρονομίαν – 클레로노미안; *Tg.*: אחסנא- 아흐사나)을 왕에게 주기를 여호와께서 금하실지로다 하니…아합이 나봇의 죽었다 함을 듣고 곧 일어나 이스르엘 사람 나봇의 포도원을 취하러 그리로 내려갔더라(왕상 21[1 Kgdms 20]:2-3, 16).

이사야서의 포도원의 노래에는 없는 농부들의 악독함은 아합 왕과 나봇의 포도원에 관한 이야기에서 영향받았을 가능성이 있다. 농부들이 아들을 "상속자"(*κληρονόμος* – 클레로노모스)로 지칭하고 포도원을 "유업"(*κληρονομία* – 클레로노미아)이라 말한 것은 포도원을 아흐사나(אחסנא, "유업")로 해석한 아람어 탈굼과 일치한다. "자 그를 죽이자"(*δεῦτε ἀποκτείνωμεν αὐτόν* – 듀테 아포크테이노멘 아우톤)라는 표현은 창세기 37:20에서 요셉을 질투한 형들이 한 동일한 말을 생각나게 한다: "자 그를 죽이자(LXX: *νῦν οὖν δεῦτε ἀποκτείνωμεν αὐτόν* – 뉜 운 듀테 아포크네이노멘 아우톤)." 이 병행문에 대해 더 자세한 것은 Pesch, 2:219를 보라.

8 "그를 잡아 죽여 포도원 밖에 내어던졌다"(*καὶ λαβόντες ἀπέκτειναν αὐτόν καὶ ἐξέβαλον αὐτὸν ἔξω τοῦ ἀμπελῶνος* – 카이 라본테스 아페크네이난 아우톤 카이 엑세발론 아우톤 엑소 투 암펠로노스). 관용적 표현인 람바네인(*λαμβάνειν*, "잡다")과 아포크테이네인(*ἀποκτείνειν*, "죽이다")은 칠십인역 여호수아 11:17b에 나온다("그들의 모든 왕을 잡아 쳐서 죽였다"). 그들은 아들을 죽여서 "포도원 밖으로 내어던졌다"(*ἐξέβαλον‥ἔξω τοῦ ἀμπελῶνος* – 엑세발론…엑소 투 암펠로노스). 앞에서 언급한 한 파피루스(3절에 대한 "주석"을 보라)에서, 알렉산드로스는 제논에게 그의 종이자 동료인 스트라톤이 "마을 밖으로 내어던져졌다(*ἐγβαλεῖν* – 에그발레인)"고 보고하는데(P.Cair.Zen. 59.018=CPJ 6), 나중의 진술서에서는 어떤 사람들이 제논의 종을 돕는 자들을 곡물창고로부터 "쫓아냈다"(*ἐγβεβλήκασιν* – 에그베블레카신)고 주장된다(P.Mich. 52). 키케로는 살라미스 지방의 유지들로부터 빚을 받기 위해 군대가 동원되고 사람들이 죽는 일이 발생한 극적인 역사적 사건(주전 50년경)에 관하여 이렇게 말한다. "압피우스는 살라미스 사람들을 진압하도록 몇 개 대대를 그에게 주었다…나는 그 사람들에게…돈을 지불하라고 명하였다…나는 그들

을 위협하여 강제하였다"(*Att.* 5.21). 살라미스의 농부들과 오합지졸이 아니라 그 도시의 유력자들을 진압하기 위해 군대가 파견되었다!

이러한 실제 일어난 사건들은 악한 포도원 농부의 비유가 얼마나 실생활에 충실했는지를 보여 준다. 그러나 위에서 말했듯이, 비유들은 삶을 있는 그대로 묘사해서는 안 된다. 비유들은 흔히 과장법을 사용하고 등장인물들(그들이 하나님을 상징한다고 하더라도)이 두드러지게 믿을 만하게 또는 경솔하게 행동하는 것으로 묘사한다. 악한 포도원 농부 비유의 경우에도 마찬가지다. 세부적인 각각의 내용들은 모두 있을 수 있는 이야기이지만, 전체적으로는 있을 것 같지 않은 이야기이다. 과장법의 의도는 농부들의 범죄를 부각시켜서 이 비유의 청중들의 분노감을 증폭시키는 데 있다.

농부들이 아들의 시신을 포도원 밖으로 내어던지고는 매장하지 않은 채 내버려두었을 것이라고 말하는 테일러(Taylor, 475)의 추정은 아마 옳을 것이다. 그렇다면, 포도원 농부들이 저지른 극악무도한 짓은 한층 더 강화된다.

9 "[그러면] 포도원 주인이 어떻게 하겠느뇨?"(*τί* [*οὖν*] *ποιήσει ὁ κύριος τοῦ ἀμπελῶνος* – 티 [운] 포이에세이 호 퀴리오스 투 암펠로노스). 청중들로부터 반응을 이끌어내기 위한 예수의 수사의문문은 이사야서의 포도원의 노래의 동일한 지점에 나오는 내용을 반영하고 있다: "이제 내가 내 포도원에 어떻게 힝할 것을 너희에게 이르리라"(사 5:5). 호 퀴리오스(*ὁ κύριος*, "주인")는 문자적으로는 "주(主)"이다. "그가 와서 그 농부들을 진멸하고 포도원을 다른 사람들에게 주리라"(*ἐλεύσεται καὶ ἀπολέσει τοὺς γεωργούς καὶ δώσει τὸν ἀμπελῶνα ἄλλοις* – 엘류세타이 카이 아폴레세이 투스 게오르구스 카이 도세이 톤 암펠로나 알로이스)는 대답은 보통 통상적인 관행을 무시해 버리시는 예수 자신에 의해 주어졌을 것이라고 생각된다. 그럴지도 모르지만, 이것은 복음서 기자가 물려받은 이 비유의 판본이나 복음서 기자 자신이 명시적으로 청중들의 말로서 도입하지 않은 무리들의 대답이었을 가능성이 있다. 달리 말하면, 질문과 대답은 원래 다음과 같았을 것이라는 말이다. "포도원 주인이 어떻게 하겠느뇨?"라고 예수께서 물으신다. "그가 와서 농부들을 진멸하고 포도원을 다른 사람들에게 줄 것입니다"라고 청중들이 대답한다. 그러자 예수는 "너희가…성경에…함을 읽어 보지도 못하였느냐?"라고 되물으신다.

비유의 세부적인 대목들이 청중들의 마음속에 불러일으켰을 성경의 이야기들에 비추어 보면, 질문과 대답의 수사학은 특히 정곡을 찌른다. 아브라함이 그의 사랑하는 아들을 바치라는 하나님의 명령을 따라 이삭을 묶는 이야기(창 22:2)를 떠올렸다면, 청중들은 농부들을 학가다 전승들에 의하면 이삭을 죽여서 약속의 계보를 끊고자 한 사탄과 동일시했을 것이다. 나봇의 포도원 이야기를 떠올렸다면(왕상 21장), 청중들은 농부들을 나봇을 죽이고 그의 포도원을 탈취한 후 나중에 하나님의 심판을 받아 죽은 배교자 아합 왕과 동일시했을 것이다. 요셉의 형제들 이야기(창 37:18-24)를 떠올렸다면, 청중들은 농부들을 사악하게 공모하여 형제를 살해했지만 그 음모가 기적적으로 좌절된 죄악된 족장들과 동일시했을 것이다. 이 이야기들 중 어느 하나만을 선택할 필요는 없다. 왜냐하면 이 세 이야기 모두의 요소들이 청중들의 머리 속을 스쳐 가면서 농부들의 행위를 판단하는 여러 관점들을 제공했을 것이기 때문이다. 이 비유의 다면성은 그 예언적 힘과 비판적 적용을 강화시키는 역할만을 했을 것이다.

또한 "그가 와서 그 농부들을 진멸하고 포도원을 다른 사람들에게 주리라"(*ἐλεύσεται καὶ ἀπολέσει τοὺς γεωργούς καὶ δώσει τὸν ἀμπελῶνα ἄλλοις* – 엘류세타이 카이 아폴레세이 투스 게오르구스 카이 도세이 톤 암펠로나 알로이스)는 대답은, 12절에서 예수께서 그들을을 가리켜 이 비유를 말씀하셨다는 것을 바르게 깨닫고 있는 고위 제사장들에게는 구체적인 위협이었을 것이다. 그들의 권좌와 특권은 곧 끝장이 나게 될 것이다. 그들의 직위는 다른 사람들에게 주어질 것이다. 포도원을 다른 사람들에게 준다는 것은 이스라엘이 고위 제사장들이 아닌 사람들에 의해 통치되리라는 것만을 의미한다. 예수께서 염두에 둔 다른 사람들이 누구였을지는 결정하기가 어렵다. 마가복음 10:35-45에서 야고보와 요한이 높은 자리를 요구하고 이 일로 인해 제자들끼리 말다툼이 벌어진 것은 예수께서는 하나님이 의인들, 아마도 그의 제자들을 그런 자리에 임명하여 이스라엘을 다스리게 할 것이라고 기대하셨음을 분명히 보여 준다(비록 예수는 이런 일을 결정하는 것이 그의 소관이 아님을 인정하시긴 했어도). Q전승에서 예수는 제자들에게 그들이 "열두 보좌에 앉아 이스라엘 열두 지파를 심판하리라"(마 19:28=눅 22:30)고 약속하신다. 여기서 심판은 범죄자에게 선고를 하는 재판관의 경우와 같은 징벌 활동이 아니라 사사기에 나오는 사사들과 같이 백성들을 치리하고 보호하는 활동을 가리킨다. 포도원, 즉 이스라엘은 백성을 착취하는 현재의 위정자들(막 12장에 나오는 몇몇 예들이 이를 입증할 것이다)과는 반대로 이스라엘을 공의와 평강으로 다스릴 새로운 위정자들에게 주어질 것이다. 마태의 흥미로운 이차적 첨가문인 "그러므로 내가 너희에게 이르노니 하나님의 나라를 너희는 빼앗기고 그 나라의 열매 맺는 백성이 받으리라"(마 21:43)는 구절을 마가 본문에 끼워 넣어서 읽어서는 안 된다. 마태 본문을 어떻게 해석하든지와는 상관없이, 마가의 예수는 이스라엘이 장차 이방인들에 의해 대체되리라고 말씀하시지 않는다.

10 "너희가 이 성경을 읽어보지도 못하였느냐?"(*οὐδὲ τὴν γραφὴν ταύτην ἀνέγνωτε* – 우데 텐 그라펜 타우텐 아네그노테). 예수의 질문은 또다시 수사의문문이다. 물론 고위 제사장들과 서기관들은 시편 118편을 읽어보았다. 그러나 그들은 그 시편을 이해하면서 읽었을까? 건축자들의 버린 돌을 하나님께서 모퉁이 돌로 쓰실 것이라는 말씀의 의미를 그들이 과연 알았을까? 예수의 질문은 고위 제사장들을 수세로 몰아넣는데, 이 질문은 예수께서 나중에 부활 문제를 놓고 사두개인들에게 던지신 질문과 비슷하다: "너희가 성경도 하나님의 능력도 알지 못하므로 오해함이 아니냐"(12:24).

"건축자들의 버린 돌 / 그것이 모퉁이의 머릿돌이 되었도다"(*λίθον ὃν ἀπεδοκίμασαν οἱ οἰκοδομοῦντες, οὗτος ἐγενήθη εἰς κεφαλὴν γωνίας* – 리돈 혼 아페도키마산 호이 오이코도문테스 후토스 에게네데 에이스 케팔렌 고니아스). 시편 118:22로부터의 인용문은 맛소라 본문에 대한 충실한 번역문인 칠십인역을 문자 그대로 따른다. 문법상으로는 리돈(*λίθον*, "돌")이 대격이 아니라 주격이 되어서 "건축자들이 버린 돌이 모퉁이의 머릿돌이 되었다"로 번역되어야 할 것 같다. 그러나 리돈(*λίθον*)은 관계대명사 혼(*ὃν*)의 격을 따르고 있다(현수격[casus pendens]의 한 예이다). 이 리돈(*λίθον*)은 홍예문을 완결하는 관석(冠石)이나 원기둥의 두부(頭部), 건물의 첨탑을 가리키는 "모퉁이의 머릿돌"(*κεφαλὴν γωνίας* – 케팔렌 고니아스)이 되었다. 이것은 주춧돌이 아니다(Jeremias, *ZNW* 29[1930] 264-80; *BAG*, 431; Cahill, *RB* 106[1999] 345-57). 유대 문헌들은 돌의 여러 가지 뉘앙스를 보여 준다; 참조. 4QpIsa[d] 1 i 1-7(사 54:11에 대한; "돌들"=제사장들); *Tg. Onq.* Gen 49:24("이스라엘의 돌"[MT]="이스라엘의 씨"); Josephus, *J.W.* 5.6.3 §272("돌"="아들"); 또한 *Midr. Ps.* 118.20(시 118:22에 대한); *Exod. Rab.* 37.1(출 27:20에 대한); *Tg. Zech* 10:4; *Pirque R. El.* §24를 보라.

예수께서 그 초기 형태를 분명히 알고 있었을 아람어 전승은 다윗을 버려진 돌로 이해한다(Tg.: "건축자들이 버린 소년"; 위의 "양식/구조/배경" C.3을 보라). 선지자이자 제사장이었던 사무엘을 포함한 종교 당국자들에 의해서 처음에는 버려졌지만, 다윗은 제사장들에 의해 여호와의 전으로부터 인정을 받고 축복을 받게 된다(참조. *Tg. Ps* 118:19-27). 우리는 예수께서 시편 118:22을 이 비유의 결론부로 삼으신 것을 이 전승에 비추어서 이해해야 한다. 예수는 제자들 및 순례자들과 함께 아람어적 해석 전승의 특징들을 지닌 시편 118:25-26의 후렴구를 노래하고 환호하며 예루살렘에 입성하신다(11:1-11): "찬송하리로다 오는 우리 조상 다윗의 나라여"(위의 막 11:10에 대한 "주석"을 보라). 그러나 예수는 고위 제사장들의 환영과 축복을 받지 못하신다. 예수는 처음에 무시당하고(11:11), 그 다음에는 도전받으신다(11:27-33). 따라서 예수는 분노하여 고위 제사장들에게 "너희가 이 성경을 읽어보지도 못하였느냐?"고 물으신다. 즉, 예수가 누구이며 무슨 일이 벌어지고 있는지를 깨닫지 못하고 있느냐는 말이다.

유대 문헌에서 호이 오이코도문테스(*οἱ οἰκοδομοῦντες*, "건축자들")는 긍정적인 의미든 부정적인 의미든 종교 지도자들을 가리킬 수 있다; 참조. CD 4:19; 8:12, 18; 행 4:11; 고전 3:10; *Song Rab.* 1:5 §3; *Exod. Rab.* 23.10(출 15:11에 대한); *b. Ber.* 64a; *b. Šabb.* 114a.

11 "이것은 주로 말미암아 된 것이요 / 우리 눈에 기이하도다"(*παρὰ κυρίου ἐγένετο αὕτη καὶ ἔστιν θαυμαστὴ ἐν ὀφθαλμοῖς ἡμῶν* – 파라 퀴리우 에게네토 하우테 카이 에스틴 다우마스테 엔 옵달모이스 헤몬). 지금 일어나고 있는 일은 "주로 말미암아 된 것이요 기이하다"(*παρὰ κυρίου‥ἔστιν θαυμαστή* – 파라 퀴리우…카이 에스틴 다우마스테). 또다시 시편 118:23로부터의 인용문은 맛소라 본문에 대한 충실한 번역문인 칠십인역을 문자 그대로 따르고 있다. 다우마스테(*θαυμαστή*, "기이하다")는 하나님께서 온갖 불리한 여건을 지닌 것, 전혀 예상치 못한 것, 사람이 하나님의 도우심 없이는 이룰 수 없는 것을 이루신다는 것을 암시하는 말이다. 이러한 기이함의 중심에 갈릴리 출신인 보잘것없는 한 무리의 제자들의 지도자인 예수가 있다. 예수와 그를 좇는 무리를 통해서 하나님은 이스라엘과 세계를 변화시키실 것이다. 고위 제사장들은 예수와 그의 제자들을 깔보고 해충보다 좀 나은 존재로 여기겠지만, 하나님은 놀랍고 기이한 일을 시작하셨다.

12 "저희가 예수께서 자기들을 가리켜 이 비유를 말씀하셨음을 알고 예수를 잡고자 하였다"(*Καὶ ἐζήτουν αὐτὸν κρατῆσαι‥ἔγνωσαν γὰρ ὅτι πρὸς αὐτοὺς τὴν παραβολὴν εἶπεν* – 카이 에제툰 아우톤 크라테사이…에그노산 가르 호티 프로스 아우투스 텐 파라볼렌 에이펜). 이것은 마가복음에서 당국자들이 예수를 체포하고자(*κρατῆσαι* – 크라테사이) 한다는 최초의 언급이다. 14:1에서 복음서 기자는 우리에게 "대제사장들과 서기관들이 예수를 궤계로 잡아죽일 방책을 구한다"는 것을 말해준다. 14:44에서 유다는 예수를 체포할 수 있도록 누가 예수인지를 어떻게 신호할 것인가를 설명한다. 14:46에서 예수의 체포가 설명되고, 14:49에서는 예수께서 자기

를 체포한 자들에게 자기가 성전 경내에서 가르칠 때 겁을 집어먹고 자기를 공개적으로 체포하지 못한 것에 대하여 질타한다. 당국자들은 "예수께서 자기들을 가리켜 이 비유를 말씀하신 것을 알았다." 그들은 예수의 동조자들보다 더 잘 예수의 비유의 온전한 취지를 이해했다. 이사야서의 포도원의 노래에서 가져온 세부적인 내용들, 해석의 관점, 결론부의 시편 118:22-23로부터의 인용문은 예수께서 말씀하시고자 하는 취지를 분명하게 드러내 주었다.

"그러나 저희는 무리를 두려워하여…예수를 버려 두고 떠났다"(*καὶ ἐφοβήθησαν τὸν ὄχλον…καὶ ἀφέντες αὐτὸν ἀπῆλθον* – 카이 에포베데산 톤 오클론…카이 아펜테스 아우톤 아펠돈). 당국자들은 그 자리에서 예수를 체포하고 싶었으나 예수의 대중적 인기 때문에 그럴 수 없었다. 당국자들이 직면한 딜레마는 예수를 내버려두어서 예수로 하여금 반란에 박차를 가하게 하느냐, 아니면 예수를 체포하여 그들이 두려워한 그 반란에 불을 붙이느냐 하는 것이었다. 그들은 일시적으로 물러났다. 복음서 기자는 그렇게 말하지는 않지만, 독자 또는 청중은 종교 당국자들이 예수를 체포할 기회를 호시탐탐 노리고 있다는 것을 안다. 악한 포도원 농부 비유는 긴장과 아이러니의 기조(基調)로 끝난다. 왜냐하면 예수를 죽일 음모를 꾸미는 데서 그들은 부지불식간에 이 비유에 나오는 살인자들이 바로 그들임을 실천으로 보여 주고 있기 때문이다.

해설

예수의 가장 중요한 가르침들 중의 하나인 악한 포도원 농부의 비유는 분명히 예수의 권세에 대한 질문에 답해 주고, 고위 제사장들을 그들의 직위에 합당치 않은 자들로 단죄하며, 그 어떠한 반대에도 불구하고 하나님의 뜻이 이루어질 것임을 예고한다. 예수는 이 비유에서 암묵적으로 스스로의 정체를 드러내셨을 뿐만 아니라 자신을 죽임을 당할 아들로 묘사함으로써 수난의 주제를 이어가고 그의 체포와 십자가 처형으로 이끌 사건들에 대비하신다. 마가복음의 독자들은 이제 예수의 정체성과 수난이 얼마나 밀접하게 연결되어 있는지를 알게 된다. 8:29에서 베드로는 예수가 메시아임을 고백했고, 그 후 8:31에서 예수는 그의 죽음을 예고하신다. 9:7에서 하늘의 소리는 예수가 하나님의 아들임을 선언하고, 그 후 9:9에서 예수는 제자들에게 자신이 죽은 자 가운데서 부활할 때까지 그들이 본 것을 누설하지 말라고 엄명하신다. 이제 독자들은 예수가 이스라엘의 악한 지도자들에게 보냄 받은 종들에 이어 마지막으로 보냄 받은 아들, 종교 당국자들에 의해서 버림받았지만 견고히 세워질 돌이라는 것을 알게 된다. 마가복음의 독자들은 계속해서 예수의 주목할 만한 예언적 힘과 목숨을 희생해서라도 자신의 사명을 완수하고자 하는 예수의 확고한 결단에 깊은 인상을 받게 된다.

밀라베치(Milavec, "Fresh Analysis," 109)는 이렇게 말한다. "교부 시대 이래로 오늘날에 이르기까지 악한 농부 비유에 부착된 반유대교라는 유산은 마가가 자신의 복음서를 저작할 때 그를 지도했던 원래의 영감의 일부였다고 할 수 없다." 밀라베치의 말은 정곡을 찌른 말이다. 고위 제사장들을 살인자들로 묘사한 것은 반셈족이나 반유대적으로 해석되어서는 안 된다. 이 비유 및 마가복음에 나오는 다른 심판 표현들의 배후에 있는 해석학은 예언적 비판의 해석학이다. 예수는 이스라엘의 옛 선지자들이 왕들과 제사장들과 다른 사람들을 비판한 것과 동일한 정신으로 자기 백성의 위정자들을 비판하신다. 이사야 56:7의 웅장한 비전(vison)을 근거로 한 예수의 성전 경내에서의 시위(11:17)는 이스라엘의 영광스러운 잠재력을 염두에 둔 것이었다. 예수께서 예레미야 7:11을 인유(引喩)하여 위협하신 것은 민족 및 종교의 회복에 대한 소망에 동기를 둔 하나의 경고였다. 농부들이 계속해서 불의한 길들로 행한다면, 그들은 파멸을 맞게 될 것이다(참조. 13:2).

8. 가이사에게 내는 세금(12:13-17)

참고문헌

raun, W. "Were the New Testament Herodians Essenes? A Critique of an Hypothesis." *RevQ* 14(1989) 75-88. **Bruce, F. F.** *Jesus and Christian Origins Outside the New Testament.* London: Hodder and Stoughton; Grand Rapids, MI: Eerdmans, 1974. 149. ______. "Render to Caesar." In *Jesus and the Politics of His Day.* Ed E. Bammel and C. F. D. Moule. Cambridge: Cambridge UP, 1984. 249-63, esp. 249-51. **Charlesworth, J. H.,** and **Evans, C. A.** "Jesus in the Agrapha and Apocryphal Gospels." In *Studying the Historical Jesus: Evaluations of the State of Research.* Ed. B. D. Chilton and C. A. Evans. NTTS 19. Leiden: Brill, 1994. 479-533. **Crossan, J. D.**

Four Other Gospels: Shadows on the Contour of Canon. Sonoma, CA: Polebridge, 1992. 50-57. **Daniel, C.** "Les 'Hérodiens' du Nouveau Testament sont-ils des Esséniens?" *RevQ* 6(1967) 31-53. **Hart, H. St J.** "The Coin of 'Render unto Caesar…'(A Note on Some Aspects of Mark 12:13-17; Matt. 22:15-22; Luke 20:20-26)." In *Jesus and the Politics of His Day.* Ed. E. Bammel and C. F. D. Moule. Cambridge: Cambridge UP, 1984. 241-48. **Jeremias, J.** "Papyrus Egerton 2." In *Gospels and Related Writings.* Vol. 1 of *New Testament Apocrypha.* Ed. W. Schneemelcher. Rev. ed. Cambridge: James Clarke; Louisville: Westminster John Knox, 1991. 96-99. **Koester, H.** *Ancient Christian Gospels: Their History and Development.* London: SCM Press; Philadelphia: Trinity Press International, 1990. 205-16. **Valantasis, R.** *The Gospel of Thomas.* New Testament Readings. London; New York: Routledge, 1997. 180-81. **Weiss, W.** *"Eine neue Lehre in Vollmacht": Die Streit-und Schulgespräche des Markus-Evangeliums.* BZNW 52. Berlin; New York: de Gruyter, 1989. 202-34.

본 문

13 저희가 예수의 말씀을 책잡으려 하여 바리새인과 헤롯당 중에서 사람을 보내매

14 와서 가로되 선생님이여 우리가 아노니 당신은 참되시고 아무라도 꺼리는 일이 없으시니 이는 사람을 외모로 보지 않고 오직 참으로써 하나님의 도를 가르치심이니이다 가이사에게 세를 바치는 것이 가하니이까 불가하니이까

15 우리가 바치리이까 말리이까 한대 예수께서 그 외식함을 아시고 이르시되 어찌하여 나를 시험하느냐 데나리온 하나를 가져다가 내게 보이라 하시니

16 가져왔거늘 예수께서 가라사대 이 화상과 이 글이 뉘 것이냐 가로되 가이사의 것이니이다

17 이에 예수께서 가라사대 가이사의 것은 가이사에게 하나님의 것은 하나님께 바치라 하시니 저희가 예수께 대하여 심히 기이히 여기더라

13 And they[a] send to him[b] some of the Pharisees and some of the Herodians, so that they might trap him with a statement.

14 And approaching, they say to him,[c] "Teacher, we know that you are true, and that another's opinion means nothing to you;[d] for you do not regard the position of people,[e] but you truly[f] teach the way of God. Is it lawful to pay tax to Caesar,[g] or not? Should we give, or should we not give?"

15 But knowing their hypocrisy, he[h] said to them, "Why do you test me?[i] Bring me a denarius, so that I might see it."

16 And they brought one. And he says to them, "Of whom is this image and inscription?" And they said to him, "Caesar."

17 Jesus said to them, "Give to Caesar the things of Caesar, but give to God the things of God." And they were amazed at him.

원문주해

a. 본문에는 주어가 누구인지 나와 있지 않다. 누가 바리새인들과 헤롯당을 보냈는가? 몇몇 후대의 권위 있는 사본들은 호이 아르키에레이스 카이 호이 그람마테이스(*οἱ ἀρχιερεῖς καὶ οἱ γραμματεῖς*, "고위 제사장들과 서기관들")를 삽입한다. 마가의 맥락은 이러한 추정을 뒷받침한다(참조. 11:27). 아래의 "주석"을 보라.

b. D사본은 프로스 아우톤(*πρὸς αὐτόν*, "그에게")을 생략한다. 일부 권위 있는 사본들은 프로스 아우톤(*πρὸς αὐτόν*, "그에게")을 프로스 이에순(*πρὸς Ἰησοῦν*, "예수에게")으로 대체한다.

c. D사본은 에페로톤 아우톤 호이 파리사이오이(*ἐπηρώτων αὐτὸν οἱ Φαρισαῖοι*, "바리새인들이 그에게 물었다")로 읽는다. W사본은 엘돈테스 에륵산토 에로탄 아우톤 엔 돌로 레곤테스(*ἐλθόντες ἤρξαντο ἐρωτᾶν αὐτὸν ἐν δόλῳ λέγοντες*, "저희가 나아와서 속임수로 예수께 질문하기 시작하여 말하되")로 읽는다.

d. 헬라어로 우 멜레이 소이 페리 우데노스(*οὐ μέλει σοι περὶ οὐδενός*, 문자적으로는 "당신에게는 누구라도 상관이 없다").

e. 헬라어로 우 가르 블레페이스 에이스 프로소폰 안드로폰(*οὐ γὰρ βλέπεις εἰς πρόσωπον ἀνθρώπων*, 문자적으로는 "이는 당신은 사람들의 얼굴을 보지 않음이니이다").

f. 헬라어로 에프 알레데이아스(*ἐπ' ἀληθείας*, 문자적으로는 "진실로"). 아멘(אמן, "진실로")의 단언적 용법이 이 관용표현의 근저에 있는 것 같다(위의 막 9:1에 대한 "주석"을 보라).

g. D사본과 그 밖의 몇몇 권위 있는 사본들은 두나이 에피케팔라이온 카이사리(*δοῦναι ἐπικεφάλαιον Καίσαρι*, "가이사에게 공세를 바치는 것")로 읽는다.

h. D사본과 그 밖의 몇몇 권위 있는 사본들은 이에수스(*Ἰησοῦς*, "예수")를 첨가한다.

i. P^{45}, N, W, *Σ*, *33*사본과 그 밖의 몇몇 권위 있는 사본들은 휘포크리타이(*ὑποκριταί*, "위선자들")를 첨가한다(참조. 마 22:18).

양식/구조/배경

가이사에게 세를 바쳐야 하느냐는 질문과 "가이사의 것은 가이사에게 하나님의 것은 하나님께 바치라"는 예수의 정곡을 찌르는 대답 때문에 이 이야기는 하나의 고전이 되었다. "가이사에게 바치라…"는 이 고풍스러운 선포 형태는 쉽게 배워서 자주 써먹는 표현법이 되었다.

양식비평 학자들은 이 단화(單話)를 선포 이야기(a pronouncement story)로 본다(Bultmann, *History*, 26; Taylor, *Formation*, 64-65). 불트만과 테일러는 이 이야기를

예수의 사역 중에 일어난 실제의 사건으로 쉽게 받아들인다. 결론부의 예수의 선포가 그리 분명한 것은 아니라 할지라도(17절에 대한 "주석"을 보라), 이 이야기의 취지는 충분히 명백하다. 바리새인들과 헤롯 당원들은 예수에게 어려운 질문을 제시한다. 그들의 질문 앞에 덧붙어 있는 아첨하는 말은 예수에게 낚시밥을 던져서 예수로 하여금 경솔하게 본심을 드러내도록 유도하려는 것이다. 토라를 지키는 유대인이 가이사에게 세금을 내는 것이 합당한가 합당치 않은가? 예라고 대답하든 아니라고 대답하든 어느 쪽이나 다 결함이 있어서 꼬투리를 잡히게 된다. 이 이야기의 구조는 (a) 찬사들을 두텁게 붙여서 차려낸 서두의 질문(13-14절), (b) 예수의 반대 질문과 데나리온 하나를 가져오라는 요구(15절), (c) 예수의 두 번째 반대 질문과 원 질문자들의 대답(16절), (d) 예수의 단호한 선포(17절)로 이루어져 있다.

이 이야기의 마가 판본은 가장 초기의 자료를 보여 주는 것 같다. 그러나 그 밖에도 세 가지 판본이 존재한다. 첫 번째 판본은 에거튼 파피루스 2 단편 2의 앞면에 나온다.

> 저희가 예수를 시험하기 위해 그에게 와서 그를 시험하기 시작하여 말하되 "예수 선생님이여, 우리는 당신이 [하나님께로서] 온 것을 압니다. 이는 당신이 행하시는 일이 모든 선지자들을 능가함을 증거해 주기 때문입니다. [그러므로] 우리에게 [말씀해 주세요]. 왕들에게 그들의 통치에 속한 것을 [바치는] 것이 합당합니까? [우리가 그것]들을 바쳐야 합니까 [말아]야 합니까?"라고 했다. 그러나 예수는 저희[의] 생각을 아시고 분[노]하여 저[희]에게 말씀하시되 "왜 너희는 너[희] 입[으로] 나를 [선]생이라 부르느냐, 내가 한 말을 [듣]지도 않[았느냐]? 이사[야]가 너[희에 관하여] 잘 [예]언하였도다. '이 [백성]이 그[들의] 입으로는 나를 [공경하되] [그들의 마]음은 내게서 [멀도다]. [헛]되이 [저희가 나를 예배하는구나.] [사람들의 계]명들…'"(헬라어 본문은 Bell and Skeat, *Fragments*, 10-13를 보라).

이 이야기의 이러한 이본(異本)은 분명히 요한복음의 요소와 공관복음서의 요소를 이차적으로 혼합하여 만들어 낸 것이다(Fitzmyer, *Luke* 2:1290; Jeremias, "Papyrus," 96; Charlesworth and Evans, "Agrapha," 517). 이 이본은 예수 전승의 전수 단계에서 요한복음 전승과 공관복음서 전승이 아직 둘로 갈라지지 않았던 초기 단계를 확인해 주는 공관복음서 이전의 원시적인 자료가 아니다(Crossan, *Four Other Gospels*, 56; "마가복음 12:13-17은…파피루스 본문에 직접적으로 의존해 있다"; Koester, *Ancient Christian Gospels*, 207는 이에 반대한다). 이 이본은 2세기의 것으로서 2세기의 전형적인 윤색의 특징들을 보여 준다(특히 예수께서 요단 강에 씨를 던져서 많은 수확을 내는 것에 관한 단편적인 이야기[단편 2 앞면]).

또한 저스틴(Justin)의 글에는 이 이야기의 축약본이 나온다. "그 때에 몇몇 사람들이 예수께 와서 가이사에게 공세를 바쳐야 하느냐고 했다. 예수는 '이 동전에는 누구의 화상이 그려져 있는지 내게 말하라'고 대답하셨다. 저희가 '가이사의 것입니다'라고 말했다. 다시 예수는 저희에게 '그러므로 가이사의 것은 가이사에게, 하나님의 것은 하나님께 바치라'고 대답하셨다"(*1 Apol.* 17.2; ANF 1:168에 나오는 번역문). 예수의 반대 질문은 누가복음 20:24b과 더 가깝지만, 그의 선포는 마태복음 22:21c을 따른다(Fitzmyer, *Luke* 2:1290). 예수 전승의 합성은 저스틴에게서는 흔한 일이다. 그리고 어쨌든 저스틴이 그리스도인들은 로마 제국의 충성스러운 신민들로서 기꺼이 세금을 바쳐야 한다는 그의 주장을 뒷받침하기 위하여 이 전승을 자유롭게 의역하여 엮어 넣는 것으로 보아서, 저스틴의 본문을 원시적인 것으로 보지 않도록 주의해야 한다.

이 이야기의 세 번째 형태는 도마복음서에 등장한다. "저희는 예수께 금화를 보이면서 '가이사의 사람들이 우리에게 세금을 요구합니다'라고 말했다. 예수는 저희에게 '가이사에게 속한 것을 가이사에게 주고, 하나님께 속한 것을 하나님께 드리며, 나의 것을 내게 주라'고 말씀하셨다"(§100; J. M. Robinson, ed., *The Nag Hammadi Library*[Leiden: Brill, 1977] 128의 번역). 헐트그렌(Hultgren, *Jesus and His Adversaries*, 42-44)과 패터슨(Patterson, *Thomas and Jesus*, 69)은 이 전승에 있어서 공관복음서, 특히 누가복음의 판본에 대한 도마복음서의 이차적 관계를 보여 주는 증거를 설명해 내려고 시도한다. 그들은 도마복음서의 판본이 독립적임을 보이고자 한다. 그러나 예수가 어떤 것을 결정하라고 요구받지 않는 도마복음서의 응축된 판본은 예수의 선포의 온전한 취지를 손상시킨다. 은 데나리온이 금화로 바뀌고 "나의 것을 내게 주라"는 세 번째 절이 첨가된 것 같은 그 밖의 세부적인 내용들은 이차적인 윤색의 냄새를 풍긴다(Bruce, *Jesus*, 149; Fitzmyer, *Luke* 2:1290-91; Gundry, 696-97를 보라; 도마복음서에서 이 말씀 형태의 의미에 대해서는 Valatasis, *Gospel of Thomas*, 180-81를 보라).

마가복음 기자는 이 이야기를 악한 포도원 농부 비유(12:1-12) 직후의 성전 경내에서의 예수의 공개적인 가르침이라는 맥락 속에 위치시킨다. 이 비유는 "저희"(즉, 고위 제사장들, 서기관들, 장로들; 참조. 11:27)가 예수를 체포하려고 했으나 무리로 인하여 그렇게 할 수 없었다는 말로 끝났다(12:12). 바로 그 다음 단락에서 가이사에게 세금을 바치는 문제가 등장한 것은 마가복음의 맥락 속에서는 예수에게 죄를 씌울 증거를 모으려는 시도로서의 역할을 한다. 이 이야기는 줄거리에 긴장감을 증폭시키는 데 기여한다. 예수의 삶의 자리(*Sitz im Leben Jesu*) 속에서는 이 질문은 예루살렘에서, 아마도 수난 주간 내내 가르침을 베풀던 곳인 성전 경내에서 예수에게 던져졌을 것이다(그러나 Gnilka, 2:152-53는 그렇게 생각하지 않는다). 물론 예수는 갈릴리 사역 기간 동안에도 바리새인들(2:16, 18, 24; 3:6; 7:1-5; 8:11, 15; 10:2)과 헤롯 당원들(3:6, 바리새인들의 무리 속에서)과 접했다는 점을 고려하면, 이 이야기가 원래 갈릴리에서 일어났으나 명백한 정치적 차원을 내포하고 있어서 예루살렘에서의 사역과 결합하게 되었을 가능성도 있다. 확실하게 알기는 어렵다.

주석

13 "저희가 바리새인과 헤롯당 중에서 사람들을 예수께 보냈다"(*καὶ ἀποστέλλουσιν πρὸς αὐτόν τινας τῶν Φαρισαίων καὶ τῶν Ἡρῳδιανῶν* – 카이 아포스텔루신 프로스 아우톤 티나스 톤 파리사이온 카이 톤 헤로디아논)는 표현은 바리새인과 헤롯당이 한 패였다는 잘못된 인상을 주는데, 사실은 그렇지 않았다. 복음서 기자의 말은 바리새파 사람들(문자 그대로 누구에 의해 보내졌든 아니든)과 헤롯당 사람들이 세금에 관한 의견을 묻기 위해 예수께 나아왔다는 것이다. 바리새인들과 헤롯 당원들은 이 쟁점이 된 주제에 대하여 서로 매우 다른 견해를 가지고 있었다. 헤롯당원들(헤로디아노이[*Ἡρῳδιανοί*], 헤롯의 통치를 지지하는 자들을 의미하는 라틴어 헤로디아니[Herodiani]에서 온 말)은 유대인들이 로마에 직접적으로든(예수 시대의 유대 지방에서처럼) 간접적으로 헤롯의 관원들을 통해서든(갈릴리와 가울라니티스[Gaulanitis]에서처럼) 세금을 내는 것이 합당하다고 믿었다. 바리새인들, 적어도 예수께 나아온 자들은 로마에 세금을 내는 행위는 우상 숭배라고 보았을 것이다. 적어도 일부 바리새인들은 이런 견해를 갖고 있었다(그리고 랍비 문헌에 비추어 보면, 일부는 그렇지 않았다; 참조. *b. Pesaḥ.* 112b; *b. B. Qam.* 113a). 우리는 바리새인 삿독이 로마에 세금을 내기를 거부한 갈릴리(또는 가울라니티스)의 유다의 추종자였다는 것을 기억해야 한다(참조. Josephus, *Ant.* 18.1.1 §§1-10; *J.W.* 2.8.1 §§117-18).

헤롯당의 정체는 아주 불확실하다. 앞 단락에서 말한 내용을 받아들이지 않는다면, 우리에게는 그들에 관하여 알 수 있는 것이 전무하다고 해야 한다. 헤롯 대왕이 에세네파를 좋아했다는 것을 근거로, 일부 학자들은 헤롯당이 바르 에세네파라고 주장해 왔다(예를 들어, Daniel, *RevQ* 6[1967] 31-53; id., *RevQ* 7[1970] 397-402). 그러나 이것은 추측에 불과하고, 이 견해는 비판을 받아 왔다(예를 들어, Braun, *RevQ* 14[1989] 75-88). 회너(H. W. Hoehner, *Herod Antipas*, SNTSMS 28[Cambridge: Cambridge UP, 1972] 331-42)는 보이투스파(the Boethusians)로 보고(*b. Pesaḥ.* 57a: "보이투스 가문으로 인하여 내게 화로다!"), 칠튼(B. D. Chilton, "Jesus ben David" in *The Historical Jesus: A Sheffield Reader*, ed., C. A. Evans and S. E. Porter, *Biblical Seminar* 33[Shefield: Shefield Academic, 1997] 213-14)은 헤롯당을 "랍비 바티라(Bathyra)의 아들들"(*b. Pesah.* 66a: "저희[바티라의 아들들]는 유월절이 안식일을 무시하는지의 여부도 알지 못했다")로 본다. 헤롯당은 헤롯 아그립바를 이스라엘의 메시아로 본 자들이었다는 헐트그렌(Hultgren, *Jesus and His Adversaries*, 154-56)의 주장은 설득력이 없다. (좀더 자세한 논의는 Guelich, 138-39[3:6에 대한]를 보라).

마가복음의 맥락 속에서 "저희가 보냈다"(*ἀποστέλλουσιν*－아포스텔루신)에 나오는 "저희"는 처음에 예수께 다가와서 무슨 권세로 성전에서 소요를 일으킨 것이냐고 따졌던 고위 제사장들, 서기관들, 장로들(11:27-28; Gundry, 692)을 가리키는 것으로 이해해야 한다.

"그를 말로써 책잡으려 하여"(*ἵνα αὐτὸν ἀγρεύσωσιν λόγῳ*－히나 아우톤 아그류소신 로고). 그들의 질문의 목적은 예수를 덫에 걸리게 하는 것이다("그를"[*αὐτὸν*－아우톤]을 앞에 위치시켜서 그들이 덫에 빠뜨리고자 한 대상이 누구인지를 강조하고 있음을 주목하라). 예수의 대답이 한 무리에게 만족스러운 것이라면, 다른 무리에게는 불만족스러운 것이 될 것이다. 이보다 더 큰 일인 것은 세금을 바치라고 권했다가는 세금에서 놓여나기를 원하는 예수의 추종자들의 반감을 불러일으킬 것이 뻔하고, 세금을 바치지 말라고 했다가는 반란 선동죄를 범하게 될 것이라는 점이었다. 바리새인들과 헤롯 당원들은 예수께서 11:27-33에서 고위 제사장들을 빠뜨렸던 것과 동일한 곤경에 예수를 빠뜨리고자 하고 있다. 그때 예수는 고위 제사장들에게 예수의 권세에 관한 그들의 의견을 요구하셨다. 그것이 하늘로서냐 사람에게로서냐? 어느 쪽으로 대답을 하든 모두 문제를 일으키게 되어 있었다. 이번에는 예수의 차례다. 그러나 "우리가 알지 못하노라"고 거짓으로 대답했던 서기관들과 고위 제사장들과는 달리, 예수는 주목할 만한 선포를 통해서 윤리적 딜레마를 그의 질문자들에게 되돌려주신다(17절에 대한 "주석"을 보라).

14 "저희가 예수께 다가와서 '선생님이여 당신은 참되시고 다른 사람의 의견이

당신께는 아무 의미도 없다는 것을 우리가 압니다'라고 말했다"(*καὶ ἐλθόντες λέγουσιν αὐτῷ, διδάσκαλε, οἴδαμεν ὅτι ἀληθὴς εἶ καὶ οὐ μέλει σοι περὶ οὐδενός* – 카이 엘돈테스 레구신 아우토 디다스칼레 오히다멘 호티 알레데스 에이 카이 우 멜레이 소이 페리 우데노스). 10:17에서 예수에게 나아와서 "선생님"(*διδάσκαλος* – 디다스칼로스)이라고 불렀던 청년과 비교해 보라(10:17에 대한 "주석"을 보라; 참조. 요 3:2). "당신은 참되시고 다른 사람의 의견이 당신께는 아무 의미도 없다는 것을 우리가 압니다"라는 아첨하는 말은 예수를 부추기거나 압력을 넣어서 위험할 정도로 솔직하게 말하게 하려는 의도다. 아첨하는 말은 계속된다.

"이는 당신은 사람의 외모를 보지 않고 참으로 하나님의 도를 가리치심이니이다" (*οὐ γὰρ βλέπεις εἰς πρόσωπον ἀνθρώπων, ἀλλ' ἐπ' ἀληθείας τὴν ὁδὸν τοῦ θεοῦ διδάσκεις* – 우 가르 블레페이스 에이스 프로소폰 안드로폰 알 에프 알레데이아스 텐 호돈 투 데우 디다스케이스). 고위 제사장들이 보낸 이 밀사들이 예수께서 참되시고(*ἀληθής* – 알레데스) 참으로 "하나님의 도"(*τὴν ὁδὸν τοῦ θεοῦ* – 텐 호돈 투 데우)를 가르친다는 것을 안다는데("우리가 압니다"[*οἴδαμεν* – 오이다멘]), 11:33a에서 고위 제사장들은 요한의 권세가 어디로서 왔느냐는 질문과 관련하여 "우리가 알지 못하노라"(*οὐκ οἴδαμεν* – 우크 오이다멘)고 똑똑히 말했다는 것이 아이러니컬하다. 분명히 그들은 아는 것이 그들에게 유리할 때는 안다고 말한다. 하나님의 도에 대한 언급은 즉각적으로 초대 교회가 스스로를 가리켜 "도"(참조. 행 9:2; 19:9, 23; 24:14, 22)라고 했던 것을 생각나게 한다. "도"(道)는 쿰란 문헌에도 그 병행이 나오는 표현으로서(예를 들어, 1QS 8:13-14; 9:18, 21), 이사야 40:3에서 유래했다: "여호와의 길[도]을 예비하라." 프로소폰 안드로폰(*πρόσωπον ἀνθρώπων*, "사람들의 입장"; 문자적으로는 "사람들의 얼굴")은 성경적 표현이다(참조. Weiss, "*Eine neue Lehre in Vollmacht*," 208).

"가이사에게 세를 바치는 것이 가하니이까 불가하니이까?"(*ἔξεστιν δοῦναι κῆνσον Καίσαρι ἢ οὔ; δῶμεν ἢ μὴ δῶμεν* – 엑세스틴 두나이 켄손 카이사리 에 우 도멘 에 메 도멘). 이 날카로운 질문들은 예수를 딜레마에 몰아넣는다. 예수를 따르는 많은 무리가 다는 아니라 하더라도 대다수는 로마에 세금을 바치는 것을 혐오했는데, 이는 그것이 유대 나라가 이방 황제에게 굴복하고 있음을 나타내는 것이었을 뿐만 아니라 로마 황제가 상징했던 것(세금을 낼 때 사용하던 주화들에 여러 모양으로 각인되어 있던 그의 주권과 신성 같은)에 대한 지지 – 마지못해서 하는 것이긴 하지만 – 를 의미하는 것이었기 때문이다. 한편으로 가이사에게 세금을 바치는 것이 (토라를 지키는 유대인에게는) 불가하다고 선언한다면, 예수는 즉각적으로 대다수의 무리로부터 환호성을 듣겠지만 정치 당국자들 앞에서 위태로운 처지에 놓이시게 될 것이다. 예수께서 최근에 나귀 새끼에 타고 장차 도래할 다윗의 나라에 관한 환호성 속에서 도성에 입성하셨기 때문에(11:1-11), 무리 중 다수는 예수께서 가이사에게 세금을 바치는 것이 불가하다고 선언할 것으로 기대했을 것이다. 세금을 바쳐야 한다면 이스라엘의 합법적인 왕인 예수에게 바쳐져야 할 것이다. 다른 한편으로 가이사에게 세금을 바치는 것이 가하다고 선언한다면, 예수는 무리들 및 그의 추종자들 대부분으로부터 소외를 당하실 것이 분명하다. 이렇게 불신을 받게 되면, 예수는 백성들에 대한 그의 영향력을 상실하게 되고, 고위 제사장들은 그를 죽이기가 더 쉬워지거나 그를 완전히 무시해 버려도 되는 상황이 전개될 것이다.

예수는 분명히 반 세겔의 성전세에 대하여 부정적인 견해를 갖고 계셨다: "시몬아 네 생각은 어떠하뇨 세상 임금들이 뉘게 관세와 정세(*τέλη ἢ κῆνσον*－텔레 에 켄손)를 받느냐 자기 아들에게냐 타인에게냐"(마 17:25). 베드로는 "타인에게니이다"라고 정답을 말했고, 이에 대해 예수는 "그러하면 아들들은 세를 면하리라"(마 17:26)고 대답하셨다. 그럼에도 불구하고 예수는 베드로에게 세를 바치라고 명하셨다(마 17:27). 예수께서 이렇게 세금에서 자유로운 아들들이 가이사에게 세를 바쳐야 한다고 생각하셨을 리가 없다. 12:17의 예수의 답변은 현명했음에도 불구하고, 예수는 제자들에게 하나님 나라에서는 가이사에게 세금을 바치지 않아도 된다고 가르치셨을 것이고, 이것이 누가복음 23:2에 나오는 예수에 대한 고발을 설명해 준다고 하겠다.

"세"(*κῆνσος*－켄소스)는 헬라어, 아람어, 히브리어에서 사용되던 라틴어(census)에서 온 외래어이다(참조. 케나스[קְנָס], *DJPA*, 497-98). 마태는 마가를 따라서 켄소스(*κῆνσος*)를 사용하지만, 누가는 병행본문(20:22)에서 포로스(*φόρος*, "공세")를 사용하고, 예수께서 유대 백성들에게 공세 바치기를 금했다고 고발당하는 L자료(23:2)에서도 이 단어를 다시 사용한다. 파피루스들에 나오는 켄소스(*κῆνσος*)에 대해서는 BAG, 431과 MM, 343를 보라. 이 단어는 원래 세금을 징수하기 위해서 이름들을 등록시키고(*ἀπογράφειν*－아포그라페인) 재산을 평가하는 일을 의미한다(눅 2:1-5). 켄수스(census) 또는 켄소스(*κῆνσος*)라는 단어 자체로는 "세금"을 의미할 수 있다. 헤롯 시대에 세금들에 대한 백성들의 증오에 대해서는 Josephus, *Ant.* 17.11.2 §308을 보라. 주후 6년에 아켈라오가 제거되자, 갈릴리 사람 유다는 유대인들에게 로마에 세금을 바치지 말라고 촉구하고 폭동을 선동했다(참조. Josephus,

J.W. 2.8.1 §118; *Ant.* 20.5.2 §102). 이와 같은 사건과 그로 인해 야기된 수난(受難)들은 25년이 지나 예수께서 가이사에게 세금을 바쳐야 하느냐 마느냐에 관하여 질문을 받으셨던 때도 사람들의 기억 속에 남아 있었을 것이다.

15 "그러나 예수께서 저희의 위선을 아시고 저희에게 말씀하셨다"(*ὁ δὲ εἰδὼς αὐτῶν τὴν ὑπόκρισιν εἶπεν αὐτοῖς* – 호 데 에이도스 아우톤 텐 휘포크리신 에이펜 아우토이스). 오직 마가만이 저희의 이러한 술책을 휘포크리신(*ὑπόκρισιν*, "위선")으로 묘사한다. 마태복음 기자는 예수께서 "저희 악함을 아셨다"고 말한다. 그러나 바로 다음에 예수께서 "외식하는 자들아 어찌하여 나를 시험하느냐?"(마 22:18)고 말씀하셨다고 함으로써 마태는 자기가 마가 자료를 알고 있었음을 보여 준다. 마태는 이 호칭을 특히 좋아한다(참조. 마 6:2, 5, 16; 7:5; 15:7; 22:18; 23:13, 15, 23, 25, 27, 28, 29; 24:51; 이것들 중 소수만이 마가 또는 Q에서 왔다). 예수는 저희의 위선을 즉시 알아차렸기 때문에 한 순간이라도 저희의 술책에 말려들어 우롱당하지 않는다.

"어찌하여 나를 시험하느냐? 데나리온 하나를 가져다가 내게 보이라"(*τί με πειράζετε; φέρετέ μοι δηνάριον ἵνα ἴδω* – 티 메 페이라제테 페레테 모이 데나리온 히나 이도). 바리새인들과 헤롯 당원들에게 "어찌하여 나를 시험하느냐?"라고 물음으로써 예수는 그들의 진짜 동기를 드러내시고자 한다. 본문에는 그들이 한 말이 나오지 않는데, 아마도 예수는 그들에게 대답을 궁리해 낼 시간을 주시지 않았을 것이다. 예수는 느닷없이 데나리온 하나를 내놓으라고 요구하신다. "데나리온"(*δηνάριος* – 데나리오스)은 주후 1세기 팔레스타인에서 그 가치가 대략 일꾼의 하루 품삯에 해당했던 로마의 은화(denarius)였다(참조. 마 20:2). 동전을 보여 달라는 예수의 요청은 "흠, 그래, 그렇다면 어디 한번 가이사의 동전 좀 볼까"라고 말하는 듯한 뉘앙스를 풍기는 말이다. 16절에서 "이 화상과 이 글이 뉘 것이냐?"라는 예수의 질문은 계속해서 아이러니(irony)를 보여 준다.

16 "이 화상과 글이 뉘 것이냐? 가이사의 것이니이다"(*τίνος ἡ εἰκὼν αὕτη καὶ ἡ ἐπιγραφή; οἱ δὲ εἶπαν αὐτῷ, Καίσαρος* – 티노스 헤 에이콘 하우테 카이 헤 에피그라페 호이 데 에이판 아우토 카이사로스). 데나리온에 새겨진 "화상"(*εἰκών* – 에이콘)과 "글"(*ἐπιγραφή* – 에피그라페)은 당시 로마 황제였던 티베리우스의 것이었을 것이다(물론 더 오래된 아우구스티누스 황제의 주화들이 여전히 유통되고 있었을 것이지만). 예수의 취지는 사람들로 하여금 화상(image)에 주목하게 해서 우상(images)을 만들지 말라는 하나님의 계명을 범했음을 보여 주고(참조. 출 20:4), 로

마 가이사를 신으로 떠받드는 신성모독의 글귀에 주목하게 해서 여호와 하나님 앞에 다른 신을 두지 말라는 계명을 범했음을 보여 주는 것이다(참조. 출 20:3). 예수의 취지는 다음 절에서 분명하게 드러난다. 널리 받아들여지는 통설은 예수께서 본 데나리온은 20년대에 티베리우스에 의해 주조되었다는 것이다. 이 주화에는 다음과 같이 쓰여져 있었을 것이다. TI CAESAR DIVI AVG F AVGVSTVS("신 아우구스투스의 아들 티베리우스 가이사르 아우구스투스"). 이 주화와 그 의미에 대해서는 Hart, "The Coin"과 Bruce, "Render to Caesar"를 보라.

17 "가이사의 것은 가이사에게 하나님의 것은 하나님께 바치라"(*τὰ Καίσαρος ἀπόδοτε Καίσαρι καὶ τὰ τοῦ θεοῦ τῷ θεῷ*—타 카이사로스 아포도테 카이사리 카이 타 투 데우 토 데오). 예수의 말씀의 정확한 의미는 분명치 않다. 사실 예수는 자신의 말을 모호하게 하려고 의도하셨을 것이다. 사실상 이 말씀은 유대인들이 가이사에게 세를 바쳐야 하느냐에 관한 문제를 다시 질문자들에게 되돌려준다. 그들은 자신들의 견해가 옳음을 입증할 수 있는가? 헤롯 당원들은 로마에 세를 바치는 것(그들의 다른 정책들과 아울러)이 옳다는 것을 입증할 수 있는가? 바리새인들은 종종 폭력을 야기시킨 시민 불복종이라는 도전적인 정책이 옳음을 입증할 수 있는가? 여기서는 각 사람의 충성심과 동기들이 문제가 된다(마 6:24=눅 16:13: "너희가 하나님과 재물을 겸하여 섬기지 못하느니라").

예수의 대답은 모호했기 때문에 이 문제에 대하여 각 사람이 어떤 입장을 취하든 동의할 수 있게 되어 있다. 열심당에게는 가이사에게 속한 것은 아무것도 없고 모든 것이 하나님께 속한다. 중도파에게는 가이사에게 속한 것은 공세(貢稅)이고, 하나님께 속한 것은 예배와 언약에 대한 충성이었다.

저스틴(Justin)은 예수의 선포를 가이사에게는 세금을 바치고 예배는 가이사가 아니라 오직 하나님께만 드리라는 의미로 이해했다(*1 Apol.* 17.2). 아마도 저스틴의 입장이 진실에 가까울 것이다. 왜냐하면 바울도 로마서 13장에서 그러한 입장을 취하기 때문이다(참조. 1, 7절: "각 사람은 위에 있는 권세들에게 굴복하라 권세는 하나님께로 나지 않음이 없나니 모든 권세는 다 하나님의 정하신 바라…모든 자에게 줄 것을 주되 공세를 받을 자에게 공세를 바치고 국세 받을 자에게 국세를 바치고 두려워할 자를 두려워하며 존경할 자를 존경하라"). 신약성경은 정치 영역을 어떤 의미에서 공동의 선(善)을 위하여 하나님께서 정하신 것으로 인정한다.

"저희가 예수에 대하여 심히 놀랐다"(*καὶ ἐξεθαύμαζον ἐπ' αὐτῷ*—카이 엑세다우마존 에프 아우토). 에크다우마제인(*ἐκθαυμάζειν*, "심히 놀라다")은 마가복음에서 오직 여기에만 나오고 신약성경의 다른 곳에는 전혀 나오지 않는다. 그러나 접두사가 없는 다우마제인(*θαυμάζειν*, "놀라다")은 마가복음 6:6; 15:5, 44에 나온다. 마가복음 기자는 예수께서 친구든 적이든 다른 사람들에게 끼치는 영향과 관련하여 이러한 놀람에 관한 표현들을 아주 즐겨 사용한다. 에크플렛세인(*ἐκπλήσσειν*, "놀라다")에 대해서는 1:22; 6:2; 7:37, 다우베인(*θαυβεῖν*, "놀라다")에 대해서는 1:27; 10:24, 32, 에크다우베인(*ἐκθαυβεῖν*, "놀라다")에 대해서는 9:15; 16:5-6, 엑시스타나이(*ἐξιστάναι*, "놀라다")에 대해서는 2:12을 보라. 어려운 질문에 답하는 예수의 답변에서 그토록 놀라운 점은 그 답변이 덫에 걸리지 않는다는 것이다. "예" 또는 "아니오", 즉 "가이사에게 세를 바쳐라" 또는 "가이사에게 세를 바치지 말라"는 대답은 예수께서 선택하실 수 있는 유일한 대안들이었던 것처럼 보였다. 그러나 그의 답변은 그러한 단순화된 대안들을 파기해 버린다. 어떤 것들은 가이사에게 속한 것들일 텐데, 그게 무엇이지? 또한 많은 것들이 하나님께 속한 것들인데, 그게 무엇인지? 예수는 질문자들에게 그들 자신의 질문에 답할 수밖에 없게 만들고, 그렇게 함으로써 그들의 동기 및 충성심을 깊숙이 헤아려 보도록 유도한다.

해설

11:27-33에 나오는 권세에 관한 질문은 예수에게 잠재적으로 위험스러운 것이었으나, 유대인이 가이사에게 세를 바치는 것이 가한지 불가한지에 관한 질문은 특히 위험스러운 것이다. 여기서 한 발자국만 삐끗하게 되면, 예수는 예루살렘에서의 그의 사역을 끝마치기도 전에 로마 당국자들의 손에 붙잡히게 될 수 있었다. 그러나 악한 의도로 던져진 사악한 질문은 예수에게 뭔가 적극적인 가르침을 베풀 수 있는 기회를 제공해 준다 – 물론 예수께서 현명한 답변을 하실 기회이기도 했지만. "가이사의 것은 가이사에게 하나님의 것은 하나님께 바치라"는 예수의 의도적으로 모호한 선포는 경직된 규칙이 아니라 근본적인 원칙을 천명한다. 즉, 각 사람은 무엇이 하나님께 속하고 무엇이 어떤 사람 또는 어떤 것에 속하는지를 스스로 판단해야 한다. 예수의 원칙은 사람들로 하여금 자신의 우선순위와 충성을 분별하게 만든다. 예수의 사역이라는 맥락 속에서 "하나님의 것"은 곧 도래할 하나님 나라에 비추어서 선포되는 회개와 믿음으로의 부르심에 대한 순종을 의미한다. 사람들은 예수의 수난을 포함하는 "하나님의 것"에 헌신하도록 촉구된다(참조. 8:33, 여기서 예수는 "하나님의 일"을 생각지 않는다고 베드로를 꾸짖으신다; Gundry, 694). 실제로 8:33

이 12:17의 의미를 해명해 준다고 보면, 예수는 "가이사의 것"은 이 세상에 속한 것들, 도래할 하나님 나라 앞에서 사라져 버릴 것들이고, "하나님의 것"은 예루살렘의 십자가에서 이루어질 예수의 사명과 관련이 있다고 말씀하시는 것이 된다.

9. 부활에 관한 질문(12:18-27)

참고문헌

Cohn-Sherbok, D. M. "Jesus' Defense of the Resurrection of the Dead." *JSNT* 11(1981) 64-73(repr. in *The Historical Jesus: A Sheffield Reader.* Ed. C. A. Evans and S. E. Porter. Biblical Seminar 33. Sheffield: Sheffield Academic, 1995. 157-66). **Downing, F. G.** "The Resurrection of the Dead: Jesus and Philo." *JSNT* 15(1982) 42-50(repr. in *The Historical Jesus: A Sheffield Reader.* Ed. C. A. Evans and S. E. Porter. Biblical Seminar 33. Sheffield: Sheffield Academic, 1995. 167-75). **Meier, J. P.** "The Debate on the Resurrction of the Dead: An Incident from the Ministry of the Historical Jesus?" *JSNT* 77(2000) 3-24. **Schiffman, L. H.** "The Sadducean Origins of the Dead Sea Scroll Sect." In *Understanding the Dead Sea Scrolls.* Ed. H. Shanks. New York: Random House, 1992. 35-49.

본 문

18 부활이 없다 하는 사두개인들이 예수께 와서 물어 가로되	**18** And the Sadducees, who say there is no resurrection, come to him, and they were questioning him, saying,
19 선생님이여 모세가 우리에게 써 주기를 사람의 형이 자식이 없이 아내를 두고 죽거든 그 동생이 그 아내를 취하여 형을 위하여 후사를 세울지니라 하였나이다	**19** "Teacher, Moses[a] wrote for us that if someone's brother should die and leave behind a wife and not leave behind a child, his brother should take the wife and raise up offspring for his brother.
20 칠 형제가 있었는데 맏이 아내를 취하였다가 후사가 없이 죽고	**20** There were seven brothers; and the first took a wife, and dying, he left behind no offspring.
21 둘째도 그 여자를 취하였다가 후사가 없이 죽고 셋째도 그렇게 하여	**21** And the second took her, and he died, without leaving offspring; and the third likewise.[b]

22 일곱이 다 후사가 없었고 최후에 여자도 죽었나이다
23 일곱 사람이 다 그를 아내로 취하였으니 부활을 당하여 저희가 살아날 때에 그 중에 뉘 아내가 되리이까
24 예수께서 가라사대 너희가 성경도 하나님의 능력도 알지 못하므로 오해함이 아니냐
25 사람이 죽은 자 가운데서 살아날 때에는 장가도 아니가고 시집도 아니가고 하늘에 있는 천사들과 같으니라
26 죽은 자의 살아난다는 것을 의논할진대 너희가 모세의 책 중 가시나무 떨기에 관한 글에 하나님께서 모세에게 이르시되 나는 아브라함의 하나님이요 이삭의 하나님이요 야곱의 하나님이로라 하신 말씀을 읽어보지 못하였느냐
27 하나님은 죽은 자의 하나님이 아니요 산 자의 하나님이시라 너희가 크게 오해하였도다 하시니라

22 And the seven did not leave behind offspring.[c] Finally, the woman also died.
23 In the resurrection,[d] whose wife will she be? For the seven[e] had her as wife."
24 Jesus said to them, "For this reason are you not misled, knowing neither the Scriptures nor the power of God?
25 For whenever they arise from the dead, they neither marry nor are given in marriage, but they are as angels in heaven.
26 But concerning the dead, that they are raised, have you not read in the book of Moses, at [the passage] of the bush, how God spoke to him, saying, 'I am the God[f] of abraham, and the God of Isaac,[g] and the god of Jacob'?
27 he is not God of the dead, but of the living. You are greatly mistaken."

원문주해

a. 헬라어로 모우세스(*Μωϋσῆς*)인데, א, B, D, W, Σ사본이 이렇게 읽는다. A, C, Φ사본은 히브리어(מֹשֶׁה – 모세)와 음운학적으로 더 가까운 모세스(*Μωσῆς*)로 읽는다. 위의 9:4에 대한 "주석"을 보라.

b. 일부 사본들은 여기에 함축되어 있는 뜻을 자세하게 써서 카이 호 트리토스 호사우토스 엘라벤 아우텐(*καὶ ὁ τρίτος ὡσαύτως ἔλαβον αὐτήν*, "마찬가지로 셋째도 그 여자를 취하였다")으로 읽는다.

c. 여기서도 일부 사본들은 여기에 함축되어 있는 뜻을 자세하게 풀어써서 호사우토스 엘라본 아우텐 호이 헵타 카이 우크 아페칸 스페르마(*ὡσαύτως ἔλαβον αὐτήν οἱ ἑπτὰ οὐκ ἀφῆκαν σπέρμα*, "마찬가지로 일곱은 그 여자를 취하였으나 후사가 남지 않았다")로 읽는다.

d. 많은 사본들은 엔 테 아나스타세이 호탄 아나스토신(*ἐν τῇ ἀναστάσει ὅταν ἀναστῶσιν*, "그들이 부활에서 부활할 때")으로 읽는다. 이 어구가 א, B, C*, L사본과 그 밖의 몇몇 권위 있는 사본들에는 나오지 않는다. Nestle-Aland[27]과 USBGNT[3c]는 호탄 아나스토신(*ὅταν ἀναστῶσιν*, "그들이 부활할 때")으로 읽지만, 이 어구를 괄호 속에 넣는다. 메츠거(Metzger, *TCGNT*[1], 110-11)는 이 어구가 본래의 것이지만 초기 필사자들에 의해 중

복된 어구로 여겨져서 생략되었다고 생각한다. 또한 Westcott-Hort, *Introduction* 2:26을 보라.

e. 일부 후대의 사본들은 판테스 가르 호이 헵타(*πάντες γὰρ οἱ ἑπτά*, "이는 일곱 모두가")로 읽는다.

f. 헬라어로는 에고 호 데오스(*ἐγὼ ὁ θεός*). 일부 사본들은 에고 에이미 호 데오스(*ἐγω εἰμι ὁ θεὸς*, "나는 하나님이다")로 읽는데, 이는 아마 칠십인역 출 3:14의 영향인 것 같다: 에고 에이미 호 온(*ἐγὼ εἰμι ὁ ὤν*, "나는 ~인 자이다").

g. 헬라어로 이사아크(*Ἰσαάκ*). ℵ*, D사본은 이사크(*Ἰσάκ*)로 읽고, 일부 라틴어 사본들은 이삭(Isac)으로 읽는다. 출 3:6의 히브리어 본문은 이츠하크(יִצְחָק)로 읽는다. 이 두 가지 표기법은 칠십인역에서 확인된다. 한 사본은 두 번째와 세 번째 이름의 순서를 뒤바꾼다: 호 데오스 이아콥 카이 호 데오스 이사아크(*ὁ θεὸς Ἰακώβ καὶ ὁ θεὸς Ἰσαὰκ*, "야곱의 하나님이요 이삭의 하나님").

양식/구조/배경

여러 번 재혼한 여자가 부활의 때에 누구의 아내가 되느냐는 질문에 관한 이야기는 사두개인들이 예수께 다가와서 그 취지가 분명치 않은 황당한 질문을 던지는 것으로 묘사된다. 질문에 묘사된 황당무계한 시나리오는 죽은 형제가 후사를 두지 못하고 죽은 경우에 그 미망인에게 아들을 낳아 주어야 한다는 형사취수(兄死聚嫂)에 관한 율법에 토대를 둔 것이다(참조. 창 38:8; 신 25:5-6; 룻 4장; Josephus, *Ant.* 4.8.23 §§254-56; *ABD* 4:296-97). 이 질문에 나오는 가상 상황을 실제로 있을 것 같지 않게 만드는 내용은 무자한 미망인이 일곱 차례나 과부가 되었다는 것이다. 부활 때에 이 여자는 누구의 아내가 될 것인가? 이 가상 상황의 근저에 있는 전제는 부활 교리가 토라의 가르침과 모순되는데, 특히 예수 같은 이가 이혼을 절대적으로 반대하는 엄격한 일부일처제를 고집할 때 특히 그렇다는 것이다(토라 자체, 즉 창세기 1:27; 2:24에 토대를 둔 10:1-12에 나오는 이혼에 관한 예수의 가르침을 보라). 가이사에게 세를 바쳐야 하는가에 관한 앞서의 질문과는 달리, 이 질문은 상대적으로 무해(無害)하다. 예수께서 어떤 입장을 취하든 그를 따르는 무리나 그를 해하고자 하는 비판자들에게 큰 영향을 미치지 않기 때문이다. 예수의 대답은 앞서 세를 바치는 것과 관련된 더 심각한 질문에 대하여 대답했던 때(12:13-17)와 마찬가지로 지혜롭고, 예수는 "하나님은 죽은 자의 하나님이 아니요 산 자의 하나님이시라"는 중요한 선포를 할 기회를 얻으시게 된다.

양식비평학자들은 이 단화(單話)를 논쟁 대화로서 제시된 선포 이야기(a pronouncement story)로 분류한다(Taylor, *Formation*, 65; Bultmann, *History*, 26). 불트만은 이 이야기가 초대 교회에서 유래했고, 아마도 랍비 자료들에서 나왔을 것(나중에 거기에다 26-27을 첨가해서)이라고 생각한다. 그럴 수도 있겠지만, 이 단화에는 기독교적 내용이 전혀 존재하지 않는다. 그리스도인들이 무슨 이유로 케리그마를 제시하지도 않고 기독론의 어떤 중요한 측면도 해명해 주지 않는 전승을 만들어 냈겠는가? 정말 초대 교회가 논쟁 대화를 만들어 내서 예수께서 자신의 부활에 대한 암시는 전혀 없는 부활 주제에 관한 선포를 하도록 했다는 것을 우리가 믿어야 한단 말인가? 이러한 기독교적 내용의 결여는 예수의 생애 속에서 이 이야기가 유래했다는 것을 말해 준다. 게다가 부활 문제를 놓고 그리스도인들과 초기 랍비 유대교 간에 어떤 논쟁도 벌어지지 않았다. 양자가 모두 그것을 믿었다. 따라서 이 전승을 초대 교회가 만들어 냈다는 것을 보여 주는 부활 사건 이후의 정황이나 맥락은 전혀 없다고 하겠다. 부활 사건 이전의 예수의 생애 속에서 유래했다는 주장이 훨씬 더 유력하다(Meier, *JSNT* 77[2000] 3-24를 보라).

그렇지만 예수와 "사두개인들" 간의 이러한 대화가 어떻게 역사적일 수 있는지를 알기도 어렵다. 두 가지 중요한 난점이 있다. (1) 왜 사두개인들은 갈릴리 출신의 이 떠돌이 선생에게 관심을 갖는 것일까? 그들의 관심이 악의적인 것이었다면(이것은 이해할 수 있는 일이다) 왜 부활에 관한 문제를 묻는 것일까? 사두개인들이 예수께서 심각한 위협이 될까 봐 두려워했다면, 왜 고발의 근거가 될 수 있는 하나님 나라에 관한 문제라든가 사회 변혁의 다른 측면들에 관한 문제들을 묻지 않는 것인가? (2) 질문 자체가 문맥과 잘 부합하지 않는 것처럼 보인다. 마가복음 11-12장의 변증(辨證)은 예수께서 비판하는 성전 당국 및 정책들에 초점이 맞춰져 있다. 부활 문제는 안식일 율법과 이혼 및 결례(潔禮)에 관한 문제들이 논의되던 예수의 초기 사역의 맥락에 더 잘 부합한다. 그러나 예수께서 갈릴리에서 사두개인들을 접했을 가능성이 있는가? 이 이야기를 현재의 문맥 속에서 받아들일 수 있는 한 가지 방법은 예수께 질문을 던진 자들을 사두개인들과 제휴한 서기관들로 보는 것이다. 그러면 이 질문은 문맥에서 벗어난 것이 되지 않을 수 있다. 대체로 위험스러운 많은 질문들이 예수께 쏟아졌으나("무슨 권세로 이런 일을 하느냐?" 또는 "가이사에게 세를 바치는 것이 가하냐?"), 부활에 관한 질문이나 가장 큰 계명에 관한 질문(12:28-34) 같은 전형적인 랍비 학교 논쟁들의 일부였던 질문들도 나왔을 것이다. 마가복음 기자는 예루살렘에서 나온 것이든 그렇지 않든, 위험스러운 것이든 그렇지 않든 이러한 다양한 전승들을 현재의 문학적 맥락 속에 모아놓았다.

따라서 현재의 본문은 부활을 뒷받침하는 예수의 석의(釋義)의 일부로서 진정성이 있지만 맥락이 재설정되고 개작된 것이다. 이 석의는 사두개인들의 해석에 반대되는 것이기 때문에, 복음서 기자 – 또는 그에 앞선 전승 – 는 예수와 성전 당국자들의 싸움이라는 맥락 속에 이 이야기를 끼워 넣고 이 질문을 던진 사람을 구체적으로 사두개인들로 규정했다. 성전 경내의 논쟁에서 사두개인이 출현함으로써 예수에 맞서 정렬한 대적들이 모두 집합한 셈이다.

마가복음의 변증 맥락(즉, 성전 당국자들 대 예수)을 고려하면, 부활에 관한 사두개인들의 질문은 종말론과 회복 사상과 관련된 의중(意中)을 예수로부터 끌어내려는 시도였을 수 있다. 원래의 상황에서 이 질문은 아마도 단지 학문적 논쟁점으로서의 부활과 관련되어 있었을 것이지만, 마가복음의 맥락 속에서 이 질문은 좀더 폭넓은 함의(含意)들을 지니는 것으로 이해될 수 있다. 예루살렘에서 정치적이고 종교적으로 중요했던 집단들은 모두 예수에게 한 방씩을 날리게 되는데, 이제 사두개인들의 차례가 되었고, 그들도 논쟁에서 곤경에 처하게 된다.

주석

18 "부활이 없다 하는 사두개인들이 예수께 와서 물었다"(*ἔρχονται Σαδδουκαῖοι πρὸς αὐτόν, οἵτινες λέγουσιν ἀνάστασιν μὴ εἶναι, καὶ ἐπηρώτων αὐτὸν* – 에르콘타이 삿두카이오이 프로스 아우톤 호이티네스 레구신 아나스타신 메 에이나이 카이 에페로톤 아우톤). 여기서 사두개인들은 마가복음에서 처음이자 마지막으로 등장한다(대조적으로 마태복음에는 여러 번 등장한다). 삿두카이오스(*Σαδδουκαῖος*, "사두개")라는 명칭은 형용사 찻디크(צַדִּיק, "의로운")에서 나왔을 것이지만, 오늘날 대부분의 학자들은 이 명칭이 차도크(צָדוֹק, "사독": 삼하 8:17)라는 인명(人名)에서 유래한 것으로 믿는다. 이러한 이유 및 할라카(halakah)에 여러 차례 나오는 내용들과 관련된 이유들 때문에, 쉬프만(Schiffman, "Saddducean Origins")은 여러 군데서 "사독의 아들들"(בני צדוק – 베네 차도크; 예를 들어, CD 4:3; 1QS 5:2, 9; 1QSa 1:2; 2:3)로 불리는 쿰란 분파의 창시자들이 사두개인들이었거나 적어도 사두개인들의 초기 형태였을 것이라고 주장한다. (이러한 주장을 받아들인 학자들은 많지 않다.) 사두개인들의 경제적, 사회적, 정치적 지향성을 고려할 때, 우리는 그들이 종종 고위 제사장들의 동맹자들로서 거론되는 것을 이상히 여기지 말아야 한다(행 4:1-4; 15:17-18). 그러나 우리는 모든 사두개인들이 제사장들이었다거나 대부분의 제사장들.

심지어 고위 제사장들까지 사두개인들이었다고 생각해서는 안 된다. 요세푸스는 오직 한 명의 대제사장 아나누스(Ananus)만을 사두개인으로 묘사한다(참조. *Ant.* 20.9.1 §199: "그는 사두개 학파를 따랐다[*ἅιρεσιν…τὴν Σαδδουκαίων* – 하이레신… 텐 삿두카이온]"). 이 점에 대한 좀더 자세한 것은 G. G. Porton, "Sadducees," *ABD* 5:894를 보라.

사두개인들이 부활을 부인했다는 것에 대해서는 사도행전 4:2; 23:6-8("사두개인은 부활도 없고 천사도 없고 영도 없다[*μὴ εἶναι ἀνάστασιν μήτε ἄγγελον μήτε πνεῦμα* – 메 에이나이 아나스타신 메테 앙겔론 메테 프뉴마] 하고"), Josephus, *Ant.* 18.1.4 §16("사두개인들은 영혼[*ψυχας* – 프쉬카스]이 육신[*σώμασι* – 소마시]과 함께 멸한다고 주장한다"), *J.W.* 2.8.14 §165("사후의 영혼의 영속성[*ψυχῆς* – 프쉬케스], 하데스의 형벌, 상급에 대하여 그들은 믿지 않는다")를 보라.

아나스타시스(*ἀνάστασις*, "부활")는 마가복음에서 여기와 23절에만 나온다. 마가의 병행본문들을 제외하면, 복음서들의 다른 곳에서 이 단어는 오직 한 번 더 누가복음 14:14에만 나온다: "의인들의 부활 시에 네가 갚음을 받겠음이니라." 예수는 자기 자신과 관련해서는 "일으키심을 받는다"라는 표현을 사용한다(8:31; 9:31; 10:34; 14:28).

19 "선생님이여, 모세는 어떤 사람의 형이 자식이 없이 아내를 두고 죽거든 그 동생이 그 아내를 취하여 형을 위하여 후사를 세울지니라고 우리에게 썼나이다"(*διδάσκαλε, Μωϋσῆς ἔγραψεν ἡμῖν ὅτι ἐάν τινος ἀδελφὸς ἀποθάνῃ καὶ καταλίπῃ γυναῖκα καὶ μὴ ἀφῇ τέκνον, ἵνα λάβῃ ὁ ἀδελφὸς αὐτοῦ τὴν γυναῖκα καὶ ἐξαναστήσῃ σπέρμα τῷ ἀδελφῷ αὐτοῦ* – 디다스칼레 모우세스 에그랍센 휘민 호티 에안 티노스 아델포스 아포다네 카이 카탈리페 귀나이카 카이 메 아페 테크논 히나 라베 호 아델포스 아우투 텐 귀나이카 카이 엑사나스테세 스페르마 토 아델포 아우투). 예수를 "선생님"(*διδάσκαλε* – 디다스칼레)으로 부르는 것에 대해서는 12:14에 대한 "주석"을 보라. 마태복음과 누가복음 기자는 마가의 엉성한 구문을 부드럽게 손질한다(마 22:24; 눅 20:28).

사두개인들은 오경에 나오는 형사취수 율법들에 대하여 언급하고 있다(참조. 창 38장; 신 25:5-10). 이 율법이 등장하는 가장 초기의 전승은 족장 이야기들에서 발견된다. "유다가 오난에게 이르되 네 형수에게로 들어가서 남편의 아우의 본분을 행하여 네 형을 위하여 씨가 있게 하라"(창 38:8). 이 율법은 신명기 25장에 공식적으로 자세하게 설명된다. 형사취수 혼인은 후사 없이 과부가 된 여자의 문제에 대한 고대의 해법이었다. 아주 옛날에 여자에게는 두 개의 장소가 있었다: 처녀였을 때 살았던 친정집 또는 자녀를 낳아 주어야 하는 남편의 집. 무자(無子)한 과부는 고대 사회에서 발붙일 곳이 없었다. 형사취수 혼인을 통해서 여자는 그녀의 죽은 남편의 이름으로 자녀를 가질 기회를 얻었다. 사두개인들은 논란의 여지가 없는 것으로 받아들여진 이 율법을 요약해서 말한다.

요세푸스는 신명기의 가르침을 흥미로운 방식으로 확장한다. "한 여자가 무자한 상태에서 남편이 죽게 되면, 남편의 형제는 그녀와 결혼해서 태어난 아이를 고인(故人)의 이름으로 부르고, 그 아이를 소유재산의 상속자로 기를지니라. 이렇게 해야 공공복리에 유익이 되고, 가문들이 끊기지 않으며, 재산이 친척들에게 남아 있게 되느니라. 게다가 그 여인은 자신의 이전 남편의 가장 가까운 친척과 함께 삶으로써 자신의 불행을 덜게 될 것이다"(*Ant.* 4.8.23 §§254-55).

20 "칠 형제가 있었는데, 맏이 아내를 취하였다가 후사가 없이 죽었다"(*ἑπτὰ ἀδελφοὶ ἦσαν· καὶ ὁ πρῶτος ἔλαβεν γυναῖκα καὶ ἀποθνῄσκων οὐκ ἀφῆκεν σπέρμα* – 헵타 아델포이 에산 카이 호 프로토스 엘라벤 귀나이카 카이 아포드네스콘 우크 아페켄 스페르마). 후사를 남기지 않고 죽은 일곱 형제는 언뜻 마카베오2서 7장(참조. 4 Macc 8-13)에 나오는 순교한 일곱 아들들을 생각나게 한다. 이 형제들도 부활을 믿었다. 우리는 그들이 결혼했는지의 여부를 알지 못한다(그리고 아마도 하지 않은 것으로 생각된다). 어쨌든 형사취수 혼인은 그들의 비극적인 이야기와 아무런 상관도 없다. 일곱 번 결혼한 라구엘의 딸 사라에 대한 토빗의 이야기(Tob 3:7-15)는 이 본문에 관한 좀더 유력한 배경을 제공해 준다. 그러나 사라의 경우에 그 혼인들 중 어느 하나도 제대로 이루어진 것이 없었다. 악한 마귀 아스모데우스(Asmodeus)가 부부가 합방하기 전에 남편을 매번 죽였기 때문이다. 사두개인들의 가상적인 예에서 엘라벤 귀나이카(*ἔλαβεν γυναῖκα*, "그가 아내를 취했다")라는 어구는 그 혼인(이후의 여섯 번의 형사취수 혼인도 마찬가지로)이 실제로 이루어졌다는 의미를 함축한다.

21 "둘째도 그 여자를 취하였다가 후사가 없이 죽고 셋째도 마찬가지였다"(*καὶ ὁ δεύτερος ἔλαβεν αὐτήν καὶ ἀπέθανεν μὴ καταλιπὼν σπέρμα· καὶ ὁ τρίτος ὡσαύτως* – 카이 호 듀테로스 엘라벤 아우텐 카이 아페다넨 메 카탈리폰 스페르마 카이 호 트리토스 호사우토스). 형사취수 혼인의 순서가 여기에 설명되어 있다. 둘째와 셋째도 이 여자를 아내로 취하였으나 후사를 보지 못했다.

22 "일곱이 다 후사가 없었고 최후에 여자도 죽었다"(*καὶ οἱ ἑπτὰ οὐκ ἀφῆκαν*

σπέρμα ἔσχατον πάντων καὶ ἡ γυνὴ ἀπέθανεν – 카이 호이 헵타 우크 아페칸 스페르마 에스카톤 판톤 카이 헤 귀네 아페다넨). 원 남편의 여섯 형제들은 순서대로 의무에 따라 이 여자를 아내로 취했다. 그렇지만 한 사람도 이 여자에게서 자녀를 낳을 수 없었다. 결국 이 여자는 일곱 형제 모두와 결혼했지만 후사 없이 죽었다.

23 "부활을 당하여 (저희가 살아날 때에) 여자는 누구의 아내가 되리이까? 일곱이 그 여자를 아내로 취하였기 때문입니다"(*ἐν τῇ ἀναστάσει* [*ὅταν ἀναστῶσιν*] *τίνος αὐτῶν ἔσται γυνή; οἱ γὰρ ἑπτὰ ἔσχον αὐτὴν γυναῖκα* – 엔 테 아나스타세이 [호탄 아나스토신] 티노스 아우톤 에스타이 귀네 호이 가르 헵타 에스콘 아우텐 귀나이카). 엔 테 아나스타세이(*ἐν τῇ ἀναστάσει*, "부활을 당하여")라는 어구는 종말의 부활과 그 다음에 이어지는 하나님 나라에서의 영원한 삶을 가리키는 축약된 표현이다(참조. 눅 14:14; 요 11:24; *Liv. Pro.* 2:15; *t. Sanh.* 13.5[בתחיית המתים – 비트히야트 함네팀]). "그 여자가 누구의 아내가 되리이까?"라는 질문의 배후에는 토라의 율법들은 하나님 나라에서 완벽하게 준수되리라는 것이 전제되어 있다. (이와 관련하여 메시아는 토라 전문가일 것이라는 랍비 전승이 있다.) 실제로 부활이 존재한다면(사두개인들은 이것을 의심한다), 특히 엄격한 일부일처제를 준수한다면, 어떻게 부활의 때에 토라의 율법이 준수되겠는가? 사두개인들의 논리는 성경의 일부다처제(족장들의 경우에서처럼)조차도 허용하지 않는, 일곱 형제 모두와의 혼인을 전제한다. 어떻게 우리는 의심스러운 부활 교리와 토라의 영원한 유효성 양자를 모두 긍정할 수 있는가?

24 "너희가 성경도 하나님의 능력도 알지 못하므로 그로 인해 오해함이 아니냐?"(*οὐ διὰ τοῦτο πλανᾶσθε μὴ εἰδότες τὰς γραφὰς μηδὲ τὴν δύναμιν τοῦ θεοῦ* – 우 디아 투토 플라나스데 메 에이도테스 타스 그라파스 메데 텐 뒤나민 투 데우). 예수의 수사의문문은 비꼬는 빛을 띠고 있다. 앞서 예수는 고위 제사장들, 서기관들, 장로들에게 "너희가 성경을 읽어보지도 않았느냐?"(12:10; 참조. 11:27)고 반문하신 적이 있었다. 이번에는 사두개인들이 "성경도 하나님의 능력도" 알지 "못하므로"(*μὴ…τὰς γραφὰς μηδὲ τὴν δύναμιν τοῦ θεοῦ* – 메…타스 그라파스 메데 텐 뒤나민 투 데우) 잘못을 저질렀다. 이 말씀에는 하나님의 계시에 대한 예수 자신의 이해가 함축되어 있다. 즉, 계시는 성경 및 하나님의 능력을 통해서 온다. 예수의 성경 이해는 서기관들 및 그 밖의 종교 교사들의 이해와 다르다. 마가복음의 다른 곳에는 예수의 가르침은 서기관들의 가르침과 같지 않다는 말이 나온다. 왜냐하면 예수는 권세를 지닌 자로서 가르치시기 때문이다(참조. 1:22, 27). 자기 안에서 역사하시는

하나님의 능력에 대한 체험을 통해서, 예수는 성경이 성취된 것으로 설교하셨고(예를 들어, 1:12-15; 참조. 눅 4:1, 14, 21; 11:20), 이 동일한 체험이 예수에게 성경 이해의 지침이 되었다. 따라서 하나님의 능력에 대한 체험은 예수에게 그의 해석학의 결정적인 요소가 된다(Chilton, *Galilean Rabbi*, 165-98, 특히 168-69를 보라). 예수는 사두개인들이 하나님의 능력을 체험한 적이 없고, 따라서 성경이 계시하는 것에 대한 그 어떤 통찰력도 갖고 있지 않다고 보신다.

건드리(Gundry, 702)는 예수께서 말씀하시는 텐 뒤나민 투 데우(*τὴν δύναμιν τοῦ θεοῦ*, "하나님의 능력")는 게부로트(גבורות, "[하나님의] 능력들")를 언급하는 아미다(*ʿAmîdâ*, "서서 하는 [기도]" 또는 18기도문)의 초기 형태를 인유(引喩)한 것이라고 생각한다. 또한 예수께서 대제사장 앞에서 하신 고백문을 생각해 볼 수도 있다: "인자"로서 그는 "능력의 우편에" 앉게 될 것이다(14:62) – 여기서 "능력"은 하나님을 가리키는 완곡어법이다.

25 "그들이 죽은 자 가운데서 살아날 때에는 장가도 아니 가고 시집도 아니 간다"(*ὅταν γὰρ ἐκ νεκρῶν ἀναστῶσιν οὔτε γαμοῦσιν οὔτε γαμίζονται* – 호탄 가르 에크 네크론 아나스토신 우테 가무신 우테 가미존타이). 예수는 성경의 어디에도 혼인 관계가 부활 이후에도 계속된다는 암시가 없다는 것을 암묵적으로 추론하신다(참조. b. Ber. 17a: "내세에는…종족 번식이 없다"). 그러므로 사두개인들의 질문은 잘못 짚은 것이다.

"그들은 하늘에 있는 천사들과 같다"(*εἰσὶν ὡς ἄγγελοι ἐν τοῖς οὐρανοῖς* – 에이신 호스 앙겔로이 엔 토이스 우라노이스). 사두개인들은 천사의 존재를 믿지 않았다는 것이 보통 우리들의 생각이다(참조. 행 23:8). 그러나 천사들은 사두개인들이 영감을 받은 권위 있는 것으로 받아들인 유대 성경의 일부인 토라에 나온다. 따라서 부활한 의인들이 하늘에서 천사들과 같을 것이라는 예수의 말씀은 비꼬는 것이라고 할 수 없고(Gundry, *Matthew*, 446), 토라를 근거로 한 부활에 대한 예수의 옹호의 연장이라고 해야 한다(Davies and Allison, *Matthew* 3:227-28). 하늘에서 인간들이 천사와 같을 것이라는 믿음은 신약 시대의 문헌들에서 잘 확인된다(1 Enoch 104:4, 6: "너희는 하늘의 천사들과 같이 크게 즐거워하게 되리라…이는 너희가 하늘의 선한 마음을 지닌 사람들과 동역자들이 될 것임이니라"; 2 Bar. 51.5, 10: "저희는 천사들과 같이 되리라"; *Mart. Pol.* 2; 참조. 1QSb 4:24-26; 4Q511[=4QShir[b]] 35 4; 출 14:29에 대한 *Mek.* [Bešallaḥ §7]).

26 "그러나 죽은 자들, 그들이 살아난다는 것에 관해서는"(*περὶ δὲ τῶν νεκρῶν*

ὅτι ἐγείρονται – 페리 데 네크론 호티 에게이론타이). 예수는 이제 먼저 이 질문의 근저에 있는 무언의 전제를 말씀하신다. 사두개인들은 그저 부활을 믿지 않는다. 그들의 질문의 근저에 있는 진짜 논점은 "그 여자가 누구의 아내가 되리이까?"가 아니라 "부활에 대한 믿음이 신빙성이 있습니까?"이다. 예수는 이제 이 문제에 대하여 말씀하시려 한다.

"너희는 모세의 책 중 가시나무 떨기에 관한 글에서 하나님께서 모세에게 어떻게 말씀하셨는지를 읽어보지 못하였느냐?"(*οὐκ ἀνέγνωτε ἐν τῇ βίβλῳ Μωϋσέως ἐπὶ τοῦ βάτου πῶς εἶπεν αὐτῷ ὁ θεὸς* – 우크 아네그노테 엔 테 비블로 모우세오스 에피 투 바투 포스 에이펜 아우토 호 데오스). 예수는 사두개인들에게 그들의 혼동이 성경에 대한 무지에서 기인한 것이 아닌지를 물으셨었다. 이제 예수는 특정한 성경 구절, 토라에 나오는 저 유명한 성구를 근거로 대신다. 이 구절은 하나님께서 모세에게 처음으로 말씀하시면서 그의 거룩한 이름을 계시하신 구절이다. 하나님의 이름에 담긴 뜻 및 연상 관계는 부활을 옹호하는 데 한 몫을 하게 된다. 성경을 인용하는 방식인 에피 투 바투(*ἐπὶ τοῦ βάτου*, "가시나무떨기에 관한 [글]에")는 유대적이다. 미쉬나 아보트 편(*m. 'Abot*) 3:7과 비교해 보라: "다윗에 (기록된 바)[בדוד – 베다윗]," 이것은 "다윗(에 관한 글)에 (기록된 바)"를 의미한다. 신약성경에도 여러 곳에서 이렇게 나온다(예를 들어, 롬 9:25; 11:2; 히 4:7).

"나는 아브라함의 하나님이요 이삭의 하나님이요 야곱의 하나님이로다"(*ἐγὼ ὁ θεὸς 'Αβραὰμ καὶ [ὁ] θεὸς 'Ισαὰκ καὶ [ὁ] θεὸς 'Ιακώβ* – 에고 호 데오스 아브라암 카이 [호] 데오스 이사아크 카이 [호] 데오스 이아코브). 예수는 전체 유대 성경 중에서 가장 신성하고 가장 중요한 구절 중의 하나를 근거로 제시하신다. 사두개인들의 회의론에 맞서 부활을 옹호하는 설득력 있는 성경적 논증을 구축하기 위해서, 예수는 토라를 근거로 제시하셔야 했을 것이다. 랍비 문헌들은 가말리엘에 의해 제시된 이와 비슷한 변호에 대해 말해 준다: "분파주의자들(또는 이단자들)이 랍반 가말리엘에게 물었다. '찬송받으실 자 거룩하신 이께서 죽은 자들을 부활시킬 것임을 우리가 언제 알게 됩니까?' 그는 그들에게 율법서, 예언서, 성문서를 인용하여 대답하였다"(*b. Sanh.* 90b). 토라 밖에서는 이사야 26:19; 시편 16:9-11; 욥기 19:26; 다니엘 12:1-2이 근거 본문으로 제시되었다. "천지가 복종하게 될" 메시아가 오시는 때에 하나님께서 "죽은 자들을 살리시리라(מתים יחיה – 메팀 이흐예)"는 4Q521[= 4QMessianic Apocalypse) 2 ii 2에 표현된 종말론적 소망은 이사야 26:19에서 가져온 것이다: "주의 죽은 자들은 살아나고 그들의 시체들은 일어나리이다(נְבֵלָתִי יְקוּמוּן

יִחְיוּ מֵתֶיךָ – 이흐유 메테카 네벨라티 예쿠문).” 예언서(사 26:19 같은) 또는 성문서(단 12:2과 욥 19:26 같은)를 근거 본문으로 제시했다면, 사두개인들에게는 불충분했을 것이다. 예수는 자신이 인유(引喩)한 율법서 구절에서 부활에 관한 증거를 발견할 수 있었는가?

“아브라함”(*'Αβραάμ* – 아브라암). 유명한 건국시조 족장인 아브라함(히브리어로는 아브라함[אַבְרָהָם])의 이름은 신약 복음서들에 32번 가량 나오지만, 마가복음에는 오직 여기 26절에만 나온다. 누가에만 나오는 자료에서 예수는 사단에게 묶여 등이 굽은 여인을 “아브라함의 딸”(눅 13:16)이라 칭하고, 나중에는 의로운 삭개오를 “아브라함의 자손”(눅 19:9)이라고 말씀하신다. 부자와 나사로 비유에서 부자는 거지 나사로가 아브라함의 품에 안겨 있는 것을 보는데(눅 16:22-23), 이것은 아브라함이 낙원 또는 하데스(Hades, “음부”)로 가는 길을 지키고 있다고 믿는 유대 전승을 생각나게 한다(예를 들어, *b. 'Erub.* 19a; *Gen. Rab.* 48.8[창 18:1에 대한]). Q전승에서 세례 요한은 종교 지도자들(마태복음에서) 또는 일반 백성들(누가복음에서)에게 속으로 “아브라함이 우리 조상이라고 생각지 말라”고 경고한다. 왜냐하면 “하나님은 능히 이 돌들로도 아브라함의 자손이 되게” 하실 수 있기 때문이다(마 3:9=눅 3:8).

이사아크(*'Ισαάκ*, “이삭”)와 이아코브(*'Ιακώβ*, “야곱”). 이삭(히브리어로 이츠하크[יִצְחָק])과 야곱(히브리어로 야아코브[יַעֲקֹב])이라는 이름은 공관복음서에서 거의 언제나 아브라함이라는 이름과 함께 나온다. 이 세 족장의 이름은 회개치 않는 자들에 관해서 말하는 Q전승에 나온다: “너희가 아브라함과 이삭과 야곱과 모든 선지자는 하나님 나라에 있고 오직 너희는 밖에 쫓겨난 것을 볼 때에 거기서 슬피 울며 이를 갊이 있으리라”(눅 13:28). 이 전승의 마태 판본에서는 회개치 않는 자들에 대하여 “동서로부터 많은 사람이 이르러 아브라함과 이삭과 야곱과 함께 천국에 앉으려니와”(마 8:11)라고 말한다. 족장들과 함께 먹고 마시는 것은 유대적인 종말론 전승의 일부다. 그들과 함께한다는 것은 택함 받은 자로 계수된다는 것이다.

족장들인 아브라함, 이삭, 야곱이 위대한 것은 하나님께서 그들을 부르시고 그들과 언약을 맺으셨기 때문이다. 하나님께서 “나는 아브라함의 하나님이요 이삭의 하나님이요 야곱의 하나님이로라”고 말씀하신다는 것은 하나님께서 족장들의 이름들로 스스로를 정의하셨다는 것이다. 내세에서 영생을 누릴 택함 받은 자들을 보호하고 위로함에 있어서 족장들의 역할에 관한 점증하는 종말론적 고찰들은 예수께서 출애굽기 3:6을 근거로 말씀하시고자 하는 요지를 담고 있다.

27 "하나님은 죽은 자들의 하나님이 아니요 산 자들의 하나님이시다"(*οὐκ ἔστιν θεὸς νεκρῶν ἀλλὰ ζώντων* – 우크 에스틴 데오스 네크론 알라 존톤)라는 예수의 말씀은 잠언적이다. 이에 대한 병행들은 랍비 자료들에서 발견된다: "토라는 죽은 자들이 아니라 산 자들에 관하여 말한다(לא דברה תורה במתים אלא בחיים – 로 데바라 토라 베메팀 엘라 바하이임)." 잠언 17:1에 대한 Midr. Misle. 비소츠키(B. L. Visotzky, *The Midrash on Proverbs*, YJS 27[New Haven, CT: London: Yale UP, 1992] 144 n. 8)는 그들은 토라의 의무들에 대하여 죽은 자라고 설경한다(참조. 마 8:22=눅 9:60). 우호적이든 적대적이든 예수의 청중들은 모두 하나님은 산 자들의 하나님이라는 말씀에 동의했을 것이다. 이것이 사실이고 하나님께서 스스로를 "아브라함의 하나님, 이삭의 하나님, 야곱의 하나님"으로 규정하신다면, 이것은 논리상 언젠가 이 족장들은 다시 살아날 것임을 암시한다. 이런 일은 부활을 통해서 일어날 것이다. 여기서는 문법이나 시제가 아무런 역할도 하지 못한다(현재 시제로 보든, 과거에 대한 언급을 미래에 대한 언급으로 바꾸든; 이 문제에 대해서는 Gundry, 703-4를 보라). 이러한 논증은 이미 참(truth)으로 밝혀진 것들로부터 참을 도출해 내는 추론법을 따르고 있다. 하나님은 족장들의 하나님이시다. 또한 그는 산 자들의 하나님이시다. 그러므로 족장들은 현재는 죽어 있지만 언젠가는 틀림없이 살아날 것이다. 예수의 논증은 힐렐(Hillel)의 일곱 가지 해석 원칙들 중의 하나와 정확하게 일치하지는 않지만, 콘-셔복(Cohn-Sherbok, *JSNT* 11[1981] 73)의 주장처럼, 예수의 석의(釋義)는 "랍비의 관점에서 보면 결함이 있다"고 단언하는 것은 근거가 없다. 이러한 시대착오적인 주장은 제쳐두고, 예수의 논증은 실제로 힐렐의 세 번째 원칙("성경의 한 구절로부터 원칙을 세우기")의 한 예가 될 수 있다. 다우닝(Downing, *JSNT* 15[1982] 42-50)도 그렇게 생각한다. 또한 다우닝은 예수의 논증은 세 위대한 족장들을 영원히 사는 자라고 말하는 필로(Philo, *Abraham* 50-55)의 논증과 아주 유사하다는 점을 지적한다. 또한 다우닝은 마카베오4서 7:18-19을 인용하기도 한다: "그러나 우리 족장 아브라함, 이삭, 야곱이 죽지 않은 것처럼 하나님에 대하여 죽지 않고 산다고 믿고, 전심으로 자기의 처음 생각을 의롭게 만드는 자들만이 육체의 연약함을 극복할 수 있다"(마지막 어구에 대해서는 눅 20:38을 보라). 여기에 우리는 마카베오4서 16:26을 덧붙일 수 있다: "하나님을 위하여 죽는 자들은 아브라함과 이삭과 야곱과 모든 족장들처럼 하나님에 대하여 산다." 여기 마카베오4서에 나오는 전승은 출애굽기 3:6로부터의 예수의 추론과 하나님이 산 자들의 하나님이시라는 공리(公理)를 보충 설명해 준다. 특히 흥미로운 것은 예루살렘 탈무드의 베라코트

편(*y. Ber.*) 2.3에 나오는 랍비 히이야(Hiyya)의 해석이다: "너희는 (성경을) 어떻게 낭송하는지는 알지만 (이 구절)을 어떻게 해석하는지는 모른다. '산 자들은 자기들이 죽을 것임을 안다'(전 9:5)는 말은 비록 그들이 죽었더라도 '산 자'로 불리는 의인들을 가리킨다…그렇다면 우리는 의인들이 죽어서도 '산 자'로 불린다는 것을 어디에서 아는가? 기록된 바 '이 곳은 내가 아브라함과 이삭과 야곱에게 맹세하여 말한 땅이니라'(신 34:4)"(참조. *b. Ber.* 18a).

"너희가 크게 오해하였다"(*πολὺ πλανᾶσθε*－폴뤼 플라나스데). 즉, 사두개인들은 진리로부터 멀리 떠났다(이것이 플라난[*πλανᾶν*]의 문자적인 의미다). 그들은 "성경도 하나님의 능력도" 몰랐기 때문에 크게 오해한 것이다(24절). 예수께서 제자들에게 사람들을 미혹하고자(*πλανᾶν*－플라난) 하는 거짓 선지자들을 조심하라고 경고하는 마가복음 13:5-6을 보라.

해설

복음서 기자는 여러 대적들과 계속적으로 맞붙고 있는 예수의 모습을 묘사한다. 예루살렘에 당도한(11:1-11) 이래로 예수와 성전 당국자들과의 긴장은 고조되어 가고 있다. 성전 경내에서의 예수의 극적인 행동(11:15-17)은 고위 제사장들이 예수를 죽이고자 마음을 먹게 하는 결과를 가져왔다(11:18). 이 짤막한 말은 수난 주간의 나머지 기간의 분위기를 규정한다. 고위 제사장들, 서기관들, 장로들은 예수에게 다가와서 무슨 권세로 이런 일들을 하고 있는지를 밝히라고 요구한다(11:27-28). 악한 포도원 농부의 비유(12:1-11)는 이 제사장들의 질문에 암묵적인 대답을 제시한다. 그들은 예수를 체포하고자 하나 예수의 대중적 인기 때문에 그렇게 할 수가 없다(12:12). 바리새인들과 헤롯 당원들은 예수에게 가이사에게 세를 바쳐야 하느냐는 민감한 질문을 던진다: 토라를 지키는 유대인이 세를 바쳐야 합니까, 말아야 합니까?(12:13-17). 이 질문을 한 의도는 예수를 죽일 빌미를 찾기 위한 것이었다. 여기서 한 발자국만 잘못 디뎌도 예수는 여지없이 체포되고 말 것이다. 그리고 끝으로 부활에 있어서 형사취수 혼인에 관한 질문(12:18-27)은 예수를 믿고 따르던 무리들 앞에서 예수의 신빙성을 떨어뜨리고자 하는 의도였다. 그러나 또다시 예수는 견고히 서고, 그의 대적들은 망신을 당한다.

예수의 가르침은 대적들이 악한 의도로 던지는 질문을 단순히 효과적으로 응수하는 데서 그치지 않는다. 그들의 질문은 예수에게 중요한 주제에 관하여 말할 기회를 제공해 준다. 어떤 근거 위에서 예수는 부활을 믿는가? 예수는 이 브활 교리를 뒷받침하는 본문들인 이사야 26:19, 다니엘 12:2, 시편 16:9-11, 욥기 19:26을 근거로 대시지 않는다. 대신에 예수는 하나님 자신의 본성과 존재 자체를 근거로 제시하신다. 하나님은 죽은 자들의 하나님이 아니라 산 자들의 하나님이시다. 하나님이 아브라함과 이삭과 야곱의 하나님이라면 – 위대한 율법 수여자인 모세에게 계시하신 대로 – 죽음이 아니라 생명이 믿음으로 하나님과 연결된 모든 자들의 최종 운명이 될 것이 분명하다. 하나님의 백성 모두가 죽어 없어져 버릴 운명이라면, 어떤 의미에서 하나님은 산 자들의 하나님이 되실 것인가? 살아 계신 하나님은 살아 있는 백성들을 다스리실 것이 분명하다. 따라서 부활은 논리적 추론의 결론이고, 하나님의 능력을 체험하는 자들에게 부활은 경험적 결론이다.

10. 큰 계명(12:28-34)

참고문헌

Baumgarten, J. M. "Messianic Forgiveness of Sin in CD 14:19(4Q266 10 I 12-13)." In *The Provo International Conference on the Dead Sea Scrolls*. Ed. D. W. Parry and E. Ulrich. STDJ 30. Leiden: Brill, 1999. 537-44.

본 문

28 서기관 중 한 사람이 저희의 변론하는 것을 듣고 예수께서 대답 잘 하신 줄을 알고 나아와 묻되 모든 계명 중에 첫째가 무엇이니이까

29 예수께서 대답하시되 첫째는 이것이니 이스라엘아 들으라 주 곧 우리 하나님은 유일한 주시라
30 네 마음을 다하고 목숨을 다하고 뜻을 다하고 힘을 다하여 주 너의 하나님을 사랑하라 하신 것이요
31 둘째는 이것이니 네 이웃을 네 몸과 같이 사

28 And one of the scribes, approaching and hearing them disputing,[a] seeing[b] that he had answered them well, asked him, "Which commandment is first[c] of all?"
29 Jesus answered, "The first is[d] 'Hear, Israel, the Lord our God is one Lord:
30 and you shall love the Lord your God with your whole heart, and with your whole life, and with your whole mind, and with your whole strength.'[e]
31 This is the second:[f] 'You shall love your neigh-

랑하라 하신 것이라 이에서 더 큰 계명이 없느니라	bor as yourself.' There is no other commandment greater than these."
32 서기관이 가로되 선생님이여 옳소이다 하나님은 한 분이시요 그 외에 다른 이가 없다 하신 말씀이 참이니이다	**32** And the scribe said to him, "Well said, teacher. In truth have you said 'he is one and there is no other besides him';
33 또 마음을 다하고 지혜를 다하고 힘을 다하여 하나님을 사랑하는 것과 또 이웃을 제 몸과 같이 사랑하는 것이 전체로 드리는 모든 번제물과 기타 제물보다 나으니이다	**33** and 'to love him with the whole heart, and with the whole understanding,[g] and with the whole strength,' and 'to love the neighbor as oneself' is much more than all whole burnt offerings and sacrifices."
34 예수께서 그 지혜 있게 대답함을 보시고 이르시되 네가 하나님의 나라에 멀지 않도다 하시니 그 후에 감히 묻는 자가 없더라	**34** And Jesus, seeing that he had answered wisely, said to him, "You are not far from the kingdom of God."[h] And no one any longer dared to question him.

원문주해

a. 일부 후대의 권위 있는 사본들은 아쿠사스 톤 삿두카이온 쉬제투톤 아우토(*ἀκούσας τῶν Σαδδουκαίων συζητούντων αὐτῷ*, "사두개인들이 예수와 변론하는 것을 듣고")로 읽는다.

b. 헬라어로 이돈(*ἰδών*), ℵ*, C, D, L, W, *Σ*, *Φ*사본이 이렇게 읽는다. $ℵ^2$, A, B, 33사본은 에이도스(*εἰδώς*, "알고")로 읽는다.

c. 한 사본은 프로테 카이 메이존(*πρώτη καὶ μείζων*, "첫째 가는 가장 큰")으로 읽는다.

d. A, C, *Σ*사본과 몇몇 후대의 사본들은 프로테 판톤 톤 엔톨론(*πρώτη πάντων τῶν ἐντολῶν*, "모든 계명 중의 첫째")으로 읽는다.

e. A, D, 33사본과 몇몇 후대의 사본들은 하우테 프로테 엔톨레(*αὕτη πρώτη ἐντολή*, "이것이 첫째 가는 계명이다")로 읽는다.

f. A, D, 33사본과 몇몇 후대의 사본들은 카이 듀테라 호모이아 하우테(*καὶ δευτέρα ὅμοια αὕτη*, "두번째는 이것과 같다")로 읽는다.

g. 헬라어로 쉬네세오스(*συνέσεως*). D사본과 그 밖의 몇몇 사본들은 뒤나메오스(*δυνάμεως*, "능력")로 읽는다.

h. 마태복음의 영향으로 일부 후대의 사본들은 테스 바실레이아스 톤 우라논(*τῆς βασιλείας τῶν οὐρανῶν*, "천국")으로 읽는다.

양식/구조/배경

개시절(28절)은 큰 계명에 관한 질문이 형사취수 혼인과 부활에 관한 질문(12:18-27) 직후에 제기되었음을 분명하게 보여 준다. 한 서기관이 예수의 능력에 감명을 받고 예수께 "모든 계명 중에 첫째가 무엇이니이까?"라고 묻는다. 이 단락은 질문(28절), 예수의 답변(29-31절), 서기관의 지지 발언(32-33절), 예수의 칭찬(34절)으로 이루어져 있다. 마가복음 기자는 도입부의 "서기관 중 한 사람이 저희의 변론하는 것을 듣고 예수께서 대답 잘 하신 줄을 알고 나아와"라는 구절과 종결부의 "그 후에 감히 묻는 자가 없더라"는 구절을 첨가했다. 또한 복음서 기자는 서기관이 두 계명을 되풀이하는 33절의 대부분을 첨가했을 것이다(이 점을 비롯한 자료비평과 관련된 여러 가지 내용에 대해서는 G. Bornkamm, "Das Doppelgebot"를 보라).

불트만(*History*, 54-55)은 12:28-34을 "학문적 대화"(참조. 10:17-31)로 분류하고 그 기원에 관해서는 결정을 못 내린 것 같아 보인다. 한편으로 불트만은 "예수께서 생명의 길 또는 가장 큰 계명에 관한 질문을 받았을 가능성은 대단히 높다"고 인정하지만, 다른 한편으로는 현재의 정황이 허구적이라고 생각한다. 또한 그는 특히 "초대 교회의 특별한 관심사들"이 분명하게 드러나 있지 않는 경우라면 이러한 대화는 역사적 회상을 담고 있기가 쉽다"고 인정한다. 이 말은 분명히 12:28-34에 적용된다. 왜냐하면 주목할 만하지도 않고 특별히 기독교적이지도 않은 셰마(Shema)에 대한 예수의 긍정을 초대 교회의 예언자나 전승 보유자가 만들어 낸 이유나 그 과정을 이해하기가 어렵기 때문이다. 유대 율법을 높이는 내용을 초대 교회에서 만들어 냈을 것이라고 생각하기는 어렵다(특히 예수께서 말씀하시지 않았다면). 예수 세미나(Jesus Seminar)에서도 "이 대화는 예수 자신의 견해들을 대변한다"는 것을 인정한다－물론 회원들 대다수는 "단어들은 초대 교회의 것들"이라고 믿지만(R. W. Funk, ed., *Mark*, 187). 이 대화가 철저히 유대적 관점이고 초대 교회의 특유한 주장들을 전혀 내세우지 않는다면, 이 전승은 무슨 이유로 보존되었을까? 마가 이전의 전승 보유자는 틀림없이 이 두 계명이 "모든 번제물과 기타 제물보다 훨씬 낫다"(33절)는 내용을 포함하여 예수의 말씀을 열렬히 지지하는 서기관으로 인하여 이 자료가 유익하다고 생각했을 것이다. 마가복음 기자는 성전 경내에서 성전 당국자들을 격파하는 예수에 대한 그의 묘사를 이 자료가 잘 보완해 줄 것이라고 생각했다. 왜 아니겠는가? 그들 편의 한 사람인 서기관까지도 성전 제의보다 우선하는 원칙들이 존재한다는 것을 인정할 수밖에 없었는데 말이다. 제의에 의해서 거부된 공동체, 디아스포라(Diaspora) 회당에 의해 거부된 공동체에게 서기관의 단언은 다시 용기를 갖게 하는 말이었을 것이고 어느 정도 변증적 가치도 지니고 있었을 것이다.

해석자들이 가장 어려워하는 문제는 마가복음 12:28-34과 마태복음 22:34-40 및 누가복음 10:25-29의 관계에 관한 것이다. 마태와 누가가 마가를 의존하고 있다는 것으로는 이 전승에 있어서 판이하게 다른 누가 판본의 형태와 맥락이 설명되지 않는다. 왜냐하면 누가복음에서는 질문의 내용이 "내가 무엇을 하여야 영생을 얻으리이까?"이고, 하나님을 사랑하고 이웃을 사랑하라는 저 유명한 두 계명을 자세히 설명하는 자는 예수가 아니라 바로 질문을 던진 자이기 때문이다. 게다가 마가와는 다르고 마태와 누가가 일치하는 내용들이 나온다는 것이 문제를 더 복잡하게 만든다. 세 가지 가장 분명한 일치점들은 다음과 같다: 마태복음 22:35과 누가복음 10:25이 마가복음 12:28의 "서기관들 중 하나"(*εἷς τῶν γραμματέων* – 헤이스 톤 그람마테온) 대신에 "율법사"(*νομικός* – 노미코스)로 되어 있다. 마태복음 22:36과 누가복음 10:25에서 예수는 "선생님"(*διδάσκαλε* – 디다스칼레)으로 호칭된다(마가복음에서는 이런 호칭이 나오지 않는다). 마태복음 22:36과 누가복음 10:26에 나오는 "율법에서"(*ἐν τῷ νόμῳ* – 엔 토 노모)는 마가복음 12:28의 "모든 것 중"(*πάντων* – 판톤)과 다르다. 그러나 마태와 누가 간에 상이점(相異点)들도 있기 때문에 Q가 이 복음서들의 각각의 전승의 근저에 있다고도 말할 수 없다. 그리스바흐(Griesbach)의 두 복음서 가설은 좋은 해법을 제시해 주지 못한다. 예수의 구전 전승에서 두 계명에 관한 선언 또는 대화의 여러 판본들이 유포되어 있었다고 하는 것이 좋을 것 같다. 이러한 이본(異本)들의 존재를 가정하면, 마가와 다르고 마태와 누가가 일치하는 몇 가지 점들(이를테면, 어떤 판본들은 "율법에서" 가장 큰 계명이 무엇인지를 알고자 했던 "율법사"가 예수를 "선생님"으로 호칭한 것으로 되어 있었다는 식으로), 정황 및 맥락 같은 다른 세부적인 내용들에 있어서의 차이점들이 쉽게 설명된다. 누가 판본은 마가의 정황 및 맥락(마태복음 기자는 비록 편집하고 축약하긴 했지만 이것을 따른다)과 가장 큰 차이를 보인다. 누가복음에서 질문은 영생에 관한 것으로서, 율법사는 자기 질문에 자기가 대답하고, 예수는 그의 대답을 확인해 주시는데, 율법사는 자기 이웃이 누구인지를 설명해 달라고 요청하고, 예수는 선한 사마리아인 비유(눅 10:29-37)로 답변하신다. 누가 전승은 다른 정황을 반영하고 있는 것 같다(참조. Manson, *Sayings*, 259-60). 이보다 짧은 마태 판본은 "이 두 계명이 온 율법과 선지자의 강령이니라"(마 22:40)는 랍비들의 좌우명(座右銘)으로 끝난다(참조. *Sipra Lev.* §195[레 19:1-4에 대한]; *m. Ḥag.* 1:8).

주석

본문에서 서기관이 제기한 질문은 예수를 함정에 빠뜨리고자 하는 속임수 질문이 아니다. 예수께서 다시 질문으로 되받아 치셨던 앞서의 질문들(12:14-15, 19-23)에 대한 예수의 답변과는 달리, 이번에 예수의 대답은 직설적이다. 서기관은 어느 계명이 모든 계명 중에서 첫째인지(또는 가장 중요한지)를 묻는다(28절). 예수는 신명기 6:4-5을 인용하여 첫째 가는 계명을 대답해 주신다(29-30절). 그런 다음에 예수는 레위기 19:18의 일부를 둘째 계명으로 인용하신다(31절). 예수의 두 계명은 고대 말기의 유대 문헌에 몇몇 병행들이 있는 것으로 보아서 혁신적인 것은 아닌 것 같다(아래의 "주석"을 보라). 서기관은 예수의 대답이 간결하고 설득력 있는 것을 알고, 사람이 모든 것을 다하여 하나님을 사랑하는 것과 제 몸처럼 이웃을 사랑하는 것이 "모든 번제물과 기타 제물보다 훨씬 더 낫다"는 말을 덧붙인다(32-33절). 서기관의 말은 예수의 가르침이 잠재적으로 제사장들의 성전 활동들을 불필요한 것으로 만들어 버릴 수 있음을 암시하는, 예수의 가르침에 대한 주목할 만한 지지 발언이다. 그러므로 마가복음의 맥락 속에서 그 말은 성전 당국에 대한 또 하나의 비판이라고 할 수 있다. 예수는 서기관의 대답을 듣고 "네가 하나님의 나라에서 멀지 않도다"(34a절)라고 칭찬하신다. 예수의 대답에 동의하게 됨으로써, 서기관은 이제 하나님 나라에 더 가까이 다가가고 있는 것이다.

28 "서기관 중 한 사람이 나아와서 저희의 논쟁하는 것을 들었다"(*καὶ προσελθὼν εἶς τῶν γραμματέων ἀκούσας αὐτῶν συζητούντων* – 카이 프로셀돈 헤이스 톤 그람마테온 아쿠사스 아우톤 쉬제툰톤). "서기관들"(*γραμματεῖς* – 그람마테이스)은 마가복음에 자주 등장한다(참조. 1:22; 2:6, 16["바리새인의"]; 3:22["예루살렘에서 온"]; 7:1, 5; 8:31; 9:11, 14; 10:33; 11:18, 27; 12:35, 38; 14:1, 43, 53; 15:1, 31; 또한 11:18과 11:27에 대한 "주석"을 보라). 서기관에 대한 언급은 거의 모두 예수에 대한 적대적인 함의(含意)를 갖는다. 쉬제테인(*συζητεῖν*, "논쟁하다")은 마가가 좋아하는 어휘다(참조. 1:27; 8:11; 9:10, 14, 16). 9:14에서 서기관들은 귀신 들린 아이와 관련된 사건에서 제자들과 논쟁을 벌인다. 현재의 본문에서 서기관은 이미 진행 중인 논쟁, 즉 형사취수 혼인과 부활 소망의 의미에 관한 사두개인들과 예수의 대화에 끼어든다.

"예수께서 저희에게 대답을 잘 하시는 것을 보고"(*ἰδὼν ὅτι καλῶς ἀπεκρίθη αὐτοῖς* – 이돈 호티 칼로스 아페크리데 아우토이스). 우리는 서기관의 의도가 반드시 적대적일 것이라고 생각해서는 안 된다(Gundry, 710는 이에 반대). 서기관의 의도가 악한 것이었다면, 그는 셰마(Shema)와 이웃 사랑의 계명을 제시하는 예수의 답변에 수긍할 리가 있겠는가? 유대 율법을 이런 식으로 요약하는 것은 놀라운 일도 아니고 예수에게 특유한 것도 아니었다. 이와는 반대로 예수께서 "대답을 잘 하셨다"는 것을 서기관이 알았다는 복음서 기자의 설명은 서기관이 예수의 노련함에 크게 감명을 받아서 이 문제에 대한 그의 의견을 물어볼 이번 기회를 놓쳐서는 안 되겠다고 생각했음을 함축하고 있다. 예수께서 논쟁에서 지셨다면, 그의 의견을 물어볼 이유가 없었을 것이다. 서기관의 의도가 악한 것이었다면, 서기관이 예수의 말씀에 맞장구를 쳤을 리가 만무하다.

"모든 계명 중에 첫째가 무엇이니이까?"(*ποία ἐστὶν ἐντολὴ πρώτη πάντων* – 포이아 에스틴 엔톨레 프로테 판톤)는 "어찌하여야 영생을 얻으리이까?"(막 10:17; 참조. 눅 10:25)라는 질문과 동일하다. 가장 중요한 계명을 확인한 후에 그것을 행하는 것은 택함 받은 자의 반열에 끼여서 내세에 영생을 보장받을 가장 확실한 소망을 마련해 주는 것이었다. 그렇다고 해서 다른 계명들에 대하여는 무관심한 태도를 보여도 괜찮다는 말은 아니다. 마가의 프로테 판톤(*πρώτη πάντων*, "모든 것들 중 첫째")은 "가장 중요한"을 의미한다. 엔톨레(*ἐτολή*, "계명")는 칠십인역에 자주 나오는데(오경에만 60여 회), 거의 언제나 복수형(히브리어로 미츠와[מצוה])으로 나온다. 계명들은 이스라엘과 하나님의 계약의 요소들을 구성하는 것이었다.

29 "첫째는 이스라엘아 들으라 주 곧 우리 하나님은 유일한 주시라"(*πρώτη ἐστίν, ἄκουε, Ἰσραήλ, κύριος ὁ θεὸς ἡμῶν κύριος εἷς ἐστιν* – 프로테 에스틴 아쿠에 이스라엘 퀴리오스 호 데오스 헤몬 퀴리오스 헤이스 에스틴). 예수는 "첫째 가는"(*πρώτη* – 프로테) 계명은 셰마(Shema; 히브리어로 שְׁמַע["들으라"]로 시작되어서 이렇게 명명됨; 참조. m. ʾAbot 2:13), 곧 신명기 6:4-5에 담겨 있다. (칠십인역을 문자 그대로 따르고 있다.) "셰마"는 유대인들이 매일 아침과 저녁으로 암송하는 세 구절(신 6:4-9; 11:13-21; 민 15:37-41)을 가리킨다. 엄밀하게 말해서 개시 단어들은 계명이 아니지만, "주 곧 우리 하나님은 유일한 주시라"는 단언은 암묵적으로 유일한 하나님을 인정하고 순종하라는 명령이라 할 수 있다. 유일한 하나님은 야훼(יהוה)이시다. 다음에 이어지는 계명은 이러한 정체성을 전제한다. 요세푸스(*Ag. Ap.* 2.22 §190)의 설명도 이와 비슷한 사고를 반영한다: "그렇다면 우리 율법의 명령들과 금령들은 무엇인가? 그것들은 단순하고 친숙하다. (모든 계명을)을 이끄는 첫째(*πρώτη* – 프로테) 계명은 하나님에 관한 것이다."

30 "네 마음을 다하고 목숨을 다하고 뜻을 다하고 힘을 다하여 주 너의 하나님을 사랑하라"(*ἀγαπήσεις κύριον τὸν θεόν σου ἐξ ὅλης τῆς καρδίας σου καὶ ἐξ ὅλης τῆς ψυχῆς σου καὶ ἐξ ὅλης τῆς διανοίας σου καὶ ἐξ ὅλης τῆς ἰσχύος σου* – 아가페세이스 퀴리온 톤 데온 수 엑스 홀레스 테스 카르디아스 수 카이 엑스 홀레스 테스 프쉬케스 수 카이 엑스 홀레스 테스 디아노이아스 수 카이 엑스 홀레스 테스 이스퀴오스 수). 예수께서 신명기 6:4b-5을 거론하신 것은 철저히 유대적이고, 이미 말했듯이 평범한 것이다. 인용문은 어느 정도 칠십인역을 따르고 있다(헬라어 전승 자체 내에 이독들이 있긴 하지만). 이 인용문의 마가 판본은 카이 엑스 홀레스 테스 디아노이아스 수(*καὶ ἐξ ὅλης τῆς διανοίας*, "네 뜻을 다하고")를 첨가함으로써 원래 세 개였던 수식어구를 네 개로 늘여놓았고, 마지막 어구에서 뒤나메오스(*δυνάμεως*, "힘") 대신에 이스퀴오스(*ἰσχύος*, "힘")를 사용한다. 마태복음 22:37의 인용문은 마가의 첫 세 수식어구와 일치한다: "네 마음을 다하고 목숨을 다하고 뜻을 다하여 주 너의 하나님을 사랑하라." 누가복음 10:27에는 이 네 개의 수식어구가 모두 나온다. 데이비스와 앨리슨(Davies and Allison, *Matthew* 3:242)은 마태가 성경의 셋(3) 구조에 맞추기 위해서 마가의 네 번째 수식어구를 생략했다고 생각하지만, 건드리(Gundry, 711)는 메오데카(מְאֹדֶךָ, "네 힘")를 맛다아카(מַדָּעֲךָ, "네 뜻")로 읽음으로써 "뜻"에 관한 수식어구가 전승에 들어오게 되었을 것이라는 수긍할 만한 주장을 내놓는다. 그러나 일부 헬라어 전승들은 디아노이아(*διάνοια*, "뜻")로 읽고 있어서, 이것이 마가의 추가적인 수식어구의 존재를 더 직접적으로 설명해 줄 수 있는 것으로 보인다. 주 하나님을 사랑하라는 계명을 셋 또는 네 개의 수식어구들은 사람의 존재와 자원들의 총체성이라는 의미를 전달하기 위한 것이다. 후대의 유대교 및 기독교의 해석들은 마음, 목숨, 뜻, 힘이라는 각각의 속성들을 아주 정교하게 설명해 놓았다. 물론 이 수식어구들은 동의어들이 아니다. 카르디아(*καρδία*, "마음"; 히브리어로 레브[לֵב])는 셈어 본문들에서 "뜻"을 의미할 수 있다(그래서 일부 칠십인역 사본들에서는 디아노이아[*διάνοια*]로 읽는다). 마음(심장)은 특히 다른 것들보다도 영적 삶의 본거지이자 내적 존재다(*BAG*, 404; *BDB*, 523-24; *TDNT* 3:605-13). 프쉬케(*ψυχή*, "목숨" 또는 "영혼"; 히브리어로 네페쉬[נֶפֶשׁ])는 흔히 느낌, 감정, 욕구와 관련되는(*BAG*, 901; *BDB*, 659-61; *TDNT* 9:617-50) 생명 자체를 가리키는데, 여러 면에서 카르디아(*καρδία*, "마음")와 중복된다. 디아노이아(*διάνοια*, "뜻")는 오성(悟性)과 지성(知性)을 가리키는데(*BAG*, 186; *TDNT* 4:963-68), 칠십인역에서는 흔히 레브(לֵב, "마음, 심장")의 번역어이다. 이스퀴스(*ἰσχύς*, "힘")는 뒤나미스(*δύ-*

ναμις, "힘")와 대체로 동의어로서, 둘 다 칠십인역에서 코흐(כֹּחַ)와 헬(חַיִל)의 번역어로 사용된다(*BAG*, 384). 이스퀴스(*ἰσχύς*)는 사람의 능력, 행할 수 있는 역량 또는 힘을 가리킨다(*TDNT* 3:397-402).

31 "둘째는 이것이니 네 이웃을 네 몸과 같이 사랑하라"(*δευτέρα αὕτη, ἀγαπήσεις τὸν πλησίον σου ὡς σεαυτόν* – 듀테라 하우테 아가페세이스 톤 플레시온 수 호스 세아우톤). 예수의 "두 번째"(*δευτέρα* – 듀테라) 계명은 레위기 19:18b에서 발견된다: "네 이웃을 네 몸과 같이 사랑하라." 이 인용문은 히브리어 본문(וְאָהַבְתָּ לְרֵעֲךָ כָּמוֹךָ – 웨아하브타 레레아카 카모카)의 정확한 번역인 칠십인역과 정확하게 일치한다. 인간에 대한 의무를 레위기 19:18b을 근거로 요약하는 것은 랍비 아키바의 것으로 알려진 전승에 중요한 병행이 나온다: "'그러나 너희는 이웃을 네 몸과 같이 사랑할지니라.' 랍비 아키바는 '이것이 율법을 포괄하는 원칙이니라'고 말한다" (*Sipra Lev.* §200[레 19:15-20에 대한]). 힐렐(Hillel)이 황금률을 소극적으로 표현한 말도 율법 전체를 한 가지 원칙으로 요약하고 있다는 점에서 본문과 관계가 있다: "네가 싫어하는 일을 이웃에게 하지 말라. 이것이 온 율법이니라"(*b. Šabb.* 31a). 물론 예수는 하나(즉, 첫째)의 계명이 아니라 두 개(즉, 둘째 계명도 함께)의 계명을 제시한다. 그러나 이 점에서도 예수는 독특하지 않다. 왜냐하면 하나님 사랑을 보완하는 것으로서의 인간에 대한 사랑이라는 사상은 고대 말의 유대 사상가들 및 저술가들에게서 발견되기 때문이다. 필로(Philo, *Decalogue* 109-10)에 의하면, 사람을 사랑하거나 하나님을 사랑하는 자들은 사람과 하나님을 동시에 사랑하지 않는다면 오직 절반만 덕목을 실천하고 있는 것이라고 한다. 하나님 사랑과 인간 사랑이라는 개념은 많은 본문들에 표현되어 있다(예를 들어, *T. Iss.* 5:2: "주를 사랑하고 네 이웃을 사랑하라"; *T. Iss.* 7:6: "나는 전심으로 주와 사람을 사랑하였다"; *T. Dan.* 5:3: "네 목숨을 다하여 주를 사랑하고 진심으로 서로 사랑하라"; Philo, *Spec. Laws* 2.63: "그러나 엄청나게 많은 구체적인 진리들과 원칙들 중에서 두 가지 으뜸가는 것이 [있다]: 하나는 하나님에 대한 의무요…하나는 사람들에 대한 의무이다"). 두 계명 전승의 발전에 대해 더 자세한 것은 Allison, "Mark 12.28-31 and the Decalogue"를 보라.

"이것들보다 더 큰 다른 계명은 없다"(*μείζων τούτων ἄλλη ἐντολὴ οὐκ ἔστιν* – 메이존 투톤 알레 엔톨레 우크 에스틴). 앨리슨(Allison, "Mark 12.28-31 and the Decalogue")이 설득력 있게 논증했듯이, 이는 이 두 계명이 십계명(즉, 첫째 부분은 처음 다섯 계명을 요약하고, 둘째 부분은 두 번째 다섯 계명을 요약한다)을 요약하고 있기 때문이다. 예수는 율법을 두 계명으로 요약함으로써 유대 경건의 중심에 서시게 된다.

32 "선생님이여, 옳소이다"(*καλῶς, διδάσκαλε* – 칼로스 디다스칼레). 디다스칼레(*διδάσκαλε*, "선생님")에 관해서는 9:17에 대한 "주석"을 보라. 서기관은 율법의 가장 중요한 계명들에 대한 예수의 간결한 요약에 감탄하여 "잘 말씀하셨습니다" 또는 "잘 대답하셨습니다"를 의미하는 칼로스(*καλῶς*, "잘")라는 부사를 사용하여 예수의 답변에 맞장구를 친다.

"하나님은 한 분이시요 그 외에 다른 이가 없다 하신 말씀이 참이니이다"(*ἐπ' ἀληθείας εἶπες ὅτι εἷς ἐστιν καὶ οὐκ ἔστιν ἄλλος πλὴν αὐτοῦ* – 에프 알레데이아스 에이페스 호티 헤이스 에스틴 카이 우크 에스틴 알로스 플렌 아우투). 서기관이 한 말 중에 에프 알레데이아스(*ἐπ' ἀληθείας*)는 아멘(אמן, "진실로")을 번역한 말로서 그가 예수의 답변을 수긍했음을 강조함과 동시에 예수에 대한 감탄을 암시한다. "하나님은 한 분이시요 그 외에 다른 이가 없다"(*εἷς ἐστιν καὶ οὐκ ἔστιν ἄλλος πλὴν αὐτοῦ* – 헤이스 에스틴 카이 우크 에스틴 알로스 플렌 아우투)는 신명기 6:4b("하나님은 한 분시이요")과 신명기 4:35("주 너희 하나님은 하나님이시오 그 외에는 다른 이가 없다")을 결합한 것으로서 이 대목의 일부를 인용한 예수의 답변을 보완한다(또한 출 8:10[LXX 6절]; 신 4:39; 삼하 7:22; 왕상 8:60; 대하 22:13; 사 37:20; 43:10; 44:6; 45:21을 보라). 또한 33절에서 서기관은 예수께서 인용하신 신명기 6:5과 레위기 43:10을 보충한다.

33 "마음을 다하고 지혜[명철]를 다하고 힘을 다하여 하나님을 사랑하는 것"(*καὶ τὸ ἀγαπᾶν αὐτὸν ἐξ ὅλης τῆς καρδίας καὶ ἐξ ὅλης τῆς συνέσεως καὶ ἐξ ὅλης τῆς ἰσχύος* – 카이 토 아가판 아우톤 엑스 홀레스 테스 카르디아스 카이 엑스 홀레스 테스 쉬네세오스 카이 엑스 홀레스 테스 이스퀴오스). 예수께서 인용하신 신명기 6:5을 되풀이하면서, 서기관은 수식어구를 네 개(30절에서처럼)에서 세 개로 줄이고, 두 번째 수식어구의 프쉬케(*ψυχή*, "목숨, 영혼")를 쉬네시스(*σύνεσις*, "명철")로 바꾼다. 문제가 있는 세 번째 수식어구("뜻을 다하고")가 생략된다.

"그리고 이웃을 제 몸과 같이 사랑하는 것이 전체로 드리는 모든 번제들과 기타 제사들보다 나으니이다"(*καὶ τὸ ἀγαπᾶν τὸν πλησίον ὡς ἑαυτὸν περισσότερόν ἐστιν πάντων τῶν ὁλοκαυτωμάτων καὶ θυσιῶν* – 카이 토 아가판 톤 플레시온 호스 헤아우톤 페릿소테론 에스틴 판톤 톤 홀로카우토마톤 카이 뒤시온). 홀로카우토마톤 카이 뒤시온(*ὁλοκαυτωμάτων καὶ θυσιῶν*, "온전한 번제들과 기타 제사들")이라는 결합은 칠십인역에서 백 번도 넘게 나오기 때문에, 하나의 고정(固定) 어구로 보아야 한다. 하나님 사랑과 이웃 사랑이 "온전한 번제들과 기타 제사들보다 훨씬 낫다"는 서기관의 고백은 예언 전승에 나오는 여러 가지 위대한 진술들을 반영한 것이다. 선지자이자 제사장이었던 사무엘은 불순종하는 사울 왕에게 이렇게 말한다. "여호와께서 번제와 다른 제사(LXX: *ὁλοκαυτώματα καὶ θυσίαι*－홀로카우토마타 카이 뒤시아이)를 그 목소리 순종하는 것을 좋아하심같이 좋아하시겠나이까 순종이 제사보다 낫고 듣는 것이 숫양의 기름보다 나으니"(삼상[LXX 1 Kgdms] 15:22). 북부 지파들을 향한 선지자 호세아는 여호와의 말씀을 이렇게 선포한다. "나는 인애를 원하고 제사(LXX: *θυσίαν*－뒤시안)를 원치 아니하며 번제(LXX: *ὁλοκαυτώματα*－홀로카우토마타)보다 하나님을 아는 것을 원하노라"(호 6:6). 또한 이사야 1:11; 예레미야 6:20; 아모스 5:22; 미가 6:6-8; 시편 40:6(LXX 39:7); 51:16(LXX 50:18)을 보라. 예수의 신학에 대한 서기관의 열렬한 지지 발언들은 예언 전승 및 예수 자신의 일반 원칙들과 부합한다(참조. 사 56:7과 렘 7:11을 근거로 드는 막 11:17). 따라서 이러한 서기관의 지지 발언들은 성경에 대한 예수의 해박한 지식과 서기관들을 논쟁에 끌어들이는 예수의 탁월한 능력을 부각시킨다.

"이웃을 제 몸과 같이 사랑하는 것이 전체로 드리는 모든 번제들과 기타 제사들보다 낫다"는 서기관의 단언은 사해 두루마리에서 두 군데의 흥미로운 병행들이 나온다. 첫 번째는 쿰란 공동체가 "번제물들의 살코기와 기타 제물들의 기름보다 더 나은 선한 뜻(good will)으로서 악한 죄악들과 죄악된 부정(不貞)을 속하고 이 땅을 속할" 때가 올 것을 기다리는 내용을 담은 1QS 9:4이고, 두 번째는 "그(메시아)가 소제와 속죄제보다 그들의 죄를 더 잘 속하게 될" 때를 대망하는 내용을 말하는 다메섹 문서의 한 단편인 4Q266(=4QD[a]) 10i 13이다. 바움가르텐(Baumgarten)은 이 두 본문을 "제사장 및 평신도 기관들의 완전함이 속죄의 원천이 되어서 제의적 제사가 필요 없게 될 날을 그리고 있다"("Messianic Forgiveness," 541-42)고 이해한다. 바움가르텐은 이 쿰란 본문들은 메시아가 오면 속죄는 "제사를 통해서가 아니라…이 땅에 대한 하나님의 선한 뜻의 화신(化身)인 그의 영광의 임재를 통하여" 이루어질 것이라는 기대를 보여 주는 증거라고 결론을 내린다("Messianic Forgiveness," 544). 이러한 관점은 예수의 종말론과 일치하는 것으로서 11:15-18에 나오는 성전 당국에 대한 예수의 비판에 빛을 비춰 준다(11:17에 대한 "주석"을 보라). 그러나 예수께서 예루살렘에서 희생제사가 중지될 것을 내다보셨다는 결론을 꼭 내릴 필요는 없다.

[34] "예수께서 그가 지혜롭게 대답함을 보시고"(*καὶ ὁ Ἰησοῦς ἰδὼν αὐτὸν ὅτι νουνεχῶς ἀπεκρίθη* – 카이 호 이에수스 이돈 호티 누네코스 아페크리데). 예수는 서기관의 지혜로운 대답에 감명을 받으신다. 부사 누네코스(*νουνεχῶς*, "지혜롭게")는 신약성경이나 칠십인역에서 오직 이 곳에만 나온다. 누스(*νοῦς*, "마음")와 에케인(*ἔχειν*, "갖다" 또는 "소유하다")의 합성어인 이 단어는 성경 이외의 문헌에서 확인되는데(예를 들어, Aristotle, *Polybius*; 참조. *Sib. Or.* 1:7), "지혜롭게", "사려 깊게"를 의미한다(*BAG*, 546).

"네가 하나님의 나라에서 멀지 않도다"(*οὐ μακρὰν εἶ ἀπὸ τῆς βασιλείας τοῦ θεοῦ* – 우 마크란 에이 아포 테스 바실레이아스 투 데우). 서기관의 대답의 정확함은 그가 "하나님의 나라에서 멀지 않다"는 것, 즉 그가 하나님 나라의 메시지에 응답한 자들의 반열에 곧 들어가게 될 것임을 보여 준다. 물론 "하나님의 나라"(*βασιλείας τοῦ θεοῦ* – 바실레이아스 투 데우)는 애초부터 예수의 선포의 핵심이었다(참조. 1:14-15; 4:11, 26, 30; 9:1, 47; 10:14, 15, 23-25; 14:25). 하나님 또는 하나님의 나라에서 "멀다"(*μακράν* – 마크란)는 것은 포로 생활(exile)과 디아스포라(dispora)를 연상시키는 표현인데(예를 들어, 사 57:19; "먼 데 있는 자에게든지 가까운 데 있는 자에게든지 평강이 있을지어다 평강이 있을지어다 내가 그를 고치리라 하셨느니라"; 겔 11:15; 슥 6:15; 10:9), 신약에 의하면 바로 이러한 상태를 바로잡는 것이 그리스도의 사명이었다(참조. 엡 2:13; "이제는 전에 멀리 있던 너희가 그리스도 예수 안에서 그리스도의 피로 가까워졌느니라").

왜 예수는 서기관에 대하여 하나님 나라에 들어간 것이 아니라 "멀지 않다"고 하셨을까? 아마도 복음서 기자는 독자들로 하여금 세례 요한과 예수 두 사람이 다 요구한 회개(참조. 1:14-15; 6:12)가 서기관에게 아직 남아 있다고 생각하도록 하려 했을 것이다. 앞서의 대화(10:17-31)에서는 재물이 부자 청년이 영생(즉, 하나님 나라)에 들어가는 데 방해가 되었다. 현재 본문에는 서기관에게 방해가 되었던 것이 무엇인지 나와 있지 않다(또는 나중에 그가 회개했던 것일까?). 하늘에 속한 "인자"(2:10, 28; 3:28; 10:45; 13:26; 14:62)로서 예수는 어떤 사람이 하나님 나라에 가깝다거나 멀다고 선언할 수 있는 권세를 갖고 계신다.

"그 후에 감히 묻는 자가 없더라"(*καὶ οὐδεὶς οὐκέτι ἐτόλμα αὐτὸν ἐπερωτῆσαι* – 카이 우데이스 우케티 에톨마 아우톤 에페로테사이). 복음서 기자는 11장과 12장에 걸쳐 진행되어 온 예수와 비판자들 간의 몇 번의 대화를 염두에 두고 있다. 비판자들은 번갈아 나아와서 예수에게 질문을 던지며 도전했고, 예수는 그 때마다 노련하고 놀라운 발상으로 대답하셨다. 예수는 이제 주도권을 쥐시게 된다.

해설

이 단락에서 복음서 기자는 두 가지 중요한 점을 강조한다. 첫 번째는 예수께서 두 개의 큰 계명으로써 율법을 요약하는 것과 직접적으로 관련이 있다: 사람의 전 존재와 가진 것 모두로써 하나님을 사랑하는 것과 이웃을 제 몸과 같이 사랑하는 것. 예수는 이스라엘에 뭔가 새롭고 낯선 가르침을 베푸시고 있는 것이 아니다. 예수의 가르침은 회개에로의 부르심, 하나님에 대한 일편단심의 사랑 그리고 이웃에 대한 진정한 사랑과 관심을 요구하는 부르심이다. 성경과 예수가 명하는 이 사랑은 단순한 감정이 아니다(흔히 감정이 포함되기는 하지만). 오히려 그것은 하나님의 뜻에 대한 순종, 이웃에 대한 존중 및 조력(예를 들어, 눅 10:29-37의 선한 사마리아인 비유)으로 나타나는 헌신과 충성이다. 율법의 최고의 윤리는 제사나 그 밖의 다른 제의 활동이 아니라 하나님에 대한 충성과 사람들에 대한 자비(compassion, 긍휼히 여김)다.

복음서 기자가 강조하는 두 번째는 서기관이 예수의 바른 가르침을 인정한 것과 관련이 있다. 예수의 가르침은 설득력이 있어서 서기관(그의 동료들은 잠시 전에 예수를 덫에 걸리게 하려고 애를 썼었다)조차도 그 가르침이 바르다는 것을 인정한다. 사실 예수의 가르침에 대한 서기관의 열렬한 지지는 성전 당국의 으뜸가는 권위를 훼손시키고 있다. 그렇다. "마음을 다하고 명철을 다하고 힘을 다하여 하나님을 사랑하는 것과 또 이웃을 제 몸과 같이 사랑하는 것이 모든 온전한 번제들과 기타 제사들보다 낫다." 서기관의 주목할 만한 선언은 마가복음의 맥락에 잘 맞아서, 제사장들의 비판과 반대에도 불구하고 예수의 메시지가 옳다는 것을 강조하는 역할을 한다.

11. 다윗의 자손에 관한 질문(12:35-37)

참고문헌

Betz, O. "Die Frage nach dem messianischen Bewusstsein Jesu." *NovT* 6(1963) 20-48. **Charlesworth, J. H.** "Solomon and Jesus: The Son of David in Ante-Markan Traditions(Mk 10:47)." In *Biblical and Humane.* FS J. F. Priest, ed. L. B. Elder et al. Homage 20. Atlanta: Scholars Press, 1996. 125-51. ______. "The Son of David: Solomon and Jesus(Mark 10.47)." In *The New Testament and Hellenistic Judaism.* Ed. P. Borgen and S. Giversen. Aarhus: Aarhus UP, 1995. 72-87. **Chilton, B.** "Jesus *ben David:* Reflections on the Davidssohnfrage." *JSNT* 14(1982) 88-112(repr. in *The Historical Jesus: A Sheffield Reader.* Ed. C. A. Evans and S. E. Porter. BibSem 33. Sheffield: Sheffield Academic, 1995. 192-215). **Fitzmyer, J. A.** "The Contribution of Qumran Aramaic to the Study of the New Testament." *NTS*(1973-74) 382-407, esp. 386-91(repr. in J. A. Fitzmyer. *A Wandering Aramean: Collected Aramaic Essays.* SBLMS 25. Missoula: Scholars Press, 1979. 85-142, esp. 90-95). **Gagg, R. P.** "Jesus und die Davidssohnfrage: Zur Exegese von Markus 12,35-37." *TZ* 7(1951) 18-30. **Suhl, A.** "Der Davidssohn im Matthäus-Evangelium." *ZNW* 59(1968) 57-81.

본 문

35 예수께서 성전에서 가르치실새 대답하여 가라사대 어찌하여 서기관들이 그리스도를 다윗의 자손이라 하느뇨
36 다윗이 성령에 감동하여 친히 말하되 주께서 내 주께 이르시되 내가 네 원수를 네 발 아래 둘 때까지 내 우편에 앉았으라 하셨도다 하였느니라
37 다윗이 그리스도를 주라 하였은즉 어찌 그의 자손이 되겠느냐 하시더라 백성이 즐겁게 듣더라

35 And answering, Jesus was speaking, while teaching in the temple, "How do the scribes say, 'The Messiah[a] is "son of David"'?[b]
36 David himself said in the Holy Spirit, 'The Lord[c] said to my lord, "Sit at my right hand, until I should place your enemies beneath[d] your feet."'
37 David himself[e] calls him 'lord': so how is he his son?" And the great crowd was hearing him with pleasure.

원문주해

a. 헬라어로는 호 크리스토스(ὁ Χριστὸς, 문자적으로 "기름부음 받은 [자]"). 이 헬라어는 히브리어 마쉬아흐(מָשִׁיחַ)를 번역한 말이다. 이 히브리어 단어는 종종 멧시아스

(*μεσσίας*)로 음역되기도 한다(참조. 요 1:41; 4:25). 위의 8:29에 대한 "원문주해" 및 "주석"을 보라.

b. 헬라어로 된 대부분의 권위 있는 사본들에서 다윗은 다우에이드(*Δαυείδ*)로 표기된다(B, D사본에서처럼). 그러나 일부 권위 있는 사본들에서는 이 이름이 예를 들어 다위드(*Δαυίδ*), 다비드(*Δαβίδ*) 등 여러 가지로 표기된다. ℵ사본과 그 밖의 사본들은 축약형인 다드(*Δαδ*)로 읽기도 한다. 36절과 37절도 마찬가지다. 10:47; 11:10을 보라.

c. Nestle-Aland[27]과 USBGNT[3c](B, D사본 및 그 밖의 몇몇 권위 있는 사본들을 따라)는 퀴리오스(*κύριος*, "주")로 읽는다. ℵ, A, L, *Σ*, *Φ*사본과 많은 후대의 사본들은 호 퀴리오스(*ὁ κύριος*, "주")로 읽는다. 관사의 탈락이나 생략보다는 관사의 첨가로 설명하는 것이 더 자연스럽다.

d. 헬라어로 휘포카토(*ὑποκάτω*)인데, B, D, W사본과 그 밖의 몇몇 권위 있는 사본들이 이렇게 읽는다. ℵ A, L, *Σ*, *Φ*, 33사본과 많은 후대의 사본들은 휘포포디온 톤 포돈 수(*ὑποπόδιον τῶν ποδῶν σου*, "네 발의 발등상")로 읽는데, 이 독법은 칠십인역 시 109:1과의 동화(同化)의 결과다.

e. 33사본과 몇몇 후대의 사본들은 아우토스 다위드 엔 토 프뉴마티(*αὐτὸς Δαυὶδ ἐν τῷ πνεύματι*, "다윗 자신이 성령으로")로 읽는다.

양식/구조/배경

메시아의 칭호로서의 "다윗의 자손"에 관한 문제를 다루는 이 단화(單話)의 양식은 예수 전승에서 좀 변칙적이다. 이 단화는 질문으로 시작해서(35b절), 시편 110:1로부터의 인용문이 뒤따라 나온 후에(36절), 또 다른 질문으로 끝난다(37a절). 이 단화는 예수께서 먼저 질문을 받으시고 여기에 반대 질문으로 응답하시는 통상적인 패턴을 따르지 않고 있기 때문에, 일부 주석가들은 그 진정성을 의심한다. 게다가 예수께서 말씀하시고자 하는 취지(예를 들어, 예수는 다윗의 자손이 아니라거나 메시아는 다윗의 자손이 아니라는 것)가 이상해 보여서, 진정성 및 본래의 의미를 놓고 더 많은 논란이 생겨났다.

불트만(Bultmann, *History*, 66, 136-37)은 마가복음 12:35-37을 아포프데그마(또는 경구[警句])로 분류하지만 이 단화를 "이차적인 형태"이자 "초대 교회의 산물"이라고 판단한다. 이에 대한 근거로 불트만은 "메시아가 다윗의 자손일 수 없다는 증명은 예수에게는 거의 아무런 의미도 갖지 못한다"고 설명하지만, 예수에게 의미가 있었다거나 없었다거나 하는 것은 논점을 회피하는 것이다. 어쨌든 그런 것이 이 이야기의 본지(本旨)인지는 분명치 않지만, 사실 그렇지 않을 가능성이 높다. 테일러(Taylor, *Formation*, 78)는 이 전승을 선포 이야기(a pronouncement story)라 부른다. 그는 명시적으로 말하지는 않지만, 이 이야기를 진정성 있는 전승으로 받아들이고 있음이 분명하다. 불트만의 견해에 동의하여 줄(Suhl, *Zitate*, 89-94; *ZNW* 59 [1968] 57-59)은 다윗의 자손임을 부정하는 이 전승은 부활 사건 이후의 공동체에서 나온 것으로 생각한다. 몇몇 최근의 학자들도 이 견해를 취한다. 예를 들면, 펑크(Funk, *Mark*, 187-88)는 이렇게 단언한다. "예수께서 대화나 논쟁을 주도적으로 개시하시는 것은 이차적인 창작임을 보여 주는 좋은 표시다…나중에 교회는 예수께서 다양한 주제들에 대하여 선포하시는 것으로 묘사하기를 좋아했을 것이다. 이 목적을 위한 직접적인 방법은 예수께서 직접 문제를 제기하시도록 하는 것이었을 것이다." 그러나 그러한 견해는 다소 사변적이다. 사실 예수께서 먼저 토론을 시작하셨다고 해서 그 전승을 진정성이 없는 것으로 볼 설득력 있는 근거가 전혀 없다. 어쨌든 무슨 이유로 초대 교회는 예수께서 이러한 선포를 하셨던 것으로 말하고자 했던 것인가? 이 선포 이야기에서는 메시아를 "다윗의 자손"으로 부르는 근거들에 대하여 문제를 제기하지만, 대답은 주어져 있지 않다. 그 어떤 대안도 제시되지 않는다. 기독론에 관한 그 어떤 명시적인 단언도 나오지 않는다. 무엇이 해명된 것인가? 교회는 무엇을 얻었는가? 메시아가 다윗의 자손이라는 것에 의문을 제기하는 일을 교회가 했을 것이라고 생각하기는 힘들다. 왜냐하면 교회는 메시아(물론 예수)가 실제로 다윗의 후손이라고 믿었기 때문이다. 이 점은 바울의 서신들(롬 1:3-4; 참조. 딤후 2:8), 마태 및 누가복음 기자들이 각각의 복음서에 덧붙인 족보들에서 볼 수 있다. "이 말씀이 초대 교회의 창작일 가능성은 거의 없다"는 의견을 제시한 크랜필드(Cranfield, 381)의 입장이 옳을 것이다(참조. Chilton, "Jesus *ben David*," 210).

가그(Gagg, *TZ* 7[1951] 18-30)는 12:35-37이 원래 다른 사람이 예수께 도전하는 질문(11:27-33에서의 권세에 관한 질문, 12:13-17에서의 세금에 관한 질문, 12:18-27에서의 형사취수 혼인과 부활 신앙에 관한 질문, 12:28-34에서의 첫째 가는 계명에 관한 질문처럼)으로 시작되었던 갈등 이야기 중 남은 단편이라고 생각한다. 첫 부분에 있던 질문이 없어져서 앞부분이 잘린 현재의 전승은 (1) 예수의 반대 질문, (2) 근거 본문으로서의 시편 110:1의 인용, (3) 서기관들의 견해와 시편 110:1의 함의(含意)와의 긴장 관계를 조롱하는 마지막 질문으로 되어 있다. 복음서 기자는 이 단편적인 이야기의 도입부와 종결부(35a절과 37b절)를 첨가한다(물론 35a절의 일부는 전승일 수 있다; "주석"을 보라). 크랜필드(Cranfield, 381-82)는 가그(Gagg)의 주장이 옳다고 생각한다. 또한 "그 후에 감히 묻는 자가 없더라"(12:34b)는 복음서 기자의 첨가문은 없어져 버린 첫 부분의 도전적인 질문을 의도적으로 보완하기 위한 것일 수 있다. 복음서 기자는 이 이야기가 그러한 질문으로 시작될 것이라고 생각했지만, 그 질문은 없어져 버린 상태였다. 그러니까 요점을 말하자면, 복음서 기자는 "그 후에 감히 묻는 자가 없더라"고 말함으로써 이러한 본문 상실을 말해 주고 있다는 것이다. 또한 마태복음 기자는 이 이야기의 전승 형태에 뭔가 잘못된 것이 있다고 느끼고는 바리새인들이 예수의 질문에 답하는 것으로 본문을 구성했다(참조. 마 22:41-42).

예수에게 던져진 원래의 도전적인 질문은 무엇이었을까? 크랜필드(Cranfield, 381)는 그 질문은 예수께서 메시아가 다윗의 자손이라고 가르치셨는지의 여부에 관한 것이었으리라고 생각한다. 이러한 제안은 가능성이 있다. 왜냐하면 예수는 앞서 "다윗의 자손"(10:47, 48)으로 환호를 받았었고, 그가 예루살렘에 입성할 때는 일부 무리가 "찬송하리로다 오는 우리 조상 다윗의 나라여"(11:1)라고 외치기도 했기 때문이다. 나아가 크랜필드는 이 없어진 질문은 예수로 하여금 스스로 덫에 걸리게 하는 어떤 내용을 말하도록 유도하기 위한 것이었다고 생각한다(12장에 서술된 다른 만남들에서와 마찬가지로). 이 질문이 예수의 메시아 대망을 다윗 사상의 견지에서 정의하도록 유도하려는 시도였다고 생각하는 것은 일리가 있다. 세금에 관한 질문과 마찬가지로, 이러한 대화는 "제대로만" 된다면 선동죄와 직결될 수도 있었을 것이다. 어쨌든 이 질문은 단순히 메시아에 관한 예수의 견해들(예를 들어, 그가 다윗의 자손인가, 선지자인가, 다른 그 무엇인가?)을 묻는 질문이 아니라, 기름부음을 받았다고 소문이 난 예수로 하여금 스스로를 "다윗의 자손"으로 밝히게 하려는 시도였을 것이다. 또는 다른 식으로 표현하자면, 축귀와 치유 사역으로 인해 솔로몬적인 "다윗의 자손"으로 알려진(이에 대해서는 아래에서 좀더 논의할 것이다) 예수가 자기를 다윗의 기름부음 받은 아들, 즉 왕을 자임하는 자임을 밝히게 하려는 질문이었을 것이다.

12:35-37을 12장에 나오는 다른 단화(單話)들과 비슷한 논쟁 대화 또는 학문적 대화의 한 단편(斷片)으로 이해하는 것이 최선인 듯 싶다. 이 단화는 본질적으로 그 원래의 맥락과 정황 속에, 즉 성전 경내에서 예수와 종교 당국자들과의 논쟁이라는 맥락 속에 있다. 무슨 이유로 또는 어떻게 해서 도입부의 도전적인 질문이 없어져 버렸는지를 확인할 수는 없지만, 그 질문의 요점은 메시아 사상 및 이와 관련된 다윗 전승에 관한 것이었음은 분명하다. 이 도전적인 질문에 대한 예수의 대답에 담긴 의도는, 칠튼(Chilton, "Jesus *ben David*," 210-11)의 유력한 주장대로, "그가 메시

아를 자처했다는 점증하는 의구심을 떨쳐버리는 것"이었다. 나아가 칠튼은 예수의 "다윗 혈통, 치유 상황에서 다윗의 자손이라 불리는 것을 그가 허용한 점, 자신을 다윗 및 솔로몬과 비교한 것, 그의 예루살렘 입성 등이 사람들의 이러한 의구심에 기여하였다"고 말한다. 따라서 이 질문과 가이사에게 세를 바쳐야 하는지에 관한 질문은 예수께서 성전 경내에서 가르치실 때 그에게 던져진 두 가지 가장 위험스러운 질문이었다. 게다가 이 질문들은 서로 연결되어 있지는 않아도 연관되어 있었을 것이다. 주후 1세기에 유대인들은 이스라엘의 기름부음 받은 왕인 예수께서 분명히 가이사에게 세를 바치는 것을 금하실 것이라고 생각했을 것이다. 우리가 가이사에게 세를 바쳐야 하는가? 예수는 질문을 받으신다. 그리고 당신은 어떤 류의 "다윗의 자손"인가? 메시아인가? 누가복음 기자는 이 두 질문의 밀접한 연관성을 보여 주는 독립적인 전승을 우리에게 제공해 주는데, 종교 당국자들이 예수를 로마 총독 앞에서 고소하는 장면인 누가복음 23:2이 바로 그 전승이다: "우리가 이 사람을 보매 우리 백성을 미혹하고 가이사에게 세 바치는 것을 금하며 자칭 왕 그리스도라 하더이다." 마가복음 12장의 맥락 속에서 이 전승을 읽게 되면, 독자들은 예수께서 그를 덫에 걸리게 하려고 시도된 이러한 질문들로부터 잘 빠져나갔다는 인상을 받게 된다. 그러나 누가복음 23:2은 예수의 비판자들은 예수께서 잘 빠져나가지 못했다고 생각하고 있음을 보여 주는 것으로 보인다.

주석

35 "예수께서 성전에서 가르치실 때에 대답하여 말씀하였다"(*καὶ ἀποκριθεὶς ὁ Ἰησοῦς ἔλεγεν διδάσκων ἐν τῷ ἱερῷ* – 카이 아포크리데이스 호 이에수스 엘레겐 디다스콘 엔 토 히에로). 마가복음에서 예수는 흔히 가르치시는(*διδάσκειν* – 디다스케인) 모습으로 묘사되고(1:21, 22; 2:13; 4:1, 2; 6:2, 6, 30, 34; 7:7; 8:31; 9:31; 10:1; 11:17; 12:14; 14:49), 또 흔히 "선생님"(*διδάσκαλος* – 디다스칼로스)으로 지칭된다(4:38; 5:35; 9:17, 38; 10:17, 20, 35; 12:14, 19, 32; 13:1; 14:14). 예루살렘 입성 기사(11:1-11)로부터 시작하여, 마가는 예수께서 성전 경내를 자주 드나드시는 것으로 묘사한다(11:11, 15, 16, 27; 13:1; 14:49). 여기 35절에서 예수는 "성전에서"(*ἐν τῷ ἱερῷ* – 엔 토 히에로) 가르치고 계셨다고 하는데, 이 성전은 성소가 아니라 경내(境內)를 의미한다. 체포되실 때 예수는 고위 제사장들의 관리들과 종들에게 자기가 날마다 성전에서 가르쳤음을 상기시키신다(14:49; 참조. 예수께서 회당에서 가르치시는 장면인 1:21).

도입부에 나오는 "예수께서 성전에서 가르치실새 대답하여 가라사대"라는 말은 대체로 마가의 것으로 보인다. 건드리(Gundry, 717)는 아포크리데이스(*ἀποκριθείς*, "대답하여")를 더 이상 질문이 없는 것에 대한 예수의 반응으로 이해한다. 그러나 원래 35-37절 앞에 도전적인 질문이 있었다면(위의 "양식/구조/배경"에 나오는 논의를 보라), "예수께서 대답하여 가라사대"는 원래의 전승의 일부였을 것이고, 오직 "성전에서 가르치실새"라는 어구만 복음서 기자가 첨가한 말이 될 것이다.

"어찌하여 서기관들이 그리스도를 다윗의 자손이라 하는가?"(*πῶς λέγουσιν οἱ γραμματεῖς ὅτι ὁ Χριστὸς υἱὸς Δαυίδ ἐστιν;*–포스 레구신 호이 그람마테이스 호티 호 크리스토스 휘오스 다위드 에스틴). "다윗의 자손"이 메시아를 가리킨다는 것은 후대의 랍비 문헌에서 상식이다. 여기서는 초기의 증거들을 들어보자. 이 호칭에 대한 초기의 증거는 솔로몬의 시편(*Pss. Sol.*) 17:21에서 발견된다: "주여 보소서 저들을 위하여 주께서 정하신 때에 저희의 왕, 다윗의 자손을 일으키사 주의 종 이스라엘을 다스리게 하소서, 오 하나님." 또한 솔로몬의 유언서(*T. Sol.*; 주후 100년경) 1:7에 나오는 "솔로몬, 다윗의 자손"(*Σολομῶν υἱὸς Δαυείδ*–솔로몬 휘오스 다우에이드)이라는 표현도 보라. 예수의 질문은 메시아를 "다윗의 자손"이라 부를 만한 성경적 근거가 없다는 것을 함축하고 있다. 액면 그대로를 본다면, 이것은 뭔가 좀 이상한 말이다. 이스라엘의 성경 그 어디에도 메시아를 그렇게 부르는 곳이 없다는 것은 사실이지만, 예레미야는 한 가지가 다윗에게서 날 것이라고 약속한다(렘 23:5; 33:15). 여기서 자손을 염두에 두고 말한다는 것은 분명하다. 예레미야의 예언적 소망은 이사야 11:1에 근거를 둔 것이다: "이새의 줄기에서 한 싹이 나며 그 뿌리에서 한 가지가 나서." 스가랴서에서 "가지"는 메시아의 칭호가 된다(참조. 슥 3:8; 6:12). 이러한 예언들을 볼 때, 성경에서 명시적으로 확인이 안 된다고 하더라도, 서기관들이 메시아를 "다윗의 자손"이라 지칭한 것은 일리가 있어 보인다(랍비 문헌의 예들에 대해서는 *b. ʿErub.* 43a; *b. Yoma* 10a; *b. Sukkah* 52a; *b. Soṭah* 48b; *b. Sanh.* 38a를 보고, 미드라쉬에 나오는 예들에 대해서는 *Gen. Rab.* 97[창 49:10에 대한]; *Exod. Rab.* 25.12[출 16:29에 대한]; *Num. Rab.* 14.1[민 7:48에 대한]을 보라). 그렇다면 예수께서 말씀하시고자 하는 취지는 무엇인가?

36 "다윗이 성령으로 친히 말하였다"(*αὐτὸς Δαυὶδ εἶπεν ἐν τῷ πνεύματι τῷ ἁγίῳ*–아우토스 다위드 에이펜 엔 토 프뉴마티 토 하기오). 강조의 아우토스(*αὐτός*, "친히, 스스로")를 사용한 것은 "다윗이 친히"(*αὐτὸς Δαυίδ*–아우토스 다위드) 서기관들이 사용하는 메시아 칭호의 부적절성을 증언하고 있음을 보여 주기 위

한 것이다. 게다가 이 증언은 "성령으로"(*ἐν τῷ πνεύματι τῷ ἁγίῳ* – 엔 토 프뉴마티 토 하기오)라는 수식어구가 보여 주듯이 예언적이다. 다윗이 성령의 감동을 받아 예언을 했다는 전승은 옛 성경 자체에서 기인하고 후대의 문헌에서 확대된다. 사무엘하 23:2에 의하면, 다윗은 "여호와의 신이 나를 빙자하여 말씀하심이여 그 말씀이 내 혀에 있도다"라고 말한다. 쿰란의 열두 동굴에서 나온 많은 시편들을 담은 두루마리에 의하면, 여호와로부터 "분별하고 깨닫는 영"을 받은 "지혜롭고 박학다식한" 다윗이 "지극히 높으신 이로부터 주어진 예언을 따라" 4천이 넘는 노래를 지었다고 한다(11QPs[a] 27:2-4, 11). 쿰란 공동체에서는 이 시편들 – 대부분이 다윗에 의해 지어진 것으로 생각된 – 을 분명히 예언적으로 이해했다. 왜냐하면 페샤림(pesharim, 해석들)이 예언서와 시편에 국한되어 있기 때문이다. 또한 다윗의 영감과 예언적 은사는 사도행전(1:16; 4:25)과 랍비 문헌(*b. Ber.* 4b; *b. ʿArak.* 15b; *b. Sukkah* 52a; *Song Rab.* 2:1 §3)에서 확인된다. 또한 다윗의 아들 솔로몬도 "성령으로" 노래들을 지었다고 한다(*Song Rab.* 1:1 §8). 성령의 영감에 대해서는 사도행전 28:25; 디모데후서 3:16; 베드로후서 1:21; 히브리서 3:7; 10:15을 보라. 복음서 기자는 서기관들에게 성령이 없었다는 의미를 함축하는 "서기관들이 말하기를"이라는 표현과 대비시키기 위하여 "다윗이 친히 성령으로"라는 표현을 사용했을 것이다(Gundry, 718).

א, A, L, W, *Θ*, *Ψ*, 087, 33사본을 따라 퀴리오스(*κύριος*, "주") 앞에 관사 호(*ὁ*)를 붙여서 읽는다면, "주께서 내 주께 이르셨다"(*εἶπεν κύριος τῷ κυρίῳ μου* – 에이펜 퀴리오스 토 퀴리오 무)는 구절은 칠십인역(*εἶπεν ὁ κύριος τῷ κυρίῳ μου* – 에이펜 호 퀴리오스 토 퀴리오 무)과 정확하게 일치한다. 칠십인역은 "주"를 가리키는 말들을 서로 다르게 사용하는 히브리어 본문과 대략 일치한다: "내 주에 대한 야웨의 신탁"(נְאֻם יְהוָה לַאדֹנִי – 네움 아도나이 라도니). 칠십인역에서는 아도나이(אדני)와 야웨(יהוה)를 둘 다 퀴리오스(*κύριος*)로 번역한다. 이것은 마가 본문이 히브리어 본문이 아니라 칠십인역을 따랐다는 증거이고, 따라서 마가복음 12:35-37이 진정한 예수 전승이 아니라 헬라어를 사용하는 초대 교회의 창작이라는 증거인 것인가? 일부 학자들은 그렇게 주장해 왔다(Bultmann, *History*, 137; Hahn, *Titles*, 105). 피츠마이어(Fitzmyer, *Wandering Aramean*, 90)는 아람어 마레(מָרֵא, "주")가 아도나이(אדני)와 야웨(יהוה)의 번역어로 사용될 수 있었다는 것을 보여 주었다. 그는 예수께서 복음서 전승에서 칠십인역과 거의 유사한 헬라어 형태로 보존되어 온 아람어로 된 시편 110:1(예를 들어, 마레 레마르이[מָרֵא מָרְאִי])을 인용했을 것으로 생각한다(또한 Hengel, "Sit at My Right Hand!" 156 n. 81을 보라). 게다가 칠십인역의 헬라

어 번역문보다 시편 110:1로부터의 인용문의 셈어 판본이 예수의 해석과 더 부합한다. 예수는 다윗의 말을 "성령으로" 말해진 예언으로 이해한다. 히브리어 네움(נְאֻם, "신탁")은 단순한 헬라어 에이펜(*εἶπεν*, "말하였다")보다 이러한 예수의 이해를 더 잘 나타내 준다.

"내 우편에 앉아 있으라"(*κάθου ἐκ δεξιῶν μου*–카두 에크 덱시온 무). "우편에"(*ἐκ δεξιῶν*–에크 덱시온) 앉는 것은 대단한 영예이다. 10:35-40에서 야고보와 요한이 좋지 않은 때에 좌우편 자리를 요구한 사건이 보여 주듯이, 마가복음의 독자들은 이미 이 개념을 알고 있었다. 가야바와 산헤드린의 구성원들 앞에서 예수는 시편 110:1(그리고 단 7:13)을 인유(引喩)하여 자기가 하나님 우편에 앉게 될 것임을 밝힌다(막 14:61-62; 해당 구절에 대한 "주석"과 Hengel, "Sit at My Right Hand!" 181-89를 보라). 옛 전승들 및 신약 시대의 유대 및 헬라-로마 전승들에서, 하나님 우편에 있다는 것은 하늘과 땅의 중보자로서의 지위와 역할을 하고, 이 땅에서 하나님의 대리자 역할을 한다는 것이었다.

"내가 네 원수를 네 발 아래 둘 때까지"(*ἕως ἂν θῶ τοὺς ἐχθρούς σου ὑποκάτω τῶν ποδῶν σου*–헤오스 안 도 투스 에크드루스 수 휘포카토 톤 포돈 수). 이 옛 시편은 계속해서 은총을 입은 왕에게 하나님께서 그의 원수들을 무찔러서 그에게 굴복하게 만들겠다고 약속한다. 예수에게 있어서 이러한 원수들은 주로 영적인 세력들이었다. 사탄 및 그의 악한 동맹자들을 정복하는 일이 예수에게는 더한 관심사였다. 이스라엘이 회복되어 성경의 예언들에 약속된 축복들을 상속받기 위해서는, 이러한 정복이 필수적인 전제 조건이었다. 마가복음의 독자들은 이미 예수께서 사탄 및 그의 더러운 귀신들과 싸움을 벌이고 있음을 알고 있다(참조. 1:21-28; 3:23-27; 5:1-20). 사탄의 패배는 하나님 나라의 도래를 보여 주는 확실한 징표다(참조. 눅 10:17-20; 11:20; *T. Mos.* 10:1-3). 예수는 제자들에게 "뱀과 전갈을 밟을 권세"(눅 10:19), 곧 악한 영들을 밟을 권세를 주었다. 예수와 그를 따르는 자들은 "네 발 아래"(*ὑποκάτω τῶν ποδῶν σου*–휘포카토 톤 포돈 수)라는 어구를 이런 관점에서 이해했을 것이다.

37 "다윗이 친히 그리스도를 주라 부르고 있으니 어찌 그의 자손이 되겠느냐?"(*αὐτὸς Δαυὶδ λέγει αὐτὸν κύριον, καὶ πόθεν αὐτοῦ ἐστιν υἱός*–아우토스 다위드 레게이 아우톤 퀴리온 카이 포덴 아우투 에스틴 휘오스). 메시아의 칭호에 관한 문제에서 영감 받은 권위자는 서기관들이 아니라 "다윗 자신"(*αὐτὸς Δαυὶδ*–아우토스 다위드)이다. 다윗은 메시아를 "주"(*κύριον*–퀴리온)라고 부른다. 그런데 어떻

게 메시아가 다윗의 "아들"(υἱός – 휘오스)이 될 수 있겠는가? 이 질문의 요지는 어떤 사람의 아들이 된다는 것은 어떤 의미에서 종속적이거나 열등한 위치에 있다는 전제에 있다. 메시아는 다윗보다 열등한가? 달리 말하면, 메시아는 단지 다윗의 2세에 불과할 것이라는 말이 정말인가? 예수는 시편 110:1을 토대로 이 전제를 반박하신다: "주께서 내 주께 이르시되 내 우편에 앉았으라 하셨도다." 예수는 이 구절을 "하나님께서 나(다윗)의 주이신 메시아께 말씀하였다"를 의미하는 것으로 이해한다. 따라서 저 유명한 왕 다윗은 메시아를 자신의 주로 인정한다. 그런데 어떻게 메시아가 다윗의 자손에 지나지 않겠는가? 말도 안 되는 소리다.

시편 110:1에 대한 예수의 해석과 관련해서 두 가지 의문이 일어난다. (1) 메시아가 다윗의 자손에 불과한 것이 아니라면, 예수는 메시아의 정체를 어떤 것이라고 생각하는가? (2) 예수는 스스로를 다윗적인 메시아로 보지 않는 것인가? 이 두 질문은 예수께서는 분명히 다니엘 7장의 환상 기사에 묘사된 "인자"라는 견지에서 자신의 메시아직을 규정했다는 것을 알면 해결이 되는 문제들이다. 예수는 스스로를 하나님으로부터 권세와 나라를 받았고(단 7:13-14) 하나님 우편에서(시 110:1) 하늘에 놓여진 보좌들(단 7:9의 복수형 "보좌들"을 주목하라) 가운데 하나에 앉을 사람(또는 아람어 관용표현인 "인자")으로 보셨다. 예수의 권세는 그의 조상 다윗에게 수여된 권세를 무색하게 했다. 따라서 혈통적으로는 예수께서 "다윗의 자손"(막 10:47, 48에서 맹인 바디매오가 소리쳐 부른 것과 롬 1:3에서 바울이 말하고 있는 것처럼)인 것이 사실이지만, "다윗의 자손"이라는 칭호가 어떤 의미에서든 종속성이나 열등함을 함축하고 있다고 생각하는 것은 잘못이다. 로마이어(Lohmeyer, 262-63)는 예수께서 "인자" 전승을 선호하고 다윗과 관련된 메시아 사상은 거부하셨다고 결론을 내린다. 이런 결론은 부분적으로는 옳다. 그러나 예수께서 스스로를 "인자"로 이해했다고 해서 반드시 다윗과 관련된 메시아 사상을 거부했던 것은 아니고 다만 어느 정도 제한을 가했다고 보아야 한다(참조. O. Betz, *NovT* 6[1963] 20-48).

예수는 메시아가 혈통적으로 다윗의 자손임을 부인하시지 않았다(그리고 사 9:2-7; 11:1-9; 렘 23:5-6; 33:14-18; 겔 34:23-24; 37:24 같은 본문들에 비추어서 예수께서 어떻게 그럴 수 있었겠는가?). 예수께서 의문을 제기하신 것은 메시아를 "다윗의 자손"이라 지칭하는 것의 성경적 정당성이었다. 이런 식으로 말하는 것(랍비 문헌에서는 관행처럼 되어 있었지만)은 전혀 성경적 근거가 없다. 성경에서는 메시아가 다윗의 아들이 아니라 "하나님"의 아들로 인정될 것을 기대한다. 여호와의 "기름부음 받은 자(משיח – 마쉬아흐)"(2절), "너는 내 아들이라 오늘날 내가 너를 낳았도다"(7절)라고 말하는 시편 2:2, 7과 하나님께서 다윗에게 "나는 그 아비가 되고 그는 내 아들이 되리니"라고 말하는 사무엘하 7:14이 즉각 생각난다. 후자의 구절은 사해 두루마리에서 메시아적 의미로 인용된다(참조. 4Q174[=4QFlor] 3:7-13). 이 두루마리에서 메시아는 "다윗의 자손"이 아니라 "다윗의 가지"로 불린다(예를 들어, 4Q161[=4QpIsa[a]] 7 iii 22; 4Q174[=4QFlor] 3:11; 4Q285[=4QM[g]] 5 i 3).

물론 마가복음에서는 예수께서 다윗의 자손이라는 점이 아니라 하나님의 아들이라는 점이 강조된다(1:1, 11; 3:11; 5:7). 예수는 10:46-52에서 맹인 바디매오에 의해 "다윗의 자손"으로 불리고, 2:23-28에서 예수는 안식일에 이삭을 딴 제자들의 행위를 사무엘상 21:1-6에 나오는 다윗과 그의 부하들의 행위에 비유하신다. 이런 식으로 예수는 다윗과 결부되시지만, 무슨 근거 위에서 결부되는가? 칠튼(Chilton, "Jesus ben David")은 치유 및 축귀 사역과 "다윗의 자손"의 연관 관계를 토대로 12:35-37의 진정성을 설득력 있게 논증한다. 치유자 및 구마사(驅魔師)로서 예수는 다윗의 아들인 솔로몬과 결부되었을 것이다. 찰스워드(Charlesworth, "The Son of David," 87)는 10:47-48에서 맹인 바디매오가 외친 말인 "다윗의 자손"은 "솔로몬을 의미하는 칭호"였다고 결론을 내린다. 이 주장은 옳을 것이다. 부르거(Burger, *Jesus als Davidssohn*, 170)도 복음서 전승, 특히 마태복음에서 "다윗의 자손"이라는 칭호는 거의 언제나 치유 또는 축귀의 맥락 속에 등장한다는 점을 지적한다(예를 들어, 마 9:27-31; 12:22-24; 15:21-28; 20:29-34; 21:1-11, 14-16). 예수가 "다윗의 자손"일 것이라는 소문은 그의 치유 및 축귀 사역에서 생겨났을 것이다. "다윗의 아들 솔로몬"과 치유 및 축귀와의 연관성은 주후 1세기 말의 외경(外經)인 솔로몬의 유언(Testament of Solomon)에서 확인된다. 또한 이것은 좀더 이른 시기의 요세푸스(Josephus)의 글에서도 확인되는데, 거기에는 솔로몬이 지은 비방(秘方)과 비밀지시를 따라 솔로몬의 이름으로 귀신들을 내어쫓는 구마사(驅魔師)인 엘르아살이라는 사람에 관한 이야기가 나온다(*Ant.* 8.2.5 §46-49). 덜링(D. C. Duling)은 이렇게 말한다. "'다윗의 자손'이라는 호칭은 솔로몬에 관한 마법 전승과 구마사 및 치유자로서의 예수의 활동을 이어주는 연결고리다"(*OTP* 2:960 n. d.). 다윗의 큰 아들은 치유 능력과 축귀 주문으로 유명했다. 한 주문(呪文)에는 솔로몬을 "다윗의 자손"(בר דויד – 바르 다위드)으로 부른 다음에 질병을 막아 달라고 간청하는 내용이 나온다(CBS 9012; 참조. Cjarlesworth, "Solomon and Jesus," 137). 예수는 사회에서 소외된 자들에게 다가가서 축귀와 치유를 베푼 사역으로 인하여 "다윗의 자손"으로 여겨지게 된다(O. Betz, *NovT* 6[1963] 29-30, 38-41를 보라).

12:35-37의 진정성은 초대 교회가 예수께서 다윗의 자손이고 메시아적 계보상 정통적인 자리를 점하고 있다는 주장을 손상시킬 전승을 발전시킬 리 없다는 점, 초대 교회가 메시아가 다윗의 혈통이라는 보편적 인식과 긴장 관계에 있는 것으로 이해될 수 있는 말씀을 만들어낼 리 없다는 점에 의해서 밑받침된다. 예수께서 진정으로 다윗의 혈통일 가능성에 대해서는 Meier, *Marginal Jew 1:216-19*, 238 n. 49; R. E. Brown, *The Virginal Conception and Bodily Resurrection of Jesus* (New York: Paulist, 1973) 55 n. 87을 보라.

"큰 무리가 즐겁게 들었다"(*καὶ* [*ὁ*] *πολὺς ὄχλος ἤκουεν αὐτοῦ ἡδέως* – 카이 [호] 폴뤼스 오클로스 에쿠엔 아우투 헤데오스). 무리는 예수의 가르침에 감명을 받았고, 그의 말씀을 "즐겁게" 또는 "기쁨으로"(*ἡδέως* – 헤데오스) 들었다. "기쁨으로(*ἡδονῇ* – 헤도네) 진리를 받는" 자들이 선생인 예수를 따랐다고 말하는 Josephus, *Ant.* 18.3.3 §63에 나오는 보도와 비교해 보라. 앞서 마가복음 기자는 예수의 청중들이 그의 가르침에 놀라거나 기이히 여겼다고 말한 바 있다(예를 들어, 1:22, 27; 2:12; 6:2; 7:37; 9:15; 10:24, 26; 11:18; 12:17). 이제 그들은 성경과 하나님의 능력에 아주 능한 자의 말을 들으며 즐거워한다(참조. 12:24).

해설

마가복음 11:27-12:34에서 예수는 여러 종교 당국자들에 의해 도전과 질문을 받아 오셨다. 유대인들이 로마에 세를 바쳐야 하느냐(12:13-17)와 같은 몇몇 질문들은 예수를 덫에 걸리게 하여 죽일 의도로 던져진 것이어서 매우 위험했었다. 그럼에도 불구하고 예수는 도전에 맞서서 이러한 질문들을 자신의 단호한 답변이나 반대 질문들을 통해 맞받아 치셨다. 실제로 12:34에서 예수는 "그 후에 감히 묻는 자가 없더라"고 말할 정도로, 그분의 대응은 매우 효과적이었다. 현재의 단락으로부터 시작해서 예수는 공격적으로 변하신다. 12:35-37에서 예수는 메시아에 대한 서기관들의 이해에 도전하신다. 12:38-40에서 예수는 위선적이고 탐욕스러운 서기관들에 대하여 경고하신다. 12:41-44에서 예수는 과부의 가난, 따라서 암묵적으로 성전 당국의 실정(失政)을 탄식하신다. 13:1-2에서 예수는 성전의 파국을 예고하신다.

12:35-37에서 예수는 메시아를 "다윗의 자손"으로 부르는 서기관들의 관행이 과연 적절한지에 도전하신다. 다윗 자신이 메시아를 자신의 "주"로 부르고 있는 시편 110:1을 근거 본문으로 제시한다는 것은 예수께서 "다윗의 자손"이라는 칭호를 메시아를 지칭하는 것으로는 불충분한 것으로 여겼음을 보여 준다. 예수는 메시아에

대한 좀더 고차적인 견해를 갖고 계셨음이 분명하다. 메시아라는 인물은 어찌나 높은지 메시아의 원형(元型)인 위대한 다윗조차도 "성령에 감동하여" 그를 "주"라 부른다. 마가복음의 예수는 무엇을 근거로 메시아에 대한 그러한 고상한 견해를 갖고 계셨던 것일까? 이는 아마도 예수께서 메시아를 다니엘 7:9-14의 "인자"로서 하나님으로부터 직접(다윗의 혈통을 따라서가 아니라) 그의 나라와 권세를 받은 "하나님의 아들"로 보셨기 때문일 것이다. 시편 110:1에 대한 그의 해석과 아울러 예수의 단호한 가르침은 이후의 대제사장과 산헤드린 앞에서의 심문 장면에서 전면으로 떠오르게 된다. 거기에서 예수는 다시 한 번 시편 110:1을 인유(引喩)하시는데, 그 때는 다니엘 7:13과 결부시켜 명백하게 밝히신다. 그 때에 가서 시편 110:1에 대한 예수의 이해 및 "다윗의 자손"이라는 호칭이 메시아에 대한 부적절한 칭호인 이유가 명백히 드러나지만, 고위 제사장들은 그 때에 "즐겁게" 그의 말을 듣지 않는다.

12. 서기관들에 대한 규탄(12:38-40)

본 문

38 예수께서 가르치실 때에 가라사대 긴 옷을 입고 다니는 것과 시장에서 문안 받는 것과

39 회당의 상좌와 잔치의 상석을 원하는 서기관들을 삼가라

40 저희는 과부의 가산을 삼키며 외식으로 길게 기도하는 자니 그 받는 판결이 더욱 중하리라 하시니라

38 And in his teaching he was saying,[a] "Beware of the scribes,[b] who want to walk about in long robes, and want[c] greetings in the market places

39 and the choice seats in the synagogues and the places of honor at banquets.

40 They devour the estates of widows,[d] and in pretense praying at great length, these will receive the harsher judgment."

원문주해

a. 33사본은 아우토이스(*αὐτοῖς*, "그들에게")를 첨가한다.

b. D사본은 카이 톤 텔로논(*καὶ τῶν τελωνῶν*, "그리고 세리들")을 첨가한다.

c. 이 동사는 문맥상으로 보충해 넣은 것이다. D, Φ사본과 몇몇 후대의 권위 있는 사본들은 포이에이스다이(*ποιεισθαῖ*, "유도하다")를 첨가한다.

d. D, W사본과 그 밖의 몇몇 권위 있는 사본들은 카이 오르파논(*καὶ ὀρφανῶν*, "그리고 고아들")을 첨가한다.

양식/구조/배경

양식비평가들은 12:38-40을 위협의 말씀(a minatory saying; Bultmann, *History*, 113-14) 또는 경고의 말씀(Taylor, *Formation*, 179)으로 분류한다. 이 말씀은 세 개의 주된 부분으로 이루어져 있다. (a) "서기관들을 삼가라"(38b절[개역의 39b절])는 경고, (b) 서기관들의 행태를 묘사하는 일련의 설명어구들(38c-40ab절[개역의 38bc-39a, 40ab절]), (c) 심판 선언(40c절). 불트만(*History*, 113)과 디벨리우스(*Tradition*, 236)는 이 말씀이 이와 같은 다른 말씀들과 마찬가지로 진정성이 있다고 본다.

서기관들에 대한 경고의 말씀은 그들의 위선과 탐욕을 강조한다. 이후의 맥락이 보여 주듯이(즉, 12:41-44), 과부들에 대한 대우에 특별한 관심이 두어진다. 성전 당국은 과부들에게 사회적 보호와 경제적 조력을 제공해 주어야 할 의무가 있었지만(출 22:22, 24; 신 10:18; 14:29; 24:17, 19-21; 26:12-13; 27:19), 서기관들은 성전을 압제의 기관으로 만들어 버렸다. 과부들을 착취하는 것에 대한 언급은 구약의 선지자들에 의한 비판들에까지 소급될 수 있다(예를 들어, 사 1:23; 10:2; 겔 22:7; 욥 22:9; 24:3).

주석

38-39 "예수께서 가르치실 때에 이르시되"(*καὶ ἐν τῇ διδαχῇ αὐτοῦ ἔλεγεν*－카이 엔 테 디다케 아우투 엘레겐)라는 구절은 성전 경내에서의 예수의 가르침이라는 정황을 계속 이어가는 것을 보여 주는데, 이것은 분명히 마가의 것이다(Dibelius, *Tradition*, 236). 복음서 기자가 예수를 선생으로 묘사하는 것을 좋아한다는 것에 관해서는 12:35에 대한 "주석"을 보라.

"서기관들을 삼가라"(*βλέπετε ἀπὸ τῶν γραμματέων*－블레페테 아포 톤 그람마테온). 앞서 예수는 제자들에게 그들이 듣는 것을 삼가고(4:24) 바리새인들을 삼가라고 경계하신 바 있다: "예수께서 경계하여 가라사대 삼가 바리새인들의 누룩과 헤롯의 누룩을 주의하라 하신대"(막 8:15). 귤리히(Guelich, 423-24)는 "바리새인들의 누룩과 헤롯의 누룩"을 예수의 인격과 사명을 믿지 않고 깨닫지 못하는 것을 언급하는 말로 이해한다. 여기서 예수는 제자들에게 거짓된 경건과 예배를 경고하신다(참조. 빌 3:2). 마가복음의 다른 곳에서 예수는 제자들에게 그들을 미혹하는 자들을 조심하고(13:5) 다가올 환난에 대비하여 깨어 있으라고 경계하신다(13:9, 23, 33). 이 모든 예들에서 복음서 기자는 마태, 누가, 칠십인역(예를 들어, 창 24:6; 출 10:28; 신 11:16; 12:30 등)에서 흔히 사용되는 프로세케인(*προσέχειν*, "주의하다, 조심하다") 대신에 블레페인(*βλέπειν*, "보다, 조심하다")의 현재 명령형을 사용한다.

"긴 옷을 입고 다니고 시장에서 문안 받는 것을 원하는"(*τῶν θελόντων ἐν στολαῖς περιπατεῖν καὶ ἀσπασμοὺς ἐν ταῖς ἀγοραῖς* – 톤 델론톤 엔 스톨라이스 페리파테인 카이 아스파스무스 엔 타이스 아고라이스). 예수는 서기관들의 일련의 허영에 찬 행위들을 일사천리로 읊조리신다: 긴 옷, 문안인사, 상석, 높은 자리. "긴 옷들"(*στολαί* – 스톨라이)은 특히 종교 행사 때(*b. Ber.* 24b; 51a; *b. Roš Haš.* 17b; *b. Meg.* 16a) 제사장들과 종교인들(아마도 제사장들을 본떠서)이 입던 옷들을 가리킨다(Philo, *Embassy* 296; Josephus, *Ant.* 3.7.1 §151; 11.4.2 §80). 예수는 서기관들이 긴 옷을 입고 "돌아다니는"(*περιπατεῖν* – 페리파테인) 것을 좋아한다고 말씀하시는데, 이는 아마도 사람들의 주목을 끌고 특권층인 성전 당국자들과 사귀기 위해서인 것 같다. 이러한 과시 행위는 "시장에서 문안 받는 것"(*ἀσπασμοὺς ἐν ταῖς ἀγοραῖς* – 아스파스무스 엔 타이스 아고라이스)으로 이어진다. 달리 말하면, 회당이나 성전에서만 긴 옷을 입고 다니는 것이 아니었다는 말이다. 이와는 반대로 그들은 사람들의 눈에 잘 띄어서 문안인사를 받기 위해 저자거리에서도 이 옷을 과시용으로 입는다(마 23:7에서는 "사람들에게 랍비라 불리는 것"이라는 말을 덧붙인다). 신분이 낮은 사람들은 신분이 높은 사람에게 인사를 하는 것이 관습이었다(참조. *y. Ber.* 2.1; "사람은 토라를 자기보다 더 잘 아는 사람에게 예를 표하여야 한다"). 이러한 관습과는 반대로, 최고직에 있었던 요하난 벤 잣카이(Johannan ben Zakkai)는 이방인들을 포함한 낮은 신분의 사람들에게 먼저 인사를 하였다(참조. *b. Ber.* 17a).

"회당의 상좌"(*καὶ πρωτοκαθεδρίας ἐν ταῖς συναγωγαῖς* – 카이 프로토카데드리아스 엔 타이스 쉬나고가이스). 또한 서기관들은 회당에서 "상좌들"(*πρωτοκαθεδρίας* – 프로토카데드리아스)에 앉는 것을 좋아하였다. "모세의 자리"(마 23:2)와는 구별되는 이 상좌들은 고관대작들과 귀빈들, 특히 학자들/서기관들을 위해 따로 마련된 자리들이었다(참조. *t. Meg.* 3.21: "예배 중에 장로들은 어떻게 앉았는가? 그들은 등을 성소 쪽으로 향한 채 백성들을 마주보고 앉았다"; *b. Ta'an.* 21b). 쉬나고게(*συναγωγή*, "회당")라는 단어는 프톨레미 왕조 말이나 로마 시대의 것으로 보이는 한 고대 금석문에서 확인된다(*CIJ* vol. 2 no. 1447; W. Horbury and D. Noy, *Jewish Inscriptions of Graco-Roman Egypt*[Cambridge: Cambridge UP, 1992] 32-34에서 논의됨).

"잔치의 상석"(*καὶ πρωτοκλισίας ἐν τοῖς δείπνοις* - 카이 프로토클리시아스 엔 토이스 데이프노이스). 잔치에서는 나이순(참조. *b. B. Bat.* 120a)이나 직위순(참조. *b. Ber.* 46b; *t. Ber.* 5.5: "앉는 순서는 어떻게 되는가? 두 자리가 있는 경우에 그들 중 가장 높은 사람이 최고 상석에 앉고, 그 다음 가는 사람이 그의 아래에 앉는다") 으로 자리를 잡는다. 이와 관련된 예수 전승에 대해서는 누가복음 14:7-14을 보라.

40 "저희는 과부의 가산을 삼킨다"(*οἱ κατεσθίοντες τὰς οἰκίας τῶν χηρῶν* - 호이 카테스디온테스 타스 오이키아스 톤 케론). 과부들의 가산(문자적으로는 "집들")을 삼킨다는 고소와 함께 나오는, 길게 기도한다는 말은 정말 역겨운 어조를 띤다. 위선과 허영은 그렇다고 치더라도, 고대 사회에서 가장 상처받기 쉬운 자들을 망하게 하고 빈곤하게 하는 것은 완전히 다른 문제였다. 피츠마이어(J. A. Fitzmyer, *Luke*, 2:1318)는 과부의 집들을 삼킨다는 말이 무엇을 의미하는지에 대한 여섯 가지 서로 다른 설명들을 제시한다. (a) 서기관들은 돈을 받는 것이 금지되어 있었지만 율법적으로 도움을 주고 돈을 받았다. (b) 고인(故人)이 된 남편의 뜻에 따라 변호사의 일을 수임 받아 행하면서, 서기관들은 과부들 몰래 가산을 빼돌렸다. (c) 서기관들은 과부들의 접대를 공짜로 받았다. (d) 서기관들은 그들에게 맡겨진 가산들을 잘못 관리하였다. (e) 서기관들은 중보기도의 대가로 우매한 여인들로부터 돈을 받았다(이러한 의미가 40절에 함축되어 있는 것 같다). (f) 서기관들은 현실적으로 갚기 어려운 채무에 대한 담보로 집들을 저당 잡았다. 예수의 짤막한 고소는 세부적인 내용을 제공해 주지 않기 때문에, 여러 경우들 중에서 어느 경우가 본문에 해당되는지를 결정하기는 어렵다. 피츠마이어(Fitzmyer)는 두 번째 설명을 선호하는 것으로 보인다.

"외식으로 길게 기도하는"(*καὶ προφάσει μακρὰ προσευχόμενοι* - 카이 프로파세이 마크라 프로슈코메노이). 서기관들은 길게 그리고 아주 능숙하게 기도할 줄 아는 자들이었지만, 그들의 기도는 "겉치레에"(*προφάσει* - 프로파세이) 불과했다. 사람들에게 보이기 위한 이러한 기도는 서기관들의 과시용 의상, 존경과 인정을 받으려는 성향과 일치한다. 그들의 긴 기도와 경건은 그들의 지위를 높여 줄 것이기 때문에, 약자들(과부 같은)을 착취하는 일이 가능해진다. 본문에서 예수께서 염두에 두신 기도 유형의 한 예로서 누가복음 18:11-12에 나오는 바리새인의 기도를 보라:

"하나님이여 나는 다른 사람들 곧 토색, 불의, 간음을 하는 자들과 같지 아니하고 이 세리와도 같지 아니함을 감사하나이다 나는 이레에 두 번씩 금식하고 또 소득의 십일조를 드리나이다." 긴 옷과 기도의 상관관계에 대해서는 *b. Meg.* 16a를 보라.

"이들은 더 가혹한 심판을 받으리라"(*οὗτοι λήμψονται περισσότερον κρίμα* – 후토이 렘프손타이 페릿소테론 크리마). 서기관들은 가난한 자들을 착취하고 거짓 기도로써 하나님을 욕되게 하기 때문에 더 가혹한 심판을 받아야 한다. 이것은 마땅하다. 왜냐하면 그들은 하나님을 사랑하고 이웃을 제 몸과 같이 사랑하라는 큰 계명을 어겼기 때문이다(참조. 12:28-34). 스스로 의롭다고 생각하는 서기관들을 기다리고 있는 심판은 "무릇 자기를 높이는 자는 낮아지고 자기를 낮추는 자는 높아지리라"(눅 14:11; 참조. 마 23:12)는 예수의 가르침과 일치한다. 솔로몬의 시편(*Psalms of Solomon*)에 의하면, 다윗 가문의 메시아는 "예루살렘을 정케 하고" "관원들을 폭로하며 죄인들을 몰아낼" 것이라고 한다(*Pss. Sol.* 17:30, 36). 이 맥락에서 예수께서 언급하신 "심판"(*κρίμα* – 크리마)은 일차적으로 종말론적이지만, 현세적 요소들(12:1-12의 악한 포도원 농부의 비유에서 분명히 드러나듯이)도 포함되어 있는 것으로 보인다.

해설

예수는 성전 경내에서 그분의 도전적인 가르침들을 계속해 나가신다. 12:35-37에서 메시아 사상에 관한 서기관들의 가르침에 도전했던 예수는 12:38-40에서 서기관들의 윤리적 결함(缺陷)들을 비판하신다. 물론 예수 시대의 모든 서기관들이 위선적이고 타락했던 것은 아니다. 예수께서 "일부 서기관들"이 아니라 "서기관들"에 대하여 경고하신 것은 사실이지만, 표현이 과장되고 일반화되어 있다는 점을 우리는 인정해야 한다. 제2성전 말기 제사장들의 행태를 다룬 요세푸스(Josephus)의 일화(逸話)들은 적어도 일부 서기관들은 예수께서 묘사한 위선과 비윤리적인 행위를 충분히 자행했을 수 있음을 분명히 보여 준다. 임박한 심판에 관한 경고는 마가복음의 맥락에 잘 부합한다. 심판은 앞서 예수께서 예레미야 7:11을 인유(引喩)하셨던 11:17, 예수께서 고위 제사장들과 서기관들과 장로들(참조. 11:27)에게 그들이 진멸되고 포도원(즉, 이스라엘)이 다른 사람들에게 주어질 것이라고(12:9) 말씀하셨던 악한 포도원 농부의 비유(12:1-12)에서 이미 암시되었다. 곧 예수는 예루살렘의 멸망을 명시적으로 말씀하신다(13:1-2). 그러나 다음 단락에서 예수는 착취를 일삼는 탐욕스러운 성전 당국자들이 한 과부의 가산(家産)을 삼켜버린 예를 지적하신다.

13. 과부의 연보(12:41-44)

참고문헌

Wright, A. G. "The Widow's Mites: Praise or Lament? – A Matter of Context." *CBQ* 44(1982) 256-65.

본 문

41 예수께서 연보궤를 대하여 앉으사 무리의 연보궤에 돈 넣는 것을 보실새 여러 부자는 많이 넣는데	**41** And taking a seat[a] opposite the treasury, he[b] was watching how the crowd casts money into the offering box. And many wealthy people were casting in large sums.
42 한 가난한 과부는 와서 두 렙돈 곧 한 고드란트를 넣는지라	**42** And approaching, a poor[c] widow cast in two small coins, which make a penny.[d]
43 예수께서 제자들을 불러다가 이르시되 내가 진실로 너희에게 이르노니 이 가난한 과부는 연보궤에 넣는 모든 사람보다 많이 넣었도다	**43** And summoning his disciples, he said to them: "Truly I tell you that this poor widow has cast in more [money][e] than all who cast [money][e] into the offering box;
44 저희는 다 그 풍족한 중에서 넣었거니와 이 과부는 그 구차한 중에서 자기 모든 소유 곧 생활비 전부를 넣었느니라 하셨더라	**44** for all of them have cast in [money][e] from their abundance, but she from her want has cast in all that she has – her whole life."

원문주해

a. W사본과 그 밖의 몇몇 사본들은 헤스토스(ἑστώς, "서서")로 읽는다.

b. 일부 사본들(33사본을 포함한)은 호 이에수스(ὁ Ἰησοῦς, "예수")를 첨가한다. 예수라는 이름은 35절 이후에는 등장한 적이 없다.

c. D사본 및 그 밖의 몇몇 사본들은 프토케(πτωχή, "가난한")를 생략한다. 이 형용사는 43절에서 사용되고 있다. ℵ사본은 귀네(γυνή, "여자")를 첨가한다.

d. 헬라어로는 코드란테스(κοδράντης)인데, 이 단어는 라틴어 쿠아드란스(quadrans)에서 온 외래어이다. 일부 사본들에서 표기상의 차이들이 나타나는데, 코드란테스(κοδράντες) 또는 코드란티스(κοδράντις)로 표기하는 사본들도 있다. 이 주화의 가치에 대해서는 "주석"을 보라.

e. 필자는 "돈"이라는 단어를 보충해 넣었는데, 문맥상 본문은 직접목적어로 이 단어를

필요로 한다. 일부 사본들은 타 도라(*τὰ δῶρα*, "예물들"; 헬라어 사본들에서) 또는 무누스(*munus*, "예물"; 라틴어 사본들에서) 같은 직접목적어를 보충해 넣고 있다; 참조. 눅 21:4

양식/구조/배경

양식비평가들은 과부의 연보(捐補) 이야기를 선포 이야기(a pronouncement story) 또는 전기적 아포프데그마(a biographical apophthegm)로 지칭했다(Bultmann, *History*, 32-33; Dibelius, *Tradition*, 261; Taylor, 72). 디벨리우스는 예수의 선포는 원래 가난한 과부에 관한 비유의 일부였을 것이라고 생각한다. 그러나 마가복음에 나와 있는 것 이외의 다른 양식이나 배경을 상정(想定)할 필요는 없는 것 같다. 불트만은 마가복음 12:41-44이 불교 전승에 나오는 한 이야기와 아주 비슷하기 때문에 "거기에 어느 정도 의존했다는 결론을 피하기 어렵다"(*History*, 33)고 말한다. 그러나 불트만 자신이 인정하고 있듯이, 부자의 헌물(獻物)과 가난한 자의 헌물을 대비시키는 이야기들은 고대 말기의 중동에서 흔한 것이었다. 불교의 한 이야기에 의존했다는 불트만의 견해는 억지일 뿐더러 불필요하다. 과부의 연보에 관한 이야기의 근저에는 어느 공동체가 과부들을 잘 돌보았는지에 관한 교회와 회당 간의 경쟁이라는 상황이 작용하고 있다는 뤼르만(Lührmann, 212)의 주장은 순전히 사변적(思辨的)인 것으로서 존재하지도 않는 의미들을 이야기 속에 집어넣어서 읽고 있는 것이다. 핸헨(Haenchen, 432-33)은 예수께서 각 사람이 얼마를 연보하는지를 볼 수 없었을 것임을 근거로 이 이야기의 역사성을 의심한다. 디벨리우스(Haenchen이 거론하지 않는)와 마찬가지로 핸헨은 "예수께서 말씀하신 한 비유가 역사적 사건으로 둔갑된 것"(433)이라고 생각한다. 그러나 연보궤를 지키는 자들과 구경꾼들이 연보하는 것을 지켜보고 있었다는 것은 랍비 전승에 기록되어 있고, 구제를 할 때 "나팔을 부는" 자들에 대한 예수의 비판(마 6:2)에도 함축되어 있는 것 같다.

과부의 연보에 관한 이야기는 "과부의 가산을 삼키는" 서기관들에 대한 규탄(막 12:38-40) 직후에 나온다. 그러므로 문맥상 이 이야기는 예수께서 경고하셨던 바로 그런 일의 한 예임을 보여 준다: 서기관들이 가난한 과부의 오이키아(*οἰκία*, "집"), 그러니까 가산을 마침내 삼켜 버린 것이다. 그러나 건드리(Gundry, 728)는 이 이야기가 "과부의 진정한 경건"과 "서기관들의 거짓 의"를 대비시켜 보여 주는 것이라고 생각한다. 건드리는 이 이야기의 취지가 이기적이고 탐욕적인 거짓 경건을 지닌 서기관들과 자기를 부인하고 스스로 고생이 되더라도 후하게 연보를 하는 경건을 지닌 가난한 과부의 대비에 있다고 보는 것이다. 암묵적으로 그러한 대비가 존재한다는 것은 부인할 수 없다. 그러나 12:38-40에서의 과부들에 대한 언급은 이 힘없는 사람들에 대한 서기관들의 착취와 관련이 있다. 그렇다면 이 이야기의 취지는 스스로 의로운 체하는 서기관과 진정으로 경건한 과부를 대비시키는 데 있는 것일까, 아니면 서기관들이 가난한 자들을 삼켜 버린 비극적인 예를 보여 주는 데 있는 것일까? 이 문제는 "주석"에서 자세히 살펴보게 될 것이다.

주석

과부의 연보에 관한 이 감동적이고 애처로운 이야기는 문학, 설교, 성경 학습들에서 희생적인 연보의 모범적인 예로 자주 인용되어 왔다. 많은 주석가들은 가장 최근의 건드리(Gundry)처럼 이 이야기를 그런 의미로 해석해 왔다. 그러나 예수의 말씀은 칭찬의 말이 아니라 탄식의 말이라는 취지의 라이트(W. G. Wright, *CBQ*[1982] 256-65)의 해석 – 건드리(730-31)는 이 해석에 의문을 제기하지만 피츠마이어(Fitzmyer, *Luke* 2:1320-21)는 이를 받아들인다 – 이 내 생각으로도 옳은 것 같다. 피츠마이어는 라이트의 주장에 동조하여 분명치 않은 사실들을 전제하는 전통적인 해석을 비판한다. 피츠마이어는 마가복음에서 예수는 인간의 필요가 종교적 경건에 선행함을 단언한다는 것을 우리에게 상기시킨다(3:1-5[안식일에 병자를 고침], 7:10-13[고르반 전통을 빙자하여 연로한 부모를 장성한 자녀들이 봉양하지 않는 것], 12:28-34[하나님과 이웃 사랑이 번제보다 더 낫다고 말함]에서 보듯이). 그는 이렇게 결론을 내린다. "마가복음의 여러 부분들에서 예수의 이러한 반응을 고려할 때, 마가복음의 예수께서 '생활비 전부'를 넣은 과부의 연보를 열렬히 지지하며 칭찬하셨겠는가? 고르반 말씀은 이 사건 속에 나오는 예수의 말씀에 대한 해석에 제한을 가하는 것으로 보인다"(눅 2:1321). 마가복음의 맥락을 고려해서, 라이트(W. G. Wright, *CBQ*[1982] 262)는 이렇게 말한다. "과부의 종교적 사고로 인하여 서기관들과 관련하여 예수께서 비판하신 바로 그 일이 일어났다…그녀는 종교 지도자들에 의해서 그렇게 연보하도록 가르침을 받았고 권장을 받았다. 예수는 과부로 하여금 그렇게 하도록 부추긴 가치 체계를 단죄하신다."

후대의 한 랍비 전승에도 이 이야기와 상당히 유사한 내용이 나온다. 몇 가지 점에서 그 전승은 라이트(Wright)의 해석 방향을 지지하는 것 같다. 과부가 연보궤에 "생활비(*βίον* – 비온) 전부"를 넣었다는 예수의 말씀은 한 익명의 미드라쉬(midrash)에 흥미로운 병행이 나온다: "한번은 한 여인이 한 줌의 고운 가루를 가져왔는데, 제사장이 그녀를 멸시하며 '이 여자가 드리는 예물을 보라! 거기에 먹을 것이 어디 있는가? 거기에 드릴 것이 어디 있는가?'라고 말했다. 제사장은 꿈 속에서 음성을 들었다. '그 여인을 멸시하지 말라! 그녀는 자신의 생명(נפשה – 나프샤)을 제물로 바친 것이나 진배없느니라'"(*Lev. Rab.* 3.5[레 1:17에 대한]). 여기서 흥미로운 것은 이 미드라쉬가 주해를 통해 말하고자 하는 취지(희생제사를 드리는 것은 자신의 "생명"을 드리는 것이라는)가 아니라 이 미드라쉬는 이 경우에 제사장들이 작은 예물을 경멸하는 태도로 보았음을 전제하고 있다는 것이다. (이 미드라쉬에 나오는 "한 줌의 고운 가루"는 마가 이야기에서 성전에 바쳐진 두 렙돈의 가치와 비슷하다.) 그러한 태도는 예수께서 다투셨고 많은 동시대인들이 비판한 고위 제사장들의 생각과 일치한다(성전 당국자들을 향한 옛 비판의 증거에 대한 요약은 11:15-19에 대한 "주석"을 보라). 이 랍비 이야기가 궁극적으로 옛 전승에서 나온 것이라면, 예수는 아이러니컬하게도 의도적으로 그 전승을 인유(引喩)하셨다고 할 수 있다. 마지막 남은 두 렙돈을 바침으로써 이 여인은 자신의 생명을 바쳤다! 마가복음의 맥락, 곧 직접적인 맥락과 복음서 전체의 맥락과 방금 살펴본 랍비 문헌에서의 병행을 감안하면, 라이트(Wright)의 해석을 받아들이는 것이 합당한 것으로 보인다.

41 "예수께서 연보궤를 대하여 앉으사 무리가 연보궤에 돈 넣는 것을 보시고 계셨다"(*καὶ καθίσας κατέναντι τοῦ γαζοφυλακίου ἐθεώρει πῶς ὁ ὄχλος βάλλει χαλκὸν εἰς τὸ γαζοφυλάκιον* – 카이 카디사스 카테난티 투 가조퓔라키우 에데오레이 포스 호 오클로스 발레이 칼콘 에이스 토 가조퓔라키온). 성전의 "연보궤"(*γαζοφυλακίον* – 가조퓔라키온)와 여러 방들이 몇몇 원시 본문들에 언급되어 있다(느 12:44; Josephus, *J.W.* 5.5.2 §200; 6.5.2 §282; 1 Macc 14:49; 2 Macc 3:6, 24, 28, 40). 미쉬나(Mishna)에 의하면, 사람들이 돈을 던져 넣을 수 있는 트럼펫 모양으로 생긴 용기(容器)가 13개 설치되어 있었다고 한다(*m. Šeq.* 6:5). 이 용기들 중 일부는 특별한 명칭이 붙어 있어서 그 특정한 용도를 위해서만 사용되었고, 나머지 용기들은 "자원하여 드리는 예물"을 넣는 데 사용되었다. 과부는 이 후자의 용기에 동전을 넣었을 것이다. "돈"(*χαλκός* – 칼코스)은 사실 금속 자체(즉, 구리, 놋쇠, 청동; 참조. Josephus, 8.3.4 §76, "금, 은, 청동으로" 일하는 자들에 대한 언급에서)를 가리킨다. 이는 1세기 전에 돈을 "동전"이라고 말한 속어(俗語)와 비슷하다.

"여러 부자들은 많이 넣었다"(*καὶ πολλοὶ πλούσιοι ἔβαλλον πολλά* – 카이 폴로이 플루시오이 에발론 폴라). 요세푸스는 로마 역사가들과 마찬가지로 예루살렘 성전의 엄청난 부를 이야기한다. 이 막대한 양의 헌물을 한 자들 중 다수는 예루살렘이나 그 근방에 살았던 부유한 지주들이었고, 그 밖에도 유월절 절기에 예루살렘을 방문한 디아스포라(diaspora) 유대인들인 사업가들과 상인들이 있었다.

42 "한 가난한 과부가 와서"(καὶ ἐλθοῦσα μία χήρα πτωχὴ – 카이 엘두사 미아 케라 프토케). 과부에 대한 언급을 보고 눈치 빠른 마가복음의 독자들은 고아와 과부들을 무시하고 그들에게 공의를 베풀지 않았다고 성전 당국자들을 비판한 예레미야의 고발(참조. 7:6; 그리고 막 11:15-19에 대한 "주석"도 참조하라)을 연상했을 것이다. 물론 이 구절은 독자로 하여금 서기관들이 과부의 가산을 삼킨다고 예수께서 비난하시는 내용인 앞 단락을 생각나게 만든다.

"두 렙돈 곧 한 고드란트를 넣었다"(ἔβαλεν λεπτὰ δύο, ὅ ἐστιν κοδράντης – 에발렌 렙타 뒤오 호 에스틴 코드란테스). 본문에서 "렙돈"의 헬라어는 렙타(λεπτά; 단수형은 렙톤[λεπτόν], 라틴어 *lepton*에서 온 외래어)이다. 복음서 기자는 두 렙돈이 한 "고드란트"(κοδράντης – 코드란테스; 라틴어 *quadrans*에서 온 외래어)와 같다고 말하는데, 이는 아마 옳을 것이다. 품꾼의 하루 품삯인 한 데나리온은 백 렙돈이 넘었다. 두 렙돈으로는 한 줌의 곡식가루를 살 수 있고, 한 끼 식사를 때울 수 있었다고 한다(이 점에 대해서는 위의 "주석"을 보라).

43 "예수께서 제자들을 불러다가 말씀하셨다"(καὶ προσκαλεσάμενος τοὺς μαθητὰς αὐτοῦ εἶπεν αὐτοῖς – 카이 프로스칼레사메노스 투스 마데타스 아우투 에이펜 아우토이스). 마가복음에는 예수께서 제자들을 부르시는 경우가 흔한데(3:13; 6:7; 8:1; 10:42) 종종 가르칠 목적으로(참조. 3:23; 7:14; 8:34) 부르신다. 마가복음에서 선생으로서의 예수에 관해서는 12:35에 대한 "주석"을 보라.

"내가 진실로 너희에게 이르노니 이 가난한 과부는 연보궤에 넣은 모든 사람보다 많이 넣었도다"(ἀμὴν λέγω ὑμῖν ὅτι ἡ χήρα αὕτη ἡ πτωχὴ πλεῖον πάντων ἔβαλεν τῶν βαλλόντων εἰς τὸ γαζοφυλάκιον – 아멘 레고 휘민 호티 헤 케라 하우테 헤 프토케 플레이온 판톤 에발렌 톤 발론톤 에이스 토 가조퓔라키온). 앞에 "진실로"(ἀμήν – 아멘)가 붙음으로써 이 선언의 중요성이 강조된다. 예수께서 아멘(ἀμὴν)을 사용하시는 것에 대해서는 9:1에 관한 "주석"을 보라. 헤 케라 하우테 헤 프토케(ἡ χήρα αὕτη ἡ πτωχή, "이 과부, 가난한 자")라는 표현에서 형용사를 뒤로 돌린 것은 이 과부가 가난하다는 것을 강조하기 위한 것이다. 예수는 어떻게 이 여인이 가난하다는 것을 아셨을까? 가장 유력시되는 대답은 예수께서 이 여인의 옷을 보고 아실 수 있었다는 것이다(참조. 눅 7:11-19에서도 사람들은 슬퍼하는 어머니가 과부임을 쉽게 알아본다).

44 "이는 저희는 다 그 풍족한 중에서 넣었거니와 이 과부는 그 구차한 중에서 모든 소유 곧 생활비 전부를 넣었음이라"(*πάντες γὰρ ἐκ τοῦ περισσεύοντος αὐτοῖς ἔβαλον, αὕτη δὲ ἐκ τῆς ὑστερήσεως αὐτῆς πάντα ὅσα εἶχεν ἔβαλεν ὅλον τὸν βίον αὐτῆς* – 판테스 가르 에크 투 페릿슈온토스 아우토이스 에발론 하우테 데 에크 테스 휘스테레세오스 아우테스 판타 호사 에이켄 에발렌 홀론 톤 비온 아우테스). 부자들의 "풍족함"(*περισσεύοντος* – 페릿슈온토스)과 가난한 과부의 "구차함"(*ὑστερήσεως* – 휘스테레세오스)의 대비가 눈에 띈다. "풍족함"으로 번역된 단어는 "잉여"를 의미하기도 하고, "구차함"으로 번역된 단어는 "부족" 또는 "결핍"을 의미하기도 한다. 달리 말하면, 이 여인에게는 여분이 없었다. 즉, 그녀는 성전에 헌금할 수 있는 여분의 돈이 없었다. 연보를 해도 아무 상관이 없고 그 때문에 어떤 곤경이나 불편이 생기지도 않는 부자들과는 달리, 과부는 연보를 내고 나면 먹을 것이 없었다.

예수는 과부가 성전에 낸 두 렙돈이 그녀의 마지막 재산이라는 것을 어떻게 아셨을까? 아마도 과부가 입은 옷이 그녀가 과부라는 것과 몹시 가난하다는 것을 그대로 보여 주었을 것이다. 이때 예수께서 투시를 행하셨다고 볼 필요는 없다. 초라한 의복과 적은 연보가 이 여인이 과부임과 빈곤함을 보여 준 상황에서, 예수는 동전 두 개가 이 여인이 가진 모든 것이라고 추측하셨을 것이다. 또한 예수의 말씀을 과장법으로 볼 수도 있다.

해설

과부의 연보에 관한 이야기는 예수와 성전 당국 간의 의견의 불일치점들을 이해하는 중요한 단서가 된다. 모세 율법에서 과부와 고아는 상당한 정도의 경제적, 법적 보호를 받도록 되어 있었다. 시내산에서 이스라엘은 "과부나 고아를 괴롭게 하지 말라"(출 22:22)는 명을 받았다. 과부와 고아를 보호하는 입법은 신명기에서 확대되고 강화되었다. 언약을 다시 말씀하는 대목에서 하나님은 스스로를 "고아와 과부를 위하여 공의를 베푸시는"(신 10:18) 분으로 묘사한다. 그러므로 재판관들은 소외된 자들을 정당하게 대우해야 한다(참조. 신 24:17; 27:19). 과부와 고아로 하여금 십일조에 참여하게 하고(신 14:29; 26:12-13), 이삭을 줍는 특권을 누릴 수 있게 한 것(신 24:19-21)도 이러한 공의의 일부였다. 십일조에 참여한다는 것은 레위인들과 더불어 십일조의 일부를 배당 받는 것이었다.

예수 시대에 과부와 고아들은 모세 율법에 규정된 보호와 특권을 온전히 받고 있었을까? 다메섹 문서에는 계약의 아들들은 "함정(陷穽)의 아들들로부터 스스로를 구별하고 서원(vow)이나 저주받은 물건으로의 지정(anathema)을 통해서 성소의 재물을 강도질해서 (얻어진) 악하고 부정한 재물을 멀리하고, '내 백성의 가난한 자를 강탈하여 과부에게 토색하고 고아를 죽이지'[사 10:2] (말아야) 한다"고 말하는 매우 중요한 구절이 나온다(CD 6:14-17=4Q266[=4QD[a]] 3 iii 7-9). 이와 같은 성난 비판들은 예루살렘의 제사장단을 겨냥한 것으로 보인다. 이사야 10장에서 인용한 구절은 의미심장하다. 왜냐하면 이 본문의 1-4절은 과부와 고아를 압제하는 영을 내리는 이스라엘의 지도자들에 대한 심판의 예언이기 때문이다. 또한 "서원 또는 저주받은 물건으로의 지정"에 대한 언급은 예수께서 비판하신 고르반 전통과 밀접하게 관련되어 있다(위를 보라). 제4동굴에서 나온 다메섹 문서의 단편들은 과부가 된 후에 매춘을 하는 이들에 관하여 말한다(참조. 4Q270[=4QD[e]] 5 19 = 4Q271[=4QD[f]] 1 i 12). 이러한 언급으로부터 우리는 일부 과부들이 경제적인 궁핍 때문에 매춘에 나서게 된 것으로 추론할 수 있다. 악한 재판관 비유(눅 18:1-8a)는 과부들이 신원해 달라는 호소를 냉담하게 못들은 체한 모습을 전제한다. 고위 제사장들이 과부들을 보호하고 부양해야 할 그들의 법적, 윤리적 의무들을 게을리했을 것임은 레위인들 및 하위 제사장들(위에서 본 대로, 모세 율법에서는 이들에게도 고아 및 과부들에 대한 것과 비슷한 원조를 제공하도록 규정했다)에 대한 그들의 인색한 대우에 비추어 볼 때 얼마든지 있을 수 있는 일이었던 것으로 보인다. 요세푸스에 의하면, 일부 고위 제사장들은 폭력배들을 동원해서 십일조 중에 하위 제사장들에게 돌아가야 할 몫을 강탈하고 이에 저항하는 자들을 때리기도 했다고 한다(*Ant.* 20.8.8 §181; 20.9.2 §§206-7). 랍비들은 이와 관련된 이야기들을 기억해서 후세에 전했다(*t. Menaḥ.* 13.18-22; *b. Pesaḥ.* 57a). 고위 제사장들이 하위 직급에 있는 그들의 동료들을 이렇게 심하게 대우하고 그들에게 적용된 율법의 정신(문자가 아니라)을 무시했다면, 그들이 과부들에게 관심을 가졌을 리는 만무하지 않는가? 또한 우리는 주후 66년에 일어난 폭동에서 폭도들이 대제사장 아나니아의 집을 불태운 후에 채무장부를 없애기 위해 공문서 보관서에 불을 질렀다는 것을 상기해야 한다(Josephus, *J.W.* 2.17.6 §§426-27).

예수는 분명히 소외된 자들의 소리를 들으셨고, 과부들은 그 사회에서 가장 소외된 자들 중의 한 부류였다. 예수께서 종교 지도자들이 모세 율법의 요구대로 살지 않기 때문에 그들을 겨냥하여 예언적 고발을 하셨다는 것은 확실하다. 예수는 가난한 자들을 삼켜서 자기 배만 불리는 서기관들에 대하여 경고하셨다. 예수는 성전의 연보궤에 마지막 남은 동전까지 던져 넣은 한 가난한 과부를 서기관들이 삼켜 버린 사람들의 한 예로 보여 주시고 있는 것이다. 이 단락은 성전 당국자들 및 그들의 내면의 동기에 대한 예수의 비판들을 보여 주는 중요한 단초(端初)다. 다음에 나오는 구절(막 13:1-2)에서 예수는 이러한 압제가 필연적으로 불러올 수밖에 없는 끔찍한 결과를 예언하신다.

14. 종말 강화(13:1-37)

참고문헌

Aune, D. E. *Prophecy in Early Christianity and the Ancient Mediterranean World.* Grand Rapids, MI: Eerdmans, 1983. 186-87. **Beasley-Murray, G. R.** "The Rise and Fall of the little Apocalypse Theory." *ExpTim* 64(1952-53) 346-49. **Brandenburger, E.** *Markus 13 und die Apokalyptik.* FRLANT 134. Göttingen: Vandenhoeck & Ruprecht, 1984. **Busch, F.** *Zum Verständnis der synoptischen Eschatologie: Markus 13 neu untersucht.* Gütersloh: Bertelsmann, 1938. **Hahn, F.** "Die Rede von der Parusie des Menschensohnes Markus 13." In *Jesus der Menschensohn.* FS A. Vögtle, ed. R. Pesch and R. Schnackenburg. Freiburg: Herder, 1975. 240-66. **Hartman, L.** *Prophecy Interpreted: The Formation of Some Jewish Apocalyptic Texts and of the Eschatological Discourse Mark 13 par.* ConBNT 1. Lund: Gleerup, 1966. 145-252. **Hölscher, G.** "Der Ursprung des Apokalypse Mk 13." *TBl* 121(1933) 193-202. **Wenham, D.** *The Rediscovery of Jesus' Eschatological Discourse.* Gospel Perspectives 4. Sheffield: JSOT Press, 1984.

양식/구조/배경

마가복음 13장은 마가복음에서의 그 명백한 중요성으로 인해서(예를 들어, C. B. Cousar의 "Mark's Theologia Crucis," *Int* 24[1970] 321-35라는 연구서의 제목을 보라) 수많은 비평학적 논의의 주제로 다루어져 왔다. 이 강화는 종말 강화("에스카타"

[eschata] 또는 "종말의 일들"을 다룬다는 의미에서), 감람산 강화(표면상의 배경이 감람산이라는 이유로), 소묵시록(묵시론적 요소들의 존재를 들어서) 등으로 다양하게 설명된다. 콜라니(T. Colani)의 저서(*Jésus-Christ et les croyances messianiques de son temps*, 2nd ed.[Strasbourg: Truettel et Wurtz, 1864])가 간행된 이래로, 마가복음 13장을 유대적 묵시록으로 보는 것은 일반화되었다(연구 동향에 대한 개관은 Beasley-Murray, *Jesus and the Last Days*, 32-79를 보라). 따라서 이 장은 흔히 "소묵시록"으로 지칭된다(Hölscher, *TBl* 121[1933] 193-202; Pesch, 2:266; Taylor, 498: 한 장의 편집된 "삐라"; 마찬가지로 Brandenburger, *Markus* 13; Haenchen, 438: 한 기독교 예언자의 "삐라"; 그러나 Beasley-Murray, *ExpTim* 64[1952-53] 346-49; Cranfield, 387-88). 디벨리우스(*Tradition*, 260)는 이 강화를 "기독교적으로 편집된 유대적 소묵시록"(125)으로 본다. 주지하다시피 이 강화에는 묵시문학에서 자주 발견되는 요소들이 있다: 12절의 가족간의 불화에 대한 예고, 13절의 핍박 예고, 19절의 환난에 대한 예감, 24-25절의 하늘의 징조들(참조. 사 13:10), 27절에서 택함받은 자들을 모으기 위해 천사들이 올 것이라는 묘사, 26절과 29절에서 "인자"의 강림에 관한 약속. 그럼에도 불구하고 이 종말 강화에는 전형적인 유대적 묵시문학에서 발견되지 않는 요소들이 있다: 한 랍비가 그의 제자들의 말이나 질문에 대답한다는 형식의 상황 설정, 예수께서 제자들에게 되풀이해서 2인칭으로 주의하고 대비하라고 명령하신다는 점, 이러한 경고들과 결합되어 있는 일련의 자세한 예고들. 게다가 묵시문학의 전형적인 특징들 중 다수가 마가복음 13장에서는 발견되지 않는다: 강화를 위한 상황으로서의 환상이나 탈혼 상태, 인간의 역사, 특히 이스라엘의 역사에 대한 개관의 부재(不在), 인간에 대한 하나님의 조치들 및 이에 대응한 인간의 일련의 죄악된 행동들에 관한 설명의 부재, 천상에 관한 묘사들과 이에 따른 천상의 비밀들의 부재, 천상 또는 지상에서의 전투에 관한 묘사의 부재, 천사들과 흑암의 권세들의 충돌 장면의 부재, 메시아 왕국 또는 심판의 날의 종국적인 도래에 관한 묘사의 부재. 이 강화는 "종말의 일들"을 다룬다는 점에서 종말론적이고, 유대 묵시론과 유사점들이 있지만 묵시록은 아니다(Anderson, 289-90; Cranfield, 388; Gundry, 751-52).

또한 마가복음 13장은 창세기 49장(야곱이 아들들에게 한 고별사), 신명기 33장(모세의 고별사), 여호수아 23-24장(여호수아의 고별사), 사무엘상 12장(사무엘의 고별사), 역대기상 33장(다윗의 고별사), 요한복음 13-16장(예수의 고별사), 사도행전 20:17-38(바울의 고별사) 그리고 고대 말기의 유대-기독교 문헌에 나오는 여러 예들(특히 열두 족장의 유언서[*Testaments of the Twelve Patriarchs*] 및 그 밖의 유언 문학에서 볼 수 있는)과 같은 유대적 고별사(告別辭)와 비교되기도 했다(Busch, *Zum Verständnis*에 의해 처음으로 제기됨; 또한 Ernst, 366; Grundmann, 347: "비의적[秘儀的]인 고별사"; Klostermann, 131; Lane, 444; Lührmann, 215를 보라). 물론 일반적인 유사성들이 존재하긴 하지만, 중요한 차이점들도 아울러서 존재한다. 예수의 종말 강화에는 고별사에 공통적인 과거에 대한 회고 및 논평이 없다. 게다가 고별사는 통상적으로 훨씬 더 공식적인 상황에서 이루어진다: 임종 직전의 족장이나 연로한 군주가 아들들이나 백성들을 불러서 자신의 최후의 말들을 듣게 한다. 마가복음 13장은 그런 류의 것이 아니다. 예수는 질문에 답변을 하시는 것이고, 그 어떤 윤리적 가르침도 베풀지 않으신다. 또한 마가복음 13장의 내용도 "인자"가 다시 올 것과 그 전조가 될 사건들 및 위험들을 예고하는 것이 기본적인 목적이라는 점에서 고별사라는 유형(genre)에 부합하지 않는다.

온(D. E. Aune, *Prophecy*, 186-87)은 마가복음 13장이 헬라-로마의 "소요(逍遙) 대화"의 형태를 따르고 있다고 생각한다. 이러한 대화들은 보통 신전 가까이에서 신탁(神託)에 대한 응답으로 생겨난다. 그러나 마가복음 13장의 종말 강화는 대화가 아니라 질문에 의해 생겨난 적당한 길이의 강론이다. 더욱이 그 목적이 사람들을 계몽하는 것이 아니라 경고하는 데 있다. 그리고 종말 강화가 어째서 소요적(逍遙的)이란 말인가? 3절에 의하면, 예수는 다른 경우들(참조. 4:1; 12:41)에서와 마찬가지로 앉은 후에 가르침을 시작하신다. 온(Aune)이 주장한 형태는 마가복음 13장과 잘 맞지 않고, 따라서 해명해 주는 것이 별로 없다.

종말 강화는 예수의 가르침을 거의 반영하고 있지 않고, 실제로 제자들이 예수에게 제기한 질문들에 답해 주는 것도 아니라고 지적해 온 학자들이 많았다. 크랜필드(Cranfield)는 이 강화의 진정성에 대한 세 가지 주된 반론들을 다음과 같이 제시한다. (1) 한편으로는 돌연한 파루시아(Parousia, 재림)에 대비하라고 경고하면서, 다른 한편으로는 전조(前兆)가 되는 징조들을 살펴서 종말이 가까움을 알라고 역설하는 것에서 볼 수 있는 일관되지 못한 내용, (2) 다른 곳, 특히 전조(前兆)가 되는 징조들이 아니라 돌연함과 예기치 못함을 강조하는 Q에서 볼 수 있는 예수의 가르침과의 불일치, (3) 이 강화가 제자들이 제기한 실제적인 질문들에 직접적으로 대답해 주고 있지 못하다는 점. 그러나 크랜필드는 돌연함과 전조가 되는 징조들 간의 역설(逆說)은 종말 강화 자체에서나 예수의 전반적인 가르침에서나 의도적인 것으로서 서로를 밝혀 주는 것이라고 지적하면서 이러한 반론들을 설득력 있다고 생각하지 않는다. 제자들의 질문이 답변되지 않고 있다는 반론과 관련해서, 크랜필드 등은 그 질문들이 답변되고 있다고 주장한다. 성전의 멸망이 있기 전에 여러 징조들, 궁극적으로는 "인자"의 오심을 알리는 징조들이 그 전조(前兆)가 될 것이다. "인자의 오심"은 마가 판본에서는 제자들이 제기한 질문에 포함되어 있지 않지만 마태 판본에서는 명시적으로 표현되어 있다(참조. 마 24:3: "우리에게 이르소서 어느 때 이런 일이 있겠사오며 또 주의 임하심과 세상 끝에는 무슨 징조가 있사오리이까?"). 그룬트만(Grundmann, 349-50), 건드리(Gundry, 752-53), 래인(Lane, 448-50), 슈니빈트(Schniewind, 168), 테일러(Taylor, 499: "예수의 진정한 말씀들이 [이 강화에] 스며들어 있고 후대의 상황에 맞춰 개작되어 있다"), 그리고 최근에는 웬햄(Wenham, *Rediscovery*)이 종말 강화의 내용 중 대부분이 예수에게서 유래했다고 믿는다.

또한 이 예언이 실제 사건들과 대응시키기가 쉽지 않다는 점도 이 강화의 진정성을 밑받침해 준다. 실제로 성전 건물들은 결국 남김없이 파괴되었으나(그리고 그렇게 되는 데는 상당한 시간이 걸렸다는 것을 보여 주는 증거들이 있다: *J.W.* 6.9.1 §413: "그리고 나중에 그가 도성의 나머지를 파괴하고 성벽들을 남김없이 훼파했을 때"; 참조. 7.1.1 §1: "가이사는 온 도성과 성전을 남김없이 파괴하라고 명했다"; *J.W.* 7.5.2 §114-15: 몇 달 후에 티투스는 예루살렘을 재방문했는데, 이 때도 군사들은 땅에 파묻힌 재물을 찾기 위해 아직도 땅을 파고 있었다), 요세푸스는 "불"이 도성을 파괴할 때 큰 역할을 했다고 매우 강조한다(아래를 보라). 그러나 2절에 나오는 예수의 예고에는 불에 대한 언급이 전혀 없다. 예루살렘 도성의 멸망은 요세푸스와 그 밖의 다른 저작들이 이를 회고하며 크게 강조했지만, 예수는 마가복음 13장에서 그것에 관해서는 일언반구의 말씀도 없다. 실제로 이 강화의 세부적인 내용들 - 적그리스도들에 관한 경고들, 전쟁과 전쟁의 소문들, 멸망의 가증한 것, 산으로 도망하라는 경고 - 은 주후 30년과 70년 사이에 일어난 사건들과 딱 맞아떨어지지 않는다(이 중요한 점에 대해서는 Gundry, 754-56를 보라). 물론 중요한 병행들이 있다는 것은 확실하다. 이것들이 서로 어느 정도나 부합하고 부합하지 않는지는 각각에 대한 "주석"에서 다루어질 것이다.

종말 강화가 진정한 예수 전승이라면, 그것은 여러 구약성경의 구절들에 대한 인유(引喩)를 통해서 보강된 느슨하게 연결된 종말론적 가르침의 단락들과 개별적인 말씀들을 다 포함하는가(이 주장은 1838년에 C. H. Weisse, *Die evangelische Geschichte: Kritische und philosophisch bearbeitet*[Leipzig: Breitkopf und Hartel, 1838]에 의해 제기되었다)? 앤더슨(Anderson, 290)은 이 강화의 많은 부분의 통일성과 진정성을 의심한다. 그 이유는 "구약의 인용문들을 줄줄이 엮어서 제시하거나 묵시론적 시간 예정표에 몰두하는 것은 예수의 특성이 아니라는" 것이다. 그러나 건드리(Gundry, 753)는 이 강화가 구약의 인용문들을 줄줄이 엮은 것이라는 앤더슨의 주장을 설득력 있게 반박한다. 14, 19, 26절에 다니엘서에서 가져온 몇몇 구절들이 있고(Hartman, *Prophecy Interpreted*가 보여 준 것처럼, 다니엘서의 영향을 도처에서 감지되지만), 24-25절에 이사야서에서 가져온 합성된 인용문이 있으며, 여기저기에 그 밖의 몇몇 반영(反映)들이 있긴 하지만, 이 강화가 일련의 인용문들로 엮어졌다는 말은 과장이다. 따라서 예수께서 다른 곳에서는 구약의 인용문들을 줄줄이 엮어서 제시하지 않으신다는 말도 별 설득력이 없다. 그러나 다른 곳에서 예수는 종종 여러 본문들을 연결시키거나 합성해서 성경을 인유(引喩)하신다(창 1:27과 2:24을 연결한 막 10:6-7; 사 56:7의 일부를 인용하고 렘 7:11을 인유한 막 11:17; 악한 포도원 농부 비유의 첫머리에서 사 5:1-7의 일부를 인유한 후에 이 비유의 끝부분에서 시 118:22-23을 인용하고 있는 막 12:1-11에서처럼). 게다가 흔히 묵시문학에서 발견되는 "시간 예정표"는 제자들에게 장차 있을 위험들과 어려움들을 경고하는 것이 주목적인 종말 강화에 대한 공정한 설명이 될 수 없다.

페쉬(Pesch, 2:268-69)는 이전의 입장(*Naherwartungen*, 83-96)과는 반대로 지금은 다음과 같은 이유들을 근거로 마가복음 13장을 수난 기사(Passion Narrative)에 귀속시킨다: 예수께서 성전에서 보내신 세 번째 날의 자연스러운 귀결(참조. 12:41-44), 마가 이전의 수난 기사에서 독립소유격을 사용한다는 점, 마가 이전의 수난 기사의 특징인 히에론(*ἱερόν*, "성전")의 사용(참조. 11:11, 15, 16, 27; 12:35; 14:49), 이 이야기의 별 특징이 없는 구조. 예수는 삼 일 동안 세 번째로 성전 경내와 도성을 떠나신다(2:270). 질문을 한 제자의 이름을 밝히지 않은 것도 독특하다. 이러한 요소들은 모두 이 강화가 마가 이전의 수난 기사와 밀접하게 연결되어 있는 이른 시기의 원시 전승임을 보여 준다. 그러나 마가복음 13장은 중요하긴 했지만 마가복음의 가장 초기 간행본의 결론부는 아니었던 것 같다(Trocme, *Formation*, 215-40의 주장대로). 이 강화가 마가복음에서 예수의 가장 긴 강화가 된 것은 복음서 기자와 그의 공동체에 이 강화는 예수의 예언적 능력과 그의 가르침의 주목할 만한 타당성을 보여 주는 가장 인상적인 증거를 제시해 주었기 때문이다.

본 주석서에서 취한 입장은 마가복음 13장에서 이 강화의 내용 배열이 여러 곳에서 인위적이고 어느 정도 후대에 개작되었음을 보여 주고 있지만 종말 강화를 구성하는 내용의 대부분이 예수로부터 나왔다는 것이다. 마가복음 13장을 다룬 "주석"에서 앞으로 제시될 여러 이유들을 근거로, 예수의 말씀은 오직 일부분만 예루살렘과 성전의 멸망 때까지의 사건들 및 그의 추종자들의 체험에 속한다고 말할 수 있다. 예수의 말씀은 일차적으로 결국 하나님 나라에 길을 너어줄 죄악된 세대의 종언(終焉)을 염두에 두고 있다. 마가복음 기자는 유대 전쟁에 비추어 볼 때 이 세대의 종말이 급속히 다가오고 있다는 것을 감지하고 종말 강화를 비중 있게 다루었고 그 상황에 맞추어서 편집했다(Grundmann, 350를 보라).

헹엘(Hengel, *Studies in the Gospel of Mark*, 25)은 종말 강화를 읽을 때 고려해야 할 맥락과 목적에 관하여 가장 유익한 간결한 설명을 제공한다.

> 복음서 기자가 살고 있던 때는 두려운 핍박, 확대되는 선교, 미혹될 위험성, 제국 전체를 위협한 전쟁의 소란에 대한 생생한 체험으로 채색되어 있었다. 그리스도인들은 이러한 소란을 이미 동터오고 있는 종말의 징조로 오해한다. 예루살렘은 아직 파괴되지는 않았지만 위협을 받고 있었다. 물론 복음서 기자는 거기에서 진행되고 있는 일에 대하여 희미하게만 알고 있었을 뿐이다. 복음서 기자에게 환난의 때의 절정, 이미 모습을 뚜렷하게 드러내고 있는 적그리스도가 예루살렘의 성소를 더럽히고 파괴하기 위하여 접수할 날은 비교적 가까운 것으로 예상되었다.

나인햄(Nineham, 339-40)은 5-27절을 강화의 본론으로, 28-37절을 보충설명으로 본다. 하르트만(Hartman, *Prophecy Interpreted*)은 종말 강화의 근저에는 주로 5b-8, 12-16, 19-22, 24-27절로 이루어진 자료(source)가 존재한다고 믿는다. 그닐카(Gnilka, 2:180)는 이 강화를 크게 세 단락으로 나눈다: 5b-23절, 24-27절, 28-37절. 그리고 미혹될 것에 대한 경고들이 5b절과 23절에서 "주의하라"(*βλέπετε*—블레페테)와 아울러 수미쌍관법적 구조를 이룬다. 세 번째 단락은 28절의 "배우라"(*μάθετε*—마데테)로 시작해서 37절의 "깨어 있으라"(*γρηγορεῖτε*—그레고레이테)로 끝난다. 비슬리-머레이(Beasley-Murray, *ExpTim* 64[1952-53] 346-49)는 이 강화를 네 단락으로 나눈다. (1) 도입부와 성전의 멸망에 대한 예언(1-4절), (2) 이스라엘과 교회의 환난(5-23절), (3) 인자의 재림과 하나님의 백성을 불러모음(24-27절), (4) 성취의 때와 깨어 있으라는 권면(28-37절). 건드리(Gundry, 733)는 크게 두 단락으로 나눈다: "인자"의 오기 전에 어떤 일이 선행되어야 하는가에 초점을 맞춘 5b-23절, 인자의 "오심" 자체에 초점을 맞춘 24-37절. 여기서는 건드리의 이해를 채택하여, 단락들을 5-13절, 14-23절, 24-27절, 28-32절, 33-37절로 나눈다. 주석가들은 이 강화에 대한 개요(概要)를 다양하게 파악해 왔고, 어떤 것이 전승 요소이고 어떤 것이 마가의 것인지에 대해서도 수많은 제안들을 내놓았다(일부만 들어보면, Ernst, 372-76; Gnilka, 2:179-80; Grundmann, 347; Hahn, "Die Rede von der Parusie"; Pesch, 2:265-67; Taylor, 499). 전승 요소(예수에게서 온 것과 초대 교회 전승 보유자들에게서 온 것을 포함한)와 마가의 편집에 의한 것의 구별은 아래의 "주석"에서 논의될 것이다.

1) 성전 멸망의 예고(13:1-2)

참고문헌

Evans, C. A. "Predictions of the Destruction of the Herodian Temple in the Pseudepigrapha, Qumran Scrolls, and Related Texts." *JSP* 10(1992) 89-147. **Lührmann, D.** "Markus 14,55-64: Christologie und Zerstörung des Tempels im Markusevangelium." *NTS* 27(1981) 457-74. **Schlosser, J.** "La parole de Jésus sur le fin du Temple." *NTS* 36(1990) 398-414.

본 문

1 예수께서 성전에서 나가실 때에 제자 중 하나가 가로되 선생님이여 보소서 이 돌들이 어떠하며 이 건물들이 어떠하니이까
2 예수께서 이르시되 네가 이 큰 건물들을 보느냐 돌 하나도 돌 위에 남지 않고 다 무너뜨려지리라 하시니라

1 And as he[a] went out of the temple, one of his disciples says to him, "Teacher,[b] behold, what wonderful stones and what wonderful buildings!"[c]
2 And Jesus said to him, "Do you see these great buildings? Not one stone will be left here upon another that will not e thrown down."[de]

원문주해

a. 일부 사본들은 복수형으로, 즉 에크포류오메논 아우톤 에크 투 히에루(*ἐκπορευομένων αὐτῶν ἐκ τοῦ ἱεροῦ*, "저희가 성전에서 나갈 때에")로 읽는다.

b. 헬라어로 디다스칼레(*διδάσκαλε*). 일부 수리아 사본들은 랍비(rabbi, "랍비")로 읽는다.

c. D사본은 투 히에루(τοῦ ἱεροῦ, "성전의")를 첨가한다.

d. 헬라어로 카탈뤼데(καταλυθῇ). 몇몇 사본들(א*, A 같은)은 가정법 부정과거형을 직설법 미래형인 카탈뤼데세타이(καταλυθήσεται)로 대체한다.

e. D, W사본 및 소수의 후대의 권위 있는 사본들은 카이 디아 트리온 헤메론 알로스 아나스테세타이 아뉴 케이론(καὶ διὰ τριῶν ἡμερῶν ἄλλος αναστήσεται ἄνευ χειρῶν, "그리고 삼 일 후에 손으로 짓지 아니하는 다른 것이 세워지리라")을 첨가한다. 이 첨가는 막 14:58과 요 2:19의 영향을 받은 것이다; 참조. Westcott and Hort, *Introduction* 2:26. 이 첨가는 예수의 이 이상한 말씀의 의미를 해석하려는 초기의 시도를 보여 준다.

양식/구조/배경

성전 멸망에 관한 예수의 깜짝 놀랄 만한 예고로 인해서 제자들은 이런 일들이 언제 일어나며 그런 일들이 일어날 징조는 무엇인가에 관한 질문을 하게 된다(4절). 깨어 있으라는 결론부의 권고(33-37절)를 포함한 예수의 대답(5-32절)은 종말 강화를 이룬다. 그러나 2절의 예고와 14:48(참조. 15:29)의 거짓 증인들의 입에서 나오는 말의 관계는 여러 난점들을 제기한다. 일부 학자들은 이 예고는 단지 원래의 결합된 말씀의 일부일 뿐이라고 주장한다(참조. Theissen, *TZ* 32[1976] 145). 또 어떤 학자들은 이 예고가 14:58에 나오는 좀더 긴 말씀을 축약하고 편집한 것이라고 생각한다(참조. Pesch, *Naherwartung*, 91; Lührmann, *NTS* 27[1981] 463-60). 또 어떤 학자들은 2절과 14:58의 예고들을 공통의 전승에서 생겨난 것으로 본다(참조. Schlosser, *NTS* 36[1990] 409). 물론 내용상으로는 이 말씀들은 연관되어 있지만, 문체 및 양식상으로는 별개의 전승 단위인 것으로 보인다(Ernst, 369; Beasley-Murray, *Jesus and the Last Days*, 378-79).

이와 비슷한 문제는 누가복음 19:44과 비교해 보아도 생겨난다: "또 너와 및 그 가운데 있는 네 자식들을 땅에 메어치며 돌 하나도 돌 위에 남기지 아니하리니." 여기에서는 예루살렘 도성은 언급되고 있지만, 성전에 대해서는 아무런 말이 없다. 가스톤(Gaston, *No Stone*, 66-67)은 예수의 말씀이 원래 예루살렘 도성에 관한 것이었다고 믿는다. 페쉬(Pesch, 2:271)는 자신의 주석서에서 마가복음 13:2과 19:44이 독립적인 말씀들이라고 생각한다. 아마도 그의 말이 옳은 것 같다. 왜냐하면 이 말씀의 마가 판본은 좀더 폭넓고 포괄적인 누가 본문을 좁게 적용시킨 것 같기 때문이다. 사람들은 예수가 도성의 저 유명한 성전 구역을 포함한 예루살렘 전체의 철저한 파괴를 예고하셨던 것으로 기억한다. 바벨론 멸망에 관한 예언 전승을 보면, 도성과 성전의 운명은 결합되어 있다. 에스겔 9-11장에서 하나님의 영광은 먼저 성전을 떠나고, 다음으로 도성을 떠난다. 성전 멸망에 관한 예레미야의 예언(렘 7장)은 도성 및 그 거민들의 멸망을 함축하고 있다.

2절의 진정성에 대한 문제는 예수께서 성전 및 그 주위에 있던 웅장한 부속건물들의 파괴를 예고하셨냐는 문제와 결부되어 있다. 놀랍게도 불트만(*History*, 120-21)은 예수 시대에 유대인들 가운데서 묵시론적 기대들이 널리 유포되어 있었다는 사실을 근거로 2절의 예고가 "진정한 예수 전승에 의거한" 것일 수 있다고 인정하지만, "하나의 가능성에 지나지 않는다"는 말을 덧붙인다. 로마이어(Lohmeyer, 268)는 이 예언이 예수의 관점과 유사하다고 생각한다. 테일러(Taylor, *Formation*, 73)는 "이 이야기를 '사후예언'으로 볼 정당한 근거가 전혀 없다"고 주저 없이 말한다. 테일러의 말은 옳고, 다른 학자들도 그의 견해를 따랐다. 이 예고의 진정성을 지지하는 주된 요인 사후 예언들(*vaticinia ex eventu*)에서 흔히 볼 수 있는 모습과는 달리 실제 일어난 사건과 정확하게 일치하지 않고 세부적인 내용이 결여되어 있다는 것이다(Gnilka, 2:184는 이에 반대하지만, Grundmann, 351, "사후예언일 가능성은 희박하다"; Anderson, 291; Hengel, *Studies in the Gospel of Mark*, 16, "결코 70년의 대참사를 전제하고 있지 않다" 등은 이에 찬성한다; 참조. Evans, *JPS* 10[1992] 89-147). 또한 이 예고에는 요세푸스가 이 사건을 생생하게 묘사하면서 그렇게 강조했던 화재에 의한 성전의 소실(燒失)에 대한 언급이 없다(*J.W.* 6.2.9 §§165-68; 6.3.1 §§177-85; 6.3.2 §§190-92; 6.4.1-2 §§228-35; 6.4.5-8 §§250-70; 6.5.1-2 §§271-84; 6.6.1 §§316; 6.6.2 §346; 6.6.3 §§353-55; 6.8.5 §407; 6.9.4 §434). 요세푸스는 "성전 산(*τὸν⋯τοῦ ἱεροῦ λόφον*-톤⋯투 히에루 로폰)은 그 밑바닥에서부터 끓어오르고 있었고, 전체가 하나의 거대한 불덩이였다"(*J.W.* 6.5.1 §275)고 한다. 그리고 이런 일이 겨울에 일어나지 않도록 기도하라는 예수의 권고(참조. 13:18)도 도성이 8월과 9월에 점령되고 불탔다는 사실에 비추어 보면 잘 맞지 않고 이상하다고 할 수 있다. (이것은 이 예언의 성취가 종말이 가까웠음을 의미하는 것이 아님을 보여 주기 위한 목적으로 주후 70년 이후에 마가복음이 쓰여졌다는 페쉬[Pesch, 2:272-73]의 주장과 배치된다.)

이 단락(13:1-2)은 예수에게 돌려지는 몇 개의 예고들 중의 하나다. 예수는 악한 포도원 농부 비유(12:1-12)에서 고위 제사장들의 멸망을, 자기의 머리에 향유를 부은 한 익명의 여인이 영원히 기억되리라는 것(14:9), 자기가 배신당할 것(14:17-21), 제자들의 변절과 베드로의 부인(14:26-31), 자기의 죽음과 부활(14:27-28;

참조. 8:31; 9:31; 10:32-34)을 예고하신다. 그러나 예수는 "먼저 된 자로서 나중 될 것"(9:35; 10:31), "스스로 높이는 자는 낮아지리라"(마 23:12=눅 14:11) 등과 같이 일반적이고 어떤 주제와 관련된 예고들을 더 많이 한다. 이러한 예고들은 예수의 주된 선포인 하나님 나라의 도래와 부합한다. 그러한 선포에 함축되어 있는 것은 극적인 변화의 확실성이다. 예수의 하나님 나라 이해가 변화 개념을 담고 있지 않았을 것이라고는 상상할 수 없다. 하나님 나라가 진정으로 전례 없는 권능으로 인간 세계에 뚫고 들어온 것이라면, 이 나라에 반대하는 사람들과 제도들에 대한 심판은 이치상으로 충분히 예상되는 일이다.

예수만이 예루살렘 또는 그 성전의 멸망을 예고하신 것이 아니었다. 중간기 문헌에서는 이런 예고들이 다소 발견된다.

> 너희의 거룩한 성소들이 더럽혀지리라(*ἔσται τὰ ἅγια ὑμῶν ἔρημα* – 에스타이 타 하기아 휘몬 에레마). (*T. Levi* 16:4; 참조. 15:1)

> 파괴…살육…약탈…불에 의한 하나님의 성소의 소실(燒失). (*T. Jud.* 23:3)

> 그러나 또다시 열왕들은 힘을 합쳐 이 땅에 대한 공격을 개시하여 파멸을 자초하게 되리라. 왜냐하면 저희는 이 땅에 들어와서 크신 하나님의 성전을 파괴하고 고명한 인사(人士)들을 죽이고자 할 것이기 때문이다. 가증스런 왕들이 도성 주위에 그들의 보좌와 신실치 못한 백성을 포진시키리라. (*Sib. Or.* 3:665)

> 그리고 그[요나]는 예루살렘과 온 땅에 관한 전조(前兆)를 주었는데, 돌이 슬피 부르짖는 것을 보면 종말이 가깝다는 것이었다. 예루살렘에서 온갖 이방인들을 보게 되면, 온 도성이 남김 없이 파괴되리라(*ἡ πόλις ἕως ἐδάφους ἀφανισθήσεται* – 헤 폴리스 헤오스 에다푸스 아파니스데세타이). (*Liv. Pro.* 10:10-11[요나])

> 성전의 종말(*συντέλεια* – 쉰텔레이아)에 관하여 그[하박국]는 "서방 나라에 의해 그런 일이 일어나리라"고 예언했다. "그때 다베이르(Dabeir, 즉, 지성소)의 휘장(*ἅπλωμα* – 하플로마)이 갈갈이 찢어지겠고 두 기둥의 머릿 부분이 날라 가겠지만, 아무도 그것들이 어디에 있는지를 모르리라. 그리고 그것들은 천사들에 의해 처음 증거막이 세워졌던 광야로 옮겨지리라"고 그는 말했다. (*Liv. Pro.* 12:11[하박국])

회의적인 견해를 표명한 학자들도 일부 있었지만, 더다수는 아니라도 다수의 학자들은 이러한 전승들을 성전의 멸망에 관한 진정성 있는 예고들로 받아들인다.

요세푸스 자신도 성전의 멸망을 자기가 미리 내다보았다고 주장한다.

그러나…요세푸스가 적의에 찬 무리의 위협하는 소리를 우연히 엿들었을 때, 하나님께서 그에게 유대인들의 임박한 운명과 로마 군주들의 운명에 대하여 미리 말씀해 주셨던 요전날 밤의 꿈들이 갑자기 생각났다…그는 거룩한 책들에 쓰여진 예언들을 모르지 않았다. (*J.W.* 3.8.3 §§351-52)

누가 이 가엾은 도성을 위협하고 지금 실현되어 가는 옛 선지자들의 기록들과 예언(*χρησμόν*–크레스몬)을 모르겠는가? 그 예언들은 사람이 자기 동포를 죽이기 시작할 때 이런 일이 시작되리라고 예고했다. (*J.W.* 6.2.1 §109)

따라서 유대인들은 예언들 속에 성전이 정방형(正方形)이 될 때 도성과 성소가 함락되리라는 내용이 쓰여져 있음을 알았지만 안토니아 요새가 파괴된 후에 성전을 정방형(*τετράγωνον*–테트라고논)으로 축소했다. (*J.W.* 6.5.4 §311)

게다가 요세푸스는 또 다른 예수라는 사람이 장차 다가올 파멸을 예언했다는 사실을 우리에게 말해 준다.

전쟁이 일어나기 4년 전에…아나니아의 아들 예수라는 자(*Ἰησοῦς…τις υἱὸς Ἀνανίου*–이에수스…티스 휘오스 아나니우)가…성전(*ἱερόν*–히에론)에 서서 갑자기 이렇게 외치기 시작했다. "동쪽에서 목소리, 서쪽에서 목소리, 사방에서 목소리, 예루살렘과 성소(*ναόν*–나온)를 치는 목소리, 신랑과 신부를 치는 목소리, 모든 백성들을 치는 목소리…예루살렘에게 화로다!…도성과 백성과 성소(*ναῷ*–나오)에 또다시 화로다…내게도 화로다." (*J.W.* 6.5.3 §301, §306, §309; 참조. 렘 7:34).

여기서 흥미를 끄는 것은 이 예수도 30년 전의 나사렛 예수와 마찬가지로 성전의 운명에 관한 자신의 예언을 예레미야 7장을 근거로 설명했다(정당화까지는 아니라도)는 점이다(참조. 예수께서 렘 7:11을 인유[引喩]하는 막 11:17을 참조하라).

또한 랍비 문헌에도 성전의 멸망을 예언하는 전승들이 나온다. 특히 중요한 것은 요하난 벤 작카이(Johanan ben Zakkai)에 관한 이야기이다.

성전이 파괴되기 40년 전에 서쪽 등이 나갔고, 주홍색 노끈은 여전히 주홍색이었고, 여호와의 뜻을 묻기 위한 제비는 항상 왼손에 있었다. 사람들은 밤에 성전 문들을 닫았는데, 아침에 일어나 보면 그 문들이 활짝 열려 있었다. 랍비 요하난 벤 작카이(1세기)가 성전을 향하여 "오, 성전이여, 왜 너는 우리를 놀래키는 것이냐? 우리는 네가 결국 파괴되리라는 걸 안다. '오, 레바논이여, 네 문들을 열어라. 불이 네 백향목들을 사르게 하라'(슥 11:1)고 기록되어 있기 때문이다. (*y. Soṭah* 6.3; 참조. *b. Yoma* 39b; *ʾAbot R. Nat.* [A] §4)

(베스파시아누스가) "주(主) 황제 만세"라는 요하난 벤 작카이의 인사에 이의를 제기하자, 요하난이 해명했다. "당신이 왕이 아니라면, 당신은 결국 왕이 될 것이다. 왜냐하면 성전이 한 왕의 손에 의해 파괴될 것이기 때문이다. 기록된 바 '레바논은 강한 자에 의해 무너지리라'(사 10:34)고 말씀하셨다." (*Lam. Rab.* 1:5 §31)

이러한 성구들은 레바논을 성전과 결부시킨 전승 때문에 성전의 멸망과 관련이 있는 것으로 생각되었다.

베스트(Best, *Following Jesus*, 155)는 세 가지 단화(單話)들이 서로 연결되어 있음을 주목한다: 탐욕스러운 서기관들에 대한 경고(12:38-40), 과부의 마지막 동전(12:41-44), 성전 멸망에 관한 예고(13:1-2). 서기관들은 곧 멸망할 성전 당국의 일부이고, 빈곤한 과부는 그 성전 당국에 기여하고 있다. 성전 멸망에 관한 예고는 이 단화들이 이 예언의 토대가 되거나 적어도 그러한 토대에 기여한다는 것을 시사함으로써 앞서의 단화들에 무게를 더해 준다.

주석

[1] "예수께서 성전에서 나가실 때에"(*καὶ ἐκπορευομένου αὐτοῦ ἐκ τοῦ ἱεροῦ* – 카이 에크포류오메누 아우투 에크 투 히에루). 예수는 11장과 12장에 걸쳐서 성전 경내에서 가르치셨고, 그러면서 예수와 고위 제사장들 간의 적대감은 점점 더 고조되어 갔다. 예수는 도성의 동문을 통해서 빠져나가 감람산 기슭으로 내려간 다음에 그와 제자들이 성전산에 자리잡은 여러 아름다운 성전 건물들을 내려다볼 수 있는 곳으로 올라가셨을 것이다. 에른스트(Ernst, 369)와 그룬트만(Grundmann, 350)은 예수께서 성전 경내를 떠나신 것은 성전과의 최후의 결별을 의미하는 것이라고 생각한다. 그러나 이것은 지나친 해석이다. 마가복음 이야기에서 분명히 볼 수 있듯이, 예수께서 성전 경내를 떠나신 것은 거기에서의 가르침을 끝내셨음을 의미한다. 테일러(Taylor, 500)는 독립소유격(*ἐκπορευομένου αὐτοῦ* – 에크포류오메누 아우투, "예수께서 나가실 때에")은 현재의 장면을 넓은 의미에서 성전 기사(記事)라 할 수 있는 장면(11:27-12:44)과 연결시켜 주는 연결고리라고 말한다.

"제자 중 하나가 그에게 말한다"(*λέγει αὐτῷ εἷς τῶν μαθητῶν αὐτοῦ* – 레게이 아우토 헤이스 톤 마데톤 아우투). 앞에서도 여러 번 제자의 말이나 질문으로 인해서 예수의 교훈적인 답변이 촉발되곤 했다(4:10; 7:17; 9:28-29, 38-39; 10:13-16, 35-40). 그러나 이번 경우에 한 제자의 말은 당사자의 입장에서 볼 때는 성전 건물들을 보고 그저 한 번 해본 말에 불과하다.

"선생님이여 보소서 정말 아름다운 돌들과 정말 아름다운 건물들이지요!"(*διδά-σκαλε, ἴδε ποταποὶ λίθοι καὶ ποταπαὶ οἰκοδομαί* – 디다스칼레 이데 포타포이 리도이 카이 포타파이 오이코도마이). 이 제자는 헤롯 성전의 웅장함과 아름다움에 감명을 받았다. 사랑 받지 못한 군주였던 헤롯 대왕은 대략 35년 전에 죽었지만, 성전 경내를 재건하고 확장하는 그가 시작한 역사(役事)는 여전히 진행중이었고, 앞으로도 수십 년은 더 걸릴 것이었다(Josephus, *J.W.* 5.5.1 §§184-247; *Ant.* 15.11.3 §§391-402에 나오는 성전에 관한 설명을 보라). 이 제자의 말은 관광객의 경이에 찬 찬탄에 불과한 것이었을지 모르나(Lohmeyer, 268), 이 말의 배후에는 하나님 나라가 완전히 도래하여 현재의 거민들이 추방되었을 때 이 웅장한 건물들을 차지할 생각에 흥분을 감추지 못하는 모습이 있었을 것이다.

2 "네가 이 큰 건물들을 보느냐?"(*βλέπεις ταύτας τὰς μεγάλας οἰκοδομάς* – 블레페이스 타우타스 타스 메갈라스 오이코도마스). 최근에 성전산 아래 도로의 남서쪽 모퉁이에 대한 발굴에서 쓰러져 있는 돌들이 출토되었는데, 이 돌들이 원래 어느 위치에 있었는지도 밝혀졌다(바클레이[Barclay]의 문의 상인방[上引枋], 성전산의 담벽 꼭대기에 있었던 "나팔 부는 곳"[לבית התקיעה להכ – 레베트 핫테키아…]이라는 명문[銘文]이 새겨진 돌 등). 이 돌들은 엄청나게 거대해서 그 무너지는 충격으로 한 곳의 도로가 붕괴되어 아래의 지하 통로들이 드러났다. 이 통로들의 목적과 총연장(總延長)은 현재 조사중이다. 치워진 엄청난 양의 건물 잔해(그리고 일부는 의도적으로 원위치에 두어졌다)는 티투스(Titus)가 예루살렘을 점령하고 성소 및 그 부속 건물들을 닥치는 대로 파괴한 후에 도성을 초토화시킨 일이 어느 정도인지를 짐작케 해준다(참조. *J.W.* 7.1.1 §§1-4; *κελεύει Καῖσαρ ἤδη τήν τε πόλιν ἅπασαν καὶ τὸν νεὼν κατασκάπτειν* – 켈류에이 카이사르 헤데 텐 테 폴린 하파산 카이 톤 네온 카타스캅테인, "가이사는 이제 [군대에게] 온 도성과 성소를 완전히 초토화시키라고 명한다"). 이러한 초토화 작업은 몇 달만에 끝났을 수도 있었겠지만 상당한 기간, 아마도 수년은 걸렸을 것이다. 마가복음이 예루살렘 및 성전 멸망 직후인 주후 71년에 쓰여졌다는 일부 학자들의 주장은 문제가 많다. 도성 및 성전의 파괴에 있어서 가장 인상적인 특징은 불에 의한 파괴였다는 것이다(참조. *J.W.* 6.4.5 §250). 건물들에 대한 철저한 파괴는 그 후에 이루어졌다. 마가복음 13장이 도성이 함락된 지 불과 몇 달 후에 만들어진 사후예언이었다면 마가복음이 쓰여진 때는 아직 착수되지 않았을 화재 후의 철저한 파괴가 아니라 화재를 묘사했을 것이다. 사실

예수의 예언에서 예고한 것으로 보이는 성전 구역에 대한 철저한 초토화는 결코 완전히 성취되지 않았다. 성전산을 떠받치고 있던 사방의 담벽들 중 여러 부분이 오늘날까지 그대로 남아 있고 구조물들 중 일부도 허물어지지 않아서, 꽤 후대인 하드리아누스 시대에 가서도 다른 용도로 사용되기도 했다. 마가복음 13:2이 성전과 도성에 대한 철저한 파괴와 저항한 자들에 대한 철저한 도륙을 예언했다면, 이 예언이 주후 70년이나 71년에 쓰여졌다고 볼 수 있는 좋은 근거가 될 것이다. 그러나 현재로서는 이 예언을 성경에 나오는 표현을 사용하여 성전 및 그 보조건물들의 암울한 운명을 내다본 진정한 예고(prediction)로 보는 것이 더 현명하다.

서쪽 벽의 발굴을 통해서 수많은 세월에도 비교적 손상되지 않은 헤롯 성전의 수많은 거대한 돌들이 발굴되었다. 엄청난 크기 때문에 돌 하나가 주목을 끌었는데, 그 돌은 길이가 15미터가 넘고 높이도 2.5미터나 되었다. 너비가 알려져 있지 않아서 돌의 무게에 대한 추정치는 서로 다른데, 대략 420톤에서 600톤 사이로 추정되고 있다. 이 돌은 도로의 기부(基部)가 아니라 바로 그 위의 두 번째 층에 놓여져 있는 것이어서 특히 주목을 받았다. 애석하게도 이 돌은 후대에 두터운 회반죽 층을 단단히 고정시켜 줄 구멍들을 뚫어서 큰 수조(水曹)의 일부로 사용되어 훼손이 되었다. 그럼에도 불구하고 특징적인 테두리 장식들로 마무리되어 있는 이 돌을 비롯한 수많은 돌은 한 제자가 예수에게 찬탄을 금치 못했던 그 성전의 웅장함과 아름다움을 증언해 준다.

"돌 하나도 돌 위에 남지 않고 다 무너뜨려지리라"(*οὐ μὴ ἀφεθῇ ὧδε λίθος ἐπι λίθον ὅς οὐ μὴ καταλυθῇ* – 우 메 아페데 호데 리도스 에피 리돈 호스 우 메 카탈뤼데). 예수의 대답으로 이보다 더 놀랍고 기겁할 만한 것은 없었을 것이다. 제자들은 고위 제사장들에 대한 예수의 비판적인 생각을 알고 있었고, 저희의 청지기직이 박탈되어 다른 사람들에게 주어질 위험에 처해 있다는 예수의 위협도 알고 있었다. 그러나 예수께서 성전 자체의 멸망을 거론하신 것은 제자들을 깜짝 놀라게 했을 것이다. (도성을 바라보고 애곡하면서 그 파국을 예고하시는 예수에 관한 이야기는 마가복음이 아니라 누가복음 19:41-44에 나온다. 마가복음 이야기에는 도성이나 성전의 멸망을 암시하는 말이 이제까지는 전혀 나오지 않았다.)

"돌 하나도…돌 위에"라는 표현은 아마도 칠십인역 제4열왕기 17:13(참조. 삼하 17:13)에 대한 인유(引喩)인 것으로 보인다: "온 이스라엘이 저 도성을 밧줄에 묶고, 우리가 그 도성을 강으로 끌어서 돌 하나도 거기에 남아 있지 않으리라(*ὅπως μὴ καταλειφθῇ ἐκεῖ μηδὲ λίθος* – 호포스 메 카탈레이프데 에케이 메데 리도스)"

(참조. LXX Hag 2:15, 성전을 재건할 때는 "돌 위에 돌[*λίθον ἐπὶ λίθον*-리돈 에피 리돈]"). 학개는 스가랴와 함께 쌍두체제 회복의 선지자였다. 예수의 인유(引喩)는 아이러니컬한 것이었는가? 예수를 버린 예루살렘은 성전의 와해로 이어질 수밖에 없다. 미가는 예루살렘이 "폐허더미"(믹 3:12; 참조. 렘 26:17-19)가 될 것을 예언했고, 진노한 하나님은 아모스를 통해서 "기둥머리를 쳐서 문지방이 움직이게 하겠다"(9:1)고 말씀하셨다. 선지자들의 표현을 인유(引喩)를 통해 사용하는 것은 예수의 전형적인 표현 방식인데(예를 들어, 막 11:17에서 사 56:7과 렘 7:11; 막 12:1-9에서 사 5:1-7), 이것은 종말 강화에서 특히 분명하게 드러난다. 랍비 엘리에셀은 시편 137:7("훼파하라 훼파하라 그 기초까지 훼파하라")을 인유하여 성전의 멸망을 예언했다고 한다: "너희 증인인 성전이 너희에게 증거를 주리라. 우리 조상들은 대들보를 옮겼으나, 우리는 그 벽들을 허물었다"(*y. Yoma* 1.1 [38c]).

예수의 예언은 거대한 돌들과 크고 인상적인 건물들에 대하여 제자가 찬탄하는 상황에서 나온 것이라 매우 충격적이다. 사람들은 그토록 견고한 석조물과 인상적인 건축물이 당연히 영속될 것이라는 생각을 불러일으키지 곧 무너지리라고는 생각지 못했을 것이다. 그러나 모든 사람들의 예상과는 반대로, 예수는 "돌 하나도 돌 위에 남지 않고 다 무너뜨려지리라"고 성전의 철저한 파괴를 말씀하신다. 어리둥절한 제자들이 설명해 주기를 요구한 것은 당연한 일이다.

해설

성전의 철저하고도 완벽한 파괴에 대한 예수의 깜짝 놀랄 만한 예고는 복음서 기자의 이야기에서나 예수의 생애 속에서 전개된 사건들에서 하나의 중요한 전환점을 이룬다. 이제 예루살렘 도성이 회개할 소망은 사라졌다. 고위 제사장들이 하나님 나라에 관한 메시지와 그 전령사(傳令使)를 영접할 소망도 사라졌다. 성전 경내에서의 구두(口頭) 대결은 이제 끝났다. 그 끔찍한 결과들은 마가복음 13장의 나머지 부분과 마가복음 14장의 여러 군데에서 제자들에게 자세히 설명된다. "주의 이름으로" 온 자를 거부한 도성과 성전 당국자들은 그들의 운명을 봉인했다.

예수의 예고는 수난 이야기가 그 위에서 돌아가는 경첩(hinge) 역할을 한다. 11-12장에서 예수는 예루살렘 거민들과 당국자들에게 도전하고 비판하신다. 그러나 그의 메시지와 인격은 퇴짜를 맞는다. 예수의 예루살렘 입성은 무시당하고, 그의 권세는 도전 받고, 그의 생명은 위협받는다. 13-14장에서 예수는 공생애를 끝내고 제자들에게 최후의 가르침을 베푸신다. 성전의 파국을 예고함으로써 예수는 장차 일어날 일을 환히 꿰뚫고 있음을 제자들에게 분명히 보여 주시고, 이를 보도함으로써 복음서 기자는 마치 독자들이 이 예언의 성취의 전야에 살고 있는 것처럼 예수의 선견지명을 분명하게 보여 준다. 예수의 체포는 기습적으로 이루어진 것이 아니다. 유다의 배신과 베드로의 부인도 예수는 미리 다 알고 계신다. 이제 예수는 제자들에게 무엇이 그들 및 믿지 않는 이스라엘을 기다리고 있는지를 밝히셔야 한다.

2) 다가올 재앙들(13:3-13)

본 문

3 예수께서 감람산에서 성전을 마주 대하여 앉으셨을 때에 베드로와 야고보와 요한과 안드레가 종용히 묻자오되

4 우리에게 이르소서 어느 때에 이런 일이 있겠사오며 이 모든 일이 이루려 할 때에 무슨 징조가 있사오리이까

5 예수께서 이르시되 너희가 사람의 미혹을 받지 않도록 주의하라

6 많은 사람이 내 이름으로 와서 이르되 내가 그로라 하여 많은 사람을 미혹케 하리라

7 난리와 난리 소문을 들을 때에 두려워 말라 이런 일이 있어야 하되 끝은 아직 아니니라

8 민족이 민족을 나라가 나라를 대적하여 일어나겠고 처처에 지진이 있으며 기근이 있으리니 이는 재난의 시작이니라

9 너희는 스스로 조심하라 사람들이 너희를 공회에 넘겨주겠고 너희를 회당에서 매질하겠으며 나를 인하여 너희가 관장들과 임금들 앞에 서리니 이는 저희에게 증거되려 함이라

10 또 복음이 먼저 만국에 전파되어야 할 것이니라

11 사람들이 너희를 끌어다가 넘겨줄 때에 무슨

3 And when he had sat down on the Mount of Olives, opposite the temple, Peter,[a] James, John, and Andrew were questioning[b] him in private,

4 "Tell us, when will these things be, and what will be the sign when all these things are about to be accomplished?"

5 And Jesus began to speak to them, "Watch out, lest someone mislead[c] you.

6 Many will come in my name, saying, 'I am he';[d] and they will deceive many.

7 Whenever you hear of wars and rumors of wars,[e] do not be alarmed;[f] it must come to pass, but the end is not yet.

8 For nation will be raised up against nation, and kingdom against kingdom. There will be earthquakes in various places. There will be famines.[g] These things are the beginning of birth pains.

9 But watch out for yourselves; they will deliver you up to councils, and in synagogues you will be beaten, and before governors and kings you will be made to stand[h] for my sake, to [give] testimony to them.

10 And to all the nations [i]it is necessary first for the gospel to be proclaimed.[i]

11 And when, delivering you up, they lead you [to

말을 할까 미리 염려치 말고 무엇이든지 그 시에 너희에게 주시는 그 말을 하라 말하는 이는 너희가 아니요 성령이시니라

trial],[j] do not worry about what you should say.[k] But whatever is given you in that hour[l] speak; for you are not the ones who are speaking, but the Holy Spirit.

12 형제가 형제를 아비가 자식을 죽는 데 내어주며 자식들이 부모를 대적하여 죽게 하리라

12 And brother will deliver brother to death, and a father his child; and children will rise up against parents[m] and will put them to death.[n]

13 또 너희가 내 이름을 인하여 모든 사람에게 미움을 받을 것이나 나중까지 견디는 자는 구원을 얻으리라

13 And you will be hated by all on account of my name. But the one who endures to the end—this one[o] will be saved."

원문주해

a. 수리아 사본들은 케파(kêpāʾ, "게바")로 읽는다.

b. 헬라어로 에페로타(ἐπηρώτα, 문자적으로 "물었다"). 이 동사의 단수 형태는 일련의 단수형 주어들과 함께 나오는 경우가 종종 있다(예를 들어, 막 1:36; 요 2:2, 12; 딤전 1:20; LXX Lev 25:54; 참조. Gundry, 759).

c. 헬라어로 플라네세(πλανήσῃ, "미혹하다, 어그러진 길로 가게 하다"). 일부 사본들은 아파테세(ἀπτήσῃ, "속이다")로 읽는다.

d. 헬라어로 에고 에이미(ἐγώ εἰμι, "나는 ~이다"); "그"가 함축되어 있다. W사본과 많은 후대의 사본들은 에고 에이미 호 크리스토스(ἐγώ εἰμι ὁ Χριστός, "내가 메시아이다")로 읽는다. 이 이독(異讀)은 막 13:21을 반영한 것이다. 몇몇 후대의 사본들은 이 속이는 자들이 외치는 말을 확대하여 에고 에이미 카이 호 카이로스 엥기켄(ἐγώ εἰμι καὶ ὁ καιρὸς ἤγγικεν, "내가 그로다. 때가 왔다!")으로 읽는다(참조. 눅 21:8).

e. 일부 후대의 사본들은 아코아스 아나르키아스(ἀκοὰς ἀναρχίας, "난리의 소문들")로 읽는다.

f. D사본과 몇몇 후대의 사본들은 도뤼베이스데(θορυβεῖσθε, "동요되다")로 읽는다. 그 밖의 다른 후대의 사본들은 프토에데테(πτοηθῆτε, "안절부절하다")로 읽는다(참조. 눅 21:9).

g. A, W, Φ, 33사본과 몇몇 후대의 사본들은 카이 타라카이(καὶ ταραχαί, "그리고 폭동들")를 첨가한다. Σ사본과 몇몇 후대의 사본들은 카이 로이모이 카이 타라카이(καὶ λοιμοὶ καὶ ταραχαι, "그리고 역병들과 폭동들")를 첨가한다. 웨스트코트와 호트(Westcott and Hort, *Introduction* 2:26)는 카이 타라카이(καὶ ταραχαί, "그리고 폭동들")가 "운율상의 이유로" 첨가된 것으로 생각한다. 필드(Field, *Notes*, 37)도 이에 동의하지만, 비록 사본상의 증거는 없더라도 카이 로이모이(καὶ λοιμοί, "그리고 역병들")는 원래부터 있었다고 생각한다. 그는 눅 21:11에 나오는 병행본문을 인용한다.

h. 33사본과 몇몇 후대의 사본들은 악데세스데(*ἀχθήσεσθε*, "너희가 끌려가리라")로 읽는다(참조. 마 24:18).

i. D사본은 프로톤 데이 케뤽데나이 토 유앙겔리온 엔 파시 토이스 에드네신(*πρῶτον δεῖ κηρυχθῆναι τὸ εὐαγγέλιον ἐν πᾶσι τοῖς ἔθνεσιν*, "먼저 복음이 만국에 전파되어야 하리라")으로 읽는다.

j. 괄호 안에 있는 단어들은 동사 아고신(*ἄγωσιν*, "끌고가다")이 예수를 좇는 무리들이 "법정"에 끌려가리라는 것을 함축하고 있기 때문에 본문에 첨가한 것이다.

k. A, Φ사본과 몇몇 후대의 사본들은 메데 멜레타테(*μηδὲ μελετᾶτε*, "또는 무엇을 행할지")를 첨가한다.

l. 몇몇 후대의 사본들은 헤메라(*ἡμέρα*, "날")로 읽는다.

m. 몇몇 후대의 사본들은 카이 호이 고네이스 에피 타 테크나(*καὶ οἱ γονεῖς ἐπὶ τα τέκνα*, "그리고 부모가 자식들을 대적하여")를 첨가한다.

n. 헬라어로 다나토수신 아우투스(*θανατώσουσιν αὐτούς*). 번역문으로는 "그들을 죽이리라"보다는 "그들을 죽게 하리라"가 더 선호된다(Cranfield, 401).

o. 헬라어로 후토스(*οὗτος*). 일부 사본들은 후토스(*οὕτως*, "이런 식으로")로 읽는다: "그러나 끝까지 견디는 자는 이런 식으로 구원을 얻으리라."

양식/구조/배경

마가복음 13:3-13은 세 가지 요소로 이루어져 있다. (1) 배경 및 제자들의 질문(3-4절), (2) 미혹을 받지 말라는 경고(4-8절), (3) 핍박과 여러 가지 시련에 대한 경고(9-13절). 베드로, 야고보, 요한, 안드레로 거명된 제자들은 예수께 성전 멸망에 관한 그의 깜짝 놀랄 만한 예언(2절)에 관하여 묻는다. 그러나 예수는 "어느 때에 이런 일이 있겠사오리까?"라든가 "이 모든 일이 이루려 할 때에 무슨 징조가 있사오리이까?"라는 제자들의 질문에 직접적으로 대답하지 않으신다. 대신에 예수는 미혹과 핍박에 대하여 경고하신다. 그러나 제자들의 질문은 암묵적으로 대답이 주어진 셈이다. 이런 일들이 언제 있을까? 그 징조들은 무엇일까? 속이는 자들이 "내가 그로라"고 말할 때, 제자들이 "난리와 난리 소문"을 들을 때, 제자들이 핍박을 견디고 복음이 만국에 전파되었을 때, 가족들이 예수로 인하여 나뉠 때.

성전의 멸망과 제사장 집단의 붕괴는 전례 없는 영적, 사회적 몰락을 수반하게 될 것이다. 이 강화(講話)에 묘사된 혼란과 핍박은 많은 점에서 영적 몰락과 사회적 붕괴에 관한 미쉬나(Mishna)의 암울한 묘사(참조. *m. Soṭah* 9:9-15)와 닮았고, 사실 종말론 및 묵시론적 시나리오들에서 어느 정도 전형적인 표현들이다. 구속(救

贖)과 회복에 앞서 가파른 도덕적 몰락과 종교적 배교의 기간이 선행하리라고 예상되었다(참조. 살후 2:1-12; 계 6-18장).

주석

3 "예수께서 감람산에서 성전을 마주 대하여 앉으셨을 때에"(*Καὶ καθημένου αὐτοῦ εἰς τὸ ὄρος τῶν ἐλαιῶν κατέναντι τοῦ ἱεροῦ* – 카이 카데메누 아우투 에이스 토 오로스 톤 엘라이온 카테난티 투 히에루). 여기에 묘사된 지점은 순례자들이 좋아하던 곳으로서 기드론 골짜기의 맞은편에 있는 성전산을 조망할 수 있었다. 예수께서 자리를 잡고 앉으셨다는(*καθημένου αὐτοῦ* – 카데메누 아우투) 말은 예수께서 산상수훈을 전하기 위해 앉으셨다는 말을 연상시킨다(참조. 마 5:1). 마가복음의 다른 곳에서는 무리가 예수 가까이에 앉거나(3:32) 예수께서 배에 앉아서 무리를 가르치신다(4:1). 그러나 여기서는 마태복음 5:1에서와 같이 산허리가 바로 "선생님의 의자"(Swete, 297)가 된다. 성전 경내를 훤히 바라다보면서(*κατέναντι τοῦ ἱερου* – 카테난티 투 히에루) 종말 강화를 전하는 모습은 이 장면에 신랄함을 더해 주고, 독자들이나 청중들로 하여금 마음의 눈으로 "아름다운 돌들"과 "아름다운 건물들"(1절)의 모습을 계속해서 보고 있게 하는 데 도움을 준다.

"베드로와 야고보와 요한과 안드레가 조용히 물었다"(*ἐπηρώτα αὐτὸν κατ' ἰδίαν Πέτρος καὶ Ἰάκωβος καὶ Ἰωάννης καὶ Ἀνδρέας* – 에페로타 아우톤 카트 이디안 페트로스 카이 이아코보스 카이 이오안네스 카이 안드레아스). 마가복음에서는 여러 차례에 걸쳐(4:34; 6:31-32; 9:2, 28) 예수는 제자들에게 은밀한 가르침을 베푸시거나 또는 은밀하게(*κατ' ἰδίαν* – 카트 이디안) 가르치신다. 그리고 이 때는 종종 세 명의 측근, 즉 베드로와 야고보와 요한이 함께한다(변화산 사건에서처럼). 그러나 여기 3절에는 최초로 제자들로 부르심을 받은(참조. 1:16-20) 두 쌍의 형제들 – 베드로와 안드레, 야고보와 요한이 등장한다. 에른스트(Ernst, 370)는 안드레가 첨가된 것은 마가복음 이야기를 처음 사역이 시작되었던 상황으로 되돌아가 끝내기 위해서였을 것이라고 생각한다. 그러나 이 장면은 마가복음 이야기에서 마지막 장면이 아니다. 복음서 기자가 네 번째 제자를 등장시킨 이유는 이 강화의 종말론적 성격 때문이라고(세 제자들로 충분했던 현세적 가르침과 대비되게) 말하는 그닐카(Gnilka, 2:183)의 견해는 억지주장인 것처럼 보인다.

감람산이라는 요지(要地)에서 예루살렘에 대한 심판을 선포하는 것은 성경(참조. 겔 11:23; 43:2; 슥 14:3-4)과 전승(참조. 족장 납달리가 해와 달이 "감람산 위에" 정지한 것을 보았다고 기록하고 있는 *T. Naph.* 5:1-2)에 그 선례들이 있다. 따라서 이러한 배경 설정도 불길한 의미를 띤다.

[4] "우리에게 이르소서 어느 때에 이런 일이 있겠사오며 이 모든 일이 이루려 할 때에 무슨 징조가 있사오리이까?"(*εἰπὸν ἡμῖν πότε ταῦτα ἔσται καὶ τί τὸ σημεῖον ὅταν μέλλῃ ταῦτα συντελεῖσθαι πάντα*–에이폰 헤민 포테 타우타 에스타이 카이 티 토 세메이온 호탄 멜레 타우타 쉰텔레이스다이 판타). 이 두 질문은 똑같은 내용을 반복하고 있는 것이 아니다. 첫 번째 질문은 성전의 멸망이 언제(*πότε*–포테) 일어날지를 묻는다. "이런 일들"(*ταῦτα*–타우타)은 성전이 멸망할 때 다른 격변들도 수반될 것이라는 예상을 함축하고 있는 말이다. 성전의 멸망은 단독으로 일어나는 사건은 아닐 테니까 말이다. 전쟁과 도성에 대한 공격이 있거나 자연 재앙이 있어야 할 것이다. 두 번째 질문은 "이 모든 일들이 이루려 할"(*μέλλῃ ταῦτα συντελεῖσθαι πάντα*–멜레 타우타 쉰텔레이스다이 판타) 때를 보여 주는 신빙성 있는 "징조"(*τὸ σημεῖον*–토 세메이온)를 묻는 질문이다. 징조를 구하는 것은 철저히 유대적이다(참조. 고전 1:22에서의 바울의 말). 마가복음에서도 앞서 바리새인들은 예수에게 표적(징조)을 구했다가 거절당했다(8:11-12). 그러나 여기서 제자들은 예수의 말씀이 옳다는 것을 확증해 주는 표적을 구하고 있는 것이 아니라 예수께서 그들에게 미리 경계해 주시기를 바라는 것이다. 나중에 종말 강화에서(22절) 예수는 표적과 기사(奇事)들을 행할 거짓 메시아들과 거짓 선지자들에 대하여 경고하신다.

이런 질문을 제자들이 했다는 것은 사실일 테지만, 질문과 대답은 편집되고 개정되었다. 예루살렘 및 성전의 운명과 밀접한 관련을 갖는 종말에 관한 예수의 가르침은 소란스럽고 불확실했던 50년대와 60년대에 맞춰졌던 것으로 보인다. 그러나 가르침과 실제 사건들의 유사성은 그리 밀접하지 않기 때문에 예수의 말씀들이 이 사건들에 의해서 생성되었다거나 이 사건들을 통해서 성취되었다고 할 필요는 없다.

"무엇이 징조가 되오리이까?"(*τί τὸ σημεῖον* [*ἔσται*]–티 토 세메이온 [에스타이])라는 제자들의 구체적인 질문은 한 선지자의 발언이 참되다는 증거 또는 임박한 사건들에 대한 경고로서의 표적들(*σημεῖον*–세메이온 또는 אוֹת–오트)에 대한 유대인들의 관심을 반영한다. 이러한 뉘앙스들은 구약에서 확인된다. 전자에 대해서는 출애굽기 3:12을 보라: "이것이 내가 너를 보낸 표적(אוֹת–오트; LXX: *σημεῖον*–세메이온)이니라". 후자에 대해서는 이사야 7:11을 보라: "너는 네 하나님 여호와께 한 징조를 구하되 깊은 데서든지 높은 데서든지 구하라." 마가복음이 나온 지 한 세대 또는 그 이후에 쓰여진 바룩2서에서 여호와는 바룩에게 다가올 "종말"과 관련하여 "이것이 표적이 되리라"고 말씀하신다(*2 Bar.* 25:2[수리아 판본으로만 보존됨]). 제자들의 질문과 이에 대한 예수의 답변은 에스라4서 4:52에 나오는 일반적인 패턴을 따르고 있다: "그는 내게 대답하여 '네가 묻는 표적들에 관하여는 부분적으로만 네게 말해 줄 수 있다'고 말씀하셨다."

5 "누가 너희를 미혹하지 않도록 주의하라"(*βλέπετε μή τις ὑμᾶς πλανήσῃ* – 블레페테 메 티스 휘마스 플라네세). 마가복음에서 앞서 예수는 사두개인들이 부활에 관한 생각에 있어서 매우 미혹되었다고 말씀하신 바 있다(12:24, 27). 다음 절에서 예수는 많은 사람들이 미혹될 것이라고 예언하신다. 요한복음 7:12에서는 무리 중 일부 사람들이 예수께서 백성들을 미혹하고 계신다고 생각한다(참조. 요 7:47). 다른 곳에서 종교적인 미혹과 관련하여 플라난(*πλαν̂αν*, "미혹하다")을 사용하는 것에 대해서는 고린도전서 6:9; 15:33; 갈라디아서 6:7; 디모데후서 3:13; 요한일서 1:8; 2:26; 요한계시록 2:20; 12:9을 보라. 구약적 배경으로는 신명기 11:28; 시편 94(95):10; 지혜서 5:6; 17:1; 마카베오2서 7:18을 보라. 요세푸스에 나오는 예들(*J.W.* 1.10.6 §209; *Ant.* 10.1.3 §19)도 보라. "누가 너희를 미혹하지 않도록"(*μή τις ὑμᾶς πλανήσῃ* – 메 티스 휘마스 플라네세)이라는 표현에 대한 병행으로는 콥트어로 된 엘리야 묵시록(*Apoc. El.* [C]) 1:14을 보라: "저 사람들이 너희를 미혹하지 못하게 하라"(또한 6절에 대한 "주석"을 보라).

미혹되는 것에 관한 경고는 일부 후대에 개작된 자료의 도입부를 이룬다. 이 경고는 제자들에게는 적용되지 않는다. 그렇다면 누가 그들을 미혹한다는 말인가? 예수는 거짓 선지자나 거짓 메시아가 일어나서 곧 사도들이 될 그의 제자들을 미혹할 것이라고 생각하셨던 것인가? 그렇지 않았다. 그러나 로마와의 큰 전쟁을 치르기 전 수십 년 동안 거짓된 인물들이 그리스도인들과 유대인들을 미혹할 수 있었고, 또 실제로 미혹했다. 요세푸스는 자칭 선지자들과 구원자로 칭하는 자들이 많이 나타났다고 말한다. 요세푸스의 비판적인 표현은 마가복음 13장과 그 병행문들에서 발견되는 비판적인 표현과 아주 유사하다.

6 "많은 사람이 내 이름으로 와서"(*πολλοὶ ἐλεύσονται ἐπὶ τῷ ὀνόματί μου* – 폴로이 엘류손타이 에피 토 오노마티 무). "많은 사람"(*πολλοί* – 폴로이)이 출현하리라는 예상에 대해서는 콥트어로 된 엘리야 묵시록 1:13("속이는 자들이…종말에 늘어나리라"; 참조. 딤후 4:1-5)을 보라. 예수의 이름으로 온다는 것은 예수의 권위를

빙자하여 등장한다는 것을 의미한다. "여호와(בְּשֵׁם־יהוה – 베셈 아도나이)의 이름으로" 말하고 행하는 것의 구약적 배경에 대해서는 신명기 18:5, 7, 20, 22을 보고, "다윗의 이름으로"라는 표현에 대해서는 사무엘상 25:9을 보라. 그러나 예수의 이름으로 오는 자들은 "내가 그로라 하여 많은 사람을 미혹하리라"(*ἐγώ εἰμι, καὶ πολλοὺς πλανήσουσιν* – 에고 에이미 카이 폴루스 플라네수신). 그들이 할 이 말의 의미는 확실치 않다. 이 속이는 자들은 예수께서 자기를 보냈다거나("내 이름으로"; Klostermann, 133) 자기가 메시아(즉, 예수에게만 적용되는 이름 또는 칭호; Lane, 457)라고 주장한다는 말일 수 있다. 그러나 속이는 자들이 "내가 그로라"(*ἐγώ εἰμι* – 에고 에이미)고 말할 때, 이는 자기가 예수 자신(Pesch, 2:279; 그러나 Haenchen, 437은 이러한 견해는 있을 수 없다고 본다)이거나 메시아라고 주장한다는 것이다. (여기서 하나님의 이름을 끌어다 쓰려는 의도는 없다.) 가장 유력한 해석은 속이는 자들이 메시아라고 주장한다는 것이다. 즉, 그들은 자기가 "그" 곧 메시아라고 주장하면서 메시아의 이름으로 올 것이다(Haenchen, 437). 나중에 21절에 나오는 "보라 메시아가 여기에 있다"라고 하여도 믿지 말라는 예수의 경고는 이러한 해석을 뒷받침해 준다(Cranfield, 395; Beasley-Murray, *Jesus and the Last Days*, 391-94).

또한 요세푸스가 가짜 왕들(이들 중 일부는 메시아를 참칭했을 것이다)을 열거하고 있는 것도 이러한 해석을 뒷받침한다. 요세푸스에 의하면, 헤롯이 죽은 때인 주전 4년과 큰 반란이 일어났던 주후 66-70년에 "왕관을 쓰고" 왕의 행세를 한 사람들이 몇몇 출현했다고 한다. 증명하기는 불가능하지만, 이런 사람들 중 일부는 스스로를 이스라엘이 기다리던 메시아, 로마인들의 압제에서 건져 줄 구원자로 자처했을 가능성이 많다. 이런 사람들로는 왕궁 병기고를 약탈하고 왕권을 노리던 다른 사람들을 공격했던 히스기야의 자손이며 "산적 두목"인 유다(갈릴리 셉포리스[Sepphoris]; 주전 4년; *Ant.* 17.10.5 §271-72; *J.W.* 2.4.1 §56), "왕관"을 쓰고 왕궁과 몇몇 부자들의 재물을 약탈했던 전직 왕궁의 하인이자 거대한 체구를 지녔던 베뢰아의 시몬(주전 4년; *Ant.* 17.10.6 §§273-76; *J.W.* 2.4.2 §§57-59), "왕관을 쓰고" "왕"을 참칭했던 거대한 체구와 힘을 지닌 유대의 목자 아드론게스(Athronges; 주전 4-2년; *Ant.* 17.10.7 §§278-84; *J.W.* 2.4.3 §§60-65), "진짜 왕"을 참칭하며 예루살렘으로 진격하여 대제사장 아나니아를 살해했던 갈릴리 유다의 아들 므나헴(주후 66년; *J.W.* 2.17.8-9 §§433-48), 성전의 연기 나는 폐허 가운데 로마인들 앞에 자주색 옷을 입고 극적으로 출현해서 사람들이 "경외감으로 바라보았던" 시몬 바르 기오라(Simon bar-Giora; 주후 68-70년; *J.W.* 4.9.3-8 §§503-44; 4.9.10 §§556-65; 4.9.11-12

§§573-84; 5.1.3-4 §§11-26; 5.6.1 §§248-54; 5.6.3 §§266-67; 5.7.3 §309; 5.13.1-2 §§527-40; 7.2.2 §§26-36; 7.5.6 §154)를 들 수 있다.

7 "난리와 난리 소문을 들을 때에"(*ὅταν δὲ ἀκούσητε πολέμους καὶ ἀκοὰς πολέμων*—호탄 데 아쿠세테 폴레무스 카이 아코아스 폴레몬). "난리와 난리 소문들(또는 소리들, 소식들)"은 로마와의 큰 전쟁을 유발시켰던 여러 폭동들과 전투들, 네로의 사후에 로마를 엄습했던 정치적 소요를 상기시킨다(Hengel, *Studies in the Gospel of Mark*, 22; Ernst, 373-74). 이것은 예레미야 51:46("너희 마음을 겁약하게 말며 이 땅에서 들리는 풍설을 인하여 두려워 말라 풍설은 이 해에도 있겠고 저 해에도 있으리라 경내에는 강포함이 있어 관원끼리 서로 치리라"), 다니엘 11:44("동북에서부터 소문이 이르러 그로 번민케 하므로 그가 분노하여 나가서 많은 무리를 다 도륙하며 진멸코자 할 것이요"), 바룩2서의 저자("도륙…칼을 빼어들고"; *2 Bar.* 27:3, 5) 등의 종말론적 관점과도 부합한다. 후대의 한 랍비 전승에도 "소리들과 난리들"이 종말을 알린다는 흥미로운 병행이 나온다: "(난리의) 소문들(קולות—콜로트=*ἀκοαί*—아코아이)이 있겠고…난리들(מלחמות—밀하모트=*πόλεμοι*—폴레모이)이 있으리라"(*Pesiq. Rab Kah.* 5.9; 참조. *m. Soṭah* 9:15; *Pesiq. Rab.* 15.14/15; *Song Rab.* 2:13 §4; Evans, *JBL* 112[1992] 286; Pesch 2:280). 누가가 "난리들과 소란들"(21:9)이라는 표현을 사용한 것은 예수의 예언과 로마에 항거한 유대인들의 봉기들을 맞추려는 시도인 것 같다.

"두려워 말라 이런 일들이 있어야 하되 종말은 아직 아니니라"(*μὴ θροεῖσθε· δεῖ γενέσθαι, ἀλλ᾽ οὔπω τὸ τέλος*—메 드로에이스데 데이 게네스다이 알 우포 토 텔로스). 예수는 제자들에게 이런 끔찍한 일들이 분명히 일어나겠지만 인간 시대의 종말이 온 것은 아직 아니라고 단언하신다. 마가복음 기자는 이 말씀이 유대 전쟁 동안의 그리스도인들을 향하여 하신 말씀이라고 생각했을 것이다. 당시에 그리스도인들은 이 전쟁이 예수의 임박한 재림에 대한 분명한 표적이라고 생각했었다. 어떤 일들이 "일어나야 한다"(*δεῖ γενέσθαι*—데이 게네스다이)는 사상은 묵시 사상에서 가져온 것이다(Lührmann, 219; Pesch, 2:279-80): "그러나 오직 은밀한 것을 나타내실 자는 하늘에 계신 하나님이시라 그가 느부갓네살 왕에게 말일에 될 일(*δεῖ γενέσθαι*—데이 게네스다이)을 알게 하셨나이다…왕이여 왕이 침상에 나아가서 장래 일(*δεῖ γενέσθαι*—데이 게네스다이)을 생각하실 때 은밀한 것을 나타내시는 이가 장래 일(*δεῖ γενέσθαι*—데이 게네스다이)을 왕에게 알게 하셨사오며"(LXX Dan 2:28-29). 이와 같은 사상은 마가복음의 첫 번째 수난 예고에도 나온다: "인자가 많은 고난을 받아야 한다"(8:31). 마가복음에서는 앞에서 데이(*δεῖ*, "~해야 한다")는 엘리야가 "와야" 한다는 것과 관련하여(9:11) 사용되었다. 이 단어는 종말 강화에서 10절과 14절에 다시 나온다. 텔로스(*τὸ τέλος*, "종말, 끝")는 역사가 움직여 가는 목표 지점이라는 의미를 함축한다. 예수와 마가 공동체에게 이 목표 지점은 "인자"의 출현과 하나님 나라의 온전한 수립이다.

8 "민족이 민족을 나라가 나라를 대적하여 일어나리라"(*ἐγερθήσεται γὰρ ἔθνος ἐπ' ἔθνος καὶ βασιλεία ἐπὶ βασιλείαν* – 에게르데세타이 가르 에드노스 에프 에드노스 카이 바실레이아 에피 바실레이안). 전세계적인 전쟁과 혼돈 상태에 관한 예견은 예언 및 종말론 전승들에 견고하게 자리잡고 있다. 많은 예들이 떠오른다: "내가 애굽인을 격동하사 애굽인을 치게 하시리니 그들이 각기 형제를 치며 각기 이웃을 칠 것이요 성읍이 성읍을 치며 나라가 나라를 칠 것이며"(사 19:2). "저희가 서로에 대하여, 도시는 도시를, 마을은 마을을, 백성은 백성을, 나라는 나라를 대적하여 전쟁을 벌이리라"(4 Ezra 13:31), "민족이 그들의 손에 칼을 들고 민족에 대하여 일어나 싸우리라"(4 Ezra 15:15; 참조. *Sib. Or.* 3:636: "백성들이 백성들을 유린하리라"). 이러한 내용들은 로마 제국에 항거하여 일어난 유대인들의 대 폭동을 가져온 사건들과 대체적으로 유사하다. 헤롯 안디바와 그의 장인 나바테아 왕 아레다 간의 국지적인 전쟁을 생각해 보라(참조. Josephus, *Ant.* 18.5.1-3 §109-25). 헤롯은 나바테아군에 의해 패배했고, 로마군의 개입으로 목숨을 건졌다. 또한 로마 제국의 북동쪽에 있던 파르티아인들(the Parthians)과의 국경 분쟁과 정치적 음모는 계속되었다(예를 들어, 티베리우스 치하에서[참조. Josephus, *Ant.* 18.4.4 §§96-100]; 파르티아인들과 바벨론인들과의 충돌[*Ant.* 18.9.1-7 §§310-70]; 로마와 바르단인들(Vardanes)과의 전쟁[참조. *Ant.* 20.3.4-20.4.2 §§69-91]). 또한 우리는 네로가 죽은 후에 로마에서 일어난 내분과 내전도 기억해야 한다. 주후 68-69년에는 여러 황제들이 잇달아 즉위했다. 유대 봉기의 초기에 이스라엘과 로마가 본격적으로 전쟁에 돌입하기 전에 마을들과 도시들은 서로 편을 갈라 싸웠다. 유대 전쟁이 끝나갈 무렵 일부 게르만 종족들이 "(로마 제국의) 지배하에 있는 세상의 모든 곳이 흥분으로 들끓고 요동치고 있다"고 생각하여 반란을 일으켰다(Josephus, *Ant.* 7.4.2 §79; 7.4.3 §§89-95). 예수의 말씀이 부활 사건과 유대 봉기 사이에 일어난 사건들과 개략적으로만 비슷하다고 할지라도, 마가의 관점에서는 이러한 국지적인 사소한 접전(接戰)들도 대규모의 전쟁과 마찬가지로 예수께서 예언하신 사건들의 시작으로 이해되었을 것이다.

"여러 곳에 지진이 있겠고"(*ἔσονται σεισμοὶ κατὰ τόπους*–에손타이 세이스모이 카타 토푸스). 구약에서 지진은 종종 심판하러 오시는 하나님과 결부되어 있다(예를 들어, 미 1:3-4; 합 3:6, 10). 바룩2서에 의하면, 말일(末日)은 12부로 나누어 진행될 것이라고 한다: "제1부에서는 소요들이 시작되고…제6부에서는 지진과 무서운 일들이 일어나겠고"(*2 Bar.* 27:2, 7; 참조. 4 Ezra 6:13-15; 9:3; *T. Mos.* 10:4). 또한 유대 봉기 직전의 수십 년 동안에 일어난 사건들은 예수의 예언의 이 부분과 오직 개략적으로만 비슷하다. 주후 61년에 라오디게아, 주후 62년에 폼페이에서 지진이 있었다. 그러나 폼페이와 헤르쿨라네움(이탈리아 반도의 서쪽 나폴리만 근처)을 땅 속으로 묻어 버린 베수비우스(Vesuvius) 산의 폭발은 마가복음이 쓰여지고 나서 수년이 지난 후인 주후 79년에 일어났다. 또한 고린도와 구브로(Cyprus)도 주후 70년대에 지진을 겪었다.

지진에 대한 예고는 히브리 성경에 뿌리를 둔 묵시 사상의 일부였다: "그 산 골짜기는 아셀까지 미칠지라 너희가 그의 산 골짜기로 도망하되 유다 왕 웃시야 때에 지진을 피하여 도망하던 것같이 하리라 나의 하나님 여호와께서 임하실 것이요 모든 거룩한 자가 주와 함께 하리라"(슥 14:5). 스가랴의 예언에 대한 예수의 관심을 고려하면, 바로 이 본문이 예수의 예언에 영감을 주었을 가능성이 있다. 그러나 이 예언은 유대 봉기에 이르는 기간 동안에 어떤 의미로 성취되었는가? 지진과 시끄러운 소리에 관하여 다른 신탁들로는 이사야 29:6("만군의 여호와께서 벽력과 지진[LXX: *σεισμός*–세이스모스]과 큰소리와 회리바람과 폭풍과 맹렬한 불꽃으로 그들을 징벌하실 것인즉"), 예레미야 10:22("들을지어다 북방에서부터 크게 떠드는 풍성[LXX: *σεισμός*–세이스모스]이오니 유다 성읍들로 황폐케 하여"; 참조. 렘 23:19; 29:3)을 보라. 후대의 유대교 문헌들에 나오는 종말론적 기대들에도 지진에 관한 언급이 나온다(예를 들어, *m. Ber.* 9:2; *Sib. Or.* 1:187; 3:405, 449, 452, 459). 또한 이방인들도 장차 지진이 일어날 것이라는 신탁들을 행했다(예를 들어, Ovid, *Metam.* 15.798; Livy 32.8.3; Appian, *Civil Wars*, 1.9.83).

"기근이 있으리라"(*ἔσονται λιμοί*–에손타이 리모이). 기근에 대한 예상과 두려움은 종말론과 묵시사상에서 또 하나의 재고(在庫) 요소였다. 또다시 우리는 바룩2서에서 밀접한 병행을 발견한다: "제5부에서는 기근과 가뭄이 있으리라"(*2 Bar.* 27:6). 기근의 위협은 이스라엘의 고전적인 선지자들의 예언들에서도 나타난다: "그러므로 만군의 여호와가 이같이 말하노라 보라 내가 그들을 벌하리니 청년들은 칼에 죽으며 자녀들은 기근에 죽고"(렘 11:22), "그들의 예언을 받은 백성은 기근과 칼로 인하여 예루살렘 거리에 던짐을 입을 것인즉 그들을 장사할 자가 없을 것이요"(렘 14:16; 참조. 렘 18:21; 24:10; 32:24; 겔 5:16-17; 암 4:6-9; Bar 2:25; *Pss. Sol.* 17:18-19). 종말에 기근이 있을 것이라는 사상은 랍비 문헌에도 나타난다(예를 들어, *b. Ber.* 55a; *Pesiq. Rab Kah.* 5.9; *Gen. Rab.* 25.3[창 5:29에 대한]; 40.3[창 12:10에 대한]; 64.2[창 26:1에 대한]; *Ruth Rab.* 1.4[룻 1:1에 대한]). 유대 땅은 주후 46년경에 기근을 겪었다(참조. Josephus, *Ant.* 20.2.5 §§51-53; 행 11:27-30). 네로의 통치 말기에 로마에서는 식량 부족으로 소요가 있었다(Hengel, *Studies in the Gospel of Mark,* 23).

"이런 일들은 산통(産痛)의 시작이니라"(*ἀρχὴ ὠδίνων ταῦτα* – 아르케 오디논 타우타). 성경에서 "산통"(또는 "산고")은 큰 두려움과 떨림을 의미하는 비유적인 의미로 자주 사용된다(참조. 출 15:14; 신 2:25; 사 13:8; 21:3; 26:17; 렘 4:31; 6:24; 호 13:13; 미 4:9; 나 2:11[LXX 10]). 또한 이러한 개념은 바울에게서도 나타난다(참조. 살전 5:3). "이런 일들"(*ταῦτα* – 타우타) – 메시아라 자칭하는 자들(6절), 난리와 난리의 소문들(7절), 민족들 간의 싸움(8a절), 지진과 기근(8b절) – 은 모두 "산통의 시작"(*ἀρχὴ ὠδίνων* – 아르케 오디논)일 뿐이다. 그보다 훨씬 심하고 지독한 일들이 아직 남아 있다. 그러나 산통(産痛)이라는 이미지는 곧 출현할 새로운 사회 질서를 암시해 주는 역할도 한다.

랍비 문헌에서는 종종 "메시아의 산통"이라는 말을 사용한다: "안식일에 세 차례의 식사 (관행)을 지키는 자는 세 번의 재앙으로부터 구원을 받는다: 메시아의 산통(מחבלו של משיח – 메헤블로 셸 마쉬아흐), 게헨나의 응보, 곡과 마곡의 전쟁"(출 16:28-36에 대한 *Mek.*[*Wayyassaʿ* §6]; *b. Šabb.* 118a; 참조. *b. Sanh.* 98b: "메시아의 산통을 피하기 위해서는 어떻게 해야 하는가?"). 메시아의 산통이라는 랍비 문헌의 개념은 8절에 나오는 예수께서 언급한 산통과 동일하지는 않다(Gundry, 763가 이를 강조함). 그럼에도 불구하고 최후의 종말론적 시나리오에 나오는 재고(在庫) 요소들인 게헨나의 심판, 곡과 마곡의 전쟁을 메시아의 산통과 결부시키고 있는 것은 분명히 어떤 식으로든 예수의 예언과 관계가 있다.

9 "너희는 스스로 조심하라 사람들이 너희를 공회에 넘겨주겠고"(*βλέπετε δὲ ὑμεῖς ἑαυτούς· παραδώσουσιν ὑμᾶς εἰς συνέδρια* – 블레페테 데 휘메이스 헤아우투스 파라도수신 휘마스 에이스 쉬네드리아). 쉬네드리온(*συνέδριον*)은 종종 "산헤드린"으로 번역되는데, 이 때는 보통 유대의 산헤드린(공회)을 가리킨다. 이 단어의 복수형(*συνέδρια* – 쉬네드리아)은 유대적이든 이방적이든 일반적인 회의체(會議

體) 또는 의회(議會)를 가리킨다. 예수의 제자들은 유대의 산헤드린 앞에 끌려나간다(행 4:5-22; 5:27-41; 6:12; 22:30; 23:1; 24:20; Josephus, *Ant.* 20.9.1 §200[예수의 동생 야고보와 관련하여]; *Life* 368). 요세푸스는 로마가 주전 63년에 예루살렘을 장악했을 때 가비니우스(Gabinius)가 "네 개의 평의회(*συνέδρια*–쉬네드리아)를 설치했고, 온 나라를 여러 지역으로 분할했다"(*Ant.* 14.5.4 §91)고 말한다. 이방인들의 평의회들과 관련하여 쉬네드리온(*συνέδριον*)이라는 단어를 사용한 그 밖의 여러 가지 예들에 대해서는 Josephus, 17.11.1-4 §§299-317을 보라. 거기에서 아우구스투스는 아켈라오와 그 형제들의 주장을 심의하기 위해 "아폴로 신전에서 자신의 벗들과 로마의 유력 인사들의 평의회(*συνέδριον*–쉬네드리온)"를 소집한다(참조. *Ant.* 20.3.2 §61; 그리고 MM, 604). 이 본문을 읽은 마가복음의 독자들 중 다수는 그리스도인들이 최근에 겪었던 네로의 박해를 생각했을 것이다(Pesch, 2:288).

"너희가 회당들에서 매질을 당하겠으며"(*καὶ εἰς συναγωγὰς δαρήσεσθε*–카이 에이스 쉬나고가스 다레세스데). 제자들은 공회에 넘겨지고 회당들에서 매질을 당할 것이다. 이러한 의미를 지지하는 증거들에 대해서는 Cranfield, 397를 보라. 테일러(Taylor, 506)는 전치사 "에이스(*εἰς*)는 코이네 헬라어에서 엔(*ἐν*) 대신 자유롭게 사용된다"는 점을 바르게 지적한다. 그러나 일부 주석가들과 번역자들은 구두점을 다르게 붙일 것을 제안한다. 예를 들어, "제자들은 넘겨져서 공회들과 회당들에서 매질을 당할 것이다"라는 식으로 말이다(Pesch, 2.284를 보라). 하지만 건드리(Gundry, 765)는 "그리고 회당들에서"를 앞 구절에 붙여서 "사람들이 너희를 공회에 넘겨주겠고"로 읽는다. 이 해석의 이점은 전치사 에이스(*εἰς*)가 두 번 다 "~에로"(to)를 의미하는 것으로 해석될 수 있다는 점이다: "사람들이 너희를 공회와 회당에 넘겨주리라." 이 두 가지 대안 중에서 선택하기란 쉽지 않다. 구문(構文) 관계를 제외하면, 이 본문에서 묘사하고 있는 내용은 아주 분명하다: 제자들은 공회와 회당에 넘겨져서, 거기에서 매질을 당할 것으로 예상된다는 말이다.

사도행전에 나오는 몇몇 이야기들을 보면, 제자들은 매질을 당하고(행 5:40; 16:19-23, 37), 때로는 심지어 돌팔매질까지 당한다(행 7:58; 14:19). 예수는 사실상 제자들이 유대 공동체를 훼방하는 이단자들로 취급될 것임을 경고하신 것이다. 이러한 고소들 때문에 그들은 징벌을 각오해야 한다.

"너희가 관장들과 임금들 앞에 서게 되리라"(*καὶ ἐπὶ ἡγεμόνων καὶ βασιλέων σταθήσεσθε*–카이 에피 헤게모논 카이 바실레온 스타데세스데). 예수의 제자들이 총독들과 왕들 앞에 섰다는 말은 없다. 그러나 바울은 로마 총독 벨릭스와 베스투스

(행 24:10-27; 25:1-12; 26:24-32), 아그립바 왕(행 25:23-26:32) 앞에 섰다. 예수의 예언은 부분적으로는 헤롯 안디바에게 끌려간 세례 요한의 운명(6:20)에서 영감을 받았을 것이다. 신약에서 헤게몬(*ἡγεμών*, "총독, 관장")은 보통 로마 총독(빌라도 같은 주지사이든, 파두스, 벨릭스, 베스투스 같은 행정장관이든)을 가리킨다. 베드로전서 2:13-14을 보라. 예수를 따르는 자들은 관장들 앞에(행 24:20; 25:10; 벧전 4:16을 보라) "서게 될 것이다"(*σταθήσεσθε* – 스타데세스데).

"나를 인하여 저희에게 증거하기 위하여"(*ἕνεκεν ἐμοῦ εἰς μαρτύριον αὐτοῖς* – 헤네켄 에무 에이스 마르튀리온 아우토이스). 증거하기 위하여 나간다는 생각은, 바룩2서 13:3에서 볼 수 있듯이, 종말론 전승의 일부였던 것으로 보인다: "너희는 증거하기 위해서 종말 때까지 분명히 보존되리라." 마가복음 8:35("주석"을 보라)에서처럼, "나를 인하여"(*ἕνεκεν ἐμοῦ* – 헤네켄 에무)라는 어구는 후대의 부활 사건 이후의 기독론적 난외주일 것이다(그 진정성을 옹호하는 주장에 대해서는 Gundry, 766를 보라). 마르튀리온(*μαρτύριον*, "증거" 또는 "증언")은 다름 아닌 다음 절에 나오는 하나님 나라에 관한 "복음"(*τὸ εὐαγγέλιον* – 토 유앙겔리온)이다. 본문의 내용은 유대 봉기가 일어나기 전까지의 초대 교회의 삶을 반영한다(Haenchen, 441). 그러나 이 본문이 여러 자료들에서 나온 순교 말씀들을 모아놓은 것이라는 마이어(Lohmeyer, 274)의 주장은 너무 지나치다. 마태복음에서 이 절의 내용의 대부분은 선교 강화에 나온다(참조. 마 10:17-18).

10 "또 복음이 먼저 만국에 전파되어야 하리라"(*καὶ εἰς πάντα τὰ ἔθνη πρῶτον δεῖ κηρυχθῆναι τὸ εὐαγγέλιον* – 카이 에이스 판타 타 에드네 프로톤 데이 케뤽데나이 토 유앙겔리온). 일부 주석가들(예를 들어, Kilpatrick, "Gentile Mission")은 이 절의 전반부를 9절과 연결시켜서 "저희와 만국에 증거하기 위하여"로 해석한다. 그렇게 되면, 10절은 "복음이 먼저 전파되어야 하리라"로 읽게 될 것이다. 그러나 그러한 문장 배열을 따르는 학자는 거의 없다(Gundry, 768에 나오는 비판을 보라). 어쨌든 10절은 편집에 의한 삽입일 것이다(Taylor, 507; Cranfield, 399-400; Pesch, 2:284; 그리고 Beasley-Murray, *Jesus and the Last Days*, 402-3에 나오는 논의를 보라).

예수는 복음이 "먼저" 만국에 전파되어야 한다고 말씀하신다. 프로톤(*πρῶτον* – "먼저")은 무엇을 말하는 것인가? 시기(時期)와 관련된 언급은 7절에 걸린다: "그러나 종말(끝)은 아직 아니니라." 즉, 종말이 오기 전에 복음이 먼저 만국에 전파되어야 한다는 말이다(참조. 8절: "산통의 시작"; 13절: "끝까지 견디는 자"). "만국"(*πάντα τὰ ἔθνη* – 판타 타 에드네)은 과장법으로서 당시의 상황에서 본 한정된 지리적 관점을 반영하는 것으로 보인다: 로마 제국과 그 변방의 민족들. 그러므로 이러한 예상은 이 모든 일들이 한 세대 안에 이루어지리라는 예수의 예상(30절)과 긴장 관계에 있지 않다. 또한 이 예상은 예수 전승에서 진정성이 없는 것도 아니다. 이방인들이 믿음 속으로 들어오는 것에 대한 예수의 관심은 성전 시위 때 나온 말씀들에 강력하게 암시되어 있다(사 56:7의 일부를 인용한 11:17). 게다가 이방인 선교에 대한 관심은 구약 자체에 뿌리를 두고 있으며(참조. 사 42:6; 49:6, 12; 52:10; 57:1-8; 60:6; 시 96편) 중간기 문헌들에도 반영되어 있다(참조. *Pss. Sol.* 8:17, 43; 11:1).

"복음"(*τὸ εὐαγγέλιον*—토 유앙겔리온)은 하나님 나라에 관한 복음의 줄임말이다(참조. 1:14-15). 9절의 난외주("나를 인하여")는 강조점의 방향을 예수의 선포, 그의 부활, 그의 재림 약속으로 재설정한다. 하나님 나라에 관한 복음은 사탄의 나라가 종식되고 있다는 기쁜 선포다. 사탄은 이제 결박되었다(3:27). 이제 자유함이 가능하다. 복음의 소극적 측면은 다가올 하나님의 심판이다. 그런 까닭에 회개가 요구된다. 그러므로 복음이 항상 환영받는 것은 아니다. 특히 인간의 상황이 바뀌는 것을 원치 않는 자들에게 그렇다. 따라서 제자들이 심각한 반대에 부딪치는 것은 예상되는 일이다.

케뤽데나이(*κηρυχθῆναι*, "전파되다")는 하나님의 음성에 의한 하늘로부터의 선포(계 14:6-7에서처럼)를 의미한다는 로마이어(Lohmeyer, 272와 n. 4)의 주장은 받아들이기 어려운 것으로서 마가복음의 다른 곳에서의 케뤼세인(*κηρύσσειν*, "전파하다")의 용법과 맞지 않는다(요한의 전파와 관련된 1:4, 7; 예수의 전파와 관련된 1:14, 38-39; 제자들의 전파와 관련된 3:14; 6:12; 교회의 일반적인 선교와 관련된 14:9).

11 "사람들이 너희를 끌어다가 넘겨줄 때에 무슨 말을 할까 염려치 말라"(*καὶ ὅταν ἄγωσιν ὑμᾶς παραδιδόντες, μὴ προμεριμνᾶτε τί λαλήσητε*—카이 호탄 아고신 휘마스 파라디돈테스 메 프로메림나테 티 랄레세테). 예수의 충고는 9절을 이어받고 있다: "사람들이 너희를 공회에 넘겨주겠고…너희가 관장들과 임금들 앞에 서리라…저희에게 증거하기 위하여." 공회 앞에 끌려가고 총독들과 왕들 앞에 서게 될 때, 제자들은 무슨 말을 할까 염려할 필요가 없다. 글자도 모르고 교육을 받지도 못한 이 사람들(참조. 행 4:13)에게는 이러한 언질이 필요했다.

"무엇이든지 그 시에 너희에게 주시는 그 말을 하라"(*ἀλλ' ὃ ἐὰν δοθῇ ὑμῖν ἐν ἐκείνῃ τῇ ὥρᾳ τοῦτο λαλεῖτε*—알 호 에안 도데 휘민 엔 에케이네 테 호라 투토 랄레이테). 제자들은 "그 시에"(*ἐν ἐκείνῃ τῇ ὥρᾳ* – 엔 에케이네 테 호라), 즉 법정에 끌려가거나 당국자들 앞에 서게 될 때 그들에게 주어지는 말을 하면 될 것이기 때문에 걱정할 필요가 없다. 예수의 언질은 하나님께서 파라오 앞에서 말을 잘 할 수 있게 해주겠다고 모세에게 한 약속을 생각나게 했을지도 모른다(참조. 출 4:10-17; 특히 12절: "이제 가라 내가 네 입과 함께 있어서 할 말[*ὃ μέλλεις λαλῆσαι* – 호 멜레이스 랄레사이]을 가르치리라"; 또한 렘 1:9드 보라).

"말하는 이는 너희가 아니요 성령이시니라"(*οὐ γάρ ἐστε ὑμεῖς οἱ λαλοῦντες ἀλλὰ τὸ πνεῦμα τὸ ἅγιον* – 우 가르 에스테 휘메이스 호이 랄룬테스 알라 토 프뉴마 토 하기온). 제자들에게는 하나님의 성령이 말씀하시는 바로 그 말씀이 주어질 것이다(이것은 복음의 선포가 아니라 그들에 대한 변호를 가리킨다; Lane, 463). 사도행전 2장에 묘사된 방언으로 말하는 것이 하나의 유비(類比)가 될 수 있는데, 거기에서는 분명히 제자들에게 말을 주시는 분은 성령이다. 그 후에 사도행전 4장과 5장에서 제자들은 예루살렘에서 유대 당국자들 앞에 끌려나가서 스스로를 변호해야 했는데, 가야바와 그 밖의 다른 고위 제사장들은 "학문 없는 범인"인 베드로를 비롯한 사도들의 기탄 없는 답변에 말문이 막혀 버린다(행 4:13-14). 성령에 충만하여 말한 예들로는 사도행전 2:4; 4:8, 31; 13:9을 보라. 의인들이 진리를 선포할 때 하나님께서 도우신다는 믿음은 *Ahiqar* 115에서 확인된다: "그가 신들의 사랑을 받는 자라면, 그가 진실한 말을 할 때 신들이 그를 도우리라." 이 작품은 옛날 것이지만(그리고 그 이방적 성격이 방금 인용한 격언에 분명하게 드러난다) 주후 1세기에 유포되어 있었고 유대인들에게 인기가 있었다. 11절의 확언의 근저에는 유대의 순교 이데올로기가 있다고 보는 에른스트(Ernst, 377)의 생각은 옳다. 이 절의 많은 부분이 또 다시 마태복음에서는 선교 강화에 나온다(참조. 마 10:20).

12 "형제가 형제를 아비가 자식을 죽는 데 내어주며 자식들이 부모를 대적하여 죽게 하리라"(*καὶ παραδώσει ἀδελφὸς ἀδελφὸν εἰς θάνατον καὶ πατὴρ τέκνον, καὶ ἐπαναστήσονται τέκνα ἐπὶ γονεῖς καὶ θανατώσουσιν αὐτούς* – 카이 파라도세이 아델포스 아델폰 에이스 다나톤 카이 파테르 테크논 카이 에파나스테손타이 테크나 에피 고네이스 카이 다나토수신 아우투스). 사도들이 부딪칠 반대는 단순히 정치적이고 사회적인 것 이상의 것이 될 것이다. 그들 및 복음에 대한 믿음으로 응답하여 복음에 순종하는 자들은 가족들로부터도 반대를 받을 것이다. 마태복음 기자는 이 말씀을 선교 강화(참조. 마 10:21)로 옮겨놓는데, 이는 아마도 Q의 영향을 받은 것 같다: "내가 온 것은 사람이 그 아비와, 딸이 어미와, 며느리가 시어미와 불화하게

하려 함이니"(마 10:35; 참조. 눅 12:52-53; *Gos. Thom.* §16b). 예수의 말씀은 이사야 19:2("그들이 각기 형제를 치며 각기 이웃을 칠 것이요 성읍이 성읍을 치며 나라가 나라를 칠 것이며")의 영향을 받은 미가 7:6("아들이 아비를 멸시하며 딸이 어미를 대적하며 며느리가 시어미를 대적하리니 사람의 원수가 곧 자기의 집안 사람이로다")을 인유(引喩)한 것이다.

가족의 불화에 관한 전승은 종말 기대에 있어서 고정적으로 등장하는 요소가 되었다. 에녹1서 100:1-2에 의하면, "그 날에 아비가 한 장소에서 아들들과 함께 매질을 당하겠고, 형제들이 그 친구들과 함께 죽어 넘어지리라…이는 사람이 아들들과 손자들을 죽이기 위해 저희에게 손을 댈 것임이니라. 또한 죄인이 그 존경받는 형제에게 손대리라. 새벽녘부터 해질녘까지 저희는 서로 죽이리라." 그 밖의 옛 전승들로는 희년서 23:9("저희가 서로 싸우겠고, 젊은이들이 늙은이들과, 늙은이들이 젊은이들과, 가난한 이들이 부자들과 싸우이라"), 에스라4서 6:24("친구들이 원수처럼 친구들과 싸우리라"; 참조. 4 Ezra 5:9)이 있다. 바룩3서 4:17에 나오는 병행문("형제가 형제를, 아비가 아들을, 자식들이 부모를 긍휼히 여기지 않는다")은 복음서들을 토대로 한 것인 듯하다. 또한 요세푸스는 옛 선지자들이 "사람이 자기 동포를 죽이기 시작할" 때 멸망의 날이 가까운 것이라고 예언했다고 말할 때 이 전승을 인유(引喩)한다(*J.W.* 6.2.1 §109). 또 어떤 곳에서는 돈이 가족 분쟁의 원인이라고 말하기도 한다: "자녀들이 부모의 원수가 되고, 형제들이 그 친척들의 (원수)가 된다"(Ps.-Phoc. 47). 그러나 종교야말로 가족 불화의 진정한 원인이다. 아세넷(Aseneth)이 유대인들의 하나님을 새롭게 믿게 되자, 그녀의 부모는 그녀를 미워하게 되었다(*Jos. Asen.* 11:3-5). 미쉬나(Mishnah)에는 "메시아의 발자국 소리"(즉, 메시아가 오실 때; 참조. *Tg. Ps.* 89:52; *Song Rab.* 2:13 §4)에 관하여 말하는 흥미로운 구절이 나오는데, 거기에 미가 7:6이 인용된다: "메시아의 발자국 소리와 함께 참칭하는 자들이 늘어나리라…제국은 이단에 빠지겠고…공회의 방은 음행에 내어주게 되리라. 갈릴리는 황폐케 되고…서기관들의 지혜는 무미건조해지고…어린아이들은 연장자들을 망신시키며, 연장자들은 어린아이들 앞에서 일어나리니, '이는 아들이 아비를 모욕하고, 딸이 어미를 대적하여 일어날 것임이라'"(*m. Soṭah* 9:15). 헹엘(Hengel, *Studies in the Gospel of Mark*, 23-24)은 그리스도인들이 네로의 손에 겪었던 잔혹한 고문들 및 가족들끼리 서로 배신하도록 심하게 강요받은 것을 우리에게 상기시킨다(참조. Tacitus, *Ann.* 15.44.4: "그들은 먼저 [자기들이 그리스도인이라고] 공개적으로 고백한 자들을 체포한 후에 그들의 증거를 토대로 엄청난 무리가…

단죄되었다").

13 "너희가 내 이름을 인하여 모든 사람에게 미움을 받으리라"(*καὶ ἔσεσθε μισούμενοι ὑπὸ πάντων διὰ τὸ ὄνομά μου* – 카이 에세스데 미수데노이 휘포 판톤 디아 토 오노마 무). 복음은 사람들 사이에서 아주 논란이 많았기 때문에, 예수의 제자들은 "모든 사람에게 미움을 받을"(*μισούμενοι ὑπὸ πάντων* – 미수메노이 휘포 판톤) 각오를 해야 했다. "모든 사람"(*πάντων* – 판톤)은 사회의 모든 계층을 가리킨다: 당국자들, 시민들, 가족의 모든 구성원들. "내 이름을 인하여"(*διὰ τὸ ὄνομά μου* – 디아 토 오노마 무)는 예수의 이름으로 오는 자들이 자기가 그라고, 즉 메시아라고 주장할 것이라는 앞서의 경고들(6절)을 상기시킨다. 참 메시아의 복음은 분열과 분쟁과 미움을 불러일으킬 것이다(참조. 마 10:34: "내가 세상에 화평을 주러 온 줄로 생각지 말라 화평이 아니요 검을 주러 왔노라").

"너희가 내 이름을 인하여 모든 사람에게 미움을 받으리라"는 표현이 세 공관복음서에서 모두 동일하다는 점(마 24:9에서 일부 사본들이 "민족들"[*τῶν ἐθνῶν* – 톤 에드논]로 읽어서 "모든 민족들에게 미움을 받으리라"로 읽히는 본문상의 불확실성이 있긴 하지만)에 주목하여, 스웨트(Swete, 303)는 이 말씀이 초대 교회에 잘 알려져 있었고 헬라어를 사용하던 기독교에서는 상투어가 되어 있었다고 생각한다. 이 말씀이 정형화되었고 그 원래의 형태로부터 어느 정도 멀어졌을지라도, 그 핵심이 예수에게서 나왔다는 것을 부인할 만한 설득력 있는 근거는 존재하지 않는다.

"그러나 끝까지 견디는 자 – 이 사람은 구원을 얻으리라"(*ὁ δὲ ὑπομείνας εἰς τέλος οὗτος σωθήσεται* – 호 데 휘포메이나스 에이스 텔로스 후토스 소데세타이). 여기 나오는 에이스 텔로스(*εἰς τέλος*, "끝까지")는 종말론적인 의미에서의 "종말"(7절의 토 텔로스[*τὸ τέλος*, "종말"]처럼; Ernst, 377-78는 이에 반대)을 가리키는 것이 아니라 "끝까지" 또는 "최후까지"를 의미하는 부사다(Swete 303-4; Taylor, 510; 요 13:1, 살전 2:16, 대하 31:1을 인용하는 Cranfield, 401). 로마이어(Lohmeyer, 274)는 텔로스(*τέλος*, "끝")가 이 두 가지 측면을 다 가리킨다고 생각한다. 어쨌든 이 본문의 취지는 중도에 믿음을 포기하거나 그만두는 것이 아니라 견디는 것과 관련이 있다. 이와 비슷한 관념이 에스라4서 6:25에 표현되어 있다: "내가 너희에게 예언한 모든 일 후에 남는 자는 누구든지 구원을 얻겠고 내 구원과 내 세상의 종말을 보리라." 여기서 소데세타이(*σωθήσεται*, "구원을 얻으리라")는 주후 66-74년에 유대 백성들을 덮쳤던 재난에서 무사히 피할 것이라는 뜻이 아니라 종말론적 구원(10:26에서처럼)을 의미한다.

위에서 말한 두 가지 입장 중에서 중도적인 위치에 있는 그닐카(Gnilka, 2:192)는 원래의 자료에서 이 말씀은 죽음에서의 구조를 가리켰으나(Pesch, 2:287에서와 비슷하게) 마가복음에서는 종말론적인 구원을 의미하게 되었다고 생각한다. 그는 11-13절을 핍박 본문들의 모음집이라 부르고, 이 절들이 예수가 아니라 기독교 예언자에게서 나온 것으로 본다. 그러나 이 절들이 아무리 편집이 되었다고 하더라도 예수가 아니라 한 기독교 예언자의 것으로 돌릴 만한 설득력 있는 근거가 정말 존재하는가? 예수께서 예루살렘과 그 성전에 대한 파국을 예언했다면 제자들에게도 이에 대한 어떤 경고를 하셨을 것이 분명하다.

해설

성전의 멸망에 관한 예언(2절)에 동요를 일으킨 제자들은 예수에게 은밀하게 "어느 때에 이런 일이 있겠사오며 이 모든 일이 이루려 할 때에 무슨 징조가 있사오리이까?"라고 묻는다(4절). 예수는 제자들의 질문에 일련의 혼비백산할 예언들과 경고들로 답하신다. 그분은 메시아를 자칭할 속이는 자들에 관한 경고로 대답을 시작하신다. 이러한 속이는 자들이 등장한 뒤에 곧이어 난리와 난리의 소문들이 있을 것이다. 그러나 예수의 제자들은 너무 놀랄 필요가 없다. 이런 일들은 일어나야 하지만, 종말은 아직 오지 않을 것이다. 종말에 앞서 더 많은 사건들이 일어나야 하기 때문이다: 민족들과 나라들 간의 전쟁, 지진, 기근은 "산통의 시작"에 불과하다. 이러한 산통(産痛)은 마침내 온전하게 그 모습을 드러낼 하나님 나라에 옛 질서가 길을 내주고 사라진다는 것을 의미한다.

제자들은 이러한 사건들의 전개를 기다리면서 스스로 조심하고 각오를 단단히 해야 한다. 왜냐하면 그들은 공회에 넘겨질 것이고, 유대인들에게는 피난처이자 공동체인 공회에서 매질을 당하게 될 것이기 때문이다. 그들은 총독들과 왕들 앞에 끌려나갈 것이다. 그러나 그들은 무슨 말을 해야 할지 걱정하지 않아도 된다. 그들은 그 시에 그들에게 주어지는 말을 하면 된다. 왜냐하면 그들을 통하여 말하시는 이는 하나님의 성령일 것이기 때문이다. 정치적인 반대와 핍박보다 더 사람을 낙담시키는 것은 가족들의 분노와 배신이다. 복음을 선포한다는 이유로 사도들은 환영을 받지 못할 것이다. 아니, 그 반대로 그들은 그들을 보낸 자를 인하여 모든 사람들에게 미움을 받을 것이다.

종말 강화의 첫 번째 부분은 기독교 선교에 대한 청사진은 아니지만 수세기에 걸쳐 곳곳에서 복음을 선포하다가 격렬하고 때로는 폭력적인 저항에 부딪쳐 곤경에 처한 수많은 기독교 선교사들을 위로해 주고 붙들어 주는 말씀이 되어 왔다. 이 모든 것 속에서 확실히 알 수 있는 것은 핍박이 아무리 심하고 세상에서 일어나는 사건들이 아무리 경악스럽다고 할지라도 믿는 자들은 하나님의 계획이 그의 뜻을 따라 이루어져 가고 있으며, 그의 아들 예수가 그 계획의 상당 부분을 그를 따르는 자들에게 밝혀 놓으셨다는 것을 안다는 데서 위로를 얻을 수 있다는 것이다. 예수의 가르침을 받은 자들에게는 현세(現世)에 종말이 다가오는 것이 의외(意外)의 사건이 되지 않는다.

3) 큰 환난(13:14-23)

참고문헌

Kister, M., and **Qimron, E.** "Observations on *4QSecond Ezekiel* (*4Q385* 2-3)." *RevQ* 15(1992) 595-602. **Koester, C.** "The Origin and Significance of the Flight to Pella Tradition." *CBQ* 51(1989) 90-106. **Sowers, S. G.** "The Circumstances and Recollection of the Pella Flight." *TZ* 26(1970) 305-20.

본 문

14 멸망의 가증한 것이 서지 못할 곳에 선 것을 보거든 (읽는 자는 깨달을진저) 그 때에 유대에 있는 자들은 산으로 도망할지어다	**14** "Whenever you see 'the abomination of desolation'[a] standing where[b] he must not – let the one who is reading understand[c] – then let those who are in Judea flee to the mountains.[d]
15 지붕 위에 있는 자는 내려가지도 말고 집에 있는 무엇을 가지러 들어가지도 말며	**15** But let him who is on the housetop not come down,[e] nor enter to take anything out of his house.
16 밭에 있는 자는 겉옷을 가지러 뒤로 돌이키지 말지어다	**16** And let him who is in the field not return to take his coat.[f]
17 그 날에는 아이 밴 자들과 젖먹이는 자들에게 화가 있으리로다	**17** But woe to those women who are pregnant and to those who nurse in those days.
18 이 일이 겨울에 나지 않도록 기도하라	**18** But pray that it might not happen in winter.[g]
19 이는 그날들은 환난의 날이 되겠음이라 하나님의 창조하신 창조부터 지금까지 이런 환난이	**19** For those days will be such a tribulation as has never happened from the beginning of creation,[h]

없었고 후에도 없으리라
20 만일 주께서 그 날들을 감하지 아니하셨더면
모든 육체가 구원을 얻지 못할 것이어늘 자기의
택하신 백성을 위하여 그 날들을 감하셨느니라
21 그 때에 사람이 너희에게 말하되 보라 그리스
도가 여기 있다 보라 저기 있다 하여도 믿지 말라
22 거짓 그리스도들과 거짓 선지자들이 일어나서
이적과 기사를 행하여 할 수만 있으면 택하신 백
성을 미혹케 하려 하리라
23 너희는 삼가라 내가 모든 일을 너희에게 미리
말하였노라

which God created, until now, nor ever will be.
20 And unless the Lord[i] had shortened the Days,[j]
no human would survive:[k] but on account of the
elect, whom he chose, he shortened the days.[j]
21 "And then if someone should say to you,
'Behold, here is the Messiah![l] Behold, there!' – do
not believe it.
22 For false messiahs and false prophets will be
raised up and will offer[m] signs and wonders in
order to deceive, if possible, the elect.
23 But you, beware: I have told you all things in
advance."

원문주해

a. A, *Σ*, *Φ*사본과 많은 후대의 사본들은 토 레덴 휘포 다니엘 투 프로페투(*τὸ ῥηθὲν ὑπὸ Δανιὴλ τοῦ προφήτου*, "선지자 다니엘에 의해 말해진")를 첨가한다. ℵ, B, D, L, W사본과 그 밖의 권위 있는 사본들에는 이 어구가 없다.

b. 몇몇 후대의 사본들은 엔 토포 하기오(*ἐν τόπῳ ἁγίῳ*, "거룩한 곳에 선 것")로 읽는다(참조. 마 24:15).

c. D사본은 티 아나기노스케이(*τι ἀναγινώσκει*, "그가 읽는 것")를 첨가한다.

d. 몇몇 후대의 사본들은 퓨게토산 에이스 텐 에레몬(*φευγέτωσαν εἰς τὴν ἔρημον*, "광야로 도망하다")으로 읽는다.

e. A, D, W, *Σ*, *Φ*사본과 몇몇 후대의 사본들은 에이스 텐 오이키안(*εἰς τὴν οἰκίαν*, "집으로")을 첨가한다.

f. W사본과 몇몇 후대의 사본들은 복수형 타 히마티아(*τὰ ἱμάτια*, "옷들")로 읽는다.

g. ℵ[c] A, *Σ*, *Φ*사본과 몇몇 후대의 사본들은 프로슈케스데 데 히나 메 게네타이 헤 퓌게 휘몬 케이모노스(*προσεύχεσθε δὲ ἵνα μὴ γένηται ἡ φυγὴ ὑμῶν χειμῶνος*, "그러나 너희의 피난이 겨울에 있지 않도록 기도하라")로 읽는다. 일부 사본들은 프로슈케스데 데 히나 메 게네타이 타우타 케이모노스(*προσεύχεσθε δὲ ἵνα μὴ γένηται ταῦτα χειμῶνος*, "그러나 이런 일들이 겨울에 일어나지 않도록 기도하라")로 읽는다. L사본은 이 이독에다 에 삽바투(*ἢ σαββάτου*, "또는 안식일에")를 첨가한다(참조. 마 24:20).

h. 몇몇 후대의 사본들은 코스무(*κόσμου*, "세상의")를 첨가한다(참조. 마 24:21).

i. 일부 후대의 권위 있는 사본들은 호 데오스(*ὁ θεός*, "하나님")로 읽는다.

j. *Σ*사본과 몇몇 후대의 사본들은 타스 헤메라스 에케이나스(*τὰς ἡμέρας ἐκείνας*, "그 날들")로 읽는다(참조. 마 24:22).

k. 문자적으로는 "모든 육체가 구원을 얻지 못할 것이다."

l. W사본은 호 퀴리오스(ὁ κύριος, "주")로 읽는다.

m. 헬라어로 도수신(δώσουσιν, 문자적으로 "저희가 주리라"). D사본과 몇몇 후대의 사본들은 포이에수신(ποιήσουσιν, "저희가 행하리라")으로 읽는다.

양식/구조/배경

마가복음 13:14-23은 주후 66-74년에 있은 유대 봉기와 직접적으로 결부된 사건들과의 많은 병행들을 보여 준다. "멸망의 가증한 것이 서지 못할 곳에 선 것"이라는 표현은 종종 티투스(Titus)가 예루살렘 성전의 성소에 들어간 사건과 결부된다. 산으로 도망한다는 말은 종종 그리스도인들이 펠라(Pella)로 피신한 이야기와 결부된다. 수많은 사람들의 도륙에 관한 말은 주후 70년 여름에 예루살렘이 마침내 함락되면서 무수한 인명이 살상된 것을 가리킨다고 한다. "거짓 그리스도들과 거짓 선지자들"은 흔히 실제로 왕과 선지자를 참칭하여 많은 사람들을 미혹시키고 기만했던, 요세푸스가 보도한 여러 인물들을 가리키는 것으로 생각된다. 마가복음의 대부분의 독자들은 이러한 본문들에서 60년대와 70년대의 사건들을 보았을 것이다. 마가복음 기자는 이 자료를 그런 식으로 이해했을 것이고, 그에 따라 자료를 편집했을 것이다(14-23절을 구성하는 요소들에 관한 논의는 Gnilka, 2:193을 보라).

그러나 또한 이 전승 속에는 우리가 알고 있는 사건들과 쉽게 들어맞지 않는 요소들도 있다(Hengel, *Studies in the Gospel of Mark*, 16). 티투스가 성소에 섰을 즈음에는 더 이상 산으로 피신할 실제적인 기회가 없었다(Haenchen, 444). 게다가 이 말씀은 예루살렘이 아니라 유대에 있는 산들을 가리킨다. 15-16절에 묘사된 급박한 상황은 그러한 시나리오에 비추어 보면 뜻이 잘 통하지 않는다. 예루살렘 근방에 있는 어떤 유대인들이 주후 70년 여름에 밭에 나가 일하고 있었겠는가? 이 자료가 쓰여질 때 모든 사람이 예루살렘의 함락이 여름에 이루어졌음을 알고 있었다면, 예수는 왜 제자들에게 이런 일이 겨울에 일어나지 않도록 기도하라고 강권하셨던 것일까? 이러한 여러 가지 불일치점들은 이 자료를 60년대와 70년대의 사건들에 대한 반응으로 기독교 예언자들 또는 마가복음 기자가 썼다고 보는 데 신중을 기해야 한다는 것을 보여 준다.

이 자료에 대한 마가의 배열과 편집은 당시의 사건들의 일부를 반영한 것일 가능성이 높고, 복음서 기자는 예수의 강화(講話)의 많은 부분 또는 대부분이 그 사건들을 통해서 성취되었다고 생각했겠지만, 이 자료의 성격은 그 대부분이 예수 자신에게로 소급된다는 것을 보여 준다. 크랜필드(Cranfield, 402)는 이 자료와 관련하여 다음과 같이 현명한 견해를 피력한다. "그러므로 오로지 역사적이거나 종말론적인 해석만으로는 만족스럽지 못하므로, 우리는 역사적인 것과 종말론적인 것이 혼재되어 있다고 보아야 할 것 같다."

이제까지 예수는 대체로 일반적으로 말씀을 해왔다. 난리, 난리의 소문들, 지진, 기근, 핍박, 가족의 불화 등은 장래의 특징이 될 것이다. 그러나 14절에서 예수는 훨씬 더 구체적이 된다. 그는 제자들에게 그들이 "멸망의 가증한 것"을 보게 될 것이라고 경고한다. 그는 이 말이 무엇을 의미하는지를 설명하지 않고, 그것이 "서지 못할 곳에 설" 것이라고 말씀하신다. 또다시 이 말의 의미도 설명되고 있지 않지만, 복음서 기자는 독자들이 그 말을 이해할 것이라고 믿고 또 그렇게 깨달으라고 말한다. 이 말들이 의미하는 것은 종말이 임박했다는 징조가 될 어떤 구체적인 사건이다(참조. 7절). 이것은 제자들이 4절에서 요청했던 바로 그 징조, "이 모든 일이 이루려 할 때에" 있을 징조일 것이다.

마가복음 13:14-23은 크게 두 부분으로 나뉜다. (1) "멸망의 가증한 것"을 중심으로 한 경고들(14-20절), (2) 많은 사람들, 심지어 예수를 따르는 자들까지도 미혹할 거짓 선지자들과 거짓 메시아들에 대한 또 하나의 경고(21-23절). 마가복음 13:14-23은 예수의 일련의 경고들을 마무리하고 종말 강화를 구성하는 마지막 단락들에 나오는 자연 재앙의 요소들을 예비하는 역할을 한다.

클로스터만(Klostermann, 135)은 14-23절을 하나의 단락으로 보고(Grundmann, 356은 이 단락을 "묵시론적 삐라"라 부른다; 그러나 Haenchen, 443를 보라), "환난"(*die Drangsal*)이라는 제목을 붙인다. 로마이어(Lohmeyer, 274-75)는 14-27절을 한 덩어리로 묶어서 "종말"(*das Ende*)이라고 부른다.

주석

14 "너희가 멸망의 가증한 것이 서지 못할 곳에 선 것을 보거든"(*ὅταν δὲ ἴδητε τὸ βδέλυγμα τῆς ἐρημώσεως ἑστηκότα ὅπου οὐ δεῖ* – 호탄 데 이데테 토 브델뤼그마 테스 에레모세오스 헤스테코타 호푸 우 데이). 토 브델뤼그마 테스 에레모세오스(*τὸ βδέλυγμα τῆς ἐρημώσεως*, "멸망의 가증한 것")라는 어구는 한 자가 틀리지 않고 칠십인역 다니엘 12:11에 나온다: "매일 드리는 제사를 폐하며 멸망케 할 미운 물건(*τὸ βδέλυγμα τῆς ἐρημώσεως* – 토 브델뤼그마 테스 에레모세오스)을 세울 때

부터 일천이백구십 일을 지낼 것이요." 또한 이 어구와 매우 비슷한 표현이 칠십인역 다니엘 11:31에서도 발견된다: "군대는 그의 편에 서서 성소 곧 견고한 곳을 더럽히며 매일 드리는 제사를 폐하며 멸망케 하는 미운 물건(*βδέλυγμα ἐρημώσεως* – 브델뤼그마 에레모세오스)을 세울 것이며." 또한 다니엘 9:27을 보라. 다니엘서의 표현은 예레미야 44:22(LXX 51:22)에서 영감을 얻었을 것이다: "여호와께서 너희 악행과 가증한 소위(LXX: *βδελυγμάτων* – 브델뤼그마톤)를 더 참으실 수 없으셨으므로 너희 땅이 오늘과 같이 황무하며(LXX: *ἐρήμωσιν* – 에레모신) 놀램과 저주거리가 되어 거민이 없게 되었나니." 다니엘서에 나오는 가증한 것(또는 "미운 물건")은 마카베오1서 1:54에 인유(引喩)되어 있다: "제145년 키슬레브월 제15일에 저희가 번제단 위에 멸망의 가증한 것(*βδέλυγμα ἐρημώσεως* – 브델뤼그마 에레모세오스)을 세웠고, 또한 유다의 주변 성읍들에 제단들을 지었다."

"멸망의 가증한 것"(*τὸ βδέλυγμα τῆς ἐρημώσεως* – 토 브델뤼그마 테스 에레모세오스)의 근저에 있는 히브리어는 쉭쿠츠 쇼멤(שִׁקּוּץ שֹׁמֵם)인데, 이는 문자적으로 "황폐케 하는 가증한 것"(RSV도 이렇게 번역한다)을 의미한다. 그것은 "수리아에서 올림푸스의 제우스 신에 해당하는 바알 샤마임(בעל שמם)에 대한 경멸적인 말장난"으로서, 콜린즈(J. J. Cillins, *Daniel, Hermeneia*[Mineapolis: Fortress, 1993] 357)의 설명대로 안티오쿠스 에피파네스 4세가 올림푸스의 제우스 신을 기념하여 예루살렘 성전을 개명(改名)한 일(2 Macc 6:2)을 암시하는 말인 것 같다. 샤멤(שמם)은 히브리 성경에 95번 정도 나오는데, 통상적으로 "황폐케 하다" 또는 "황두케 하다"를 의미한다. 이 단어는 칠십인역에서 흔히 에레모스(*ἔρημος*, "황폐해진"), 에레모시스(*ἐρήμωσις*, "황무함"), 에레문(*ἐρημοῦν*, "황무케 하다"), 아파니제인(*ἀφανίζειν*, "멸하다") 그리고 그 다양한 파생어들로 번역된다. 쉭쿠츠(שִׁקּוּץ)는 히브리 성경에 28번 정도 나오고, 통상적으로 "가증한 것"을 의미한다. 이 단어는 칠십인역에서 흔히 브델뤼그모스(*βδελυγμός*, "가증한 것"), 에이돌론(*εἴδωλον*, "우상"), 미아스마(*μίασμα*, "더럽힘")로 번역된다. 이 모든 용례들은 이교 숭배나 이런저런 형태의 우상숭배와 관련되어 있다(예를 들어, 신 29:17; 왕상 11:5, 7; 왕하 23:13, 24; 사 66:3; 렘 4:1; 7:30, "내 이름으로 일컬음을 받는 집에 그들의 가증한 것을 두어"; 13:27; 16:18; 32:34, "내 이름으로 일컬음을 받는 집에 자기들의 가증한 물건들을 세워서"; 겔 5:11, ; 슥 9:7; 대하 15:8; 다니엘서에 나오는 모든 용례들).

"멸망의 가증한 것"이라는 모호한 표현이 생겨난 것은 주전 167년에 안티오쿠스 4세가 행한 일 때문이었다. 다니엘서가 쓰여졌을 때의 대부분의 유대 독자들은 그

의미를 알아차렸을 것이다. 이 표현은 나중에 마카베오1서의 보도에 사용되면서 좀 더 구체적이 된다: "멸망의 가증한 것"이 제단 위에 세워졌다. 그러나 그 정확한 정체는 논란이 되고 있다. 요세푸스(*Ant.* 12.5.4 §253)에 의하면, 안티오쿠스가 세운 가증한 것은 돼지를 제물로 드리기 위한 이교 제단이었다고 한다. 다니엘 11:29-32에 의하면, 주전 168년에 안티오쿠스가 애굽에서 철군하면서 예루살렘 성전을 약탈하고 거기에 멸망의 가증한 것을 세웠다는 것이다. 이것은 다니엘 9장에 묘사된 앞서의 사건을 다시 얘기하고 있는 것이다. 네 가지 주된 대안들에 대해서는 콜린즈의 글을 보라(Collins, *Daniel*, 357-58; 참조. 1 Macc 4:43; 2 Macc 6:5; Jerome, 단 11:31에 대한 Commentary). 그는 이것을 제단으로 이해하고자 한다. 그것이 정확히 무엇이었는지는 우리의 논의에서는 중요하지 않지만, 어쨌든 그것은 하나님의 집 성소와 하나님에 대한 말할 수 없는 어떤 모욕적인 행위를 상징하게 되었다.

주후 1세기의 어떤 사건이 예수의 예언을 성취한 것으로 보아야 하는가? 적어도 네 가지 가능성을 생각해 볼 수 있다. (1) 유대 총독 본디오 빌라도는 로마 군사들로 하여금 군기(여기에는 티베리우스 가이사의 흉상이 부착되어 있었다)를 들고 예루살렘으로 진군하게 한 시도로 인해 악명을 떨치게 되었다(*J.W.* 2.9.2 §§169-74; *Ant.* 18.3.1 §§55-59). 빌라도는 소요를 피하기 위해 철군을 시켜야 했다. 이 사건은 빌라도의 집권 초기에 일어났고, 예수와 그 제자들도 이를 알고 있었을 것이다. (2) 칼리굴라 황제가 자신의 조상(彫像)을 성전에 안치시키려 한 사건이 있었다(예를 들어, Bacon, 93, 99; T. W. Manson, *Sayings*, 329-30; Ernst, 380, Grundmann, 358, Gnilka, 2:194는 마가의 대본[마가 이전의 전승]에서는 이 표현을 칼리굴라에 관한 것으로 이해했을 것이라고 생각한다). 요세푸스에 의하면, 가이우스 칼리굴라는 수리아 사신 페트로니우스에게 "하나님의 성전에 가이우스의 조상(彫像; *ἀνδριάντα* -안드리안타)을 세우라"고 지시했다고 한다(*Ant.* 18.8.2 §261; 참조. *Ant.* 18.8.3 §271: "저희는 그에게…조상을 세움으로써 도성을 더럽히지 말아 달라고 간청했다"). 이 소식을 접한 유대인들이 보인 공포의 반응으로 보아서, 페트로니우스가 이 일을 실제로 했더라면(그는 이 일을 하지 않은 것으로 밝혀졌다) 그것은 "멸망의 가증한 것"으로 여겨졌을 것이다. 칼리굴라가 진노하여 페트로니우스에게 서한을 보낸 직후에 죽은 것은 불경한 안티오쿠스가 성전을 더럽힌 후 얼마 안 되어 죽은 것과 비슷하다. (3) 래인(Lane, 469)과 소우어즈(Sowers, *TZ* 26[1970] 305-20)는 주후 67-68년에 열심당에 의해 임명된 대제사장 판니(Phanni; Josephus, *J.W.* 4.3.6-8 §§147-57)가 지성소에서 섬길 자격을 갖추지 않았기 때문에 "가증한 것"이었을 것이라고 생각한다. 요세푸스는 이 사건을 불경하고 극악무도한 일로 묘사한다. 이 사건을 보고 그리스도인들은 도성에서 피난할 때가 되었다고 이해했을 것이라고 래인(Lane)은 생각한다. (4) 또 하나의 제안은 티투스(Titus)가 주후 70년 여름에 성전에 들어간 일이라는 것이다. 뤼르만(Lührmann, 221-22)과 페쉬(Pesch, 2:291)는 이러한 로마인에 의한 성전의 점령이 멸망의 가증한 것이라고 생각한다. 요세푸스에 의하면, 티투스와 그의 장군들은 성소로 걸어 들어가서 "성소의 거룩한 곳(*τοῦ ναοῦ τὸ ἅγιον*-투 나우 토 하기온)과 거기에 있는 모든 것"을 보았다고 한다(*J.W.* 6.4.7 §260). 나중에 로마군은 "군기(軍旗)들을 성전 뜰로 가져가서 동문 맞은편에 세운 후 거기서 군기들에 제사를 지내고 대장군 티투스를 향하여 환호했다"(*J.W.* 6.6.1 §316).

그러나 이러한 사건들 중 그 어느 것도 14절에 나오는 예수의 경고의 상황과 잘 맞아떨어지지는 않는다. 빌라도가 시도한 신성모독은 실제로 일어나지 않았다. 어쨌든 성전은 황폐해지지 않았다. 자신의 조상(彫像)을 세우라는 칼리굴라의 지시도 실행에 옮겨지지 않아서 가증한 일도 없었고, 성전이 황폐해지지도 않았다. 판니가 대제사장으로 임명된 사건에 관한 요세푸스의 보도는 열심당에 대한 자신의 편견과 비(非)사독 계열의 제사장 지배층에 대한 선호를 반영하는 것이다. 그리스도인들을 비롯한 많은 유대인들은 판니의 대제사장 임명을 극악무도한 짓이라거나 "멸망케 하는 가증한 짓"으로 보지는 않았을 것이다(제사장 지배층은 열심당에 대하여 무관심한 백성들을 신랄하게 비판할 필요가 있다고 생각했다고 말하는 *J.W.* 4.3.9 §160에 유의하라). 그리고 끝으로 티투스가 성소로 들어가 이리저리 둘러본 일은 성전이 이미 심각하게 파괴되고 불타서 유대의 희생제사가 중단된 후에 일어난 일이었다. 게다가 다니엘이 말했고 예수께서 인유(引喩)하신 "멸망의 가증한 것"은 예루살렘 성전의 파괴가 아니라 거기서의 희생제사의 중단을 의미한다(Gundry, 741). 따라서 위에서 거론한 네 가지 사건 중 그 어느 것도 실제로 14절에 나오는 내용과 부합하는 설명이 없다고 보아야 한다.

예수의 경고는 다니엘서의 전승을 반영한 것으로서, 이 전승을 근거로 예수는 장차 하나님의 전에서의 가증한 일을 예언하고 있는 것으로 보인다. 다니엘서는 분명히 안티오쿠스 4세에 의해 야기된 큰 위기 상황을 염두에 두고 있다. 예수께서 다니엘서에 나오는 "멸망의 가증한 것"을 언급한 것은 모형론적 의미로 이해되어야 한다. 즉, 유대 신앙과 이스라엘 민족의 삶을 끝장내려고 위협했던 오래 전의 위기가 다시 한 번 이스라엘과 예수를 좇는 무리를 위협할 것이라는 말이다. 예수는 이 가증한 것이 "서지 못할 곳에 설"(*ἑστηκότα ὅπου οὐ δεῖ* – 헤스테코타 호푸 우 데이) 것이라고 말한다. 분사 헤스테코타(*ἑστηκότα*, "서는")가 남성형을 취하고 있는 것(중성형인 브델뤼그마[*βδέλυγμα*, "가증한 것"]와는 대조적으로)은 가증한 것이 이방신 또는 신격화된 남성의 조상(彫像) 또는 우상임을 암시해 준다. 데살로니가후서 2:3-4에 나오는 바울의 예언은 이 전승과 연관이 있을 것이다: "저 불법의 사람 곧 멸망의 아들이 나타나기 전에는 이르지 아니하리니…저는…하나님 성전에 앉아 자기를 보여 하나님이라 하느니라." 성전에 자신의 조상(彫像)을 세우려던 칼리굴라의 시도, 티투스가 성소에 들어간 일은 틀림없이 복음서 기자와 그의 독자들의 마음속에 예수의 예언에 대한 유비(類比)들로 떠올랐을 것이다. 그러나 이 예언 자체는 아직 성취되지 않았다. 의도적으로 암호화된 이 예언 속에서 안티오쿠스 4세가 시도했고 로마 황제들이 기대했던 대로 유대 성전 내에서 황제 숭배가 어떤 형태로든 이루어질 것에 대한 예감을 본 핸헨(Haenchen, 445-48)의 생각은 대체로 옳을 것이다. 예수께서 제자들에게 경고하신 인물은 초대 교회가 "적그리스도"(*ὁ ἀντίχριστος* – 호 안티크리스토스)라 부른 인물(Lohmeyer, 275; Taylor, 511; Hengel, *Studies in the Gospel of Mark*, 25-28), 참 그리스도의 지위를 기만적으로 참칭하고("~의 대신에"라는 의미에서의 안티[*ἀντί*]) 하나님 및 그의 그리스도의 일에 반대하는("~을 거스르는"이라는 의미에서의 안티[*ἀντί*]) 인물이다. 이러한 예상은 네로가 "되살아났다"(redivivus)는 소문과 뒤섞여 있었을 것이다.

"읽는 자는 깨달을진저"(*ὁ ἀναγινώσκων νοείτω* – 호 아나기노스콘 노에이토). 이러한 삽입구적인 설명은 마가적인 것으로서(2:10; 3:30; 7:11, 19에 나오는 그의 다른 삽입구들을 보라), 제자들이 앞서 예수에게 "어느 때에 이런 일이 있겠습니까?"(막 13:4)라고 물었듯이 다니엘이 천사에게 "이 기사의 끝이 어느 때까지냐?"고 물었다는 다니엘 12:5-13을 독자들에게 일깨워 주려는 의도인 것 같다. 무슨 일이 일어날지를 깨닫기 위해서는 다니엘서를 읽어야 한다고 복음서 기자는 독자들에게 조언하고 있는 것이다. 다니엘서에 제시된 대답에는 특히 성전을 황폐케 할 가증한 것의 출현이 포함되어 있다(단 12:11; 참조. 지혜 있는 자들은 "깨달을" 것이라고 약속하고 있는 10절). 따라서 마가복음 13:4-14과 다니엘 12:5-13의 병행은 구조상으로나 주제상으로 대단히 밀접하다.

"그 때에 유대에 있는 자들은 산으로 도망할지어다"(*τότε οἱ ἐν τῇ Ἰουδαίᾳ φευγέτωσαν εἰς τὰ ὄρη* – 토테 호이 엔 테 이우다이아 퓨게토산 에이스 타 오레). "멸망의 가증한 것"을 보는 때가 바로 도망할 때이다. 재난이 가깝다. 이러한 황폐케 하는 것이 세워져서 더 이상 신실한 자들이 성전 경내에서 예배를 드리거나 합당한 제사를 드리는 것이 불가능해진 것(에레모세오스[*ἐρημώσεως*, "황폐"]의 개념)을 볼 때 예수를 좇는 무리는 산으로 도망할 때임을 알아야 한다. 그리스도인들이 예수의 경고를 따라서 펠라(Pella)로 피신했다는 전승(참조. Eusebius, *Hist. eccl.* 3.5.3; Epiphanius, *De mensuris et ponderibus* 15)은 문제가 많은데(그러나 Pesch, 2:293 등의 학자들은 이 견해를 받아들인다), 특히 펠라는 산이라 할 수 없고 도로상에 위치한 주요한 성읍(데카폴리스 중 하나; 참조. Pliny, *Nat.* 5.74)이었다는 사실이 그 중 하나다(이 문제들에 대한 비판적인 검토는 Koester, *CBQ* 51[1989] 90-106; Gundry, 774를 보라). 헹엘(Hengel, *Studies in the Gospel of Mark*, 16-18)은 예수의 말씀이 로마군이 포위하고 있는 동안 도성으로부터 도망할 것을 의미하지 않았을 것이라고 강조하는데, 이는 옳다. 만약 포위 중에 도망한다면 적군의 수중에 뛰어드는 꼴이 된다. 따라서 이 마가 전승은 진정한 원시 전승일 가능성이 크다.

도망하라는 명령은 상징적인 의미를 띤 것으로서 유대는 예수를 반대하는 곳이고 갈릴리는 피난의 땅(여기서 예수는 가르치고 기사[奇事]들을 행하셨다)이므로 도망하라는 예수의 명령은 그리스도인들이 유대교(즉, 유대 땅)를 피해서 그리스도의 땅인 갈릴리로 가야 한다는 의미라는 그룬트만(Grundmann, 359)의 해석은 아무런 근거도 없는 알레고리에 불과하다(Pesch, *Naherwartungen*, 145-47를 보라).

15 "지붕 위에 있는 자는 내려가지도 말고 집에 있는 무엇을 가지러 들어가지도 말라"(*ὁ [δὲ] ἐπὶ τοῦ δώματος μὴ καταβάτω μηδὲ εἰσελθάτω ἆραί τι ἐκ τῆς οἰκίας αὐτοῦ*—호 [데] 에피 투 도마토스 메 카타바토 메데 에이셀다토 아라이 티 에크 테스 오이키아스 아우투). 위험이 너무 크기 때문에 사람들은 가산을 챙겨서 도망할 여유가 없다. 이러한 내용도 60년대와 70년대의 사건들과 잘 부합하지 않는다. 예수의 취지는 즉시 그리고 황급히 도망해야 한다는 것이다. 유대 전쟁은 3년 동안 수행된 후에야 예루살렘이 포위되는 상황을 맞았다. 로마군의 진격은 느렸고, 도망할 기회는 얼마든지 있었다. 예수의 경고는 "멸망의 가증한 것"이 서지 못할 곳에 설 때 "종말"이 가까웠다는 것을 의미한다(Gnilka, 2:195). 그 위험이 크기 때문에, 한 순간의 지체도 없이 도성을 버리지 않으면 안 된다. 사람이 왜 자기 집 지붕에 올라가 있는 것일까? 고대 말의 유대 팔레스타인에서는 자기 집의 평평한 지붕을 기도나 예배를 드릴 때(렘 19:13; 습 1:5; 행 10:9), 잠잘 때(삼상 9:25), 과일을 보관하거나 말릴 때(수 2:6), 소식을 전할 때(사 15:3; 22:1; 마 10:27), 절기를 경축할 때(느 8:16) 사용하는 것이 관습이었다. 외부로 난 계단이나 사다리가 있어서

집안으로 들어가지 않고 지붕에서 바깥으로 나오는 것이 가능했다.

16 "밭에 있는 자는 겉옷을 가지러 뒤로 돌이키지 말라"(*καὶ ὁ εἰς τὸν ἀγρὸν μὴ ἐπιστρεψάτω εἰς τὰ ὀπίσω ἆραι τὸ ἱμάτιον αὐτοῦ* - 카이 호 에이스 톤 아그론 메 에피스트렙사토 에이스 타 오피소 아라이 토 히마티온 아우투). 이것은 집에 들어가서 이동이나 먼 여행에 대비하여 귀중품과 재산을 챙기려 하지 말라는 경고(이것이 15절 말씀의 취지일 것이다)와 동일하다. 위험이 너무 크고 상황이 너무도 급박하기 때문에, 집에 가서 겉옷을 가져와서도 안 된다. 이것은 불이 난 건물에서 빠져 나오는 것과 유사하다. 다시 돌아가서 겉옷을 집어오는 데 목숨을 걸기보다는 나중에 좀 불평하더라도 피신하는 것이 상책이다. 15-16절의 표현은 롯이 소돔에서 피신하는 장면을 어렴풋하게 연상시킨다(창 19:17; 참조. 눅 17:28-30).

17 "그 날에는 아이 밴 자들과 젖먹이는 자들에게 화가 있으리로다"(*οὐαὶ δὲ ταῖς ἐν γαστρὶ ἐχούσαις καὶ ταῖς θηλαζούσαις ἐν ἐκείναις ταῖς ἡμέραις* - 우아이 데 타이스 엔 가스트리 에쿠사이스 카이 타이스 델라주사이스 엔 에케이나이스 타이스 헤메라이스). 그 날은 아이 밴 여인들과 젖먹이는 여인들에게 최악의 때가 될 가능성이 있다. 임신한 여인이나 젖먹는 아이를 둔 여인은 15-16절에서 권고한 대로 짐을 다 놓아두고 갈 수 있는 처지가 되지 못한다. 이 여인들은 진퇴양난에 빠지고, 따라서 더 큰 위험에 처하게 될 것이다. 구약 문헌에서 임신한 여인이나 젖먹이는 여인은 민족적 재난이나 하나님의 심판의 때를 말하는 예언들이나 묘사들에서 종종 등장한다(예를 들어, 신 32:25; 왕하 8:12; 15:16; 렘 44:7; 애 2:11; 4:4; 호 13:16; 암 1:13; 4 Ezra 6:21). 누가 전승을 보면, 예수께서는 십자가로 가시는 도중에 우는 여인들에게 이렇게 말씀하신다: "예루살렘의 딸들아 나를 위하여 울지 말고 너희와 너희 자녀를 위하여 울라 보라 날이 이르면 사람이 말하기를 수태 못하는 이와 해산하지 못한 배와 먹이지 못한 젖이 복이 있다 하리라"(눅 23:28-29). 이 소극적 축복문은 한 여인이 예수께 말했던 축복문과 생생한 대조를 보인다: "당신을 밴 태와 당신을 먹인 젖이 복이 있도소이다"(눅 11:27). "화로다"(*οὐαί* - 우아이)라는 단어는 죄악되고 불순종하는 백성들에 대하여 선지자들이 선포한 화(재앙)들을 연상시킨다(예를 들어, 사 3:11, "악인에게 화로다!"; 30:1; 31:1; 렘 4:13; 13:27, "오 예루살렘아, 네게 화로다!"; 겔 13:18, "여인들에게 화로다"; 호 7:13; 9:12; 암 5:18, "화 있을진저 여호와의 날을 사모하는 자여!").

18 "이 일이 겨울에 나지 않도록 기도하라"(*προσεύχεσθε δὲ ἵνα μὴ γένηται χειμῶνος* - 프로슈케스데 데 히나 메 게네타이 케이모노스). 예수의 추종자들은 이

일(즉, "멸망의 가증한 것")이 여행이 어렵고 시골에서 난방이 문제가 되는 겨울에 일어나지 않도록 기도해야 한다(18절). 겨울비로 인해 와디(wadi) 개천들은 건너기가 더 어려워진다(Cranfield, 403; Pesch, 2:293). 케이모노스(*χειμῶνος*)는 겨울도 의미하지만 폭풍우가 치는 날씨를 의미하기도 한다(Taylor, 513). L사본이 마태복음 24:20과 조화를 맞추기 위해 "또는 안식일에"(*ἢ σαββάτου*－에 삽바투)를 첨가한 것은 이 전승과 초대 교회의 유대적 성격을 증언해 준다. 유대 그리스도인들은 "그들의 거리낌으로 인해 예루살렘 근방을 넘어서 도망하기가 힘들었을 것이다"(1 Macc 2:32-38을 인용하고 있는 Swete, 307; 행 21:20-21).

19 "이는 그 날들은 하나님이 창조하신 창조의 시작으로부터 지금까지 결코 일어난 적이 없었고 또한 후에도 없을 그런 환난의 날이 되겠음이라"(*ἔσονται γὰρ αἱ ἡμέραι ἐκεῖναι θλῖψις οἵα οὐ γέγονεν τοιαύτη ἀπ' ἀρχῆς κτίσεως ἣν ἔκτισεν ὁ θεὸς ἕως τοῦ νῦν καὶ οὐ μὴ γένηται*－에손타이 가르 하이 헤메라이 에케이나이 들립시스 호이아 우 게고넨 토이아우테 아프 아르케스 크티세오스 헨 에크티센 호 데오스 헤오스 투 뉜 카이 우 메 게네타이). 이 말씀은 그 환난이 너무 커서 성경의 역사에 나오는 모든 환난들을 무색케 하리라는 말인데, 이는 대홍수, 바벨론 포수(捕囚), 안티오쿠스와의 전쟁 등을 고려하면 엄청난 주장이라 할 수 있다. 본문의 언어 표현은 다니엘서를 반영하고 있고("또 환난이 있으리니[LXX: *ἐκείνη ἡ ἡμέρα θλίψεως*－에케이네 헤 헤메라 들립세오스, '환난의 그 날'] 이는 개국 이래로 그 때까지 없던 환난일 것이며": 단 12:1), 또한 크티세오스(*κτίσεως*, "창조": 이 말이 다니엘서의 병행본문에는 없다)에 대한 언급에서 볼 수 있듯이 모세의 유언(*Testament of Moses*)도 알고 있었음을 보여 준다: "창세로부터 주께서 땅의 왕들 중 한 왕을 격동시켜 그들을 칠 때까지 결코 한 번도 없었던 징벌과 진노가…그들에게 임하리라"(*T. Mos.* 8:1). 이 큰 왕은 안티오쿠스 4세, 폼페이, 로마 황제들 중 한 명 등으로 다양하게 해석되어 왔다. 유대 전승의 다른 곳(예를 들어, *m. Soṭa* 9:15)에서는 메시아가 오시기 전에 큰 환난이 먼저 일어날 것을 예상하고 있다. "하나님이 창조하신 창조"(*κτίσεως ἣν ἔκτισεν ὁ θεὸς*－크티세오스 헨 에크티센 호 데오스)라는 중복적인 표현은 셈어적인 것으로서(마가복음에서 또 다른 예들에 대해서는 2:19; 4:30; 7:13; 11:28; 12:14, 23; 13:20을 보라), 이 본문이 복음서 기자가 아니라 마가 이전의 전승(아마도 예수의 것)임을 보여 준다. "창조의 시작 때로부터 일어난 적이 없었던 이 환난"은 8절에 나왔던 "산통(産痛)의 시작"이라는 표현과 대비된다. 5-8절은 재난의 시작에 불과했지만, 이제 진짜 혹독한 재난이 도래했다.

20 "만일 주께서 그 날들을 감하지 아니하셨더면 모든 육체가 구원을 얻지 못할 것이다"(*καὶ εἰ μὴ ἐκολόβωσεν κύριος τὰς ἡμέρας, οὐκ ἂν ἐσώθη πᾶσα σάρξ*-카이 에이 메 에콜로보센 퀴리오스 타스 헤메라스 우크 안 에소데 파사 사륵스). 사실 그 날들은 너무도 상황이 나빠서 하나님께서 그 기간을 단축하지 않으신다면 아무도 살아 남을 수 없게 될 것이다(아래의 논의를 보라). "그 어떤 사람도 살아 남지 못하리라"(*οὐκ ἂν ἐσώθη πᾶσα σάρξ*-우크 안 에소데 파사 사륵스)는 표현은 문자적으로 번역하면 "모든 육체가 구원을 얻지 못하리라"(위의 "원문주해" k를 보라)가 되는데, 이는 셈어의 관용어법을 반영한 것이다(예를 들어, 창 9:11: "다시는 모든 생물[육체]을 홍수로 멸하지 아니할 것이라"; 사 40:5: "여호와의 영광이 나타나고 모든 육체가 그것을 함께 보리라"). 우리가 이 말씀을 고삐 풀린 과장법으로 보지 않는 한, 환난의 날들이 너무 가혹해서 하나님께서 그 날들을 감하지 않으신다면 인간이 멸절되리라는 경고는 유대 전쟁이 아닌 그 이상의 것에 대한 예언으로 받아들이지 않으면 안 된다. 물론 유대 전쟁은 예루살렘에 있던 모든 유대인들의 생명을 위협했으나(그렇지만 수만 명이 생존했음이 밝혀졌다) 온 인류의 명운(命運)이 걸려 있었던 것은 아니다.

"그러나 자기가 택하신 백성을 위하여 그 날들을 감하셨느니라"(*ἀλλὰ διὰ τοὺς ἐκλεκτοὺς οὓς ἐξελέξατο ἐκολόβωσεν τὰς ἡμέρας*-알라 디아 투스 에클렉투스 후스 엑셀렉사토 에콜로보센 타스 헤메라스). 날들을 감한 것에 대해서는 4Q385[=4QpsEz[a]] 단편 3의 3-5행을 보라: "이스라엘 자손들이 유업으로 받을 수 있도록 그 날들이 속히 이루어지리라…내가 그 날들과 연수를 감하리라(גודד-고데드)" (Kister and Qimron, *RevQ* 15[1992] 600). 고데드(גודד)는 *Barn.* 4:3(단 9:24[테오도션역]을 인유[引喩]하고 있는)에 나오는 쉰템네인(*συντέμνειν*, "감하다")과 비슷한 의미다. 이러한 개념은 이사야 60:21-22에 의존하고 있는 것 같다: "네 백성이 다 의롭게 되어 영영히 땅을 차지하리니…나 여호와가 속히 이루리라." 마가는 문자적으로 "감축하다, 감하다"를 의미하는 동의어 콜로분(*κολοβοῦν*)을 사용한다. 하나님께서 때를 감하신다는 사상은 일부 위경(僞經) 본문들(예를 들어, *1 Enoch* 80:2; *L.A.B.* 19:13; *2 Bar.* 20:1; 54:1; 83:1), 몇몇 랍비 문헌들(예를 들어, *b. Ketub.* 111a[수한 전에 죽는 것]; *b. B. Meṣi'a* 85b[메시아가 때가 되기 전 오신다는 것]; *Tg. Neof.* Gen 28:10["그 날의 시들이 감해졌다"])에서 발견되지만, 병행들이 밀접하지는 않다. 하나님은 "자기가 택하신 백성을 위하여"(*διὰ τοὺς ἐκλεκτοὺς οὓς ἐξελέξατο*-디아 투스 에클렉투스 후스 엑셀렉사토) 날들을 감하신다. 구약에서 택함 받은 자들은 계약의 백성이다(예를 들어, 시 105:6; 사 42:1; 43:20; 65:9-11; 참조. *1 Enoch* 1:1). "자기가 택하신 택함 받은 자들"(*ἐκλεκτοὺς οὓς ἐξελέξατο* – 에클렉투스 후스 엑셀렉사토)이라는 중복적인 표현은 셈어 문체임을 보여 주는 또 하나의 예이다(19절에 대한 "주석"을 보라).

21 "그 때에 사람이 너희에게 말하되 보라 그리스도가 여기 있다 보라 저기 있다 하여도 믿지 말라"(*καὶ τότε ἐάν τις ὑμῖν εἴπῃ, Ἴδε ὧδε ὁ Χριστός, Ἴδε ἐκεῖ, μὴ πιστεύετε* – 카이 토테 에안 티스 휘민 에이페 이데 호데 호 크리스토스 이데 에케이 메 피스튜에테). 여기서 거짓 메시아들과 거짓 선지자들에 관한 경고가 반복되고 있다(위의 6절을 보라; Lührmann, 223). 참 메시아가 올 때는 "인자가 구름을 타고 큰 권능과 영광으로 오는 것을 사람들이 볼 것"이기 때문에(26절), 제자들은 이러한 주장들을 믿어서는 안 된다. 메시아는 은밀하게 오지 않을 것이어서, 은밀하게 알려 줄 필요도 없을 것이다.

22 "거짓 그리스도들과 거짓 선지자들이 일어나서 이적과 기사를 행하여 할 수만 있으면 택하신 백성을 미혹시키려 하리라"(*ἐγερθήσονται γὰρ ψευδόχριστοι καὶ ψευδοπροφῆται καὶ δώσουσιν σημεῖα καὶ τέρατα πρὸς τὸ ἀποπλανᾶν, εἰ δυνατόν, τοὺς ἐκλεκτούς* – 에게르데손타이 가르 프슈도크리스토이 카이 프슈도프로페타이 카이 도수신 세메이아 카이 테라타 프로스 토 아포플라난 에이 뒤나톤 투스 에클렉투스). 이번에 예수는 거짓 메시아들과 아울러 거짓 선지자들에 관하여 경고하신다. 이 거짓 선지자들은 독자적으로 오거나 여러 거짓 메시아들과 함께 올 것이다. 우리는 네로가 되살아나서 다시 올 것에 관한 신화를 인유(引喩)한 흥미로운 병행을 주목할 필요가 있다: "그 때에 벨리알이 세바스테노이(Sebastenoi; 즉 '아우구스투스의 혈통을 따라'라는 뜻인데, 되살아난 네로를 가리킨다)로부터 오리라…그리고 그는 죽은 자들을 일으키고 사람들을 위하여 많은 이적들(*σήματα πολλά* – 세마타 폴라)을 행하며…사람들을 미혹시키고(*πλανᾶ* – 플라나) 많은 신실하고 택함 받은 (*ἐκλεκτούς* – 에클렉투스) 히브리인들을 미혹하리라(*πλανήσει* – 플라네세이)"(*Sib. Or.* 3:63-69). "거짓 선지자들"(*ψευδοπροφῆται* – 프슈도프로페타이)은 칠십인역에서도 언급된다(예를 들어, 렘 6:13; 33:7[26:7]; 33:8[26:8]; 33:11[26:11]; 33:16[26:16]; 34:9[27:9]; 35:1[28:1]; 36:1[29:1]; 슥 13:2).

이러한 거짓 메시아들과 거짓 선지자들은 "이적들과 기사들"(*σημεῖα καὶ τέρατα* – 세메이아 카이 테라타)를 행할 것인데, 이 어구는 구약의 전승, 특히 이적들을 통하여 사람들에게 침투해 들어가려는 거짓 선지자에 관하여 경고하는 신명기

13:1(2)(Gnilka, 2:198을 보라)을 반영하고 있다: "너희 중에 선지자나 꿈꾸는 자가 일어나서 이적과 기사(LXX: *σημεῖον ἢ τέρας*–세메이온 에 테라스)를 네게 보이고"(참조. "거짓 선지자가 일어나서"로 읽고 있는 *Tg. Neof.* Deut 13:2). 두 단어의 복수형을 사용하여 서로 결합시킨 "이적들과 기사들"이라는 표현은 구약에 흔하게 나온다(예를 들어, 신 28:46; 29:3[4]; 34:11; 사 8:18). 요세푸스가 거짓 선지자들 또는 속이는 자들로 여긴 그 인물들도 이적들을 행했다(예를 들어, *J.W.* 2.13.4 §259; 7.11.1 §§437-38). 그룬트만(Grundmann, 360)은 시몬 마구스(Simon Magus; 참조. 행 8:9-24)를 가리킬 수 있다고 본다. 주후 1세기의 그리스도인들은 그를 염두에 두었을지도 모르지만, 예수의 예언의 맥락 속에서는 훨씬 더 악한 인물들, 종말이 가까워 올 때 출현할 인물들을 염두에 두고 있다. 데살로니가후서 2:9에 의하면, "불법의 사람"이 등장하여 "거짓 표적들과 기사들"(*σημείοις καὶ τέρασιν ψεύδους*–세메이오이스 카이 테라신 프슈두스)을 행할 것이라고 한다(Schmid, 240). 이 거짓 선지자들이 예수께서 행하기를 거부하셨던 바로 그것, 즉 표적들을 행할 것이라는 점에서 아이러니컬하다(막 8:11-12; R. P. Martin, *Mark: Evangelist and Theologian*, 172).

23 "너희는 삼가라 내가 모든 일을 너희에게 미리 말하였노라"(*ὑμεῖς δὲ βλέπετε· προείρηκα ὑμῖν πάντα*–휘메이스 데 블레페테 프로에이레카 휘민 판타). 예수의 추종자들은 경고를 받았다. 그들은 모든 것을 미리 다 들었다. 이제 그들은 스스로 경계해야 한다(Swete, 310). 프로에이레카(*προείρηκα*, "내가 미리 말하였다")는 선지자들의 예언을 반영하고 있다: "이사야가 미리 말하였다"(*προείρηκεν Ἠσαΐας*–프로에이레켄 에사이아스; 롬 9:29; 참조. 행 1:16: 유다의 배신에 관하여 성경에서 "성령이 미리 말씀하였다"). 이 말씀은 놀랍고 낙심되는 이 예언에서 제자들에게 유일하게 위로가 되는 말씀이다. 에른스트(Ernst, 383-84), 그닐카(Gnilka, 2:195), 페쉬(Pesch, 2:300), 테일러(Taylor, 516)는 이 절을 5-22절을 돌아보면서 마가가 편집한 글로 본다. 그러나 제자들에게 매우 강조해서 말해지고 있는 이 경고는 직전에 나온 거짓 메시아들과 거짓 선지자들에 관한 예언을 마무리하는 말씀으로 보는 것이 훨씬 더 자연스럽다.

해설

예수는 제자들이 듣고 싶어했던 것보다 더 많은 내용을 그들에게 말씀해 주셨다. 그들은 나선형으로 악화되어 가는 일련의 위험들과 위협들에 대하여 경고를 받았다.

중심적인 사건은 제자들이 처음에 물었던 바로 그것인 성전의 멸망이 아니라 "멸망의 가증한 것이 서지 못할 곳에 선 것"을 보는 것이다. 마가는 독자들이 이것이 무엇 또는 누구인지를 깨달을 것임을 안다. 오늘날의 우리는 이를 확실히 알지 못한다. 요한계시록이나 바울 서신들(특히 살전 4-5장과 살후 2장)에 나오는 것과 같은 그 밖의 다른 종말론적인 자료들에 비추어 볼 때, 예수께서 경고하신 인물은 적그리스도라는 결론이 나왔다. 예수는 이 명칭을 사용하지 않으셨으나, 거짓 메시아(그리스도)들에 관한 예수의 경고는 그의 추종자들에게 이 불길한 명칭을 암시해 주었을 것이다. 주후 1세기에 출현한 여러 거짓되고 악한 인물들이 이 종말 강화의 여러 부분들에서 고려되었을 수도 있지만, 그 인물들 중 어느 누구도 서지 못할 곳(아마도 하나님의 성전)에 서서 유대의 모든 사람들이 즉시 도망을 해야 할 정도로 엄청난 위험을 초래할 이 인물에 관한 무시무시한 묘사에 걸맞는 자는 아무도 없다.

오늘날의 그리스도인들은 종말 강화의 세부적인 내용들을 세상에서 일어나는 현재의 사건들과 대응시키고 싶은 유혹을 받는다. 하지만 그렇게 해서 제안된 대응 결과들을 보면 한결같이 부정확하고 때로는 황당스럽기까지 하다. 하나님 나라가 온전한 모습으로 도래할 때까지 악은 항상 위험을 제기하고 언젠가는 전례 없는 모습으로 일어날 것임을 기억하는 것만으로 충분하다. 하나님의 백성들은 이미 경고를 받았다. 그들은 장래에 대비해야겠지만, 또한 격려도 받아야 한다. 예수는 모든 일을 내다보고 미리 말씀하셨다.

4) 인자의 오심(13:24-27)

참고문헌

Hatina, T. R. "The Focus of Mark 13:24-27 – The Parousia, or the Destruction of the Temple?" *BBR* 6(1996) 43-66. **Lambrecht, J.** *Die Redaktion des Markus-Apokalypse: Literarische Analyse und Strukturuntersuchung.* AnBib 28. Rome: Biblical Institute, 1967. 173-93. **Vögtle, A.** *Das Neue Testament und die Zukunft des Kosmos.* KBANT. Düsseldorf: Patmos, 1970. 28-31, 67-71.

본 문

24 그 때에 그 환난 후 해가 어두워지며 달이 빛을 내지 아니하며	**24** "But in those days, after that tribulation, 'the sun will be darkened, and the moon will not give its light,
25 별들이 하늘에서 떨어지며 하늘에 있는 권능들이 흔들리리라	**25** and the stars will fall from heaven, and the powers in the heavens will be shaken.'
26 그 때에 인자가 구름을 타고 큰 권능과 영광으로 오는 것을 사람들이 보리라	**26** And then they will see 'the son of man coming in clouds,'[a] with great power and glory.[b]
27 또 그 때에 저가 천사들을 보내어 자기 택하신 자들을 땅 끝으로부터 하늘 끝까지 사방에서 모으리라	**27** And then he will send his[c] angels[d] and will gather together [his] elect from the four winds, from the corner of the earth to the corner of heaven."

원문주해

a. W사본과 많은 후대의 권위 있는 사본들은 엔 네펠레(*ἐν νεφέλῃ*, "구름 안에서")로 읽는다. D사본과 권위 있는 수리아 사본들은 에피 톤 네펠론(*ἐπὶ τῶν νεφελῶν*, "구름들 위에서")으로 읽는다. 이러한 이독들은 부분적으로는 칠십인역 단 7:13과 관련된 본문상의 불확실성 때문인 것 같다. 이 다니엘서 본문을 여러 권위 있는 사본들은 "구름들 안에서(*ἐν*–엔)", "구름들 위에서(*ἐπί*–에피)", "구름들과 함께(*μετά*–메타)"로 읽는다. "원문주해" j와 막 14:62에 대한 "주석"을 보라.

b. A사본과 몇몇 후대의 사본들은 메타 뒤나메오스 카이 독세스 폴레스(*μετὰ δυνάμεως καὶ δόξης πολλῆς*, "권능과 큰 영광으로")로 읽는다(참조. 마 24:30; 눅 21:27).

c. 헬라어로 투스 앙겔루스(*τοὺς ἀγγέλους*, 문자적으로 "천사들"). 관사는 소유 또는 설명의 속격을 의미할 수 있다. 몇몇 초기 사본들(ℵ, A, C, *Σ*, *Φ*)은 아우투(*αὐτοῦ*, "그의")를 첨가한다.

d. 몇몇 후대의 사본들은 메타 살핑고스 메갈레스(*μετὰ σάλπιγγος μεγάλης*, "큰 나팔 소리와 함께")를 첨가한다. 이러한 첨가는 마 24:31의 영향을 받은 것이다.

양식/구조/배경

마가복음 13:24-27은 세 개의 짧은 단락으로 이루어져 있다. (1) 환난 후의 하늘의 징조들(24-25절), (2) "구름을 탄 인자"의 출현(26절), (3) 택하신 자들을 사방에서 모으기 위해 천사들을 보냄(27절). 이 단락은 앞선 내용들에 대하여 절정을 이루는데, 이 단락 다음에는 마지막 비유들과 깨어 있으라는 권고가 나온다.

이 단락에 대한 양식비평적 평가는 통상적으로 이 자료를 묵시론적이고 원시적이지만 예수로부터 나온 것이 아니라고 본다. 불트만(Bultmann, *History*, 122)은 26-27절을 "소박하게 예수와 동일시된" 묵시론적 인자 전승으로 본다. 테일러(Taylor, 519)는 예수께서 26절을 말씀하셨을 가능성이 희박하다고 생각한다. 클로스터만(Klostermann, 137)은 24-27절을 마가 묵시록의 최종 막(幕)으로 본다. 그닐카(Gnilka, 2:199)는 마가가 이 자료를 그의 대본(마가 이전의 전승)에서 가져왔다고 믿는다. 그룬트만(Grundmann, 361)은 이 자료가 마가의 대본에서 결론부의 단락이었다고 보지만, 예수께서 말씀하신 것이라고 보지는 않는다(A. Vögtle, *Neue Testament und die Zukunft*, 69-70도 마찬가지다). 페쉬(Pesch, 2:301)는 24-27절이 마가의 대본에 속한다는 것에는 동의하지만, 복음서 기자가 23절을 삽입함으로써 이 자료는 대본에 있던 앞 단락과 분리되었다고 주장한다(이 점에 대해서는 위의 "주석"을 보라). 페쉬(2:302)는 24-27절을 구약의 몇몇 본문들을 미드라쉬(midrash)적으로 엮은 묵시론적 예언으로 본다(Ernst, 385도 마찬가지다). 에른스트(385)도 24-27절을 이 강화(講話)의 절정으로 본다. 로마이어(Lohmeyer, 279)는 24-27절을 하나의 단편(斷片)으로 본다. 비슬리 머레이(G. R. Beasley-Murray, *Last Days*, 422)도 이에 동의하면서 이 자료는 "한때 독립적인 단위로서 유포되었다"고 말한다. 뤼르만(Lührmann, 224)에 의하면 7-23절은 역사적 사건들을 개관하고 있는 반면에, 24-27절은 실제로 장래와 관련이 있다고 한다. 여기에서 처음으로 이 강화는 종말의 사건들을 이야기한다는 것이다. 그러나 위에서 14-23절도 아직 성취되지 않은 장래에 관하여 말하는 내용을 담고 있다는 것을 살펴본 바 있다.

에른스트(Ernst, 385)는 특히 우주적 재앙 때문에 24-27절을 예루살렘 멸망과 결부시키는 것은 불가능하다고 단언한다. 그러나 하티나(Hatina, *BBR* 6[1996] 43-66)는 최근에 구약의 고전적인 선지자들이 악명 높은 성읍들의 멸망을 묘사하는 데 우주적인 징조들을 말하는 표현을 사용한 비슷한 예들을 지적함으로써 이러한 반론을 반박했는데, 이는 여기서 우주적인 징조들에 관하여 예수께서 말씀하시고 있는 것은 그분이 예루살렘의 멸망을 예언하고 계심을 보여 준다는 뜻이 된다. 이러한 논쟁은 "주석"에서 좀더 자세히 살펴보게 될 것이다.

주석

24-25 "그 날에 그 환난 후에"(*ἀλλὰ ἐν ἐκείναις ταῖς ἡμέραις μετὰ τὴν θλῖψιν* ἐκείνην – 알라 엔 에케이나이스 타이스 헤메라이스 메타 텐 들립신 에케이넨). "그 날들에"(ἐν ἐκείναις ταῖς ἡμέραις – 엔 에케이나이스 타이스 헤메라이스)는 성경적 표현으로서 흔히 종말론적 예언들의 도입부로 사용된다(예를 들어, 렘 3:16; 5:18; 31:29; 33:15-16; 엘 3:2[2:29]; 4[3]:1; 슥 8:23). 이 표현은 종말 강화에서 이미 두 번이나 나왔다(17, 19절). 또한 이 표현은 예수의 제자들이 금식하지 않는 것에 관한 질문에 대한 답변인 2:20에서도 발견된다: "신랑을 빼앗길 날이 이르리니 그 날에는 금식할 것이니라."

"그 환난"(τὴν θλῖψιν ἐκείνην – 텐 들립신 에케이넨)은 14-23절에 묘사된 사건들, "멸망의 가증한 것"으로 시작된 환난을 가리킨다. "환난"(θλῖψις – 들립시스)은 구약(LXX) 예언서들에 자주 나오는 단어로서(예를 들어, 사 8:22; 렘 10:18; 미 2:12; 합 3:16; 습 1:15; 슥 8:10) 예수께서 마음에 그리고 계시는 무시무시한 장래의 시나리오를 묘사하는 데 유용하게 사용된다.

"해가 어두워지며 달이 빛을 내지 아니하며 별들이 하늘에서 떨어지며 하늘에 있는 권능들이 흔들리리라"(ὁ ἥλιος σκοτισθήσεται, καὶ ἡ σελήνη οὐ δώσει τὸ φέγγος αὐτῆς, καὶ οἱ ἀστέρες ἔσονται ἐκ τοῦ οὐρανοῦ πίπτοντες, καὶ αἱ δυνάμεις αἱ ἐν τοῖς οὐρανοῖς σαλευθήσονται – 호 헬리오스 스코티스데세타이 카이 헤 셀레네 우 도세이 토 펭고스 아우테스 카이 호이 아스테레스 에손타이 에크 투 우라누 핍톤테스 카이 하이 뒤나메이스 하이 엔 토이스 우라노이스 살류데손타이). 여러 우주적 징조들이 "인자"가 오실 것을 알리는 전조(前兆)가 되리라고 한다: "해가 어두워지며 달이 빛을 내지 아니하며 별들이 하늘에서 떨어지리라"(24-25절)는 표현은 칠십인역 이사야 13:10의 일부에 대한 인유(引喩)다: "하늘의 별들(οἱ γὰρ ἀστέρες τοῦ οὐρανοῦ – 호이 가르 아스테레스 투 우라누)과 오리온좌와 하늘의 만상(萬象)이 그 빛을 내지 아니하며, 해가 돋아도 어두우며(σκοτισθήσεται τοῦ ἡλίου ἀνατέλλοντος – 스코티스데세타이 투 헬리우 아나텔론토스) 달이 그 빛을 비취지 아니할 것이로다(ἡ σελήνη οὐ δώσει τὸ φῶς αὐτῆς – 헤 셀레네 우 도세이 토 포스 아우테스)"(또한 하늘의 만상[πάντα τὰ ἄστρα πεσεῖται – 판타 타 아스트라 페세이타이]이 떨어질 것에 관하여 말하는 사 34:4을 보라). 이사야의 이 예언은 바벨론의 멸망에 관한 것이다. 건드리(Gundry, 782)는 해가 어두워지고 달이 빛을 내지 않는 것은 창조의 넷째 날이 무효가 된다는 것이라고 말한다(창 1:14-19). 그의 말은 옳을 것이다. 왜냐하면 19절에서 환난을 "창조의 시작 이래로 결코 없었던 환난"으로 묘사하고 있기 때문이다.

"흔들리리라"(σαλευθήσονται – 살류데손타이)는 단어는 위에서 인용한 칠십인역 구약의 구절들에서는 발견되지 않지만, 이 동사는 두려운 하나님의 현현(顯現)을 묘사하는 구절들에 등장한다(Beasley-Murray, *Last Days*, 424). 하나님의 출현으로 말미암아 천지가 진동하는 모습(참조. 삿 5:5; 암 9:5; 미 1:4; 합 3:6; 나 1:5; 시 18:7; 114:7; 욥 9:6)은 여기에서 묘사되고 있는 드라마를 더욱 강화시킨다. 비슬리 머레이(*Last Days*, 424-25)는 해가 어두워지고 달이 그 빛을 잃는 것은 하나님의 현현 때문이라고 주장한다. 모세의 유언(*Testament of Moses*)에 의하면, 하나님 나라가 나타날 때(*T. Mos.* 10:1) "땅이 진동하되 그 사방 끝까지 흔들리며, 높은 산들이 낮아지리라. 그렇다. 산들이 진동하고, 해가 빛을 내지 않으며, 어둠 속에서 달의 끝부분들이 달아나리라"(*T. Mos.* 10:4-5). 마찬가지로 시빌 신탁서(Sibylline Oracles)에서는 이렇게 말한다: "내가 네게 아주 분명한 징조를 이르리니 네가 알라. 만물의 끝이 땅 위에 임할 때…땅 위에 해의 모든 빛이 중천에서 사라지고, 달빛은 나타나 땅으로 되돌아오리라"(*Sib. Or.* 3:796-803; 참조. *T. Levi* 4:1: "해가 빛을 잃을 때"; *1 Enoch* 57:2: "하늘에서 거룩한 자들이 이를 알아챘고 땅의 기둥들이 흔들렸다").

하티나(Hatina, *BBR* 6[1996] 53-59)는 이 우주의 징조들은 여기에 인유(引喩)된 예언서 구절들의 맥락에 비추어서 해석되어야 한다고 주장한다. 이사야 13:10은 악한 바벨론이 징벌을 받을 "여호와의 날"의 도래를 예언하는 예언(사 13:9-11)의 일부다. 비록 과장된 우주적 징조에 관한 언어 표현이 사용되고 있긴 하지만, 거기에서 염두에 두고 있는 것은 바벨론의 멸망이다. 또한 하티나는 이사야 34:4에 대한 인유(引喩)는 우주적 징조에 관한 언어 표현을 사용하여 에돔에 임할 심판을 예고하는 에돔에 대한 예언(사 34:4-5)을 연상시킨다고 지적한다. 나아가 하티나는 에스겔 32:7-8; 요엘 2:10, 31; 3:15; 아모스 8:9의 예언들도 우주적 징조들에 관한 표현을 채택하여 여러 성읍들 및 나라들에 대한 심판을 예언하고 있다고 말한다. 이것으로부터 마가복음 13:24-27은 우주적 징조들에 관한 표현을 사용하여 한 성읍의 파국을 예언하고 있는 또 하나의 예라는 결론이 나온다. 그러나 이번에는 다름 아닌 바로 예루살렘이 그 표적이다. 이러한 해석을 받아들인다면, 이는 예수께서 실제로 성전 멸망에 관한 자신의 예고와 관련하여 제자들이 제기한 질문(2, 4절)에 답변하셨다는 것을 의미하게 된다. 또한 이러한 해석은 예수께서 가야바와 그 무리에게 "인자가 권능자의 우편에 앉은 것과 하늘 구름을 타고 오는 것을 너희가 보리라"고 예언하시고 있는 마가복음 14:62과도 부합한다. 즉, 그들은 예루살렘의 멸망과 함께,

다음 절에서 묘사하고 있듯이, "인자"가 오는 것을 보게 될 것이라는 말이다.

이러한 해석은 시사해 주는 바가 많고 옳을 수도 있겠지만 중요한 문제들을 해결해 주지 못할 뿐더러 앞 단락의 연결 관계도 아주 어려워진다. 이미 주장한 대로, 5-23절에는 오순절과 유대 봉기 사이에 일어난 사건들과 부합하지 않는 내용들이 매우 많다. "멸망의 가증한 것"의 출현도 없었고, 온 인류가 멸절 위기에 처할 정도로 무시무시한 환난이 있지도 않았다. 물론 예수께서 예루살렘이 멸망할 때 "인자"로서 다시 오실 것으로 생각했을 가능성이 있고, 그렇게 되면 24-27절은 이 사건에 대한 은유적인 묘사가 될 것이다. 그러나 14-23절의 종말론적인 성격은 주후 70년의 파국을 넘어서는 사건들, 거짓 선지자들을 대동하고 하나님의 성전에 서서 인류 역사에서 유례가 없는 환난의 기간을 시작할 적그리스도라는 인물의 출현을 기대한다. "인자"가 오는 것은 "그 환난 후에"(*μετὰ τὴν θλῖψιν ἐκείνην*－메타 텐 들립신 에케이넨)이다. 게다가 비슬리 머레이(*Last Days*, 425)는 24-27절이 하나님의 현현과 관련이 있다고 주장했다. 따라서 하나님의 출현은 우주를 파괴하지 않고, 다만 놀라게 할 뿐이다. 비슬리 머레이는 이렇게 말한다: "하나님의 현현에 관한 언어표현이 재림과 관련하여 사용되는 경우, 인자가 세상을 멸하기 위해 온다는 암시는 전혀 없다; 이 옛 신화적인 언어의 기능은 순전히 그 사건의 영광을 부각시키고 그 사건을 적절한 범주 안에 위치시키는 것인데, 그 사건은 바로 심판과 구원을 위한 하나님의 개입이다." 이 땅에 심판과 구원을 베푸는 것은 장차 오실 "인자"의 책무가 될 것이다.

26 "그 때에 인자가 구름을 타고 큰 권능과 영광으로 오는 것을 사람들이 보리라"(*καὶ τότε ὄψονται τὸν υἱὸν τοῦ ἀνθρώπου ἐρχόμενον ἐν νεφέλαις μετὰ δυνάμεως πολλῆς καὶ δόξης*－카이 토테 옵손타이 톤 휘온 투 안드로푸 에르코메논 엔 네펠라이스 메타 뒤나메오스 폴레스 카이 독세스). "인자"(*τὸν υἱὸν τοῦ ἀνθρώπου*－톤 휘온 투 안드로푸)라는 어구는 다니엘 7:13에서 가져온 것으로서 분명히 예수의 메시아적 자기 이해에 있어서 핵심이었다(8:31에 대한 "주석"과 Guelich, 89-94에 나오는 2:10에 대한 "주석"을 보라).

"권능과 영광"(*δυνάμεως…καὶ δόξης*－뒤나메오스…카이 독세스)이라는 어구는 구약에서 발견된다(예를 들어, 시 62:3[63:2]; 동의어들과 함께 나오는 경우로는 대상 29:11; 단 2:37; 4:30을 보라). 처음 두 구절은 하나님의 권능과 영광을 말하지만, 두 번째 두 구절은 인간의 왕에 관한 것이다. "사람들이 보리라"(*ὄψονται*－옵손타이)는 가야바와 예수를 칠 증거를 찾기 위해 모인 자들을 향한 예수의 대답에 대한 복선(伏線)이다: "너희가 인자를 보리라(*ὄψεσθε*－옵세스데)"(14:62).

27 "또 그 때에 저가 천사들을 보내어"(*καὶ τότε ἀποστελεῖ τοὺς ἀγγέλους*－카이 토테 아스텔레이 투스 앙겔루스). "인자"가 자기 천사들을 보내리라는 단언은 사람들을 몹시 놀라게 하는 말로서 인자에게 부여된 하늘의 권세를 강조한다(참조. 단 7:14: "그에게 권세와 영광과 나라를 주고 모든 백성과 나라들과 각 방언하는 자로 그를 섬기게 하였으니"). 왜냐하면 구약 전체에 걸쳐서 하늘의 천사들을 부리는 이는 하나님이시기 때문이다. 마가복음 8:38에서 예수는 "인자"가 "아버지의 영광으로 거룩한 천사들과 함께 올" 것이라고 말씀하신 바 있다. 마태복음 13:41에 의하면, "인자가 그 천사들을 보내리니 저희가 그 나라에서 모든 넘어지게 하는 것과 또 불법을 행하는 자들을 거두어 낼" 것이라 한다.

"[그의] 택하신 자들을 땅 끝으로부터 하늘 끝까지 사방에서 모으리라"(*καὶ ἐπισυνάξει τοὺς ἐκλεκτοὺς αὐτοῦ ἐκ τῶν τεσσάρων ἀνέμων ἀπ' ἄκρου γῆς ἕως ἄκρου οὐρανοῦ*－카이 에피쉬낙세이 투스 에클렉투스 [아우투] 에크 톤 텟사론 아네몬 아프 아크루 게스 헤오스 아크루 우라누). 영광스럽고 권능 있는 "인자"는 자기 천사들(또는 사자들)을 보내어 사방에 흩어진 택하신 자들을 모을 것이다(택함 받은 자들의 구원과 "인자"의 출현에 대해서는 *1 Enoch* 62:13-14을 보라). 본문은 이스라엘의 포로 된 자들을 모으리라고 예언하는 신탁의 일부인 스가랴 2:6(MT 2:10)에 대한 인유(引喩)다. 포로 된 자들을 모으는 일은 메시아의 책무인데(*Pss. Sol.* 8:28; 11:1-4; 17:21-28; *Tg. Isa* 53:8; *Tg. Hos* 14:8; *Tg. Mic* 5:1-3), 이것은 열두 제자의 임명(막 3:13-19; Grundmann, 101; Cranfield, 127; Schweizer, 81; Meyer, *Aims*, 153-54; Sanders, *Jesus and Judaism*, 95-106를 보라), 이스라엘의 흩어진 백성이 모일 것이라는 기대(마 8:11=눅 13:28-29; 참조. 사 11:12; 27:12-13; 60:1-9), 열두 제자가 열두 보좌에 앉아서 이스라엘의 열두 지파를 다스릴 것이라는 예수의 약속(마 19:28=눅 22:30)에서 볼 수 있듯이 마가복음의 문학적 맥락 및 예수의 사역과 부합하는 사상이다.

"땅 끝으로부터 하늘 끝까지 사방에서"라는 어구의 의미에 관해서는 신비로운 것이 아무것도 없다. 이 어구는 여러 표현을 중복적으로 사용하는 용어법(冗語法)적 표현으로서, 그저 하나님의 택함 받은 자들이 아무리 멀리 떨어져 있다고 할지라도 모이게 될 것을 의미할 뿐이다(Swete, 313; Lambrecht, *Redaktion des Markus-Apokalypse*, 189; 참조. Philo, *Cherubim* 99; *Migration* 181).

주후 1세기 초의 위경인 모세의 유언(*Testament of Moses*)에 이 본문과 병행되는 중요한 내용이 나온다. 거기에는 하나님의 백성에게 임할 두 번째 징벌은 너무도 가혹해서 "첫 번째 징벌을 훨씬 능가할 것"이라고 쓰여져 있다(바벨론의 멸망 및 포수와 관련하여 말하는 *T. Mos.* 9:2). "그 때에 (하나님의) 나라가 그의 피조물 전체에 나타나리라"(*T. Mos.* 10:1). 여기서 내용이 나오는 순서는 마가복음 13장과 동일하다: 무시무시한 환난과 그 뒤를 이은 하나님 나라의 출현. 유일한 차이점은 마가복음에서는 하나님 나라가 하나님으로부터 나를 위임받은 인물인 "인자"의 도래로 완성된다는 것이다.

누가 죽었다가 왕적인 권능을 가지고 다시 돌아온다는 개념은 고대 말에 그 비슷한 예가 없지 않다. 일부 사람들은 주후 68년에 죽은 네로가 되살아나서 돌아올 것이라고, 또는 심지어 벌써 돌아왔다고 믿었다. 어떤 사람들은 그를 두려워해서, 또 어떤 사람들은 그를 사랑해서 그가 돌아올 것에 대비했다고 한다(Suetonius, *Nero* 6.57을 보라).

해설

예수는 제자들에게 14-23절의 유례없는 환난에 이어 일련의 하늘의 징조들이 일어나 "인자"가 영광과 권능 중에 오실 것을 알릴 것이라고 가르쳤다. 그런 후에 환난이 끝나고, 택하신 자들이 사방에서 모이게 될 것이다. 아무리 두렵고 불확실한 사건들이 될지라도, 제자들은 하나님의 대리인인 "인자"가 분명히 돌연하고 결정적으로 출현할 것이라는 확신 속에서 안심할 수 있다. 이런 일이 언제 일어날지는 불확실하고, 실제로 32절에서 예수는 제자들에게 자기를 비롯해서 어느 누구도 그 날이 언제가 될지를 모른다고 말씀하신다. 그러나 그 날이 온다는 사실이 중요한 것이기 때문에, 제자들은 이러한 사실에 비추어서 깨어 있고, 분별하고, 대비해야 한다.

5) **무화과나무의 교훈**(13:28-32)

참고문헌

Lövestam, E. *Jesus and "This Generation": A New Testament Study.* ConBNT 25. Stockholm: Almqvist & Wiksell, 1995. **Pesch, R.** *Naherwartungen: Tradition und Redaktion in Mk 13.*

KBANT. Düsseldorf: Patmos, 1968. 175-95.

본 문

28 무화과나무의 비유를 배우라 그 가지가 연하여지고 잎사귀를 내면 여름이 가까운 줄을 아나니
29 이와 같이 너희가 이런 일이 나는 것을 보거든 인자가 가까이 곧 문 앞에 이른 줄을 알라
30 내가 진실로 너희에게 말하노니 이 세대가 지나가기 전에 이 일이 다 이루리라
31 천지는 없어지겠으나 내 말은 없어지지 아니하리라
32 그러나 그 날과 그 때는 아무도 모르나니 하늘에 있는 천사들도 아들도 모르고 아버지만 아시느니라

28 "And from the fig tree learn the parable: As soon as its branch should become tender and sprout leaves, you know[a] that summer is near.[b]
29 So also you know,[a] whenever you should see these things[c] happening, that he is near,[d] at the gates.
30 Truly,[e] I say to you that this generation will not pass away until all these things should take place.
31 Heaven and earth will pass away, but my words will not pass away.
32 But of that day or[f] hour no one knows, neither the angels[g] in heaven, nor the Son, only the Father."[h]

원문주해

a. 헬라어로는 기노스케테(*γινώσκετε*). B^2, D, L, W사본과 그 밖의 몇몇 권위 있는 사본들은 28절에서, A, D, L사본과 몇몇 다른 사본들은 29절에서 기노스케타이(*γινώσκεται*, "알게 된다")로 읽는다. 이 이독은 "여름이 가까운 줄을 알게 된다"로 의미를 수정하는 것으로 보인다.

b. D사본은 에데(*ἤδη*, "이미")를 첨가한다(참조. 눅 21:30).

c. D사본과 그 밖의 몇몇 권위 있는 사본들은 판타 타우타(*πάντα ταῦτα*, "이 모든 일")로 읽는다.

d. 헬라어로는 엥귀스 에스틴(*ἐγγύς ἐστιν*). 이것은 단수형으로 보아서 "그가 가깝다"를 의미할 수도 있고, 복수형으로 보아서 "그것들이 가깝다", 즉 "이런 일들이 일어날 때가 가까웠다"를 의미할 수도 있다.

e. 헬라어로는 아멘(*ἀμήν*). 몇몇 후대의 사본들은 요한적인 표현법을 따라서 아멘 아멘(*ἀμὴν ἀμήν*, "진실로 진실로")으로 읽는다.

f. 헬라어로는 에(*ἤ*)인데, A, B, C, L, *Σ*, *Φ*사본이 이렇게 읽는다. ℵ, D, W사본과 많은 후대의 사본들 및 권위 있는 사본들은 카이(*καί*, "그리고")로 읽는다(즉, "그 날과 시에 대해서는").

g. B사본과 몇몇 권위 있는 사본들은 앙겔로스(*ἄγγελος*, "천사")로 읽는다.

h. 몇몇 후대의 사본들은 모노스(*μόνος*, "오직")를 첨가하거나 호 파테르 무 모노스(*ὁ πατήρ μου μόνος*, "오직 내 아버지만")로 읽는다(참조. 마 24:36).

양식/구조/배경

복음서 기자는 징조들이 예수께서 설명한 사건들이 가까움을 보여 주기는 하지만 아무도 확실하게 "그 날이나 시"를 예측할 수 없다는 약간 역설적인 진리를 예시하기 위하여 그의 종말 강화에 무화과나무 비유를 덧붙인다. 불트만(Bultmann, *History*, 123, 125, 173)은 이 비유가 예수로부터 나왔는지는 확실치 않지만 어쨌든 원시적이고 유대적이라고 생각한다(123쪽에서 그는 진정성을 인정하는 쪽으로 기우는 것으로 보이지만, 125쪽에서는 그 반대다). 테일러(Taylor, 520)는 이 비유가 진정한 것이지만(Klostermann, 137; Lohmeyer, 280-81; Schniewind, 175; Grundmann, 170; Schweizer, 278; Anderson, 299도 이에 동의) 원래 다른 맥락 속에서 나온 것이었다고 생각한다. 이에 대한 증거는 두 가지다. (1) 이 비유는 최후의 절정을 이루는 "인자"의 오심이 아니라 산통(產痛)의 시작과 관련이 있어 보인다. 게다가 (2) 무엇이 또는 누가 "가까이 문 앞에 이른" 것인지가 분명치 않다. "이러한 모호한 부분들은 이 비유가 원래 의도되지 않았던 목적을 위해 편집자에 의해 사용되었음을 강력하게 시사해 준다"고 테일러는 말한다. 이 비유의 원래의 취지는 겨자씨 비유와 마찬가지로 하나님 나라의 성격과 관련이 있었을 것이다. 로마이어(Lohmeyer, 280)는 이 비유가 원래 "하나님 나라는 나무와 같으니, 그 가지가…하자마자"로 시작되었다고 생각한다(Ernst, 389; Gnilka, 2:205: 이 비유는 하나님 나라의 뚫고 들어옴을 예시하기 위해 예수에 의해 사용되었을 것이다).

무화과나무 비유는 연결어들(catchwords)을 통해서 다음과 같은 말씀들과 연결되어 있다(Taylor, 519; Nineham, 358): "이런 일들이 나는 것"(*ταῦτα γινόμενα* – 타우타 기노메나; 29절)과 "이 모든 일들이 일어나야 하리라"(*ταῦτα πάντα γένηται* – 타우타 판타 게네타이; 30절); "지나가다"(*παρέλθῃ* – 파렐데; 30절)와 "깨어 있으라"(*γρηγορεῖτε* – 그레고레이테; 35, 37절); "문 앞에"(*ἐπὶ θύραις* – 에피 뒤라이스; 29절)와 "문지기"(*θυρωρῷ* – 뒤로로; 34절). 복음서 기자는 종말 강화에 대한 결론적인 권면을 제시하기 위해 관련된 전승들인 28-29절, 30-31절, 32절을 결합했음이 분명하다(Gnilka, 2:205). 현재의 맥락 속에서 무화과나무의 비유는 깨어 있을 필요성을 예시하는 데 기여하고, 제자들이 깨어 있으면 종말이 빠르게 다가오는 것을 보여 주는 징조들을 알아차리게 될 것이라는 확신을 제공해 준다.

주석

예수는 제자들에게 "인자"가 돌아올 때를 알리는 징조들을 민감히 알아차려야 한다고 강조하신다(여기에는 "인자가 가까이 곧 문 앞에 있다"는 말에 함축되어 있다). "이 세대가 지나가기 전에 이 일이 다 이루리라"(30절)는 말씀은 9:1에 나오는 이와 비슷한 예언과 일맥상통한다("여기 섰는 사람 중에 죽기 전에 하나님의 나라가 권능으로 임하는 것을 볼 자들도 있느니라") – 물론 후자의 예언은 변화산 사건(9:2-8)을 통해서 부분적으로 성취되긴 했지만. 예수의 세대는 종말 강화에서 예언된 이런 일들을 볼 것이라고 생각했다. 이 예언들은 주후 1세기의 사건들 속에서 부분적으로 성취되었다. 그 세대는 성전의 멸망, 그리고 "인자"의 오심의 전조가 될 일부 징조들 또는 적어도 그런 징조들과 병행되는 사건들을 보았다. 그러나 예수의 세대는 "인자"의 오심을 보지도 못했고 하나님 나라의 완성도 보지 못했다. 이런 일들은 언제 일어날 것인가? 예수조차도 배제되고 있는 32절의 유보적인 말씀이 우리의 질문에 부분적으로 답해 준다: "그 날이나 시에 대해서는 아무도 모른다." 구약 선지자들의 예언들 중 다수의 경우에서처럼, 어떤 일들은 이미 일어났고, 어떤 일들은 아직 일어나지 않았다.

28 "무화과나무의 비유를 배우라 그 가지가 연하여지고 잎사귀를 내면 여름이 가까운 줄을 너희가 안다"(*ἀπὸ δὲ τῆς συκῆς μάθετε τὴν παραβολήν ὅταν ἤδη ὁ κλάδος αὐτῆς ἁπαλὸς γένηται καὶ ἐκφύῃ τὰ φύλλα, γινώσκετε ὅτι ἐγγὺς τὸ θέρος ἐστίν* – 아포 데 테스 쉬케스 마데테 텐 파라볼렌 호탄 에데 호 클라도스 아우테스 하팔로스 게네타이 카이 에크퓌에 타 퓔라 기노스케테 호티 엥귀스 토 데로스 에스틴). 이 비유의 원래의 맥락은 이제는 불분명하지만, 기본적인 의미는 아주 분명하다: 녹색의 싹들이 이루어지고 잎사귀들을 내기 시작하면, 사람들은 여름이 가깝다는 것을 안다. (토 데로스[*τὸ θέρος*]는 "수확기"를 의미하기도 하지만, 나무들이 방금 싹이 나서 잎사귀들을 내기 시작할 때 수확기가 가까운 것은 아니다: 그래서 "여름"으로 번역되었다.) 원래의 교훈은 하나님 나라의 도래(Ernst, 390) – 즉, 예수의 사역 같은 하나님 나라의 증거들이 그 나라가 빠르게 다가오고 있음을 보여 주었다 – 또는 산통의 시작을 보고(8절) 환난이 가까움을 안다는 의미에서 종말의 도래와 관련이 있었을 것이다.

무화과나무 비유가 마가복음 11:12-14, 20-21에 나오는 무화과나무에 대한 저주 사건과 어떤 식으로든 연관이 있지 않을까 생각할 수도 있다. 저주받은 무화과나무는 잎사귀들을 내어서 여름의 도래와 이른 무화과가 맺혀 있을 가능성을 보여 주었다. 그러나 그 무화과나무는 거짓 징조를 보여 주었고, 따라서 무화과나무 비유에서의 무화과나무의 교훈을 가르쳐 주지 못했다.

29 "이와 같이 너희가 이런 일이 일어나는 것을 보거든 그가 가까이 곧 문 앞에 이른 줄을 알라"(*οὕτως καὶ ὑμεῖς, ὅταν ἴδητε ταῦτα γινόμενα, γινώσκετε ὅτι ἐγγύς ἐστιν ἐπὶ θύραις* – 후토스 카이 휘메이스 호탄 이데테 타우타 기노메나 기노스케테 호티 엥귀스 에스틴 에피 뒤라이스). 일부 학자들은 이 절 전체가 편집에 의한 것이라고 생각하지만(Pesch, *Naherwartungen*, 179; Lambrecht, *Redaktion des Markus-Apokalypse*, 199), 오히려 전승을 가져와서 무화과나무 비유를 현재의 맥락에 맞는 의미로 개작한 것으로 보는 것이 더 나을 것 같다. 싹이 나는 무화과나무의 비유는 이제 "인자"의 오심에 관한 것이 되었다. 그러므로 에스틴(*ἐστιν*, "이다")의 함축된 주어는 "그", 즉 "인자"이거나 "그것", 즉 "인자"의 "오심"이다(26절). 칠십인역에서 "문 앞에"(*ἐπὶ θύραις* – 에피 뒤라이스)의 용례들에 대해서는 창세기 19:11; 잠언 9:14; 지혜서 19:17을 보라.

30 "내가 진실로 너희에게 말하노니 이 세대가 지나가기 전에 이 일들이 다 이루리라"(*ἀμὴν λέγω ὑμῖν ὅτι οὐ μὴ παρέλθῃ ἡ γενεὰ αὕτη μέχρις οὗ ταῦτα πάντα γένηται* – 아멘 레고 휘민 호티 우 메 파렐데 헤 게네아 하우테 메크리스 후 타우타 판타 게네타이). 뢰베스탐(Lövestam, Jesus and "This Generation," 102)은 신약에서는 거의 언제나 예수의 입에서 나오는 단어(마가복음의 다른 곳에서는 8:12을 보라)인 "이 세대"(*ἡ γενεὰ αὕτη* – 헤 게네아 하우테)는 히브리어 핫도르 핫제(הַזֶּה הַדּוֹר; 창 7:1)에서 온 것이라고 주장한다. 이 표현은 구약에서나 예수의 용례에서나 부정적인 맥락 또는 심판의 맥락 속에 등장한다. 예수 전승에서 여러 번 확인되고 초대 교회의 어법에는 없는 것을 볼 때, 뢰베스탐은 이 어구가 예수로부터 나왔다는 것이 "아주 확실하다"고 믿는다(*Jesus and "This Generation"*, 102). 나아가 뢰베스탐은 예수께서 이 표현을 사용하신다는 것은 그가 스스로를 종말론적인 구속자(救贖者)로 이해했음을 보여 주는 것이라고 결론을 내린다. 그럴지도 모르지만, 언어학적이고 맥락 및 전승상의 증거들은 이러한 결론에 무게를 실어 주지 않는다. 그러나 예수께서 이 어구를 사용하신 것은 적어도 그가 자신의 사명과 메시지를 이스라엘에 극히 중요한 것으로 이해했다는 것과 자신의 메시지에 대한 거부는 그의 백성에게 끔찍한 결과를 가져오리라는 것을 암시해 준다. 이러한 관념은 마가의 종말론에 부합하고, 예루살렘과 그 성전에 대하여 예언된 파국은 그 구체적인 적용이다. "이

세대"는 믿음으로 응답하는 것이 아니라 표적들을 요구하기 때문에(8:11-12) 하나님의 심판 아래 놓이게 된다(참조. 마 23:36=눅 11:51; Beasley-Murray, *Last Days*, 447).

문맥상으로 타우타 판타(*ταῦτα πάντα*, "이 모든 일들")는 종말 강화에 나오는 여러 예언들(5-27절; Gnilka, 2:205), "인자"의 오심과 그 때까지 일어나는 사건들을 가리킨다(Hahn, "Die Rede von der Parusie," 247). 예수는 이 모든 일들이 한 세대 안에 이루어질 것이라고 생각한다(Grundmann, 365; Lane, 480; Gnilka, 2:206). 아멘(*ἀμήν*, "진실로")에 관해서는 9:1에 대한 "주석"을 보라.

31 "천지는 없어지겠으나 내 말은 없어지지 아니하리라"(*ὁ οὐρανὸς καὶ ἡ γῆ παρελεύσονται, οἱ δὲ λόγοι μου οὐ μὴ παρελεύσονται* – 호 우라노스 카이 헤게 파렐류손타이 호이 데 로고이 무 우 메 파렐류손타이). 해석자들은 이 말씀의 기원을 놓고 의견이 갈린다. 어떤 학자들은 이 말씀이 종말 강화의 원래의 결론부라고 주장하고(예를 들면, Hahn, "Die Rede von ddder Parusie," 243; Pesch, 2:304, 309), 어떤 학자들은 이 말씀이 독립적인 말씀이었다고 주장한다(예를 들어, Wellhausen, 107; Rawlinson, 192; Schniewind, 176; Lohmeyer, 280; Taylor, 521; Cranfield, 410; Grundmann, 260). 이 강화, 특히 그 마지막 부분들이 여러 전승들을 합성한 성격을 지닌다는 점을 고려하면, 이 문제를 어느 정도 확실하게 규명하기는 불가능하다.

하나님의 영원한 말씀과 일시적인 피조 질서 간의 대비는 구약에서 발견된다(예를 들어, 사 40:6-8; 51:6; 시 102:25-27). 그러나 영원한 것은 인간의 말이 아니라 하나님의 말씀뿐이다. 후대의 유대교 문헌들에서는 토라의 영원성이 강조된다(예를 들어, Bar 4:1; Wis 18:4; 4 Ezra 9:36-37). 예수께서 토라와 관련하여 이와 비슷한 표현을 사용하셨다는 것을 생각하면, 예수의 이 말씀은 더욱 주목할 만하다: "진실로 너희에게 이르노니 천지가 없어지기 전에는 율법의 일점 일획이라도 반드시 없어지지 아니하고 다 이루리라"(마 5:18; 참조. 눅 16:17; 둘 다 Q에 속하는 마태 본문과 누가 본문의 관계에 대해서는 Lambrecht, *Redaktion des Markus-Apokalypse*, 220를 보라). 에른스트(Ernst, 390)는 이 말씀이 이사야 40:8 같은 구약 본문들을 토대로 초대 교회의 한 예언자가 쓴 것이라고 생각한다. 일부 학자들은 이 말씀이 Q에 의존하고 있다고 주장한다(예를 들어, Lambrecht, *Redaktion des Markus-Apokalypse*, 221; Schweizer, 279). 그러나 예수께서 자신의 말을 토라에 나오는 말씀과 대등한 것으로 보셨을 리 없다는 의구심을 토대로 한 이러한 견해에 반대하여, 비슬리 머레이(Beasley-Murray, *Last Days*, 451)는 예수가 자신이 하나님으로부터 받은 자신의 메시지를 하나님께서 모세에게 주신 토라와 동일한 권위를 갖는 것으로 보셨을 가능성이 충분하다고 응수한다. 우리는 예수께서 휩쓸리시게 된 논쟁들 중 일부는 토라의 권위와 관련된 예수의 권위에 관한 문제였다는 것을 기억해야 한다(예를 들어, 막 2:23-28; 3:1-6; 참조. 마 5:21-48). 큄멜(Kümmel, *Prophecy and Fulfilment*, 91)은 이 말씀을 초대 교회의 창작으로 볼 이유를 전혀 발견하지 못한다.

예수의 "말"(*λόγοι* - 로고이)은 무엇을 가리키는가? 그것은 앞에 나오는 모든 것(5-30절)을 가리킨다고 할 수 있다. 그것은 예수의 가르침 전체를 가리킨다고 할 수도 있다(Cranfield, 410; Gnilka, 2:206; 본문이 초대 교회의 한 예언자의 말이라면 특히 그럴 가능성이 높지만, 진정한 예수 전승이라면 그럴 가능성은 희박하다). 그러나 그것은 예수께서 "내가 진실로 너희에게 말하노니 이 세대가 지나가기 전에 이 일이 다 이루리라"(30절)고 단언한 바로 앞 절만을 가리킬 수도 있다. 그 무조건적인 예언을 뒷받침하기 위하여 예수는 31절에서 또 한 번 단언하신다는 것이다: "천지는 없어지겠으나 내 말은 없어지지 아니하리라." 그러므로 일반적인 의미에서 31절은 하나님 나라에 관한 예수의 전반적인 선포에 적용되지만(Lohmeyer, 282), 현재의 맥락 속에서는 일차적으로 30절을 가리킨다고 하겠다.

32 "그러나 그 날이나 시는 아무도 모르나니 하늘에 있는 천사들도 아들도 모르고 아버지만 아시느니라"(*περὶ δὲ τῆς ἡμέρας ἐκείνης ἢ τῆς ὥρας οὐδεὶς οἶδεν, οὐδὲ οἱ ἄγγελοι ἐν οὐρανῷ οὐδὲ ὁ υἱός, εἰ μὴ ὁ πατήρ* - 페리 데 테스 헤메라스 에케이네스 에 테스 호라스 우데이스 오이덴 우데 호이 앙겔로이 엔 우라노 우데 호 휘오스 에이 메 호 파테르). 이 말씀에 의하면, 종말의 "그 날"이 언제 올지는 아무도 모르고 심지어 "아들"조차도 모른다. 이렇게 아들이 포함된 것은 원시 그리스도인들에게는 당혹스러운 일이었다 - 그래서 일부 사본들은 마태의 병행본문에서 이 단어를 빼버렸고, 누가는 아예 이 절 전체를 누락시켰으며, 요한은 예수께서 모든 것을 알았다는 것을 분명하게 밝힌다; 참조. 요 5:6; 6:6; 8:14; 9:3; 11:11-15; 13:1-3, 11). 이 모든 것들은 마가복음 13:32의 말씀이 초대 교회가 아니라 예수에게로 소급된다는 것을 보여 준다(Meier, *Marginal Jew*, 169를 보라). 불트만(*History*, 123)은 이 절을 유대인들이 쓰던 말로 보고, 여기에 후대의 그리스도인이 "아들도 모르고 아버지만"(*οὐδὲ ὁ υἱός, εἰ μὴ ὁ πατήρ* - 우데 호 휘오스 에이 메 호 파테르)이라는 어구를 덧붙였다고 생각한다(참조. "아무도 모른다"는 단순했던 말이 "아무도 모르나니 하늘에 있는 천사들도 아들도 모르고"로 삼중적인 부정으로 확대되었다고 주장하는 Ernst, 390). 이러한 주장들은 터무니없다. 무슨 이유로 후대의 그리

스도인이 예수께서 천사들과 함께 그 날이나 시를 모른다고 인정하는 말을 방금 자기 말은 하나님의 말씀과 동일하게 영원하다고 한 절에 덧붙였겠는가? 그러므로 자기도 모른다는 예수의 말씀은 이 말씀의 진정성을 강력하게 보여 준다고 할 수 있다(Cranfield, 410-11; Grundmann, 366).

유대 성경 및 전승에서는 하나님께서 장래를 포함한 모든 것을 아신다고 믿는다(예를 들어, 사 46:10; 슥 14:7; 4 Ezra 4:51-52; *2 Bar.* 21:8). 또한 인간, 아니 천사들조차도 장래를 알지 못하고 알 수도 없다는 전승들도 있다(에스라가 종말에 자기가 살아 있겠느냐고 묻자 천사가 "나는 모르겠다"고 한 4 Ezra 4:44-52; 시편 기자가 하나님께 "하나님이시여, 저희를 위해 다윗의 자손 왕을 일으키셔서 주께서 정하신 때 주의 종 이스라엘을 다스리게 하소서"라고 간구하는 *Pss. Sol.* 17:21을 보라; 또한 하나님께 드리는 기도에서 "주만이 홀로 종말이 이르기 전에 그 때를 아시나이다"라고 말하는 *2 Bar.* 21:8을 보라). 메시아의 통치 기간에 관한 논의에서(*b. Sanh.* 99a) 랍비 시몬 벤 라키쉬(Simon ben Laqish)는 이사야 63:4("이는 내 원수 갚는 날이 내 마음에 있고 내 구속할 해가 왔으나")에 비추어 보건대 하나님은 종말과 관련된 계획들을 천사들에게 밝히지 않으셨기 때문에 이 날은 아무도 모르고 오직 하나님만이 아신다고 말한다. 출애굽기 16:28-36에 대한 메킬타(*Mek.* [*Wayyassa*ʿ §6])에 의하면, "다윗 가문의 나라가 언제 그 예전의 지위로 회복될지, 이 악한 나라[즉, 로마]가 언제 전복될지는 아무도 모른다." 그닐카(Gnilka, 2:206)는 "또는 시(時)"(*ἢ τῆς ὥρας* – 에 테스 호라스)는 종말론적 열광주의 및 무언가를 예측하려는 성향을 막기 위한 의도로 덧붙여진 어구라고 생각한다. 그럴 수도 있겠다.

"그 날"(*τῆς ἡμέρας ἐκείνης* – 테스 헤메라스 에케이네스)은 공관복음서에서 딱 한 번 사용된 구약의 관용어구로서(예를 들어, 사 2:12; 렘 46:10; 겔 13:5; 암 5:18-20; 습 1:7; 슥 14:1) 종말이 돌연히 올 것임을 강조함과 동시에(Lohmeyer, 283; Taylor, 522) 천사들을 대동하고 "인자"가 오실 것을 가리키는 말이다(Lührmann, 225; Pesch, 2:310).

예수와 하나님의 천사들이 종말이 언제 올지를 모른다면, 그의 제자들이나 자칭 선지자들이 모를 것은 당연지사이다(33절을 보라). 때를 알 수 없기 때문에 더욱더 깨어서 대비할 필요가 있다. 마가복음 기자는 종말 기대를 굳건히 붙들어야 한다고 말하면서도 이와 동시에 종말이 언제 올 것인지를 계산하지 말라고 날카롭게 경고한다(Pesch, 2:311).

해설

종말 강화가 결론부에 다다르자, 예수는 일련의 비유들, 경고들, 권면들을 덧붙이신다. 다가오는 종말은 여름이 다가올 때 싹을 내는 무화과나무에 비유된다. 무화과나무가 잎사귀들을 내는 것은 종말이 가까웠다는 것을 보여 주는 것이다. 그러나 종말의 정확한 때는 아무도 예측할 수가 없다. 사람이 예측할 수 없는 것은 물론이지만, 천사들 또는 하나님의 아들인 예수조차도 그 때를 알지 못한다. 그러므로 종말은 멀리 출타했다가 예고 없이 갑자기 되돌아오는 사람과 같다(34절; 위를 보라). 따라서 예수를 따르는 자들은 깨어서 대비를 해야 한다.

그러나 종말 강화 전체에 걸친 예수의 예언들이 깜짝 놀래키는 것들이었듯이, 예수는 "천지는 없어지겠으나 내 말은 없어지지 아니하리라"는 선언으로써 제자들을 다시 한 번 놀래키신다. 예수는 자신의 메시지, 여기서는 특히 그의 예언이 "이 세대" 안에 성취될 것의 확실성에 관한 그의 가르침을 토라 자체, 그러니까 하나님의 말씀과 동등한 것으로 보신다. 로마의 티투스(Titus) 장군이 예루살렘 도성을 포위했고 거룩한 도성 및 저 유명한 성전의 파국에 관한 예수의 서글픈 예언이 문자 그대로 성취되려는 찰나에 있음을 알고 있는 마가복음의 독자들은 예수의 예언 능력 및 하나님의 계획의 궁극적인 성취에 대한 확신에 두려운 생각마저 들었을 것이다. 때가 악한 만큼, 예수를 따르는 무리는 그들의 스승의 말씀 속에서 위로를 얻을 수 있었을 것이다.

6) **깨어 있으라**(13:33-37)

본 문

33 주의하라 깨어 있으라 그 때가 언제인지 알지 못함이니라

34 가령 사람이 집을 떠나 타국으로 갈 때에 그 종들에게 권한을 주어 각각 사무를 맡기며 문지기에게 깨어 있으라 명함과 같으니

33 "Watch out,[a] be alert;[b] for you do not know[c] when the time is.

34 [It is][d] like a man on a journey, leaving his home and giving authority to his servants, to each one his work, and he gave orders to the doorkeeper that he should keep watch.

35 그러므로 깨어 있으라 집 주인이 언제 올는지 혹 저물 때엘는지 밤중엘는지 닭 울 때엘는지 새벽엘는지 너희가 알지 못함이라

35 Watch, there fore – for you do not know[e] when[f] the lord of the house comes, whether it be evening, or the middle of the night, or at cockcrowing, or early in the morning –

36 그가 홀연히 와서 너희의 자는 것을 보지 않도록 하라

36 lest coming suddenly, he should find you[g] sleeping.

37 깨어 있으라 내가 너희에게 하는 이 말이 모든 사람에게 하는 말이니라 하시니라

37 But what I say to you, I say to all: Watch!"

원문주해

a. D사본과 몇몇 후대의 권위 있는 사본들은 운(οὖν, "그러므로")을 첨가한다.

b. ℵ, C, L, W사본과 많은 후대의 사본들 및 권위 있는 사본들은 카이 프로슈케스데(καὶ προσεύχεσθε, "그리고 기도하라")를 첨가한다.

c. W사본은 에이 메 호 파테르 카이 호 휘오스(εἰ μὴ ὁ πατήρ καὶ ὁ υἱός, "아버지와 아들 외에는")를 첨가한다.

d. 괄호 안에 있는 단어들은 역자가 덧붙인 것들이다.

e. 몇몇 후대의 라틴어 사본들은 퀴아 네스키티스(*quia nescitis*, "너희가 필요한 것")를 첨가한다.

f. 몇몇 후대의 사본들은 포이아 호라(ποίᾳ ὥρᾳ, "몇 시에")로 읽는다.

g. 몇몇 후대의 사본들은 헤마스(ἡμᾶς, "우리")로 읽는다.

양식/구조/배경

불트만(Bultmann, *History*, 119)은 마가복음 13:33-37이 "체계적으로 저작된 글이 아니다"라고 말한다. 그는 33절을 마가의 편집구(編輯句)로 보지만, 34-35a절은 옛 전승으로부터 온 요소이고 35b절은 알레고리적인 확장이라고 생각한다(*History*, 174). 디벨리우스(Dibelius, *Tradition*, 212-3)는 35절을 전승에서 온 것으로 보지만, 상반절과 하반절을 다르게 취급한다. 테일러(Taylor, 524)는 이 단락을 "몇몇 비유들에 대한 해설식 반영"으로 본다(34절에 대한 "주석"을 보라). 왜 불트만이 33-37절을 체계가 없는 글로 보았는지는 분명치 않다. 이 단락이 복음서 기자에 의해 편집되고 그 맥락이 재설정되었을 가능성은 높다(37절이 그 가장 유력한 후보가 될 것이다: Schmid, 245). 그러나 이 단락은 대체로 "깨어 있으라!"는 앞뒤와 중간에 끼여들어 간 진정성 있는 비유(느닷없이 "~와 같다"[ὡς – 호스]는 말로 시작하는 것은 유대적인 비유들에서 전형적이다)인 것으로 보인다. 문체도 진정한 예수 전승의 특징

인 독창성과 자발성의 냄새를 풍긴다. 35절은 모든 종들이 밤새도록 안 자고 대기하고 있어야 한다는 뜻을 내포하고 있기 때문에 이 비유와 잘 맞지 않는다는 불트만의 견해(*History*, 174)는 비유에 대하여 지나친 사실성(事實性)을 요구하고 있는 것이다. 물론 실제에서는 종들이 번갈아 불침번을 서지, 모두가 밤새도록 대기하지는 않는다. 그러나 그런 식으로 현실이라는 잣대를 들이대면 비유의 의미는 손상되고 만다(다른 비유들도 마찬가지다). 이유가 무엇이든, 종들은 때와 상관없이 주인이 돌아올 때 시중을 들기 위해 깨어서 준비하고 있어야 한다. "혹 저물 때엘는지 밤중엘는지 닭 울 때엘는지 새벽엘는지"와 같이 중첩적인 표현의 사용은 이 비유에 생생함과 다채로움을 더해 줌과 동시에 그 취지를 강화시키는 역할을 한다: 언제라도 깨어 있는 것을 멈추어서는 안 된다.

맨슨(Manson, *Teaching*, 262 n. 1)은 32-37절이 "4절에서 제기된 질문에 대한 예수의 원래의 답변"이라고 생각한다. 그러고 나서 그는 "소묵시록"은 5절에서 31절까지로 끝난다고 주장한다. 5-31절을 묵시록으로 분류한 것은 제쳐두고(이러한 입장의 문제점들에 대해서는 13:1-37에 대한 "양식/구조/배경"을 보라). 맨슨의 제안은 장점이 있긴 하지만, 5-31(32)절을 제 위치에 있지 않는 것으로, 또 제자들에 대한 예수의 답변의 일부가 아닌 것으로 볼 만한 설득력 있는 근거가 실제로는 없다. 성전 멸망에 관한 예언(2절) 및 그 사건이 불시에 느닷없이 닥칠 것이기 때문에 깨어 있으라는 경고들(9, 23절과 현재 논의중인 단락)은 그만두고라도, 예수는 장래에 관해서는 일체 다른 말씀을 하시지 않았단 말인가? 사역 초기부터 곧 도래할 하나님 나라와 사회 질서의 근본적인 변화를 선포했던 예수께서 장래에 있을 많은 일들을 아울러 예고했다고 보는 것이 더 자연스럽지 않을까? "이런 일들"이 언제 일어나며 그 일들이 이루려 할 때 어떤 징조들이 있겠느냐는 질문을 받았을 때(4절), 예수는 직접적이거나 즉각적으로는 아니라 할지라도 이에 대답하셨을 것이다. 이렇게 예수의 대답이 간접적이 된 것은 부분적으로는 전승이 전해져 오는 과정에서 발전을 해왔다는 것과 유대 봉기 및 주후 69년의 예루살렘에 대한 로마군의 위협에 비추어서 복음서 기자가 전승을 편집한 것에 기인할 것이다. 그러나 종말 강화는 전체적으로 통일성이 있고, 상당한 부분이 진정한 예수 전승일 가능성이 크다.

에른스트(Ernst, 392)는 33-37절을 깨어 있으라는 세 번의 권고를 토대로 한 종말론적인 권면(parenesis)으로 본다. 그러나 이 단락은 깨어 있어야 함을 강조하는 비유로 보는 것이 더 낫다. 깨어 있으라는 세 번에 걸친 권고는 비유의 통일성을 손상시키지 않는다. 페쉬(Pesch, 2:313)는 이 비유를 전승에서 온 것으로 바르게 보고 있다-하지만 그는 33절을 대체로 편집된 것이라고 생각한다(28a절이 28b절의 비유에 대하여 그런 것처럼; 또한 Schmid, 245를 보라). 이 비유는 종말 강화의 결론부 역할을 하지만(Lohmeyer, 284), 이렇게 종말 강화를 마무리하면서 제자들의 질문에 답하는 것이기도 하다.

주석

33 "주의하라 깨어 있으라 그 때가 언제인지 알지 못함이니라"(*βλέπετε, ἀγρυπνεῖτε· οὐκ οἴδατε γὰρ πότε ὁ καιρός ἐστιν*-블레페테 아그륍네이테 우크 오이다테 가르 포테 호 카이로스 에스틴). 제자들은 종말의 때와 "인자"의 오실 때를 알지 못하기 때문에, 주의하고 깨어 있어야 한다. "때"(*καιρός*-카이로스)는 최후의 절정, "멸망의 가증한 것"(14절)이라는 큰 위험, "인자"의 돌연한 출현(26절) 등과 관련되어 있다. 그닐카(Gnilka, 2:209)는 기본적으로 "잠을 자지 않는다"는 것을 의미하는 아그륍네이테(*ἀγρυπνεῖτε*, "깨어 있으라)가 지혜 용어라고 생각한다(참조. LXX 욥 21:32; 잠 8:34; Wis 6:15; Sir 36:16; 신약에서는 눅 23:36; 엡 6:18; 히 13:17). 그럴 수도 있지만, 이 단어는 어떤 것을 계속 감시하거나 보호한다는 의미로 사용된다(LXX 삼하 12:21; 스 8:29; 시 136[127]:1; 욥 21:32). 아그륍네이테(*ἀγρυπνεῖτε*)는 전승에서 온 것이라는 로마이어(Lohmeyer, 284)의 견해는 옳다. 왜냐하면 복음서 기자의 것이라면 그가 좋아하는 그레고레이테(*γρηγορεῖτε*, "깨어 있으라")라는 단어를 사용했을 것이기 때문이다. 페쉬(Pesch, 2:314)는 이 단어가 전승에서 왔다는 데는 동의하지만 원래 이 비유의 도입구는 아니었다고 본다.

34 "[이는] 사람이 집을 떠나 타국으로 갈 때에 그 종들에게 권한을 주어 각각 사무를 맡기며 문지기에게 깨어 있으라 명함과 같으니라"(*ὡς ἄνθρωπος ἀπόδημος ἀφεὶς τὴν οἰκίαν αὐτοῦ καὶ δοὺς τοῖς δούλοις αὐτοῦ τὴν ἐξουσίαν ἑκάστῳ τὸ ἔργον αὐτοῦ καὶ τῷ θυρωρῷ ἐνετείλατο ἵνα γρηγορῇ*-호스 안드로포스 아포데모스 아페이스 텐 오이키안 아우투 카이 두스 토이스 둘로이스 아우투 텐 엑수시안 헤카스토 토 에르곤 아우투 카이 토 뒤로로 에네테일라토 히나 그레고레). 이 먼 길을 떠나는 사람의 비유는 마태복음 24:45-51 또는 누가복음 12:35-40에 나오는 좀더 긴 비유를 연상시키는데, 아마 이 둘 중 하나의 축약된 형태인지도 모르겠다(복음서 기자 또는 예수 자신에 의해 축약된). 먼 길을 떠나는 이 사람이 왜 자기 종들에게 깨어 있으라고 당부하는지에 대한 이유는 나와 있지 않다. 하지만 청중이

이 비유의 취지를 이해하는 데는 그러한 이유가 필요 없다. 이 사람은 종들에게 깨어 있으라고 당부했다. 그는 종들이 그렇게 하리라고 기대한다.

로마이어(Lohmeyer, 285)는 복수형 "종들"(*δούλοις* – 둘로이스)이 마가 공동체를 가리킨다고 생각한다. 그러나 왜 복수형 "종들"이 예수께서 이 비유를 처음으로 말씀하신 상대인 제자들을 가리키는 것으로 보지는 않는가? 당연히 후대의 마가복음 독자들과 청중들은 이 비유에 나오는 종들을 자신들과 동일시하게 될 것이다. 그러나 복수형 "종들"을 이 본문이 이차적임을 보여 주는 지표라고 생각할 이유는 전혀 없다. 스웨트(Swete, 317)는 종들이 사도들이고 문지기가 사도직이라고 본다(요 10:3을 근거로). 터너(Turner, 65)는 베드로를 가리킨다고 생각한다. 이러한 견해들은 아무런 근거도 없는 알레고리화에 불과하다. 뤼르만(Lührmann, 225)의 견해와는 반대로, 이 비유는 공동체의 상황을 반영하도록 알레고리화된 것이 아니다. 이 비유를 알레고리화할 필요는 전혀 없다. 이 비유가 예수의 제자들에게 적용된다면, 또한 계속해서 예수의 추종자들에게 적용되는 것은 당연한 일이기 때문이다.

35 "그러므로 깨어 있으라 집주인이 언제 올는지 너희가 알지 못함이라"(*γρηγορεῖτε οὖν· οὐκ οἴδατε γὰρ πότε ὁ κύριος τῆς οἰκίας ἔρχεται* – 그레고레이테 운 우크 오이다테 가르 포테 호 퀴리오스 테스 오이키아스 에르케타이). 34절에 나오는 그 사람의 정체가 여기서 비로소 "집주인"(*ὁ κύριος τῆς οἰκίας* – 호 퀴리오스 테스 오이키아스)으로 밝혀지지만, 그가 권한을 "그의"(*αὐτοῦ* – 아우투) 종들에게 위임하고 문지기에게 지시하는 것으로 보아서 집주인이라는 것은 이미 분명히 밝혀져 있었던 셈이다. 예수는 비유를 갑자기 중단하고 제자들에게 깨어 있으라고 당부하신 후에 "집주인이 언제 올는지는 '그들이' 알지 못함이라"고 3인칭으로 말해야 할 것을 "집주인이 언제 올는지 '너희가' 알지 못함이라"고 2인칭으로 변경하신다. 이와 같이 비유를 말하면서 권면을 섞어서 얘기한다는 것은 이야기의 생생함과 긴박성과 아울러 이 비유의 적용 가능성도 보여 준다. 예수는 제자들이 이 비유의 취지를 놓치지 않도록 새삼 강조해 두시고자 하는 것이다: "집주인이 언제 올는지 너희가 알지 못한다." 그러므로 "깨어 있으라!"

"저물 때엘는지 밤중엘는지 닭 울 때엘는지 새벽엘는지"(*ἢ ὀψὲ ἢ μεσονύκτιον ἢ ἀλεκτοροφωνίας ἢ πρωΐ* – 에 옵세 에 메소뉘크티온 에 알렉토로포니아스 에 프로이). 밤의 네 경점(更點)은 로마의 관습과 일치한다(Josephus, *Ant.* 5.6.5 §223, "사경쯤에"; Taylor, 524; Cranfield, 412). 여기에 나오는 자세한 서술은 이차적인 본문도 아니고, 알레고리적인 의미도 갖고 있지 않다. 이것들은 이 비유의 취지, 즉 항상 깨어 있어야 할 필요성을 강조한다. 방심할 시간은 없다.

36 "그가 홀연히 와서 너희의 자는 것을 보지 않도록 하라"(*μὴ ἐλθὼν ἐξαίφνης εὕρῃ ὑμᾶς καθεύδοντας* – 메 엘돈 엑사이프네스 휴레 휘마스 카듀돈타스). 잠자고 있는 것을 들키면 주인의 지시에 따르지 않았다는 것이 들통나는 것이다. 그것은 잘 봐줘도 직무유기이고 불충(不忠)이 될 수도 있다. 그런데 황당하게도 예수께서 겟세마네 동산에서 기도하시는 동안 제자들은 잠자고 있다가 들킨다(14:32-39). "깨어 기도하라"(14:34, 38)는 권면에도 불구하고, 제자들은 세 번이나 잠에 빠진다(14:37, 40, 41). 마가복음 이야기에는 나오지 않지만, 독자들은 예수께서 잡히실 때 제자들이 형편없이 행동한 것은 예수께서 앞서 당부하셨던 대로 그들이 깨어서 기도하지 못했기 때문은 아닌가 생각하게 된다. 제자들은 깨어서 주의하고 있는 대신 졸았다. 위험이 갑자기 그들에게 닥쳐왔을 때, 그들은 공포에 질려서 그들의 주인을 버린다. 이렇게 해서 제자들은 마가복음의 독자들에게 못 잊을 교훈, 즉 종말 강화의 결론부에 나오는 가르침을 잘 예시해 주고 주의하고 깨어 있으라는 권면을 반복할 필요가 있었음을 보여 주는 교훈을 우리에게 제공해 준다.

37 "내가 너희에게 하는 이 말이 모든 사람에게 하는 말이니라 깨어 있으라!"(*ὃ δὲ ὑμῖν λέγω πᾶσιν λέγω, γρηγορεῖτε* – 호 데 휘민 레고 파신 레고 그레고레이테). 이 절은 예수의 경고를 제자들뿐만 아니라 공동체 모두에게 적용될 수 있도록 하기 위해 후대에 첨가된 구절일 것이다(Cranfield, 412: "깨어 있으라는 명령은 단지 네 제자에게만이 아니라 열두 제자 중 나머지와 로마 교회의 마가복음 독자들, 종말에 사는 온 교회를 향한 것이다"). 맨 마지막의 깨어 있으라는 권면으로 37절은 종말 강화 전체를 인상 깊게 마무리한다.

해설

주의하라는 예수의 경고는 깨어 있어야 할 것을 다루는 비유와 거기에서 도출될 수 있는 교훈들을 통해 예시된다(33-37절). 예수께서 "인자"의 오실 날이나 시를 아무도 모른다고 단언한 32절과 함께 고려하면, 이 단락에서의 주된 교훈은 그리스도인들은 재림의 때를 계산하는 데 몰두하지 말고 오직 깨어서 대비해야 한다는 것이다. 그 날이 결국은 오게 될 것임을 아는 것으로 충분하고, 그 날은 예측될 수 없다. 그리스도인들은 그들의 주(主)의 사역을 계속하고 그의 말씀을 신실하게 지키며 정신을 바짝 차리고 깨어 있어야 한다.

VIII. 예수의 수난과 부활(14:1-16:20)

참고문헌

Pesch, R. "Die Überlieferung der Passion Jesu." In *Rückfrage nach Jesus.* Ed. K. Kertelge. QD 63. Freiburg: Herder, 1974. 148-73. **Soards, M. L.** "Oral Tradition Before, In, and Outside Canonical Passion Narratives." In *Jesus and the Oral Gospel Tradition.* Ed. H. Wansbrough. JSNTSup 64. Sheffield: JSOT Press, 1991. 334-40.

Bibliography on the Markan Passion Narrative
Donahue, J. R. "Introduction: From Passion Traditions to Passion Narrative." In *The Passion in Mark: Studies on Mark 14-16.* Ed. W. Kelber. Philadelphia: Fortress, 1976. 1-20, esp. 8-16. **Kelber, W.** "Conclusion: From Passion Narrative to Gospel." In *The Passion in Mark: Studies on Mark 14-16.* Ed. W. Kelber. Philadelphia: Fortress, 1976. 153-80. ______. *The Oral and Written Gospel.* Philadelphia: Fortress, 1983. 184-99. **Kuhn, K. G.** "Jesus in Gethsemane." *EvT* 12(1952-53) 260-85. **Pesch, R.** "Der Schluss der vormarkinischen Passionsgeschichte und des Markusevangeliums: Mk 15, 42-16,8." In *L'Évangile selon Marc: Tradition et rédaction.* Ed. M. Sabbe. BETL 34. Gembloux: Duculot; Leuven: Leuven UP, 1974. 365-409.

서론

마가의 수난 이야기는 "복음서에서 가장 치밀하게 다듬어진 본문"이다(Taylor, 524). 마가복음에서 이 이야기와 비할 수 있는 것은 없다. 가버나움에서의 하루도 몇 개의 짤막한 단화(單話)들로 이루어져 있을 뿐이다(1:21-34, 아마도 1:35-45도 포함될 것이다). 이와는 대조적으로 수난 이야기는 예루살렘과 그 주변, 특히 성전 경내와 연관되어 있는 많은 사건들을 포함해서 일련의 긴밀하게 연결된 사건들로 되어 있다. 양식비평학자들은 오래 전에 수난 이야기의 통일성을 인정해 왔다(참조. Dibelius, *Tradition*, 178-217; Schmid, *Rahmen*, 303-6; Bultmann, *History*, 262-84; Taylor, *Formation*, 44-62). 최근 수년 동안에는 이에 반대하는 목소리도 나왔지만(예를 들어, Donahue, *Are You the Christ?*; id., "From Passion Traditions to Passion Narrative"; Kelber, *Oral and Written Gospel*; id., "From Passion Narrative to Gospel"; Mack, *Myth of Innocence*; Matera, *Passion Narratives*; Schille, *ZTK* 52[1955] 161

-205), 대다수의 학자들은 여전히 마가복음 14-15장의 근저에는 마가 이전의 수난 이야기(특히 Pesch, *Evangelium der Urgemeinde*; id., "Der Schluss der vormarkinischen Passionsgeschte"; id., "Die Überliferung der Passion Jesu") 또는 두 개의 수난 자료(K. G. Kuhn, *EvT* 12[1952-53] 260-85 등을 비롯한 여러 학자들; 이들은 특히 겟세마네 이야기를 주목한다; 14:32-42에 대한 "주석"을 보라)가 존재한다고 믿는다.

어느 부분이 자료이고 어느 부분이 편집이냐에 관한 제안들은 아주 많고 흔히 서로 상반된다. 디벨리우스(*Tradition*, 178-217)는 복음서 기자가 수난에 관한 자신의 자료에 다섯 개의 이야기를 첨가했다고 믿는다: 기름부음을 받음(14:3-9), 유월절 준비(14:12-16), 겟세마네 이야기의 일부(14:39-42), 제사장들 앞에서의 심문의 일부(14:59-65), 빈 무덤에 관한 이야기(16:1-8). 불트만(*History*, 262-84)은 베드로에 관한 세부적인 내용들과 이야기들 – 대제사장 집으로 간 일과 세 번 부인한 일 – 그리고 제사장들의 음모(14:1-2), 기름부음을 받음(14:3-9), 유다의 배신(14:10-11), 성찬의 제정(14:22-25), 겟세마네 이야기(14:32-42), 제사장들 앞에서의 심문(14:55-64), 군병들의 조롱(15:16-20a), 십자가 앞의 여인들(15:40-41), 장사지냄(15:42-47) 같은 단락들을 복음서 기자가 첨가했다고 믿는다. 테일러(Taylor, 653-54)는 수난 이야기에 관한 원시 "로마 전승"이 14:1-2, 10-11, 17-21, 26-31, 43-46, 53a; 15:1, 3-5, 15, 21-24, 26, 29-30, 34-37, 39, 42-46로 이루어져 있었다고 본다. 테일러(653-64)는 마가의 수난 이야기가 기본적으로 두 단계를 거쳐서 형성되었다고 생각한다. 첫째, 자료를 비셈어적이고 로마적으로 요약하는 작업이 지속적으로 이루어졌다. 둘째, 이 자료는 많은 셈어적인 특징들을 보여 주는 몇몇 독립적인 원시 전승들로 보충되었다. 테일러는 "로마식의 십자가 이야기는 베드로 전승과 꼭 필요했던 편집적 보충들에 의해서 확대되었다"(663-64)고 결론을 내린다. 정경 이외의 복음서들 및 자료들을 고려한 수난 전승들에 관한 최근의 평가에 대해서는 M. L. Soards, "Oral Tradition"을 보라.

예수의 수난은 신속하게 절정에 도달한다. 예수의 수난 이야기는 "이틀이 지나면 유월절과 무교절이라"(14:1a)는 연대 표기 및 "대제사장들과 서기관들이 예수를 궤계로 잡아죽일 방책을 구하였다"(14:1b)는 불길한 설명으로 시작된다. 이 개시절들을 통해서 배경이 설정된다. 독자들은 시기 – 출애굽을 기념하여 지키는 거룩한 절기인 유월절 – 를 알고, 대적들 – 유월절을 관장하는 제사장들 – 의 살인 음모라는 수난 이야기를 이끄는 주제를 소개받는다. 일련의 중요한 사건들은 신속하게 전개되기 시작한다. 예수는 한 여인에 의해 기름부음을 받으시고(14:3-9), 유다는 예수를 배신하기로 결심하며(14:10-11), 예수와 제자들은 유월절을 지키고(14:12-26), 예수는 기도하시며(14:27-42), 체포되신다(14:43-52). 예수께서 대제사장들과 유대 공회 의원들 앞에 서시고(14:53-65), 베드로는 예수를 부인하며(14:66-72), 예수는 빌라도 앞에서 심문을 받으시고(15:1-15), 십자가에 못 박히신 후(15:16-41), 장사 지낸 바 되시는 것(15:42-47)으로 수난은 끝이 난다. 그런 다음에 마가복음 이야기는 빈 무덤의 발견 및 예수께서 다시 살아나셨다는 메시지라는 극적인 내용(16:1-8)으로 끝난다.

마가의 수난 이야기는 예수를 그에게 정해진 운명을 따라가는 것으로 묘사한다. 예수의 행위들은 의도적이며 어쩔 수 없는 것들이다. 그분은 자기가 죽음에 처해져야 하고 그의 죽음은 "많은 사람을 위한" 것임을 안다(14:24; 참조. 10:45). 예수는 죽고 싶은 마음이 있는 것은 아니지만 자신의 운명을 기꺼이 받아들이신다(14:34-36). 로마는 예수가 죽을 때조차도 "이 사람은 진실로 하나님의 아들이었도다"(15:39)라고 인정하지 않을 수 없다. 예수는 로마 세계로부터 존경과 숭앙을 받아야 할 대단한 인물을 거세한다(복음서들의 수난 이야기들에 관한 주요한 연구에 대해서는 Brown, *Death of the Messiah*[위의 "총괄 참고문헌"]를 보라.

1. 예수를 죽이려는 음모(14:1-2)

본 문

1 이틀이 지나면 유월절과 무교절이라 대제사장들과 서기관들이 예수를 궤계로 잡아 죽일 방책을 구하며	1 It was now two days before the Passover and the Festival of Unleavened Bread.[a] And the ruling priests and the scribes[b] were seeking how, taking him[c] by stealth,[d] they might kill him;
2 가로되 민요가 날까 하노니 명절에는 말자 하더라	2 for they were saying, "Not during the feast, lest there will be a riot of the people."[e]

원문주해

a. 문자적으로는 "이틀 후면 유월절과 무교절이었다." 메타 뒤오 헤메라스(*μετὰ δύο ἡμέρας*, "이틀 후에")=엔 테 트리테 헤메라(*ἐν τῇ τρίτῃ ἡμέρᾳ*, "제삼일에"). D사본은 카이 타 아쥐마(*καὶ τὰ ἄζυμα*, "그리고 무교절")를 생략한다.

b. W사본은 호이 그람마테이스(*οἱ γραμματεῖς*, "서기관들") 대신에 호이 파리사이오이(*οἱ Φαρισαῖοι*, "바리새인들")로 읽는다.

c. 몇몇 후대의 사본들은 톤 이에순(*τὸν Ἰησοῦν*, "예수")으로 읽는다(참조. 마 26:4).

d. 헬라어로는 엔 돌로(*ἐν δόλῳ*, 문자적으로 "궤계로).

e. 몇몇 후대의 사본들은 도뤼보스 엔 토 라오(*θόρυβος ἐν τῷ λαῷ*, "백성 가운데서의 폭동")로 읽는다(참조. 마 26:5).

양식/구조/배경

마가복음 14:1-2은 수난 이야기를 불길한 기조(基調)로 시작한다. 이 짤막한 단락은 세 부분으로 이루어진다. (1) 유월절과 무교절이라는 연대 표시(1a절), (2) 고위 제사장들과 서기관들이 궤계로 예수를 잡아죽이고자 한다는 보도(1b절), (3) 공개적인 힘의 과시가 아니라 궤계로 잡을 수밖에 없는 이유에 대한 설명(2절): 고위 제사장들은 백성들을 자극하기를 원치 않는다.

복음서 기자는 이제 이틀만 지나면 유월절과 무교절이라고 말한다. 고위 제사장들은 예수를 체포하고자 하지만, 폭동을 우려해서 절기를 피해서 그렇게 하려고 한다. 어떤 유대인을 붙잡아서 로마인들에게 넘기는 것만도 좋지 않은 일일 텐데, 하물며 일부 백성들이 자기들이 기다리던 메시아로 믿었던 예수 같은 인기 있는 예언자이자 설교자를 체포한다면, 일은 훨씬 더 골치 아파질 것이다.

주석

1 "이틀이 지나면 유월절과 무교절이라"(*ἦν δὲ τὸ πάσχα καὶ τὰ ἄζυμα μετα δύο ἡμέρας*-엔 데 토 파스카 카이 타 아쥐마 메타 뒤오 헤메라스). 유월절은 유대인들이 애굽의 종살이에서 놓여난 것을 기억하고 기념한 큰 명절이었다(출 12장을 보라). 유월절은 니산월(4/5월) 14일 또는 15일에 지켜졌고, 니산월 15-21일에 지켜졌던 무교절이 바로 그 뒤를 따랐다. 이 명절들은 통상적으로 유월절 주간으로 생각되었다. 유월절 주간은 로마인들과 특히 그들의 귀족층, 그들에게 협력했던 유대인 제사장 집단에게 골칫거리였다. 왜냐하면 백성들이 역사 속에서 하나님의 크신 구

원의 역사(役事)를 상기하고 로마에 대한 봉기를 생각하는 분위기가 만들어질 수 있었기 때문이다. "이틀이 지나면"(*μετὰ δύο ἡμέρας*－메타 뒤오 헤메라스; 문자적으로는 "이틀 후에"; 위의 "원문주해"를 보라)이라는 어구는 본문에서 얘기되는 날이 니산월 12일 또는 13일임을 알려 준다(Cranfield, 414).

토 파스카(*πάσχα*, "유월절")는 칠십인역에서 파세크(*πασέκ*/*πασέχ*)로 음역되는 히브리어 페사흐(פסח)가 아니라 아람어 피스하(פסחא)를 음역한 것이다. 예수 시대에 피스하(פסחא)는 이 단어에 대한 헬라어 음역 표기에서 볼 수 있듯이 파스하(pasha')로 발음되었을 것이다. 타 아쥐마(*τὰ ἄζυμα*, "무교절")는 히브리어 맛초트(מצות)에 대한 음역이다. 출애굽기 12:15을 보라: "너희는 칠 일 동안 무교병을 먹을지니."

"고위제사장들과 서기관들이 예수를 궤계로 잡아죽일 방책을 구하였다"(*καὶ ἐζήτουν οἱ ἀρχιερεῖς καὶ οἱ γραμματεῖς πῶς αὐτὸν ἐν δόλῳ κρατήσαντες ἀποκτείνωσιν*－카이 에제툰 호이 아르키에레이스 카이 호이 그람마테이스 포스 아우톤 엔 돌로 크라테산테스 아포크테이노신). "고위 제사장들과 서기관들"(*οἱ ἀρχιερεῖς καὶ οἱ γραμματεῖς*－호이 아르키에레이스 카이 호이 그람마테이스)은 예수의 수난 예고 중 두 곳(8:31; 10:33)에서 처음으로 함께 나온다. 그들은 성전 시위 후에 예수를 죽일 모의를 한다(11:18). 나중에 그들은 성전 경내에서 예수에게 나아가 무슨 권세로 이런 일들을 하는지를 말하라고 요구한다(11:27). 그들은 예수의 체포에 협력하고(14:43) 대제사장과 공회 앞에서의 심문 때 배석한다(14:53; 15:1). 또한 그들은 십자가에 매달린 예수를 조롱한다(15:31). 고위 제사장들과 서기관들에 관하여 좀더 자세한 것은 11:18에 대한 "주석"을 보라.

엔 돌로(*ἐν δόλῳ*)는 문자적으로는 "궤계로" 또는 "속임수로"를 의미하지만, 마가복음의 맥락 속에서는 "은밀하게"를 의미하는 것으로 보인다. 즉, 고위 제사장들과 서기관들은 예수를 덫에 걸리게 하고자 한다거나(앞서 그들이 시도했으나 성공하지 못했던 방법) 예수를 어떤 방식으로든 속인다는 의미에서 궤계에 의존하려는 것이 아니다. 여기서 엔 돌로(*ἐν δόλῳ*)는 공개적인 힘의 과시 없이 기습적으로 예수를 구금하려는 것을 의미한다.

2 "민요(民擾)가 나지 않도록 명절에는 말자"(*μὴ ἐν τῇ ἑορτῇ, μήποτε ἔσται θόρυβος τοῦ λαοῦ*－메 엔 테 헤오르테 메포테 에스타이 도뤼보스 투 라우)라는 조심하는 말은 유월절 소요(騷擾)의 역사를 반영하는 말이다. 요세푸스는 그러한 한 사건을 묘사해 놓았는데, 그것은 도움이 된다.

> 이 때[주전 4년]에 유대인들이 조상 대대로 무교절을 먹는 절기가 돌아왔다. 이 절기는 유월절이라 불렸는데, 출애굽을 기념하는 절기였다. 사람들은 기쁨으로 이 절기를 지켰고, 그 어느 절기보다도 이 절기에 더 많은 수의 희생제물들을 도살하는 것이 그들의 관례였고, 무수한 백성들이 시골에서, 심지어 해외로부터 하나님을 경배하기 위하여 찾아왔다. 이때 율법의 해석자들이었던 유다와 맛디야를 위해 애곡하던 소요의 선동자들이 성전에 함께 서서 반체제 인사들에게 많은 음식을 대접했는데, 이는 그들이 음식을 청하는 것을 부끄러워하지 않았기 때문이다. 아켈라오는 그들의 광신적 행동으로부터 뭔가 위험스러운 일이 벌어지지 않을까 염려해서 그들의 광기가 온 무리에게 전염되기 전에 반도(叛徒)들의 폭동을 진압하기 위해 호민관 소속의 군단들 중에서 한 보병대를 파견했다. (*Ant.* 17.9.3 §§213-15)

유월절 동안의 또 하나의 심각한 폭동은 쿠마누스(Cumanus)가 총독으로 있을 때(주후 49년) 예루살렘에서 일어났다. 유대인 순례자들이 성전 경내로 들어갔을 때, 한 로마 군병이 엉덩이를 내놓고 방귀를 뀌었다. 폭동이 일어났고, 많은 사람들이 죽었다(*J.W.* 2.12.1 §§224-27; *Ant.* 20.5.3 §§105-12). 따라서 고위 제사장들과 서기관들이 조심한 것은 당연한 일이었다. 그들은 예수를 잡고자 했으나, 심각한 소요를 피해서 그렇게 하기를 원했다.

도뤼보스(*θόρυβος*, "폭동")는 5:38에서처럼 "소동"을 의미할 수도 있다. 칠십인역에서 대략 "폭동"의 의미로 이 단어가 사용된 예들로는 예레미야 30:18(49:2); 에스겔 7:7; 유딧서 6:1 등이 있다.

해설

유월절과 무교절이 이틀밖에 남지 않았다는 것과 고위 제사장들과 서기관들이 진지하게 예수를 제거할 신속한 방책을 모색하기 시작했다는 말은 복음서 기자의 이야기에 극적이고 긴장된 요소를 더해 준다. 물론 독자들은 이에 대해 놀라지 않는다. 세 번이나 예수는 공식적으로 자신의 수난을 예고했었고, 그 중 두 번은 고위 제사장들과 서기관들이 언급된 바 있다. 직전의 맥락(13:33-37) 속에서 예수는 방금 제자들에게 임박한 핍박과 다가올 위험을 대비해서 주의하고 깨어 있어야 한다고 경고했었다. 제사장들과 서기관들의 음모에 관한 말이 뒤따라 나오는 것은 어쩌면 당연한 일인지도 모른다.

고위 제사장들과 서기관들의 살인 음모에 관한 보도는 이제부터 전개될 수난 이야기의 기조를 설정하는 역할을 한다. 여기서부터 나오는 모든 단락들은 이 살인 음모의 관점에서 해석되지 않으면 안 된다. 예수는 자신의 사역을 완성해야 하고, 적들이 그를 체포하기 전에 그 일을 해야 한다. 그러나 적들은 백주 대낮에 나가서 예수를 체포할 수는 없다. 왜냐하면 예수는 백성들에게 인기가 있었기 때문이다. 그런 식으로 했다가는 그들이 가장 두려워하는 것들 중의 하나인 민요(民擾)가 촉발되기 십상이다. 그러므로 예수를 죽이고자 한다면, 그들은 은밀하게 일을 진행시키지 않으면 안 된다. 그런 식으로 행하는 것은 예수께서 성전 경내에서 가르치시는 동안 그들을 겨냥하여 말씀하셨던 바로 그 비판들에 따라 행하는 것이다.

예수를 체포하고자 하는 음모는 유월절을 배경으로 진행된다. 마가복음 기자는 이러한 사실을 별로 중시하지 않지만, 아니 표면상으로는 중시하지 않는 것처럼 보이지만, 독자들과 청중들은 분명히 여기서 아이러니(irony)를 느꼈을 것임에 틀림없다. 예수는 유월절에 하나님 나라를 선포하고 민족에게 회개를 촉구하기 위해 예루살렘에 입성했다. 그의 목표는 사탄의 지배로부터의 이스라엘의 해방과 회복이다. 그의 소망은 계약을 새롭게 하는 것이다. 그의 메시지가 이 절기와 아주 잘 맞아떨어지고 있는 것으로 보아서, 예수께서 예루살렘에 입성한 시기 선정은 계산된 것으로 보인다. 그렇지만 고위 제사장들과 서기관들은 유월절을 아랑곳하지 않는다(11-12장). 유월절 기간 동안에 그들은 이스라엘에 궁극적이고 종말론적인 출애굽을 가져다주기를 소망하는 자를 없애려는 음모에 몰두할 것이다.

2. 베다니에서 기름부음을 받음(14:3-9)

참고문헌

Barrett, C. K. "Important Hypotheses Reconsidered Pt 5: Spirit and the Gospel Tradition." *ExpTim* 67(1956-57) 142-45. **Barton, S. C.** "Mark as Narrative: The Story of the Anointing Woman(Mk 14:3-9)." *ExpTim* 102(1991) 230-34. **Beavis, M. A.** "Women as Models of Faith in Mark." *BTB* 18(1988) 3-9. **Daube, D.** "The Anointing at Bethany and Jesus' Burial." *ATR* 32(1950) 186-99(repr. in D. Daube. *The New Testament and Rabbinic Judaism.* London: Athlone, 1956. 310-24). **Elliott, J. K.** "The Anointing of Jesus." *ExpTim* 85(1974) 105-7.

Grassi, J. A. "The Secret Heroine in Mark's Drama." *BTB* 18(1988) 10-15. **Jeremias, J.** "Markus 14,9." *ZNW* 44(1952-53) 103-7. **Kilpatrick, G. D.** "ἐπάνω Mark xiv 5." *JTS* o.s. 42(1941) 181-82. **Maunder, C. J.** "A Sitz im Leben for Mark 14:9." *ExpTim* 99(1987-88) 78-80. **Platt, E. E.** "The Ministry of Mary of Bethany." *TToday* 34(1977) 29-39. **Schnider, F.** "Christusverkündigung und Jesuserzählungen: Exegetische Überlieferungen zu Mk 14,3-9." *Kairos* 24(1982) 171-79.

본 문

3 예수께서 베다니 문둥이 시몬의 집에서 식사하실 때에 한 여자가 매우 값진 향유 곧 순전한 나드 한 옥합을 가지고 와서 그 옥합을 깨뜨리고 예수의 머리에 부으니

3 And when he[a] was at Bethany in the house of simon the leper, as he reclined, a woman came, having an alabaster flask of ointment of pure nard, very costly. Breaking[b] the flask, she poured it over his head.

4 어떤 사람들이 분내어 서로 말하되 무슨 의사로 이 향유를 허비하였는가

4 But there were some who were indignant, [saying][c] to themselves, "To what end was this waste of ointment?

5 이 향유를 삼백 데나리온 이상에 팔아 가난한 자들에게 줄 수 있었겠도다 하며 그 여자를 책망하는지라

5 for this ointment could have been[d] sold for more than three hundred denarii, and [the money] given to the poor." And they were reproaching her.[e]

6 예수께서 가라사대 가만두어라 너희가 어찌하여 저를 괴롭게 하느냐 저가 내게 좋은 일을 하였느니라

6 But Jesus said,[f] "Leave her alone. Why do you give her trouble? She has done a beautiful thing to me.[g]

7 가난한 자들은 항상 너희와 함께 있으니 아무 때라도 원하는 대로 도울 수 있거니와 나는 너희와 항상 함께 있지 아니하리라

7 For you always have the poor with you, and whenever you should wish, you can do something good for them; but me you do not always have.

8 저가 힘을 다하여 내 몸에 향유를 부어 내 장사를 미리 준비하였느니라

8 What she has she has done;[h] she has anointed my body beforehand for burial.[i]

9 내가 진실로 너희에게 이르노니 온 천하에 어디서든지 복음이 전파되는 곳에는 이 여자의 행한 일도 말하여 저를 기념하리라 하시니라

9 But truly, I say to you, wherever in all the world the good news should be proclaimed, what this woman has done will also be spoken of in her memory."

원문주해

a. D사본은 투 이에수(*τοῦ Ἰησοῦ*, "예수")로 읽는다(참조. 마 26:6).

b. D사본은 카이 드라우사사(*καὶ θραύσασα*, "그리고 부수고")로 읽는다.

c. 괄호 안의 단어들은 역자가 보충해 넣은 것들이다. A, C^2, W, *Σ*, *Φ*사본과 몇몇 후대

의 사본들은 카이 레곤테스(*καὶ λέγοντες*, "그리고 말하여")를 첨가한다. 이 단어들은 ℵ, B, C*, L사본과 그 밖의 몇몇 권위 있는 사본들에는 없다. D사본은 호이 데 마데타이 아우투 디에포눈토 카이 엘레곤(*οἱ δέ μαθηταὶ αὐτοῦ διεπονοῦντο καὶ ἔλεγον*, "그러나 그의 제자들이 흥분하여 말하기를")으로 읽는다.

d. 헬라어로는 에뒤나토…투토 토 뮈론 프라데나이(*ἠδύνατο…τοῦτο τὸ μύρον πραθῆναι*, 문자적으로 "이 기름을 팔 수 있었다"). L, W사본과 몇몇 후대의 사본들은 이 동사를 좀더 관례적인 접두모음을 붙여서 읽는다(*ἐδύνατο*－에뒤나토).

e. 몇몇 후대의 사본들은 폴라(*πολλά*, "많이")를 첨가한다.

f. D, W사본과 몇몇 후대의 사본들은 아우토이스(*αὐτοῖς*, "그들에게")를 첨가한다.

g. 헬라어로는 엔 에모이(*ἐν ἐμοί* , 문자적으로 "내 안에"). 전치사의 선택이 약간 이상하다. 후대의 몇몇 사본들은 좀더 적절한 전치사들로 대체해서 에이스 에메(*εἰς ἐμέ*, "내게") 또는 에프 에모이(*ἐπ' ἐμοί*, "나를 위해")로 읽는다.

h. 헬라어로는 호 에스켄 에포이에신(*ὃ ἔσχεν ἐποίησιν*). 아래의 "주석"을 보라.

i. 몇몇 후대의 사본들은 에이스 톤 엔타피아스몬 무(*εἰς τὸν ἐνταφιασμόν μου*, "내 장사")로 읽는다.

양식/구조/배경

마가복음 14:3-9은 예수에게 기름을 부은 한 여인에 관한 이야기다. 이 이야기는 고위 제사장들이 예수를 죽이려고 음모를 꾸미는 것을 말해 주는 1-2절과 가룟 유다가 예수를 제사장들에게 넘겨주기로 약속하는 장면인 10-11절 사이에 삽입되어 있다(Schweizer, 290 이외의 다수의 학자들이 이렇게 생각한다). 슈니더(Schnider, *Kairos* 24[1982] 171-79)에 의하면, 마가복음 14:3-9은 세 장면으로 되어 있다. (1) 한 여인이 예수에게 기름을 부은 행위(3절), (2) "어떤 사람들"의 이 행위에 대한 평가(4-5절), (3) 예수에 의한 삼중적인 평가(6-7, 8, 9절). 마가복음 14장에서 자료들을 샌드위치 구조로 만들어 내는 경향을 중심으로 한 복음서 기자의 편집 활동에 대해서는 Heil, *Bib* 71(1990) 305-32를 보라.

해석자들은 두 가지 중요한 문제에 부딪친다. (1) 이 이야기는 여인들이 예수에게 기름을 붓는 다른 이야기들(눅 7:36-50; 요 12:1-8)과 어떤 관계에 있는가? (2) 이 이야기에서 예수께서 기름부음을 받은 것은 어떤 의미가 있는가? 누가복음에 나오는 죄인인 한 여자에 관한 이야기는 원래는 서로 다른 이야기였는데, 예수 전승이 전해지는 과정에서 수난 주간의 기름부음 사건의 내용에 의해 영향을 받아 서로 중복되는 부분이 생겨난 것 같다. 누가복음 기자는 마가 자료에서 일부 내용을 빌려왔을 것이다(그리고 누가복음 기자는 나중에 수난 주간의 기름부음 사건을 말한다). 원래 이 두 이야기가 별개의 기름부음 사건에 관한 이야기들이었음을 보여 주는 많은 차이점들이 있다(Fitzmyer, *Luke* 1:684-85에 나오는 요약을 보라). 누가 판본에서는 사건이 유대가 아닌 갈릴리에서 일어난다. 예수의 머리가 아니라 발에 기름이 부어진다. 제자들이 아니라 바리새인들이 지켜보는 가운데 사건이 일어난다. 이 이야기는 원시의 아람어 전승에 뿌리를 두고 있음을 보여 주는 여러 증거들이 있다(Taylor, 531; Cranfield, 417; Gundry, 811).

수난 주간의 기름부음 사건의 의미를 놓고도 의견이 분분하다. 기름부음은 절기들에 행해지는 관습이었다(시 23:5; 141:5; *b. Ḥul.* 94a; 참조. Lane, 492-93). 그러나 이 여인의 행위는 정말 그저 명절에 관례적으로 행한 기름부음이었던 것일까? 페쉬(Pesch, 2:332)는 다음과 같은 견해에 반대하지만, 나는 마가복음 14:3-9에 나오는 예수의 기름부음 받은 사건은 메시아적 의미를 지닌다는 엘리어트(Elliot, *ExpTim* 85[1974] 105-7)와 플랫(Platt, *TToday* 34[1977] 29-39)의 견해에 동의한다. 후커(Hooker, 329)는 여인의 행위를 "예수께서 메시아로 기름부음을 받는 것에 대한 상징"으로 보고, 존슨(Johnson, 224)은 그것을 "은밀하게 왕으로 기름부음을 받은 것"으로 본다(참조. 왕상 1:38-40; 왕하 9:1-13). 여인의 행위는 이 두 가지 의미를 다 지녔을 것이다－명절의 관례적인 기름부음은 예수께서 여호와의 기름부음 받은 자였기 때문에 더 많은 의미를 함축하게 되었다.

후커(Hooker, 327-28)는 예수께서 장사를 위해 미리 기름부음을 받으신 것이라고 생각한다. 왜냐하면 16:1에 나오는 여인들의 행동에서 알 수 있듯이 십자가에 못 박히신 후에 예수의 시신에 대하여 매장 의식을 행할 수 없었기 때문이다. 그러나 이 이야기가 매장 때 예수의 시신에 기름을 바르는 것을 대신할 목적으로 여기에서 서술되고 있다고(Branscomb, 246; Nineham, 372의 주장; 그러나 Taylor, 533는 이에 반대) 보기는 힘들다. 복음서 기자가 이런 식으로 매장 의식 대신에 이 이야기를 삽입하고자 한 것이라면, 좀더 간단하게 15:46이나 15:47에 예수께서 이미 기름부음을 받으셨다는 말을 덧붙이면 되지 않았을까? 죽기 전에 예수의 머리에 기름을 부은 일은 장사 지낼 때의 기름부음 대신 또는 보충으로 여겨지지 않았던 것으로 보인다.

주석

3 "예수께서 베다니 문둥이 시몬의 집에 계실 때에"(*καὶ ὄντος αὐτοῦ ἐν Βηθανίᾳ ἐν τῇ οἰκίᾳ Σίμωνος τοῦ λεπροῦ*－카이 온토스 아우투 엔 베다니아 엔 테

오이키아 시모노스 투 렙루). 베다니는 앞서 예수께서 유월절 절기 동안에 머물 숙소가 있는 마을로 언급된 바 있다(참조. 11:1, 11). 이 베다니를 바타니아(Batanea)의 지경(地境)이었을 "요단 저편 베다니"(참조. 요 1:19-28)와 혼동해서는 안 된다. 마가복음 14:3(참조. 11:1, 11, 12)의 베다니는 예루살렘에서 동쪽으로 3킬로미터 되는 지점에 있었고, 11QTemple^a 46:16-18에 분명히 언급되고 있듯이 문둥병자 수용소가 있었다: "너희는 동성 동쪽 세 곳에 서로 간격을 두고 문둥병자들과 유출병을 앓는 자들이 있을 곳을 만들지니라." 이것은 시몬이 예수의 방문 때 여전히 문둥병에 걸려 있었다는 것을 뜻하지는 않는다. 그랬을 가능성은 거의 없다(만약 그랬다면 제자들과 익명의 여인은 시몬의 집에 식사하러 가지 않았을 것이다). 이 시몬이란 사람은 전에는 문둥병자였는데, 지금은 아마도 예수에 의해 다 깨끗케 된 상태였을 것이다. "문둥이 시몬"이라는 표현도 논란을 불러일으켰다. 토레이(Torrey, *Four Gospels*, 101; *Our Translated Gospels*, 96)는 시몬을 "문둥이"(*τοῦ λεπροῦ* – 투 렙루)라 한 것은 아람어 가라바(גרבא, "옹기 장수")를 잘못 번역해서 생겨난 결과라고 주장한다. 이 단어는 모음점만 다르게 붙이면 "문둥이"(*λεπρός* – 렙로스)를 뜻하는 가르바(גרבא)가 된다. 그러나 블랙(Black, *Aramaic Approach*, 9)은 항상 "문둥이"를 의미하는 "가르바"로 발음하는 것이 보통이고, "옹기 장수"를 의미하는 "가라바"는 사전적인 증거가 없다는 점을 지적한다.

"식사하실 때에 한 여자가 매우 값진 향유 순전한 나드 한 옥합을 가지고 왔다"(*κατακειμένου αὐτοῦ ἦλθεν γυνὴ ἔχουσα ἀλάβαστρον μύρου νάρδου πιστικῆς πολυτελοῦς* – 카타케이메누 아우투 엘덴 귀네 에쿠사 알라바스트론 뮈루 나르두 피스티케스 폴뤼텔루스). 카타케이메누 아우투(*κατακειμένου αὐτοῦ*, "그가 비스듬히 누워계실 때에")라는 표현은 예수께서 제자들과 함께 식사중이셨음을 의미한다. 예수께서 이렇게 비스듬히 누워 계셨기 때문에, 여인은 그에게 다가와서 (아마도 뒷편에서) 예수의 머리에 기름을 붓기가 어렵지 않았을 것이다. 복음서 기자는 이 익명의 여인이 "순전한 나드 한 옥합"(*ἀλάβαστρον μύρου νάρδου πιστικῆς* – 알라바스트론 뮈루 나르루 피스티케스)을 가지고 왔다고 말한다. 값비싼 향유를 비롯한 귀한 연고(軟膏)는 흔히 옥합에 담곤 했다(참조. Pliny the Elder, *Nat.* 13.3.19). 나드는 가장 비싼 향유 중 하나였다. 블랙(Black, *Aramaic Approach*, 223-25)은 본문의 피스티케스(*πιστικῆς*)는 "피스타치오 열매"(pistachio nut)를 의미하는 아람어 피스테카(פיסתקא)의 음역이라고 생각한다. 크랜필드(Cranfield, 415)도 피스타치오 열매 기름이 "향유의 주원료로 사용되었다는 점"을 지적하고 이 견해에 동의한다. 아마도 그럴 가능성이 높지만, 건드리(Gundry, 812)는 만약 이 단어가 피스타치오 열매를 가리키는 것이었다면 피스타키온(*πιστάκιον*)으로 표기했을 것이라는 점을 지적한다. 따라서 피스티케스(*πιστικῆς*)는 "참된"(즉, "신실한"), 그러니까 현재의 맥락에서는 "순전한"으로 이해하는 것이 최선인 것 같다.

"그 옥합을 깨뜨려 예수의 머리에 부었다"(*συντρίψασα τὴν ἀλάβαστρον κατέχεεν αὐτοῦ τῆς κεφαλῆς*－쉰트립사사 텐 알라바스트론 카테케엔 아우투 테스 케팔레스). 향유를 담는 병의 병목을 잘라내는 일은 종종 있었다. 이 문맥에서 옥합을 깨뜨려 부었다는 것은 한 방울도 남기지 않았음을 의미한다. 향유는 전부 예수의 머리에 부어졌다. 이런 식으로 여인의 행위가 아낌없이 다 주어 버리는 성격을 지니고 있음이 부각되어 있다. 여기서 묘사되는 행위는 엘리사가 소년을 시켜 예후를 이스라엘의 왕으로 기름을 부으라고 명하는 장면인 열왕기하 9:6을 연상시킨다: "소년이 그 머리에 기름을 부으며(LXX 4 Kgdms 9:6: *ἐπέχεεν*－에페케엔) 이르되 이스라엘 하나님 여호와의 말씀이 내가 네게 기름을 부어 여호와의 백성 곧 이스라엘의 왕을 삼노니." 또한 출애굽기 29:7; 사무엘상 10:1; 열왕기하 9:3; 시편 133:2을 보라. 크랜필드(Cranfield, 415)는 "여인이 자기가 메시아에게 기름을 붓는다고 생각했을 리 없지만, 마가는 분명히 이 여인의 행위가 메시아적 의미를 지니는 것으로 독자들이 이해해 주기를 바랐을 것"이라고 말한다. 왜 이 여인은 자신의 행위가 메시아에게 기름을 붓는 것이라고 생각하지 않았다고 보아야 하는가? 자발적이었으며 또한 결코 즉흥적이지 않았던 이 여인의 행위는 물론 공식적으로는 그런 의미를 지니는 것으로 해석되지 않았겠지만, 이 여인 및 제자들이 이스라엘의 메시아로 여긴 분의 머리에 기름을 붓는 것은 그들에게 메시아적 의미로 인식되었을 것이다.

4 "어떤 사람들이 분을 내었다"(*ἦσαν δέ τινες ἀγανακτοῦντες*－에산 데 티네스 아가나크툰테스). 마태복음 기자는 이들이 제자들이었다고 말하지만, 마가복음에는 그저 "어떤 사람들"(*τινες*－티네스)이라고만 되어 있다. 테일러(Taylor, 532)는 마가복음 기자가 다른 곳에서 열두 제자를 감싸지 않는 것으로 보아, 마가 본문에서 열두 제자를 염두에 두고 있다고 생각해서는 안 될 것이라고 말한다. 그러나 6-9절의 말씀은 열두 제자를 향한 것으로 볼 때 가장 잘 의미가 통한다(Cranfield, 415-16). 앞서 예수는 어린아이들이 자기에게 오는 것을 막았다고 하여 제자들에게 화를 내신 적이 있었고(10:14), 나중에는 제자들 자신이 야고보와 요한이 예수의 좌우편에 앉게 해달라고 청을 넣었다고 해서 그들에게 화를 냈었다(10:41).

"서로 말하되 무슨 목적으로 이렇게 향유를 허비하였는가?"(*πρὸς ἑαυτούς, εἰς*

τί ἡ ἀπώλεια αὕτη τοῦ μύρου γέγονεν – 프로스 헤아우투스 에이스 티 헤 아폴레이아 하우테 투 뮈루 게고넨). "허비" 또는 "손실"("파괴"의 뜻이 아닌)을 의미하는 아폴레이아(*ἀπώλεια*)는 파피루스들에서 확인된다(MM, 73를 보라). 제자들의 분노는 좀스럽다고 하기보다는 멍청하고, 큰 희생을 감수하는 여인을 전혀 배려하지 않는 모습을 보여 준다.

5 "이 향유를 삼백 데나리온 이상에 팔아 가난한 자들에게 줄 수 있었겠도다" (*ἠδύνατο γὰρ τοῦτο τὸ μύρον πραθῆναι ἐπάνω δηναρίων τριακοσίων καὶ δοθῆναι τοῖς πτωχοῖς* – 에뒤나토 가르 투토 토 뮈론 프라데나이 에파노 데나리온 트리아코시온 카이 도데나이 토이스 프토코이스). 유월절 저녁에 유대인들은 가난한 자들을 기억했다(참조. *m. Pesaḥ.* 9:11; 10:1; Jeremias, *ZNW* 35[1936] 77-82; Lane, 493). 그러나 제자들에게 좀더 절박한 관심사는 여전히 일부 제자들이 곧 도래할 것으로 소망한 새로운 정부에 소요될 자금이었을 것이다. 돈은 가난한 자들을 위해서도, 다른 용도를 위해서도 필요했을 것이다. 킬패트릭(Kilpatrick, *JTS* o.s. 42[1941] 181)은 에파노(*ἐπάνω*, "이상")가 70년 이후의 인플레이션을 감안하여 첨가된 것이라고 생각한다. 아마도 그 말이 맞을 것이다. 후대의 랍비 전승에서는 나크디몬 벤 고리온의 딸이 향유와 향료를 사기 위해 사백 데나리온을 썼다고 말한다(참조. *b. Ketub.* 66b).

"저희가 그 여자를 책망하였다"(*καὶ ἐνεβριμῶντο αὐτῇ* – 카이 에네브리몬토 아우테). 마가복음 기자는 예수께서 깨끗케 된 문둥병자에게 그의 몸을 제사장에게 보이고 모세가 회복된 문둥병자들과 관련하여 명한 예물을 드리라고 엄하게 명했던 1:43에서 엠브리마스다이(*ἐμβριμᾶσθαι*, "책망하다")라는 동사를 사용했다. 따라서 제자들은 여기서 여인에게 명령을 했을 것이다(즉, "이런 허비를 멈추라; 우리는 돈이 필요하다").

6 "예수께서 가라사대 가만두어라 너희가 어찌하여 저를 괴롭게 하느냐?"(*ὁ δὲ Ἰησοῦς εἶπεν, ἄφετε αὐτήν· τί αὐτῇ κόπους παρέχετε* – 호 데 이에우스 에이펜 아페테 아우텐 티 아우테 코푸스 파레케테). 댕커(Danker, *JBL* 85[1966] 467-72)와 래인(Lane, 493)은 시편 41편(예를 들어, 1절: "가난한 자들을 권고하는 자가 복이 있음이여")이 이 장면과 예수의 말씀의 밑바탕에 깔려 있다고 생각한다. 래인(494)은 이 여인의 행위가 자선행위였다고 생각한다. 왜냐하면 예수는 "그 누구보다도 가난한 사람"이기 때문이다. 이 여인의 행위는 가난한 자들을 향한 자선행위라는 것이다. 그러나 과연 그러한가? 과연 이러한 해석 방향이 예수께서 말씀하신 내용과 잘

맞아떨어지는가? 예수는 자기에 대한 이 여인의 행위를 가난한 자들을 도울 기회들과 대비시키신다.

"저가 내게 좋은 일을 하였느니라"(*καλὸν ἔργον ἠργάσατο ἐν ἐμοί* – 칼론 에르곤 에르가사토 엔 에모이). 다우베(Daube, "Anointing at Bethany," 315-16)에 의하면, 칼론 에르곤(*καλὸν ἔργον*, "아름다운 일", "아름다운 것")은 자선행위를 가리키는 전문용어라고 한다. 강조점은 이 여인의 낭비, 곧 기부행위에 두어지지만, 이 여인이 가난한 자인 예수에게 기부를 행했다는 의미는 아니다. 이 여인은 예수를 메시아로 인정했고, 따라서 허비하는 방식으로 예수에 대한 믿음과 사랑을 표현했다. 가난한 자들에 관한 문제는 제자들의 생각에 있었던 것이지 이 여인의 안중에는 없다.

7 "가난한 자들은 항상 너희와 함께 있으니 아무 때라도 원하는 대로 너희가 도울 수 있다"(*πάντοτε γὰρ τοὺς πτωχοὺς ἔχετε μεθ' ἑαυτῶν καὶ ὅταν θέλητε δύνασθε αὐτοῖς εὖ ποιῆσαι* – 판토테 가르 투스 프토쿠스 에케테 메드 헤아우톤 카이 호탄 델레테 뒤나스데 아우토이스 유 포이에사이). 예수의 말씀은 신명기 15:11에 대한 인유(引喩)다: "땅에는 언제든지 가난한 자가 그치지 아니하겠는고로 내가 네게 명하여 이르노니 너는 반드시 네 경내 네 형제의 곤란한 자와 궁핍한 자에게 네 손을 펼지니라"(Lane, 494; Schweizer, 291; Taylor, 532). 가난한 자들을 도울 기회들은 결코 끝이 없을 것이다(*b. Šabb.* 63a에 의하면 메시아 시대에도). 예수의 이 말씀은 가난한 자들의 곤궁함을 별 것 아니라고 본다거나 편의적으로 그들을 돌보아도 된다는 뜻이 아니다. 예수의 말씀의 취지는 다음 문장에서 찾아볼 수 있다.

"그러나 나는 너희와 항상 함께 있는 것이 아니다"(*ἐμὲ δὲ οὐ πάντοτε ἔχετε* – 에메 데 우 판토테 에케테). 예수를 섬길 기회들은 매우 제한되어 있고, 곧 사라질 것이다. 여기서 예수의 논법은 누가복음 10:38-42에서 마음이 상한 마르다에게 말씀하실 때의 논법과 비슷하다. 바레트(Barrett, *ExpTim* 67[1956-57] 143-44)의 주장에 반대하여, 크랜필드(Cranfield, 417)는 예수의 이 말씀은 예수께서 그의 죽음과 재림 사이의 짧은 기간을 염두에 두셨다는 증거라고 말한다(또한 14:25에 대한 "주석"을 보라).

8 "저는 자기가 할 수 있는 것을 했다"(*ὃ ἔσχεν ἐποίησεν* – 호 에스켄 에포이에센). 즉, 여인은 자기가 할 수 있는 일을 택했다는 말이다. 이것은 이 여인이 자기가 가진 모든 것을 다 썼다는 뜻이 아니고(막 12:44에서와는 달리), 그녀가 할 수 있는 유일한 일을 했다는 것을 의미한다(Taylor, 532; Hooker, 330).

"저가 내 몸에 향유를 부어 내 장사를 미리 준비하였느니라"(*προέλαβεν μυρίσαι τὸ σῶμά μου εἰς τὸν ἐνταφιασμόν* - 프로엘라벤 뮈리사이 토 소마 무 에이스 톤 엔타피아스몬). 프로엘라벤 뮈리사이(*προέλαβεν μυρίσαι*, "저가 미리 향유를 부었다")는 또 하나의 아람어적 표현이다(Taylor, 533). 예수의 이 음울한 말씀은 장사 준비의 일환으로 몸에 기름을 붓는 유대 관습을 언급한 것이다(예를 들어, *m. Sabb.* 23:5: "사람들은 죽은 자에게 필요한 모든 것을 준비하고, 그것[시신]에 기름을 바르고 그것을 씻는다").

9 "내가 진실로 너희에에 이르노니 온 천하에 복음이 전파되는 곳마다"(*ἀμὴν δὲ λέγω ὑμῖν, ὅπου ἐὰν κηρυχθῆ τὸ εὐαγγέλιον εἰς ὅλον τὸν κόσμον* - 아멘 데 레고 휘민 호푸 에안 케뤽데 토 유앙겔리온 에이스 홀론 톤 코스몬). 예레미아스(Jeremias, *ZNW* 44[1952-53] 103-7)는 예수의 이 말씀은 교회의 선교가 아니라 최후의 심판과 관련이 있다고 주장한다. 그러나 그런 주장은 의심스럽다. 아마도 이 말씀은 교회의 선교를 가리킬 것이다. 그렇다면 이 말씀은 후대의 주해(註解)인가(Bultmann, *History*, 36-37; Klostermann, 158; [표면적으로는] Johnson, 224; Schweizer, 290; Hooker, 330), 아니면 예수의 말씀인가(Bartlet, 375; Rawlinson, 198; Black, 247; Lane, 494-95; Taylor, 534; Cranfield, 417-18; Martin, *Mark: Evangelist and Theologian*, 202)? 진정을 지지하는 논거들에 대해서는 Taylor와 Cranfield의 글을 보라. 이 말씀에서 사용된 과장법은 예수의 특징이고, 이 말씀의 취지와는 잘 맞지 않게(다음 절에서 볼 수 있듯이) 이 여인의 이름이 나오지 않는다는 사실은 후대의 위작(僞作)이 아님을 보여 준다.

"이 여자의 행한 일도 말하여 저를 기념하리라"(*καὶ ὃ ἐποίησεν αὕτη λαληθήσεται εἰς μνημόσυνον αὐτῆς* - 카이 호 에포이에센 하우테 랄레데세타이 에이스 므네모쉬논 아우테스). 여기에 나오는 언어 표현은 요셉이 아세넷(Aseneth)에게 선포한 축복의 말을 상기시킨다: "지극히 높으신 이에 의해 네가 복을 받을지라 네 이름이 영원토록 복되리라"(*Jos. Asen.* 19:8). 랍비 문헌에는 후세에 기억되기를 기원하는 축복문들이 나온다: 예를 들어, "그가 선하게 기억되게 하소서"(*b. B. Bat.* 21a), 또는 "그를 기억하여 칭송하라"(*Tanḥ. Ha'ăzînû* §1), 또는 "그는 존귀히 기억되었다"(*m. Yoma* 3:9). 예레미야스(Jeremias, *ZNW* 44[1952-53] 103-7)는 예수의 말씀은 이 여인이 행한 일이 심판의 날에 하나님의 보좌 앞에서 기억될 것을 의미한다고 생각한다. 그러나 수난 맥락 속에서 기억한다는 것은 하나님이 기억하신다는 것이 아니라 사람들이 기억한다는 의미를 지닌다(참조. 고전 11:25; Cranfield, 418). 이 말씀을 마리아가 빈 무덤을 발견하고 부활을 선포한 일과 연관시키는 것은 불필요하고 일을 더 복잡하게 만드는 것이다(Maunder, *ExpTim* 99[1987-88] 78-80). 그러나 이 여인은 마가복음에서 믿음의 모범 역할을 한다(Beavis, *BTB* 18[1988] 3-9; Grassi, *BTB* 18[1988]10-15).

해설

복음서들에 나오는 가장 폐부를 찌르는 이야기들 중의 하나에서, 우리는 적지 않은 재산 가치가 있었던 예수의 머리에 향유를 부은 여인의 아낌없이 주는 마음씨와 헌신과 믿음의 행위를 목도한다. 이 여인의 희생적인 행위는 바로 다음 단락에 나오는 유다의 배신과 탐욕의 행위와 날카로운 대조를 이룬다(Barton, *ExpTim* 102[1991] 230-34). 그러나 또한 이 여인의 행위와 그러한 행위를 유발시킨 마음의 태도는 예수의 머리에 향유를 부었을 때의 제자들의 생각 및 행동과 두드러진 대비를 이룬다. 여인은 오직 예수만을 생각했으나, 제자들은 그들의 사역에 있어서의 책임과 절박한 필요들을 생각했다. 이러한 걱정들로 인해 눈이 먼 제자들은 유일무이한 이 순간, 전례가 없는 이 때를 제대로 보지 못했다. 제자들이 쓸데없는 낭비요 손실이라고 본 그 행위는 실제로는 복음이 전파되는 곳마다 계속해서 그 가치가 전해질 값으로 따질 수 없는 행위였다. 우리는 이 이야기에서 "온 천하에 복음이 전파되는 곳마다" 복음 전파가 성공을 거두는 것은 이 여인과 같은 믿음과 헌신 때문일 것이라고 추론할 수 있다. 이 점에서 이 여인은 열두 제자 및 후대의 모든 그리스도인들에게 귀감이 된다. 이 사건은 많은 점에서 수난 이야기의 핵심을 담고 있다.

3. 예수를 배신하기로 한 유다의 동의(14:10-11)

본 문

10 열둘 중에 하나인 가룟 유다가 예수를 넘겨주려고 대제사장들에게 가매

10 And Judas Iscariot,[a] one of the Twelve,[b] went away to the ruling priests, so that he might hand him[c] over to them.

11 저희가 듣고 기뻐하여 돈을 주기로 약속하니 유다가 예수를 어떻게 넘겨줄 기회를 찾더라

11 When they heard, they were pleased and promised to give him money; and he was seeking how he might hand him over[d] at on opportune moment.

원문주해

a. א*, B, C*vid사본은 이스카리옷(Ἰσκαριὼθ, "가룟")으로, א[c], L사본과 그 밖의 몇몇 권위 있는 사본들은 호 이스카리옷(ὁ Ἰσκαριὼθ, "그 가룟")으로, A, C[2], Φ사본과 많은 다른 권위 있는 사본들은 이스카리오테스(Ἰσκαριώτης, "가룟")로, 마지막으로 D사본과 일부 고대 이탈리아어 사본들(다른 이독들과 함께)은 스카리오테스(Σκαριώτης)로 읽는다. 수리아 사본들은 스카리오타(skariota')로 읽고, 어거스틴(Augustine)은 스카리옷(Scarioth)으로 읽는다. 사본상의 이독들은 이 이름이 어디에서 유래했는지가 불확실하다는 것을 반영한다(아래의 논의를 보라).

b. A사본은 호 헤이스 톤 도데카(ὁ εἷς τῶν δώδεκα, "열둘 중에 하나"; 문자적으로는 "열둘 중에 그 하나)를 생략한다. "주석"을 보라.

c. 몇몇 라틴어 역본들은 이에숨(Iesum, "예수")으로 읽는다.

d. 몇몇 후대의 사본들과 권위 있는 사본들은 아우토이스(αὐτοῖς, "그들에게")를 첨가한다(참조. 눅 22:6).

양식/구조/배경

마가복음 14:10-12은 궤계로 예수를 잡고자 하는 고위 제사장들의 음모를 말하는 중간에서 끊겨진 전승 단위(14:1-2)의 후반부이다(Bultmann, *History*, 262-63). 복음서 기자는 1절에서 그들이 이 일을 이룰 "방책을 구하였다"고 말한다. 10절에서 가룟 유다는 이 요구에 부응했다. 예수의 머리에 기름을 부은 여인에 관한 이야기(14:3-9)를 삽입함으로써 복음서 기자는 한편으로 익명의 여인의 헌신과 믿음, 다른 한편으로 "열둘 중에 하나인 가룟 유다"로 지칭된 제자의 신의 없음과 배신을 생생하게 대비시키는 데 성공한다(S. C. Barton, *ExpTim* 102[1991] 230-34).

이 단락은 분명히 초대 교회에 당혹감을 불러일으켰을 옛 전승의 단편이다. 그런 까닭에 이 단락은 초대 교회의 창작이 아닐 것이다. "사단이 유다에게 들어가니라"(눅 22:3; 요 13:27)는 말과 유다의 행위가 성경의 예언을 이루기 위한 것이었다는 설명(시 41:9을 인용하는 요 13:18)은 이러한 당혹감을 완화시키기 위한 시도들이었다. 나중에 "열두 보좌"에 앉아서 이스라엘의 열두 지파를 다스리게 하겠다고 예

수께서 약속하신 바 있는(마 19:28=눅 22:28-30) 그 열둘 중에 하나가 예수를 배신할 수 있었다는 사실은 초대 교회에는 소름끼치고 혼란스러운 것이었다.

또한 유다의 배신은 예수와 그의 무리가 직면한 정치적 위험들에 대한 인식을 확인해 준다. 그러니까 유다는 단지 변절하거나(예수를 따르는 무리 중 일부가 그랬듯이; 참조. 요 6:66-71) 도망한(예수께서 붙잡히실 때 그와 함께 있던 "모든 사람들"이 그랬듯이; 참조. 막 14:50) 것이 아니었다. 유다는 적들이 예수의 생명을 노린다는 것을 알고 자신의 벗이자 스승인 예수를 그들에게 넘겨준다. 환상에서 깨어난 유다는 예수에 대한 배신을 통해서 감히 성전 당국을 비판하고 그 멸망을 예언했던 이 갈릴리 출신의 하나님 나라 선포자와의 관계를 깨끗이 단절하고 정리함으로써 정치적 위험으로부터 벗어날 수 있었다.

주석

[10] "열둘 중에 하나인 가룟 유다"(*καὶ Ἰούδας Ἰσκαριὼθ ὁ εἷς τῶν δώδεκα* – 카이 이우다스 이스카리옷 호 헤이스 톤 도데카). 가룟 유다는 여기서 "열둘 중에 하나"(*ὁ εἷς τῶν δώδεκα* – 호 헤이스 톤 도데카; 문자적으로는 "열둘 중에 그 하나")로 불린다. 유다는 단지 "열둘 중에 하나"가 아니라 마가복음 3:14과 19절에 그 이름이 거명된 "그" 열두 제자 중에 한 사람이다: "열둘을 세우셨으니 이는 자기와 함께 있게 하시고…가룟 유다니 이는 예수를 판 자러라." 이 관사(冠詞)는 독자들로 하여금 처음 유다가 소개되었던 장면, 곧 예수에 의해 열두 제자로 임명되어 전도를 위해 권세를 부여받고 파송된 것을 생각하게 만든다. 또한 이러한 표현은 유다가 "열둘 중 하나"로 언급되는 14:20에 대한 복선(伏線)이기도 하다(Cranfield, 419). 이런 식으로 복음서 기자는 독자들에게 이 유다가 애초부터 예수의 측근 중의 한 사람이었다는 것을 강하게 부각시킨다.

"예수를 넘겨주려고 고위 제사장들에게 갔다"(*ἀπῆλθεν πρὸς τοὺς ἀρχιερεῖς ἵνα αὐτὸν παραδοῖ αὐτοῖς* – 아펠덴 프로스 투스 아르키에레이스 히나 아우톤 파라도이 아우토이스). 예루살렘에 입성한 이래로 "고위 제사장들"(*ἀρχιερεῖς* – 아르키에레이스)은 예수의 가장 위험한 주된 대적자들이었다(참조. 11:18, 27). "넘겨주다"(*παραδιδόναι* – 파라디도나이)는 정확히 말해서 "배신하다"는 의미(이런 의미로는 프로디도나이[*προδιδόναι* – "배신하다"] 또는 카타메뉘에인[*καταμηνύειν*, "밀고하다"]을 쓴다)가 아니다. 클라센(Klassen, "Judas Iscariot"; id., *Judas*)은 이런 차이를 구별하고자 시도하지만, 제자들과 초대 교회가 유다의 행위를 배신 이외의 다른 것으로 보았을 리는 만무하다.

유다가 고위 제사장들에게 해준 일이 무엇이었을까? 마가복음 14:1-2과 11절은 은밀하게 예수를 붙잡을 수 있도록 해주는 것이 주된 소임이었음을 분명히 보여 준다. 유다는 제사장들의 하속(下屬)들을 겟세마네로 안내함으로써 이러한 소임에 성공한다(14:43). 그러나 또한 유다는 고위 제사장들에게 예수의 선포와 자기 이해의 핵심적인 내용을 누설했을 것이다(Sanders, *Jesus and Judaism*, 309). 대제사장 및 공회원들 앞에서 심문이 진행되는 동안 예수에게 던져진 질문들이 이를 보여 준다. 예수께서 "손으로 지은" 성전을 헐고 "손으로 짓지 아니한"(단 2장을 인유한 표현) 새로운 성전을 세우리라고 말했다는 거짓 증인들의 주장은 다가올 하나님 나라와 예루살렘의 현 체제의 붕괴에 관한 예수의 메시지와 연관이 있고, "네가 찬송 받을 자의 아들 그리스도냐?"(14:61)라는 대제사장의 날카로운 질문은 그가 예수의 메시아적 자의식을 알고 있었음을 보여 준다. 따라서 유다는 고위 제사장들에게 예수를 체포하기 좋은 때와 장소 말고도 그 이상을 제공해 주었을 가능성이 크다.

11 "저희가 듣고 기뻐하여 돈을 주기로 약속하니"(*οἱ δὲ ἀκούσαντες ἐχάρησαν καὶ ἐπηγγείλαντο αὐτῷ ἀργύριον δοῦναι* – 호이 데 아쿠산테스 에카레산 카이 에펭게일란토 아우토 아르귀리온 두나이). 고위 제사장들은 기뻐함과 동시에 안도했다. 예수를 조용히 체포하는 것이 관건이었다. 그렇지 않으면 예수에 대한 선제공격은 제사장들이 피하기를 바란 일, 곧 폭동을 불러올지도 몰랐다. 그들은 유다에게 돈을 주기로 약속했다. 유다는 "물건을 넘겨주면" 대금을 지불 받게 될 것이었다. 유다가 제공한 정보는 예수를 심문할 때 고위 제사장들에게 유용할 것이 분명했지만, 예수를 조용히 적시에 체포하는 일이야말로 극히 중요한 일이었다. 유다가 이 일을 성사시키면, 그는 돈을 받게 될 것이다.

"유다가 예수를 어떻게 넘겨줄 기회를 찾더라"(*καὶ ἐζήτει πῶς αὐτὸν εὐκαίρως παραδοῖ* – 카이 에제테이 포스 아우톤 유카이로스 파라도이). 마태복음 기자는 그가 사용한 마가 자료의 내용을 자유롭게 풀어서 유다가 고위 제사장들에게 "내가 예수를 너희에게 넘겨주리니 얼마나 주려느냐?"(마 26:15)고 질문한 것으로 묘사한다. 해그너(Hagner, *Matthew*, 761)가 주장하듯이, 마태가 이 질문을 도입한 의도는 유다가 예수를 배신한 동기를 보여 주려는 것이다. 유다는 돈을 원했다. 이것은 유다가 돈궤에서 돈을 훔쳐가곤 했다는 제4복음서 기자의 주장과도 일치한다(요 12:6). 그러나 마가복음에는 이에 대해서 아무런 언급이 없다. 마가복음의 독자들은 계속해서 자신의 죽음을 이야기하는 예수를 유다가 포기한 것이라고 추론할 것이다. 고위 제사장들이 예수를 은밀하게 붙잡고자 한다는 말(14:1-2)과 유다의 배신 행위에 관한 묘사(14:10-11) 사이에 기름부음 사건에 관한 이야기(14:3-9)를 삽입한 것은 이러한 추론을 뒷받침하는 것으로 보인다. (마가는 명시적으로 유다의 심기가 불편하다는 말을 하지 않지만, 독자들은 분명히 그렇게 추론했을 것이라는 Gundry, 819-20의 말은 옳다.) 여인이 예수에게 기름을 부음으로써 그분이 메시아임을 인정했을 때 예수는 어떻게 반응하셨던가? 예수는 이 여인의 낭비성 행위를 장사를 위한 준비로 해석하셨다. 이를 계기로 유다는 "예수를 넘겨주려고 고위 제사장들에게 갔다"(14:10). 아마도 유다의 관점에서 보면, 이 하나님 나라 운동을 배신한 사람은 바로 예수였을지도 모른다. 이제 예수는 하나님 나라를 이 땅에 오게 하여 예루살렘에 새로운 정부(여기서 유다도 한 몫을 하게 되어 있는)를 수립할 소망을 포기한 채 순교라는 무모하고 무의미한 길을 추구하기로 결심하신 것처럼 보였을 것이다. 유다는 그럴 생각이 전혀 없었을 것이고, 따라서 거기서 나온 것이다.

해설

가룟 유다에게는 충분한 이유가 있었다. 예수께서 한사코 죽기를 고집하시는 것이 그의 사기를 꺾어놓았다. 우리는 유다가 애초에 예수와 합류하게 된 것이 하나님 나라의 출현에 대한 그의 열망 때문이었을 것이라고 생각한다. 그러나 예루살렘에서 일은 잘못되어 가고 있었다. 고위 제사장들은 예수를 환영하지 않았다. 아니, 그와는 반대로 그들은 적극적으로 예수를 반대하고 있었다. 예수 자신도 이제 순교를 이야기하신다. 이것은 유다가 기대했던 것이 아니다. 이제 자신의 손실을 끊어 버리고 나올 때가 된 것이다. 그는 예수를 고위 제사장들에게 넘겨주기로 결심한다. 그들은 은밀하게 성공적으로 예수를 체포하도록 해주는 대가로 유다에게 돈을 주기로 약속한다. 그들은 예수를 제거하기 원하지만 폭동을 유발시키는 것은 원치 않는다.

일부 학자들은 유다의 행위 속에서 예수에 대한 단순한 배신행위 이상의 의미를 찾고자 시도해 왔다. 그러나 이러한 주장들은 증거들과 잘 부합하지 않는다. 고대 말의 세계에서 사람들은 배신자를 경멸했다(Babrius 138.7-8; Livy 1.11.6-7; 5.27.6-10). 뇌물을 받고 동족을 배신하는 것은 끔찍한 범죄행위요 대단히 수치스러운 일로 여겨졌다(참조. Demosthenes, *Rhod. lib.* 23; *Cor.* 46-49). 기독교 전승 속에는 유다의 행위를 가장 어두운 시각 이외의 것으로 해석할 수 있는 여지가 전혀 없다. 그러나 유다에 대하여 무죄를 주장하거나 그를 추켜세워서 그의 행위 속에서 어떤 긍정적인 면을 찾아내고자 해서는 안 되는 것과 마찬가지로, 유다를 마귀로 만들어서도 안 된다. 가룟 유다는 인간의 약점을 보여 주는 좋은 예이고, 모든 그리스도인들은 유다를 덮쳤던 낙심과 유혹이 그들을 덮칠 수도 있다는 것을 알아야 한다.

4. 제자들과 함께 한 유월절(14:12-21)

참고문헌

Allen, W. C. "The Last Supper Not a Passover Meal." *ExpTim* 20(1908) 377. **Bokser, B. M.** "Was the Last Supper a Passover Seder?" *BR* 3.2(1987) 24-33. **Chenderlin, F.** "Distributed Observance of the Passover: A Hypothesis." *Bib* 56(1975) 369-93. **Christensen, J.** "Le fils de l'homme s'en va, ainsi qu'il est écrit de lui." *ST* 10(1956) 28-39. **Chwolson, D.** *Das letzte Passamahl Christi und der Tag seines Todes.* 2nd ed. Leipzig: Hässel, 1908. **Heil, J. P.** "Mark 14:1-52: Narrative Structure and Reader-Response." *Bib* 71(1990) 305-32. **Jaubert, A.** *The Date of the Last Supper.* Staten Island, NY: Alba House, 1965. **Ogg, G.** "The Chronology of the Last Supper." In *Historicity and Chronology in the New Testament.* Ed. D. E. Nineham et al. S. P. C. K. Theological Collections 6. London: S. P. C. K., 1965. 75-96. **Pesch, R.** *Das Abendmahl und Jesu Todesverständnis.* QD 80. Freiburg: Herder, 1978. ______. "The Gospel in Jerusalem: Mark 14:12-26 as the Oldest Tradition of the Early Church." In *The Gospel and the Gospels.* Ed. P. Stuhlmacher. Grand Rapids, MI: Eerdmans, 1991. 106-48. **Pickl, J.** *The Messias.* St. Louis: Herder, 1946. **Senn, F. C.** "The Lord's Supper, Not the Passover Seder." *Worship* 60(1986) 362-68. **Shepherd, M. H., Jr.** *Paschal Liturgy and the Apocalypse.* London: Lutterworth, 1960. **Smith, B. D.** "The Chronology of the Last Supper." *WTJ* 53(1991) 29-45. ______. *Jesus' Last Passover Meal.* Lewiston; Queenstion: Mellen, 1993. **Strobel, A.** "Die Termin des Todes Jesu: Überschau und Lösungsvorschlag unter Einschluss des Qumrankalenders." *ZNW* 51(1960) 69-101. **White, J. L.** "Beware of Leavened Bread: Markan Imagery in the Last Supper." *Forum* 3.4(1987) 49-63.

본 문

12 무교절의 첫날 곧 유월절 양 잡는 날에 제자들이 예수께 여짜오되 우리가 어디로 가서 선생님으로 유월절을 잡수시게 예비하기를 원하시나이까 하매

13 예수께서 제자 중에 둘을 보내시며 가라사대 성내로 들어가라 그리하면 물 한 동이를 가지고 가는 사람을 만나리니 그를 따라가서

14 어디든지 그의 들어가는 그 집 주인에게 이르되 선생님의 말씀이 내가 내 제자들과 함께 유월절을 먹을 나의 객실이 어디 있느뇨 하시더라 하라

15 그리하면 자리를 베풀고 예비된 큰 다락방을 보이리니 거기서 우리를 위하여 예비하라 하신대

16 제자들이 나가 성내로 들어가서 예수의 하시던 말씀대로 만나 유월절을 예비하니라

17 저물매 그 열둘을 데리시고 와서

18 다 앉아 먹을 때에 예수께서 가라사대 내가 진실로 너희에게 이르노니 너희 중에 한 사람 곧 나와 함께 먹는 자가 나를 팔리라 하신대

19 저희가 근심하여 하나씩 하나씩 여짜오되 내니이까

20 이르시되 열둘 중 하나 곧 나와 함께 그릇에 손을 넣는 자니라

21 인자는 자기에게 대하여 기록된 대로 가거니와 인자를 파는 그 사람에게는 화가 있으리로다 그 사람은 차라리 나지 아니하였더면 제게 좋을 뻔하였느니라 하시니라

12 And on the first[a] day of Unleavened Bread, when they were slaughtering the Passover lamb, his disciples say to him, "Where do you wish that we go to prepare,[b] so that you may eat the Passover?"

13 And he sends two of his disciples, and says to them, "Go into the city,[c] and a man carrying a jar of water will meet you; follow him.

14 And wherever he might go, say to the owner of the house, 'The teacher[d] says, "Where is my guest room, where I may eat the Passover with my disciples?"'

15 And he will show you a large upper room,[e] furnished [and] ready; and there prepare for us."[f]

16 And the disciples[g] went out[h] and entered the city, and they found [things] as he[i] had told them, and they prepared the Passover.

17 And when it was evening, he comes with the Twelve.

18 And while they were reclining and eating, Jesus said, "Truly, I say to you, one of you will betray me, one who is eating with me."

19 They began to be grieved[k] and to say to him, one by one, "It is not I, is it?"[l]

20 But he said to them, "One of the Twelve, one who dips[m] into the bowl[n] with me.[o]

21 For the 'son of man' goes,[p] just as it is written concerning him; but woe to that man through whom the 'son of man' is betrayed – better for him if that man had not been born."

원문주해

a. 몇몇 후대의 사본들은 트리테(*τρίτη*, "세번째")로 읽는다.

b. 문자적으로는 "우리가 어디로 가서 예비하기를 원하시나이까?" D사본과 몇몇 후대의 사본들은 소이(*σοι*, "당신을 위해")를 첨가한다.

c. 몇몇 후대의 사본들은 텐 카테난티 휘몬(*τὴν κατέναντι ὑμῶν*, "너희 맞은편에 있는")을 첨가한다(참조. 막 11:2).

d. 헬라어로는 호 디다스칼로스(ὁ διδάσκαλος). 많은 라틴어 사본들은 마기스테르 노스테르(magister noster, "우리 선생님")로 읽는다. 수리아 사본들은 랍반(rabban, "선생님")으로 읽는다.

e. D사본은 눅 22:12(그러나 메간[μέγαν]은 생략됨)에서처럼 아나가이온 오이콘…메간(ἀνάγαιον οἶκον··μέγαν, "큰 윗집")으로 읽는다. 블랙(Black, *Aramaic Approach*, 246)은 이 이독을 본문의 근저에 있는 아람어에 대한 해석의 차이로 설명할 수 있다고 본다.

f. *Φ*사본과 몇몇 후대의 사본들은 휘민(ὑμῖν, "너희를 위하여")으로 읽는다. 일부 권위 있는 사본들은 토 파스카(τὸ πάσχα, "유월절")를 첨가한다.

g. A, C, D, W, *Σ*, *Φ*사본과 몇몇 후대의 권위 있는 사본들은 호이 마데타이 아우투(οἱ μαθηταὶ αὐτοῦ, "그의 제자들")로 읽는다.

h. W사본과 몇몇 후대의 사본들은 헤토이마사이(ἑτοιμάσαι, "준비하러")나 헤토이마사이 아우토(ἑτοιμάσαι αὐτῷ, "그를 위하여 준비하러")를 첨가한다.

i. 몇몇 후대의 사본들은 호 이에수스(ὁ Ἰησοῦς, "예수")로 읽는다.

j. 헬라어로 아멘(ἀμὴν). 몇몇 수리아 사본들은 아멘 아멘('amen 'amen, "진실로 진실로")으로 읽는다. 이 이독은 요한의 영향을 받은 것이다.

k. 몇몇 후대의 사본들은 카이 아데모네인(καὶ ἀδημονεῖν, "고민하다")을 첨가한다(참조. 마 26:37).

l. D, *Σ*, *Φ*사본과 몇몇 후대의 사본들은 카이 알로스 메티 에고(καὶ ἄλλος· μήτι ἐγώ, "그리고 다른 사람이 내니이까")를 첨가한다. 일부 후대의 사본들은 랍비(ῥαββί, "선생님") 또는 퀴리에(κύριε, "주여")를 첨가한다.

m. A사본과 몇몇 후대의 권위 있는 사본들은 텐 케이라(τὴν χεῖρα, "손")를 첨가한다(참조. 마 26:23).

n. B, C*[vid]사본과 몇몇 후대의 사본들은 에이스 토 헨 트뤼블리온(εἰς τὸ ἕν τρύβλιον, "한 그릇에")으로 읽는다.

o. 몇몇 후대의 사본들은 후토스 메 파라도세이(οὗτός με παραδώσει, "그가 나를 팔리라")를 첨가한다(참조. 마 26:23).

p. D, W사본과 몇몇 후대의 권위 있는 사본들은 파라디도타이(παραδίδοται, "팔리다")로 읽는다.

양식/구조/배경

다락방을 확보하는 장면과 예수께서 자기가 팔리리라는 것을 선포하시는 배경이 된 식사(食事) 장면은 이 단락의 주요한 두 장면(12-16절과 17-21절)을 이루고, 다시 여러 하위 단락들로 구분된다. 이 두 장면은 여섯 단계로 진행된다. (1) 때와 시기에 관한 고지(12절), (2) 두 제자를 보내며 지시함(13-15절), (3) 지시 받은 대로 행함(16절), (4) 배신의 고지(17-18절), (5) 제자들의 슬픈 반응(19절), (6) 배신자에게 화가 있을 것이라는 예수의 단언과 선언(20-21절). 마가의 방식이 그렇듯이, 이야기는 신속하고 극적으로 진행된다.

불트만(Bultmann, *History*, 263-64)에 의하면, 다락방의 확보에 관한 이야기는 "옛날 이야기 모티프"에 의해서 영향을 받은 전설(legend)이라고 한다. 나인햄(Nineham, 376)은 이것을 후대에 수난 이야기에 첨가된 것으로 본다. 일부 학자들은 이 이야기가 사울이 기름부음을 받은 후에 세 사람을 만나서 음식을 받은 다음 성으로 들어간다는 내용의 사무엘상 10:1-5에 토대를 둔 창작이라고 생각한다(14:3에 대한 "주석"을 보라). 그러나 크랜필드(Cranfield, 420)는 이러한 병행이 이 단락을 전설로 보는 것을 정당화시키지는 못한다고 생각한다. 다른 학자들(예를 들어, Lagrange, 371-75; Bartlet, 378-80; Turner, 67 등)은 이 이야기의 진정성을 주장한다. 실제로 페쉬(Pesch, "The Gospel in Jerusalem"; id., *Das Abendmahl*, 69-90)는 14:12-26이 마가 이전의 옛 수난 전승의 일부라고 주장했다.

사전 준비 작업은 11:1-6에 나오는 예루살렘 입성 기사를 연상시킨다. 이 두 이야기는 정말 원래 한 이야기였던 것의 두 가지 판본인가? 테일러(Taylor, 536)는 가장 중요한 어휘상의 일치점들을 찾아냈다.

11:1-6	14:13-16
1 *ἀποστέλλει δύο τῶν μαθητῶν αὐτου*	13 *ἀποστέλλει δύο τῶν μαθητῶν αὐτου*
(아포스텔레이 뒤오 톤 마데톤 아우투)	(아포스텔레이 뒤오 톤 마데톤 아우투)
"예수께서 제자 중에 둘을 보내셨다"	"예수께서 제자 중에 둘을 보내셨다"
2 *καὶ λέγει αὐτοῖς*	*καὶ λέγει αὐτοῖς*
(카이 레게이 아우토이스)	(카이 레게이 아우토이스)
"그리고 그들에게 말씀하셨다"	"그리고 그들에게 말씀하셨다"
ὑπάγετε εἰς τὴν κώμην	*ὑπάγετε εἰς τὴν πόλιν*
(휘파게테 에이스 텐 코멘)	(휘파게테 에이스 텐 폴린)
"마을로 들어가라"	"성내로 들어가라"
3 *εἴπατε*	14 *εἴπατε*
(에이파테)	(에이파테)
"말하라"	"말하라"
ὁ κύριος	*ὁ διδάσκαλος*

(호 퀴리오스)	(호 디다스칼로스)
"주"	"선생님"
[4]*καὶ ἀπῆλθον καὶ εὗρον*	[16]*καὶ ἐξῆλθον⋯καὶ εὗρον*
(카이 아펠돈 카이 휴론)	(카이 엑셀돈⋯카이 휴론)
"그리고 그들은 나가서 찾았다"	"그리고 그들은 나가서⋯찾았다"
[6]*καθὼς εἶπεν ὁ Ἰησοῦς*	*καθὼς εἶπεν αὐτοῖς*
(카도스 에이펜 호 이에수스)	(카도스 에이펜 아우토이스)
"예수께서 말씀하신 대로"	"예수께서 그들에게 말씀하신 대로"

테일러(Taylor)는 이러한 일치점들로부터 이 두 이야기가 동일한 저자(아마도 마가복음 기자)에 의해 쓰여졌지만, 이러한 유사점들이 있다고 해서 이 두 이야기가 하나의 이야기에 대한 두 가지 판본이라고 결론내릴 수는 없다고 바르게 추론한다. 마가가 사용하는 어구는 정형적이고 반복적이라는 특징을 갖는다(7:31-37에 나오는 귀먹고 어눌한 자에 관한 이야기와 8:22-26에 나오는 벳세다의 맹인에 관한 이야기를 비교해 보라). 게다가 배경 및 목적에 있어서의 차이점들은 위에 열거된 형태상의 일치점들보다 훨씬 더 크다. 테일러는 "증거로 보아서 각각의 이야기는 전승을 토대로 마가에 의해 쓰여졌다"는 결론을 내린다(536; 또한 Pesch, 2:341도 보라). 사실 크랜필드(Cranfield, 423)는 18-21절이 독립된 단위로서 나중에 17절과 22절에 삽입된 것이라고 생각한다. 18절과 22절에서의 반복("저희가 먹을 때에")이 이러한 주장을 뒷받침해 준다. 마가복음 기자는 샌드위치 구조를 좋아한다(예를 들어, 11:11, 15; 11:12-13, 20). 물론 그렇다고 해서 모든 샌드위치 구조가 복음서 기자에서 나온 것은 아니다. 일부는 전승에서 왔을 것이다(14:54, 67에 대한 "주석"을 보라; 14장에 나오는 샌드위치 구조에 관한 논의에 대해서는 Heil, *Bib* 71[1990]305-32를 보라).

중요한 역사적 및 해석상의 문제는 이 식사가 유월절 식사였느냐는 것이다. 비중 있는 학자들은 양쪽에 거의 비슷하게 포진해 있다. 복음서들 자체도 이 문제에 관한 서술이 서로 갈린다. 마태복음(26:17)과 누가복음(22:8)이 따르고 있는 마가복음 14:12("선생님으로 유월절을 잡수시게 예비하기를")은 분명히 최후의 만찬(14:17-25)을 유월절로 이해하고 있는 반면에, 요한복음 18:18(참조. 요 19:14, 31, 42)은 최후의 만찬이 유월절 전날에 있었고 예수는 니산월 제15일인 유월절에 죽었다는 의미를 내포하고 있는 것 같다. 공관복음서와 요한복음이 서로 연대 설정이 불일치하는 경우가 드물지 않고(성전 사건의 각각의 배경을 비교해 보라), 또한 공관복음서들 상호간에도 마찬가지다(예수께서 언제 무화과나무를 저주하셨고 성전에서 시위하셨는지에 대해 마가복음과 마태복음을 비교해 보라). 그러나 유월절과 예수께서 죽으신 실제 날짜의 관계에 관한 불일치는 꽤 놀라운 일이다. 크랜필드(Cranfield, 420-22)를 포함한 많은 학자들은 요한복음의 날짜 표기는 신학적 관심, 즉 예수를 유월절에 도살된 유월절 어린양으로 묘사하려는(요 1:29; 19:36) 의도를 반영하는 것이라고 주장하고 공관복음서의 날짜 표기를 선호한다. 그러나 바울도 예수를 유월절의 희생제물이 된 어린양이라고 말한다(고전 5:7). 바울의 표현은 신학적일 수 있지만, 요한 이전의 원시 날짜 표기를 반영한 것일 수도 있다. 그렇다면 이 경우에는 공관복음서의 날짜 표기보다 요한의 날짜 표기를 따라야 할 것 같다. 예수는 제자들과 함께 유월절 식사를 하고자 하셨을 것이지만, 이미 밝혀졌듯이 제자들과 함께한 마지막 식사는 유월절 전날에 이루어졌고, 거기에서 예수는 자기가 팔릴 것을 예고하셨고 성찬 제정의 말씀을 하셨다. 마가가 11장에서 보여 주는 날짜 표기의 불확실성들을 감안하면, 우리는 마가의 날짜 표기가 요한의 것보다 우월하다고 전제하는 데 신중을 기하지 않으면 안 된다.

이러한 입장들은 세 가지로 분류해서 검토해 보는 것이 편리하다. (1) 사용한 역법(曆法)에 차이가 있었다는 설(說)들, (2) 마가(또는 공관복음서)의 날짜 표기를 지지하는 논거들, (3) 요한의 날짜 표기를 지지하는 논거들. (1) 사용한 역법에 차이가 있었다는 설들과 관련해서, 셰퍼드(Shepherd, *Paschal Liturgy*, 36-37)는 예수께서 십자가에 못 박히시던 해에 팔레스타인의 유대인들은 유월절을 토요일에 지냈고, 디아스포라 유대인들은 금요일에 지냈는데, 이것이 공관복음서와 요한복음의 불일치를 해명해 준다고 본다(이와 비슷한 견해로는 Pickl, *Messias*, 120-22를 보라). 빌러벡(Billerbeck, *Str-B* 2:812-13)은 바리새인들과 사두개인들 간의 논쟁을 반영해서 유월절을 이틀에 걸쳐서 지냈다고 생각한다. 마찬가지로 크볼존(Chwolson, *Passamahl Christi*)은 어린양들은 니산월 13일과 14일에 도살되었고 유월절 식사 자체는 니산월 14일과 15일에 행해졌다고 주장한다(보다 최근의 견해로는 Chenderlin, *Bib* 56[1975] 369-93를 보라). 조버트(Jaubert, *Date of the Last Supper*)는 예수께서 에세네파 역법에 따라 유월절을 지키셨다고 주장한다(또한 Strobel, *ZNW* 51[1960] 19-101를 보라). 그러나 이러한 학설은 너무 많은 것들을 전제하고 있어서 입증될 수 없는 것들이다. 오늘날 이 설을 받아들이는 학자는 거의 없다. 이 모든 학설들에 있어서 문제점은 확고한 증거가 결여되어 있고 사변적이라는 것이다.

(2) 마가의 날짜 표기를 지지하여, 예레미아스(Jeremias, *Eucharistic Words*, 41-

62)는 최후의 만찬이 유월절 식사였다고 강력하게 주장하고 이 주장을 뒷받침하기 위해 14가지 이유들을 열거한다. 예레미아스의 견해에 동의하여, 래인(Lane, 497)은 그 증거들을 다음과 같이 요약한다. (a) 예수는 예루살렘 인근에 도착한 이래로 머물러 왔던 베다니에서 식사를 하시지 않고 이 유월절 식사를 위해 저녁에 예루살렘으로 다시 되돌아오셨다(14:17). 이 점은 중요하다. 왜냐하면 유월절 식사는 도성의 성벽 내에서 먹어야 했기 때문이다(참조. 신 16:2; *m. Pesah.* 7:9; Nineham, 374). (b) 식사가 "저녁" 식사였다는 사실은 이것이 유월절 식사였음을 보여 준다(참조. 출 12:8; *Jub.* 49:12). (c) 비스듬히 눕는 자세(14:18)는 유월절 식사를 위한 요구조건을 만족시키는데, 왜냐하면 이러한 자세는 자유민들의 자세를 의미하기 때문이다(참조. *m. Pesaḥ.* 10:1). (d) 그릇을 날라온 후에 떡을 떼는 것(14:18-20, 22)은 유월절 식사 관습과 일치한다. (e) 포도주를 나누는 것은 유월절 식사의 관행이었다(*m. Pesaḥ.* 10:1). (f) 식사와 함께 나오는 해석적 요소들은 유월절 식사였음을 보여준다. (g) 식사를 마친 후에 찬송을 부른 것도 유월절 식사임을 뒷받침한다. 게다가 래인(Lane, 498)은 요한복음 19:14의 파라스큐에 투 파스카(*παρασκευὴ τοῦ πάσχα*)는 "유월절의 예비일"이 아니라 "수난 주간의 금요일"로 번역되어야 한다고 주장함으로써(이에 대해서는 마 27:62; 막 15:42; 눅 23:54; 요 19:31; *Did.* 8을 보라) 마가와 요한 간의 불일치를 해소하고자 한다. 그러나 이러한 주장은 여러 난점들을 지닌다. 최근의 전문적인 연구를 통해서 스미스(Smith, *WTJ* 53[1991] 29-45; id., *Last Passover Meal*)는 증거들을 검토하고 나서 공관복음서의 날짜 표기를 지지하는 쪽으로 기울었다(그리고 그것을 제4복음서의 날짜 표기와 조화시키려고 시도한다). 예레미아스를 비롯한 여러 학자들이 열거한 증거들에 비추어서, 많은 주석가들은 마가의 연대를 취해 왔다. 그러나 그 증거들의 다수는 실제로 아무것도 증명해주지 못하는 것들이다. 슈바이처(Schweizer, 297)는 "이것이 유월절 식사였느냐, 아니면 그 전날 저녁의 공식 만찬이었느냐를 보여 줄 아무런 증거도 존재하지 않는다"고 단언한다. 위에 열거된 여러 항목들에서 b-e항은 유월절 식사였음을 보여 주는 배타적인 증거가 되지 못한다(하지만 Casey, *Aramaic Sources*, 229를 보라). f와 g항은 기껏해야 약한 증거가 될 뿐이다. 가장 최고의 증거는 a항인데, 이것조차도 결정적인 것이 되지 못한다.

(3) 어린양을 잡았다거나 쓴 나물에 대한 언급이 없는 것으로 보아서 최후의 만찬은 유월절 식사가 아니었다고 여러 주석가들은 생각한다. 그러므로 이들은 요한의 날짜 표기를 선호한다. 오그(Ogg, "Chronology")는 최후의 만찬이 유월절 식사임

을 뒷받침하는 14가지 근거들을 검토하면서, 그 하나하나가 다 약하고 모호하며 결정적이지 못하고 요한의 날짜 표기를 뒤집기에 불충분한 증거들이라고 판단한다. 그는 마가의 날짜 표기가 예수께서 유월절에 십자가에 못 박히셨다는 옛 전승(고전 5:7에서 확인되는)에서 이탈한 것이라는 결론을 내린다. 그는 다음과 같이 주장한다. (a) 마가복음 14:22-25은 유월절에 대한 언급이 나오지 않는 독립적인 전승이다. (b) 마가복음 14:12-16은 14:22-25을 유월절 식사라는 맥락 속에 놓기 위한 후대의 삽입이다. (c) 요한은 최후의 만찬이 유월절 전날에 있었다고 분명하게 알고 있다. (d) 만약 유월절에 예수를 체포했다면 고위 제사장들과 그들의 하속(下屬)들은 법적으로 문제가 되었을 것이다(미쉬나 율법을 지침으로 삼는다면; 이 점에 대해서는 B. Weiss, *The Life of Christ*, vol. 3[Edinburgh: T. & T. Clark, 1884] 274를 보라). 게다가 오그(Ogg)는 요한복음 19:14의 파라스큐에 투 파스카(*παρασκευὴ τοῦ πάσχα*)를 "수난 주간의 금요일"로 번역해야 한다는 언어학적 주장은 설득력이 없다고 생각한다. 그러므로 그는 최후의 만찬이 유월절 전날의 식사였고, 따라서 요한의 날짜 표기를 취해야 한다고 결론을 내린다. 터너(Turner, 67), 테일러(Taylor, 664-67), 존슨(Johnson, 228), 후커(Hooker, 333; id., *Signs of a Prophet*, 115-16 n. 59), 브라운(Brown, 2:915-16; id., John 2:555-56)을 포함한 여러 학자들(예를 들어, Allen, *ExpTim* 20[1908] 377; Bokser, *BR* 3.2[1987] 24-33; Senn, *Worship* 60[1986] 362-68)도 이러한 결론에 도달했다. 약간의 망설임이 있었지만, 본 주석서에서도 이러한 입장을 취했다. 또한 우리는 누가복음 22:15-16도 고려하지 않으면 안 된다. 왜냐하면 누가 특유의 15절의 말씀과 16절에 나오는 이 말씀의 이본(異本; 막 14:25과 비교해 보라)은 예수께서 유월절 식사를 하시기를 원했으나 이루어지지 못했음을 암시하는 것으로 보이기 때문이다: "내가 고난을 받기 전에 너희와 함께 이 유월절 먹기를 원하고 원했노라 내가 너희에게 이르노니 이 유월절이 하나님의 나라에서 이루기까지 다시 먹지 아니하리라." 그리고 끝으로 유월절이 아니라 유월절 "전에" 예수를 체포하는 것이 당국자들의 입장에서는 더 좋았을 것이라는 점도 아울러 말해둘 수 있다. 유월절 당일이 되면 외세의 지배로부터 해방되어야 한다는 생각이 최고조에 이를 것이다. 그러나 여호와의 기름부음 받은 자라 자처하는 하나님 나라 선포자를 안전하게 구금해 둔다면, 그는 자신의 추종자들을 불러모아서 폭동을 점화시키는 일을 하지 못하게 될 것이다. 당국자들은 예수를 유월절 당일 저녁이 아니라 그 전날에 붙잡으려 했을 것임에 틀림없다.

이러한 입장을 취한다고 해서, 우리는 유월절 이념(理念)이 최후의 만찬을 하는 예수와 그의 제자들의 생각이나 식탁 대화 속에 없었을 것이라고 결론을 내려서는 안 된다. 마가 전승은, 비록 혼동이 있고 편집이 되었다고는 하나, 예수께서 열두 제자와 함께 유월절 식사를 할 계획을 세워 놓으셨음을 보여 준다. 유월절이라는 주제는 소망과 두려움이 교차하는 그들의 착잡한 심정에 일조했을 것이다: 곧 하나님 나라가 온전히 드러날 것이라는 소망, 자신의 죽음에 대한 예수의 예고들이 조만간에 이루어질 것이라는 두려움. 터너(Turner, 67)는 시간이 지나면서 원시 그리스도인들은 점차 최후의 만찬을 유월절과 결부시켰을 것이고, 이것이 마가의 날짜 표기를 설명해 준다고 주장한다.

주석

12 "무교절의 첫날에"(*καὶ τῇ πρώτῃ ἡμέρᾳ τῶν ἀζύμων*–카이 테 프로테 헤메라 톤 아쥐몬). 이 어구가 의미하는 것은 유월절 당일이 되었다는 것이다(14:1-2에 대한 "주석"을 보라). 다락방을 얻고 식사하는 이야기에 이런 식으로 서론을 붙임으로써, 복음서 기자는 최후의 만찬을 유월절 식사로 묘사한다(위의 "양식/구조/배경"에 나오는 이 문제에 관한 논의를 보라).

"유월절 양 잡는 날에"(*ὅτε τὸ πάσχα ἔθυον*–호테 토 파스카 에뒤온). 케이시(Casey, *Aramaic Sources*, 223)는 동사 에뒤온(*ἔθυον*, "그들이 도살하였다")의 주어는 일반 사람들(통상적인 미완료과거 시제로 보는 Taylor, 537과 Gundry, 820의 견해)이 아니라 성전 경내에서 "유월절 어린양"(이것이 파스카[*πάσχα*]의 의미다)을 도살한 것으로 묘사된 예수와 그의 제자들이라고 주장한다. 제자들이 예수에게 짤막하게 던진 질문의 의미를 고려하면, 케이시의 견해가 옳을 것이다. 유대인들의 관습에 의하면, 예수는 이 짐승의 목구멍을 째서 그 피를 제사장이 들고 있는 은이나 금으로 된 대야에 쏟으셨을 것이고, 제사장은 그 대야를 제단으로 가져가 피를 제단의 기부(基部)에 뿌렸을 것이다(참조. *Tg. Onq.* Exod 24:8: "모세는 피를 취하여 백성을 속하기 위해 제단에 뿌렸다"). 이런 식으로 그 날에는 종일 수천 마리의 어린양들이 도살되었을 것이다. 헬라어 뒤에인 토 파스카(*θύειν τὸ πάσχα*, "유월절 어린양을 잡다")는 칠십인역에서 가져온 것이다(예를 들어, 출 12:21; 신 16:2; G. B. Gray, *Sacrifice in the Old Testament*[Oxford: Clarendon, 1925] 376-82를 보라).

어린양을 다 잡은 후에, 제자들은 예수에게 "우리가 어디로 가서 선생님으로 유월절을 잡수시게 예비하기를 원하시나이까?"(*ποῦ θέλεις ἀπελθόντες ἑτοιμάσωμεν ἵνα φάγῃς τὸ πάσχα*–푸 델레이스 아펠돈테스 헤토이마소멘 히나 파게스 토 파스카)라고 묻는다. 옛적에는, 성경에 나오는 율법을 그대로 지켰다면, 성전 경내에서 유월절 어린양을 요리하여 먹었을 것이다("네 하나님 여호와께서 택하신 곳에서"라고 규정한 신 16:7). 고대 말에는 사람들이 너무 많아져서 이 규정을 지키기가 불가능해졌다. 유월절을 지키려는 사람과 그 가족들은 어린양을 잡아서 피를 제단에 뿌린 후에 예루살렘 도성 내에서 그들끼리 모여 어린양을 요리하여 식사했다(참조. *Sipre Num.* §69[민 9:10에 대한]: "그것을 먹어야 할 곳은 어디인가? 예루살렘 성문 안에서이다"; *t. Pesaḥ* 8.2). 제자들의 질문이 함축하고 있는 의미는 유월절 양을 방금 잡았으니 이제는 적당한 장소로 가야 한다는 것이다. 그들은 어디로 가서 먹을 것이냐고 묻고 있는 것이다.

13 예수는 "제자 중에 둘을 보내셔서"(*ἀποστέλλει δύο τῶν μαθητῶν αὐτοῦ* – 아포스텔레이 뒤오 톤 마데톤 아우투) 사전준비를 했다. 예수께서 두 제자를 앞서 보내신 것은 유월절 식사 준비를 하기 위한 것이다(마가 본문에서 최후의 만찬은 유월절 식사로 이해되고 있다).

열두 제자(이들은 예수와 함께 남는다: 17절을 보라)가 아닌 두 제자에게 예수는 "성내로 들어가라 그리하면 물 한 동이를 가지고 가는 사람을 만나리니 그를 따라가라"(*ὑπάγετε εἰς τὴν πόλιν, καὶ ἀπαντήσει ὑμῖν ἄνθρωπος κεράμιον ὕδατος βαστάζων· ἀκολουθήσατε αὐτῷ* – 휘파게테 에이스 텐 폴린 카이 아판테세이 휘민 안드로포스 케라미온 휘다토스 바스타존 아콜루데사테 아우토)고 말씀하신다. 예루살렘 입성을 위한 나귀 새끼를 얻기 위해 사전준비를 해놓았던 것과 마찬가지로(11:1-6과 위의 "양식/구조/배경"에 나오는 병행 일람표를 보라), 예수는 유월절을 지키기 위한 사전준비를 해놓으셨다 – 분명히 그가 보낸 제자들은 알지 못하게. 물동이를 가지고 가는 사람과의 은밀한 접선(接線)은 예수께서 이 일을 조심스럽게 해야 함을 느끼셨기 때문일 것이다. 예수는 자기가 수배된 인물임을 알고 계셨다. 그러나 예수는 유월절 식사를 하기로 결심하셨고, 이를 위해서는 도성(즉, 예루살렘) 안에 방을 하나 구해야 했다. 케이시(Casey, *Aramaic Sources*. 227)는 예수와 그의 제자들이 이미 도성 안에 있을 텐데 왜 예수께서 "성내로 들어가라"고 말씀하셨는지를 의아해 한다. (거룩한) 성전 경내와 (속된) 본래의 도성 간의 구별이 전제되어 있는 것 같다. 이름이 언급되지 않은 두 제자는 성전 경내(그 동쪽 담은 도성의 동문 역할을 한다)를 떠나서 성전산의 서쪽에 자리잡은 도성의 중심부로 들어가야 했다. 이러한 사전준비들로 볼 때 다락방을 구한 일을 이적(異蹟)으로 이해하는 견해는 잘못된 것이다.

물동이를 가지고 가는 사람을 징표로 삼은 것은 포도주 한 가죽 부대를 가지고 벧엘로 올라가는 세 사람이 사울에게 징표가 되었던 일을 연상시킨다(삼상 10:1-5, 특히 2, 3, 5절; Cranfield, 420). 또한 이러한 병행이 흥미로운 이유는 이 구약의 이야기가 사무엘이 사울에게 기름을 붓는 것으로 시작되기 때문이다. 라그랑쥐(Lagrange, 373)는 예수 시대의 문화에서 남자들은 통상적으로 가죽 부대에 물을 담아 날랐고, 여자들은 물동이에 물을 담아 날랐다고 지적한다. 그러므로 이러한 비정상적인 행위를 의도적으로 징표로 삼았을 것이다. 이 이름이 밝혀지지 않은 제자들은 이 사람을 따라가라는 지시를 받았고, 그러면 그 사람은 유월절 식사를 할 집으로 그들을 데려갈 것이다.

14 "집주인"(*τῷ οἰκοδεσπότῃ*–토 오이코데스포테). 제자들은 그 집의 "주인"을 만나게 될 것이고, 그러면 암호가 필요하게 될 것이다. 이는 이 사전준비 작업들이 보안(保安)을 염두에 두고 이루어졌음을 보여 준다. 제자들이 집주인에게 할 말은 이런 것이었다: "선생님의 말씀이 내가 내 제자들과 함께 유월절을 먹을 나의 객실이 어디 있느뇨 하시더라"(*ὁ διδάσκαλος λέγει, Ποῦ ἐστιν τὸ κατάλυμά μου ὅπου τὸ πάσχα μετὰ τῶν μαθητῶν μου φάγω*–호 디다스칼로스 레게이 푸 에스틴 토 카탈뤼마 무 호푸 토 파스카 메타 톤 마데톤 무 파고). 물론 "선생님"(*ὁ διδάσκαλος*–호 디다스칼로스)은 예수를 가리킨다. 의도적으로 이름을 사용하지 않은 것은 보안상의 이유에서이다. 질문 자체로 신분 확인이 되는 셈이다. 예수를 선생님으로 지칭한 것도 이 사건을 이적으로 해석해서는 안 됨을 보여 준다(Bartlet, 379-80). 집주인은 이제 이 사람들이 나사렛 예수께서 보낸 사람들로서 여기서 집주인의 도움으로 유월절 식사를 준비할 사람들임을 안다. 카탈뤼마(*κατάλυμά*)는 흔히 "숙소"(여관이나 숙박업소에 해당하는 곳; 참조. LXX Jer 14:8; 눅 2:7)를 의미한다. 그러나 이 단어는 이 곳 및 칠십인역 사무엘상 1:18에서처럼 "객실"을 의미할 수도 있다.

15 "자리를 베풀고 예비된 큰 다락방을 보이리니"(*καὶ αὐτὸς ὑμῖν δείξει ἀνάγαιον μέγα ἐστρωμένον ἕτοιμον*–카이 아우토스 휘민 데익세이 아나가이온 메가 에스트로메논 헤토이몬). 집주인은 제자들에게 "큰 다락방"(*ἀνάγαιον μέγα*–아나가이온 메가)을 보여 줄 것이다. 방이 "큰"(*μέγα*–메가) 이유는 예수, 열두 제자, 그 밖의 다른 제자들(준비하기 위해 먼저 보내진 두 익명의 제자들 같은), 여인들(눅 10:38-42 같은 구절들에서 추론컨대)이 참석할 것이기 때문이다. 이 식사가 정말 유월절 식사였다면, 어린아이들도 참석해서 유월절이 무엇을 의미하는지를 물었을 것이다. 에스트로메논 헤토이몬(*ἐστρωμένον ἕτοιμον*, "가구가 비치된")은 양탄자가

깔려 있고 식사를 위한 침상들이 놓여진 방을 의미한다(Swete, 330; Bartlet, 380; Rawlinson, 201; Lohmeyer, 299; 참조. Field, *Notes*, 39). 스트론뉘어인(*στρωννύειν*, "가구를 설치하다")은 유대 및 헬라어 문헌들에서 이런 의미를 지닌다. 그러나 테일러(Taylor, 538)는 이 단어가 훨씬 더 형편없이 가구가 비치되어 있는 방, 심지어 "꼭 필요한 것들만 겨우" 설비되어 있는 방을 의미할 수도 있다고 말한다.

"거기서 우리를 위하여 예비하라"(*ἐκεῖ ἑτοιμάσατε ἡμῖν*－에케이 헤토이마사테 헤민). 두 제자는 방을 준비하고, 예수와 열두 제자, 그 밖의 다른 제자들이 모일 저녁 때 내올 식사를 위한 음식들을 준비해야 했다. 제자들에게 다락방을 안내해 준 물동이를 지닌 사람이 이러한 준비를 거들었다는 얘기는 없다. 헤민(*ἡμῖν*, "우리")과 관련하여 스웨트(Swete, 330-31)는 예수가 포괄적인 의미의 1인칭 복수를 거의 사용하지 않는다는 점을 지적한다(또 하나의 예로서는 9:40이 있다: "우리를 반대하지 않는 자는 우리를 위하는 자니라").

16 "그들은 예수의 하시던 말씀대로 만나"(*εὗρον καθὼς εἶπεν αὐτοῖς*－휴론 카도스 에이펜 아우토이스). 이 말은 제자들이 단지 예수께서 그들에게 하신 말씀대로 방을 구했다는 것이 아니라, 모든 것이 예수께서 그들에게 하신 말씀대로 되었다는 것을 의미한다－물동이를 가지고 가는 사람, 그가 집으로 그들을 데려간 일, 집주인의 협력, 준비된 방. 또다시 예수는 이 상황을 주도하는 자로 묘사된다.

"유월절을 예비하였다"(*καὶ ἡτοίμασαν τὸ πάσχα*－카이 헤토이마산 토 파스카). 이 말을 통해서 복음서 기자가 최후의 만찬을 유월절 식사로 이해하고 있음이 분명해진다. "유월절"(*πάσχα*－파스카)의 유래에 관해서는 14:1에 대한 "주석"을 보라. 유월절 식사를 준비하기 위해서는 어린양을 굽고 무교병, 쓴 나물, 양념, 물, 포도주를 준비하는 일이 필요했다. 방 자체도 특별한 설비들이 필요했다(침상들과 등불 같은).

17 "저물매 예수께서 열둘을 데리시고 오셨다"(*καὶ ὀψίας γενομένης ἔρχεται μετὰ τῶν δώδεκα*－카이 옵시아스 게노메네스 에르케타이 메타 톤 도데카). 최후의 만찬이 유월절 식사였다면, "저물면"(*ὀψίας*－옵시아스) 니산월 제15일, 즉 유월절의 밤이 시작된다(참조. 출 12장). 12-16절에서 식사 준비에 관한 말이 나왔으므로 다음으로는 유월절 식사 자체에 대한 좀더 자세한 내용이 나올 법하다. 그런데 사실은 이 만찬을 유월절 식사로 볼 수 있는 근거가 되는 말들이 만찬 자체에 대한 서술에는 전혀 나오지 않는다. 만찬은 두 단계로 진행된다. (1) 17-21절에서 열두 제자 중 "한 사람"(*εἷς*－헤이스)에 의한 배신에 관한 예고, (2) 22-25절에서 성찬 제정의

말씀들. 불트만(Bultmann, *History*, 265)은 17-21절과 22-25절이 "원래는 이어져 있지 않았다"고 주장한다. 테일러(Taylor, 539)는 불트만의 판단이 옳다고 본다(그러나 22-25절이 "바울에 관한 헬라파 진영의 제의 전설"이라는 불트만의 주장은 옳지 않다; 아래를 보라).

이야기와 말씀들에 있어서의 절제(節制)는 이 전승의 진정성을 보여 준다. 유다는 이름이 거론되거나 책망을 받지 않는다. 돈에 대한 언급도 없고, 유다가 누구에게 예수를 팔 것인지에 대한 언급도 없다. 어떻게 예수는 아셨을까? 아마도 예수는 예루살렘에 있던 자신의 측근 외부의 인맥 및 정보망(예루살렘 입성을 위한 준비 및 다락방을 구하는 데서 나타나듯이)을 통해서 이를 아셨을 것이다. 예수는 분명히 고위 제사장들이 자기 제자들 중 하나와 밀거래를 타결지었다는 말을 들으셨을 것이다.

18 "저희가 비스듬히 누워서 먹고 있을 때에"(*καὶ ἀνακειμένων αὐτῶν καὶ ἐσθιόντων* – 카이 아나케이메논 아우톤 카이 에스디온톤). 예수와 그의 제자들은 이제 침상에 비스듬히 누워서 유월절 식사를 먹기 시작했다(이스라엘 사람들이 서서 먹기를 요구하고 있는 출 12:11과 비교해 보라). 그러나 절대소유격의 사용은 비스듬히 누운 것과 먹는 것은 단지 본문의 요지, 즉 배신에 대한 예수의 깜짝 놀랄 만한 예고에 대한 배경 역할을 할 뿐임을 함축한다.

"내가 진실로 너희에게 이르노니 너희 중에 한 사람 곧 나와 함께 먹는 자가 나를 팔리라"(*ἀμὴν λέγω ὑμῖν ὅτι εἷς ἐξ ὑμῶν παραδώσει με ὁ ἐσθίων μετ' ἐμοῦ* – 아멘 레고 휘민 호티 헤이스 엑스 휘몬 파라도세이 메 호 에스디온 메트 에무). 음식을 같이 먹은 자가 그 후에 배신을 하는 일을 고대 말의 사람들은 혐오스럽고 극악무도한 짓으로 보았다. 크랜필드(Cranfield, 423)의 주장처럼, "나와 함께 먹는 자"(*ὁ ἐσθίων μετ' ἐμοῦ* – 호 에스디온 메트 에무)라는 예수의 말씀은 시편 41:9을 반영하고 있는 것 같다: "나의 신뢰하는 바 내 떡을 먹던 나의 가까운 친구도 나를 대적하여 그 발꿈치를 들었나이다"(또한 Casey, *Aramaic Sources*, 229-32; Marcus, *Way of the Lord*, 178). 요한복음 판본에는 이 탄원 시편에 의거하고 있음이 분명히 드러난다(참조. 요 13:18). 이와 비슷한 탄원을 하는 쿰란의 찬송 두루마리(the Hymn Scroll)에도 흥미로운 병행문이 나온다: "내 떡을 (먹던 자들도) 나를 대적하여 그 발꿈치를 들었고, 내 권고를 전적으로 의지했던 모든 자들이 불의한 입술들로 나를 헐뜯나이다. 내 참모들은 반기를 들고 이러저리 돌아다니며 불평을 늘어놓나이다"(1QH 13:23-25 [olim 5:23-25]). 시편 41:9에 대한 인유(引喩)는 분명하게 드러난다. 떡을 같이 먹은 후에 배신에 가담한다는 반제(反題, antithesis)는 하나의 격언이 되어 있었던 것 같다. 또한 「수리아인 메난더의 잠언」(*Sentences of the Syriac Menander*)도 보라: "함께 식사했던 자에게 속이는 일을 하지 말라"(215-16).

식탁에 비스듬히 누워서 식사를 할 때 예수는 제자들 중 한 사람이 자기를 팔 것이라고 예고하신다(18-19절). 마가는 다시 한 번 예수의 선견지명을 강조한다. 예수는 몇 차례에 걸쳐 자신의 죽음을 예고하셨고, 가장 최근에도 여인이 자기 머리에 향유를 부은 것은 자신의 장사(葬事)를 위한 준비라고 예언하셨는데, 이제는 배신을 예고함으로써 제자들을 깜짝 놀라게 만드신다. 배신을 예고함으로써 제자들 중 하나가 자기를 넘긴 것에 대한 예수의 당혹감과 수치가 어느 정도 완화된다. 예수께서 이 일을 미리 내다보셨기 때문에(상원 의사당으로 들어가다가 졸지에 동료들로부터 습격을 당한 율리우스 가이사와는 달리), 이제 이 일은 예수에게 망신스러운 일이 아니라 오히려 명예가 된다.

19 "저희가 근심하기 시작하였다"(ἤρξαντο λυπεῖσθαι – 에륵산토 뤼페리이스다이). 마가복음에서 뤼페인(λυπεῖν, "근심하다")이 나오는 또 다른 곳은 부자 청년이 그의 재물을 포기하고 예수를 따를 수 없어서 근심하며 돌아서 갔다고 말하는 10:22일 뿐이다. 제자들의 반응은 당연하다. 저희는 예수의 공생애 기간 내내 예수와 함께 있었다. 그들은 예수의 기사(奇事)들을 직접 목격했고, 도전적이고 소망을 불러일으키는 하나님 나라에 관한 예수의 선포를 직접 들었다. 이 메시지, 그리고 축귀 및 치유를 통하여 그 메시지를 강력히 증거하는 일이 그들에게 위임되어(6:7-13), 그들은 예수의 사역에서 적극적인 역할을 할 수 있었다. 그러나 유대 백성들이 민족사에서 하나님의 가장 크신 역사(役事)를 기념하는 유월절 전야인 지금에 와서 그들은 그들 중의 한 사람이 스승을 팔 것이라는 것을 알고 두려움에 휩싸인다.

"하나씩 하나씩 여짜오되 '내니이까?'"(καὶ λέγειν αὐτῷ εἷς κατὰ εἷς, μήτι ἐγω – 카이 레게인 아우토 헤이스 카타 헤이스 메티 에고). 마가 본문의 헤이스 카타 헤이스(εἷς κατὰ εἷς, "하나씩 하나씩")라는 표현은 문법적으로 어색한데, 이는 셈어적 표현이다(아마도 하드 하드[חד חד]에 해당할 것이다; 참조. Casey, *Aramaic Sources*, 231). 충격을 받은 제자들은 번갈아 가며 "저는 아니지요?"라고 묻는다. 그들은 예수의 말씀에 아연실색해서 다른 사람을 의심할 엄두조차 내지 못하고, 각자가 스스로를 돌아본다(Taylor, 541). 부정사 메티(μήτι, "아니죠?")는 제자들이 예수로부터 "그래, 너는 아니다"라는 확인을 받고 싶어한다는 것을 보여 준다. 제자들의 반응은 충격 외에도 유다가 배신자임을 모른다는 사실을 보여 준다. 사실 제자들은 너나 할 것 없이 자기가 유혹에 넘어가서 예수를 배신할지도 모른다고 생각해서 이제라도 자기들이 처한 위험들을 피하고 싶었을 것이다.

마태와 요한은 이 이야기를 윤색한다. 마가 본문의 "하나씩 하나씩 여짜오되 내니이까?"라는 표현은 마태복음 26:25("예수를 파는 유다가 대답하여 가로되 랍비여 내니이까 대답하시되 네가 말하였도다 하시니라")과 요한복음 13:25-26("주여 누구오니이까 예수께서 대답하시되 내가 한 조각을 찍어다가 주는 자가 그니라 하시고")이 생겨나게 했다. 이러한 윤문들은 예수께서 유다가 배신할 것을 알았다는 증거를 한층 강화시킨다. 마가의 기사에는 예수께서 가룟 유다가 그 배신자인지를 아시는지가 분명히 나와 있지 않다. 예수께서 아시는 것은 "열둘 중에 하나"(20절)가 배신할 것이라는 게 전부다. 그러나 마태복음과 요한복음에는 예수가 열두 제자 중에 정확히 누가 배신자인지를 알고 계시는 것으로 되어 있다.

20 "열둘 중 하나 곧 나와 함께 그릇에 손을 넣는 자니라"(*εἷς τῶν δώδεκα, ὁ ἐμβαπτόμενος μετ' ἐμοῦ εἰς τὸ τρύβλιον*-헤이스 톤 도데카 호 멤밥토메노스 메트 에무 에이스 토 트뤼블리온). 제자들의 극도의 두려움을 확인이라도 해주는 듯이, 예수는 배신자는 열둘 중의 하나(예수를 따르는 큰 무리 중의 하나가 아니라)이며, 예수와 함께 음식을 먹는 자들 중의 한 사람이라고 밝히신다. 15절에는 참석하기로 되어 있는 사람들이 단지 예수와 열두 제자만이 아니었기 때문에 큰 다락방을 마련했다는 것이 암시되어 있었다. 여기에서 예수의 대답은 이 견해를 뒷받침해 준다. 예수와 열두 제자만이 참석한 것이었다면, "열둘 중 하나"라는 예수의 말씀은 다소 이상하게 들렸을 것이다. 그러나 많은 제자들이 모인 방에서 예수의 말씀은 특히 충격적이었을 것이다. 왜냐하면 예수는 사실상 "내 제자들 중 하나가 아니라 열두 제자 중 하나, 그러니까 나와 함께 그릇에 손을 넣는 자"라고 말씀하시고 있는 것이기 때문이다. 열둘 중 하나와 예수를 따르는 그 밖의 무리 중 하나라는 이러한 암묵적인 대비는 배신의 충격을 한층 더 강화시킨다. 그릇에 대하여 언급한 것은 배신자가 누구임을 밝힌 것이 아니다(요 13:26-30에서와는 달리). 그것은 "이 행위의 극악무도함을 강조한다"(Taylor, 541). 구약에서 그릇에 손을 넣어 음식을 먹는 예는 룻기 2:14을 보라. 이 식사가 유월절 식사였다면(아마 아니었을 것이다), "그릇"(*τρύβλιον*-트뤼블리온)은 "양념…쓴 나물을 담은" 그릇("접시"가 아니라; 참조. MM, 643)이었을 것이다(Cranfield, 424).

18절에서 예수는 제자들 중 한 사람, "나와 함께 먹는 자"가 자기를 팔 것이라고 말씀하심으로써 제자들을 놀라게 하신다. 친구에 의한 배신, 함께 먹던 친구의 배신은 소름끼치는 일이다. 그런데 여기 20절에서 예수는 자기가 친히 손가락을 넣는 바로 그 그릇에서 음식을 함께 먹은 자가 배신자가 될 것이라고 말씀하심으로써 배신의 극악무도함을 한층 더 강조한다.

21 "인자는 자기에게 대하여 기록된 대로 가거니와"(*ὅτι ὁ μὲν υἱὸς τοῦ ἀνθρώπου ὑπάγει καθὼς γέγραπται περὶ αὐτοῦ* – 호티 호 멘 휘오스 투 안드로푸 휘파게이 카도스 게그랍타이 페리 아우투). "인자"는 그를 기다리는 운명, 곧 성경에서 그에 관하여 예언한 운명을 겪게 될 것이다. 마가복음은 독자들에게 어떤 성경 구절을 염두에 두고 있는지를 말해 주지 않는다. 예수는 14:49에서 체포될 때 "이는 성경을 이루려 함이니라"고 말씀하시는데, 거기에도 어떤 성경 구절을 염두에 두고 있는지가 나오지 않는다. 그러나 14:27에서 예수는 스가랴 13:7을 자유롭게 인용하신다: "내가 목자를 치리니 양들이 흩어지리라." 또한 예수는 앞서 14:18에 인유(引喩)되었던 시편 41:9과 복음서들 여기저기에 반영되어 있는 이사야 53장(막 10:45에 대한 "주석"을 보라)도 염두에 두셨을 것이다. 그러나 여기 21절에서 예수는 성경에 기록된 것을 "인자"와 결부시키신다. 다니엘 7장에 의하면, 하나님의 성도들은 악의 세력들과의 격렬한 싸움에 휘말리게 될 것이고, 악한 세력은 한동안 성도들을 압도하여 지치게 만들 것이다(단 7:21, 25). "인자"를 그의 목숨을 구하는 자들에게 넘겨주는 일은 이러한 시나리오와 일치한다. 또한 다니엘서에 대한 예수의 관심을 감안하면 다니엘 9:26("기름부음 받은 자가 끊어져 없어질 것이며")을 염두에 두었을 가능성도 있다. 성경에서 "인자"에 관하여 기록된 것에 대한 예수의 모호한 언급은 이 말씀의 진정성을 뒷받침해 준다(14:49에서도 마찬가지다). 초대 교회는 변증을 위해 성경 구절을 사용할 때 증거 본문들을 제시하는 것이 상례였다. 여기에서는 그런 본문은 제시되지 않는다.

크리스텐센(Christensen, *ST* 10[1956] 1-24)은 예수의 말씀의 배경을 이루는 성경 구절로 탈굼 에스겔 12:1-16을 든다. 그러나 그 구절의 히브리어 또는 아람어 판본(또는 헬라어 판본)에는 그의 주장을 실질적으로 뒷받침해 줄 만한 내용이 없다. 탈굼 에스겔 12:2에 나오는 "인자"에 대한 칭호조차도 바르 에노쉬(בר אנוש)가 아니라 바르 아담(בר אדם)이다. 따라서 이미 한 가지 매우 중요한 요소가 빠진 셈이다.

케이시(Casey, *Aramaic Sources*, 233-36; 하지만 Gundry, 838는 이에 반대)는 예루살렘 탈무드의 킬아임 편(*y. Kil.*) 9.4에 나오는 랍비(아마도 방백 유다)의 말을 인용해서 휘파게이(*ὑπάγει*, "가다") 배후에는 아람어 아잘(אזל)이 있다고 주장한

다: "인자가 (다시) 오는 것은 그가 가는(אזל – 아잘) 것과 같지 않을 것이다"(참조. *y. Ketub.* 12.3; *Gen. Rab.* 100.2[창 49:33에 대한]). 여기서 아잘(אזל, "가다")은 분명히 지나가 버리는 것을 가리킨다. 즉, 사람은 그가 매장된 때와 동일한 모습으로 소생되지 못할 것이라는 말이다.

"인자를 파는 그 사람에게는 화가 있으리로다"(*οὐαὶ δὲ τῷ ἀνθρώπῳ ἐκείνῳ δι' οὗ ὁ υἱὸς τοῦ ἀνθρώπου παραδίδοται* – 우아이 데 토 안드로포 에케이노 디 후 호 휘오스 투 안드로푸 파라디도타이). 이 장면은 예수께서 "인자"를 배신하는 자에게 화(禍)가 있으리라고 선포하시는 것으로 끝난다. 우아이(*οὐαί*, "화가 있으리로다")는 구약에서 거의 백 번 가량 나오는 히브리어 오이(אוי)를 반영한 말이다: "악인에게는 화가 있으리니 화가 있을 것은 그 손으로 행한 대로 보응을 받을 것임이니라"(사 3:11). "침상에서 악을 꾀하며 간사를 경영하고 날이 밝으면 그 손에 힘이 있으므로 그것을 행하는 자는 화 있을진저"(미 2:1). 배신자에 대한 예수의 화(禍) 선포는 마가복음에서 두 번 나오는 우아이(*οὐαί*, "화가 있으리로다")의 용례 중 하나다(참조. 13:17: "그 날에는 아이 밴 자들과 젖먹이는 자들에게 화가 있으리로다"). 마태복음과 누가복음의 다른 곳에서 예수는 고라신과 벳세다(마 11:21=눅 10:13), 서기관들과 바리새인들(마 23:13, 15-16, 23, 25, 27, 29=눅 11:42-44, 46-47, 52)에 대하여 화가 있으리라고 선포하시고, 축복문과는 대조적으로 부요한 자들, 배부른 자들, 모든 사람에게 칭찬 받는 자들에 대하여 화가 있으리라고 선포하신다(눅 6:24-26).

"그 사람은 차라리 나지 아니하였더면 제게 좋을 뻔하였느니라"(*καλὸν αὐτῷ εἰ οὐκ ἐγεννήθη ὁ ἄνθρωπος ἐκεῖνος* – 칼론 아우톤 에이 우크 에겐네데 호 안드로포스 에케이노스). 예수는 그를 죽이려고 하는 자들의 손에 팔리시게 되어 있지만, 그를 배신한 자는 훨씬 더 참혹한 운명을 맞게 된다. 그 사람은 차라리 태어나지 않는 것이 더 나을 뻔했다. 이런 류의 표현은 다른 유대교 문헌들에서도 확인된다: 예를 들어, "그 의로운 이(the Righteous One)가 나타날 때는…그들(즉, 여호와의 이름을 부인한 자들)은 태어나지 않았더라면 더 좋았을 것이다"(*1 Enoch* 38:2; 참조. 2 Enoch 41:2; *m. Ḥag.* 2:1). 배신의 죄는 마가복음 3:28-29의 사함 받지 못할 죄에 해당한다. 예수의 말씀은 형식과 내용에 있어서 Q말씀과 비슷하다: "실족케 하는 일들이 있음을 인하여 세상에 화가 있도다 실족케 하는 일이 없을 수는 없으나 실족케 하는 그 사람에게는 화가 있도다"(마 18:7; 참조. 눅 17:1-2). 존슨(Johnson, 230)은 마가 본문이 이 Q말씀에서 가져온 것이라고 생각한다. 화이트(White, *Forum*

3.4[1987] 49-63)에게는 미안하지만, 이 화(禍) 예언을 시편 41:9에서 영감 받은 창작으로 볼 필요는 없다.

해설

다시 한 번 예수는 상황의 주관자, 자신의 운명의 주관자로 묘사되신다. 유월절 어린양을 잡은 후에, 예수는 유월절 식사를 할 방을 어떻게 구하고 준비해야 할지에 관한 지시를 해서 두 제자를 성전산에서 도성으로 보내신다. 모든 일은 예수께서 지시하신 대로 이루어진다. 방과 음식이 준비되고, 저물 때 예수와 열두 제자가 다른 사람들과 합류한다. 그러나 이 유월절 식사는 평범한 식사가 아니다. 마가복음 이야기는 출애굽 이야기와 최초의 유월절 밤에 관한 언급을 생략하고, 어린양이나 쓴 나물에 관하여 전혀 언급하지 않는다. 복음서 기자는 오직 예수의 깜짝 놀랄 만한 말씀들만을 이야기한다. 가장 중요한 유대인의 명절을 지키는 가운데, 예수는 "너희 중에 한 사람이 나를 팔리라"고 선언함으로써 제자들을 깜짝 놀라게 만드신다. 근심에 쌓인 제자들은 하나씩 하나씩 그 배신자가 자기냐고 예수께 묻는다. 제자들은 예수의 예언 능력과 지혜에 압도되어 있었기 때문에 예수의 말씀이 틀릴 수 있다고는 생각하지 않는다. 제자들은 각각 예수께서 방금 말씀하신 것으로 보아서 자기가 예수를 배신하는 사람일지도 모른다고 생각한다(한 사람을 제외한 모든 사람이 순진하게 말이다). 예수는 그들의 극도의 두려움을 확인해 주신다. 배신자는 "열둘 중 하나, 나와 함께 그릇에 손을 넣는 자"이다. 그럼에도 불구하고 예수는 자신의 이러한 운명이 성경에 미리 예언되어 있다는 것을 아신다. 그러나 그 운명이 필연적이라고 해서 배신자의 행위가 용서받을 수 있는 것은 아니다. 그에게는 화가 있을 것이다. "그 사람은 차라리 나지 아니하였더면 제게 좋을 뻔하였다." 화 있으리라는 예수의 선언은 배신의 심각성을 부각시킨다.

예수께서 상황을 주관하고 계시다는 것은 그분이 자신의 운명을 예언하실 수 있다는 사실에서 드러난다. 예수는 다가올 자신의 고난과 죽음, 그 방식까지도 고지하신 바 있다(10:32-34). 이제 예수는 자기가 배신당할 것을 예고하신다. 나중에 예수는 제자들이 자기를 버리고 베드로가 자기를 세 번 부인할 것에 대해서도 예고하실 것이다. 모든 점에서 예수는 전개되는 사건들을 지휘하고 계신다. 그 어느 것도 예수에게 의외의 일이란 없고, 그를 넘어지게 하거나 자신의 사명을 완수하는 데서 물러나게 하지 못한다. 사실 예수의 임박한 죽음은, 다음 단락에서 볼 수 있듯이, 그의 죽음의 의미에 대하여 말할 수 있는 기회가 된다.

5. 성찬의 제정(14:22-25)

참고문헌

Beck, N. A. "The Last Supper as an Efficacious Sympolic Act." *JBL* 89(1970) 192-98. **Carmichael, D. B.** "David Daube on the Eucharist and the Passover Seder." *JSNT* 42(1991) 45-67. **Chilton, B. D.** "'Amen': An Approach through Syriac Gospels." *ZNW* 69(1978) 230-11. ______. *A Feast of Meanings: Eucharistic Theologies from Jesus through Johannine Circles.* NovTSup 72. Leiden: Brill, 1994. 46-74. ______. *Pure Kingdom: Jesus' Vision of God.* Studying the Historical Jesus. London: S. P. C. K.; Grand Rapids, MI: Eerdmans, 1996. 123-26. ______. *The Temple of Jesus: His Sacrificial Program within a Cultural History of Sacrifice.* University Park, PA: Pennsylvania State up, 1992. 137-54. **Daube, D.** *He That Cometh.* St. Paul's Cathedral Lecture. London: Diocesan Council, 1966. ______. "The Significance of the Afikoman." *Pointer*(Spring 1968) 4-5. **Derrett, J. D. M.** "The Upper Room and the Dish." *HeyJ* 26(1985) 373-82(repr. in J. D. M. Derrett. *Studies in the New Testament.* 5 vols. Leiden: Brill, 1989. 5:119-28). **Gundry, R. H.** *The Use of the Old Testament in St. Matthew's Gospel with Special Reference to the Messianic Hope.* NovTSup 18. Leiden: Brill, 1967. 57-60. **Hahn, F.** "Die alttestamentlichen Motive in der urchristlichen Abendmahlsüberlieferung." *EvT* 27(1967) 337-74. **Higgins, A. J. B.** *The Lord's Supper in the New Testament.* SBT 6. London: SCM Press, 1952. 24-37. **Hooker, M. D.** *The Signs of a Prophet: The Prophetic Actions of Jesus.* Harrisburg, PA: Trinity Press International, 1997. 48-54. **Jeremias, J.** "This is My Body···" *ExpTim* 83 (1971-72) 196-203. **Jonge, M. de.** "Jesus' Death for Others and the Death of the Maccabean Martyrs." In *Text and Testimony.* FS A. J. Klijn, ed. T. Baarda et al. Kampen: Kok, 1988. 174-84, 208-11. ______. "Mark 14:25 among Jesus' Words about the Kingdom of God." In *Sayings of Jesus: Canonical and Non-Canonical.* FS T. Baarda, ed. W. L. Petersen et al. NovTSup 89. Leiden: Brill, 1997. 123-35. **McKnight, S.** *A New Vision for Israel: The Tea-*

chings of Jesus in National Context. Studying the Historical Jesus. Grand Rapids, MI: Cambridge: Eerdmans, 1999. 5-14. **Meyer, B. F.** "The Expiation Motif in the Eucharistic Words: A Key to the History of Jesus?" *Greg* 69(1988) 461-87. **Otto, R.** *The Kingdom of God and the Son of Man: A Study in the History of Religion.* New and rev ed. Lutterworth Library 9. London: Lutterworth, 1943. Repr. Boston: Starr King Press, 1951. 263-330. **Pesch, R.** "The Gospel in Jerusalem: Mark 14:12-26 as the Oldest Tradition of the Early Church." In *The Gospel and the Gospels.* Ed. P. Stuhlmacher. Grand Rapids, MI: Eerdmans, 1991. 106-48. ______. *Wie Jesus das Abendmahl hielt: Der Grund der Eucharistie.* Freiburg: Herder, 1977. **Ruckstuhl, E.** "Neue und alte Überlegungen zu den Abendmahlsworten Jesu." SNTSU 5(1980) 79-106(repr. in E. Ruckstuhl. *Jesus im Horizont der Evangelien.* Stuttgarter biblische Aufsatzbände 3. Stuttgart: Katholisches Bibelwerk, 1988. 69-100). **Stacey, W. D.** "Appendix: The Lord's Supper as Prophetic Drama." In M. D. Hooker, *The Signs of a Prophet: The Prophetic Actions of Jesus.* Harrisburg, PA: Trinity Press International, 1997. 80-95.

본 문

22 저희가 먹을 때에 예수께서 떡을 가지사 축복하시고 떼어 제자들에게 주시며 가라사대 받으라 이것이 내 몸이니라 하시고
23 또 잔을 가지사 사례하시고 저희에게 주시니 다 이를 마시매
24 가라사대 이것은 많은 사람을 위하여 흘리는 바 나의 피 곧 언약의 피니라
25 진실로 너희에게 이르노니 내가 포도나무에서 난 것을 하나님 나라에서 새것으로 마시는 날까지 다시 마시지 아니하리라 하시니라

22 And while they were eating, he,[a] taking bread [and] blessing [it],[b] broke [it], and gave [it] to them[c] and said,[d] "Take,[e] this is my body."
23 And after taking the cup, giving thanks, he gave [it] to them,[f] and all were drinking from it.
24 And he said to them, "This is my blood of the covenant,[g] which is poured out in behalf of[h] many.[i]
25 Truly, I say to you that I shall not again drink from the fruit of the vine until that day when I may drink it new in the kingdom of God."

원문주해

a. ℵ, A, C, L, *Σ, Φ*사본과 그 밖의 몇몇 후대의 사본들은 호 이에수스(*ὁ Ἰησοῦς*, "예수")로 읽는다.

b. "그것"이 함축되어 있다. 몇몇 후대의 사본들은 카이 유카리스테사스(*καὶ εὐχαριστήσας*, "그리고 축사하시고")를 첨가한다(23절에서처럼).

c. 후대의 몇몇 사본들과 역본들은 토이스 마데타이스(*τοῖς μαθηταῖς*, "제자들에게")로 읽는다(참조. 마 26:26).

d. 후대의 몇몇 사본들과 역본들은 아우토이스(αὐτοῖς, "그들에게")를 첨가한다.

e. Σ사본과 몇몇 후대의 사본들은 라베테 파게테(λάβετε φάγετε, "받아서 먹으라")로 읽는다(참조. 마 26:26).

f. W사본은 토이스 마데타이스(τοῖς μαθηταῖς, "제자들에게")로 읽는다.

g. A, Σ, Φ사본과 많은 후대의 사본들과 역본들은 토 하이마 무 토 테스 카이네스 디아데케스(τὸ αἷμά μου τὸ τῆς καινῆς διαθήκης, "나의 피 곧 새 언약의 피")로 읽는다. 형용사 카이네스(καινῆς, "새로운")는 눅 22:20; 고전 11:25; 고후 3:6; 히 8:8(참조. 렘 31:31); 9:15에 나오는 표현에서 영감을 얻어 첨가한 말이다. 이와 동일한 본문 손상은 마 26:28을 담은 많은 사본들에서 발견된다. *TCGNT*[1], 113를 보라.

h. 헬라어로는 휘페르(ὑπέρ). 이 맥락에서 사용된 휘페르(ὑπέρ)에 대해서는 눅 22:19; 고전 11:24을 보라. 이 전치사는 "죄인들"을 "대신하여"를 의미할 수도 있고(참조. 롬 5:6, 7, 8: "그리스도께서 우리를 대신하여 죽으셨다"), 죄들을 "위하여"를 의미할 수도 있다(고전 15:3: "그리스도께서 우리 죄를 위하여 죽으셨다"). A, Σ, Φ사본과 많은 후대의 사본들은 막 14:24에서 페리(περί, "인하여" 또는 "관하여")로 읽는다. 이 이독은 칠십인역 사 53:4("그가 우리의 죄를 짊어지시고 우리를 인하여 고통을 받으시리라")과 53:10("여호와께서 죄를 인하여 드리면")의 영향인 것 같다.

i. W사본과 많은 후대의 사본들 및 역본들은 에이스 아페신 하마르티온(εἰς ἄφεσιν ἁμαρτιῶν, "죄사함을 위한")을 첨가한다. 이 전치사구는 마가복음(참조. 1:4)과 사도행전(참조. 2:38)에서도 발견되긴 하지만, 이러한 첨가는 마 26:28에서 가져온 것이다.

양식/구조/배경

14:22-25에서는 주의 만찬 또는 성찬(Eucharisti; "축사하다"를 의미하는 유카리스테인[εὐχαριστεῖν]에서 유래한 말)이 제정된다. 이 절들은 원래 14:12-16로부터 독립된 별개의 전승 단위였을 것이다. 그렇다면 14:12-16의 맥락이 함축하고 있듯이 이 만찬은 유월절 식사가 아니었을 것이다(14:12-21에 대한 "양식/구조/배경"에서의 논의를 보라). 불트만(Bultmann, *History*, 276)은 마가 본문과 병행본문이지만 그 일부(즉, 15-16절)가 이 만찬을 유월절 식사로 규정하는 전승과 긴장 관계에 있는 누가복음 22:14-18이 별개의 전승 흐름에서 유래한 것으로 본다(참조. Dibelius, *Tradition*, 206; Johnson, 231). 테일러(Taylor, 543)는 마가복음 14:23("다 이를 마시매")이 원래 만찬 기사의 결론부였고, 24-25절은 덧붙여진 말씀들이라고 생각한다. 이 생각이 맞을지도 모르지만, 에른스트(Ernst, 413), 그닐카(Gnilka, 2:239), 페쉬(Pesch, 2:345, 354, 364-77; id., "Mark 14:12-26," 118-22)는 22-25절이 하나의 통

일된 단위를 이룬다고 믿는다. 현재의 본문에서 각각의 절은 나름대로의 독특한 내용을 담고 있다. (1) 떡에 대한 축복과 나누어 줌(22절), (2) 잔에 대한 축사(祝辭)와 돌려서 마심(23절), (3) "언약의 피"에 관한 말씀(24절), (4) 하나님 나라에서 마실 때까지는 포도주를 마시지 않겠다는 맹세(25절). 페쉬(Pesch, "Mark 14:12-26"; id., *Wie Jesu das Abendmahl hielt*, 69-90; 참조. T. Holtz, *TLZ* 106[1981] cols. 812-13에 의한 호의적인 서평)는 이 본문이 마가와 바울(즉, 고전 11:23-26) 이전의 매우 오래된 수난 전승의 일부라고 믿는다. 또한 Ruckstuhl, *SNTSU* 5[1980] 79-106; Meyer, *Greg* 69[1988] 461-87를 보라.

해석상의 중요한 쟁점은 24절에 나오는 예수의 말씀의 의미에 관한 것이다: "이것은 많은 사람을 위하여 흘리는 바 나의 피 곧 언약의 피니라." 페쉬(Pesch, 2:362)는 예수께서 그의 죽음을 대속적인 의미를 지니는 것으로 이해하셨다고 믿는다. 위에서 언급한 대로, 페쉬가 성찬 및 그 제정의 말씀에 관한 전승이 본질적으로 역사적이며 매우 오래된 것이라고 믿는 이유는 이 전승에 나타나는 여러 셈어적 특징들 때문이다. 이 전승의 진정성을 받아들이는 칠튼(Chilton, *Temple of Jesus*, 152-54; id., *Feast of Meanings*, 66-74; id., *Pure Kingdom*, 125-26)은 최근에 "내 몸"(*τὸ σῶμά μου*—토 소마 무; 22절)과 "내 피"(*τὸ αἷμά μου*—토 하이마 무; 24절)는 예수 자신의 몸과 피가 아니라 희생제물, 즉 "희생제물"의 몸과 피를 가리키는 것이라고 주장한다. 희생제물들이 구입되고 도살되는 미심쩍은 방식으로 인해서 예수는 성전에서 물러나와 떡과 포도주로 대체할 것을 권하셨다고 칠튼은 추론한다. 예수에게 있어서 떡과 포도주는 그의 몸(즉, 희생제물)과 그의 피(즉, 희생제물의 피)였다. 호기심을 자극하는 칠튼의 해석은 예수와 고위 제사장들 간의 중요한 해석상의 차이점들을 해명해 줄 수는 있겠지만(특히 희생제물들을 소유하고 드리는 합당한 방식에 대한 힐렐의 가르침과 관련하여; 참조. *t. Ḥag.* 2.11; *y. Ḥag.* 2.3; *y. Bẹsah* 2.4; *b. Bẹsah* 20a-b; 또한 11:15-19에 관한 "주석"을 보라), 성찬 제정의 말씀에 관한 다른 해석이 찾아져야 한다. (또한 우리는 예수께서 떡을 떼시는 행위를 제사장적 의미를 지니는 것으로 보는 Derrett의 논문인 *HeyJ* 26[1985] 373-82도 검토해야 한다. 그러나 이런 해석 노선은 너무나 많은 상징적 해석들로 가득 차 있다.)

예수께서 그의 죽음에 대속적 의미를 부여하셨다는 전통적인 해석은 과연 받아들일 만한가? 주후 1세기의 한 유대인이 그의 생명을 "많은 사람을 위하여" 내놓음으로써 자기 백성을 구하고 언약 갱신의 효과를 가져왔다는 견지에서 생각하고 말했다는 것이 과연 가능한가? 그리고 그가 그랬다면, 그것이 그의 동시대인들에게 이해가 되었을까? 가족, 친구들, 자신의 성읍이나 나라를 위하여 죽는 일은 헬라 이야기들에서 잘 알려져 있었지만(Hengel, *Atonement*, 9-14; 예를 들어, Euripides, *Alc.* 968-69; 크레온[Creon]은 "이 도시를 위하여 속죄하는 희생제물로 죽고자" 한다; 이외에도 많은 예들이 있다), 고대 말의 유대교에서도 이와 비슷한 전승이 발견되는가? 우리의 질문들에 대하여 충분히 그렇다고 대답할 수 있다. 마카베오4서에 나오는 세 구절은 의인들의 고난이나 죽음의 대속적 의미에 관하여 말한다: "그들은 인내로써 폭군을 이겼고, 이렇게 해서 그들의 고국은 그들로 말미암아 깨끗케 되었다"(4 Macc 1:11b). "신앙을 위하여 그들의 몸을 고난에 내어준 자들"과 관련하여 이 저자는 "그들로 인하여 이 나라가 평안을 얻었고, 고국에서의 율법 준수를 부활시킴으로써 그들은 적을 유린하였다"(4 Macc 18:3-4). 이 저자는 제의(祭儀)를 반영하는 언어를 사용하여 명시적으로 이 순교자들은 "우리 민족의 죄를 위한 속전(贖錢)이 되었다. 이 경건한 자들의 피와 속죄물로서의 그들의 죽음으로 인하여 하나님의 섭리는 전에 괴롭힘을 당했던 이스라엘을 보전하였다"(4 Macc 17:21b-22)고 분명하게 말한다.

이러한 구절들을 도외시하는 일부 학자들은 이 구절들이 헬레니즘의 영향을 반영하는 것들로서 팔레스타인 유대인들 사이에서 통용되던 사상들이 아닐 수 있고, 또한 마카베오4서는 성전 파괴 후에 쓰여진 것으로 보이므로 특히 17:21-22에 나오는 사상들은 이러한 상실에 대한 보상 의식을 반영하는 것이라 할 수 있기 때문에 고려할 가치가 없다고 주장한다(참조. Chilton, *Feast of Meanings*, 124-25). 그러나 마카베오4서에는 성전이 이미 파괴되었음을 보여 주는 흔적이 전혀 없다. 게다가 일부 학자들은 이 책이 주후 20년과 54년 사이에 쓰여졌다고 생각한다(참조. *OTP* 2:533-34). 어쨌든 이스라엘의 유익을 위한 순교라는 사상은 이른 시기에 쓰여진 마카베오서 및 그 밖의 다른 팔레스타인 전승 속에 표현되어 있다. 마카베오1서 6:44에 의하면, 유다 마카베오의 형제인 엘르아살은 "자기 백성을 구하고 영원한 이름을 얻기 위하여 스스로를 바쳤다(*ἔδωκεν ἑαυτόν*–에도켄 헤아우톤)"고 한다(참조. 갈 1:4: "우리 죄를 위하여 자기 몸을 드리셨으니[*ἔδωκεν ἑαυτόν*–에도켄 헤아우톤]"; 딛 2:14: "우리를 대신하여 자신을 주심은[*ἔδωκεν ἑαυτόν*–에도켄 헤아우톤]"). 어머니와 그녀의 일곱 아들의 순교에 관한 섬뜩한 이야기 속에서 막내아들은 왕에게 이렇게 말한다.

우리의 살아 계신 여호와께서는 잠시 동안 진노하셔서 우리를 책망하시고 징계하셨지

> 만 또다시 그의 종들과 화해하실 것이다…나는 내 형제들과 마찬가지로 하나님께서 곧 우리 민족에게 긍휼을 베푸시고…우리 민족에게 임한 전능자의 진노를 "나와 내 형제들로 말미암아" 끝내시기를 바라며 우리 조상들의 율법을 위해 몸과 목숨을 버리노라. (2 Macc 7:33, 37-38)

의인들의 피 뿌림은 하나님께서 그의 백성을 위하여 행하시며 백성들의 죄를 속(贖)하시도록 촉구하는 역할을 하게 된다(참조. 신 32:43; de Jonge, "Jesus' Death for Others"에 나오는 자세한 논의를 보라). *L.A.B.* 18:5에 의하면, 이삭이 그의 목숨을 기꺼이 바치고자 했기 때문에 하나님께서는 아브라함의 자손들을 택하시게 되었다고 한다: "그가 거부하지 않았고, 그의 제사가 나를 매우 기쁘게 했기 때문에, 그의 피로 인하여 나는 그들을 택하였다." 찰스워드(Charlesworth)는 Liber antiquitatum biblicarum이 "보통 시대로의 전환기에 놓여 있던 팔레스타인 회당들의 환경"을 반영하고 있다고 단언한다(*OTP* 2:300). 또 하나의 팔레스타인 전승인 모세의 유언(*Testament of Moses*)은 의롭고 희생적인 죽음에 관한 사상을 촉진시킨다: 탁소(Taxo)는 그의 일곱 아들들에게 "만군의 주의 계명들을 범하느니 차라리 죽어서" 그들의 "피에 대하여 여호와께서 보수(報讐)해 주시도록" 하라고 역설한다. "그러면 그의[하나님의] 나라가 그의 피조물 전체에 나타나 마귀가 끝장날 것이다"(*T. Mos.* 9:6b-10:1). 이러한 의인들의 죽음과 하나님 나라의 출현 간의 분명한 연계성은 하나님 나라의 선포자이자 순교자였던 예수와 관련하여 특히 흥미롭다. 이와 비슷한 사상들은 후대의 팔레스타인 랍비 전승들에서도 발견된다. 열왕기상 20:42과 22:34에 대하여 주해하면서, 시므온 벤 요하이(Simeon ben Yohai, 주후 2세기)는 "그 의인(왕상 20:37의 선지자)이 흘린 피 한 방울은 온 이스라엘을 위한(על – 알) 속죄를 가져왔다"(*y. Sanh.* 11.5)고 말한 것으로 전해진다. 두 개의 탄나임(Tannaim) 전승들을 더 언급해야 하겠다: "이스라엘 사람들이 세상의 열국들에 의해 죽임을 당할 때, 그것은 장차 올 세상에서 그들을 위한 속죄 역할을 한다"(*Sipre Deut.* §333[신 32:43에 대한]). "족장들과 선지자들이 이스라엘을 위하여(על – 알) 목숨을 바쳤다는 것을 너는 도처에서 찾아볼 수 있다"(출 12:1에 대한 *Mek.* [*Pisha* §1]). 또한 우리는 쿰란 문헌 중에서 공동체 규칙(Community Rule) 두루마리에 나오는 말을 살펴보아야 한다: "그들은 의를 행하고 간고(艱苦)의 슬픔을 겪음으로써 죄를 속하게 될 것이다"(1QS 8:3-4; 참조. 5:6; 9:4).

이러한 본문들과 전승들로부터 예수는 자신의 임박한 죽음에 대속적 의미를 부여했을 가능성이 극히 높다고 결론을 내리는 것이 타당한 것으로 보인다(Wright, *Jesus and the Victory of God*, 579-84). 사실 예레미아스(Jeremias, *Eucharistic Words*, 231)의 다음과 같은 말은 지나치지 않다: "자료들을 살펴보건대 예수께서 자신의 죽음의 대속적 권능을 생각하지 않았다고 말하는 것은 불가능하다는 결론을 내리지 않을 수 없다"(강조는 원저자의 것). 예수는 예레미야 31:31-34에 의거하여 이스라엘의 언약을 갱신할 하나님 나라를 선포하셨다(Hengel, *Atonement*, 71-75; Meyer, *Greg* 69[1988] 461-87; 또한 14:24에 대한 "주석"을 보라). "인자"로서 예수는 죄를 사하고 이스라엘을 회복하는 과정을 시작할 권한을 부여받으셨다. 이제 죽음에 직면해서, 마카베오서에 나오는 순교자들의 죽음이 이스라엘의 죄를 속하고 민족 해방의 길을 닦았던 것과 마찬가지로, 예수께서 자신의 죽임이 하나님의 목적을 진척시킬 것이라고 결론을 내렸을 것이라고 생각하는 것은 너무도 당연한 일이다. 실제로 예수의 죽음은 갱신된 언약을 견고히 세우고 하나님 나라의 완성을 보장하게 될 것이다. 예수는 그렇게 확신했기 때문에 하나님 나라에서 포도주를 마실 때까지는 다시는 포도주를 마시지 않겠노라고 맹세하셨다(Hengel, *Atonement*, 73를 보라).

성찬 전승의 등장도 예수께서 자신의 죽음에 부여한 속죄적 의미를 확인해 준다. 의식(儀式)의 엄숙성, "언약의 피"와 관련된 제정의 말씀, 제자들에게 준 깊은 인상은 원시 기독교의 속죄 교리를 탄생시켰다. 최후의 만찬에서의 예수의 말씀들과 그 속죄적 의미를 도외시하면, 속죄 교리(단순한 순교라는 개념과 반대되는)의 출현은 쉽게 설명될 수 없다. 게다가 성찬을 교회에 의해 기념되어야 할 것으로 제정했다는 사실도 예수의 말씀이 속죄적 지향성을 지니고 있음을 보여 준다. 예수의 죽음을 단순한 순교가 아니라 속죄로 인식한 것과 자기가 하나님의 아들이었다는 확신이 성찬 제정의 원동력이 되었을 것이다.

여기에 특별한 식사(유대인들의 희생제물을 잡는 관습을 포함한)가 곁들여진 유대인들의 유월절 기념의식, 성례전적인 식사 및 음주를 통해 신들을 기리는 헬라-로마 전승들이 초대 교회의 친교와 예배에 수렴되었을 것이다. 헬라-로마의 몇 가지 예들을 인용해 볼 수 있다: "물을 섞지 않은 순전한 포도주가 식사 중에 돌려질 때 '선한 신에게!'라고 말하며 술잔을 받고, 식사 후에 물에 탄 포도주가 돌려질 때는 '구원자 제우스에게!'라고 소리치며 술잔을 받는 것이 관례였다"(Clement of Alexandria, *Exhortation to the Greeks* 15.3). 아풀레이우스(Apuleius)는 이시스(Isis) 제의에 관하여 말하면서 "그때 그들은 성대한 잔치와 산해진미로써 내 거룩한 교단의 탄생의 축제를 엄숙하게 거행하기 시작했다. 사흘째 되는 날도 마찬가지로 비슷한 예식들과 종교적인 식사로써 경축하였다"(*Metam.* 11)고 말한다. 제우스 파나마로스

(Zeus Panamaros) 제의로부터 나온 한 금석문에는 "신은 모든 사람들을 식사에 초대하고, 그는 사람들의 출신이 어떠하든 모든 이들을 위한 공동의 영예로운 식탁을 마련한다"(*SEG* 4.247; 참조. P.Oxy. 110)고 쓰여 있다. 저스틴(Justin)은 밀교(密敎)인 미드라교(Mythra)의 신봉자들이 떡과 포도주에 참여하는 성례전적 식사를 하는 것에 대하여 비난한다(*1 Apol.* 66.3). 유대교에서는 유월절 식사뿐만 아니라 여러 화목제들을 지낸 후에 하나님의 앞에서 식사를 했다. 또한 에세네파(1QS 6:4-6; 1QSa 2:17-21; Josephus, *J.W.* 2.8.5 §129-33), 이들과 밀접한 관계에 있던 데라퓨테파(Therapeutae)도 다양한 성례전적 식사를 했는데, 데라퓨테파의 연회에서는 성경 봉독, 해석, 강해, 찬송 등이 행해졌다(Philo, *Contempl. Life* 37, 69-87). 예수의 말씀 및 떡과 포도주라는 상징 체계는 부활 사건 이전의 주후 1세기 유대 팔레스타인에서 친숙한 것이었다. 마가 판본은, 비록 편집되어 있긴 하지만, 최후의 단찬까지 소급되는 원시 전승의 중요한 단편들을 보여 준다.

주석

22 "저희가 먹을 때에 예수께서 떡을 가지사 축복하시고 떼어 제자들에게 주셨다"(*καὶ ἐσθιόντων αὐτῶν λαβὼν ἄρτον εὐλογήσας ἔκλασεν καὶ ἔδωκεν αὐτοῖς* – 카이 에스디온톤 아우톤 라본 아르톤 율로게사스 에클라센 카이 에도켄 아우토이스). 에스디온톤 아우톤(*ἐσθιόντων αὐτῶν*, "저희가 먹을 때에")이라는 절대 소유격 구문은 좀 모호해서, 예수와 제자들이 식사 중이었다는 뜻도 되고 식사가 막 시작되었다는 뜻도 된다. 그러나 문맥(참조. 18절)은 첫 번째 의미를 요구한다. 예수와 제자들은 식사를 하고 있었고, 예수는 이미 배신에 대한 예고를 통해 제자들을 깜짝 놀라게 하신 후였다. 이제 예수는 성찬 제정의 말씀을 하실 것이다.

성찬 제정의 말씀 앞에는 축복문이 붙어 있다. 이 축복문은 미쉬나 베라코트 편(*m. Ber.*) 6:1에 나오는 것과 비슷하다고 학자들은 생각한다: "오, 여호와 우리 하나님, 만유의 왕이시여, 땅에서 떡을 내신 주는 찬송 받으시옵소서"(Taylor, 544; Johnson, 231; Gundry, 830). 그런 다음에 성찬 제정의 말씀이 나오는데, 이때 중요한 상징들이 수반되어 나온다: 새로운 의미가 불어넣어진 떡과 잔. 예수는 "떡"(*ἄρτος* – 아르토스)을 집어드시는데, 이 떡은 무교병이나 발효된 떡 어느 것이나 가리킬 수 있다(아쥐모스[*ἄζυμος*, "무교병"]; 참조. Josephus, *Ant.* 3.6.6 §§142-43). 따라서 예레미아스(Jeremias, *Eucharistic Words*, 62-66; 참조. Gundry, 841)는 아르토스(ἄρτος)라는 단어를 사용했다고 해서 최후의 만찬을 유월절 식사로 해석하는 것이 불가능해지는 것은 아니라고 옳게 지적한다(그러나 그러한 해석을 지지하는 것도 아니다). 누가복음에 의하면, 예수는 "축사하신 후에" 떡을 집어드시는데(눅 22:19), 이는 바울과도 일치하는 것으로서(고전 11:24) 마가 이전의 원시 전승인 것 같다(Gundry, 829). 예수는 떡을 떼어서 제자들에게 주신다. 예수의 이런 행위는 맨발로 걷거나(사 20:2) 오지병을 깨뜨리거나(렘 19:10), 멍에를 매는(렘 28:10) 것과 같은 구약 선지자들의 예를 따른 것이다. 사도행전 21:11에서 선지자 아가보는 바울의 띠로 그의 손발을 묶고서 예루살렘에서 이 사도를 기다리고 있는 운명을 예언한다. 예수의 행위도 어떤 것을 상징하기 위한 예언적 상징 행위(אות-오트; "표적")다(Otto, *Kingdom of God*, 300-301; Taylor, *Jesus and His Sacrifice*, 118; Beck, *JBL* 89[1970] 102-98; Stacey, "Prophetic Drama," 86-90).

떡을 떼는 행위는 예수를 기다리는 폭력적인 운명을 어렴풋이 예시한다: 떡이 쪼개지는 것과 마찬가지로 그의 몸도 쪼개질 것이다(Otto, *Kingdom of God*, 302). 예수의 말씀을 이런 식으로 해석한 원시 기독교의 한 필사자는 고린도전서 11:24에 클로메논(κλώμενον, "쪼개진, 떼어진")을 첨가함으로써, 이 말씀에 대한 바울의 전승은 "이것은 너희를 위하여 쪼개진 내 몸이다"로 되었다(참조. $\aleph^{c}$, C^{3}, $D^{b,c}$, G, K, P, Ψ사본과 그 밖의 많은 권위 있는 사본들; 참조. *TCGNT*[1], 562). 그러나 떡을 떼는 것과 예수의 쪼개진 몸을 결부시키는 것은 후대의 기독교적 해석과 성찬 전승에 비추어서 이 이야기를 신학적으로 다시 읽는 것일 뿐이다. 게다가 떡을 떼는 것은 나눠주기 위해서는 꼭 거쳐야 하는 행위다(Gundry, 840). 그러므로 예수의 이 행위가 지니는 의미는 그의 몸("나의 피"[τὸ αἷμά μου-토 하이마 무]라는 언급이 이것을 암시한다고 한다)에 대한 폭력을 상징하는 것이 아니라 떡을 나누어 주기 위한 행위다(참조. Hooker, *Signs of a Prophet*, 48-49). "내 언약의 피"(τὸ αἷμά μου τῆς διαθήκης-토 하이마 무 테스 디아데케스; 24절)에 대한 언급과는 대조적으로 떡을 떼는 것은 예수의 죽음의 대속적 의미와는 아무런 관련이 없는 것 같다(Otto, *Kingdom of God*, 275 등의 학자들의 주장과는 달리).

"받으라 이것이 내 몸이니라"(λάβετε, τοῦτό ἐστιν τὸ σῶμά μου-라베테 투토 에스틴 토 소마 무). 예수께서 언급하신 소마(σῶμά, "몸")라는 말의 근저에는 아람어 비스라(בשׂרא, "육체") 또는 구파(גופא, "신체" 또는 "시신")가 아니라 게셈(גשם; LXX[3:94-95]에서 소마[σῶμά]로 번역하고 있는 단 3:27-28에서처럼)이 있을 것이다(Casey, *Aramaic Sources*, 239). 건드리(Gundry, 831)는 구파(גופא)를 선호하여, 예수의 말씀은 "이것이 내 시신이니라"고 번역될 수 있다고 생각한다. 그는 이러한 해석의 근거로 소마(σῶμά)가 예수의 장사(葬事)와 관련하여 사용되고 있다는 점(14:8; 15:43)을 지적한다. 그러니까 예수는 "산 채로 매장되신 것이 아니었다"는 말이다. 맞는 말이다. 그러나 예수는 산 채로 "십자가에 못 박히셨고", 예수께서 여기에서 암시하는 것은 그의 고난과 죽음이다. 그의 몸은 "산 채로" 극한 고난을 겪게 될 것이고, 그의 피는 흘려질 것이다(나중에 장사지낼 때가 아니라 매를 맞고 십자가에 매달릴 때; 다음 단락에 나오는 이 문제에 대한 좀더 자세한 논의를 보라). 게다가 예수의 "시신"은 쪼개지지 않고 매장된다(서둘러서 대충 한 것이긴 하지만). "생명"은 매를 맞고 예수로부터 빠져나갈 것이다.

"이것이 내 몸이니라"(λάβετε, τοῦτό ἐστιν τὸ σῶμά μου – 라베테 투토 에스틴 토 소마 무)는 구절 외에도 누가복음에는 이 전승의 바울 판본인 "이것은 너희를 위하는 내 몸이니 이것을 행하여 나를 기념하라"(τοῦτό μου ἐστιν τὸ σῶμά τὸ ὑπὲρ ὑμῶν· τοῦτο ποιεῖτε εἰς τὴν ἐμὴν ἀνάμνησιν – 투토 무 에스틴 토 소마 토 휘페르 휘몬 투토 포이에이테 에이스 텐 에멘 아남네신; 고전 11:24)와 밀접한 병행을 이루는 "너희를 위하여 주는"(τὸ ὑπὲρ ὑμῶν διδόμενον – 토 휘페르 휘몬 디도메논)이라는 어구와 "이를 행하여 나를 기념하라"(τοῦτο ποιεῖτε εἰς τὴν ἐμὴν ἀνάμνησιν – 투토 포이에이테 에이스 텐 에멘 아남네신)는 어구가 더 나와 있다(눅 22:19b). 이러한 내용들은 이차적인 윤문이 아니라 마가복음 기자가 생략한 성찬 제정의 말씀의 원래 구성 요소들로 보아야 한다(마가는 예수의 예언 능력에 관심이 있어서 전승 자료의 일부를 생략했다고 주장하는 Gundry, 831-33를 보라). 예수께서 자기 자신 및 다가올 고난과 떡을 결부시키신 것은 부분적으로 "고난의 떡"(신 16:3; 참조. Lachs, 407)에서 암시를 받은 것이라고 할 수 있을 것이지만, 떡의 일차적인 의미는 뭔가 다른 것과 관련이 있을 것이다.

계사(繫辭) 에스틴(ἐστιν, "이다")은 "나타내다"를 의미하는 것으로 해석되어야 한다(Taylor, *Jesus and His Sacrifice*, 122). 예수는 떡이 문자 그대로 그의 몸이라고 말할 의도가 있었던 것이 아니다. 아람어 본문에서의 의미는 "이것(떡)은 나를 나타낸다"였을 것이다(참조. Carmichael, *JSNT* 42[1991] 55; 참조. E. Schweizer, *TDNT* 7:1059: "원래 소마[σῶμά, '몸']는 하이마[αἷμα, '피']와 마찬가지로 예수의 인격 전체를 가리켰다"). 그러나 떡을 떼서 나누어 주는 것은 무엇을 의미하는가? 다우베(Daube, *He That Cometh*, 6-14; id., *Pointer*[Spring 1968] 4-5)는 예수의 행위를 암묵적으로 자기가 메시아임을 주장하는 것으로 생각한다. 다우베는 최후의 만찬을 유월절 밤 축제로 이해하는데, 이 유월절 식사를 시작할 때 무교병의 일부를 떼어놓았다가 끝날 때 식사에 참여한 모든 이들이 이를 먹는 관습이 있다. 이렇게 떼어놓은 것을 아피코만(אפיקומן; "오실 자"를 뜻하는 헬라어 아피코메노스[*ἀφικόμενος*]의 음역; 이 단어의 유래에 관해 견해가 분분한 것에 대해서는 EncJud 2:329를 참조하라; Jastrow 1:104에서 이 단어가 다음과 같은 헬라어에서 유래했다는 설[*ἐπὶ κῶμον* - 에피 코몬=comissatum ire, "주흥을 즐기러", 즉 "여흥을 즐기기 위해"]은 여러 잘못된 어원론들 중의 하나다)이라 하는데, 이것은 메시아가 오셔서 이스라엘과 함께 유월절을 지킬 때 먹기 위해 남겨놓은 식사의 일부를 나타낸다. 예수는 "아피코만"을 의미하는 떡 조각을 떼어서 제자들에게 나누어 주신다. 예수는 떡 조각을 떼면서 "이것은 내 몸이니라" 또는 위에서 말한 대로 "이것은 나를 나타낸다"고 선언하신다. 예수는 자기 자신을 "아피코만" 즉 "오실 자", 메시아로 규정하신 것이다. 이렇게 규정된 "아피코만"을 받아먹음으로써 제자들은 메시아이신 예수에 대한 믿음을 보인다.

다우베(Daube, *He That Cometh*, 2)는 "아피코만" 전승이 힐렐의 것으로 돌려지는 다음과 같은 말의 근저에 있다고 믿는다: "사람들은 이미 히스기야의 때 메시아를 향유했기 때문에 이스라엘에는 메시아가 없을 것이다"(*b. Sanh.* 99a; 참조. 98b). "향유하였다"로 번역된 단어는 문자적으로는 "먹었다"(אכלו - 아클루)이다. 힐렐은 이스라엘이 히스기야 왕이라는 인물(사 9:1-6의 기준에 맞춰 살았던)을 통해 메시아의 "아피코만"을 이미 먹었기 때문에 더 이상의 메시아 기대는 부당하다고 말하고 있다. 일부 학자들은 이 사람이 주후 300년경의 힐렐이라고 생각하지만, 어떤 학자들(E. Bammel, "Das Wort vom Apfelbäumchen," *NovT* 5[1962] 219-28, 특히 225; Daube, *He That Cometh*, 2, 15 n. 9)은 이 사람이 예수와 동시대인으로서 나이가 더 든 유명한 인물(주전 15년경)이라고 생각한다. "아피코만"과 메시아 대망의 연관성은 일부 유대교 분파들에서도 확인된다(참조. *EncJud* 2:330). 그러나 이러한 해석에 대한 좀더 직접적이고 중요한 증거들이 있는 것 같다. 카마이클(Carmichael, *JSNT* 42[1991] 59-60)은 멜리토(Melito)의 유월절 강론(주후 2세기; O. Perler, *Meliton de Sarde, sur la Paque*[Paris: Cerf, 1966]에 의해 편집된 본문을 따름)에서 예수가 두 번이나 구체적으로 아피코메노스(*ἀφικόμενος*)로 불린다는 점을 지적한다: "이 사람은 고난받기 위하여 하늘로부터 땅으로 오실 자(*ἀφικόμενος*)이다"(*Peri Pascha* 467-68). "이는 너에게 오실 자(*ὁ πρός σε ἀφικόμενος* - 호 프로스 세 아피코메노스)이다"(*Peri Pascha* 642). 카마이클은 이것이 부활하신 예수께서 떡을 떼실 때 제자들이 알아보았던 이유가 아닐까 생각한다(눅 24:30-31). 왜냐하면 이러한 행위는 예수께서 죽으시기 전에 "아피코만"을 떼어 나누어 주시면서 이것이 자기라고 말씀하신 것을 상기시켰기 때문이다. 또한 이것은 초대 교회의 공동식사가 "떡을 떼는 것"(행 2:42, 46; 20:7)으로 묘사된 이유, 바울이 주(즉, 그가 행하신 것과 말씀하신 것)를 "기념하여" "그가 오실 때까지"(고전 11:24, 26) 떡을 먹고 잔을 마신다고 말하는 이유를 설명해 준다.

이러한 해석의 이점은 이것이 유대인들의 친숙한 관습을 따르고 있다는 점과 이것은 우리에게 제4복음서가 표현한 대로 예수께서 제자들에게 그의 몸 또는 "육체"를 먹으라고 청했다고 전제하지 않아도 된다는 점이다(참조. 요 6:48-58; 요한이 이렇게 하는 이유는 예수를 사람들이 먹는 유월절 어린양, "하늘로서 온 떡", 곧 만나와 동일시하고 있기 때문이다). 또한 예수는 제자들에게 그의 피를 마시라고 청하지 않으셨다(23-24절에 대한 "주석"을 보라). 이와 같은 식인(食人) 상징 체계는 유대적 맥락 속에서는 결코 수용될 수 없었을 것이다(참조. 요 6:41, 52, 60, 66). 자기가 오실 자라는 예수의 주장과 24절에 나오는 "언약의 나의 피"에 대한 언급은 세례 요한에 관한 예수의 이전의 말씀과 병행을 이룬다: "그러나 내가 너희에게 이르노니 엘리야(즉, 요한)가 왔으되 기록된 바와 같이 사람들이 임의로 대우하였느니라(즉, 사람들은 그를 멸시하고 죽였다)"(막 9:13). 엘리야와 마찬가지로 메시아도 왔다. 엘리야와 마찬가지로 메시아도 죽을 것이다.

23 "잔을 가지사 사례하시고 저희에게 주시니"(*καὶ λαβὼν ποτήριον εὐχαριστήσας ἔδωκεν αὐτοῖς*－카이 라본 포테리온 유카리스테사스 에도켄 아우토이스). 잔에 대한 축복문도 미쉬나 베라코트 편(*m. Ber.*) 6:1에 나오는 것과 비슷하다: "오, 여호와 우리 하나님, 만유의 왕이시여, 포도 열매를 창조하신 주를 찬송하나이다." 예수께서 떡을 취하여 제자들에게 주신 것처럼, 이제는 잔을 취하여 제자들에게 주신다. 그러나 이 두 행위는 느슨하게만 비슷할 뿐이다. 떡을 떼면서, 예수는 그 떡이 자기라고 말씀하셨다. 즉, 그는 오실 메시아를 위해 떼어서 따로 둔 떡 조각이라는 말이다. 예수는 "오실 자", 메시아로 자처하셨다. 이제 예수는 잔을 취하시지만, 그가 이 잔에 부여하는 의미는 떡과는 상당히 다르다－비록 신학적이고 종말론적으로는 이 둘이 보완 관계에 있지만.

"다 이를 마셨다"(*καὶ ἔπιον ἐξ αὐτοῦ πάντες*－카이 에피온 엑스 아우투 판테스). 우리는 예수께서 야고보와 요한에게 그들이 예수께서 친히 마셔야 할 잔을 마시게 될 것이라고 말씀하신 것을 상기해야 한다(10:38-39). 마가복음을 주의 깊게 읽은 독자들은 이 말씀 속에서 한편으로는 예수의 약속의 성취를, 다른 한편으로는 장래의 성취에 대한 불길한 전조(前兆)를 눈치챘을 것이다. "다 이를 마셨다"는 표현은 예수께서 강조하신 이스라엘의 회복의 일부인 공동체적 차원을 강조하는 말이다. 예수는 열두 제자를 세우셨는데(3:14-15), 열둘이라는 대단히 상징적인 숫자는 종말론적 갱신을 가리키는 것이었다. 이제 예수는 열두 제자에게 잔에 참여하라고 하신다. 제자들은 예수께서 떼어 나누어 주신 떡을 먹었었고, 그렇게 함으로써 암묵적으로 예수의 메시아적 신분과 역할을 시인했다. 이제 그들은 모두 같은 잔에서 마신다. 그러나 예수는 아직 이 잔이 무엇을 의미하는지를 설명하지 않으셨다.

떡과 잔(또는 포도주)을 병치시키는 것은 고대 말에 나오는 유대 문헌들에서 발견된다. 요셉과 아세넷(*Keseph and Aseneth*)이라는 글에는 다음과 같은 구절들이 나온다: 사람은 "축사 받은 생명의 떡을 먹고 축사 받은 불멸의 잔을 마실 것이다"(8:5), "그 여자로 하여금 너의 생명의 떡을 먹게 하고 너의 축복의 잔을 마시게 하라"(8:11), "보라, 너는 생명의 떡을 먹었고 불멸의 잔을 마셨다"(16:16). 또 다른 전승에서는 야곱이 임종 때 "요셉과 그의 형제들은 열조 앞에서 떡을 먹었고, 포도주를 마셨다. 야곱은 요셉이 형제들과 함께 자기 앞에서 먹고 마시는 것을 보고 크게 기뻐하였다"고 말한다(*Jub.* 45:5). 마지막 구절은 다름 아닌 교제의 회복을 의미하기 때문에 최후의 만찬에 대한 의미 있는 배경을 제공해 주지는 않지만, 요셉과 아세넷에 나오는 구절들의 상징 체계는 시사해 주는 바가 있고, 유대적인 계약과 느슨하게 연관되어 있다(이 경우에는 아세넷이 계약 속으로 들어가는 것과 관련됨). 그러나 최후의 만찬에 나오는 떡은 오직 간접적으로만 "생명의 떡"과 관련이 있고(하지만 요 6:25과 비교해 보라), 최후의 만찬에 나오는 잔은 불멸이 아니라 고난을 암시하는 것으로 보인다(하지만 고난은 불멸을 위한 것이라고 주장할 수도 있다).

24 "이것은 많은 사람을 위하여 흘리는 나의 언약의 피니라"(*τοῦτό ἐστιν τὸ αἷμά μου τῆς διαθήκης τὸ ἐκχυννόμενον ὑπὲρ πολλῶν*–투토 에스틴 토 하이마 무 테스 디아데케스 토 엑퀸노메논 휘페르 폴론). 잔(23절)의 진정한 의미가 이제 분명해진다. 뗀 떡은 예수, 대망의 "오실 자"였지만, 잔은 예수의 "언약의 피"다. "언약의 피"(*τὸ αἷμά μου τῆς διαθήκης*–토 하이마 테스 디아데케스)라는 표현은 출애굽기 24:8을 연상시킨다: "모세가 그 피를 취하여 백성에게 뿌려 가로되 이는 여호와께서 이 모든 말씀에 대하여 너희와 세우신 언약의 피(דם־הברית–담 합베리트; LXX: *τὸ αἷμά μου τῆς διαθήκης*–토 하이마 테스 디아데케스)니라"(참조. Taylor, 545; id., *Jesus and His Sacrifice*, 131; Pesch, 2:358; Casey, *Aramaic Sources*, 242). 또한

예수의 말씀은 예레미야 31(LXX 38):31("나 여호와가 말하노라 보라 날이 이르리니 내가 이스라엘 집과 유다 집에 새 언약[ברית הדשה - 베리트 하다샤; LXX: διαθήκην καινήν - 디아데켄 카이넨]을 세우리라"; Meyer, *Greg* 69[1988] 461-87)과 스가랴 9:11("네 언약의 피[בדם־בריתך - 베담 베리테크; LXX: ἐν αἵματι διαθήκης - 엔 하이마티 디아데케스]를 인하여 내가 너의 갇힌 자들을 물 없는 구덩이에서 놓았나니"; Taylor, 545)에 대한 인유(引喩)일 것이다. 또한 예수의 말씀의 마지막 구절인 "많은 사람을 위하여 흘리는"(τὸ ἐκχυννόμενον ὑπὲρ πολλῶν - 토 엑퀸노메논 휘페르 폴론)은 이사야 52:13-53:12의 고난받는 종에 대한 인유일 수 있다(Meyer, *Greg* 69[1988] 461-87; id., *Aims*, 64를 보라; 참조. Higgins, *Lord's Supper*, 32; Gundry, *Use of the Old Testament*, 59: "폴론[πολλῶν - '많은 사람의']은 칠십인역 및 맛소라 본문 양쪽과 다 일치하는데, 엑퀸노메논[ἐκχυννόμενον, '흘리는']과 함께 사용되고 있는 것은 사 53장에 대한 인유임을 증명해 준다").

이러한 비슷한 내용의 여러 성경 구절의 존재는 성찬 제정의 말씀이 여러 판본으로 존재하는 것을 부분적으로나마 설명해 준다.

τοῦτό ἐστιν τὸ αἷμά μου τῆς διαθήκης τὸ ἐκχυννόμενον ὑπὲρ πολλῶν (투토 에스틴 토 하이마 무 테스 디아데케스 토 엑퀸노메논 휘페르 폴론) "이것은 많은 사람을 위하여 흘리는 바 나의 피 곧 언약의 피니라." (막 14:24)

τοῦτο γάρ ἐστιν τὸ αἷμά μου τῆς διαθήκης τὸ περὶ πολλῶν ἐκχυννόμενον εἰς ἄφεσιν ἁμαρτιῶν (투토 가르 에스틴 토 하이마 무 테스 디아데케스 토 페리 폴론 엑퀸노메논 에이스 아페신 하마르티온) "이것은 죄 사함을 얻게 하려고 많은 사람을 위하여 흘리는 바 나의 피 곧 언약의 피니라." (마 26:28)

τοῦτο τὸ ποτήριον ἡ καινὴ διαθήκη ἐν τῷ αἵματί μου τὸ ὑπὲρ ὑμῶν ἐκχυννόμενον (투토 토 포테리온 헤 카이네 디아데케 엔 토 하이마티 무 토 휘페르 휘몬 엑퀸노메논) "이 잔은 내 피로 세우는 새 언약이니 곧 너희를 위하여 붓는 것이라." (눅 22:20)

τοῦτο τὸ ποτήριον ἡ καινὴ διαθήκη ἐστιν ἐν τῷ ἐμῷ αἵματι (투토 토 포테리온 헤 카이네 디아데케 에스틴 엔 토 에모 하이마티) "이 잔은 내 피로 세운 새 언약이니." (고전 11:15)

τοῦτό ἐστι τὸ αἷμά μου (투토 에스티 토 하이마 무) "이것은 내 피니." (Justin, *1 Apol.* 66.3)

> *τοῦτό ἐστι τὸ αἷμά μου τὸ περὶ πολλῶν ἐκχυννόμενον εἰς ἄφεσιν ἁμαρτιῶν*(투토 에스티 토 하이마 무 토 페리 폴론 엑퀸노메논 에이스 아페신 하마르티온) "이것은 죄 사함을 얻게 하려고 많은 사람을 위하여 흘리는 내 피니라." (*Apos. Con.* 8.12.37)

잔과 피의 의미에 관한 예수의 말씀은 관련된 언약 본문들(출 24:8; 렘 31:31; 슥 9:11) 및 고난받는 종의 노래(사 53:12)를 서로 결합했음을 보여 준다. 토대가 된 구절은 하나님께서 모세를 통하여 이스라엘과 언약을 맺으시는 이야기인 출애굽기 24:1-8이다. 피는 열두 지파를 나타내는 열두 기둥 바로 옆에 있는 제단에 뿌려졌다. 그런 후에 피는 순종하겠노라고 외친 백성들 위에 뿌려졌다(출 24:4-8). 백성들에게 피를 뿌리는 동안, 모세는 "보라 언약의 피니라"(참조. *Tg. Onq.*: "이는 언약의 피니라")고 외쳤다. 스가랴가 인유(引喩)한 것도 바로 이 구절이다: "네 언약의 피를 인하여 내가 너의 갇힌 자들을 물 없는 구덩이에서 놓았나니"(슥 9:11). 이 구절을 "너와 나의 언약의 피"로 의역할 필요는 없다(참조. RSV, NRSV). 왜냐하면 언약의 상호성은 너무도 분명하기 때문이다(참조. C. L. Meyers and E. M. Meyers, *Zechariah 9-14*, AB 25C[New York: Doubleday, 1993] 138-40). 언약은 하나님의 언약(또는 일부 역본들이 의역한 대로 "나의")이기도 하고 이스라엘의 언약(실제 히브리어 본문대로 "너희의": 2인칭 대명사가 일부 헬라어 사본들에 나타난다)이기도 하다. 예수께서 "내 언약의 피"라고 말씀하실 때는 이러한 구절들을 인유하신 것이다. 그러나 "언약"(*διαθήκη*–디아데케)을 수식하는 형용사인 카이네(*καινή*, "새로운"; 눅 22:20; 고전 11:25)는 타락한 이스라엘의 회복을 내다보는 예언의 일부인 예레미야 31(LXX 38):31에서 왔다(Moule, 115). 마지막 구절인 "많은 사람을 위하여 흘리는"(*τὸ ἐκχυννόμενον ὑπὲρ πολλῶν*–토 엑퀸노메논 휘페르 폴론)이라는 표현은 이사야 53:12의 "그가 자기 영혼을 버려 사망에 이르게 하며 범죄자 중 하나로 헤아림을 입었음이라 그러나 실상은 그가 많은 사람의(רַבִּים–랍빔; LXX: *πολλῶν*–폴론) 죄를 지며"라는 구절에 대한 인유인데, 이 구절은 출애굽기 29:12에서는 출애굽이라는 맥락 속에서 사용된다: "그 피 전부를 단 밑에 쏟을지며(תִּשְׁפֹּךְ–티쉬포크; LXX: *ἐκχεεῖς*–엑케에이스)." "**피로 언약을 맺은 바 너를 내가 애굽인들의 종살이에서 구원하여, 물 없는 빈 구덩이같이 황량한 광야에서 네 쓸 것들을 공급하였노라**"(고딕체는 히브리어 본문에서 벗어난 부분들을 가리킴)로 되어 있는 스가랴 9:11에 대한 아람어 의역(意譯)은 출애굽 사건을 암시하는 본문인데, 이러한 여러 성경 구절들이 유월절 절기에 서로 결합되어 인용된 이유를 설명해 준다(또한 출 24:11을 보라: "그들은 하나님을 보고 먹고 마셨더라." 이 본문도 유월절 상황에 적합하다; Taylor, 545).

디아데케(*διαθήκη*)는 통상적으로 "유언"(testament; A. Deissmann, *Light*, 337-38)이 아니라 "언약, 계약"(covenant; Taylor, 546 등)을 의미하는 베리트(בְּרִית)에 대한 번역이다. 예수께서 말씀하신 언약은 하나님 나라의 도래에 관한 약속, 예레미야가 약속한 새 언약에 관한 것이다. 예수는 새 언약, 이스라엘의 회복, "권능으로 올" 하나님 나라를 발효(發效)하기 위하여 그의 피를 바치실 것이다(참조. 막 9:1).

토 엑퀸노메논(*τὸ ἐκχυννόμενον*, "쏟아지는"; 개역의 "흘리는")은 희생제물의 속죄에 관한 표현을 연상시킨다(참조. 레 4:7, 18, 25, 30, 34; 예를 들어, 18절: "그 피 전부를 쏟을 것이며[*τκαὶ τὸ πᾶν αἷμα ἐκχεεῖ* – 카이 토 판 하이마 엑케에이]"; 이 구절들은 모두 토 하이마 엑케에이[*τὸ αἷμα ἐκχεεῖ*, "그가 피를 쏟으리라"]라는 표현을 사용한다). 이 표현은 히브리어나 아람어가 아니라 헬라어로 된 이사야 53:12을 반영한 것이다. 이사야서는 마가복음 독자들에게 10:45("인자의 온 것은 섬김을 받으려 함이 아니라 도리어 섬기려 하고 자기 목숨을 많은 사람의[*ἀντὶ πολλῶν* – 안티 폴론] 대속물로 주려 함이니라")을 연상시키는 "많은 사람을 위하여"(*ὑπὲρ πολλῶν* – 휘페르 폴론)라는 전치사구에도 반영되어 있다. 이 말씀은 성찬 제정의 말씀과 함께 고려하면 예수께서 그의 죽음을 "이스라엘을 위하여 하나님께 드리는 민족적 희생제사, 많은 사람을 위한 한 사람의 죽음"으로 보았다는 확실한 증거가 된다(McKnight, *New Vision*, 9). 예레미아스(Jeremias, *ExpTim* 83[1971-72] 203)는 "이사야 53장이 없었다면 성찬 제정의 말씀은 여전히 이해할 수 없는 본문으로 남아 있었을 것이다"라고 말한다. 또한 레위기 17:11을 보라: "육체의 생명은 피에 있음이라 내가 이 피를 너희에게 주어 단에 뿌려 너희의 생명을 위하여 속하게 하였나니 생명이 피에 있으므로 피가 죄를 속하느니라." 성찬 제정의 말씀의 구약적 배경에 대해서 좀더 자세한 것은 Hahn, *EvT* 27[1967] 337-74를 보라.

예수의 "잔 말씀"은 그의 "떡 말씀"과 마찬가지로 식인(食人) 개념과 전혀 무관하다. 예수는 제자들에게 은유적으로라도(요 6장의 강화에서와는 달리) 그의 피를 마시라고 요구하신 것이 아니라(Taylor, *Jesus and His Sacrifice*, 133-36는 이에 반대), 잔에서 그의 임박한 죽음의 상징을 보라고 요구하신 것이었다. 예수는 잔과 그 잔에 포도주를 붓는 것, 잔을 비우는 것 속에서 그의 죽음과의 유사성을 발견한다. 그의 피를 쏟는 것은 희생제사 및 대속적 의미를 띠고, 이것은 하나님 나라에 관한 언약과 연결된다. 예수는 의도적으로 "언약의 피"라는 말(출 24:8; 슥 9:11)을 가져와서 예레미야 31:31의 종말론적 관점 및 이사야 53:12의 대속적 측면과 아울러 그의 죽음에 적용하셨다. 예수의 죽음은 실제로 하나님 나라의 도래와 이스라엘의 구속(救贖)을 촉진시킬 것이다. 우리는 그의 죽음이 "많은 사람을 위한" 것이라는 예수의 말씀을 이런 식으로 이해해야 할 것이다. 예수는 마땅히 이스라엘이 받아야 할 무서운 일격(一擊)을 자신이 받음으로써 하나님의 심판의 혹독함을 완화시키고 하나님 나라의 완성을 재촉하실 것이다.

25 "진실로 너희에게 이르노니"(*ἀμὴν λέγω ὑμῖν* – 아멘 레고 휘민). 예수의 중요한 말씀들 중에는 이 어구가 앞에 붙어 있는 경우가 많다(예를 들어, 3:28; 8:12; 9:1, 41; 10:15, 29; 11:23; 12:43; 13:30; 14:9, 18, 25, 30). 강조하기 위해서 아멘(*ἀμήν*, "진실로")을 사용하는 것은 예수의 특징이다(Guelich, 177-78; Chilton, *Galilean Rabbi*, 202; id., *ZNW* 69[1978] 203-11; 또한 9:1에 대한 "주석"을 보라).

"내가 포도나무에서 난 것을 하나님 나라에서 새 것으로 마시는 날까지 다시 마시지 아니하리라"(*οὐκέτι οὐ μὴ πίω ἐκ τοῦ γενήματος τῆς ἀμπέλου ἕως τῆς ἡμέρας ἐκείνης ὅταν αὐτὸ πίνω καινὸν ἐν τῇ βασιλείᾳ τοῦ θεοῦ* – 우케티 우 메 피오 에크 투 게네마토스 테스 암펠루 헤오스 테스 헤메라스 에케이네스 호탄 아우토 피노 카이논 엔 테 바실레이아 투 데우). 이 전승의 온전한 형태는 누가복음 22:15-16에서 발견된다: "내가 고난을 받기 전에 너희와 함께 이 유월절 먹기를 원하고 원하였노라 내가 너희에게 이르노니 이 유월절이 하나님의 나라에서 이루기까지 다시 먹지 아니하리라." 이 전승의 누가 판본은 예수께서 "하나님 나라에서" 다음 번 유월절을 지키기를 기대했음을 보여 준다. 예수는 제자들과 (이튿날) 유월절 식사를 함께 먹기를 바라셨으나, 임박한 체포로 인하여 그렇게 하실 수 없었을 것이다. 이 전승의 마가 판본에는 "포도나무 열매"에 대한 언급만이 나온다: 예수는 하나님 나라에서 마시기까지는 포도주를 다시 마시지 않으실 것이다. 포도주를 마시지 않겠다는 예수의 맹세는 나실인 서약이었을 수 있으나, 머리를 자르지 않겠다는 말은 나오지 않는다(참조. 민 6:1-21; 삿 13:5-7; 행 18:18). 누가의 병행본문을 따르면, 예수의 맹세는 하나님 나라가 이룰 때까지 유월절 음식을 먹지 않겠다는 의미일 뿐이다(Gundry, 843). 요컨대 예수는 제자들과 함께 한 이 운명의 유월절은 그가 지킬 옛 질서에 있어서 마지막 유월절이 될 것임을 밝히신 것이다. 다음번에 예수는 유월절을 하나님 나라에서 지키시게 될 것이다.

데종쥐(De Jonge, "Mark 14:25")는 25절이 마가복음 기자가 편집했을 것이지만 예수로부터 나왔다고 믿는다. 데종쥐는 이 말씀이 예수의 회복 기대를 반영하고 있다고 생각한다. 또한 이 말씀은 스가랴서의 영향이 느껴진다. 24절의 예수의 말씀은 단순히 스가랴서에 대한 인유(引喩)가 아니라, "하나님 나라에서" 포도주를 마시겠다는 언급은 "여호와께서 천하의 왕이 되시는" 그 날, 즉 하나님 나라(참조. *Tg.* Zech 14:9, "여호와의 나라가 나타나는")가 온전히 임하는 그 날을 내다보는 스가랴 14:9에 대한 인유다(Marcus, *Way of the Lord*, 156-57).

투 게네마토스 투 암펠루(*τοῦ γενήματος τῆς ἀμπέλου*, "포도나무의 열매"; 개역의 "포도나무에서 난 것")는 구약의 표현을 반영하고 있다. 이사야 32:12; 하박국 3:17을 참조하라. 후자의 구절은 하나님의 구원을 대망하는 신탁의 일부다.

"하나님 나라에서 새 것으로 마시는 날까지"라는 구절에서 카이논(*καινόν*, "새로운"; 아람어로 חדת – 하다트)이라는 단어의 약간 이상한 용례는 그 근저에 있는 아람어를 부정확하게 번역한 것일 수 있다는 주장이 제기되어 왔다. 원래의 아람어는 "내가 하나님 나라에서 새롭게 되어서(אתחדתית – 이트하데티트) 그것을 마실 때까지"였다는 것이다(참조. Taylor, 547, 그는 Black, *Aramaic Approach*[1946년판], 171-72를 따른다; 이와는 반대로 Casey, Aramaic Sources, 220-21, 242-43는 예수께서 "새" 포도주를 말씀하신 것이라고 생각한다[참조. 막 2:22]; Gundry, 834는 카이논[*καινόν*]을 부사로, 즉 "다시, 새롭게"로 해석한다). 사변적이긴 하지만 이 주장은 꽤 유력하고, 예수의 맹세의 후반부에 중요한 의미를 부여해 준다. 하나님 나라에서 포도나무 열매를 마실 때, 예수는 새롭게 되어서 그것을 마실 것이다. 이러한 해석은 예수께서 그의 죽음과 그 후의 신원(伸冤)을 염두에 두셨다고 생각하면 의미가 잘 통한다(Taylor, 547: "이 말씀은 최후의 만찬에서 예수께서 죽음을 넘어서서 완성된 하나님 나라의 완전한 교제를 바라보았음을 보여 준다"). 다음번 유월절에 포도주를 마실 자는 옛 예수가 아닐 것이다. 하나님 나라에서 포도주를 마실 자는 "새로운" 예수일 것이다. 바울 전승에서 성찬과 결부되는 이는 예수의 오심이다(참조. 고전 11:26: "너희가 이 떡을 먹으며 이 잔을 마실 때마다 주의 죽으심을 오실 때까지 전하는 것이니라").

예수께서 하나님 나라에서 지키겠다고 하신 유월절은 여러 가지 점에서 메시아 잔치에 대한 기대와 연관되어 있다. 메시아 잔치는 성경에 토대를 둔 주제로서(사 25:6; 4 Ezra 6:52) 예수의 가르침들에 암시되어 있고(눅 13:28-29; 14:15-24; 22:30), 예수의 생활양식 속에 어렴풋이 나타나 있으며(마 11:19=눅 7:34; 막 2:16), 쿰란 문헌에 나오고(1QSa), 후대의 유대교 및 기독교 전승들에서 자세하게 규정되어 있다(*1 Enoch* 60:7; 62:14; *2 Bar.* 29:5-8; 계 19:9; *m. ʾAbot* 3:16; *b. B. Bat.* 74b; *Tg. Ps.-J. Num* 11:16). 예수는 하나님 및 그의 선지자들의 약속들이 온전히 이루어질 이스라엘의 완전한 회복의 때를 마음속에 그리고 계신다.

해설

예수의 성찬 제정의 말씀은 그의 예견된 고난과 거기에 덧붙여진 의미와 관련이 있다. 예수는 이전에 제자들에게 그의 제자가 되려면 자기 십자가를 지고 하나님 나라를 위하여 목숨을 버려야 한다고 말씀하셨던 것과 마찬가지로(8:31-38; 10:38-39), 이제 제자들에게 (그의) 피로 인한 이 언약에 참여하도록 요구하신다. 마가복음에서 성찬 제정의 말씀에 나오는 잔에 대한 언급은 독자들로 하여금 야고보와 요한에게 예수께서 친히 마실 바로 그 잔을 그들도 마시게 될 것이라고 경고하신 10:38-39을 상기시킨다. 그러나 또한 최후의 만찬의 잔은 예수께서 가능하다면 고난의 잔을 그에게서 지나가게 해달라고 하나님께 요청하신 겟세마네에서의 예수의 기도(14:36)를 상기시키기도 한다. 모두 고난과 관련 있는 잔에 대한 이러한 은유적 언급들은 14:23에서 잔에 대한 예수의 언급을 해석하는 데 지침이 된다. 예수는 제자들에게 그의 몸을 먹고 그의 피를 마시라고 요구하신 것이 아니었다(요한복음에서의 은유적 의미에서와는 달리). 예수는 제자들에게 떡에 참여함으로써 그의 메시아적 사명을, 잔에 참여함으로써 그의 죽음의 대속적이고 언약적인 의미를 알아차리라고 요구하신 것이다.

예수께서 하나님 나라에서 마실 때까지는 다시는 포도주를 마시지 않겠다고 하신 맹세는 언약 갱신 사상의 연속으로서 얼마나 그가 자신의 사명을 진지하게 여기셨는지를 보여 준다. 하나님 나라는 진정 올 것이고, 그 후에는 모든 것이 예전과 동일하지 않을 것이다. 유월절을 배경으로 한 이러한 절주(節酒) 맹세는 의미심장하다. 왜냐하면 유월절은 이스라엘을 애굽의 종살이로부터 구원해 내신 하나님의 역사(役事)를 기념하는 명절이었기 때문이다. 예수는 하나님 나라의 도래를 알렸고, 그 뚫고 들어오는 능력은 축귀 사역들을 통해 입증되었고, 이것은 또 사탄의 나라의 패퇴를 보여 주는 것이었다. 예수는 포도나무의 열매를 마시지 않을 것이다. 즉, 예수는 하나님께서 이스라엘의 해방과 회복을 완료하실 하나님 나라에서 포도주를 마실 때까지는 유월절을 지키지 않으실 것이다. 예수께서 유월절(그리고 메시아 잔치)을 지키실 때 새롭게 된 상태에서, 기독교적 표현을 사용하자면 영화로운 몸으로 유월절을 지킬 것이다.

6. 베드로의 부인(否認)에 대한 예고(14:26-31)

참고문헌

Derrett, J. D. M. "The Reason for the Cock-Crowings." *NTS* 29(1983) 142-44(repr. in J. D. M. Derrett. *Studies in the New Testament.* 4 vols. Leiden: Brill, 1986. 4:129-31). **Evans, C. F.** "I will go before you into Galilee." *JTS* n.s. 5(1954) 3-18. **Iersel, B. M. F. van.** "'To Galilee' or 'in Galilee' in Mark 14,28 and 16,7?" *ETL* 58(1982) 365-70. **Wilcox, M.** "The Denial-Sequence in Mark xiv. 26-31, 66-72." *NTS* 17(1970-71) 426-36, esp. 427-33.

본 문

26 이에 저희가 찬미하고 감람산으로 나가니라	**26** And after singing a hymn, they went out to the Mount of Olives.
27 예수께서 제자들에게 이르시되 너희가 다 나를 버리리라 이는 기록된 바 내가 목자를 치리니 양들이 흩어지리라 하였느니라	**27** And Jesus says to them, 'All of you will fall away,[a] because it is written: 'I will strike the shepherd, and the sheep[b] will be scattered.'
28 그러나 내가 살아난 후에 너희 보다 먼저 갈릴리로 가리라	**28** But after I am raised up, I shall go before you in Galilee."
29 베드로가 여짜오되 다 버릴지라도 나는 그렇지 않겠나이다	**29** but Peter[c] said to him, "Even if all will fall away,[d] I will not!"
30 예수께서 가라사대 내가 진실로 네게 이르노니 오늘 이밤 닭이 두 번 울기 전에 네가 세 번 나를 부인하리라	**30** And Jesus says to him, "Truly,[e] I say to you, today—this very night, before the cock crows twice—you will deny me three times."
31 베드로가 힘있게 말하되 내가 주와 함께 죽을지언정 주를 부인하지 않겠나이다 하고 모든 제자도 이와 같이 말하니라	**31** But he[f] was saying vehemently, "Even if I have to die with you, I will not deny you!" And all were likewise saying this.

원문주해

a. 헬라어로는 스칸달리스데세스데(σκανδαλισθήσεσθε, 문자적으로 "너희가 실수하리라" 또는 "너희가 넘어지게 되리라"). A, C^2 W, Σ, Φ사본과 몇몇 후대의 사본들은 엔 에모이 엔 테 뉘크티 타우테(ἐν ἐμοὶ ἐν τῇ νυκτὶ ταύτῃ, "나에 의해 이 밤에")를 첨가한다(참조. 마 26:31).

b. 몇몇 후대의 사본들과 권위 있는 사본들은 테스 포임네스(τῆς ποίμνης, "목자의")

를 첨가한다(참조. 26:31).

c. 수리아 사본들은 케파(kêpā, "게바")로 읽는다.

d. 헬라어로는 스칸달리스데손타이(*σκανδαλισθήσονται*, 문자적으로 "저희가 실수하리라" 또는 "저희가 넘어지리라"). 몇몇 후대의 사본들은 엔 소이(*ἐν σοί*, "당신으로 인하여")를 첨가한다(참조. 마 26:33).

e. 헬라어로는 아멘(*ἀμήν*). 몇몇 후대의 사본들과 권위 있는 사본들은 아멘 아멘(*ἀμὴν ἀμήν*, "진실로, 진실로")으로 읽는다. 아멘(*ἀμήν*)의 중복 사용은 요한복음의 영향을 반영한 것이다.

f. A, C, N, W, *Σ*, *Φ*사본과 몇몇 후대의 사본들은 페트로스(*Πέτρος*, "베드로")를 첨가하고(참조. 마 26:35), 일부 수리아 사본들은 쉬므온(sim'on, "시몬")을 첨가한다.

양식/구조/배경

최후의 만찬 중에 예수는 자기가 팔릴 것을 예고하셨다(14:17-21). 감람산으로 물러간 후에 예수는 이제 제자들에게 그들이 모두 넘어지리라고 말씀하신다. 그러나 베드로는 모두가 그럴지라도 자기는 예수를 버리지 않을 것이라고 호언장담한다. 예수는 베드로가 어떻게 배교할 것인지를 구체적으로 말씀해 주는 것으로 대답을 대신하신다: 베드로는 닭이 두 번 울기 전에 예수를 세 번 부인할 것이다. 이 장면의 형식적 구조는 예수께서 자신의 수난을 예고하시고 이에 대하여 베드로가 반박한 후 예수께서 그를 꾸짖으시는 첫 번째 수난 예고 장면(8:31-33)을 연상시킨다. 그러나 차이점들이 있다. 왜냐하면 14:31에서 베드로는 예수에게 자신의 충절을 계속해서 다짐하는데, 14:66-72에서 예수의 예고가 그대로 이루어지기 때문이다.

불트만(Bultmann, *History*, 306)은 마가복음 14:27-31을 "변증적 동기"를 반영한 "믿음 전설들"(faith legends) 중의 하나로 분류한다. 이 단락은 마가복음에서 변증적 관심에 기여한다: 제자들의 배교는 예수에게 기습적으로 닥쳐온 것이 아니었다. 사실 예수는 그것을 예고하셨고, 심지어 그의 수제자인 베드로가 자기를 부인할 정확한 정황까지도 예고하셨다. 그러나 디벨리우스(Dibelius, *Tradition*, 115-16)에 의하면, 베드로의 부인(否認)에 대한 예고는 "실제로 전설 양식으로 말해진 것이 아니라고" 한다. 테일러(Taylor, *Formation*, 57-58)는 불트만의 회의적인 견해는 옳지 못하다고 생각한다. 그의 주석서에서 테일러(548)는 이 전승의 대부분은 "궁극적으로 베드로의 증언"에 의거하고 있다고 단언한다. 또한 크랜필드(Cranfield, 428-29)도 이 전승을 "베드로의 것"으로 평가한다. 이 단락은 변증적 관심에 기여하고 있지만,

전체를 창작으로 보는 것은 옳지 않다. 무슨 이유로 초대 교회가 사전에 경고를 받았으면서도 그토록 완벽하게 잘못을 저지른 제자들의 당혹스러운 실수를 강조하고자 했겠는가?

이 단락은 여섯 부분으로 이루어져 있다. (1) 배경(26절, 앞 단락에 대한 결론부도 된다), (2) 예언을 근거로 제자들의 배교를 예언한 예수의 예고(슥 13:7을 인용한 27절), (3) 부활 및 제자들과의 재회에 관하여 말씀하시는 두 번째 예고(28절), (4) 베드로의 항변(29절), (5) 베드로의 부인에 관한 예수의 좀더 구체적인 예고(30절), (6) 예수의 예고에 대한 베드로 및 제자들의 계속된 항변(31절).

주석

26 "찬미한 후에"(*καὶ ὑμνήσαντες*–카이 훔네산테스). 루셰(Rusche, *Wissenschaft und Weisheit* 51[1988] 210-12)에 의하면, 예수와 그의 제자들은 하나님의 권능 있는 역사(役事)들을 조목조목 되새기는 할렐 학가돌(Hallel Haggadol: "대찬양", 즉 시편 136편)을 부르면서 이스라엘의 과거를 예수의 수난과 연결시켰다고 말한다. 그러나 특히 이 만찬이 유월절 식사였다면, 그 찬송은 아마도 할렐 시편들(시 113-18편) 중의 하나였을 것이다(참조. *m. Pesah.* 10:7). 사도행전 16:25에서 바울과 실라는 성일(聖日)의 식사나 의식(儀式)과는 상관없이 찬양을 부른다. 신약의 다른 곳에서도 찬양, 음악에 대한 암시들이 있다(참조. 고전 14:26; 엡 5:19; 골 3:16; 히 2:12[?]; 약 5:13).

"저희가 감람산으로 나가니라"(*ἐξῆλθον εἰς τὸ ὄρος τῶν Ἐλαιῶν*–엑셀돈 에이스 토 오로스 톤 엘라이온). 예수와 그의 제자들은 예루살렘 도성(즉, 성벽 안의 본성)을 떠나 감람산으로 나갔다(기드론 골짜기를 건너 성벽 밖으로). "감람산"(*τὸ ὄρος τῶν Ἐλαιῶν*–토 오로스 톤 엘라이온)은 예루살렘 도성과 성전산의 동편을 굽어보고 있었다. 이 산은 마가복음 11:1에서 처음으로 언급되는데, 거기에서 예수는 베드로, 야고보, 요한과 함께 있다가 성전 멸망에 관한 그의 예고에 대한 그들의 질문에 답하신다(13:2). 11:1에 대한 "주석"과 *ABD* 5:13-15를 보라.

예수께서 제자들에게 종말에 관하여 가르치셨고, 또한 겟세마네 동산이 있는(14:32-42) 감람산으로 물러가신 것은 이 곳이 예수께서 좋아하셨던 도성 바깥의 장소였음을 보여 준다. 이 곳에 대한 예수의 관심은 부분적으로는 스가랴의 예언들에 대한 그의 관심 때문이었을 것이다(참조. Marcus, *Way of the Lord*, 156; 또한 27절과 28절에 대한 "주석"을 보라).

27 "너희가 다 나를 버리리라"(*πάντες σκανδαλισθήσεσθε* – 판테스 스칸달리스데세스데). 직역하면 "너희는 다 걸려 넘어지리라"고 예수께서 말씀하신 것이 된다. 스칸달리제인(*σκανδαλίζειν*)은 헬라어 신약성경에서 넘어지는 것을 가리킬 때 흔히 사용되는 단어다. 이 단어는 마가복음에 8번(4:17; 6:3; 9:42, 43, 45, 47; 14:27, 29), 복음서들에 26번, 바울서신에 3번(고전 8:13[2x]; 고후 11:29) 나온다. 마가복음 4:17에서 예수는 뿌리가 얕은 자들을 환난이나 핍박이 오자마자 넘어지는 자들로 묘사하신다. 6:3에서 나사렛 사람들은 예수를 보고 넘어진다. 9:42-45에서 스칸달리제인(*σκανδαλίζειν*)은 "범죄하다"를 의미하는 것 같은데, 즉 이 단어가 사용된 구절은 "이 소자 중 하나를 범죄케 하는 자"로 번역된다(문자적으로는 "이 소자 중 하나를 넘어지게 하는 자"; 9:43-47에 대한 "주석"을 보라). 이 단어는 칠십인역에는 드물게 나오지만(Sir 9:5; 23:8; 35:15; *Pss. Sol.* 16:7; 그리고 일부 사본들에서는 단 11:41), 이 단어에 해당하는 히브리어인 카샬(כשל)은 자주 나오고 신약의 용법과 일치한다. 어떤 사람들은 예수께서 씨 뿌리는 자의 비유에서 뿌리가 얕은 자들에 관하여 말씀하신 것이 제자들에게 적용된다고 생각할지도 모른다. 그들은 깊이가 없어서 심각한 반대에 부딪치자마자 넘어지게 될 것이다. 부활 후에 예수께서 갈릴리에서 그들과 재회하실 때에서야(28절; 참조. 16:7) 제자들은 사도적 책무를 감당할 수 있을 만큼 깊이 뿌리를 내리게 될 것이다.

"이는 기록된 바 내가 목자를 치리니 양들이 흩어지리라 하였음이라"(*ὅτι γέγραπται, πατάξω τὸν ποιμένα, καὶ τὰ πρόβατα διασκορπισθήσονται* – 호티 게그랍타이 파탁소 톤 포이메나 카이 타 프로바타 디아스코르피스데손타이). 예수께서 이러한 당혹스러운 예고를 하시는 이유는 그것이 성경에 기록되어 있기 때문이다. 성경이 예언하는 일들은 피할 수 없다: 예수는 침을 당하실 것이고, 그때 그의 제자들("양들")은 흩어질 것이다. 줄(Suhl, *Zitate*, 62-64)과 윌콕스(Wilcox, *NTS* 17[1970-71] 429-30)는 스가랴 13:7을 인용한 것은 예수가 아니라 마가복음 기자라고 생각한다. 이와는 반대로 이 예언이 목자를 치는 하나님의 심판에 관하여 말하고 있기 때문에 마가복음 기자를 포함한 초대 교회가 스가랴 13:7을 예수에 대한 예언적 언급이라고 생각했을 것 같지는 않다: "만군의 여호와가 말하노라 칼아 깨어서 내 목자, 내 짝 된 자를 치라 목자를 치면 양이 흩어지려니와 작은 자들 위에는 내가 내 손을 드리우리라." 예수께서 스가랴 13:7을 자기 자신에게 적용하신 것은 쿰란 공동체의 다메섹 문서(Damascus Document)에서 이 구절을 인용하여 "양들"을 "양무리 중의 가난한 자들", 즉 공동체의 지체들로 이해하고 침을 당한 "목자"를 의의 교사(the

Teacher of Righteousness)로 이해한 것과 맥을 같이 한다(*CD* 19:7-13; 참조. C. Rabin, *The Zadokite Documents*, rev. ed.[Oxford: Clarendon, 1958] 31).

"내가 목자를 치리니"(*πατάξω τὸν ποιμένα* – 파탁소 톤 포이메나). 칠십인역과 맛소라 본문에는 둘 다 명령문으로 되어 있다: "목자를 치라(הַךְ – 하크; LXX: *πάταξον* – 파탁손[ℵ^{c}, A, Q])!" 예수께서 인용한 이 인용문의 일인칭 형태는 스가랴 13:7의 마지막 구절을 반영하고 있는 것 같다: "작은 자들 위에는 내가 내 손을 드리우리라(וַהֲשִׁבֹתִי – 와하쉬보티; LXX: *ἐπάξω* – 에팍소)"(참조. Gundry, *Use of the Old Testament*, 27).

여기서 다시 한 번 우리는 스가랴의 예언에 나오는 주제들과 이미지들에 의해 영감을 받은 내용을 실현에 옮기는 것에 대한 예수의 관심을 발견한다. 예수께서 감람산에 서 계실 때 스가랴서를 인유(引喩)하셨다는 것은 스가랴 14:4을 고려하면 시사(示唆)하는 바가 크다: "그 날에 그의 발이 예루살렘 앞 곧 동편 감람산에 서실 것이요." 예수는 감람산을 떠나 나귀 새끼에 올라 예루살렘에 입성하셨는데, 이는 스가랴 9:9을 의도적으로 실행에 옮긴 것으로 보인다(위의 11:1-11에 대한 "양식/구조/배경"에서의 논의를 보라). 예수는 감람산에서 종말 강화를 전하셨다. 그리고 이제 다시 한 번 감람산으로 물러나셔서, 예수는 자기에게 임하여 그의 제자들을 걸려 넘어지게 할 심판에 관하여 말씀하신다(마가복음에서 스가랴서의 영향에 관한 논의에 대해서는 Marcus, *Way of the Lord*, 154-64를 보라).

"양들이 흩어지리라"(*καὶ τὰ πρόβατα διασκορπισθήσονται* – 카이 타 프로바타 디아스코르피스데손타이). 마가는 목자가 없어서 흩어질 양들에 초점을 맞추기 위하여 동사와 명사의 순서를 뒤바꾼다(참조. LXX: *καὶ διασκορπισθήσονται τὰ πρόβατα* – 카이 디아스코르피스데손타이 타 프로바타[Q]; 이 인용문의 마가 판본과 헬라어역 구약성경의 차이점들에 대해서는 Gundry, *Use of the Old Testament*, 25-28를 보라). 물론 양들의 흩어짐은 양들, 잃어버린 자들, 이스라엘의 포로 된 자들을 모으는 메시아적 사역의 일시적인 실효(失效)다(참조. 민 27:17; 왕상 22:17; 대하 18:16; 겔 34:8, 12, 15; 슥 10:2; Bar 4:26; *Pss. Sol.* 17:4, 21, 26-28; *Tg.* Isa 6:13; 8:18; 35:6; 53:8: "그[메시아]가 징계와 징벌을 받음으로 우리의 포로들이 돌아오게 되리라"; *Tg.* Hos 14:8: "저희가 포로 된 자들 가운데서 모이겠고, 메시아의 그늘 아래 거하리로다"; *Tg.* Mic 5:1-3).

28 "그러나 내가 살아난 후에 너희보다 먼저 갈릴리로 가리라"(*ἀλλὰ μετὰ τὸ ἐγερθῆναί με προάξω ὑμᾶς εἰς τὴν Γαλιλαίαν* – 알라 메타 토 에게르데나이 메 프

로악소 휘마스 에이스 텐 갈릴라이안). 에게이레인(ἐγείρειν, "살아나다")을 사용하고 있는 마가복음 14:28의 말씀은 마가의 편집(Marcus, *Way of the Lord*, 155)이거나 마가 이전의 전승에서 삽입된 것(16:7에 대한 복선[伏線]으로; 참조. Taylor, 549)이다. 이러한 삽입설을 뒷받침하는 것은 27절에서 29절로 바로 넘어가는 것이 문맥상 자연스럽다는 것이다: "너희가 다 나를 버리리라 이는 기록된 바…그러나 베드로가 여짜오되 다 버릴지라도…." 게다가 예수께서 부활에 대하여 언급하셨는데도 제자들의 반응이 전혀 없다는 것도 이상하다. 이 말씀은 비록 편집되어서 현재의 문맥에 삽입되었다고 하더라도 진정한 예수 전승, 즉 예수의 부활 예고 전승의 일부일 것이다(이 전승의 진정성에 관해서는 8:31-33에 대한 "양식/구조/배경"에서의 논의와 8:31에 대한 "주석"을 보라).

마커스(Marcus, *Way of the Lord*, 155-57)는 여기 28절에서 부활에 대한 언급이 삽입된 것은 스가랴서와 결부된 종말 전승의 영향을 보여 주는 추가적인 증거라고 주장한다. 스가랴 14:4에 의하면 여호와께서 오실 것인데, 그의 발이 감람산에 설 때 그 산이 동에서 서로 둘로 쪼개질 것이라고 한다. 탈굼 전승에서 이 절은 죽은 자들의 부활을 가리키는 것으로 이해된다. 탈굼 아가서 8:5에 의하면, "죽은 자들이 살아날 때 감람산이 쪼개지겠고, 온 이스라엘의 죽은 자들이 거기에서 나오리라"고 한다. 전도서 랍바(*Eccl. Rab.*) 1:11 §1과 아가서 랍바(*Song Rab.*) 4:11 §1에 의하면, 하나님께서 오실 때(슥 14:5을 인용함) 보내실 "성도들"은 부활한 선지자들이라고 한다. 마커스는 "스가랴 14:1-5을 부활과 관련하여 해석하는 것이 마가복음 14:28에 의해서 알려져 있었고 또한 사용되었을" 가능성을 제기한다. 게다가 "너희보다 먼저 가리라"고 하신 약속에는 목자가 침을 당했을 때 흩어졌던 양들을 다시 모으실 것이라는 예상이 함축되어 있다(슥 13:7을 인용한 27절에서). 이러한 특징도 스가랴서의 이미지를 반영한 것이다. 왜냐하면 스가랴 13:8-9은 흩어진 양들의 회복을 약속하고 있기 때문이다.

반 예르셀(van Iersel, *ETL* 58[1982] 365-70)은 14:28과 16:7에 나오는 에이스 텐 갈릴라이안(εἰς τὴν Γαλιλαίαν)이라는 어구를 "갈릴리에서"로 이해해야 한다고 주장한다. 그는 이 어구를 "길릴리로"로 번역하면 16:6-8의 해석에 있어서 특히 문제가 발생하는데, "갈릴리에서"로 번역하면 그런 문제가 해결된다고 생각한다. 반 예르셀의 주장이 옳을 수도 있다. 왜냐하면 마가복음에서 에이스(εἰς, "~로")는 흔히 엔(ἐν, "~에서")의 의미를 잠식하기 때문이다. 이를 보여 주는 몇 가지 분명한 예들로는 "예수께서 요단강에서(εἰς) 세례를 받으셨다"(1:9), "예수께서 회당에서(εἰς)

가르치시니"(1:21), "예수께서 온 갈릴리에서(εἰς) 그들의 회당에서(εἰς) 가르치셨다"(1:39), "예수께서 집에(εἰς) 계신다는 소문이 들린지라"(2:1) 등이 있다(참조. Turner, *JTS* o.s. 26[1925] 14-20). 이 모든 예들에서 통상적으로는 전치사 엔(ἐν)이 나와야 한다. 본문의 에이스 텐 갈릴라이안(*εἰς τὴν Γαλιλαίαν*)을 "갈릴리에서"로 해석한다면, 분명히 예수는 제자들에게 살아나신 후에 사역의 본거지였던 갈릴리에서 "내가 너희를 이끌리라"(*προάξω*-프로악소)고, 즉 인도하겠다고 약속하시는 것이 된다. 예수는 단순히 제자들이 도착하기 전에 먼저 갈릴리로 간다고 약속하신 것(Gundry, 845는 이 견해를 취한다: 예수는 "그들이 도착하기 전에 먼저 도착할 것이다")이 아니라 운명적인 유월절을 맞아 예루살렘을 방문하기 전에 그랬듯이(참조. 10:32, 여기에서 예수는 지도자로서 그의 제자들 "앞서 간다") "갈릴리에서" 제자들을 인도할 것을 약속하신다. 프로아게인(*προάγειν*, "앞서 가다")의 군사적 용법(예를 들어, Thucydides 7.6: 2 Macc 10:1)도 이러한 해석을 뒷받침한다(참조. C. F. Evans, *JTS* n.s. 5[1954] 9). 제자들의 지휘관으로서 예수는 갈릴리에서 그의 제자들을 계속해서 지휘하실 것이다.

[29] "그러나 베드로가 말하되 다 버릴지라도 나는 그렇지 않겠나이다"(*ὁ δὲ Πέτρος ἔφη αὐτῷ, εἰ καὶ πάντες σκανδαλισθήσονται, ἀλλ' οὐκ ἐγώ*-호 데 페트로스 에페 아우토 에이 카이 판테스 스칸달리스데손타이 알 우크 에고). 베드로는 예수께서 27절에서 방금 하신 것과 다른 예고를 한다: 다른 사람들은 버릴지라도 자기는 그렇지 않겠노라고. 그러나 예수는 베드로의 말을 곧이 듣지를 않으신다. 왜냐하면 성경이 그와는 다르게 말씀하고 있고, (우리가 추론컨대) 예수께서 베드로 자신보다 베드로를 더 잘 아시기 때문이다. 게다가 베드로가 틀린 것은 이번이 처음이 아니다. 베드로는 8:31-33에서 예수의 말씀을 반박하다가 반박당했고, 9:5-7에서는 좀더 온건하고 간접적으로 하나님에 의해서 반박당했다. 또한 베드로는 10:28-31에서 예수로부터 따끔한 충고를 듣는다. 이러한 사건들로부터 우리는 너무 많은 것을 추론해 내서는 안 된다. 마가복음 기자는 베드로를 바보로 만들려고 하는 것이 아니다(기독교 설교들에서 흔히 베드로는 그런 식으로 묘사된다). 또한 베드로의 오해와 무지는 마가의 "비밀" 주제의 일부다(참조. Wrede, *Messianic Secret*, 105). 본문의 요지는 예수로부터 사사(師事)받고 지속적으로 관계를 맺어 온 특권을 누린 제자들에 비해서 예수는 권능, 통찰력, 믿음에 있어서 월등히 우월하시다는 것이다. 평범한 사람들이 이해하지 못하고 두려워하는 것을 예수는 이해하고 위엄과 침착함으로 대처하신다. 예수는 그의 가장 가까운 벗들이 그를 배신하고 버릴지라도 죽음과 맞설 준비가 되

어 계신다.

30 "내가 진실로 네게 이르노니 오늘 이 밤 닭이 두 번 울기 전에 네가 세 번 나를 부인하리라"(*ἀμὴν λέγω σοι ὅτι σὺ σήμερον ταύτῃ τῇ νυκτὶ πρὶν ἢ δὶς ἀλέκτορα φωνῆσαι τρίς με ἀπαρνήσῃ*－아멘 레고 소이 호티 쉬 세메론 타우테 테 뉘크티 프린 에 디스 알렉토라 포네사이 트리스 메 아파르네세). 예수는 베드로의 항변을 좀더 구체적인 예고를 통해서 맞받아 치신다: 닭이 두 번 울기 전에, 베드로는 세 번 예수를 부인하게 되리라(30절). 닭은 새벽 미명에 울기 때문에(참조. *m. Yoma* 1:8; *m. Tamid* 1:2), 예수의 예언은 곧 성취될 것임에 틀림없다. 이 끔찍한 날이 지나기 전에 베드로는 예수의 예고한 일을 이루게 될 것이다. "오늘 이 밤 닭이 두 번 울기 전에"라는 마가의 중복적인 표현은 예수의 예고에 확실성과 절박성을 더해 준다(Cranfield, 429: "점층법적 정확성"). 본문의 "두 번"(*δὶς*－디스)은 보존되어야 한다. 일부 사본들에서 이 단어를 생략한 것은 마태 및 누가의 병행본문들과의 동화현상 때문이다(*TCGNT*[1], 114). 흔히 아리스토파네스의 글(Aristophanes, *Eccl.* 390-91)이 인용된다: "닭이 두 번째 울 때."

아파르네이스다이(*ἀπαρνεῖσθαι*, "부인하다")는 성경 어휘에서 중요한 단어다. 이 단어는 호몰로게인(*ὁμολογεῖν*, "시인하다, 고백하다"; 참조. 마 10:32-33//눅 12:8-9)의 반대말로서 흔히 하나님을 예배하기를 거부하는 것을 가리킨다. 악한 자들은 "전에 알기를 부인하였던 그를 참 하나님으로 인정하였다"(Wis 12:27), "불경건한 자들은 주를 알기를 거부하여(문자적으로는 '부인하여') 주의 팔의 힘으로 채찍질을 당하였다"(Wis 16:16). 악인들과는 대조적으로 믿음에 충실한 의인은 "나는 우리의 고상한 형제단을 부인하지 않겠다"(4 Macc 10:15)고 말한다. 종말론적 색채를 띠고, 이사야는 "그 날에 사람들은 그들의 손으로 만든 것들을 부인하리라"(LXX Isa 31:7)고 예언한다. 즉, 사람들은 그들의 우상들을 부인할 것이라는 말이다. 마찬가지로 예수는 그를 따르는 자들에게 자신을 부인하고 자기 십자가를 지고 그를 따르라고 요구하신다(8:34). 물론 예수의 예고에 따라 베드로는 예수를 세 번 부인하게 될 것이다(특히 14:68, 72). 세 번은 완전수를 의미한다(참조. Derrett, *NTS* 29[1983] 142-44).

31 "베드로가 힘있게 말하되 내가 주와 함께 죽을지언정 주를 부인하지 않겠나이다"(*ὁ δὲ ἐκπερισσῶς ἐλάλει, ἐὰν δέῃ με συναποθανεῖν σοι, οὐ μή σε ἀπαρνήσομαι*－호 데 에크페릿소스 엘랄레이 에안 데에 메 쉰아포다네인 소이 우 메 세 아파르네소마이). 베드로의 항변은 한층 더 강해진다: 예수와 함께 죽을지언정 예수를 부인

하지 않겠다는 것이다. 앞의 여러 경우에 베드로는 어리둥절해 하거나 심지어 소스라치게 놀라기까지 했지만, 이 위기의 순간에는 다른 사람은 어찌 하든지 자기는 예수에게 충성을 다하려고 결심한다. 베드로는 "필요하다면"(ἐὰν δέῃ – 에안 데에) 예수와 "함께 죽겠다"(συναποθανεῖν – 쉰아포다네인)고 제안한다. 베드로의 항변은 임박한 시험을 경고한 천사를 향한 욥의 호언장담을 연상시킨다: "죽기까지 내가 견디리니 결코 물러나지 않을 것이다"(*T. Job* 5:1). 저 유명한 마카비오 가문의 순교자들의 모범들이 즉시 생각난다. 그들은 신앙을 버리느니 차라리 죽음을 선택했다(예를 들어, 2 Macc 6-7장). 베드로의 말은 의심할 여지없이 진지한 것이었으나, 그는 그 시험이 얼마나 심한 것인지를 거의 모르고 있다.

"모든 제자도 이와 같이 말하니라"(ὡσαύτως δὲ καὶ πάντες ἔλεγον – 호사우토스 데 카이 판테스 엘레곤). 제자들은 모두 베드로가 한 말에 공감을 표시한다(참조. 요 11:16: "우리도 주와 함께 죽으러 가자"). 위협받고 있지 않은 상황에서 집단 속에 있는 그들은 용감했다. 그러나 실현된 것은 예수의 예고들이지 제자들의 호언장담이 아니었다. 마가복음의 독자들은 모든 점에서 예수께서 옳다는 것을 발견하게 된다. 예고된 배신(14:20)은 성취될 것이다(14:42-46). 실제로 그 예고는 14:10-11에서 어느 정도 이미 성취되었다. 예수께서 체포되었을 때, "제자들이 다 예수를 버리고 도망하니라"(14:50). 여종의 질문을 받고, 베드로는 예수를 부인한다(14:66-72). 예수의 예고들의 정확성은 부활 및 "인자"로서 구름을 타고 오실 것이라는 그의 예고들에 신빙성을 더해 준다.

해설

예수는 이미 만찬석상에서 그들 중의 한 사람, 즉 열둘 중의 하나가 자기를 팔 것이라고 알리심으로써 제자들을 슬프게 했었다. 이제 감람산으로 물러간 후에 예수는 그들 모두가 자기를 버림으로써 성경의 예언이 이루어질 것이라고 밝혀서 제자들을 다시 한 번 놀라게 하신다. 스가랴서의 목자와 같이 예수는 침을 당할 것이고, 양들은 흩어질 것이다. 그러나 베드로와 그의 동료 제자들은 그 말씀을 믿기를 거부한다. 다른 사람들은 버릴지라도, 그들은 그렇지 않을 것이라고 한다. 실제로 베드로, 그리고 나중에는 그의 선도(先導)를 따라서 나머지 제자들은 예수를 부인하느니 차라리 예수와 함께 죽겠노라고 호언장담을 한다. 그러나 예수는 그들보다 더 잘 아신다. 닭이 두 번 울기 전에 베드로는 그의 벗이자 스승인 예수를 세 번 부인하게 될 것이다.

스가랴의 예언의 일부를 인용한 것은 중요하다. 왜냐하면 그 예언은 전체적으로 (슥 13:7-9을 보라) 예수께서 지금 처해 있는 상황(즉, 수난 주간, 막 11-15장)과 일치하기 때문이다. 예루살렘이 예수를 버린 것은 하나님의 진노를 불러일으켰다. 목자가 침을 당하고, 양들은 흩어지며, 온 땅은 심판을 받을 것이다. 오직 남은 자들만이 살아나리라. 회개하는 백성이 여호와의 이름을 부르면, 그들은 응답을 받을 것이다. 스가랴의 예언은 마가복음 13장의 종말 강화의 요점들을 요약하고 있다.

예수는 제자들에게 자기가 살아난 후에 갈릴리에서 그들을 인도하겠노라고 약속하신다. 유월절과 한 주간에 걸친 무교절이 끝나면, 제자들은 고향으로 돌아가게 되어 있었다. 그러나 갈릴리로 돌아온 후에 제자들은 "목자 없는 양같이"(막 6:34) 되지는 않을 것이다. 부활하신 예수께서 그들을 기다리실 것이고, 수난 이전에 그랬던 것처럼 그들을 인도하실 것이기 때문이다.

7. 겟세마네 동산의 기도(14:32-42)

참고문헌

Barr, J. "'Abba, Father' and the Familiarity of Jesus' Speech." *Theology* 91(1988) 173-79. ______. "Abba Isn't Daddy." *JTS* n.s. 39(1988) 28-47. **Barrett, C. K.** "Important Hypotheses Reconsidered, Pt 5: Spirit and the Gospel Tradition." *ExpTim* 67(1956-57) 142-45. **Charlesworth, J. H.** "A Caveat on Textual Transmission and the Meaning of *Abba*." In J. H. Charlesworth, M. Harding, and M. Kiley. *The Lord's Prayer and Other Prayer Texts from the Greco-Roman Era.* Valley Forge, PA: Trinity Press International, 1994. 1-14. **Fitzmyer, J. A.** "Abba and Jesus' Relation to God." In *À cause de l'Évangile.* FS J. Dupont. 2 vols. LD 123. Paris: Cerf, 1985. 1:15-38. **Grassi, J. A.** "Abba, Father." *TBT* 21(1983) 320-24. ______. "*Abba,* Father(Mark 14:36): Another Approach." *JAAR* 50(1982) 449-58. **Green, J. B.** "Jesus on the Mount of Olives(Lk. 22.39-46)." *JSNT* 26(1986) 29-48. **Hudson, J. T.** "Irony in Gethsemane?(Mark xiv. 41)." *ExpTim* 46 (1934-35) 382. **Kiley, M.** "Lord, Save My Life(Ps 116:4) as Generative Text for Jesus' Gethsemane Prayer(Mark 14:36a)." *CBQ* 48(1986) 655-59. **Kuhn, K. G.** "Jesus in

Gethsemane." *EvT* 12(1952-53) 260-85. **Müller, K. W.** "ἀπέχει(Mk 14:41) —absurda lectio?" *ZNW* 77(1986) 83-100. **Sanders, E. P.** *The Historical Figure of Jesus.* London: New York: Penguin, 1993. 263-64. **Saunderson, B.** "Gethsemane: The Missing Witness." *Bib* 70(1989) 224-33. **Söding, T.** "Gebet und Gebetsmahnung Jesu in Getsemani: Eine redaktionskritische Auslegung von Mk 14,32-42." *BZ* 31(1987) 76-100. **Vermes, G.** *Jesus the Jew.* London: Collins, 1973. 210-13.

본 문

32 저희가 겟세마네라 하는 곳에 이르매 예수께서 제자들에게 이르시되 나의 기도할 동안에 너희는 여기 앉았으라 하시고

33 베드로와 야고보와 요한을 데리고 가실새 심히 놀라시며 슬퍼하사

34 말씀하시되 내 마음이 심히 고민하여 죽게 되었으니 너희는 여기 머물러 깨어 있으라 하시고

35 조금 나아가사 땅에 엎드리어 될 수 있는 대로 이 때가 자기에게서 지나가기를 구하여

36 가라사대 아바 아버지여 아버지께는 모든 것이 가능하오니 이 잔을 내게서 옮기시옵소서 그러나 나의 원대로 마옵시고 아버지의 원대로 하옵소서 하시고

37 돌아오사 제자들의 자는 것을 보시고 베드로에게 말씀하시되 시몬아 자느냐 네가 한시 동안도 깨어 있을 수 없더냐

38 시험에 들지 않게 깨어 있어 기도하라 마음에는 원이로되 육신이 약하도다 하시고

39 다시 나아가 동일한 말씀으로 기도하시고

40 다시 오사 보신즉 저희가 자니 이는 저희 눈이 심히 피곤함이라 저희가 예수께 무엇으로 대답할 줄을 알지 못하더라

41 세 번째 오사 저희에게 이르시되 이제는 자고 쉬라 그만이다 때가 왔도다 보라 인자가 죄인의 손에 팔리우느니라

42 일어나라 함께 가자 보라 나를 파는 자가 가까이 왔느니라

32 And they go to a place whose name is Gethsemane:[a] and he says to his disciples, "Sit here while[b] I pray."

33 And he takes along Peter[c] and James and John with him, and he began to be distressed and troubled.

34 And he says to them, "My soul is grieved to the point of death: remain here, and watch!"

35 And going on a little further, he fell[d] on the ground and was praying that, if it is possible, the hour might pass from him.

36 And he was saying, "Abba, Father, all things are possible for you. Remove this cup from me: yet not what I will, but what you will."[e]

37 And he comes[f] and finds them sleeping, and he says to Peter,[g] "Simon, are you sleeping? Were you not able to watch[h] for an hour?

38 Watch and pray that you do not come into temptation. The spirit is willing, but the flesh is weak."

39 And again going away, he prayed, saying the same thing.[i]

40 And again, coming, he found them[j] sleeping, for their eyes were heavy, and they did not know how they should answer him.

41 And he comes the third time, and says to them, "Are you still sleeping and resting? Is it far off?[k] The hour has come! Behold, the 'son of man' is delivered into the hands of sinners!

42 Arise;[l] let us be going. Behold, the one who is betraying me has arrived."

원문주해

a. 헬라어로는 겟세마니(*γεθσημανί*). 이 지명의 표기는 헬라어 사본들마다 상당히 다르다. ℵ사본은 겟세마네이(*γεθσημανεί*), B사본은 게트세마네이(*γετσημανεί*), D사본은 게세마네이(*γεσημανεί*)로 읽는다. 그 밖의 표기들로는 겟세마네이(*γεθσεμανεί*), 겟세마네이(*γηθσεμανεί*), 겟시마네(*γεθσιμανή*) 등이 있다. 역본들도 이와 비슷한 변이(變異)들을 보인다. 이 지명은 "기름 짜는 틀"을 의미하는 아람어 가트 셰마네(גַּת שְׁמָנֵי)에서 유래하였다. 크랜필드(Cranfield, 430)는 이 단어가 "기름 짜는 틀"을 의미하는 히브리어 가트 세마님(גַּת שְׁמָנִים)에서 유래했다고 말하지만, 마가 본문에서 발견되는 헬라어 음역은 아람어와 더 가깝다.

b. 몇몇 후대의 사본들은 아펠돈(*ἀπελθών*, "떠나서"; 예수와 제자들 사이에 어느 정도 거리를 둔다는 의미에서; 참조. 마 26:36)을 첨가한다.

c. 수리아 사본들은 케파(kepa', "게바")로 읽는다.

d. D, Σ사본과 몇몇 후대의 사본들은 에피 프로소폰(*ἐπὶ πρόσωπον*, "얼굴을 대고")을 첨가한다(참조. 마 26:39).

e. 가장 오래되고 최고로 권위 있는 사본들에는 델레이스(*θέλεις*, "당신이 원하는")가 없다. 하지만 이 뜻이 본문에 분명히 함축되어 있다. D사본과 몇몇 후대의 사본들은 이 단어를 첨가한다.

f. 몇몇 후대의 사본들은 프로스 투스 마데타스 아우투(*πρὸς τοὺς μαθητὰς αὐτοῦ*, "그의 제자들에게")를 첨가함으로써 문맥상 분명한 내용을 명시적으로 표현한다(참조. 마 26:40; 눅 22:45).

g. 수리아 사본들은 케파(kêpā, "게바")로 읽는다.

h. 몇몇 후대의 사본들은 메트 에무(*μετ' ἐμοῦ*, "나와 함께")를 첨가한다(참조. 마 26:40).

i. D사본은 톤 아우톤 로곤 에이폰(*τὸν αὐτὸν λόγον εἰπών*, "동일한 말씀으로")을 생략한다.

j. A, C, N, W사본과 몇몇 후대의 사본들 및 권위 있는 사본들은 카이 휘포스트렙사스 휴렌 아우투스 팔린(*καὶ ὑποστρέψας εὗρεν αὐτοὺς πάλιν*, "돌아와서 저희가…다시 보시고")으로 읽는다.

k. 아페케이(*ἀπέχει*)의 의미가 문제가 된다. 아페케인(*ἀπέχειν*)은 통상적으로 "~를 피하다, 막다, 전부 받다" 또는 "멀리 떨어져 있다"를 의미한다. 현재의 문맥에서 이 단어는 보통 제자들이 "충분히" 잤다는 의미이거나 예수께서 그들에게 "충분히" 권고했다는 의미로 이해된다. 이러한 의미는 라틴어 역본의 수피키트(sufficit, "충분하다")라는 역어(譯語)의 근저에도 깔려 있다. 일부 학자들은 아페케이(*ἀπέχει*)가 "시간이 다 지나갔다"

를 의미한다고 생각한다. D, W, Φ사본과 몇몇 후대의 사본들은 토 텔로스(τὸ τέλος, "끝")를 첨가하여 "끝이 왔다" 또는 "시간이 다 됐다"를 의미하는 것으로 읽고 있는데, 이것은 사실 아페케이(ἀπέχει)의 드문 비인칭 용법을 정확하게 해석하고 있는 것일 수 있다; 참조. Westcott and Hort, *Introduction* 2:26-27. 이러한 독법은 콘숨마투스 에스트 피니스(*consummatus est finis*, "끝이 왔다")로 읽고 있는 여러 라틴어의 권위 있는 사본들의 근저에도 있다. 메츠거(Metzger, *TCGNT*[1], 114-15)는 이 구절을 의역하고 있는 한 고대 라틴역본(4-5세기)의 독법을 인용한다: "예수께서 세 번째 오사 기도하신 후에 저희에게 이르시되 이제는 자거라 보라 나를 파는 자가 가까이 왔느니라 잠시 후에 저희를 일으키시며 이르시되 때가 왔도다 보라 인자가 팔리우느니라." 41절에 대한 "주석"에 나오는 자세한 논의를 보라.

l. 몇몇 사본들은 엔튜뎬(ἐντεῦθεν, "여기에서")을 첨가한다(참조. 요 14:31).

양식/구조/배경

겟세마네 동산에서의 예수의 기도는 복음서 이야기 중에서 가장 유명한 장면들 중의 하나다. 다른 몇 번의 엄숙한 때와 마찬가지로, 예수는 베드로, 야고보, 요한을 데리고 가신다. 예수는 그들에게 자기 마음이 너무 슬퍼서 죽을 지경이라고 말씀하신다. 예수는 그의 가장 가까운 제자들에게 자기와 함께 머물러 깨어 있으라고 당부하신다. 그런 후에 예수는 조금 떨어진 곳으로 가서 땅에 엎드리어 가능하다면 하나님께서 고난의 잔을 자기에게서 옮겨 달라고 기도하신다. 제자들에게 다시 왔을 때, 예수는 그들이 자고 있는 것을 발견하신다. 예수는 그들에게 깨어 있으라고 당부한 후에 다시 기도하러 저만치 가신다. 예수는 두 번 더 돌아와서 제자들이 자는 것을 보신다. 그런 후에 예수는 자기를 파는 자가 가까이 오고 있음을 알리고 제자들을 깨워 일어나게 하신다.

불트만(Bultmann, *History*, 267-68)에 의하면, 마가복음 14:32-42은 "마가복음의 손질이 가해진 철저한 전설적 성격을 지닌 독립적인 이야기"로서 "전승의 후기 단계"(*History*, 284)에 속한다고 한다. 디벨리우스(Dibelius, *Tradition*, 182)는 불트만처럼 회의적이지는 않지만 겟세마네 이야기 속에서 "인위적인 이음솔기들"을 발견한다. 테일러(Taylor, 551; 참조. id., *Formation*, 58)도 그렇게 회의적이지 않은 태도를 보이는데, 겟세마네에서의 예수의 기도에 관한 이야기는 베드로에게서 유래했음을 강력히 보여 준다고 말한다. 오늘날의 학자들의 견해는 나뉘어 있지만, 다수는 이 이야기를 믿을 만한 전승에 뿌리를 두고 있다고 본다. 이 이야기가 "베드로에게서" 유래했을 것이라고 보는 크랜필드(Cranfield, 430)는 "이 이야기의 역사적 가치는 그렇게 의심하지 않아도 된다"고 생각한다. 그는 초대 교회가 예수께서 공포에 질려서 하나님께 그의 임박한 순교를 없던 것으로 해달라고 애걸하고 제자들은 무기력한 것처럼 보이는 장면을 만들어 냈을 리가 없다고 주장한다. 샌더스(Sanders, *Historical Figure*, 264)는 예수의 기도는 "전적으로 수긍이 가는 것"으로서, 이는 예수께서 "죽기를 원치 않았으나 하나님의 뜻에 따라 스스로를 굽혔음"을 보여 준다고 평한다.

쿤(Kuhn, *EvT* 12[1952-53] 260-85)은 마가복음 14:32-42은 마가 이전의 두 전승을 결합한 것이라고 주장한다. 테일러(Taylor, *St Luke*, 69-72)는 누가복음 22:40-46이 마가로부터 독립적이라고 생각하고, 그린(Green, *JSNT* 26[1986] 29-48)은 누가가 마가와 마가 이외의 다른 자료를 사용했다고 생각한다. 일부 학자들은 히브리서 5:7-8이 독립적인 전승을 반영하고 있다고 본다(참조. Brown, 227-33). 게다가 제4복음서에도 독립적인 자료가 있는 것 같다. 이러한 복잡한 문제에 있어서 확실한 해결을 기대할 수는 없지만, 마가 이전의 독립적인 전승(들)의 존재는 이 이야기의 역사성을 추가적으로 뒷받침해 줄 뿐이다.

일부 비평학자들은 제자들이 잠을 잤기 때문에 겟세마네에서의 기도 이야기는 역사적 전승에 의거한 것일 수 없다고 주장해 왔다. 손더슨(Saunderson, *Bib* 70[1989] 224-33)은 14:51-52의 정체 모를 젊은이가 증인일 가능성을 배제할 수 없다고 말한다. 그럴지도 모르지만, 그것이 이 전승을 좀더 확고한 토대 위에 올려놓지는 못한다. 이 전승이 예수의 기도에 관하여 보존하고 있는 것은 세 개의 짤막한 문장이 전부다(36절). 이 장면이 초대 교회의 창작이라면, 이를테면 요한복음 17장에서 볼 수 있는 것과 같은 더 광범위한 예수 전승을 끌어다 사용하지 않은 이유는 무엇일까? 제자들이 졸고 있었다는 것이 예수 전승을 빈약하게 보존하게 된 사정을 설명해 줄 수 있을 것이다. 진지하게 기도하는 예수와 기도에 집중할 수 없는 제자들의 대비되는 모습은 마가 공동체에서 권면의 목적에 유용하게 활용될 수 있었을 테지만(참조. Söding, *BZ* 31[1987] 76-100), 그러한 권면 기능이 역사성과 반드시 긴장 관계에 있다고 할 수는 없다.

주석

32 감람산은 전통적으로 기도의 장소였고(겔 11:23; 삼하 15:32), 하나님이 장차 심판을 하러 출현하실 장소였다(슥 14:4). 예수는 "겟세마네라 하는 곳으로"(*εἰς χωρίον οὗ τὸ ὄνομα Γεθσημανί* — 에이스 코리온 후 토 오노마 겟세마니) 제자들을 데려가신다. 이 지명은 "기름 짜는 틀"을 의미하는 아람어에서 유래했다(위의

"원문주해"를 보라). 요한복음 18:1을 보면 이 곳은 케포스(κῆπος, "동산")라 불렀는데, 여기서 예수는 자주 제자들과 모였다(요 18:2).

"예수께서 제자들에게 이르시되 나의 기도할 동안에 너희는 여기 앉았으라 하셨다"(καὶ λέγει τοῖς μαθηταῖς αὐτοῦ· καθίσατε ὧδε ἕως προσεύξωμαι – 카이 레게이 토이스 마데타이스 아우투 카디사테 호데 호스 프로슉소마이). 마가복음에서 여러 차례 예수는 기도를 하거나 기도에 관한 가르침을 베푸신다: 1:35에서 예수는 새벽 미명에 일어나 한적한 곳에서 기도하신다. 6:46에서 예수는 제자들을 미리 보낸 후에 산으로 물러가서 기도하신다. 9:29에서 예수는 제자들에게 어떤 류의 더러운 귀신들은 기도로만 물리칠 수 있다고 말씀하신다. 11:17에서 예수는 성전을 "만민의 기도하는 집"(사 56:7을 인유하여)으로 만들지 못한 것에 대하여 당국자들을 비판하신다. 11:24-25에서 예수는 제자들에게 믿음과 기도에 관하여 가르치신다. 12:40에서 예수는 허세로 기도하는 탐욕스러운 서기관들에 대하여 경고하신다. 13:18에서 예수는 제자들에게 다가올 환난의 날이 겨울에 오지 않도록 기도하라고 권하신다. 예수께서 가까운 곳에서(35절: "조금 나아가사") 기도하는 동안 제자들에게 앉아 있으라고 하신 것은 1:35과 6:46에 아주 밀접한 병행들이 있다.

33 "베드로와 야고보와 요한을 데리고 가시는데"(καὶ παραλαμβάνει τὸν Πέτρον καὶ [τὸν] Ἰάκωβον καὶ [τὸν] Ἰωάννην μετ' αὐτοῦ – 카이 파라람바네이 톤 페트론 카이 [톤] 이아코본 카이 [톤] 이오안넨 메트 아우투). 앞에서도 세 번 예수는 베드로와 야고보와 요한만을 데리고 가신 적이 있다: 5:37-43에서 세 제자는 예수께서 야이로의 딸을 살리는 장면을 목격한다. 9:2-8에서 세 제자는 예수의 변모(變貌)를 목격하고 하나님의 음성을 듣는다. 13:37에서 세 제자는 종말에 관한 가르침을 받는다. 예수께서 이 세 제자를 데리고 가신 것은 이들과 함께 있기를 원하셨고 또한 마지막까지 그들을 가르치기를 원하셨기 때문이다. 또한 예수는 장차 있을 일들에 대하여 "두세" 증인(참조. 신 17:6; 19:15)을 확보해 둘 생각이셨는지도 모른다.

"예수는 심히 놀라며 슬퍼하기 시작하였다"(καὶ ἤρξατο ἐκθαμβεῖσθαι καὶ ἀδημονεῖν – 카이 에륵사토 엑담베이스다이 카이 아데모네인). 본문은 신약에서 예수와 관련하여 엑담베이스다이(ἐκθαμβεῖσθαι, "번민하다, 몹시 놀라다")가 유일하게 사용된 예이다. 이 단어는 감정의 격동을 묘사하는 말이다. 9:15에서는 "온 무리가 곧 예수를 보고 심히 놀라며(ἐξεθαμβήθησαν – 엑세담베테산) 달려와 문안하였다"고 말한다. 이 경우에 무리는 심한 고뇌에 빠진 것이 아니라 크게 흥분한 상태였다(9:15에 대한 "주석"을 보라). 16:5에서 여자들은 무덤에 들어가서 "흰 옷을 입은 한 청년이 우편에 앉은 것을 보고" "놀랐다"(또는 "괴로워하였다"; 참조. 아래의 16:5). 16:6에서 그 청년은 여자들에게 "놀라지 말라 너희가 십자가에 못 박히신 나사렛 예수를 찾는구나 그가 살아나셨고 여기 계시지 아니하니라"고 말한다. 이러한 문맥들 속에서 엑담베이스다이(*ἐκθαμβεῖσθαι*)의 의미는 번민이나 비통이 아니라 흥분이나 동요(動搖)와 관련이 있다. 그렇지만 14:33에서 아데모네인(*ἀδημονεῖν*, "근심하다")과 나란히 엑담베이스다이(*ἐκθαμβεῖσθαι*)가 나오고 있는 것은 흥분이나 놀람 이상의 것을 시사한다. 이 단어와 함께 사용되는 맥락 속에서는 엑담베이스다이(*ἐκθαμβεῖσθαι*)는 번뇌 또는 고민이라는 개념을 지닌다(BAG, 239; 참조. Cranfield, 431). 신약의 다른 곳에서 아데모네인(*ἀδημονεῖν*)은 마태복음의 병행본문(마 26:37에서 이 단어는 뤼페이스다이[*λυπεῖσθαι*, "비탄에 잠기다"]와 대구로 나온다; 이러한 단어 선택은 다음 절의 영향을 받은 것 같다)과 빌립보서 2:26(에바브로디도는 "자기 병든 것을 너희가 들은 줄을 알고 심히 근심한지라")에서만 발견된다. 34절에 나오는 예수의 말씀은 고뇌와 슬픔의 요소를 강화시킨다.

34 "내 마음이 심히 고민하여 죽게 되었노라"(*περίλυπός ἐστιν ἡ ψυχή μου ἕως θανάτου*–페리뤼포스 에스틴 헤 프쉬케 무 헤오스 다나투). "심히 고민하여"(*περίλυπός*–페리뤼포스)로 번역된 단어는 마가복음에서는 이 곳 외에 6:26에만 나오는데, 거기서 분봉왕 헤롯 안디바는 의붓딸에게 허세를 부리다가 그만 세례 요한을 참수시키는 결과를 가져오게 된 것을 "심히 근심하였다"(RSV: "몹시 유감이었다"). 예수께서 자기 마음이 심히 고민하여 "죽을 지경에까지"(*ἕως θανάτου*–헤오스 다나투) 이르렀다고 말씀하신 것은 주목할 만한 것으로서 성경적인 표현을 의도적으로 반영한 것으로 보인다: 시 42:4-5, 11(=LXX Ps 41:5, 6[*τί περίλυπός εἶ ψυχή*–티 페리뤼포스 에이 프쉬케], 12; MT Ps 42:5-6, 12); 43:5(=LXX Ps 42:5: *τί περίλυπός εἶ ψυχη*–티 페리뤼포스 에이 프쉬케); 욘 4:9(LXX: *σφόδρα λελύπημαι ἐγὼ ἕως θανάτου*–스포드라 렐뤼페마이 에고 헤오스 다나투); 시락서 37:2. 예수께서 유다의 임박한 배신을 알고 있었음을 감안할 때, 본문의 후반부는 특히 흥미롭다: "동료이자 벗이 적으로 돌아선다면 이는 죽고 싶을 정도로 슬픈 일이 아니겠는가?"(*οὐχὶ λύπη ἔνι ἕως θανάτου / ἑταῖρος καὶ φίλος τρεπόμενος εἰς ἔχθραν*–우키 뤼페 에니 헤오스 다나투 / 헤타이로스 카이 필로스 트레포메노스 에이스 데크드란). 예수의 말씀은 좀더 문자적으로 "죽도록 슬퍼하다"(RSV는 시락서 37:2을 이와 비슷하게 번역한다: "죽기까지의 슬픔")로 이해할 수도 있겠지만, "죽을 지경까지"–헤오스(*ἕως*)는 이런 의미로 해석될 수 있다–라는 번역이 본문의 의도에 더

가까운 것으로 보인다.

"너희는 여기 머물러 깨어 있으라!"(*μείνατε ὧδε καὶ γρηγορεῖτε* – 메이나테 호데 카이 그레고레이테). 두 동사 모두 명령형이다. 현재 시제인 그레고레이테(*γρηγορεῖτε*, 문자적으로는 "깨어 있으라!")는 좀더 강화된 명령이다. 마가복음의 다른 곳에서도 예수는 그레고레인(*γρηγορεῖν*, "깨어 있다")을 사용하여 제자들에게 명령하신다. 종말 강화에서 예수는 그레고레인(*γρηγορεῖν*, "깨어 있다")을 세 차례 사용하신다: 13:34에서 이 동사는 주인이 언제 돌아올지 모르니 깨어 있으라는 명령을 받은 문지기 비유에 나온다. 13:35에서 예수는 "그러므로 깨어 있으라"고 말하고는 이 교훈을 제자들에게 적용하면서 이 단어를 사용하신다. 13:37에서 예수는 "모두"(마가 공동체?)에게 "깨어 있으라"고 말씀하신다. 복음서 기자가 즐겨 사용하는 블레페인(*βλέπειν*, "보다")도 종말 강화에 여러 번 나오는데(13:5, 9, 23, 33), 이 단어와 뜻이 대체로 비슷하지만 다른 곳에서는 "조심하다, 주의하다"라는 의미로 사용된다(예를 들어, 4:24; 8:15; 12:38). 그레고레인(*γρηγορεῖν*)이 종말 강화에 나오기 때문에, 바렛(Barrett, *ExpTim* 67[1956-57] 144)은 여기 14:34에서 예수는 제자들에게 "인자"의 재림(Parousia)에 대비하여 깨어 있으라고 명하신 것으로 생각한다. 그러나 이러한 견해는 의심스럽다(Cranfield, 432). "깨어 있으라"는 명령이 재림에 대한 것이라면, "여기 머물러 있으라"는 명령은 무엇에 대한 것인가? 이 단어의 가장 유력한 의미는 예수께서 제자들에게 파수꾼 역할을 명하신 것으로서 예수의 기도가 방해받지 않게 하고 대적들이 접근하면 미리 알려 달라는 것이었다고 보는 것이다(Gundry, 854는 옳게 지적한다: "이 단어는 유다가 오는 것에 대비하여 깨어 있으라고 한 것이다").

35 "조금 나아가사 땅에 엎드리어"(*καὶ προελθὼν μικρὸν ἔπιπτεν ἐπὶ τῆς γῆς* – 카이 프로엘돈 미크론 에핍텐 에피 테스 게스). 누가복음 22:41에서는 예수께서 "돌 던질 만큼" 가셨다고 말한다. 땅에 엎드린 것은 예수께 덮친 고뇌와 슬픔을 확인해 준다. 마태복음 26:39은 예수께서 "얼굴을 땅에 대시고 엎드렸다"(*ἔπεσεν ἐπὶ πρόσωπον αὐτοῦ* – 에페센 에피 프로소폰 아우투)고 말하는데, 이것이 마가 본문의 의미일 것이다. 통상적으로 예수는 서서 하늘을 우러러보며 기도하신다(참조. 막 6:41: "하늘을 우러러 축사하시고"; 눅 18:11: "바리새인은 서서…기도하여"; 또한 저 유명한 유대인들의 기도문의 이름, 즉 "서 있음"을 의미하는 아미다['Amida]를 생각해 보라). 그렇지만 땅에 엎드리는 것(또는 얼굴을 땅에 대고 엎드리는 것)은 비록 이례적이긴 하지만 고대 중동의 관습을 반영하는 것이 아니고 성경에 그 선례

가 있다. 창세기 17:1-3에서 하나님은 아브람에게 나타나셨고, 이 위대한 족장은 "얼굴을 땅에 대고 엎드렸다"(LXX: *ἔπεσεν Ἀβρὰμ ἐπὶ πρόσωπον αὐτοῦ*–에페센 아브람 에피 프로소폰 아우투). 칠십인역 레위기 9:24을 보면, 하늘에서 불이 떨어지자 이스라엘 사람들은 "얼굴을 땅에 대고 엎드렸다"(*ἔπεσεν ἐπὶ πρόσωπον*–에페센 에피 프로소폰). 민수기에서는 여러 차례 모세, 아론, 백성들이 큰 종교적 위기나 하나님의 임재 앞에서 얼굴을 땅에 대고 엎드린다(민 14:5; 16:4, 22, 45; 20:6). 또한 기도(또는 경배)하는 행위와 얼굴을 땅에 대고 엎드리는 행위가 나란히 병치되는 그 밖의 다른 예들이 성경 밖에서 발견된다. 욥의 아내는 땅에 엎드려 경배하고(*T. Job* 40:4), 아세넷(Aseneth)은 "얼굴을 땅에 대고 엎드려서" 기도한다(*Jos. Asen.* 14:3).

"될 수 있는 대로 이 때가 자기에게서 지나가기를 기도하여"(*προσηύχετο ἵνα εἰ δυνατόν ἐστιν παρέλθῃ ἀπ' αὐτοῦ ἡ ὥρα*–프로세위케토 히나 에이 뒤나톤 에스틴 파렐데 아프 아우투 헤 호라). 기도 내용에 관한 마가의 요약은 다음 절에 나올 예수의 실제 기도문을 예상케 한다. 예수는 "가능하다면" 자신을 기다리고 있는 폭력적 운명을 피할 수 있게 해달라고 기도하신다. "가능하다면"(*εἰ δυνατόν ἐστιν*–에이 뒤나톤 에스틴)이라는 표현은 마가복음 독자들에게 이전에 귀신 들린 아이의 아버지에게 예수께서 "믿는 자에게는 능치 못할 일이 없느니라(*πάντα δυνατά*–판타 뒤나타; 직역하면 '모든 일이 가능하다')"(9:23)고 가르치신 것 또는 제자들에게 거짓 메시아와 거짓 선지자들이 이적과 기사(奇事)를 베풀어서 "할 수만 있으면(*εἰ δυνατόν*–에이 뒤나톤) 택하신 백성"(13:22)을 미혹시키려 할 것이라고 경고하신 것을 생각나게 한다. 이것들보다 더 적절한 것은 예수께서 구원받을 자가 누가 있을까 의아해하는 제자들에게 주신 충고다. 예수께서는 "사람으로는 할 수 없으되 하나님으로는 그렇지 아니하니 하나님으로서는 다 하실 수 있느니라(*πάντα γὰρ δυνατὰ παρὰ τῷ θεῷ*–판타 가르 뒤나타 파라 토 데오)"(10:27)고 하셨다. 순간적으로 예수는 하나님께 바로 이렇게 말씀하고 있다: "하나님으로서는 다 하실 수 있나이다." 사실 예수는 공생애를 시작할 때부터 지금까지 선포해 오셨던 나라와 드러내 보였던 권능의 주인이신 하나님 및 자기 자신에 대한 믿음과 관련하여 혹독한 시험에 직면해 있다.

예수의 기도는 이 때가 "자기에게서 지나가게"(*παρέλθῃ ἀπ' αὐτοῦ*–파렐데 아프 아우투) 해달라는 것이다. "이 때"는 "인자"가 "죄인들의 손에 넘기워질"(41절) 때임이 잠시 후에 밝혀진다. 그런 후에 예수께서 여러 차례 예고하신 대로(참조.

8:31; 9:31; 10:33-34) 그들은 그분을 모욕하고 처형할 것이다. 그러나 예수는 자신의 죽음을 속죄의 관점에서도 말씀하셨고(14:24: "이것은…나의 피 곧 언약의 피니라"; 출 24:8 등을 인유해서), 이것은 그의 죽음이 어떤 의미에서 속죄제임을 함축하는 것이기 때문에, 예수는 하나님의 진노도 두려워하셨을 것이다(Cranfield, 433-34). 14:27에서 예수는 스가랴 13:7("목자를 치리니")을 자기 자신에게 적용하시는데, 이는 하나님의 진노가 그에게 임할 것임을 함축한다. 게다가 예수는 죽는 그 순간에 "나의 하나님 나의 하나님 어찌하여 나를 버리셨나이까?"(15:34)라고 절규하신다. 예수께서 가장 두려워하셨던 것은 바로 이렇게 버림받는 것이었다. 아마도 이것은 마카베오 가문의 순교자들에게서 볼 수 있는 마음의 평정과는 대조적으로 예수의 극도의 두려움을 설명해 주는 것 같다. 예수는 이 혹독한 체험이 "자기에게서 지나가기를", 즉 "그의 옆으로 통과해서" 완전히 자기에게서 비껴가기를 소망하신다. 마가가 파레르케스다이(*παρέρχεσθαι*, "옆으로 통과하다, 지나가다")를 사용하고 있는 것은 이러한 해석을 뒷받침한다(참조. 물 위로 걸어오신 예수께서 배에 있는 제자들을 "통과하고자" 하셨다는 6:48; 모든 일이 이루기까지는 종말의 세대가 "지나가지 않을 것"이라고 말하는 13:30; 예수께서 과장법을 사용하여 "천지는 없어지겠으나 내 말은 없어지지 아니하리라"고 말씀하시는 13:31).

"이때"(*ἡ ὥρα*－헤 호라)는 요한복음의 "때"(hour) 모티프(예를 들어, 요 17:1)와는 거의 상관이 없다. 이 단어의 사용은 공관복음서와 요한복음의 접촉을 보여 주는 증거가 전혀 아니다(H. Koester, *Ancient Christian Gospels*[London: SCM Press; Philadelphia: Trinity Press International, 1990] 211는 이에 반대한다). "때" 주제는 예수 자신으로부터 유래되었고, 예수는 아마도 종말론적 색채를 띤 "때" 개념을 두드러지게 부각시키고 있는 다니엘서(4:17, 26; 5:5; 8:17, 19; 11:35, 40, 45)로부터 이 어휘와 주제를 가져오셨을 것이다. 요한복음의 "때" 모티프는 이 주제를 독자적으로 훨씬 더 발전시킨 것이다.

36 "이르시되"(*καὶ ἔλεγεν*－카이 엘레겐). 제자들은 멀리 떨어져서 잠을 자고 있었기 때문에 예수께서 기도하시는 내용을 들을 수 없었다고 주장하는 것은 근거가 없다. 예수는 단지 "조금 나아가서"(35절) 기도하신 것이기 때문에, 제자들은 기도 소리를 들을 수 있는 곳에 있었다. 게다가 옛날의 기도는 통상적으로 큰 소리로 했고, 묵상 기도는 예외적이었다(참조. 제사장 엘리가 한나의 묵상 기도를 술 취한 것으로 오해한 삼상 1:12-16). 또한 제자들은 예수께서 기도하시는 내용을 전혀 들을 수 없을 정도로 그렇게 빨리 곯아떨어지지는 않았을 것이다. 미완료과거 엘레겐

(*ἔλεγεν*)은 36, 39, 41절에서 볼 수 있듯이 반복된 기도와 부합한다.

"아바 아버지여"(*ἀββὰ ὁ πατήρ*–압바 호 파테르)는 아람어 압바(אַבָּא)에 대한 음역(音譯)과 헬라어 역어(譯語)를 나란히 배치해 놓은 것이다. 이 두 단어의 형태는 호격으로 이해해야 한다. 예수께서 하나님을 아버지라 말하는 방식과 기도 속에서 하나님을 직접적으로 아버지로 호칭하시는 것(참조. 눅 11:2: "아버지여 이름이 거룩히 여김을 받으시오며"; 마 6:9에 나오는 확대된 예전적 형태: "하늘에 계신 우리 아버지여 이름이 거룩히 여김을 받으시오며")은 흔히 예레미아스(J. Jeremias)의 저작과 관련하여 학자들의 많은 논란을 불러일으켰다. 일련의 연구들을 통해서 예레미아스는 예수께서 아버지라는 호칭을 사용하신 것은 독창적이고 유일무이한 것이라고 주장해 왔다. 예레미아스는 "여기에는 전혀 새로운 것, 절대적으로 새로운 것, '아바'라는 단어가 나온다"(*Prayers of Jesus*, 96)고 단언한다. 나아가 그는 예수께서 압바(אַבָּא)를 사용하신 것은 어린아이들이 아버지나 아버지뻘 되는 사람들을 부르던 호칭으로서(예를 들어, 작은아이가 원 그리는 자 호니[Honi the Circle-Drawer]에게 달려가면서 "아바, 아바!"라고 소리친다; 참조. *b. Ta'an.* 23b) "아빠"로 번역하는 것이 합당하다고 주장했는데(*Central Message*, 19-20), 이 주장으로 인해 그는 유명해졌다. 그러나 이러한 해석은 최근에 피츠마이어(Fitzmyer, "Abba and Jesus' Relationship to God"), 바(Barr, *JTS* n.s. 39[1988] 28-47; id., *Theology* 91 [1988] 173-79) 등에 의해 도전을 받아 왔다(Charlesworth, "Meaning of Abba"; Davies and Allison, *Matthew* 1:601-2에 의한 이 논의에 대한 종합을 보라). 예수께서 압바(אַבָּא)를 사용하신 것은 유일무이하지도 않고 하나님의 아들됨과 관련된 독특한 의미를 지니는 것도 아니었지만, 통상적인 관례에서 벗어난 독특한 것이었다. 이러한 독특성은 학자들이 이것을 진정한 것으로 보는 한 근거가 된다(예를 들어, 최근에 Gnilka, *Jesus of Nazareth*, 262: "예수께서 특히 기도하실 때 하나님을 아버지로 호칭하는 것은 진정한 것으로 보아야 한다").

예레미아스 등의 학자들은 신약성경보다 수세대 뒤에 나온 랍비 및 탈굼 문헌들을 사용했는데, 이러한 자료들은 주후 1세기 팔레스타인의 언어 또는 관습을 정확하게 반영하지 않을 수 있다(가장 적절한 랍비 자료에 대한 간략한 개관으로는 Vermes, *Jesus the Jew*, 210-12를 보고, 탈굼 자료들을 포함한 언어학적 자료들에 대한 개관으로는 Fitzmyer, "Abba and Jesus' Relationship to God"를 보라). 그러나 우리가 우선권을 부여해야 할 원시 자료들이 존재한다. 하나님을 아버지라 부른 전례는 성경 자체에서 발견된다: "그(여호와)는 너를 얻으신 너의 아버지(אָבִיךָ–아비카)가 아니시냐 너를 지으시고 세우셨도다"(신 32:6); "주는 우리 아버지(אָבִינוּ – 아비누)시라 아브라함은 우리를 모르고 이스라엘은 우리를 인정치 아니할지라도 여호와여 주는 우리의 아버지(אָבִינוּ – 아비누)시라 상고부터 주의 이름을 우리의 구속자라"(사 63:16). 그 밖의 여러 구절들(사 64:7; 렘 31:9; 말 1:6; 시 68:6). 시편 89:26(MT 89:27)에서는 다윗의 상속자가 "주는 나의 아버지(אָבִי – 아비)시요 나의 하나님이시요 나의 구원의 바위시라"고 외칠 것이라고 한다. 의인 토빗(Tobit)은 기도를 통해서 동포 이스라엘 사람들에게 이렇게 권면한다: "주의 크심을 거기에서 알게 하고, 모든 산 것들 앞에서 그를 높이라. 주는 우리 여호와요 하나님이시므로, 주는 영원히 우리의 아버지(*πατὴρ ἡμῶν* – 파테르 헤몬)가 되시느니라"(Tob 13:4). 지혜자 예슈아 벤 시라(Yeshua ben Sira)는 이렇게 기도한다: "내 생명의 아버지(*πατήρ* – 파테르)이자 주관자이신 주님, 나를 버리지 마옵소서!"(Sir 23:1) "내 생명의 아버지(*πατήρ* – 파테르)이자 하나님이신 주님, 내게 교만한 눈을 주지 마옵소서"(Sir 23:4). 시락서에 나오는 이 두 절 중 어느 것도 카이로 사본이나 사해 사본 등 어디에도 히브리어로는 보존되어 있지 않다. 그러나 헬라어로는 엉망으로 되어 있는 시락서 51:10("내가 내 주인의 아버지[*πάτερα* – 파테라]인 여호와께 환난 날에 나를 버리지 마시도록 간구하였다")은 약간 다르고 짧긴 하지만 카이로 사본에 보존되어 있는데, 이 본문은 시편 89:27(개역으로는 26절)을 반영하고 있는 것으로 보인다: "정녕 내가 여호와를 높이노니 주는 나의 아버지(אבי אתה – 아비 앗타)시라 주는 나의 구원의 전능자이심이라"(히브리어 판본이 더 낫다; 참조. P. W. Skehan and A. A. Di Lella, *The Wisdom of Ben Sira*, AB 39[Garden City: Doubleday, 1987] 566-67). 사해 사본에도 적어도 두 개의 병행이 존재한다: 요셉은 "내 아버지(אבי – 아비), 내 하나님은 나를 이방인들에게 넘겨주지 않는다"(4Q372[=4QapocrJoseph[b]] 1-16), "내 아버지(אבי – 아비)와 내 주"(4Q460[=4QPseudepigraph Works] 5-6). 하나님을 아버지로 부르는 것은 곤경의 맥락 속에서 흔히 발견된다고 할 수 있다.

예수의 독특한 발언 양식은 복음서 밖에도 그 족적을 남겨 놓았다. 바울은 로마서 8:15-16에서 "너희는…아바 아버지(*ἀββὰ ὁ πατήρ* – 압바 호 파테르)라 부르짖느니라 성령이 친히 우리 영으로 더불어 우리가 하나님의 자녀인 것을 증거하시나니"라고 말한다. 또한 갈라디아서 4:6에서는 "너희가 아들인고로 하나님이 그 아들의 영을 우리 마음 가운데 보내사 아바 아버지(*ἀββὰ ὁ πατήρ* – 압바 호 파테르)라 부르게 하셨느니라." 우리가 마가복음 14:36에서 본 것과 동일한 아람어/헬라어 병치 표현은 예수께서 하나님을 아버지로 호칭하신 것이 원시 그리스도인들에게 깊은 인상을 심어 주었음을 보여 준다. 하나님에 대한 그리스도인들의 친척 관계와 순종을 강조하는 맥락 속에서 바울이 이런 형태의 호칭을 사용한 것은, 그랏시(Grassi, *JAAR* 50[1982] 449-58; *TBT* 21[1983] 320-24)의 주장처럼 겟세마네에서의 예수의 기도의 의미를 해석하는 데 도움이 된다. 예수의 본을 따라 "아바 아버지여!"라고 부르짖는 것은 아들로서의 순종의 표시다. 혹독한 시험에 직면한 예수는 "아바 아버지여!"라고 부르짖은 후에 자신의 뜻이 아니라 하나님의 뜻을 기꺼이 따르겠노라고 선언하신다. 한편, 그랏시는 예수께서 "아버지여!"라고 부르짖고 죽음까지라도 기꺼이 순종하겠다는 뜻을 밝히신 것은 이삭이 아버지 아브라함에게 기꺼이 순종하고자 했던 것을 본뜬 것이라고 생각한다(창 22:1-19; 참조. 이삭이 "내 아버지여!"라고 부르짖는 22:7).

"아버지께는 모든 것이 가능합니다"(*πάντα δυνατά σοι*—판타 뒤나타 소이). 이 문장은 고백임과 동시에 요청이다. 이것은 "제가 수난의 두려운 것을 통과하지 않도록 하실 수 있는 것을 포함해서 당신은 모든 것을 할 수 있다고 저는 믿습니다"라고 말하는 것과 같다. 뒤나토스(*δυνατός*, "가능한")에 관해서는 35절에 대한 "주석"을 보라.

"이 잔을 내게서 옮기시옵소서"(*παρένεγκε τὸ ποτήριον τοῦτο ἀπ' ἐμοῦ*—파레넹케 토 포테리온 투토 아프 에무). 파레넹케(*παρένεγκε*, "옮기다, 치우다")에 대해서는 Field, *Notes*, 39를 보라. 분노의 잔에 대해서는 이사야 51:17을 보라. 거기에서 선지자는 예루살렘을 향하여 "여호와의 손에서 그 분노의 잔(LXX: *τὸ ποτήριον τοῦ θυμοῦ*—토 포테리온 투 뒤무)을 마신 예루살렘이여"라고 말한다. 잔을 옮기는 것 또는 치우는 것에 대해서는 이사야 51:22을 보라. 거기에서 긍휼에 풍성하신 하나님께서는 이스라엘의 죄를 사하시며 이렇게 말씀하신다: "보라 내가 비틀걸음 치게 하는 잔(LXX: *τὸ ποτήριον τῆς πτώσεως*—토 포테리온 테스 프토세오스) 곧 나의 분노의 큰 잔(LXX: *τὸ κόνδυ τοῦ θυμου*—토 콘뒤 투 뒤무)을 네 손에서 거두어서 너로 다시는 마시지 않게 하고." 또한 에스겔 23:32-34; 예레미야 애가 4:21; 시편 11:6; 이사야의 순교와 승천기(Mart. Ascen. Isa.) 5:13(참조. 막 10:38-39)을 보라. 이와 같은 성경에서의 병행문들은 예수의 간구하는 기도에 담긴 뉘앙스와 배경을 한층 선명하게 보여 준다.

"그러나 나의 원대로 마옵시고 아버지의 원대로 하옵소서"(*ἀλλ' οὐ τί ἐγὼ θέλω ἀλλὰ τί σύ*—알 우 티 에고 델로 알라 티 쉬). 클라우스너(Klausner, *Jesus of Nazareth*, 332)는 "메시아의 기도가 거부당할 수 있다거나 어린아이가 부모에게 간청하듯이 메시아가 하나님께 간청할 필요가 있다고 누가 생각할 수 있겠느냐"고 말하면서 이 행이 마가의 첨가라고 주장한다. 하지만 오히려 예수의 뜻이 하늘에 계신 아버지의 뜻과 조금이라도 다를 수 있다는 생각을 초대 교회가 했을 티 없기 때문에, 이 본문은 진정한 예수 전승일 가능성이 높다. 또한 우리는 예수의 신학의 핵심을 표현하고 있는 주기도문을 생각해 보아야 한다: "하늘에 계신 우리 아버지 이름이 거룩히 여김을 받으시오며 나라가 임하옵시며 뜻(*τὸ θέλημά σου*–토 델레마 수)이 하늘에서 이루어진 것같이 땅에서도 이루어지리이다"(마 6:9-10//눅 11:2-3; 참조. Swete, 344-45; 누가가 22:42에서 주기도문의 표현과 좀더 밀접한 병행이 되게 하기 위하여 "내 원대로 마옵시고 아버지의 원대로 되기를 원하나이다"[*μὴ τὸ θέλημά μου ἀλλὰ τὸ σὸν γινέσθω*–메 토 델레마 무 알라 토 손 기네스도]로 수정한 것은 이 복음서 기자가 눅 11:3의 일부 사본들에서만 확인되는 마 6:10의 본문을 잘 알고 있었음을 보여 준다).

킬리(Kiley, *CBQ* 48[1986] 655-59)는 36a절에 나오는 예수의 부르짖음은 시편 116:4에 나오는 시편 기자의 부르짖음을 반영하고 있다고 주장한다: "여호와여…내 영혼을 건지소서!" 그는 마가복음 14장의 맥락이 시편 116편의 "기도자"의 체험을 반영하고 있는 것으로 초대 교회가 인식했을 것이라고 믿는다. 킬리는 세 가지 중요한 접촉점을 열거한다. (a) 시편 116:11: "모든 사람은 거짓되다/거짓말쟁이다"(참조. 막 14:10-11, 17-21, 43-52; 이 구절들은 유다의 배신, 베드로의 부인, 거짓 증인의 말을 다룬다). (b) 시편 116:13: "내가 구원의 잔을 들리라"(참조. 막 14:24; 이 절은 "많은 사람을 위하여 흘리는" 예수의 피로 말미암아 언약이 갱신될 것을 얘기한다). (c) 시편 116:15: "그의 신실한 자들의 죽는 것이 여호와의 눈에 귀하다"(참조. 막 14:3-9; 이 절들에서는 베다니에서 여인에 의한 기름부음 사건을 통해 예수의 죽음의 더할 나위 없는 가치를 강조한다). 킬리가 열거한 병행들은 흥미롭지만 모호하다. 그것들은 시편 116편이 마가복음 14장에 영향을 미쳤다고 생각하기에는 수적으로나 내용상으로 불충분하다.

자신의 뜻을 굽히고 하나님의 뜻에 순복하는 것은 헬라-로마 자료들에서도 발견된다. 스토아 학파의 에픽테투스(Epictetus)는 "제우스와 하늘이시여, 나를 이끄소서…신들이 원하시는 것이 이루어지게 하소서"(Arrian, *Epict. diss.* 3.22.95)라고 기도했다고 한다.

37 "돌아오사 제자들의 자는 것을 보셨다"(*καὶ ἔρχεται καὶ εὑρίσκει αὐτοὺς καθεύδοντας*–카이 에르케타이 카이 휴리스케이 아우투스 카듀돈타스). 분명히 예

수는 제자들과 떨어져서 한 시간 정도 기도를 하셨다. 돌아와서 예수는 제자들이 34절에서 당부한 대로 깨어 있지 못하고 잠들어 있는 것을 발견하신다. 그래서 예수는 베드로를 깨워서 그에게 "시몬아, 자느냐? 네가 한 시간 동안도 깨어 있을 수 없더냐?"(*Σίμων, καθεύδεις; οὐκ ἴσχυσας μίαν ὥραν γρηγορῆσαι* – 시몬 카듀데이스 우크 이스퀴사스 미안 호란 그레고레사이)고 말씀하신다. 누가복음 22:45은 제자들이 잠든 것을 세 번이 아니라 한 번으로 줄이고, 또한 제자들이 "슬픔으로 인하여"(*ἀπὸ τῆς λύπης* – 아포 테스 뤼페스) 잠든 것이라고 해명한다. 하지만 사람이 슬픔에 잠기면 잠들기가 어려운 것이 보통이다(참조. A. Plummer, *A Critical and Exegetical Commentary on the Gospel according to S. Luke*, ICC[Edinburgh: T. & T. Clark, 1896] 511; "슬픔이 지속되면 깨어 있는 상태가 된다"; 이와 비슷한 내용들이 성경에도 나온다: 이사야 38:15: "내 영혼의 고통을 인하여 내 모든 잠이 달아나 버렸나이다"; 다니엘 2:1: "느부갓네살이…꿈을 꾸고 그로 인하여 마음이 번민하여 잠을 이루지 못한지라"; 6:18; 잠 3:24). 예수께서 겟세마네에서 기도하실 때 제자들이 예수를 감정적으로 버린 것은 이제 곧 제자들이 예수를 실제적으로 버릴 것에 대한 전조(前兆)다. 예수께서 시몬 베드로에게 직접적으로 던지시는 질문은 예수의 이 수제자가 그를 세 번 부인할 것이라는 예수의 예고의 성취에 대한 복선(伏線)이다. 동산에서의 고독한 장면은 점점 더 고립되어 가는 예수의 모습을 묘사해 준다 – 그의 백성으로부터, 그를 따르는 자들로부터, 그의 가장 가까운 제자들로부터.

38 "시험에 들지 않게 깨어 있어 기도하라"(*γρηγορεῖτε καὶ προσεύχεσθε, ἵνα μὴ ἔλθητε εἰς πειρασμόν* – 그레고레이테 카이 프로슈케스데 히나 메 엘데테 에이스 페이라스몬). 예수는 제자들에게(동사가 복수형인 것으로 보아, 예수는 분명히 야고보, 요한에게도 말하고 있는 것이다) 권면을 하신다. 앞서 예수는 제자들에게 깨어 있을 것을 당부하셨다(34절). 이제 예수는 제자들에게 자기처럼 깨어서 "기도하라"고 권면하신다. 물론 제자들의 기도 내용은 동일하지 않을 것이다. 접속사 히나(*ἵνα*, 영어로 that)는 결과절(즉, "그러면")을 이끄는 것이 아니라 제자들이 기도해야 할 내용을 도입하는 절이다(Cranfield, 434). 시험에 들지 않기 위해서는 기도해야 한다. 그것은 어떤 시험인가? 신약에서 시험은 명사 페이라스모스(*πειρασμός*, "시험")이든 동사 페이라제인(*πειράζειν*, "시험하다")이든, 흔히 범죄에 대한 유혹, 육체적 충동에 굴복시키고자 하는 유혹을 가리킨다(행 20:19; 갈 4:14; 약 1:2; 벧전 1:6). 하지만 여기서는 그런 의미가 아니다. 예수의 경고는 예수께서 제자들에게 부탁하신 일을 버리게 만드는 유혹, 곧 믿음을 저버리고(Keener, *Matthew*, 634) 가

롯 유다의 길을 가서 예수 및 하나님 나라를 배신하게 하는 유혹과 관련이 있다. 사탄의 나라와 성공적인 전쟁을 수행해 온(참조. 막 1:7-8; 3:27, 여기서 예수는 강한 자 사탄보다 더 강한 분으로 이해된다) 예수는 이제 사탄으로부터의 두려운 반격을 기다리시고 있다. 예수는 잔뜩 긴장하여 혹시나 그의 가장 가까운 제자들이 자신들이 맞을 위험들을 충분히 인식하지 못하고 있는 것은 아닌지 염려하신다. 상황을 충분히 인식하고 깨어서 기도하지 않는다면, 그들은 다치게 될 것이다.

토레이(Torrey, *Our Translated Gospels*, 12, 14-16; 참조. id., *Four Gospels*, 103)는 마가복음 14:38의 "시험에 들지 않게(תֵּעֲלוּן בְּנִסְיוֹנָא - 타알룬 베니스요나) 깨어 있어(עוּרוּ - 우루) 기도하라"는 그 근저에 있는 아람어를 오해한 것으로서 "깨어 있으라, 시험에 들지 않도록 기도하라"로 읽어야 한다고 주장한다. 그럴 수도 있으나, 마가의 헬라어 본문은 현재 그대로 뜻이 잘 통한다.

"마음에는 원이로되 육신이 약하도다"(*τὸ μὲν πνεῦμα πρόθυμον ἡ δὲ σὰρξ ἀσθενής* - 토 멘 프뉴마 프로뒤몬 헤 데 사륵스 아스데네스). 약한 육신을 떠받치기 위해서는 깨어 있음과 기도가 꼭 필요하다(롬 7-8장에 나오는 육과 영의 대조에 관한 자세한 논의를 참조하라. 그렇다고 해서 38b절이 "바울적"이라고 해서는 안 된다; Wellhausen, 120; Lohmeyer, 317). 예수께서 여기에서 말씀하신 토 프뉴마(*τὸ πνεῦμα*, "심령")는 권능이 있는(참조. 막 1:7-8) 성령이 아니라(Schweizer, 313-14는 시 51:12의 "자원하는 심령"과의 병행 가능성에도 불구하고 여기서는 성령을 의미한다고 주장한다) 변덕이 심하고 심히 믿을 수 없는 인간의 마음을 가리킨다(참조. 4:40). 사람들은 열심히 예수를 좇고 하나님 나라의 진보에 참여하고자 하지만, 돌밭에 뿌려진 씨가 속히 싹이 나지만 뜨거운 햇빛 아래에서 시들어 버리듯이(4: 16-17), 사람들도 핍박을 만나자마자 무너져 버리고 만다. 복음서들에서 프로뒤모스(*πρόθυμος*, "원하는"; 또한 "열심인" 또는 "각오가 된"을 의미할 수도 있다)는 오직 여기에서와 마태복음의 병행문(마 26:41)에만 나온다. 복음서 이외에서는 오직 로마서 1:15에만 나오는데, 거기서 바울은 로마의 그리스도인들에게 "나는…로마에 있는 너희에게도 복음 전하기를 원하노라(*πρόθυμον* - 프로뒤몬)"고 말한다. 칠십인역에 나오는 예들로는 하박국 1:8; 역대상 28:21; 역대하 29:31; 2 Macc 4:14; 15: 9("율법서와 예언서들로 그들을 격려하고 또한 그들이 이제까지 이긴 싸움들을 상기시킴으로써 그는 그들을 한층 더 열심 있게[*προθυμοτέρους* - 프로뒤모테루스] 만들었다"); 3 Macc 5:26을 보라. 명사 프로뒤미아(*προθυμία*, "원함")의 예들로는 Sir 45:23; 사도행전 17:11; 고린도후서 8:11-12, 19; 9:2을 보라. 성경에서 "육신"(בָּשָׂר

–바사르/*σάρξ*–사륵스)은 흔히 전능자와 대비되는 죽을 연약한 인간을 나타낸다(예를 들어, 사 31:3: "애굽은 사람이요 신이 아니며 그 말들은 육체요 영이 아니라"; 40:5-6; 렘 17:5: "무릇 사람을 믿으며 혈육으로 그 권력을 삼고 마음이 여호와에게서 떠난 그 사람은 저주를 받을 것이라"; 25:31; 슥 2:13[17]).

39 "다시 나아가 동일한 말씀으로 기도하셨다"(*καὶ πάλιν ἀπελθὼν προσηύξατο τὸν αὐτὸν λόγον εἰπών*–카이 팔린 아펠돈 프로세윅사토 톤 아우톤 로곤 에이폰). 제자들, 특히 베드로에게 권면하신 후에, 예수는 다시 기도 처소(제자들로부터 얼마 떨어지지 않은 이전과 동일한 장소)로 가신다. 예수는 제자들에게 기도하라고 명령하신 것을 "모범을 통해 확증하신다"(Swete, 347). 예수는 "동일한 말씀"(*τὸν αὐτὸν λόγον*–톤 아우톤 로곤)으로 기도하셨다고 한다. 그러나 D사본 및 여러 권위 있는 사본들(특히 라틴어 사본들)이 생략하고 있는 이 어구는 아마도 후대의 난외주(gloss)일 것이다(Taylor, 535: "모든 면으로 보아 난외주이다"; Anderson, 320). 마태복음 기자는 이 대목에서 예수께서 아버지의 뜻을 행하기로 결단하시는 모습을 독자들에게 보여 준다(마 26:42: "내 아버지여 만일 내가 마시지 않고는 이 잔이 내게서 지나갈 수 없거든 아버지의 원대로 되기를 원하나이다"). 요한복음에서는 이 대목에서 예수께서 잔을 마시기로 결단하는 모습이 나온다: "아버지께서 주신 잔을 내가 마시지 아니하겠느냐?"(요 18:11).

40 "다시 오사 보신즉 저희가 자니 이는 저희 눈이 무거움이라 저희가 예수께 무엇으로 대답할 줄을 알지 못하더라"(*καὶ πάλιν ἐλθὼν εὗρεν αὐτοὺς καθεύδοντας, ἦσαν γὰρ αὐτῶν οἱ ὀφθαλμοὶ καταβαρυνόμενοι, καὶ οὐκ ᾔδεισαν τί ἀποκριθῶσιν αὐτῷ*–카이 팔린 엘돈 휴렌 아우투스 카듀돈타스 에산 가르 아우톤 호이 옵달모이 카나바뤼노메노이 카이 우크 에데이산 티 아포크리도신 아우토). 37-38절에서 예수께서 하신 권면은 거의 효과가 없었다. 제자들은 다시 꾸벅꾸벅 졸았다. 제자들의 눈이 무거웠다는(개역에서는 "심히 피곤함이라"로 번역됨) 것은 실망한 예수 앞에서 어쩔 줄 몰라하는 모습이 아니라 눈에 졸음이 가득한 모습을 가리킨다(Gundry, 856는 이에 반대). 누가는 마가 본문의 "저희 눈이 무거움이라"를 좀더 그럴듯한 변명이 될 "슬픔으로 인하여"로 바꾼다(참조. 37절에 대한 "주석"). 그러나 본문의 "저희가 예수께 무엇으로 대답할 줄을 알지 못하더라"(*οὐκ ᾔδεισαν τί ἀποκριθῶσιν αὐτῷ*–우크 에데이산 티 아포크리도신 아우토)는 제자들의 어쩔 줄 몰라하는 모습을 가리킨다. 제자들은 변명할 말이 없었다. 두 번씩이나 그들은 잠을 자서, 그들의 스승을 실망시켰기 때문이다.

41 "세 번째 오사 저희에게 이르시되 아직도 자고 쉬느냐"(*καὶ ἔρχεται τὸ τρίτον καὶ λέγει αὐτοῖς, καθεύδετε τὸ λοιπὸν καὶ ἀναπαύεσθε* – 카이 에르케타이 토 트리톤 카이 레게이 아우토이스 카듀데테 토 로이폰 카이 아나파우에스데). 제자들이 세 번 실패한 모습은 베드로가 장차 예수를 세 번 부인할 사건을 어렴풋이 예시해 준다. 제자들의 실패는 몹시 긴장하고 단단히 대비를 하는 가운데 기도하는 예수와는 정반대로 그들이 곧 맞을 도전에 대하여 준비되지 않았음을 보여 준다. 건드리(Gundry, 857)는 헬라어 본문의 두 동사인 카듀데테(*καθεύδετε*)와 아나파우에스데(*ἀναπαύεσθε*)를 의문(疑問)이나 힐문(詰問)이 아니라 명령(命令)으로 본다. 그는 예수께서 화가 나서 "남아 있는 시간 동안(즉, 배신자가 가까이 올 때까지) 자고 쉬어라"고 말씀하신 것으로 생각한다. 그러나 그럴 것 같지는 않다. 왜냐하면 바로 다음 문장에서 예수는 "때가 왔도다!"라고 말씀하시고 있기 때문이다. 비록 화가 나셨다고 하더라도 적이 가까이 오는 것을 알고 있던 예수께서 제자들에게 계속해서 더 자라고 하셨겠는가? 그랬을 가능성은 희박하다. 게다가 이 문장을 의문문으로 보면 37절의 "시몬아 자느냐?"와 병행을 이루게 된다. 그러므로 의문문으로 보는 것이 좋을 것이다.

"때가 멀어 보이느냐? 때가 왔도다!"(*ἀπέχει ἦλθεν ἡ ὥρα* – 아페케이 엘덴 헤 호라). 아페케이(*ἀπέχει*)의 의미를 알기는 어렵다(위의 "원문주해" k를 보라). 이 단어는 흔히 제자들이 충분히 잤다거나 예수께서 그들을 충분히 나무라셨다는 의미에서 "이제 됐다"(예를 들어, KJV, ASV, RSV, NASV, NRSV)로 번역된다. 잘 알다시피 아페케인(*ἀπέχειν*)의 의미 범주는 넓지만, "멀다, 멀리 있다"가 가장 통상적인 의미다(참조. LXX Isa 29:13[마가복음에서 이 곳 외에 아페케인(*ἀπέχειν*)이 나오는 유일한 대목인 막 7:6에서 인용됨]; 54:14; 55:9; 겔 8:6; 11:15; 22:5; 욜 4:8 [3:8]; LSJ에 인용된 자동사적 용법: "멀리 있다, 멀다"). 일부 파피루스들에서 발견되는 덜 적절한 증거들(참조. Field, *Notes*, 39; 파피루스들[MM, 57-48]에서조차도 자동자로 쓰일 때 "멀리 있다"라는 의미로 사용된다)보다는 칠십인역의 용례들을 먼저 고려해야 한다.

아람어 전문가들은 아페케이(*ἀπέχει*)가 그 근저에 있는 아람어를 오해(誤解)하거나 오독(誤讀)한 것이라고 주장한다. 토레이(Torrey, *Our Translated Gospels*, 56, 58-59; 참조. id., *Four Gospels*, 103)에 의하면, 아람어를 헬라어로 번역한 사람이 그 원래 의미가 "이미"인 아람어 캇두(כְּדוּ)가 수리아어에서는 "충분한"을 의미하기 때문에(라틴어 사티스[satis, "충분한"]에 해당하는 말) 그 뜻을 잘못 오해한 것이라고 한다. 따라서 마가의 원문은 "너희가 지금도 자고 휴식을 취하려느냐? 이미 때가 왔도다"로 되어 있었을 것이다(*Our Translated Gospels*, 56). 블랙(Black, *Aramaic Approach*, 225-26)은 아람어와 수리아어에서 캇두(כְּדוּ)는 둘 다 "이제"(라틴어 이암[iam, "이제" 또는 "이미"에 해당하는 말])를 의미하는데, 이것을 번역자가 분명히 알고 있었을 것이라고 주장하면서 토레이의 견해를 반박한다. 게다가 칠십인역과 신약(참조. 15:15)에서 많이 나오는 형용사 히카노스(ἱκανός, "충분한") 또는 칠십인역과 신약에서 여러 번 나오는 동사 아르케인(ἀρκεῖν, "충분하다")이 있는데, 번역자가 "충분하다, 이제 됐다"(satis est)를 표현하기 위하여 구태여 아페케이(ἀπέχει)를 썼을 이유가 있겠는가? 블랙은 D사본(참조. W, Θ및 여러 권위 있는 사본들)의 독법을 받아들인다: 아페케이 토 텔로스 카이 헤 호라(ἀπέχει τὸ τέλος ἡ ὥρα, "끝과 그 때가 멀다"). 이러한 의미는 문맥과 정면으로 충돌하기 때문에, 블랙은 원래 아람어는 바벨론 탈무드의 베라코트 편(*b. Ber.*) 64a에 나오는 것과 같은 데헤크(דחיק, "압박하다, 재촉하다")였는데, 이것을 레히크(רחיק, "멀다, 멀리 있다")로 잘못 읽은 것이라고 생각한다: "시간을 압박하는 자, 그를 시간은 압박한다." 따라서 그는 예수의 말씀은 원래 "끝과 때가 압박해 오고 있다"였다고 생각한다. 테일러(Taylor, 556-57)도 D사본의 독법인 토 텔로스(τὸ τέλος, "끝")를 받아들이고 블랙의 주장에 동조한다. 그러나 결국에 테일러는 D사본의 독법을 받아들이면서도 아페케이(ἀπέχει)를 "멀리 있는"으로 이해한, 허드슨(Hudson, *ExpTim* 46[1934-35] 382)이 제시한 옛 견해를 취한다. 이에 따라 테일러(Taylor, 557)는 예수의 말씀이 원래 "아직도 자느냐? 아직도 쉬느냐? 끝이 멀리 있느냐? 때가 왔도다. 보라, 인자가 죄인들의 손에 넘겨지려는 순간이다"였다고 본다. 허드슨과 테일러의 견해를 취하는 것이 좋으나, 아페케이(ἀπέχει, "멀리 있다")의 의미를 정확하게 파악한 필사자의 난외주일 가능성이 큰 토 텔로스(τὸ τέλος)라는 독법을 구태여 받아들일 필요는 없는 것 같다. 토 텔로스(τὸ τέλος)가 없더라도 의미는 충분히 분명해 보인다: "(끝이) 멀리 있느냐? (정반대로) 때가 왔도다!" 아페케이(ἀπέχει)를 이런 식으로 해석하는 이유는 (1) "멀리 있다"가 이 단어의 가장 통상적인 의미이고, (2) 그렇게 해석하면 문맥이 더 잘 통하기 때문이다. 즉, 두 번째 질문은 첫 번째 질문과 자연스럽게 이어진다: 너희는 여전히 자고 있느냐? 너희는 내가 말한 위험과 시험이 멀리 있기 때문에 아직 시간이 많이 남아 있다고 생각하느냐?

좀더 최근에 뮐러(Müller, *ZNW* 77[1986] 83-100)는 아페케이(ἀπέχει)를 아포케인(ἀποχεῖν, "붓다, 쏟다")의 3인칭 단수 미완료과거형(ἀπεχει – 아페케이)으로 보아야 한다고 주장했다. 그렇게 되면 본문의 의미는 하나님께서 예수의 눈앞에 있는 잔에 그의 심판을 부으셨다는 뜻이 된다: "그것이 부어졌다." 그러나 이러한 의미는 억지라는 느낌이 든다. 예수께서 하나님의 분노의 잔(이것을 통해서 하나님은 목자를 치실 것이다)을 마시기를 두려워하시는 것이라면, 왜 예수께서 "그것이 부어졌다"고 말씀하시겠는가? 오히려 예수께서는 "내가 그것을 마시게 되리라" 또는 "내가 그것을 마셨노라"고 말씀하시지 않았을까? 그 밖의 다른 견해들은 Cranfield, 435-36에 열거되어 있다.

"보라 인자가 죄인들의 손에 넘기우느니라"(*ἰδοὺ παραδίδοται ὁ υἱὸς τοῦ ἀνθρώπου εἰς τὰς χεῖρας τῶν ἁμαρτωλῶν* – 이두 파라디도타이 호 휘오스 투 안드로푸 에이스 타스 케이라스 톤 하마르톨론). 예수의 이 말씀은 그의 수난 예고들에 근거를 둔 것이다(8:31; 9:31; 10:33-34). 예를 들어, "인자가 사람들의 손에 넘기워"(9:31). 예수께서 여러 차례 예고하신 일이 이제 이루어지기 시작하고 있다. 예수와 함께한 세 제자들도 불과 몇 시간 전에 끝난 최후의 만찬을 떠올렸을 것이다(14:18-21). 공생애 초기에 예수의 대적들이 "어찌하여 세리와 죄인들(*ἁμαρτωλῶν* – 하마르톨론)과 함께 먹는가?"(2:16)라고 예수를 겨냥하여 비판했던 것을 생각하면, 여기에 "죄인들"(*ἁμαρτωλῶν* – 하마르톨론)이라는 말이 나오는 것은 아이러니컬하다. 죄인들과 함께 어울린다고 예수를 비판했던 그 자들이 지금은 가장 악질적인 죄인 역할을 하고 있다. "인자"의 인격 및 사역에 대한 죄악된 반대는 마가복음에서 하나의 주제를 이룬다: "누구든지 이 음란하고 죄 많은 세대에서 나와 내 말을 부끄러워하면 인자도 아버지의 영광으로 거룩한 천사들과 함께 올 때에 그 사람을 부끄러워하리라"(8:38). "죄인들의 손에 넘기울" 것이라는 예수의 말씀은 시편 140:8(LXX 139:9)을 반영한 것인 듯하다: "여호와여, 내 정욕으로 인하여 나를 죄인에게 넘기지 마옵소서"(*μὴ παραδῷς με κύριε ἀπὸ τῆς ἐπιθυμίας μου ἁμαρτωλῷ* – 메 파라도스 메 퀴리에 아포 테스 에피뒤미아스 무 하마르톨로).

42 "일어나라 가자"(*ἐγείρεσθε ἄγωμεν* – 에게이레스데 아고멘). 제자들은 파수꾼 내지는 기도 동역자로서의 소임에 실패했지만, 예수는 제자들에게 접근해 오는 대적을 맞기 위한 준비를 하라고 재촉하신다. 군사적 댁락 속에서 아고멘(*ἄγωμεν*)은 "앞으로", "행진", "전진!" 명령으로 사용된다. 이와 비슷하게 예수는 제자들에게 준비를 갖추라고 명하신 것이다.

"보라 나를 파는 자가 가까이 왔느니라"(*ἰδοὺ ὁ παραδιδούς με ἤγγικεν* – 이두 호 파라디두스 메 앙기켄). 예수의 선견지명은 여기서도 발휘된다. 고위 제사장들,

서기관들, 장로들이 보낸 하속들이 실제로 도착하기 전에(14:43), 예수는 그들이 누구인지를 이미 알고 계신다. 한층 더 인상적인 것은 예수께서 그를 "팔 자"인 가룟 유다가 그들과 함께 올 것을 알고 계신다는 것이다. 그 밖의 다른 사람들은 그들의 주인들의 하수인들에 불과하다.

해설

최후의 만찬에 이어서 예수는 베드로, 야고보, 요한과 함께 감람산의 겟세마네라 불리는 곳으로 물러가신다. 그분은 제자들에게 가까이서 깨어 있으라고 당부하신 후에 조금 나아가 땅에 엎드리어 가능하다면 이 시련의 시간이 지나갈 수 있게 해달라고 기도하신다(34b-35절). "아바 아버지여…이 잔을 내게서 옮기시옵소서"(35절)라는 기도는 임박한 고난을 피하려 하는 인간 예수를 보여 준다. 그러나 이것도 인상적인 모습이다. 예수는 자기 앞에 있는 시련의 혹독함을 잘 알고 계신다. 그 시련의 어느 것-체포, 모욕, 심문, 매맞음, 십자가 처형 - 도 예기치 않게 그에게 임하는 것이 아니다. 마가는 예수를 자기 계획이 실패한 것을 보고 당황해하는 광신자가 아니라 상황의 주관자로 묘사한다.

잔 은유는 예수께서 앞서 야고보와 요한에게 던졌던 질문을 상기시킨다: "너희가 나의 마시는 잔을 마실 수 있느냐?…너희가 나의 마시는 잔을 마시며"(10:38-39). 예루살렘에 입성하기 전에 예수는 자기가 고난과 죽음의 잔을 마셔야 한다는 것을 잘 알고 계셨다. 이것에 함축된 의미는 제자들(실제로는 모든 그리스도인들)도 동일한 시련을 겪게 되리라는 것이다. 깨어 있지 못하는 제자들의 거듭된 실패와 대비되는 예수의 반복된 기도는 예수를 긍정적인 시각으로 바라보게 만든다. 사실 베드로가 세 번 잠들어 버린 것(37, 40, 41절)을 나중에 그가 세 번 예수를 부인한 것과 병행시키려는 것이 복음서 기자의 의도였을 것이다. 예수는 기도를 통해서 힘을 얻지만, 제자들은 영적인 강건함을 잃어버리고 두려움과 불신앙에 떨어지게 된다. 이 극적인 장면 속에는 모든 그리스도인을 위한 교훈이 있다.

하나님께서는 모든 것을 하실 수 있고, 심지어 이 고난의 잔을 치워 버리실 수도 있다는 예수의 기도는 예수의 고난이 하나님의 뜻임을 강조한다. 그것은 예수의 뜻이 아니라 하나님의 뜻이다. 그리고 예수는 그것을 받아들이신다(36절). "때가 왔도다! 보라, 인자가 죄인들의 손에 팔리우느니라"(41절)는 예수의 느닷없는 선언은 예수께서 상황을 주관하고 계심을 다시 한 번 보여 준다. 그 어떤 것도 예기치 않게 예수를 덮칠 수는 없다. 아이러니컬하게도 배신자의 도착을 알리는 자는 깨어 있어야 할 무기력한 제자들이 아니라 예수다(42절).

8. **예수의 배신과 체포**(14:43-52)

참고문헌

Bruce, F. F. *The 'Secret' Gospel of Mark.* Ethel M. Wood Lecture. London: Athlone, 1974(repr. in F. F. Bruce. *The Canon of Scripture.* Downers Grove, IL: InterVarsity Press, 1988. 298-315). **Cosby, M. R.** "Mark 14:51-52 and the Problem of the Gospel Narrative." *PRSt* 11(1984) 219-31. **Crossan, J. D.** *Four Other Gospels: Shadows on the Contours of Canon. Sonoma: Polebridge, 1992. 59-83.* ______. "Thoughts on Two Extracanonical Gospels." *Semeia* 49(1990) 155-68. **Fleddermann, H.** "The Flight of a Naked Young Man (Mark 14:51-52)." *CBQ* 41(1979) 412-18. **Gourgues, M.** "À propos du symbolisme christologique et baptismal de Marc 16.5." *NTS* 27(1981) 672-78. **Grappe, C.** "Jésus: Messie prétendu ou Messie prétendant? Entre les catégories de messianité revendiquée et de messianité prétendue." In *Jésus de Nazareth: Nouvelles approches d'une énigme.* Ed. D. Marguerat et al. Le monde de la Bible 38. Paris: Labor et Fides, 1998. 269-91. **Horsley, R. A.** "Popular Messianic Movements around the Time of Jesus." *CBQ* 46(1981) 409-32. **Jackson, H. M.** "Why the Youth Shed His Cloak and Fled Naked: The Meaning and Purpose of Mark 14:51-52." *JBL* 116(1997) 273-89. **Kermode, F.** *The Genesis of Secrecy: On the Interpretation of Narrative.* Cambridge, MA; London: Harvard UP, 1979. 55-64. **Koester, H.** *Ancient Christian Gospels: Their History and Development.* London: SCM Press; Philadelphia: Trinity Press International, 1990. 293-303. ______. "History and Development of Mark's Gospel(From Mark to Secret Mark and 'Canonical Mark')." In *Colloquy on New Testament Studies.* Ed. B. Corley. Macon, GA: Mercer UP, 1983. 35-57. **McIndoe, J. H.** "The Young Man at the Tomb." *ExpTim* 80(1968-69) 125. **Merkel, H.** "Auf den Spuren des Urmarkus? Ein neuer Fund und seine Beurteilung." *ZTK* 71(1974)

123-44. ______. "'Secret Gospel' of Mark." In *Gospels and Related Writings.* Vol. 1 of *New Testament Apocrypha.* Ed. W. Schneemelcher. Rev. ed. Cambridge: James Clarke; Louisville: Westminster John Knox Press, 1991. 106-9. **Meyer, M. W.** "The Youth in the *Secret Gospel of Mark.*" *Semeia* 49(1990) 129-53. **Neirynck, F.** "La fuite du jeune homme en Mc 14,51-52." *ETL* 55(1979) 43-66(repr. in F. Neirynck. *Evangelica: Gospel Studies – Études d'Évangile.* Ed. F. Van Segbroeck. BETL 60. Leuven: Peeters and Leuven UP, 1982. 215-38). **Ross, J. M.** "The Young Man Who Fled Naked." *IBS* 13(1991) 170-74. **Schnellbächer, E. L.** "Das Rätsel des *νεανίσκος* bei Markus." *ZNW* 73(1982) 127-35. **Scroggs, R.,** and **Groff, K. I.** "Baptism in Mark: Dying and Rising with Christ." *JBL* 92 (1973) 531-48, esp. 536-40. **Sellew, P.** "*Secret Mark* and the History of Canonical Mark." In *The Future of Early Christianity.* FS H. Koester, ed. B. A. Pearson. Minneapolis: Fortress, 1991. 242-57. **Vanhoye, A.** "La fuite du jeune homme nu(Mc 14,51-52)." *Bib* 52(1971) 401-6. **Viviano, B. T.** "The High Priest's Servant's Ear: Mark 14:47." *RB* 96(1989) 71-80. **Waetjen, H.** "The Ending of Mark and the Gospel's Shift in Eschatology." *ASTI* 4(1965) 114-31, esp. 114-21.

본 문

43 말씀하실 때에 곧 열둘 중의 하나인 유다가 왔는데 대제사장들과 서기관들과 장로들에게서 파송된 무리가 검과 몽치를 가지고 그와 함께 하였더라

44 예수를 파는 자가 이미 그들과 군호를 짜 가로되 내가 입맞추는 자가 그이니 그를 잡아 단단히 끌어가라 하였는지라

45 이에 와서 곧 예수께 나아와 랍비여 하고 입을 맞추니

46 저희가 예수께 손을 대어 잡거늘

47 곁에 섰는 자 중에 한 사람이 검을 빼어 대제사장의 종을 쳐 그 귀를 떨어뜨리니라

48 예수께서 무리에게 말씀하여 가라사대 너희가 강도를 잡는 것같이 검과 몽치를 가지고 나를 잡으러 나왔느냐

49 내가 날마다 너희와 함께 성전에 있어서 가르쳤으되 너희가 나를 잡지 아니하였도다 그러나

43 And immediately, while he was still speaking, Judas,[a] one of the Twelve, appears, and with him a [b]crowd with swords and clubs, [sent] from the ruling priests and the scribes and the elders.

44 But the one betraying him had given them a sign, saying, "Whomever I should kiss is he. Seize him, and lead him away under guard."

45 And when he had come, immediately approaching him,[c] he says,[d] "Rabbi!"[e] And he kissed him.

46 But they laid hands on him and seized him.

47 But [a certain] one of those standing by, having drawn a sword, struck[f] the servant of the high priest and cut off his ear.[g]

48 And responding, Jesus said to them, "As against an insurrectionist have you come out with swords and clubs to take me?

49 Daily I was with you in the temple teaching,

이는 성경을 이루려 함이니라 하시더라

50 제자들이 다 예수를 버리고 도망하니라

51 한 청년이 벗은 몸에 베 홑이불을 두르고 예수를 따라오다가 무리에게 잡히매

52 베 홑이불을 버리고 벗은 몸으로 도망하니라

and you did not seize me. But in order that the Scriptures[h] should be fulfilled!"

50 And abandoning him, they[i] all fled.

51 And a certain young man was following him, with a linen sheet wrapped around his naked [body].[j] And they[k] seize him.

52 but leaving his linen sheet, the naked man fled.[l]

원문주해

a. A, Φ사본과 몇몇 후대의 사본들은 호 이스카리오테스(ὁ Ἰσκαριώτης, "가룟")로 읽는다. D사본은 스카리오테스(Σκαριώτης)로 읽는다. 이 이름의 다양한 표기 형태에 대해서는 막 14:10에 대한 "원문주해"를 보라.

b. A, C, D, N, W, Σ, Φ사본과 몇몇 후대의 사본들 및 역본들은 오클로스 폴뤼스(ὄχλος πολύς, "큰 무리")로 읽는다(참조. 마 26:47).

c. 몇몇 후대의 사본들은 프로셀돈 프로세퀴네이 아우토(προσελθὼν προσεκύνει αὐτῷ, "나아와서 예수께 절하였다")로 읽는다. 이것은 마태의 영향인 것으로 보인다(참조. 마 8:2; 9:18; 15:25; 20:20; 28:9).

d. N, Σ사본과 몇몇 후대의 사본들은 토 이에수(τῷ Ἰησοῦ, "예수에게")로 읽는다.

e. C^2, W, Φ사본과 몇몇 후대의 사본들은 카이레 랍비(χαῖρε, ῥαββί, "랍비여 안녕하시옵니까?")로 읽는다(참조. 마 26:49).

f. 헬라어로는 에파이센(ἔπαισεν). ℵ, C, D, L, W사본과 몇몇 후대의 사본들은 에페센(ἔπεσεν, "공격하였다")으로 읽는다.

g. 몇몇 후대의 권위 있는 사본들은 토 오타리온 토 덱시온(τὸ ὠτάριον τὸ δεξιόν, "오른쪽 귀")으로 읽는다. 이 형용사의 첨가는 눅 22:50; 요 18:10을 반영한 것이다.

h. N, W, Φ사본과 몇몇 후대의 사본 및 역본들은 톤 프로페톤(τῶν προφητῶν, "예언자들의")을 첨가하는데, 이는 마 26:56의 영향을 받은 첨가이다.

i. N, Σ사본과 몇몇 후대의 사본들은 호이 마데타이(οἱ μαθηταί, "제자들")를 첨가한다. W사본은 호이 마데타이 아우투(οἱ μαθηταὶ αὐτοῦ, "그의 제자들")를 첨가한다(참조. 마 26:56).

j. 헬라어로는 에피 귐누(ἐπὶ γυμνοῦ, 문자적으로 "벌거벗고"). "몸"은 문맥상 보충해 넣은 것이다. 몇몇 고대 라틴어 사본들은 수프라 누둠 코르푸스(*supra nudum corpus*, "[그의] 벗은 몸 위에")로 읽는다.

k. W사본과 몇몇 후대의 사본들은 호이 데 네아니스코이(οἱ δὲ νεανίσκοι, "청년들")로 읽는데, 이것은 동사에 주어를 보충하기 위해서 첨가된 것이다. 참조. Westcott and

Hort, *Introduction* 2:27. 이 명사 자체는 이 절의 처음에 나온 것에서 영향을 받았다.

l. A, D, N, W, *Σ*, *Φ*사본과 몇몇 후대의 사본들 및 권위 있는 사본들은 아프 아우톤(*ἀπ' αὐτῶν*, "그들로부터")을 첨가한다. 메츠거(Metzger, *TCGNT*[1], 115)는 이 첨가가 "본문에 나오지 않는 크라투신(*κρατοῦσιν*, "그들이 붙잡다")의 주어를 표시하기 위한 자연스러운 확장"이라고 설명한다.

양식/구조/배경

예수의 수난 예고들(8:31; 9:31; 10:33-34)은 그의 체포를 계기로 이제 본격적으로 성취되기 시작한다. 복음서 기자는 그의 전형적인 생생하고 직접적인 문체로 예수의 체포, 이에 따른 잠깐 동안의 몸싸움, 제자들의 도망, 벌거벗고 도망친 청년에 관한 이상한 언급을 해 나간다. 이 단락은 네 부분으로 이루어지는데, 물론 더 세분하는 것도 가능하다. (1) 예수의 신분 확인과 체포(43-46절), (2) 대제사장의 종의 부상(47절), (3) 자기를 체포하는 자들에 대한 예수의 책망(48-49절), (4) 제자들의 도망과 한 청년에 대한 흥미로운 언급(50-52절).

불트만(Bultmann, *History*, 268-69)은 예수의 체포에 관한 이야기는 원래 14:27-31 다음에 있었고 "입맞춤에 의한 배신이라는 모티프, 초대 교회의 변증(辨證) 및 교의(敎義)와 흡사하게 들리는 48절 이하의 예수의 말씀을 통해 전설로 채색되어" 있다고 믿는다. 첫 번째 점에 있어서는 불트만의 견해가 옳을 수 있다. 테일러(Taylor, 558)는 14:1-2, 10-11, 12-16, 17-21, 26-31, 43-52절이 원래 "수난 이야기의 토대가 되는 뼈대"를 이루고 있었다고 본다. 그러나 이 이야기는 초대 교회가 만들어 내고 싶어했을 만한 내용은 거의 담고 있지 않다. 입맞춤으로 모든 것이 끝나 버린 유다의 배신은 초대 교회의 변증이라는 말로는 잘 설명되지 않는다. 대제사장의 종의 부상, 제자들의 도망, 벌거벗은 채 도망친 청년에 관한 이상한 언급 등은 초대 교회의 주축을 이루는 사도들이 되었던 제자들의 적나라한 모습을 보여 주는 것이어서, 그런 내용들이 과연 경건한 상상력, 교의, 변증론의 산물일 수 있는지 의심스럽다. 48-49절에 나오는 예수의 항변은 그 상황에서 충분히 예상되는 것이다. 예수는 그 어떠한 폭력적인 성향을 보이신 적도 없었고, 군대를 이끌고 계시지도 않았으며, 그 누구를 위협하신 적도 없었지만 공격을 받고 있다. 예수의 분노는 충분히 이해할 수 있다. 교의 또는 변증이라 할 수 있는 유일한 요소는 "그러나 이는 성경을 이루려 함이니라"(49b절)는 예수의 말씀이다. 그러나 성경의 성취에 대한 복음서 기자의 매우 제한적인 관심을 감안하면(Suhl, *Zitate*), 이 예수의 말씀은 편집에 의한 것이라기보다는 진정한 예수 전승이라 해야 한다. 역사적 예수는 자신의 사역 속에서 성경이 성취되어 가고 있다고 믿었다. 예수께서 이 사건을 달리 어떤 식으로 해석하실 수 있었겠는가? 이 사건은 그의 사역의 실패의 징표였는가? 이 사건은 그의 부르심을 무효로 한 것이었는가? 분명히 그렇지 않았다. 이 사건도 다른 사건들과 마찬가지로 성경에 예언된 하나님의 계획의 일부였다.

물론 이 이야기 속에 전설적인 요소들이 가미되었다는 불트만의 지적은 옳다. 우리는 다른 곳에서 상처난 것은 오른쪽 귀였다는 것(눅 22:50; 요 18:10), 부상당한 종의 이름은 말고(Malchus)였다는 것(요 18:10), 예수께서 그 부상한 종을 치유하셨다는 것(눅 22:51), 종을 칼로 친 제자는 다름 아닌 시몬 베드로였다는 것(요 18:10)을 듣는다. 예수(마 26:50, 52-53; 눅 22:48, 51, 53; 요 18:4, 5, 7, 8, 11), 제자들(눅 22:49), 예수를 붙잡으러 온 자들(요 18:5, 7)이 한 말들도 덧붙여졌다(마태와 누가는 청년이 도망친 것에 대한 언급을 생략하고 있지만). 그러나 우리는 마가복음 이후에 쓰여져서 복음서들에 기록된 이 모든 내용들이 전혀 사실에 토대를 두고 있지 않다고 생각해서는 안 된다. 마가는 다른 대목에서도 그랬듯이(예를 들어, 14:22-25의 주의 만찬에 관한 묘사에서) 자기가 전해 받은 전승을 축약했을 것이기 때문이다.

주석

43 "말씀하실 때에 곧 열둘 중의 하나인 유다가 왔는데"(*καὶ εὐθὺς ἔτι αὐτοῦ λαλοῦντος παραγίνεται Ἰούδας εἷς τῶν δώδεκα* – 카이 유뒤스 에티 아우투 랄룬토스 파라기네타이 이우다스 헤이스 톤 도데카). 14:17-21에서의 예수의 예언대로 배신자는 "열둘 중의 하나"(14:20)임이 밝혀졌다. 예수의 활동이라는 측면에서 볼 때 이러한 배신이 끔찍한 것은 열두 제자가 새로운 시작의 토대인 회개하고 회복된 이스라엘을 상징했다는 사실에 있다. 예수는 직접 열두 제자를 임명하셨고, 하나님 나라의 메시지를 그들에게 위임했으며, 치유와 축귀의 일을 할 수 있는 권능을 그들에게 주셨고(3:13-19; 6:7-13), 장차 도래할 하나님 나라에서 다스릴 권세를 주겠다고 그들에게 약속하셨다(10:40-45에서는 함축적으로; 마 19:28=눅 22:28-30에서는 명시적으로). 유다의 배신은 충성과 헌신을 맹세했던 자가 변절한 것 훨씬 이상의 의미를 지닌다. 유다는 하나님의 권세와 하나님 나라를 위탁받은 자, 이스라엘의 운명 자체가 걸려 있던 자인 "인자"이신 예수를 배신했다. 유다는 자신의 스승이자 벗을 배신한 것인 동시에 이스라엘을 배신한 것이다.

예수께서 말씀하시기를 마쳤을 때 가룟 유다가 왔는데, "그와 함께 고위 제사장들과 서기관들과 장로들에게서 파송된 무리가 검과 몽치를 가지고 그와 함께"(*καὶ μετ' αὐτοῦ ὄχλος μετὰ μαχαιρῶν καὶ ξύλων παρὰ τῶν ἀρχιερέων καὶ τῶν γραμματέων καὶ τῶν πρεσβυτέρων* – 카이 메트 아우투 오클로스 메타 마카이론 카이 크쉴론 파라 톤 아르키에레온 카이 톤 그람마테온 카이 톤 프레스뷔테론) 왔다. 고위 제사장들을 위해 일하는 곤봉으로 무장한 건달들의 존재는 50년대 말과 60년대 초에 예루살렘에서 일어난 폭동에서 확인된다. 요세푸스에 의하면, "고위 제사장들은 후안무치한 철면피들이어서 실제로 종들을 타작마장으로 보내 제사장들에게 바칠 십입조를 받아오게 했는데, 이로 말미암아 가난한 제사장들은 굶어 죽는 일이 일어났다"(*Ant.* 20.8.8. §181). 나중에 요세푸스는 이렇게 말한다. "그러나 아나니아는 건달패들을 종으로 거느리고 있었는데, 이들은 앞뒤를 가리지 않는 자들과 함께 타작마장으로 가서 제사장들에게 바치기로 되어 있는 십일조를 강제로 빼앗아 오곤 했다. 또한 그들은 십입조를 내놓기를 거부하는 자들을 두들겨 패는 일을 서슴지 않았다. 고위 제사장들이 이 종들과 연계되어 있었기 때문에 아무도 그들을 말릴 수 없었다"(*Ant.* 20.9.2 §§206-7). 후대의 랍비 전승들은 분통을 터뜨리며 주후 1세기의 고위 제사장들의 폭력과 압제를 회상한다(예를 들어, *t. Menaḥ.* 13.19-21; *t. Zebaḥ.* 11.16-17; *b. Pesaḥ.* 57a; *b. Yebam.* 86a-b; *b. Ketub.* 26a). 1세기의 제사장들의 타락상은 모세의 유언(*Testament of Moses*)에서 확인되는데, 거기에서는 고위 제사장들을 탐욕스럽고 부패하고 도적질하며 교만한 것으로 묘사한다(5:3-6:1; 7:1-10, 후자의 구절이 특히 우리의 논의와 연관이 있다). 이와 비슷한 비판들이 사해 두루마리에도 나온다(예를 들어, 1QpHab 8:12; 9:5; 10:1; 12:10; 4QpNah 1:11). 예수 벤 아나니아(Jesus ben Ananias)의 체포 사건은 30여 년 전에 일어난 이와 비슷한 무력에 의한 강제연행을 확인해 준다. 60년대에 나사렛 예수와 마찬가지로 예레미야 7장을 근거로 성전의 멸망을 예언했던 이 인물에 대한 거친 대우(*J.W.* 6.5.3 §§300-309)는 이러한 폭력과 협박의 행태와 잘 맞아떨어진다.

44 "예수를 파는 자가 이미 그들과 군호를 짜 가로되 내가 입맞추는 자가 그이니 그를 잡아 단단히 끌어가라 하였는지라"(*δεδώκει δὲ ὁ παραδιδοὺς αὐτὸν σύσσημον αὐτοῖς λέγων, ὃν ἂν φιλήσω αὐτός ἐστιν, κρατήσατε αὐτὸν καὶ ἀπάγετε ἀσφαλῶς* – 데도케이 데 호 파라디두스 아우톤 쉬스세몬 아우토이스 레곤 혼 안 필레소 아우토스 에스틴 크라테사테 아우톤 카이 아파게테 아스팔로스). 어둠 속에서 예수가 포위망을 뚫고 재빠르게 빠져나가지 못하도록 하기 위해서는 아주 구체적으로 그를

지목할 필요가 있었다. 이것이 유다가 그의 "랍비"(스승 또는 선생)인 예수에게 다가가서 랍비의 하베르(*ḥābēr*, 동료 또는 제자)로서 그에게 입맞춤을 한 이유다(45절). 어둠 속에서 예수를 신속하고 확실하게 알아내는 것은 어려웠을 것이고, 또한 예수를 체포하기 위해 파견된 자들은 대부분 그를 전에 본 적이 없었을 것이기 때문에 대낮이었다고 할지라도 예수를 알아볼 수 없었을 것이다. 아스팔로스(*ἀσφαλῶς*, "호위 하에"; 개역의 "단단히")는 직역하면 "안전하게"이다. 그러나 도망자나 죄수를 염두에 둔 현재와 같은 문맥에서 이 부사는 "호위하에"를 의미한다. 유다는 고위 제사장들이 보낸 무리에게 예수를 단단히 호송하라고 부탁한다. 예수가 달아나 버린다면, 유다는 약속한 대가를 받지 못하게 될 것이다.

45 "이에 와서 곧 예수께 나아와 랍비여 하고 입을 맞추니"(*καὶ ἐλθὼν εὐθὺς προσελθὼν αὐτῷ λέγει, ῥαββί, καὶ κατεφίλησεν αὐτόν* – 카이 엘돈 유뒤스 프로셀돈 아우토 레게이 랍비 카이 카테필레센 아우톤). 유다는 무리와 함께 오자마자 즉시 예수에게 나아가서 인사를 한다. 유다는 시간을 지체하지 않았다. 그는 신속하게 움직여서 예수에게 몸을 피할 기회를 주지 않았다. 유다는 고위 제사장들 편에서 보면 만족스럽게 행동했다. 유다는 예수와 함께 있는 자들이 적고 그를 도우러 달려와 줄 수 있는 동조자들이 없는 밤중의 한적한 곳에 무리를 데려다 주었을 뿐만 아니라 미리 맞춘 군호, 즉 제자가 선생에 대한 애정과 존경의 표시인 입맞춤으로 예수를 지목해 주었다. 이와 같은 존경의 인사를 군호로 사용한 것은 유다의 사악함을 부각시키는 것으로서 그의 행위의 위선적 성격을 보여 준다. 락스(Lachs, 416)는 제자가 랍비에게 먼저 말을 거는 것은 주제넘은 짓으로 여겨졌다는 것을 지적한다. 랍비들이 동료들이나 제자들에게 입맞춤하는 것에 대해서는 1 Esdr 4:47; *t. Ḥag.* 2.1; *b. Ḥag.* 14b; *b. Soṭah* 13a; *Pesiq. Rab Kah.* 1.3; *Qoh. Rab.* 6:2 §1; 9:5 §1을 보라. 요압(군인)이 아마사에게 입맞춤한 다음 그를 죽이는 사무엘하 20:9-10도 보라.

46 "저희가 예수께 손을 대어 잡았다"(*οἱ δὲ ἐπέβαλον τὰς χεῖρας αὐτῷ καὶ ἐκράτησαν αὐτόν* – 호이 데 에페발론 타스 케이라스 아우토 카이 에크라테산 아우톤). 유다가 누가 예수인지를 지목했기 때문에, 이제 제사장들이 보낸 무리가 예수를 붙잡았다. 물론 유다가 당부한 대로 예수가 도망치지 못하도록 단단히 확보하기 위함이었다. 이렇게 밤중에 체포한 것은 예수를 따르는 자들이 지도자를 잃고 단합된 반격(제사장들이 보낸 무리는 이것을 염려했을 것이다)을 할 생각을 못하게 하기 위함이었다. 성경적인 어법에서 누구에게 "손을 댄다"는 것은 그를 체포하거나 공격한다는 것이다(예를 들어, 창 22:12; 삼하 18:12; 왕하 11:16; 대하 23:15; 느

13:21; 에 2:21; 3:6; 6:2; 8:7; 9:12; 욥 41:8; 행 4:3; 5:18; 12:1; 21:27). 물론 이러한 표현은 축복하거나 치유하기 위한 호의적인 접촉을 묘사하는 데 사용되기도 한다(막 6:5; 8:23, 25; 10:16에서처럼).

47 "곁에 섰는 자 중에 한 사람이 검을 빼어 대제사장의 종을 쳐 그 귀를 베어 버리니라"(*εἷς δέ τις τῶν παρεστηκότων σπασάμενος τὴν μάχαιραν ἔπαισεν τὸν δοῦλον τοῦ ἀρχιερέως καὶ ἀφεῖλεν αὐτοῦ τὸ ὠτάριον*－헤이스 데 [티스] 톤 파레스테코톤 스파사메노스 텐 마카이란 에파이센 톤 둘론 투 아르키에레오스 카이 아페일렌 아우투 토 오타리온). 예수의 체포에 대응하여, 누군가가 칼을 빼어 대제사장의 종을 쳐서 그의 귀("귀"를 가리키는 일반적인 단어는 우스[*οὖς*]이고, 오타리온[*ὠτάριον*]은 파피루스들에서 그릇의 손잡이를 가리키는 것으로 보아서 아마도 "귓볼"일 것이다; 참조. MM, 704)를 베어 버렸다. 43절의 복수형 톤 아르키에레온(*τῶν ἀρχιερέων*, "고위 제사장들"; 참조. 8:31; 10:33; 11:18, 27; 14:1, 10)과는 대조적으로 본문의 단수형 투 아르키에레오스(*τοῦ ἀρχιερέως*, "대제사장"; 참조. 14:53, 60-61, 63, 66)는 구체적으로 대제사장(고위 제사장들 중 하나가 아니라; Gundry, 879)을 가리킨다. 마가 본문의 에파이센(*ἔπαισεν*, "치다")은 칼과 관련하여 사용되는 가장 적절한 단어가 아니다(파이에인[*παίειν*]은 보통 "주먹으로 치다" 또는 구어체로 말하면 "한 방 먹이다"를 의미한다; 참조. 마 26:68=눅 22:64, 여기서 예수는 눈이 가려진 채 머리를 맞는다; LXX 민 22:28; 욥 16:10; 애 3:30). 마태(26:51)와 누가(22:50)는 좀더 적절한 단어인 파탓세인(*πατάσσειν*, "치다")으로 대체한다(각각 파탁사스[*πατάξας*]와 에파탁센[*ἐπάταξεν*]; 칼[*μάχαιρα*－마카이라]로 치는[*πατάσσειν*－파탓세인] 예들로는 LXX 민 21:24; 신 20:13; 수 19:48; 삼하 15:14; 23:10; 왕하 19:37; 사 37:38; 렘 2:30; 33:23을 참조하라). 마가와는 다르고 마태와 누가가 일치하는 이 예는 두 자료 가설이 틀렸음을 보여 주는 증거는 되지 않는다("서론"에 나오는 "공관복음서 문제"를 보라).

브라운(Brown, 1:266-67; 참조. van Iersel, 438-39)은 종을 칼로 친 사람은 베드로나 제자들 중 한 사람이 아니라 "제3의 무리에 속한" 어떤 자였다고 생각한다. 고위 제사장들에게 적대감을 가진 사람들은 예수를 따르는 무리에 국한되어 있지 않았기 때문에 그럴 가능성도 있다. 곁에 서 있다가 제사장들이 보낸 무리가 예수를 잡으려 하는 것을 본 어떤 사람이 그들에 대하여 폭력으로 대응했을지도 모른다. 그러나 이러한 공격을 한 사람이 예수의 제자들 중 한 사람이 아니었다면, 왜 복음서 전승이 이후에 더 구체적으로 이 폭력적 행위를 제자들 중 하나가 했다고 말하는 것인지 의구심이 든다. 예수의 책망, 검에 의해서 살고 죽는 것에 관한 말씀(마 26:52-53), "우리가 검으로 치리이까?"라는 제자들의 질문(눅 22:49; 참조. 22:35-38)은 마태와 누가가 예수의 제자들 중 하나가 대제사장의 종을 쳤다고 생각했음을 분명히 보여 준다. 제4복음서 기자(요 18:10)는 구체적으로 그 이름을 시몬 베드로라고 밝힌다. "곁에 섰는 자 중에 한 사람"이라는 마가 본문의 표현은 모호하고 제자들 중 하나가 아닌 다른 사람을 가리키는 것일 수 있다는 것은 인정되지만, 전승되어 온 해석을 취하는 것이 더 나을 것이다.

대제사장의 종을 친 제자는 시몬 베드로였다고 요한복음 18:10은 말한다. 학문적인 글에서나 대중적인 설교에서나 이 사건은 베드로의 성급하고 분별없는 행동으로 치부된다. 그러나 고위 제사장들이 건달들을 고용해서 하급 제사장들의 소유를 폭력으로 빼앗았다는 요세푸스의 기록을 감안하면(43절에 대한 "주석"을 보라), 우리는 베드로의 행위를 예수에게 달려들어 한 방을 날리려 했던 자를 가로막음으로써 예수를 보호하려고 했던 용감한 시도로 보아야 할 것이다. 일부 설교자들이 말하는 것("그가 얻은 것은 귀가 전부였다!"; 이 사건은 웃기기 위한 것이 아니다; *van Iersel*, 441은 이에 반대한다)과는 달리 베드로는 목표물을 빗맞춘 것이 아니었다. 그는 종의 머리의 옆면에 심각한 일격을 가하여 그의 한쪽 귀를 잘라 버린다. 베드로는 자기가 다른 제자들과 마찬가지로 예수를 버릴 뿐만 아니라 새벽 닭이 울기 전에 세 번 예수를 부인할 것이라는 예수의 예고로 인하여 여전히 상심하고 있던 차에 비록 예수와 "함께 죽을지언정"(참조. 14:31)이라는 심정으로 자신의 충성심을 힘껏 증명해 보이고자 했다.

비비아노(Viviano, *RB* 96[1989] 71-80)는 대제사장의 이 종은 천한 하인이 아니라 제사장들 중에서 고위직인, 대제사장의 보좌역 또는 대리자였을 것이라고 주장한다. 귓볼(*ὠτάριον* - 오타리온)이 잘려 나감으로써 그는 신체의 손상으로 인하여 제사장 직무를 할 수 있는 자격을 상실하게 되었다(레 21:18; Josephus, *Ant.* 14.13.10 §§365-66; *J.W.* 1.13.9 §§269-70; *t. Parah* 3.8). 고대 문헌과 비교해 볼 때, 이 사건은 우연한 것으로 치부해 버려서는 안 된다. 이것은 죽이기 위한 것이 아니라 수치를 주기 위한 의도적인 상징적 부상(負傷)이다. 그러므로 비비아노는 이 기이한 사건을 마가복음에서 성전이라는 큰 주제 안에서 보아야 한다고 결론을 내린다. 스톡(Stock, 372; id., *Call to Discipleship*, 188-90)은 "귀를 잃는 것은 페르시아 시대 이래로 강도에게 행해진 형벌이었기" 때문에 "대제사장의 종은 강도의 지위로 격하된 것"이라고 함으로써 이 이야기 속에는 아이러니(irony)가 담겨 있다고 말한다. 그 아이러니는 예수께서 강도(ληστής – 레스테스)로 체포되었다는 것이다.

48 "너희가 강도를 잡는 것같이 검과 몽치를 가지고 나를 잡으러 나왔느냐?"(*ὡς ἐπὶ ληστὴν ἐξήλθατε μετὰ μαχαιρῶν καὶ ξύλων συλλαβεῖν με* – 호스 에피 레스텐 엑셀다테 메타 마카이론 카이 크쉴론 쉴라베인 메). 예수는 화가 나셔서 자기를 체포하러 온 자들에게 힐문하신다: "강도(ληστὴν – 레스텐)를 잡는 것같이…?" 레스테스(ληστής)는 "강도", "산적", "반도(叛徒)", "반란 선동자"로 번역될 수 있다. 아마도 맨 마지막의 의미가 이 본문의 의도인 것 같다. 왜냐하면 예수는 강도 행위나 그 어떤 형태의 폭력적 범죄를 저질렀다는 고소를 당한 적이 없기 때문이다. 예수는 15:1-5에서 "유대인의 왕"으로 로마 총독에게 소개되실 것이다. 요세푸스는 레스테스(ληστής)를 "반도" 또는 "반란 선동자"라는 의미로 사용하는데, 이것이 당시 이 단어의 용법을 보여 주는 가장 좋은 예일 것이다. 요세푸스가 이 단어를 이런 의미로 사용하는 데는 경멸적인 의미가 담겨져 있는 것이 확실하지만, 주후 1세기에 이 용어의 통상적인 용법을 반영하고 있기도 할 것이다. 당시에 이스라엘의 왕(그리고 메시아)이 되고자 했던 사람들은 몇 명 있었다: 주전 4년에 헤롯 대왕이 죽은 후에 몇 사람(예를 들어, "대 산적" 히스기야의 아들 유다[*Ant.* 17.10.5 §§271-72; *J.W.* 2.4.1 §56]; 베뢰아의 시몬[*Ant.* 17.10.6 §§273-76; *J.W.* 2.4.2 §§57-59]; 유대의 목자 아스롱게스[Athronges; *Ant.* 17.10.7 §§278-84; *J.W.* 2.4.3 §§60-65]), 주후 6년에 아켈라오가 폐위된 후에 적어도 한 명(가말라의 유다[행 5:37; *J.W.* 2.8.1 §118; *Ant.* 18.1.1 §§4-10; 18.1.6 §§23-25; 20.5.2 §102]), 주후 66년과 그 이후에 유대 전쟁이 발발하면서 몇 명(예를 들어, 갈릴리 유다의 아들 므나헴[*J.W.* 2.17.8-9 §§433-48]; 기샬라의 요한[*J.W.* 2.20.6 §575; 2.21.1 §§585-89; 4.1.1-5 §§121-46; 4.7.1 §§389-94; 4.9.11 §566; 5.3.1 §§104-5; 5.6.1 §§250-51; 6.9.4 §433]; 시몬 바르 기오라[*J.W.* 4.9.3-8 §§248-54; 5.6.3 §§266-67; 5.7.3 §309; 5.13.1-2 §§527-40; 7.2.2 §§26-36; 7.5.6 §154]), 주후 115-16년의 북아프리카 폭동 중의 한 명(구레네의 루쿠아[Eusebius, *Hist. eccl.* 4.2.1-4; Dio Cassius, *Roman History* 68.32; 69.12-13]; Dio는 이 사람을 "안드레아"라 부른다), 그리고 물론 주후 132-35년에 로마인들에 대항하여 싸움을 벌인 인물로서 승승장구하는 동안에는 "별의 아들"(bar kokba' – 바르 코크바)이라는 별명으로 불렸다가 패배한 후에는 "거짓말의 아들"(bar kozeba' – 바르 코제바)로 불렸던 저 유명한 시몬 벤 코시바(헬라어로 *Χωσιβά*)가 있었다(참조. *y. Taʿan.* 4.5; *b. Sanh.* 93b; *b. Giṭ.* 57a-b; *Lam. Rab.* 2:2 §4; Dio Cassius, *Roman History* 59.13.3; Jerome, *Ruf.* 3.31).

어떤 점에서 예수가 당시의 여러 반도(叛徒)들 및 폭동 선동자들과 비교되느냐는 것은 중요한 문제다. 호슬리(Horsley, *CBQ* 46[1981] 409-32)와 그라페(Grappe, "Jésus")의 글을 보라. 흔히 "체포하다"라는 의미를 지니는 동사 쉴람바네인(*συλλαμβάνειν*, "잡다")은 요세푸스가 도성과 성전의 멸망을 예언함으로써 고위 제사장들의 비위를 거슬렀던 예언자인 아나니아의 아들 예수가 체포되는 장면을 묘사할 때도 사용된다(*J.W.* 6.5.3 §302). 이것은 나사렛 예수와 예수 벤 아나니아 간의 여러 흥미로운 병행들 중에서 단지 한 가지일 뿐이다(보론: "아나니아의 아들 예수의 체포"를 보라).

49 "내가 날마다 너희와 함께 성전에 있어서 가르쳤으되 너희가 나를 잡지 아니하였도다"(*καθ' ἡμέραν ἤμην πρὸς ὑμᾶς ἐν τῷ ἱερῷ διδάσκων καὶ οὐκ ἐκρατήσατέ με*—카드 헤메란 에멘 프로스 휘마스 엔 토 히에로 디다스콘 카이 우크 에크라테사테 메). "매일…성전에 있어서"(*καθ' ἡμέραν…ἐν τῷ ἱερῷ*—카드 헤메란…엔 토 히에로)는 마가복음 이야기가 보여 주는 것보다 더 많은 시간을 예수께서 예루살렘에서 보내셨다는 것을 보여 주는 것일 수 있고, 그렇다면 성도(聖都)에서 더 많은 시간을 보냈다고 말하는 제4복음서의 전승을 뒷받침해 주는 것일 수 있다(Cranfield, 437). 성전 경내에서의 예수의 활동은 "가르치는 것"(*διδάσκων*—디다스콘)으로 묘사되는데, 마가복음 전체에 걸쳐 예수는 이렇게 "가르치는" 모습으로 묘사된다(이 단어는 17번 정도 나오는데, 대부분이 습관적 행위임을 강조하는 현재 및 미완료과거 시제로 나온다). 물론 이 본문에서 이 단어는 주로 11-12장을 언급하고 있다(예를 들어, 12:14: "선생님이여 우리가 아노니 당신은 참되시고…오직 참으로써 하나님의 도를 가르치심이니이다"[*διδάσκαλε, οἴδαμεν ὅτι ἀληθὴς εἶ…ἐπ' ἀληθείας τὴν ὁδὸν τοῦ θεοῦ διδάσκεις*—디다스칼레 오이다멘 호티 알레데스 에이…에프 알레데이아스 텐 호돈 투 데우 디다스케이스]; 12:35: "예수께서 성전에서 가르치실새 대답하여 가라사대"[*ὁ Ἰησοῦς ἔλεγεν διδάσκων ἐν τῷ ἱερῷ*—호 이에수스 엘레겐 디다스콘 엔 토 히에로]). 예수의 이 말씀의 취지는, 성전 당국자들이 자기를 수배했다면 그들은 자기를 공개적으로 공공연하게 붙잡을 수 있었다는 것이다. 그런데 그들은 그렇게 하지 않고 은밀하게 기도하는 시간에 예수에게 들이닥쳤다. 이 말씀이 함축하고 있는 의미는 성전 당국자들은 자신들의 행위가 대중들의 지지를 받지 못할 것을 알기 때문에 이러한 술책을 사용했다는 것이다. 예수의 말씀 속에 나오는 프로스 휘마스(*πρὸς ὑμᾶς*, "너희와 함께")라는 표현은 그를 체포하러 온 자들 중 일부는 성전 경내에 있으면서 예수를 감시했다는 뜻을 내포하고 있다.

"그러나 이는 성경을 이루려 함이니라"(*ἀλλ' ἵνα πληρωθῶσιν αἱ γραφαὶ* – 알 히나 플레로도신 하이 그라파이). 예수는 동요하지 않으신다. 예수는 기도하는 시간을 가지면서 이 순간에 대비해 오셨다. 그러므로 예수는 자신의 체포가 "성경을 이루려 함"이라는 것을 믿으실 수 있었다. 마가복음 독자는 즉시 9:12("어찌 인자에 대하여 기록하기를 많은 고난을 받고 멸시를 당하리라 하였느냐") 또는 좀더 가까이 14:21에 나오는 배신에 대한 예고("인자는 자기에게 대하여 기록된 대로 가거니와")를 떠올릴 것이다(예수께서 염두에 두셨을 구약의 구절들에 관해서는 14:21에 대한 "주석"을 보라). 접속사 알라(*ἀλλά*, "그러나") 다음에는 동사가 함축되어 있다. 크랜필드(Cranfield, 437)는 예수의 체포를 가리키는 게고넨(*γέγονεν*)을 제안한다. 그러면 본문은 "성경을 이루기 위하여 이런 일이 일어났느니라"가 된다. 마태(26:56)는 마가의 생략 부분을 이렇게 채워 넣는다: "그러나 이렇게 된 것은(*τοῦτο δὲ ὅλον γέγονεν* – 투토 데 홀론 게고넨) 다 선지자들의 글을 이루려 함이니라." 히나 플레로도신(*ἵνα πληρωθῶσιν*, "이루려 하기 위하여")이라는 정형구는 신약에서 많이 발견된다: 마태복음에서 6번, 요한 저작에서 13번, 바울 및 제2바울 서신들에서 7번, 요한계시록에서 1번. 성경의 성취의 필연성에 대해서는 납달리의 유언(*T. Naph.*) 7:1을 보라: "이러한 일들은 그 정한 때에 성취되리라(*δεῖ ταῦτα πληρωθῆναι* – 데이 타우타 플레로데나이)."

성경만 이루어지는 것이 아니라 예수 자신의 예언들도 이루어지기 시작한다. 예수는 앞서 말씀하신 대로 제자들 중 하나에 의해 팔리셨다. 그리고 이제 앞서 그 밤에 예언하신 대로(14:27: "너희가 다 나를 버리리라") 제자들이 모두 도망한다(50절). 잠시 후에 마가복음의 독자들은 베드로가 예수를 부인하는 모습을 보게 된다. 예수를 따르는 무리의 철저한 붕괴는 벌거벗은 청년의 도망에서 볼 수 있다. 래인(Lane, 527)은 본문이 이스라엘을 치는 예언 속에서 심판의 날에 "용사 중에 굳센 자는…벌거벗고야 도망하리라"는 것을 예언자가 미리 내다보고 있는 아모스 2: 16에 대한 인유(引喩)라고 주장한다. 이러한 개념은 앞서 목자가 침을 당하여 양들이 흩어질 것이라고 말하는 스가랴 13:7을 근거 본문으로 댄 것과 부합하기 때문에(14:27에 대한 "주석"을 보라), 래인의 주장은 옳을 것이다. 메시아를 거부함으로써 이스라엘은 예언서들에 묘사된 심판들을 자초한 것이다. 성경은 이루어지고 있다.

50 "제자들이 다 예수를 버리고 도망하니라"(*καὶ ἀφέντες αὐτὸν ἔφυγον πάντες* – 카이 아펜테스 아우톤 에퓌곤 판테스). 14:27에서 예수는 "너희가 다(*πάντες* – 판테스) 나를 버리리라"고 제자들에게 예고하신 바 있다. 제자들은 "다"(*πάντες* –

판테스) 그렇지 않을 것이라고 말했다(29, 31절). 그러나 지금 예수의 예언대로 제자들은 "다"(πάντες – 판테스) 도망한다(기도 중에 함께 있었던 세 제자와 근처에 있었던 나머지 여덟 제자들). 27절의 예고에서는 판테스(πάντες)를 문장 앞에 놓았던 것과는 대조적으로, 복음서 기자는 판테스(πάντες)를 문장 마지막에 놓음으로써 이 단어를 강조한다: "그리고 그를 버리고, 그들은 도망쳤다 – (그들) 모두가." 이렇게 함으로써 복음서 기자는 예수의 예고가 문자 그대로 성취되었음을 부각시킨다.

51 "한 청년이 벗은 몸에 베 홑이불을 두르고 예수를 따라오다가 무리에게 잡히매"(*καὶ νεανίσκος τις συνηκολούθει αὐτῷ περιβεβλημένος σινδόνα ἐπὶ γυμνοῦ, καὶ κρατοῦσιν αὐτόν* – 카이 네아니스코스 티스 쉰에콜루데이 아우토 페리베블레메노스 신도나 에피 귐누 카이 크라투신 아우톤). 이것은 마가복음에서 "한 청년"(*νεανίσκος τις* – 네아니스코스 티스)의 첫 번째 등장이다. 그러나 알렉산드리아의 클레멘트(주후 180년경)가 쓴 서신에 두 구절이 보존되어 있는 소위 마가 비밀복음서(Secret Mark)에서는 예수는 이 청년을 마가복음 10장에서 처음으르 만난다. 클레멘트의 증언을 받아들인다면, 요한복음 11장에 나오는 나사로처럼 예수에 의해서 살아난 이 청년은 하나님 나라의 비밀을 가르침 받기 위하여 밤중에 예수를 찾아온다(참조. 막 4:11). 본문의 청년이 바로 이 청년일 가능성은 충분해 보인다: "청년은 벗은 몸에 베 홑이불을 두르고 그에게 왔다"(*ἔρχεται ὁ νεανίσκος πρὸς αὐτὸν· περιβεβλημένος σινδόνα ἐπὶ γυμνου* – 에르케타이 호 네아니스코스 프로스 아우톤 페리베블레메노스 신도나 에피 귐누: Clement, *Letter to Theodore*, folio 2, recto, lines 7-8; 헬라어 본문은 M. Smith, *Clement of Alexandria*, 450, 452를 보라). 클레멘트에 의하면, 이 구절은 마가 비밀복음서에서는 마가복음 10:34 다음에 나온다. 마가 비밀복음서가 주후 1세기의 것으로서 공관복음서들보다도 더 이른 시기의 것이라고 주장하는 학자들(예를 들어, Crossan, *Four Other Gospels*, 59-83; id., "Two Extra-canonical Gospels," 161-67; Koester, *Ancient Christian Gospels*, 293-303; id., "History and Development of Mark's Gospel"; M. W. Meyer, *Semeia* 49[1990] 129-53; Sellew, "Secret Mark")도 있지만, 이 복음서는 "통속적인" 마가복음에 대한 주후 2세기의 (카르포크라테스[Carpocrates; 역주: 영지주의의 창시자]적인) 수정본이지(클레멘트의 주장처럼) 그 반대가 아니다. 게다가 비평학자들은 마가 비밀복음서에 나오는 청년에 관한 대목은 "지나치게 마가적이어서" 마가복음에서 나온 것일 수밖에 없다고 판단한다. 즉, 그 대목은 거의 전적으로 마가복음에서 가져온 어휘와 어구들로 이루어져 있다는 말이다(Quesnel, *CBQ* 37[1975] 48-67; Gundry, 603-23에 나오는

마가 비밀복음서에 대한 보론을 보라). 마가 비밀복음서 – 실제로 이런 수정본이 존재했다면 – 는 마가 자료들을 합성해 놓은 것 이상의 것이 될 수 없다는 결론을 피하기가 어렵다(참조. *JSNT* 4[1979] 75-76에 실린 E. J. Pryke, *Redactional Style in the Marcan Gosple*에 대한 E. Best의 서평[Best, *Disciples and Discipleship*, 197-205에 "Uncanonical Mark"라는 제목으로 재수록됨]; Bruce, *'Secret' Gospel of Mark*, 12; Merkel, *ZTK* 71[1974] 123-44, 특히 125-26; id., "Secret Gospel," 특히 107; Neirynck, *ETL* 55[1979] 특히 50-51; 또한 M. Smith의 책들에 대한 몇몇 서평들, 예를 들어 R. M. Grant, *ATR* 56[1974] 58-64, 특히 61; P. Parker, *ATR* 56[1974] 53-57, 특히 56; C. C. Richardson, *TS* 35[1974] 571-77, 특히 575; "서론"에 나오는 "공관복음서는 가장 오래된 복음서들인가?"를 보라).

복음서 기자는 우리에게 이 청년의 정체에 대한 아무런 단서도 제공해 주지 않는다. 이 청년은 세베대의 아들 요한, 마가 요한(마가복음의 저자로 주장된), 예수의 동생 야고보 등으로 주장되어 왔다. 그는 어떤 식으로든 여인들이 무덤에서 만난 청년(16:5-7)과 연관이 있을 것 같지만 확실하지는 않다. 마이어(M. W. Meyer, *Semeia* 49[1990] 129-53)는 14:51-52의 청년은 16:5의 청년, "어려서부터"(10:17-22 [20절: *ἐκ νεότητος* – 에크 네오테토스]) 율법을 지켜온 사람, 마가 비밀복음서의 단편 1과 2에 나오는 청년과 동일하다고 생각한다. 그러나 이 청년을 10:17-22의 부자와 결부시킬 타당한 이유는 전혀 없다. 이 부자를 "부자인 젊은 관원"(그의 부는 22절에 언급되어 있고, 그가 "관원"임은 눅 18:18에 나온다)으로 지칭하는 전승에도 불구하고, 그가 "청년"(*νεανίσκος* – 네아니스코스)이었음을 보여 주는 증거는 아무것도 없다. 그가 "어려서부터"(20절) 율법을 지켰다고 말한 것이 예수와 만나 대화를 나눌 때 그가 청년이었다는 증거가 될 수는 없다. 후대의 이차적인 문헌으로 판단된 마가 비밀복음서를 근거로 삼는 것은 이 청년의 정체에 관한 문제에 어떤 빛도 던져 줄 수 없다. 마태와 누가가 생략해 버린 이 이상한 이야기는 자전적(自傳的)이라는 것이 전통적인 견해다. 크랜필드(Cranfield, 439)는 한 걸음 더 나아가 이 인물은 유다의 배신 소식을 전해 듣고 황급히 옷을 입고 예수에게 그를 체포하기 위한 무리가 오고 있음을 알리기 위해 쏜살같이 달려온 것이라고 주장한다. 이 말이 사실일 수 있으나, 우리는 페리베블레메노스 신도나(*περιβεβλημένος σινδόνα*)를 황급히 달려왔을 때의 모습인 몸에 "걸치고"가 아니라 몸에 "홑이불을 두르고"로 번역해야 한다(참조. 행 12:8; *Diogenes Laertius* 6.90; Field, *Notes*, 40). 크랜필드의 주장은 그럴듯하긴 하지만, 스스로 인정하듯이 사변(思辨)에 불과하다(이상하게도 J. F.

Williams, *Other Followers of Jesus*, 194-203는 16:5-7의 청년에 대해서는 논하면서도 14:51-52의 청년에 대해서는 일언반구도 말하지 않는다).

52 "베 홑이불을 버리고 벗은 몸으로 도망하니라"(*ὁ δὲ καταλιπὼν τὴν σινδόνα γυμνὸς ἔφυγεν* – 호 데 카탈리폰 텐 신도나 귐노스 에퓌겐). 벌거벗은 청년의 도망치는 모습을 묘사하는 데 사용된 언어는 보디발의 아내를 피하여 요셉이 도망한 이야기를 연상시킨다: "그녀가 내 옷을 붙잡았고, 나는 벗은 채로 도망하였다"(*κρατεῖ τὰ ἱμάτιά μου, γυμνὸς ἔφυγον* – 크라테이 타 히마티아 무 귐노스 에퓌곤; T. Jos. 8:3; 참조. LXX 창 39:12-13: "옷을 버려 두고…그는 도망하였다"[*καταλιπὼν τὰ ἱμάτια αὐτοῦ… ἔφυγε* – 카탈리폰 타 히마티아 아우투…에퓌게]). 그러나 요셉 모형론(typology)은 의심스럽다. 또한 이 본문의 성경적 배경으로 아모스 2:16이 거론되기도 했다: "용사 중에 굳센 자는 그 날에 벌거벗고야 도망하리라." 로스(Ross, *IBS* 13 [1991] 170-74)는 이 사건이 역사상 실제로 일어난 일로서 십자가 처형이 아모스에 의해 예언된 "여호와의 날"의 한 요소였음을 보여 주기 때문에 초대 교회에서 전승되었다고 생각한다. 청년의 정체는 이 구절의 의미와는 아무 상관이 없다. 그러나 칠십인역 아모스 2:16에는 "도망하리라"(*φεύξεται* – 퓩세타이)가 아니라 "추격당하리라"(*διώξεται* – 디옥세타이)로 되어 있다. 게다가 마가 본문의 청년이 "용사"였다는 것을 보여 주는 단서가 없다. 어떤 의미에서 이 청년이 패배하여 달아나는 군사들과 동일시될 수 있단 말인가? 벌거벗고 도망한다는 것 외에는 아모스의 구절을 연상시키는 것이 전혀 없다. 사본상의 이독들(에피 귐누[*ἐπὶ γυμνου*, "벗은 몸에"; 51절]의 생략 같은)과 마태 및 누가에 의한 51-52절의 생략은 이 청년이 실제로 속옷을 입지 않고(요 21:7에 함축된 의미) 벌거벗은 채로 도망했음을 시사해 준다.

이 구절이 지닌 문제점으로 인해서 여러 상징적 해석들이 나오게 되었다. 잭슨(Jackson, *JBL* 116[1997] 273-89)은 겉옷을 집어던지고(10:50) 예수를 좇은 맹인 바디매오를 주목한다. 잭슨은 이 두 사람은 상반되지만 서로 보완적인 모형(模型, typologies)들을 보여 주는 것이기 때문에 이 두 사건을 함께 고찰해야 한다고 생각한다. 슈넬배허(Schnellbächer, *ZNW* 73[1982] 127-35)는 14:51-52의 "청년"(*νεανίσκος* – 네아니스코스)을 16:5-7의 "청년"(*νεανίσκος* – 네아니스코스)과 결부시켜서 예수의 체포 때 모든 것이 벌거벗겨진 청년은 부활 후에 빛이 나는 옷을 입고 오른편에 앉아 있는 모습으로 회복될 자라고 주장한다(마찬가지로 Gourgues, *NTS* 27[1981] 675). 그렇다면, 그것은 무엇을 나타내는가? 슈넬배허는 이 청년은 이사야 40:30-31의 성취로서의 예수의 죽음과 부활을 상징한다고 생각한다. "소년이라도 피곤하며 곤비하며 장정이라도 넘어지며 자빠지되 오직 여호와를 앙망하는 자는 새 힘을 얻으리니 독수리의 날개치며 올라감 같을 것이요 달음박질하여도 곤비치 아니하겠고 걸어가도 피곤치 아니하리로다." 이러한 비교는 견강부회(牽强附會)인 것 같다. 그 밖의 많은 학자들이 14:51-52과 16:5-7에 나오는 두 번의 "청년"(*νε-ανίσκος*－네아니스코스)에 대한 언급의 의미를 옷과 관련하여 천착하면서 이와 비슷한 노선의 해석을 따라 왔다(참조. Scroggs and Groff, *JBL* 92[1973] 531-48; McIndoe, *ExpTim* 80[1968-69] 125; Vanhoye, *Bib* 52[1971] 401-6; Waetjen, *ASTI* 4[1965] 114-31). 플레더만(Fleddermann, *CBQ* 41[1979] 412-18)과 커모드(Kermode, *Genesis of Secracy*, 55-64)에 의하면, 이 청년은 핍박 때문에 믿음을 버리지만 되돌아와서 믿음을 회복하는 모든 그리스도인들에 대한 모형(type) 역할을 한다고 한다. 코스비(Cosby, *PRS* 11[1984] 219-31)에 의하면, 이 사건은 예수께서는 하나님의 뜻에 따라 정해진 고난의 운명을 맞는 반면에(참조. 14:36) (깨어서 기도하지 않은) 제자들은 메시아의 나라에서 한 자리를 얻을 모든 기대를 벗어 던지고서 어둠 속으로 도망했음을 가르친다고 한다. 그러나 이 벌거벗은 청년이 제자들 중 하나였는지는 분명치 않다. 좀더 최근에 마이어(M. W. Meyer, *Semeia* 49[1990] 145)는 이 청년에 관하여 이렇게 말한다. "한때 입교(入敎)의 예복을 입었던 그는 그의 세례복을 버리고 도망하였다." 마이어는 마가 비밀복음서 단편 1이 원래 초대 교회에서 세례를 위한 교리문답서의 일부였다는 스미스(M. Smith)의 독창적인 발상(*Clement of Alexandria*, 186-87)을 따른다. 그러나 마가 비밀복음서나 정경인 마가복음서 어느 곳에서 우리는 세례, 물 또는 옷을 벗거나 옷을 다시 입는 것 등에 관한 언급을 발견할 수 있는가?(그들의 견해에 대한 비판은 Cosby, *PRS* 11[1984] 219-31; Gundry, 619-20를 보라).

복음서 기자가 말하고자 하는 요지는 지금까지 간략하게 개관한 여러 이론들보다 훨씬 더 단순할 것이다. 마가복음 14장의 주된 취지는 "예수"가 장래의 시험과 위험들에 대비한 반면에, "제자들"은 그렇지 않았다는 것이다. 예수를 체포하러 무리가 당도하자, 제자들은 겁에 질려 어쩔 줄을 모른다. 제자 중 한 사람은 대제사장의 종을 칼로 치고, 모두가 도망한 후에 아마도 예수를 따르던 자였을 한 청년도 극히 수치스러운 모습으로 도망을 쳐서 가까스로 피신한다. 이 모든 것은 제자들이 다 자신을 버리리라는 예수의 예고의 놀라운 정확성을 부각시킨다. 제자들이 용기를 잃은 것과는 대조적으로, 예수는 굳건하게 서서 아버지께서 그에게 주신 잔을 마실 준비를 하신다. 다음 두 단락에서 베드로가 예수를 세 번 부인하리라는 예수의 예언들이 계속해서 성취될 것이다.

해설

설교자들은 흔히 베드로는 성급해서 목표물을 정확히 맞추지 못하고 단지 대제사장의 종을 약간 부상시켰다는 식으로 베드로를 비웃는다(베드로가 대제사장의 종을 칼로 공격한 제자였다고 전제하고). 대제사장의 종이 자신의 부상이 경하다고 생각했는지의 여부를 떠나서 그러한 해석 방향은 올바르지 못하다고 할 수 있다. 무리는 예수를 제압하기 위해 예수와 정면으로 마주서 있었기 때문에, 머리 옆쪽의 상처는 이 제자가 예수를 빼내기 위한 시도였음을 보여 준다. 목표물을 맞추지 못한 것이 아니라, 그는 제대로 목표물을 맞춘 것이었다. 그러나 언쟁이 걷잡을 수 없게 되기 전에, 예수는 자기를 잡으러 온 자들을 꾸짖으셨다. "너희가 강도를 잡는 것같이 검과 몽치를 가지고 나를 잡으러 나왔느냐?"(48절). 예수는 자기를 잡으러 온 자들의 비겁함과 극악함을 조롱하셨다. 예수는 그들에게 자기가 고위 제사장들의 바로 뒷마당인 성전 경내에서 매일같이 가르쳤음을 상기시키셨다. 자기를 잡고자 했다면 왜 그런 기회들을 이용하지 않았는가? 아니, 그들은 성난 군중이 그들에게 대항할까봐 사람들이 보는 앞에서 공개적으로 예수를 붙잡을 수 없었다. 그들은 예수를 잡기 위하여 궤계와 뇌물과 배신을 이용함으로써 그들이 어떤 류의 사람들인지를 드러냈다.

마가의 1세기 독자들과 청중들은 이 단락에서 그를 둘러싼 자들과 날카로운 대조를 보이는 예수를 발견한다. 하나님의 뜻을 따르겠다는 예수의 결연한 태도는 한편으로는 그를 체포하러 온 무리의 사악함과 대조를 이루고, 다른 한편으로는 제자들의 비겁함 및 공포와 대조를 이룬다. 이러한 대조는 유대 공회 앞에서의 심문 장면에서도 계속된다. 거기에서 거짓 고소들이 예수를 겨냥하여 퍼부어지고, 베드로는 예수를 부인한다. 복음서 기자는 예수를 고귀한 인물, 로마 세계의 찬탄과 존경을 받을 만한 인물, 기독교 공동체가 지속적인 헌신과 충성을 바칠 만한 인물로 묘사한다.

9. 예수(그리고 베드로)에 대한 심문(14:53-65)

참고문헌

Dormeyer, D. "Die Passion Jesu als Ergebnis seines Konflikts mit führenden Kreisen des Judentums." In *Gottesverächter und Menschenfeinde? Juden zwischen Jesus und frühchristlicher Kirche.* Ed. H. Goldstein. Düsseldorf: Patmos, 1979. 211-38. **Greenhut, Z.** "Burial Cave of the Caiaphas Family." *BAR* 18.5(1992) 28-36, 76. **Horbury, W.** "The 'Caiaphas' Ossuaries and Joseph Caiaphas." *PEQ* 126(1994) 32-48. **Puech, E.** "A-t-on redécouvert le tombeau de grand-prête Caïphe?" *Le monde de la Bible* 80(1993) 42-47. **Reich, R.** "Caiaphas' Name Inscribed on Bone Boxes." *BAR* 18.5(1992) 38-44, 76. **Schneider, G.** "Gab es eine vorsynoptische Szene 'Jesus vor dem Synedrium'?" *NovT* 12(1970) 22-39. ______. "Jesus vor dem Sanhedrin." *BibLeb* 11(1970) 1-15. **Smallwood, E. M.** "High Priests and Politics in Roman Palestine." *JTS* n.s. 13(1962) 14-34. ______. *The Jews under Roman Rule: From Pompey to Diocletian.* SJLA 20. Leiden: Brill, 1976. 145-80.

Mark 14:53-65

Betz, O. "Probleme des Prozesses Jesu." *ANRW* 2.25.1(1982) 565-647, esp. 613-39. **Donahue, J. R.** "Introduction: From Passion Traditions to Passion Narrative." In *The Passion in Mark: Studies on Mark 14-16.* Ed. W. Kelber. Philadelphia: Fortress, 1976. 1-20. **Edwards, J. R.** "Markan Sandwiches: The Significance of Interpolations in Markan Narratives." *NovT* 31(1989) 193-216. **Evans, C. A.** "'Peter Warming Himself': The Problem of an Editorial 'Seam.'" *JBL* 101(1982) 245-49. **Fortna, R. T.** "Jesus and Peter at the High Priest's House: A Test Case for the Question of the Relation between Mark's and John's Gospels." NTS 24(1978) 371-83.

Mark 14:58

Ådna, J. "Jesu Kritik am Tempel: Eine Untersuchung zum Verlauf und Sinn der sogenannten Tempelreinigung Jesu, Markus 11,15-17 und Parallelen." Diss., University of Oslo, 1993. 202-51, 498-520. **Schiffman, L. H.** "Messianic Figures and Ideas in the Qumran Scrolls." In *The Messiah.* Ed. J. H. Charlesworth. Minneapolis: Fortress, 1992. 116-29. **Wise, M. O.** "*4QFlorilegium* and the Temple of Adam." *RevQ* 15(1991) 103-32(rev. and repr. in M. O. Wise. *Thun-*

der in Gemini and Other Essays on the History, Language and Literature of Second Temple Palestine. JSPSup 15. Sheffield: JSOT Press, 1994. 152-85).

Mark 14:61-62

Bock, D. L. *Blasphemy and Exaltation in Judaism and the Final Examination of Jesus: A Philological-Historical Study of the Key Jewish Themes Impacting Mark 14:61-64.* WUNT 2. 106. Tübingen: Mohr-Siebeck, 1998. **Hengel, M.** "'Setze dich zu meiner Rechten!' Die Inthronisation Christi zur Rechten Gottes und Psalm 110,1." In *Le Trône de Dieu.* Ed. M. Philonenko. WUNT 69. Tübingen: Mohr-Siebeck, 1994. 108-94(ET: "'Sit at My Right Hand!' The Enthronement of Christ at the Right Hand of God and Psalm 110:1." In M. Hengel. *Studies in Early Christology.* Edinburgh: T. & T. Clark, 1995. 119-225). **Marcus, J.** "Mark 14:61: 'Are you the Messiah-Son-of-God?'" *NovT* 31(1989) 125-41. **Perrin, N.** "The High Priest's Question and Jesus' Answer." In *The Passion in Mark: Studies on Mark 14-16.* Ed. W. Kelber. Philadelphia: Fortress, 1976. 80-95. ______. "Mark xiv. 62: The End Product of a Christian Pesher Tradition?" *NTS* 12(1965-66) 150-55.

본 문

53 저희가 예수를 끌고 대제사장에게로 가니 대제사장들과 장로들과 서기관들이 다 모이더라

54 베드로가 예수를 멀찍이 좇아 대제사장의 집 뜰안까지 들어가서 하속들과 함께 앉아 불을 쬐더라

55 대제사장들과 온 공회가 예수를 죽이려고 그를 칠 증거를 찾되 얻지 못하니

56 이는 예수를 쳐서 거짓 증거하는 자가 많으나 그 증거가 서로 합하지 못함이라

57 어떤 사람들이 일어나 예수를 쳐서 거짓 증거하여 가로되

58 우리가 그의 말을 들으니 손으로 지은 이 성전을 내가 헐고 손으로 짓지 아니한 다른 성전을 사흘에 지으리라 하더라 하되

59 오히려 그 증거도 서로 합하지 않더라

53 And they led Jesus to the high priest,[a] and all the ruling priests and the elders and the scribes come together.

54 And Peter[b] followed him from a distance, right into the courtyard of the high priest, and he was sitting with the officers and was being warmed by the fire.

55 But the ruling priests and the entire council were seeking testimony[c] against Jesus, in order to put him to death, but they were not finding any.

56 For many were giving false testimony against him,[d] and the testimonies were not in agreement.

57 And some, standing up, testified against him falsely, saying,

58 "We heard him saying, 'I shall destroy this temple made with hands, and after three days I shall build another not made with hands.'"

59 And not even their testimony was in agreement.

60 대제사장이 가운데 일어서서 예수에게 물어 가로되 너는 아무 대답도 없느냐 이 사람들의 너를 치는 증거가 어떠하냐 하되
61 잠잠하고 아무 대답도 아니하시거늘 대제사장이 다시 물어 가로되 네가 찬송 받을 자의 아들 그리스도냐
62 예수께서 이르시되 내가 그니라 인자가 권능자의 우편에 앉은 것과 하늘 구름을 타고 오는 것을 너희가 보리라 하시니
63 대제사장이 자기 옷을 찢으며 가로되 우리가 어찌 더 증인을 요구하리요
64 그 참람한 말을 너희가 들었도다 너희는 어떻게 생각하느뇨 하니 저희가 다 예수를 사형에 해당한 자로 정죄하고
65 혹은 그에게 침을 뱉으며 그의 얼굴을 가리우고 주먹으로 치며 가로되 선지자 노릇을 하라 하고 하속들은 손바닥으로 치더라

60 And standing up in the midst, the high priest asked Jesus, saying, "Are you not going to reply? What are these men testifying against you?"
61 But he[e] was silent, and answered back nothing. Again the high priest interrogated him[f] and says to him, "Are you the Messiah, the son of the Blessed?"[g]
62 But Jesus said, "I am;[h] and you will see 'the son of man' seated 'at the right hand' of the Power[i] and 'coming with the clouds of heaven.'"[j]
63 And[k] tearing his robes, the high priest says, "Why do we still have need of witnesses?
64 You[l] heard the blasphemy![m] What seems right[n] to you?" And they all condemned him to be deserving of death.
65 And some began to spit on him,[o] and to cover his face, and to strike him, and to say to him, "Prophesy!"[p] And the officers received[q] him with slaps.

원문주해

a. A, W사본 및 몇몇 후대의 사본들은 프로스 톤 아르키에레아 카이아판(*πρὸς τὸν ἀρχιερέα Καϊάφαν*, "대제사장 가야바에게로")으로 읽는다. 대제사장의 이름은 마가복음에 나오지 않는다. 여기에 이 이름이 나오는 것은 마 26:57의 영향 때문이다. 이 이름이 요세푸스의 글과 최근의 고고학적 발굴에서 확인된 것에 대해서는 아래의 설명을 보라.

b. 일부 수리아 사본들은 케파(*kêpā'*, "게바")로 읽는다. 페쉬타는 쉬므온(*šim'ôn*, "시몬")으로 읽는다.

c. 헬라어로는 마르튀리안(*μαρτυρίαν*, "증언, 증거"). 문맥을 고려해서 A사본 및 몇몇 후대의 사본들은 프슈도마르튀리안(*ψευδομαρτυρίαν*, "거짓 증거")으로 읽는다(참조. 마 26:59).

d. 몇몇 후대의 사본들은 카트 이에수(*κατ' Ἰησοῦ*, "예수를 칠")로 읽는다.

e. ℵ, A사본과 몇몇 후대의 사본들 및 역본들은 이에수스(*Ἰησοῦς*, "예수")로 읽는다.

f. W, Φ사본과 몇몇 후대의 사본들 및 역본들은 에크 듀테루(*ἐκ δευτέρου*, "두번째로")를 첨가한다.

g. ℵ*, A사본과 몇몇 후대의 사본들은 호 휘오스 투 데우(*ὁ υἱὸς τοῦ θεοῦ*, "하나님의 아들")로 읽는다(참조. 마 26:63). 적어도 한 사본은 호 휘오스 투 존토스(*ὁ υἱὸς τοῦ* *ζῶντος*, "살아 계신 자의 아들")로 읽는다. 이 독법은 병행본문인 마 26:63의 엑소르키조 세 카타 투 데우 투 존토스(*ἐξορκίζω σε κατὰ τοῦ θεοῦ τοῦ ζῶντος*, "내가 너로 살아 계신 하나님께 맹세하게 하노니")와 마 16:16에 나오는 베드로의 신앙고백인 쉬 에이 호 크리스토스 호 휘오스 투 데우 투 존토스(*σὺ εἶ ὁ χριστὸς ὁ υἱὸς τοῦ θεοῦ τοῦ ζῶντος*, "주는 그리스도시요 살아 계신 하나님의 아들이시니이다")의 영향을 받은 것이다.

h. 몇몇 후대의 사본들은 쉬 에이파스 호티 에고 에이미(*σὺ εἶπας ὅτι ἐγώ εἰμι*, "내가 그라고 네가 말했느니라")로 읽는다. 이 독법은 마 26:64에서 온 것 같다. 그러나 마태는 막 14:62의 원래의 독법을 반영한 것인데, 이 마가 본문을 후대의 필사자가 예수의 답변의 모호성을 없애기 위해 줄인 것으로 보인다(62절에 대한 "주석"을 보라).

i. 몇몇 후대의 권위 있는 사본들은 테스 뒤나메오스 투 데우(*τῆς δυνάμεως τοῦ θεοῦ*, "하나님의 권능의")로 읽는다(참조. 눅 22:69).

j. 헬라어로는 메타 톤 네펠론 투 우라누(*μετὰ τῶν νεφελῶν τοῦ οὐρανοῦ*). D사본은 메타(*μετά*, "~와 함께")를 생략하고, 어떤 사본들은 에피(*ἐπί*, "위에")로 읽는다. 일부 고대 이탈리아 및 불가타 역본을 포함한 라틴어 사본들은 쿰(*cum*, "~와 함께")으로 읽고, 어떤 사본들은 수페르(super, "위에")로 읽는다. 이와 비슷한 이독들이 다른 역본들(Arm Eth Geo Syr)에서도 확인된다. 이러한 이독들은 헬라어 구약성경에서의 불일치를 반영한 것이다: 에피 톤 네펠론 투 우라누(*ἐπὶ τῶν νεφελῶν τοῦ οὐρανοῦ*, "하늘 구름들 위에"; LXX 단 7:13)와 메타 톤 네펠론 투 우라누(*μετὰ τῶν νεφελῶν τοῦ οὐρανου*, "하늘 구름과 함께"; Theodotion 단 7:13). 마가복음 기자가 따른 후자의 독법은 그 근저에 있는 아람어 본문인 임 아나네 셰마이아(עם־ענני שמיא, "하늘 구름과 함께"; MT 단 7:13)를 반영한 것이고, 이 본문은 아람어를 사용한 예수의 말씀을 반영한 것이다.

k. W사본과 몇몇 후대의 권위 있는 사본들은 유데오스(*εὐθέως*, "즉시")를 첨가한다.

l. N, W, Σ사본과 몇몇 후대의 권위 있는 사본들은 판테스(*πάντες*, "다")를 첨가한다.

m. W사본과 몇몇 후대의 권위 있는 사본들은 투 스토마토스 아우투(*τοῦ στόματος αὐτοῦ*, "그의 입에서")를 첨가한다(참조. 눅 22:71).

n. 헬라어로는 파이네타이(*φαίνεται*, 문자적으로는 "~로 보이다"[it appears]). 몇몇 사본들은 도케이(*δοκεῖ*, "~로 보이다"[it seems])로 읽는다(참조. 마 26:66).

o. 헬라어로는 엠프튀에인(*ἐμπτύειν*). 몇몇 후대의 사본들은 엠파이제인 아우토(*ἐμπαίζειν αὐτῷ*, "그를 때리다")로 읽는다. D사본을 비롯한 몇몇 사본들은 엠프튀에인 아우투 토 프로소포(*ἐμπτύειν αὐτοῦ τῷ προσώπῳ*, "그의 얼굴에 침을 뱉다")로 읽는다.

p. 많은 후대의 사본들에는 여러 이독들이 있다: 프로페튜손 헤민(*προφήτευσον ἡμῖν*, "우리에게 예언하라"); 프로페튜손 헤민, 크리스테(*προφήτευσον ἡμῖν, χριστέ*, "메시아여, 우리에게 예언하라"); 프로페튜손 헤민, 크리스테, 티스 에스틴 호 파이사스 세(*προφήτευσον ἡμῖν, χριστε, τίς ἐστιν ὁ παίσας σε*, "메시아여, 우리에게 예언하라: 누

가 너를 쳤느냐?"). 후자의 독법은 N, W, 33사본과 몇몇 후대의 사본들의 독법인데, 마 26:68에서 가져온 것이다.

q. 몇몇 권위 있는 사본들은 에발론(ἔβαλλον 또는 ἔβαλον, "던졌다")으로 읽고, 한 사본은 카테발론(κατέβαλον, "집어던지다")으로 읽는다. 65절에 대한 "주석"을 보라.

양식/구조/배경

대제사장 및 그의 동료들에 의한 예수의 심문 장면에 관한 마가의 기사는 기본적으로 여섯 부분으로 진행된다. (1) "고위 제사장들과 장로들과 서기관들이 다" 모여 있는 안으로 예수를 끌고 가고, 베드로는 그 뒤를 밟아서 대제사장의 집 뜰 안으로 들어옴(53-54절), (2) 예수를 유죄로 만들 증언들을 찾으려는 시도들(55-61a절), (3) 예수의 정체에 관한 대제사장의 질문(61b절), (4) 자신의 메시아적 정체성에 대한 예수의 확인(62절), (5) 신성모독죄를 걸어서 사형을 요구하는 대제사장(63-64절), (6) 예수에 대한 고소자들과 관원들의 거친 대우(65절). 베드로가 대제사장의 집 뜰 안으로 들어왔다는 짤막한 표기는 66-72절에서 그가 예수를 부인하는 장면에 대한 무대를 설정해 주는 역할을 한다.

불트만(Bultmann, *History*, 269-70)은 14:55-64이 "15:1에 나오는 짤막한 글에 대한 이차적인 설명문"이라고 단정한다. 그리고 65절은 원래 다른 곳에 속해 있었다고 본다(*History*, 271). 디벨리우스(Dibelius, *Tradition*, 213)는 "예수께서 대제사장 앞과 빌라도 앞에서 심문을 받으셨을 때 진행된 절차들에 대한 목격자적인 서술은 불가능하다"는 점을 지적한다. 그는 이 이야기가 58절의 성전과 관련된 고소문에서 생겨났다고 믿는다(*Tradition*, 182-83, 192-93). 테일러(Taylor, *Formation*, 58)는 제사장들 앞에 선 예수에 관한 이야기를 나중에 수난 이야기의 핵심에 덧붙여진 것으로 본다. 그리스도인 목격자들의 증언을 토대로 한 것일 수 없다는 이유로 이 이야기의 진정성을 부인해서는 안 된다. "왜냐하면 실제로 일어난 일을 알 수 있는 길이 있었을 것이기 때문이다." 이 점에서는 테일러의 말이 옳다. 그러나 이 전승은 아마도 베드로의 것일 가능성이 높다. 베드로는 대제사장의 집 뜰 안에 있었기 때문이다 (Cranfield, 439는 "이야기가 너무 간결하다고 하여" 그럴 가능성을 의심한다). 사실 위험을 무릅쓰고 예수를 체포해 간 자들의 근처에 간 베드로가 안쪽에서 무슨 일이 진행되고 있는지를 몰랐다고 생각하기는 어렵다. 본문에 보도된 모든 내용—몇 명의 "거짓" 증인들, 예수께서 성전을 위협하셨는지에 관한 질문, 예수의 메시아 주장에 관한 질문과 답변, 신성모독죄를 예수에게 적용하는 대제사장—은 이 심문 절차의 골격에 지나지 않는다. 게다가 다니엘 7:13과 시편 110:1에 나오는 요소들을 혼합한 예수의 답변은 그의 이전 가르침과 연관되기 때문에 진정성이 있다고 할 수 있다. 다니엘 7:13을 반영한 "인자"라는 자기 호칭은 예수 전승 전체에 걸쳐 확인이 되고, 시편 110:1에 대한 예수의 해석(막 12:35-37)은 초대 교회의 창작일 리가 없다(12:35-37에 대한 "주석"을 보라). 또한 우리는 이 이야기가 "초대 교회의 자유로운 창작이었다면 분명히 지니고 있을 교리적 색채가 없다"는 크랜필드(Cranfield, 439)의 지적에도 동의하지 않을 수 없다.

보다 최근의 자료 및 양식비평 학자들은 유대인들의 심문 절차의 기원과 구성을 설명하기 위한 상당수의 복잡한 학설들을 내놓았다. 린네만(Linnemann, *Studien zur Passionsgeschichte*, 109-35)은 두 개의 독립적인 이야기로 구분해 내고자 한다: "A" 자료(53b, 57, 58, 61b, 60a, 61a절)와 "B"자료(55a, 56, 60a, 61c, 62, 63, 64절). 슈나이더(Schneider, *BibLeb* 11[1970] 1-15; id., *NovT* 12[1970] 22-39; id., *Die Passion Jesu*, 55-64)는 복음서 기자가 둘 다 세 번 심문을 받으면서 안에서 시인하는(confessing) 예수와 밖에서 부인하는(denying) 베드로를 대비시키는 "둘로 접는 양면 서판"(diptych)을 만들어 냈다고 생각한다. 솅케(Schenke, *Der gekreuzigte Christus*, 26-46)는 53a, 55-56, 60-61, 63-65절을 원래의 핵심으로 보고, 53b, 57-59, 62절을 후대의 첨가로 본다. 도르마이어(Dormeyer, *Die Passion Jesu*, 149-50, 157-75, 288-90)는 이 심문 이야기에서 세 가지 서로 중복되는 자료들을 발견해 낸다: 원시 전승인 한 순교자의 행전(55절에서), 이 자료에 대한 이차적인 기독교적 편집(56, 61b, 62a, 63, 64, 65b절에서), 마지막으로 고난받는 하나님의 아들인 예수를 모범적인 인물로 묘사하는 마가의 편집(53b, 57-61a, 62ab-65ac에서). 몇 가지 견본으로 뽑아 본 학문적인 연구들에 나타나는 상이성(相異性)들은 자료, 마가 이전의 편집, 마가의 편집을 구별해 내는 시도들에 있어서의 주관성을 보여 준다. 본문 내용이 편집되었고 여러 단계에 걸쳐서 형성되었다는 것은 피할 수 없는 결론인 것 같다. 그럼에도 불구하고 이미 제시한 이유들을 근거로 본문의 상당 부분은 유대 당국자들 앞에서의 예수의 심문 과정의 중요한 구성 요소들에 대한 역사적 회상—많은 부분은 베드로에 의한—의 단편들일 가능성이 크다.

제사장들 앞에서의 예수에 관한 이야기는 몇 가지 역사적 및 해석상의 문제들을 제기한다. (1) 그것은 어떤 류의 사법적 심문이었는가? (2) 58절에 나오는 성전 위협과 관련하여 무엇이 거짓이었는가? 예수께서 이런 취지의 말씀을 하셨다면, 그것은 무엇을 의미했는가? (3) 예수는 자신의 메시아적 정체를 수긍하셨는가? 수긍했다면, 그렇게 한 예수의 의도는 무엇이었는가? (4) 어떤 의미에서 예수는 신성모독죄를 범했고, 어떻게 그것이 그의 사형 언도를 정당화시킬 수 있었는가? 이 모든 질문들은 아래의 "주석"에서 다루어질 것이다.

또한 처음부터 해결하고 넘어가야 할 구조 및 자료비평상의 문제가 있다. 예수의 심문 장면(53, 55-65절)을 베드로의 부인(否認) 사건(54, 66-72절) 사이에 끼워 넣은 것은 마가의 편집에 의한 또 하나의 "샌드위치 구조"인가, 아니면 원래의 전승에 의한 것인가? 비평학자들과 주석가들은 흔히 전자로 본다. 마가복음 기자는 성전 시위 장면(11:11, 15-19)을 무화과나무 이야기(11:12-14, 20-25) 속에 끼워 넣었고, 기름부음에 관한 이야기(14:3-9)를 예수를 배신하려는 음모에 관한 이야기(14:1-2, 10-11) 속에 끼워 넣었듯이(그 밖의 예들은 Neirynck, *Duality in Mark*, 133에 나오는 목록을 보라), 심문 장면을 부인 사건 속에 끼워 넣었다(심문 및 부인과 관련된 복음서 기자의 글쓰는 양식의 이러한 특징에 대해서는 Donahue, *Are You the Christ?*, 58-63; Edwards, *NovT* 31[1989] 193-216를 보라). 베드로는 바깥뜰에서 "불을 쬐고" 있었다. 심문 장면을 이야기한 후에, 복음서 기자는 바깥뜰에서 "불을 쬐고" 있는 베드로에게 되돌아온다(66-67절).

그러나 이 경우에 문제점은 이와 동일한 샌드위치 구조가 요한복음 18장에서도 발견된다는 점이다. 요한복음 18:15-18에서 베드로와 "또 다른 제자 하나"는 제사장(여기서는 안나스이다; 참조. 13, 14절)의 뜰로 들어가고, 거기서 베드로는 "불을 쬔다"(18절). 요한복음 18:19-24은 유대 공회 앞에서의 예수에 관한 이야기를 전한다. 그런 다음에 25절은 바깥에서 "불을 쬐는" 베드로에게 되돌아오는데, 거기에서 그는 예수를 부인하게 될 것이다. 요한복음 18장에 나타나는 이러한 샌드위치 구조는 마가복음 14:53-65에 샌드위치 구조가 있다는 학설들에는 당황스러운 일이다. 따라서 일부 학자들은 요한복음 18장이 마가복음에 대한 의존성을 보여 주는 증거라고 주장한다(예를 들어, Donahue, "From Passion Traditions," 9; K. E. Dewey, "Peter's Curse and Cursed Peter (Mark 14:53-54, 66-72)," in *The Passion in Mark*, ed. W. Kelber, 98, 104). 이러한 주장의 문제점은 마가 또는 다른 공관복음서 중 하나에 대한 요한의 의존성을 보여 주는 증거가 대단히 미미하고, 그 결과 요한복음을 연구하는 대다수의 학자들이 요한복음을 공관복음서 전승과는 문자 그대로 독립적이라고 생각한다는 데 있다. 특히 중요한 점은 요한복음 18장이 샌드위치 구조 이외에는 마가복음 14장을 알고 있다는 다른 증거들을 보여 주지 않는다는 것이다(참조. Fortna, *NTS* 24[1978] 375: 요한이 마가를 사용했다는 증거는 "사실상 전무"하다). 요한복음 18장에는 가야바의 집이 아니라 안나스의 집에서 유대인들의 심문이 열리는 것으로 되어 있다. 예수에게 던져진 질문과 이에 대한 예수의 답변들은 마가복음 14장과는 판이하게 다르다. 베드로에게 던져진 질문과 이에 대한 베드로의 답변들의 내용도 상당히 다르다. 요컨대 요한복음 18장의 저가가 마가복음 14장에 의존해서 베드로에서 예수로, 다시 베드로에게로 옮겨가는 줄거리 진행과 관련된 문학적 이음솔기만을 뽑아서 가져갔다는 것을 믿으라고 우리에게 요구하는 것이나 다름없다는 말이다. 그것은 거의 불가능하다.

14:53-65에 대한 샌드위치 구조 이론에서의 또 하나의 문제점은 베드로의 부인(否認)에 관한 이야기가 독립적으로 유포되었을 가능성이다(참조. Gundry, 891). 14:3-9에 나오는 기름부음에 관한 이야기는 독립적으로 유포되었을 것이고, 제사장이 정보를 돈으로 사고 유다가 그 돈을 받기로 결심한 이야기(14:1-2, 10-11)도 그랬을 것이다. 무화과나무 이야기(11:12-14, 20-25)와 성전 시위 장면(11:11, 15-19)도 독립적으로 유포되었을 것이다. 그러나 베드로의 부인(否認)에 관한 이야기가 같은 시간 안에서 예수에 대한 심문이 진행되고 있던 이야기와 무관하게 독립적으로 유포될 수 있었을까? 이 경우의 샌드위치 구조가 다른 경우들과 결정적으로 다른 점이 바로 여기에 있다. 다른 경우들은 한 사건이 다른 사건과 몇 시간, 심지어는 며칠씩 간격을 두고 일어난다. 그러나 예수에 대한 심문과 베드로의 부인(否認)은 "동시에" 일어나는 사건들이다. 끝으로 이탈(옆길로 새는 것)과 재개(본론으로 되돌아오는 것)라는 문학적 기법은 자료들을 이어 붙였다고 의심할 이유가 전혀 없는 고대 말의 본문들에 분명하게 드러난다(참조. C. A. Evans, *JBL* 101[1982] 248-49; Gundry, 891도 이를 받아들임). 그러므로 이 이야기는 혼합된 채 전승으로 전해졌고, 마가복음 기자는 군데군데, 특히 첫 부분과 마지막 부분을 손질했지만 두 이야기를 샌드위치 구조로 만든 데는 아무런 책임도 없다고 해야 할 것이다. (5:21-43에서 야이로의 딸에 관한 이야기와 혈루병에 걸린 여인에 관한 이야기가 혼합되어 있는 것도 마가의 편집이 아니라 마가 이전의 전승의 또 하나의 예일 것이다; 참조. Guelich, 292-93).

주석

53 "저희가 예수를 끌고 대제사장에게로 갔다"(*καὶ ἀπήγαγον τὸν Ἰησοῦν πρὸς τὸν ἀρχιερέα* – 카이 아페가곤 톤 이에순 프로스 톤 아르키에레아). 마가는 명시적으로 말하고 있지 않지만, 그가 말하는 대제사장은 가야바로 불리는 요셉이다. 그의

이름은 마가복음에는 나오지 않는다. 요한복음 18:13에서는 그가 안나스(아나누스 또는 하난으로도 불리는)의 사위라고 말하고, 누가복음 3:2에서는 하나님의 말씀이 "안나스와 가야바가 대제사장으로 있을 때에" 세례 요한에게 임했다고 말한다. 현직 대제사장인 가야바와 그의 장인의 이러한 연관 관계는 주후 6-15년에 봉직했던 전직 대제사장의 지속적인 영향력을 확인시켜 준다.

최근의 고고학적 발굴을 통해서 이 인물에 대한 학문적 내지 통속적으로 흥미 있는 내용이 새롭게 밝혀졌다. 예루살렘의 옛 성읍에서 남쪽으로 1.5킬로미터 지점에 있는 평화의 숲에서 1990년에 발견된 화려하게 장식된 주후 1세기의 토굴에서 두 개의 납골단지(현재는 이스라엘 국립박물관에 소장되어 있음)가 나왔는데, 일부 학자들(Greenhut, *BAR* 18.5[1992] 35; Reich, *BAR* 18.5[1992] 40-44; Flusser, *Jesus*, 195-206)에 의하면 가야바라는 이름이 새겨져 있었다고 한다. 두 개의 단지 중 하나에는 예호세프 바르 카이야파(יהוסף בר קיפא; 한쪽 끝에)와 예호세프 바르 카파(יהוסף בר קפא; 한쪽 옆면에)라는 두 개의 명각(銘刻)이 있었다. 이 납골단지에는 60살 된 노인의 뼈(와 두 유아, 한 갓난아기, 한 소년, 한 여인의 뼈들)가 담겨져 있었는데, 이것은 요세푸스가 요셉 가야바라 부른 대제사장 가야바의 납골단지인 것 같다(참조. *Ant.* 18.2.2 §35 [*Ἰώσηπος ὁ Καϊάφας*—이오세포스 호 카이아파스, "가야바라 [불리는] 자 요셉"]과 18.4.3 §95 [*τὸν ἀρχιερέα Ἰώσηπον τὸν Καϊάφαν ἐπικαλούμενον*—톤 아르키에레아 이오세폰 톤 카이아판 에피칼루메논, "가야바라 불리는 자 대제사장 요셉"]; 그 다섯 아들이 차례로 대제사장들이 된 안나스에 관한 언급에 대해서는 *Ant.* 20.9.1 §§197-98). 납골단지의 옆면에 아무렇게나 갈겨쓴 글자들은 그의 뼈를 이 단지에 넣은 친척의 필체인 것 같다(누구의 뼈가 이 단지에 있는지를 기록해 두기 위해서). 무덤에 있던 두 번째 납골단지에는 카파(קפא)라는 이름이 새겨져 있었다. 토셉파(Tosefta, 주후 300년경)에 의하면, 랍비 요슈아가 "내가 이로써 벧 셰바임의 알루바이 가문과 벧 메코셰쉬의 카이파[קיפא]의 집 가문에 관하여 증거하노니, 그들은 공동의 부인들의 아들들로서 그들로부터 대제사장들이 선택되었고 성전 제단에 희생제사를 드렸다"(*t. Yebam.* 1.10; 참조. Roth, *EncJud* 5:19-20). 라이히(Reich)와 플루서(Flusser)는 이 납골단지에 새겨진 이름은 다름 아닌 그리스도인들에게 아주 잘 알려진 대제사장의 이름이라고 생각한다. 이러한 견해는 이스라엘 국립박물관에 의해 받아들여졌는데, 이 노인의 뼈는 가야바라 불린 대제사장 요셉 일가 사람들에 의해 감람산에 매장되었을 것이다.

그러나 호베리(Horbury, *PEQ* 126[1994] 32-48)와 퓌에쉬(Puech, *Le monde de la

Bible 80[1993] 42-47)는 이 유골을 가야바의 것으로 보는 것에 의문을 제기했다. 그들의 반론은 다음과 같다. (1) 카이야파(קיפא; 납골단지의 끝에 있는)에서 "요드"로 읽은 글자는 "와우"(즉, קופא)일 가능성이 크다. "와우"는 자음(카이야파[Qayyapa']가 요구하는)이 아니라 모음이기 때문에, 이 단어는 코파(Qopa') 또는 쿠파(Qupa')로 발음되어야 한다. (2) 납골단지의 옆면에 있는 명각(קפא)에서 요드/와우가 생략되어 있는 것은 이 이름의 완전한 표기에 나오는 요드/와우가 자음이 아니라 모음이라는 견해를 뒷받침한다. (3) 납골단지가 발견된 토굴은 대제사장 가문의 격에 맞을 정도로(예를 들어, 아겔다마에서 발견된 화려하게 장식된 웅장한 능과 같이) 장식이 되어 있지 않다. 평화의 숲의 토굴은 꽤 유복한 예루살렘 가문의 것일 수 있으나 예루살렘에서 매우 잘 살았고 정치적으로 막강했던 가문의 것으로 보기는 힘들다. 납골단지에 새겨진 이름과 노인의 유골이 복음서들에 나오는 대제사장의 것일 가능성이 완전히 배제되지는 않았지만, 상당한 의구심은 제기된 셈이다.

이 토굴에 있던 "시몬의 딸 미리암"(מרים ברת שמעון – 미리얌 베라트 쉬므온)이라는 이름이 새겨진 납골단지에는 한 여인의 뼈가 담겨져 있었다. 그 안에서는 헤롯 아그립바 1세(주후 42/43년) 치세 때 주조된 동전이 두개골의 입에서 발견되었는데, 이는 삼도천(三途川)을 무사히 통과하기 위해 헬라 신 카론(Charon)에게 배삯을 주는 이방 관습을 반영한 것인 듯하다(Greenhut, *BAR* 18.5[1992] 28-36; Reich, *BAR* 18.5[1992] 38-44, 76). 이 이상한 특징에 대하여 지나친 의미 부여를 해서는 안 되겠지만, 그것은 유대인들의 생활 속에, 심지어 최고위직 제사장 집단 내에 이방 문화가 어느 정도 침투했었는지를 증언해 준다.

예수를 밤늦게 대제사장의 집(54절에 분명히 나타나듯이)으로 끌고 간 것은, 55절에 "온 공회"(*ὅλον τὸ συνέδριον* – 홀론 토 쉬네드리온)가 모였다는 언급에도 불구하고, 곧 열리게 될 심문이 비공식적인 임시 재판임을 보여 준다. 55절에 대한 "주석"을 보라. 이렇게 고위직에 있는 인물들이 밤중에 모였다는 것은 그들이 크게 놀랐고 긴급하다고 느꼈음을 확인해 준다. 그들의 바람은 이튿날 저녁 유월절 식사를 하기 전에 신속하게 예수를 처형하는 것이었다.

"고위 제사장들과 장로들과 서기관들이 다 모이더라"(*καὶ συνέρχονται πάντες οἱ ἀρχιερεῖς καὶ οἱ πρεσβύτεροι καὶ οἱ γραμματεῖς* – 카이 쉰에르콘타이 판테스 호이 아르키에레이스 카이 호이 프레스뷔테로이 카이 호이 그람마테이스). 이들은 예수께서 예루살렘에 당도하신 이래로 그의 주된 대적자들이었던 사람들이다. 예수는 성전 경내에서 활동하며 가르치실 때 이들 중 일부와 접촉하신 적이 있었다(11:18, 27; 12:12, 28, 38; 14:1). "고위 제사장들과 장로들과 서기관들"이 한꺼번에 등장하는 것은 예수의 수난 예고들로 거슬러 올라간다. 거기에서 이들은 예수를 죽일 자들로 언급된다(8:31; 10:33).

54 "베드로가 예수를 멀찍이 좇아 대제사장의 집 뜰 안까지 들어가서 하속들과 함께 앉아 불을 쬐더라"(*καὶ ὁ Πέτρος ἀπὸ μακρόθεν ἠκολούθησεν αὐτῷ ἕως ἔσω εἰς τὴν αὐλὴν τοῦ ἀρχιερέως καὶ ἦν συγκαθήμενος μετὰ τῶν ὑπηρετῶν καὶ θερμαινόμενος πρὸς τὸ φῶς*－카이 호 페트로스 아포 마크로덴 에콜루데센 아우토 헤오스 에소 에이스 텐 아울렌 투 아르키에레오스 카이 엔 슁카데메노스 메타 톤 휘페레톤 카이 데르마이노메노스 프로스 토 포스). 대제사장, 모든 고위 제사장들, 장로들, 서기관들 앞에 끌려온(53절) 예수는 이제 유대 백성들 중에서 가장 권세 있는 자들을 대면하신다. 눈에 안 띄게 거리를 두고 멀찍이 따라온 베드로는 대제사장의 집 뜰로 들어가서 하속들 틈에 끼어 불을 쬔다. 베드로에게 일어난 일은 나중에 이야기될 것이다. "대제사장의 뜰"(*τὴν αὐλὴν τοῦ ἀρχιερέως*－텐 아울렌 투 아르키에레오스)로 들어감으로써 베드로는 이제 스승이자 벗인 예수의 운명이 어찌 되는지를 알 수 있는 위치에 있게 된 것이다. 그는 일부는 예수를 체포할 때 참여한 사람들이기도 한 관원들과 하속들 속에 눈에 안 띄게 끼어 있고 싶어한다. 베드로가 정말 겟세마네에서 대제사장의 종을 칼로 친(14:47) 사람이었다면, 우리는 그가 눈에 안 띄게 있고 싶어하는 심정을 더 잘 이해할 수 있다. 그가 종을 공격한 사람이 아니라 할지라도(복음서 기자는 종을 공격한 사람이 베드로였다고 말하지 않는다), 그가 예수의 제자라는 사실만으로도 그는 위험에 처해 있는 것이고, 마가복음의 독자들은 그것을 안다. 복음서 기자는 걱정스럽게 "불을 쬐며" 앉아 있는 이 제자를 그대로 남겨두었다가 나중에 67절에서 다시 "불을 쬐는" 장면으로 독자들을 이끌어 온다.

55 "고위 제사장들과 온 공회가 예수를 죽이려고 그를 칠 증거를 찾되 얻지 못하였다"(*οἱ δὲ ἀρχιερεῖς καὶ ὅλον τὸ συνέδριον ἐζήτουν κατὰ τοῦ Ἰησοῦ μαρτυρίαν εἰς τὸ θανατῶσαι αὐτόν, καὶ οὐχ ηὕρισκον*－호이 데 아르키에레이스 카이 홀론 토 쉬네드리온 에제툰 카타 투 이에수 마르튀리안 에이스 토 다나토사이 아우톤 카이 우크 에휘리스콘). "고위 제사장들"(*οἱ ἀρχιερεῖς*－호이 아르키에레이스)이 "장로들과 서기관들" 없이 단독으로 언급되는 것은 이번이 처음이다. 이들은 자주 한 통속으로 나오는데, 이는 이들이 비록 로마에 복속되어 있긴 하지만 유대인들의 정치계에서 실권을 쥔 무리이기 때문이다(참조. Josephus, *Ant.* 20.10.5 §251: "고위 제사

장들[οἱ ἀρχιερεῖς – 호이 아르키에레이스]에게는 민족의 지도력이 맡겨져 있었다"; Smallwood, *JTS* n.s. 13[1962] 14-34; id., *The Jews under Roman Rule*, 148-50).

"온 공회"(ὅλον τὸ συνέδριον – 홀론 토 쉬네드리온)는 종종 주장되는 것과는 달리 산헤드린의 공식 회합을 의미하지는 않는다. 여기서 의미하는 것은 산헤드린의 몇몇 의원들이 가야바의 집에 소집되었고, 그들은 모두 예수를 칠 증거를 찾는 데 관심이 있었다는 것이다. "온"(ὅλον – 홀론)이라는 단어를 사용한 것은 과장법으로서 예수의 수난 예고들이 얼마나 완벽하게 성취되었는지를 강조하기 위함일 것이다(Gundry, 883). 제사장들과 장로들의 이러한 회합을 그대로 인정한다면 – 예수를 사형에 처해 줄 것을 청원하는 의견서를 첨부하여 로마인들에게 넘겨줄 것인지의 여부를 놓고 유대 당국자들 사이에서 합의를 도출해 내기 위한 비공식적인 심문 – 사형을 언도하는 재판이 갖추어야 할 요건들(두 세기나 후에 *m. Sanh.* 4-7에 규정된)이 결여되었다는 것을 근거로 이 기사의 역사성을 부인하는 반론들은 설득력을 잃게 된다(참조. Cranfield, 440).

고위 제사장들은 "예수를 죽이려고 그를 칠 증거를 찾았다"(ἐζήτουν κατὰ τοῦ Ἰησοῦ μαρτυρίαν εἰς τὸ θανατῶσαι αὐτόν – 에제툰 카타 투 이에수 마르튀리안 에이스 토 다나토사이 아우톤). 이 증거(μαρτυρίαν – 마르튀리안)는 목격자의 증언이어야 했고(단순히 상황 증거여서는 안 되었다), 유대의 율법에 따라 그 진실성이 입증되어야 했다(59절에 대한 "주석"을 보라). 유대의 위정자들 앞에서의 심문은 공식적인 재판은 아니었지만 몇몇 증거 법칙들은 그대로 적용되었다. 그러나 그들은 애를 썼지만 "아무것도 발견하지 못했다"(οὐχ ηὕρισκον – 우크 에휘리스콘). 마가 본문의 미완료과거인 우크 에휘리스콘(οὐχ ηὕρισκον, "발견하지 못하였다")은 지속적으로 시도하고 있음을 의미하고, "예수를 죽이려고"(εἰς τὸ θανατῶσαι αὐτόν – 에이스 토 다나토사이 아우톤)라는 표현은 제사장들이 사형에 해당하는 범죄의 증거를 찾고 있었음을 분명히 보여 준다. 마가복음 이야기가 보여 주듯이, 고위 제사장들은 스스로 예수를 사형에 처할 계획을 갖고 있지 않다. 그들은 이 일을 빌라도가 해주기를 기대하고 있는 것이다. 로마 총독은 순전히 종교적인 다툼(예를 들어, 성전의 정책에 관한 문제들)에 대해서는 관심이나 재판 관할권을 거의 갖고 있지 않았기 때문에, 고위 제사장들은 로마가 심각하게 생각할 죄목을 만들어 낼 증언을 확보해야 했다.

56 "이는 많은 사람이 예수를 쳐서 거짓 증거하였으나"(πολλοὶ γὰρ ἐψευδομαρτύρουν κατ' αὐτοῦ – 폴로이 가르 엡슈도마르튀룬 카트 아우투). 가르(γάρ, "왜냐하

면")는 55절의 "증거를 찾되"(*ἐζήτουν⋯μαρτυρίαν*-에제툰⋯마르튀리안) "얻지 못했다"(*οὐχ ηὕρισκον*-우크 에휘리스콘)는 말에 대한 부연설명을 이끈다. 제사장들은 증거를 "찾았지만"(seeking) 결정적인 증거를 "발견해 내지"(finding) 못했다. "왜냐하면" 증인들의 말이 서로 일치하지 않았기 때문이다. 물론 복음서 기자의 관점에서 보면, 예수를 쳐서 증거한 자들은 "거짓 증거를 한"(*ἐψευδομαρτύρουν*-엡슈도마르튀룬) 거짓 증인들이다. 그들에게 사용된 "거짓"이라는 표현은 마가복음 독자들에게 13:22에 나오는 예수의 경고를 상기시킨다: "거짓 그리스도들(*ψευδόχριστοι*-프슈도크리스토이)과 거짓 선지자들(*ψευδοπροφῆται*-프슈도프로페타이)이 일어나서 이적과 기사를 행하여 할 수만 있으면 택하신 백성을 미혹케 하려 하리라." 예수는 마가 공동체의 때에 계속해서 거짓 증언을 하게 될 거짓 증인들을 이미 겪고 계신 것이다.

"그 증거가 서로 합하지 못함이라"(*καὶ ἴσαι αἱ μαρτυρίαι οὐκ ἦσαν*-카이 이사이 하이 마르튀리아이 우크 에산). 여기에 고위 제사장들이 예수에게 죄를 뒤집어씌울 만한 증거를 발견하지 못한 이유가 나온다: "증거들"(*αἱ μαρτυρίαι*-하이 마르튀리아이), 즉 맹세한 후에 하는 진술들이 "합치하지 않았다"(*οὐκ ἦσαν*-우크 에산). 직역하면, "증언들이 동일하지(*ἴσαι*-에사이) 않았다." 증언들이 어떤 의미에서 동일하지 않았는지에 관해서는 59절에 대한 "주석"을 보라.

57 "어떤 사람들이 일어나 예수를 쳐서 거짓 증거하였다"(*καί τινες ἀναστάντες ἐψευδομαρτύρουν κατ' αὐτοῦ*-카이 티네스 아나스탄테스 엡슈도마르튀룬 카트 아우투). 어떤 사람들이 앉아 있는 제사장들 앞에서 일어나 56절에서 말한 것처럼 "거짓 증거하였다"(*ἐψευδομαρτύρουν*-엡슈도마르튀룬). 그러나 그들의 증언이 어떤 의미에서 거짓되었는지는 결정하기가 쉽지 않다.

58 "우리가 그의 말을 들으니 손으로 지은 이 성전을 내가 헐고 손으로 짓지 아니한 다른 성전을 사흘에 지으리라 하더라"(*ἡμεῖς ἠκούσαμεν αὐτοῦ λέγοντος ὅτι ἐγὼ καταλύσω τὸν ναὸν τοῦτον τὸν χειροποίητον καὶ διὰ τριῶν ἡμερῶν ἄλλον ἀχειροποίητον οἰκοδομήσω*-헤메이스 에쿠사멘 아우투 레곤토스 호티 에고 카탈뤼소 톤 나온 투톤 톤 케이로포이에톤 카이 디아 트리온 헤메론 알론 아케이로포이에톤 오이코도메소). 복음서 기자는 그의 독자들에게 이 고소에 대한 준비를 거의 시키지 못했다. 사실 마가복음에만 의존하는 독자들은 이 고소를 평가할 수 있는 위치에 있지 못하다. 물론 마가복음 독자들은 예수께서 성전 당국자들과 논쟁을 벌이셨고(11-12장) 성전의 철저한 파괴를 예언하셨다는 것(13:2), 예수께서 마가복음의

그 어디에서도 "내가 이 성전을 헐리라"고 말씀하신 적이 없다는 것을 알고 있다. 예수께서 성전의 파괴를 예언하셨고(참조. C. A. Evans, *JSP* 10[1992] 89-147) 요한복음의 예수는 이와 비슷한 말씀을 하셨기(참조. 요 2:19: "너희가 이 성전을 헐라 내가 사흘 동안에 일으키리라") 때문에, 오늘날 대부분의 학자들은 마가복음 14:58이 예수께서 실제로 말씀하셨던 것 또는 적어도 예수께서 말씀하신 것과 비슷한 내용이라고 믿는다(참조. Sanders, *Jesus and Judaism*, 71-76; Adna, "Jesu Kritik am Tempel," 506-7).

그리고 예수께서 이와 같은 말씀을 하셨을 만한 다른 근거들이 있다. 왜냐하면 이 말씀은 "사람의 손으로 하지 않고" 산에서 뜨인 돌이 연속적으로 생겨나는 땅의 나라들을 나타내는 신상(神像)을 부수는 이야기(단 2:44-45; Adna, "Jesu Kritik am Tempel," 507)에 대한 인유(引喩)인 것 같기 때문이다. 예수 전승 속에는 다니엘서로부터 표현과 이미지를 가져와 사용한 경우가 많은데, "인자"라는 자기 호칭이 그 가장 뚜렷한 예이다(참조. 단 7:13; 또한 막 8:31에 대한 "주석"을 보라). 또한 예수는 자기 자신을 이 땅에서 끊어져 없어질 기름부음 받은 자로 여기셨을 것이고(단 9:26; 또한 막 14:21에 대한 "주석"을 보라), 장차 "멸망의 가증한 것"이 "인자"의 재림이 가까웠음을 알리는 신호탄이 될 것이라고 예언하시기도 했다(단 11:31; 12:5-13; 또한 막 13:14에 대한 "주석"을 보라). 예루살렘에서 거부당한 후에 예수는 자신의 죽음과 성전의 파괴(막 13:2에서와 같은)를 말씀하고, 심지어 헤롯이 지은 성전이 하늘에 그 기원을 둔 성전으로 대체될 것이라고 위협하는 말을 하시기 시작했을 것이다. 하나님 나라를 나타내는 다니엘서의 돌 이미지가 여기에 나오는 것은 예수의 다니엘서 사용과 일치하고 하나님 나라에 대한 예수의 선포와도 부합한다. 또한 다니엘 7:13과 2:44-45에 나오는 요소들이 에스라4서 13장(특히 3, 6, 36절 참조)의 메시아 환상에 서로 결합되어 있다는 점도 주목해야 할 부분이다: "그 사람은 하늘 구름을 타고 날았다…그는 자기를 위해 큰 산을 떠내서 그것을 타고 날았다…손으로 하지 않고 떠낸 산."

종말에 올 메시아가 예루살렘 성전을 재건하리라는 유대 전승들이 있다. 이러한 기대는 스가랴 6:12의 예언에 뿌리를 둔 것인 듯하다: "순(筍)이라 이름하는 사람이…여호와의 전을 건축하리라"(참조. *Tg.* Zech 6:12: "보라 메시아라 이름하는 사람이 나타나리니, 그가 일으키심을 받아서 여호와의 전을 세우리라"). 우리는 여기에서 다시 한 번 스가랴서가 예수에게 영향을 미쳤다는 증거를 보게 된다. 쿰란 공동체는 분명히 종말의 새로운 성전을 기대했다. 4QFlor 1:6-7은 예수의 것으로 돌려진 이 말씀의 의미를 이해하는 데 관련이 있는 것 같다: "그는 그들에게 자기를 위해 인간 성소(מקדש אדם – 미크다쉬 아담)를 지으라고 말씀했다." 일부 학자들은 이 성소(또는 성전)를 영적 또는 공동체적 관점에서 해석했다: 에세네파는 예루살렘 성전에 가지 않았고, 적어도 거기서 행해진 제의 활동(*pragmata*)에 영향을 줄 수 없었기 때문에 예배를 드리기 위한 인간 성전을 형성했다는 것이다. 와이스(Wise, *RevQ* 15[1991] 103-32)는 이 대목이 문자 그대로의 성전, 심판과 회복의 때에 세워질 성전에 관하여 말하는 것이라고 주장한다. 이는 하나님께서 의인들에게 "아담의 성전"을 세우라고 명하셨다는 것인데, 그 때가 되면 낙원의 지복(至福)이 회복될 것이다. 이것이 성전 두루마리에서의 의미이기도 한 것 같기 때문에, 와이스(Wise)의 견해는 옳을 수 있다. 성전 두루마리에 의하면, 하나님은 이렇게 약속하신다. "내가 그들과 함께 영원히 거하리라. 내가 내 성전을 내 영광으로 거룩케 하리니, 이는 내가 손수 내 성전을 지을 창조의 날까지 거기에 내 영광을 거하게 할 것임이라. 내가 벧엘에서 야곱과 맺은 언약을 이루기 위해 몸소 영원한 성전을 세우리라" (11QTemple 29:7-10). 종말론적인 회복된 예루살렘을 위한 새로운 성전은 바룩2서 4:3에도 묘사된다. "이것이 '내가 너희를 위해 내 손바닥에 새겨놓았다'고 말한 그 도성이니라. 그것은 지금 너희 가운데 있는 이 건물이 아니라 내가 낙원을 창조하기로 결심한 순간부터 이미 준비되어 있다가 장차 나타날 것이니라." 후대의 랍비들의 해석에는 하나님께서 직접 성전을 세우실 것이라는 사상이 들어 있다: "그러나 하나님께서 (솔로몬) 성전을 지으셨을 때…그러나 '여호와여 주의 손으로 세우신 성소(מקדש – 미크다쉬)'라고 기록된 바와 같이 하나님은 오셔서 그의 두 손으로 성전을 지으셨다"(출 15:17-21에 대한 *Mek.* [*Širātā'* §10]; 참조. J. Z. Lauterbach, ed., *Mekilta de Rabbi Ishmael*, 3 vols.[Philadelphia: Jewish Publication Society of America, 1933-35) 2:79; Ådna, "Jesu Kritik am Tempel," 250). 두 큰 전쟁 사이의 기간(주후 70-132년)에 나온 것으로 보이는, 이 문헌에 나오는 이사야 53:5에 대한 아람어 의역(意譯)인 "그[즉, 탈굼에서 메시아로 부르는 종]가 우리 죄로 인하여 더럽혀진 성전을 세우리라"는 그보다 더 이전 시기에 유포되었던 메시아 사상들을 반영한 것인 듯하다.

성전을 "손으로 지은"(*χειροποίητον* – 케이로포이에톤) 것이라고 말하는 것 자체가 고위 제사장들의 비위를 거슬리게 했을 것이다. 왜냐하면 그러한 말은 성전의 신성한 지위를 부인하는 말임과 동시에 성전이 현재 우상이 되어 있다는 것을 암시하는 말이기도 하기 때문이다. 칠십인역에서 케이로포이에토스(*χειροποίητος*, "손으로 지은")라는 표현은 우상들과 관련하여 몇 번 사용된다(페셀[פֶּסֶל; 참조. 레 26:1]; 또는 엘릴림[אֱלִילִים; 참조. 사 2:18; 10:11; 19:1]; 또는 여러 형태의 "금과 은으로 만든 신들"[참조. 단 5:4, 23; 6:28]을 번역하는 말로). 이러한 뉘앙스는 예수의 이 말씀이 지닌 예언적 고발의 성격을 강화시켜 준다: 기존의 성전은 "인자"가 와서(참조. 14:62) "손으로 짓지 아니한"(*ἀχειροποίητον* – 아케이로포이에톤) 다른 성전을 세우실 때 파괴되고 말 인간적인 또는 심지어 우상적인 것에 비유된다.

예수께서 "친히" 성전을 파괴하겠다고 위협하셨다는 고발(이것은 의심스럽다; 참조. Sanders, *Jesus and Judaism*, 74: "그는 '하나님에 의한' 성전의 파괴를 예언했거나 위협했을 것이다")이 확증된다면, 예수는 중형, 심지어 사형에 처해지게 될 것이다. 성전에 대하여 위협적인 발언을 했다는 이유로 처형될 수 있다는 것은 주후 62년에 성전의 파괴를 예언했던 예수 벤 아나니아(Jesus ben Ananias)의 이야기에서 볼 수 있다(Josephus, *J.W.* 6.5.3 §§89-92). 또한 바울이 한 이방인을 이스라엘의 뜰에 데려왔다는 소문이 퍼지자 사람들이 떼를 지어 바울에게 대들었던 사건도 생각해 볼 수 있다(행 21:27-36; 35절: "그를 없이 하자!").

59 "오히려 그 증거도 서로 합하지 않더라"(*καὶ οὐδὲ οὕτως ἴση ἦν ἡ μαρτυρία αὐτῶν* – 카이 우데 후토스 이세 엔 헤 마르튀리아 아우톤). 유대 율법에 의하면, 범죄 사실을 확증하기 위해서는 두세 사람의 증인이 있어야 했다(참조. 민 35:30; 신 17:6; 19:15). 57절에 의하면, "어떤 사람들이 일어나 예수를 쳐서 증언하였다." 본문의 "어떤 사람들"(*τινές* – 티네스)은 적어도 두 사람 이상이라는 의미를 함축하고 있다. 사실 복음서 기자는 우리에게 너댓 사람 정도가 일어서서 예수를 고소했다는 인상을 주고자 했을 것이다. 그들이 한 실제적인 증언 – "우리가 그의 말을 들으니…이 성전을 내가 헐고…" – 은 논란이 된 것 같지는 않다. 독자들이 일부 증인들이 예수께서 실제로 다른 말을 했다고 증언함으로써 앞의 사람들의 증언을 반박했다고 생각하지 않는다면, 예수께서 말씀했다고 주장되는 내용은 합치했던 것으로 보인다. 그렇다면 어떤 의미에서 그들의 증언이 "합치되지"(*ἴση* – 이세) 않았다는 것인가? 다니엘서에 부록으로 첨부된 외경인 수산나(Susanna)에 나오는 예가 우리의 질문에 답해 줄 것이다. 이 흥미로운 이야기는 아름다운 수산나를 유혹하려고 하는 음탕한 두 장로(*πρεσβύτεροι* – 프레스뷔테로이)에 관한 이야기이다. 개인 동산에서 목욕하고 있던 수산나를 붙잡고, 이 장로들은 이렇게 위협하면서 그녀에게 수작을 건다. "보아라, 동산의 문들은 닫혀 있고, 아무도 보는 사람이 없다. 우리는 어떤 청년이 너와 함께 있었는데 이 때문에 네가 네 하녀들을 내보낸 것이라고 너를

쳐서 증언하겠다(καταμαρτυρήσομεν – 카타마르튀레소멘)" (Sus 20-21[Theodotion]). 수산나는 이를 거절하고 도와달라고 소리를 쳤고, 장로들은 "그녀를 향해 소리를 질렀다"(24절). 이튿날 사람들이 수산나의 남편인 요아킴의 집에 모였다. 장로들은 그녀를 쳐서 이렇게 증언한다.

> 우리가 동산을 걷고 있을 때, 이 여인이 하녀 두 명을 데리고 들어와서 동산 문들을 걸어 잠그고 하녀들을 내보냈다. 그때 동산에 숨어 있던 한 청년이 그녀에게 갔고 그녀와 함께 누웠다. 우리는 동산 모퉁이에 있었는데, 이 악한 짓을 보고는 그들에게 달려갔다. 우리는 그들이 포옹하는 것을 보았으나, 그 청년은 우리에 비해 아주 힘이 세서 그를 말릴 수가 없었다. 그는 문들을 열고 쏜살같이 도망쳐 버렸다. 그래서 우리는 이 여인을 붙잡아서 그 청년이 누군지를 물었으나, 이 여인은 우리에게 대답하려 하지 않았다. 이 일을 우리는 증언한다(μαρτυροῦμεν – 마르튀루멘). (36-41절[Theodotion])

이 비공식적인 유대 법정에서는 처음에는 두 장로의 말을 믿는다. 그래서 "그들은 그녀에게 사형을 선고하였다"(κατέκριναν αὐτὴν ἀποθανεῖν – 카테크리난 아우텐 아포다네인; 41절[Theodotion]). 사람들이 수산나를 처형하기 위해 끌고 갈 때 청년 다니엘이 끼어든다. 그는 그녀를 고소한 자들 각자에게 따로따로 수산나가 청년의 품에 있었을 때 그녀는 어느 쪽에 있었느냐고 묻는다. 이에 대해 장로들이 각각 서로 상반되는 대답을 함으로써(52-59절) 수산나는 무죄방면되고, 악한 장로들은 처형당한다(60-62절). 복음서 기자가 마가복음 14:56과 59절에서 "합하지 않았다"고 말한 것은 바로 이런 것을 가리키는 말이었을 것이다. 따로따로 교차심문을 해보니 각 증인들의 증언이 서로 일치하지 않았고, 따라서 예수를 치는 증거들은 받아들여지지 않았다.

60 "대제사장이 가운데 일어나서 예수에게 물었다"(καὶ ἀναστὰς ὁ ἀρχιερεὺς εἰς μέσον ἐπηρώτησεν τὸν Ἰησοῦν – 카이 아나스타스 호 아르키에류스 에이스 메손 에페로테센 톤 이에순). 거짓 증인들이 방금 전에 그랬던 것처럼 대제사장(즉, 전임 대제사장이자 여전히 성전 정치에 막대한 영향력을 끼치고 있던 인물인 안나스의 사위인 가야바라 하는 요셉; 53절에 대한 "주석"을 보라)은 공회 가운데서 "일어나"(ἀναστάς – 아나스타스) 예수에게 직접 질문을 던진다. 앞에 나왔던 증인들은 별 소용이 없다는 것이 밝혀졌기 때문이다. 가야바는 책임을 피고에게 떠넘기는 좀 더 직접적인 접근 방법을 취하기로 결심한 것이다.

"너는 아무 대답도 없느냐? 이 사람들의 너를 치는 증거가 어떠하냐?"(οὐκ ἀπο-

κρίνῃ οὐδέν τί οὗτοί σου καταμαρτυροῦσιν—우크 아포크리네 우덴 티 후토이 수 카타마르튀루신). 본문의 구조가 어색하다. 대부분의 번역들은 두 가지 질문으로 본다: "너는 아무 대답도 없느냐?"와 "이 사람들의 너를 치는 증거가 어떠하냐?"(참조. Taylor, 567; Cranfield, 442 등). 대제사장은 예수에게 그를 쳐서 제기된 (확증되지 않은) 죄목들에 대하여 대답하지 않을 작정이냐고 묻는다. 첫 번째 의문문은 감히 건방지게 대답을 안 할 것이냐는 힐난(詰難)이고, 두 번째 의문문은 요구(要求)다. 대제사장의 전략은 아주 분명하다: 이제까지 제기된 증언으로 예수를 유죄로 만드는 데 실패한다면, 이에 대한 예수의 대답을 통해서 그를 죄로 옭아매겠다는 것이다.

61 "예수께서는 잠잠하고 아무 대답도 아니하셨다"(*ὁ δὲ ἐσιώπα καὶ οὐκ ἀπεκρίνατο οὐδέν*—호 데 에시오파 카이 우크 아페크리나토 우덴). 예수는 대답하기를 거부하신다. 예수께서 여기에서는 대답을 거부하고 조금 후에는 대답을 하신 이유가 무엇인지는 분명치 않다. 예수는 "거짓" 증언들을 상대하기를 거부하신 것으로 보인다. 그러나 자신의 정체에 관하여 거짓 없이 질문을 받았을 때, 예수는 답변을 주신다.

"대제사장이 다시 예수에게 물었다"(*πάλιν ὁ ἀρχιερεὺς ἐπηρώτα αὐτὸν*—팔린 호 아르키에류스 에페로타 아우톤). 본문의 "다시"(*πάλιν*—팔린)는 60절에서 처음으로 묻고 이번에 다시 묻는 것을 가리킨다. 에페로탄(*ἐπερωτᾶν*)은 마가복음에서 25번 정도 나오고 흔히 "묻다"로 번역되지만, 종종 이 단어의 온전한 의미가 잘 전달되지 못하고 있다. 왜냐하면 일부 문맥에서 이 단어는 "심문(審問)하다"를 의미하기 때문이다. 예를 들면, 5:9에서 예수는 이름을 밝힐 것을 요구하며 귀신들린 자를 심문하신다. 8:27-29에서 예수는 무리와 제자들이 자신의 정체에 관하여 어떻게 생각하는지를 놓고 제자들을 심문하신다. 또한 흔히 예수는 그를 비판하는 자들로부터 심문을 받으신다. 7:5에서 바리새인들과 서기관들은 예수의 제자들이 장로들의 전통("유전")을 따르지 않는 이유를 밝히라고 요구한다. 바리새인들은 이혼 문제에 대하여 예수에게 질문하고(10:2), 사두개인들은 부활 문제를 놓고 예수를 심문하며(12:18), 한 서기관은 예수께서 어느 계명이 가장 크다고 생각하는지를 알고자 한다(12:28). 그러나 예수 자신도 그의 비판자들을 심문하시고(11:29) 그들에게 아주 효과적으로 답변하심으로써 그들이 감히 더 이상은 그를 심문하지 못하게 만들어 버리신다(12:34). 그러나 60-61절에서 예수는 훨씬 더 위험한 심문을 받으신다. 대제사장은 시시한 상대나 신경질난 서기관 또는 화가 난 바리새인이 아니다. 그는 가볍게 여길 수 없는 유대 민족의 최고 권위다.

"네가 찬송 받을 자의 아들 그리스도냐?"(σὺ εἶ ὁ Χριστὸς ὁ υἱὸς τοῦ εὐλογητοῦ – 쉬 에이 호 크리스토스 호 휘오스 투 율로게투). 대제사장의 묻는 말 중에 나오는 "네가"(σύ – 쉬)는 "강조의 경멸의 의미를 지닌다"(Taylor, 567). 왜냐하면 에이(εἶ) 자체에 "네가"라는 의미가 포함되어 있기 때문이다. 따라서 이 문장의 의미는 이런 것이다: "네가[!] 그리스도라고?" 여기서 대제사장의 질문은 61절에서와는 달리 두 가지가 아니다. 달리 말하면, 그는 예수에게 "네가 그리스도냐? 네가 찬송 받을 자(즉, 하나님)의 아들이냐?"(이러한 주장을 Lövestam, *SEA* 26[1961] 94-95이 거부한 것은 옳다)라고 물은 것이 아니다. 대제사장이 크리스토스(*Χριστός*, "기름부음 받은 자" 또는 "그리스도")에 호 휘오스 투 율로게투(*ὁ υἱὸς τοῦ εὐλογητοῦ*, "찬송 받을 자의 아들")라는 말을 덧붙인 것은 기름부음 받은 예언자(왕상 19:15-16; 대상 16:22=시 105:15) 또는 기름부음 받은 제사장(레 16:32; 대상 29:22)이 아니라 기름부음 받은 왕이라는 의미를 분명히 하기 위해서였다. 다음과 같은 구절들에서 볼 수 있듯이, 오직 다윗 가문의 왕손(王孫)만이 어떤 의미에서 "하나님의 아들"로 불려질 수 있었다: 사무엘하 7:12, 14: "내가 네(즉, 다윗의) 몸에서 날 자식을 네 뒤에 세워 그 나라를 견고케 하리라 나는 그 아비가 되고 그는 내 아들이 되리니"(참조. 대상 17:13); 시편 2:2, 7: "세상의 군왕들이 나서며…여호와와 그 기름 받은 자를 대적하며…내가 영을 전하노라 여호와께서 내게 이르시되 너는 내 아들이라 오늘날 내가 너를 낳았도다." 쿰란 문헌에서는 나단의 예언(삼하 7장)이 종말의 메시아를 가리키는 것으로 명시적으로 해석했다: "'나는 그에게 아비가 되고, 그는 내 아들이 되리라.' 이 구절은 종말에 시온에서 율법의 해석자(the Interpreter of the Law)와 함께 일어날 다윗의 가지를 가리킨다"(4Q174[=4QFlorilegium] 3:11-12). 게다가 보존 상태가 좋지 않고 논란이 심한 1QSa 2:11-12 속에는 시편 2:2, 7에 대한 인유(引喩)가 있는 것으로 보인다: "하나님께서 그들과 함께 그리스도를 낳으실 때에." 쿰란 사본들은 유대 분파들이 메시아를 "하나님의 아들"로 부른 적이 없다고 주장해 온 일부 학자들(예를 들어, Haenchen, 512; Schweizer, 324)의 회의적인 태도를 반박한다.

가야바가 하나님을 "찬송 받을 자"(τοῦ εὐλογητοῦ – 투 율로게투)로 지칭한 것은 마가 또는 그 이전의 기독교 전승에서 유래한 "유사 유대적인"(pseudo-Jewish) 표현이라고 주장되어 왔다(Juel, *Messiah and Temple*, 79; 참조. Klausner, *Jesus of Nazareth*, 342: "이것은 히브리적 표현이 아니라 후대의 첨가임에 틀림없다"). 그러나 이 표현이 유대의 예전(禮典)에 등장한다는 것은 그러한 주장이 틀렸음을 보여 준다:

"랍비 이스마엘이 말한다: '찬송 받으실(또는 찬송 받으실 자이신: המבורך – 함보라크) 여호와여 찬송 받으옵소서'"(*m. Ber.* 7:3; 랍비 이스마엘의 견해가 통용되는 논의를 보라; G. H. Dalman, *The Words of Jesus*, tr. D. M. Kay[Edinburgh: T. & T. Clark, 1902] 200; Abrahams, *Studies in Pharisaism* 2:212; Gundry, 910: "투 율로게투[*τοῦ εὐλογητοῦ*]는 수동 분사형인 함보라크[המבורך]에서 나왔을 가능성이 있다"). 유엘(Juel, *Messiah and Temple*, 78-79)은 미쉬나와 탈무드(예루살렘 및 바벨론)의 베라코트(Berakot) 편에 나오는 함보라크(המבורך)의 여러 용례들은 실명사(實名辭; "찬송 받을 자")가 아니라 형용사("찬송 받을")라고 주장한다. 그러나 이러한 주장은 히브리어/아람어에서 헬라어로 번역되고 전승되는 과정에서 지나친 정확도를 전제하고 있는 것이다. 어쨌든 본문의 투 율로게투(*τοῦ εὐλογητοῦ*)는 형용사라 하고, "찬송 받을 (자의) 아들"로 번역될 수 있다고 하자(참조. 회당에서 기도에로의 부름말: בָּרְכוּ אֶת יהוה הַמְּבֹרָךְ – 바라쿠 에트 아도나이 함보라크, "찬송 받을[자] 여호와를 찬송하리로다" 또는 "찬송 받을 여호와를 찬송하리로다"). 클라우스너(Klausner, *Jesus of Nazareth*, 342)가 옳게 지적했듯이, 마가 본문의 "찬송 받을 자"는 어디에서나 볼 수 있는 랍비들의 완곡어법인 학카도쉬 바루크 후(ברךְ הוא הקדוש)의 "줄임말"이 아니라 이 후대의 확대된 랍비들의 표현의 "초창기 형태"다(Gundry, 909-10). 또한 우리는 "지극히 높으신 이"와 "영원히 찬송 받으실 이"라고 말하는 에녹1서 77:2도 고려해야 한다(쿰란 문서에 부분적으로 보존된 에녹서 본문은 "지극히 높으신 이" 또는 "영원히 찬송 받으실 이"가 아니라 "크신 이"[רבא – 랍바]로 읽고 있는 에디오피아어 본문과의 병행 관계가 밀접하지 못하다; 참조. 4Q209 [=4QEnastr[b] ar] 23:3). 대제사장의 질문의 진정성은 "찬송 받을 자"라는 완곡어법의 등장에 의해 뒷받침된다. 왜냐하면 마가복음 기자는 "하나님 나라"라는 말을 아무 거리낌없이 사용하고("천국"이라는 표현을 선호하는 마태와는 달리) 등장인물들이 예수를 "하나님의 아들"(예를 들어, 3:11; 15:39; 참조. 1:1) 또는 "하나님의 거룩한 자"(예를 들어, 1:24)라고 지칭하는 데도 아무런 주저함이 없기 때문이다.

마커스(Marcus, *NovT* 31[1989] 125-41)는 대제사장이 "찬송 받을 자의 아들"이라는 말을 덧붙인 것은 "하나님의 아들"과 "다윗의 자손"을 구별하려는 의도였다고 주장한다. 예수께서는 그러한 구별을 하셨을 수 있고, 따라서 마커스(*NovT* 31 [1989] 135-37)가 마가복음 12:35-37을 예로 드는 것은 옳다. 그러나 대제사장이 이런 구별을 했다는 것은 의심스럽다. 다윗의 자손 메시아이기 위해서는 어떤 의미에서 "하나님의 아들"이어야 했다(삼하 7:12-14; 시 2:2, 7에서처럼). 예수가 다윗 가문의 왕조를 회복하려는 좀더 정치적인 계열의 인물이든, 아니면 세상에 종말이 오고 새로운 세상이 열릴 것이라고 생각한 좀더 유토피아적인 인물이든(이러한 구별에 대해서는 L. H. Schiffman, "Messianic Figures," 128-29를 보라), 아니면 둘을 결합시킨 인물이든, 그런 것은 대제사장이나 로마 당국자들에게 그의 문제가 되지 않았을 것이다. 그러나 이러한 구별은 예수에게는 중요했기 때문에, 예수는 앞서 서기관들이 메시아를 "다윗의 자손"으로 부르는 것에 대하여 그것은 부정확하게 정의한 것이라 하여 거부하셨다(12:35-37에 대한 "주석"을 보라). 예수는 자신의 답변을 통해서 메시아를 스스로 정의하시게 된다.

62 "내가 그니라 인자가 권능자의 우편에 앉은 것과 하늘 구름을 타고 오는 것을 너희가 보리라"(*ἐγώ εἰμι, καὶ ὄψεσθε τὸν υἱὸν τοῦ ἀνθρώπου ἐκ δεξιῶν καθήμενον τῆς δυνάμεως καὶ ἐρχόμενον μετὰ τῶν νεφελῶν τοῦ οὐρανοῦ* – 에고 에이미 카이 옵세스데 톤 휘온 투 안드로푸 에크 덱시온 카데메논 테스 뒤나메오스 카이 에르코메논 메타 톤 네펠론 투 우라누). 마가에 의하면, 예수는 "내가 그니라"(*ἐγώ εἰμι* – 에고 에이미)고 간단하게 대답하신다. 그러나 마태복음 26:64에는 "네가 말하였느니라"(*σὺ εἶπας* – 쉬 에이파스), 누가복음 22:70에는 "너희 말과 같이 내가 그니라"(*ὑμεῖς λέγετε ὅτι ἐγώ εἰμι* – 휘메이스 레게테 호티 에고 에이미)로 되어 있다. 테일러(Taylor, 568)는 "마가 본문이 원래 '내가 그라고 네가 말하였느니라'(*σὺ εἶπας ὅτι ἐγώ εἰμι* – 쉬 에이파스 호티 에고 에이미)로 되어 있었을 것이라고…생각할 만한 상당한 근거가 있다"고 믿는다. 왜냐하면 이 독법이 *Φ*, fam., 13, 472, 543, 700, 1071, geo, arm, Origen 등의 사본에서 확인되고, 아울러 마태와 누가에 나오는 독법들을 설명해 주기 때문이다. 크랜필드(Cranfield, 443-44) 등의 학자들도 이에 동의한다. 이 견해는 권할 만한 장점들을 갖고 있다. 우리는 예수께서 자기가 메시아라고 단언하셨음을 분명히 나타내기 위하여 필사자가 "네가 말하였느니라"(*σὺ εἶπας ὅτι* – 쉬 에이파스 호티)를 생략하고 싶어했으리라는 것을 알 수 있다. 게다가 "네가 말하였느니라"는 표현은 마가복음의 다른 곳에서 볼 수 있듯이 예수께서 자신의 메시아적 정체성을 간접적으로 나타내는 것과도 일치한다. 사실 이 독법을 따른다면, 예수는 14:61-62("네가 찬송 받을 자의 아들 그리스도냐?…내가 그라고 네가 말하였느니라")에서는 유대의 최고 권력자에 의해서, 15:39("이 사람은 진실로 하나님의 아들이었도다")에서는 로마의 고위 권력자인 백부장에 의해서 하나님의 아들로 고백을 받으신 셈이 된다. 그러나 예수께서 자기가 메시아임을 대놓고 단언하셨다고 하는 것도 문제가 있다. 왜냐하면 이것은 유대 독자들에게 주제넘은 말로 들렸을

것이기 때문이다. 바벨론 탈무드의 산헤드린 편 93b를 보면, 시몬 벤 코시바(Simon ben Kosiba)는 스스로 "내가 메시아"라고 주장함으로써 사람들의 불신을 받게 되었다고 한다. 다른 사람들이 예수를 메시아 또는 하나님의 아들이라고 고백하는 것은 문제가 되지 않았겠지만, 예수께서 그토록 직접적인 방식으로 스스로 메시아로 자처하는 것은 원시 유대 그리스도인들에게는 당혹스러운 일이었을 것이다. 마태의 "네가 말하였느니라"와 누가의 "너희 말과 같이 내가 그니라"는 마가 본문의 "내가 그니라"라는 예수의 대담하고 주제넘어 보이는 발언을 완화하기 위한 시도들인 것 같다. 후대에 마가복음을 베낀 필사자도 동일한 압박감을 느끼고 이러한 수정들에 고무를 받아서 예수의 답변을 "내가 그라고 네가 말하였느니라"로 수정했을 것이다. 이 문제는 쉽게 해결이 되지 않는다. 긴 독법을 지지하는 외적 증거들은 약하고 내적 증거들은 어느 쪽이든 상관이 없기 때문에, 짧은 독법을 취하는 것이 좋겠다.

"내가 그로라"는 예수의 대답은 단순한 긍정("그렇다")이지, 하나님의 이름에 대한 어떤 암시를 내포하고 있지는 않다(Betz, *ANRW* 2.25.1[1982] 634; E. P. Sanders, *Jewish Law from Jesus to the Mishnah: Five Studies*[London: SCM Press; Philadelphia: Trinity Press International, 1990] 65). 욥의 유언(*T. Job*) 29:3-4과 비교해 보라: "네가 우리와 같은 왕 요밥이냐(*σὺ εἶ* – 쉬 에이)?…내가 그니라(*ἐγώ εἰμι* – 에고 에이미)."

"너희가 보리라"(*ὄψεσθε* – 옵세스데)는 예수를 단죄한 산헤드린의 의원들이 그가 "인자"로서 심판을 하러 오는 것을 "보게" 될 것이라는 의미다(참조. 단 7:9-14). 마가복음이 주후 69년경에 쓰여졌다면, 이런 말씀을 하는 것이 더 이상 가능하지 않았을 것이다. 재림이 지연되면서, 이러한 말씀은 점점 더 문제가 있는 것으로 여겨졌을 것이기 때문이다. 이런 이유로 이 어구는 초대 교회의 주해(N. Perrin, *NTS* 12 [1965-66] 150-55; id., "Jesus' Answer," 85, 슥 12:10을 근거로)이거나 예언(N. Perrin, "Jesus' Answer," 91-95)이 아니라 대제사장에 대한 예수의 진정성 있는 답변의 일부로 보는 것이 좋다. 헹엘(Hengel, "Sit at My Right Hand!" 188)도 복수형 옵세스데(*ὄψεσθε*, "너희가 보리라")와 "인자" 또는 "택함 받은 자"에 관한 에녹서 전승들의 연관성에 주목한다: "너희는 나의 택한 자가 영광의 보좌에 앉아 있는 것을 보리라"(*1 Enoch* 55:4), "저희는 그가 그의 영광의 보좌에 앉아 있는 것을 보고 알아보리라"(62:3). 스스로를 가리키는 "인자"라는 호칭이 뒤따라 나오는 "너희가 보리라"는 예수의 엄숙한 발언은 영광의 보좌에 앉아서 심판자로서 주재하는 "인자" 앞에서 왕들과 방백들이 설설 기는 것으로 묘사하는 이러한 전승들을 염두에 두었을 가능성이 높다.

가야바와 무리는 "인자가…하늘 구름을 타고 오는 것"(*τὸν υἱὸν τοῦ ἀνθρώπου… ἐρχόμενον μετὰ τῶν νεφελῶν τοῦ οὐρανοῦ*–톤 휘온 투 안드로푸…에르코메논 메타 톤 네펠론 투 우라누)을 보게 될 것이다. 이것은 다니엘 7:13에 대한 분명한 인유(引喩)다. 앞서 예수께서 스스로를 "인자"로 호칭하셨던 예들 중 일부도 분명히 이 다니엘서에 나오는 인물을 인유한 것이었다. 2:10에서 "인자"가 땅에서 죄를 사할 권세를 갖고 있다고 주장한 것은 다니엘 7:13-14에 의하면 하늘에서 권세를 받은 "인자"인 예수께서 이제 "땅에서" 죄를 사하실 수 있다는 의미다. 2:28에서 "인자"가 "안식일의 주인"이라고 주장하신 것도 동일한 사고를 반영한 것인 듯하다. 8:38과 13:26에서 "인자가…거룩한 천사들과 함께…큰 권능과 영광으로 구름을 타고" 올 것이라는 예언들도 분명히 다니엘 7:13-14에 대한 인유다. 나아가 "인자"에 대한 언급이 흔하게 등장하는 수난 및 이와 관련된 말씀들(예를 들어, 8:31; 9:9, 12, 31; 10:33[특히 단 7:14을 보충설명하는 45절]; 14:21, 41)도 다니엘 7:15-27에 묘사된 싸움을 인유하고 있는 것으로 보인다. 지금 이 순간에는 대제사장과 그의 동료들은 예수를 심판하는 자리에 앉아 있지만, 그들은 예수께서 "인자"로서 구름을 타고 오는 것을 볼 날이 올 것이다.

예수는 시편 110:1에 나오는 내용의 일부를 끌어와서 자신의 신분을 드러내고 예언하는 말씀을 풍부하게 하신다: "내가 네 원수로 네 발등상 되게 하기까지 너는 내 우편에 앉으라." 이 절에 나오는 "권능자의 우편에"(*ἐκ δεξιῶν…τῆς δυνάμεως*–에크 덱시온…테스 뒤나메오스)에 대한 인유(引喩)를 통해서, 예수는 자기가 하나님 바로 옆에 앉을 것이라고 주장하실 뿐만 아니라 "인자"로 다시 올 때는 그의(또한 하나님의) 원수들, 즉 지금 앉아서 자기를 심판하는 고위 제사장들을 심판하는 자로 오실 것임을 내비친다. 이러한 이미지는 "인자"가 그의 영광의 보좌에 앉아서 자기 앞에 엎드린 세상의 통치자들을 심판할 것이라고 말하는 위에서 인용한 에녹서의 본문들과 부합한다. (좀더 자세한 논의는 11:28에 대한 "주석"을 보라.)

"동등 범주"(gĕzērâ šāwâ)라는 유대인들의 주해 원칙에 따라 예수는 다니엘 7장과 시편 110편을 결합시키셨다. 두 구절은 모두 하나님의 좌정(坐定)을 다룬다: "보좌들이[개역에는 '왕좌가'] 놓이고 옛적부터 항상 계신 이가 좌정하셨는데…심판을 베푸는데 책들이 펴 놓였더라"(단 7:9-10), "여호와께서 내 주에게 말씀하시기를 내가 네 원수로 네 발등상 되게 하기까지 너는 내 우편에 앉으라 하셨도다"(시 110: 1). 다니엘 7:9의 복수형 "보좌들", 그리고 하나님께서 시편 기자의 "주"에게 우편에 앉으라고 하신 것을 합쳐서 예수께서는 자기가 생각한 그림을 만들어 내신다: "인자"로서 예수는 하나님의 바로 옆자리에 앉게 되실 것이다(시 110:1). 예수는 "구름을 타고" 오실 것이다(단 7:13). "심판을 위한" 법정이 열릴 것이다(단 7:9). 예수의 "원수들"이 그의 "발등상"이 될 것이다(시 110:1).

하나님의 면전에 "앉는다"(*καθήμενον* – 카데메논)는 표현은 4Q504[=4QDibHam[a]] 1-2 iv 5-8에 대체적으로 병행되는 내용이 나온다: "주는 유다 지파를 선택하셔서 다윗과 언약을 맺으셨으므로, 그는 목자, 주의 백성을 다스리는 방백같이 되고, 영원히 주 앞에서 이스라엘의 보좌 위에 앉으리이다." 그러나 이 본문은 메시아 예언이 아니라 이스라엘의 역사에 대한 회고인 것으로 보인다. 여기에 언급된 다윗은 메시아가 아니라 역사적 다윗이다. 그는 "(역사적) 이스라엘의 보좌에" 앉음으로써, 예수께서 다니엘 7:13과 시편 110:1을 결합한 말씀 속에서 내비쳤던 형이상학적이고 종말론적인 의미가 아니라 상징적 의미에서 하나님 "앞에" 앉으실 것이라는 말이다. 이 문헌보다 더 마가 본문과 관련이 있는 것은 아마도 랍비 이스마엘이 썼다고 하는 헤칼로트 랍바티(Hekhalot Rabbati) §125-26에 나오는 "다윗 묵시록"일 것이다. 거기에서는 "다윗이 와서 그의 창조주의 보좌 앞에 마련된 그의 보좌에 앉을 때에" 다윗의 면류관에서 뿜어져 나오는 광채가 세계의 한쪽 끝에서 다른 쪽 끝까지 이르렀다고 묘사한다(P. Schäfer, *Übersetzung der Hekhalot-Kiteratur* II §§ 81-334, 2 vols., TSAJ 17[Tübingen: Mohr-Siebeck, 1987] 2:56-59; 참조. Hengel, "'Sit at My Right Hand!'" 195-96). 이 환상은 종말론적이고, 다윗은 메시아적 특성들을 지니고 있다. 그러나 이 전승이 주후 1세기 초까지 거슬러 올라갈 수 있는지는 분명치 않다. (보좌에 앉은 구약의 귀인들에 관한 더 많은 예들과 비평적 논의에 대해서는 D. L. Block, *Blasphemy and Exaltation*, 115-62; Hengel, "'Sit at My Right Hand!'" 185-212를 보라.)

"인자"로서 다시 오실 때에 예수는 "권능자의"(*τῆς δυνάμεως* – 테스 뒤나메오스) 우편에 앉게 되실 것이다. 하나님을 가리키는 완곡어법으로서의 테스 뒤나메오스(*τῆς δυνάμεως*)라는 표현은 대제사장이 사용한 완곡어법인 투 율로게투(*τοῦ εὐλογητοῦ*, "찬송 받을 자")보다 더 잘 확인된다. 이와 정확히 동일한 병행이 랍비 이스마엘의 것이라고 하는 말 속에서 발견된다: "이는 권능자(הגבורה – 학게부라)의 입이 말씀하신 것이니라"(Sipre Num §112 [민 15:31에 대한]; 참조. *b. 'Erub.* 54b; *b. B. Meṣi'a* 58b; *b. Šabb.* 88b; *b. Yebam.* 105b; *Tg.* Job 5:8: "권능자[תקיפא – 탁키파]로부터"; 14:18[var.]; 18:4[var.]). "위에 계신 권능자(כח של מעלה – 코아흐

셸 마알라)"(*Sipre Deut.* §319 [신 32:18에 대한]), "권능자(הגבורה – 학게부라)의 눈에"(*ʾAbot R. Nat.* [A] 37.12)라는 표현들도 나온다. 또한 에녹1서 62:7도 보라: "인자는 처음부터 숨겨져 있었고, 지극히 높으신 자께서 그를 그의 권능의 면전에 보존하셨느니라." 칠십인역 시편 109:2(참조. MT 110:2)에도 뒤나메오스(*δυνάμεως*, "권능자")라는 단어가 암시되어 있을 가능성이 있다: "여호와께서 시온에서 주의 권능의 막대기(*ῥάβδον δυνάμεώς σου* – 라브돈 뒤나메오스 수)를 보내시리라." "권능자"라는 호칭을 원시 유대 그리스도인들의 완곡어법으로 볼 이유는 없다(Kazmierski, *Jesus*, 167-69는 이에 반대한다).

유엘(Juel, *Messiah and Temple*, 95)은 정지 상태를 나타내는 "앉은" 것과 운동을 나타내는 "오는" 것이 모순되게 나란히 병치되어 있는 것에 착안하여 "원래 별개였던 두 장면"이 결합된 것이라는 결론을 내린다. 그러나 이러한 가설은 불필요하다. 왜냐하면 유대인들의 주해 속에서도 시편 110:1과 다니엘 7:13이 결합되어 나오는 것을 볼 수 있기 때문이다(참조. *Midr. Ps.* 2.9 [시 2:7에 대한]). 이것은 옛 주해자들이 이 두 본문을 결합시키는 데 그 어떤 모순된 점도 발견하지 못했음을 보여 준다. 그러나 다니엘 7:9에서 말하는 보좌는 하나님의 병거 보좌요, 그 "바퀴들은 타는 불이었음"(참조. 겔 1; 10장)을 알게 되면, 모순은 사라지고 만다. 하나님은 병거에 타고 있기 때문에, "앉아 있는" 동시에 "움직이고" 계신다. 예수는 다니엘의 환상 속에 묘사된 인물로서 하나님의 병거 보좌에서 하나님의 우편에 앉아 그의 원수들을 심판하러 다시 오실 것이라고 주장한 것으로 보인다. 이러한 예수의 선포가 요한계시록 3:21에 나오는 후대의 계시 전승의 배후에 있는 것 같다: "이기는 그에게는 내가 내 보좌에 함께 앉게 하여 주기를 내가 이기고 아버지 보좌에 함께 앉은 것과 같이 하리라."

63 "대제사장이 자기 옷을 찢으며 가로되 우리가 어찌 더 증인을 요구하리요"(*ὁ δὲ ἀρχιερεὺς διαρρήξας τοὺς χιτῶνας αὐτοῦ λέγει, τί ἔτι χρείαν ἔχομεν μαρτύρων* – 호 데 아르키에류스 디아르렉사스 투스 키토나스 아우투 레게이 티 에티 크레이안 에코멘 마르튀론). 미쉬나 산헤드린 편(*m. Sanh.*) 7:5에 의하면, 재판관들은 하나님을 모독하는 말을 들었을 때는 "벌떡 일어나서 자기 옷을 찢고 그 옷을 다시 수선해서는 안 된다"고 한다. 옷을 찢는 관습은 성경 역사의 가장 초기까지 거슬러 올라간다. 이러한 행동은 큰 고뇌 또는 참회를 의미했다: "르우벤이 돌아와서 구덩이에 이르러 본즉 거기 요셉이 없는지라 옷을 찢고"(창 37:29), "다말이 재를 그 머리에 무릅쓰고 그 채색옷을 찢고 손을 머리 위에 얹고 크게 울며 가니라"

(삼하 13:19), 엘리야김과 셉나와 요아가 "그 옷을 찢고 히스기야에게 나아가서 랍사게의 말을 고하니라"(왕하 18:37), "욥이 일어나 겉옷을 찢고 머리털을 밀고 땅에 엎드려 경배하며"(욥 1:20), "성전에서 제사장들은 옷을 찢고 머리털과 수염을 밀고 머리에 아무것도 쓰지 않은 채 앉아 있었다"(Ep Jer 31), "앗수르 군대의 지휘관들은 이 말을 듣자 자기 겉옷을 찢고서 크게 낙담했는데, 통곡과 절규가 진영 가운데서 생겨났다"(Jdt 14:19).

대제사장이 자기 옷을 찢은 행위는 신성모독죄를 예수에게 뒤집어씌우려는(64절) 전조다. 이 죄목은 아주 중대해서 더 이상의 증인이 필요치 않았다. 재판관들이 직접 그 귀로 그들의 관점에서 볼 때 대경실색할 만한 신성모독죄에 해당하는 말을 들은 증인들이었기 때문에, 더 이상의 증인은 불필요했다.

64 "그 참람한 말을 너희가 들었도다 너희는 어떻게 생각하느뇨?"(*ἠκούσατε τῆς βλασφημίας· τί ὑμῖν φαίνεται* – 에쿠사테 테스 블라스페미아스 티 휘민 파이네타이). 일부 비평학자들은 예수께서 사형에 해당하는 신성모독죄를 범하신 것이 아니라고 주장한다(나중에 미쉬나에 규정된 바에 의하면). 그러나 성경 자체와 요세푸스, 필로 같은 주후 1세기의 작가들에게서 나타나는 블라스페메인(*βλασφημεῖν*, "신성모독을 행하다")과 블라스페미아(*βλασφημία*, "신성모득")의 용법들을 보면, 미쉬나에 규정된 것보다 더 광범위하고 포괄적인 의미로 사용되고 있음을 우리는 알 수 있다(아래의 "보론"을 보라).

보론(補論): 신성모독죄(blasphemy)

우리는 보크(Bock, *Blasphemy and Exaltation*)의 최근 저작을 토대로 거기에 얼마를 더 보충해서 주후 1세기 유대 분파들에 나타나는 신성모독 개념에 관한 자료들을 다음과 같이 요약해 볼 수 있을 것이다.

신성모독을 가리키는 주된 히브리어 단어들은 가다프(גדף, "욕하다, 비방하다"), 킬렐(קלל, "욕하다, 저주하다, 얕보다"), 헤레프(חרף, "망신주다"), 나아츠(נאץ, "업신여기다")이다. 몇 가지 예를 드는 것으로 충분할 것이다. 시내산에서 이스라엘은 하나님을 "욕하지"(תְקַלֵּל – 테칼렐) 말라는 명령을 받는다(출 22:27[개역은 28절]). 레위기 24장은 신성모독이라는 주제를 길게 다루기 때문에 특히 중요한데, 가장 중요한 것은 15-16절이다: "너는 이스라엘 자손에게 고하여 이르라 누구든지 자기 하나님을 저주하면(יְקַלֵּל – 예칼렐) 죄를 당할 것이요 여호와의 이름을 훼방하면(נֹקֵב

–노케브) 그를 반드시 죽일지니 온 회중이 돌로 그를 칠 것이라 외국인이든지 본토인이든지 여호와의 이름을 훼방하면(בְּנָקְבוֹ–베노크보) 그를 죽일지니라." 직역하면, 나카브(נקב)는 "이름을 부르다"인데(LXX 레 24:16: 오노마존[*ὀνομάζων*, "이름들을 부르는 자"]과 엔 토 오노마사이 아우톤[*ἐν τῷ ὀνομάσαι αὐτόν*, "이름을 부르면"]), 여기 레위기 24:16에서 이 단어는 하나님의 이름을 욕하는 데 사용하는 것을 의미한다. 열왕기상 21:13에서 나봇은 하나님에게 욕했다고 (거짓으로) 고소를 당하여 처형된다. 욥기 2:9-10에서 고난받는 이 의인은 그의 아내에게서 "하나님을 욕하고 죽으라"는 말을 듣는다. 민수기 14:11-23에 의하면, 하나님께서 애굽과 광야에서 행하신 온갖 표적들에도 불구하고 하나님을 믿지 않는 사람들은 하나님을 "멸시한"(יְנַאֲצֻנִי–예나아추니) 것이라고 한다(11절). 그러므로 그들은 약속의 땅을 보지 못할 것이다. 민수기 16:30을 보면, 땅이 여호와를 "멸시한" 자들을 삼켜 버린다.

이러한 어휘들은 대부분 사해 두루마리에도 나온다. 1QpHab 10:12-13에 의하면, 악인은 "하나님의 택하신 자들을 모독하고(גדפו–깃데푸) 욕했기(יחרפו–예하레푸) 때문에 혹독한 형벌을 겪게 될 것"이라고 한다. 1QS 4:11에는 "모독하는 말을 지껄이는 혀"라는 표현이 나오고, 1QS 7:11에는 성경을 읽거나 축도를 하다가 깜짝 놀라서 욕을 하는 자는 공동체 회의에서 영원히 배제시키라는 공동체 규칙이 나온다. CD 5:12은 "근거가 충분치 못하다고 말하면서 하나님의 언약의 규례들을 헐뜯은" 자들을 묘사한다. 외인(外人)들이 공동체를 "모독하거나"(יגדפו–예갓데푸) 나쁘게 말하지 않도록, 공동체의 지체들은 특히 재물과 관련하여 행동거지를 조심해야 한다는 말도 나온다(CD 12:8). 또한 쿰란 두루마리에서는 "신성모독자"(גדפן–갓데판)에 관해서도 말한다. 4Q385(=4QJerC[b]) 44 i 6=4Q387(=4QpsEz[c]) 3 ii 8에 의하면, "[이스라]엘 [나]라는 [그 날에 망]하리로다…[그때 그, 곧 신성모독자[גדפן–갓데판]가 일어나 가증스런 짓을 저지]르리라." 여기서 갓데판([גדפן)은 안티오쿠스 4세일 것이다(참조. 단 7:8, 11, 20).

칠십인역에서 블라스페미아(*βλασφημία*, "신성모독")와 블라스페메인(*βλασφημεῖν*, "신성모독을 행하다")은 22번 정도 나오는데, 이미 살펴본 히브리어 어휘들에 대한 역어인 경우가 많다. 이 헬라어 어휘의 절반 정도는 외경에서 발견된다. 마카베오2서 2:6에서 제사장 맛다디아는 "유다와 예루살렘에서 일어나는 신성모독들(*βλασφημίας*–블라스페미아스)을 보았다." 마카베오2서 8:4에서 애곡하며 회개하는 백성들이 그들의 가련한 처지를 굽어 살피시고 "주의 이름에 대해 자행된 신성모독들"을 기억하시라고 하나님께 탄원한다. 헬라어 또는 라틴어에서 신성모독을 의미하는 용어들의 일반적인 용례들은 위경에서 발견된다. 한 가지 예가 특히 흥미롭다. 에녹1서 27:2에서 천사 우리엘(Uriel)은 "[하나님의] 영광에 관하여 험악한 말들을 하는" 자들을 묘사한다. 에녹1서의 맥락 속에서 이것은 신성모독을 가리키는 의미로 해석된다(참조. 1:9; 5:4; 101:3). 다른 구절들에서 이 헬라어 전승은 가다프(גדף; 왕하 19:6, 22; 참조. 사 37:6, 23; 겔 20:27; 시 44:16), 나아츠/네아차(נאץ/נאצה; 사 52:5[롬 2:24에 인용된]; 겔 35:12; 참조. 삼하 12:14; 왕하 19:3; 사 37:3; 시 74:10, 18), 야카흐(יכח; 왕하 19:4), 샬루(שלו; 단[Θ] 3:29[96]), 완곡어법으로 사용된 베라크(ברך; 사 66:3; 참조. 왕상 21:10, 13; 욥 1:5; 2:9)에 대한 역어로 블라스페메인(*βλασφημεῖν*; 또한 파생어들인 블라스페미아[*βλασφημία*]와 블라프세모스[*βλάσφημος*])을 택한다. 블라스페메인(*βλασφημεῖν*)과 그 파생어들은 이 헬라어 전승에서 히브리어 원문이 없거나 더 이상 현존하지 않는 책들에 나타난다(Tob[א] 1:18; Wis 1:6; Sir 3:16; Bel[*θ*] 8[9]; 2 Macc 8:4; 9:28; 10:4, 34, 36; 12:14; 15:24).

모독을 가리키는 헬라어 어휘들의 용례는 필로와 요세푸스의 글에 자주 등장한다. 필로(Philo)에 나오는 블라스페미아(*βλασφημία*)에 대해서는 *Migration* 20 §117(여기에서는 기도와 축복, 모독과 저주가 대비되고 있다); Joseph 14 §74(모독 또는 오만); *Moses* 2.38 §205(모세의 제자들은 나쁜 습관이 들어서 하나님을 모독하지 않기 위해 심지어 우상들을 모독하는 것도 꺼려한다); *Decalogue* 19 §93(사람은 그 입으로 모든 이름 중에 가장 거룩한 이름을 말하기 때문에 모독하는 말들을 하지 말아야 한다); *Flaccus* 5 §33, §35(왕을 비방하고 모독하는 말들); 17 §142(플라쿠스를 모독하는 말들); *Embassy* 46 §368(이방인들이 하나님을 모독하는 말들을 한다)을 보라.

필로에 나오는 동사 블라스페메인(*βλασφημεῖν*)의 중요한 예가 두 개 있다. *Moses* 2.38 §206에서 철학자이자 주해자인 사람이 이렇게 말한다. "그러나 신들과 사람들의 주(主)를 모독하기(*βλασφημήσειεν*-블라스페메세이엔)까지는 않더라도 주의 이름을 감히 망녕되이 일컫는 자는 사형에 처하라." *Flight* 16 §§83-84에서 필로는 이 성경 본문을 다음과 같이 해설한다.

> 거룩한 것들을 모독하는 속된 자는 가장 거룩한 곳에서 끌어내어 처형하라고 지시한 후에, 그는 계속해서 "아비나 어미를 때리는 자는 죽이라", "아비나 어미를 모독하는 자는 죽이라"(출 21:15-16)고 말한다. 그[모세]는 하나님을 도독하는 자들(*τῶν βλασφημούντων*-톤…블라스페문톤)을 용서해서는 안 된다고 큰 소리로 선포한다. 육신의 부모를

모독한 자들도 끌어내어져 처형될진대, 만유의 아버지시오 만드신 자를 모독하는(*βλασφημεῖν*—블라스페메인) 자에게는 어떤 형벌이 마땅하겠느냐?

필로는 하나님을 모독하는 자는 죽어야 마땅하다고 생각한다.

이 어휘들의 용례는 요세푸스의 글에서도 비슷하다. 블라스페미아(*βλασφημία*)에 대해서는 *Ant.* 3.7.7 §180(이방인들이 유대 백성을 모독하는 말들을 한다); 3.14.3 §307(성난 이스라엘 사람들이 모세와 아론을 모독하는 말들을 한다); 6.11.10 §238(사울이 요나단을 모독하는 말들을 퍼부었다); 6.13.7 §300(나발이 다윗에게 모독하는 말로써 모욕을 준다); 13.10.6 §§293-95(엘르아살이 힐카누스를 모독하는 말을 한다; 즉, 그의 어머니는 안티오쿠스 4세 치하에서 포로였었다고 말한 것이다. §294를 보면 바리새인들이 엘르아살을 대신하여 사면을 요청한다. 왜냐하면 비방[*λοιδορίας*—로이도리아스]을 이유로 사람을 사형에 처하는 것이 옳지 않다고 생각했기 때문이다); 16.3.1 §68(청년들이 살로메와 페로라스를 모독하는 말들을 한다); 19.9.1 §357(사람들이 죽은 아그립바 1세를 모독하는 말들을 퍼붓는다); 20.5.3 §109(쿠마누스가 자기를 모독하는 말들에 질색을 한다); 20.9.4 §213(고위 제사장들이 모독하는 말들로 서로를 욕한다); *Ag. Ap.* 2.3 §32(유대인들을 모독하는 아피온의 말); *J.W.* 3.9.6 §439(요타파타[Jotapata]의 백성들이 요세푸스를 모독하는 말들을 한다)을 보라. 이 모든 예들에서 모독(冒瀆, blasphemy)은 기본적으로 모욕하는 것과 동의어다. 한 예에서는 대제사장 힐카누스의 어머니가 포로였었다고 말함으로써(그러니까 그의 태생이 의심스럽다는 뜻이 내포되어 있음) 대제사장을 모욕했다고 하여 사형당할 뻔했다는 기록도 보인다.

요세푸스의 글에서 동사 블라스페메인(*βλασφημεῖν*)에 대해서는 *Ant.* 4.8.6 §202("하나님을 모독하는 자는 돌로 쳐죽인 다음에 하루 동안 매달아 놓았다가 불명예스럽게 아무데나 묻어 버리라"); 6.9.3 §183(다윗이 골리앗에게 다가가면서 이렇게 말한다: "이 자가 우리 손에 붙이실 우리 하나님을 모독하고 우리 군대를 모욕했으므로 이 원수로 들짐승 중 하나로 여김을 받게 하소서"); 10.11.2-3 §233, §242(벨사살은 그의 후궁들과 함께 유대 성전에서 가져온 그릇들로 술을 마심으로써 하나님을 모독한다); 18.8.1 §257(유대인들이 수리아인들을 모독한다); *Life* 45 §406(성난 유대인들이 헤롯 아그립바 2세를 모독한다); 2.18.7 §492(알렉산드리아의 유대인 폭도들이 티베리우스를 모독한다); 2.21.3 §602(요세푸스 자신이 성난 군중에게 모독을 당한다); 5.9.4 §375(요세푸스가 예루살렘에서 포위당한 자들에 의해 모독을 당한다); 5.11.2 §458(포위당한 자들이 가이사를 모독한다); 6.6.1 §320(로마 군병들이 숨이 차서 헐떡이면서 그들을 피한 영리한 소년의 신의 없음을 두고 모독한다)을 보라. 이 예들 중의 다수는 사람에 대한 모욕을 묘사하는 대목들이다. 세 본문에서 사형에 관하여 말한다. 첫 번째 예는 유대 율법에 대한 요세푸스의 요약의 일부로서 레위기 24:26에 대한 인유(引喩)다. 두 번째 예는 살아 계신 하나님의 군대를 조롱했기(또는 모독했기) 때문에 죽게 될 골리앗에 관한 것이다. 세 번째 예는 하나님의 이름을 입에 올렸을 뿐만 아니라 거룩한 기명(器皿)들을 속되게 사용하여 하나님을 모독한 이방인 왕(벨사살)에 관한 것이다. 그가 죽었다는 말을 우리는 듣지 못했지만, 그의 나라가 무너진 것에서 우리는 하나님의 진노를 볼 수 있다.

여기서는 예수보다 앞서거나 대략 동시대의 것인 자료들만을 검토했다. (랍비 및 탈굼 문헌에 나타나는 모독과 관련된 어휘들의 용례도 *m. Sanh.* 6-7이 나오는 율법 논의를 제외하고는 비슷하다.) 우리는 그 어떤 종교적 의미도 지니지 않는 모욕(侮辱), 하나님에 대한 언급은 없지만 종교적 의미를 지니는 모욕, 하나님에 대한 모욕 등 이 어휘들의 의미가 폭넓게 사용되고 있음을 발견한다. 일부의 예들에서는 사형이 언급되거나 함축되어 있다. 미쉬나에 나오는 법적으로 전문화된 규정들 및 요구 조건들은 이 원시 본문들에서는 확인되지 않는다.

대제사장이 예수를 신성모독죄로 고발하고 그의 처형을 요구한 마가복음의 기사 속에는 예수 시대보다 앞서거나 같은 시기의 자료들과 불일치하는 것이 전혀 없다. 미쉬나의 산헤드린 편(編)에 나오는 규정들을 그보다 앞선 시기인 주후 1세기의 본문에 적용시켜 그 본문이 미쉬나의 많은 규정들을 어기고 있는 것으로 보아서 마가복음 기자가 이 말도 안 되는 장면을 만들어 냈다고 주장하는 것은 시대착오적인 발상이다. 마가복음의 심문 장면의 일부 내용들은 후대에 법전화된 "산헤드린 편"의 규정들을 통해서 설명될 수 있고, 또한 산헤드린 편의 일부 규정들이 예수 당시에도 준수되고 있었을 가능성도 있지만, 주후 1세기의 마가 기사와 주후 2세기 말 또는 3세기 초의 미쉬나 법전과의 불일치를 마가 기사의 역사성 및 진정성을 부정하는 증거로 사용하는 것은 불가능하다.

대제사장 및 그에게 동조하는 무리의 눈에 예수가 하늘로부터 주어진 신분을 주장한 것 자체가 신성모독죄에 해당했다. 예수는 "하나님의 아들"임을 주장하고, 심지어 하나님의 보좌에 앉게 될 것이라는 취지까지 내비쳤다. 예수는 다윗 가문의 메시아에게 적용될 수 있는 "하나님의 아들"이라는 두려운 칭호만을 주장한 것이 아니었다. 그는 천상적 견지에서의 하나님의 "아들", 즉 하늘에서 하나님의 보좌 앞에 나아가서 나라와 권세를 받게 될 "인자"로 자처했다. 이러한 주장에 대하여 유대의 종교 지도자들이 느꼈을 불쾌감은 아키바 시대(주후 2세기 초)의 것으로 알려진 한 랍비 전승에서 확인된다. 위대한 아키바가 책망을 받고 있는, 당혹스러울 수도 있는 내용을 담고 있다는 점에서 이 전승의 진정성은 확보된다.

> "보좌들이 놓일 때까지"(단 7:9) – 이것은 무슨 말인가? 이제까지 가르침 받은 대로 하나님을 위한 하나의 (보좌)와 다윗을 위한 하나의 보좌: "하나는 하나님을 위한 것이었고, 하나는 다윗을 위한 것이었다" – 랍비 아키바의 말이다. 랍비 요세가 그에게 말했다. "아키바여, 당신은 언제까지 셰키나(Shekinah)를 더럽힐 셈이오? 한 (보좌)는 공의를 위한 것이고, 하나는 긍휼을 위한 것이지 않소." 아키바는 요세의 말을 받아들였을까 안 받아들였을까? 자, 가르침을 들어 보라: "한 (보좌)는 공의를 위한 것이고, 하나는 긍휼을 위한 것이다" – (이제) 랍비 아키바의 말이다. 랍비 엘르아살 벤 아사랴가 그에게 말했다. "아키바여, 당신이 악가다(Aggada)와 무슨 상관이 있습니까? 네가임(Nega'im)과 오할롯(Ohaloth)만 신경을 쓰세요 – 그러면 하나는 보좌이고, 하나는 발등상이 되지요: 앉을 자리로서의 보좌와 하나님의 발을 받치기 위한 발등상 말이요." (*b. Sanh.* 38b; 참조. *b. Ḥag.* 14a)

아키바(Aqiba)는 다니엘 7:9의 복수형 "보좌들"을 하나는 하나님의 것이고 다른 하나는 다윗의 것이라는 가르침으로 이해한다. 다윗(즉, 메시아)이 하나님 옆의 자기 보좌에 앉을 것이라는 아키바의 주장은 메시아가 하나님의 권위와 지위를 어떤 식으로든 공유하고 있다는 의미를 내포하고 있다. 아키바의 동시대인인 갈릴리 사람 요세(Yose)가 아키바의 주장에 반대했을 뿐만 아니라, 후대에 바벨론 게마라(Gemara)의 편집자들도 이것을 하늘에는 둘 이상의 "권능들"이 있다고 가르친 여러 이단들(기독교와 영지주의 같은)과 비슷하게 해석했다. (아키바는 마음을 바꿔서 이단의 소지가 있는 자신의 해석을 포기한 것으로 묘사된다.)

예수는 자기가 심판하러 왔다고 하여 대제사장을 은근히 위협함으로써 신성모독죄를 범했다. 예수는 하나님의 대제사장, 그러니까 어떤 의미에서는 하나님 자신에 대하여 신성모독을 범한 것으로 보여졌을 것이다. 우리는 성전의 멸망을 예언했던 아나니아의 아들 예수가 어떻게 되었는지를 기억해야 한다. 고위 제사장들은 그를 붙잡아다가 심하게 매질한 후에 그를 사형에 처하라는 요구와 함께 로마 총독에게 넘겼다(Josephus, *J.W.* 6.5.3 §§300-309). 요세푸스는 아나니아의 아들 예수가 신성모독죄로 고소를 당했는지의 여부에 대해서는 우리에게 말해 주지 않는다(그렇지만 아마 그랬을 것이다). 우리가 아는 것은 고위 제사장들이 그가 성전을 헐뜯은 것에 대하여 격분했고, 이로 인하여 그를 죽이기를 원했다는 것이 전부이다(보론: "아나니아의 아들 예수의 체포"를 보라). 보크(Bock, *Blasphemy and Exaltation*, 236)는 예수의 신성모독죄는 (1) 포괄적으로 하나님의 권세를 소유하고 있다고 주장한 것(참조. Gundry, 917), (2) 고위 제사장들을 심판하겠다고 위협한 것이었다고 결론을 내린다. 나아가 보크는 예수의 심문 장면에 대한 마가의 짤막한 이야기는 그 진정성을 강력하게 보여 주고 있다고 결론짓는다. 예수의 이러한 주장 및 위협이 신성모독을 구성하고 사형 권고의 충분한 근거가 된다는 대제사장의 고소는 성전의 거룩성에 관한 당시의 사상 및 신성모독을 가리키는 어휘들의 당시의 용례와 부합한다.

건드리(Gundry, 915-16)에 의하면, 대제사장은 이 고소를 공개적으로 알릴 때 예수의 말씀을 다른 표현, 즉 완곡어법을 사용하여 "'인자'가 권능자의 우편에 앉은 것을 보리라"고 말했을 것이라고 한다. 그러나 미쉬나 산헤드린 편(*m. Sanh.*) 7:5에 나오는 규정들에 따라 예수는 완곡어법을 사용하지 않고 "야훼의 우편에"라고 말씀하셨을 것이다. 이를 들은 대제사장은 일어나서 옷을 찢었다. 이 말이 대중 앞에서 나중에 반복되었을 때(베드로를 비롯한 예수의 추종자들은 바로 이 말을 들었을 것이다) 완곡어법이 사용되었다. 미쉬나 산헤드린 편에 나오는 규정들은 마가 본문과 관련이 있을 가능성이 높고, 마가복음 기자가 우리에게 전해 주는 유대인들의 심문 장면의 세부적인 내용들과 부합하는 것 같다(참조. Gundry, 917). 그러나 예수께서 실제로 신성사문자(神聖四文字)를 입밖에 내었든 그렇지 않든, 예수께서 말씀한 내용은 하나님의 대권을 참칭하여 대제사장 및 동료 제사장들을 위협했다는 점에서 신성모독죄를 구성하는 것으로 간주되었을 것이다. 예수께서 성전을 파괴하겠다고 위협했다는 고소(58절)는 확증을 받지 못했지만, 이러한 증언은 제사장들의 마음속에 그 잔상이 남아서 시편 110:1과 다니엘 7:13을 거론한 예수의 말씀을 해석하는데 영향을 주었을 것이다. 신성사문자를 입밖에 내는 것이 주후 1세기 초에 신성모독죄로 사형을 언도하기 위한 필수적인 요건이었는지는 알려져 있지 않다. 이 시기의 자료들은 신성모독죄의 구성 요건 및 사형 언도에는 신성사문자를 입밖에 내는 것을 요구하지 않았음을 시사해 준다.

"저희가 다 예수를 사형에 해당하는 자로 정죄하였다"(*οἱ δὲ πάντες κατέκριναν αὐτὸν ἔνοχον εἶναι θανάτου* – 호이 데 판테스 카테크리난 아우톤 에노콘 에이나이 다나투). 본문의 "다"(*πάντες* – 판테스)는 과장법으로서 "다수" 또는 "대부분"으로 이해해야 한다. 대제사장의 집에 모인 배심원들은 사전에 어느 정도 선별된 자들로서 가야바의 편을 드는 자들이었을 것이다. 장로들과 제사장들 가운데서 예수를 옹호한 사람이 있었다는 말은 나오지 않는다. 마가복음 기자는 나중에 하나님 나라를 기다리는 자였던 산헤드린의 존경 받는 의원인 아리마대 요셉에 관하여 우리에게 말해 준다(15:43). 그는 예수의 시신을 넘겨받아서 처형된 죄인에게 예상되는 것보다 더 성대하게 장사를 치러 준다. 요셉은 가야바의 집에서 심문이 열렸을 때 거기에 참석했을까? 그런 말은 나오지 않는다. 게다가 하나님 나라를 기다리는 자가 반드시 예수의 지지자였던 것은 아니다. 그러나 마태복음에서는 요셉을 "예수의 제자"(27:57)라 말하고, 요한복음에서는 요셉이 "은밀한" 제자였다는 말을 덧붙인다(요 19:38). 누가복음은 요셉이 그 자리에 있었고, 산헤드린의 결정에 "동의하지 않았다"고 말한다(23:50-51). 베드로복음서(*Gospel of Peter*)는 요셉이 "빌라도와 주님의 친구"였다는 더 기발한 얘기를 우리에게 들려준다(*Gos. Pet.* 2.3). 요셉은 "예수께서 행한 온갖 선한 일을 보아왔었기" 때문에 그를 장사 지내고자 했다(*Gos. Pet.* 6.23). 나아가 요한복음 7:50-52을 보면, 3:1에서 "유대인의 관원"으로 묘사된 니고데모가 산헤드린 앞에서 예수를 변호하고, 19:39-40에서는 예수의 장사를 돕는다. 시간이 흐르면서 유대 산헤드린의 의원들이 예수를 지지한 흔적들을 발견하려는 관심이 그리스도인들 사이에서 생겨났음이 분명하다. 이 전승이 어느 정도나 실제적인 사건들에 뿌리를 두고 있는지를 확인하기는 어렵다.

산헤드린은 예수를 "사형에 해당한다고 단죄하였는데"(*κατέκριναν‥ἔνοχον εἶναι θανάτου*－카테크리난…에노콘 에이나이 다나투), 이는 예수께서 10:33에서 이미 예언하신 바 있다: "인자가 대제사장들과 서기관들에게 넘기우매 저희가 죽이기로 결안하고 이방인들에게 넘겨주겠고."

마가복음에서 에노코스(*ἔνοχος*, "합당한, 유죄인")는 3:29에 나온다: "누구든지 성령을 훼방하는 자는 사하심을 영원히 얻지 못하고 영원한 죄에 처하느니라(*ἔνοχος*－에노코스)." 칠십인역 창세기 26:11과 비교해 보라: "아비멜렉이 이에 모든 백성에게 명하여 이 사람이나 그 아내를 건드리는 자는 사형에 처해지리라(*θανάτου ἔνοχος ἔσται*－다나투 에노코스 에스타이) 하였더라."

65 "어떤 사람은 그에게 침을 뱉으며 그의 얼굴을 가리고 주먹으로 치며 이르되 선지자 노릇을 하라 하였고"(*καὶ ἤρξαντό τινες ἐμπτύειν αὐτῷ καὶ περικαλύπτειν αὐτοῦ τὸ πρόσωπον καὶ κολαφίζειν αὐτὸν καὶ λέγειν αὐτῷ, προφήτευσον*－카이 에릑산토 티네스 엠프튀에인 아우토 카이 페리칼륍테인 아우투 토 프로소폰 카이 칼라피제인 아우톤 카이 레게인 아우토 프로페튜손). 나인햄(Nineham, 408)이 주장하는 정도는 아니지만, 이 전승은 이사야 50:6에 의해 채색되어 있는 것으로 보인다

(Bultmann, *History*, 281). 마태복음 26:68의 영향으로 여러 이독(異讀)들이 생겨났다("원문주해" n과 o를 보라). 다시 한 번 마가복음 독자들은 예수의 수난 예고가 문자 그대로 세부적인 내용까지 성취된다는 것을 깨닫게 된다: "그들은 능욕하며 침 뱉으며(*ἐμπτύσουσιν αὐτῷ*－엠프튀수신 아우토)"(10:34). 예수에 대한 능욕은 그의 얼굴을 가린 채 주먹으로 치며 "선지자 노릇 해봐라!"고 말하는 것에서 볼 수 있다. 분명히 예수는 선지자적인 선견지명을 갖고 있어서, 눈을 가려서 보지 못하더라도 그를 때린 자를 알아맞힐 수 있다고 사람들은 생각했을 것이다. 현재의 마가 본문대로라면, 예수에게 침을 뱉고 주먹으로 친 자들은 제사장들과 장로들이다. 잠시 후에 관원들의 차례가 온다.

"침을 뱉는 것"(*ἐμπτύειν*－엠프튀에인)은 크게 모욕감을 주는 행위다. 예를 들어, 민수기 12:14: "여호와께서 모세에게 이르시되 그의 아비가 그의 얼굴에 침을 뱉었을지라도(LXX: *ἐνέπτυσεν*－에넵튀센) 그가 칠 일 간 부끄러워하지 않겠느냐 그런즉 그를 진 밖에 칠 일을 가두고 그 후에 들어오게 할지니라"; 신명기 25:9: "그 형제의 아내가 장로들 앞에서 그에게 나아가서 그의 발에서 신을 벗기고 그 얼굴에 침을 뱉으며(LXX: *ἐμπτύσεται*－엠프튀세타이)." 이러한 절들에서 범죄자의 얼굴에 침을 뱉는 것으로 나오기 때문에, 일부 사본들에서 마가복음 14:65을 "어떤 이는 그의 얼굴에 침을 뱉기 시작하였다"로 읽는 것도 이상한 일은 아니다("원문주해" n을 보라).

"하속들은 손바닥으로 치더라"(*καὶ οἱ ὑπηρέται ῥαπίσμασιν αὐτὸν ἔλαβον*－카이 호이 휘페레타이 라피스마신 아우톤 엘라본). KJV는 원시적인 더 나은 독법으로 확인된 엘라본(*ἔλαβον*, "받았다") 대신에 에발론(*ἔβαλον*, "던졌다" 또는 "쳤다")의 독법을 받아들여서 "하속들은 손바닥으로 그를 쳤다"로 읽는다("원문주해" p를 보라; 이독들에 대한 논의는 Field, *Notes*, 40를 보라). 호이 휘페레타이(*ὑπηρέται*, "하속들")는 베드로와 함께 바깥에서 불을 쬐던 사람들이다(54절). 마가복음 이야기는 잠시 후에 그들에게로 되돌아갈 것이다.

해설

몇 가지 점에서 마가복음 14:53-65은 주제상으로 마가복음의 중요한 절정을 이룬다. 여러 번 예언한 대로 예수는 붙잡혀서 고위 제사장들, 장로들, 서기관들 앞에 끌려가 심문을 받으신다. 예수께서 성전을 부순 다음에 다시 짓겠다고 위협하셨다는 등 많은 고발들이 제기된다. 그러나 그 고소들 중 어느 것도 진실한 것으로 입증되지 못한다. 마지막으로 대제사장은 직접 예수에게 그가 찬송 받을 자(즉, 하나님)의 아들 그리스도인지를 묻는다. 마가복음 독자들은 1:1에서 예수가 하나님의 아들 그리스도라는 말을 들었다. 예수의 신적 정체성은 기겁을 한 귀신들(1:24; 3:11; 5:7), 제자들(8:29), 하나님 자신(1:11; 9:7)에 의해 종종 인정되어 왔다. 그러나 이제 예수는 수난 주간 동안에 예루살렘에서의 예수의 활동들로 인해 위협을 받고 화가 난 그의 숙적 대제사장과 맞닥뜨리신다.

예수는 성전의 기능과 관련하여 이미 실망감을 표명하신 적이 있다. 그분은 성전 경내에서 상을 뒤엎는 등 시위를 하며 예언들을 인용하여 "만민의 기도하는 집"이 되어야 할 성전이 "강도의 굴혈"(11:17; 이 구절은 사 56:7; 렘 7:11을 인용하고 있음)이 되었음을 상기시키셨다. 심각한 공격이 취해졌으나, 예수는 계속해서 경내에서 가르치셨다. 비유를 통해 예수는 고위 제사장들이 그들의 청지기직을 상실하게 될 것이고 버린 바 된 아들인 자기는 신원될 것이라고 예언하셨다(12:1-12). 풍자를 통해서 예수는 가난한 자들을 돕기는커녕 압제하는 탐욕스러운 서기관들을 경고하셨다(12:38-40, 41-44). 그리고 능숙하게 예수는 자기에게 던져진 모든 질문들에 응수하셨다(11:27-33; 12:13-17, 18-27, 28-34, 35-37).

수난 예고들이 없었더라도 마가복음 독자들은 예수와 기득권층인 제사장들 간의 충돌이 불가피하다는 것을 예상했을 것이다. 이제까지 로마는 아무런 역할도 하지 않았으나, 로마 제국에 사는 사람이라면 누구나 하나님 나라에 관하여 말하고 스스로를 하나님의 기름부음 받은 이 나라의 대리인으로 자처하면 궁극적으로 로마 세력과 충돌할 수밖에 없게 된다는 것을 알고 있었을 것이다. 마가복음의 독자들 중 대부분은 이미 예수께서 본디오 빌라도의 승인 아래서 십자가에서 처형을 당했다는 것을 알고 있었을 것이지만, 사건의 전모를 알고 있는 사람은 많지 않았을 것이다. 고위 제사장들 앞에서의 심문 장면은 이러한 독자들의 지식에 있어서의 중요한 공백을 메워 주었을 것이다. 이 단락은 이제까지 유대인들의 문제였던 것이 로마인들에게 넘어가는 전환점을 이룬다. 이제 독자들은 예수에 관한 이야기가 어떻게 해서 유대인들의 뜨거운 논쟁을 거쳐 로마의 십자가 처형으로 넘어가게 되었는지를 알았을 것이다.

대제사장이 "네가 찬송 받을 자의 아들 그리스도냐?"라고 예수에게 물으며 답변을 요구한 것은 예수께서 "내가 그니라 인자가 권능자의 우편에 앉은 것과 하늘 구름을 타고 오는 것을 너희가 보리라"고 분명하게 천명하시는 배경을 이룬다. 예수께서 이전에도 여러 번 스스로를 가리키는 말로 사용하셨던 "인자"라는 신비스러운 호칭의 의미는 이제 훨씬 더 분명해진다. 이 호칭은 결국 메시아적인 것으로서 단순한 "다윗의 자손"이라는 의미가 아니라 그보다 훨씬 더 메시아 사상을 보여 주는 말이다. 하나님으로부터 나라와 권세를 받은 기름부음 받은 "인자"는 단순한 다윗의 자손이 아니다. 그분은 다윗의 "주"이시다(12:35-37). 또한 그분은 성전의 주이며 성전을 돌보는 자이시다. 이런 것들을 무리는 "인자"가 하나님 우편에 앉아서 구름을 타고 오는 것을 볼 때 깨닫게 될 것이다. 예수께서 다니엘 7:13과 시편 110:1을 결합하여 한 말씀 속에는 예수께서 신적인 지위를 갖고 있다는 것과 자기를 판단하는 자들에 대한 심판의 위협이 함축되어 있다. 격노한 제사장들은 예수에게 사형을 선고하고, 그를 로마 당국자들에게 넘겨주게 된다.

10. 베드로가 예수를 부인하다(14:66-72)

본 문

66 베드로는 아래 뜰에 있더니 대제사장의 비자 하나가 와서
67 베드로의 불 쬠을 보고 주목하여 가로되 너도 나사렛 예수와 함께 있었도다 하거늘

68 베드로가 부인하여 가로되 나는 네 말하는 것이 무엇인지 알지도 못하고 깨닫지도 못하겠노라 하며 앞뜰로 나갈새
69 비자가 그를 보고 곁에 서 있는 자들에게 다시 이르되 이 사람은 그 당이라 하되

70 또 부인하더라 조금 후에 곁에 서 있는 사람들이 다시 베드로에게 말하되 너는 갈릴리 사람이니 참으로 그 당이니라

71 베드로가 저주하며 맹세하되 나는 너희의 말하는 이 사람을 알지 못하노라 하니
72 닭이 곧 두 번째 울더라 이에 베드로가 예수께

66 And while Peter[a] was below in the courtyard, one of the maid servants of the high priest comes,[b]
67 and seeing Peter[c] warming himself, looking at him she says,[b] "You also were with the Nazarene,[d] Jesus."
68 But he denied [it],[e] saying, "I neither know[f] nor understand what you are saying." And he went outside into the forecourt. [And a cock crowed.][g]
69 And the maid servant, seeing him, began again to speak to those who were standing around, "This is one of them."
70 But again he denied it. And after a little while again those standing around were saying to Peter,[h] "Truly you are one of them, for you also are a Galilean."[i]
71 But he began to curse and swear,[j] "I do not know this man of whom you are speaking."
72 And immediately the cock crowed a second

서 자기에게 하신 말씀 곧 닭이 두 번 울기 전에 네가 세 번 나를 부인하리라 하심이 기억되어 생각하고 울었더라

time.[k] And Peter[l] remembered the word that Jesus had said to him, "Before the cock crows twice[m] you will deny me three times." And he began to weep.[n]

원문주해

a. 몇몇 수리아 사본들은 케파(*kêpā'*, "게바")로 읽고, 페쉬타(Peshitta)는 쉬므온(*šim'ôn*, "시몬")으로 읽는다.

b. D사본과 몇몇 후대의 권위 있는 사본들은 프로스 아우톤(*πρὸς αὐτόν*, "그에게")을 첨가한다.

c. 수리아 사본들은 "그를"로 읽는다.

d. 헬라어로는 나자레누(*Ναζαρηνοῦ*). 헬라어 사본들은 다양한 이독들을 보여 준다: D사본은 나조레누(*Ναζορηνοῦ*)로 읽고, 그 밖의 사본들은 나조리누(*Ναζωρινοῦ*), 나조레누(*Ναζωρηνοῦ*), 나조라이우(*Ναζωραίου*), 나조라이우(*Ναζοραίου*), 나자라이우(*Ναζαραίου*)로 읽는다. 역본들도 이와 비슷한 범위의 이독들을 보인다.

e. 본문은 실제로 에르네사토(*ἠρνήσατο*, "그가 부인하여")로 되어 있다. "이를"(it)은 문맥상 보충해 넣은 것이다. 몇몇 후대의 사본들은 아우톤(*αὐτόν*, "그를")을 첨가한다.

f. 적어도 하나의 사본이 아우톤(*αὐτόν*, "그를")을 첨가한다(참조. 눅 22:57). 이 첨가는 문장을 부드럽게 하기 위한 것이다. 베드로는 자기가 예수를 모른다고 말했거나 비자(婢子)가 무슨 말을 하는지 모르겠다고 말했다.

g. 카이 알렉크토르 에포네센(*καὶ ἀλέκτωρ ἐφώνησεν*, "닭이 울었다")이라는 어구가 Nestle-Aland[27]과 USBGNT[3c]에는 괄호 안에 넣어져 있다. A, C, D, *Θ*, *Ψ*[c], 067사본과 아주 많은 후대의 사본들에는 이 어구가 있으나, ℵ, B, L, W, *Ψ**, 579, 892, 2427사본 및 몇몇 그 밖의 권위 있는 사본들에는 없다. 메츠거(Metzger, *TCGNT[1]*, 115-16)는 이 본문이 대단히 불확실하다는 것을 인정한다. 그는 앞서 30절에 나오는 "예수의 예언의 문자 그대로의 성취를 강조하기 위하여" 이 어구가 본문에 첨가된 것으로 생각한다. 또한 Westcott and Hort, *Introduction* 2:27을 보라. 라그랑쥐(Lagrange, 407), 테일러(Taylor, 574), 크랜필드(Cranfield, 447)는 이 독법을 받아들이고, 스웨트(Swete, 363), 로마이어(Lohmeyer, 331), 나인햄(Nineham, 409), 그룬트만(Grundmann, 418), 스톡(A. Stock, 384)은 이 독법을 버린다. "원문주해" k를 보라.

h. 수리아 사본들은 케파(*kêpā'*, "게바")로 읽는다.

i. A, *Σ*, 33사본과 몇몇 후대의 사본들은 카이 헤 랄리아 수 호모이아제이(*καὶ ἡ λαλιά σου ὁμοιάζει*, "네 말씨가 그것과 같으니")를 첨가한다. 이 첨가는 마 26:73에서 가져온 것이다. 그러나 크랜필드(Cranfield, 447)는 이 독법을 받아들인다. 건드리(Gundry, 921)가 말

한 제한조건들을 보라.

j. D사본과 몇몇 후대의 권위 있는 사본들은 카이 레게인(*καὶ λέγειν*, "말하기를")으로 되어 있다.

k. ℵ, C*vid, L사본과 그 밖의 권위 있는 사본들은 마 26:74; 눅 22:60의 영향 아래 에크 듀테루(*ἐκ δευτέρου*)를 생략한다. "원문주해" g를 보라.

l. 일부 수리아 사본들은 케파(kepa', "게바")로 읽고, 페쉬타(Peshitta)는 쉬므온(sim'on, "시몬")으로 읽는다.

m. ℵ, C*vid, W, Σ사본과 몇몇 후대의 권위 있는 사본들은 이 본문을 마 26:27 및 눅 22:61과 맞추기 위해서 디스(*δίς*, "두 번")를 생략한다. 그 밖의 다른 권위 있는 사본들은 어순을 바꾼다. (1) 디스 포네사이 트리스 메 아파르네세(*δὶς φωνῆσαι τρίς με ἀπαρνήσῃ*, "두 번 울기 전에 세 번 나를 네가 부인하리라"; B 2427), (2) 포네사이 디스 아파르네세 메 트리스(*φωνῆσαι δὶς ἀπαρνήσῃ με τρίς*, "두 번 울기 전에 네가 나를 세 번 부인하리라." A, f1.13, 33, 1006, 1506, Majority, text sy?, samss, bo).

n. 몇몇 후대의 사본들은 카이 엑셀돈 엑소 에클라우센 피크로스(*καὶ ἐξελθὼν ἔξω ἔκλαυσεν πικρῶς*, "밖으로 나가서 슬피 울었더라")로 읽는다. 이 독법은 마 26:75에서 유래한 것으로서 어려운 본문인 에피발론(*ἐπιβαλών*, "~ 하기 시작하여")을 피하기 위한 것이다(72절에 대한 "주석"을 보라).

양식/구조/배경

불트만(Bultmann, *History*, 269)에 의하면, "베드로 이야기는 전설적이고 창작된 것"이다. 그는 이 이야기가 "원래 수난 이야기에 유기적으로 속해 있을 수 없다"(*History*, 278)고 믿는다. 왜냐하면 이 이야기는 뒤따르는 내용과 잘 연결되지 않고 오래된 원시 전승치고는 너무 많은 지면이 할애되어 있기 때문이다(참조. Dibelius, *Tradition*, 214: "주된 장면보다 훨씬 더 풍부하다"). 또한 불트만(Bultmann, *History*, 269)은 베드로가 예수를 부인한 이야기가 원래는 43-52절 뒤에 왔었다고 생각한다. 그는 원시의 수난 이야기는 예수의 체포, 산헤드린과 빌라도에 의한 단죄, 십자가 처형 장소로의 이동, 처형에 관한 이야기로 되어 있었다고 결론을 내린다(*History*, 279). 나중에 이 이야기에 베드로의 부인(否認) 이야기, 제자들이 도망하고 베드로가 부인할 것이라는 예언(14:27-31)이 덧붙여졌는데, 특히 이 예언은 베드로의 부인에 관한 이야기, 14:3-9에 나오는 기름부음 사건에 관한 이야기 같은 다른 여러 내용들이 수난 이야기에 덧붙여질 때 창작된 것이라고 불트만은 생각한다. 디벨리우스(Dibelius, *Tradition*, 214)는 불트만보다는 덜 회의적이다. 그는 "베드로의 부인에 관한 이야기 속에는 오래된 전승이 들어 있는 것 같다"고 믿는다. 테일러(Taylor, *Formation*, 58)는 베드로가 부인할 것에 관한 예언과 베드로의 부인에 관한 이야기를 나중에 수난 이야기에 첨가된 것으로 본다. 그러나 테일러는 수난 이야기의 기본적인 윤곽이 만들어지고 유포되기 시작하자 "공동체 내에서 어느 정도 자리를 잡고 있던 다른 사건들에 대한 회상들이 일깨워졌을" 것이라고 믿는다(*Formation*, 59). 원칙적으로 테일러의 견해를 취하는 것이 좋을 듯하다.

불트만의 비평학적 분석은 몇 가지 점에서 문제가 있는데, 특히 세부적인 내용에 대해서까지 "다 알 것"(Taylor, *Formation*, 58)을 요구하는 것이 문제다. 베드로의 부인(否認) 이야기는 제사장들 앞에서의 예수의 심문에 관한 기사와 그 기원이 다르고 나중에 (또 하나의 "샌드위치 구조"로서 마가복음 기자에 의해) 삽입되었다는 주장은 의심스럽다. 왜냐하면 외부에서의 베드로에 관한 이야기와 내부에서의 예수에 관한 이야기를 서로 엮어 짠 것은 마가복음 기자가 아니라 전승에 의한 것일 가능성이 크기 때문이다(Taylor, *Formation*, 58는 이에 반대). 이 두 이야기의 샌드위치 구조는 수난을 말하는 초창기로 거슬러 올라간다. 이러한 입장을 지지하는 논거들에 관해서는 14:53-65에 대한 "양식/구조/배경"을 보라. 이보다 더 중요한 것은 초대 교회가 60년대 이후로 교회에서 막강한 지위에 있었던 베드로에게 이토록 망신스러운 이야기를 만들어 내었을 리가 없다는 것이다. 베드로는 예수의 예언대로 예수를 세 번 부인할 뿐만 아니라 경악과 공포 속에서 경황없이 그의 단죄 받는 스승과 거리를 두기 위해 저주를 한다(아마도 예수를). 예수의 예언이 극적으로 성취된 것이 그분의 위상을 크게 높여 주는 기능을 했다고 하더라도, 베드로의 신뢰성에 대한 타격을 고려하면 이 이야기를 기독론적 동기에 의한 변증(辨證)으로 초대 교회가 창작해 냈다고 보기는 힘든 것 같다. 베드로가 예수를 부인한 사건은 잘 알려져 있었고, 아마도 나중에는 사도 자신도 이를 인정했을 것이다. 이 서글픈 사건 속에서 그래도 위안이 될 수 있었던 것은 예수께서 그 사건을 예상하셨고 또한 베드로를 회복시켜 주셨다는 것이다.

이 이야기의 특징은 베드로의 부인(否認)의 강도(强度)가 극적인 점층법으로 강화된다는 데 있다. 베드로는 단순히 예수를 부인한 것이 아니다. 그는 마지막에는 예수를 저주한다. 이 단락은 각각 부인을 축으로 한 세 부분으로 나누어진다. (1) 첫 번째 부인 – 대제사장의 비자가 다가와서 베드로에게 물었을 때(66-68절), (2) 두 번째 부인 – 그 비자가 다른 사람들에게 베드로를 지적해 보였을 때(69-70a절), (3) 세 번째 부인 – 주위에 서 있던 사람들이 베드로에게 말을 걸자 그가 예수를 저주로써 부인하고 이때 닭이 두 번 울자 베드로가 예수의 말씀을 기억하고 땅에 주저앉아 통곡한다(70b-72절).

주석

66 "베드로는 아래 뜰에 있더니 대제사장의 비자 하나가 왔다"(*καὶ ὄντος τοῦ Πέτρου κάτω ἐν τῇ αὐλῇ ἔρχεται μία τῶν παιδισκῶν τοῦ ἀρχιερέως* – 카이 온토스 투 페트루 카토 엔 테 아울레 에르케타이 미아 톤 파이디스콘 투 아르키에레오스). 54절에서 베드로는 예수 및 그를 체포한 무리를 따라서 "뜰 안으로"(*εἰς τὴν αὐλὴν* – 에이스 텐 아울렌) 들어왔었다. 복음서 기자는 이제 "뜰에 있는"(*ἐν τῇ αὐλῇ* – 엔 테 아울레) 그에게로 돌아온다. 구약에서는 성전의 뜰이 자주 언급된다. 왕궁들, 평범한 집들, 특히 부잣집들에는 뜰이 있었다. 1970년에 발굴된 예루살렘의 유대인 거주 지역(성전산의 남서쪽 모퉁이에서 그리 멀지 않은)에 있던 저택의 유적지가 보여 주듯이, 가야바의 집은 크고 웅장했을 것이다. "불타버린 집"(주후 70년)의 폐허에서 발견된, 데바르 카트로스(קתרוס, "카트로스의 아들[의]")라는 명각(銘刻)이 새겨진 돌로 된 추(錘)는 이 저택이 주전 마지막 세기 또는 제2성전 시대에 위세를 떨쳤던 주요한 대제사장 가문들 중 하나인 카트로스(Qatros)의 집이었음을 보여 준다. 나중에 랍비들은 이러한 가문들을 비판적인 견지에서 회상한다: "카드로스(קדרוס)의 집으로 인하여 슬프도다. 그들의 펜으로 인하여 슬프도다"(*t. Menaḥ.* 13.21; 이 글은 계속해서 가야바의 장인인 안나스를 가리키는 "하닌 가문"에 관하여 말한다). 이 카트로스/카드로스라는 인물은 요세푸스(*Ant.* 20.1.3 §16)가 언급한 칸데라스(*Κανθήρας*)일 것이다. "불타 버린 집" 근처의 저택이 실제로 어느 대제사장 가문의 소유였다면, 우리는 가야바의 집이 어떠했을지를 상당 부분 짐작할 수 있다: 두 개 이상의 지하실과 여러 수조(水槽)를 갖춘 이층으로 된 크고 웅장한 건축물, 집의 상당 부분을 둘러싸고 있는 큰 뜰. 이 뜰의 일부는 거리로 통해 있었는데, 바로 이 곳에서 베드로와 하속들과 여러 관원들이 불을 쬐고 한담을 나누면서 그 밤을 보냈다. 이러한 큰 저택들에는 하속들이 많이 있었을 것이다. 근처의 "불타 버린 집"은 아마도 한 종의 가족이 살면서 향을 만들었던 주거지였던 것 같다. "불타 버린 집"의 사진들 및 논의에 대해서는 N. Avigad, *Discovering Jerusalem*(Nashville: Abingdon, 1983) 120-36를 보라. 가야바에 관한 옛 전승들과 고고학적 자료들에 관해서는 14:53에 대한 "주석"을 보라.

67 "베드로가 불을 쬐고 있는 것을 보고 주목하여 이르되 너도 나사렛 예수와 함께 있었도다 하였다"(*καὶ ἰδοῦσα τὸν Πέτρον θερμαινόμενον ἐμβλέψασα αὐτῳ λέγει, Καὶ σὺ μετὰ τοῦ Ναζαρηνοῦ ἦσθα τοῦ Ἰησοῦ* – 카이 이두사 톤 페트론 데르마이노메논 엠블렙사사 아우토 레게이 카이 쉬 메타 투 나사레누 에스다 투 이에수). 독자들을 14:54("베드로가…불을 쬐더라")로 되돌아가게 만드는 이 절은 복음서 기자가 좋아하는 편집된 이음솔기의 모든 특징들을 갖추고 있다(예를 들어, 14:18, 22). 그러나 여기서 이 이야기의 구조 – 불 쬐는 베드로에서 장면을 바꿔 대제사장 앞에 선 예수를 비춰 준 다음에 다시 불 쬐는 베드로에게 돌아오는 – 는 마가 이전의 것일 가능성이 높다. 왜냐하면 이와 동일한 이음솔기가 요한복음 18장에도 나타나기 때문이다. 이것이 요한복음이 마가복음에 의존하고 있다는 증거라고 주장하는 것은 문제를 해결하기보다는 더 많은 문제들을 일으키게 된다(참조. 14:53-65에 대한 "양식/구조/배경").

마가복음 이야기에서 베드로를 대제사장의 종을 칼로 친 사람으로 규정하고 있지 않다는 점을 감안하면, 비자(婢子)가 "너도 나사렛 예수와 함께 있었도다"라고 한 말은 고발이나 위협의 말이 아니었다고 할 수 있다. 그러나 베드로가 두려워한 것을 우리는 이해할 수 있다. 그는 안에서 벌어지고 있는 심문이 어떤 결과를 가져올지를 전혀 모르고 있는 상태였다. 고위 제사장들은 결국 예수에 대한 형사소추를 위한 증인들로서 또는 공범들로서 예수의 측근 제자들을 다 잡아들이기로 결정할지도 모를 일이다. 처음에 비자(여종)는 베드로를 흘끗 본다(*ἰδοῦσα* – 이두사). 그런 다음에 그를 좀더 찬찬히 뜯어보고는(*ἐμβλέψασα* – 엠블렙사사) 그가 예수와 함께 있던 자들 중의 하나임을 알아본다. 우리는 비자가 어떻게 베드로를 알아볼 수 있었는지를 알지 못한다. 왜냐하면 그녀는 예수를 체포한 자들 중에 있지 않았기 때문이다. 그녀는 베드로가 말하는 것을 듣고, 그가 예수를 따르는 갈릴리 사람들 중의 하나라고 추측했을지도 모른다(70절이 함축하고 있듯이).

68 "베드로가 부인하여 이르되 나는 네가 무슨 말을 하는지를 알지도 못하고 깨닫지도 못하겠노라"(*ὁ δὲ ἠρνήσατο λέγων, οὔτε οἶδα οὔτε ἐπίσταμαι σὺ τί λέγεις* – 호 데 에르네사토 레곤 우테 오이다 우테 에피스타마이 쉬 티 레게이스). 베드로는 예수를 알지 못한다고 단호하게 부인한다. 마지막 구절은 의문문일 수 있는데, 그렇다면 베드로의 말은 "나는 (당신의 말을) 알지도 못하고 깨닫지도 못하겠다. 당신은 무슨 말을 하는 것이냐?"라는 뜻이 될 것이다. 그러나 베드로가 역질문을 했을 것 같지는 않다. 왜냐하면 그러한 역질문은 비자가 또다시 말하도록 부추기는 셈이

되어서 대화가 계속될 것이기 때문이다. 그녀가 무슨 말을 하는지를 베드로가 모르는 척해야, 그녀는 이 문제를 그냥 넘기게 될 것이다. 물론 베드로는 이미 셰익스피어의 희곡 『햄릿』에 나오는 "과민반응을 보이는" 여인같이 행동했다. 왜 베드로는 이토록 이른 시간에 불을 쬐며 거기에 있는 것인가? 그는 앞서 예수를 체포했지만 아직 예수나 해당 사건에 관하여 아무것도 모르는 무리 중의 한 사람일 수 있는가? 베드로의 부인(否認)은 설득력이 없고, 오직 호기심만을 더 불러일으킬 뿐이다. 그룬트만(Grundmann, 418)은 미쉬나 셰부오트 편(*m. Šebu.*) 8:3, 6을 주목한다: "'내 황소는 어디에 있는가?' 그가 대답했다. '나는 당신이 무슨 말을 하는지 모르겠다.'" 토레이(Torrey, *Our Translated Gospels*, 16-18)는 본문의 근저에 있는 아람어를 오해한 것이라고 하면서 베드로의 부인은 원래 "나는 네가 말하는 자의 패거리도 아니고 그를 전혀 알지도 못한다"였다고 생각한다.

본문의 에르네사토(*ἠρνήσατο*, "그가 부인하였다")라는 표현은 다음과 같은 중요한 예수의 말씀들을 상기시킨다: 마태복음 10:33: "누구든지 사람 앞에서 나를 부인하면 나도 하늘에 계신 내 아버지 앞에서 저를 부인하리라"(참조. 눅 12:9); 이와 유사한 내용의 마가복음 8:38: "누구든지…나를…부끄러워하면 인자도…그 사람을 부끄러워하리라." 베드로의 부인(否認)에 관한 전승은 예수를 부인하거나 믿음을 부인하는 것과 관련된 신약의 가르침과 날카로운 긴장 관계에 있다. 그 주요한 예들은 다음과 같다: 사도행전 3:14: "너희가 거룩하고 의로운 자를 부인하고 도리어 살인한 사람을 놓아주기를 구하여"; 디모데후서 2:12: "참으면 또한 함께 왕노릇할 것이요 우리가 주를 부인하면 주도 우리를 부인하실 것이라"; 베드로후서 2: 1: "그러나 민간에 또한 거짓 선지자들이 일어났었나니…저희는…자기들을 사신 주를 부인하고 임박한 멸망을 스스로 취하는 자들이라"; 요한일서 2:23: "아들을 부인하는 자에게는 또한 아버지가 없으되"; 유다서 1:4: 불경건한 자들은 "홀로 하나이신 주재 곧 우리 주 예수 그리스도를 부인하는 자니라"; 요한계시록 3:8: "네가…내 말을 지키며 내 이름을 배반치[역주: 부인하지] 아니하였도다." 이러한 전승의 강도(強度)와 비타협적인 성격은 베드로가 예수를 세 번 부인한 이야기가 경건한 설교를 통해 만들어진 이야기라는 주장을 일축한다(참조. Schniewind, 193).

"베드로는 앞뜰로 나갔고 (닭이 울었다)"(*καὶ ἐξῆλθεν ἔξω εἰς τὸ προαύλιον* [*καὶ ἀλέκτωρ ἐφώνησεν*] - 카이 엑셀덴 엑소 에이스 토 프로아울리온 [카이 알레크토르 에포네센]). 베드로는 불로 몸을 녹이지는 못하더라도 자기를 주시하는 비자에게서 몸을 피해야 한다고 생각했다. 베드로는 주된 "뜰"(*αὐλή* - 아울레)을 빠져

나와서 이제 "앞뜰"(προαύλιον－프로아울리온)로 들어간다. "닭이 울었다"(*καὶ ἀλέκτωρ ἐφώνησεν*－카이 알레크토르 에포네센)는 어구는 "닭이 두 번째 울었다"(*ἐκ δευτέρου ἀλέκτωρ ἐφώνησεν*－에크 듀테루 알레크토르 에포네센)는 말, 그리고 베드로가 "닭이 두 번 울기 전에"(*πρὶν ἀλέκτορα φωνῆσαι δὶς*－프린 알레크토라 포네사이 디스) 세 번 자기를 부인할 것이라는 예수의 예고(豫告)와 조화시키기 위한 주해(gloss)일 것이다. 이 어구와 관련된 사본상의 쟁점들은 복잡해서, 자칫 논증이 딴 길로 가버릴 수 있다.

69 "비자가 그를 보고 곁에 서 있는 자들에게 다시 이르되 이 사람은 그 당이라 하였다"(*καὶ ἡ παιδίσκη ἰδοῦσα αὐτὸν ἤρξατο πάλιν λέγειν τοῖς παρεστῶσιν ὅτι οὗτος ἐξ αὐτῶν ἐστιν*－카이 헤 파이디스케 이두사 아우톤 에륵사토 팔린 레게인 토이스 파레스토신 호티 후토스 엑스 아우톤 에스틴). 불에 더 가까이 앉은 베드로를 힐끗 본 비자(婢子)는 그에 관하여 말하기 시작한다. 그녀는 확신이 들어서 "이 사람은 그들 중의 한 사람이다"라고 단언한다. 마가복음에서의 비자의 확신에 찬 말은 제4복음서에 나오는 좀더 공손한 말투와 대조를 이룬다: "너도 이 사람의 제자 중 하나가 아니냐?"(요 18:17) 그리고 나중에 사람들은 이렇게 묻는다. "너도 그 제자 중 하나가 아니냐?"(18:25).

70 "그러나 그는 또 부인하였다"(*ὁ δὲ πάλιν ἠρνεῖτο*－호 데 팔린 에르네이토). 베드로가 두 번째 부인할 때 무슨 말을 했는지는 나와 있지 않다. 마태(26:72)는 베드로가 "맹세하고 또 부인하여 가로되 내가 그 사람을 알지 못하노라"고 말하였다고 기록한다. 누가(22:58)는 다른 사람의 질문을 받은 베드로가 그에게 "이 사람아 나는 아니로라!"라고 말했다고 한다.

"조금 후에 곁에 서 있는 사람들이 다시 베드로에게 말하되 너는 갈릴리 사람이니 참으로 그 당이니라"(*καὶ μετὰ μικρὸν πάλιν οἱ παρεστῶτες ἔλεγον τῷ Πέτρῳ, ἀληθῶς ἐξ αὐτῶν εἶ, καὶ γὰρ Γαλιλαῖος εἶ*－카이 메타 미크론 팔린 호이 파레스토테스 엘레곤 토 페트로 알레도스 엑스 아우톤 에이 카이 가르 갈릴라이오스 에이). 베드로의 상황은 점점 더 악화되어 갔다. 왜냐하면 이제 자기를 알아보는 사람이 한 명의 여종에 그치지 않았기 때문이다. 여러 사람이 그를 알아보기 시작했다. 마가는 그렇게 말하고 있지 않지만, 베드로가 앞서 부인한 말들과 그 밖의 다른 대화를 통해서 그가 갈릴리 사람이라는 것이 밝혀졌던 것 같다. 마태(26:73)는 이 점을 명시적으로 밝힌다: "너도 진실로 그 당이라 네 말소리(역주: 말투, 말씨)가 너를 표명한다." 탈무드(참조. *b. Ber.* 32a; *b. Meg.* 24b)에 의하면, 갈릴리 사람들은 "알렙"을

"아인"으로 발음하고 "아인"을 "알렙"으로 발음했다고 한다(즉, "알렙"을 발음할 때는 후음을 너무 많이 내고, 반대로 "아인"을 발음할 때는 후음을 너무 적게 냈다는 것이다). 갈릴리 사람의 발음을 놀리는 이야기가 있다: "한 갈릴리 사람이 이리저리 돌아다니며 '누가 아마르(ʿămar)를 가지고 있나요? 누가 아마르를 가지고 있나요?' 라고 사람들에게 말했다. 사람들이 그에게 이렇게 말했다. '이 갈릴리 바보야, 도대체 네가 말하는 것이 타는 나귀(ḥămār – 하마르)냐, 마시는 포도주(ḥămār – 하마르)냐, 입는 털옷(ʿămar – 아마르)이냐, 도살하기 위한 어린양(ʾimmar – 임마르)이냐?'"(*b. ʿErub.* 53b; 참조. G. H. Dalman, *The Words of Jesus*, tr. D. M. Kay [Edinburgh: T. & T. Clark, 1902] 80-81). 사람의 말씨를 보고 그의 신분을 안 경우는 G. H. R. Horsley, *NewDocs* 5:31에 인용되어 있다: "그의 비헬라적인(직역하면, 야만적인) 풍채와 그의 말씨(*γλῶσσα* – 글롯사)는 그가 외국인임을 보여 준다"(『이교 순교자 행전』[*Acts of the Pagan Martyrs*]의 단편에서). 사도행전 2:7에 의하면, 사람들은 제자들의 말씨를 보고 갈릴리 사람들인 줄 알았다고 한다(참조. 행 4:13).

71 "베드로가 저주하여 맹세하되 나는 너희의 말하는 이 사람을 알지 못하노라 하였다"(*ὁ δὲ ἤρξατο ἀναθεματίζειν καὶ ὀμνύναι ὅτι Οὐκ οἶδα τὸν ἄνθρωπον τοῦτον ὃν λέγετε* – 호 데 에륵사토 아나데마티제인 카이 옴뉘나이 호티 우크 오이다 톤 안드로폰 투톤 혼 레게테). 사람들로부터 압박감을 느끼고 자기를 정말 예수의 제자들 중 하나라고 사람들이 단정할 것이 두려워서, 베드로는 가장 강력한 어조로 자신의 스승을 부인한다. 그는 "저주하여 맹세하여"(*ἀναθεματίζειν καὶ ὀμνύναι* – 아나데마티제인 카이 옴뉘나이) 자기는 그들이 말하는 "이 사람"(*τὸν ἄνθρωπον τοῦτον* – 톤 안드로폰 투톤)을 알지 못한다고 말한다. 베드로는 가능한 한 아무 상관이 없음을 보여 주기 위해 예수의 이름조차 입에 올리지 않는다. 아마도 베드로는 예수에 대하여 저주를 했을 것이다. 적어도 베드로는 자기가 거짓말을 하는 것이라면, 자기(그리고 그에게 질문한 자들?)에게 저주가 임할 것이라고 스스로를 저주했을 것이다(Cranfield, 447-48). 사도행전 23:12, 14, 21에 나오는 아나데마티제인(*ἀναθεματίζειν*)의 용법을 보라. 거기에서 어떤 열심 있는 유대인들은 그들이 바울을 죽일 때까지는 먹지도 않고 마시지도 않겠다고 맹세함으로써 "스스로를 저주한다." 사도행전에서의 용법은 마가복음의 이 본문에서의 용법과 같은 것으로 보인다. 칠십인역에서 이 단어는 흔히 하람(חרם, "멸하다")에 대한 역어로 나온다.

72 "닭이 곧 두 번째 울더라 이에 베드로가 예수께서 자기에게 하신 말씀을 기억하였다"(*καὶ εὐθὺς ἐκ δευτέρου ἀλέκτωρ ἐφώνησεν καὶ ἀνεμνήσθη ὁ Πέτρος τὸ*

ῥῆμα ὡς εἶπεν αὐτῷ ὁ Ἰησοῦς–카이 유뒤스 에크 듀테루 알레크토르 에포네센 카이 아넴네스데 호 페트로스 토 레마 호스 에이펜 아우토 호 이에수스). 마가는 "곧"(*εὐθύς*–유뒤스) 닭이 울었다고 말한다. 베드로의 입에서 마지막 절정인 세 번째 부인하는 말이 나가자마자 닭이 두 번째로 울었다. 베드로가 세 번째로 부인했던 그 추악한 말들은 모든 이들의 귀에 아직도 여전히 쟁쟁하다. 신경을 거슬리며 즉시 떠오른 예수의 예언의 성취는 이 장면의 극적인 성격과 통렬함, 예수의 예언의 놀라울 정도의 정확성을 부각시킨다.

"닭이 두 번 울기 전에 네가 세 번 나를 부인하리라"(*πρὶν ἀλέκτορα φωνῆσαι δὶς τρίς με ἀπαρνήσῃ*–프린 알레크토라 포네사이 디스 트리스 메 아파르네세). 베드로는 예수께서 하신 말씀(14:30)을 기억하고 그 예언이 완벽하게 성취되었음을 깨닫는다.

"베드로는 울기 시작했다"(*καὶ ἐπιβαλὼν ἔκλαιεν*–카이 에피발론 에클라이엔). 에피발론(*ἐπιβαλών*, "시작했다")은 그 의미가 불확실한 어려운 독법이다. 크랜필드(Cranfield, 448)는 몇 가지 제안을 열거한다: "그가 거기에 대해 생각하고", "자기 머리를 감싸고", "겉옷을 얼굴 쪽으로 끌어서", "달려나가서", "땅바닥에 몸을 던지고", "본격적으로 ~하기 시작하다." 크랜필드는 위대한 문법학자 물튼(J. H. Moulton; 그리고 F. Debrunner도)을 따라 마지막 것으로 낙착(落着)을 본다. 필드(Field, *Notes*, 41-43)는 에피발레인(*ἐπιβάλλειν*)이 "머리를 감싸다"를 의미하는 몇몇 본문들을 인용하면서 이 의미를 주장한다. 이 단어의 난해성은 마태복음 기자(26:75)와 누가복음 기자(22:62)에 의해서도 확인되는데, 그들은 둘 다 다른 단어(*ἐξελθών*–엑셀돈, "밖으로 나가서")로 수정한다. 크랜필드와 필드가 취한 견해들이 아마 최선인 듯 싶다. 이 둘 가운데서 "머리를 감싸고"라는 의미가 더 문제점이 많다. 왜냐하면 이런 의미로 사용될 때는 이 단어가 목적어를 취하는 것이 보통이기 때문이다. "~하기 시작했다"라는 의미는 파피루스들(참조. P.Teb. 50.12)에서 확인되고, 클로스터만(Klostermann, 157-58), 슈니빈트(Schniewind, 192, 195), MM(235) 등에 의해 받아들여지고 있다(참조. BAG, 289-90).

해설

안에서(inside) 이스라엘의 유대인들 중에 최고의 권력자인 대제사장 앞에 있는 예수와 뚜렷한 대조를 보이면서, 밖에서(outside) 베드로는 아무런 힘도 없는 여종 앞에서 겁을 집어먹고 서 있다. 여종은 베드로가 나사렛 사람 예수와 함께 있었다고 말하지만(67절), 베드로는 가차없이 이를 부인한다. 베드로는 그녀가 무슨 말을 하는지 도무지 알지도 못하겠고 깨닫지도 못하겠다고 말한다. 여종(마 26:71에서는 "다른 비자"라고 말하고 있지만, 헬라어 본문은 동일한 비자임을 암시해 준다)은 다시 베드로를 보고는 곁에 서 있는 사람들에게 "이 사람이 그 당이라"(69절)고 말한다. 그러나 베드로는 또다시 이를 부인한다(70a절). 잠시 후에 곁에 서 있던 사람들이 베드로에게 그가 갈릴리 사람인 것으로 보아서 분명히 예수를 따르는 자들 중의 한 사람임에 틀림없다고 말한다(70b절). 여종의 끈질긴 접근 때문에 이제 몇몇 사람들이 베드로가 예수의 제자가 아닌가 의심하게 되었다. 위험이 커져 가는 것을 느끼고 공포에 질린 베드로는 스스로에 대하여(즉, "내가 진실을 말하는 것이 아니라면 저주를 받으리라"), 그리고 아마도 그들이 얘기하는 사람(즉, 예수)에 대해서도 저주를 하고, 자기는 그들이 얘기하는 사람을 알지 못한다고 말한다(71절). 이 말이 그의 입에서 나오자마자 닭이 울기 시작한다. 예수의 예언은 강렬한 인상을 남기며 즉각적으로 성취되었다. 예수의 예언을 기억하고, 자기가 무슨 짓을 했는지를 깨달은 베드로는 통곡한다(72절).

예수와 베드로를 대비시켜 묘사하는 마가의 솜씨는 일품으로서 흔히 기독교 설교의 주제가 되어 왔다. 안에서는 예수께서 선지자 노릇을 해보라고 조롱하는 고위 제사장들 앞에 계시는(14:65) 동안, 밖에서는 베드로가 자신이 세 번 부인할 것이라는 예수의 예언을 이루어 가고 있다. 베드로의 실패는 예수에 대한 인상을 더욱 강렬하게 만들어 줌과 동시에 주를 부인했거나 앞으로 부인하게 될 많은 그리스도인들을 위한 교훈을 제시해 준다.

11. 빌라도 앞에 선 예수(15:1-15)

참고문헌

Bammel, E. "The Trial before Pilate." In *Jesus and the Politics of His Day.* Ed. E. Bammel and C. F. D. Moule. Cambridge: Cambridge UP, 1984. 415-51. **Betz, O.** "The Temple Scroll and the Trial of Jesus." *SWJT* 30(1988) 5-8. **Blinzler, J.** *The Trial of Jesus: The Jewish and*

Roman Proceedings against Jesus Christ Described and Assessed from the Oldest Accounts. Westminster: Newman, 1959. 164-93. **Burkill, T. A.** "The Trial of Jesus." *VC* 12(1958) 1-18. **Catchpole, D. R.** *The Trial of Jesus.* StPB 18. Leiden: Brill, 1971. 183-202. **Chilton, B. D.** *The Temple of Jesus.* University Park, PA: Pennsylvania State UP, 1992. **Cohn, H.** *Reflections on the Trial and Death of Jesus.* Jerusalem: Israel Law Review Association, 1967. **Fitzmyer, J. A.** "Crucifixion in Ancient Palestine, Qumran Literature, and the New Testament." *CBQ* 40 (1978) 493-513. **Haacker, K.** "Wer war Schuld am Tode Jesu?" *TBei* 25(1994) 23-36. **Haufe, G.** "Der Prozess Jesu im Lichte der gegenwärtige Forschung." *ZZ* 22(1968) 93-101. **Hengel, M.** *Crucifixion.* London: SCM Press; Philadelphia: Fortress, 1977. **Koch, W.** *Der Prozess Jesu.* Berlin: Kiepenheuer & Witsch, 1966. **Lietzmann, H.** "Der Prozess Jesu." *Sitzungsberichte der Preussischen Akademie der Wissenschaften in Berlin* 14(1931) 313-22. **Matera, F. J.** "The Trial of Jesus: Problems and Proposals." *Int* 45(1991) 5-16. **McGing, B. C.** "Pontius Pilate and the Sources." *CBQ* 53(1991) 416-38. **Ritt, H.** "'Wer war Schuld am Tod Jesu?' Zeitgeschichte, Recht und theologische Deutung." *BZ* 31(1987) 165-75. **Rivkin, E.** *What Crucified Jesus? The Political Execution of a Charismatic.* Nashville: Abingdon, 1984. **Schmidt, K. L.** "Der Todesprozess des Messias Jesus." *Judaica* 1(1945) 1-40. **Sherwin-White, A. N.** *Roman Law and Roman Society in the New Testament.* The Sarum Lectures, 1960-61. London: Oxford UP, 1963. 24-47. **Sloyan, G. S.** *Jesus on Trial: The Development of the Passion Narratives and Their Historical and Ecumenical Implications.* Ed. J. Reumann. Philadelphia: Fortress, 1973. **Strobel, A.** *Die Stunde der Wahrheit: Untersuchungen zum Strafverfahren gegen Jesus.* WUNT 21. Tübingen: Mohr-Siebeck, 1980. 61-99. **Winter, P.** *On the Trial of Jesus.* Studia Judaica 1. 2nd ed. Rev. by T. A. Burkill and G. Vermes. Berlin; New York: de Gruyter, 1974. **Yadin, Y.** "Pesher Nahum(4Q pNahum) Reconsidered." *IEJ* 21(1971) 1-12.

Pontius Pilate, Roman Prefect

Jones, A. H. M. "Procurators and Prefects in the Early Principate." In *Studies in Roman Government and Law.* Oxford: Blackwell, 1960. 115-25. **McLaren, J. S.** *Power and Politics in Palestine: The Jews and the Governing of Their Land 100 B.C.-A.D. 70.* JSNTSup 63. Sheffield: JSOT Press, 1991. 81-87. **Ollivier, J.** "Ponce Pilate et les Pontii." *RB* 5(1896) 247-54, 594-600.

Pilate Inscription

Alföldy, G. "Pontius Pilatus und das Tiberieum von Caesarea Maritima." *Scripta classica Israelica* 18(1999) 85-108. **Bartina, S.** "Poncio Pilato en una inscripción monumentaria palestinense." *CB* 19(1962) 170-75. **Burr, V.** "Epigraphischer Beitrag zur neueren Pontius-Pilatus-Forschung." In *Vergangenheit, Gegenwart, Zukunft.* Ed. W. Burr. Würzburg: Stuttgart: Echter, 1972. 37-41. **Degrassi, A.** "Sull' iscrizione di Ponzio Pilato." *Rendiconti della Reale Accademia nazionale dei Lincei: Classe di Scienze morali, storiche e filologiche.* Series 8. Vol. 19.(1964) 59-65. **Frova, A.** "L'iscrizione di Ponzio Pilato a Cesarea." *Rendiconti dell' Istituto Lombardo* 95(1961) 419-34. **Gatti, C.** "A proposito di una rilettura dell'epigrafe di Ponzio Pilato." *Aevum* 55(1981) 3-21. **Labbé, G.** "Ponce Pilate et la munificence de Tibère: L'inscription de Césarée." *REA* 93(1991) 277-97. **Weber, E.** "Zur Inschrift des Pontius Pilatus." *BJ* 171(1971) 194-200.

Mark 15:1-15

Bond, H. K. *Pontius Pilate in History and Interpretation.* SNTSMS 100. Cambridge: Cambridge UP, 1998. 94-119. **Chaval, C. B.** "The Releasing of a Prisoner on the Eve of Passover in Ancient Jerusalem." *JBL* 60(1941) 273-78. **Deissmann, A.** *Light from the Ancient East.* London: Hodder & Stoughton; New York: Harper& Row, 1927. **Hagedorn, A. C.,** and **Neyrey, J. H.** "'It Was Out of Envy That They Handed Jesus Over'(Mark 15.10): The Anatomy of Envy and the Gospel of Mark." *JSNT* 69(1998) 15-56. **Strobel, A.** *Die Stunde der Wahrheit: Untersuchungen zum Strafverfahren gegen Jesus.* WUNT 21. Tübingen: Mohr-Siebeck, 1980. 96-99.

본 문

1 새벽에 대제사장들이 즉시 장로들과 서기관들
곧 온 공회로 더불어 의논하고 예수를 결박하여
끌고 가서 빌라도에게 넘겨주니

1 And as soon as it was morning, having held a consultation,[a] the ruling priests with the elders and scribes and the whole council, [and][b] having bound Jesus, carried [him][c] away and handed [him]c over to Pilate.[d]

2 빌라도가 묻되 네가 유대인의 왕이냐 예수께서
대답하여 가라사대 네 말이 옳도다 하시매
3 대제사장들이 여러 가지로 고소하는지라
4 빌라도가 또 물어 가로되 아무 대답도 없느냐
저희가 얼마나 많은 것으로 너를 고소하는가 보

2 And Pilate questioned him, "Are you the king of the Jews?" And replying, he[e] says to him, "You say it."
3 And the ruling priests were accusing him much.[f]
4 But Pilate again questioned him, saying, "Do you answer nothing? Look how much they accuse you!"

라 하되
5 예수께서 다시 아무 말씀도 대답지 아니하시니 빌라도가 기이히 여기더라
6 명절을 당하면 백성의 구하는대로 죄수 하나를 놓아 주는 전례가 있더니
7 민란을 꾸미고 이 민란에 살인하고 포박된 자 중에 바라바라 하는 자가 있는지라
8 무리가 나아가서 전례대로 하여주기를 구한대
9 빌라도가 대답하여 가로되 너희는 내가 유대인의 왕을 너희에게 놓아주기를 원하느냐 하니
10 이는 저가 대제사장들이 시기로 예수를 넘겨 준줄 앎이러라
11 그러나 대제사장들이 무리를 충동하여 도리어 바라바를 놓아 달라 하게 하니
12 빌라도가 또 대답하여 가로되 그러면 너희가 유대인의 왕이라 하는 이는 내가 어떻게 하랴
13 저희가 다시 소리지르되 저를 십자가에 못 박게 하소서
14 빌라도가 가로되 어찜이뇨 무슨 악한 일을 하였느냐 하니 더욱 소리지르되 십자가에 못 박게 하소서 하는지라
15 빌라도가 무리에게 만족을 주고자 하여 바라바는 놓아 주고 예수는 채찍질하고 십자가에 못 박히게 넘겨주니라

5 But Jesus no longer gave any reply, so that Pilate was amazed.
6 Now at the feast he[g] would release to them one prisoner whom they chose.
7 But there was one called Barabbas,[h] imprisoned with the rebels,[i] who had in the rebellion committed murder.
8 And going up,[j] the crowd began to request,[k] just as he used to do for them.[l]
9 But Pilate answered them, saying, "Do you wish that I might release to you the king of the Jews?"
10 For he knew that because of envy the ruling priests had handed him over.
11 But the ruling priests stirred up the crowd, so that he should rather release Barabbas[m] to them.
12 But Pilate, again answering, was saying to them, "What then [do you wish that] I should do with him [whom you call][n] 'the king of the Jews'?"
13 But again they shouted.[o] "Crucify[p] him!"
14 But Pilate was saying to them, "Why, what evil has he done?" But they shouted all the more, "Crucify[p] him!"
15 So Pilate, wishing to satisfy the crowd, released to them Barabbas,[q] and he handed Jesus over, having scourged [him],[c] that he might be crucified.

원문주해

a. 헬라어로는 쉼불리온 포이에산테스(*συμβούλιον ποιήσαντες*). ℵ, C, L사본과 몇몇 후대의 사본들은 쉼불리온 에토이마산테스(*συμβούλιον ἑτοιμάσαντες*)로 읽는다. 메츠거(Metzger, *TCGNT*[1], 117)는 이 독법은 본문의 모호성을 제거해서, "공회를 소집해서"와 반대되는 "모의를 해서" 또는 "협의를 해서"를 의미하는 것으로 만들려는 시도라고 말한다.

b. 괄호 안의 접속사 카이(*καί*, "그리고")는 있어야 되는 것이지만(D사본과 그 밖의 몇몇 사본들은 이 단어를 첨가한다), 원문에 원래 있었던 것은 아닌 것 같다.

c. 괄호 안의 단어는 문맥상 추가한 것이다(W사본과 몇몇 후대의 사본들은 아우톤[*αὐτόν*, "그를"]을 첨가하고 있긴 하지만).

d. 몇몇 후대의 사본들은 폰티오스 필라토스(*Πόντιος Πιλᾶτος*, "본디오 빌라도")로 읽

는다. 빌라도에 대한 가장 초기의 헬라어 표기는 페일라토스(*Πειλᾶτος*)이지만(א, A, B, D사본에서처럼), 많은 후대의 사본들에서는 이 이름을 필라토스(*Πιλᾶτος*)로 표기한다. (이것은 막 15장에서 이 이름이 나오는 다른 경우들에도 적용된다.) 라틴어 사본들은 이 이름을 필라투스(Pilatus)로 표기하는데, 가이사랴 마리티마(Caesarea Maritima)에서 발견된 빌라도의 비문에서 볼 수 있듯이, 이것은 분명히 빌라도 자신이 자기 이름을 표기한 방식일 것이다(1절에 대한 "주석"을 보라).

e. N, *Σ*사본과 몇몇 후대의 사본들은 이에수스(*Ἰησοῦς*, "예수")를 첨가한다.

f. N, W, *Σ*, 33사본과 몇몇 후대의 사본들은 아우토스 데 우덴 아페크리나토(*αὐτὸς δὲ οὐδὲν ἀπεκρινατο*, "그러나 그는 아무 대답도 하지 않았다")를 첨가한다(참조. 눅 23:9).

g. W사본과 몇몇 후대의 사본들 및 권위 있는 사본들은 호 헤게몬(*ὁ ἡγεμών*, "총독")을 첨가한다(참조. 마 27:15).

h. 헬라어로는 바랍바스(*Βαραββᾶς*). 이 이름은 여러 형태와 표기들로 나온다: 바라바스(*Βαραβᾶς*), 바르랍바스(*Βαρραββᾶς*), 바바르라바스(*Βαβαρραβᾶς*), 그리고 가장 이상한 것은 바울의 선교 동역자의 이름인 바르나바스(*Βαρναβᾶς*). 바랍바스(*Βαραββᾶς*)는 "아버지의 아들"를 의미하는 아람어 바르 압바(בר אבא)에 대한 음역이다.

i. A, *Σ*, 33사본과 몇몇 후대의 사본들은 쉬스타시아스톤(*συστασιαστῶν*, "동료 반도[叛徒]들")으로 읽는다.

j. 헬라어로는 아나바스(*ἀναβάς*). א[c], A, C, N, W, *Σ*사본과 몇몇 후대의 권위 있는 사본들은 아나보에사스(*ἀναβοήσας*, 문자적으로 "소리질러")로 읽는데, 이 단어는 마가복음의 다른 곳에는 나오지 않는다. 이와는 대조적으로 아나바이네인(*ἀναβαίνειν*)의 여러 형태들은 마가복음에 여러 번 나온다.

k. D사본과 몇몇 후대의 사본들은 홀로스 호 오클로스 에륵사토 아이테이스다이 아우톤(*ὅλος ὁ ὄχλος ἤρξατο αἰτεῖσθαι αὐτόν*, "온 무리가 그를 구하니")으로 읽는다(한 고대 라틴어 사본은 필라툼[Pilatum, "빌라도에게"]을 첨가한다).

l. 몇몇 후대의 사본들은 카도스 에도스 엔 히나 톤 바랍반 아폴뤼세 아우토이스(*καθως ἔθος ἦν ἵνα τὸν Βαραββᾶν ἀπολύσῃ αὐτοῖς*, "전례대로 그가 그들에게 바라바를 놓아주기를")로 읽는다.

m. 이 이름의 여러 형태와 표기들이 확인된다. 위의 "원문주해" h를 보라.

n. B, 2427사본에는 혼 레게테(*ὃν λέγετε*)라는 어구가 나오지만, A, D, W, *Θ*, f[1.13], 205, 565, 700, 2542, pc, lat, sy[s], sa사본에는 생략되어 있다. Nestle-Aland[27]과 USBGNT[3c]는 이 어구가 의심스럽다는 것을 보이기 위하여 괄호 처리를 한다(Metzger, *TCGNT*[1], 118를 보라). 이 어구를 생략한다면, 이 절은 "그러면 '유대인의 왕'은 내가 어떻게 하랴?"가 된다.

o. 몇몇 후대의 사본들은 아나세이오메노이 휘포 톤 아르키에레온 카이 엘레곤(*ἀνασειόνενοι ὑπὸ τῶν ἀρχιερέων καὶ ἔλεγον*, "고위 제사장들에 의해 선동되어 말하기를")을

첨가한다.

p. 몇몇 후대의 사본들은 스타우루 스타우루(*σταύρου σταύρου*, "십자가에 못박으소서, 십자가에 못 박으소서")로 읽는다. 이런 중복 형태는 아마도 눅 23:21에서 유래한 것 같다.

q. "원문주해" h에 언급된 이형(異形)들 중 일부가 후대의 두세 사본들에서 확인된다.

양식/구조/배경

마가복음 15:1-15은 수난 이야기에서 가장 극적이고 잊혀지지 않는 장면들 중의 하나다. 이 단락은 크게 두 부분으로 나뉜다. (1) 예수는 "유대인의 왕"이라고 주장했다는 죄목을 다루기 위해 로마 총독에게 넘겨진다(1-5절). (2) 빌라도는 군중에게 예수와 바라바 중 선택할 수 있게 해준다(6-15절). 첫 번째 부분에서 빌라도는 침묵을 지키는(5절) 예수를 심문하고, 두 번째 부분에서는 예수를 십자가에 못박으라고 소리치는(13-14절) 군중을 심문한다.

불트만(Bultmann, *History*, 272, 279)은 빌라도에 의한 예수의 단죄를 짤막하게 서술한 원시 전승이 15:1-15의 바탕을 이루고 있다고 믿는다. 테일러(Taylor, 577)는 1-15절을 "느슨하게 구조화되어 있는" "여러 개의 전승 단위들을 단순히 편집한 것 이상의 것"이라고 설명한다. 그러나 불트만은 1-2절(여기서는 예수께서 대답한다)과 3-5절(여기서는 예수께서 대답하지 않는다) 사이에는 긴장 관계가 있다고 느낀다. 게다가 그는 2절이 이차적인 첨가라고 생각한다(*History*, 272, 284). 그러나 디벨리우스(Dibelius, *Tradition*, 213)는 2절이 예수에 대한 로마 총독의 판결에 관하여 초대 교회가 알고 있던 것을 반영한 원시 전승이라고 생각한다. 디벨리우스의 생각이 옳을 것이다. 나아가 14:62에 나오는 "내가 그니라"(14:62에 대한 "주석"을 보라)는 예수의 대답과는 대비되는 "네 말이 옳도다"라는 예수의 대답(2절, 이것은 마태복음 26:64의 근저에도 있을 것이다)은 로마식의 호칭인 "유대인의 왕"(2절에 대한 "주석"을 보라)이라는 말을 받아들이기를 삼가는 태도를 내비치는 반면에, 고위 제사장들 앞에서 예수는 "찬송 받을 자의 아들 그리스도"(14:61)라는 칭호를 기꺼이 받아들였다. 하지만 1절은 3절에 나오는 제사장들의 고소에 대한 복선(伏線)으로서 마가가 삽입한 도입문일 것이다. 따라서 이 이야기의 핵심은 2-15절에서 발견된다. 이 중에서 가장 문제 있는 것은 바라바 전승이다.

불트만(Bultmann, *History*, 272; 참조. 284, 306)은 바라바 전승(6-15절)이 "전설에 의한 확장임이 분명하다"고 믿는다. 12절이 2절과 흡사하다는 그의 지적은 타당하지만, 이 전승 자료 전체에 대한 그의 회의적인 태도는 근거가 없다. 테일러(Taylor, 577)는 바라바 이야기는 별개의 독립적인 전승 단위로 유포되지는 않았을 것이라는 견해를 밝힌다. 마찬가지로 크랜필드(Cranfield, 448)도 "이야기가 사실적이고 상당히 절제되어 있는 것으로 보아 원시 전승에 의거하고 있는 것이 분명하다"고 말한다. 존슨(Johnson, 247-48)은 "이 전승은 아주 소박하고 직설적이며 감정적인 말이나 신학적 해석이 섞이지 않은 거의 객관적인 서술이다"라는 말을 덧붙인다. 그러나 이 전승에 대해 회의적인 견해를 지닌 학자는 불트만뿐이 아니다. 몬테피오레(C. G. Montefiore, 2:373)는 바라바 이야기는 "일부 역사적 회상이 그 밑바닥에 깔려 있긴" 하지만 역사적으로 "매우 의심스러운" 전승이라고 평한다. 테일러(Taylor, 577)는 "이 이야기는 목격자의 진술은 아니지만 원시 증언에 의거하고 있는 것으로 보인다"고 응수한다. 나인햄(Nineham, 411)은 근거도 제시하지 않은 채 빌라도와 무리 간의 "흥정"을 비역사적인 것으로 본다. 불트만(Bultmann, *History*, 272 n. 2)은 "유대 율법이나 로마법에" 소위 유월절 사면(赦免)의 "관습을 보여 주는 증거가 없다"고 단언한다. 나인햄(Nineham, 413-14)은 빌라도가 관례적으로 죄수 하나를 놓아준 것이 아니라 "특별한 경우에" 그렇게 했을 것이라고 생각한다. "유대 율법이나 로마법에" 마가복음 기자가 말하는 그런 관습을 보여 주는 증거가 없다는 것은 인정해야 한다. 그러나 우리가 받는 인상은 빌라도의 행위는 총독의 권한에 의한 관용 조치였기 때문에 법의 규정을 필요로 하지 않았다는 것이다. 빌라도가 유월절에 관례적으로 죄수 한 명을 놓아주었다는 것은 복음서 외에는 직접적인 증거가 없지만, 수난 이야기의 이 요소의 역사성을 받아들일 만한 타당한 근거들이 있다(6절에 대한 "주석"을 보라).

많은 논란이 되었고, 또한 때로는 열띤 논쟁의 대상이 된 것은 예수의 처형에 대한 책임 문제였다. 몇 년 전에 리츠만(Lietzmann, *Sitzungsberichte der Preussischen Akademie* 14[1931] 313-22)은 마가 기사-예수의 단죄와 처형에 관한 이야기에 있어서 우리의 "유일한" 자료(sic)-는 믿을 수 없다고 주장했다. 예수는 비유대적인 처형 방법(리츠만은 이렇게 믿는다)인 십자가형에 의해 처형되었기 때문에, 예수의 재판과 죽음은 전적으로 로마 당국자들의 권한 아래 있었을 것임에 틀림없다는 것이다. 윈터(Winter, *on the Trial*, 131-43)는 예수에게 사형을 선고한 것은 유대 공회가 아니라 로마 총독이었다고 주장하면서 이 견해에 동조한다. 콘(Cohn, *Reflections*, 32)은 예수에 대한 재판과 처형은 "전적으로 로마인들에 의해 이루어졌다"고 딱 잘라서 말한다. 그러나 오늘날 대부분의 학자들은 유대 당국자들이 로마 당국자들과 합력하여 예수를 사형에 처했는데(예를 들어, Blinzler, *Trial of Jesus*; Burkill, *VC* 12 [1958] 1-18; Catchpole, *Trial of Jesus*; B. Chilton, *Temple of Jesus*; Haacker, *TBei* 25[1994] 23-36; W. Koch, *Der Prozess*; Matera, Int 45[1991] 5-16; Ritt, *BZ* 31 [1987] 165-75; Rivkin, *What Crucified Jesus?*; Sloyan, *Jesus on Trial*; Strobel, *Die Stunde der Wahrheit*), 주된 책임은 로마인들에게 있다(예를 들어, Crossan, *Who Killed Jesus?*; Haufe, *ZZ* 22[1968] 93-101)는 데 의견을 같이 한다. 오직 로마인들이 십자가 처형을 집행했다는 과거의 전제는 오늘날에는 의문이 제기되어 왔지만(예를 들어, Betz, *SWJT* 30[1988] 5-8; Fitzmyer, *CBQ* 40[1978] 493-513; Hengel, *Crucifixion*, 84-90; Yadin, *IEJ* 21[1971] 1-12), 예수의 처형이 로마 당국에 의해 집행되었다는 것을 의심할 이유는 없다(Bammel, "Trial before Pilate," 437-51는 이에 반대한다).

빌라도가 마음이 흔들려서 예수를 놓아주려 하다가 결국 예루살렘의 영향력 있는 엘리트층의 요구를 묵인하는 쪽으로 결정을 했다는 복음서의 묘사는 흔히 의문시되어 왔다. 많은 학자들은 이러한 묘사는 예수와 원시 기독교를 친로마적으로 보이게 하기 위한 변증적 목적에서 생겨났다고 추정한다. 예수의 죽음을 원한 것은 로마 총독이 아니라 유대 지도자들이었다는 것이 그 취지라는 것이다. 복음서 기자가 마음이 흔들리고 결심을 하지 못한 빌라도에 관한 이야기를 사용했을 가능성은 높지만, 그 이야기 전체를 만들어 냈다는 주장은 의심스럽다(Brown, 2:695-705; McGing, *CBQ* 53[1991] 416-38를 보라). 빌라도 시대에 유대 팔레스타인의 정치적, 사회적 상황을 고려하면, 빌라도가 예루살렘에 많은 추종자들을 거느린 갈릴리 출신의 인기 있는 선지자를 공개적이고 도발적인 방식으로 처형하기를 주저했다는 것은 이상한 일이 아니다. 예수를 교수형에 처하면, 빌라도가 두려워하는 폭동이 촉발될 수도 있었기 때문이다. 예수에게 군사적 반란의 의도가 없다면, 그는 위험 인물이랄 수가 없었다. 매질을 하고 한동안 감옥에 가둬 두는 것만으로 충분할 것이다. 그러나 고위 제사장들은 예수를 죽이기를 원했다. 빌라도는 그들의 요구를 들어줄 수밖에 없었지만, 예수를 처형하기로 결정한 책임이 자기에게 없다는 점을 분명히 하고 나서 그들의 요구를 들어주었다.

주석

1 "새벽이 되자마자 협의를 하고"(*καὶ εὐθὺς πρωι συμβούλιον ποιήσαντες* – 카이 유뒤스 프로이 쉼불리온 포이에산테스). 본문의 쉼불리온 포이에산테스(*συμβούλιον ποιήσαντες*, "협의를 하고")는 제사장들의 두 번째 심문이 있었다는 것을 의미하지 않는다. 복음서 기자는 베드로의 부인(否認) 이야기(14:66-72) 때문에 예수에 대한 심문 장면에 관한 묘사를 중단한 후에 다시 독자들에게 제사장들이 그 밤에 결정에 도달했고, 이제 새벽이 되어서 그 결정을 실행할 준비를 했다는 것을 알려주고자 하는 것뿐이다. 고위 제사장들은 시간을 끌지 않고 "새벽이 되자마자"(*εὐθὺς πρωῒ* – 유뒤스 프로이) 행동에 들어갔다. 유뒤스 프로이(*εὐθὺς πρωΐ*, "새벽이 되자마자")는 분사구인 쉼불리온 포이에산테스(*συμβούλιον ποιήσαντες*, "협의를 하고")를 수식하는 것이 아니라, 이 절의 후반부인 "예수를 결박하여 끌고 가서 빌라도에게 넘겨주었다"(*δήσαντες τὸν Ἰησοῦν ἀπήνεγκαν καὶ παρέδωκαν Πιλάτῳ* – 데산테스 톤 이에순 아페넹칸 카이 파레도칸 필라토)를 수식한다. 쉼불리온 포이에산테스(*συμβούλιον ποιήσαντες*)는 지난 밤에 일어난 일을 가리킨다. (마가가 수식어구들을 서투르게 사용하고 있는 것은 다른 대목들에서도 나타난다. 예를 들어, 6:16-18; 11:13; 16:3-4.)

"고위 제사장들이 장로들과 서기관들과 온 공회로 더불어"(*οἱ ἀρχιερεῖς μετὰ τῶν πρεσβυτέρων καὶ γραμματέων καὶ ὅλον τὸ συνέδριον* – 호이 아르키에레이스 메타 톤 프레스뷔테론 카이 그람마테온 카이 홀론 토 쉬네드리온). 복음서 기자는 독자들에게 예수에 대한 심문 절차에서 주된 역할을 한 사람들을 상기시킨다. 고위 제사장들, 장로들, 서기관들이라는 삼두마차는 앞서 마가복음 11:27; 14:43, 53에서도 나왔다(참조. 8:31과 10:33의 수난 예고들에는 장로들이 빠져 있다).

"예수를 결박하여 끌고 가서"(*δήσαντες τὸν Ἰησοῦν ἀπήνεγκαν* – 데산테스 톤 이에순 아페넹칸)라는 표현은 예수의 손과 발을 다 묶어서 걸을 수 없었기 때문에 끌고 갈 수밖에 없었다는 의미를 함축하고 있을 수도 있다. 하지만 그러한 해석은 이 표현을 지나치게 문자적으로 해석하는 것일 수 있다.

"빌라도에게 넘겨주었다"(*καὶ παρέδωκαν Πιλάτῳ* – 카이 파레도칸 필라토). 제사장들이 예수를 로마 총독에게 넘겨준(*παρέδωκαν* – 파레도칸) 일은 예수께서 이전에 행한 예고들을 성취한 것이다: "인자가 사람들의 손에 넘기워(*παραδίδοται* – 파라디도타이)"(9:31), "인자가 대제사장들과 서기관들에게 넘기우매 저희가 죽이기로 결안하고 이방인들에게 넘겨주겠고(*παραδώσουσιν* – 파라도수신)"(10:33). 지난 저녁에 내린 제사장들의 결정은 예수를 사형에 처해야 한다는 것이었기 때문에, 그들은 예수를 총독에게 넘겨준다. 또한 이 표현은 예수를 그의 대적들에게 넘겨준 유다의 배신 행위를 상기시킨다(14:10, 11, 18, 21, 42, 44). 또한 칠십인역 이사야 53:6도 생각난다: "여호와께서는 우리의 죄를 인하여 그를 넘기셨도다(*παρέδωκεν* – 파레도켄)." 고위 제사장들이 누군가를 로마 총독에게 넘기는 행위에 대해서는 보론: "아나니아의 아들 예수의 체포"와 11:27에 대한 "주석"을 보라.

이것은 로마의 유대 총독(주후 26-37; Ollivier, *RB* 5[1896] 247-54, 594-600; 그러나 Schwartz, *ABD* 5:396-97는 주후 19-37년이라는 연대를 주장한다)이었던 본디오 빌라도(*Π*[*ε*]*ιλάτος* – 필[페일]라토스; 그의 성인 폰티오스[*Πόντιος*]는 눅 3:1; 행 4:27; 딤전 6:13에 나온다; 참조. Josephus, *Ant.* 18.2.2 §35)에 대한 최초의 언급이다. 빌라도는 평소에는 가이사랴 마리티마(지중해에 접해 있는)에 주재했으나, 유월절을 비롯한 절기 동안에는 예루살렘에 올라와서 성전 경내를 굽어볼 수 있는 안토니아 요새(이것은 의심스럽다) 또는 헤롯 궁(참조. 유대 전쟁 발발 전의 마지막 총독이었던 게시우스 플로루스[Gesius Florus]가 헤롯 궁에 거했다고 말하는 Josephus, *J.W.* 2.14.8 §301)에 거했다. 로마의 역사가 타키투스(Tacitus, 주후 56-118년경)는 "그리스도는…티베리우스 치세 때 행정장관 본디오 빌라도의 선고에 의해(*per procuratorem Pontium Pilatum*) 사형에 처해졌다"(Ann. 15.44)고 한다.

빌라도를 "행정장관"(procurator)으로 부르는 것은 시대착오적이다. 왜냐하면 아그립바 1세(주후 41-44년)의 짧은 치세 이전에는 로마의 유대 총독들은 "지사"(知事, prefect)로 불렸기 때문이다. 이 역사적 쟁점은 1960년에 존즈(A. H. M. Jones, "Procurators and Prefects")에 의해 주장되었고 1961년에 가이사랴 마리티마에서 발견된 비문에 의해 확증되었다(참조. Frova, *Rendiconti dell' Istituto Lombardo* 95 [1961] 424-25). 이 비문의 복원에 대해서는 말이 많지만, 어쨌든 이 비문은 자주 인용된다.

[CAESARIEN]STIBERIEVM	[가이사랴인들]의 티베리에움
[PON]TIVSPILATVS	[본]디오 빌라도
[PRAEF]ECTVSIVDA[EA]E	유[대]의 [지]사
[D]É[DIT]	[바]친[다]

이 복원된 내용에 의하면, 본디오 빌라도는 가이사랴 사람들(즉, Caesarien[ibus])

에게 "티베리에움"을 바쳤다. 그러나 좀더 최근의 또 다른 복원 내용(참조. Alföldy, *Studia classica Israelica* 18[1999] 106-7)에 의하면, 총독은 뱃사람들을 위해서 티베리에움을 고쳐 주었다는 것이 된다.

[NAUTI]STIBÉRIEVM	[뱃사람들]의 티베리에움
[PON]TIVSPILATVS	[본]디오 빌라도
[PRAEF]ECTVSIVDA[EA]E	유[대]의 [지]사
[REF]É[CIT]	[고]친[다]

이 비문의 내용에 대한 복원은 학자들마다 조금씩 다르다: Weber, *BJ* 171[1971] 194-200: *[Kal(endis) Iulii]s Tiberiéum [M(arcus) ? Po]ntius Pilatus [praef]ectus Iuda[ea]e [dedicavit]*, "유대 지사 본디오 빌라도가 헌정한 7월 1일의 티베리에움"; Degrassi, "Sull'iscrizione di Ponzio Pilato": *[Dis Augusti]s Tiberieum [Pon]tius Pilatus [Praef]ectus Iuda[ae]e [facit, d]e[dicavit]*, "신 아우구스투스의 티베리에움[즉, 가이사 아우구스투스, 그리고 티베리우스의 어머니인 그의 아내 리비아]…"; Bartina, *CB* 19(1962) 170-75: *[opu]s Tiberieum*, "티베리에움 건물"; Gatti, *Aevum* 55(1981) 13-21: *[Iudaei]s Tiberieum*, "유대인들의 티베리에움"; Burr, "Epigraphischer Beitrag": *[nemu]s Tiberieum*, "[거룩한] 숲의 티베리에움"; Labbe, *REA* 93(1991) 277-97: *[munu]s Tiberieum*, "[백성들을 위해 세워진] 티베리에움." 사본, 제안된 복원 내용들, 학문적인 논의에 대해서는 특히 Alföldy, *Studia classica Israelica* 18(1999) 85-108; Di Stefano Manzella, "Pontius Pilatus"; Labbe, *REA* 93(1991) 277-97를 보라. 알푀디(Alföldy, *Studia classica Israelica* 18[1999] 85-108)는 이 비문이 본디오 빌라도가 자랑했을 업적인 가이사랴 마리티마 항구의 재건을 기념하는 것이라고 주장한다. 티베리에움은 등대였을 것이다.

비문에서 "지사"(*praefectus*)로 불린 빌라도는 복음서들에서는 "지도자" 또는 "총독"을 의미하는 일반적인 용어로서 헬라어의 "지사" 또는 "행정장관"에 해당하는 헤게몬(*ἡγεμών*; 참조. 마 27:2; 눅 3:1)으로 불린다. 헬라어 작가들이 사용하는 어휘마다 차이와 불일치들이 있긴 하지만, 프라이펙투스(*praefectus*, "지사")는 보통 에파르코스(*ἔπαρχος*, "사령관")로, 프로쿠라토르(*procurator*, "행정장관")는 에피트로포스(*ἐπίτροπος*, "재무관")로 번역된다. 마가는 빌라도의 직위를 언급하지 않는다(종말 강화에는 복수형 헤게모논[*ἡγεμόνων*, "총독들"]이 왕들과 나란히 등장하지만[13:9]). 지사(prefect)는 무관(즉, 군대의 지휘권을 지닌 총독)에 가까웠고, 행정장관(procuartor)은 행정에 관한 광범위한 권한을 갖고 있었으며, 황제의 재정적 이익을 보호하는 역할을 담당했다.

당시의 두 명의 유대인 작가들은 빌라도를 매우 부정적으로 묘사한다(Brown, 694-95는 이 점에 대해서 주의를 당부한다). 알렉산드리아의 필로(Philo of Alexandria)는 유대 총독을 "융통성 없고 완고하며 잔혹한 성품을 지닌 인물"이라고 말하면서 "뇌물, 모욕, 강도질, 격노, 제멋대로의 명예 훼손, 재판 없이 처형하는 일들, 헤아릴 수 없이 많은 엄청난 극악무도한 짓들"이 그의 행정의 특징을 이루었다는 말을 덧붙인다(*Embassy* 38 §301-2). 이러한 필로의 말은 주로 빌라도가 예루살렘의 헤롯 궁에 금방패들을 갖다놓은 사건과 관련하여 나온 평가다. 이러한 비판들은 정치적인 동기에서 나온 것으로서 아마도 이 총독의 결점들을 과장하고 있는 것 같다.

빌라도에 대하여 전혀 칭찬이 없는 요세푸스는 어느 날 밤 빌라도가 로마 황제의 상(像)이 새겨진 군기(軍旗)들을 가이사랴 마리티마에서 예루살렘으로 옮겨놓은 사건(필로가 설명하는 것과 동일한 사건에 대한 또 다른 판본인 것 같다)을 얘기한다. 큰 무리의 유대인들은 가이사랴로 가서 총독에게 군기들을 치워 달라고 탄원했다. 그들이 저항하지 않은 채 죽기를 각오하고 탄원하자 빌라도는 군기들을 다시 가이사랴로 가져올 수밖에 없었다(*J.W.* 2.9.2-3 §§171-74; *Ant.* 18.3.1 §§55-59). 요세푸스는 빌라도가 어떤 시정(施政)을 수행하기 위한 추가적인 재원을 확보하기 위해 성전 금고(金庫)에 손을 댄 사건을 얘기한다. 그가 돈을 꺼내 간 금고는 "코르보나스(κορβωνᾶς)로 불리는 거룩한 금고"였다(*J.W.* 2.9.4 §175; *Ant.* 18.3.2 §§60-62). 여기서 요세푸스가 언급하고 있는 것은 코르반(קרבן)으로 알려진 헌물, 즉 하나님께 드린 예물이다(참조. 막 7:11: "고르반[κορβᾶν], 즉 하나님께 드림"; 참조. Guelich, 368-69; 마 27:6: "이것[즉, 유다의 은들]은…성전고[κορβανᾶν-코르바난]에 넣어 둠이 옳지 않다"). 이러한 성별된 물건들에 손을 대고 그러한 것들을 세속적 용도로 사용하는 것은 유대 백성들이 대단히 거리끼는 것이었다. 또다시 유대 백성들은 저항하지 않은 채로 항의했다. 빌라도는 군인들에게 사복을 입혀서 백성들 속으로 들여보냈다. 미리 정해둔 군호(軍號)에 따라 이 변장한 군인들은 백성들을 곤봉으로 때리기 시작해서, 일부는 죽고 많은 사람들이 다쳤으며, 결국 무리는 해산되었다. 요세푸스가 말한 이 두 사건 속에서 고위 제사장들은 침묵을 지킴으로써 오히려 두드러진다. 특히 놀라운 것은 성전고(聖殿庫, Corbonas)에서 돈을 빼돌린 사건이다. 고위 제사장들의 허락과 비호(庇護) 없이는 빌라도는 이런 일을 할 수 없었을 것이고, 감히 이런 일을 하고자 마음을 먹지도 못했을 것이다. 대제사장 가야바와 총독 빌라도는 공모했음이 분명하다. 빌라도가 사마리아인들을 잔혹하게 공격한 사건으로 주후 37년 초에 사임한 직후에 가야바도 사임했다는 것은 이상한 일이 아니다(*Ant.* 18.4.2 §§88-89; 18.4.3 §95).

누가복음 기자는 "빌라도가 어떤 갈릴리 사람들의 피를 저희의 제물에 섞은" 소름끼치는 사건을 말한다(눅 13:1). 이 사건은 빌라도가 자신의 신민(臣民)들에게 행한 포악한 짓의 한 예일 것이다(빌라도와 관련된 여섯 가지 사건들에 관한 편리한 요약에 대해서는 Brown, 698-705를 보라; 또한 McLaren, *Power and Politics*, 81-87; Bond, *Pontius Pilate*, 24-93를 보라; Brown은 빌라도에 관한 복음서들의 묘사는 특히 군기 사건과 관련하여 이 유대 총독에 관하여 우리가 아는 것과 불일치하지 않는다고 결론을 내린다; 또한 Bond, 119, 205의 결론을 보라).

2 "네가 유대인의 왕이냐?"(*σὺ εἶ ὁ βασιλεὺς τῶν Ἰουδαίων;* – 쉬 에이 호 바실류스 톤 이우다이온). 이것은 예수를 "유대인의 왕"(*βασιλεὺς τῶν Ἰουδαίων* – 바실류스 톤 이우다이온)으로 호칭한 첫 번째 경우다. 예수는 9, 12, 18, 26절에서도 이렇게 불린다. "유대인의 왕"은 로마식 칭호다(참조. Josephus, *J.W.* 1.14.4 §282, 여기서 마크 안토니는 헤롯을 "유대인의 왕"[*βασιλέα…Ἰουδαίων* – 바실레아…이우다이온]이라 부른다; *Ant.* 14.3.1 §36; 15.10.5 §373; 15.11.4 §409; 16.9.3 §291; 16.10.2 §311). "메시아"(*χριστός* – 크리스토스; 8:29; 12:35; 14:61; 15:32), "다윗의 자손"(*υἱος Δαυίδ* – 휘오스 다위드; 10:47, 48; 12:35), "이스라엘의 왕"(*Βασιλεὺς Ἰσραήλ* – 바실류스 이스라엘; 15:32), "찬송 받을 자의 아들"(*υἱος τοῦ εὐλογητοῦ* – 휘오스 투 율로게투; 14:61; 참조. 3:11) 등은 이스라엘의 왕에 대한 유대적인 칭호들이었다. 크랜필드(Cranfield, 449)는 예수가 "유대인의 왕"을 자처했다는 죄명이 적힌 문서를 가지고 있었을 것이라고 생각한다. 빌라도는 가야바가 14:61에서 "'네가'…그리스도냐?"라고 강조의 인칭대명사 쉬(*σύ*)를 사용해서 물었던 것처럼 "'네가' 유대인의 왕이냐?"고 묻는다. 이 강조를 위한 인칭대명사는 조롱의 빛을 담고 있는데, 이는 빌라도가 뭔가 풍채가 더 그럴듯한 사람이 자기 앞에 끌려올 것이라고 기대했다는 것을 암시한다(즉, "네가? 네가 웃기고 있구나!"). 이 칭호는 15:26에서 십자가 위에 붙인 죄패(罪牌)에도 나오는데, 이는 조롱하기 위한 것이 분명하다(Taylor, 579).

예수는 똑같은 방식으로 응수한다: "'네가' 말한 대로다." 예수께서 "네가"(*σύ*)라는 대명사를 사용한 것은 비꼬기 위함이 아니라 그 칭호의 부적절성을 환기시키기 위함이다. 그 칭호는 예수께서 고른 것이 아니라 빌라도 고른 말이다. 예수는 빌라도의 말을 부정하지는 않는다. 실제로 예수는 "유대인의 왕"이기 때문이다. 그러나 이 칭호는 예수께서 선호하는 칭호도 아니고(Taylor, 579), 복음서 기자가 선호하는 예수에 대한 칭호도 아니다.

3 "대제사장들은 그를 여러 가지로 고소하였다"(*καὶ κατηγόρουν αὐτοῦ οἱ ἀρχιερεῖς πολλά*-카이 카테고룬 아우투 호이 아르키에레이스 폴라). 예수의 간접적인 대답("네가 말한 대로다")과 빌라도의 반응(의아해하며 심지어 조롱하는 듯이 예수의 고소자들을 흘끗 쳐다보지 않았을까?)을 지켜보고 있던 고위 제사장들은 예수를 일제히 고소하기 시작한다. 마가복음의 앞부분에서(막 3:2) 예수의 대적자들(바리새인들? 참조. 2:24)은 예수를 찬찬히 지켜보고 있다가 그를 고소한다. 그러나 그 때의 고소 내용들은 안식일에 어떤 것이 허용되는지에 관한 구전 율법에 관한 문제였다. 지금 고소 내용들은 훨씬 더 심각하다. 마가는 고위 제사장들이 예수를 "많이"(*πολλά*-폴라; 개역의 "여러 가지로") 고소했다고 말한다. 폴라(*πολλά*)는 직접목적어로서 "많은 것들"로 해석될 수도 있고, 부사로서 "많이"로 해석될 수도 있다. 후자가 더 나을 것이다(Gundry, 924; 참조. 1:45: "그 사람이…이 일을 많이 전파하여"). 게다가 고위 제사장들은 사실 예수를 고소할 아주 많은 죄목들을 갖고 있지 않다. 그들은 한 가지 중대한 죄목을 갖고 있었고, 이 점을 로마 총독에게 힘주어 강조했을 것이다. 제사장들은 "하나님의 아들" 그리스도라고 한 예수 자신의 자백을 되풀이했을 뿐만 아니라 성전에 대한 위협하는 말들과 성전 경내에서의 그의 파괴적인 행위를 언급했을 것이다.

4-5 "아무 대답도 없느냐? 저희가 얼마나 많은 것으로 너를 고소하는가 보라 하되 예수께서 다시 아무 말씀도 대답지 아니하시니 빌라도가 기이히 여기더라"(*οὐκ ἀποκρίνῃ οὐδέν; ἴδε πόσα σου κατηγοροῦσιν. ὁ δὲ Ἰησοῦς οὐκέτι οὐδὲν ἀπεκρίθη, ὥστε θαυμάζειν τὸν Πιλᾶτον*-우크 아포크리네 우덴 이데 포사 수 카테고루신 호 데 이에수스 우케티 우덴 아페크리데 호스테 다우마제인 톤 필라톤). 예수는 빌라도와 더불어 이 일을 논하기를 거부하고, 그에게 씌워진 죄목에 대하여 답변하기를 거부한다(3-5절). 빌라도는 기이히 여기며(5a절), 예수를 호의적인 시각에서 다시 한 번 바라본다. 조용하고 위엄 있게 예수는 격렬하게 그를 고소하고 어리둥절해서 그에게 질문을 던지는 그의 고소자들 앞에 서 있다. 일부 주석가들은 예수의 침묵이 이사야 53:7을 따른 것이 아닌가 생각한다: "그 입을 열지 않았음이여." 이 병행 자체로는 그리 인상적이지 못하다. 그러나 칠십인역 이사야 53:6에 대한 인유(引喩)인 1절의 "넘겨주었다"(*παρέδωκαν*-파레도칸; 1절에 대한 "주석"을

보라)와 칠십인역 이사야 52:15("열방이 그를 보고 많이 놀래리니[*θαυμάσονται* – 다우마손타이]")에 대한 인유인 빌라도가 "기이히 여겼다"(*θαυμάζειν* – 다우마제인)는 말은 고난 받는 종의 노래의 여러 요소들이 이 이야기를 채색하고 있음을 보여 준다. 빌라도가 예수의 침묵을 기이히 여긴 것은 로마법은 스스로를 변호하기를 거부한 자에 대해서는 유죄를 추정하게 되어 있었기 때문일 것이다(참조. Sherwin-White, *Roman Law*, 25-26).

마가복음의 독자들은 자신을 매도하는 고소들과 위협들에 맞선 예수의 침묵과 용기에 감명을 받았을 것이다. 예수는 죽음을 의연하고 침착하게 맞을 수 있는 의인으로 보였을 것이다. 이러한 자질들에 대한 상찬(賞讚)은 헬라-로마의 최고의 윤리 전승에서 확인된다. 플루타르크(Plutarch)는 "주인이나 폭군에 의해 사지가 절단당하면서도 침묵하고 매질과 쐐기 박는 고문을 당하면서도 소리 한 번 지르지 않는 사람들이 많다"(*Mor.* 498D-E=*An vit.* §2)고 말한다. 수세기 전에 플라톤은 "의인은 채찍질과 고문, 족쇄, 눈을 지지는 인두를 견뎌내야 할 것이고, 끝내는 온갖 극한 고통 후에 십자가에 못 박히게 될 것이다"(*Republic* 2.5 §361e)라고 말한다.

6 "명절을 당하면 백성의 구하는 대로 죄수 하나를 놓아주는 전례가 있더니"(*κατὰ δὲ ἑορτὴν ἀπέλυεν αὐτοῖς ἕνα δέσμιον ὃν παρῃτοῦντο* – 카타 데 헤오르텐 아펠뤼엔 아우토이스 헤나 데스미온 혼 파레툰토). 6-15절은 죄수 하나를 놓아주겠다는 빌라도의 제안을 언급한다(이른바 유월절 특례법[*privilegium paschale*]). 미완료과거 시제인 아펠뤼엔(*ἀπέλυεν*, "그가 놓아주곤 했다")은 이것이 총독의 관행이었다는 의미를 함축하고 있다(참조. 8절: "그가 그들에게 했던 대로"[*καθὼς ἐποίει αὐτοῖς* – 카도스 에포이에이 아우토이스]). 신약의 복음서들 이외에는 빌라도의 유월절 사면에 대한 보강 증거가 없기 때문에, 일부 비평학자들은 이것은 문학적이고 신학적인 창작에 불과하다고 생각한다. 그러나 이 전승은 적어도 두 가지 독립적인 전승 흐름, 즉 마가복음(마태와 누가가 따르고 있는)과 요한복음(공관복음서로부터 독립된)에서 확인된다. 역사적이지도 않았던 관행이 그리스도인들 사이에서 일찌감치 생겨나서 두 가지 전승 흐름의 형성 과정 속에 들어가서 마침내 두 개의 독립적인 복음서 기사에 실리게 된다는 것이 과연 있을 법한 일인가?

그럼에도 불구하고 많은 학자들은 빌라도의 유월절 사면 관행에 관한 마가복음의 보도의 역사성을 의심한다(예를 들어, Winter, *On the Trial*, 134). 그러나 복음서 기자의 이 기사에 신빙성을 더해 주는 어느 정도의 보강 증거들이 있다. 미쉬나(Mishna)에는 "그들은 자기들이 감옥에서 풀어 주기로 약속한…자를 위해서 (유월절 어린양을) 도살할 수 있다"(*m. Pesah.* 8:6; 참조. Chaval, *JBL* 60[1941] 273-78; Strobel, *Die Stunde die Wahrheit*, 120-24)라는 말이 나온다. 여기서 "그들"이 누군지는 분명치 않으나(유대 당국자들? 로마 당국자들?), 죄수를 놓아주는 일이 유월절에 참여하기 위한 것이라는 분명한 목적을 지닌다는 점이 흥미롭다. 다이스만(Deissmann)에 의하면, "재판 과정에 관한 보도를 담고 있는" 한 파피루스 사본(*P.Flor.* 61, lines 59-60, 64; 주후 85년경)은 "재판 중에 애굽 총독 셉티미우스 베게투스(Septimius Vegetus)가 필비온(Philbion)이라는 사람에게 한 말들을 인용한다": "너는 채찍을 맞아야 합당하나…나는 너를 무리에게 주겠다"(Deissmann, *Light from the Ancient East*, 269-70, plate; Deissmann의 헬라어 본문 번역을 약간 수정했다). 라그랑쥐(Lagrange, 414)와 로마이어(Lohmeyer, 337)는 플리니우스 2세(Pliny the Younger, 주후 61-112년)가 한 말을 인용한다: "그러나 이 사람들은 총독들이나 그들의 부관에게 탄원을 해서 놓여났다고 한다. 충분히 그랬을 것이다. 어떤 사람도 감히 권한 없이 그들을 풀어주었을 리가 없기 때문이다"(*Ep.* 10.31). 에베소에서 나온 한 금석문(주후 441년경)은 성읍 백성들의 아우성 때문에 죄수들을 놓아주기로(마가복음에서와 같이 아폴뤼에인[ἀπολύειν]) 결정한 아시아 총독에 관한 얘기를 전해준다(Deissmann, *Light from the Ancient East*, 269-70 n. 7; 참조. W. M. Calder, "Christians and Pagans in the Greco-Roman Levant," *Classical Review* 38[1924] 29-30). 리비우스(Livy, 5.13.8)는 죄인들의 팔다리에서 쇠사슬을 제거하는 특별한 시혜(施惠)에 관하여 말한다. 행정장관 알비누스(Albinus, 주후 62-64년)는 유대에서 퇴임할 준비를 하면서 살인 이외의 죄목으로 투옥된 모든 죄수들을 방면했다(Josephus, *Ant.* 20.9.5 §215). 그는 예루살렘 주민들로부터 좋은 평판을 얻을 목적으로 이런 일을 했다. 끝으로 그보다 수년 전에 아켈라오(주전 4년-주후 6년)는 투옥된 사람들을 풀어 주라는 동포들의 요구를 들어줌으로써 동포들을 달래서 그의 죽은 부왕 헤롯의 나라를 얻으려 했다(Josephus, *Ant.* 17.8.4 §204: "어떤 이들이 헤롯에 의해 쇠사슬에 묶이게 된 죄수들을 풀어 줄 것[ἀπόλυσιν-아폴뤼신]을 요구하였다").

증거들은 전체적으로 적어도 한 명의 헤롯 가문의 왕을 비롯하여 로마의 통치자들은 종종 죄수들을 놓아주었다는 것을 보여 준다(동부 지중해의 다른 통치자들도 그랬을 것이다; 참조. Merritt, *JBL* 104[1985] 57-68). 이것은 순전히 무리의 요구를 들어주어서 그들의 환심을 사기 위한 정치적인 목적에서 행해졌다. 마가 기사의 역사성을 뒷받침하는 또 하나의 요소는 그러한 관행이 없었다면 그러한 관행이 있었다고 감히 단언할 수 없었을 것이라는 점이다. 빌라도가 유월절이나 다른 절기들, 또는 적어도 어느 한 절기에 죄수들을 놓아주지 않았다면(Gnilka, 301; Lührmann, 256), 빌라도가 그렇게 했다는 복음서 기자의 주장은 금방 쉽게 거짓임이 탄로나서 초대 교회를 당혹스럽게 했을 것이다. 후대의 복음서 기자들 세 명 모두가 이 이야기를 그대로 따르고 있다는 것(제4복음서 기자는 공관복음서들과는 독립적으로 이 전승을 따랐을 것이다)은 그러한 당혹감을 이 이야기가 일으키지 않았음을 입증해 준다. 본드(Bond, *Pontius Pilate*, 199)는 "빌라도, 그리고 아마도 다른 총독들은 특히 유월절 같은 폭발의 잠재성을 지니고 있는 명절에 로마의 호의 표시르서 범죄가 중하지 않은 죄수들을 종종 놓아주곤 했을 것이다"라고 말한다. 빌라도의 사면(赦免)에 관한 학자들의 입장에 대한 간략한 요약으로는 Bond, *Pontius Pilate*, 199-200과 McLaren, *Power and Politics*, 93 n. 2를 보라.

7 "바라바라 하는 자"(*ὁ λεγόμενος Βαραββᾶς* – 호 레고메노스 바랍바스). 7절의 놓인 위치가 좋지 않다. 8절이나 10절 다음에 오는 것이 더 좋을 것이다(Taylor, 581). 바라바에 대해서는 아무것도 알려져 있지 않다. 마태복음 27:16-17에서 그는 예수 바라바 또는 압바의 아들 예수(Jesus son of Abba; 즉 '아버지의 아들')로 두 번 불린다. 마가 본문은 원래 "바라바라 하는 예수가 있었다"로 되어 있었을 것이나 (Cranfield, 450; Nineham, 416; Taylor, 581 등), 원시 그리스도인 필사자가 살인자를 동일한 이름으로 부르는 것이 마음에 걸려서 예수라는 이름을 생략해 버렸을 것이다. 바라바는 실제로 아람어로는 바르 압바(בר אבא; "원문주해" h를 보라)다. 몇몇 랍비들의 이름에 "바르 압바"가 들어가 있다: 사무엘 바르 압바, 나단 바르 압바(참조. Swete, 370; St-B 1:1031). 바나바에 관한 이야기가 수난 이야기에 끼여들고 나사렛 예수의 재판과 결부된 것은 바로 이 동일한 이름과 두 사람의 상반된 운명 때문이었을 것이다. "민란에서"(*ἐν τῇ στάσει* – 엔 테 스타세이) 살인을 저지른 자였을 수도 있는 예수 바나바는 석방되었으나, 아무에게도 해를 끼치지 않은 – 사실은 많은 사람을 구원한 – 나사렛 예수는 사형선고를 받았다.

마가는 바라바가 "반도(叛徒)들과 함께 투옥되어"(*μετὰ τῶν στασιαστῶν δεδεμένος* – 메타 톤 스타시아스톤 데데메노스) 있었다고 말한다. 이들이 어떤 반도의 무리인지를 알아내는 것은 불가능하다. (*J.W.* 6.2.8 §157에서 후대의 유대인들의 반란을 언급하면서 요세푸스는 유대인 "반도들"[*τῶν στασιαστῶν* – 톤 스타시아스톤]이 감람산에 있는 로마의 초병들을 공격한 사건을 설명한다.)

"이 민란에서 살인을 범한 자들"(*οἵτινες ἐν τῇ στάσει φόνον πεποιήκεισαν* – 호

이티네스 엔 테 스타세이 포논 페포이에케이산). 호이티네스(*οἵτινες*)는 복수형으로서 반도(叛徒)들을 가리킨다. 본문에서는 바라바가 살인자였는지를 분명히 말하지 않고, 살인을 저지른 자들과 한 패거리인 것만 암시하고 있다(Gundry, 926). 그러나 빌라도가 이 사람을 기꺼이 놓아주려고 한 것으로 보면 바라바는 살인자가 아니었던 것 같다. 왜냐하면 분명히 이 로마 총독은 살인자를 놓아주려고 하지 않았을 것이고(참조. Josephus, *Ant.* 20.9.5 §215), 이 민란에서 로마 병사들이 죽었다면 더더욱 그런 일은 불가했을 것이기 때문이다. 복음서 기자가 어떤 "민란"(*στάσει*－스타세이)을 염두에 두고 있는지는 알 수가 없다. 바라바와 그의 패거리들은 성전 금고의 강탈에 대한 항의시위 후의 폭력에 참여한 자들이었을 수도 있지만, 이것은 단지 추측에 불과할 뿐이다.

8 "무리가 나아가서 구하였다"(*καὶ ἀναβὰς ὁ ὄχλος ἤρξατο αἰτεῖσθαι*－카이 아나바스 호 오클로스 에륵사토 아이테이스다이). "무리"(*ὄχλος*－오클로스)는 예수를 체포했던 14:43의 무리가 아니다. 왜냐하면 만약 그들이었다면 예수를 죽이라고 요구하도록 부추길 필요가 없었을 것이기 때문이다. 오히려 죄수 하나를 놓아주도록 요구하기 위해 나아간 이 무리는 주로 바라바의 지지자들이었거나 다른 죄수를 놓아주기를 바랐던 사람들이었을 것이다. 그들은 "전례대로"(*καθὼς ἐποίει αὐτοῖς*－카도스 에포이에이 아우토이스) 연례적인 유월절 사면을 기대하고 유월절 아침에 총독의 심판 자리로 다가간다.

9 "너희는 내가 유대인의 왕을 너희에게 놓아주기를 원하느냐?"(*θέλετε ἀπολύσω ὑμῖν τὸν βασιλέα τῶν Ἰουδαίων*－델레테 아폴뤼소 휘민 톤 바실레아 톤 이우다이온). 빌라도의 제안은 아이러니컬하다－무리는 민란을 일으킨 자인 바라바를 원하고, 빌라도는 "유대인의 왕"을 그들에게 주겠다고 제안한다! 총독이 이보다 더 관대할 수 있을까? 테일러(Taylor, 582)는 빌라도의 말에는 경멸이 담겨 있다고 생각한다. 크랜필드(Cranfield, 451)는 빌라도가 백성들이 "예수"를 놓아달라고 하는 말을 듣고 어느 예수－나사렛 예수 또는 압바의 아들 예수?－인지를 몰라서 순진하게 되물은 것이라고 생각한다. 총독의 이 질문은 자기가 이 인기 있는 선생도 얼마든지 놓아줄 의향도 있다는 것을 과시하면서 상황을 주도적으로 이끌어 가기 위한 것일 가능성이 크다.

10 "이는 저가 고위 제사장들이 시기로 예수를 넘겨준 줄 앎이러라"(*ἐγίνωσκεν γὰρ ὅτι διὰ φθόνον παραδεδώκεισαν αὐτὸν οἱ ἀρχιερεῖς*－에기노스켄 가르 호티 디아 프도논 파라데도케이산 아우톤 호이 아르키에레이스). 이 진술은 예수의 위상

을 높여 준다. 즉, 예수는 위험인물이거나 불순분자였기 때문에 빌라도에게 넘겨진 것이 아니다; 예수는 그의 대적들이 그의 인품과 자질을 시기했기 때문에 넘겨진 것이다(Hagedorn and Neyrey, *JSNT* 69[1998] 15-56). 예수께서 시기 때문에 넘겨진 것을 안 빌라도는 처신을 조심스럽게 한다. 예수에게 사형을 언도하기 전에, 빌라도는 요컨대 국민투표를 구하고 있는 것이다. 백성들이 정말 예수를 처형하기를 원한 것이냐, 아니면 그를 고소하고 그의 죽음을 요구한 일부 고위 제사장들만이 그를 처형하기를 원한 것이냐? 여기에는 정의에 대한 관심은 없다. 오직 정치만이 작용할 뿐이다. 빌라도는 예수가 인가가 있다는 것을 알았을 것이다. 빌라도는 특히 유월절 절기에 백성들을 성나게 하여 그가 두려워하는 폭동을 유발시킬 위험한 짓을 할 마음이 없었다. 어떤 학자들은 빌라도가 그의 신민(臣民)들의 의사에 반하여 폭력을 기꺼이 사용한 것처럼 보이는 위에서 언급한 사건들을 거론하며 이러한 해석에 이의를 제기할지도 모른다. 그러나 요세푸스가 기록한 사건들에서 빌라도는 자기가 한 행위들(예루살렘에 군기들을 갖다놓은 것, 성전 기금을 착복한 것)을 변호하는 것이었다. 이번 예수 사건의 경우에 빌라도에게는 현상을 유지하는 것 이외에 도박을 할 만한 어떤 이권이 걸려 있지 않다.

11 "그러나 고위 제사장들이 무리를 충동하여 도리어 바라바를 놓아달라 하게 하였다"(*οἱ δὲ ἀρχιερεῖς ἀνέσεισαν τὸν ὄχλον ἵνα μᾶλλον τὸν Βαραββᾶν ἀπολύσῃ αὐτοῖς*-호이 데 아르키에레이스 아네세이산 톤 오클론 히나 말론 톤 바랍반 아폴뤼세 아우토이스). 고위 제사장들은 무리를 충동질하여 나사렛 예수가 아니라 예수 바르 압바(Jesus bar Abba)의 석방을 요구하게 한다. 그들은 총독을 대상으로 집요하게 로비를 했는데, 이제는 무리를 대상으로 집요하게 로비를 한다. 그들의 관점에서 보면, 나사렛 예수가 석방될 위험성은 매우 현실적인 것이다. 어쨌든 예수는 인기 있는 선생이자 치유자로 알려져 있었고, 군대를 이끌고 있지도 않았다. 그러므로 그는 로마에게 분명한 위협이 되지 못했다. 기껏해야 예수는 하나님 나라가 도래할 것이고 자기가 거기에서 핵심적인 역할을 할 것이라고 말한 죄를 범했을 뿐이다-이러한 것들은 다른 사람들의 비전이나 꿈들과 아주 다르지 않는 것들이다. 정치적으로는 예수를 순교자로 만드는 것보다는 그를 놓아주는 것이 더 상책이었을 것이다. 그래서 고위 제사장들은 무리를 충동하여 바르 압바(바라바)를 놓아 달라고 소리치게 했다. 로마 당국자 앞에서 무리가 시끄럽게 소리치는 것에 대해서는 행 24:1; Josephus, *Ant.* 18.8.2-4 §§264-73을 보라.

12 "그러면 너희가 유대인의 왕이라 하는 이는 내가 어떻게 하랴?"(*τί οὖν* [*θέλε-*

τε] *ποιήσω* [*ὃν λέγετε*] *τὸν βασιλέα τῶν Ἰουδαίων*—티 운 [델레테] 포이에소 [혼 레게테] 톤 바실레아 톤 이우다이온). 나사렛 예수를 놓아주지 않는다면, 총독은 그를 어떻게 할 것인가? 대안은 꽤 분명했다—처형하든가, 아니면 투옥하든가. 그러나 빌라도는 무리로 하여금 그러한 결정을 하게 만든다. 이런 식으로 그는 이 문제에 대해서 자신의 손을 씻을 수 있다(마 27:24에 나오는 표현을 따르면). 정치적으로 빌라도는 그를 나쁘게 평가하는 자료들(즉, Philo와 Josephus의 글들; 1절에 대한 "주석"을 보라)로부터 우리가 알고 있는 그의 성품 꼭 그대로 영악하게 처신한다. "유대인의 왕"(*τὸν βασιλέα τῶν Ἰουδαίων*—톤 바실레아 톤 이우다이온)에 관해서는 2절에 대한 "주석"을 보라. "너희가 ~라 부르는 자"(*ὃν λέγετε*—혼 레게테; 이 독법을 받아들인다면; "원문주해" n을 보라)는 예수에 대한 원래의 고소를 암시한다.

13 "저희가 다시 소리지르되 저를 십자가에 못박으소서"(*οἱ δὲ πάλιν ἔκραξαν, σταύρωσον αὐτόν*—호이 데 팔린 에크락산 스타우로손 아우톤). 또다시 "그들"(*οἱ*—호이), 즉 무리(참조. 11절)는 고위 제사장들과 함께 소리를 질러서 그들의 요구를 빌라도에게 전한다. 그들은 바라바를 놓아 달라고 소리쳤으나, 예수에 대해서는 "그를 십자가에 못박으소서!"라고 소리질렀다. 그들은 예수를 감옥에 가두는 것을 원치 않는다. 그들이 원하는 것은 예수에게 극형, 곧 십자가형을 가하는 것이다. 예수가 죽으면 그의 운동은 끝장이 날 것이고, 그의 측근 제자들의 힘도 결정적으로 꺽이게 될 것이라고 그들은 생각한다. 스타우룬(*σταυροῦν*, "십자가에 못박다")은 원래 "말뚝들을 박아서 담장을 치다"를 의미했으나(참조. *TDNT* 7:581; *BAG*, 772-73, MM, 586-87), 폴리비우스(Polybius 1.86.4) 등에서는 "십자가에 못박다"를 의미한다(Hengel, *Crucifixion*, 22-32를 보라). 에스더 7:9을 보라. 거기에 나오는 탈라(תלה, "달다")는 칠십인역에서 스타우룬(*σταυροῦν*)으로 번역된다. 로마인들은 십자가 처형을 "노예 형벌"(servile supplicium)이라고 한다(참조. *Valerius Maximus* 2.7.12; Tacitus, *Hist.* 2.72; 4.11). 이것은 아마도 빌립보서에 나오는 송영(頌榮)에서 예수의 십자가 죽음을 종의 지위와 결부시키는 것을 설명해 주는 것 같다(참조. 빌 2:7-8; Hengel, Crucifixion, 62-63).

14 "어찜이뇨 저가 무슨 악한 일을 하였느냐?"(*τί γὰρ ἐποίησεν κακόν*—티 가르 에포이에센 카콘). 빌라도는 "전략상의 큰 실수"를 범하지 않았고(Lane, 556은 이에 반대), 그의 대답은 "어정쩡하지" 않다(Taylor, 583). 그는 예수를 죽이라는 고위 제사장들의 권고를 기쁘게 수용할 것이다—그렇게 해도 정치적인 그 어떤 위험도 초

래되지 않는다면. 그의 유일한 관심사는 그가 예수를 처형하는 것이 유대 백성들을 자극하거나 로마의 잔인성의 또 하나의 예로 여겨져서는 안 된다는 것이다. 그는 오직 책임에서 벗어나기만을 바랄 뿐이다(자기 앞에 제기된 분쟁을 유대인들의 문제이지 자신의 재판 관할 아래 있는 문제가 아니라고 판단한 고린도의 갈리오 총독과 같이; 참조. 행 18:12-17; K. L. Schmidt, *Judaica* 1[1945] 1-40, 특히 35-36). 무리가 예수를 십자가에 못박으라고 하자, 그는 그 이유를 알고 싶어한다.

"저희가 더욱 소리지르되 십자가에 못박으소서 하였다"(*οἱ δὲ περισσῶς ἔκραξαν, σταύρωσον αὐτόν* – 호이 데 페릿소스 에크락산 스타우로손 아우톤). 무리는 빌라도의 질문에는 대답도 하지 않고 그저 "더욱 소리만 질러댔다." 복음서 기자는 고위 제사장들이 무리(다수는 바라바에게 호의적인)와 더불어 예수의 처형을 요구했음을 분명히 한다. 그러므로 예수를 처형하게 된 추진력은 로마 총독에게서 온 것이 아니다. 마가와 원시 그리스도인들은 그들의 우두머리가 제국의 범죄자요 원수였다는 고소와 로마 제국의 박해에 맞서서 스스로를 변호하고자 이 점을 강조하기를 원했을 것이 분명하다. 그러나 이 전승을 변증적 동기에서 이용했다고 해서, 이 전승 자체가 역사성이 결여되어 있는 것은 아니다. 예수는 "유대인의 왕"(15:26) – 이것은 확증된 로마식 표현이다 – 으로 십자가에 못 박혔다. 그러나 원래 예수를 고소한 자들은 고위 제사장들이었다. 실질적으로 마태와 누가가 따르고 있고, 독립적으로 요한복음에서도 확인되며, 부분적으로 요세푸스의 글(참조. *Ant.* 18.3.3 §§63-64, 특히 "빌라도가 최고위직들[=고위 제사장들; 참조. *Ant.* 11.5.3 §§140-41; 18.5.3 §121]에 의해 고소된 그를 심문한 후 그를 십자가 형에 처하도록 선고했을 때")에 의해서 뒷받침되고 있는 마가복음의 기사는 우리가 알고 있는 사실들과 들어맞는다. 빌라도에 대한 마가의 묘사 – 흔히 기독교의 설교와 글에서 풍자되어 나오는 – 는 진실성이 결여되어 있지 않다. 빌라도는 유약하거나 우유부단하지 않다. 그를 묘사하는 말들로는 영악, 정치적, 잔혹, 부패 등이 어울릴 것이지만 – 결국 그는 로마에 의해 소환당했다, 마가의 기사와 실제 역사적 상황을 비판적으로 평가해 본다면, 이 속성들 중 그 어느 것도 마가의 기사와 긴장을 일으키지 않는다.

15 "빌라도가 무리에게 만족을 주고자 하여 바라바는 놓아주고"(*ὁ δὲ Πιλᾶτος βουλόμενος τῷ ὄχλῳ τὸ ἱκανὸν ποιῆσαι ἀπέλυσεν αὐτοῖς τὸν Βαραββᾶν* – 호 데 필라토스 불로메노스 토 오클로 토 히카논 포이에사이 아펠뤼센 아우토이스 톤 바랍반). 무리를 자극하지 않기 위하여, 빌라도는 바라바를 놓아준다("유월절 사면"에 관해서는 위의 6절에 대한 "주석"을 보라). 또한 이것은 빌라도가 방패 사건에서 양

보했을 때와 마찬가지로 결코 유약함을 보이는 것이 아니다. 사실 이 경우에 빌라도는 그의 동맹자들인 고위 제사장들의 비위를 상하게 하고 싶어하지 않은 것이다. 다른 사안(事案)들에서 이 로마 총독은 고위 제사장들이 아니라 군중들과 갈등을 일으켰다. 여기서 그가 한 것은 고위 제사장들의 소원을 들어주는 것이었고, 그것도 자기가 실수하고 있지 않다는 것을 확인한 후에 그렇게 했던 것이다.

"저가 예수를 채찍질하고 십자가에 못 박히게 넘겨주었다"(*παρέδωκεν τὸν Ἰησοῦν φραγελλώσας ἵνα σταυρωθῇ* – 파레도켄 톤 이에순 프라겔로사스 히나 스타우로데). 바라바를 무리에게 놓아준 후에, 빌라도는 예수를 로마 군병들에게 넘겨주어 십자가 처형을 위해 끌고가게 한다. 그러나 예수를 군병들에게 넘겨주기 전에 빌라도는 예수에게 채찍질을 했는데, 이는 십자가에 못박기 전에 행한 통상적인 예비 절차였다(참조. Dig. 48.19.8.3; Josephus, *J.W.* 2.14.9 §306). 채찍질(또한 마스티군[*μαστιγοῦν*]과 그 파생어들)을 할 때는 몇 개의 가죽끈에 못, 유리, 돌 같은 날카롭고 살점을 떼어내는 것들을 부착시켜서 만든 채찍이 사용되었다. 채찍을 맞고 나면 피부가 심하게 찢기고 그 아래의 살점이 떨어져 나가는 상처를 입었다(예를 들어, Josephus, *J.W.* 6.5.3 §304: "채찍으로 뼈가 드러나도록 심하게 맞았다"[*μάστιξι μέχρι ὀστέων ξαινόμενος* – 마스틱시 메크리 오스테온 크사이노메노스]). 유대인들의 폭동이 끝이 나자, 로마인들은 먹을 것을 구하기 위해 예루살렘의 성벽을 넘으려던 많은 사람들을 십자가에 못박았다: "이에 따라 그들은 처형되기 전에 채찍질을 당하고(*μαστιγούμενοι* – 마스티구메노이) 온갖 고문을 당하고 나서야 성벽 맞은편에서 십자가에 못 박혔다(*ἀνεσταυροῦτο* – 아네스타우룬토)"(Josephus, *J.W.* 5.11.1 §449).

키케로(Cicero, *Verr.* 2.5.168)와 요세푸스(*J.W.* 7.6.4 §203)에 의하면, 십자가 형은 가장 극악한 사형 형태였다고 한다. 유베날(Juvenal)은 "독수리가 죽은 가축과 개들로부터 급히 날아올라 새끼들에게 썩은 고기를 날라다주기 위해 지나간다"라고 쓰면서 이런 암울한 생각을 했다(*Sat.* 14.77-78; Suetonius, *Aug.* 13.1-2: "썩은 고기를 먹는 새들은 곧 매장된 시신을 처리할 것이다!"; Horace, *Ep.* 1.16.48: "까마귀 밥이 되도록 십자가에 매달아서"). 후대에 나온 한 본문에서는 십자가형이 다른 형태의 처형들과 어떻게 비교되는지를 잘 표현해 주고 있다: "교수형은 십자가형보다 더 가벼운 형벌이다. 왜냐하면 교수대는 사람을 즉시 죽이지만, 십자가는 거기에 못박은 자들을 오랫동안 고문하기 때문이다"(Isidore of Seville, *Etymologia* 5.27.34; 참조. Seneca, *Dial.* 3.2.2: "오래 질질 끄는 고통"). 고대 말기의 또 다른 작가는 이렇게

설명한다: "죄인을 십자가에 못박을 때는 가장 붐비는 길들이 선택되는데, 따라서 대부분의 사람들이 볼 수 있고 이 끔찍한 광경으로 인해 영향을 받는다. 형벌은 응보만이 아니라 본보기 효과와도 관련이 있기 때문이다"(Pseudo-Quintilian, *Decl.* 274; 참조. Josephus, *J.W.* 5.11.1 §§450-51). 주후 2세기의 비문에서 고인(故人)은 자기를 죽인 자인 한 노예가 "산 채로 십자가에 못 박혀서(*ζωὸν ἀνεκρέμασαν*-조온 아네크레마산) 들짐승과 새의 밥이 되었다"(*NewDocs* 8:1)고 밝힌다. 그 밖의 예들에 관해서는 Hengel, *Crucifixion*, 22-32와 15:20b-21에 대한 "주석"을 보라.

해설

새벽이 되자 고위 제사장들, 장로들, 서기관들은 협의를 하고 예수를 결박하여 로마 총독 빌라도에게 보내기로 결정한다. "네가 유대인의 왕이냐?"(2a절)라는 빌라도의 질문은 고위 제사장들이 예수를 어떤 죄목으로 고소했는지를 분명히 보여 준다. 예수께서 자기가 메시아요 하나님의 아들이라고 단언하신 것은 유대인들의 관점에서 보면 분명히 자기가 왕이라고 주장하는 것이나 마찬가지였다. 왕들(헤롯 대왕, 헤롯의 손자인 아그립바 1세 같은)을 임명하는 것은 로마 상원이었다. 왕을 참칭(僭稱)하는 행위는 반역죄로 여겨졌다(당시에 유대는 왕을 참칭하는 자들이 심심치 않게 출현하여 골머리를 썩혔다).

"네가 말했느니라"(2b절)는 대답을 통해서 예수는 "유대인의 왕"이라는 칭호를 거부하시지는 않지만, 가야바가 그에게 하나님의 아들 그리스도냐고 물었을 때처럼 "내가 그니라"고 말씀하시지는 않는다(14:61에 대한 "주석"을 보라). 예수의 대답이 이 칭호에 대한 거부로 여겨지지 않았다는 것은 이후의 십자가 처형과 군병들이 그를 "유대인의 왕"이라고 희롱한 데서 알 수 있다(15:18, 26). 예수는 사실 유대인의 왕이었지만, 로마 당국이나 이들에게 부역(附逆)하는 유대인들 또는 왕을 참칭하는 여러 유대인들이 이해한 그런 식의 왕은 아니었다. 예수의 왕권은 전적으로 하나님으로부터 유래한 것으로서, 예수는 다니엘 7장의 "인자"로서 하나님으로부터 나라와 권세를 받으셨다.

유월절 절기에 호의의 표시로서 예수를 놓아주겠다는 빌라도의 제안은 그를 죽이고자 하는 자들의 위선과 사악함을 더욱 부각시킬 뿐이다. 그들은 정말 율법과 질서에 관심이 있는가? 그들은 정말 로마의 이익들을 염두에 두고 있는가? 분명히 그렇지 않다. 왜냐하면 그들은 진짜 사형선고를 받아 마땅한 반도(叛徒)이자 살인자들의 한 패거리인 바라바를 놓아 달라고 요구하기 때문이다(6-11절).

보론(補論): 아나니아의 아들 예수의 체포

예수의 성전 시위에서 시작되어 로마 총독 본디오 빌라도에 의한 사형 선고로 끝나는 일련의 사건들을 해명해 줄 수 있는 중요한 역사적 병행(parallel)이 있다. 요세푸스(*J.W.* 6.5.3 §§300-309)는 이렇게 기록한다.

> 전쟁이 일어나기 4년 전에…절기가 열렸고, 거기에는 모든 유대인들의 관습을 따라 하나님에 대한 장막들이 세워져 있었는데, 아나니아의 아들 예수라 하는 한 배우지 못한 농부가 성전에 서서 갑자기 "동쪽으로부터의 소리, 서쪽으로부터의 소리, 사방으로부터의 소리, 예루살렘과 성소를 치는 소리, 신랑과 신부를 치는 소리, 모든 백성을 치는 소리…"라고 외치기 시작하였다…이 악한 말에 진노한 일부 유력 인사들은 그 사람을 체포하여 마구 채찍질하였다. 그러나 그는 자기를 때리는 자들에게 자기를 위해서나 사사로운 말을 전혀 하지 않고 이전처럼 외침을 계속하였다. 그러자 관원들이…그를 로마 총독에게 데려갔다. 거기에서 채찍을 맞아 뼈까지 드러났지만, 그는 자비를 구걸하거나 울지 않았다…총독 알비누스가 그에게 누구이며 어디에서 왔고 왜 그렇게 외쳤느냐고 물었지만, 그는 그러한 질문들에 전혀 대답하지 않았다…알비누스는 그가 미치광이라고 선언하고는 그를 풀어 주었다…그는 특히 절기 때 외쳤다…그는 성벽에서 "도성과 백성과 성소에 다시 한 번 화 있으라"고 외치다가 돌 하나에 맞아 죽었다.

나사렛 예수의 성전 관련 체험들과 아나니아의 아들 예수의 성전 관련 체험들 간에는 몇 가지 중요한 병행들이 존재한다. 두 사람 다 절기 때(헤오르테[*ἑορτή*]: 막 14:2; 15:6; 요 2:23; *J.W.* 6.5.3 §300) 성전 경내로 들어갔다(토 히에론[*τὸ ἱερόν*]: 막 11:11, 15, 27; 12:35; 13:1; 14:49; *J.W.* 6.5.3 §301). 두 사람 다 예루살렘(눅 19:41-44; 21:20-24; *J.W.* 6.5.3 §301), 성소(나오스[*ναός*]: 막 13:2; 14:58; *J.W.* 6.5.3 §301), 백성(라오스[*λαός*]: 막 13:17; 눅 19:44; 23:28-31; *J.W.* 6.5.3 §301)의 파국을 말했다. 두 사람 다 예레미야가 당시의 성전 당국자들을 단죄한 예레미야 7장을 인유(引喩)했다("강도의 굴혈"; 렘 7:11 – 막 11:17에서 인유; "신랑과 신부를 치는 소리": 렘 7:34 - *J.W.* 6.5.3 §301에서 인유). 두 사람 다 로마 총독이 아니라 고위 제사장들에 의해 체포되었다(*συλλαμβάνειν* – 쉴람바네인: 막 14:48; 요 18:12; *J.W.* 6.5.3 §302). 두 사람 다 유대 당국자들에 의해 매를 맞았다(*παίειν* – 파이에인: 마 26:68; 눅 14:65; *J.W.* 6.5.3 §302). 두 사람 다 로마 총독에게 넘겨졌다(눅 23:1: *ἤγαγον αὐτὸν ἐπὶ τὸν Πιλᾶτον* – 에가곤 아우톤 에피 톤 필라톤; *J.W.* 6.5.3 §303: *ἀανγουσιν…ἐπὶ τὸν…ἔπαρχον* – 아나구신…에피 톤…에파

르콘). 두 사람 다 로마 총독의 심문을 받았다(ἐρωτᾶν – 에로탄: 막 15:4; *J.W.* 6.5.3 §305). 두 사람 다 총독의 질문에 대답하기를 거부했다(οὐδὲν ἀποκρίνεσθαι – 우덴 아포크리네스다이: 막 15:5; *J.W.* 6.5.3 §305). 두 사람 다 총독에 의해 매를 맞았다(μαστιγοῦν – 마스티군/μάστιξ – 마스틱스: 요 19:1; *J.W.* 6.5.3 §304). 총독 빌라도는 나사렛 예수를 놓아주기 위하여 제안했으나 이루어지지는 않았다. 총독 알비누스는 예수 벤 아나니아를 놓아주었다(ἀπολύειν – 아폴뤼에인: 막 15:9; *J.W.* 6.5.3 §305).

요세푸스는 "몇몇 유력 인사들"(τῶν··ἐπισήμων τινὲς δημοτῶν – 톤···에피세몬 티네스 데모톤)이 예수 벤 아나니아를 체포하여 "그를 심하게 매질하였다"고 말한다(*J.W.* 6.5.3 §302). 이 "유력 인사들"은 요세푸스가 종종 "고위층 사람들"(참조. *Ant.* 11.5.3 §§140-41; 18.5.3 §121)이라고 지칭하는 고위 제사장들, 곧 나사렛 예수를 체포하여 본디오 빌라도에게 넘긴 자들과 중복되거나 동일할 것이다(*Ant.* 18.3.3 §64; 위의 14절에 대한 "주석"을 보라).

여러 어휘상의 병행들로 보건대, *J.W.* 6.5.3 §§300-309와 수난 전승 사이에는 모종의 문학적 연관 관계가 존재하는 것인가? 아마도 아닐 것이다. 첫 번째 이유는 이 병행들은 단지 사법 및 형벌 절차에 있어서의 여러 단계들을 나타내는 장소, 상황의 명사들과 동사들뿐이라는 점이다. 달리 말하면, 이 병행들은 정형화된 절차들을 묘사할 때 생길 수 있는 그런 것들이라는 말이다. 두 번째 이유는 공통의 동사 어근, 전치사, 목적어로서의 로마 총독 등과 같은 병행들을 제외하고는 병행되는 문장들이나 어구들이 없다는 것이다. 문헌상의 연관 관계는 공통의 어휘, 특히 어구들과 전체 문장들이 공통될 때 추정될 수 있다. 요컨대 위에서 열거한 공통의 어휘는 정형화된 사법 및 형벌 절차를 보여 주는 것이지 문헌상의 연관 관계를 보여 주는 것은 아니라는 뜻이다. 한쪽 예수에 관한 이야기가 다른쪽 예수에 관한 이야기를 할 때 영향을 미쳤음을 보여 주는 흔적이 전혀 없다.

우리의 목적상 아나니아의 아들 예수의 체험이 지니는 가치는 특히 유대 당국과 로마 당국의 협조체제와 관련하여 주후 70년 이전의 유대에서의 사법 절차를 독자적으로 예시해 준다는 데 있다. 고위 제사장들이 예수를 체포하여 심문한 다음에 처형을 요구하는 소견서를 첨부하여 로마 총독에게 이송했다는 복음서들의 묘사는 본질적으로 아나니아의 아들 예수의 체험과 일치한다는 것을 우리는 알 수 있다. 게다가 아나니아의 아들 예수에 관한 이야기는 고위 제사장들이 그들과 성전에 대한 예언 및 비판들에 민감했음을 잘 보여 주기도 한다. 나사렛 예수와 아나니아의 아들 예수는 둘 다 예레미야 7장을 근거로 성전의 파국을 말했다. 그 결과 두 사람은 고위 제사장들로부터의 극도의 반대에 부딪쳤다(11:17에 대한 "주석"을 보라).

12. 로마 군병들이 예수를 희롱하다(15:16-20a)

참고문헌

Benoit, P. "Prétoire, Lithostroton und Gabbatha." *RB* 59(1952) 531-50. **Blinzler, J.** *Trial of Jesus: The Jewish and Roman Proceedings against Jesus Christ Described and Assessed from the Oldest Accounts.* Westminster: Newman, 1959. 173-76. **Maier, P. L.** *Pontius Pilate.* Garden City, NY: Doubleday, 1968. 215-40. **Pixner, B.** "Noch einmal das Prätorium: Versuch einer neuen Lösung." *ZDPV* 95(1979) 56-86. **Schmidt, T. E.** "Mark 15.16-32: The Crucifixion Narrative and the Roman Triumphal Procession." *NTS* 41(1995) 1-18.

본 문

16 군병들이 예수를 끌고 브라이도리온이라는 뜰 안으로 들어가서 온 군대를 모으고	**16** And the soldiers led him[a] away into[b] the palace,[c] which is the praetorium, and they summon the whole battalion,
17 예수에게 자색옷을 입히고 가시 면류관을 엮어 씌우고	**17** And they clothe him in[d] purple, and they place on him a crown, weaving together thorns.
18 예하여 가로되 유대인의 왕이여 평안할지어다 하고	**18** And they began to salute him "Hail, king[e] of the Jews!"
19 갈대로 그의 머리를 치며 침을 뱉으며 꿇어 절하더라	**19** And they were striking his head with a reed and were spitting on him,[f] and bowing their knees, they were doing homage to hi.
20 희롱을 다한 후 자색옷을 벗기고 도로 그의 옷을 입히고 십자가에 못 박으려고 끌고 나가니라	**20a** And when they had mocked him, they stripped him of thec purple and put his own clothes on him.

원문주해

a. C[3]사본과 몇몇 후대의 사본들은 톤 이에순(τὸν Ἰησοῦν, "예수")을 첨가한다.

b. D, P, 1359를 비롯한 여러 사본들은 에소 에이스 텐 아울렌(*ἔσω εἰς τὴν αὐλήν*, "안쪽 궁 안으로")으로 읽는데, 이는 에소 테스 아울레스(*ἔσω τῆς αὐλῆς*, 문자적으로 "궁의 안쪽에")라는 어색한 표현을 부드럽게 하기 위한 것이다. 마태는 이 어구를 생략하고 에이스 토 프라이토리온(*εἰς τὸ πραιτώριον*, "브라이도리온으로")으로 읽는다(마 27:27).

c. 아울레(*αὐλή*)는 "뜰"을 의미할 수 있으나(14:54, 66에서처럼), 여기에서는 "궁"을 의미한다(참조. BAG, 121). 몇몇 후대의 사본들(M, Θ)은 투 카이아파(*τοῦ Καϊάφα*, "가야바의")를 첨가하는데, 페쉬(Pesch, 2:469 n.a)는 이것을 반우대적이라고 생각한다.

d. 몇몇 후대의 사본들은 클라뮈다 콕키넨 카이(*χλαμύδα κοκκίνην καί*, "홍포와")를 첨가한다(참조. 마 27:28).

e. 헬라어로는 바실류(*βασιλεῦ*). ℵ, B, D사본과 몇몇 후대의 사본들이 호격으로 읽고 있다는 것은 로마 군병들이 예수를 호칭하고 있다는 것을 암시한다. A, C^2, N, Σ사본과 몇몇 후대의 사본들은 호 바실류스(*ὁ βασιλεύς*; 주격), 즉 "만세, 유대인의 왕이로구나!"로 읽는다(참조. 요 19:3). 이 독법은 막 15:26에 나오는 이 칭호(titulus)의 독법이 직설법인 것을 고려한 이차적인 수정인 것 같다. 호격 형태는 군병들이 황제에게 "가이사여, 만세!"라고 외치는 로마의 개선식에 더 부합한다. 아래의 "주석"을 보라.

f. 수리아 및 콥트 사본들은 "그의 얼굴에"로 읽는다.

양식/구조/배경

불트만(Bultmann, *History*, 284, 304-6)은 로마 군병들이 예수를 희롱하는 이야기가 "이방 헬레니즘"에서 유래한 전설적이고 소설적인 윤색이라고 생각한다. 그러나 테일러(Taylor, 584)는 이 이야기가 "역사적 증언"이라고 믿는다. 이 이야기를 크랜필드(Cranfield, 452)는 "원시 전승"이라고 부르는 반면에, 보다 최근에 그닐카(Gnilka, 2:306) 등은 마가 이전의 전승이라고 판단한다. 16절("브라이도리온이라는")과 아마도 19a절("갈대로 그의 머리를 치며 침을 뱉으며")에 14:65의 영향을 받은 것으로 보이는 마가의 편집문이 나온다(Gnilka, 2:306). 하지만 갈대를 사용한 것은 희롱의 다른 요소들과 부합하기 때문에 본래의 전승일 가능성도 있다. 전체적으로 이 이야기에는 복음서 기자의 특별한 관심(하지만 아래의 "주석"을 보라)을 보여 주거나 역사적 사실과의 긴장 관계를 보여 주는 것은 없다. 십자가형을 받은 죄인들에게는 통상적으로 채찍질이 가해지고 욕설이 퍼부어졌으며 희롱이 행해졌다. 이 이야기는 전체적으로 통일된 단위를 이루고 있으나(Pesch, 2:469), 세 가지 주요한 부분으로 나누어진다. (1) 온 군대의 소집(16절), (2) 예수에 대한 희롱(17-19절), (3) 희롱을 끝냄(20a절).

베드로복음서에 나오는 병행에서는 군병들이 예수에게 자색옷을 입히고 "재판관석"에 앉혀서 "이스라엘의 왕이여, 의롭게 재판하소서!"라고 희롱했다고 말한다(*Gos. Pet.* 3.7). 이 장면의 나머지 부분은 다른 공관복음서에 나오는 요소들을 섞어 놓았다(Brown, 863; Gundry, 941). 이 이야기의 마가 판본에는 독립된 원시 전승을 보여 주는 것이 아무것도 없다.

나인햄(Nineham, 418)은 본문에 이사야 50:6-7("나를 때리는 자들에게 내 등을 맡기며 나의 수염을 뽑는 자들에게 나의 뺨을 맡기며 수욕과 침 뱉음을 피하려고 내 얼굴을 가리우지 아니하였느니라")과 53:3, 5에 대한 인유(引喩)가 있다고 보지만, 이러한 구절들은 기껏해야 아주 먼 연관 관계에 있을 뿐이다. 물론 마가복음 15장의 다른 곳에는 고난 받는 종의 노래에 대한 인유들이 있는 것으로 보이지만(예를 들어, 1절에 LXX 사 53:6, 5절에 LXX 사 52:15), 그 상응 관계가 밀접하지 못하기 때문에 마가의 이 이야기가 이사야서의 고난 받는 종의 노래들의 영향을 받아 만들어졌다고 결론을 내리기는 힘들다.

예수를 유대인의 왕이라 말하며 희롱한 것은 필로의 글(Philo, *Flaccus* 6 §§36-39)에 그 비슷한 병행이 나온다. 아그립바 왕이 알렉산드리아를 방문했을 때, 사람들은 자주 놀림을 받았던 부랑자인 카라바스(Carabas)라는 광인을 붙잡았다. 그들은

> 이 불쌍한 자를 경기장으로 몰아넣고, 모두가 볼 수 있도록 높은 곳에 세운 다음에, 파피루스 한 장을 펼쳐서 왕관처럼 그의 머리에 씌우고 융단을 왕의 옷처럼 그의 몸에 입혔는데, 어떤 사람은 길거리에 버려진 자생 파피루스 한 줄기를 가져다가 그에게 왕의 홀(笏) 대신에 주었다. 광대극에서처럼 그가 왕의 인장을 받고 왕의 행세를 하자, 청년들이 창병(槍兵)처럼 막대기를 어깨에 메고 수비대를 흉내내어 그의 양편에 도열했다. 그런 후에 사람들이 그에게 다가와서, 어떤 이들은 그에게 문안인사를 하는 체했고, 어떤 이들은 재판을 구하고, 어떤 이들은 국사(國事)를 그와 협의하는 체했다. 그러자 거기 있던 무리는 엄청나게 큰 소리로 그에게 "마리"(mari; 아람어로 "나의 주")라 소리치며 환호했는데, "마리"는 수리아에서 "주"에 대한 이름이라고 한다.

아그립바 1세를 겨냥한 이 희롱은 매우 의미심장한 것으로서 예수께서 당하셨던 희롱의 모습을 잘 보여 준다. 그렇다고 해서 마가복음이 어떤 식으로든 이 사건이나 필로의 글 자체에 의존하고 있다고 결론을 내려서는 안 된다.

이것 외에도 예수를 희롱한 것과 비슷한 사건들이 있다. 로마 군병들이 폐위된 비텔리우스(Vitellius, 주후 69년)를 가혹하고 굴욕적으로 대우한 사건이 있는데, 군병들은 이 이전 황제를 전에 영예롭게 대우를 받았던 여러 주둔지들로 끌고다니며

희롱했다(참조. *Dio Cassius* 64.20-21). 또한 엘르아살에 대한 야만적이고 굴욕적인 대우도 생각해 볼 수 있다. 그는 벌거벗겨져 채찍질(*μάστιξ*-마스틱스)과 고문을 당했는데, 죽어 가면서 이스라엘의 구원을 위하여 기도했다(4 Macc 6:1-30). 또한 트라야누스의 치세 말(주후 115-17년)에 일어난 유대인들의 봉기와 관련된 새 황제 하드리아누스와 한 유대인 사신(使臣)의 말을 기록한 조서(調書)가 있다. 이 문서의 단편(斷片)에는 왕을 참칭한 자에 대한 희롱 장면이 언급되어 있다: "파울루스는 그 왕에 관하여 어떻게 그들이 그를 끌고와서 (희롱했는지?) (말했다). 데온은 그 왕을 루푸스에게 끌고와서 희롱하라고 명하는 루푸스의 칙령을 읽는다"(*P. Louvre* 68 1.1-7; 본문, 번역, 주해 등은 V. A. Tcherikover and A Fuks, eds., *Corpus Papyrorum Judaicarum*, 2 vols.[Cambridge: Harvard UP, 1957-60] 2:87-99를 보라). 플루타르크(*Pomp.* 24.7-8)는 해적들이 로마 시민권이 있다고 주장한 죄수를 희롱한 이야기를 들려준다. 그들은 그를 잘 차려 입히고("그에게 토가[toga; 고대 로마 시민의 옷]를 던져 주었다") 그에게 여러 가지 예(무릎을 꿇는 것을 포함한)를 올린 후에 마지막으로 그로 하여금 뱃전에 내민 널빤지로 눈을 가린 채 걷게 하여 죽게 했다(고대 말의 희롱의 여러 예들에 대한 개관으로는 Brown, 873-77를 보라).

희롱은 황제인 가이사에게 만세를 하고 예를 표했던 로마의 개선식의 여러 모습들을 흉내냈다(T. E. Schmidt, *NTS* 41[1995] 1-18). 자색옷, 가시 면류관(담쟁이 덩굴로 된 왕관을 본뜬), 예수의 머리를 칠 때 사용했던 갈대, 희롱의 독적으로 꿇어 절한 것 등은 모두 개선식 때 자색옷을 입고 월계관을 쓰고 홀(笏)을 쥐었던 로마 황제가 입은 옷과 그에게 드려진 예(禮)와 일치한다(예를 들어, *Dio Cassius* 6.23; 44.11[율리우스 가이사]; Appian, *Civil Wars* 5.130[아우구스투스]; *Dio Cassius* 59.25.3[가이우스 칼리굴라]); 좀더 자세한 논의와 훨씬 더 많은 인용문들은 H. S. Versnel, *Triumphus*[Leiden: Brill, 1970] 56-57, 235-300; Schmidt, *NTS* 41[1995] 2-4 nn. 6-12; Pesch, 2:470-71를 보라). 자색옷을 입힌 것은 초기 시대의 헬라 왕들의 의복을 연상시키기도 한다(참조. 1 Macc 10:20: "자색옷과 금면류관"; 10:62: "그에게 자색옷을 입히고"; 11:58: "자색옷을 입는 것"; 14:43-44: "자색옷을 입고"; 눅 16:19: "자색옷을 입히고").

예수를 어느 정도 가이사의 맞수로 묘사하려는 복음서 기자의 관심을 감안한다면 (1:1과 "서론"에 나오는 "마가의 신학"을 보라), 복음서 기자는 이 전승, 특히 희롱 장면을 아그립바 1세에 대한 희롱 사건을 염두에 두고 로마 황제들에 관한 전승들과 좀더 유사하게 일치시키려고 편집했을 가능성도 있다. 그러나 복음서 기자 또는 그에 앞선 전승 보유자가 예수를 이토록 수치스럽게 욕하고 희롱하는 이야기를 만들어 냈을 것이라고 믿기는 어렵다. 이 이야기는 전승 과정에서 분명히 몇몇 내용들이 첨가되긴 했겠지만 실제로 예수에게 일어난 일에 가깝다고 보아야 할 것이다. 마가복음의 맥락 속에서 이 희롱 장면은 나중에 예수가 진실로 "하나님의 아들"이었다는 백부장의 고백(15:39)을 통해 역전된다.

주석

16 "군병들이 예수를 끌고 브라이도리온이라는 궁 안으로 들어갔다"(*οἱ δὲ στρατιῶται ἀπήγαγον αὐτὸν ἔσω τῆς αὐλῆς, ὅ ἐστιν πραιτώριον* – 호이 데 스트라티오타이 아페가곤 아우톤 에소 테스 아울레스 호 에스틴 프라이토리온). "군병들"(*στρατιῶται* – 스트라티오타이)은 팔레스타인을 비롯한 로마 제국의 여러 지역들에서 모집한 외인부대였을 것이다(M. P. Spiedel, *Roman Army Studies*, 2 vols. [Stuttgart: F. Steiner, 1992] 2:224-32; G. Webster, *The Roman Imperial Army*, 3rd ed.[London: A. & C. Black, 1981] 142-55). 이 군병들은 예수를 "궁"(*αὐλῆς* – 아울레스; 참조. 1 Macc 11:46; "원문주해" c를 보라), 즉 브라이도리온으로 끌고 간다. 마가 본문의 에소 테스 아울레스(*ἔσω τῆς αὐλῆς*, 문자적으로 "궁 안쪽에")라는 표현은 어색해서, 에소 에이스 텐 아울렌(*ἔσω εἰς τὴν αὐλήν*, "안쪽에 궁으로")이라는 독법이 생겨났고("원문주해" b를 보라), 마태는 이 어구를 생략하고 "브라이도리온으로"(*εἰς τὸ πραιτώριον* – 에이스 토 프라이토리온)로 읽는다(마 27:27). 프라이토리온(*πραιτώριον*)은 총독 관저를 가리키는 말로서 라틴어(praetorium)에서 온 외래어이다(Cranfield, 452). 예루살렘의 로마 총독 관저는 안토니아 요새(성전산의 북서쪽 모퉁이에 있는) 또는 헤롯의 윗궁(얍파 문 근처의) 또는 성전산의 남서쪽 모퉁이 맞은편에 있는 두로포이온(Tyropoeon) 골짜기의 서쪽 비탈에 있었을 것이다. 오늘날의 학자들은 첫 번째 학설을 포기했다. 두 번째 학설은 베노이트(Benoit, *RB* 59 [1952] 531-50), 블린즐러(Blinzler, *Trial of Jesus*, 173-76), 마이어(Maier, *Pontius Pilate*, 215-49) 등이 주장하였고, 옛 전승에 토대를 둔 세 번째 학설은 픽스너(Pixner, *ZDPV* 95[1979] 56-86) 등에 의해 주장되었다. 바울도 가이사랴 마리티마의 총독 관저에 구금되었다(행 23:25; 참조. 빌 1:13).

"저희가 온 군대를 모았다"(*καὶ συγκαλοῦσιν ὅλην τὴν σπεῖραν* – 카이 쉉칼루신 홀렌 텐 스페이란). 스페이라(*σπεῖρα*, "군대"; 원래는 "한 사리"를 의미했다)는 로

마 군단의 1/10 병력을 가리키는 군사 용어인 라틴어 코호르스(*cohors*)를 번역한 말이다(참조. *BAG*, 768). 나중에 "코호르스"는 200명에서 600명의 병력으로 이루어진 대대(大隊)를 의미하게 되었다. "유대인의 왕"을 희롱할 기회를 놓칠 수는 없었다. 그래서 온 군대가 예수를 희롱하는 데 참여하도록 소집되었다.

17 "저희는 예수에게 자색옷을 입히고 가시 면류관을 엮어 씌우고"(*καὶ ἐνδιδύσκουσιν αὐτὸν πορφύραν καὶ περιτιθέασιν αὐτῷ πλέξαντες ἀκάνθινον στέφανον* – 카이 엔디뒤스쿠신 아우톤 포르퓌란 카이 페리티데아신 아우토 플렉산테스 아칸디논 스테파논). 군병들이 예수를 희롱하기 위하여 옷을 입힘으로써, 예수는 헬라의 봉신(封臣) 왕들(Lane, 559; 참조. 1 Macc 10:20; 11:58)이나 로마 황제(Swete, 376; 참조. Suetonius, *Tib.* 17.2: "자주색 깃이 둘러진 토가[역주: 고대 로마 시민의 옷]를 입고 면류관을 쓴") 같은 외관을 하게 된다. (이 주제는 위의 "양식/구조/배경"에서 더 자세하게 다루어진다.) 옷의 색깔은 사실 붉은 색이었을 것이고, 따라서 일부 학자들의 주장대로 한 군병의 외투였을 것이다(예를 들어, Plutarch, *Phil.* 11.2: "군병들의 겉옷은 홍포였다"). 마태(27:28)는 이 구절을 그런 식으로 이해했음이 분명하다. 마태는 군병들이 예수에게 "홍포"(*χλαμύδα κοκκίνην* – 클라뮈다 콕키넨)를 입혔다고 말한다. 또한 마태는 마가 본문에도 있었을 갈대에 대해서도 언급한다(27:29). 갈대는 마가복음에서는 19절에 나온다. 왕의 홀(笏)을 상징하는 갈대는 예수를 희롱하기 위하여 왕의 장식용으로 사용된다.

18 "예하여 이르되 유대인의 왕이여 만세라 하고"(*καὶ ἤρξαντο ἀσπάζεσθαι αὐτόν, χαῖρε, βασιλεῦ τῶν Ἰουδαίων* – 카이 에륵산토 아스파제스다이 아우톤 카이레 바실류 톤 이우다이온). 군병들이 올린 예(禮)는 로마 황제에게 올리는 인사말인 "가이사, 승리자, 황제여, 만세!"(*Ave, Caesar, victor, imperator*)를 모방한 것이다(예를 들어, Suetonius, *Claud.* 21.6: "황제여, 만세[*Ave, imperator*], 당신께 예를 드리고 싶어 죽을 지경인 우리는").

19 "갈대로 그의 머리를 치며 침을 뱉으며 꿇어 절하더라"(*καὶ ἔτυπτον αὐτοῦ τὴν κεφαλὴν καλάμῳ καὶ ἐνέπτυον αὐτῷ* – 카이 에튑톤 아우투 텐 케팔렌 칼라모 카이 에넵튀온 아우토). 갈대는 희롱을 위한 도구의 하나다(즉, 갈대는 홀[笏]을 상징한다). 갈대를 사용한 것은 조롱하기 위한 것이지 고통을 가하기 위해서가 아니다(Gundry, 942). 침을 뱉은 것은 입맞춤을 비롯한 그 밖의 애정 표현을 흉내낸 것이다. 어쨌든 그것은 극도의 무례함과 경멸을 나타낸다(14:65에 대한 "주석"을 보라). 침을 뱉었다는 내용은 14:65을 따른 것 같은데(Gundry, 2:306), 현재의 문맥에서 이

내용은 어색하거나 부자연스럽지 않다.

"무릎을 꿇고 저에게 예를 올렸다"(*καὶ τιθέντες τὰ γόνατα προσεκύνουν αὐτῷ* – 카이 디덴테스 타 고나타 프로세퀴눈 아우토). 무릎을 꿇고 예를 올리는 것으로 희롱은 끝난다. 주의 깊은 독자들은 이전에 거라사 광인이 예수에게 달려와서 그에게 엎드려 절하며(*προσεκύνησεν* – 프로세퀴네센) 예수를 "지극히 높으신 하나님의 아들"이라고 호칭한 일을 기억할 것이다(5:6-7). 지금 로마 군병들은 그들에게 "신의 아들"인 가이사에게 하듯이 예수 앞에 엎드려 절한다.

20a "희롱을 다한 후"(*καὶ ὅτε ἐνέπαιξαν αὐτῷ* – 카이 호테 에네파익산 아우토)라는 어구는 희롱 장면을 요약하고 마무리하는 말이다. 그러나 이 어구 속에는 실제로 예수를 능욕하는 더한 말이 들어 있는 것일 수도 있다. 왜냐하면 엠파이제인(*ἐμπαίζειν*, "희롱하다")이라는 단어는 종종 누구를 잔혹하게 다룬다는 것을 의미하기 때문이다(2 Macc 7, 특히 7, 10절에 나오는 일곱 아들과 그들의 어머니에 대한 안티오쿠스 4세의 잔혹한 고문과 관련해서 J. W. van Henten, *The Maccabean Martyrs as Saviours of the Jewish People: A Study of 2 and 4 Maccabees*, JSJSup 57 [Leiden: Brill, 1997] 112와 nn. 105-8를 보라). 종종 엠파이제인(*ἐμπαίζειν*)은 고문을 의미하는 완곡어법으로 사용된다(참조. *TDNT* 5:631-33).

"자색옷을 벗기고 도로 그의 옷을 입히고"(*ἐξέδυσαν αὐτὸν τὴν πορφύραν καὶ ἐνέδυσαν αὐτὸν τὰ ἱμάτια αὐτοῦ* – 엑세뒤산 아우톤 텐 포르퓌란 카이 에네뒤산 아우톤 타 히마티아 아우투). 희롱의 시간은 끝이 났다. 군병들은 자색옷을 벗기고 예수에게 그의 옷을 돌려준다. 나중에 이 예수의 옷을 놓고 군병들은 제비를 뽑는다(15:24).

해설

군병들은 예수에게 자색옷을 입히고 가시 면류관을 엮어 씌운 후에 그를 희롱한다. 그들은 예수에게 "유대인의 왕이여, 만세!"라고 예를 올리고, 그의 머리를 갈대로 치며, 마치 왕에게 하듯이 예수 앞에 엎드려 절한다. 로마 군병들은 개선식 때 로마 황제에게 하던 예를 흉내내어 예수를 희롱한 것이다. 이때 황제는 담쟁이 덩굴로 만든 왕관을 쓰고 자주색 옷을 입으며, 군병들은 "가이사여, 만세!"를 외친다. 그러나 예수에 대한 이러한 희롱은 나중에 십자가 처형을 감독했던 로마 백부장이 예수는 "하나님의 아들"이라고 고백함으로써 뒤집어지고 만다. 바로 지금은 왕이요 하나님의 아들이라는 예수의 주장은 가소로워 보인다. 그러나 몇 시간 후에 예수께서 죽고 초자연적인 징조들이 나타날 때, 이러한 주장은 새로운 신빙성을 띠게 된다.
십자가에서의 고통스럽고 수치스러운 죽음의 전주곡인 예수에 대한 희롱은 빌립보서 2:6-8에 나오는 원시 송영(primitive hymn)이 암시하는 성육신의 밑바닥을 보여 준다: "그는 근본 하나님의 본체시나 하나님과 동등됨을 취할 것으로 여기지 아니하시고 오히려 자기를 비어 종의 형체를 가져 사람들과 같이 되었고 사람의 모양으로 나타나셨으매 자기를 낮추시고 죽기까지 복종하셨으니 곧 십자가에 죽으심이라."

13. **예수의 십자가 처형**(15:20b-41)

참고문헌

Bailey, K. E. "The Fall of Jerusalem and Mark's Account of the Cross." *ExpTim* 102(1990-91) 102-5. **Bauckham, R. J.** "Salome the Sister of Jesus, Salome the Disciple of Jesus, and the Secret Gospel of Mark." *NovT* 33(1991) 245-75. **Brower, K. E.** "Elijah in the Markan Passion Narrative." JSNT 18(1983) 85-101. **Caza, L.** "Le relief que Marc a donné au cri de la croix." *ScEs* 39(1987) 171-91. **Chronis. H. L.** "The Thorn Veil: Cultus and Christology in Mark 15:37-39." *JBL* 101(1982) 97-114. **Cohn-Sherbok, D.** "Jesus' Cry on the Cross: An Alternative View." *ExpTim* 93(1981-82) 215-17. **Davies, J. G.** "The Cup of Wrath and the Cup of Blessing." *Theology* 51(1948) 178-80. **Davis, P. G.** "Mark's Christological Paradox." *JSNT* 35(1989) 3-18. **Jackson, H. M.** "The Death of Jesus in Mark and the Miracle from the Cross." *NTS* 33(1987) 16-37. **Johnson, E. S.** "Is Mark 15:39 the Key to Mark's Christology?" *JSNT* 31(1987) 3-22(repr. in *The Synoptic Gospels: A Sheffield Reader*. Ed. C. A. Evans and S. E. Porter. Biblical Seminar 31. Sheffield: Sheffield Academic Press, 1995. 143-62). ______. "Mark 15,39 and the So-called Confession of the Roman Centurion." *Bib* 81(2000) 406-13. **Kim, T. H.** "The Anarthrous *υἱὸς θεου* in Mark 15,39 and the Roman Imperial Cult." *Bib* 79(1998) 221-41. **Miller, J. V.** "The Time of the Crucifixion." *JETS* 26(1983) 157-66. **Motyer, S.** "The Rending of the Veil: A Markan Pentecost?" *NTS* 33(1987) 155-57. **Rodgers, P.** "Mark 15:28." *EvQ* 61(1989) 81-84. **Ulansey, D.** "The Heavenly Veil Torn: Mark's Cosmic Inclusio." *JBL* 110(1991) 123-25. **Waal, A. de.** "Das

Mora-Spiel auf den Darstellungen der Verlosung des Kleides Christi." *RQ* 8(1894) 145-46. **Wojciechowski, M.** "Le naziréat et la passion(Mc 14,25a; 15,23)." *Bib* 65(1984) 94-96.

Charlesworth, J. H. "Jesus and Jehoḥanan: An Archaeological Note on Crucifixion." *ExpTim* 84(1973) 147-50. ______ and **Zias, J.** "Crucifixiion: Archaeology, Jesus, and the Dead Sea Scrolls." In *Jesus and the Dead Sea Scrolls.* Ed. J. H. Charlesworth. ABRL. New York: Doubleday, 1992. 273-89. **Hewitt, J.** "The Use of Nails in the Crucifixion." *HTR* 25(1932) 29-45. **Kuhn, H.-W.** "Die Gekreuzigte von Givʿat ha-Mivtar: Bilanz einer Entdeckung." In *Theologia Crucis—Signum Crucis.* FS E. Dinkler, ed. C. Andresen and G. Klein. Tübingen: Mohr-Siebeck, 1979. 303-34. **Yadin, Y.** "Epigraphy and Crucifixion." *IEJ* 23(1973) 19-22. **Zias, J.**, and **Sekeles, E.** "The Crucified Man from Givʿat ha-Mivtar: A Reappraisal." *IEJ* 35(1985) 22-27.

Mark 15:26

Bammel, E. "The *titulus.*" In *Jesus and the Politics of His Day.* Ed. E. Bammel and C. F. D. Moule. Cambridge: Cambridge UP, 1984. 353-64. **Catchpole, D. R.** "The 'Triumphal' Entry." In *Jesus and the Politics of His Day.* Ed. E. Bammel and C. F. D. Moule. Cambridge: Cambridge UP, 1984. 319-34. **Schneider, G.** "The Political Charge against Jesus(Luke 23:2)." In *Jesus and the Politics of His Day.* Ed. E. Bammel and C. F. D. Moule. Cambridge: Cambridge UP, 1984. 403-14.

본 문

20 십자가에 못 박으려고 끌고 나가니라	**20b** And they lead him out, so that they might crucify him.
21 마침 알렉산더와 루포의 아비인 구레네 사람 시몬이 시골로서 와서 지나가는데 저희가 그를 억지로 같이 가게 하여 예수의 십자가를 지우고	**21** And they compel a certain passerby, Simon of Cyrene, coming from the country, the father of Alexander and Rufus, so that he might carry his cross.
22 예수를 끌고 골고다라 하는 곳(번역하면 해골의 곳)에 이르러	**22** And they bring him to the place Golgotha, which means "Place of the Skull."
23 몰약을 탄 포도주를 주었으나 예수께서 받지 아니하시니라	**23** And they were offering him[a] wine mixed with myrrh, which he did not take.[b]
24 십자가에 못 박고 그 옷을 나눌쌔 누가 어느 것을 얻을까 하여 제비를 뽑더라	**24** And they crucify him and "divide his clothes, casting lots for them," [to determine] who should take what.
25 때가 제 삼시가 되어 십자가에 못 박으니라	**25** But it was the third[c] hour, and they crucified him.

26 그 위에 있는 죄 패에 유대인의 왕이라 썼고

26 And the inscription of the charge written against him was: [d]"The King of the Jews."

27 강도 둘을 예수와 함께 십자가에 못 박으니 하나는 그의 우편에 하나는 좌편에 있더라

27 And with him they crucigy two rebels, one on the right,[e] and one on his left.[ef]

28 (절 내용 없음)

29 지나가는 자들은 자기 머리를 흔들며 예수를 모욕하여 가로되 아하 성전을 헐고 사흘에 짓는 자여

29 And those passing by were ridiculing him, wagging their heads, and saying, "Ha! You who would destroy the temple[g] and build [another] in three days,

30 네가 너를 구원하여 십자가에서 내려 오라 하고

30 save yourself, having come down from the cross!"

31 그와 같이 대제사장들도 서기관들과 함께 희롱하며 서로 말하되 저가 남은 구원하였으되 자기는 구원할 수 없도다

31 likewise also the ruling priests, mocking among themselves with the scribes, were saying, "Others he saved: himself he can't save!

32 이스라엘의 왕 그리스도가 지금 십자가에서 내려와 우리로 보고 믿게 할찌어다 하며 함께 십자가에 못 박힌 자들도 예수를 욕하더라

32 Let the Messiah, the king of Israel, come down from the cross now,[h] so that we may see and believe!"[i] And those crucified with him were reviling him.

33 제육시가 되매 온 땅에 어두움이 임하여 제구시까지 계속하더니

33 And when the sixth hour had come, darkness fell over the whole land until the ninth hour.

34 제구시에 예수께서 크게 소리지르시되 엘리 엘리 라마 사박다니 하시니 이를 번역하면 나의 하나님 나의 하나님 어찌하여 나를 버리셨나이까 하는 뜻이라

34 And at the ninth hour Jesus cried with a loud voice, "Eloi, Eloi, lema sabachthani?"[j] which means, "My God, my God, why have you abandoned[k] me?"

35 곁에 섰던 자 중 어떤이들이 듣고 가로되 보라 엘리야를 부른다 하고

35 And some bystanders, listening, were saying, "Behold, he calls Elijah."[l]

36 한 사람이 달려가서 해융에 신포도주를 머금게 하여 갈대에 꿰어 마시우고 가로되 가만두어라 엘리야가 와서 저를 내려 주나 보자 하더라

36 But someone, running up, having filled a sponge with vinegar, having placed it on a reed, gave it to him to drink, saying, "Permit [me]: let us see if Elijah[l] comes to take him down."[m]

37 예수께서 큰 소리를 지르시고 운명하시다

37 But Jesus, after letting out a loud cry, expired.

38 이에 성소 휘장이 위로부터 아래까지 찢어져 둘이 되니라

38 And the veil of the temple was torn in two, from top to bottom.

39 예수를 향하여 섰던 백부장이 그렇게 운명하심을 보고 가로되 이 사람은 진실로 하나님의 아들이었도다 하더라

39 But the centurion who stood opposite him, seeing that he had died[n] in this way, said, "Truly this man was the son of God!"

40 멀리서 바라보는 여자들도 있는데 그 중에 막달라 마리아와 또 작은 야고보와 요세의 어머니 마리아와 또 살로메가 있었으니

40 But there were also women there watching from a distance, among whom were Mary[o] Magdalene, and Mary the mother of James the younger and of Joses,[p] and Salome,

41 이들은 예수께서 갈릴리에 계실 때에 좇아 섬기던 자요 또 이 외에도 예수와 함께 예루살렘에 올라온 여자가 많이 있었더라

41 who, when he was in Galilee, were following him and were serving him; and many other women who had come up with him to Jerusalem.

원문주해

a. A, C², D, *Σ*사본과 몇몇 후대의 권위 있는 사본들은 피에인(*πιεῖν*, "마시다")을 첨가한다.

b. 몇몇 후대의 사본들은 에델레센(*ἠθέλησεν*, "원하다")으로 읽는다(참조. 마 27:34).

c. 몇몇 후대의 사본들은 헤크테(*ἕκτη*, "제6[시]")로 읽는다. 이 이독은 마가의 기사를 요 19:14과 조화시키기 위한 시도로 생겨났다. 참조. Metzger, *TCGNT*¹, 118; Westcott and Hort, *Introduction* 2:27. 또한 이와 비슷하게 요 19:14의 헤크테(*ἕκτη*, "제6[시]")를 트리테(*τρίτη*, "제3[시]")로 바꾸려는 필사자들의 시도도 볼 수 있다.

d. 33사본과 몇몇 후대의 사본들은 후토스 에스틴(*οὗτός ἐστιν*, "이는 ~이다")을 첨가한다(참조. 마 27:37).

e. 일부 라틴어 사본들에는 이 강도들의 이름이 나오는데, 우편 강도의 이름은 조아단(Zoathan), 좌편 강도의 이름은 참마다(Chammatha)라고 한다.

f. A, *Θ*, *Σ*, 083, f¹·¹³, 33, 892, 1006, 1506, Majority, text, lat, syᵖ·ʰ사본은 28절을 첨가한다: 카이 에플레로데 헤 그라페 헤 레구사 카이 메타 아노몬 엘로기스데(*καὶ ἐπληρώθη ἡ γραφὴ ἡ λέγουσα· καὶ μετὰ ἀνόμων ἐλογίσθη*, "기록된 바 저는 불법자의 동류로 여김을 받았다 한 말이 이루어지니라"). 이 첨가는 눅 22:37(참조. 사 53:12)에서 유래한 것이다. 이 절은 ℵ, A, B, C, D, *Ψ*, 2427, pc, sy⁵, sa, boᵖᵗ사본에는 나오지 않는다. Westcott and Hort, *Introduction* 2:27-28를 보라. 아래의 28절에 대한 "주석"을 보라.

g. 몇몇 후대의 사본들은 투 데우(*τοῦ θεοῦ*, "하나님의")를 첨가한다.

h. 몇몇 후대의 사본들은 에이 호 크리스토스 에스티 호 바실류스 이스라엘 카타바토 뉜 아포 투 스타우루(*εἰ ὁ Χριστὸς ἐστι ὁ βασιλεὺς Ἰσραὴλ καταβάτω νῦν ἀπὸ τοῦ σταυρου*, "이 자가 이스라엘의 왕 그리스도라면 그로 하여금 지금 십자가에서 내려오게 하라")로 읽는다.

i. C³, D, *Σ*사본과 몇몇 후대의 사본들은 아우토(*αὐτῷ*, "그를")를 첨가한다.

j. 마가 본문의 엘로이 엘로이 레마 사박다니(*ελωί ελωί λεμὰ σαβαχθανί*, "엘리 엘리 라마 사박다니")는 아람어의 엘라히 엘라히 레마 셰바크타니(אֱלָהִי אֱלָהִי לְמָא שְׁבַקְתַּנִי)를 음역한 것이다(참조. 오직 일부만 병행을 이루는 *Tg.* Ps 22:1). 대부분의 권위 있는 사본들은 엘로이(*ελωί*)로 읽지만, D를 비롯한 몇몇 사본들은 히브리어 엘리(אֵלִי, "나의 하나님")를 음역한 엘레이(*ἠλεί*)로 읽는다. 그리고 ℵ, C, L을 비롯한 몇몇 사본들은 레마

(λεμά)로 읽지만, A, P 33의 사본은 리마(λιμά)로 읽는다. 이것은 표기상의 차이에 불과할 것이다. 그러나 B, D, N 등의 사본의 독법인 라마(λαμά)는 히브리어 라마(לָמָה, "왜")를 나타낸다. 셰바크타니(שְׁבַקְתַּנִי)에 대한 음역도 가지각색이다. 대부분의 사본들은 사박다니(σαβαχθανί; L, 33 등) 또는 사박다네이(σαβαχθανεί; א[c], C, N, Σ 등)로 읽는다. 그러나 A사본은 시박다네이(σιβακθανεί), B사본은 자바프다네이(ζαβαφθανεί)로 읽는다. D사본의 자프다니(ζαφθανί; 많은 라틴어 사본들이 이 독법을 따라 zapthani로 읽는다)는 시 22:1의 아자브타니(עֲזַבְתָּנִי, "나를 버리셨나이까?")를 음역하려는 시도다. 이러한 히브리어 요소들은, 좀더 잘 알려져 있었고 쉽게 접할 수 있었던 구약성경의 히브리어 판본과 부분적으로 히브리어 본문에 맞춰 수정한 독법인 마 27:46의 병행문에 의해 영향을 받았다.

k. D사본과 몇몇 후대의 라틴 사본들은 하나님께서 예수를 버리셨다는 내용을 피하기 위해 오네이디사스(ὠνείδισας, "책망하다")로 읽는다; 참조. Metzger, *TCGNT*[1], 120.

l. 헬라어로는 엘리안(Ἠλίαν). B[2], C, D, L, N, Σ, 33을 비롯한 몇몇 사본들이 이렇게 읽는다. א, A, B*를 비롯한 몇몇 사본들은 엘레이안(Ἠλείαν)으로 읽는다. 히브리어로 엘리야는 엘리이야(אֵלִיָּה)이다. 헬라어 표기가 다른 경우는 흔한 일이다.

m. 몇몇 후대의 사본들과 권위 있는 사본들은 소사이 카이 카델레인 아우톤(σῶσαι καὶ καθελεῖν αὐτόν, "저를 구원하여 내려주나")으로 읽는다.

n. A, C, N, Σ사본과 몇몇 후대의 사본들 및 권위 있는 사본들은 호티 후토스 크락사스 엑세프뉴센(ὅτι οὕτως κράξας ἐξέπνευσεν, "이렇게 소리를 지르고 운명하시는 것")으로 읽는다(D, W를 비롯한 몇몇 사본들 및 권위 있는 사본들에서도 이와 비슷하게 읽는다). 메츠거(Metzger, *TCGNT*[1], 121)는 크락사스(κράξας, "소리를 지르고")의 첨가가 마 27:50에서 유래한 것이라고 생각한다.

o. 헬라어로는 마리아(Μαρία). B, C, W사본과 몇몇 후대의 사본들은 마리암(Μαριάμ)으로 읽는다.

p. 헬라어로는 이오세토스(Ἰωσῆτος). א*, A, C, N, W, Σ, 33사본은 이오세(Ἰωσῆ)로 읽고, 한 고대 라틴어 사본은 이오세프(Ioseph)로 읽는다.

양식/구조/배경

불트만(Bultmann, *History*, 272-74)은 십자가 처형 기사 전체가 전설 및 성경의 변증(辨證)으로 엮어져 있다고 믿는다. 이에 따르면, 24절은 성경의 예언(참조. 시 21:19), 25절은 마가의 편집, 26절은 빌라도 앞에서의 심문 장면에 의거한 편집, 27절은 이사야 53:12의 영향을 받은 것, 28절은 후대의 필사자의 증거 본문, 29-32절은 "예언서의 증거를 토대로 한 전설"(시 21:8; 애 2:15), 29절과 31절은 중복문, 33-39

절은 "전설에 의해 심하게 훼손된" 기사, 34절은 시편 21:2을 토대로 한 "37절에 나오는 예수의 부르짖음에 대한 이차적 해석", 35절과 36b절은 이차적인 본문, 36a절은 후대의 것으로서 시편 68:22에 토대를 둔 이차적인 본문, 33절과 38절은 "옛 기사가 아니라 기독교적 전설", 39절은 전설에 의해 발전된 것이다. 37절은 본래의 전승일 수 있지만 여기에도 의심이 있다. 40-41절에서 증인들인 여자들은 그들이 빈 무덤을 발견했다는 전승과 마찬가지로 비역사적이다. 따라서 "오래된 역사적 이야기"는 20b-24a절뿐이고, 여기에 37절이 포함될 수 있을 뿐이다. 테일러(Taylor, *Formation*, 58)는 "마가 본문의 이 이야기가 어떻게 형성되었는지에 대한 불트만의 확신에 찬 주장은 오직 전지전능의 은사에 의해서만 입증될 수 있다"고 말한다. 그는 이 이야기를 말하는 방식에 있어서 몇몇 내용들은 성경의 예언에 의해 영향을 받았고, 따라서 이 이야기가 이러한 접촉점들에 맞춰서 편집되었다는 것을 인정한다. 그러나 불트만이 주장하는 것처럼 대규모의 첨가가 이루어졌다고 설명하는 것은 최선의 설명이 아니다. 오히려 테일러(Taylor, *Formation*, 59)는 "역사적 핵(核)이 자유롭게 유포되면서 전승 요소들을 끌어들여서 그 자신의 궤도 안으로 그 요소들을 통합하였다"고 생각한다.

구약 성경이 수난 기사에 미친 영향의 정도는 지속적인 연구 주제가 되어 왔다(예를 들어, D. J. Moo, *Old Testament in the Gospel Passion Narrative*, 264-83). 마커스(Marcus, *Way of the Lord*, 175)는 십자가 처형 및 죽음 장면에 여러 탄식 시편들이 인유(引喩)되거나 반영되어 있는 예들을 다음과 같이 표로 만들어 보여 준다.

마가복음	주제	시편들
15:24	옷을 나눔	22:18
15:29	희롱, 머리를 흔듦	22:7
15:30-31	너 자신을 구원하라!	22:8
15:32	모욕함	22:6
15:34	버리심에 대한 부르짖음	22:1
15:36	신 포도주를 마시라고 줌	69:21
15:40	멀리서 바라봄	38:11

이 이야기가 여러 자료들을 선별하고 어떤 것들은 빼고 해서 만들어진 것일 가능성은 높아 보인다. 그러나 전체가 교차대구법적인 미드라쉬(midrash, 해설)로 이루어졌다는 학설들은 설득력이 약하다. 그 적절한 한 가지 예로 마가복음 15:20-39이

예레미야 애가 2:15-16을 본뜬 교차대구법적 구조를 이루고 있다는 상상력 풍부한 베일리(Bailey)의 주장(*ExpTim* 102[1990-91] 102-5)을 들 수 있다. 그가 주장한 교차대구법적 구조는 다음과 같다.

1. 유대인인 구레네 시몬이 지나가다가 십자가를 지게 됨(21절)
 2. 포도주가 주어지고, 옷이 나눠지고, 십자가에 못 박힘(23절)
  3. 제삼시, "유대인의 왕"(25-26절)
   4. 두 강도(27절)
    5. 지나가는 사람들이 머리를 흔들며 예수를 조롱함(29-30절)
    6. 대제사장들이 그를 조롱함(31-32a절)
   7. 두 강도(32b절)
  8. 제육시, 제구시, "나의 하나님, 나의 하나님…"(33-34절)
 9. 신 포도주가 주어지고, 성전 휘장이 찢어지고, 십자가에 못 박힘(36-38절)
10. 이방인인 백부장이 보고 믿음(39절)

베일리는 마가가 이 이야기를 예레미야애가 2:15-16로부터 빌어왔다고 생각한다: "무릇 지나가는 자는 다 너를 향하여 박장하며 처녀 예루살렘을 향하여 비소하고 머리를 흔들며 말하기를 온전한 영광이라, 천하의 희락이라 일컫던 성이 이 성이냐 하며 너의 모든 원수는 너를 향하여 입을 벌리며 비소하고 이를 갈며 말하기를 우리가 저를 삼켰도다 우리가 바라던 날이 과연 이 날이라 우리가 얻기도 하고 보기도 하였다 하도다." 원래 예루살렘 도성과 성전을 가리켰던 말들이 지금은 예수와 그의 십자가를 가리키는 말이 되었다. 베일리의 주장은 독창적이지만, 설득력이 있지는 않다. 교차대구법적 구조는 여러 내용들을 고려하지 않고(예를 들어, 22, 24, 35절) 내용 구분을 매우 불균등하게 함으로써 억지로 꾸며낸 것으로 보인다. 애가에 나오는 야유하고 머리를 흔들고 모욕하는 말들 같은 내용들은 수난 이야기를 말하는 데 기여를 했거나 또는 단지 공통의 문화적 배경을 반영하는 것일 수 있다. 마가복음의 독자들이 그러한 길고 복잡한 교차대구법적 구조를 알아내어 예수를 예루살렘 도성과 결부시켜 생각했을 가능성은 없다.

마가복음 15:20b-41은 다음과 같은 하위단락들을 지닌 두 개의 큰 단락으로 나뉜다.

1. 예수를 십자가에 못박음(20b-32절)
   a. 예수(와 구레네 시몬)를 십자가 처형 장소로 끌고 감(20b-22절)
   b. 십자가에 못박고 옷을 나눔(23-24절)

c. "제삼시"에 예수께서 십자가에 못 박히심(25절)
d. 죄패의 내용(26절)
e. 죄인들과 제사장들의 조롱(27, 29-32절)

2. 예수의 죽음(33-41절)
a. "제육시"에 어둠이 임함(33절)
b. "제구시"에 예수께서 소리를 지르고 이에 대하여 지나가는 자들이 반응을 보임(33절)
c. 예수의 죽음(37절)
d. 성전 휘장이 찢어짐(38절)
e. 백부장의 고백(39절)
f. 세 갈릴리 여인들이 멀리서 지켜 봄(40-41절)

주석

20b "저희가 예수를 십자가에 못박으려고 끌고 나가니라"(*καὶ ἐξάγουσιν αὐτὸν ἵνα σταυρώσωσιν αὐτόν*—카이 엑사구신 아우톤 히나 스타우로소신 아우톤). 희롱이 끝나자, 군병들은 예수를 총독 관저(또는 도성 자체; Swete, 377)에서 끌어내어 십자가에 못박을 곳으로 데려간다. 다음 절은 예수께서 자신의 십자가(또는 적어도 그 일부)를 지셨다는 것을 전제한다. 8:34절의 수난 예고("아무든지 나를 따라 오려거든 자기를 부인하고 자기 십자가를 지고 나를 좇을 것이니라")에 비추어 볼 때 복음서 기자가 이 사실을 언급하지 않은 것은 이상하다(21절에 대한 "주석"을 보라). 플라우투스(Plautus)에 의하면, 사형 선고를 받은 죄인은 자신의 십자가(라틴어로 *patibulum*)를 지고 도성을 통과하여 처형장까지 갔다고 한다(*Carbonaria* frg. 2; *Mil. glor.* 2.4.6-7 §§359-60). 또한 플루타르크(Plutarch)도 이렇게 말한다: "처형장으로 가는 모든 죄수들은 자신의 십자가를 지고 간다(*ἐκφέρει τὸν αὐτοῦ σταυρόν*—에크페레이 톤 아우투 스타우론)"(*Mor.* 554A-B = *Sera* §9; 주후 1세기의 십자가 처형에 관한 생생한 묘사들에 대해서는 Seneca, *Dial.* 3.2.2; 6.20.3; Josephus, *J.W.* 5.11.1 §§449-51을 보라).

21 "시골에서 와서 지나가던 구레네 사람 시몬에게 억지로 예수의 십자가를 지고 가게 하였다"(*Καὶ ἀγγαρεύουσιν παράγοντά τινα Σίμωνα Κυρηναῖον ἐρχόμενον ἀπ' ἀγροῦ…ἵνα ἄρῃ τὸν σταυρὸν αὐτοῦ* —카이 앙가류우신 파라곤타 티나 시모나 퀴레나이온 에르코메논 아프 아르구…히나 아레 톤 스타우론 아우투). 앙가류에인(*ἀγγαρεύειν*, "억지로…시키다")은 고대 페르시아어에서 가져온 외래어로서 칠십

인역에는 나오지 않지만 파피루스들(MM, 2), 요세푸스(BAG, 6), 랍비 문헌(즉, 명사 안가르야[אנגריא]; 참조. Jastrow, 81)에서 확인된다. 토레이(Torrey)에 의하면, "시골에서 온 구레네(קְרֵנָי - 키레나이) 시몬"은 "원래의 아람어를 약간 훼손시킨 것"으로서 원래는 "밭에서 온 농부(קַרְוָי - 키르와이) 시몬"으로 되어 있었다고 한다(*Our Translated Gospels*, 129, 131-32). 그러나 현재의 본문은 있는 그대로 뜻이 잘 통하기 때문에 이러한 수정은 불필요하다. "시골에서 온"(*ἐρχόμενον ἀπ' ἀγροῦ* – 에르코메논 아프 아그루)은 노동에 관한 율법 및 절기 준수를 위반한 것이 아니다. 사실 시몬은 "구레네 출신"으로 되어 있기 때문에, 우리는 시몬이 예루살렘 근방에 밭을 소유한 지역 주민이 아니었다고 생각해야 한다. 이 표현은 단지 처형을 위한 무리가 다가왔을 때 시몬이 방금 도성을 들어섰거나 아니면 들어서려던 참이었음을 의미할 것이다(Cranfield, 454). 또한 예수께서 너무 약해서 끝까지 십자가를 질 수 없었기 때문에, 군병들이 시몬에게 십자가를 지고 가도록 강제했을 것이다. 예수께서 십자가를 친히 지실 수 없었다는 것은 이 기사가 허구적인 이야기(제자들이 자기 십자가를 져야 한다는 예수의 요구를 예시하기 위한)라는 주장과는 잘 맞지 않는다(Brown, 2:913-14). 분명히 예수께서 제자들에게 요구하신 것을 스스로는 힘에 부쳐서 할 수 없었다고 하는 것보다는 십자가를 친히 지시는 편이 제자들에 대한 모범으로 더 인상적이었을 것이다.

"알렉산더와 루포의 아비"(*τὸν πατέρα Ἀλεξάνδρου καὶ Ῥούφου* – 톤 파테라 알렉산드루 카이 루푸). 아마도 구레네에서 온 유대인인 것으로 보이는 시몬은 "알렉산더와 루포"의 아비로 소개된다. 루포라는 이름은 로마서 16:13(신약에서 유일하게)에 나오기 때문에, 일부 학자들은 서로 동일 인물이라고 생각한다. 만약 그렇다면 복음서 기자가 시몬의 아들들의 이름을 언급하고 있는 이유가 설명된다. 즉, 시몬의 아들들, 적어도 루포를 마가복음이 쓰여졌고 최초로 읽혀졌던 로마에 있던 그리스도인들은 알고 있었을 것이다. 하지만 이것은 추측일 뿐이다.

22 "저희는 예수를 해골의 곳이라 하는 골고다로 끌고 갔다"(*καὶ φέρουσιν αὐτὸν ἐπὶ τὸν Γολγοθᾶν τόπον, ὅ ἐστιν μεθερμηνευόμενον Κρανίου Τόπος* – 카이 페루신 아우톤 에피 톤 골고단 토폰 호 에스틴 메데르메뉴오메논 크라니우 토포스). 본문의 크라니우 토포스(*Κρανίου Τόπος*, "해골의 곳")는 골고단(*Γολγοθᾶν* = גלגלתא – 갈갈타, "둥근 돌")을 번역한 말이다. 슈미트(T. E. Schmidt, *NTS* 41[1995] 10-11)는 크라니우 토포스(*Κρανίου Τόπος*)는 "해골의 곳"이 아니라 "머리의 곳"으로 번역되어야 한다고 주장한다. 나아가 그는 불가타역의 칼바리아(calvaria, "해골": *quod est*

interpretatum Calvariae locus, "해골의 곳으로 번역되는")라는 번역과 "고든(Gordon)의 갈보리와 결부된 대중적 이미지"가 현대 역본들에 영향을 미쳐 "해골"로 번역하게 만들었다고 생각한다. 본문의 크라니우 토포스(*Κρανίου Τόπος*)를 "머리의 곳"(라틴어로 *Capitis locus*)으로 이해한다면, 이 어구는 로마 전승에 대한 또 하나의 인유(引喩)일 수 있다. 슈미트가 지적하듯이, 로마의 개선식은 "머리"의 곳을 의미하는 주피터 카피톨리누스(Jupiter Capitolinus)의 신전에서 끝난다(슈미트가 인용하고 논의한 Livy 50.55.5-6을 보라). 슈미트의 생각이 옳을 수도 있으나, 크라니우(*κρανίου*)는 "해골"을 의미하고(단지 *BAG*에서만이 아니라 *LSJ*에서도), 아람어 갈갈타(גלגלתא)가 "둥근 돌"을 의미한다는 사실도 "머리"와 아울러 "해골"이라는 해석을 뒷받침한다. 일부 학자들은 이 작은 산이 이런 이름을 얻은 것은 아담의 해골이 그 곳에 매장되었다는 전설 때문이라고 생각한다(L. Ginzberg, *The Legends of the Jews*, 7 vols.[Philadelphia: The Jewish Publication Society of America, 1909-38] 5:125-27 n. 137).

23 "몰약을 탄 포도주를 주었으나 예수께서 받지 아니하셨다"(*καὶ ἐδίδουν αὐτῷ ἐσμυρνισμένον οἶνον· ὃς δὲ οὐκ ἔλαβεν* – 카이 에디둔 아우토 에스뮈르니스메논 오이논 호스 데 우크 엘라벤). 고통스러워하는 자에게 마실 것을 주는 것은 성경 자체, 특히 잠언 31:6에 그 뿌리가 있다: "독주는 죽게 된 자에게, 포도주는 마음에 근심하는 자에게 줄지어다." 이 절을 처형당할 자에게 자비를 베풀어야 한다는 주장을 정당화하는 근거 본문으로 사용하는 사람들이 있다. 주후 3세기 말 한 랍비의 말에 의하면, "'독주는 죽게 된 자에게, 포도주는 마음에 근심하는 자에게 줄지어다'(잠 31:6)라고 기록된 대로, 사람들은 처형당하러 가는 자에게 포도주 한 잔에 유향(乳香) 한 모금을 타 주어 그의 마음을 혼미케 만든다"(*b. Sanh.* 43a)고 한다. 이와 비슷한 가르침이 탈무드의 세마호트 편에 나온다: 사형선고를 받은 자에게는 "슬픔을 느끼지 못하도록 유향 섞은 포도주가 주어진다"(*Sem.* 2:9).

그러나 군병들은 과연 예수의 고통을 완화시켜 주기 위해 몰약(유향이 아닌)을 탄 포도주를 주었던 것일까? 몰약이 진통 효과를 지녔다는 증거는 없다. 게다가 예수에게 포도주를 준 자들은 그를 십자가에 못박은 군병들이다. 그러므로 이것을 자비의 행위로 해석하기는 어렵다. 유대인들의 관습을 이에 대한 해석의 지침으로 삼을 수는 없는 것 같다. 몰약이나 그 밖의 다른 향료를 탄 포도주는 진미(珍味)로 생각되었다(참조. Pliny, *Nat.* 14.15 §92: "옛적에 극상품 포도주는 몰약 향을 섞은 것이었다"; 14.19 §107). 그러므로 예수에게 좋은 포도주를 준 것은 사실 희롱의 연장이었을 것이다(참조. 29-32절). 군병들은 "유대인의 왕"에게 극상품 포도주를 주었던 것이다. 후대의 전승에서 몰약을 탄 포도주는 "쓸개 탄 포도주"(마 27:34) 또는 "신 포도주"(눅 23:36)로 바뀐다. 군병들은 예수에게 쓸개 탄 포도주 또는 신 포도주를 주면서 몰약을 탄 극상품 포도주를 주는 것이라고 희롱했을 것이다(후대의 복음서들에 언급된 음료들은 시 69:21이나 애 3:15의 영향을 받았을 것이지만). 누가복음 기자는 이 행위에 희롱의 의도가 있음을 잘 간파했다: "군병들도 희롱하면서 나아와 신 포도주를 주며 가로되 네가 만일 유대인의 왕이어든…"(23:36-37).

예수는 군병들이 준 포도주를 마시기를 거부하시는데, 이는 하나님 나라에서 마시기까지 다시는 포도주를 마시지 않겠다고 맹세하셨기 때문도 아니었고(14:25), 나실인 서원 때문도 아니었으며(Wojciechowski, *Bib* 65[1984] 94-96는 이에 반대), 아버지께서 자기에게 주시는 잔을 제대로 마시기 위하여 통증을 완화시키는(이것은 몰약을 탄 포도주가 진통제 역할을 했다는 문제 있는 견해를 전제하는 것이다) 일 따위를 하지 않으려 하셨기 때문도 아니었다(10:38-39; 14:36). 오히려 하늘 아버지께서 그에게 마시라고 주는 고난의 잔을 기꺼이 마실 의향이 있음을 보이기 위한 것이라면, 예수는 쓴 잔을 마셨을 수도 있다. 또한 예수께서 포도주를 거절하신 것은 대속죄일에 술을 마시는 것이 금지되어 있었기 때문도 아니었다(참조. *m. Yoma* 8:1). 대속죄일 전승들은 유월절이나 예수의 죽음에 관한 마가의 묘사와는 아무런 상관이 없다(Davies, *Theology* 51[1948] 178-80는 이에 반대). 또한 예수는 군병들의 희롱에 휘말리기 싫어서 포도주를 마시지 않으신 것도 아니었다. 예수께서 포도주를 거부하신 행위는 앞서 제사장 앞에서(14:60-61)와 빌라도 앞에서(15:4-5) 침묵을 지켰던 것, 야유와 조롱을 받으면서도 아무런 반응을 보이지 않았던 것(14:65; 15:16-17)과 맥을 같이 한다.

24 "십자가에 못박고 옷을 나눌새 누가 어느 것을 가질까 하여 제비를 뽑더라" (*καὶ σταυροῦσιν αὐτὸν καὶ διαμερίζονται τὰ ἱμάτια αὐτοῦ, βάλλοντες κλῆρον ἐπ' αὐτὰ τίς τί ἄρῃ* – 카이 스타우루신 아우톤 카이 디아메리존타이 타 히마티아 아우투 발론테스 클레론 에프 아우타 티스 티 아레). 1968년에 십자가에서 처형당했던 여호하난(יהוחנן – 예호하난)의 납골단지(Giv'at ha-Mivtar에서 발굴된 납골단지 제4호)의 발견으로, 예수께서 어떻게 십자가에 못 박히셨는지를 보여 주는 고고학적 증거가 드러났다. 이 납골단지와 그 내용물은 주후 20년대 말의 것이다. 우리는 그 유물에서 오른쪽 발목 뼈를 관통한 대못(길이가 11.5센티미터인)을 분명하게 볼 수 있다. 여호하난의 시신을 십자가에서 내린 사람들은 이 대못을 제거할 수 없었고, 그

결과 나무 조각(감람나무로 된)이 발목에 그대로 붙어 있었다. 나중에 이 시신의 유골-그리고 대못, 나무조각 등-이 이 납골단지에 넣어졌다. 나머지 유골에 대한 검시 결과는 여호하난이 팔을 벌리고 수평의 기둥 또는 통나무에 매어달린 채 못 박혔다는 견해를 뒷받침해 준다. 그러나 팔이나 손목에 못을 박았다는(예전에 주장된 것처럼) 증거는 없었다. 헹엘(Hengel, *Crucifixion*, 9)은 주후 3세기 저자의 다음과 같은 글을 인용한다: "그들은 사지(四肢)를 벌린 채…기둥에서 못이 박혀 어찌나 심한 고통을 겪었는지, 육식조(肉食鳥)나 개가 파먹기에도 좋지 않을 정도였다"(*Apotelesmatica* 4.198-200). 또한 여호하난의 납골단지에 새겨진 명각(銘刻)도 이 사람이 어떻게 십자가에 못 박혔는지를 보여 준다. 납골단지의 넓은 면에서 다음과 같은 글이 발견되었다(Naveh, *IEJ* 20[1970] 35, plate 13).

יהוחנן	예호하난
יהוחנן	예호하난
בן חגקול	벤 Hgqwl

셋째 행에서 두 번째 단어의 두 번째 글자인 "기멜"(ג)은 확실치 않다. "기멜"이 아니라 "자인"(ז)이라면, 이 단어는 "에스겔"(통상적으로는 יחזקאל-예헤즈켈)의 손상된 형태인 חזקול(또는 חזקיל)일 수 있다. 야딘(Yadin, *IEJ* 23[1973] 19)은 학가쿨(חגקול), 즉 "안짱다리인 자"("다리들이 벌어진" 자)라는 독법을 제안한다. 또한 야딘은 둘째 및 셋째 행을 "다리들을 벌린 채 (매달린) 자의 아들 여호하난", 즉 십자가에서 처형당한 자의 아들 여호하난으로 읽어야 한다고 주장한다. 야딘의 주장은 독창적이지만 "안짱다리인"은 실제로 아쿨(עקול) 또는 익켈(עיקל)로 표기된다는 사실 때문에 문제가 있다(참조. n. Bek. 7:6). 야딘(*IEJ* 23[1973] 19-20)은 이러한 불일치는 표기 또는 발음상의 차이에 기인한다고 생각한다. 어쨌든 그는 아버지와 아들이 납골단지 제4호에 넣어졌다고 주장한다: 십자가에서 처형당한 여호하난과 "다리들을 벌린 채 (매달린) 자의 아들" 여호하난. 좀더 자세한 것은 Charlesworth, *ExpTim* 84(1973) 147-50; H.-W. Kuhn, "Die Gekreuzigte von Givʿat ha-Mivtar"; Zias and Sekeles, *IEJ* 35(1985) 22-27; Charlesworth and Zias, "Crucifixion"을 보라. 좀 오래된 글인 J. Hewitt, *HTR* 25(1932) 29-45는 이제 여호하난 납골단지에서 얻은 자료를 통해 개정될 필요가 있다.

예수를 십자가에 못박은 군병들은 "제비를 뽑아서 옷을 나눠 갖는다"(*διαμερί-ζονται τὰ ἱμάτια αὐτοῦ, βάλλοντες κλῆρον ἐπ' αὐτά*-디아메리존타이 타 히마티아 아우투 발론테스 클레론 에프 아우타). 이 어구는 시편 22:18에서 왔다: "내 겉옷을 나누며 속옷을 제비뽑나이다." 옷을 비롯한 십자가 처형을 당하는 죄수의 물건을 나누어 갖는 것은 예외들이 있긴 했지만(*Digest of Justinian* 48.20.6; 참조. Tacitus, *His.* 4.3) 하나의 관례였다(*Digest of Justinian* 48.20.1; Tacitus, *Ann.* 6.29: "사형선고를 받은 사람들은 그들의 재산을 잃었다"). 시편 22:18(요한복음에서는 명시적으로 이 점을 밝힌다)에 대한 인유(引喩)는 해당 성경 구절과 비슷하게 표현을 바꾼 그리스도인 전승 보유자들에게서 유래한 것이 분명하다. 제비를 뽑았다는 것은 주사위를 던졌다는 말이 아니다(군병들 가운데 주사위 통을 가져온 사람이 있었다고 생각하지 말라). 등 뒤에 있는 손가락 수를 맞추는 놀이 같은 것을 통해서 순번이 정해졌을 것이다(참조. de Waal, *RQ* 8[1894] 145-46; Brown, 2:955).

"누가 어느 것을 가질지를 (결정하기 위하여)"(*τίς τί ἄρῃ* – 티스 티 아레). 테일러(Taylor, 590)는 "두 개의 의문사를 혼합해서 사용하는 것은 고전적"이라고 말한다. 여러 예들은 Field, *Notes*, 43-44를 보라.

25 "때가 제삼시가 되었고, 저희가 예수를 십자가에 못박았다"(*ἦν δὲ ὥρα τρίτη καὶ ἐσταύρωσαν αὐτόν* – 엔 데 호라 트리테 카이 에스트라우로산 아우톤). 제삼시는 오전 9시였다. 요한복음 19:14에 의하면 "때가 제육시", 즉 정오였다고 한다. 요한은 사람들이 유월절 어린양을 도살하기 시작하는 때에 맞춰서 예수께서 십자가에 못 박히신 것으로 하기 위하여 시간을 늦추었을 것이다 – 크랜필드(Cranfield, 455-56)는 이것을 가장 유력한 설명이라고 본다. 그러나 크랜필드는 초기 사본들에서 감마(*Γ*=3)와 디감마(*F*=6)를 혼동했을 가능성도 지적한다. 건드리(Gundry, 957)는 이러한 해법을 신통치 않게 생각한다. 그는 마가가 디감마(*F*)가 아니라 트리테(*τρίτη*, "제삼[시]")를 사용하고 있는 것은 이 학설을 배제하는 것은 아니지만 불리하게 작용한다는 점을 올바르게 지적한다. 건드리(Gundry)는 제4복음서 기자가 예수께서 십자가에 못 박히시는 시간을 일부러 늦춰서 예수의 죽음이 유월절 어린양을 잡는 시간과 동시에 일어나게 했다고 생각한다. 그의 견해가 옳을 것이다. 그의 견해를 취하면, 마가와 요한의 본문을 조화시키려고 하는 시도는 불필요해진다(J. V. Miller, *JETS* 26[1983] 157-66는 이에 반대한다). 마가의 시간 표시는 예수께서 빌라도에게 "아침 일찍"(*πρωΐ* – 프로이; 1절) 끌려가셨다는 말과 더 잘 부합한다.

26 "그의 죄패에는 유대인의 왕이라 적혀 있었다"(*καὶ ἦν ἡ ἐπιγραφὴ τῆς αἰτίας αὐτοῦ ἐπιγεγραμμένη, ὁ βασιλεὺς τῶν Ἰουδαίων* – 카이 엔 헤 에피그라페 테스 아이티아스 아우투 에피게그람메네 호 바실류스 톤 이우다이온). 헤 에피그라페

테스 아이티아스(*ἡ ἐπιγραφὴ τῆς αἰτίας*)는 형벌의 이유(causa poenae)를 적은 죄패(罪牌, titulus; 요 19:19에는 이 단어에 해당하는 헬라어인 티틀로스[*τίτλος*]가 나온다). 이 죄패는 라틴어로는 *IESUS NAZARENUS] REX IUDAEORUM*으로, 히브리어로는 [예슈아 한노츠리] 멜렉 하예후딤([ישוע הנצרי] מלך היהודים)으로 되어 있었을 것이다. (3개국어로 된 죄패의 본문에 대해서는 요 19:20을 보라.) 마가 본문에 나오는 헬라어로 된 죄패는 다른 복음서들에서 발견되는 것들과 매우 유사하다(참조. 마 27:37; 눅 23:38; 요 19:19). 부세트(W. Bousset, *Kyrios Christos*[Göttingen: Vandenhoeck & Ruprecht, 1913] 56)는 이 죄패의 역사성을 의심하고, 이를 "유대인들에 대해 희롱하는 말"로서 "예수를 믿는 공동체의 건덕(建德)을 위한 묵상의 산물"로 본다. 핸헨(Haenchen, 536)은 정반대의 이유로 이 죄패의 역사성을 부정한다: 이 죄패는 유대 교회의 신앙고백을 반영한 것이다. 불트만(Bultmann, *History*, 272, 284; 위의 논의를 보라)의 회의적 견해를 따라, 캐치폴(Catchpole, "'Triumphal' Entry," 328)도 이 죄패의 역사성을 의심하고 마가복음 15장의 앞부분에서 따온 것이라고 생각한다. 벨하우젠(Wellhausen, 130-31), 윈터(Winter, *On the Trial of Jesus*, 108), 딩클러(E. Dinkler, *Signum Crucis*[Tübingen: Mohr-Siebeck, 1967] 306), 밤멜(Bammel, "The titulus," 363), 슈나이더(G. Schneider, "Political Charge," 404: 이 죄패는 "역사적으로 나무랄 데 없다") 등 많은 학자들(많은 주석가들을 포함한; 참조. Pesch 2:484: "합리적인 의심은 불가능하다")은 이 죄패의 역사성을 인정한다.

"유대인의 왕"(*ὁ βασιλεὺς τῶν Ἰουδαίων*-호 바실류스 톤 이우다이온)이라는 말이 그리스도인의 신앙고백에서 나왔을 가능성은 없다(또한 유대인들을 희롱하려고 그리스도인들이 한 말일 가능성은 더더욱 없다). 이 어구는 예수를 "유대인의 왕"이 아니라 "그리스도"와 "하나님의 아들"로 묘사하고자 하는 마가복음 기자에게서 나오지 않은 것도 확실하다. "유대인의 왕"이라는 칭호는 로마인들이 만들어 낸 말이다. 로마 상원, 그리고 나중에는 아우구스투스 황제는 헤롯 대왕을 "유대인의 왕"으로 인정했다(Josephus, *Ant.* 15.11.4 §409: 호 톤 이우다이온 바실류스 헤로데스[*ὁ τῶν Ἰουδαίων βασιλεὺς Ἡρώδης*, "유대인의 왕 헤롯]; 참조. *J.W.* 1.14.4 §§282-85; *Ant.* 14.11.4 §280). 마가복음에서 이 칭호는 오직 로마인들만이 사용한다(이 뉘앙스를 베드로복음서 기자는 놓치지 않았다; 참조. *Gos. Pet.* 4.11, 여기에서는 죄패가 "이는 이스라엘의 왕이다"로 쓰여져 있었다고 함). 예수를 조롱한 제사장들은 "이스라엘의 왕"(막 15:31-32)이라는 말을 사용하는데, 이 말은 대제사장이 앞서 예수에게 "네가 찬송 받을 자의 아들 그리스도냐?"(14:61)라고 물었던 질문과 마찬가지로 유대적인 냄새를 풍긴다. 그러나 그리스도인들은 예수를 이스라엘의 왕이나 유대인의 왕이 아니라 메시아, 하나님의 아들로 여겼다.

사형수와 함께 죄패를 내거는 관습은 고대에서 여러 가지로 확인된다(참조. Suetonius, Cal. 32.2: 도둑질한 한 노예는 "그가 처벌받는 이유(*causa poenae*)를 적은 죄패를 앞세운 채 손님들 사이를 끌려다니게" 하라는 명을 받는다; *Dom.* 10.1: 황제를 모욕한 자는 그의 범죄를 적은 죄패를 붙여서 개들에게 던져진다; *Dio Cassius* 54.3.6-7: 십자가 처형 전에 노예는 자신의 처형 이유를 적은 팻말을 달고 광장을 돌게 되어 있었다; 73.16.5; Eusebius, *Hist. eccl.* 5.1.44: 그리스도인이었던 앗탈루스(Attalus)는 "투기장 주위를 끌려다녔는데, 라틴어로 '이 자는 그리스도인 앗탈루스이다'라고 적힌 플래카드가 그의 앞장을 섰다").

마가복음 기자는 예수에 대하여 "유대인의 왕"이라고 적은 죄패가 어디에 놓여져 있었는지를 우리에게 말해 주지 않는다. 마태복음 기자는 그 죄패가 예수의 머리 위에 있었다고 말한다(마 27:37). 이 기록으로 인해서 십자가의 모양이 열십자(+)라는 전승이 생겨났다(Brown, 3:948). 이러한 견해는 이레니우스(Irenaeus, *Haer.* 2.24.4)와 터툴리안(Tertullian, *Nat.* 1.12.7)에게서도 발견된다. 스타우로스(*σταυρός*, "십자가")와 스타우룬(*σταυροῦν*, "십자가에 못박다")이라는 단어들은 X 또는 T 같은 모양의 십자가들도 허용한다(Barn, 9:8과 Justin, *Dial.* 91.2에 의해 지지됨). 예수와 시몬이 졌던 파티불룸(patibulum, "십자가": 21절)은 열십자형 나무였던 것으로 추정되기 때문에, X와 T모양은 배제된다. 또한 일반적으로 예수는 똑바로 선 자세로 십자가에 못 박히셨다고 추정된다(마 27:37이 전제하듯이). 물론 유대 봉기가 끝난 후에 대규모의 십자가 처형이 계속된 것이라면(참조. Josephus, *J.W.* 5.11.1 §451: "격분하고 증오심에 찬 군사들은 재미 삼아서 죄수들을 여러 가지 자세로 못박았다"), 사람들은 거꾸로 또는 여러 가지 다른 자세로 십자가에 못 박혔을 수도 있다.

[27] "강도 둘을 예수와 함께 십자가에 못박으니 하나는 그의 우편에 하나는 좌편에 있더라"(*καὶ σὺν αὐτῷ σταυροῦσιν δύο λῃστάς, ἕνα ἐκ δεξιῶν καὶ ἕνα ἐξ εὐωνύμων αὐτοῦ* – 카이 쉰 아우토 스타우루신 뒤오 레스타스 헤나 에크 덱시온 카이 헤나 엑스 유오뉘몬 아우투). 예수와 함께 두 명의 "반도들"(*λῃστάς* – 레스타스)을 십자가에 못박았다고 하는 말은 호기심을 불러일으킨다. 이 사람들은 누구였는가? 그들은 어떤 식으로든 예수와 관련이 있었을까? 그들이 레스타스(*λῃστάς*)로 불리고 있다면, 이들은 무엇에 연루되었었고, 그것은 예수의 운동과 관계가 있었는가? 이러한 질문들에 답하기는 불가능하다(S. G. F. Brandson, *The Trial of Jesus of Naza-*

reth[New York: Stein and Day, 1968]의 정치-군사 가설을 받아들이지 않는다면). 가장 유력한 추정은 이 사람들이 바라바와 한 패거리로서, 살인이 자행된 봉기에 연루되어 있었다는 것이다(참조. 15:7). 동일한 봉기에 연루되어 있었을 이 두 폭력을 행사한 사람들은 이스라엘의 기름부음 받은 왕을 참칭했다는 죄목으로 사형선고를 받은 예수와 자연스럽게 결부되었다. 빌라도가 보기에는, 이들 세 사람을 한꺼번에 처형하는 것이 어울렸을 것이다.

28 "기록된 바 저는 불법자의 동류로 여김을 받았다 한 말이 이루어지니라"(*καὶ ἐπληρώθη ἡ γραφὴ ἡ λέγουσα· καὶ μετὰ ἀνόμων ἐλογίσθη* – 카이 에플레로데 헤 그라페 헤 레구사 카이 메타 아노몬 엘로기스데). 이사야 53:12의 일부를 인용하고 있는 이 절은 누가복음 22:37에서 가져온 필사자의 난외주이다("원문주해" f를 보라). 그러나 로저스(Rodgers, *EvQ* 61[1989] 81-84)는 이 절이 원래 마가복음에 있었는데 본문들을 조화시키고자 한 필사자에 의해 생략되었다고 주장한다. 이러한 주장은 의심스럽다.

29 "지나가는 자들은 자기 머리를 흔들며 예수를 모욕하였다"(*καὶ οἱ παραπορευόμενοι ἐβλασφήμουν αὐτὸν κινοῦντες τὰς κεφαλὰς αὐτῶν* – 카이 호이 파라포류오메노이 에블라스페문 아우톤 키눈테스 타스 케팔라스 아우톤). "지나가는 자들" (*οἱ παραπορευόμενοι* – 호이 파라포류오메노이)이라는 표현은 공공 장소나 대로변에서 사형수들을 십자가에 못박았던 관행과 일치한다(참조. Digest of Justinian 48.19.28). 여기에 또다시 시편 22편, 이번에는 7절에 대한 인유(引喩)가 나온다: "나를 보는 자는 다 비웃으며 입술을 비쭉이고 머리를 흔들며"(또한 애 2:15을 보라). 본문에서 키눈테스 타스 케팔라스 아우톤(*κινοῦντες τὰς κεφαλὰς αὐτῶν*, "그들의 머리들을 흔들며")이라는 복수형은 단수형 "머리"로 표현하고 있는 칠십인역(21:8: *ἐκίνησαν κεφαλήν* – 에키네산 케팔렌, "그들은 머리를 흔들었다")이나 맛소라 본문(22:8: יָנִיעוּ רֹאשׁ – 야니우 로쉬, "그들은 머리를 흔든다")과 다르다. 그러나 마가 본문의 표현은 칠십인역을 따르고 있다. 다시 한 번 이 이야기의 언어 표현은 성경의 언어 표현과 이미지들에 의해 채색되어 있다(Taylor, 591). 일치되는 점들이 있다고 해서 이 장면 전체가 경건한 상상력에 의한 창작이라고 결론을 내릴 수는 없다(참조. Cranfield, 456).

직역하면, 마가는 지나가는 자들이 예수를 "모독하였다"(*ἐβλασφήμουν* – 에블라스페문; 반면에 LXX 시 21:8은 엑세뮈크테리산[*ἐξεμυκτήρισαν*, "조롱하였다"])고 말하는데, 이것은 아마도 반어법(反語法)적 의도가 있는 것 같다. 즉, 14:64에서 자신이 하나님의 기름부음 받은 아들(1:11과 9:7에서 하나님께서 확인해 준 사실)이라고 진실되게 밝혔다고 하여 신성모독죄로 거짓 고소된 예수는 이제 법정에서 기각된 내용들로 예수를 거짓되게 고소하는 그의 대적들에 의해 모독을 받고 있다.

"아하 성전을 헐고 사흘에 짓는 너여"(*οὐὰ ὁ καταλύων τὸν ναὸν καὶ οἰκοδομῶν ἐν τρισὶν ἡμέραις* – 우아 호 카탈뤼온 톤 나온 카이 오이코도몬 엔 트리신 헤메라이스). 2인칭 대명사("너")는 30절에 나오는 2인칭 명령형과 재귀대명사에서 가져온 것이다(*σῶσον σεαυτόν* – 소손 세아우톤, "네 자신을 구원하라"). 이러한 조롱은 예수께서 성전을 헐겠다고 위협했다는 주장, 곧 적어도 몇몇 증인들이 예수의 심문 때 고위 제사장들에게 말했던 예수의 위협을 암시한다(참조. 14:58). 예수의 위협성 발언은 예루살렘과 그 근방에서 얼마간 사람들의 입에 오르내렸을 것이 틀림없다. 예수께서 십자가에 매달려 있는 지금, 또 다른 성전을 "사흘에" 짓겠다고 한 예수의 발언은 정말 가소로워 보인다.

30 "네 자신을 구원하여 십자가에서 내려오라"(*σῶσον σεαυτὸν καταβὰς ἀπὸ τοῦ σταυροῦ* – 소손 세아우톤 카타바스 아포 투 스타우루). 예수께서 스스로를 구원할 수 없다면, 어떻게 그가 또 다른 성전을 지을 수 있겠으며, 또한 이스라엘을 회복할 수 있겠는가? 예수께서 십자가에서 처형된다는 사실은 그의 이전의 가르침 및 예언과 정면으로 상충한다는 것이 분명해 보인다. 물론 마가복음의 독자들은 예수께서 자신의 죽음을 예고하셨고, 그 죽음을 통해서 아버지의 뜻을 이루게 되실 것임을 안다. 또한 독자들은 예수께서 진실로 스스로를 구원해서 십자가에서 내려올 권능을 갖고 계시다는 것도 안다. 그러나 지금 그렇게 한다면, 그의 사명은 실패로 끝나고 말 것이다(Cranfield, 457).

31 "그와 같이 고위 제사장들도 서기관들과 함께 희롱하였다"(*ὁμοίως καὶ οἱ ἀρχιερεῖς ἐμπαίζοντες πρὸς ἀλλήλους μετὰ τῶν γραμματέων* – 호모이오스 카이 호이 아르키에레이스 엠파이존테스 프로스 알렐루스 메타 톤 그람마테온). 이러한 희롱은 현실적인 것이었다. 왜냐하면 그것은 예수와 고위 제사장들 간의 논쟁의 핵심이었기 때문이다. 그들 간의 주된 논쟁은 성전 체제에 대한 예수의 비판과 그의 매우 공공연한 시위(참조. 11:15-18), 고위 제사장들이 대체되고 심판받을 것이라는 노골적인 그의 위협(12:1-12; 14:62)에 관한 것이었다. 예수께서 무력하게 십자가에 못 박혀 죽어 가심으로써, 그의 위협과 심판에 관한 발언들은 가소로워 보였다. 예수께서 제기하신 위험은 과거지사가 되었다. 고위 제사장들은 이제 그런 일들을 농담 삼아 말할 수 있다. 외경을 보면, 거짓 선지자들도 이사야를 톱으로 썰어 두

토막을 내면서 이와 마찬가지로 그를 조롱했다(참조. *Mart. Ascen. Isa.* 5:2-3).

"저가 남들은 구원하였으되 자기 자신은 구원할 수 없도다!"(*ἄλλους ἔσωσεν, ἑαυτὸν οὐ δύναται σῶσαι* – 알루스 에소센 헤아우톤 우 뒤나타이 소사이). 이 조롱은 예수께서 이전에 남들을 구원하신 행위들의 사실성과 유효성에 대하여 의구심을 표명하는 말이다. 예수에 관한 소문이 어떻게 났든 자기 자신도 구원할 수 없는 것으로 보아서, 사실 그는 아무도 구원하지 않았을 것이라는 말이다. 이런 식으로 예수께서 스스로를 구원할 수 없다는 것으로 인하여, 이스라엘을 구원할 그의 사명은 무효처리된다.

32 "이스라엘의 왕 그리스도가 지금 십자가에서 내려와서"(*ὁ Χριστὸς ὁ βασιλεὺς Ἰσραὴλ καταβάτω νῦν ἀπὸ τοῦ σταυροῦ* – 호 크리스토스 호 바실류스 이스라엘 카타바토 뉜 아포 투 스타우루). 이러한 권유는 "네가 찬송 받을 자의 아들 그리스도냐?"(14:61)라는 대제사장의 질문에 대한 예수의 대담한 단언인 "내가 그니라 인자가 권능자의 우편에 앉은 것과 하늘 구름을 타고 오는 것을 너희가 보리라"(14:62)와 관련되어 있다. 물론 고위 제사장들은 예수께서 "나중에" 죽고 나서야 십자가에서 끌어내려질 줄을 알면서 짐짓 그에게 "지금"(*νῦν* – 뉜) 십자가에서 내려오라고 권유한다. 더 이상 지체치 말고 지금 내려오라. 그가 진실로 자기가 주장한 그런 자임을 모두에게 보이라.

"우리로 보고 믿게 할지어다!"(*ἵνα ἴδωμεν καὶ πιστεύσωμεν* – 히나 이도멘 카이 피스튜소멘). 예수께서 십자가에서 내려옴으로써 스스로를 증명하신다면, 그의 숙적들인 고위 제사장들까지도 그를 믿겠다는 것이다. 그러나 그들은 믿기 전에 먼저 보아야겠다고 한다. 요컨대 고위 제사장들은 이전의 바리새인들(8:11-12)과 마찬가지로 표적을 요구하고 있는 것이다. 보는 것과 믿는 것의 논리 관계는 지혜서 2:17-18에 표현되어 있다: "우리로 그의 말이 참된지를 보게(*ἴδωμεν* – 이도멘) 하고, 우리로 그의 생애의 끝에 무슨 일이 일어날 것인지를 시험해 보게 하라. 이는 그 의인이 하나님의 아들(*υἱὸς θεοῦ* – 휘오스 데우)이라면 하나님께서 그를 도우셔서 그의 대적들의 손에서 구원하실 것임이라." 지혜서의 구절에 표현된 사상은 마가 본문과 유사하긴 하지만 그 구절이 마가 본문의 밑바탕이 되었다고 보는 것은 의심스럽다(Taylor, 592).

"함께 십자가에 못 박힌 자들도 예수를 욕하더라"(*οἱ συνεσταυρωμένοι σὺν αὐτῷ ὠνείδιζον αὐτόν* – 호이 쉰에스트라우로메노이 쉰 아우토 오네이디존 아우톤). 예수는 철저히 혼자가 되셨다. 그에게는 동맹자가 전혀 없다 – 심지어 그와 운명을 같이

한 자들도 그의 동맹자가 아니다. 이 사람들은 물론 바울적인 의미에서(롬 6:6; 갈 2:20) "그와 함께 십자가에 못 박힌 자들"(*οἱ συνεσταυρωμένοι σὺν αὐτῷ* – 호이 쉰에스트라우로메노이 쉰 아우토)이 아니다. 전접어(前接語) 쉰(*σύν*, "함께")은 그들이 동일한 시간과 장소에서 십자가에 못 박혔음을 보여 준다. 바울에게서 이 표현은 예수와 합하여 예수의 겪은 일을 자기 것으로 삼는 것(막 10:38-39에서 야고보와 요한에게 예고된 것처럼)을 의미한다. 반도(叛徒)들(27절)은 두려움과 번민 때문에 예수를 욕한다. 그들 자신의 희망과 기대가 수포로 돌아가 버린 상태에서, 그들은 자기들보다 더 웅대한 계획을 세워 놓고는 이루지도 못한 예수에게 배신감을 느끼고 욕을 하고 있는 것이다. 이 사람들이 예수를 따르는 자들이었다면(그렇다는 증거는 전혀 없다), 예수에 대한 그들의 분노는 더욱더 이해할 수 있다. 예수에 대한 희롱은 이제 끝났다.

33 "제육시가 되자, 온 땅에 어두움이 임하여 제구시까지 계속되었다"(*καὶ γενομένης ὥρας ἕκτης σκότος ἐγένετο ἐφ᾽ ὅλην τὴν γῆν ἕως ὥρας ἐνάτης* – 카이 게노메네스 호라스 헤크테스 스코토스 에게네토 에프 홀렌 텐 겐 헤오스 호라스 에나테스). 이제 정오가 되었다. 예수는 3시간 동안 십자가에 매달려 있었다(참조. 25절). 하루 중에서 가장 밝은 시간에 어두움이 온 땅에 임하여 제구시, 곧 오후 3시까지 이어졌다. 이것은 두 번의 초자연적인 사건들 중 첫 번째 사건이다(두 번째 사건은 38절에서 성전 휘장이 찢어진 사건이다). 고대 말의 유대 전승(*b. Mo'ed Qaṭ.* 25b)과 로마 전승(Diogenes Laertius, 4.64: 카르네아데스[Carneades]가 죽자, "달이 어두워졌다고 한다"; Plutarch, *Caes.* 69.3-5; Virgil, *Georg.* 1.463-68, 여기에서는 가이사가 죽자 태양이 그 얼굴을 가렸다고 말한다)에서는 위대한 인물들이 죽을 때 흔히 이상한 사건들과 징조들이 나타나는 것으로 생각했다. 또한 어두움은 하나님의 심판이 땅 위에 임하고 있음을 의미하는 것으로서 출애굽기 10:22 같은 성경에 나오는 이야기들을 불길하게 암시하는 것일 수도 있다(참조. 렘 15:9; 욜 2:10; 암 8:9). 건드리(Gundry, 947)는 어두움은 하나님께서 그의 아들을 그를 괴롭히는 자들의 음험한 눈초리로부터 숨겼음을 의미한다고 생각한다. 34절에 나오는 버리셨다는 절규에 비추어 볼 때, 하나님께서 그의 아들로부터 얼굴을 숨기신 것으로 생각하는 것이 더 나을 것 같다.

34 "제구시에 예수께서 크게 소리를 지르셨다"(*καὶ τῇ ἐνάτῃ ὥρᾳ ἐβόησεν ὁ Ἰησοῦς φωνῇ μεγάλῃ* – 카이 테 에나테 호라 에보에센 호 이에수스 포네 메갈레). 예수는 6시간 동안(오전 9시부터 오후 3시까지) 십자가에 매달려 있다가 갑자기

"크게 소리를 지르셨다"(*ἐβόησεν…φωνῇ μεγάλῃ* – 에보에센…포네 메갈레). 이 큰 부르짖음은 이 장면에 극적인 요소를 더해 준다. 예수는 숨을 헐떡이거나 훌쩍거리다가 돌아가신 것이 아니다. 그분은 예기치 않게 크게 소리를 지르셨다.

"엘리 엘리 라마 사박다니 하시니 이는 나의 하나님 나의 하나님 어찌하여 나를 버리셨나이까 하는 뜻이라"(*ἐλωί ἐλωί λεμὰ σαβαχθανί; ὅ ἐστιν μεθερμηνευόμενον· ὁ θεός μου ὁ θεός μου, εἰς τί ἐγκατέλιπές με* – 엘로이 엘로이 레마 사박다니 호 에스틴 메데르메뉴오메논 호 데오스 무 호 데오스 무 에이스 티 엥카텔리페스 메). 땅이 어두워진 것은 심판을 의미한다. 예수께서 이와 같이 소리를 지르신 것은 하나님의 심판이 부분적으로 그에게 임했음을 보여 준다. 이것은 앞서 마가복음 14:27에서 인유(引喩)된 스가랴 13:7과도 부합한다. 하나님은 그의 아들을 거부한(12:1-12에 나오는 포도원 농부 비유를 보라) 자기 백성을 이스라엘의 목자로부터 치시기 시작한다. 하나님께서 이미 일어난 음란한 행위로부터 눈을 돌리실 때 어두움은 온 땅을 덮는다. (베드로복음서 5.19에 나오는 이독인 헤 뒤나미스 무 헤 뒤나미스 [무][*ἡ δύναμίς μου, ἡ δύναμίς* [*μου*], "나의 권능자여, [나의] 권능자여"]는 분명히 영지주의적인 이차적 주해다.) 부르하르트(Burchard, *ZNW* 74[1983] 1-11)는 마가의 기사 속에는 이 충격적인 부르짖음에 대하여 독자들을 준비시키는 복선(伏線)이 전혀 나오지 않는다고 옳게 지적한다.

예수는 수난 기사의 여러 대목들에 반영된 바 있는 시편인 시편 22:1을 인용하셨다. 이것은 예수의 입에서 나온 명시적인 인용문이다(막 14:27에서 슥 13:7을 인용한 것과 마찬가지로). 어떤 이들은 예수께서 이 시편 전체, 특히 신원(伸寃)과 회복(回復)을 얘기하는 결론부를 염두에 두었을 것이라고 생각한다.

> 내가 주의 이름을 형제에게 선포하고
> 　회중에서 주를 찬송하리이다….
> 그는 곤고한 자의 곤고를 멸시하거나 싫어하지 아니하시며
> 　그 얼굴을 저에게서 숨기지 아니하시고
> 　부르짖을 때 들으셨도다….
> 후손이 그를 봉사할 것이요
> 　대대에 주를 전할 것이며
> 와서 그 공의를 장차 날 백성에게 전함이여
> 　주께서 이를 행하셨다 할 것이로다. (22, 24, 30-31절)

아마도 예수는 낙관적인 결론부를 포함한 이 시편 전체를 염두에 두셨을 것이지

만(Marcus, *Way of the Lord*, 180-86), 우리는 예수께서 버림받았다고 느끼신 것의 현실성을 약화시켜서는 안 된다. 예수는 "나의 하나님, 나의 하나님"이라는 두 번의 부름말을 통해 알 수 있듯이 하나님에 대한 믿음을 잃지 않았으나, 자기가 전적으로 버림받았다는 것을 느끼신다. 후대의 복음서 기자들이 이 절규의 맺음말을 마가와는 다르게 선택한 것은 이상한 일이 아니다: "아버지여 내 영혼을 아버지 손에 부탁하나이다"(눅 23:46), "다 이루었다"(요 19:30).

예수께서 원래는 "나의 하나님, 나의 하나님, 왜 저를 칭찬하셨나이까?"라고 말씀하셨는데, 그의 아람어 본문이 헬라어로 옮겨지는 과정에서 오해되었다는 콘-셔복(Cohn-Sherbok, *ExpTim* 93[1981-82] 215-17)의 순전히 이론적인 주장은 설득력이 없고 문제가 아주 많다.

[35] "곁에 섰던 자들 중 어떤 이들이 듣고 이르되 보라 엘리야를 부른다고 하였다"(*τινες τῶν παρεστηκότων ἀκούσαντες ἔλεγον, ἴδε Ἠλίαν φωνεῖ* – 티네스 톤 파레스테코톤 아쿠산테스 엘레곤 이데 엘리안 포네이). 곁에 섰던 자들은 예수께서 종말에 다시 와서(참조. 9:12: "엘리야가 과연 먼저 와서 모든 것을 회복하거니와"; Sir 48:10) 의인들을 구할(참조. *b. ʿAbod. Zar.* 17b; *b. Taʿan.* 21a; *Pesiq. Rab. Kah.* 18.5; *Gen. Rab.* 33.3[창 8:1에 대한]; Caza, *ScEs* 39[1987] 171-91, 그는 곤고한 자들을 도우러 오는 엘리야에 관한 전승들에 주목한다) 엘리야를 부르신다고 생각한다(엘로이[*ἐλωι*]=아람어로 엘라히[אֱלָהִי, "나의 하나님"; "원문주해" j를 보라]는 엘리이야[אֵלִיָּה, "엘리야"]와 음이 비슷하다; 참조. 마 27:46, 여기에서 히브리어를 음역한 엘리[*ἠλί*]=엘리[אֵלִי, "나의 하나님"]는 엘리야의 이름과 더 비슷하다). 이 곁에 섰던 자들은 아마도 유대인들이었을 것이다. 왜냐하면 이방인들이라면 엘리야의 이름과 비슷한 아람어나 히브리어를 알아듣지 못했을 것이기 때문이다(Cranfield, 459). 예수는 다시 한 번 크게 소리를 지른 후에 운명하신다. 죽어 가는 신음소리가 아니라 큰 소리를 내신 것은 죽을 때조차도 예수께서 힘이 있음을 갈해 준다(Gundry, 947). 엘리야에 대한 언급은 이미 온 세례 요한을 반어법적으로 암시한 것이 아니다(Brower, *JSNT* 18[1983] 85-101은 이에 반대한다).

[36] "어떤 사람이 달려가서 해융에 신 포도주를 적셔서 갈대에 꿰어 마시게 주었다"(*δραμὼν δέ τις [καὶ] γεμίσας σπόγγον ὄξους περιθεὶς καλάμῳ ἐπότιζεν αὐτόν* – 드라몬 데 티스 [카이] 게미사스 스퐁곤 옥수스 페리데이스 칼라모 에포티젠 아우톤). 크랜필드(Cranfield, 459)는 이 "어떤 사람"(*τίς* – 티스)이 군병이었다고 생각한다. 이 사람이 한 말을 고려하면, 이 사람은 엘리야를 부르는 듯한 예수의 말을

알아들었다고 해야 한다. 물론 그는 곁에 서 있는 유대인들을 통해서 이것을 알았을 수도 있겠지만, 신 포도주를 적신 해융을 들고 예수에게 달려간 "어떤 사람"은 곁에 서 있던 유대인들 중 한 사람이었을 것이다. 이 사람의 행동이 동정이 아니라 희롱이었다면, 군병들은 그 사람을 제지하지 않았을 것이다. 어쨌든 "몰약을 탄 포도주"(23절)는 이미 예수에게 주어졌다. 이 전승은 어느 정도 시편 69:21(=LXX 68:22)의 영향을 받아 형성되었다. 이 시편 구절 중에 나오는 "저희가 내게 초를 마시라고 주었다"(*ἐπότισάν με ὄξος* – 에포티산 메 옥소스)는 그 사람의 말 중에 "신 포도주[초]를…마시게 주었다"(*ὄξους…ἐπότιζεν αὐτόν* – 옥수스…에포티젠 아우톤)에 반영되어 있다.

"가만두어라 엘리야가 와서 저를 내려주나 보자"(*ἄφετε ἴδωμεν εἰ ἔρχεται Ἠλίας καθελεῖν αὐτόν* – 아페테 이도멘 에이 에르케타이 엘리아스 카델레인 아우톤). "엘리야가 오나 보자"(*ἴδωμεν εἰ ἔρχεται Ἠλίας* – 이도멘 에이 에르케타이 엘리아스)는 희롱의 일부일 수 있는데, 만약 그렇다면 32절에서 고위 제사장들이 한 말과 병행된다: "이스라엘의 왕 그리스도가 지금 십자가에서 내려와 우리로 보고(*ἴδωμεν* – 이도멘) 믿게 할지어다"(Marcus, *Way of the Lord*, 184). 곁에 섰는 자가 예수에게 연민을 느껴서 엘리야가 과연 그 종말론적 역할을 위해(사람들의 생각에 예수가 기대했던 대로) 또는 고통당하고 억눌린 자들을 돕는 자로서(35절에 대한 "주석"을 보라) 나타나는지를 두고 보기에 충분할 정도로 의식을 차리고 깨어 있을 수 있는 각성제(覺醒劑)를 예수에게 달려가서 주었을 수도 있다. 그러나 이 사람의 행동은 고위 제사장들 앞에서의 심문이 끝난 후부터(14:65) 주기적으로 계속되어 온 희롱의 일부일 가능성이 더 많다. 십자가 위에 있는 동안에도 예수는 성전을 헐고 사흘 동안에 또 다른 성전을 짓겠다고 위협한 자라는 조롱을 당하셨고(29절), 당장 십자가에서 내려와 그가 진정으로 이스라엘의 왕 그리스도임을 입증해 보이라는 야유도 받으셨다(32절). 이제 희롱하는 자들은 과연 예수의 고뇌어린 부르짖음을 듣고 엘리야가 올지를 지켜보기를 원한다.

37 "예수께서 큰 소리를 지르시고 운명하셨다"(*ὁ δὲ Ἰησοῦς ἀφεὶς φωνὴν μεγάλην ἐξέπνευσεν* – 호 데 이에수스 아페이스 포넨 메갈렌 엑세프뉴센). 다시 한 번 예수는 34절(*ἐβόησεν…φωνῇ μεγάλῃ* – 에보에센…포네 메갈레, "크게 소리를 질렀다"])에서처럼 "큰 소리"(*φωνὴν μεγάλην* – 포넨 메갈렌)를 질렀다(직역하면, "방출하였다"[*ἀφεὶς* – 아페이스]). 목소리를 "낸다"는 의미로 아피에나이(*ἀφιέναι*)가 사용된 예는 Demosthenes 18.218과 Euripides, *Hipp.* 418; *El.* 59에서 확인된다. 건드

리(Gundry, 948)가 소리지르는 행위는 그 자체가 죽음이라고 이해한 것은 옳다. 즉, 예수는 소리를 지른 다음에 잠시 후에 운명하신 것이 아니다. 그의 죽음은 "소리지른 것"과 동시에 일어났다. 이런 식으로 죽음을 표현함으로써, 복음서 기자 - 그의 이전의 전승이 아니라면 - 는 예수의 죽음 자체도 그의 권능을 과시하고 있음을 보여 준다. 예수의 영의 방출(동사 엑세프뉴센[*ἐξέπνευσεν*, "운명하였다"]에 함축되어 있다)조차 사람들로 하여금 두려움을 느끼게 한다.

38 "성소 휘장이 위로부터 아래까지 찢어져 둘이 되었다"(*τὸ καταπέτασμα τοῦ ναοῦ ἐσχίσθη εἰς δύο ἀπ' ἄνωθεν ἕως κάτω* - 토 카타페타스마 투 나우 에스키스데 에이스 뒤오 아프 아노덴 헤오스 카토). 예수의 권능은 그의 죽음을 맞아 37절에서는 큰 소리를 통해서 청각적으로 나타나지만, 여기에서는 좀더 인상적이고 시각적으로 "성전 휘장"(*καταπέτασμα τοῦ ναοῦ* - 카타페타스마 투 나우)의 찢어짐으로 나타난다. 성전 휘장이 찢어진 것은 우연히 일치하여 일어난 징조가 아니라 예수의 급작스러운 운명(殞命)의 결과라고 할 수 있다(Gundry, 948-50). 이와 같이 죽을 때 큰 소리를 지른 것과 성전 휘장이 찢어진 것은 이전의 모든 희롱을 일거에 반격하여 역전시켜 놓는다. 절망 속에서 엘리야가 자기를 도우러 오리라고 생각하는(15:36) 거짓 선지자(14:65)요 거짓 메시아(15:32)라고 희롱을 받은 예수는 성전 휘장을 찢을 정도로 이루 말할 수 없는 강력한 힘을 지닌 예기치 않은 부르짖음으로 구경꾼들을 놀라게 하신다. 성전의 멸망을 말씀했던(참조. 13:2; 14:58) 예수는 지금 십자가 위에서 그의 마지막 숨으로 성전을 쳐서 그 휘장을 "위로부터 아래까지"(*ἄνωθεν ἕως κάτω* - 아노덴 헤오스 카토), 즉 완전히 찢어놓으신다. 수세(受洗) 때 예수에게 성령이 임함으로 하늘이 갈라졌듯이(1:10; *σχιζομένους* - 스키조메누스), 이제 예수의 영이 큰 숨을 쉬자 성전 휘장이 찢어졌다(*ἐσχίσθη* - 에스키스데). 이러한 해석은 바깥 휘장을 "온 하늘들에 대한 파노라마(panorama)"로 묘사하는 요세푸스의 글(*J.W.* 5.5.4 §214)에 주목하는 울랜시(Ulansey, *JBL* 110[1991] 123-35)의 연구를 통해 뒷받침되고 있다. 울랜시는 성전 휘장이 찢어진 것은 예수의 수세 때 하늘이 갈라진 것과 병행을 이룬다고 생각한다. 휘장의 찢어짐은 마가의 오순절이 아니다(Motyer, *NTS* 33[1987] 155-57는 이에 반대한다). 크로니스(Chronis, *JBL* 101[1982] 97-114)는 백부장이 즉시 알아보았듯이(39절) 예수는 죽을 때 그의 참된 정체를 드러내신다고 올바르게 지적하고 있지만, 찢긴 휘장이 하나님께서 그의 "얼굴"을 드러내신 것이라는 그의 주장은 지나친 감이 있다.

찢긴 휘장은 언젠가 "돌 하나도 돌 위에 남지 않고 다 무너뜨려지게"(13:2) 될 성전에 임할 철저한 파괴를 상징적으로 보여 주는 징표다(참조. Jackson, *NTS* 33 [1987] 16-37). 또한 그것은 예수를 재판한 제사장들에게 임할 약속된 심판(14:62)의 첫걸음이기도 하다. 이것은 예수께서 십자가에 못 박혀 있는 동안에 일어난 두 번째 초자연적인 표적으로서, 첫 번째는 이상한 어두움이 온 땅에 임한 것이었다(33절). 열두 족장의 유언서(*Testaments of the Twelve Patriarchs*)에 나오는 이와 병행되는 내용은 학자들 사이에 논란을 불러일으켰다: "너희는 이스라엘에서 무법하게 행하겠고, 그 결과 예루살렘은 너희의 악함을 견딜 수 없어서 성전 휘장이 찢어져(*σχίσαι τὸ ἔνδυμα τοῦ ναοῦ*-스키사이 토 엔뒤마 투 나우), 그것이 더 이상 너희의 부끄러운 모습을 감춰 주지 않으리라"(*T. Levi* 10:3). 키(H. C. Kee, "Testaments of the Twelve Patriarchs," in *OTP* 1:792 n.b)는 이 본문이 어떤 그리스도인에 의해 수정되었을 것이라고 하면서(사실 일부 레위의 유언서[T. Levi] 사본들은 카타페타스마[*καταπέτασμα*, "휘장"]로 읽는다), 원래는 "성전의 의상이 찢어지리라"로 되어 있었다고 생각한다. 성전 휘장이 부끄러운 모습을 감춰 주었다고 말할 수는 없다. 키(Kee)가 주장한 수정 본문이 옳을 것이다. 그러나 예언자들의 생애(*Lives of the Prophets*)에 나오는 예언은 좀더 정확한 병행을 보여 준다: "성전의 종말에 관해서 그[즉, 하박국]는 '서방 나라에 의해 그런 일이 일어나리라'고 예언했다. 그는 '그때 다베이르(Dabeir; 즉, 지성소)의 휘장(*ἅπλωμα*-하플로마)이 갈갈이 찢어지리라'고 말했다"(*Liv. Pro.* 12:11-12). 해어(D. R. A. Hare, "Lives of the Prophets," in *OTP* 2:393 n. i)는 이것이 예루살렘 주변에 이방인들이 점점 증가하는 추세에 대한 점증하는 불안감을 반영한 주후 70년 이전의 진정한 예언이라고 믿는다. 요세푸스(*J.W.* 6.5.3-4 §§288-315) 및 후대의 랍비 전승들(*y. Soṭah* 6.3; *b. Giṭ.* 56a; *b. Yoma* 39b)에 의하면, 성전의 멸망을 예고하는 두려운 징조들로 해석된 이상한 사건들이 성전에서 많이 일어났다고 한다. 성전 휘장이 찢어졌다는 마가의 이야기는 이런 류의 여러 전승들을 잘 알고 있었던 유대인 독자들에게 강한 인상을 주었을 것이다(참조. Tacitus, *Hist.* 5.13; Jerome, *Epist.* 120.8.1). 탈무드는 로마 장군 티투스(Titus)가 성전 휘장을 칼로 갈라놓았다는 전승(출처가 매우 의심스러운)을 기록하고 있다(*b. Giṭ.* 56b).

휘장(*τὸ καταπέτασμα*-토 카타페타스마)은 지성소를 가린 것으로 이해해야 할 것이다. 이 단어는 칠십인역에서 사용되고 있다(예를 들어, 출 26:31-37). 마가 본문에서는 성소 입구에 걸려 있어서 보기가 더 쉬웠던 바깥 휘장(출 27:16)을 염두에 두었을 수도 있다. 하지만 몇몇 예외를 제외하고는 바깥 휘장은 통상적으로 토 칼륌마(*τὸ κάλυμμα*; LXX 출 27:16 등에서처럼)로 불렸다. 주석가들은 어떤 휘장을 의미하는지를 놓고 의견이 갈린다. 어떤 이들은 안쪽 휘장이라고 주장하고(Gould, 295; Swete, 388; Turner, 79; Rawlinson, 238), 어떤 이들은 바깥 휘장이라고 주장한다(Klostermann, 186; Lohmeyer, 347; Jackson, *NTS* 33[1987] 16-37; Ulansey, *JBL* 110[1991] 123-25). 페쉬(Pesch, 2:498)는 어느 휘장을 의미하는지를 결정하기에는 증거가 부족하다고 단정한다. 테일러(Taylor, *Formation*, 58)는 38절이 "원래 바울의 주해"였을 것이라는 호기심을 불러일으키는 주장을 한다.

39 "예수의 맞은편에 서 있던 백부장이 그렇게 운명하심을 보고"(*ἰδὼν δὲ ὁ κεντυρίων ὁ παρεστηκὼς ἐξ ἐναντίας αὐτοῦ ὅτι οὕτως ἐξέπνευσεν* – 이돈 데 호 켄튀리온 호 파레스테코스 엑스 에난티아스 아우투 호티 후토스 엑세프뉴센). 즉, 백부장은 예수께서 운명하실 때의 권능, 그가 숨을 내쉬자(*ἐξέπνευσεν* – 엑세프뉴센) 성전 휘장이 찢어지는 것을 지켜보았다. "예수의 맞은편에 서 있었다"(*ὁ παρεστηκὼς ἐξ ἐναντίας αὐτοῦ* – 호 파레스테코스 엑스 에난티아스 아우투)는 것은 백부장이 예수의 뒤나 옆이 아니라 앞에 서 있었다는 것을 의미한다. 따라서 백부장은 예수의 권능 있는 부르짖음과 그 결과로 성전 휘장이 찢어진 것을 낱낱이 목격했다(Jackson, *NTS* 33[1987] 28; Gundry, 950-51).

"진실로 이 사람은 하나님의 아들이었도다"(*ἀληθῶς οὗτος ὁ ἄνθρωπος υἱὸς θεοῦ ἦν* – 알레도스 후토스 호 안드로포스 휘오스 데우 엔). 예수의 수세 때 하늘이 갈라지면서 하나님은 "너는 내 사랑하는 아들이라"(1:11)고 선언하셨다. 성전 휘장이 찢어지면서, 한 인간이 하나님의 말씀에 동의하여 "진실로 이 사람은 하나님의 아들이었도다"라고 선언한다. 예수의 죽음과 그에 수반한 표적들에 감명을 받은 로마 백부장은 로마 황제에게 고백해야 할 말을 예수에게 고백한다. 가이사는 "하나님의 아들"이 아니다. 십자가에 못 박힌 메시아 예수가 "하나님의 아들"이다. 희롱은 이제 끝났다. 예수를 "하나님의 아들"이라 부름으로써 백부장은 명목상의 "하나님의 아들"인 가이사로부터 진정한 하나님의 아들인 예수에게로 그의 충성 맹세를 옮긴 것이다("하나님의 아들"이라는 칭호가 의미하는 모든 것에 대해서는 Hengel, *Son of God*를 보라). 그러나 백부장의 선언을 기독교의 "정통적인" 신앙고백(Taylor, 597는 이에 반대; 참조. Davis, *JSNT* 35[1989] 3-18; Johnson, *JSNT* 78[1987] 3-22; id., *Bib* 81[2000] 406-13)이나 메시아 비밀의 휘장이 마침내 벗겨졌다는 신호탄(이에 대해서는 Shiner, *JSNT* 78[2000] 3-22가 올바르게 비판하고 있다)으로 이해하는 것은 지나치다. 이제 백부장은 이전에 가이사에게 했던 말을 예수에게 돌린다: 가이사는 디위 필리우스(*divi filius*, "하나님의 아들"; 위대한 황제 아우구스투스의 칭호를 암시하는)가 아니고, 예수가 하나님의 아들이다(Kim, *Bib* 79[1998] 221-41; "서론"에 나오는 "마가의 신학"을 보라).

40 "멀리서 바라보는 여자들도 있었다"(*ἦσαν δὲ καὶ γυναῖκες ἀπὸ μακρόθεν θεωροῦσαι* – 에산 데 카이 귀나이케스 아포 마크로텐 데오루사이). 경외감을 불러일으키는 예수의 굉장한 부르짖음에 의해 촉발된 백부장의 놀랄 만한 고백으로 죽음 장면은 끝난다. 그러나 복음서 기자는 16:1-8에 나오는 빈 무덤을 발견한 이야기에 대한 복선(伏線)을 마련해 놓아야 하기 때문에, 그는 몇몇 여인들이 이 모든 일들을 멀리서 지켜보고 있었다는 말을 덧붙인다. 그들은 예수께서 십자가에 못 박히실 때 일어난 놀라운 사건들에 대한 목격자들이고, 예수의 죽음에 수반된 또 하나의 극적인 징조인 빈 무덤에 대한 증인들이다. (15:47에서 이 여인들이 예수께서 어디에 매장되는지를 보았다고 복음서 기자가 말하고 있는 것도 같은 목적에서이다.)

"막달라 마리아"(*Μαρία ἡ Μαγδαληνή* – 마리아 헤 막달레네). 신약에는 마리아라는 이름을 지닌 여인들이 몇 명 나온다. 마리아(*Μαρία*)는 셈어 이름인 미르얌(מִרְיָם, "미리암")의 헬라어 또는 라틴어 형태(Maria)다. 막달라 마리아라는 이름이 붙은 것은 그녀가 막달라("물고기 망대"를 의미) 마을 출신이었기 때문이다. 그녀는 복음서 전승에서, 특히 십자가 사건 및 부활 사건에서 두드러지게 등장한다(마 27:56, 61; 28:1; 막 15:47; 16:1, [9]; 눅 24:10; 요 19:25; 20:1, 11, 16, 18). 누가복음 8:2에서는 막달라 마리아를 "일곱 귀신이 나간 자"라고 말한다.

"작은 야고보와 요세의 어머니 마리아"(*Μαρία ἡ Ἰακώβου τοῦ μικροῦ καὶ Ἰωσῆτος μήτηρ* – 마리아 헤 이아코부 투 미크루 카이 이오세토스 메테르). 요한복음 19:25에 의하면, "글로바의 아내 마리아"가 막달라 마리아와 함께 십자가 가까이에 있었다고 한다. 바로 이 여인이 야고보와 요세(또는 "요셉"[마 27:56])의 어머니 마리아와 동일 인물일 것이다.

"살로메"(*Σαλώμη*). 마태의 병행본문을 따른다면, 이 살로메는 다른 곳에서는 그 이름이 나오지 않는 "세베대의 아들들의 어머니"(마 27:56)일 것이다. 좀더 자세한 논의는 Bauckham, *NovT* 33(1991) 245-75를 보라.

41 "이 여자들은 예수께서 갈릴리에 계실 때에 좇아 섬기던 자들이었다"(*αἵ ὅτε ἦν ἐν τῇ Γαλιλαίᾳ ἠκολούθουν αὐτῷ καὶ διηκόνουν αὐτῷ* – 하이 호테 엔 엔 테 갈릴라이아 에콜루둔 아우토 카이 디에코눈 아우토). 예수의 사역에서 흥미롭고 이례적인 특징들 중의 하나는 그의 제자들 중에 몇몇 여자들이 있었다는 것이다. 이 여자들은 예수와 그의 제자들을 "섬기는"(*διηκόνουν* – 디에코눈) 일을 했을 뿐만 아니라

남자들처럼 예수의 발치에 앉아서 가르침을 받았다(눅 10:38-42). 이것이 마가가 이 여자들이 "예수를 좇았다"(*ἠκολούθουν αὐτῷ* – 에콜루둔 아우토)고 말하는 이유다. 예수를 좇았다는 것은 제자도(discipleship)의 의미를 함축하고 있다. 왜냐하면 예수는 남자 제자들을 부르셔서 자기를 좇으라고 말씀하셨기 때문이다(예를 들어, 1:16-20). 또한 누가복음 8:3은 "헤롯의 청지기 구사의 아내 요안나와 또 수산나와 다른 여러 여자"가 "자기들의 소유로" 예수와 그의 제자들을 섬겼다고 말한다. 예수께서 베푸는 일(참조. 특히 막 10:21-22)과 섬기는 일(참조. 특히 막 10:45)에 높은 가치를 두셨음을 감안하면, 예수 운동 속에서의 이 여인들의 섬김을 비천한 것으로 여겨서는 안 된다.

"이외에도 예수와 함께 예루살렘에 올라온 여자들이 많이 있었다"(*καὶ ἄλλαι πολλαὶ αἱ συναναβᾶσαι αὐτῷ εἰς Ἰεροσόλυμα* – 카이 알라이 폴라이 하이 쉰아나바사이 아우토 에이스 이에로솔뤼마). 예수의 머리에 기름을 부은 여자(14:3-9)는 아마도 이 여인들 중의 한 사람이었을 것이다. 유대 산지, 특히 예루살렘 산지가 갈릴리, 특히 요단 계곡의 저지(低地)보다 고도(高度)가 더 높기 때문에, 복음서 기자는 "올라왔다"(*συναναβᾶσαι* – 쉰아나바사이)는 표현을 사용한다.

해설

예수께서 예언하신 일이 마침내 골고다에서 일어난다. 몇 차례에 걸쳐 예수는 그의 수난(受難)을 예고하셨지만(8:31; 9:31; 10:33-34), 제자들은 놀라면서도 이해하지 못했다. 이제 예수는 고대 말기에 행해진 처형 방법 중에서 가장 두렵고 고통스럽고 수치스러운 형벌이었던 십자가 형을 받기 위해 끌려가신다. 본문에는 명시적으로 나와 있지 않지만, 예수는 분명히 지난 밤에 겪은 혹독한 육체적 학대로 말미암아 많이 약해져서 그의 통나무 십자가를 처형 장소로 지고 가실 수 없었을 것이다. 예수는 "해골의 곳"을 의미하는 이름을 지닌 음산한 장소인 골고다로 끌려가신다. 거기에서 예수는 십자가에 못 박히시고, 군병들은 그의 옷을 나눠 갖는다. 이러한 모욕에 이어, 예수는 계속해서 이런저런 희롱을 당하신다. "유대인의 왕"이라는 죄패(titulus)는 한편으로는 죄명을 가리키지만, 다른 한편으로는 아이러니컬한 의미로 이해된다. 예수는 여러 가지 조소하는 말들을 통하여 조롱당하신다(또는 "모독당하신다"): "네 자신을 구원하라", "다른 사람들은 구원하고도 스스로는 구원하지 못한다", "이스라엘의 왕 그리스도여, 십자가에서 내려오라", "보라 그가 엘리야를 부른다…엘리야가 와서 그를 내려주나 보자." 예수는 완벽하게 혼자가 되셨다. 그의 제자들은 전날 밤 그가 체포될 때 모두 도망가 버렸고, 가룟 유다의 배신으로 그는 체포되었다. 예수를 체포해 간 무리를 따라 대제사장의 집 뜰안으로 들어왔던 베드로조차도 얼이 빠져서 예수를 모른다고 부인했다. 이제 십자가에 매달려 사형 집행인들과 구경꾼들에게 조롱당하시는데, 그와 함께 십자가에 못 박혔던 강도들조차도 그를 욕한다. 예수는 하늘 아버지로부터 버림받았다고 느끼고 "나의 하나님, 나의 하나님, 어찌하여 나를 버리시나이까?"라고 절규하신다.

그러나 이 서글픈 이야기 속에 하나님의 신원(伸冤)하심을 암시하는 중요한 내용들이 등장한다. 이상한 어두움이 갑자기 온 땅에 임한다. 하늘이 예수의 처형을 알아차리고 그 광경을 보지 않기 위하여 그렇게 한 것이 분명하다. 예수께서 운명하실 때 소리를 지르자, 그의 마지막 숨의 힘으로 인해 성전 휘장이 위로부터 아래까지 찢어지고, 조금 전까지만 해도 남들과 같이 예수를 희롱했던 백부장은 이를 보고 "진실로 이 사람은 하나님의 아들이었도다!"라고 고백한다. 갑작스럽게 일어난 예수에 대한 백부장의 재평가는 매우 의미심장한 것이어서 로마에서 마가복음을 읽던 독자들을 깜짝 놀라게 했을 것이다. 이런 식으로 백부장은 황제숭배 제의에서 "신"인 가이사가 하나님의 아들이 아니라 십자가에 못 박히신 나사렛 예수야말로 진정한 하나님의 아들이라고 인정한다. 이제까지 일어난 표적들, 즉 어두움과 찢긴 성전 휘장은 백부장의 고백에 신빙성을 더해 주고, 또한 예수께서 공생애 기간 동안에 행하신 수많은 놀라운 이적들에 신빙성을 더해 준다. 하지만 가장 놀라운 표적은 아직 일어나지 않았다.

이 장면은 예수께서 십자가에 못 박히시는 것을 여인들이 멀리서 바라보고 있었다는 말로 끝난다. 이 여인들은 도망친 열두 제자들과는 뚜렷한 대조를 보임으로써, 어떤 점에서는 열두 제자들보다도 더 제자도의 모범이라 할 수 있다. 또한 이 여인들은 빈 무덤을 발견하고 예수의 부활을 첫 번째로 안 사람들이다. 부활에 대한 이 여인들의 직접적인 증언은 다른 제자들과 구별되는 또 하나의 특징이다.

이제까지 마가복음 독자들은 예수께서 섬뜩할 정도로 정확하게 자신의 수난을 예고하셨음을 알게 되었다. 예수는 실제로 고위 제사장들, 장로들, 서기관들에 의해 단죄받고, 이방인들에게 넘겨져서 희롱당하며 침뱉음과 채찍질을 당한 후에 십자가에 못 박히신다. 그러나 예수는 "삼 일 후에" 부활하게 될 것이라고 예언하셨다. 죽음을 예고한 후 죽는 것과 예고된 부활의 성취는 전혀 별개의 문제다. 잠시 후에 이 예언의 진실성 여부가 밝혀질 것이다.

14. 예수의 장사(15:42-47)

참고문헌

Brown, R. E. "The Burial of Jesus(Mark 15:42-47)." *CBQ* 50(1988) 233-45. **Crossan, J. D.** "Empty Tomb and Absent Lord(Mark 16:1-8)." In *The Passion in Mark.* Ed. W. H. Kelber. 135-152. ______. *Who Killed Jesus?* San Franciso: HarperCollins, 1995. 160-88. **McCane, B. R.** "'Where No One Had Yet Been Laid': The Shame of Jesus' Burial." In *Society of Biblical Literature 1993 Seminar Papers.* Ed. E. H. Lovering, Jr. SBLSP 32. Atlanta: Scholars Press, 1993. 473-84(revised and expanded in *Authenticating the Activities of Jesus.* Ed. B. D. Chilton and C. A. Evans. NTTS 28.2. Leiden: Brill, 1998. 431-52).

본 문

42 이 날은 예비일 곧 안식일 전날이므로 저물었을 때에	**42** And when evening had already come, since it was [the day of] Preparation, that is, [the day] before the Sabbath,
43 아리마대 사람 요셉이 와서 당돌히 빌라도에게 들어가 예수의 시체를 달라 하니 이 사람은 존귀한 공회원이요 하나님의 나라를 기다리는 자라	**43** Joseph from Arimathea,[a] a respected member of the council, who also himself was expecting the kingdom of God, having come, being bold, went to Pilate and requested the body[b] of Jesus.
44 빌라도는 예수께서 벌써 죽었을까 하고 이상히 여겨 백부장을 불러 죽은지 오래냐 묻고	**44** But Pilate[c] was surprised that he had already died, and summoning the centurion, he asked him if he had by now[d] died.
45 백부장에게 알아 본 후에 요셉에게 시체를 내어 주는지라	**45** And learning from the centurion [that he was dead],[e] he gave the corpse[f] to Joseph.[g]
46 요셉이 세마포를 사고 예수를 내려다가 이것으로 싸서 바위 속에 판 무덤에 넣어 두고 돌을 굴려 무덤 문에 놓으매	**46** And buying a linen shroud, [and] taking him down, he[h] wrapped [him] in the linen shroud, and laid him in a tomb, which had been hewn out of rock; and he rolled a stone[i] against the door of the tomb.[j]
47 때에 막달라 마리아와 요세의 어머니 마리아가 예수 둔 곳을 보더라	**47** Now Mary Magdalene and Mary the [mother][k] of Joses[l] were observing where[m] he had been laid.

원문주해

a. 헬라어로는 하리마다이아스('Ἀριμαθαίας). ℵ[c], D사본과 몇몇 후대의 사본들은 하리마디아스('Ἀριμαθίας)로 읽고, ℵ*, B*사본은 하레이마다이아스('Ἀρειμαθαίας)로 읽는다. 그 밖에도 하레마디아스('Ἀρημαθίας), 하리마데아스('Ἀριμαθέας), 하리맛다이아스('Ἀριματθαίας) 같은 표기들이 확인된다. 수리아 사본들에는 람다(Rammtha)와 람디스(Ramthis)로 되어 있다. 몇몇 후대의 사본들은 폴레오스(πόλεως)를 첨가하는데, 이는 눅 23:51의 영향을 받은 것이다. 아리마대는 요세푸스(*Ant.* 13.4.9 §127)가 말한 성읍인 라마다인('Ῥαμαθαίν)으로서 삼상 1:1에는 라마타임(רָמָתַיִם, "라마다임")으로 나온다(43절에 대한 "주석"을 보라).

b. 헬라어로는 소마(σῶμα). D사본은 프토마(πτῶμα, "시체")로 읽는다. 한 고대 라틴어 사본은 카다웨르(cadaver, "시체")로 읽는다. 이 이독은 45절과 맞추기 위한 것인 듯하다.

c. 빌라도의 이름의 표기에 관해서는 막 15:1에 대한 "원문주해" d를 보라.

d. 헬라어로는 팔라이(πάλαι, 문자적으로 "오래 전에"). ℵ, A, C, L, 33사본과 몇몇 후대의 사본들 및 권위 있는 사본들이 이렇게 읽는다. B, D, W사본과 몇몇 후대의 사본들은 에데(ἤδη, "벌써")로 읽는다. 메츠거(Metzger, *TCGNT*[1], 121)는 두 번째 나오는 에데(ἤδη)가 이상하게 들리는 팔라이(πάλαι)를 수정하려는 시도가 아닌가 생각한다.

e. "그가 죽었는지"는 문맥상 필요한 직접목적어를 보충해 넣은 것이다.

f. 헬라어로는 프토마(πτῶμα). 이 단어는 문자적으로 "엎드러진 것"을 의미하는데, 보통 "시체"로 번역된다. A, C, W, Σ사본과 몇몇 후대의 사본들은 소마(σῶμα, "몸, 육체")로 읽는데, 이는 43절과 일치시키기 위한 시도일 것이다.

g. B, W사본은 이오세('Ἰωσῆ, "요세")로 읽는다.

h. D, Σ사본과 몇몇 후대의 사본들은 호 이오셉('Ἰωσήφ, "요셉")을 첨가한다.

I. ℵ사본과 게오리기아역(Georgian) 사본들은 리돈 메간(λίθον μέγαν, "큰 돌")으로 읽는다(참조. 마 27:60).

j. D사본과 몇몇 후대의 권위 있는 사본들은 카이 아펠덴(καὶ ἀπῆλθεν, "갔다")을 첨가한다.

k. 괄호 안의 단어는 본문에는 없고 문맥상 보충해 넣은 것이다. W사본과 몇몇 후대의 사본들은 메테르(μήτηρ, "어머니")를 첨가한다.

l. 헬라어로는 이오세토스('Ἰωσῆτος). C, N사본과 몇몇 후대의 사본들은 이오세('Ἰωσῆ)로 읽고, D사본은 이아코부('Ἰακώβου, "야곱" 또는 "야고보")로 읽으며, Σ사본과 몇몇 후대의 권위 있는 사본들은 이오셉('Ἰωσήφ, "요셉")으로 읽는다; 참조. Westcott-Hort, *Introduction* 2:28. 막 15:40에 대한 "원문주해" p를 보라.

m. D사본은 좀더 유려하게 톤 토폰 호푸(*τὸν τόπον ὅπου*, "~한 장소")로 읽는다.

양식/구조/배경

불트만(Bultmann, *History*, 274)은 놀랍게도 예수의 장사(葬事)에 관한 이야기가 "47절에 목격자들로 다시 등장하는 여인들 및 마태와 누가가 참조했던 마가복음에는 없었던 것으로 보이는 44, 45절을 제외하고는 전설(legend)이라는 인상을 전혀 주지 않는 역사적 기록으로서, 이 단락이 부활 이야기를 염두에 두고 만들어졌음을 보여 주는 증거는 거의 없다"고 단언한다. 모든 점에서 불트만의 말이 옳은 것 같다. 마가복음을 충실히 따르고 있는 마태복음과 누가복음에는 44-45절에 관한 내용이 없다. 해그너(Hagner, *Matthew* 2:857)는 이 구절들이 마가복음에 있었으나 마태가 생략한 것이라고 생각한다. 마찬가지로 피츠마이어(Fitzmyer, *Luke* 2:1523)는 누가도 이 구절들을 생략했다고 믿는다. 그러나 이 두 복음서에서 이 구절들을 완전히 생략해 버린 이유를 설명하기는 힘들다. 마가와 다르고 마태와 누가가 같은 이런 경우(마가 우선설을 전제하고)는 쉽게 설명되지 않는다. 마태와 누가가 사용한 마가의 원문에는 이런 내용이 없었는데, 십자가에 못 박힌 당일에 사형수의 시신 – 실제로는 불과 수 시간 전에 십자가에 달린 – 을 가져가는 일이 어떻게 허용되었는지를 설명하기 위해 나중에 이 구절들을 덧붙인 것이라는 불트만의 주장이 옳을 것이다. 그러니까 십자가에 못 박힌 사람들은 수일 동안 고통을 겪는 것이 보통이었다. 이러한 설명의 필요성은 이스라엘에서는 (평시에) 십자가에 못 박힌 자들을 그 날이 끝나기 전에 그 시신을 내린다는 것을 몰랐던 이스라엘 밖에서 생겨났을 것이다. 팔레스타인의 유대 그리스도인들(또한 빌라도도)은 이러한 관습을 잘 알고 있었기 때문에, 마가복음의 원본에는 44-45절이 없었을 것이다. 나아가 47절을 첨가로 본 것도 불트만이 옳을 것이다(참조. Taylor, 599). 그러나 크랜필드(Cranfield, 461)는 44-45절과 47절을 이차적인 것으로 볼 필요가 없다고 생각한다.

최근에 크로산(Crossan, *Who Killed Jesus?* 16-88; 참조. id., *Historical Jesus*, 354-94)은 장사(葬事) 장면의 역사성에 의문을 제기하고, 이 이야기가 성경에서 발견되는 "예언"과 전설에서 생겨났다고 주장한다. 예수의 시체는 장례식 없이 구덩이나 가묘(假墓)에 던져져서 개들에게 먹힘을 당했을 가능성이 농후하다고 설명하면서, 이 장면은 "역사적 사실"이 아니라 "희망 사항"일 뿐이라고 크로산은 단언한다. 그는 십자가 처형을 당한 자들의 시신은 처형 당일에 내려져서 매장된 경우가 종종 있다는 것을 인정한다. 또한 그는 십자가에 못 박혀 죽어서 그 오른쪽 발목뼈에 대못이 여전히 박혀 있는 여호하난의 납골단지의 발견(15:24에 대한 "주석"을 보라)은 십자가에서 처형된 자가 온전한 매장 의식을 거칠 수 있었음을 보여 주는 증거라는 것도 인정한다. 그러나 이제까지 십자가에서 처형된 자들 중에서 정상적으로 매장된 오직 "하나"의 증거만을 발견한 것은 그러한 매장이 드물었음을 보여 주는 것이라고 크로산은 주장한다. 십자가형을 당한 자들의 대다수는 매장되지 않았고, 그들의 시신은 십자가에 매달린 채 짐승들이나 육식조(肉食鳥)의 밥이 되었다. 그러므로 예수도 동일한 운명을 겪었을 것이라고 크로산은 추론한다. (*Who Killed Jesus?* 188에 나오는 크로산의 말을 보라: "저 끔찍한 1세기 동안에 예루살렘 주변에서 수천 명의 유대인들이 십자가에서 처형을 당했을 것이라고 생각되는데, 그 가운데서 우리는 오직 하나의 유골과 한 개의 못만을 발견했을 뿐이다.")

그러나 증거에 대한 크로산의 평가는 설득력이 없고, 그가 베드로복음서(Gospel of Peter)에 의존하고 있는 것 자체도 문제다. 이스라엘에서 매장되지 않은 채 버려진 유대 사람들은 로마가 유대의 관습이나 정서를 무시했던 때인 전쟁 중에 희생된 자들이었다. 이런 일은 주전 4년 헤롯 대왕의 사후에 로마의 수리아 특사였던 바루스(Barus)가 유대에서 일어난 봉기를 진압하고 2천 명을 십자가에서 처형했을 때도 일어났다(Josephus, *Ant.* 17.10.10 §295). 또한 주후 66-70년의 최초의 큰 봉기였던 유대 전쟁 때도 이런 일이 있었다. 수천 명의 유대인들이 예루살렘 성벽 밖에서 십자가 형을 받았다(Josephus, *J.W.* 5.11.1 §450). 그러한 상황하에서 십자가에서 처형된 자들이 십자가 위에 그대로 매달린 채 방치되어 태양 아래서 썩고 짐승들에 의해 찢겨졌다는 것은 전혀 이상한 일이 아니다.

이스라엘 밖에서도 평소에는 유대인들의 정서는 존중되었다. 이것이 필로(Philo)가 로마의 애굽 총독 플락쿠스(Flaccus)를 심하게 비난한 이유였다. 플락쿠스는 이례적으로 십자가에서 처형당한 자들의 시신을 명절 전날 밤에 내려서 매장하는 것을 허용하지 않았다: "나는 명절 전날 밤에 십자가에서 처형당한 사람들을 내려서 그 시신을 친척들에게 넘겨주어 정상적으로 장사지내도록 한 경우들을 알고 있다… 그러나 플락쿠스는 십자가에서 죽은 자들을 내리라는 지시를 하지 않았다"(*Flaccus* 10 §83). 몇 년 후에 이스라엘로 돌아온 요세푸스는 두 명의 전직 대제사장을 살해한 반도(叛徒)들에게 장사를 지낼 기회가 주어지지 않았다는 것에 대하여 분노를 표명한다: "유대인들은 십자가형에 처해진 악당들일지라도 해지기 전에 내려서 묻어 줄 정도로 장례식에 신경을 쓰지만, 그들은 시신들을 매장도 하지 않고 밖에 내

던지는 만행을 저질렀다"(*J.W.* 4.5.2 §317). 해지기 전에 죽은 자를 내리려고 하는 것은 신명기 21:22-23("그 시체를 나무 위에 밤새도록 두지 말고 당일에 장사하여 네 하나님 여호와께서 네게 기업으로 주시는 땅을 더럽히지 말라")에서 유래했는데, 이런 관습은 다른 유대 문헌들에서도 확인된다(예를 들어, *Tob* 1:17 -18; 2:3-8; Josephus, *J.W.* 3.8.5 §§377-78; 4.6.1 §§360-61).

십자가에서 처형된 – 주후 20년대 말에 처형당했으니까 총독 본디오 빌라도의 치하에서일 것이다 – 유대인의 발견이 극히 드문 일이라고 한 크로산의 추론도 부적절하다. 십자가에서 처형당한 사람이 발목에 큰 대못이 박힌 채 발견된 경우는 사실 이례적이지만, 이는 평시에 십자가 희생자들이 매장된 경우가 거의 없었기 때문이 아니라 언제나 대못들이 제거되었기 때문이다. 여호하난의 발목에 대못이 남아 있게 된 유일한 이유는 그 끝이 꼬부라져서 뽑아낼 수가 없었기 때문이다. 여호하난의 뼈들은 실제로 크로산이 주장하고자 하는 것의 정반대 내용에 대한 증거가 된다: 요세푸스가 말하고 있듯이, 평시에 십자가형을 받은 유대인들은 매장되는 것이 보통이었다(대못이 박혀 있는 경우는 거의 없었지만).

예수는 고위 제사장들의 동의(아니, 고집)로 로마인들에 의해 십자가에 못 박히셨다. 로마는 이스라엘과 전쟁중이 아니었다. 오히려 로마 당국자들과 유대 당국자들은 협력해서 일하고 있었다. 그러한 상황에서 우리는 십자가형을 받은 희생자들이 항상은 아니라 할지라도 통상적으로는 십자가에서 내려져서 장사되었을 것이라고 예상할 수 있다. 예수의 시신을 십자가에 매단 채 방치한다거나 그 시신을 도랑에 내던져서 개들로 핥게 했다면, 그것은 예수의 동조자들이든 아니든 유대인들에게는 몹시 거치는 일이었을 것이다 – 그것도 유월절 절기 동안에. 실제로 그런 시기에 예수와 다른 두 명의 시신을 며칠씩 십자가에 매달아 놓는 것은 매우 위험스럽고 도발적인 일이 되었을 것이다. (여기서 취한 입장을 지지하면서 이 문제에 대하여 노련하게 논의하는 글로는 B. R. McCane, "'Where No One Had Yet Been Laid'"를 보라.)

끝으로 이십여 년 동안 크로산은 "(예수께서 묻히신) 그 장소를 안 자들은 거기에 신경쓰지 않았고, 거기에 신경쓴 자들은 그 장소를 알지 못했다"(Crossan, "Empty Tomb and Absent Lord," 152; id., *Historical Jesus*, 394)고 주장해 왔다. 이 독단적인 논법은 너무 많은 것을 전제하고 있고, 전형적인 인간의 행동을 부정하는 것이다. 유대인들이 매장을 매우 중요시했다는 점과 예수를 따르는 자들이 그들의 벗이자 선생에게 얼마나 헌신했는지를 고려하면, 예수에게 "신경을 썼던 자들"이 그가 어디에 묻히셨는지를 알아내지 못했다고 믿기는 어렵다. 게다가 여인들이 직접 매장되는 장면을 목격했고 나중에 그 무덤을 찾아갔다는 전승은 진정성(眞正性)의 냄새를 풍긴다. 이 전승의 진정성을 부인하는 것은 이해하기도 힘들고 정당화하기도 힘들다. 이 전승이 진정한 전승이 아니었다면, 아마도 베드로 같은 남자 제자들을 포함시켜서 목격자의 증언의 신빙성을 높이려 했을 것이다. 그러나 예상과는 달리 복음서들에는 그렇게 되어 있지 않다. 복음서들이 이와 같이 아주 중요한 점에서 우리의 예상을 빗나가고 있다는 것은 이 전승의 진정성을 보여 주는 강력한 증거가 되기 때문에, 거증책임(擧證責任)은 여자들이 예수쪽 사람으로서는 예수를 매장한 장소에 대한 유일한 목격자들이자 이튿날 일요일 아침에 빈 무덤을 발견한 자들로 등장하는 이야기가 진정성이 없는 전승으로서, 초대 교회에서 긍정적이고 신학적인 목적에 기여했다고 주장하는 사람들에게 넘어간다.

예수의 장사(葬事)에 관한 기사는 크게 네 개의 단락으로 나뉜다. (1) 예수의 시신을 장사하게 해달라는 요청(42-43절), (2) 예수가 이미 죽었을까 하는 총독의 의구심과 사실이 그렇다는 그의 확인(44-45절), (3) 예수의 장사(46절), (4) 두 여인이 예수의 시신을 놓아둔 곳을 지켜보았다는 말(47절).

주석

42 "이 날은 예비일 곧 안식일 전날이었으므로, 저물었을 때에"(*καὶ ἤδη ὀψίας γενομένης, ἐπεὶ ἦν παρασκευή ὅ ἐστιν προσάββατον* - 카이 에데 옵시아스 게노메네스 에페이 엔 파라스큐에 호 에스틴 프로삽바톤). 본문의 구문은 다시 한 번 뒤얽혀 있다. 그가 말하고자 하는 것은 이 날의 끝이 빠르게 다가오고 있다는 것이다. 예수는 제구시경, 즉 오후 3시에 운명하셨다(15:34). 막 저물려고 하고 있는 것으로 보아서, 시간은 오후 4시에서 5시 사이다(Taylor, 599에 의하면 오후 4시). 이제 곧 유월절 식사를 하게 된다(또는 마가의 시간 계산에 의하면, 예비일의 저녁 식사). 마가는 "예비일"(*παρασκευή* - 파라스큐에)이 "안식일 전날"(*προσάββατον* - 프로삽바톤)이라고 설명한다. 안식일이 오후 6시경에 시작된다고 할 때, 예수를 장사지내기 위해 준비할 시간이 거의 없었다.

43 "존귀한 공회원 아리마대 사람 요셉"(*Ἰωσὴφ [ὁ] ἀπὸ Ἁριμαθαίας εὐσχήμων βουλευτής* - 이오셉 [호] 아포 하리마다이아스 유스케몬 불류테스). 사복음서 모두 아리마대 사람 요셉을 언급한다(마 27:57; 막 15:43; 눅 23:51; 요 19:38). 아리마

대라는 성읍은 라마다임-소빔(삼상 1:1), 라다민(1 Macc 11:34), 라마다인(Josephus, *Ant.* 13.4.9 §127)과 동일시되어 왔고, 이 모든 명칭들은 동일 지명을 나타내는 서로 다른 표기들로 생각된다(Fitzmyer, *Luke* 2:1526). 이러한 추정이 맞다면, 이 성읍은 예루살렘에서 북서쪽으로 20여 마일 떨어진 곳에 있다. 크로산(Crossan, *Who Killed Jesus?* 172-73)은 아리마대 사람 요셉에 관한 이야기가 예수가 어떻게 장사되셨는지에 관한 사정(事情)을 설명하는 데 이용하려고 마가가 만들어 낸 것이라고 믿는다(크로산은 예수의 장사는 실제로 일어나지 않았다고 생각한다). 그러나 방금 언급했듯이, 아리마대 사람 요셉은 문학적으로 공관복음서로부터 독립된(물론 모든 학자들이 이 점을 인정하지는 않는다) 제4복음서(참조. 요 19:38)에도 나온다. 후대의 복음서 기자들이 요셉의 지위를 높이려고 했다는 것은 분명하다 – 마태복음과 요한복음에서 요셉은 "예수의 제자"(마 27:57; 요 19:38, 여기에서는 "유대인을 두려워하여 은휘"했다는 말을 덧붙인다)로 나오고, 누가복음에서 그는 "공회 의원으로 선하고 의로운…사람"으로서 "저희의 결의와 행사에 가담하지 아니한 자"(눅 23:50-51)로 나온다. 그러나 이 사람이 존재하지 않았고, 예수의 장사(葬事)와 아무런 상관도 없었다고 결론을 내릴 만한 설득력 있는 이유가 없다. 아리마대 사람 요셉이라 하는 인물이 있었을 것이지만, 그에 대해서는 아무것도 알려져 있지 않다.

"이 사람은 하나님의 나라를 기다리는 자였다"(*ὃς καὶ αὐτὸς ἦν προσδεχόμενος τὴν βασιλείαν τοῦ θεοῦ* – 호스 카이 아우토스 엔 프로스데코메노스 텐 바실레이안 투 데우). 요셉의 호의와 대담성을 설명해 주는 최초의 복음서 기자는 마가인데, 그는 요셉이 "하나님의 나라를 기다리고 있었다"(*ἦν προσδεχόμενος τὴν βασιλείαν τοῦ θεου* – 엔 프로스데코메노스 텐 바실레이안 투 데우)고 말한다. 즉, 요셉은 예수 운동에 적극적으로 헌신하지는 않았지만 기본적으로 예수의 목적에 공감하고 있었던 것이다. 마가의 단어 선택은 이상하리만치 모호하고 진정성의 냄새를 풍긴다. 아리마대 사람 요셉이 마가가 만들어 낸 가공(架空)의 인물이었다면(이 인물이 제4복음서에 나온다는 사실을 잠시 접어두고), 우리는 마가가 예수에 대한 이 사람의 태도를 왜 이런 식으로 막연하게 얘기하고 있는지 의아해하지 않을 수 없게 된다. 마가 및 그 이전의 전승은 아리마대 사람이라고 하는 요셉이 바위를 깎아 만든 무덤에 예수의 시신을 장사했다는 것을 알고 있다. 그러나 요셉은 누구였고, 왜 이런 일을 했는가? 초기 그리스도인들은 확실히 알지를 못했다. 마가는 이 사람이 하나님 나라의 도래에 대한 소망을 품고 있었음에 틀림없다고(그리고 아마도 이 사람은 실제로 그랬을 것이고, 초기 그리스도인들도 그렇게 알고 있었을 것이다) 추정한 다음에 그가 "존귀한"(εὐσχήμων – 유스케몬) 인물이었다는 말을 덧붙인다. 마태, 누가, 요한에게는 이것은 충분한 근거가 되지 못했다: 요셉은 공회의 결정에 찬성하지 않은 의인이었거나(누가) 사실 드러나지는 않았지만(요한) 예수의 제자였다(마태와 요한).

"와서 대담하게도 빌라도에게 들어가 예수의 시체를 달라고 하였다"(*ἐλθὼν… τολμήσας εἰσῆλθεν πρὸς τὸν Πιλᾶτον καὶ ᾐτήσατο τὸ σῶμα τοῦ Ἰησοῦ* – 엘돈… 톨메사스 에이셀덴 프로스 톤 필라톤 카이 에테사토 토 소마 투 이에수). 요셉의 행위를 대담하다고 한 것은 로마 총독에 의해 단죄된 인물인 예수에게 관심을 보이는 행위는 위험한 일일 수 있었기 때문이다(참조. Brown, *CBQ* 50[1988] 233-45). 이렇게 관심을 보임으로써 요셉은 빌라도로부터 예수의 추종자들 중의 한 사람이거나 적어도 예수 및 그의 운동에 동조하는 자로 의심을 받을 수 있었다. 게다가 공회원으로서 요셉은 예수에게 관심을 보여서는 안 되었다. 예수의 벗으로 낙인찍히면, 사회적, 종교적, 정치적인 그의 장래에 매우 부정적인 결과들이 생길 수도 있었다.

그런데도 요셉은 왜 이런 위험성을 감수하고 예수를 장사지냈는가? 시신(아마도 세 명의 시신 모두?)을 내리게 해달라는 요셉의 요청은 먼저 이 땅이 유월절에 더럽혀져서는 안 되겠다는 마음에서 이루어졌을 것이다(특히 신 21:22-23에 비추어 볼 때; 위의 "양식/구조/배경"을 보라). 둘째, 그의 요청은 유대인의 경건, 즉 이 경우에는 죽은 자를 합당하게 장사지내는 것이 옳다는 생각에 따른 것이다(참조. Brown, *CBQ* 50[1988] 23-45). 셋째, 마가가 덧붙인 설명인 "하나님의 나라를 기다리는 자"였다는 말을 토대로 한다면, 요셉은 예수가 상징하는 것을 믿었을 것이고, 아마도 예수를 선지자로 여겼을 것이므로 예수에 대해서는 더더욱 합당한 장사를 지내야 한다고 생각했을 것이다. 물론 많은 해석자들은 마가의 이 첨가문이 변증적 목적의 주해(註解)가 아닐까 생각한다. 그럴 수도 있겠지만, 복음서 기자는 요셉이 실제로 예수의 추종자였다거나 제자였다고 주장하지 않는다(마태와 요한도 마찬가지다). 단지 마가는 요셉이 하나님 나라를 기다렸다고만 주장할 뿐이다. 이것은 요셉이 적어도 넓은 견지에서는 예수의 메시지에 공감하고 있었음을 의미한다. 물론 예수에 대한 요셉의 동정이 마가의 변증적 관심에 기여했다. "존귀한(εὐσχήμων – 유스케몬) 공회원"이 예수의 메시지에 본질적으로 공감하고 예수에게 유대인에게 합당한 장례를 치러 주었다는 것은 예수의 처형의 수치를 일부 덜어 준 것일 뿐만 아니라 예수의 장례에 어느 정도의 영예를 더해 준 것이기도 하다.

요셉은 예수에게 씌워진 죄목(罪目)을 고려할 때 로마 총독이 자신의 청을 십중

팔구 거절할 것임을 알고 있다(*Digesta* 48.24.1-2; 48.16.15, 3; Tacitus, *Ann.* 6.29를 보라). 그러나 교수대나 십자가에 밤새도록 시신을 달아 놓는 것은 유대인들의 관습에 어긋나는 일이었고(신 21:23; *m. Sanh.* 6:6; *b. Sanh.* 46b를 보라), 죽은 자를 장사지내 주는 것은 경건한 행위로 여겨졌다(삼하 21:12; *Tob* 1:17-19; 2:3-7을 보라). 게다가 빌라도는 예수의 시신을 백성들이 보지 않게 치울 수 있게 된 것을 천만다행으로 여겼을지도 모른다.

44 "빌라도는 예수께서 벌써 죽었을까 하고 이상히 여겨 백부장을 불러 죽은지 오래냐고 물었다"(*ὁ δὲ Πιλᾶτος ἐθαύμασεν εἰ ἤδη τέθνηκεν καὶ προσκαλεσάμενος τὸν κεντυρίωνα ἐπηρώτησεν αὐτὸν εἰ πάλαι ἀπέθανεν* – 호 데 필라토스 에다우마센 에이 에데 테드네켄 카이 프로스칼레사메노스 톤 켄티리오나 에페로테센 아우톤 에이 팔라이 아페다넨). 십자가에서 처형된 대부분의 죄수들은 2-3일, 때로는 더 오랫동안 살아 있으면서 고통을 당하다가 죽기 때문에, 빌라도는 예수께서 그렇게 빨리 죽었다는 것에 놀란다(참조. Seneca, *Dial.* 3.2.2: "길게 질질 끄는 고통"; Juvenal, *Sat.* 14.77-78; Isidore of Seville, *Etymologia* 5.27.34; Hengel, *Crucifixion*, 29-31; 또한 15:15에 대한 "주석"을 보라). 따라서 빌라도는 백부장을 불러서 예수도 정말 죽었는지를 묻는다. 예수의 시신을 넘겨 달라는 요청을 허락하기 전에 그가 정말 죽었는지를 확인하는 것이 총독에게는 꼭 필요했다. 한 풍자적인 이야기에서는 파수보는 로마 군병이 자리를 비운 사이에 십자가에서 자기 가족을 내렸다는 이야기도 있다(참조. Petronius, *Satyricon* 111). 풍자이긴 하지만 이 이야기는 십자가를 피함으로써 정의가 훼손될 가능성을 반영하고 있다. 요세푸스는 세 친구를 십자가에 달았다가 목숨이 붙어 있는 동안에 내렸는데 그 중 한 친구는 마침내 살아났다는 얘기를 우리에게 전해 준다(*Life* 75 §421).

45 "백부장에게 (예수께서 죽었다는 것을) 안 후에 요셉에게 시체를 내어주었다"(*καὶ γνοὺς ἀπὸ τοῦ κεντυρίωνος ἐδωρήσατο τὸ πτῶμα τῷ Ἰωσήφ* – 카이 그누스 아포 투 켄튀리오노스 에도레사토 토 프토마 토 이오셉). 빌라도는 백부장 – 아마도 예수의 극적인 죽음을 목격한 그 백부장일 것이다(15:37-39) – 에게 예수가 정말 죽었음을 확인한 후에 그 시체(*τὸ πτῶμα* – 토 프토마)를 요셉에게 내어준다.

46 "요셉이 세마포를 사서 예수를 내려다가 그것으로 싸서 바위 속에 판 무덤에 눕혀 놓고"(*καὶ ἀγοράσας σινδόνα καθελὼν αὐτὸν ἐνείλησεν τῇ σινδόνι καὶ ἔθηκεν αὐτὸν ἐν μνημείῳ ὃ ἦν λελατομημένον ἐκ πέτρας* – 카이 아고라사스 신도나 카델론 아우톤 에네일레센 테 신도니 카이 에데켄 아우톤 엔 므네메이오 호 엔 렐라토메

메논 에크 페트라스). 당시에 이것은 표준적인 매장 절차였다. 마가복음 기자는 이 무덤이 누구의 무덤이었는지를 밝히지 않는다. 마가와 그의 독자들은 아마도 이 무덤이 요셉의 것이었음을 전제하고 있는 것 같다. 그러나 요셉의 가족묘가 처형장 인근에 있었을 가능성은 거의 없다(참조. Brown, *CBQ* 50[1988] 233-45). 마태는 요셉이 예수의 시체를 "자기 새 무덤에"(마 27:60) 안치했다고 말하고, 누가는 그 시신이 "아직 사람을 장사한 일이 없는 바위에 판 무덤에"(눅 23:53) 놓아 두었다고 말한다. 맥케인(McCane, "Where No One Had Yet Been Laid")은 이 편집의 손길들은 예수의 매장의 수치를 완화시키기 위한 시도들이라고 설득력 있게 주장한다. 처형당한 범죄자의 시신은 일 년이 지난 후에 그 뼈들을 납골단지에 수습하기 전까지는 가족 무덤에 장사지내는 것이 금지되었다. 그러므로 유골은 가족용 토굴에 안치되었을 것이다. 다시 말해서 범죄자로 처형되면 그 수치는 죽은 후까지 계속되었다는 말이다. 그러므로 예수의 무덤은 범죄자 매장용으로 마련된 토굴로서(McCane, "Where No One Had Yet Been Laid") 수치의 장소로 여겨졌을 것이다(이런 이유로 주후 4세기까지 기독교 진영에서는 그 어떤 무덤도 신성시하지 않았다; Jeremias, *Heiligengräber*, 145는 이에 반대한다). 마태와 누가는 예수께서 안치된 무덤이 예수의 가족 무덤(갈릴리 나사렛 근처에 있었을 것이다)이 아니었음을 알았고, 따라서 그 무덤이 "새 무덤"(마태)이었다거나 "아직 사람을 장사한 일이 없는"(누가) 무덤이었다고 말함으로써 수치를 일부 완화시킨다. 후대의 전설을 담고 있는 베드로복음서(*Gospel of Peter*)는 예수의 수치스러운 장사(葬事)를 영예로운 것으로 바꿔놓는 여러 내용들을 덧붙인다(참조. 6.22; 12.52-54).

크로산(Crossan, *Who Killed Jesus?*)은 요셉이 예수와 함께 십자가에서 처형된 두 명의 죄수를 매장하지 않았다고 단언한다. 그는 요셉이 "경건한 공회원"으로서 이를 마땅히 했어야 하는데도 하지 않은 것은 이 이야기가 허구임을 보여 주는 강력한 증거라고 주장한다. 그러나 크로산의 논증은 본문에 나와 있지 않은 것을 토대로 하고 있는 "침묵에 의한 논증"이다. 우리는 요셉이 다른 두 사람을 매장했는지 안 했는지 모른다. 다른 두 사람은 그들의 가족이나 친구들에 의해서 매장되었을는지도 모른다. 이 두 사람이 예수를 욕했다고 말한(15:32) 마가복음 기자를 비롯해서 복음서 기자들은 이 두 사람에게 관심을 갖지 않는다. 아마도 세 사람 모두 매장되었을 것이다(우리의 제한된 자료들이 보여 주듯이, 유대인의 정서과 관습의 요구에 따라). 마가복음 기자가 아는 것은 아리마대 출신의 요셉이라는 사람이 예수의 시신을 확보해서 세마포로 된 수의로 그 시신을 싸서 바위 속에 판 무덤에 안치시켰다는 것이

전부다. 복음서 기자는 요셉이 이렇게 한 동기가 하나님 나라에 대한 소망 때문이었다고 말하긴 하지만, 이 사람이 제자(마태와 요한)였다거나 공회의 결정에 찬성하지 않은 선하고 의로운 사람(누가)이었다고 말하기는 회피한다. 예수는 함께 십자가에 못 박힌 다른 두 사람보다 더 나은 배려를 받았을 것이지만, 이것은 단지 추측일 뿐이다. 크로산은 마가가 세 사람이 모두 매장되었다는 것을 말하려고 하지 않은 것은 결국 같은 토굴에 안치되었을 시신들이 서로 혼동될 수 있었음을 내비치지 않기 위해서였다고 주장한다(*Who Killed Jesus?* 174). 이러한 순전히 사변적인 생각은 유대인들의 매장 관습과 유대인들의 능력에 대한 수치스러운 무지에 기인한다(McCane, "Where No One Had Yet Been Laid"를 보라).

신도나(*σινδόνα*, "세마포 수의")는 제4복음서에는 나오지 않지만, 거기에서는 타오도니아(*τὰ ὀθόνια*, "세마포")로 나온다. 이것들은 한쪽에 개켜져 놓여 있던 얼굴을 가리는 수건과는 별도로 무덤의 바닥에 놓여져 있는 채 발견된다(요 20:4-7). 마가복음에서는 얼굴을 가리는 수건은 언급되지 않고, 세마포 수의도 다시는 언급되지 않는다. 마태복음 27:59에서는 "정한"(*καθαρᾷ* – 카다라) 세마포라고 말하는데, 이것도 예수의 매장의 수치를 완화시켜 보려는 시도일 것이다. 마태의 "정한"이라는 표현은 다른 범죄자들의 매장에는 정성이 별로 들어가지 않았다는 의미를 함축한다.

"돌을 굴려 무덤 문에 놓았다"(*καὶ προσεκύλισεν λίθον ἐπὶ τὴν θύραν τοῦ μνημείου* – 카이 프로세퀼리센 리돈 에피 텐 뒤란 투 므네메이우). 요셉은 돌을 무덤 입구로 굴려서 무덤을 봉쇄한다. 무덤 입구를 큰 돌들로 막아 놓은 이런 류의 무덤들은 오늘날에도 예루살렘 근방에서 볼 수 있다. 관광의 명소가 된 저 유명한 동산 무덤(Garden Tomb)은 아마도 예수의 무덤이 아닐 것이다. 복음서 기자가 이 돌을 언급하는 이유는 그 돌이 빈 무덤의 발견에서 중요한 역할을 하기 때문이다.

47 "때에 막달라 마리아와 요세의 (어머니) 마리아가 예수를 어디에 두는지를 지켜보았다"(*ἡ δὲ Μαρία ἡ Μαγδαληνὴ καὶ Μαρία ἡ Ἰωσῆτος ἐθεώρουν ποῦ τέθειται* – 헤 데 마리아 헤 막달레네 카이 마리아 헤 이오세토스 에데오룬 푸 테데이타이). 복음서 기자는 다시 예수를 따르던 자들 중의 몇몇 여인들이 예수가 어디에 매장되었는지를 지켜 보았다고 말한다. 앞에서 이 여인들은 예수의 십자가 처형을 지켜보았다(15:40-41). 막달라 마리아를 비롯한 이 여인들은 빈 무덤을 발견하는 최초의 목격자들이 된다(16:1).

해설

예수의 장사(葬事)에 관한 이야기의 주된 취지는 간단히 말해서 예수께서 무덤에 장사되셨고(어느 정도의 예를 갖춰서), 두 여인이 예수께서 어디에 장사되었는지를 알았다는 것이다. 이 이야기의 취지는 간단하지만 매우 중요하다. 왜냐하면 여인들은 일요일 아침 일찍 무덤을 찾아가서 그 무덤이 비어 있음을 발견하기 위해서는 무덤의 위치를 알아야 하기 때문이다. 여기에는 변증적 목적도 내재해 있다. 제자들이 다 도망하고 베드로가 예수를 부인한 상태에서, 그들의 사랑하는 스승의 시신이 어떻게 되었는지를 아무도 몰랐을 가능성이 특히 컸기 때문이다. 만약 예수의 시신이 합당하게 장사되지 못했다면 그의 무덤의 소재가 알려지지 않았거나 아예 매장되지 못했을 것이고(그럴 가능성은 거의 없었다), 그러면 예수의 수치스러운 처형의 불명예는 한층 더 가중되었을 것이다. 마가의 이야기는 독자들에게 예수는 비록 통상적인 애곡이나 다른 예(禮)의 표시는 없었지만 진실로 합당하게 매장되었고, 그의 매장지는 알려져 있었다는 것을 확신시킨다. 십자가에 달린 지 불과 6시간 만에 예수께서 죽으셨다는 것을 빌라도가 확인하는 장면은 예수께서 산 채로 십자가에서 내려졌고 사실은 부활한 것이 아니었다는 의구심들을 반박하는 것일 수 있다. 초대 교회의 부활 선포에 대하여 이러한 반론들이 제기되었다는 것은 예수의 시신이 제자들에 의해서 무덤으로부터 옮겨졌다는 주장을 반박하지 않으면 안 된다고 생각한 마태에게서 확인된다(참조. 마 27:62-66; 28:11-15).

15. **예수의 부활과 빈 무덤의 발견**(16:1-8)

참고문헌

Aland, K. "Der Schluss des Markusevangeliums." In *L'Évangile selon Marc.* Ed. M. Sabbe. 435-70. **Bickermann, E.** "Das leere Grab." *ZNW* 23(1924) 281-92. **Boffo, L.** *Iscrizioni greche e latine per lo studio della Bibbia.* Brescia: Paideia Editrice, 1994. 319-33. **Bolt, P. G.** "Mark 16:1-8: The Empty Tomb of a Hero?" *TynBul* 47(1996) 27-37. **Botha, P. J. J.** "*οὐκ ἔστιν ὧδε*…: Mark's Stories of Jesus' Tomb and History." *Neot* 23(1989) 195-218. **Bush, R. A.** "Mark's Call to Action:

A Rhetorical Analysis of Mark 16:8." In *Church Divinity*. Ed. J. Morgan. Bristol: Wyndham Hall, 1986. 22-30. **Creed, J. M.** "The Conclusion of the Gospel according to Saint Mark." *JTS* o.s. 31(1930) 175-80. **Cumont, F.** "Un rescrit impérial sur la violation de sépulture." *Revue historique* 163(1930) 241-66. **Giesen, H.** "Der Auferstandene und seine Gemeinde: Zum Inhalt und zur Funktion des ursprünglichen Markusschlusses(16:1-8)." SNTSU 12(1987) 99-139. **Hamilton, N. Q.** "Resurrection Tradition and the Composition of Mark." *JBL* 84(1965) 415-21. **Hanhart, K.** *The Open Tomb: A New Approach, Mark's Passover Haggadah(±72 C.E.)*. Collegeville, MN: Liturgical Press, 1995. **Horst, P. W. van der.** *Ancient Jewish Epitaphs*. CBET 2. Kampen: Kok, 1991. 159-60. **Iersel, B. M. F. van.** "'To Galilee' or 'in Galilee' in Mark 14,28 and 16,7?" *ETL* 58(1982) 365-70. **Jenkins, A. K.** "Young Man or Angel?" *ExpTim* 94(1983) 237-40. **Kloner, A.** "Did a Rolling Stone Close Jesus' Tomb?" *BAR* 25.5(1999) 22-29, 76. **Lapide, P. E.** *The Resurrection of Jesus: A Jewish Perspective*. Minneapolis: Augsburg, 1977. **LaVerdiere, E.** "The End, a Beginning." *Emmanuel* 90(1984) 484-91. ______. "Robed in Radiant White." *Emmanuel* 90(1984) 138-42. **Lightfoot, R. H.** *The Gospel Message of St. Mark*. Oxford: Clarendon, 1950. 80-97. **Lincoln, A. T.** "The Promise and the Failure: Mark 16:7,8." *JBL* 108(1989) 283-300. **Metzger, B. M.** "The Nazareth Inscription Once Again." In *New Testament Studies: Philological, Versional, and Patristic*. NTTS 10. Leiden: Brill, 1980. 75-92. **Moule, C. F. D.** "St. Mark xvi.8 Once More." *NTS* 2(1955-56) 58-59. **Osborne, G. R.** *The Resurrection Narratives: A Redational Study*. Grand Rapids, MI: Baker, 1984. 43-72, 193-219. **Sandmel, S.** "Prolegomena to a Commentary on Mark." *JBR* 31(1963) 294-300(repr. in *New Testament Issues*. Ed. R. Batey. Harper Forum Books. New York: Harper & Row; London: SCM Press, 1970. 45-56; in S. Sandmel. *Two Living Traditions: Essays on Religion and the Bible*. Detroit: Wayne State UP, 1972. 147-57). **Turner, C. H.** "Marcan Usage: Notes, Critical and Exegetical, on the Second Gospel." *JTS* o.s. 26(1925) 12-20. **Vignolo, R.** "Una finale reticente: interpretazione narrativa di Mc 16,8." *RivB* 3(1990) 129-89.

Resurrection of Jesus

Crossan, J. D. *The Cross That Spoke: The Origins of the Passion Narrative*. San Francisco: Harper & Row, 1988. **Lake, K.** *The Historical Evidence for the Resurrection of Jesus Christ*. London: Williams & Norgate; New York: Putnam's Sons, 1907.

본 문

1 안식일이 지나매 막달라 마리아와 야고보의 어머니 마리아와 또 살로메가 가서 예수께 바르기 위하여 향품을 사다 두었다가

1 And when the Sabbath was past, Mary Magdalene, and Mary the mother of James, and Salome bought spices[a] so that, going, they might anoint him.[b]

2 안식 후 첫날 매우 일찌기 해 돋은 때에 그 무덤으로 가며

2 And very early in the morning of the first day of the week they come to the tomb, before the sun had risen.

3 서로 말하되 누가 우리를 위하여 무덤 문에서 돌을 굴려 주리요 하더니

3 And they were saying to themselves, "Who will for us roll the stone away from the door of the tomb?"[c]

4 눈을 들어 본즉 돌이 벌써 굴려졌으니 그 돌이 심히 크더라

4 And looking up, they see that the stone was rolled away; for it was very large.

5 무덤에 들어가서 흰 옷을 입은 한 청년이 우편에 앉은 것을 보고 놀라매

5 And going into the tomb, they saw a young man seated on the right, dressed in a white robe, and they were distressed.

6 청년이 이르되 놀라지 말라 너희가 십자가에 못 박히신 나사렛 예수를 찾는구나 그가 살아나셨고 여기 계시지 아니하니라 보라 그를 두었던 곳이니라

6 But he says to them, "Do not be distressed.[d] You seek Jesus the Nazarene, who was crucifed. He has been raised; he is not here. Behold the place where they laid him.

7 가서 그의 제자들과 베드로에게 이르기를 예수께서 너희보다 먼저 갈릴리로 가시나니 전에 너희에게 말씀하신대로 너희가 거기서 뵈오리라 하라 하는지라

7 But go, tell his disciples and Peter, 'He is going[e] before you in Galilee. There you will see him, just as he told you.'"

8 여자들이 심히 놀라 떨며 나와 무덤에서 도망하고 무서워하여 아무에게 아무 말도 하지 못하더라

8 And going outside, they fled from the tomb, for trembling[f] and amazement had taken hold of them. And they said nothing to anyone, for they were afraid.

원문주해

a. 몇몇 후대의 사본들은 포류데이사이 헤토이마산 아로마타(*πορευθεῖσαι ἡτοίμασαν ἀρώματα*, "가서 향품을 준비하였다")로 읽는다.

b. 일부 후대의 사본들은 톤 이에순(*τὸν Ἰησοῦν*, "예수")으로 읽는다.

c. 고대 라틴어 사본인 코덱스 보비엔시스(it^{k})는 3절과 4절 사이에 다음과 같은 내용을 삽입한다: "제삼시가 되어 갑자기 온 땅에 어두움이 임하고 천사들이 하늘에서 내려와서, 그가 살아 계신 하나님의 영광으로 올라가실 때에[surgente eo로 읽음] 동시에 저희도 그와 함께 올라가니 즉시 환해졌다. 그 때 여자들이 무덤에 왔다"(*Subito autem ad horam tertiam tenebrae diei factae sunt per totum orbem terrae, et descenderunt de caelis angeli et surgent in claritate vivi Dei simul ascenderunt cum eo, et continuo lux facta est. Tunc illae accesserunt ad monimentum*; Metzger, *TCGNT*[1], 121-22에 나오는 번역을 토대로 함). 웨스트코트와 호트(Westcott-Hort, *Introduction* 2:28)는 이 삽입문이 외경 자료를 토대로 한 것이라고 생각한다. 그들의 말이 옳을 것이다. 왜냐하면 보비엔시스 사본의 부활 장면도 베드로복음서에 나오는 좀더 공상적인 기사를 연상시키기 때문이다: "큰 소리가 하늘에서 울려퍼졌고, 그들은 하늘이 열리고 두 사람이 아주 밝은 빛 가운데 거기에서 내려와 무덤으로 다가오는 것을 보았다…또한 그들은 세 사람이 무덤에서 나오는 것-두 사람이 한 사람을 떠받쳤고, 십자가가 그들의 뒤를 따랐다-을 보았는데, 두 사람의 머리는 하늘에 닿았다. 그러나 손으로 이끌림 받고 있는 사람의 머리는 하늘 너머까지 미쳤다"(*Gos. Pet.* 9:35-10.40).

d. D, W사본과 몇몇 후대의 사본들 및 권위 있는 사본들은 메 포베이스데(*μὴ φοβεῖσθε*, "두려워 말라")로 읽는다(참조. 마 28:5). 이 말씀은 막 6:50에 나오는 예수의 말씀을 반영한 것이다.

e. 몇몇 후대의 사본들은 호티 에게르데 아포 네크론 카이 이두 프로아게이(*ὅτι ἠγέρθη ἀπο νεκρῶν καὶ ἰδοὺ προάγει*, "그가 죽은 자 가운데서 살아나셨고, 보라 먼저 가시나니")로 읽는다(참조. 마 28:7). 이 이독은 수난 예고들의 표현을 반영한 것인 듯하다(예를 들어, 막 9:9).

f. 헬라어로는 트로모스(*τρόμος*). D, W사본과 몇몇 후대의 권위 있는 사본들은 포보스(*φόβος*, "두려움")로 읽는다.

양식/구조/배경

불트만(Bultmann, *History*, 287)은 "이 이야기의 목적은 의심할 여지없이 빈 무덤을 통하여 예수의 부활의 현실성을 입증하려는 것"이라고 믿는다. 물론 이 말은 일리가 있지만, 가장 오래된 사본들에 부활 자체에 관한 기사는 없고 단지 부활에 관한 보도(6-7절)만 있는 마가복음에 그 말이 얼마나 잘 적용될지는 의심스럽다. 마가복음이 원래부터 부활 기사를 포함하고 있었음이 입증될 때에만 불트만의 지적은 타당하게 된다. 어쨌든 자기가 입증하고자 하는 것을 말하지 않는다는 것은 이상한 일이기 때문이다. (물론, Bultmann, *History*, 285는 마가복음이 원래 갈릴리에서의 부활 현현 기사로 끝이 났었다고 믿는다.) 게다가 불트만(*History*, 284-87)은 마가복음 16:1-8을 앞의 단락들과 잘 들어맞지 않는 이차적인 첨가로 본다(여자들의 이름들을 반복하고 있는 것[15:40, 47; 16:1]과 예수의 장사 준비가 덜 끝났다는 인상을 주는 것[15:40, 47; 16:1]에서 볼 수 있듯이). 그러나 어색한 장면 전환은 마가복음에서 심심찮게 볼 수 있는 것으로서, 자료들을 사용하고 있다는 것과 복음서 기자의 서투른 편집 솜씨를 보여 준다. 테일러(Taylor, 602)는 16:1-8(특히 1절)이 앞 단락들과 잘 들어맞지 않는 것은 이 단락이 14-15장의 바탕이 된 전승들과는 구별되는 다른 전승군에서 나왔다는 것을 보여 준다고 옳게 지적하고 있다. 복음서 기자는 "전승에 기초해서" 이 이야기를 구성했다. 테일러의 견해는 "마가는 빈 무덤 이야기를 만들어 내지 않았고" "무덤 전설은 마가 자신의 창작이 아니다"라고 단언하는 디벨리우스(Dibelius, *Tradition*, 190, 192)의 견해와 일치한다.

빈 무덤 이야기에 대한 가장 유명하고 합리적인 해석들 중의 하나는 소위 무덤 오인(誤認) 이론(Wrong Tomb Theory)이다. 레이크(Lake, *Historical Evidence*, 251-53)에 의하면, 일요일 이른 아침에 여자들은 예수의 시신이 놓여 있다고 생각한 무덤에 가서 한 청년을 만났고, 그 청년은 이 여자들이 심부름온 목적을 추측으로 생각해서 "그는 여기에 없다. 그들이 그를 놓은 곳으로 가라"고 말했다는 것이다. 그러고 나서 청년은 "아마도 옆 무덤을 가리켰을 것이다." 여자들은 이 청년의 말을 오해하고는 기겁을 하고 도망을 쳤다. 나중에 예수께서 부활하셨다는 사실을 알고 난 후에, 여자들은 자기들이 찾아간 무덤이 "비어" 있었다는 결론을 내렸다. 레이크(*Historical Evidence*, 263)는 "빈 무덤은…교리상으로 옹호하기가 불가능하고, 역사상으로 충분하게 인정될 수 없다"고 결론을 내린다.

레이크(Lake)가 이 기사의 역사성을 받아들이려면, 이 기사가 얼마만큼 충분히 신빙성이 있어야 하는지가 불분명하다. 빈 무덤에 관한 두 가지 독립된 기사들이 있는 것으로 보인다: 마가의 기사와 요한의 기사(요한복음의 독립성에 관해서는 학자들 사이에서 논란이 많긴 하지만). 그러나 이 문제의 가장 중요한 점은 가장 초기부터 예수의 제자들은 "부활"(*ἀναστασις*-아나스타시스) 또는 "일으키심을 받다"(*ἐγείρειν*-에게이레인, *ἀνιστανμαι*-아니스타나이)라는 말을 입에 올렸다는 사실인데, 이러한 말들은 유대 팔레스타인 상황에서는 무덤에서 다시 살아난 것을 의미한다(참조. 단 12:2: "땅의 티끌 가운데서 자는 자 중에 많이 깨어 영생을 얻는 자도 있겠고 수욕을 받아서 무궁히 부끄러움을 입을 자도 있을 것이며"). 빈 무덤의 발견은 그만두고라도, 예수의 부활 현현(顯現)들은 마치 부활절을 할로윈(Halloween, 亡諸聖瞻禮)으로 바꾸었듯이 유령 이야기들로 해석되었을 가능성이 농후했다. 따라서 예수께서 죽으셨고 장사지낸 바 되셨다가 다시 살아나셨다는(참조. 고전 15:3-4: "사흘 만에 다시 살아나사") 해석, 곧 초기 그리스도인들 사이에서 아무런 이의도 제기되지 않고 다른 각축하는 해석도 나오지 않은 이 만장일치의 해석은 살아 계신 그리스도를 여러 번 본 때문만이 아니라 빈 무덤을 발견한 결과이기도 했다고 해야 가장 잘 설명이 된다. 이 때문에 초기 그리스도인들은 부활 현현들을 단순한 유령 이야기가 아니라 "부활"이라는 관점에서 말하게 되었다.

빈 무덤 전승의 역사성을 뒷받침하는 중요한 사실은 무덤을 최초로 찾아간 사람이 예수의 주요한 남자 제자들이 아니라 여자들이었다는 인정하기 껄끄러운 사실이다. 여기에 난처성(embarrassment)의 원칙이라는 판별 기준이 적용된다. 바울의 부활 선포를 보면 남자들이 두드러지게 부각되어 나온다. 사실 여자들에 대한 언급은 전혀 없다(참조. 고전 15:3-8). 마가복음 16:1-8에 나오는 이야기에 대한 가장 유력한 설명은 이 이야기가 초대 교회가 실제로 일어난 것으로 알고 있었던 내용을 반영하고 있다는 것이다: 어떤 여자들이 부활을 기대해서가 아니라 대충 치러진 장사 절차를 보충하고 애곡하기 위하여 예수의 무덤에 갔다. 그런데 무덤은 비어 있었고, 여자들은 기절초풍했다. 그 후에 부활하신 그리스도께서 여러 번 나타나셔서, 이 여자들이 잘못 본 것이 아님이 분명해졌다. 또한 역으로 빈 무덤은 그리스도의 부활 현현들을 부활의 견지에서 이해해야 한다는 것을 분명히 해주었다.

여자들에 의한 빈 무덤의 발견의 역사성을 지지하는 이러한 강력한 증거는 베드로복음서가 정경의 사복음서에 나오는 부활 기사의 토대가 된 가장 초기의 부활 기사를 담고 있다는 크로산(Crossan)의 주장에 반한다(참조. *Cross That Spoke*). 베드로복음서에 의하면, 예수의 부활을 목격한 엄청난 수의 믿을 만한(그리고 적대적인) 증인들이 있었다고 한다. 베드로복음서의 부활 기사에 나오는 역사적 사실성이 결여되어 있는 것이 분명한 여러 내용들(유대 장로들과 고위 제사장들이 무덤에서 밤을 지새웠다는 것과 같은!)로 인하여, 크로산은 후대의 편집자가 이 이야기를 여러 군데 손질했다고 믿는다. 그러나 무슨 이유로 "여자들"이 빈 무덤을 발견하고 부활을 증언한 최초의 인물들로 소개되고 있는 것인가? 후대의 복음서 기자들이 베드로복음서를 손질하면서 베드로를 비롯한 다른 남자 제자들이 무덤을 발견했다고 하지 않은 까닭은 무엇인가? 마태와 누가가 자료로 사용한 마가 기사는 크로산의 주장에 강력하게 반발한다. 베드로복음서가 공관복음서보다 시기적으로 앞서고 공관복음서의 수난과 부활 기사에서 주된 자료로 사용되었을 가능성은 거의 없다. 그러므로 여자들에 의한 빈 무덤의 발견은 가장 근본적인 역사적 전승이었고, 후대에 덧붙여진 내용들(다른 정경 복음서들에 나오는 것처럼 여자들이 제자들에게 빈 무덤의 발견을 알렸고 제자들은 여자들의 내용을 확증했다는 내용, 또는 마태복음에 나오는 무덤을 지키는 사람에 관한 언급, 또는 베드로복음서에 나오는 수많은 적대적인 증인들 같은)은 부활 사건을 분명히 하거나 옹호할 목적으로 이루어진 윤색(潤色)일 가능성이 높다. (예를 들어, 예수는 정말 부활했는가, 아니면 그의 현현은 단지 유령에 불과한 것이었는가? 누가는 현현하신 예수께서 음식을 잡수셨기 때문에 전자라고 말한다[눅 24:36-43]. 그러나 제자들은 그 유령이 정말 예수였다는 것을 어떻게 알았나? 다른 사람이었을 수도 있지 않은가. 요한은 예수께서 제자들에게 손에 난 못자국들을 보였기 때문에 예수임을 확실하게 알았다고 말한다[요 20:19-29].)

좀더 최근에는 빈 무덤 이야기는 마가가 의도적으로 편집을 해서 마가복음의 결론부로 삼은 것이라는 주장이 제기되어 왔다(예를 들어, Crossan, "Empty Tomb and Absent Lord"; 참조. Weeden, *Mark*, 45-51, 101-17). 이 주장이 옳다면, 그것은 마가복음이 원래 8절에서 끝났었다는 견해를 강력하게 지지해 주는 것이 된다. 그러나 마가가 자신의 복음 이야기를 부활 현현 기사 없이 빈 무덤에 관한 이야기로 끝냄으로써 그의 대적들이 이적들과 유령들에 몰두해 있는 것에 반대하여 고난과 섬김을 강조하려 했다는 크로산의 결론은 설득력이 없다. 어쨌든 "그가 살아나셨다"(6절)와 "그가 너희보다 먼저 갈릴리로 가시나니…너희가 거기서 뵈오리라"(7절)는 청년의 말은 크로산이 이해한 마가의 목적과 상치(相馳)되지 않는가? 이적과 유령 이야기들을 좋아했다는 가설상의 마가의 대적들은 마가의 기사에 전적으로 만족했을 것이 아닌가? 복음서 기자는 마가복음 1-9장에 걸쳐서 변화산 사건을 포함한 여러 이적들과 이례적인 사건들을 기록한 다음에 복음서의 끝부분에서 한 신비한 청년이 예수께서 원래 약속하신 대로 부활하셔서 제자들보다 먼저 갈릴리로 가셨는데, 거기에서 제자들을 만나시리라고 알렸다는 으시시한 이야기를 기록해 놓았으니 말이다. 고난에 직면해서 인내해야 한다는 예수의 가르침 중간중간에 "삼 일 후에" 부활할 것이라는 확실한 예고들을 삽입해 놓아서야, 어떻게 복음서 기자가 가설상의 그의 대적들에 맞서 자신의 측면을 보호할 수 있었겠는가?

빈 무덤 이야기는 많은 상징적 해석들을 불러일으켰으나, 그 어느 것도 설득력이 없다. 보다(Botha, *Neot* 23[1989] 195-218)는 십자가에 못 박히신 후에 안치되어 큰 돌로 봉해졌던 무덤에서 예수께서 부활하셨다고 말해 주는 빈 무덤 이야기는 하나님께서 어떻게 불가사의한 방식으로 사람들을 구원할 수 있는지를 예시해 주는 복음서 기자의 방법이라고 생각한다. 비놀로(Vignolo, *RivB* 3[1990] 129-89)는 마가의 갑작스러운 종결(ending)에 의해 생겨나는 당혹감은 이 복음 이야기의 결론이 무엇이어야 하는지를 상상할 수 있도록 독자들을 고무시키는 역할을 한다고 생각한다.

신비롭게 등장했다가(15:40-41) 사라지는(16:8) 이 여인들에 의해 호기심이 생겨난 독자들의 마음은 예수를 찾고자 하는 마음으로 이끌리게 된다. 링컨(Lincoln, *JBL* 108[1989] 283-300)은 마가복음의 종결부 속에서 제자들을 통해 예시된 실패와 불순종에도 불구하고 끝까지 견디라는 격려를 발견한다. 기센(Giesen, *SNTSU* 12 [1987] 99-139)은 빈 무덤 이야기에서 주님의 부재(不在)나 여자들의 두려움에 초점을 맞추지 말고 공동체 및 일상 생활에서 경험되는 부활하셔서 살아 계신 그리스도에 초점을 맞추도록 신자들을 격려하는 의미를 발견한다.

또한 이 이야기에 나오는 세부적인 내용들에 대해서도 고도로 상징적인 해석들이 가해진다. 라베르디에르(LaVerdiere, *Emmanuel* 92[1986] 125-29)는 돌이 "매우 컸다"는 언급(4절)은 죽음의 심각성을 강조하고, 그 돌이 무덤 입구에서 굴려졌다는 것은 복음의 선포를 상징한다고 말한다. 또한 라베르디에르(*Emmanuel* 92[1986] 138-42)는 여자들이 무덤에서 만난 청년의 옷은 부활하시고 변화되신 주님의 광채를 반영하고 있는 세례 받은 그리스도인들을 상징한다고 믿는다. 그러나 젠킨스(Jenkins, *ExpTim* 94[1983] 237-40)는 흰 옷은 천상에서의 순교자의 모습을 나타내는 것으로서, 무덤에 나타난 청년의 모습은 예수의 제자들에게 복음을 위해서는 죽음도 불사하라는 도전이라고 생각한다. 이러한 해석들을 비롯한 수많은 상징적 해석들이 극히 주관적이고 증명이 불가능하다는 것은 명백하다.

빈 무덤은 로마 제국의 독자들 – 유대인이든 이방인이든 – 에게 깊은 인상을 심어 주었을 것이다. 예수께서 십자가에 못 박히신 동안에 적어도 두 가지 징조가 일어났다: 온 땅에 임한 어두움(15:33)과 예수께서 큰 소리를 지르시고 운명하실 때 성전 휘장의 찢어짐(15:37-38). 예수의 시신의 불가사의한 증발과 청년의 고지(告知)는 마가복음의 독자들에게 경외감과 경이감을 불러일으켰을 것이다. 그러나 로마 독자들에게 깊은 인상을 심어 주기 위한 목적으로 이 이야기를 전개했다고 해서 이 이야기 자체가 로마 전승들로부터 생겨났다는 것은 아니다. 해밀튼(Hamilton, *JBL* 84 [1965] 415-21)과 비커만(Bickermann, *ZNW* 23[1924] 281-92)과는 반대로, 볼트(Bolt, *TynBul* 47[1996] 27-37)가 빈 무덤 전승이 불가사의하게 무덤에서 다시 살아난 영웅에 관한 헬라-로마적인 사상들에서 유래했다는 견해를 의심하는 것은 옳다. 예수의 빈 무덤은 영웅의 빈 무덤이나 승천 전승들과는 아무런 상관이 없다.

예수의 문자 그대로의 부활에 대한 그리스도인들의 신앙으로 인해서 유대인과 그리스도인 간의 대화가 단절되었다고 확신한 한하르트(Hanhart, *Open Tomb*, ix)는 마가복음 16:1-8에 대한 새로운 이해를 추구한다. 그는 "마가복음의 종결부"는 문자 그대로의 역사가 아니라 "큰 위기의 때에 하나님에 대한 불굴의 신앙과 소망을 표현하는 미드라쉬적인 악가다(aggadah)로 보아야 한다"고 주장한다. 한하르트는 예수가 실제로 부활했다고 생각하고 유대인들 및 그리스도인들과 이 문제를 논하는 것을 즐기는 유대인 학자 라피데(Lapide, *Resurrection*)와 대화를 나누는 것 같다. 어쨌든 신학적 필요나 개인의 선호 등은 주해를 함에 있어서 역사적으로 무슨 일이 일어났고, 어떤 의도가 있었는지를 결론짓는 정당한 판별 기준이 될 수는 없다. 라피데는 먼저 역사 및 주해의 관점에서 논증한 다음에 그것이 무엇을 의미하는지를 신학적으로 성찰한다. 그는 역사 및 주해상의 관점에서 예수는 부활했다고 결론을 내리지만, 그렇다고 해서 반드시 예수가 이스라엘의 메시아인 것은 아니라고 단언한다.

연대가 불확실하지만 아마도 70년 이전의 것으로 보이는 나사렛에서 나온 한 비문은 고대 말기에 있어서 무덤의 신성함에 대한 이해에 도움을 준다. 나사렛 비문에는 이렇게 되어 있다(Boffo, *Iscrizioni*, 319-33; Cumont, *Revue historique* 163[1930] 241-66; Metzger, "Nazareth Inscription"; van der Horst, *Ancient Jewish Epitaphs*, 159-60를 보라).

> 가이사의 포고령: 무덤과 묘소들 – 누가 그것들을 조상이나 자녀나 가족의 구성원을 묻기 위한 경건한 곳으로 만들었든 – 은 영속적으로 손상되지 않고 보존되는 것이 나의 기쁨이라. 그러나 어떤 사람이 누가 그 무덤들을 파괴했다거나 어떤 다른 방식으로 거기에 매장된 시신들을 밖으로 내던졌다거나 악의적인 속임수로 묘를 다른 곳으로 옮겨서 거기에 매장된 자의 명예를 손상시켰다거나 묘석(墓石)이나 그 밖의 돌들을 제거해 버렸다고 고(告)해 오면, 사람들의 장례 예식을 주관하는 신들에 관한 문제로 취급하여 재판을 열 것을 나는 명하노라. 다른 무엇보다도 매장된 자들을 존중할 의무가 우리에게 있느니라. 어떤 이유로든 아무도 그들을 건드리지 않게 하라. 그러나 만약 그렇지 않다면[즉, 누가 그들을 건드리면], 나는 무덤 강도죄에 대하여 사형을 선고할 것을 원하노라.

메츠거(Metzger, "Nazareth Inscription," 91)는 이렇게 말한다. "실제로 이 포고령이 예수께서 죽기 전에 팔레스타인에서 공포되었다면…예수께서 부활했을 때는 매장된 시신들을 건드려서는 안 된다는 엄격한 법이 시행중이었을 것이고, 겁에 질려 있던 제자들에게는 감히 그 법을 어길 만한 용기가 없었을 것이다"(참조. Boffo, *Iscrizioni*, 333; Brown, 1293-94).

마가의 빈 무덤 이야기는 네 가지 주요한 요소들로 이루어져 있다. (1) 예수의 시신에 기름을 붓기 위해 여인들이 다가감(1-3절), (2) 열린 무덤의 발견(4절), (3) 청년의 메시지(5-7절), (4) 여자들의 도망과 두려움(8절).

주석

[1] "안식일이 지나자"(*καὶ διαγενομένου τοῦ σαββάτου*–카이 디아게노메누 투 삽바투). 즉 토요일 오후 6시가 지나자, 여인들은 예수의 시신에 쓸 향품과 기름을 사두는 등 여러 가지 채비를 할 수 있었다. 여인들은 다음날 아침 매우 일찍 무덤을 찾기로 계획했다(2절).

"막달라 마리아와 야고보의 어머니 마리아와 살로메"(*Μαρία ἡ Μαγδαληνὴ καὶ Μαρία ἡ* [*τοῦ*] *Ἰακώβου καὶ Σαλώμη*–마리아 헤 막달레네 카이 마리아 헤 [투] 이아코부 카이 살로메). 이 여인들은 15:40에 거명된 바 있고(해당 "주석"을 보라), 이들 중 두 사람은 15:47에도 그 이름이 나온다.

"가서 예수께 바르기 위하여 향품을 샀다"(*ἠγόρασαν ἀρώματα ἵνα ἐλθοῦσαι ἀλείψωσιν αὐτόν*–에고라산 아로마타 히나 엘두사이 알레입소신 아우톤). 예수의 죽음, 십자가에서 예수를 내림, 예수의 매장이 단시간에 이루어졌기 때문에, 유대인들의 매장 관습에 따른 예수의 시신에 대한 처리는 대충 이루어졌을 것이다. 이러한 예수의 시신이 단시간에 처리된 상황은 아리마대 사람 요셉에 관한 마가의 전승의 진정성을 추가적으로 뒷받침해 주는 증거가 된다. 이 요셉은 헌신된 제자가 아니었다. 그는 예수를 장사지내 주는 것을 종교적 의무라고 생각했다. 장사(葬事)는 경건하게 이루어진 것이 아니라 그저 신속하게 처리되었을 뿐이다(십자가에 함께 못 박혔던 나머지 두 강도도 마찬가지였을 것이다). 예수에게 헌신되어 있던 이 여인들(참조. 14:3-9)은 이제 그 미진한 장사 절차를 마무리하고자 한다. 시신을 합당하게 돌보는 일은 고대 말의 유대교에서 매우 중시되었고, 의인 아브라함의 매장을 돌본 천사들에 관한 외경 전승 속에 반영되어 있다: "그들은 그들의 손에 들어 있는 그의 귀한 영혼을 천상에서 짠 세마포에 담았다. 그리고 그들은 죽은 지 셋째 날까지 의인 아브라함의 시신을 천상의 기름과 향품으로 돌보았다. 그러고 나서 그들은 그를 약속의 땅에 묻었다"(*T. Abr.* 20:10b-11).

[2] "안식 후 첫날 매우 일찍이 해 돋기 전에"(*καὶ λίαν πρωὶ τῇ μιᾷ τῶν σαββάτων ἔρχονται ἐπὶ τὸ μνημεῖον ἀνατείλαντος τοῦ ἡλίου*–카이 리안 프로이 테 미아 톤 삽바톤 에르콘타이 에피 토 므네메이온 아나테일란토스 투 헬리우). 마가 본문의 표현은 헷갈리게 되어 있다–현재 형태의 본문으로는 서로 모순되고 서로 중복되어 장황하다. 헬라어 본문대로라면 내용이 서로 모순된다: "매우 일찍이…해 돋은 때에"(*λίαν πρωὶ…ἀνατείλαντος τοῦ ἡλίου*–리안 프로이…아나테일란토스

투 헬리우). 그러나 우포(*οὔπω*, "아직 아니다")가 본문에서 탈락되었을 가능성이 있다. 그렇게 보면, 본문은 서로 중복되어 장황하다고 할 수 있다: "매우 일찍이… 아직 해가 돋지 않았을 때에." 토레이(Torrey, *Our Translated Gospels*, 71-73)는 아람어 본문에 문제점이 있다고 생각한다. 수정을 한다면, 2절 끝부분의 독립소유격(*ἀνατείλαντος τοῦ ἡλίου*-아나테일란토스 투 헬리우)을 3절의 시작으로 보고 이렇게 읽으면 된다: "해가 돋았을 때에 서로 말하되…." 아마도 이것이 오해의 근원지일 것으로 생각되지만, 문제는 헬라어 본문에 있다. 헬라어 본문은 어떤 식으로든 훼손되었다고 볼 수 있기 때문에, 여기서는 "해가 돋기 전에"라는 번역을 택하기로 한다. 이것이 옳다면, 여인들은 오전 5시경에 무덤을 향해 출발한 것이 된다. 이 때는 매우 이른 시간이기 때문에, 여인들은 "안식일이 지난" 토요일 저녁에 향품을 사 두었어야 했을 것이다. 마가 본문에는 지진이 일어났다거나 천사가 하늘에서 내려와 돌을 굴려 주었다는 얘기가 나오지 않는다(참조. 마 28:2-4).

"저희가 그 무덤으로 갔다"(*ἔρχονται ἐπὶ τὸ μνημεῖον*-에르콘타이 에피 토 므네메이온). 여인들은 예수의 시신이 어디에 안치되었는지를 보아 두었기 때문에(참조. 15:47) 무덤으로 가는 길을 찾을 수 있었다. 마가는 무덤을 지키는 파수꾼에 대해서는 전혀 언급하지 않는다(마 27:62-66에 나오고, 또한 베드로복음서에서는 아주 심하게 윤색되어 나오는 전승). 따라서 여인들의 유일한 관심은 예수의 시신에 접근하는 것을 허락받는 것이 아니라 오직 접근하는 것이었다.

3 "누가 우리를 위하여 무덤 문에서 돌을 굴려 주리요?"(*τίς ἀποκυλίσει ἡμῖν τὸν λίθον ἐκ τῆς θύρας τοῦ μνημείου*-티스 아포퀼리세이 헤민 톤 리돈 에크 테스 뒤라스 투 므네메이우). 무덤 입구를 봉하는 데 사용된 돌들은 두께는 가지각색이었지만 직경이 5-6피트 정도 되었다. 돌 무게는 평균 수백 파운드나 나갔다. 이 돌들 중 일부는 평평한 통로를 따라 굴려졌지만, 보통은 무덤 자체의 외벽에 기대놓았기 때문에 마찰이 아주 심했다. 세 여인은 돌을 옆으로 굴릴 만한 키와 힘을 갖지 못하고 있다고 생각한다. 그들은 자기들을 위해 누가 그 일을 해줄 것인지를 걱정한다. 때가 일러서 자기들을 도와줄 사람이 아무도 없을 것이라고 여인들은 생각하는 것이다. 바로 이 대목에서 마가는 돌이 매우 컸다고 말해야 하지만, 사실 이 말을 4절 끝에 가서야 한다.

4 "눈을 들어 본즉 돌이 벌써 굴려졌는데"(*καὶ ἀναβλέψασαι θεωροῦσιν ὅτι ἀποκεκύλισται ὁ λίθος*-카이 아나블렙사사이 데오루신 호티 아포케퀼리스타이 호 리도스). 여인들은 전혀 예상치 못하게 돌이 이미 굴려져 있는 것을 발견했다. 그들

이 무덤으로 오면서 서로 얘기했던 문제를 어떻게 해야 할지를 전혀 몰랐는데, 그 문제는 이미 해결된 상태였다.

"그 돌이 심히 컸더라"(*ἦν γὰρ μέγας σφόδρα* – 엔 가르 메가스 스포드라). 마가복음 기자는 뒤늦게 이제서야 여자들이 예수의 시신에 다가가기 위하여 돌을 옆으로 굴리는 것을 놓고 걱정한(3절) 이유를 설명한다: 돌이 "심히 컸다"(*μέγας σφόδρα* – 메가스 스포드라). (마가가 수식어구의 위치를 서투르게 선정한다는 점에 관해서는 11:13에 대한 "주석"을 보라.) 이 말을 통해서 복음서 기자는 돌이 굴려진 것 자체가 초자연적 능력이 역사(役事)했음을 보여 주는 것임을 암시하기도 한다. 왜냐하면 그러한 큰 돌은 쉽게 움직일 수 없기 때문이다.

클로너(Kloner, *BAR* 25.5[1999] 22-29, 76)는 예수 당시에 무덤 입구를 봉쇄하는 데 사용된 돌들 중 대략 98% 정도는 네모난 돌덩어리였다고 추정한다. 좀더 큰 바퀴 모양의 돌들은 부자들만이 사용했다. 그러므로 그는 예수의 무덤을 막는 데 사용된 돌은 좀더 작은 네모난 돌덩어리였을 것이며, 네모난 돌들에 대해서도 동사 아포케퀼리스타이(*ἀποκεκύλισται*, "굴려졌다")가 여전히 사용될 수 있었다고 말한다. 그러나 복음서 전승은 이 무덤이 부자의 것이었다고 말하고 있기 때문에, 예수의 무덤을 막는 데 사용된 돌은 바퀴 모양의 좀더 큰 종류의 것이었을 가능성이 크다.

5 "무덤에 들어가서"(*καὶ εἰσελθοῦσαι εἰς τὸ μνημεῖον* – 카이 에이셀두사이 에이스 토 므네메이온). 제4복음서 기자는 무덤 안을 들여다보기 위해서는 몸을 구푸려야(*παρακύπτειν* – 파라큅테인) 했다고 말한다(요 20:5). 이는 바위를 파서 만든 무덤의 입구가 보통 대략 가로와 세로가 1미터 정도 되는 크기였기 때문이다. 이 정도의 크기면 고개를 숙이지 않고는 무덤에 들어갈 수 없었을 것이다. 그러므로 직경이 4피트 정도 되는 돌이면 입구를 막는 데 충분했다. 실제로 여자들은 작은 입구를 통해 무덤 속으로 들어가서야 비로소 그 안에 무엇 또는 누가 있는지를 알 수 있다.

"흰 옷을 입은 한 청년이 우편에 앉은 것을 보고"(*εἶδον νεανίσκον καθήμενον ἐν τοῖς δεξιοῖς περιβεβλημένον στολὴν λευκήν* – 에이돈 네아니스콘 카데메논 엔 토이스 덱시오이스 페리베블레메논 스톨렌 류켄). 여인들은 예수의 시신이 있을 것이라고 생각했으나, 실제로는 한 "청년"(*νεανίσκον* – 네아니스콘)을 보게 된다. 이 청년의 정체는 끊임없는 논쟁거리가 되어 왔다. 마가복음에서 "청년"(*νεανίσκον* – 네아니스콘)이라는 단어가 나오는 또 하나의 유일한 대목은 홑이불만을 걸치고 따라오다가 벗어던지고 어둠 속으로 도망친 청년에 관한 이야기인 14:51-52이다. 그 동안 이 옷을 벗어던진 청년과 흰 옷을 입은 청년 간의 의미 있는 연관 관계를 찾아내고

자 하는 몇몇 견해들이 제기되어 왔다. 이 견해들 중 대부분은 과도하게 주관적이고 상징적인 해석들이다(14:51-52에 대한 "주석"을 보라).

이 청년을 "눈같이 흰"(*λευκὸν ὡς χιών* – 류콘 호스 키온) 옷을 입은 "번개 같은"(*ὡς ἀστραπή* – 호스 아스트라페) "천사"(*ἄγγελος* – 앙겔로스)로 묘사하는 마태복음 28:3, 5과는 반대로, 마가는 빈 무덤에 앉아 있던 이 사자(使者)를 단지 "청년"(*νεανίσκον* – 네아니스콘)으로만 묘사하고 있다는 점을 학자들은 흔히 지적한다. 그러나 천사들은 종종 이런 식으로 묘사된다: "아주 힘이 세고 눈부시게 아름다우며 휘황찬란하게 옷을 입은 두 청년도 그에게 나타났다(*δύο προσεφάνησαν αὐτῷ νεανίαι* – 뒤오 프로세파네산 아우토 네아니아이)"(2 Macc 3:26). "대제사장이 속죄제를 드리고 있을 때, 바로 그 청년들(*νεανίαι* – 네아니아이)이 전과 똑같은 옷을 입고 다시 헬리오도루스에게 나타났다"(3:33). 맥락을 통해 분명히 알 수 있듯이, 이 청년들은 천사들이다. 그리고 요세푸스의 글에는 이런 말이 나온다: "한번은 그(마노아)의 아내가 혼자 있을 때 하나님께로서 온 한 천사(*ἄγγελος* – 앙겔로스)가 준수하고 키가 큰 청년(*νεανίᾳ* – 네아니아)의 모습으로 그녀에게 나타났다"(*Ant.* 5.8.2 §277). 처음에는 천사가 사람의 모양으로 나타났다가 나중에야 비로소 수호천사로 그 본래의 모습을 드러냈다는 토빗에 관한 이야기도 시사해 주는 바가 있다(참조. *Tobit*[ℵ] 5:5, 7, 10).

마가도 이 청년이 "흰 옷을 입었다"(*περιβεβλημένον στολὴν λευκήν* – 페리베블레메논 스톨렌 류켄)고 말한다. 이 옷도 이 청년이 천사임을 암시한다. 마카베오2서 5:2에서 천사들은 "금빛 옷들"(*διαχρύσους στολάς* – 디아크뤼수스 스톨라스)을 입고 있는 모습으로 나온다. 천사 또는 신비로운 인물의 옷에 관한 언급들은 전형적이다(참조. *L.A.B.* 9:10: "보라, 세마포 옷을 입은 한 사람이 서서 내게 말했다"; 계 7:9: "흰 옷을 입고"[*περιβεβλημένους στολὰς λευκάς* – 페리베블레메누스 스톨라스 류카스]; 7:13: "흰 옷을 입은 자들"[*οὗτοι οἱ περιβεβλημένοι τὰς στολὰς τὰς λευκάς* – 후토이 호이 페리베블레메노이 타스 스톨라스 타스 류카스]; 10:1: "다른 천사가 구름을 입고"[*ἄλλον ἄγγελον…περιβεβλημένον νεφέλην* – 알론 앙겔론…페리베블레메논 네펠렌]). 변화되어서 그 옷이 천상의 모습을 띠게 된 예수도 "세상에서 빨래하는 자가 그렇게 희게 할 수 없을 만큼 심히 희어졌다(*λευκᾶναι* – 류카나이)"고 한다(막 9:3).

마태는 마가의 청년을 천사로 분명하고도 정확하게 이해한다. 물론 마태복음 기자는 이 이야기의 마가 판본에 윤색을 가했지만, 인간을 천사로 수정하는 등의 중요한 변경을 가하지는 않았다(Taylor, 606-7). 모든 것을 고려할 때, 마가는 독자들이 16:5에 나오는 청년을 천사로 이해하도록 할 의도를 가지고 있었다고 볼 수 있다(대부분의 주석가들; 또한 Brown, 1:300을 보라).

복음서 기자는 이 청년이 "우편에 앉아 있었다"(*καθήμενον ἐν τοῖς δεξιοῖς* – 카데메논 엔 토이스 덱시오이스)고 말하는데, 이는 권세 또는 영예를 암시하는 표현으로서, 곧 하나님의 "우편에 앉게 될"(*ἐκ δεξιῶν καθήμενον* – 에크 덱시온 카데메논; 14:62에 예언된 대로; 참조. 시 110:1) 부활하신 그리스도를 암시하기도 한다. 우편에, 아마도 예수의 시신이 눕혀져 있던 곳의 우편에 앉아 있었다는 것은 부활하신 그리스도를 대변할 권세가 이 청년에게 위임되었음을 암시한다 – 물론 이를 근거로 "이 청년이 예수를 대표하고 있다"(Gundry, 990)고 보는 것은 의심스럽다.

"저희는 고민스러웠다"(*καὶ ἐξεθαμβήθησαν* – 카이 엑세담베데산). 여자들은 열려진 무덤과 청년의 존재를 발견하고 고민스러웠다(또는 "놀랐다"). 에크담베인(*ἐκθαμβεῖν*, "놀라다, 고민스러워하다")이라는 단어는 통상적으로 커다란 감정의 동요를 나타낸다. 9:15에서 "온 무리가 곧 예수를 보고 심히 놀라며(*ἐξεθαμβήθησαν* – 엑세담베데산) 달려와 문안"했다. 무리는 변화산에서 방금 내려오신 예수의 모습을 보고 놀랐음이 분명하다(9:15에 대한 "주석"을 보라). 14:33에서 예수는 "괴로워하기 시작하셨다"(*ἤρξατο ἐκθαμβεῖσθαι* – 에륵사토 에크담베이스다이)고 하는데, 여기서 에크담베인(*ἐκθαμβεῖν*)은 아데모네인(*ἀδημονεῖν*, "슬퍼하다")과 대구를 이루면서 이런 의미를 지닌다(14:33에 대한 "주석"을 보라). 그러나 여기 16:5에서 여자들은 놀랐을 뿐만 아니라 열린 무덤과 신비하고 낯선 인물을 발견하고 고민스러웠을 것이다. 예수의 시신은 어디로 간 것일까? 그들은 계획한 대로 예수의 시신에 기름을 부을 수 있을 것인가?

마태복음 기자와 누가복음 기자는 마가복음의 이 장면이 모호하고 알쏭달쏭하다는 것을 깨닫고 초자연적인 요소들을 크게 증대시키는 방식으로 이 장면을 다시 쓴다 – 서로 독립적으로. 마태복음(28:5)에서 청년은 주의 천사(중요한 구약의 이미지들을 지니는)가 되고, 누가복음(24:4)에서는 두 명의 인물로 확대되어서(참조. 요 20:12) 이중의 증언에 대한 누가의 선호(참조. 눅 10:1)를 다시 한 번 확인해 주는데, 이 인물들은 그 찬란한 옷으로 보아서 분명 천사적인 존재들이다(참조. 눅 24:23).

6 "고민스러워하지 말라"(*μὴ ἐκθαμβεῖσθε* – 메 에크담베이스데). 청년은 여자들에게 걱정할 것이 아무것도 없다고 말한다. 모든 것이 예정대로 된 것이라는 말이다.

"너희가 십자가에 못 박히신 나사렛 예수를 찾는구나"(*Ἰησοῦν ζητεῖτε τὸν Ναζαρηνὸν τὸν ἐσταυρωμένον* – 이에순 제테이테 톤 나자레논 톤 에스타우로메논). 청년은 여자들이 무덤에 온 목적을 담담하게 진술함으로써 여인들을 재빨리 안심시킨다. 그는 여인들이 예수를 따르는 자들로서 예수에게 시중들기 위해서 온 것임을 알고 있다.

"그가 살아나셨고 여기 계시지 아니하니라 보라 저들이 그를 두었던 곳이니라"(*ἠγέρθη, οὐκ ἔστιν ὧδε· ἴδε ὁ τόπος ὅπου ἔθηκαν αὐτόν* – 에게르데 우크 에스틴 호데 이데 호 토포스 호푸 에데칸 아우톤). 청년은 이제 예수의 시신이 없는 이유를 설명한다: "그는 살아나셨고, 여기 계시지 않다"(*ἠγέρθη, οὐκ ἔστιν ὧδε* – 에게르데 우크 에스틴 호데). 여자들의 얼굴에 쓰여진 못 믿겠고 이해할 수 없다는 표정에 응답이라도 하듯, 청년은 여자들에게 "저들이 그를 두었던 곳"(*ὁ τόπος ὅπου ἔθηκαν αὐτόν* – 호 토포스 호푸 에데칸 아우톤)을 살펴보라고 말한다. 여기서 마가복음의 독자들은 15:47을 상기하게 된다: "막달라 마리아와 요세의 어머니 마리아가 예수 둔 곳(*ποῦ τέθειται* – 푸 테데이타이)을 보더라." 여자들은 예수의 시신이 어디에 안치되었는지를 알고 있었다. 그러므로 청년은 여자들에게 무덤을 찾아보고 예수의 시신이 정말 "여기에 없다"(*οὐκ⋯ὧδε* – 우크⋯호데)는 것을 확인하라고 권하는 것이다. 욥의 유언서(T. Job) 39:11-12에 이와 병행되는 흥미로운 내용이 나온다: "저희는 (욥의 죽은 자녀들을) 파내기 위해 떠났으나, 나(욥)는 '헛고생들 하지 말아라. 내 자녀들은 하늘로 들려 올라갔기 때문에, 너희는 그들을 찾지 못할 것이다'라고 말하며 그것을 말렸다."

7 "가서 그의 제자들과 베드로에게 말하라"(*ἀλλὰ ὑπάγετε εἴπατε τοῖς μαθηταῖς αὐτοῦ καὶ τῷ Πέτρῳ* – 알라 휘파게테 에이파테 토이스 마데타이스 아우투 카이 토 페트로). 여인들의 두려움과 의심을 해소시켜 준 후에, 청년은 이제 그들에게 예수의 제자들, 특히 베드로에게 가서 전하라고 명한다. 특별히 베드로를 언급한 이유는 무엇일까? 테일러(Taylor, 607)는 "베드로의 부인(否認) 사건을 염두에 둔 것임이 틀림없다"고 말하는데, 이는 옳은 것 같다. 여자들이 부활의 기쁜 소식의 전달자라는 사실은 이 전승의 진정성을 말해 준다. 만약 이 이야기가 신앙에 의해 만들어진 것이라면, 그러한 중요한 역할을 예수를 따르던 자들 중에서 보잘것없는 자들(당시에 여자들은 이렇게 취급되었을 것이다)에게 맡기지는 않았을 것이기 때문이다.

"예수께서 너희보다 먼저 갈릴리로 가시나니, 전에 너희에게 말씀하신 대로 너희가 거기서 뵈오리라"(*προάγει ὑμᾶς εἰς τὴν Γαλιλαίαν· ἐκεῖ αὐτὸν ὄψεσθε, καθὼς εἶπεν ὑμῖν*—프로아게이 휘마스 에이스 텐 갈릴라이안 에케이 아우톤 옵세스데 카도스 에이펜 휘민). 청년은 여자들에게 베드로에게 가서 전할 말을 일러준다. 복수형 휘마스(*ὑμᾶς*, "너희")는 이 메시지가 단지 베드로뿐만 아니라 모든 제자들을 향한 것임을 보여 준다. 프로아게이(*προάγει*, "먼저 가다")는 단순히 갈릴리에 먼저 도착하겠다는 의미뿐만 아니라 리더십을 함축하는 표현이다. 따라서 에이스 텐 갈릴라이안(*εἰς τὴν Γαλιλαίαν*)은 "갈릴리로"가 아니라 "갈릴리에서"로 번역되어야 한다. 마가복음에서 전치사 에이스(*εἰς*, "~으로")는 흔히 엔(*ἐν*, "~에서") 대신에 사용되는 경우가 흔하다(예를 들어, 1:9: "그는 요단강에서[*εἰς*] 세례를 받았다"; 1:21: "그가 회당에서[*εἰς*] 가르치시니"; 1:39: "온 갈릴리에서[*εἰς*] 저희 회당에서[*εἰς*] 전도하시고"; 참조. Turner, *JTS* o.s. 26[1925] 14-20; van Iersel, *ETL* 58 [1982] 365-70; 또한 14:28에 대한 "주석"을 보라). 이것은 부활하신 그리스도께서 제자들 앞서 갈릴리로 가신다거나 갈릴리에서 그들을 인도하실 것임을 의미한다. 이 말에 함축된 뜻은 예루살렘으로의 운명의 여행을 위해 잠시 중단되었던 하나님 나라를 선포하고 진척시키는 사역이 이제 다시 재개되리라는 것이다. "너희가 거기서 그를 뵈오리라"(*ἐκεῖ αὐτὸν ὄψεσθε*—에케이 아우톤 옵세스데)는 말은 부활에 대한 사도들의 신앙이 소문(즉, 여인들의 보고)이 아니라 직접적인 체험과 목격에 의거할 것임을 분명히 말해 준다. 청년이 전한 메시지의 내용은 전혀 예상치 못한 일이 아니었다. 왜냐하면 예수께서 스스로 바로 그러한 것을 예고하셨기 때문이다: "그러나 내가 살아난 후에 너희보다 먼저 갈릴리로 가리라"(14:28).

8 "여자들이 심히 놀라 떨며 나와 무덤에서 도망하고"(*καὶ ἐξελθοῦσαι ἔφυγον ἀπὸ τοῦ μνημείου, εἶχεν γὰρ αὐτὰς τρόμος καὶ ἔκστασις*—카이 엑셀두사이 에퓌곤 아포 투 므네메이우 에이켄 가르 아우타스 트로모스 카이 엑스타시스). 이 깜짝 놀랄 만한 소식을 듣고 나서, 여자들은 "놀람과 떨림"(*τρόμος καὶ ἔκστασις*—트로모스 카이 엑스타시스)에 사로잡힌 채 무덤을 황급히 빠져나왔다. 여자들은 자기들이 본 것과 들은 것에 너무도 흥분이 되어서 사지가 부들부들 떨리기 시작했다.

"아무에게 아무 말도 하지 못했다"(*καὶ οὐδενὶ οὐδὲν εἶπαν*—카이 우데니 우덴 에이판). 여자들은 청년들이 방금 전에 그들에게 명한 것과는 반대로 행동한다. 본문의 이중부정(二重否定)인 우데니 우덴(*οὐδενὶ οὐδέν*, 직역하면 "아무에게 아무 것")은 강조의 의미를 띤다. 여자들이 제 정신을 차려서 그들이 받은 경령을 수행하지 못했지만, 독자들은 부활하신 그리스도께서 갈릴리에서 제자들에게 나타나실 것임을 안다. 이제 독자들은 예수의 예고들(수난 및 "삼 일 후의" 부활에 관한 그의 반복된 예고들 같은)이 틀림없이 이루어진다는 것을 안다.

"이는 저희가 무서워하였음이라"(*ἐφοβοῦντο γάρ* – 에포분토 가르). 여자들은 공포에 질려서 얼어붙은 듯 아무것도 할 수가 없었고 아무 말도 할 수가 없었다. 그러나 독자들은 여자들이 정신을 차린 후에 제자들 및 베드로에게 청년의 메시지를 전하는 그들의 소임을 다할 것이라고 추측하게 된다(참조. Creed, *JTS* o.s. 31[1930] 175-80; Moule, *NTS* 2[1955-56] 58-59; Cranfield, 469). 물론 원래의 마가 이야기는 몇 단락이 더 계속되어서 예고된 대로 갈릴리에서 제자들에게 예수께서 나타나신 장면으로 끝났을 것이다. 그러나 마가복음의 가장 오래된 사본들은 여기 8절에서 끝이 난다(16:9-20에 관한 논의를 보라). 마가복음이 8절로 끝나는지의 문제를 놓고 열띤 논쟁이 벌어져 왔는데, 많은 학자들은 8절이 원래의 종결부라고 주장하고(예를 들어, Wellhausen, 137; Lohmeyer, 356-60; Lightfoot, *Gospel Message*, 80-97, 106-16; Crossan, "Empty Tomb and Absent Lord"; Lane, 591-92; Bush, "Mark's Call to Action"), 또 다른 많은 학자들은 원래의 종결부는 우연이든 고의적이든 망실되었거나 복음서 기자가 결론부를 쓰는 데 방해를 받았을 것이라고 주장한다(예를 들어, Swete, 399; Turner, 82-83; Cranfield, 471; Taylor, 609; Gundry, 1009-12).

알란트(Aland, "Der Schluss," 461-64)는 본문의 가르(*γάρ*)가 이 문장에만 걸리는 것이 아니라 마가복음 전체를 마감하는 단어일 수 있다고 주장한다. 샌드멜(Sandmel, *JBR* 31[1963] 54-55)은 마가복음의 급작스러운 종결은 의도적인 것이라고 생각한다.

> 그것은 경멸을 받아 마땅한 제자들에 대하여 기가 막히게 경멸적인 심판을 내리고 있다. 마가복음이 부활 현현 기사 없이 끝난다는 것은 더 이상 의외일 수 없다. 왜냐하면 솜씨가 뛰어난 저자가 어찌 예수께서 자기에게 불충하고 자기를 부인한 자들에게 나타난 것으로 묘사할 수 있었겠는가? "그의 제자들과 베드로에게 이르기를 예수께서 너희보다 먼저 갈릴리로 가신다고 말하라"는 말씀(16:7)은 이제 새로운 의미를 띠게 된다. 이 말씀은 통상적으로 생각해 온 것처럼 약속이 아니라 경멸의 의도를 지닌 심한 책망이기 때문이다.

샌드멜의 말은 일부 옳은 점이 있으나, 복음서 기자가 그의 결론부 또는 청년의 말에 "경멸"의 의도를 지닌 "경멸적인 심판" 또는 "책망"의 의도를 담았다는 것은 의심스럽다. 이 단락의 초점은 권면이 아니라 기독론에 맞추어져 있다. 예수는 신원

(伸寃)되었고, 그가 곤경에 처해 있을 때 그를 따르지 못했던 그의 겁먹은 제자들은 그들이 이해하지 못했던 바로 그 예언이 성취되었다는 말을 듣게 된다: "그가 살아나셨고 여기 계시지 아니하니라…예수께서 너희보다 먼저 갈릴리로 가시나니 전에 너희에게 말씀하신 대로 너희가 거기서 뵈오리라"(6-7절; 참조. 14:28).

건드리(Gundry, 1009-12)는 8절의 마지막 문장인 "무서워하여 아무에게 아무 말도 하지 못하더라"는 원래 지금은 없어져 버린 새로운 단락의 시작이었다는 그의 견해를 뒷받침하는 중요한 증거들을 열거한다. 그 중 몇 가지만 예를 들어보면 다음과 같다. (1) 마가는 하나님의 권능이 변화산 사건에서 임한 것을 보게 된 것, 나귀 새끼를 얻은 것, 다락방을 구한 것, 수난 예고들 같은 예수의 여러 예고들의 성취를 일관되게 얘기해 왔다. (2) 마지막 문장을 제자들에게 가서 전하라는 청년의 명령을 여인들이 불순종하는 것으로 이해하고자 할 의도였다면, 복음서 기자는 새로운 단락을 도입할 때 통상적으로 사용하는 카이(*καί*, "그리고")가 아니라 역접(逆接)의 접속사인 데(*δέ*) 또는 알라(*ἀλλά*, "그러나")를 사용했을 것이다. (3) 마태복음과 누가복음은 여자들로부터 시작되는 부활 기사들을 계속해서 얘기하는데, 이는 마가복음의 잃어버린 기사도 여자들에 관한 이야기로 시작되었을 것임을 의미한다. (4) 마태복음과 누가복음의 부활 기사 속에는 공통의 자료를 보여 주는 내용들이 나오는데, 이 자료는 아마도 마가복음이었을 것이다. (5) 마가복음 기자는 두렵다는 표현을 단락의 끝이 아니라 시작에서 사용하는 것이 보통이다(5:33, 36; 6:20, 50; 9:6; 10:32; 11:32). (6) 마가복음에 나오는 가르(*γάρ*) 절들 중에서 오직 10%만이 단락의 끝에 나온다. 이러한 통계는 8절의 마지막 부분이 앞 단락의 끝이 아니라 새로운 단락의 시작이라는 견해에 유리하게 작용한다. 마찬가지로 가르(*γάρ*)로 끝나는 책들이 극히 드물다는 사실도 8절을 마가복음의 종결절로 보는 데 주의해야 한다는 것을 말해 준다. (7) 초대 교회의 설교에서 부활 현현들에 관한 내용이 중심적인 위치를 차지했다는 것은 마가복음이 정경의 다른 세 복음서들과 마찬가지로 부활하신 그리스도의 현현으로 끝난다는 견해를 뒷받침해 준다(참조. Cranfield, 471; Taylor, 609; Osborne, *Resurrection Narratives*, 64-65).

이러한 증거들의 누적적인 효과를 건드리(Gundry)의 논거들과 함께 고려하면, 가능성의 무게는 8절이 마가복음의 끝이 아니었고, 원래 부활 현현 기사가 있었다가 나중에 잃어버려졌거나 계획되었다가 글로 완성되지 못했다는 견해쪽으로 기운다. 현존하는 가장 초기의 사본들은 8절에서 끝나지만, 후대의 사본들은 계속해서 부활 현현들을 얘기한다. 이 후대의 사본들에 의하면 마가복음은 두 가지로 끝이 나는데,

이에 대해서는 다음 단원에서 간략하게 살펴보게 될 것이다.

해설

예수의 장사는 서둘러서 치러졌고, 또한 죄인이라는 신분으로 인해서 장례 예식에 어떤 제한들이 있었을 것이기 때문에, 세 명의 용감한 여인들은 장례 절차를 마무리하고 조용히 애곡하기 위해 일요일 이른 아침에 위험을 무릅쓰고 무덤으로 향한다. 여인들은 누가 그 무거운 돌을 굴려 줄까를 걱정하는데, 예수의 남자 제자들은 그 어느 누구도 이 여인들을 도울 수 없다는 것이 아이러니컬하다. 그러나 이 문제는 신속하게 해결된다. 여인들이 무덤에 도착했을 때, 돌은 이미 굴려져 있었다. 무덤에 들어간 여인들은 한 청년을 보게 되는데, 마가복음 기자는 그 청년을 천사라 부르지 않고 다만 자신의 서술에 비추어서 독자들로 하여금 그 청년이 천사일 것이라고 생각하게 만든다.

청년은 소스라치게 놀라는 여인들에게 나사렛 예수께서 부활하셨기 때문에 무덤에서 찾을 수 없을 것이라고 말한다. 그는 여인들에게 예수의 시신을 놓았던 곳을 살펴보라고 권한다. 정말 예수는 온데간데 없었다. 청년은 여인들에게 제자들, 특히 베드로에게 가서 예수께서 그들보다 먼저 갈릴리에 가리니 거기서 그를 보게 될 것이라고 전하라고 명한다. 여기에는 반어법적(反語法的)인 요소가 있다. 제자들은 도망을 쳐서 고인(故人)이 되어 버린 스승을 남겨두고 고향을 향해 길을 재촉하고 있었을 것이다. 그러나 일은 그렇게 되지 않을 것이다. 예수는 그들보다 먼저 갈릴리에 도착해서 "갈릴리에서" 그들을 "이끄시게" 될 것이다. 이 말은 부활하신 예수께서 계속해서 제자들을 이끌며 하나님 나라의 사역을 이루어 나가실 것임을 함축한다.

마가복음은 여인들이 너무도 놀란 나머지 겁에 질려 말을 못하게 되었다는 문장으로 갑자기 끝난다. 이 이야기는 청년이 여인들에게 명한 소임을 여인들이 수행하고 예수께서 전에 약속하신 대로 제자들에게 나타난다는 내용으로 계속되었을 가능성이 대단히 높다. 마가복음은 공생애 동안의 사역에서 사람들을 놀라게 했을 뿐만 아니라 그의 죽음과 부활을 통해서도 사람들을 놀라게 한 예수의 두려운 권능을 다시 한 번 강조하면서 극적인 종결부로 끝난다. 마가복음의 첫머리에서 예수는 "하나님의 아들"(1:1)로 선포되고, 이것은 나중에 하늘에서 들려온 소리에 의해 확증된다(1:11). 마가복음의 끝에서 로마의 백부장, 곧 예수의 처형을 감독했고 예수를 조롱하는 데도 참여했을 바로 그 사람이 십자가에 못 박힌 이가 진실로 "하나님의 아들"(15:39)이었다고 고백하는데, 이 고백은 부활, 빈 무덤의 발견, 여인들이 만난 청년에 의해 확증된다. 예수는 "자기 목숨을 많은 사람을 위한 대속물로 바칠"(10:45) 것을 요구하면 천부께서 그에게 주신 잔을 마시셨다. 그러나 확신 있게 예고한 대로 예수는 죽은 자 가운데서 살아나셨고, 제자들보다 앞서 가서 계속해서 그들을 이끄실 것이다. 그러므로 공생애 초기에 택함받아서 사명을 위임받은 그의 제자들의 사역은 이제 새로운 활기와 비전으로써 계속된다.

16. 두 가지 종결부(16:9-20)

참고문헌

Burgon, J. W. *The Last Twelve Verses of the Gospel according to S. Mark.* Oxford: James Parker, 1871. **Conybeare, F. C.** "Aristion, the Author of the Last Twelve Verses of Mark." *Exp* 4.8(1893) 241-53. **Evans, H. H.** *St. Paul the Author of the Last Twelve Verses of the Second Gospel.* London: Nisbet, 1886. **Farmer, W. R.** *The Last Twelve Verses of Mark.* SNTSMS 25. Cambridge: Cambridge UP, 1974. **Martin, J. P. P.** *Partie pratique.* Vol. 2 of *Introduction à la critique textuelle du Nouveau Testament.* Paris: Maisonneuve freres et C. Leclerc, 1884. 1-554. **Powell, E.** *The Unfinished Gospel: Notes on the Quest for the Historical Jesus.* Westlake Village, CA: Symposium Books, 1994. **Thomas, J. C.** "A Reconsideration of the Ending of Mark." *JETS* 26(1983) 407-19.

본 문

9 (예수께서 안식후 첫날 이른 아침에 살아나신 후 전에 일곱 귀신을 쫓아 내어 주신 막달라 마리아에게 먼저 보이시니	**9** But when he rose early on the first day of the week, he appeared first to Mary Magdalene, from whom he had cast out seven demons.
10 마리아가 가서 예수와 함께하던 사람들의 슬퍼하며 울고 있는 중에 이 일을 고하매	**10** That woman, going, announced to those who had been with him,[b] as they were mourning and weeping.
11 그들은 예수의 살으셨다는 것과 마리아에게 보이셨다는 것을 듣고도 믿지 아니하니라	**11** And they, having heard that he was alive and had been seen by her, did not believe.

12 그 후에 저희 중 두 사람이 걸어서 시골로 갈 때에 예수께서 다른 모양으로 저희에게 나타나시니
13 두 사람이 가서 남은 제자들에게 고하였으되 역시 믿지 아니하니라
14 그 후에 열한 제자가 음식 먹을 때에 예수께서 저희에게 나타나사 저희의 믿음 없는 것과 마음이 완악한 것을 꾸짖으시니 이는 자기의 살아난 것을 본 자들의 말을 믿지 아니함일러라
15 또 가라사대 너희는 온 천하에 다니며 만민에게 복음을 전파하라
16 믿고 세례를 받는 사람은 구원을 얻을 것이요 믿지 않는 사람은 정죄를 받으리라

17 믿는 자들에게는 이런 표적이 따르리니 곧 저희가 내 이름으로 귀신을 쫓아 내며 새 방언을 말하며
18 뱀을 집으며 무슨 독을 마실찌라도 해를 받지 아니하며 병든 사람에게 손을 얹은즉 나으리라 하시더라

19 주 예수께서 말씀을 마치신 후에 하늘로 올리우사 하나님 우편에 앉으시니라

20 제자들이 나가 두루 전파할쌔 주께서 함께 역사하사 그 따르는 표적으로 말씀을 확실히 증거하시니라)

12 But after these things he appeared in another form to two of them as they were walking, going in the country.
13 And when they returned, they reported to the rest; but they did not believe them.
14 Later, he appeared to the eleven themselves as they reclined; and he reproached their unbelief and hardness of heart, because they had not believed those who had seen him risen.[c]
15 And he[d] said to them, "Having gone into all the world, preach the gospel[e] to every creature.
16 The one who believes and is baptized will be saved; but the one who does not believe will be condemned.[f]
17 But these signs will accompany those who believe: in my name they will cast out demons; they will speak in new[g] tongues;
18 [and with their hands][h] they will pick up snakes, and if they drink any deadly poison, it will not hurt them; they will lay hands on the sick, and they will recover."
19 Then the Lord Jesus,[i] after he had spoken to them, was taken up into heaven, and sat down at the right hand of God.[j]
20 But going out, they preached everywhere, while the Lord worked alongside and confirmed the message through the accompanying signs.[k]

마가복음 전문을 담고 있는 고대 사본들은 네 가지 종결부를 우리에게 보여 준다. (1) 16:8에서 "여자들이 무서워하였음이라"로 끝나는 종결부, (2) 16:20에서 끝나는 이른바 긴 종결부, (3) 16:8에 이른바 짧은 종결부를 첨가해 놓은 것, (4) 16:20에 짧은 종결부를 첨가해 놓은 것. 옛 사본들 중에는 긴 종결부 또는 짧은 종결부가 가짜라거나 적어도 의심스럽다는 뜻에서 별표 또는 단검표를 해놓은 것들이 많다.

긴 종결부a

9 예수께서 안식 후 첫날 이른 아침에 살아나신 후 전에 일곱 귀신을 쫓아내어 주신 막달라 마리아에게 먼저 보이시니 10 마리아가 가서 예수와 함께하던 사람들의 슬퍼하며

울고 있는 중에 이 일을 고하매 11 그들은 예수의 살으셨다는 것과 마리아에게 보이셨다
는 것을 듣고도 믿지 아니하니라.
12 그 후에 저희 중 두 사람이 걸어서 시골로 갈 때에 예수께서 다른 모양으로 저희에
게 나타나시니 13 두 사람이 가서 남은 제자들에게 고하였으되 역시 믿지 아니하니라.
14 그 후에 열한 제자가 음식 먹을 때에 예수께서 저희에게 나타나사 저희의 믿음 없는
것과 마음이 완악한 것을 꾸짖으시니 이는 자기의 살아난 것을 본 자들의 말을 믿지 아니
함일러라 15 또 가라사대 너희는 온 천하에 다니며 만민에게 복음을 전파하라 16 믿고
세례를 받는 사람은 구원을 얻을 것이요 믿지 않는 사람은 정죄를 받으리라 17 믿는 자들
에게는 이런 표적이 따르리니 곧 저희가 내 이름으로 귀신을 좇아내며 새 방언을 말하며
18 뱀을 집으며 무슨 독을 마실지라도 해를 받지 아니하며 병든 사람에게 손을 얹은즉
나으리라 하시더라.
19 주 예수께서 말씀을 마치신 후에 하늘로 올리우사 하나님 우편에 앉으시니라 20 제
자들이 나가 두루 전파할새 주께서 함께 역사하사 그 따르는 표적으로 말씀을 확실히 증
거하시니라.

짧은 종결부

여자들은 자기들이 들은 말을 베드로와 함께 있는 자들에게 짤막하게 전하니라. 이 일 후에 예수께서 저희를 통해서 동에서 서까지 거룩한 불멸의 영원한 구원의 말씀을 전하였더라. 아멘.

간기(刊記)

B사본: 카타 마르콘(*κατὰ Μᾶρκον*, "마가에 의한").

ℵ. A, C, L, W, 33사본: 유앙겔리온 카타 마르콘(*εὐαγγέλιον κατὰ Μᾶρκον*, "마가에 의한 복음").

D사본: 유앙겔리온 카타 마르칸 에텔레스데 아르케타이 프락세이스 아포스톨론(*εὐαγγέλιον κατὰ Μᾶρκαν ἐτελέσθη· ἄρχεται πράξεις ἀποστόλων*, "마가에 의한 복음이 끝났고, 사도행전이 시작된다").

71, 251, 470사본: 텔로스 투 카타 마르칸 유앙겔리우(*τέλος τοῦ κατὰ Μᾶρκαν εὐαγγελίου*, "마가에 의한 복음의 끝").

G, S, 28, 128사본: 토 카타 마르칸 유앙겔리온 엑세도데 메타 크로누스 이[또는 이브] 테스 투 크리스투[G: 퀴리우] 아날렘세오스(*τὸ κατὰ Μᾶρκαν εὐαγγελίον ἐξεδόθη μετα χρόνους ί* [또는 *ιβ*] *τῆς τοῦ Χριστοῦ* [G: *κυρίου*] *ἀναλήψεως*, "마가에 의한 복음은 그리스도[G: 주님]의 승천 후 십[또는 십이] 년 되던 때에 쓰여졌다").

483, 484사본: 토 카타 마르칸 유앙겔리온 엑세도데 메타 크로누스 이 테스 투 아날렙세오스 카이 에케뤽데 에크 로메스 휘포 페트루(*τὸ κατὰ Μâρκαν εὐαγγελίον ἐξεδόθη μετὰ χρόνους ι´ τῆς τοῦ ἀναλήψεως. καὶ ἐκηρύχθη ἐκ Ῥώμης ὑπὸ Πέτρου*, "마가에 의한 복음은 그리스도의 승천 후 십 년 되던 해에 쓰여졌다. 그리고 그것은 베드로에 의해 로마에서 선포되었다").

13, 124, 346사본: 유앙겔리온 카타 마르칸 에그라페 로마이스테 엔 로메 메타 이브 에테 테스 아날렙세오스 투 퀴리우(*εὐαγγέλιον κατὰ Μâρκαν ἐγράφη ῥωμαιστῆ ἐν Ῥώμῃ μετὰ ιβ ἔτη τῆς ἀναλήψεως τοῦ κυρίου*, "마가에 의한 복음은 주님의 승천 후 열두 해 되던 해에 로마에서 로마어로 쓰여졌다").

293사본: 에그라페 이데오케이로스 아우투 투 하기우 마르쿠 엔 테 프레스뷔테라 로메 메타 크로누스 데카 테스 투 크리스투 카이 투 데우 헤몬 아날렙세오스 카이 엑세도데 파라 페트루 투 프로토코뤼파이우 톤 아포스톨론 토이스 엔 로메 우시 피스토이스 아델포이스(*ἐγράφη ἰδεωχειρῶς αὐτοῦ τοῦ ἁγίου Μâρκου ἐν τῇ πρεσβυτέρᾳ Ῥώμῃ μετὰ χρόνους δέκα τῆς τοῦ Χριστοῦ καὶ τοῦ θεοῦ ἡμῶν ἀναλήψεως καὶ ἐξεδόθη παρὰ Πέτρου τοῦ πρωτοκορυφαίου τῶν ἀποστόλων τοῖς ἐν Ῥώμῃ οὖσι πιστοῖς ἀδελφοῖς*, "이것은 우리의 그리스도이자 하나님의 승천 후 십 년 되던 때에 로마 장로회에서 성 마가의 손에 의해 쓰여졌다: 그리고 이것은 사도들 중의 지도자인 베드로에 의해 로마의 신실한 형제들에게 주어졌다").

M, X, *Θ*, *Π*, 69, 476, 481사본: 간기(刊記)가 없다.

표제(表題)

א, B사본: 카타 마르콘(*κατὰ Μâρκον*, "마가에 의한").

A, C, D, L, W, F, 33사본: 유앙겔리온 카타 마르콘(*εὐαγγέλιον κατὰ Μâρκον*, "마가에 의한 복음").

G사본: 토 카타 마르콘(*τὸ κατὰ Μâρκον*, "마가에 의한 [복음]").

80, 89, 128, 241사본: 토 카타 마르콘 하기온 유앙겔리온(*τὸ κατὰ Μâρκον ἅγιον εὐαγγέλιον*, "마가에 의한 거룩한 복음").

불가타역 및 몇몇 고대 라틴어 사본들: "[여기서] 마가에 의한 [복음]이 시작된다"(*incipit secundum Marcum*).

원문주해

a. 이러한 종결부들이 원래 마가복음에 있었던 것인가에 관한 문제는 아래의 "양식/구조/배경"에서 논의된다. 사본상의 증거들에 대해서는 Westcott-Hort, *Introduction* 2:28

-51 ; Metzger, *TCGNT*[1], 122-28를 보라.

b. 몇몇 후대의 사본들은 토이스 마데타이스 아우투(*τοῖς μαθηταῖς αὐτοῦ*, "그의 제자들에게")로 읽는다.

c. A, C*, 33사본과 몇몇 후대의 사본들은 에크 네크론(*ἐκ νεκρῶν*, "죽은 자 가운데서")으로 읽는다. W사본은 다음과 같은 내용을 첨가하고 있다:

κἀκεῖνοι ἀπελογοῦντο λέγοντες ὅτι ὁ αἰὼν οὗτος τῆς ἀνομίας καὶ τῆς ἀπιστίας ὑπο τὸν σαταναν ἐστιν, ὁ μὴ ἐῶν τὰ ὑπὸ τῶν πνευμάτων ἀκάθαρτα τὴν ἀλήθειαν τοῦ θεου καταλαβέσθαι δὺναμιν· διὰ τοῦτο ἀποκάλυψόν σου τὴν δικαιοσύνην ἤδη, ἐκεῖνοι ἔλεγον τῷ ξριστῷ. καὶ ὁ χριστὸς ἐκείνοις προσέλεγεν ὅτι πεπλήρωται ὁ ὅρος τῶν ἐτῶν τῆς ἐξουσίας τοῦ σατανᾶ, ἀλλὰ ἐγγίζει ἄλλα δεῖνα· καὶ ὑπὲρ ὧν ἐγὼ ἁμαρτησάντων παρεδόθην εἰς θανατὸν ἵνα ὑποστρέψωσιν εἰς τὴν ἀλήθειαν καὶ μηκέτι ἁμαρτήσωσιν ἵνα τὴν ἐν τῷ οὐρανῷ πνευματικὴν καὶ ἄφθαρτον τῆς δικαιοσύνης δόξαν κληρονομήσωσιν.

"저들은 스스로 변명하여 이르기를 불법과 불신앙의 이 세대는 진리와 하나님의 권능이 귀신들의 더러운 것들을 이기게 허락하지 않는 사단 아래 있나이다 그러니 주의 의를 지금 보여 주소서 [이렇게] 저희가 말하자 그리스도께서 대답하여 이르시기를 사단이 권세를 쥔 날은 다 찼고 다른 끔찍한 일들이 다가오고 있느니라 범죄한 자들을 위하여 나는 죽음에 넘겨지나니 저희로 진리로 돌아와서 더 이상 범죄치 않고 하늘에 있는 의의 영적이고 썩지 않는 영광을 유업으로 받게 하려 함이라." (Taylor, 614-15의 번역을 각색한 것)

프리어 로기온(Freer Logion)이라 불리는 이 외경적인 글은 *New Testament Apocrypha*, ed. W. Schneemelcher, rev. ed., 2 vols.(Cambridge : James Clarke ; Louisville : Westminster John Knox, 1991) 1 : 248-49에 수록된 J. Jeremias, "The Freer Logion"에서 논의된다. 예레미아스는 이 어록을 외경적인 것으로 옳게 보고 있지만, 또한 오래된 원시적 전승으로 본다. 그는 이 전승이 신약(과 구약)의 여러 주제들 및 구절들에 대한 반영(反映)들로 가득 차 있다고 말한다.

d. 몇몇 고대 라틴어 사본들은 "예수"(Iesus)로 읽는다.

e. 페쉬타(Peshitta)는 "내 복음"으로 읽는다.

f. W사본은 카타크리데이스 우 소데세타이(*κατακριθεὶς οὐ σωθήσεται*, "정죄를 받고 구원을 얻지 못하리라")로 읽는다.

g. C*, L사본과 몇몇 후대의 권위 있는 사본들은 카이나이스(*καιναῖς*, "새로운")를 생략한다.

h. Nestle-Aland[27]과 USBGNT[3c]는 이 단어들을 괄호 안에 넣는다. 이 단어들은 A, D, W 사본 및 몇몇 후대의 사본들에는 나오지 않는다.

i. W사본은 크리스토스(*χριστός*, "그리스도")를 첨가한다. 한 고대 라틴어 사본은 "주

예수 그리스도"(*dominus Iesus Christus*)로 읽는다.

j. 몇몇 후대의 권위 있는 사본들은 투 파트로스(*τοῦ πατρός*, "아버지")로 읽는다.

k. 몇몇 후대의 사본들은 텔로스(*τέλος*, "끝") 또는 아멘(*ἀμήν*, "아멘")으로 읽는다.

l. L사본은 페레타이 푸 카이 타우타(*φέρεταί που καὶ ταῦτα*, "어딘가에서는 이러한 일들도 유포되고 있다")로 읽는다. 몇몇 후대의 사본들은 엔 알로이스 안티그라포이스 우크 에그라페 타우타(*ἐν ἄλλοις ἀντιγράφοις οὐκ ἐγράφη ταῦτα*, "다른 필사본들에는 이러한 일들이 기록되어 있지 않다") 또는 엔 티신 안티그라폰 타우타 페레타이(*ἐν τισὶν ἀντιγράφων ταῦτα φέρεται*, "필사본들 중 일부에서는 이러한 일들이 유포되고 있다")로 읽는다.

m. 몇몇 후대의 사본들은 에파네(*ἐφάνη*, "나타나셔서") 또는 에파네 아우토이스(*ἐφάνη αὐτοῖς*, "저희에게 나타나셔서")로 읽는다. 이에 따르면 본문은 다음과 같이 읽게 된다: "예수께서 친히 저희에게 나타나셔서, 저희를 통해서 동에서 서까지…선포를 보내었다."

n. L사본과 몇몇 후대의 권위 있는 사본들은 아멘(*ἀμήν*, "아멘")을 생략한다.

양식/구조/배경

8절이 마가복음이 원래 끝나는 곳이었느냐는 문제를 놓고 학자들은 양편으로 거의 대등하게 갈라져 있지만(16:8에 대한 "주석"을 보라), 이른바 긴 종결부(즉, 9-20절)와 짧은 종결부 모두가 본문상으로 가짜라는 것에 대해서는 거의 모두가 일치된 의견을 보인다(Taylor, 610: "거의 만장일치의 결론을 얻었다"). 대부분의 학자들은 긴 종결부를 마태, 누가, 요한, 사도행전에 나오는 전승들을 혼합하고 몇몇 전설적인 내용들을 가미해서 만든 후대의 이차적인 창작이라고 생각한다.

이 종결부의 저자 문제와 관련하여 가장 흥미로운 주장을 제시한 사람은 에반스(H. H. Evans, *St. Paul the Author*)인데, 그는 사도 바울이 마가복음 16:9-20을 썼다고 주장해 왔다. 그러나 말도 안 되는 주장을 따르는 학자는 아무도 없다. (또 다른 저서에서 에반스는 바울이 누가복음-사도행전을 썼다는 이론까지 제기했다.) 코니비어(Conybeary, *Exp* 4.8[1893] 241-53)는 마가복음 16:9-20이 주후 2세기의 변증론자인 아리스티온(Aristion)에 의해 쓰여졌다고 주장한다. 19세기 사람들인 버곤(Burgon, *Last Twelve Verses*)과 마르탱(J. P. P. Martin, *Partie pratique*)은 마가복음 16:9-20이 진정한 것이라고 주장했고, 아주 최근에 파월(Powell, *The Unfinished Gospel*)은 마가의 잃어버린 종결부는 요한복음 21장에 보존되어 있다고 주장하였다.

파머(Farmer, *Last Twelve Verses*)는 마가복음 16:9-20의 진정성을 지지하는 증거

와 부인하는 증거가 반반씩 나눠져 있다고 생각한다. 그는 진정성이 있다는 쪽으로 기운다. 공관복음서들의 관계에 관한 그의 이해에 따르면, 이것은 마가복음의 이 마지막 열두 절이 마태복음과 누가복음에 나오는 내용들을 합성한 것임을 의미한다. 종결부가 진정한 것이라면, 파머는 마가 후대설(後代說)에 대한 최고의 증거를 갖게 되는 셈이다. 그러나 마가복음의 종결부는 일부 원래의 종결부를 보존하고 있다고 할지라도 진정성을 지니고 있다고 보기는 어렵다.

마가복음의 긴 종결부의 여러 부분들은 다른 복음서들 및 사도행전에 나오는 여러 요소들을 토대로 한 것으로 보인다. 가장 뚜렷하게 드러나는 요소들 중 일부는 다음과 같다.

11절: 믿음의 부족(참조. 눅 24:11)
12절: 도상(途上)의 두 사람(참조. 눅 24:13-35)
14절: 믿지 않는 것에 대한 책망(참조. 요 20:19, 26)
15절: 지상명령(참조. 마 28:19)
16절: 구원/심판(참조. 요 3:18, 36)
17절: 방언을 말함(참조. 행 2:4; 10:46)
18절: 뱀과 독(참조. 행 28:3-5)
18절: 병자에 대한 안수(참조. 행 9:17; 28:8)
19절: 승천(참조. 눅 24:51; 행 1:2, 9)
20절: 사도행전에 대한 전체적인 요약

이렇게 긴 종결부의 내용들은 여러 자료들로부터 축약되거나 요약된 것으로 보인다(참조. Pesch, 2:545-46: 막 16:9-20은 "복음서들에 이미 나와 있는 전승들을 발췌하여 편집한 것"이다; 또한 Metzger, *TCGNT*[1], 122-28; Thomas, *JETS* 26 [1983] 407-19를 보라). 이 점은 마가복음의 위조된 종결부의 해당 부분과 엠마오 도상의 두 제자에 관한 훨씬 더 긴 묘사(눅 24:13-35)를 비교해 보면 더욱 뚜렷하게 드러난다. 다음 표에는 마가 본문은 전체가, 누가복음에서는 병행되는 부분들만이 제시되어 있다.

마가복음 16:12-13	누가복음 24장
μετὰ δὲ ταῦτα(메타 데 타우타) "이 일 후에"	*καὶ ἰδού*(카이 이두; 13절) "보라"
δυσὶν ἐξ αὐτῶν(뒤신 엑스 아우톤)	*δύο ἐξ αὐτῶν*(뒤오 엑스 아우톤; 13절)

"저희 중 두 사람"	"저희 중 두 사람"
περιπατοῦσιν(페리파투신)	*περιπατοῦντες*(페리파툰테스; 17절)
"걸어서"	"걷고 있는데"
ἐφανερώθη ἐν ἑτέρᾳ μορφῇ	*μὴ ἐπιγνῶναι αὐτόν*
(에파네로데 엔 헤테라 모르페)	(메 에피그노나이 아우톤; 16절)
"예수께서 다른 모양으로 나타나시니"	"예수를 알아보지 못하고"
πορευομένοις εἰς ἀγρόν	*ἦσαν πορευομένοι εἰς κώμην*
(포류오메노이스 에이스 아그론)	(에산 포류오메노이 에이스 코멘; 13절)
"시골로 갈 때에"	"저희는 시골로 가고 있었다"
κἀκεῖνοι ἀπελθόντες	*ὑπέστρεψαν εἰς Ἰερουσαλήμ*
(카케이노이 아펠돈테스)	(휘페스트렙산 에이스 이에루살렘; 33절)
"저희가 돌아와서"	"저희는 예루살렘으로 돌아왔다"
ἀπήγγειλαν τοῖς λοιποῖς	*καὶ εὗρον…τοὺς ἕνδεκα καὶ τοὺς σὺν αὐτοῖς*
(아펭게일란 토이스 로이포이스)	(카이 휴론…투스 헨데카 카이 투스 쉰 아우토이스; 33절)
"저희가 남은 자들에게 고하였으되"	"저희는 열한 제자 및 그들과 함께 한 자들을 발견하고"
	καὶ αὐτοὶ ἐξηγοῦντο τὰ ἐν τῇ ὁδῷ
	(카이 아우토이 엑세군토 타 엔 테 호도; 35절)
	"노상에서 일어난 일을 고하였다"
	ἀπήγγειλαν ταῦτα πάντα τοῖς ἕνδεκα
	(아펭게일란 타우타 판타 토이스 헨데카; 9절; 참조. 마 28:8)
	"저희는 이 모든 일들을 열한 제자에게 고하였다"
οὐδὲ ἐκείνοις ἐπίστευσαν	*βραδεῖς τῇ καρδίᾳ τοῦ πιστεύειν*
(우데 에케이노이스 에피스튜산)	(브라데이스 테 카르디아 투 피스튜에인; 25절; 참조. 마 28:17)
"저희가 믿지 아니하니라"	"마음에 더디 믿는"

마가복음 16:12-13에 나오는 모든 요소들은 누가복음 24장의 긴 이야기 속에 다 그 해당 부분들이 있다. 마가복음 16:12-13에 나오는 대부분의 어휘들은 누가복음 24장에서 발견된다. 이 마가 본문은 누가 본문을 요약한 이차적인 합성문인가, 아니면 공관복음서 이전의 원시 전승인가? 대부분의 본문비평학자들이 마가복음의 긴

종결부를 위조(僞造)로 본다는 점을 감안하면, 마가복음 16:12-13이 이 이야기의 원본이고 누가복음 24:13-35은 이를 확대하고 윤색한 판본이라고 보려고 하는 학자들은 거의 없을 것이다.

지상명령(the Great Commission)의 마가 판본도 우리에게 이와 동일한 인상을 준다. 어휘 및 개념상의 병행들은 다음과 같다.

마가복음 16:15-17	마태복음 28:18-20
καὶ εἶπεν αὐτοῖς	*καὶ··ἐλάλησεν αὐτοῖς λέγων*
(카이 에이펜 아우토이스)	(카이…엘랄레센 아우토이스 레곤)
"예수께서 저희에게 말씀하였다"	"예수께서 저희에게 말씀하여 이르시되"
πορευθέντες(포류덴테스)	*πορευθέντες*(포류덴테스)
"가서"	"가서"
εἰς τὸν κόσμον ἅπαντα	*πάντα τὰ ἔθνη*
(에이스 톤 코스몬 하판타)	(판타 타 에드네)
"온 천하에"	"모든 족속에게"
πάσῃ τῇ κτίσει	*πᾶσα ἐξουσία ἐν οὐρανῷ καὶ ἐπὶ γῆς*
(파세 테 크티세이)	(파사 엑수시아 엔 우라노 카이 에피 게스)
"만민에게"	"하늘과 땅의 모든 권세"
βαπτισθεὶς(밥티스데이스)	*βαπτίζοντες*(밥티스존테스)
"세례를 받는 [사람은]"	"세례를 주고"
ἐν τῷ ὀνόματί μου	*εἰς τὸ ὄνομα··τοῦ υἱοῦ*
(엔 토 오노마티 무)	(에이스 토 오노마…투 휘우)
"내 이름으로"	"아들의…이름으로"

사도행전 및 다른 복음서들과의 병행들, 마가복음의 다른 곳에서는 발견되지 않는 어휘들이 집중되어 있다는 점, 마가복음의 가장 오래된 사본들(예를 들어, ℵ, B) 및 가장 초기의 교부들(예를 들어, Clement of Alexandria와 Origen)의 저작에 이 절들이 나오지 않는다는 점, 8절과 9절의 연결이 어색한 점 등으로 인해서, 대부분의 학자들은 마가복음의 긴 종결부가 원래의 마가복음에 속하지 않았다는 결론을 내리게 되었다.

긴 종결부에 대한 주석

9 "예수께서 안식 후 첫날 이른 아침에 살아나신 후 전에 일곱 귀신을 쫓아내어 주신 막달라 마리아에게 처음으로 나타나셨다"(*ἀναστὰς δὲ πρωῒ πρώτῃ σαββάτου ἐφάνη πρῶτον Μαρίᾳ τῇ Μαγδαληνῇ, παρ' ἧς ἐκβεβλήκει ἑπτὰ δαιμόνια* – 아나스타스 데 프로이 프로테 삽바투 에파네 프로톤 마리아 테 막달레네 파르 헤스 에크베블레케이 헵타 다이모니아). 프로이(*πρωῒ*, "일찍")는 마가가 좋아하는 단어다. 여기서 이 단어를 사용한 것은 16:2의 영향을 받은 것이다: "안식 후 첫날 매우 일찍이(*λίαν πρωῒ* – 리안 프로이) 그 무덤으로 가며." 에파네(*ἐφάνη*, "나타났다")에 대해서는 마 2:13을 참조하라: "주의 사자가 요셉에게 꿈에 나타나서(*φαίνεται* – 파이네타이; 개역의 "현몽하여")." "일곱 귀신을 쫓아내어 주신"(*παρ' ἧς ἐκβεβλήκει ἑπτα δαιμόνια* – 파르 헤스 에크베블레케이 헵타 다이모니아) 막달라 마리아에 대해서는 누가복음 8:2을 참조하라(또한 막 15:40에 대한 "주석"을 보라): "일곱 귀신이 나간 자"(*ἀφ' ἧς δαιμόνια ἑπτὰ ἐξεληλύθει* – 헤스 다이모니아 헵타 엑셀렐뤼데이).

10 "그 여자는 가서 예수와 함께 하던 사람들이 슬퍼하며 울고 있을 때에 알렸다"(*ἐκείνη πορευθεῖσα ἀπήγγειλεν τοῖς μετ' αὐτοῦ γενομένοις πενθοῦσι καὶ κλαίουσιν* – 에케이네 포류데이사 아펭게일렌 토이스 메트 아우투 게노메노이스 펜두시 카이 클라이우신). "그 여자"(*ἐκείνη* – 에케이네; 즉, 막달라 마리아)는 "예수와 함께 하던 사람들"(*τοῖς μετ' αὐτοῦ γενομένοις* – 토이스 메트 아우투 게노메노이스; 즉, 제자들)에게 갔는데, 이는 빈 무덤에서 만난 청년이 명한 것을 수행하기 위한 것이었다(참조. 16:7). 이 표현은 요한복음 20:18을 생각나게 한다: "막달라 마리아가 가서…제자들에게 고하니라"(*ἔρχεται…ἀγγέλλουσα τοῖς μαθηταῖς* – 에르케타이…앙겔루사 토이스 마데타이스). 제자들은 "슬퍼하며 울고"(*πενθοῦσι καὶ κλαίουσιν* – 펜두시 카이 클라이우신) 있었다고 한다. 베드로는 예수를 부인한 후에 "울기 시작했다"(*ἔκλαιεν* – 에클라이엔; 막 14:72). 펜데인(*πενθεῖν*, "슬퍼하다")에 대해서는 마태복음 9:15을 참조하라: "혼인집 손님들이 신랑과 함께 있을 동안에 슬퍼할(*πενθεῖν* – 펜데인) 수 있느뇨 그러나 신랑을 빼앗길 날이 이르리니 그 때에는 금식할 것이니라."

11 "그들은 예수께서 살아 있다는 것과 마리아에게 보이셨다는 것을 듣고도 믿지 않았다"(*κἀκεῖνοι ἀκούσαντες ὅτι ζῇ καὶ ἐθεάθη ὑπ' αὐτῆς ἠπίστησαν* – 카케이노이 아쿠산테스 호티 제 카이 에데아데 휘프 아우테스 에피스테산). "살아 있다"(*ζῆν*

-젠)는 마가복음 5:23; 12:27에서 발견되지만, 이 절의 표현은 누가복음의 부활 기사의 영향을 받은 것 같다(24:5: "어찌하여 산 자를[*τὸν ζῶντα*-톤 존타] 죽은 자 가운데서 찾느냐?"; 24:23: "그의 시체는 보지 못하고 와서 그가 살으셨다[*ζῆν*-젠] 하는 천사들의 나타남을 보았다 함이라"). "보이다"(*θεάεσθαι*-데아에스다이)라는 단어는 요한복음에는 자주 나오지만 마가복음의 다른 곳에는 나오지 않는다(Taylor, 611). "그들은 믿지 않았다(*ἠπίστησαν*-에피스테산)"는 제자들의 불신앙의 반응을 나타내는 표현은 누가복음 24:11의 영향을 받았을 것이다: "사도들은 저희 말이 허탄한 듯이 뵈어 믿지 아니하나(*ἠπίστουν*-에피스툰)"(참조. 눅 24:41; 마 28:17; 요 20:25).

12 "이 일 후에 저희 중 두 사람이 걸어서 시골로 갈 때에 예수께서 다른 모양으로 저희에게 나타나셨다"(*μετὰ δὲ ταῦτα δυσὶν ἐξ αὐτῶν περιπατοῦσιν ἐφανερώθη ἐν ἑτέρᾳ μορφῇ πορευομένοις εἰς ἀγρόν*-메타 데 타우타 뒤신 엑스 아우톤 페리파투신 에파네로데 엔 헤테라 모르페 포류오메노이스 에이스 아그론). 이 절은 엠마오로 가던 두 제자에 관한 이야기(눅 24:13-35)에 대한 분명한 인유(引喩)다. 누가 판본에서 예수는 예루살렘에서 7마일 정도 떨어진 마을로 "가고"(*πορευόμενοι*-포류오메노이) 있던 두 사람에게 나타나신다. 예수께서 그들을 만나셨을 때, 그들은 도성을 나가 마을에 있었다. 마가복음 16:2은 예수께서 "다른 모양으로"(*ἐν ἑτέρα μορφῇ*-엔 헤테라 모르페) 나타나셨다고 말하는데, 이는 누가복음 24:16을 설명하는 말이다: "저희의 눈이 가리워져서 그인 줄 알아보지 못하거늘."

13 "두 사람은 돌아가서 남은 제자들에게 고하였으나 그들은 믿지 않았다"(*κἀκεῖνοι ἀπελθόντες ἀπήγγειλαν τοῖς λοιποῖς· οὐδὲ ἐκείνοις ἐπίστευσαν*-카케이노이 아펠돈테스 아펭게일란 토이스 로이포이스 우데 에케이노이스 에피스튜산). 이것은 정확히 엠마오 도상의 두 사람이 했던 일이다(참조. 눅 24:33-35). 두 번째 불신의 반응을 보였다고 한 것은 누가복음 24:41에서 두 번째로 믿지 못하겠다고 반응을 보였다는 설명에 의해 영향을 받은 것 같다(참조. 눅 24:11에 나오는 첫 번째 불신의 반응).

14 "그 후에 열한 제자가 음식 먹을 때에 예수께서 저희에게 나타나사 저희의 믿음 없는 것과 마음이 완악한 것을 꾸짖으셨으니"(*ὕστερον δὲ ἀνακειμένοις αὐτοῖς τοῖς ἕνδεκα ἐφανερώθη καὶ ὠνείδισεν τὴν ἀπιστίαν αὐτῶν καὶ σκληροκαρδίαν*-휘스테론 [데] 아나케이메노이스 아우토이스 토이스 헨데카 아파네로데 카이 오네이디센 텐 아피스티안 아우톤 카이 스클레로카르디안). 예수는 열한 제자가

음식 먹을 때 그들에게 나타나시는데, 이것도 누가복음 24장의 상황에 의해 영향을 받은 것이다(참조. 예수께서 먹을 것을 달라 하시는 24:41). 부활하신 예수는 "어찌하여 두려워하며 어찌하여 마음에 의심이 일어나느냐?"(눅 24:38)라고 반문하며 제자들을 꾸짖으신다. "마음의 완악함"(*σκληροκαρδία* – 스클레로카르디아)에 대해서는 마가복음 10:5을 참조하고, "믿음 없음"(*ἀπιστία* – 아피스티아)에 대해서는 마가복음 6:6을 참조하라.

"이는 저희가 자기가 살아난 것을 본 자들의 말을 믿지 않았음이라"(*ὅτι τοῖς θεασαμένοις αὐτὸν ἐγηγερμένον οὐκ ἐπίστευσαν* – 호티 토이스 데아사메노이스 아우톤 에게게르메논 우크 에피스튜산)는 후대의 관점을 반영한 말이다. 틀림없이 초대 교회의 많은 사람들은 사도들이 부활의 첫 소식들을 믿지 않으려 한 것에 대하여 의아해했을 것이다(참조. 요 20:19, 24-29).

W사본은 14절에 긴 삽입문(이른바 프리어 로기온[Freer Logion])을 첨가한다(위의 "원문주해" c를 보라).

15 "너희는 온 천하에 다니며 만민에게 복음을 전파하라"(*πορευθέντες εἰς τὸν κόσμον ἅπαντα κηρύξατε τὸ εὐαγγέλιον πάσῃ τῇ κτίσει* – 포류덴테스 에이스 톤 코스몬 하판타 케뤽사테 토 유앙겔리온 파세 테 크티세이). 마태복음의 지상명령(마 28:18-20)이 이 명령에 영향을 주었다. 파세 테 크티세이(*πάσῃ τῇ κτίσει*)는 "온 피조세계"라는 번역보다는 "각각의 피조물에게"로 번역하는 것이 좋다(Cranfield, 473). 아보트(*'Abot*) 1:12에 나오는 선교명령을 참조하라: "아론의 제자를 삼아 평화를 사랑하고 평화를 추구하며 인류를 사랑하고 그들을 율법에 가까이 데려오라."

16 "믿고 세례를 받는 사람은 구원을 얻을 것이요"(*ὁ πιστεύσας καὶ βαπτισθεὶς σωθήσεται* – 호 피스튜사스 카이 밥티스데이스 소데세타이). 피스튜에인(*πιστεύειν*, "믿다")과 소제인(*σῴζειν*, "구원하다")이 결합된 한 예는 누가복음 8:50을 보라.

"믿지 않는 사람은 정죄를 받으리라"(*ὁ δὲ ἀπιστήσας κατακριθήσεται* – 호 데 아피스테사스 카타크리데세타이). 요한복음 3:18("저를 믿는 자[*ὁ πιστεύων* – 호 피스튜온]는 심판을 받지[*κρίνεται* – 크리네타이] 아니하는 것이요 믿지 아니하는 자는 하나님의 독생자의 이름을 믿지 아니하므로 벌써 심판을 받은 것이니라"), 3:36("아들을 믿는 자[*ὁ πιστεύων* – 호 피스튜온]는 영생이 있고 아들을 순종치 아니하는 자는 영생을 보지 못하고 도리어 하나님의 진노가 그 위에 머물러 있느니라"),

20:23("너희가 뉘 죄든지 사하면 사하여질 것이요 뉘 죄든지 그대로 두면 그대로 있으리라")을 참조하라.

[17] "믿는 자들에게는 이런 표적이 따르리니"(*σημεῖα δὲ τοῖς πιστεύσασιν ταῦτα παρακολουθήσει* – 세메이아 데 토이스 피스튜사신 타우타 파라콜루데세이). 표적이 수반될(직역하면, "따를") 것이라는 약속은 요한복음 14:12("내가 진실로 진실로 너희에게 이르노니 나를 믿는 자[*ὁ πιστεύων* – 호 피스튜온]는 나의 하는 일을 저도 할 것이요 또한 이보다 큰 것도 하리니 이는 내가 아버지께로 감이니라")과 사도행전 5:12("사도들의 손으로 민간에 표적[*σημεῖα* – 세메이아]과 기사가 많이 되매")의 영향을 받은 것 같다.

"저희가 내 이름으로 귀신을 쫓아내며 새 방언을 말하며"(*ἐν τῷ ὀνόματί μου δαιμόνια ἐκβαλοῦσιν, γλώσσαις λαλήσουσιν καιναῖς* – 엔 토 오노마티 무 다이모니아 데크발루신 글롯사이스 랄레수신 카이나이스). 사도행전에서 제자들은 귀신들을 쫓아내고(16:18) 방언을 말한다(2:3-4; 10:46; 19:6; 참조. 고전 12:28).

[18] "(손으로) 뱀을 집으며 무슨 독을 마실지라도 해를 받지 아니하며"([*καὶ ἐν ταῖς χερσὶν*] *ὄφεις ἀροῦσιν κἂν θανάσιμόν τι πίωσιν οὐ μὴ αὐτοὺς βλάψῃ* – [카이 엔 타이스 케르신] 오페이스 아루신 칸 다나시몬 티 피오신 우 메 아우투스 블랍세). 이 절은 독사를 흔들어 떨어뜨려서 아무런 해도 입지 않았던 바울의 경험에 대한 인유(引喩)인 것 같다(행 28:3-6). 누가복음 10:19에서 예수는 제자들에게 그들이 뱀들(*ὄφεων* – 오페온; 즉, 더러운 귀신들)을 밟을 것이라고 말한다. 요셉의 유언(*T. Joseph*) 6:2과 베냐민의 유언(*T. Benj.*) 3:5; 5:2을 보라. 독을 마시거나 독사에게 물려도 아무런 해를 입지 않는다는 이야기들은 주후 2세기에 생겨나기 시작한다.

"병든 사람에게 손을 얹은즉 나으리라"(*ἐπὶ ἀρρώστους χεῖρας ἐπιθήσουσιν καὶ καλῶς ἕξουσιν* – 에피 아르로스투스 케이라스 에피데수신 카이 칼로스 헥수신). 안수를 통해서 바울은 자신의 시력을 다시 회복하고(행 9:12, 17) 성령을 받는다(행 8:17; 19:6).

[19] "주 예수께서 말씀을 마치신 후에 하늘로 올리우사 하나님 우편에 앉으시니라"(*ὁ μὲν οὖν κύριος Ἰησοῦς μετὰ τὸ λαλῆσαι αὐτοῖς ἀνελήμφθη εἰς τὸν οὐρανὸν καὶ ἐκάθισεν ἐκ δεξιῶν τοῦ θεοῦ* – 호 멘 운 퀴리오스 이에수스 메타 토 랄레사이 아우토이스 아넬렘프데 에이스 톤 우라논 카이 에카디센 에크 덱시온 투 데우). "주 예수"(*κύριος Ἰησοῦς* – 퀴리오스 이에수스)라는 표현은 사도행전(1:21; 4:33; 7:59

등)과 바울서신(롬 14:14; 고전 5:4, 5; 11:23)에서 발견되지만 복음서들에는 전혀 나오지 않는다. "하늘로 올리우사"(*ἀνελήμφθη εἰς τὸν οὐρανὸν*–아넬렘프데 에이스 톤 우라논)라는 표현은 누가복음의 승천 기사에 의해 영향을 받았을 것이다(참조. 눅 24:51; 행 1:2, 11, 22; 또한 딤전 3:16과 비교하라). 바룩2서 46:7을 참조하라: "나는 들리우리라."

20 "제자들이 나가 두루 전파할새"(*ἐκεῖνοι δὲ ἐξελθόντες ἐκήρυξαν πανταχοῦ*–에케이노이 데 엑셀돈테스 에케뤽산 판타쿠). 엑셀돈테스(*ἐξελθόντες*, "나가")는 갈릴리를 떠난 것을 가리킬 것이다(Taylor, 613는 이에 반대하고, 예루살렘을 떠난 것을 가리킨다고 주장한다). 긴 종결부는 분명히 마가복음 16:7의 성취를 전제한다: "예수께서 너희보다 먼저 갈릴리로 가시나니." 갈릴리에서 부활하신 예수를 만나 뵙고 그들의 믿음 없음에 대하여 꾸지람을 듣고 지상명령을 받은 후에, 제자들은 이제 부활하신 예수의 말씀에 순종하여 갈릴리에서 "나가"(*ἐξελθόντες*–엑셀돈테스) "두루 전파하였다"(*ἐκήρυξαν πανταχοῦ*–에케뤽산 판타쿠). 이 표현은 누가복음 9:6을 생각나게 한다: "제자들이 나가(*ἐξερχόμενοι*–엑세르코메노이) 각 촌에 두루(*πανταχοῦ*–판타쿠) 행하여 처처에 복음을 전하며 병을 고치더라." 바울은 고린도전서 4:17에서 자기가 "각처에서"(*πανταχοῦ*–판타쿠) 가르쳤다고 말한다.

"주께서 함께 역사하사 그 따르는 표적으로 말씀을 확증하시니라"(*τοῦ κυρίου συνεργοῦντος καὶ τὸν λόγον βεβαιοῦντος διὰ τῶν ἐπακολουθούντων σημείων*–투 퀴리우 쉰에르군토스 카이 톤 로곤 베바이운토스 디아 톤 에파콜루둔톤 세메이온). 이 절은 사도행전에서 주님의 도우심을 받아 제자들이 활동한 것들에 대한 전체적인 요약이라고 할 수 있다. 이 절에 나오는 몇몇 표현들은 히브리서 2:3-4에서 그 병행을 발견할 수 있다: "우리가 이같이 큰 구원을 등한히 여기면 어찌 피하리요 이 구원은 처음에 주로 말씀하신 바요 들은 자들이 우리에게 확증한(*ἐβεβαιώθη*–에베바이오데) 바니 하나님도 표적들(*σημείοις*–세메이오이스)과 기사들과 여러 가지 능력과 및 자기 뜻을 따라 성령의 나눠 주신 것으로써 저희와 함께 증거하셨느니라."

짧은 종결부에 대한 주석

일부 사본들은 이른바 마가복음의 짧은 종결부를 보존하고 있다(L, 099, Ψ, 0112). 이 짧은 종결부를 담고 있는 사본들은 거의 모두가 긴 종결부도 담고 있다. 짧은 종결부의 진정성을 옹호하는 설득력 있는 증거는 없다. 왜냐하면 짧은 종결부는 마가의 어휘라 할 수 없는 어휘들의 비율이 높고 마가복음의 다른 곳에서는 찾아볼 수 없는 수사적(修辭的)인 어조를 보이기 때문이다.

"여자들은 자기들이 들은 말을 베드로와 함께 있는 자들에게 짤막하게 전하니라" (*πάντα δὲ τὰ παρηγγελμένα τοῖς περὶ τὸν Πέτρον συντόμως ἐξήγγειλαν* – 판타 데 타 파르엥겔메나 토이스 페리 톤 페트론 쉰토모스 엑셍게일란). 이 문장은 여자들이 마가복음 16:7의 명령을 이행한 것을 묘사한다. 여자들은 제자들 및 베드로에게 가서 무덤에서 청년이 자기들에게 설명하고 명했던 것을 전했다.

"이 일 후에 예수께서 저희를 통해서 동에서 서까지 거룩한 불멸의 영원한 구원의 말씀을 전하였더라"(*μετὰ δὲ ταῦτα καὶ αὐτὸς ὁ Ἰησοῦς ἀπὸ ἀνατολῆς καὶ ἄχρι δύσεως ἐξαπέστειλεν δι' αὐτῶν τὸ ἱερὸν καὶ ἄφθαρτον κήρυγμα τῆς αἰωνίου σωτηρίας* – 메타 데 타우타 카이 아우토스 호 이에수스 아포 아나톨레스 카이 아크리 뒤세오스 엑사페스테일렌 디 아우톤 토 히에론 카이 아프다르톤 케뤼그마 테스 아이오니우 소테리아스). 마태복음의 지상명령(마 28:18-20)과 사도행전의 전체적인 요지가 여기에 전제되어 있다. 짧은 종결부가 후대의 것임은 본문에서 사용하는 경건한 표현들에서 나타난다(즉, "거룩한 불멸의 영원한 구원의 말씀").

"아멘"(*ἀμήν*). 짧은 종결부는 기도 및 예전(禮典)의 성향을 보여 주는 말로 마무리된다.

테일러(Taylor, 614)는 마가복음에 결론부가 필요하다는 것을 인식한 또 하나의 전승을 나타내는 짧은 종결부는 그보다 더 우월한 긴 종결부에 의해 밀려나게 되었다고 옳게 지적한다.

해설

후대의 이차적인 종결부임이 거의 틀림없는 마가복음의 두 가지 종결부는 마가복음 이야기가 무덤에서 겁에 질려 말문이 막혀 버린 여자들이 제자들과 베드로에게 부활하신 예수께서 그들보다 먼저 갈릴리로 가신다는 것을 전하라는 신비한 청년의 명령에 순종할 수 없는 상태에서 갑자기 끝나는 것이 아니라는 널리 퍼진 믿음을 증언해 준다. 이 종결부들은 예수의 부활을 확증함과 동시에 선교명령을 부각시키고자 한다.

종결부를 확실하게 보여 주는 기가 막힌 사본을 발견하지 못하는 한, 우리는 결코 마가복음이 어떻게 끝났었는지를 확실히 알 수는 없을 것이다. 그러나 마가복음 전체의 메시지는 아주 분명하다: 나사렛 예수는 기이한 권능으로써 이적과 가르침을 통해 하나님 나라를 증거하고 선포하셨고 자신의 사명을 완수하기 위하여 기꺼이 십자가로 향하신 하나님의 아들이었다. 부활 그리고 부활하신 그리스도께서 부활 후에 계속해서 제자들을 이끄시겠다는 약속으로 인해서 그 사명은 아직 완성되지 않았고, 그리스도인 공동체는 계속해서 주님과 함께 "회개하라 하나님 나라가 가까웠느니라"고 선포하고 있다.

마가복음(하)

- 2015년 3월 5일 초판 3쇄 발행
- 지은이 : 크레이그 A. 에반스
- 옮긴이 : 김철
- 펴낸이 : 박영호
- 펴낸곳 : 도서출판 솔로몬
- 등록번호 : 제16-24호
- 등록일 : 1990년 7월 31일
- 주소 : 서울시 동작구 사당로 155 신주빌딩 B1
- 전화 : 599-1482　　팩스 : 592-2104
- 직영서점 : 596-5225

ISBN 978-89-8255-315-8
ISBN 978-89-8255-267-0(세트)